日本語文型辭典

前　言

　　人們一般是在什麼時候使用詞典呢？在不會寫某個漢字時，在遇到意思不明白的名詞或動詞等單詞時，國語詞典是非常有用處的。比如，你想知道"うっかり"和"つい"的區別時，查一查類義語詞典就可以解決。但是，也有許多問題是在以往的詞典中查不到的。比如，"せっかく"一詞，在以"せっかく…からには"、"せっかく…けれども"等形式使用時，各自表示什麼意思呢？再如，"…にしてからが"、"…にしたところ"等是以怎樣一種構想來使用的呢？"…ともかぎらない"、"…わけではない"、"…にちがいない"等形式在句子中添加了哪些意義呢？等等。以上列舉的這些形式在以往的詞典裡並沒有得到充分的解釋。

　　在這一部詞典當中，我們用"與句子、句節的意義・功能・用法相關的形式"這樣一個寬泛的框架來把握句型，並試圖簡明易懂地記述它們在場景和語境中的使用方法。如果你想查一些在以往的詞典中難以查到詞語時，或者是想得到一些以往的詞典所沒有的信息時，那麼，我們這部詞典就將發揮出它應有的威力。

　　這部詞典收錄了日本《中・高級日語教科書句型索引》（砂川有里子等編）和由日本國際交流基金・日本國際教育協會舉辦的日語能力測驗１・２級考題標準"語法功能分類解說"中的所有句型，並在此基礎上，加進了編者從報刊・雜誌・小説・電影劇本等收集到的各類句型，總共3000句。可以說相當廣泛地涵蓋了對中級以上的日語學習者構成問題的句型。在編寫注釋方面，我們除了注意到要淺顯易懂，儘量做到使將日語作為外語來學習的人也能看懂以外，還特別留意了以下幾點。

（１）為了能使讀者透過例句弄懂用法，儘量準備了較多的例句。
（２）儘量做到不使用常用漢字表規定以外的漢字，並在漢字上標注了讀音假名。
（３）為了提醒讀者同時能注意到容易出錯的地方，根據需要在解說中出示了一些誤用例句。

（4）在解説當中，着重於句型的構造、句型的使用場景、以及類義表達方式的不同使用方法等，儘量涉及到有助於日語學習的各類事項。

（5）在本詞典中完全收錄了如 "なんていったっけ" 中的 "っけ"、"できっこない" 中的 "っこない" 等口語中的特殊表達方式。

（6）爲了便於查閱，本詞典爲讀者準備了 "50音序索引" "末尾音逆序索引"、"意義·功能項目索引" 等3種索引。

　　這部詞典從構思開始到現在已經經歷了八年的歲月。我們這些有點心血來潮的編著者之所以能最後完成這項工作，多虧了有來自多方面的支持和鼓勵。特別要提到的是，如果不是黑潮出版社的福西敏宏先生不惜放棄節假日甚至一年到頭加班審稿，恐怕這部詞典也就不可能完成吧。同時也承蒙三户弓子、佐藤陽子兩位女士的關照。在此，我們向以阿部二郎先生爲首的全體編輯合作人員，以及平常一直和我們共同探討有關此詞典問題的朋友、同事們表示衷心的感謝。

　　衷心祝願這部詞典能對作爲外語而學習日語的每一個學生，對從事日語教學的各位教師，以及對日語用法感興趣的每一位讀者都能發揮出應有的作用。

一九九八年二月

全體編著者

編著者：佳碼析疑研究小組(注)
　　　　砂川有里子(代表)　駒田聰　下田美津子　鈴木睦　筒井佐代
　　　　蓮沼昭子　別凱休·安德烈　森木順子
編輯合作者：
　　　　阿部二郎　小野正樹　龜田千里　高木陽子　成瀨真理　守時摯

　　(注)：研究小組的日文原名爲"グループ・ジャマシイ"。據介紹，這個名稱只是取自幾位編著者名字的字頭組合而成，沒有什麼特別的意思，我們翻譯時，也是取其音譯，但從字面上也可以解釋爲"好的代碼＜佳碼＞可以釋疑＜析疑＞"。(——譯者)

體 例

本詞典的結構與用法

1. 句型條目分爲"大條目""中條目""小條目"三種，如下例所示，中條目標記爲"1、2、3"，小條目標記爲"a、b、c"。
2. 語法信息在中條目、小條目後用符號標出。如果在條目中使用語法符號過於繁雜時，在[ ]內標出。
3. 中文相應注釋一般記在最基礎的小條目後面，無小條目時記中條目後面，無中條目時記大條目下面。

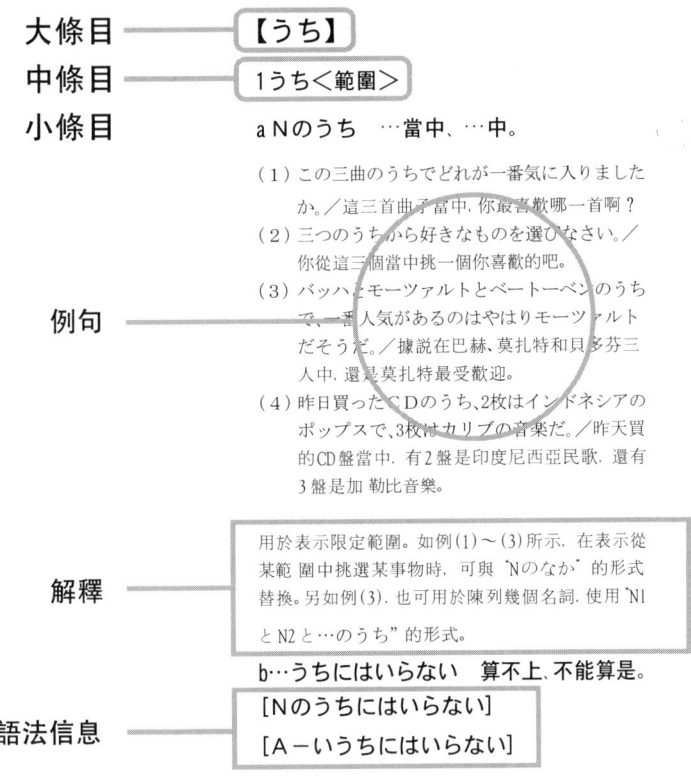

大條目 ——【うち】
中條目 —— 1 うち＜範圍＞
小條目 —— a Nのうち　…當中、…中。

例句
（1）この三曲のうちでどれが一番気に入りましたか。／這三首曲子當中，你最喜歡哪一首啊？
（2）三つのうちから好きなものを選びなさい。／你從這三個當中挑一個你喜歡的吧。
（3）バッハとモーツァルトとベートーベンのうちで、一番人気があるのはやはりモーツァルトだそうだ。／據說在巴赫、莫扎特和貝多芬三人中，還是莫扎特最受歡迎。
（4）昨日買ったCDのうち、2枚はインドネシアのポップスで、3枚はカリブの音楽だ。／昨天買的CD盤當中，有2盤是印度尼西亞民歌，還有3盤是加勒比音樂。

解釋 —— 用於表示限定範圍。如例（1）～（3）所示，在表示從某範圍中挑選某事物時，可與"Nのなか"的形式替換。另如例（3），也可用陳列幾個名詞，使用"N1とN2と…のうち"的形式。

b …うちにはいらない　算不上、不能算是。
語法信息 —— [Nのうちにはいらない]
[A－いうちにはいらない]

3 大條目按照日語 50 音序列排列，其下屬的中條目、小條目不受此限制。
4 如 "てはいけない"、"とする" 等複合程度較高的形式，本詞典均按照原樣設立了條目。如果是在普通的國語詞典中，一般要查 "いけない" "する" 詞條，而本詞典是在 "てはいけない"、"とする" 的條目下進行記述的。當然從 "いけない"、"する" 條目中去查，也能查到。總之，請讀者按照想到的形態去直接查閱。
5 在本詞典卷尾設有 "50 音序索引"、"末尾音逆序索引"，並以附錄的形式附設了 "意義・功能項目索引"。在難以查到想查的條目時，或者想借助於意義和功能了解某種句型表達方式時，抑或是想從末尾音的形式來檢索句型時請充分利用。

語法用語一覽

＜詞類及其他＞

名詞　　　　········　例：花、希望
形容詞　　　········　イ形容詞、ナ形容詞
イ形容詞　　　·····　例：暑い、面白い
ナ形容詞　　　·····　例：きれいだ、元気だ
動詞　　　　········　例：書く、話す、寝る
助詞　　　　········　例：が、を、は、も
副詞　　　　········　例：たくさん、のんびり、きっと
數量詞　　　·······　例：ひとつ、一人、100 グラム
量詞　　　　········　例：…人、…冊
數詞　　　　········　例：1、2、3
疑問詞　　　·······　例：なに、どこ、いくつ

イ形容詞詞幹　····　例：暑、おもしろ
ナ形容詞詞幹　····　例：きれい、元気

五段動詞　　·······　例：書く、話す、休む
一段動詞　　·······　例：見る、食べる、寝る

自動詞　　　·······　例：走る、生まれる、休む
他動詞　　　·······　例：飲む、使う、見る

可能形　　　·······　例：読める、食べられる
被動形　　　·······　例：読まれる、食べられる
使役形　　　·······　例：読ませる、食べさせる

表示動作的名詞　···　例：運動、完成、修理

動作的施事　·····　例："お父さんが叱った／お父さんに叱られた" 中的 "お父さん"

＜文體與活用形＞

(1) 普通形(原型)

	名詞＋だ	ナ形容詞	イ形容詞
辭書形	休みだ	きれいだ	おもしろい
タ形	休みだった	きれいだった	おもしろかった
テ形	休みで	きれいで	おもしろくて
バ形	休みならば	きれいならば	おもしろければ
否定形	休みじゃない	きれいじゃない	おもしろくない
	休みではない	きれいではない	

	五段動詞	一段動詞	来る	する
辭書形	書く	見る	くる	する
連用形	書き	見	き	し
タ形	書いた	見た	きた	した
テ形	書いて	見て	きて	して
バ形	書けば	見れば	くれば	すれば
否定形	書かない	見ない	こない	しない
命令形	書け	みろ	こい	しろ
意向形	かこう	みよう	こよう	しよう

(2) 敬體

	名詞＋です	ナ形容詞	イ形容詞
辭書形	休みです	きれいです	おもしろいです
タ形	休みでした	きれいでした	おもしろかったです
否定形	休みじゃないです	きれいじゃないです	おもしろくないです
	休みじゃありません	きれいじゃありません	おもしろくありません
	休みではないです	きれいではないです	
	休みではありません	きれいではありません	

	五段動詞	一段動詞	来る	する
マス形	書きます	見ます	きます	します
タ形	書きました	見ました	きました	しました
テ形	書きまして	見まして	きまして	しまして
否定形	書きません	見ません	きません	しません
命令形	書きなさい	見なさい	きなさい	しなさい
意向形	書きましょう	見ましょう	きましょう	しましょう

符號一覽

＜與語法相關的符號＞

(1) 名詞
  N ‥‥‥ 名詞 ‥‥‥‥ 例：花、人、昨日あった人、
             人にあったこと

(2) ナ形容詞
  Na ‥‥‥ ナ形容詞詞幹‥‥ 例：きれい、静か、元気

(3) イ形容詞
  A ‥‥‥‥ 普通形(原形)イ形容詞‥‥例： 暑い、暑くない、暑かった
      例如："Aそうだ" 表示 "暑いそうだ、暑くないそうだ、
         暑かったそうだ" 等。

  A－ ‥‥‥ イ形容詞詞幹‥‥ 例：暑、おもしろ、楽し
      例如："A－そうだ" 表示 "暑そうだ、おもしろそうだ、
         楽しそうだ" 等。

  A－い ‥‥ イ形容詞詞典形‥ 例：暑い、おもしろい、楽しい

  A－く ‥‥ イ形容詞ク形‥‥ 例：暑く、おもしろく、楽しく

  A－くない‥ イ形容詞否定形‥ 例：暑くない、おもしろくない、楽
             しくない

  A－くて‥‥ イ形容詞テ形‥‥ 例：暑くて、おもしろくて、楽しくて

  A－かった‥ イ形容詞タ形‥‥ 例：暑かった、おもしろかった、楽し
             かった

  A－かろう‥ イ形容詞推量形‥ 例：暑かろう、おもしろかろう、楽し
             かろう

  A－かったろう‥ イ形容詞過去推量形‥‥
       例：暑かったろう、おもしろかったろう、楽しかったろう

  A－ければ‥ イ形容詞バ形‥‥ 例：暑ければ、おもしろければ、楽し
             ければ

(4) 動詞
  V ‥‥‥‥ 普通形(原形)動詞‥‥例： 書く、書かない、書いた
      例如："Vそうだ" 表示 "書くそうだ、書かないそうだ、書
        いたそうだ" 等。

  R－ ‥‥‥ 動詞連用形(動詞マス形去掉マス的形式)
      例：書き、読み、見、来、し
      例如："R－そうだ" 表示 "書きそうだ、読みそうだ、見そ
        うだ、きそうだ、しそうだ" 等。

  V－る ‥‥ 動詞辞書形‥‥ 例：書く、読む、見る、来る、する

  V－た ‥‥ 動詞タ形‥‥ 例：書いた、読んだ、見た、来た、した

Vーたろう‥	動詞過去推量形・	例：書いたろう、読んだろう、見たろう、来たろう、したろう
Vーない‥‥	動詞否定形‥‥	例：書かない、読まない、見ない、こない、しない
Vーて‥‥‥	動詞テ形‥‥‥	例：書いて、読んで、見て、来て、して
Vーば‥‥‥	動詞バ形‥‥‥	例：書けば、読めば、見れば、来れば、すれば
Vーよう‥‥	動詞意向形‥‥	例：書こう、読もう、見よう、来よう、しよう
Vーれる‥‥	動詞可能形‥‥	例：書ける、読める、見られる、来られる、される
Vーられる‥	動詞被動形‥‥	例：書かれる、読まれる、見られる、来られる、される
Vーさせる‥	動詞使役形‥‥	例：書かせる、読ませる、見させる、来させる、させる

＜其他符號＞

／‥‥‥ 表示 "或者" 的意思。
  例："N／Ｎａになる" 表示 "Ｎになる" 或者 "Ｎａになる"．
  "Vーた あとに／で" 表示 "Vーた あとに" 或者 "Vーた あとで" 另外. 在例句翻譯中. "／" 放在中日文之間. 以示區別。
  例如："この三曲のうちでどれが一番気に入りましたか。／這三首曲子當中. 你最喜歡哪一首啊？"

( )‥‥‥ 表示其中的成分 "可有可無" 的意思。
  例："それゆえ（に）" 表示使用 "それゆえ" 和 "それゆえに" 都可以。

《 》‥‥‥ 表示例句所使用的場面和狀況。
  例：《手紙》まずご報告まで／《信函》特此報告

[ ]‥‥‥ 表示關於該句型的語法信息。
  例：[あまりVーない]

＜ ＞‥‥ 表示該句型的意義或功能等。
  例：…みたい＜推量＞、Vーてくれない（か）＜委託＞：

(例)‥‥‥ 表示解說中的例句。
(誤)‥‥‥ 表示使用錯誤的例句。
(正)‥‥‥ 表示使用正確的例句。
→‥‥‥ 表示希望參照的項目。
下帶數字‥ 用於相同形式設有兩個以上的大條目時。
  例：【のに₁】【のに₂】

『日本語文型辞典』中国語版への序文

　本書は、企画を始めた段階では、日本語を外国語として教えたり学んだりする人が主な対象となるだろうと想定しておりました。しかし、出版されてみると、日本語を母語とする学生や一般の方たちから大きな反響があり、編集者たちを大いに驚かせ、かつ喜ばせてくれました。その一方で、私たちが第一の利用者として想定した日本語を母語としない読者のために、彼らの母語による辞典を出せたらどんなによいだろうと考え続けておりました。その願望がこんなに早く実現することになろうとは、出版当初、考えてもみませんでした。これだけの分量の本を短期間で適切な中国語に訳してくださった訳者の方々のご努力に、心から感謝申し上げます。

　この辞典をまとめるときに心がけたことは、なるべく解説を簡潔にして、その代わりに多くの用例を載せようということと、用例は日本を知らない人にも分かりやすく、かつその使用の場面が想像しやすいものを作ろうということでした。また、探したい表現を見つけやすくするために、見出しや索引の工夫もいたしました。これらの工夫が読者のお役に立つことを望んでおります。

　中国語版が出たことで、より多くの中国の方たちにご利用いただけるようになり、編集者一同大いに喜んでおります。また、この辞典を介して日本語に関心を持つ中国の読者と日本の読者との間に意見交換の機会が増えますことを心から祈っております。

砂川有里子

《日本語文型辭典》中文版序言

　　早在這部詞典的策劃階段時，我們就設定了這部詞典的主要對象是把日語作爲外語來進行教學、學習的讀者們。然而，沒想到詞典一經出版，首先在母語爲日語的日本學生和日本的一般讀者之間得到了巨大的迴響。身爲編者，我們在感到驚喜的同時也感到無比的高興。另外，我們也還時時刻刻盼望着，能爲我們最初設定的首要讀者，即日語爲非母語的讀者們，儘快地出版以他們的母語爲註解的詞典，那該多好啊！而令我們更加驚喜的是，沒想到我們的這一願望竟能如此迅速地得以實現。我們從内心裡，向能在這麼短的期限之内，將這部辭典準確無誤地翻譯成中文的每一位參與翻譯的老師們，表示深深的感謝。

　　在編寫這部詞典的時候，我們特別注意要做到以下幾點。即注釋講解要做到淺顯易懂，儘可能收錄豐富的例句，而且這些例句，最好是對那些不很了解日本的讀者來說，也能比較容易理解，並容易想像的實際使用場面。另外，爲了便於讀者查閱自己需要的句型和表達方式，我們在句型條目和索引的設置上也費了一番功夫。但願我們的這些努力，能爲讀者們帶來更多的方便。

　　我們非常高興地看到，由於本辭書中文版的問世，可以有更多的中國朋友們使用我們這部詞典。同時，我們也衷心期待着，透過我們這部辭典，能進一步促進對日語感興趣的中國讀者和日本讀者之間的交流和友誼。

砂川有里子

日本語文型辭典

【あいだ】

1 Nのあいだ
a Nのあいだ＜空間＞　之間、中間。
（1）ステレオと本棚の間にテレビを置いた。／把電視機放在音響和書架的中間了。
（2）古本を買ったら、ページの間に1万円札がはさまっていた。／買了一本舊書．發現書頁中間夾着一張1萬日元的鈔票。
（3）大阪までの間のどこかで駅弁を買って食べよう。／在到大阪之間的某一站，買一個飯盒吃吧。

表示夾在兩個地方或兩個東西之間的空間。如要表示出雙方時，按例（1）使用"NとNのあいだ"的形式。

b Nのあいだ＜關係＞　之間、中。
（1）最近二人の間はうまくいっていないようだ。／最近他倆的關係好像不太好。
（2）そのホテルは安くて清潔なので、旅行者たちの間で人気がある。／那家飯店既便宜又乾淨．所以在顧客中很受歡迎。
（3）二つの事件の間にはなにか関係があるらしい。／這兩起案件之間好像有什麼關聯。

表示"在幾個人或幾件事之間的關係"．用於叙述在其關係中的狀態、動作，以及在其間發生的事情。

2 あいだ＜時間＞
a …あいだ　期間、時、時候。

[Nのあいだ]
[A-いあいだ]
[V-ている／V-るあいだ]

（1）彼は会議の間ずっといねむりをしていた。／開會期間他一直在打磕睡。
（2）彼女が戻ってくるまでの間、喫茶店で本を読むことにした。／在等她回來的這一段時間，我決定在咖啡店看書。
（3）一生懸命泳いでいる間はいやなことも忘れてしまう。／在拼命游泳的時候，一些心煩的事情也就都忘掉了。
（4）子供が小さい間は、なかなか夫婦での外出ができなかった。／孩子小的時候．夫妻兩人很難有機會一起出門。
（5）友子は、大阪にいる間は元気だったが、東京に引っ越したとたんに体をこわしてしまった。／友子住在大阪時身體一直很好．剛一搬到東京就把身體搞壞了。
（6）私たちがお茶の用意をする間、彼らは緊張して一言もしゃべらずに座っていた。／在我們準備茶水時，他們一直神情緊張地坐在那裡，一句話也不說。

表示持續某種狀態、動作的期間。後續句子爲表示在其間持續的某種狀態或同時進行的某種動作。後續句中的述語爲表示動作的動詞時，多爲"V-ている"、"V-つづける"等表示繼續意義的

形式。
（誤）　私が勉強している間、弟は遊んだ。
（正）　私が勉強している間、弟は遊んでいた。／在我作功課的期間，弟弟一直在玩兒。

　　在表示過去的事情時，也可以使用"V－ていた／A－かった"的形式。
（例）　彼はドイツに留学していた間、スウェーデン人の女の子と一緒に生活していたらしい。／他在德國留學期間好像一直和一個瑞典女孩子生活在一起。

b …あいだに　　之間、趁…時候。
[Nのあいだに]
[Naなあいだに]
[A－いあいだに]
[V－ている／V－る　あいだに]
（１）　留守の間にどろぼうが入った。／不在家的時候，家裡被小偷給偷了。
（２）　4時から5時までの間に一度電話をください。／請在4點到5點之間給我一個電話。
（３）　家族がみんな寝ている間に家を出ることにした。／我決定趁家人都睡了的時候離開家。
（４）　リサが日本にいる間に一緒に旅行したかったのだが、残念ながらできなかった。／本想趁莉莎在日本的時候一起去旅行，但可惜的是沒有能夠實現。
（５）　私がてんぷらを揚げる間に、母はおひたしと酢の物と味噌汁まで作ってしまった。／我在炸天婦羅這段時間，母親做了涼拌菜，也醃了小菜，甚至把味噌湯也都做好了。
（６）　あそこも日本人旅行者が少ない間に行っておかないと、きっとすぐに開発されて日本人だらけになるだろう。／那個地方也一樣，如果不趁着日本觀光客還不多的時候去，肯定很快就會被開發，到時就擠滿日本人了。
（７）　祖母が元気な間にいろいろ話を聞いておこう。／趁祖母身體還硬朗的時候，把這些事情都問問清楚吧。

　　表示持續某種狀態、動作的期間。後續句子為表示在其時間內進行的某種動作或發生的某種事態等。後續句中的述語為動詞時，多為"…する"、"…しはじめる""…になる"等表示非繼續意義的形式。
（誤）　授業の間にずっとおしゃべりをしていた。
（正）　授業の間に3回質問をした。／上課的時候問了3次問題。

　　在表示過去的事情時，也可以使用"…たあいだに"的形式。如例（5）那樣，前後動作者不是同一人物時，則表示兩人的動作同時進行的意思。

【あいまって】
→【とあいまって】

【あえて】
1 あえて（即使…）　　還是要、敢。

4　あえて

(1) 私はあえてみなさんに規則の見直しを提案したいと思います。／我還是要建議大家重新評估一下這個規則。

(2) 誰も助けてくれないかもしれないが、それでもあえてこの計画は実行に移したいと思う。／也許誰都不幫我，即使這樣，我也還是要實行這個計劃。

(3) 恥を忍んであえてお聞きしますが、今のお話のポイントは何だったのでしょうか。／有點不好意思，但還是請問您，您剛才講的重點是什麼呢？

(4) 反感を買うのを承知であえて言いたいのは、彼らにこの仕事を任せるのはリスクが大きいということだ。／明知會招來反感，但我還是要説，把這項工作交給他們風險太大。

(5) これができるのはあなたしかいないから、負担をかけることはわかっていても、あえてお願いしているのです。／因為只有你能做這項工作，所以明知會給你增加負擔，但我還是得拜託你。

與"言う／提案する／お願いする"等表示發表意見等的動詞或"やる／実行する"等動詞一起使用。表示"這樣做會招來別人的反感，或伴隨很多困難和危險，但即使這樣，自己仍想這樣做或認為應該這樣做"的意思。用於強調自己的主張或堅持自己的看法。

2　あえてV-ば　若非要…、假使非要…的話。

(1) 反対されるのを承知であえて言えば、こんな計画は百害あって一利なしだ。／我知道會被反對，但若胆敢直言，這個計劃有百害而無一利。

(2) 少々言いにくいことなのですが、あえて言わせていただければ、お宅のお子さんは他の学校に変わられた方がいいのではないかと思うのですが。／這話有點不方便説，假使非要讓我説的話，我覺得你們家孩子最好換一所學校。

(3) この映画はあまりストーリー性がないのだが、あえて説明すれば、二組のカップルがあちらこちらを旅して回り、行く先々で事件が起こるというものだ。／這部電影沒有什麼情節性，非要解釋一下的話，那就是描寫有兩對情人在各地旅遊，並在他們的所到之處發生了種種案件。

(4) まだこのプロジェクトの方針は漠然としているのだが、あえて言うとすれば、環境破壊が進んでいる地域に対して、民間の援助によってそれを食い止めようというものだ。／這一項目方針還很

不確定.若要解釋的話,就是對於環境遭到破壞的地區,依靠民間的援助阻止其繼續遭受破壞。

與"言う/お話しする/説明する"等表示發表意見的動詞一起使用.在想進行反駁或提出批評意見,抑或是不好明確表達意見時.作爲一種引言或開場白使用。

3 あえて…ない　並(不)、没必要。

（1）そのやり方にあえて反対はしないが、不満は残っている。／我並不反對這種作法.但還是有意見。

（2）相手が偉い先生だからといって、あえてへりくだる必要もない。／没有必要因爲對方是個知名學者就卑躬屈膝。

（3）親に反対されてまで、あえて彼と結婚しようとは思わない。／我並不想爲了和他結婚而和父母鬧翻了。

（4）みんなに嫌がられてまで、あえて自分の方針を押し通すこともないじゃないか。／没有必要爲了堅持自己的主張而招致大家的反對吧。

後續"する必要もない/することもない/しようとは思わない"等表達方式.表示如果這樣做將遭到別人的反對或招致他人的反感.因而没有必要去冒這個險或不該這樣去做的意思。

【あがる】

1 R-あがる＜向上＞　…起來、向上…。

（1）彼は立ち上がってあたりを見回した。／他站起身來向四周看了看。

（2）妹は帰ってくるなり階段を一気にかけ上がって、自分の部屋に飛び込んだ。／妹妹一回來就一口氣跑上了樓,鑽進了自己的房間。

（3）彼女はライバルを押しのけて、スターの座にのしあがった。／她戰勝了競爭對手.登上了明星的寶座。

（4）政治学の先生はひたいがはげ上がっている。／教政治學的老師有點微秃。

（5）冬休みにみんなで温泉に行こうという計画が持ち上がった。／有人提出了一個寒假大家一起去溫泉旅行的計劃。

（6）ツアーの申し込み人数が少なすぎるので、家族連れで参加できることにしたら、人数が倍以上にふくれ上がって旅行会社は困っている。／由於報名參加旅行的人數太少.我們決定可以帶家屬去.結果人數一下子超出了一倍多.使得旅行社很棘手。

（7）彼女はボーイフレンドにプロポーズされてすっかり舞い上がっている。／男朋友向她求婚.她高興得跳了起來。

（8）自分がリーダーになればみん

なついてくるに決まっているだって？思い上がるのもいい加減にしろ。／你以爲你當了領導大家就肯定都跟着你做？你也別太自以爲是了。

接在動詞的連用形後面，表示動作、移動等向上或朝着上方進行的狀態。例（5）～（8）是向上的比喩表現方式。

2 R-あがる＜極端的程度＞　（表示極端程度）。

（1）　長い間雨が降らないので、湖も干上がってしまった。／由於長時間没有下雨了，湖水都乾枯了。

（2）　店員は男にピストルを突きつけられてふるえ上がった。／店員被搶劫犯用手槍頂住後渾身發抖。

（3）　ふだんほとんど叱らない先生をバカにしていた生徒は、タバコを吸っているのを見つかって大声でどなりつけられ、縮み上がっていた。／有個學生，平時專門氣一個幾乎從不訓斥學生的老師，但有一次他抽煙被那位老師發現大罵了一頓，嚇得他心存畏懼。

（4）　その俳優は、たいして演技もうまくないのに周りの人たちにおだてられて、自分は誰よりも才能があるんだとのぼせ上がっている。／這演員演技並不高明却被周圍的人吹捧，結果他就驕傲起來。以

爲自己比誰都有才能呢。

接在動詞的連用形後面，表示該動詞所表示的事態已發展到極端的程度。能適用的動詞有限。

3 R-あがる＜完成＞　好、完。

（1）　パンがおいしそうに焼きあがった。／麪包烤得好像很香。

（2）　みんなの意見を取り入れて、とても満足のいく旅行プランができあがった。／聽取了大家的意見，制定出了一個非常周到的旅行計劃。

（3）　スパゲッティがゆであがったら、すばやくソースにからめます。／把意大利麪條煮好後馬上澆上義大利麪醬。

（4）　注文していた年賀状が刷りあがってきた。／訂的賀年片都印好了。

接在動詞的連用形後面，表示動作的完成。一般接在"編む／編織"、"練る／攪拌推敲"、"刷る／印刷"等表示制作東西等他動詞的後面。唯有自動詞"できる"例外。

【あくまで】

1あくまで（も）＜意志＞　無論如何、自始自終。

（1）　私はあくまでもこの方針を貫くつもりだ。／我無論如何都要堅持貫徹這方針。

（2）　国連はあくまでも平和的な解決に向けて話し合いを続ける考えです。／聯合國自始

至終認爲要繼續通過談判以達到和平解決的目的。
（3）彼はあくまでも知らぬ存ぜぬで押し通すつもりらしい。／他好像要自始至終堅持一問三不知的態度。
（4）彼女があくまでいやだと言い張ったので、他の候補を探さなければならなくなった。／她始終堅持說不願意，所以不得不另外再找候選人。

　　　後續表示意志行爲的動詞，表示無論遇到什麼困難，有誰反對，都要把自己的想法貫徹到底的堅強意志。是一種較生硬的表達方式。

２ あくまで(も)＜主張＞ 終歸、到底。
（1）私が今申し上げたことはあくまでも試案ですので、そのおつもりで。／我剛才給您介紹的終歸是一個草案，請您記住這一點。
（2）それはあくまでも理想論に過ぎず、実現は不可能なのではないか。／那終歸不過是一種理想，是不可能實現的吧。
（3）この家はあくまでも仮の住まいで、ここに永住するつもりはない。／這個房子終歸是個臨時住處，我不打算在這裡常住。
（4）断っておくが、彼とはあくまでも仕事の上の仲間でしかなく、それ以上の個人的なつきあいはいっさいしてい

ないのだ。／我事先聲明，我和他只是工作上的關係，絕沒有其他任何私人交往。

　　　表示就某一件事，自己有信心並帶強烈的主張或肯定的判斷。一般多用於否定、修正原來的預想或者是聽話者所持有的判斷、信念、期待等。

３ あくまで(も)＜強烈的程度＞（表示徹底的程度）。
（1）空はあくまでも青く澄み渡り、砂浜はどこまでも白く続いていた。／天空蔚藍透徹，沙灘一片白茫茫。
（2）どんなに疲れている時でも、彼はあくまでも優しかった。／即使是精疲力盡，他都還是那樣的溫柔體貼。
（3）あくまで広い見渡すかぎりの菜の花畑の中に、真っ赤な服を着た女の子が一人立っていた。／在一望無際的油菜花盛開的田園中，站着一個身穿鮮紅衣服的小女孩。

　　　表示徹頭徹尾的狀態。是一種帶有文學色彩的表達方式。

【あげく】

１…あげく　結果、最後。
[Nのあげく]
[V-たあげく]
（1）さんざん悩んだあげく、彼には手紙で謝ることにした。／苦苦思索後，還是決定寫信向他道歉。
（2）考えに考えたあげく、この家

を売ることに決めた。/經過再三考慮，最後決定把這間房子賣掉。
(3) 弟は６年も大学に行って遊びほうけたあげくに、就職したくないと言い出した。/弟弟上大學以後，整整玩了６年，最後竟説出他不想工作。
(4) それは、好きでもない上司の御機嫌を取ったり、家族に当たり散らしたりの大騒ぎをしたあげくの昇進であった。/他在公司討好並不喜歡的上司，回到家後就對家人發火，幾經風雨最後好不容易昇官了。
(5) 姉は籍を入れないだの一緒に住まないだのと言って親と対立し、すったもんだのあげくにようやく結婚した。/姐姐和父母吵鬧不休，一會兒説不入户籍啦，一會兒又提出不能一塊兒住啦，最後好不容易終於結了婚。

後續表示某種事態的表達方式，表示前述狀態持續以後的結局、解決方法及發展的意思。多用於該狀態持續後造成精神上的負擔或帶來一些麻煩的場合。也可如例(5)用"あげくに"的形式。用於名詞前時，如例(4)用"あげくのN"的形式。

2 あげくのはてに(は)　到末了、最後。
(1) 部長はますます機嫌が悪くなり、あげくの果てには関係ない社員にまでどなり散らすようになった。/部長臉色越來越難看，到最後甚至對毫不相干的職員大發雷霆。
(2) 彼女は我慢に我慢を重ねたあげくの果てに、私のところに相談に来た。/她忍了又忍，最後忍不住了還是來找我商量了。

用於表示某種狀態長期持續，達到極限後所導致的結果。多用於表示不好的狀態。

【あげる】
１Ｒ-あげる＜向上＞　起、起來。
(1) 男は大きな岩を軽々と持ち上げた。/那男人輕而易舉地把那塊大岩石搬了起來。
(2) 先生に漫画の本を取り上げられた。/被老師没收了連環畫書。
(3) 彼女が髪をかき上げる仕草を見ているのが好きだ。/我喜歡看她用手撩起頭髮的動作。
(4) 彼女はあたりかまわず声をはり上げて泣きわめいた。/她肆無忌憚地大聲嚎哭起來。
(5) その土地は自治体が買い上げて大きな遊園地を作ることに決まった。/地方自治團體已收購了這片土地並決定建造一座大型遊樂園。

接在動詞連用形後．表示將對象物向上移動的動作。也用於如例（4）（5）比喻動作。

2 R－あげる＜完成＞ 好、完、成、起來。

（1）大事なお客さんが来るので、母は家中をぴかぴかにみがき上げた。／因爲家中要來貴客，母親把家裡擦得亮晶晶。

（2）彼は原稿用紙500枚の小説を一気に書き上げた。／他一氣呵成地寫完了一部足有500張稿紙的小說。

（3）クリスマスまでに何とかセーターを編み上げてプレゼントしようと思っていたのに。／本想在聖誕節之前一定要把這件毛衣織好送給他，可是…。

（4）刑事は犯人をロープで身動きできないようにしばり上げた。／刑警用繩索把罪犯捆了起來，叫他動彈不得。

（5）みんなで一晩中かかってまとめ上げたデータが何者かに盗まれた。／大家花了一夜時間整理好的數據不知被誰給偷去了。

（6）この織物は草や木の根などを集めてきて染めた糸で丹念に織り上げたものだ。／這種紡織品是用草和樹根染成的線並精心紡織而成的。

（7）何年もかかって築き上げてきた信頼が、たった一度の過ちで崩れてしまった。／經過多年建立起來的信譽，只因爲一次過失就完全給毀了。

接在動詞連用形後面．表示該動作完全做完。接如"書く"、"編む"等表示制作動詞後時．表示制作完畢。多含有經過一番努力而完成的意思。

3 R－てあげる → 【てあげる】

【あたかも】

就像、好像、宛如。

[あたかもN（であるか）の ようだ]
[あたかもN（であるか）の ごとし]
[あたかもVかの ようだ]
[あたかもVかの ごとし]

（1）その日はあたかも春のような陽気だった。／那天就像春天一樣陽光明媚。

（2）人生はあたかもはかなく消える夢のごときものである。／人生宛如瞬間即逝的一場夢。

（3）彼は、あたかも自分が会の中心人物であるかのように振る舞っていた。／他的一舉一動就好像他是這個會的主角似的。

（4）彼女はいつも、あたかも目の前にその光景が浮かび上がってくるかのような話し方で、人々を魅了する。／她所講的一切，總是就像發生在眼前的真事一樣，深深吸引著聽眾。

（5）その人は、あたかもファッ

ションザ雑誌からそのまま抜け出してきたかのような最新流行のファッションで全身を飾って、パーティーに現れた。／那人渾身上下穿著最時髦的時裝，宛如剛從時裝雜誌上剪下來的人似地出現在晚會上。

（6） 大火事がおさまると、街はあたかも空襲で焼き払われたかのごとく、ビルも家も跡形もなく燃え尽きてしまっていた。／大火熄滅以後，整個城鎮就像剛剛遭受過空襲一樣，建築物、房屋全都被燒盡了。

用於以某一種狀態比喻說明另一種狀態，表示雖不一樣但卻非常相似的意思。口語中很少使用，多用於小說等書面語言。口語中則使用"まるで"、"ごとし"是文言，其詞尾變化形式爲"ごとき"、"ごとく"。

【あっての】

有…才…、没有…就不能(没有)…。
[NあってのN]
（1） 学生あっての大学だ。学生が来なければ、いくらカリキュラムが素晴らしくても意味がない。／有學生才能稱得上是大學。如果沒有學生來，課程安排得再好也沒有意義。

（2） 私を見捨てないでください。あなたあっての私なんですから。／請不要抛棄我。因爲沒有你我是活不下去的。

（3） お客あっての商売なんだから、まずお客さんのニーズに応えなければならないだろう。／有顧客光臨那才叫做買賣，所以必須首先滿足顧客的需求。

以"XあってのY"的形式表示"因爲有了X所以Y才成立"的意思。也含有"如果沒有X，Y就不能成立"的意思。"X"一般多爲表示人物的名詞。

【あと₁】

1 あと＜空間＞ 後面、後邊。
[Nのあと]
[V-る／V-た あと]
（1） みんな私の後についてきてください。／大家請跟我來。

（2） 彼が走っていく後を追いかけた。／他跑過去以後，我跟在後面追了上去。

（3） 観光客が去ったあとには、お菓子の袋や空きかんが散らばっていた。／遊客走後，散落了一地包装袋和空飲料罐。

（4） チューリップを抜いたあとに見たこともない草が生えてきた。／在拔掉鬱金香的地方長出了一種從沒見過的草。

表示在空間上某物體後面的意思。例（4）表示的是"在拔掉以後原來的地方"，也可以解釋爲 2 b ＜時間＞的用法。以下舉例以"…をあとにして"的形式表示"離開…"的意思。

(例) 彼は、ふるさとの町を後にして、都会へ出ていった。／他離開了自己的家鄉後到大城市去了。

2 あと＜時間＞
a …あと　以後。
[Nのあと]
[V-たあと]
(1) 試験の後はいつも気分が落ち込む。／每次考試以後總是情緒低落。
(2) 今日は夕食の後、友達と花火をすることになっている。／今天晚飯以後，我要和朋友們一起放煙火。
(3) パーティーが終わったあとの部屋はとても散らかっていた。／晚會結束以後，屋内一片狼藉。
(4) 彼はアルバイトをやめたあと、特にすることもなくて毎日ぶらぶらしている。／他辭去了那份臨時工作以後，沒有什麼特別要做的事情，每天無所事事。
(5) 彼女は新しい上司についてひとしきり文句を言ったあとは、けろっとして何も不満がないかのように働いていた。／她向新上司發了一陣牢騷以後，好像就沒任何意見似的，開始工作起來。

表示某一事情結束以後的階段，後續當時的狀態或下面發生的事情。

b …あと（で／に）以後。

[〜のあと　で／に]
[V-たあと　で／に]
(1) 田中さんにはお世話になったから、引っ越しの後で改めてお礼にうかがおう。／我深受田中先生照顧，所以搬完家以後我要去正式致謝。
(2) 映画を見たあとでトルコ料理を食べに行きましょう。／看完電影以後，我們去吃土耳其料理吧。
(3) 友達と旅行の約束をしてホテルも予約してしまったあとで、その日が実は出張だったことを思いだした。／和朋友約好去旅行而且都訂好了飯店以後，這才想起來那天必須去出差。
(4) 食事を済ませたあとに1時間ほど昼寝をした。／吃過飯以後睡了1個小時午覺。
(5) みんなが帰ってしまったあとには、いつも寂しい気持ちにおそわれる。／大家走了以後總感到一種落寞。
(6) 詳しい釈明を聞いた後にも、やっぱりおかしいという疑念は残っていた。／聽了他的詳細解釋以後，仍然有一些疑慮。

表示"那以後"的意思。用於按照時間順序叙述事情的發生經過。

c V-たあとから…（結束）以後（再）…。

12　あと

(1) 募集を締め切ったあとから応募したいと言ってこられても困る。／招聘都截止了，你又説要報名，這有點爲難。
(2) 新製品の企画を提出したあとから、新しい企画は当分見合わせたいと上司に言われてがっかりした。／提交了新産品計畫書以後，上司告訴我新計劃暫時停止時，真是當頭棒喝。

表示"某事完全結束了以後"的意思。用於叙述其後發生與之相反事態的場合。

【あと₂】

1　あと　另外、除此之外。
(1) 料理はこのくらいあれば十分ですね。あと、飲み物はこれで足りますか。／我看這些菜就够了吧。另外，這些飲料够嗎？
(2) 以上でだいたい分かったと思いますが、あと、何か質問はありませんか。／通過以上講解，我想大家基本上都明白了。除此之外，還有什麽問題嗎？
(3) A：メンバーはこれだけですね。／参加的人就這些了吧。
　　B：あ、あと、もしかしたら田中さんも来るかもしれないと言っていました。／啊，另外，田中也説他可能會來。

出現在句子或段落的開頭。在會話中，用於根據情況想起必要的事情而進行補充時。

2　あと＋数量詞　再有、還有。
(1) その仕事を片づけるにはあと3日で十分です。／完成這項工作，再有3天就足够了。
(2) あと二人そろえば野球チームが作れる。／再有兩個人就能組織一支棒球隊了。
(3) あと10メートルでゴールインというところで、その選手は倒れてしまった。／在還差10公尺就要跑到終點，那個運動員居然摔倒了。
(4) あと少しで終わりますので、待っていただけますか。／還有一點兒就結束了，能等我一會兒嗎？

表示在現在的狀態上加上一定的數量。用於表示加上該數量就具備了某事成立的條件時。反過來考慮，如下例所示，表示剩餘數量。

(例1) 卒業式まであと1週間だ。／到畢業典禮還有一個星期。←あと1週間で卒業式だ。／再有一個星期就要舉行畢業典禮。
(例2) ビールはもうあと2本しかない。／啤酒就只剩兩瓶了。←あと2本でビールはなくなる。／啤酒快没了，就還剩兩瓶。
(例3) サラダがあと少し残っていますが、誰か食べませんか。／沙拉還剩一點兒，有誰要吃嗎？←あ

と少しでサラダも終わりです。／再剩一點兒，沙拉就要吃光了。

【あとから】
事後、之後、後來。

（1）あとから文句を言われても困るので、何か言いたいことがある人は今のうちに出してください。／有意見的人請現在就說出來，事後再發牢騷可不好。

（2）入学試験の合格通知が来たので喜んでいたら、あとからあれはまちがいだったという知らせがきて、がっくりした。／收到錄取通知書真是喜出望外，但後來又來了個通知說前一個通知搞錯了，真叫人掃興。

（3）ツアーに参加したいという人があとからあとから出てきて、調整するのに困った。／報名參加旅行的人一個接一個，都快調度不過來了。

用於某事已告一段落或結束而又發生與之相關的事或與之相反的事的場合。

【あとで】
1 あとで　待會兒。

（1）あとでまた電話します。／待會兒我再給你打電話。

（2）あとで一緒に食事しませんか。／待會兒我們一起用餐吧。

（3）A：おかあさん、お人形の首がとれちゃった。直してよ。／媽，洋娃娃的腦袋掉了，幫忙修一下吧。

B：はいはい、あとでね。／好好，待會兒啊。

A：あとじゃなくて今。／不要待會兒，現在就修。

B：今忙しいんだから、ちょっと待ちなさい。／現在媽忙着呢，你等一會兒啊。

表示說話以後的時間。如例（3）所示，也用於現在不想做而拒絕的場合。

2 …あとで　→【あと1】2b

【あとは…だけ】
就等、只差、只剩。

（1）メンバーはほとんどそろって、あとは田中さんだけなのだが、なぜか予定の時刻を過ぎても現れる気配がない。／人幾乎都到齊了，就剩田中一個人了，不知為什麼都過了預定的時間，還不見他來。

（2）料理は全部できあがったし部屋も片づいたし、あとはみんなが来るのを待つばかりだ。／菜都做好了，屋子也收拾好了，就等大家來了。

（3）コンサートのプログラムも

とどこおりなく進み、あとは最後の難曲を残すのみとなった。／演唱會的節目順利進行．最後只剩下一首較難表演的曲子了。

後續"だけ／のみ／ばかり"等詞．表示某事成立的條件．用於所有條件都基本具備．就差最後一點的場合(萬事具備．只欠東風)。

【あまり】

口語中加強語氣時説"あんまり"。

1 あまり／あんまり …ない 不太…，不(沒)怎麼…，沒多少…。
[あまりNaで はない]
[あまりA-くない]
[あまりV-ない]

（1）今はあまりおなかがすいていないので、ケーキはいりません。／現在不怎麼餓．所以不要蛋糕。

（2）弟はあまり背が高くないので、女の子にもてない。／我弟弟個兒不太高．所以在女孩子當中不吃香。

（3）このごろあんまり映画を見ていない。／最近沒看什麼電影。

（4）けさはあまりごはんを食べなかった。／今天早上沒吃什麼。

（5）今日はあんまりお金がないので、CDを買うのは今度にしよう。／今天沒帶什麼錢．下次再買CD吧。

後續否定表達方式．表示程度不高．接動詞後時．表示頻率不高或數量不多。

2 あまり／あんまり
a あまりに(も) 太…，總是…。
あんまり(にも)

（1）あまりにおかしくて涙が出た。／因為太滑稽了．都笑出了眼淚。

（2）ゆったりしたシャツは好きだが、これはあまりにも大きすぎる。／我喜歡穿寬鬆一點的襯衫．可這一件也太大了。

（3）ここのカレーはあまりにまずくて、とても食べられたものではない。／這兒的咖喱飯太難吃了．簡直無法下嚥。

（4）その人の申し出はあまりにも急な話だったので、すぐにOKするのはためらわれた。／他提出的申請太突然了．所以我沒有馬上同意。

（5）彼があまりに僕の失敗を笑うから、だんだん腹が立ってきてなぐってしまった。／他老不停地取笑我的失誤．我火大了．把他揍了一頓。

一般多與形容詞一起使用．如例(5)所示．有時也與動詞一起使用。表示該形容詞或動詞所表示事物的程度超出一般常識．多帶有指責等貶義。常後續"…すぎる"。另外．後面還多接續"…て／ので／から"等形式．表示由於程度過甚而導致的必然結果或陳述從前句引申出的判斷結果等意。

b **あまりのN に/で**　太…、過度…。
（1）あまりの驚きに声も出なかった。／由於過度吃驚我都説不出話來了。
（2）海水浴に行ったが、あまりの人出でぐったり疲れてしまった。／去了海水浴場，由於人太多把我給累壞了。
（3）あまりの問題の複雑さに、解決策を考える気力もわかない。／由於問題過於複雜，没有力氣來考慮解決的辦法。
（4）あまりの忙しさに、とうとう彼は体をこわして入院するはめになってしまった。／由於過度繁忙，他終於搞壞了身體住進了醫院。

與含有程度意義的名詞一起使用，表示"由於其程度過甚，因而…"的意思。後續由於該原因而導致的必然結果。

（誤）あまりの宿題に頭が痛くなった。
（正）あまりの宿題の多さに頭が痛くなった。／由於作業太多，我頭都疼了。

c **あまりに（も）…と**　過於…（的話），（要是）太…。
　　あんまり（にも）…と
（1）あまりボリュームを上げると隣の人が文句を言いに来るから気をつけてね。／音量調得過大的話，隔壁的人會來抱怨的，你可要注意點啊。
（2）あまりに安いとかえって心配だ。／太便宜的話反倒令人擔心。
（3）大きいバッグは便利だけど、あまりにも大きいと、中身をたくさん入れすぎて重くなって持ち歩くのがいやになるから、適当な大きさにした方がいいだろう。／大旅行包雖很方便，可是要是太大了，裡面裝的東西太多，就重得拿不動了，所以還是選大小合適的爲宜。

用以叙述程度過甚。後續因而產生的必然結果。

d **…あまり（に）**　過度、過於、太。
[Nのあまり（に）]
[V-るあまり（に）]
（1）母は悲しみのあまり、病の床に就いてしまった。／母親由於過度悲傷，病倒在床上。
（2）彼は驚きのあまりに、手に持っていたカップを落としてしまった。／他由於過度吃驚，把手裡的杯子掉到了地上。
（3）忙しさのあまり、友達に電話をしなければならないのをすっかり忘れていた。／因爲太忙，把該給朋友打電話的事忘一乾二淨。
（4）子供のことを心配するあまり、つい下宿に電話しては嫌がられてしまう。／因爲太惦記孩子的事，結果打電話

到他住處讓他討厭。
（5）何とか逆転しようと焦るあまり、かえってミスをたくさん犯してしまった。／因爲急於要反敗爲勝，結果反倒失誤更多。
（6）彼女は彼のことを想うあまりに自分のことを犠牲にしてしまっている。／她考慮他的事情過多而犧牲了自己。

與表示感情或狀態的名詞和動詞一起使用，表示其極端的程度，後半句叙述因而產生的不良結果。

3 數量詞＋あまり　…多。
（1）その会の出席者は100名あまりだった。／出席這次會議的人大約有100多人。
（2）そこから5キロあまりの道のりを歩くだけの元気は残っていなかった。／我已經沒有力氣從這裡走5公里多的路程了。
（3）事故発生から2ヵ月あまりが経って、ようやく原因が突き止められた。／事故發生兩個多月以後才終於查出了事故原因。

表示比該數量多一些。不與過於嚴密的數字一起使用。屬於書面性語言。
（誤）ベーコンを235グラムあまり買った。
（正）ベーコンを200グラムあまり買った。／買了200多克的培根肉。

4 …なんてあんまりだ　→【あんまり】3

【あらためる】
改，改正。
[R－あらためる]
（1）この文章の内容を子供向けに書き改めてくださいませんか。／能把這篇文章改寫成適合兒童的讀物嗎？
（2）その泥棒は自分のしたことを悔い改めて、まともな仕事についた。／那個小偷痛改前非，找到了正當職業。

接在動詞連用形後面，可接續動詞有限。表示改正原有缺點重新做起。

【あるいは】
是書面性語言表達方式。在較鄭重的口語中也可以使用。

1 あるいは
a N（か）あるいはN　或、或是。
（1）黒あるいは青のペンで記入してください。／請用黑色或藍色筆填寫。
（2）欠席する場合には、口頭かあるいは書面で届け出ること。／如若缺席，須有口頭或書面申請。
（3）このクラブの施設は、会員あるいはその家族に限り、使用することができます。／本俱樂部的設施僅限於會員或其家屬可以使用。
（4）応募は、25歳以上、あるいは20歳以上で、職業をお持ちの方に限ります。／應徵者

僅限於25歲以上或20歲以上的有職業者。

（5）被害者は、包丁あるいは登山ナイフのようなもので殺害されたらしい。／被害者像是被用菜刀或登山刀殺害的。

以"X(か)あるいはY"的形式，表示"或是X或是Y"的意思。經常用於如例（1）、（2）所示，"或是X或是Y，請任選一方"的場合。另外也用於例（3）、（4）的場合，表示"X或Y，只要使用其一方即可"。例（4）還可以表示X或Y，或者是XY雙方均可的條件。例（5）則表示可以用於"有XY兩種可能性，還不清楚"的場合。

類似的表達方式有"XかY"、"XまたはY"、"XもしくはY"等。在日常會話的口語中還經常使用"XかY"的形式。

b …か、あるいは　或…或…、或是…或是…、或者是…或者是…。

（1）申し込み書類は、郵送するかあるいは事務所まで持参してください。／申請資料等請郵寄或直接送到事務所來。

（2）A：福岡へは、どうやって行ったらいいですかね。／去福岡怎麼去好呢？
　　B：そうですね。新幹線で行くか、あるいは飛行機で行くか、でしょうね。／去福岡啊，坐新幹線去，或是坐飛機去吧。

（3）社会人大学院に入学するためには、定職についているか、あるいは25歳以上であることが条件である。／報考在職人員研究所學生的條件是，有固定職業，或者是年齡在25歲以上。

（4）就職しようか、あるいは進学しようかと迷っている。／是找工作，還是繼續升學，我還拿不定主意。

（5）A：被害者は、犯人は知らない男だと言っています。／被害者説凶手是一個不認識的男人。
　　B：本当に知らないか、あるいは知らないふりをしているか、どちらかだな。／他不知道是真不認識，還是裝做什麼都不知道。

（6）景気は数年で回復するのか、あるいは何十年もかかるのか、まったく予想できない。／經濟景氣的恢復，也許需要幾年，也許需要幾十年，完全無法預測。

以"XかあるいはY"的形式，表示"X或者是Y的其中之一"之意。例（1）、（2）是"X也行Y也行，任選其一"的用例。例（3）是"或符合X的條件，或符合Y的條件，哪一方都可以"的用例。符合XY雙方的條件也可以。例（4）～（6）表示的是"有XY兩種可能性，是哪一方還不清楚"的意思。

2 あるいは…かもしれない　或許、也許。

（1）このぶんでは、明日はあるい

18　あるまじき…だ

は雪かもしれない。／看這情況，明天也許要下雪。
（2）　彼の言うことは、あるいは本当かもしれない。／他説的或許是真的。
（3）　これで、手術は三度目だが、今回はあるいはだめかもしれない。／這已經是第三次手術，這次或許還是不行。
（4）　もう何年も国には帰っていない。両親でも生きていれば、あるいは帰りたいと思ったかもしれないが、知った人もほとんどいない今は、特になつかしいとも思わない。／已經有幾年沒有回家鄉了。要是父母還健在，也許我會想回去，現在我認識的人幾乎都不在了，所以也就不感到特別懷念了。

　　以"あるいは…かもしれない"的形式，表示説話人的推測。即"有這種可能性"的意思。類似的表達方式有"ひょっとすると"、"もしかすると"。
　　也經常與"あるいは…のだろう"、"あるいは…と思われる"等其他表示説話者推測的表達方式一起使用。

3　あるいは…あるいは　有的…有的…、時而…時而…。
（1）　高校を卒業した学生たちは、あるいは進学し、あるいは就職し、それぞれの進路を歩み始める。／高中畢業以後的學生們，有的升學，有的找工作，各自開始走自己的人生之路。
（2）　美しかった街路樹も、あるいは横倒しになり、あるいは途中から二つに折れて、台風の威力のすさまじさを物語っている。／原本很漂亮的林蔭大道，有的倒塌，有的被攔腰截斷，完全看到了颱風的威力。
（3）　風の音は、あるいは泣くが如く、あるいは呻くが如く、高く低く、一晩中谷間に響いた。／風聲時而如哭泣，時而似呻吟，忽高忽低，整夜在山谷間呼嘯。

　　用於表述多種情形的狀況。
　　如例（1）、（2）所示，以"あるいは…し、あるいは…し"的形式，表示"有的（人或物）…有的（人或物）…"的意思。用來表示複數的人或物各自的行動及狀態。例（3）的意思則表示"有時…有時…"。是一種用於書面語的較拘謹的表達方式，在日常口語中一般不使用。

【あるまじき…だ】

[NにあるまじきNだ]　不該有的、不相稱的。
（1）　業者から金品を受け取るなど公務員にあるまじきことだ。／向工商業者收取賄賂，這是不該發生在公務員身上的事情。
（2）　酒を飲んで車を運転するなど警察官にあるまじき行為だ。／酒後開車，這是作爲一

（3）「胎児は人間じゃない」などとは、聖職者にあるまじき発言である。／"胎兒不是人"，這種發言與神職人員的身分是不相稱的。

接在表示職業或地位的名詞後面，表示"作爲一個…是不應該有的(不相稱的)"意思。後接"こと"、"行爲"、"發言"、"態度"等名詞。用於指責某人的言行。作爲以"Nに"的形式所表示的人物來說，是與其資格、地位、立場不相稱的。是一種書面性的、較生硬的表達方式。

【あれで】

1 あれで＜褒義評價＞　別看…其實…。

（1）あの人はいつもきついことばかり言っていますが、あれでなかなか優しいところもあるんですよ。／別看他說話挺尖酸，其實他心地還是挺好的。
（2）彼女、体は小さいけど、あれでけっこう体力はあるのよね。／別看她個子小，可相當有體力的。
（3）あのレストランって、一見汚くてまずそうに見えるけど、あれでなかなかいけるんですよ。／別看那家餐廳看上去挺髒的，又難吃似的，其實味道還是蠻不錯的。

與"なかなか"、"けっこう"等詞一起使用，表示外表與内容不一樣，其實比想像的要好的感覺。在"あれで"後面表述値得稱贊的一面。用以褒獎話題中的人或物。

2 あれで＜驚訝＞　（表示輕微的驚訝）。

（1）あのコート、あれで4万なら安いものだ。／那件大衣，要是4萬日元的話，那可是夠便宜的。
（2）え、彼女あれでスキー初めてなんですか。すごくうまいじゃないですか。／咦，那是她第一次滑雪嗎？滑得真不錯。
（3）今日の食堂の定食、あれでよく改善したって言えるよね。まるで豚のえさだよ。／今天食堂的套餐，哪能說是改善過了。簡直就是猪食。
（4）あの映画、あれで(も)アカデミー賞受賞してるんですか。ちょっとひどすぎると思いませんか。／就那部電影，那還獲得奧斯卡金像獎了哪。你不覺得太過分嗎。

表示對"就這種狀態還…／還有…的價値／還可以…"的說法表示輕微的驚訝。有用於如例（1）、（2）那樣肯定的場合，也有用於如例（3）、（4）那樣否定的場合。

【あれでも】

那還、那也是。

（1）あの人、患者の話を聞こうともしないで、あれでも医者な

のですか。／那個人根本連患者的訴説都不聽，那也叫醫生啊。
（2）あれでも彼は手伝っているつもりらしいが、かえってじゃまだ。／可能他還以爲他那是在幫忙呢，其實反而是幫倒忙。
（3）子供ならあれでも楽しめるのだろうが、大人にはあんなバカげたゲームはとても耐えられない。／要是孩子，可能還可以隨手玩玩，但是大人可消受不了這麼無聊的遊戲。
（4）彼女、あれでもスキー初めてなんですよ。それにしてはうまいでしょ。／她這是第一次滑雪呀。那麼説還是滑得蠻不錯的。

就説話者和聽話者都知道的第三者的言行或事情"あれ"發表意見，表示認爲該事物脱離自己的標準或不同尋常的心情。多因此引出對該事物的指責。後面多接有表示疑問或推量的表達方式。

【あんまり】

1 あんまり…ない 不(没)怎麼…、没多少…。
（1）このごろはあんまり映画を見ていない。／最近没什麼看電影。
（2）今日はあんまりお金がないのでCDを買うのは今度にしよう。／今天没帶多少錢，下次再買CD吧。

是"あまり"的強調形式。是一種口語表達方式。
→【あまり】2

2 あんまり 太…。
（1）あんまりおかしくて涙が出た。／因爲太滑稽了，都笑出了眼涙。
（2）あんまり暑いと何も考えられなくなる。／天氣太熱什麼也不想思考。
（3）英語が下手だと馬鹿にされるが、あんまり上手だとかえって嫌がられる。ほどほどにできるのがいいようだ。／英語差會被人看不起，但是太棒了反而會被人嫌。所以最好是過得去就行。

是"あまり"的強調形式。是一種口語表達方式。
→【あまり】2a 【あまり】2c

3 …なんてあんまりだ 太過分、太過火。
（1）誰も私のことを覚えていてくれなかったなんて、あんまりだ。／誰都不記得我了，這也太過分了。
（2）A：君は明日から補欠だ。／從明天起，你做後補隊員。
B：ええっ、監督、それはあんまりですよ。もう一度チャンスをいただけませんか。／不會吧，教練，這

也太殘酷了吧。能不能再給我一次機會？
（3） A：あの人、何をやらせてもミスが多いのよね。この間は大事な書類を電車に置き忘れるし。あの人が辞めてくれれば、もっと何でもスムーズにいくのに。／那個人做什麼事都會出錯。上次他就把一份重要的文件忘在電車裡了。如果他能辭職不幹，也許我們這兒的工作還能更順利一些。
　　　 B：そういう言い方ってあんまりじゃない。彼女まだ経験も浅いんだし、その割には頑張ってるじゃない。／你這麼說是不是太過分了。她經驗還不夠豐富，但按她現在的程度她還是很努力的。
（4）ある日突然解雇するなんて、あんまりと言えばあんまりだが、彼にもそうされるだけの理由があるのだ。／有一天突然解雇，這要説過分也是够過分的，但他也一定有他的不是。

除"なんて"以外，還可以使用"って"、"は"、"とは"等表達方式。接着前面的話題，表示"這樣太過分"的意思。主要用於口語。例（4）的"あんまりといえばあんまりだ"是一種慣用形式。

【いい】

1 いい

a いい＜贊賞＞　不錯，真好。

（1）そのセーターいいですね。よく似合ってますよ。／這件毛衣不錯啊。你穿着很合適。
（2） A：彼女、新婚旅行ギリシャだって。／聽説她新婚旅行要去希臘。
　　　 B：へえ、いいなあ。／是嗎，那多好啊。

用於表示贊賞、羨慕等時。常與"ね""なあ"等一起使用。

b いい＜拒絶＞　不要，不用。

（1） A：もう一杯どうですか。／再來一杯怎麼樣？
　　　 B：いえ、もういいです。／不，我不要了。
（2） A：ケーキがあるんだけど食べない？／有蛋糕，你要吃嗎？
　　　 B：いや、今はいい。／不，現在不要。

用於別人拿出些東西勸你時。與"けっこうです"意思相同。

c いい＜提醒＞　好了嗎，注意啊。

（1）いいね、今言ったことは誰にもしゃべっちゃだめだよ。／記住了嗎，剛才跟你説的話對誰也不許講。
（2）いい、よく見ててね。ここを押すとスイッチが切れるから、それからコンセントを抜いてね。／好了嗎，你好好看

着啊。一按這個鍵就關了，然後再拔掉插頭。
(3) いいか、よく聞け。これからは俺がこのグループのリーダーだ。／你們都好好聽着。從今以後，我就是這個團的頭兒了。
(4) このグラフを見てください。いいですか。これは2001年までの世界の人口増加を表したものです。／請看這張圖表。看清了嗎，它表示了到2001年爲止的世界人口增長的情況。

　　使用時升調。用於命令或求助對方之前提醒對方注意，以確認對方是否在聽自己講話。

d いいから／いいよ　行了，別説了。
(1) A：私があと3分早く着いていれば乗り遅れることもなかったのですが…。／我要是再早到3分鐘也不至於坐不上車啊。
　　B：もうそのことはいいから。それより今からどうしたらいいかを考えましょう。／這事就不用再提了，還是想想現在該怎麼辦吧。
(2) A：あ、タクシー1台来ました。どうぞ乗って下さい。次がいつ来るかもわかりませんし。／啊，來了一輛計程車。你先上車吧。下一輛還不知道什麼時候會來呢。
　　B：いや、いいからどうぞ先に乗ってください。そちらの方が遠いんですから。／不，我不要緊，還是你先上吧。你的路遠。
(3) A：ねえ、そんな道に入って行って大丈夫なの？迷ったらどうするのよ。／啊，走這條路行嗎？迷了路怎麼辦。
　　B：いいからまかせとけって。こっちの方が近道なんだから。／没事兒，你就聽我的吧。這是一條近路。
(4) A：あ、数字の入力はそのキーじゃなくてこっちだよ。／啊，打數字不是用那個鍵，是這個。
　　B：いいから、黙っててよ。／行了，用不着你説。
(5) A：私がちゃんと財布を鞄の中にしまっておけば、とられたりはしなかったのよね。クレジットカードだって別のところに入れておくべきだった。ガイドブックにもそうしろって書いてあったし…。私が悪いのよ。／我要是把錢包好好收在書包裡也不會被偷了。信用卡也應該放在別處。再説，導遊書上就

是這樣寫的…。都是我不好。

B：もういいよ。後悔したって始まらない。／行了．現在後悔也晚了。

　　就對方所說的事，表示"用不着那麼說／那麼想"的意思。有不讓對方再繼續說下去的作用。例（1）、（2）、（3）可用於輕輕安慰對方，告訴他不必擔心。例（4）用於對方的擔心是多餘的，叫他不要說話。例（5）用於你再多說也沒用等場合。使用"いいから"的形式時，有"不必擔心．別說話"的意思，制止對方說話的語氣更強烈。

2 …がいい

（1）悪いことばかり覚えて、お前なんか、そのうち警察に捕まるがいいよ。／總是學壞事，你呀，早晚叫警察抓了去。

（2）悪い奴らはみんな悪魔にとりつかれて死んでしまうがいい。／最好這些壞蛋都被惡魔纏身給弄死。

　　表示希望壞事發生的心情。用於指責、咒罵或詛咒等。是一種較陳舊的說法。

3 …ていい　→【ていい】

4 …といい　→【といい】

【いう】

　　尊敬語時說"おっしゃる"，自謙語時說"申す"。

1 いう＜説話＞

a …という　説。

（1）みんなには行くと言ったが、やはり行きたくない。／雖然我跟大家說了我要去，但是我還是不想去。

（2）道子さんは「すぐに行きます」と言いました。／道子說．"我馬上就去"。

（3）道子さんはすぐに行くと言いました。／道子說馬上就去。

　　用於引用他人的說話。引用方法有兩種．一種爲直接引用．如例（2），一種爲間接引用．如例（1）或例（3）。間接引用時．引用部分用簡體。詢問說話內容時可說"なんといいましたか（他說什麼了）"或"どういいましたか（他怎麼說）"。間接引用請求或命令句時．用"…ようにいう"的形式。

→【いう】1d

b …といっている　説．説了。

（1）山下さんはまだ決められないと言っている。／山下先生說．現在還決定不了。

（2）みんな、それはめでたいことだと言っている。／大家都說這是件可喜的事。

（3）A：この件について、当局はどう言っているのでしょうか。／就此問題．當局是怎麼說的？

B：原因の分析がすむまで詳しいことは述べられないと言っています。／當局說．在分析清楚原因之前．詳情無可奉告。

（5）私は行きたくないと言っているのに、認めてもらえそう

もない。／我説了我不想去，可是看來根本就不會有人同意。

表示某人説的話現在仍然有效。多用於引用第三人稱的話，用於自己説的話時，一般爲別人聽不進自己的意見時。

c …といわれている 據説、大家都説。
(1) この泉の水を飲めば若返ると言われている。／據説喝了這種泉水可以返老還童。
(2) この映画は日本映画史上の最高傑作だと言われている。／大家都稱這部電影是日本電影史上的傑作之最。
(3) 現在世界に数千万人の難民がいると言われている。／據説現在世界上有幾千萬難民。

用於表述普遍的傳説或評價。

d V-る／V-ない ようにいう 告訴。
(1) ここへ来るように言われました。／有人告訴我讓我到這裡來的。
(2) 木村さんにすぐ本を返すように言って下さい。／請告訴木村，趕快還書。
(3) もっと静かにするように言いましょう。／我們跟他們説請他們再安靜一些吧。

用於間接引用請求句或命令句的場合。

e Nをいう 説…。
(1) おじさんにお礼を言いなさい。／跟叔叔説聲謝謝。

(2) 友達にひどいことを言って嫌われてしまった。／對朋友説了非常失禮的話，結果他不理我了。

前接"お礼(道謝)"、"嘘(謊言)"、"ひどいこと(失禮之言)"等詞，表示説了這樣的話。

f Nを…という 説…(是)…。
(1) 彼はその子を妹だと言った。／他説那孩子是他妹妹。
(2) 先生は私の意見を面白いと言ってくれた。／老師稱贊我的意見很有趣。
(3) あの人は私のことを馬鹿だと言った。／他説我是傻瓜。

就某人或某物，表述對其的評價或與某的關係。用於引用他人説話的場合。

2 …という＜傳聞＞ 據説、傳説。
(1) 彼は卒業後郷里へ帰って母校の教師をしているという。／據説他畢業以後回到家鄉，在母校作了一名教師。
(2) その僧が去った後、その国は千年の間栄えたという。／據説，那個和尚走了以後，這個國家繁榮昌盛了一千年。
(3) アイルランドに蛇がいないのはセントパトリックが追い払ったからだという。／傳説愛爾蘭之所以没有蛇，是因爲聖保羅把它們都趕跑了。
(4) この島の人々は黒潮に乗って南方から渡ってきたのだという。／傳説這個島上的人是順着黑潮從南方飄流過來的。

いう　25

　　是一種表示傳聞或傳說的表達方式。表示傳聞的意思只有"という"一種形式。說成"といった"、"といわない"則只表示單純的說話。多用平假名書寫。

3 …という＜名稱＞

a Nを Nという　叫…。

（1）あの人は名前を白山武彦といいます。／他的名字叫白山武彦。

（2）あの船の名前は、なんといいますか。／那條船的名字叫什麼？

（3）私は中山一と申します。どうぞよろしく。／我叫中山一，請多關照。

（4）A：これは日本語でなんといいますか。／這個用日語叫什麼？
　　B：扇子といいます。／叫做扇子。

（5）A：すみませんが、お名前はなんとおっしゃいますか。／對不起，請問您叫什麼名字？
　　B：山田和雄といいます。／我叫山田和雄。

　　以"XをYという"或"XはYという"的形式，用於表示X叫什麼名字。"なんといいますか"中的"なんと"，在較通俗的口語中，可說成"なんて"。可用漢字書寫成"言う"。例（3）中的"申す"是"いう"的自謙語。例（5）中的"おっしゃる"是尊敬語。

b N（のこと）を Nという　説…、說成…。

（1）A：国連のことを英語ではなんといいますか。／聯合國用英語怎麼說啊？
　　B：United Nationsといいます。／說United Nations。

（2）中国語では「さようなら」を「再見」といいます。／"さようなら"用中文說是"再見"。

　　用於用另一種語言表述原語言當中的相同意思。除"…のことを"之外，還可以用"…とは"、"…って"的形式。

（例）国連って英語ではなんといいますか。／聯合國用英語怎麼說啊？

　　"…って"用於口語。在非單純語言的轉換，進行解說或下某種定義時，不能用此句型。

（誤）南風とは南から吹く風といいます。

（正）南風とは南から吹く風のことです。／南風就是從南面颳來的風。

4 …という N　→【という2】

5 …というか　→【というか】

6 …ということ　→【ということ】

7 …というと　→【というと】

8 …というのは　→【というのは】

9 …というものだ　→【というものだ】

10 …というより　→【というより】

11 …といったらありはしない
　→【といったらありはしない】【といったらありゃしない】

12 …といったらない
　→【といったらない】

13 …にいわせれば
　→【にいわせれば】

【いうまでもない】

1 …はいうまでもない 不用説、當然。

[Nはいうまでもない]
[N であるのはいうまでもない]
[Na であるのはいうまでもない]
[Na なのはいうまでもない]
[A／V のはいうまでもない]

（1）全然学校に来なかった彼が卒業できなかったのは言うまでもない。／那還用説，他根本就沒來上過學，當然畢不了業。

（2）単位が足りなければ卒業できないのは言うまでもないが、足りていても卒業論文を書かなければ卒業できない。／學分不夠當然不能畢業，即使學分夠了，如果不寫畢業論文，也畢不了業。

（3）仕事につけば収入は増えるが自由時間は少なくなるというのは言うまでもないことだ。／那還用説，工作以後收入雖然増加了，可是自由時間就少了。

（4）上司にも気に入られ仕事の成績も伸ばしている彼の次期昇進の可能性は言うまでもない。／上司賞識他，而且他工作成績又好，下次升官，那肯定沒錯的了。

（5）A：彼女、今度パリに出張だそうですよ。彼女ならフランス語も完ぺきだし交渉もうまいし、適任ですよね。／聽説她要出差去巴黎。她法語又好，又會談判，必定可以勝任的吧。

B：ええ、それはもう言うまでもないですよね。／那還用説嗎。

表示從常識來看理所當然，擺明着的事，誰都得承認的意思。

2 いうまでもないことだが 很清楚，大家都知道。

（1）言うまでもないことだが、ツアー旅行で勝手な行動をとって何か問題が起こっても、それはその人自身の責任だ。／我想大家都知道，在團隊旅行中，如果擅自行動發生了問題，那是要其本人負責的。

（2）言うまでもないことですが、この計画はみなさんの御協力があって初めて成功するものです。／很清楚，這個計劃只有大家共同努力才能成功。

（3）言うまでもないことだけど、結婚披露宴に白い服を着て行ってはいけないんだよ。／不用我説，参加婚禮是不能穿着白衣服去的。

用於句首，表示"這是大家都知道的事，沒有必要再説"的意思。用來確認某種不言而喻的事，作爲其開場白。

3 いうまでもなく　很明顯、不用説。

（1）言うまでもなく、私たちをとりまく環境はどんどん汚染されてきている。／很明顯的，我們周圍的環境不斷被污染。

（2）私などが言うまでもなく、彼の芸術的な才能はこれまでの画家には不可能だった新しいものを生み出している。／不用我説，他的藝術天才正在把過去的畫家們不可能達到的境界發展成新的藝術。

（3）日本は高齢化社会になりつつあるが、言うまでもなく国の対応は遅れており、国民は不満を感じている。／日本社會進入高齡化後的問題不可諱言，當然也是因爲政府沒有及時採取對策，國民對此極爲不滿。

用於句子或段落開頭，表示"這是大家都知道的事，沒有必要再説"的意思。用來確認某種不言而喻的事，作爲其開場白。用於句首時，可以與"言うまでもないことだが"替換。

【いか】

1 数量詞＋いか　…以下、不足…。

（1）なるべく4人以下でグループを作ってください。／最好4人以下組成一個小組。

（2）500グラム以下のパックは50円引きです。／不足500克的皮包便宜50日元。

（3）3000円以下で何か記念品を買うとしたら、どんなものがあるでしょうか。／如果最多用3000日元買點紀念品的話，可以買些什麼樣的東西啊。

表示含該數量並在其以下的意思。

2 Nいか　…以下。

（1）中学生以下は入場無料です。／中學生以下免費入場。

（2）中型以下の車ならこの道を通ることができる。／中型以下的汽車可以通行。

（3）B4サイズ以下のものでないとこの機械ではコピーできない。／如果不是B4以下的紙，這臺機器沒法複印。

接在表示有順序、程度等含意的名詞後面，表示包括其在内以及位於其下的意思。

3 Nいかだ　不如…、不是…。

（1）おまえはゴキブリ以下だ。／你還不如一隻蟑螂。

（2）そんなひどい仕打ちをするとは、あいつは人間以下だ。／他竟做出這種事情，簡直不是人。

（3）まったくあいつの頭ときたら小学生以下だ。／他那腦子還不如小學生呢。

表示還不如前接名詞的意思。用於指責或咒罵。

4 Nいか＋数量詞　以…爲首（爲主）以及…。

（1）わが社では、社長以下約300

人が全員一丸となって働いています。／在我公司，以總經理爲首，300名職工團結一致共同努力。
(2) 山田キャプテン以下38名、全員そろいました。／以山田隊長爲首38名全都到齊了。
(3) その企業グループは、A社以下12社で構成されている。／該企業集團以A公司爲主由12家公司組成。

用於説明某團體，表示以某代表者爲首形成一個集體。N爲人物時，一般多用職務名而不用人名。用於書面語或較鄭重的口語。

5 いか 下面，以下。
(1) 以下同文。／以下相同。
(2) 詳細は以下のとおりです。／詳細情況如下。

在文章或講演中，表示以下的部分。主要用於書面語。

【いがい】

1 …いがい 除…以外。
[Nいがい]
[V-る／V-た いがい]
(1) 来週のパーティーには、山田さん以外みんな行くそうです。／下星期的宴會，據説除山田以外大家都去。
(2) これ以外で／にもっといい辞書はありませんか。／除了這本以外還有更好一點的辭典嗎？
(3) 温泉に行ってのんびりする以外にも、何かいい案があったら出してください。／大家提議，除了到溫泉好好休息一下以外，還有什麼其他休閒的好方案嗎。
(4) 酔っぱらって転んで顔にけがをした以外は、今週は特に変わったこともなかった。／這星期除了喝醉酒把臉摔傷了以外，就没有什麼特別的事了。

表示"除…以外"、"另外"的意思。

2 …いがいに…ない 除…以外没有…。
[Nいがいに…ない]
[V-る／V-た いがいに…ない]
(1) 彼女以外にこの仕事を任せられる人はいない。／能委派這項工作的，除了她以外没有別人。
(2) 単語は、自分で努力して覚える以外に、習得の方法はない。／單詞只能靠自己努力去背，除此之外別無他法。
(3) スーパーの店員に文句を言った以外には今日は誰とも一言も話さなかった。／今天，除了在超市跟店員發了幾句牢騷以外，没有跟任何人説一句話。

以"Xいがいに Yない"的形式，表示"能够Y的只有X"的意思。與"…のほかに…ない"、"…しか…ない"意思相同。

【いかなる】

"いかなる"後必須接名詞。用於書面語。口語中多爲"どんな"。

1 いかなるN（＋助詞）も　任何…都…。

（1）彼はいかなる困難にも負けないほど強い精神力の持ち主だった。／他有不怕任何困難的堅強毅力。

（2）いかなる罰則も暴走族の取り締まりには効を奏さなかった。／任何處罰辦法對於管制飛車族都沒能奏效。

（3）この制御システムは、いかなる非常事態にも対応できるよう綿密に作られている。／這套控制系統做得非常嚴謹，它可以應付任何突發事件。

（4）いかなる賞賛の言葉も彼女の前では嘘になってしまうほど、彼女はすばらしかった。／她太了不起了，以至於任何讚美之詞用在她身上都顯得那麼微不足道。

表示"N中最極端的東西都…"的意思。用以強調N，從而表示述語所述事情確鑿無誤。

2 いかなるNでも　任何…都…、無論…都…、不管…都…。

（1）絵画というのは、いかなる作品でもそこに作者独自の視点が反映されているものだ。／繪畫這種藝術，任何一幅作品都反映了畫家獨特的觀點。

（2）いかなる状況であれ、自分の職務を離れるのは許されないことだ。／無論發生了什麼情況，擅自離開自己的崗位都是不能容許的。

（3）それがいかなる方法であれ、それによって結果的に多くの人が助かるのならやってみるべきではなかろうか。／不管是什麼方法，只要它最終能使大多數人得救就值得試一試吧。

（4）いかなる意見であっても、出されたものは一応検討してみる必要があるだろう。／不論什麼意見，只要提出來了就有必要討論一下吧。

以"いかなるNでも／Nであれ／Nであっても"的形式，表示"只要是N，不管它是多麼極端的東西，或者是多麼不一般的東西，都…"的意思。爲後半句的前提，從而加強後半部分的主張。

3 いかなる…とも　無論…都…、不論…都…。

[いかなるNであろうとも]
[いかなるN＋助詞＋V-ようとも]

（1）いかなる状況になろうとも、断固として戦い抜く決意だ。／我決定，無論遇到什麼情況都堅決戰鬥到底。

（2）彼なら、いかなる環境におかれようとも自らの道を歩んで行くことができるであろう。／他不論在什麼環境中都能堅持走自己的道路。

(3) いかなることがらが起きようとも、常に冷静に事態を判断する能力を身につけなければならない。／我們必須具備無論發生什麼事情都能冷靜地判斷情況的能力。

(4) いかなる役割であろうとも、与えられれば誠意を尽くして精いっぱいやるのが私たちの努めだ。／我們的職責就是，無論分配給我們什麼任務，只要領取了任務就要全心全意地盡一切努力去把它完成。

表示"無論遇到多麼大的困難、多麼極端的情況，多麼不尋常的事情，都…"的意思。

【いかに】

用於書面語。口語中多為"どんなに"。

1 いかに…か　多麼…(啊)。

(1) この町がいかに暮らしやすいかは、住んでいる人の表情からもうかがわれる。／在這個城鎮裡生活有多麼的舒適，只要從這裡的居民的表情上就能看出來。

(2) この仕事がいかに精神的な苦労が多いかが、手伝ってみて初めて実感できた。／做這項工作在精神上是多麼勞累，只有在實際幫忙做了以後才真正感受到了。

(3) あの人がいかにつきあいにくい人かおわかりいただけるだろうか。／你知道他是多麼難交的人了吧。

(4) 愛する夫を飛行機事故で失って、彼女がいかにつらい思いをしているか、想像しただけで胸が痛くなる。／在飛機失事中失去了心愛的丈夫，她該是多麼痛苦啊，想起來就替她傷心。

"いかに"後接形容詞或"V－やすい／V－にくい"的形式，表示"多麼…啊"的意思。多含有程度頻繁的意思。

2 いかに…ても　無論再…也…。

[いかにN／Na　でも]
[いかにA－くても]
[いかにV－ても]

(1) いかに工夫をこらしても、家族は私の料理には何の関心も示さない。／不管我怎麼下功夫去做，家裡人對我做的菜都毫無興趣。

(2) いかに精巧なコンピュータでも、しょせん機械はただの機械だ。／無論計算機精密到什麼程度，機器到底只是機器。

(3) いかに歌が上手でも、人をひきつける魅力がなければ歌手にはなれない。／歌唱得再好，如果沒有迷人的魅力也當不了歌手。

(4) いかに頭がよくても体が弱くてはこの仕事はつとまらない。／腦子再好，如果身體不行也勝任不了這項工作。

表示"無論多麼…也…"的意思。加強後半部分敘述的語氣。

3 いかに…といっても　再…也…。

（1）いかに彼が有能だと言っても、こんな難題を一人で処理することは不可能だろう。／他再有能耐也不可能一個人來解決這個難題。

（2）いかに医療技術が進んだと言っても、治療して必ず回復するとは限らない。／醫療技術再發達也不能保證什麼病都治了就能好。

（3）いかに彼女が多忙を極めていると言っても、電話1本をかける時間もないということはないだろう。／她即使忙得四脚朝天，也不至於連打個電話的時間都沒有吧。

表示"即使承認…是事實，也…"的意思。用於後半部分與前半部分相矛盾。在承認前半部分的基礎上仍主張後半部分的場合。

4 いかに…とはいえ　雖説…但也…。

（1）いかに家賃が高いとはいえ、こんなに環境がいいのなら納得できるのではないか。／雖説房錢很貴，但周圍環境這麼好也就得過且過吧。

（2）いかに才能のある芸術家であるとはいえ、こんなに難解な作品ばかりでは一般の人には理解してはもらえないだろう。／再怎麼有才能的藝術家，如果光是做這種難懂的作品也就得不到普通人的理解了。

（3）いかに国全体が豊かになってきたとはいえ、まだまだ今の生活水準に満足していない人も多いのである。／雖説國家整體富裕起來了，但是還有許多人還遠遠不能滿足現在的生活水準。

意思與"いかに…といっても"基本相同，但多少帶有點文言文的色彩。

5 いかに…ようと（も）　無論多麼…也…、不論怎樣…也…。

［いかに修飾短句＋Nであろうと（も）］
［いかにNaであろうと（も）］
［いかにA-かろうと（も）］
［いかにV-ようと（も）］

（1）いかに便利な機械であろうと、それを使うことによって手で作る喜びが失われてしまうのだとしたら、使う意味はない。／無論多麼方便的機械，如果因爲使用了它而失去了親手製做的樂趣，那也就没有意義了。

（2）いかに困難であろうと、やってみれば何らかの解決策は見えてくるはずだ。／不管多麼難的難題，只要動手去做，總會找到解決的辦法的。

（3）いかにスポーツで体を鍛えようと、栄養のバランスが取れていなければ健康にはなれない。／無論怎樣進行體能

鍛練。如果營養失調也不可能會健康。
（4）　いかに環境保護に努めようと、ゴルフ場を作られてしまえば終わりだ。／再怎麼想保護環境，如果在這兒讓人家建了高爾夫球場，一切就都完了。
（5）　いかにみんなにほめられようと、しょせん素人の作品じゃないか。それにこんな値段つけるなんて信じられないよ。／大家再怎麼褒獎，也不過是一幅外行人的作品。還定了這麼個價錢，簡直令人難以相信。
（6）　いかに仕事が苦しかろうとも決して文句を言わない。／無論工作多麼艱苦，絕不發牢騷。

　　意思與"いかに…といっても"基本相同。但多少帶有點文言文的色彩。

【いかにも】

1 いかにも…らしい／…そうだ
a いかにもNらしい　的確像…、符合…。
（1）　今日はいかにも秋らしい天気だ。／今天真是一個秋高氣爽的日子。
（2）　彼女はいつもいかにも教師らしい服装をしている。／她總是穿着一身非常符合教師氣質的衣服。
（3）　その家はいかにも旧家らしく、どっしりとした古めかしい作りだった。／那座房屋的確像一個老建築，又莊重又古色古香。

　　與"名詞＋らしい"的形式一起使用，表示"具有該事物典型的特點、性質，或與之相稱"的意思。以"いかにも"來加強"らしい"的意思。

b いかにも…そうだ　看上去就非常…。
[いかにもNaそうだ]
[いかにもA－そうだ]
（1）　そのサンマはとれたてで、いかにもおいしそうだった。／那些剛釣上來的秋刀魚，看上去就特別美味。
（2）　その映画はストーリーを聞くといかにもおもしろそうなのだが、配役が気に入らないので見に行く気が起きない。／那部電影的情節聽起來很有意思，但裡面的演員我都不喜歡，所以不想去看。
（3）　新しい電子レンジはいろいろな機能がついていかにも便利そうだ。／新式微波爐帶有各種各樣的功能，看起來很好用。
（4）　サッカーの試合見物には母はいかにも行きたくなさそうな様子をしていたが、結局一番楽しんでいたのは母だった。／表面上母親做出根本不想去看足球賽的樣子，但結

果看的最高興的還是母親。
　與 "形容詞詞幹＋そうだ" 的形式一起使用，表示 "看上去就顯得非常…" 的意思。以 "いかにも" 來加強 "そうだ" 的意思。

2 いかにも　　確實、的確。
（1） A：結局、この計画が成功するかしないかは、地域の住民の方々がどう反応するかにかかっているわけですね。／總之，這項計劃是否能獲得成功，關鍵是要看本地區的居民反映如何了。
　　　B：いかにもその通りです。ですから、予測がつかないと言っているのですよ。／確實是這樣。所以說是無法預測的。
（2） A：この指輪は特別に作らせたものでございますか。／這個戒指是特別定做的嗎？
　　　B：いかにも。宝石のデザインでは右に出るものはいないという優れた職人に頼んだものだ。／是的。是請了一位特別優秀的工匠做的，在寶石雕刻方面，沒有人能比得上他。

　表示 "是的"、"確實是這樣" 的意思。用於向對方表示同意。雖爲口語但比較陳舊。尤其例（2）的用法是舊式男性用語。現在的女性或年輕的男性都不這樣使用。

【いかん】

1 Nいかん　　要看…如何、能否…。
（1）これが成功するかどうかはみんなの努力いかんだ。／此事成功與否，全看大家努力的如何了。
（2）環境破壊を食い止めることは、私達一人一人の心掛けいかんだ。／要想阻止環境繼續被遭到破壞，就要看我們每一個人是否隨時隨地都能監督得道了。
（3）政治改革の実現は、連立政権の結束いかんにかかっている。／實現政治改革，關鍵是能否團結起來建立聯合政權。

　表示 "某事能否實現要由其內容、狀態來決定" 的意思。與 "…しだいだ" 意思相近。

2 Nいかんで　　根據…、要看…。
（1）客の出足いかんでは1週間で上映を打ち切られる可能性もある。／根據觀衆的購票情況，有可能一個星期就停演。
（2）あの人いかんで予算は何とでもなる。／根據他的意願預算怎麼都能做。
（3）参加するかどうかはその日の体調いかんで決めさせていただきます。／參加與否請允許我根據當天的身體狀況來決定。

　表示 "根據其內容、狀態" 的意思。與 "…しだいで" 的意思相近。

【いくら】

1 いくら

a いくら＜詢問＞　多少錢。

（1）この本はいくらですか。／這本書多少錢？
（2）東京まで片道いくらですか。／到東京單程多少錢？
（3）この絵はいくらぐらいかなあ。／這幅畫值多少錢啊？

用於不知價格而進行詢問時。

b いくら＜不確定＞　多少。

（1）いくらなら案内してもらってもいいとこちらから先に提示した。／由我們先向他們提出，多少錢可以請他們當我們的導遊。
（2）フリーマーケットに出す品物は、それぞれいくらで売るということを決めてこの書類に金額を書き込んでください。／先決定拿到自由市場上的商品要賣多少錢，然後把金額填寫在這份表格裡。
（3）いくら持ってきてくれという形で注文しないと、後でまた頼まなければならなくなったりするから、個数を確認してください。／你不按固定數量定貨的話，以後還得重定，所以請務必確認個數。

表示價格或數量等不確定。用於説不清其數量或沒有必要説其數量時。

2 いくらでも　無論多少。

（1）ビールならまだいくらでもあるから、安心して飲んでください。／啤酒還有的是呢，你們就放心喝吧。
（2）これだけ暇ならいくらでも好きなことができる。／有這麼多空閒時間，想做多少自己喜歡的事都行。
（3）あの人の代わりならいくらでもいるから、やめられても全然困らない。／能代替他的人多的是，即使他不做了也毫無關係。
（4）いくらでもいたいだけここにいてくれてかまわないよ。／你想在這兒呆多長時間就呆多長時間，不用介意。

表示沒有極限。"想要多少就有多少"的意思。

3 いくらも…ない　沒有多少…。

（1）もうワインはいくらも残っていない。／葡萄酒已經沒剩多少了。
（2）バスがでるまで時間はもういくらもない。／離發車已經沒有多少時間了。
（3）駅までは歩いていくらもかからなかった。／走到車站沒花多少時間。
（4）収入はいくらにもならないが、やることに意味がある。／這工作收入是沒有多少，但其意義是在於參與。

表示數量特別少。

4 いくら…ても

a いくらＶ−ても　無論…也…、儘

管…也…"。
(1) いくら練習してもうまくならない。／無論怎麼練也練不好。
(2) いくら食べても太らない。／怎麼吃也吃不胖。
(3) 彼はいくら誘っても一度もパーティーに顔を出してくれない。／三請四邀，他也沒参加過一次我們的宴會。
(4) 私がいくら「お祝いにはバラの花束をあげよう」と言っても、誰も賛成してくれなかった。／儘管我多次提議，"爲了表示祝賀我們送一束玫瑰花吧。"可是没有一個人贊同。

表示"無論多少／多少次／多麼拼命…也…"的意思。用於表示强調程度。

b いくら…といっても　再…也…。
[いくらNa だといっても]
[いくらA-いといっても]
(1) いくら給料がいいと言っても、残業がそんなに多いのでは就職するのはいやだ。／工資條件再好，要加這麼多班，我也不願意在這兒工作。
(2) いくら甘いものが好きだと言っても、一度におまんじゅうを3つは食べられない。／再怎麼喜歡吃甜的，也不能一下吃三個甜饅頭啊。
(3) いくらここの食べ物がまずいと言っても、生協食堂よりはましだろう。／這兒的東西再不好吃，也比生協的食堂强吧。

表示"承認…，但即使這樣也…"的意思。用以强調後半部分。

c いくら…からといって(も)　不能因爲…就…。
(1) いくら淋しいからと言って、夜中の3時に友達に電話するなんて非常識だ。／再怎麼寂寞，半夜三點給朋友打電話也太没禮貌了吧。
(2) いくら体にいいからと言っても、毎日そればかり食べ続けていては病気になってしまう。／不能説對身體好就每天光吃這個，總有一天會生病的。
(3) いくら新しいのを買うからと言っても、何も古いのをすぐに捨ててしまうことはないんじゃないか。／不能説因爲買了新的就馬上把舊的給扔了吧。

以"いくらＸからといって(も)Ｙ"的形式，表示"也許你以爲，因爲Ｘ所以得出Ｙ的結論，但這樣做不對"的意思。帶有輕微的責難口氣。後面常伴有反對Ｙ的理由。如例(1)，因爲"Ｘ：淋しい(寂寞)"所以"Ｙ：夜中に友達に電話する(半夜給朋友打電話)"，但這樣做是"非常識だ(不懂禮貌的)"。

d いくら…からといっても　再…也…。
(1) いくら才能がないからと

言っても、10年もピアノをやっていれば簡単な伴奏ぐらいはできるだろう。／再怎麼没有才華，練了十多年鋼琴了，簡單的伴奏總還是能彈的吧。

(2) いくら不器用だからと言っても、それだけきれいにセーターが編めれば上出来だ。／再怎麼説手不巧，能織這麼漂亮的毛衣也不簡單啦。

(3) いくら私が料理がうまいからと言っても、プロとは違うんだからそういうこったものは作れませんよ。／我做菜做得再好，終歸不是專業廚師啊，所以做不了這麼複雜的菜。

與4c用法相似。但在形式上，"因爲X所以Y"中Y的部分不表達出來。表示"即使X（也得不出Y的結論）"，而應當是Z"的意思。後面陳述反對Y的理由。如例(1)，即使"X：ピアノの才能がない（没有彈鋼琴的才華）"，也不是"Y：ピアノがひけない（不會彈鋼琴）"，而"Z：簡単な伴奏はできるはずだ（應該會彈簡單的伴奏）"。

e いくらなんでも　（未免）也太…。

(1) そういう言い方はいくらなんでもひどすぎるよ。／你這種説法也太過分了吧。

(2) いくらなんでも、その服はお母さんには派手すぎないか。／這件衣服，對媽來説也太花俏了吧。

(3) この料理はいくらなんでも辛すぎてとても食べられない。／這菜也未免太辣了，簡直無法入口。

是一種副詞性慣用短句。常與"…すぎる"一起使用。表示"即使考慮多種情況仍然覺得不妥／不同尋常／超出了一般常識的範圍"，帶有責備的口氣。

5 いくらV-たところで　即使…也…。

(1) いくらがんばってみたところで結果的には同じことだ。／再怎麼拼命，結果也是一樣的。

(2) いくら隠してみたところで、もうみんなにはばれているんだから仕方がないよ。／已經都被大家知道了，再怎麼隱瞞也没用。

(3) いくらいいドレスを買ったところで、どうせ着ていくところがないんだから無駄になるだけだ。／買的禮服再漂亮，反正没有機會穿出去，買了也白搭。

(4) いくら話し合ったところで、彼らは自分の意見を変える気はないんだから、話し合うだけ無駄だ。／跟他們談了也没用，因爲他們根本没有改變自己意見的意思。

後面常伴有"同じだ（一樣）／仕方がない（没辦法）／無駄だ（没用）"等詞，表示"無論怎樣努力去做，也改變不了其狀態"、"你這麼拼命也無濟於事"的意思。與

4 a "いくら…ても" 有相似之處,但伴有該行爲的結果無濟於事的達觀之念。所以多用於勸説"最好不要這樣做"的場合。

【いけない】
→【てはいけない】
　【なくてはいけない】
　【なければ】2

【いご】
1 Nいご （在某時、某事）以後、之後。
（1）あの事件以後、そこを訪れる人はほとんどいなくなった。／自從發生了那個事件以後,就很少有人到那裡去了。
（2）8時以後は外出禁止です。／八點鐘以後,禁止外出。
　接在表示某事件或時間的名詞後,表示在那以後的時間。

2 いご 今後、以後。
（1）以後私達はこの問題に関しては手を引きます。／今後我們不再過問這一問題。
（2）以後この話はなかったことにしてください。／以後不要再重提這件事（就當没有這回事）。
（3）以後よろしく。／今後請多關照。
　表示"今から後（從今以後）"、"これから（以後）"的意思。

【いささか】
1 いささか 略微、有點兒。
（1）今回の試験は前回に比べていささか難解すぎたように思う。／我覺得這次考試比上一次略微偏難了一些。
（2）みんなが自分勝手なことばかり言うので、いささか頭にきている。／大家都各説各的,真叫我發火了。
（3）この部屋は事務所にするにはいささか狭すぎるのではないか。／這間屋子作辦公室你不覺得太窄了嗎。
　表於"有一點兒"、"有一些"的意思。也用於婉轉地表示"很"、"相當"的意思時。

2 いささかも…ない 一點兒也（不）…。
（1）今回の事件には私はいささかも関係ございません。／這起事件和我一點關係也没有。
（2）突然の知らせにも彼はいささかも動じなかった。／儘管消息很突然,但他一點也没有產生動搖。
（3）彼女は自分に反対する人に対してはいささかも容赦しないので、みんなから恐れられている。／她對於反對自己的人毫不留情,所以大家都怕她。
　表示"一點兒也不…"、"毫不…"的意思。

【いざしらず】
（關於…）我不太清楚,姑且不論,還情有可原。

[Nはいざしらず]
（1） 昔はいざしらず、今は会社を10も持つ大実業家だ。／今非昔比了。他現在是一個有十家大公司的大企業家了。
（2） 両親はいざしらず、我々は兄弟として妹の結婚を許すわけにはいかない。／父母怎想我們不管，身為兄弟的我們不能同意妹妹的這樁婚事。
（3） 幼稚園の子供ならいざしらず、大学生にもなって洗濯もできないとは驚いた。／要是幼稚園的孩子那還情有可原，都已經是大學生了，還不會洗衣服也太説不過去了吧。
（4） 暇なときだったらいざしらず、こんなに忙しいときに客に長居されてはたまらない。／有空閒的時候還行，現在這麼忙，客人還老呆着不走，真叫人沒辦法。
（5） 国内旅行ならいざしらず、海外旅行に行くとなると、準備も大変だ。／國内旅行還可以吧，要是出國旅遊，光準備就够你忙的。

用"は"、"なら"、"だったら"等形式提示名詞，表示"關於…我不太清楚／姑且不論"的意思。如例句中所示，前後以"昔(過去)－今(現在)"、"幼稚園の子供(幼稚園的孩子)－大学生(大學生)"、"暇なとき(有空閒的時候)－忙しいとき(忙的時候)"等形成對比，表示後半部分叙述的事情要比前半部分叙述的事情程度嚴重或具有特殊性。最後多伴有表示驚訝或"情況非常嚴重"的詞句等。例（1）是一種習慣説法，意思是"今非昔比"。

【いじょう】

1 数量詞＋いじょう （包括所提數量）以上、不少於、超過。

（1） 体重が45キロ以上なら献血できる。／體重在45公斤以上就可以捐血。
（2） 65才以上の人は入場料がただになる。／65歲以上的老人可以免費入場。
（3） 夏休みの間に食文化に関する本を3冊以上読んでレポートを書きなさい。／暑假期間，最少要讀三本有關飲食文化的書，然後寫一篇小論文。

表示包括所提數量在内，並比其還要多的數量。

2 いじょう の／に
a …いじょうのN　超出、更多。
[N／V いじょうのN]
（1） 自分の能力以上の仕事を与えられるのは悪いことではない。／被安排做超出自己能力的工作並不是壞事。
（2） その薬は期待以上の効果をもたらした。／這種藥帶來了超出預想的療效。
（3） 彼はみんなが期待している以上の働きをきっとしてくれる人だ。／他絶不會辜負大

家的期望，而且一定會做得更好。
（4）これ以上のことは今はお話しできません。／我現在只能講這些。
（5）落ち込んでいる友達に対して、私には慰めの言葉をかける以上のことは何もしてあげられない。／對於情緒低落的朋友，我只能給他幾句安慰的話，別的什麼也幫不了。
（6）新しく入ったアルバイトの学生は、命令された以上のことをやろうとしないのでほとんど役に立たない。／新來打工的學生，只會你叫他做什麼他就做什麼，所以一點也派不上用場。

表示"比該名詞或動詞所表示事物程度更高"的意思。該事物爲上限，而要表示比其更高時如例（1）～（3），該事物爲上限，要表示超不出該事物時如例（4）～（6）。

b …いじょうに　比…還要。
[N／V　いじょうに]
（1）あの人は噂以上におっちょこちょいだ。／他比聽說的還要滑稽。
（2）試験の点は想像以上に悪かった。／考試的分數比想像的還要差。
（3）彼女はタイの人なのに、日本人以上に日本の歴史について詳しい。／她雖然是泰國

人，但比日本人還要了解日本歷史。
（4）そのレストランはみんなが言う以上にサービスも味も申し分なかった。／這家飯店，無論服務還是口味都無可挑剔，而且我覺得比我聽說的還要好。
（5）彼は思っていた以上に神経が細やかでよく気の付く人だった。／他比我想像的還要細心，也會體貼人。
（6）ほかの人が練習する以上にやっているつもりなのに、全然ピアノが上達しないのはどういうわけだろう。／我覺得我比別人練得還要辛苦，可是爲什麼還是彈不好鋼琴呢。

接名詞或動詞後，表示"比…更…"、"…已經相當…，但比其還要…"的意思。

3 これ／それ／あれ　いじょう
a これいじょう＋修飾句＋Nは…ない　（沒有…）比…更…的。
（1）これ以上わかりやすいテキストは、今のところない。／目前沒有比這個更淺顯易懂的教材了。
（2）あれ以上くだらない映画もめったにない。／你很少能看到比這部電影更無聊的電影了。
（3）あの人以上に賢い人は日本中探してもいないだろう。／找遍日本也找不到比他更聰

明的人了。

主要接"これ／それ／あれ"後，表示其程度最高。類似於"一番…だ(最…)"。

b これいじょう…ば　比…更…、再…。
(1) これ以上水かさが増すと大変なことになる。／水要再漲，可就了不得了。
(2) これ以上雨が降らなければ、畑の作物は全滅するだろう。／再不下雨，田裡的農作物可就都完了。
(3) それ以上努力してもおそらく何の成果もあがらないと思うよ。／即使再怎麼努力，可能也毫無結果。
(4) あんな忙しい生活をこれ以上続けたら、きっと彼は体をこわしてしまうだろう。／他要再這麼忙下去，肯定會把身體搞垮的。
(5) 明日の講演が今日の以上につまらないのなら、行くだけ時間の無駄だ。／明天的講演報告要是比今天的講演更無聊的話，連去都是白浪費時間。
(6) 今以上にいろいろ工夫して料理を作っても、誰もほめてくれなければつまらない。／要是比現在更花功夫去做菜，還沒有人誇，連就太悲慘了。

除"これいじょう"以外，也可用"それいじょう"、"あれいじょう"等。另外除後續"ば"以外，也可後續"と／たら／なら／ても"等。表示"如果比現在的程度更高"或"即使比現在的程度更高"的意思。往往含有"現在的程度已經很高，更何況"的意思。

c これいじょうV-て　再繼續…。
(1) それ以上頑張ってどうなると言うのだ。／再這麼堅持下去管什麼用啊。
(2) 彼女、あんなに細いのに、あれ以上ダイエットしてどうするんだろう。／她那麼瘦，幹嘛還要減肥啊。
(3) あなた、これ以上お金をためて、いったい何に使おうって言うのよ。／我説，你還要存錢，到底要作什麼用嘛。

主要接"これ／それ／あれ"後，表示"比現在的狀態更加…"的意思。後面多伴有"どうなるのか／どうするか／何をするのか／何になるのか"等語句，表示"即使這麼做也毫無意義，沒用"的意思。

d これいじょう…は＋含否定意義的表達方式　不能再…。
(1) お互いこれ以上争うのはやめましょうよ。／我們之間不要再爭了吧。
(2) もうこれ以上今のような忙しい生活には耐えられない。／我再也忍受不了像現在這樣緊張的生活了。
(3) さすが田中さんだ。ほかの人にはあれ以上の発明はちょっとできないだろう。／到底是田中。換了別人絶做不出那麼好的發明。
(4) 雪もひどくなってきたし、も

うこれ以上先へ進むのは危険だ。ここであきらめて下山しよう。/雪下大了，再往上爬就很危險了，我們還是就爬到這兒，下山吧。
(5) A：もっと安くなりませんか。/不能再便宜點兒嗎。
B：もうこれ以上は勘弁してくださいよ。これでもうほとんどうちの方はもうけがないくらいなんですから。/不能再便宜了。就這樣我們都一點賺頭都沒有呢。

主要接"これ/それ/あれ"等後面，後續"できない(不可能)/難しい(很難)/耐えられない(受不了)/やめよう(算了吧)"等含否定意義的表達方式，表示現在的狀態是最佳狀態，不可能有更大進展的意思。

4 V いじょう(は) 既然…。

(1) 絶対にできると言ってしまった以上、どんな失敗も許されない。/既然你説絕對沒問題，就不允許有一點失誤。
(2) 全員一致で選ばれてクラブの部長になる以上、みんなの信頼を裏切るようなことだけはしたくない。/既然大家一致推舉我當俱樂部的負責人，我就絕不能辜負了大家的期望。
(3) 大学をやめる以上、学歴に頼らないで生きていける力を自分で身につけなければならない。/既然決定了不上大學，就必須掌握不靠學歷的生活本領。
(4) こういうことになってしまった以上、私が責任を取って辞めるしか解決策はないだろう。/事情已經到了這一步，就只有我來引咎辭職了，除此之外別無他法。
(5) 私に通訳がちゃんとつとまるかどうかわかりませんが、お引き受けした以上は精一杯の努力はするつもりです。/能不能作好這次翻譯，我自己也沒有自信，但既然已經答應了，就要努力去作。

接在表示某種責任或某種決心的動詞後，表示"在做/做了這件事的情況下"的意思。後續表示與之相應的決心、奉勸、義務等表達方式。

5 いじょう

a いじょう(の)＋數量詞／N 以上、上述。

(1) 田中、木村、山本、吉田、以上の4人はあとで私のところに来なさい。/田中、木村、山本、吉田，以上四人待會到我這裡來一下。
(2) 東京、大阪、京都、神戸、福岡、札幌、以上6つの都市が今回の調査対象となります。/東京、大阪、京都、神戸、福岡、札幌，上述六所城市為這次調查的對象。

（3）自分の長所、短所、自慢できること、今一番関心のあること、将来の夢、以上5点をはっきりさせて自己紹介文を書いてください。／自己的優點、缺點、特長、現在最感興趣的事情、將來的理想. 在寫自我介紹時，一定要把以上五點寫清楚。

（4）植物をむやみに採らないこと、火の後始末に気を付けること、トイレはきれいに使うこと、以上のことを必ず守ってキャンプしてください。／不隨便採摘植物、注意火苗、維護公廁衛生. 在夏令營中一定要遵守以上三點。

（5）発音はきれいか、言語表現は適切か、内容は興味を感じさせるか、訴えたいことははっきり伝わってくるか、以上のような点がスピーチの審査の時におもにポイントとなる。／發音是否標準、語言表達是否貼切、内容是否有趣、觀點是否感人, 以上幾點是評審演講時的主要得分内容。

用於列舉幾項内容後. 將其歸納時。

b いじょう　完、完了、如上。

（1）作業が終わり次第、必ず報告に来ること。以上。／完成生産程序以後. 必須來報告. 如上。

（2）次の品物を記念品として贈呈します。置き時計一つ、木製本棚二つ、百科事典全20巻一式。以上です。／作爲紀念贈送以下物品。座鐘一只、木製書架兩個、百科辭典20卷一套. 如上。

表示"到此全部説完"、"完了"的意思。多用於事務性的文件或目録等。

【いずれ₁】

1 いずれ　哪、哪一個、任何一個。

（1）進学と就職とのいずれの道を選ぶのがいいか、自分でも決めかねている。／是升學. 還是工作. 選擇哪一條路好. 連自己都還沒有決定。

（2）「はい」「いいえ」「どちらでもない」のいずれかに○をつけてください。／請在"はい""いいえ"、"どちらでもない"的任何一欄上畫"○"。

表示兩個或兩個以上中的其中一個。是"どちら"、"どれ"的書面性用語。

2 いずれにしても　總之、無論如上、反正。

（1）山田は仕事の都合で遅れるとは言っていたが、いずれにしても来ることにはなっている。／山田説因工作要晚一點來. 無論如何他都是會來的。

（2）後遺症が出る可能性もあるが、いずれにしても回復に向かっていることだけは確かだ。／可能會有後遺症. 但無

論如何現在的確是在慢慢恢復。
（3）彼が辞めるのがいいのかどうかはわからないが、いずれにしてもこのまま放っておくわけにはいかない。／我不知道他是辭了工作好，還是不辭好，但不管怎樣我們都不能這樣放任不管的。
（4）A：ここでついでにお昼ご飯食べましょうか。／就順便在我們這兒吃午飯吧。
　　　B：そうですね。いずれにしても、どこかで食べておかなきゃならないんだし。／就這麼辦吧，反正也得找地方去吃飯。

用於句子或段落的起始，表示"雖有各種可能性，但不管取哪種可能性，反正都…"的意思。"いずれにしても"的後面為說話者的重點，表示該事物才是千真萬確的。既可用於口頭語言，也可用於書面語言。在較鄭重的場合，還可使用"いずれにしろ"、"いずれにせよ"。並可以與"何にしても"替換。

3 いずれにしろ　不管怎様、總之。

（1）やりたい仕事はいろいろあるが、いずれにしろこんな不況では希望する職にはつけそうもない。／想做的工作很多，但不管你怎麼想，在這種不景氣的情況下，是不可能找到自己完全滿意的工作的。
（2）ちょっと来客があったりするかもしれませんが、いずれにしろこの日なら時間が取れるので大丈夫です。／可能中間會有客人來，但不管怎樣，這一天我是可以騰出時間的，所以沒關係。
（3）もっといい機種が出るまで待ってもいいけれど、いずれにしろいつかはパソコンを買わなければならないのなら、この機会に買ってしまったらどうか。／也可以再等等出更好的機型，但反正早晚都是要買電腦的，還不如趁此機會買了算了。

是"いずれにしても"的較鄭重的說法。

4 いずれにせよ　總之。

（1）今日はこの問題にはもう触れませんが、いずれにせよ今後も考えていかなければならないとは思っています。／今天就不再談這個問題了，總之，我想今後還是必須繼續考慮這個問題。
（2）今後誰にこのプロジェクトを任せるかは未定だが、いずれにせよ彼には降りてもらうことに決めた。／雖然今後誰來負責這個企劃案還沒決定，但有一點可以肯定的是，就是不能再由他來負責了。

是"いずれにしても"的較鄭重的說法。

5 いずれも　全都、不論哪一個都。
(1) ここにございます宝石類は、いずれも最高級品でございます。／這裡所有的寶石都是最高級的產品。
(2) 今日の講演会のお話はいずれも大変興味深いものでした。／今天講演會上所有的報告都很有意思。

是"どちらも"、"どれも"的較爲鄭重和禮貌的説法。

【いずれ₂】
早晚、最近。
(1) いずれまた近いうちにおうかがいします。／改天(不久)我還會來的。
(2) 今はよくわからなくても、いずれ大人になればわかる時がくるだろう。／雖然你現在還不明白，但等你長大了，早晚是會明白的。
(3) その事件については、いずれ警察の方から詳しい説明があることになっています。／就這一起事件，最近警方會有詳細說明。
(4) いずれこのあたりの山も開発が進んで、住宅地になってしまうだろう。／早晚這一帶的山也會被開發，變成住宅區。
(5) 円高もいずれ頭打ちになることは目に見えている。／很明顯，日圓升值最近也快到上限了。

表示從現在起在未來的某一時間。雖然該時間尚不能確定，但堅信發生某一事態的時間一定會到來。用於書面語言，語氣較死板。

【いぜん₁】
依然、仍然。
(1) その問題はいぜん解決されないままになっている。／這一問題依然沒有得到解決。
(2) 裁判ざたになっているにも関わらず、彼はいぜん自分は何も知らないと言い張っている。／儘管已經被提起訴訟，但他仍然堅持說自己什麼都不知道。
(3) ゴルフ場建設の工事は、依然として再開されていない。／建設高爾夫球場的工程仍然沒有重新開始。

表示某一狀態在很長時間內沒有變化。用於書面語。"依然として"是一種慣用形式。

【いぜん₂】
1 いぜん　以前、以往。
(1) 以前一度このホテルに泊まったことがある。／以前曾經在這家飯店住過一次。
(2) 彼女は以前の面影はまったくなく、やつれてしまっていた。／她已經完全失去了以往的容貌，變得非常憔悴。
(3) 以前から一度あなたとはゆっ

くりお話ししたいと思っていました。/很早以前就希望能有機會和你好好談一次。
(4) 先生は以前にも増してお元気そうで、とても70才とは思えないほどだった。/老師的身體比以前更好了，看上去根本就不像70歲的人。

表示"很久以前"的意思。比"前(以前)"要顯得語氣鄭重。

2 Nいぜん＜時間＞　以前。
(1) 彼は予定していたはずの3月31日以前に引っ越してしまったので、連絡がつかない。/他在預定的3月31日以前搬了家，所以聯絡不上了。
(2) その地方では先週の大地震以前にも何度も小さな地震が起こっていた。/在這地區上星期發生大地震以前，曾發生過幾次小地震。
(3) 彼の20才以前の作品には他の画家の影響が強く見られる。/在他20歲以前的作品當中，可以明顯看到其他畫家對他的影響。
(4) この間捕まった男は、それ以前にも何回も同じ手口で子供を誘拐していたらしい。/前不久抓到的那個男人，之前也好像曾使用相同手法拐騙過兒童。

表示前續名詞所示時間以前的某一時間。

3 V-るいぜん　以前、前。

(1) 二人は結婚する以前から一緒に暮らしていた。/兩個人結婚以前就在一起生活。
(2) 彼は映画監督になる以前は画家だったらしい。/他在當電影導演以前好像曾經是畫家。
(3) 家具を買う以前に、引っ越し先を決めなければ。/在買家具前，首先得決定搬家的地方。
(4) 新しい企画を始める以前に、今までのものをもう一度見直してみる必要もあるのではありませんか。/在開始新企劃之前，是否有必要先重新考慮一下原有的企劃。

表示"發生某事情以前"的意思。用於表示在一個較長的時間段中，按照一定程序事件連續發生的前後事件關係。

(誤) 私はいつも寝る以前に日記を書く。

4 Nいぜん＜階段＞　以前。
(1) そんなことは常識以前の問題だ。知らない方がおかしいのだ。/這是基本常識問題。連這都不知道就太不可思議了。
(2) 挨拶がきちんとできるかどうかは、能力以前の話だ。いくら仕事ができても礼儀を知らないような人はお断りだ。/會不會寒暄客套，這是最基本的能力問題。工作能力再好，但不懂禮貌，這樣的

人我們不能要。
（3）受験者の動機や目的は面接以前の段階での調査項目だ。面接ではもっとほかのことを質問するべきだろう。／考生的動機和目的，是面試以前就應該調查好的事項。面試的時候應該還有許多別的問題要問。
（4）まずコンセントを差し込んでから電源を入れるという、使い方以前の常識さえないような人にこの機械を任せるわけにはいかない。／先插插頭再開電源，這是使用方法最中基本的常識，連這點基本常識都沒有的人，怎麼能讓他來使用這臺機器呢。

表示尚未達到前續名詞所表示的階段。含有照常規應該達到的水準却未達到的意思。多用於對這種缺乏基本常識的現象表示譴責的時候。

【いたって】
　→【にいたる】3

【いたっては】
　→【にいたる】4

【いたっても】
　→【にいたる】5

【いたり】
[Nのいたり]　無上、無比、非常。

（1）このたび我が社の長年の社会奉仕活動に対して地域文化賞をいただきましたことは誠に光栄のいたりに存じます。／此次，對於本公司長期致力於社會服務活動榮獲區域文化獎，我們感到無上光榮。
（2）このような後援会を開いてくださいまして、感激の至りです。／今天爲我召開如此盛大的後援會，我感到無限感激。
（3）お二人の晴れやかな門出をお祝いできて、ご同慶の至りです。／今天能爲二位開始新的人生進行祝賀，我們也感到同喜之至。

前續部分名詞，表示達到極至，處於最高狀態的意思。常用於較爲鄭重的致辭等，有"非常…"的意思。另外，如下例所示，也用於表示"由於某種原因所造成的結果"的意思。

（例）彼があなたにずいぶん失礼なことを言ったようですが、若げのいたり（＝若さの結果としてのあやまち）と思って、ゆるしてやってください。／他好像對您講了許多失禮的話，而那都是由於他太年輕幼稚（＝由於年輕幼稚所導致的錯誤），請您原諒他吧。

【いたる】
　→【にいたる】

【いちがいに…ない】

（不能）籠統地、統統地、一概地、完全地。

（1）有機野菜が安全だといちがいには言えない。／不能完全地說，有機肥料種植出的蔬菜就都安全。
（2）私の意見を一概にみんなに押しつけることはできない。／不能把我的意見統統地都強加給大家。
（3）外国人労働者はどんどん受け入れればいいとは一概に主張できない。／不能完全地申張大量地接受外國勞動力就好。
（4）彼はまちがっていると一概に非難することもできないのではないだろうか。／也不能完完全全地把錯誤都歸咎於他吧。
（5）彼の案にも利点はあるのだから、そんなことはやっても無駄だと一概に決めつけることはできないだろう。／他提出的方案中也有長處，所以並不能一概而論地說照他的方案做就是白費工夫。

後續"できない"、"言えない"等表示否定某種可能性的表達方式，表示"不能單純地／不考慮其他情況地／只憑自己意願地…來做某事"的意思。言外之意即要考慮其他條件或情況。

【いちど】

1 いちど V-と／V-たら　一旦。

（1）タイ料理は一度食べると病みつきになる。／一旦吃過一次泰國料理就會上癮的。
（2）あの森は一度迷い込んだらなかなか外に出られないらしい。／據說在那片森林裡，你要是一旦迷了路，是很難走出來的。
（3）あの作家の小説は一度読み始めるとついつい最後まで一気に読んでしまう。／那位作家寫的小說，你一旦讀了開場白，就會被它吸引住，一直讀到最後都欲罷不能。
（4）一度いいワインの味を知ってしまうと、もう安物は飲めなくなる。／一旦曉得了上等葡萄酒的味道，便宜的就無法喝了。

表示"一旦經歷了某一件事／一旦達到某一狀態，就回不到以前的狀態了"的意思。

2 いちど V-ば／V-たら　一次、一旦。

（1）こんなところは一度来ればたくさんだ。／這種地方，來一次就夠了。
（2）一度こういう苦労を経験しておけばもう安心だ。何があっても耐えられる。／有一次這種辛苦的經歷就行了。以後再有什麼情況都能承受的住。
（3）一度やり方がわかれば、後は応用がきく。／一旦明白了作

法．以後還就有所發揮。

表示"只要有一次經歷／明白了某一件事就足夠了／再發生相似的情況時就可以應付"的意思。含有"沒有必要再有第二次"的意思。如例（3）後續表示狀態的表達方式時，可以與"いちどVと"互換。

【いつか】

1 いつか　不知不覺、不知什麼時候。

（1）本を読んでいる間にいつか眠り込んでしまったようだ。／讀著讀著，不知不覺就睡著了。

（2）いつか雨はやみ、雲の間から日が射していた。／不知什麼時候雨停了，陽光從雲縫中照射下來。

（3）動物園はいつか人影もまばらになり、閉園のアナウンスが流れていた。／不知不覺中，動物園裡的遊客漸漸稀少下來，並傳來即將清場的廣播。

表示"沒注意到"、"不知不覺之中"的意思。多用於書面語。口語中常用"いつのまにか"。帶文學色彩時可用"いつしか"。

2 いつかV-た　（記不清什麼時候）以前、曾經。

（1）いつか見た映画の中にもこんな台詞があった。／以前看過的電影當中也有這麼一段臺詞。

（2）彼とはいつかどこかであったことがあるような気がする。／我好像曾經在什麼地方見過他。

（3）この道は前にいつか通ったことがあったね。／這條路以前好像走過吧。

用於表示過去事件的文章中，表示不能清楚地確定的過去的某一時間。

3 いつか(は)　早晚、遲早、有機會。

（1）あいつもいつかはきっと自分の間違いに気づくだろう。／早晚他也一定能認清自己的錯誤。

（2）がんばっていれば、いつかはだれかがこの努力を認めてくれるはずだ。／只要堅持下去，遲早會有人認同你的努力的。

（3）いつか一度でいいから世界中を放浪してみたい。／如有機會，哪怕只有一次，我也想周遊一下世界看看。

（4）あの美術館へいつかは行こうと思いながら、全然行く暇がない。／總想找機會去那家美術館看一看，可就是沒有時間去。

用於表示未來事件的文章中，表示不能清楚地確定的未來的某一時間。後續句尾中，除可以有"…する"的形式，還可以有"…するはずだ／するだろう／したい／しよう"等其他形式。同時還多伴有"きっと(一定)／かならず(肯定)"等副詞。

4 いつかのN　上回、上次。
（1）いつかのセールスマンがまた来た。／上回那個推銷員又來了。
（2）彼はいつかの交通事故の後遺症がいまだにあって苦しんでいるそうだ。／據説他那次遇到交通事故以後，留下後遺症，現在還很痛苦。
（3）いつかの件はどうなりましたか。ほら、田村さんに仕事を頼んでみるって言っていたでしょ。／上回那件事結果如何？啊，對了，你不説要求田村辦事嗎。
（4）いつかのあの人にもう一度会いたいなあ。／上次見到的那個人，有機會還想見一見啊。

　　表示不能清楚地確定的過去某一時間。言外之意暗含那時發生過某事，但具體發生了何事要根據上下文來理解。如例句中的"いつかのセールスマン（上回的推銷員）"可以有"上回來過的／上回我跟你講過的／上回來過電話的"等種種可能性。

【いっこうに】

　　根本(不)…，一點兒也(不)…。
[いっこうにV－ない]
（1）30分待ったが、彼はいっこうに現れない。／等了半個小時，根本不見他來。
（2）薬を飲んでいるが、熱はいっこうに下がる気配がない。／吃了藥了，可是燒一點也不見退。
（3）毎日練習しているのに、いっこうに上手にならないのはどういうわけだろう。／每天都在練，可是爲什麼一點都没有長進呢。
（4）何度も手紙を出しているのに、彼女はいっこうに返事をよこさない。／我寫了好幾封信了，可是她一封也不回。

　　表示"全然…ない（根本不…）"的意思。強調否定。用於表示爲期待某事發生而不斷努力，但期待終不得實現，含有焦躁、疑惑的語氣。語氣較生硬。

【いっさい】

　　（没有）任何…，一點兒也（不）…。
[いっさいない]
[いっさい V－ない]
（1）計画の変更はいっさいない。／計劃没有任何變更。
（2）そのような事実はいっさいございません。／絶對没有這種事情。
（3）なにか問題が起こっても、こちらはいっさい責任を持ちませんので、その点御了承ください。／無論發生任何問題，我方一概不負責任，這一點請您明白。
（4）詳しいことについての説明はいっさいなされなかった。／至於詳細情況，他未做任何説明。

(5) 彼は料理にはいっさい手を
つけず、お酒ばかり飲んでい
た。/他一點菜都沒沾，光喝
酒了。

表示"一個也不…/一點兒也不…"
的意思。強調否定。與"まったく…ない"
"全然…ない"相似。是書面語。

【いつしか】

不知不覺、不知什麽時候。

(1) いつしかあたりは薄暗くな
り、人影もまばらになってい
た。/在不知不覺周圍暗了下
來，人也漸漸地稀少了。
(2) 山もいつしか紅葉に染まり、
秋が深まっていた。/不知不
覺中山野被楓葉染紅，秋意
更濃了。
(3) いつしか雨も止んで、空には
虹がかかっていた。/不知什
麽時候雨停了，天空中出現
一道彩虹。
(4) 去年まいた種がいつしか芽
を出し、中にはつぼみをつけ
ているものもあった。/去年
撒的種子不知什麽時候發了
芽，其中還有帶着花蕾的。

比"いつか"語氣要強。表示"不知不覺
之中"、"不知什麽時候"的意思。是書面語。
多用於文學作品之中。
→【いつか】1

【いっそ】

1 いっそ　幹脆、倒不如。

(1) こんなにつらい思いをする
くらいなら、いっそ離婚して
しまいたい。/與其現在這
麼痛苦，不乾脆離婚算了。
(2) 彼に見放されるくらいなら、
いっそ死んでしまった方が
ましだ。/與其被他抛棄不如
一死了之。
(3) 今の職場はストレスがたま
るばかりだし、いっそ思い
切って転職してしまおう
か。/在現在的單位，精神越
來越緊張，乾脆換個工作單
位算了。
(4) そんなに住み心地が悪くて
困っているのなら、いっその
こと引っ越したらどう。/要
是住得那麼不舒服，不如搬
家換個地方怎麼樣啊？
(5) ステレオは修理に出しても
修理代がかさむし、もうこう
なったら、いっそのこと新し
いのに買いかえた方がいい
かもしれない。/立體音響拿
去修理還要花修理費，那也
許還不如買一臺新的好呢。

句尾常伴有表示意志(…よう)、欲望
(…たい)、判斷(…べきだ)、勸誘(…たら
どうか)等的表達方式。表示"要想解決這
一問題，就必須有大膽的轉換"等心理準
備。例(5)中"いっそのこと"是一種慣用
形式。雖爲口語但有些陳舊。

**2 よりいっそ(のこと)　(與其…)
不如…。**

[N／V よりいっそ(のこと)]

(1) 休職よりいっそ転職を考

えてみたらどうですか。／與其停職不如考慮換個工作怎麼樣？
（2） 彼に誘われるのを待っているより、いっそのこと自分から誘ってみたらいいんじゃないでしょうか。／與其等他來約你，不如你主動去約約他怎麼樣啊？
（3） このステレオはもう古いし、3万も出して直すよりいっそ買いかえた方がいいかもしれない。／這臺音響已經舊了，與其花3萬多日元去修，也許還不如換一臺新的好呢。
（4） 結果をあれこれ思い悩むより、いっそのこと行動に移してしまった方が気が楽になりますよ。／與其在這兒左思右想，還不如趕快付諸行動，這樣心情還會更輕鬆一些。

以"XよりもいっそY"的形式，表示在面對某一問題時，不要老是X，而要大膽的進行Y。句尾多伴有表示意志(…よう)，欲望(…たい)，判斷(…べきだ)，勸誘(…たらどうか) 等的表達方式。

【いったい】
到底，究竟。
[いったい＋疑問表達方式]
（1） いったい彼は生きているのだろうか。／他到底是否還活着呢？
（2） 祝日でもないのに、この人の多さはいったい何なのだ。／今天又不是放假日，這麼多人到底是發生了什麼事啊？
（3） いったい全体何が起こったのか、さっぱり見当がつかない。／簡直弄不明白到底發生了什麼事情。
（4） いったいあいつは今ごろどこで何をしているのだろう。／那傢伙現在究竟在什麼地方，到底在幹什麼呢。

用於疑問表達方式中，表示根本弄不明白的強烈語氣。"いったい全体"的語氣則更強。

【いったらありはしない】
→【といったらありはしない】

【いったらない】
→【といったらない】

【いったん…と】
一旦，只要。
（1） 彼女はおしゃべりな人で、いったん話し出すと止まらない。／她是個愛說話的人，一旦開了口就沒完。
（2） いったんテレビゲームを始めると2時間ぐらいはすぐに経ってしまう。／只要玩上遊樂器，兩個小時一轉眼就過了。
（3） いったんこの段階まで回復すれば、後はもう大丈夫だ。／只要恢復到這個階段，後

(4) このお菓子はいったんふたを開けるとすぐに湿ってしまうので、早く食べなければならない。／這種點心開封後很容易受潮，所以要儘快吃掉。
(5) いったんこんなゆとりのある生活に慣れてしまったら、もう前のような忙しい生活には戻れない。／一旦適應了這種悠閑的生活，就再也回不到以前那種繁忙的生活中去了。

除了"と"以外，還可以與"たら／ば"等一起使用。表示"變爲某一狀態後"，或"某一事物開始後"，"就回不到從前的狀態了"的意思。

【いっぽう】

1 いっぽう

a V-る＋いっぽう(で) 一方面…一方面…、一邊…一邊…。

(1) 自分の仕事をこなす一方で、部下のめんどうも見なければならない。／一方面要完成自己的工作，一方面又要照顧部下。
(2) 彼は全面的に協力すると言う一方、こちらが何か頼んでも忙しいからと言って断ってくる。／他一方面説要全面給予協助，可是一旦真求他幫忙時卻又總是拒絶説太忙。
(3) 彼女はお金に困っていると言う一方で、ずいぶん無駄遣いもしているらしい。／她一邊喊沒錢沒錢，可又一邊亂花錢。

表示"在做某事的同時"的意思，後面多叙述同時做的另一件事。

b いっぽうでは…たほうでは 一方面…而另一方面却…。

(1) この映画は、一方では今年最高との高い評価を受けていながら、他方ではひどい出来だと言われている。／對於這部電影，一方面有人評價它是今年最好的作品，而另一方面又有人説它拍得很糟糕。
(2) 彼は、一方では女性の社会進出は喜ぶべきことだと言い、他方では女子社員は早く結婚して退職した方がいいと言う。／他一方面説女性走上社會是値得高興的事，而另一方面又主張女職員最好早早結婚離開工作崗位。
(3) 彼女は、一方ではボランティア活動は大事だと言っているが、他方では何かと理由をつけて参加するのを避けている。／她一方面説義工活動非常重要，而另一方面又總找一些藉口避不参加。
(4) 政治に対する関心は、一方では高まっているものの、他方では腐敗しきった政府に対する諦めのムードがまん延している。／一方面對於政治

的興趣越來越濃厚．而另一方面對於腐敗政府失去信心的心情也越來越蔓延開來。

用於並列叙述兩個完全對立的事物。後面多帶有表示逆接的表達方式。如"いっぽうでは…が/のに/ながら/ものの"等。

c いっぽう　而(另一方面)。
（1）花子はみんなが帰ったあとも毎日残業していた。一方桃子は定時退社し、毎晩遊び回っていた。/每天大家回去以後，花子還要留下來加班，而桃子每天都準時下班，然後晚上到處去玩。
（2）日本では子供を生まない女性が増えている。一方アメリカでは、結婚しなくても子供はほしいという女性が増えている。/在日本不要孩子的女性越來越多，而在美國，越來越多的女性却不結婚而想要孩子。

用於句子或段落之首，後面叙述與前文相對立的事物。有時也可用"その一方で"。

（例）土地の値下がりは現状を見ると絶望的だが、その一方で期待できる点もないわけではない。/從現狀來看，地價下跌是令人絕望的，而另一方面也並不是完全讓人毫無期待。

2 V-るいっぽうだ　越來越、一直、拼命地。
（1）事態は悪くなる一方だ。/事態越來越糟。
（2）父の病状は悪化する一方だった。/父親的病情一直在惡化。
（3）仕事は忙しくなる一方で、このままだといつかは倒れてしまいそうだ。/工作越來越忙，照這樣下去非累垮了不可。
（4）最近、円は値上がりする一方だ。/最近日元拼命地升值。

表示某狀況一直朝着一個方向不斷發展，沒有止境。多爲貶義。

【いない】

以内、不超過。

[數量詞＋いない]
（1）10人以内なら乗れます。/十人以内可以乘坐。
（2）おやつは500円以内で買いなさい。/買點心不要超過500日元。
（3）10分以内に戻ってくるので、待っていてください。/我十分鐘以内就能回來，請你等着我。
（4）ここから2キロ以内でどこか広くて安いアパートはありませんか。/這周圍兩公里以内有沒有既寬敞又便宜的公寓呢。

表示"含該數量在内的範圍之内"、"不超過該數量的範圍"的意思。

【いまごろ】

1 いまごろになって　到現在。
（1）注文していた本が、今ごろ

になってやっと届いた。／老早訂的書到現在才到貨。
(2) 今ごろになってチケットを予約しようと思ってももう遅いよ。／到現在再想去訂票已經太遲了。

意思雖與"今(現在)"相同，但常用於現在再做此事爲時過晚的場合。

2 いまごろ V－ても／V－たところで 到現在、到如今。
(1) 今ごろ佐藤さんに電話しても、もううちを出ているのではないだろうか。／到現在才給佐藤打電話，他是不是已經出來了。
(2) 君ねえ、今ごろ来ても遅いよ。もう仕事はすんでしまったよ。／告訴你，現在來已經晚了，工作都已經做完了。
(3) 今ごろがんばってみたところで、もう結果は変わらないだろう。／事到如今，再怎麼努力也改變不了現在的結果了。
(4) 今ごろ行ってみたところで、もう食べ物も残っていないだろうし、行くのはよそう。／到現在再去，什麼吃的也沒有了，別去了。

與"いまごろになって"意思相同，表示現在去已爲時過晚、白搭的意思。

【いまさら】

1 いまさら　事到如今、事已至此。
(1) もうその問題は解決済みなのに、今さらどうしようというのですか。／那個問題已經處理完了，事到如今已毫無辦法了。
(2) 今さら何が言いたいのだ。／事已至此你還想説什麼呀。
(3) 今さら謝ってももう遅いよ。／到現在你來道歉已經晚了。
(4) 結婚して何を今さらという感じだが、私は来月から料理学校に通うことにした。／可能你會覺得都結婚了爲什麼現在又提起這事，但我還是決定從下個月開始去烹飪學校學習一下。

表示"到現在"的意思。用於某事已了結或已解決却又有人重新提起時。多用於當對方重提時，表示責難的場合。例(4)中的"何を今さら"是一種慣用形式，表示"做這種事情的時期已經過去"的語氣。

2 いまさらV－ても　(到)現在才…。いまさらV－たところで
(1) 今さら文句を言われてもどうしようもない。／你現在對我發牢騷也無濟於事。
(2) 今さら勉強しても、試験にはとうてい間に合わない。／從現在才開始學習，對考試已是亡羊補牢。
(3) 今さらいやだと言ったところで、しなくてすむわけではない。／你現在再説不願意做也不行了。
(4) 今さら隠してみたところで、

もうみんな知っているんだから、この場できちんと婚約発表したらどうだ。／你現在還要隱瞞啊，大家都已經知道了，我看你還不如趁此機會就宣布訂婚吧。

表示"到現在再做…已經晚了"的意思。常與否定形式相呼應，多用於"いまさら…ても…ない"的形式。

3 いまさらながら　再一次(感到)、重新(感到)。

(1) 今さらながら彼の賢さには感心する。／再一次對他的聰明才智感到欽佩。

(2) 祖父が亡くなって1年たつが、今さらながらもっと長生きしてくれたらよかったのにと残念に思う。／祖父已去世一年了，現在仍痛感他老人家要能多活一些時候該有多好呀。

(3) 先生は本当に親身になって心配してくださったんだなあと、今さらながらありがたく思う。／現在再一次深深地感受到老師真是設身處地地為我們着想了。

(4) あいつは本当にいつもへまばかりしていてどうしようもない奴だったが、今度の事件で今さらながらあいつの馬鹿さ加減にあきれている。／那傢伙光闖禍，簡直拿他沒辦法，經過這次事件，再一次感到他真是無可救藥了。

後續"ありがたい(慶幸)"、"残念だ(可惜)"等表示感情色彩的表達方式。表示以前就曾有某種感情或想法，通過某一件事，現在又重新加深了這一感情或想法的意思。

4 いまさらのように　彷彿剛剛想起、彷彿現在才意識到。

(1) そういえば昔はここでよく友達と鬼ごっこをしたなあと、今さらのようになつかしく思った。／對了，小時候常常和小朋友們一起在這裡玩捉迷藏。他彷彿剛剛想起來似地感到非常的親切。

(2) 昔の写真を見ると、当時の苦労が今さらのことのように思い出される。／看着過去的照片，當年那些痛苦的經歷又像剛剛發生過似地浮現在眼前。

(3) 母はお前も地元で就職すればよかったのにと、今さらのように言う。／母親彷彿剛意識到似地説，要是你也能在本地就職就好了。

後續"思う(想)"、"なつかしむ(感到親切)"、"言う(説)"等表達方式。表示對過去的事情、已了結的事情、已忘却的事情等等重又勾起思緒的意思。也可像例(2)那樣説"今さらのことのように"。

【いまだ】

1 いまだに　仍舊、還。

(1) あの人いまだに病気で寝込んでるんだって。／聽説他仍

舊臥病在床呢．
(2) その喫茶店は客もめっきり減ってしまったが、いまだにがんばって経営を続けている。／那家咖啡館的顧客驟然減少．但他們仍然努力維持着經營．
(3) 彼はいまだに大学のジャズ研究会に籍をおいて、活動を続けているそうだ。／聽説他加入大學的爵士樂研究會並進行着活動．
(4) 祖父が亡くなって7年もたつというのに、いまだに祖父宛の年賀状が何通か届く。／儘管祖父已去世7年了．但仍舊每年收到幾封有人寄給祖父的賀年片．

後續肯定表達方式．表示按常規早已不應是這種狀態．但這種狀態仍舊在繼續的意思．是書面語．現在仍舊的意思．

2 いまだ(に)V-ない　還(没有)、仍舊(未)。
(1) 行方不明の二人の消息は未だにつかめていない。／行蹤不明的兩個人還沒有任何消息．
(2) 申し込んでから1ヶ月以上たつのに、未だに連絡が来ない。／都申請了一個多月了．仍舊不見有人來聯絡．
(3) 今回の催しはもう日程まで決まっているのに、内容についてはまだ何の具体案も出されていない。／這次的演出連日程都定好了．但就演出内容還沒有一個具體方案．
(4) 本来ならもうとっくに完成しているはずなのですが、工事は未だに中断されたままで、再開のめども立っていません。／本來應該早就完工了．可直到現在工程仍舊停滯在那裡．沒有一點要重新開工的跡象．

後續否定表達方式．表示本應發生某種情況．但實際上尚未發生的意思。表示説話人的期待與現實相互矛盾的心情．比使用"まだ"感覺意外的語氣更強．書面語．

【いまでこそ】

現在是…。
[いまでこそ　…N／…Na　だが]
[いまでこそ　…A／…V　が]
(1) 二人は今でこそ円満に暮らしているが、結婚当初は毎日喧嘩が絶えなかった。／現在兩人過得是挺和睦的．可是剛結婚那段時間天天吵架．
(2) 今でこそこの仕事に全力を尽くしているが、以前は何度やめようと思ったかしれない。／現在我是全力在做這份工作．可是以前我曾幾次想辭掉它不幹了．
(3) いまでこそ留学も珍しくないが、お父さんが子供の頃は、留学など夢のまた夢だった。／別看現在留學不是

什麼新鮮事了，爸爸小的時候，留學那是做夢都不敢想的。
（4）今でこそ何度も海外旅行をすることも当たり前になっているが、つい10年ほど前までは、一生に一度新婚旅行で行くのがやっとという感じだった。／現在一個人幾次到海外去旅行都不新鮮了，可就在十年前，去海外旅行也就是一輩子一次的新婚旅行才能去的。

表示"現在這種事已經是理所當然的事了"的意思。後續一般為"在過去根本沒有這種事，或正相反"。

【いまに】

早晚、不久。

（1）あんなに働いていたら、あいつは今に過労で倒れるだろう。／像他那麼做，我看早晚會勞累過度病倒的。
（2）田中さんも今にすばらしい小説を書いてくれると信じています。／我相信田中不久一定能寫出非常優秀的小説。
（3）見ていてごらんなさい。今にここの海も汚染されて魚もとれなくなりますよ。／你瞧着吧，用不了多久這片海域就會被污染捕不到魚了。
（4）いたずらばかりしていると、今にひどい目に会うぞ。／你要一直都惡作劇的話早晚要吃虧的。
（5）今に見ていろ。きっと大物になってみせる。／你等着瞧吧，我一定要做個大人物給你瞧瞧。

表示"不久即將"的意思。用於堅信在不久的將來會發生某事。用於對方時可表示忠告、警告等。例（5）的用法是一種慣用形式，表示一種對某人的挑戰心情。

【いまにも】

眼看、馬上。

[いまにもV-そうだ]

（1）今にも雨が降りそうだ。／眼看就要下雨了。
（2）彼女は今にも泣き出しそうな顔をしていた。／她哭喪着臉，眼看就要哭出來似的。
（3）「助けてくれ」と彼は今にも死にそうな声を出した。／"救命啊！"他發出了眼看要絕命似的呼救聲。
（4）嵐はますます激しくなり、小さな船は今にも沈みそうに波にもまれていた。／暴風雨越來越大，小船被波濤拍打着，好像馬上就要沈没似的。

表示某事馬上即將要實現的樣子。用於非常緊迫的場合。

【いまや】

現在、如今。

（1）彼女は今や押しも押されもせぬ花形スターだ。／現在她已經是一個大家都公認的明

星了。
(2) 今や時代は物より心である。／現在這個時代，人們重精神超過物質。
(3) 5年前はこのワープロも最新機種だったが、今やこんなのは無用の長物だ。／5年前，這種文字處理機還是最新的機種，現在就已經成了廢物了。
(4) 昔は新婚旅行と言えばハワイだったが、今やトルコやエジプトも珍しくない。／過去，一説新婚旅行就是夏威夷，如今去土耳其，去埃及都不新鮮了。

表示"在現在"的意思。用於與過去相比較，那種舊的狀態已成爲過去，現在完全是一種新的狀態的場合。

【いらい】

1 いらい

a Nいらい　以後、以來。
(1) あれ以来彼女は姿を見せない。／自那之後再没見到她。
(2) 先週以来ずっと会議続きで、くたくたに疲れきっている。／從上周以來一直在開會，累得筋疲力盡。
(3) 母は、去年の入院以来気弱になってしまった。／母親自從去年住院以後變得非常虚弱。

接表示時間或事件的名詞後，表示從那以後一直到現在的意思。

b Ｖ-ていらい　以後。
(1) 夏休みに風邪で寝込んで以来、どうも体の調子が悪い。／自從暑假感冒病倒以後，身體一直都不好。
(2) インドから帰ってきて以来、彼はまるで人が変わったようだ。／自從印度回來以後，他好像變了一個人似的。
(3) スポーツクラブに通うようになって以来、毎日の生活に張りが出てきた。／自從加入體育倶樂部以後，毎天的生活過得很有活力。
(4) この家に引っ越して以来、毎日のようにいたずら電話がかかる。／自從搬到這個家來以後，毎天都有騷擾電話來搗亂。

表示自過去發生某事以後直到現在的意思。不能用於剛剛發生不久的事。

(誤) 弟は夕方うちに帰ってきて以来、部屋に閉じ込もったきりだ。
(正) 弟は先月イギリス出張から帰ってきて以来、忙しくて毎晩夜中まで帰ってこない。／弟弟自上個月從英國出差回來以後，毎天都忙到半夜才回家。

c Ｖ-ていらいはじめて　…以後第一次。
(1) 引っ越してきて以来、初めて隣の人と言葉を交わした。／搬到這裡來以後第一次和鄰居說話。
(2) 大学に入って以来、初めて図書館を利用した。／上大學以

(3) この冬になって以来初めての寒波で、死者が6人も出た。/這是今年冬天以來的第一個寒流．結果死了6個人。

表示自從過去某一時間直到現在第一次的意思。

2 Nは、…いらいだ　…以後,第一次…。

[Nは、Nいらいだ]
[Nは、V-ていらいだ]

(1) お会いするのは、去年の9月以来ですね。/從去年9月以來．我們這還是第一次見面啊。
(2) 海外旅行はおととしトルコに行って以来だ。/從前年去了土耳其以後．海外旅行這還是第一次。
(3) 数学の問題を解いたのは大学入試以来のことだから、もう何年ぶりになるだろうか。/解數學題還是在考大學時的事了．有多少年沒做了。
(4) 郷里に帰るのは、7年前に祖父の法事に出た時以来なので、町はかなり様子が変っていた。/自從7年前給祖父辦喪事以來．回家鄉這還是第一次．城鎮的變化真大呀。

接表示過去時間或事件的名詞後．表示打那以後過了很久的意思。

【いわば】

好比、好像、可以説、比喻爲。

[いわばNのような]
[いわばVような]

(1) 彼女の家は石造りの洋館で、いわばドイツのお城のような造りだった。/她的家是一座石頭造的洋式小樓．打個比方就好像一座德國小城堡。
(2) 多くの若者に慕われている彼は、いわば悩み多き人々を救済する神様だ。/有許多年輕人都崇拜他．他就好像是一個滿心煩惱的人們的救世主一樣。
(3) そんな商売に手を出すなんて、いわばお金をどぶに捨てるようなものだ。/做這種買賣就好比把錢往臭水溝裡扔。
(4) この小説は、いわば現代の源氏物語とでもいったような作品だ。/這部小説可以説是現代的源氏物語。
(5) コンピュータ・ネットワークは、いわば脳神経のように地球全土に張り巡らされていると言ってもいいだろう。/電腦網絡．我們可以把它比喻爲遍飾地球的大腦神經。

表示"比方説"、"可比喻爲"的意思。用於使説明通俗易懂．使用比喻時．後續多爲容易理解．有形象概念的名詞或動詞。是書面語。例(2)中省略了"ような"。例(5)在謂語前使用了"ように"。

【いわゆる】

所謂。

[いわゆるN]
(1) これがいわゆる日本式経営というものですか。／這就是所謂的日式經營方法嗎？
(2) 彼女はいわゆる普通のOLで、役職につきたいなどとは考えたこともなかった。／她就是那種大家常説的女職員，從來没有考慮過要當官。
(3) 彼も、いわゆるワールドミュージックのブームに乗って、世界的に売れるようになった歌手の一人だ。／他也是趁着所謂世界音樂之潮在世界各地開始走紅的歌手之一。
(4) A：うちの大学、最近またアメリカの大学と姉妹校になったんです。これで8校目ですよ。／我們大學最近又和美國的一所大學結成了姉妹學校。這已經是第八所了。
　　B：ああ、いわゆる「大学の国際化」というやつですね。そういうのが国際化だと思っている人が、まだたくさんいるんですねえ。／啊，就是所謂的"大學國際化"吧。現在仍有不少人把這種作法就認爲是國際化呢。

表示"一般都這麼説"的意思。用於爲了簡單明了地説明某一事物而使用一種常説的説法。也用於如例（4）所示

的場合，表示説話者並不大喜歡這種説法或概念。

【うえ】
1 Nのうえで(は)　在…上、根據…來看。
(1) 暦の上ではもう春だというのに、まだまだ寒い日が続いている。／在日曆上已經是春天了，可是這些天來還是那麼冷。
(2) データの上では視聴率は急上昇しているが、周りの人に聞いても誰もそんな番組は知らないと言う。／從統計數據上來看，收視率攀升的很快，可是問問周圍的人，誰也不知道這個節目。
(3) その公園は地図の上では近くてすぐ行けそうに見えるが、実は坂がたくさんあってかなり行きにくい場所なのだ。／那個公園從地圖上看，好像很近很容易去似的，可是實際上要經過許多山坡，很不好去。
(4) 間取りは図面の上でしか確認できなかったが、すぐにそのマンションを借りることに決めた。／雖然只是從圖面上確認了一下這所公寓的隔間，不過馬上就決定把它租下來了。

接表示數據、圖面等的名詞後，表示"根據這一信息"的意思。

2 V-るうえで　在…時、在…方面。

(1) パソコンを買う上で注意しなければならないことは何ですか。／在買電腦方面需要注意的是什麼啊？
(2) このプロジェクトを進めていく上で障害となるのが、地元の住民の反対運動だ。／在實行這企劃時，當地居民的反對運動將成為阻力。
(3) 女性が結婚相手を選ぶ上での重要なポイントとして、「三高」ということが言われていた。／大家都說，女性在選擇結婚對象時的重要條件有"三高"。
(4) 留学生を実際にホームステイさせる上で、おそらく今までに予想もしなかった問題がいろいろ出てくるものと思われますので、そのための相談窓口を設けました。／在真正安排留學生到一般家庭去體驗生活時，會出現許多迄今為止沒有預想到的問題，所以為此開設了這個諮詢窗口。

表示"在做某事時／在做某事的過程中"的意思。用於敘述在這時或這一過程中所出現的問題或應注意的事項。

3 V-たうえで　在…之後。

(1) では、担当の者と相談した上で、改めてご返事させていただきます。／那麼，我們和具體負責的人商量了以後再給您答覆。
(2) 一応ご両親にお話しなさった上で、ゆっくり考えていただけけっこうです。／你可以和父母商量一下以後再慢慢考慮。
(3) 金を貸してやると言ったのは、お前がちゃんと職についてまともな生活に戻った上でのことだ。働かないで遊んでばかりいるやつに金を貸すわけにはいかない。／我說要借錢給你，那是指你確實找到了正當的工作並重新腳踏實地生活以後。誰也不會把錢借給一個無所事事遊手好閒的人。

表示"先做前接動詞所表示的動作"的意思，後續部分表示"根據其結果再採取下一動作"的意思。

4 V-る／V-た　うえは　既然…。

(1) やると言ってしまったうえは、何がなんでもやらなければならない。／既然説了要做，那就不管遇到什麼困難都必須得做。
(2) 留学を決心した上は、少々のことがあっても一人で乗り越えていけるだけの強さを養ってほしい。／既然下決心去留學，就要培養出遇到小挫折就能自己克服的堅強性格。
(3) みんなに期待されて出馬する上は、どんなことがあっても当選しなければならない。

／既然在衆人期待之下出來參加競選，就要克服重重困難一定當選。

（4）他の仲間を押しのけてレギュラーメンバーになる上は、必ず得点してチームに貢献してみせる。／既然排擠掉其他人成爲正式隊員，就必須多得分爲全隊付出貢獻。

接表示某種責任、決心等行爲的詞語後面，表示"正因爲要做／做了這件事"的意思。後續表示"必須採取與之相適應的行動"意思的表達方式。類似表達方式有"…からには"、"…以上は"等。是比較鄭重的表達方式。

5 …うえ（に）　加上、而且。
[Nであるうえに]
[Na なうえに]
[A／V　うえに]

（1）今年は冷夏である上に台風の被害も大きくて、野菜は異常な高値を記録している。／今年夏天氣溫低，再加上又遭受了嚴重的颱風襲擊，所以蔬菜價格創史上新高。

（2）彼女は、就職に失敗した上、つきあっていた人にもふられて、とても落ち込んでいた。／她没有找到工作，加上又被交往的男朋友給甩了，所以她意志非常消沈。

（3）その選手は日本記録も更新した上に銀メダルももらって、自分でも信じられないという顔をしていた。／那個運動員不僅刷新了日本記錄，而且還獲得了銀牌，連他自己都表現出有點不敢相信的表情。

（4）彼は博士号を持っている上に、教育経験も長い。周囲の信頼も厚く教師としては申し分のない人だ。／他有博士學位，而且教齡又長。還得到周圍人的深厚信任，所以作爲教師的他是再合適不過的了。

（5）その壁画は保存状態がいい上に図柄もこれまでにない大胆なもので、考古学者たちの注目の的となっている／那幅壁畫保存狀態良好，加上圖案大膽新穎，前所未見，所以得到了考古學家們的青睞。

（6）今年は冷夏であり、そのうえ台風の被害も大きくて、野菜は異常な高値を記録している。／今年夏天氣溫低，再加上遭受了嚴重的颱風襲擊，所以蔬菜價格創史上新高。

（7）このあたりは閑静なうえに、駅にも近く住環境としては申し分ない。／這一帶既安靜，離車站又近，作爲居住條件是再好不過的了。

表示本來有某種狀態或發生了某事，在此基礎之上，發生了比其更好的狀態和事物。接名詞時，採取"Nである／だった／であった"的形式。例（6）中的"そのうえ"一般用於句子或段落的起始。

【うち】

1 うち＜範囲＞

a Nのうち　…當中、…中。

（1）この三曲のうちでどれが一番気に入りましたか。／這三首曲子當中，你最喜歡哪一首啊？

（2）三つのうちから好きなものを選びなさい。／你從這三個當中挑一個你喜歡的吧。

（3）バッハとモーツァルトとベートーベンのうちで、一番人気があるのはやはりモーツァルトだそうだ。／據說在巴哈，莫札特和貝多芬三人中，還是莫札特最受歡迎。

（4）昨日買ったCDのうち、2枚はインドネシアのポップスで、3枚はカリブの音楽だ。／昨天買的CD當中，有2張是印度尼西亞民謠，還有3張是加勒比民族音樂。

用於表示限定範圍。如例（1）～（3）所示，在表示從某範圍中挑選某事物時，可與"Nのなか"的形式替換。另如例（3），也可用於羅列幾個名詞，使用"N1とN2と…のうち"的形式。

b …うちにはいらない　算不上、不能算是。

[Nのうちにはいらない]
[A-いうちにはいらない]
[Vうちにはいらない]

（1）通勤の行き帰りに駅まで歩くだけでは、運動するうちに入らない。／光是上下班來回走到車站，那不算運動。

（2）5分やそこら漢字の練習をしたって、それではやったうちには入らない。／光寫寫三，五分鐘的漢字，那不算練字。

（3）ラーメンを作るのが得意だなんて、そんなの料理のうちに入らないよ。／你說你煮麵煮得好，那不能算會做菜。

（4）彼はきびしい教師だと評判だが、宿題を忘れた生徒を廊下に立たせるぐらいなら、特にきびしいうちには入らないと思う。／聽大家說他是一位很嚴厲的老師，但我以爲光是讓忘了帶作業的學生在走廊罰站，但那還算不上是嚴厲的老師。

表示"不能進入其範圍，還不夠進入這一範圍"等意思。

2 うち＜時間＞

a …うちに　在…之内、趁…時。

[Nのうちに]
[Naなうちに]
[A-いうちに]

（1）朝のうちに宿題をすませよう。／早上把作業都做了吧。

（2）朝のすずしいうちにジョギングに行った。／趁早上涼快去跑了步。

（3）ここ数日のうちには何とかします。／在這幾天之内我一定想辦法。

(4) ひまわりは留守のうちにかなり大きくなっていた。／不在家這幾天，向日葵可長大了不少。
(5) 父親が元気なうちに、一度一緒に温泉にでも行こうと思う。／我想趁父親身體還好的時候，與他一起去洗一次溫泉。
(6) 電車が出るまでまだ少し時間があるから、今のうちに駅弁を買っておいたらどう？／離發車還有一段時間，趁這段時間去買個便當來好不好。

與表示一段時間的表達方式一起使用，表示"在這一狀態持續的期間"、"在這段時間內"的意思。例(6)中的"今"表示的也不是"現在"這一瞬間，而是表示"從現在的這一狀態到該狀態發生變化的那一段時間"，即有一定長度的時間帶。

b V-ている／V-る うちに　…着…着。

(1) 彼女は話しているうちに顔が真っ赤になった。／她説着説着臉變得通紅。
(2) 手紙を書いているうちに、ふと彼が今日こっちに来ると言っていたことを思いだした。／寫着寫着信，忽然想起來他説他今天要到這裡來。
(3) 読み進むうちに次第に物語にのめり込んでいった。／讀着讀着，漸漸地被故事情節給迷住了。

表示"在做某事期間"的意思。後續表示發生另一事物或變化的表達方式。多使用"V-ている"的形式，也有"V-る うちに"的形式。

c V-ないうちに　還没有…之間、趁還没有…時。

(1) 知らないうちに隣は引っ越していた。／在毫不知情之下，鄰居就搬走了。
(2) あれから10分もしないうちにまたいたずら電話がかかってきた。／那以後還不到10分鐘，又有騷擾電話打來。
(3) 暗くならないうちに買い物に行ってこよう。／趁天還没黑去買些東西吧。
(4) お母さんが帰ってこないうちに急いでプレゼントを隠した。／趁媽媽還没有回來，趕緊把禮物藏了起來。

表示"還没有…的狀態持續期間"的意思。如例(3)、(4)所表示的該狀態早晚要發生變化的場合時，可與"V-る前に"的形式替換。

d V-るかV-ないうちに　剛…還没…時。

(1) 夕食に手をつけるかつけないうちに、ポケットベルで呼び出された。／正要吃晚飯還没開動時，就被人用叩機給叫出來了。
(2) 朝まだ目がさめるかさめないうちに、友達が迎えにきた。／早上還睡眼惺忪時朋友就來接我了。
(3) その手紙の最初の一行を読むか読まないうちに、もう何が書いてあるのかだいたい

分かってしまった。／只剛開始讀了第一行，就大致知道這封信寫的是什麼了。

重複使用同一動詞，表示"剛剛開始某一動作幾乎沒過一點兒時間"的意思。

e …うちは　在…的時候、在還沒…的時候。

[Nのうちは]
[Na なうちは]
[A-いうちは]
[V-る／V-ている　うちは]
[V-ない　うちは]

（1）明るいうちはこのあたりはにぎやかだが、夜になると人通りもなくなり、一人で歩くのは危ない。／白天的時候，這一帶還是很熱鬧的，可是到了晚上，路上行人很少，一個人就比較危險了。

（2）記憶力が衰えないうちは、何とか新しい外国語も勉強できるだろう。／我想趁着記憶力還沒衰退時，還可以學一門新外語吧。

（3）息子が大学生のうちは私も生きがいがあったが、就職して家から出て行ってしまってからは毎日がむなしい。／兒子上大學的時候，我感到每天生活得還挺充實，等他工作離開了家以後，我感到每天都很空虛。

（4）父は働いているうちは若々しかったが、退職したとたんに老け込んでしまった。／父親在工作的時候還顯得很年輕，這一退休馬上顯得老了許多。

（5）体が健康なうちは健康のありがたさに気づかないが、病気になってはじめてそれが分かる。／身體沒病的時候不知道健康的重要性，得了病以後才終於明白了。

表示"某一狀態沒有發生變化仍在持續期間"的意思。多用於與其發生變化後的狀態進行比較的場合。

f …うちが　在…時最…。

[Nのうちが]
[Na なうちが]
[A-いうちが]
[V-る／V-ている　うちが]
[V-ていない　うちが]

（1）若いですねと言ってもらえるうちが花だ。／還有人說你年輕，那對你來說就是好時光啊。

（2）天体写真は雲が出ていないうちが勝負だ。／拍天體觀測照，關鍵是在沒有雲彩的時候。

（3）どんなに苦労が多くつらい毎日でも、生きているうちが幸せなのであって、死んでしまったら元も子もない。／儘管每天都有許多痛苦，但只要活着就是幸福，死了就什麼都完了。

（4）いくら福祉施設が充実しても、やっぱり人生は体が丈

夫なうちが楽しい。／福利設施再多也沒用，人還是身體好的時候最快樂。
(5) 人生、若いうちが花だ。／人的一生，年輕就黃金時代。

　　後續"花だ／勝負だ／いい／幸せだ"等詞語，表示"在某一狀態不發生變化，持續的期間最好、最重要、最寶貴"的意思。

g そのうち
　　→【そのうち】

【うる】
　　　　能、可能。
[R-うる]
(1) 彼が失敗するなんてありえない。／他會失敗？那簡直是不可能的。
(2) それは彼女になしえた最大限の努力だったに違いない。／那肯定是她能做出的最大限度的努力。
(3) その絵のすばらしさは、とても言葉で表しうるものではない。／那幅畫的精彩之處是很難用語言表達的。
(4) 確かに外国人労働者が増えればそういう問題も起こり得るだろう。／的確，外國工人增加以後很有可能發生這種問題。
(5) 彼の自殺は誰もが予期し得なかったことだけに、そのショックは大きかった。／正因爲誰也沒能預料到他可

會自殺，所以大家受到的打擊更大。
(6) 彼の仕事ぶりには失望の念を禁じ得ない。／對於他的工作情況，不能不感到失望。

　　接動詞連用形後。其辭書形可以有"うる／える"兩種形式。使用マス形時只有"えます"，使用否定形時只有"えない"，使用タ形時只有"えた"的形式。表示"能夠採取這一行爲，有發生這種事情的可能性"的意思。使用否定形時，表示"不能採取這種行爲，沒有發生這種事情的可能性"的意思。如"書ける"、"読める"等日語中表示可能的"V-れる"的動詞，只能用於表示有意志的動詞。而使用"うる"時，如例(1)、(4)所示，也可以用於非意志的動詞。因而它與表示可能的"V-れる"形動詞不同，不能用於表示能力的場合。
(誤) 彼はフランス語が話しうる。
(正) 彼はフランス語が話せる。／他會講法語。

　　一般用於書面語言，而"ありえない"的形式也經常用於口語會話。

【える】
　　　　能、可能。
(1) 21世紀には人が月で生活することもありえるかもしれない。／到了21世紀，也許人類就能在月球上生活了。
(2) 私一人の力ではとてもなしえないことでした。／這是靠我一個人的力量怎麼也做不到的事情。

→【うる】

【お…いたす】

　　　我爲您(們)做…。
[おR-いたす]
[ごNいたす]

（1）お食事をお持ちいたしましょうか。／我把您的飯端到這來吧。

（2）お名前をお呼びいたしますので、それまでここでお待ちください。／一會我會叫您的名字，在叫到您之前請在這裡等一下。

（3）のちほどこちらから改めてご連絡いたします。／待會我們再跟您聯絡。

（4）それではレセプション会場の方へご案内いたします。／接下來，我就帶領大家去宴會廳。

（5）今回の件につきましては、皆様の納得の行くまでご説明いたしたいと存じます。／就這次事件，我想給各位說個清楚。

　　中間使用動詞連用形或表示帶行爲動作意義的漢語詞彙。如例（3）、（4）、（5）所示，使用漢語詞彙時多使用"ごNいたす"的形式。比"お…する"的形式顯得更加鄭重禮貌。主要用マス形文體。

→【お…する】

【お…いただく】

　　　請您做…。
[おR-いただく]
[ごNいただく]

（1）今日は遠いところをわざわざお集まりいただきましてありがとうございます。／今天讓大家遠道而來，我表示衷心的感謝。

（2）ここにお名前とご住所をお書きいただいて、あちらの窓口へお出しください。／請您在這裡填上姓名，住址，然後繳給那邊的那個窗口。

（3）お忙しいのにご連絡いただき、まことに恐縮しております。／您這麼忙，還特意來通知我，真是不敢當。

（4）ご住職にご教示いただいた禅の心を、これからは生活の中で実践していきたいと思います。／住持大人指教我的禪宗之理念，我一定要在今後的生活中加以實踐。

（5）《案内状》先生にはぜひご出席いただきたく、お知らせ申し上げます。／《通知》現在通知您，請您務必出席。

　　中間使用動詞連用形或表示帶行爲動作意義的漢語詞彙。與"ていただく"相同，是一種表示自謙的表達方式。但比其更顯禮貌鄭重。如例（3）、（4）、（5）所示，使用"連絡する"、"教示する"、"出席する"等表示帶行爲動作意義的漢語詞彙時，多使用"ごNいただく"的形式。而使用"電話する"時，也可以說"お電話いただく"。

【お…ください】

→【お…くださる】

【お…くださる】

爲我(們)做…。
[おR-くださる]
[ごNくださる]

（1）今日お話しくださる先生は、東西大学の山川先生です。／今天爲我們演講告的是東西大學的山川先生。

（2）今日ご講演くださる先生は、東西大学の山川先生です。／今天爲我們演講的是東西大學的山川先生。

（3）お忙しいのにおいでくださって、本当にありがとうございます。／百忙當中您還能來，我們真的非常感謝。

（4）大した料理ではございませんが、どうぞお召し上がりください。／没有什麼好菜，請您慢用。

中間使用動詞連用形或表示帶行爲動作意義的漢語詞彙。與"てくださる"相同，是一種尊敬他人的表達方式，但比其他更顯敬重。如例（2）使用表示帶行爲動作意義的漢語詞彙時，多使用"ごNくださる"的形式。而使用"電話する"時，也可以說"お電話くださる"。又如例（4），可使用"おR-ください"的形式。可表示較有禮貌地對人進行勸誘的意思。

【お…する】

我爲您(們)做…。
[おR-する]
[ごNする]

（1）先生、お荷物をお持ちします。／老師，我來爲您拿行李。

（2）部長をお宅まで車でお送りした。／我用車把部長送回家了。

（3）ご注文の品をお届けしました。／我把您訂的貨送來了。

（4）お部屋へご案内しましょう。／我帶領您去房間吧。

（5）あとでこちらからご連絡します。／一會兒我們主動跟您聯係。

中間使用動詞連用形或表示帶行爲動作意義的漢語詞彙。是一種自謙的表達方式，表示"自己爲對方做某事"的意思。如例（4）、（5）所示，使用漢語詞彙時，多使用"ごNする"的形式。但使用"電話する"時，則使用"お電話する"的形式。又如例（1）所示，可使用"おR-します"的形式，表示自己主動提出爲對方做某事。用"お…いたす"的形式顯得更加謙恭。

【お…です】

您…。
[おR-だ]
[ごNだ]

（1）林先生は信州に別荘をお持ちだそうですよ。／聽説林先生在信州有一幢別墅啊。

（2）今年の夏休みはどちらでお過ごしですか。／您今年暑假在哪兒過啊？

（3）昨日は大阪にお泊まりでしたか。／昨天您是住在大阪了

（4）《ファーストフードの店で》こちらでお召し上がりですか。／《在快餐店》您要在這用餐嗎？
（5）原田部長は明日からご旅行で2週間いらっしゃらないそうです。／聽説原田部長從明天起去旅行，有兩個星期不到公司來。
（6）お宅のご主人は本社にご栄転だそうですね。／聽説你先生高升到總公司去了。

中間使用動詞連用形或表示帶行爲動作意義的漢語詞彙。如例（5）、（6）所示，使用漢語詞彙時，多使用"ごNだ"的形式。與"お…になる"的形式相似，是一種尊敬他人的表達方式，但可使用的詞彙有限，形成較固定的慣用形式。

【お…なさい】

→【なさい】

【お…なさる】

您做…、請(您)做…。
[おR-なさる]
[ごNなさる]
（1）あの先生がお話しなさったことは、多くの人たちにとって生きていく心の支えとなるだろう。／那位先生所講的話，一定會成爲許多人生存下去的精神支柱。
（2）ケニアへはいつご出発なさ

るんですか。／您什麼時候出發去肯亞呢？
（3）今度あなたがその方達とお食事なさるときにでも、一度ご一緒させていただけるとうれしいのですが。／下次您再和他們用餐的時候，是否也能讓我坐陪呢。
（4）どうぞ、お食べなさい。／請慢用。
（5）明子、自己紹介なさい。／明子，你自我介紹一下。

中間使用動詞連用形或表示帶行爲動作意義的漢語詞彙。與"おR-になる"相似，是一種尊敬他人的表達方式。使用動詞連用形説"お話しなさる"、"お食べなさる"時，給人感覺用法較陳舊。此時，使用"おR-になる"的形式較多。又如例（2）所示，使用漢語詞彙時，多使用"ごNなさる"的形式。使用例（4）、（5）中的"なさい"形式，可表示較親近的命令口吻。此時，不能對身分，地位高於自己的人使用。

【お…になる】

您做…、請您做…。
[おR-になる]
[ごNになる]
（1）村田さんはもうお帰りになりました。／村田先生已經回去了。
（2）このさし絵は山本さんご自身がお描きになったそうです。／聽説這幅插圖是山本先生自己畫的。

(3) 今度大阪においでになる時には、ぜひうちにお泊まりになってください。／下次再來大阪的時候，請您一定到我家來住一下。
(4) どうぞ、おかけになってください。／您請坐。
(5) 野村先生は1972年に京都大学をご卒業になりました。／野村先生是1972年從京都大學畢業的。
(6) ご家族の方は半額の会費ですべてのスポーツ施設をご利用になれます。／家屬只要繳一半的會費就可以利用所有的運動設施。

中間使用動詞連用形或表示帶行爲動作意義的漢語詞彙。是一種尊敬他人的表達方式。如例(5)、(6)所示，使用漢語詞彙時，多使用"ごNになる"的形式，但能使用的詞彙有限。又如例(4)，使用"てください"的形式，可表示較有禮貌的勸誘表達方式。

【お…ねがう】

請您做…、請求您做…。

[おR-ねがう]
[ごNねがう]

(1) 明日うかがいたいと、山田さんにお伝え願えますか。／請您轉告山田先生，我想明天去拜訪他。
(2) 来月のシンポジウムにご出席願いたいのですが、ご都合はいかがでしょうか。／想請您出席下個月的學術研討會。您有時間嗎？
(3) 何か一言お話し願うことになるかもしれませんので、そのときはよろしくお願いします。／也許要請您講幾句話，屆時請您賞光。
(4) 係員の指示を守っていただけない場合は、ご退場願うこともあります。／如果不聽從管理人員的指示，可能就要請您退場。
(5) ご起立願います。／請起立。

中間使用動詞連用形或表示帶行爲動作意義的漢語詞彙。在表示"請求…做…"的意思時，如例(1)、(2)，多使用"願えますか／願いたいのですが"等的形式。又如例(2)、(4)、(5)等所示，使用漢語詞彙時，多使用"ごNねがう"的形式，是一種較爲鄭重的表達方式。

【おいそれと(は)…ない】

輕易、貿然、很容易地。

[おいそれと(は)V-れない]

(1) 子供を産んだばかりの母ネコにはおいそれとは近づけない。／不能輕易地接近剛生了小寶寶的母猫。
(2) 君ならできるとおだてられても、あんな大役は責任も重いし、おいそれとは引き受けられない。／儘管有人捧我説你行，但是那個工作責任太重，我不敢貿然接受。
(3) 当時は大変な不景気で、大学

を出たからといっておいそれと就職できるような時代ではなかった。／當時經濟狀況很不景氣．即使大學畢業了．也不是很容易就能找到工作的。

（4）お礼にと言ってお金を差し出されたが、何か下心がありそうなので、おいそれと受け取るわけにはいかなかった。／他説是表示感謝．並拿出了錢．我感覺他好像別有用心．所以没敢貿然接受。

表示"因某種理由不能輕而易舉地"的意思。句尾常使用表示可能的"V－れる"型動詞的否定形．表示不可能做這一動作。又如例（3）所示．也可以"おいそれと…する"的形式修飾名詞。此時，在名詞後要使用表示否定的表達方式。例（4）中的"V－るわけにはいかない"．表示不可能。

【おいて】

除…之外、把…放下。

（1）この研究分野の第1人者ということなら、加藤先生をおいてほかはないでしょう。／要説這一研究領域中水準最高的人．除加藤先生再没有別人了。

（2）何をおいても期日には間に合わせなければならない。／不論放下什麼事也得趕上期限。

→【をおいて】

【おうじて】

→【におうじて】

【おかげだ】

→【のは…だ】4

【おかげで】

多虧、幸虧、由於、託您的福。

[Nのおかげで]
[Na な／だった　おかげで]
[Aおかげで]
[V－たおかげで]

（1）あなたのおかげで助かりました。／多虧了你幫忙啊。

（2）祖父は生まれつき体が丈夫なおかげで、年をとっても医者の世話にならずにすんでいる。／祖父幸虧生來身體就好．所以上了年紀以後也不需要醫生關照。

（3）あなたが来てくれたおかげで、楽しい会になりました。／幸虧你來了．今天這個宴會才能這麼快樂。

（4）A：お子さんのけがはどうですか。／您孩子的傷勢怎麼樣呢？

B：おかげさまで、だいぶ良くなりました。／託您的福．好多了。

（5）まったく、君に頼んだおかげでかえってややこしいことになってしまったじゃないか。／真是的．就是因爲拜託

你，結果反而把這事搞得那麼複雜。
（6）今年は夏が涼しかったおかげで冷房はほとんど使わずにすんだ。／由於今年夏天很涼快，所以基本上沒有使用冷氣。

用於因爲某種原因、理由導致好的結果。導致壞結果時則使用"…せいで"的形式。
（例）あなたのおかげで成功した。／多虧了你，讓我們成功了。
（例）あなたのせいで失敗した。／就是因爲你，才失敗了。

在表示對方的動作時，多使用"V-てくれた／てもらったおかげで"的形式。例（4）的"おかげさまで"，是一種慣用的客套話。有時也如（5）所示，帶有諷刺的口吻。

【おきに】
每隔…。
[數量詞＋おきに]
（1）大学行きのバスは10分おきに出ている。／去大學的公車，每隔10分鐘一班。
（2）この薬は2時間おきに飲んでください。／這種藥，請每隔兩小時服一次。
（3）この道路には10ｍおきにポプラが植えられている。／這條街上，每隔10公尺種着一棵白楊樹。
（4）このあたりは高級住宅街で、2軒おきぐらいに外車を持っている家がある。／這一帶是高級住宅區，差不多每隔兩家就有一家有進口轎車。
（5）映画館に入ると、座席は一つおきにしかあいていなかったので、友達とは離れて座ることになった。／進電影院一看，坐位沒有連着的了，我和朋友就只好分開坐了。

主要接表示時間或距離的詞語後，表示"相隔這麼長的時間或距離"的意思。例（4）、（5）中的詞語雖不表示距離，但由於其表示的事物排列成行，在這裡也可以作爲距離來理解。如例（1）～（3）所示，在表示時間帶或一段距離上的一個點時，可與"ごとに"替換。但當數字爲"1"時，將"おきに"替換成"ごとに"，表達的意思會發生變化。
（例）1年おきに大会が開かれる。（2年に1回）／隔一年開一次大會（兩年開一次）
（例）1年ごとに大会が開かれる。（1年に1回）／每年開一次大會（一年開一次）

【おそらく】
大概、很可能、估計。
（1）おそらく彼はそのことを知っているだろう。／他大概知道那件事吧。
（2）相手チームはおそらくこちらのことを何から何まで詳しく調べているだろう。／對方很有可能已經把我們的情況調查得一清二楚了。
（3）台風12号は、おそらく明日未明には紀伊半島南部に上陸

するものと思われます。／第12號颱風預計會在明天天亮之前在紀伊半島的南部登陸。

（4）おそらくは首相も今回の事件に関わっているにちがいない。／估計首相肯定也與此次事件有關。

後續"…だろう"、"…にちがいない"等表示推量的表達方式。表示説話者推測的心情。多用於相當肯定的場合。如例（4）所示，也可説"おそらくは"。是較拘謹的表達方式。口語中較隨便時，多使用"たぶん(多半)"、"きっと(肯定)"。

【おそれがある】

有…危險，擔心，恐怕。

[Nのおそれがある]
[V-るおそれがある]

（1）今夜から明日にかけて津波の恐れがあるので、厳重に注意してください。／從今晚到明天有發生海嘯的危險，請大家嚴加防範。

（2）再び噴火する恐れがあるため、警戒区域の住民に避難勧告が出された。／因爲擔心火山再次噴發，所以向警戒區域内的居民發出了避難通知。

（3）親鳥に気付かれる恐れがあることから、撮影チームはそれ以上巣に近づくことをあきらめた。／因爲怕被母鳥發覺，所以攝影隊決定不再繼續向鳥巢靠近。

（4）ハリケーンの被害が拡大する恐れが出てきたため、大統領は各国に緊急援助を求める予定である。／由於颱風受災區域有繼續擴大的危險，總統準備向其他各國請求緊急援助。

表示有發生某種事情的可能性，但只限於表示不可喜的事件。相同的表達方式還有"危険がある"、"不安がある"等。是書面語。常用於新聞或講解報導等。

【おなじ】

1 …とおなじ 一樣、相同。
[Nとおなじ]
[Vのとおなじ]

（1）このステレオはうちのと同じだ。／這臺音響和我們家的那臺一樣。

（2）この本はあの本と出版社が同じだ。／這本書和那本書是同一個出版社。

（3）この点で妥協することはすべてをあきらめるのと同じことだ。／在這一點上妥協讓步，就等於放棄一切。

（4）あの人が食べているのと同じものをください。／請給我來一份和那個人一樣的套餐。

（5）ヒンディー語は英語と同じインド・ヨーロッパ語族の言語だ。／印地語和英語一樣，同屬於印歐語系。

表示兩樣東西或兩件事情相同。

2 おなじV-る なら／のだったら 同樣是…、既然、反正要…。

- （1）同じ買うなら、少々高くても長持ちするものの方がいい。／同樣是買，最好還是買貴一點又實用的。
- （2）久しぶりの旅行なんだから、同じ行くんだったら思い切って遠くに行きたいな。／好久沒有去旅行了，既然要去就乾脆去一個遠的地方。
- （3）同じお金をかけるのなら、食べてなくなるものでなく、いつまでも使えるものにかける方が意味があると思う。／如果同樣是花錢，別光花在吃了就看不見的東西上，而要花在經久能用的東西上才有意義。
- （4）A：一緒にフランス語か何か習いに行かない？／我們一起去學點法語或別的什麼吧。
B：そうねえ、フランス語もいいけど、同じ習うんだったら人のやってないような言語の方がいいと思わない？／行啊，當然法語也可以，但我覺得同樣是學，還不如學一個別人沒學過的語言，你不這樣認為嗎？

表示"既然同樣是做這麼一件事，那就要…"的意思。用於表述"做某事有各種各樣的作法和方法，其中最理想的是…"時。類似表達方式還有"どうせなら"、"せっかくなら"等。

【おぼえはない】

1 V-られるおぼえはない　不曾…過，你難道想…嗎。

- （1）きみにそんなひどいことを言われる覚えはない。／我不曾有過被你這麼數落的經驗。
- （2）おまえになぐられる覚えはない。／難道你還想打我不成！
- （3）あなたのように冷たい人に「冷淡だ」などと非難される覚えはありません。／像你這麼冷冰冰的人還有資格説我"對人冷淡"嗎。

接被動形"V-られる"後。對對方的某種行爲表示"我不曾有受過你這種行爲的體驗"的意思。含有譴責對方的心情。

2 V-たおぼえはない　我不記得。

- （1）彼があんなに怒るようなことを言った覚えはないんだけど。／我沒看過他發過那麼大的火。
- （2）A：この間の1万円、早く返してもらえませんか。／上次借給你的那1萬日元，你能不能趕快還給我。
B：何のことですか。私はあなたにお金を借りた覚えはありませんが、他の人と間違えているのではないですか。／什麼，我不記得跟你借過錢啊，你是不是把我跟別人搞錯了啊。

（3）こちらは山田にいじめられた覚えはないのだが、山田は「いじめて悪かった」と謝ってきた。／我並不記得山田欺負過我．可是他却來道歉説"我欺負你了．真對不起"。

表示"我自己並不記得有這種經歷"的意思。用於別人指責自己．而自我辯解時。

【おまけに】
再加上、而且、還。

（1）あたりはすっかり暗くなり、おまけに雨まで降ってきた。／周圍完全黑了下來．而且又下起雨來了。
（2）友達の引っ越しを手伝いにいったら本人は、風邪がひどくて重い荷物を運ばされ、おまけに掃除までやらされた。／我去幫朋友搬家．没想到他得了重感冒．結果什麼重東西都得我搬．最後還讓我幫他打掃了清潔。
（3）きのう、おばさんに映画に連れていってもらって、おまけに夕食までごちそうになった。／昨天．嬸嬸帶我去看電影．後來還請我吃了晚飯。
（4）彼は背が高くて、ハンサムでユーモアがあって、おまけに金持ちときては、女性にもてるわけだ。／他個兒高．長得又帥．再加上有錢．當然討女孩子喜歡了。

（5）洋子はかわいいし、明るいし、おまけにやさしいから、だれにでも好かれる。／洋子長得可愛．性格又開朗．加上又那麼溫柔．所以誰都喜歡她。

表示陳列幾件事以後．又再加上一件的意思。與"そのうえ"意思相同。如例（1）、（2）、（3）使用"おまけに…まで"．表示程度更甚。是口語中較通俗的表達方式。

【おもう】
1 …とおもう
a …とおもう　想、感覺、認爲、覺得、希望、記得。

（1）今日は雨が降ると思います。／我感覺今天要下雨。
（2）山田先生は来ないと思う。／我想山田先生不會來的。
（3）あの人のやり方はひどいと思います。／我認爲他的作法太過分。
（4）彼の言ったことはうそだと思う。／我覺得他説的是謊話。
（5）確か、机の上に置いたと思う。／我記得的確是放在桌子上了。
（6）あなたには幸せになってほしいと思うから、あえてこういうきつい忠告をするのです。／正因爲我希望你幸福．才會給你提出這麼不中聽的勸告。

(7) こんな忙しい会社にいつまでもいては過労死しかねないと思って、思いきって転職することにした。／我想要是老在這麼忙的公司做下去非累死不可．所以才下決心決定換工作了。

接一段話．表示該內容是説話者的主觀判斷、個人意見。用於疑問句時．表示詢問聽話者的個人判斷或意見。使用"と思う""思います"等詞典形或マス形時．主語始終是説話者而不能是第三者。如例(2)"思う"的主語只能是"私"，而不能是"山田さん"。如果要表示是"山田さん""思う"．那就要説"山田さんは(田中さんが来ない)と思っている。／山田認爲(田中不會來的)。"．即需要使用"思っている"的形式。但如下例所示．當使用"思う"的タ形時．也可以表示第三者的判斷。

(例) 山田さんは来ないと思った。

這時．此例句可以有"私は山田さんは来ないと思った。／(當時)我想山田不會來的。"和"山田さんは(誰かが)来ないと思った。／(當時)山田認爲(誰)不會來的。"這樣兩種解釋的可能性。

b …とおもっている　想、感覺、認爲。

(1) 私は自分のしたことが正しいと思っている。／我現在還認爲自己做的没有錯。
(2) イギリスに留学してよかったと思っている。／我感覺到來英國留學這條路走對了。
(3) 警察はあの男が犯人だと思っている。／警察認爲他就是犯人。

(4) その実力で合格できると思っているの。／他認爲靠他的實力是可以考上的。

接一段話．表示其内容是説話者或第三者的意見、判斷或信念。與前面a的"思う"相比較．"思う"主要表示説話者當場所做出的判斷．而"思っている"則表示從以前一直到現在説話者都持有這種意見或信念。另外如例(3)、(4)所示．"思っている"還可以表示第三者的意見或判斷．這一點也與"思う"有所不同。

c …とおもわれる　（可以客觀地）認爲、（一般都這樣）認爲。

(1) このままの状態では環境汚染は進む一方だと思われる。／大家都認爲如果這樣發展下去．環境污染將會越來越嚴重。
(2) 私にはこのことが正しいとは思われません。／我不能認爲它是正確的。

表示"某種判斷自然而然的成立"。用於表示自己的判斷並不是自己的主觀獨斷而是客觀存在．或緩和自己主張的場合。多見於論文、講義或講演等體裁的書面語中。另外可以使用"ように"來代替"と"．即使用"ように思われる"的形式。

2 …とはおもわなかった　没想到。

(1) まさか今日あの人が来るとは思わなかった。／萬萬没想到他今天會來。
(2) こんな街中にこんな静かな公園があるとは思わなかった。／没想到在這麼熱鬧的市中心還有這麼幽靜的公園。
(3) 独身寮の部屋は狭いとは聞

いていたが、こんなに狭いとは思わなかった。／我聽説了單人宿舍很狹窄. 但没想到居然這麼窄。
(4) いつも反抗的なお前がそんなに素直に謝るとは思わなかったな。／没想到總是愛頂嘴的你, 今天却那麼老實地就認錯了。
(5) A：引っ越し先のおとなりが田中さんだなんて思ってもみませんでしたよ。奇遇ですね。／真没想到搬到了田中先生家的隔壁, 這真是太巧了。
B：いや、ぼくも隣に越してくるのが君だとは思わなかったよ。／我也没想到搬到我們家隔壁的就是你呀。

表示"根本没有預料到這種事情", 多含有驚訝的心情。

3 R－たいとおもう　我想…。
(1) アメリカに留学したいと思います。／我想我去美國留學。
(2) 結婚式には是非参加したいと思っております。／我想我一定要参加你的結婚典禮。
(3) 一流会社に就職したいと思っている。／我想到第一流的公司去工作。
(4) では、ご一緒に乾杯をしたいと存じます。／接下來, 我想

提議我們大家一起乾杯。

接表示説話者的願望或要求的"～たい"後面. 起到避免直接説出, 使人感到比較委婉, 有禮貌的作用。如想使表達更顯禮貌. 還可如例 (4) 使用"存じます"。如果只使用"～たい (です)"斷句來表示自己的願望. 會給人非常幼稚的印象. 所以作爲成人的會話或較正式的場合. 一般都應加上"思う"或"のだ"。

4 …おもう　感到、覺得。
[Na におもう]
[A－くおもう]
(1) 先生に指導していただけることになって、本当に幸せに思います。／能接受先生的指導, 我感到非常幸福。
(2) バスが全然来ないので、不思議に思って聞いてみたら、昨日からダイヤが変わったとのことだった。／公車老不來. 我感到非常奇怪. 結果一問才知道. 從昨天開始時刻表就改了。
(3) この度の突然のご逝去をまことに辛く悲しく思います。／對他的突然逝世. 我們感到痛苦和悲傷。
(4) お会いできてうれしく思います。／今天能見到您. 我感到非常高興。
(5) このような賞をいただくことができ、まことに光栄に存じます。／現在我能獲得這一獎項. 我感到無上光榮。

接表示心情, 感情意義的イ形容詞、ナ形容詞的連用形後. 表示説話者"有這

種感受"的意思。也可如例(2)、(3)所示，使用"XをYに(Yく)おもう"的形式。在詢問對方的感受時，可如下例使用"どう思う／思いますか"的形式。

（例）　あの人についてどう思いますか。／你覺得他怎麼樣？

5 V-ようとおもう　我要、我想。

（1）　今日はゆっくり休もうと思う。／今天我要好好休息一下。

（2）　この仕事をやめようと思っている。／我不想幹這個工作了。

（3）　A：夏休みはどうするつもりですか。／暑假你打算怎麼過啊？
　　　B：ヨーロッパを旅行しようと思っています。／我想到歐洲去旅行。

（4）　将来、どんな仕事をしようと思っているんですか。／將來你想做什麼工作呢？

　　　接動詞的意向形，用於表示說話者的打算或意圖。用於疑問句時，表示對聽話者的意圖的詢問。如下例。"と思う"接動詞的辭書形時，表示說話者自己的打算還不很確定，作爲表示意願的表達方式是不正確的。

（例）　私は来年アメリカに行くと思う。／我明年可能要去美國。

6 …ようにおもう　我覺得、我想、我認爲。

[N／Na　であるようにおもう]
[A／V　ようにおもう]

（1）　太田くんは内気なので、ウェイターの仕事は向いていないように思う。／我覺得太田君性格太內向，不大適合做餐廳服務員的工作。

（2）　住民の多くが反対していることを考えると、マンションの建築は見合わせた方がいいように思う。／考慮到大多數的居民都持反對意見，我想建高級公寓的事最好還是暫緩一下。

（3）　この社員旅行のプランはちょっとゆとりがなさすぎるように思うのですが。こんなに短期間であちこち動き回っても疲れるだけではないでしょうか。／我覺得這個員工旅行的計劃日程排得太緊了。這麼短的時間跑那麼多地方，那不是太累了嘛。

（4）　《上司に》パソコンは一人に一台あった方が仕事の能率も上がるように思うのですが、購入するわけにはいきませんか。／《對上司》我想如果能每人一臺電腦，一定會提高工作效率，能不能給我們每個人買一臺呢。

（5）　国民一人一人の幸せを考えることは首相としての当然の義務であるように思われますが、首相はいかがお考えでしょうか。／我們認爲，考慮每一個國民的幸福是首相義不容辭的責任，首相您認爲如何呢？

用於婉轉地提出自己的意見。多見於對方有可能持有與自己不同的意見，或提出對方不大容易接受的意見等場合。如想顯得更婉轉，可使用"ように思われる"的形式。

7 N（のこと）をおもう　想念、想着、想到、想起。
（1）親が子供を思う気持ちは何にも変えられない。／父母想念孩子的這種心情是什麼也改變不了的。
（2）いつもあなたのことを思っている。／總是想着你。
（3）試験のことを思うと心配で眠れない。／一想到考試就耽心得睡不着覺。
（4）母の優しさを思うと気持ちが安らぐ。／一想起母親的溫柔就感到心情非常舒暢。

接名詞或"名詞＋のこと"的形式。表示爲此心有所動。根據前面的詞意，可以表示"想到、想起、想念、惦記、思戀"等多種意思。

8 Nを…とおもう　以爲、覺得、認爲。
[Nを　N／Na　だとおもう]
[Nを　A／V　とおもう]
（1）最初は保子さんを男の子だと思った。／起初我還以爲保子是個男孩子呢。
（2）人々は私の考えを奇想天外だと思ったようだ。／人們好像都覺得我的想法太異想天開了。
（3）みんな、彼の提案を実現不可能だと思って相手にしなかった。／大家都認爲他提案方案不可能實現，所以都没有理睬他。
（4）彼女の横顔を美しいと思った。／我覺得她的側面非常漂亮。
（5）みんなが彼のことを死んだと思っていた。／大家都以爲他死了呢。
（6）彼は自分のことを天才だと思っている。／他以爲他自己是一個天才。

用於就某事物發表感想、印象或判斷。也可用"Nが"代替"Nを"。
（例）人々は私の考えが奇想天外だと思ったようだ。／人們好像都覺得我的想法太異想天開了。

又如例（1）所示，還可用於"把某事錯認爲是…"的場合。

【おもえば】

1 おもえば　想起來、説起來。
（1）思えば、学生時代はみんな純粋だった。／想起來，在學生時代，那時我們都很單純啊。
（2）思えば、あのころはよくあなたと徹夜で議論しましたねえ。／想起當年來，那時我們倆經常是一討論就是一個通宵啊。
（3）A：中島さん、あのころは毎日朝から晩までお酒飲んでましたよね。／中島，那時你每天從早到晚光知道喝酒啊。
　　B：ええ、思えば、よくもあ

のときアル中(ちゅう)で死ななかったものですよね。もう体(からだ)じゅうぼろぼろでしたからね。／可不是嘛．想起來當時竟然沒有酒精中毒死掉．要知道那時我身體簡直糟透了．

（4）思(おも)えば、あのとき彼女(かのじょ)に引(ひ)き止められなければ、私(わたし)はあの墜落(ついらく)した飛行機(ひこうき)に乗(の)って死(し)んでいたのだ。彼女は命(いのち)の恩(おん)人(じん)だ。／説起來．要不是當時她拖住我不讓我走．我就坐上那架墜毀的飛機早摔死了．她是我的救命恩人啊．

置於句首．用來懷着一種眷戀之情回憶起往事。

2 いまからおもえば　現在想想、現在想起來．

（1）母(はは)は、私(わたし)が下宿(げしゅく)するのに猛反対(もうはんたい)したが、今(いま)から思(おも)えばその気持(きも)ちもわからなくもない。／當時母親是極力反對我在外面借宿上學的．現在想想也不是不能理解她的心情的．

（2）あのときは彼の運営方針(うんえいほうしん)に反発(はんぱつ)したが、今(いま)から思(おも)えば彼(かれ)がああいう方針(ほうしん)をとったことも理解(りかい)できる。／當時我是反對他的經營方針的．現在想起來．他當時採取那種方針也是可以理解的．

（3）今(いま)から思(おも)えば、あのとき転職(てんしょく)しておけばよかったとつくづく思(おも)います。当時(とうじ)は転職(てんしょく)してもいい仕事(しごと)ができるとは限(かぎ)らないと思ってしりごみしたのですけどね。／現在想起來．當時要是換了工作就好了．可是當時我覺得即使想換工作也未必能找到好工作．所以就猶豫了．

（4）今(いま)から思(おも)えば、あのとき結婚(けっこん)するのをやめてよかったと思(おも)う。婚約(こんやく)を破棄(はき)したときは、本当(ほんとう)にこれでいいのかと思(おも)って、ものすごく不安(ふあん)だったが。／現在想想．當時決定不結婚真是對了．當辦理解除婚約手續時．我心理還真是覺得這樣好嗎．感到非常的不安呢．

表示就過去的某一件事情．〝現在想起來〞的意思。用於表示過去和現在自己的知識或想法發生了變化．對於某一事物自己有了另外的看法的場合。如對別人的行爲．過去自己不能理解．現在能理解了．對自己過去做過的事．以前以爲正確．現在覺得做錯了．或者是正好相反等。例（1）的意思是．〝當時不能理解母親爲什麽反對．現在理解了〞．例（3）的意思是．〝當時覺得不換工作爲好．但現在看來．如果當時換了工作也許現在能做得更好〞。多用於將過去和現在進行對比的表達方式中。也可以說〝今から思うと〞。

【おもったら】
忽然發現…、開始覺着…。

[N／Na　だとおもったら]
[A／V　とおもったら]

（1）息子の姿が見えないと思ったら、押し入れの中で寝ていた。／忽然發現兒子不見了，一找原來躦在壁櫥裡睡着了。

（2）なんだか寒いと思ったら、窓が開いていたのか。／我説怎麼這麼冷呢，原來窗戶開着呢。

（3）めがねがないないと思ったら、こんなところに置き忘れていたよ。／從剛才就找不着眼鏡，原來是忘在這兒了。

（4）冷蔵庫においしそうなケーキがあると思ったら、お客さん用だった。／忽然發現冰箱裡有非常好吃的蛋糕，後來才知道那是給客人準備的。

（5）最近上田さんが学校に来ないと思っていたら、交通事故で入院しているらしい。／最近覺得上田怎麼老不來學校啊，原來他好像是出了交通事故住院了。

（6）誰もいないのにうちに電気がついていると思ったら、弟が遊びに来て勝手に上がり込んでいたのだった。／開始覺得奇怪，家裡一個人也沒有怎麼會亮着燈呢，原來是弟弟來玩，私自進了我的房間。

接一段話，表示對該事物或其原因、理由不可思議的心情。後面多續有表示原因、理由、解釋的表達方式，表示最終搞明白了的心情。如例（1），"兒子不見了，覺得很奇怪，後來發現他睡在壁櫥裡才算放心了"。例（2），"開始不知爲什麼感覺到冷，後來發現窗戶開着呢，才明白了"。如果不可思議的狀態一直持續的話，可如例（5）使用"と思っていたら"的形式。

【および】

以及、及、和。

[NおよびN]

（1）会議終了後、名札およびアンケート用紙を回収します。／會議結束以後，要將名牌和意見調查表收回。

（2）この近辺ではとなりの児童公園および小学校の運動場が、災害が発生した場合の避難場所に指定されている。／在這一帶，隔壁的兒童公園以及小學校被指定爲發生自然災害時的避難場所。

（3）お祭りの前日および前前日は準備のため休業させていただきます。／因要準備過節，節日的前一天和前兩天本店休業，特此公告。

（4）近隣住民から苦情のあったマンション内の騒音及びペットの問題が、次回の組合総会の議題となった。／關於引起附近居民不滿的公寓內的噪音問題以及養寵物的問題，決定在下次自治會總會

（5） 試験の日程及びレポートの提出期限については、追って掲示します。／關於考試日期及提出論文的期限，隨後立即公布。

用於陳列相同或類似事物。與"NとN"意思相同，但是書面語。

【おり】

1 おり（に） 時候、機會、時機。
[Nのおり（に）]
[V-る／V-た おり（に）]
（1） 前回の書類は今度の会議のおりにお渡しします。／上次會議的文件，我這次開會時交給您。
（2） また何かのおりにでもお会いしましょう。／我們什麼時候有機會再見面吧。
（3） 今度お宅におうかがいするおりには、おいしいワインをお持ちします。／下次我去府上拜訪的時候，我給您帶一瓶好葡萄酒去。
（4） 仕事で札幌に行ったおりに、足をのばして小樽に寄ってみた。／趁札幌出差去的機會，順便去了一趟小樽。
（5） 高校時代の恩師にお会いしたおり、先生のお書きになった本を見せていただいた。／在見到高中時的恩師時，趁機讓老師給我們看了看他寫的著作。

表示"時候"、"機會"的意思。是比較鄭重、有禮貌的表達方式。

2 おりから
a おりから 時下正是、正值。
[A-いおりから]
[V-るおりから]
（1） 残暑の続くおりから、お体には十分お気をつけください。／時下秋老虎正猛，請您多多注意身體。
（2） 冷え込みの厳しいおりから、お風邪など召されませんように。／正值氣溫驟降，請您注意不要感冒了。

表示"時候"、"季節"的意思。主要用於書信。一般先叙述氣候不太正常，然後講一些關心對方的話。

b おりからのN 正好趕上、又趕上。
（1） 山は嵐のような天候になり、小さな山小屋は、おりからの風にあおられて簡単に吹き飛んでしまった。／山中狂風暴雨，小小的山間小屋被這一陣狂風一下子就給吹走了。
（2） 最近、ホームレスの人が増えているが、おりからの寒波で凍死した人もいるそうだ。／最近無家可歸的人又增加了，又趕上這一陣寒流，據說有些人都凍死了。
（3） もともと女子の就職状況は男子より悪かったが、今年はおりからの不況でますます女性には不利になっている。／本來女性就沒有男性

好找工作，又趕上現在經濟不景氣，對女性更不利了。

（4）海外旅行ブームがますます盛んになっているところへ、おりからの円高で、連休の海外旅行客は40万人を越えるそうだ。／海外旅行的熱潮越來越高，又正值日元升值，據說這次連續休假去海外旅行的人數要超過40萬人。

表示"正好趕上這個時候的…"的意思。一般後續主要有"雨、風、嵐、寒さ"等表示惡劣天氣的名詞或"不況、不景気、円高"等表示某種社會狀況的名詞。用以表示由於某時開始的某種狀況而引發了某種事情的場合。是書面語。

【か】

1 …か…か 或、或者、是否、還是、有沒有。

[NかN（か）]
[Na かNa か]
[AかAか]
[VかVか]

（1）電車かバスで行くつもりだ。／我打算坐電車或者是坐公共汽車去。
（2）水曜か金曜の夜なら都合がいいのですが。／如果是星期三或星期五的晚上，我比較方便。
（3）ネクタイはこれかそれかどっちがいいだろう。／這條領帶或那條領帶，哪一條好呢？
（4）進学か就職かで悩んでいる。／正在為是升學還是找工作而煩惱。
（5）その映画がおもしろいかおもしろくないかは見てみなければわからない。／這部電影有沒有意思，你只有看了才會知道。
（6）二次会は、カラオケに行くかもう少し飲むか、どっちがいいでしょうか。／宴會後的二次會，我們是去唱卡拉OK呢，還是找個地方再喝點兒酒呢。
（7）夏休みは、香港か台湾かシンガポールに行きたい。／暑假的時候，我想去香港或臺灣，或者是新加坡。
（8）体が健康か不健康かは顔色で判断できることもある。／身體健康不健康，有時從臉色上也能看出來的。

表示在 X 和 Y 中任選一個。使用形容詞或動詞時，可例如例（5）或下例所示，將肯定形和否定形成對使用。

（例）行くか行かないか決めてください。／請決定去還是不去。

又如例（7）所示，有時還可以用於列舉兩個以上的事物。

2 Nか＋疑問詞＋か …或別的…

（1）プレゼントはコーヒーカップかなにかにしよう。／準備送咖啡杯或別的什麼禮物。
（2）その仕事は内田さんか誰かに頼むつもりだ。／這項工作準備交給内田或其他人。

（3） 夏休みは、北欧かどこか、涼しいところに行きたい。／暑假的時候，我想去北歐或別的比較涼快的地方。
（4） また来週かいつかお電話しましょうか。／下周或什麼時候我再給你打電話吧。

用於在幾個選擇項中舉出其中最主要的一項。

3 …か…かで　要麼…要麼…、不是…就是…。
[NかN(か)で]
[NaかNaかで]
[AかAかで]
[VかVかで]

（1） あの人の話は、たいてい自分の自慢話か仕事の愚痴かで、聞いているとうんざりする。／他一開口，要麼是吹嘘自己，要麼就是對工作發發牢騒，都聽膩了。
（2） あの人は毎晩飲み屋で飲んでいるかカラオケバーに行っているかで、電話してもほとんどつかまらない。／他每天晚上不是去酒店喝酒，就是去卡拉OK酒吧。你打電話也基本上找不到他。
（3） 最近の学生はアルバイトで忙しいかクラブ活動で疲れているかで、あまり家で勉強していないようだ。／現在的學生，要麼是忙著打工，要麼就是参加社團活動累得不行，根本不怎麼在家學習。

（4） 家賃が安い家は交通が不便か部屋がきたないかで、どこか欠点があるような場合が多い。／房租便宜的房子，不是交通不方便，就是房間很破舊，一般都有某些缺陷。

舉出兩種不利因素，表示不是這個就是那個的意思。後面多爲表述因此而産生的麻煩或不便的内容。也可如下例所示，使用"XかYかしていて"的形式。

（例） 彼はパーティーでもずっと飲むか食べるかしていて、全然他の人としゃべろうとしない。／在宴會上，他一直不是喝就是吃，跟誰都不講話。

4 …かどうか　是否、是…還是(不)…。
[N／Na／A／V　かどうか]

（1） あの人が来るかどうか知っていますか。／他來還是不來，你知道嗎？
（2） それが本物のパスポートかどうかはあやしい。／這本護照是真是假，非常可疑。
（3） その映画がおもしろいかどうかは見てみなければ分からない。／這部電影是否有意思，你只有看了才會知道。
（4） このようなアドバイスが適切かどうかわかりませんが、お役に立てれば幸いです。／我也不知道這個建議是否合適，如果能對你們有參考作用，我將感到非常榮幸。

表示"是做…還是不做…"、"是…還是不是…"的意思。用於將以"はい"、"い

いえ"來回答的選擇疑問句換成名詞的成分填入句子一部分的場合。如例(1)．就是將"あの人は来ますか(他來嗎)"這一短句代入"あなたはそれを知っていますか(你知道不知道這件事)"中"それ(這件事)"的部分。後續一般爲"知らない(不知道)／分からない(不明白)／あやしい(可疑)／自信がない(没有自信)／決める(決定)"等詞語。

5 …か…ないか

a …か…ないか　是…還是(不)…。

（1）　行くか行かないか決めて下さい。／請決定去還是不去。

（2）　面白いか面白くないか分からない。／我也搞不明白是有趣還是無趣。

→【か】1

b …か…ない(か)　剛一…時, 只要一…。

[V-るかV-ない(か)]
[V-たかV-ない(か)]

（1）　去年彼女に会ったのは、たしかゴールデンウイークに入るか入らないかの頃だったと思います。／我記得去年見到她的時候, 好像是剛要進入黄金周的時候。

（2）　ベルが鳴り終わるか終わらないうちに、生徒達は外へ飛び出していった。／鈴聲還没響完, 學生們就已經跑出教室去了。

（3）　聞こえるか聞こえないかぐらいの程度だが、このレコードには変なノイズが入っている。／聲音很微弱, 幾乎都聽不見, 但確實這張唱片裡有一種奇怪的雜音。

（4）　この銃は引き金に指が触れるか触れないかで弾が飛び出すので、慎重に扱う必要がある。／這支槍, 你只要輕輕一碰扳機子彈就會飛出來, 所以要特別小心。

接同一動詞的肯定形和否定形後, 表示"不知是已做了…還是還没有做…"這樣很微妙的階段。在描述過去的事情時, 除如例(1)所示形式外, 也可以使用"入ったか入らないか"的形式。

6 疑問詞…か　（表示不明確）。

（1）　彼がいつ亡くなったか知っていますか。／你知道他是什麽時候去世的嗎？

（2）　パーティーに誰を招待したか忘れてしまった。／宴會上請了誰, 我都忘了。

（3）　人生において重要なのは、何をやったかではなく、いかに生きたかということであろう。／人的一生, 重要的不是做了什麽, 而是怎様走過自己的一生。

（4）　人類の将来は、地球環境をいかに守っていくかにかかっていると言っても過言ではない。／可以毫不誇張地説, 對於人類的未来, 關鍵是如何保護好地球的環境。

用於將帶有疑問詞的疑問句作爲名詞成分代入另一個句子中, 作爲該句子的一部分。如例(1)．就是將"彼はいつ亡くなりましたか(他是什麽時候去世的)"代

人"あなたはそれを知っていますか(你知道不知道這件事)"句中"それ(這件事)"的部分。"か"前面要使用述語的簡體。

7 疑問詞＋か
a 疑問詞＋か （表示不確定）。
(1) 彼はどうも何かを隠しているらしい。／他好像隱瞞了什麼。
(2) 誰かに道を聞こう。／找個人問問路吧。
(3) あの人にはいつか会ったことがある。／我不知何時見過他。
(4) 郊外のどこかに安くて広い土地はないだろうか。／郊區或其他地方就沒有又便宜又寬敞的地嗎。

接"なに・だれ・どこ・いつ"等疑問詞後，表示不確切的，不肯定的，或沒有必要說明的事物。

b 何＋數量詞＋か／いくつか 幾…。
(1) ビールなら冷蔵庫に何本かある。／要啤酒的話，冰箱裡還有幾瓶。
(2) 鉢植えをいくつか買ってきてベランダに置こう。／買幾盆花來放在陽臺上吧。
(3) 男子学生を何人か呼んできて手伝ってもらえば、これくらいの荷物はすぐ運べる。／叫幾個男生來幫忙，這點行李一會兒就能搬完。
(4) いつかアフリカに何年か住んでみたい。それが私の夢だ。／有機會我想到非洲去住上幾年，這是我的夢想。

"か"接"何本"、"いくつ"等表示不確定的數量詞後，表示有說不太清楚的數量，但數量不多的意思。

8 疑問詞＋だか 不知…。
(1) なんだか寒気がします。／不知爲什麼有點兒發冷。
(2) なぜだか分からないけれど、父を怒らせてしまったようだ。／不知怎麼搞的，好像把父親給惹火了。
(3) 真っ暗で、誰が誰だか分からない。／漆黒一片，分不清誰是誰。
(4) 何が何だか分からないうちに、勝負がついてしまった。／還沒弄明白怎麼回事呢，就定了輸贏了。

作副詞使用，表示不能明確確定的樣子。另外可如例句使用"誰が誰だか"、"何が何だか"的形式，表示不能確定的意思。

9 …からか／…せいか／…のか
也許是因爲、大概是因爲、可能是因爲。
(1) 彼女は自分も留学経験があるからか、留学生の悩みの相談によくのってあげている。／也許是因爲她自己有過留學的經驗，所以當留學生有困難時，她總能聽他們訴說並幫他們出主意。
(2) 今日は風があるせいか、日差しが強いわりには涼しく感じられる。／大概是因爲今天有風，所以儘管陽光很充足但

是却感覺涼颼颼的。

（3）彼はそれを知っていたのか、私の話を聞いても特に驚いた様子はなかった。／他可能已經聽説了這件事，所以當我告訴他時，他一點也没吃驚。

（4）彼は家が本屋だからか、いろんな分野の本をよく読んでいるし、趣味で小説も書くらしい。／大概是因爲他們家開書店，所以他讀過許多方面的書，而且好像還業餘寫點小説。

使用"Xからか、Y"等的形式，用以表示推測産生Y的理由也許是X。表述的重點在Y。與"が"相關的部分多爲"からか・せいか・ためか・のか"等表示理由的形式。如例（1）的意思是"今天感覺涼颼颼的。這大概是因爲有風的緣故吧"。

10 …ことか → 【ことか】
11 …ところか → 【ところ】
12 …ばかりか → 【ばかりか】
13 …ものか → 【ものか】

【が₁】

1 Nが　（表示述語的主體或對象）。
（1）あの人が山本さんです。／那個人就是山本。
（2）隣のうちには猫が3匹いる。／隔壁有3隻猫。
（3）あ、財布が落ちている。／啊，地上掉了一個錢包。
（4）この本は表紙がきれいです。／這本書的封面很漂亮。

（5）私はジャズが好きです。／我喜歡爵士樂。
（6）外交官になるには語学力が必要だ。／當一個外交官需要很强的外語能力。
（7）彼は10ヶ国語ができるらしい。／他好像會講10種外語。

接名詞後，如例（1）、（2）、（3）、（4）所示，可表示該名詞是後續述語所表示的動作、狀態的主體。又如例（5）、（6）、（7）所示，也可表示該名詞是後續述語所表示的狀態的對象。再如"負けるが勝ち／失敗即是勝利"，在一些成語當中還可以接在名詞以外的句子成分之後。

2 NがNだから　（表示一種負面評價）。
（1）親が親だから、子供があんなふうに生意気になるのだ。／連父母都這樣，孩子當然會變得那麼狂妄了。
（2）もう時間が時間だし、今から行ってもあのレストランは閉まってるかもしれないよ。／時間已經這麼晚了，你現在去，那家餐廳恐怕已經關門了。
（3）デパートをぶらぶら歩いていて、かわいいネックレスを見つけた。とても気に入ったのだが、なにしろ値段が値段だったので買うのはあきらめた。／在百貨公司裡隨便逛的時候，看到了一條非常中意的項鏈。雖然我非常喜歡，可是價錢太貴了，結果還是没捨得買。

（4） A：再就職しようと思ったけど、なかなかむずかしいわ。／本來想再找一份工作，可是看來很難啊。
　　　 B：そりゃ、年が年だもの。37の女なんか今どきどこも雇ってくれないわよ。／可不是嗎，年齡都這麼大了。如今誰還會雇用37歲的女人啊。

　　使用同一名詞的反覆。後續多爲"だから"或"ので・し・だもの・もので"等表示理由的詞語。多用於對該名詞給以負面的評價。後面叙述由此而導致的必然結果。如例（1）即表示"父母對孩子太嬌慣了"，例（2）則表示"現在去吃飯已爲時過晚"，例（3）表示"價錢太貴買不了"，例（4）表示"再找工作年齡已經太大"等意思。

3 NがNだけに　（表示從其性質考慮）。

（1） ここの料理は、素材が素材だけに味も格別だ。／這家菜館對做菜的材料非常講究，所以味道也非常特別。
（2） この店は味は大したことはないが、場所が場所だけにたいていいつも満員だ。／這家店的味道其實並不是太好，可是地點特別好，所以總是滿滿的。
（3） この店はとても気に入っているのだが、場所が場所だけにそうしょっちゅうは来れないのが残念だ。／我特

喜歡這一家店，遺憾的是地方不怎麼太方便，所以不能常來。
（4） その映画は戦時中の日本軍の侵略を扱ったもので、多くの評論家が絶賛している優れた作品だが、内容が内容だけに、一般的な娛楽映画と比べると興行成績は格段に悪かった。／這部電影描寫的是戰爭時期日軍侵略其他國家的内容，儘管受到了許多評論家的好評，但由於它的内容所致，與一般娛樂性的電影相比，它的票房收入就差多了。
（5） 学長が収賄容疑で逮捕された。今までも小さな不祥事はあったが、マスコミには騒がれないよう注意してきた。しかし、今回はことがことだけに、マスコミの取材からは逃れられないだろう。／大學校長因受賄嫌疑被逮捕了。以往也發生過一些小的醜聞，我們都儘量避免被新聞媒體炒作。但此次事件非同小可，恐怕逃不過新聞界的採訪了。

　　使用同一名詞的反覆。表示"從該名詞的性質考慮，理所當然地…"的意思。後面引發出因其而產生的必然結果。但結果性質如何，不聽完最後的部分也是難以判斷的。如例（1），從例句的後半句"味も格別だ／所以味道也非常特別"來看，可以知道這裡講的材料一定是特別好的

材料。但如果說成"素材が素材だけに、大した料理はできやしない"/從他用的材料就知道他做不出什麼好菜"，又可理解爲這裡講的材料是非常壞的材料。又如例(2)表示的是非常方便，人們很容易去的地方。可到了例(3)則相反，表示的是非常不方便，很難去的地方。例(5)的"ことがことだけに"，是一種慣用表達方式。在這裡表示的意思是"因爲事情非同小可"。

4 NがNなら…(が)　要是…就…了(但實際上…)。

(1) 時代が時代なら、この本も売れたかもしれないが、今の時代では人間の生き方を問うような本は若い人には読まれない。/要是時代還是認真考慮人生的時代，這種書可能還能賣得出去，但現在，像這種講人生的書，年輕人根本就沒有興趣去讀。

(2) 世が世ならあいつも出世できただろうに。/要是世道公平，也許他早就升官了呢。

(3) 俺も大学が大学ならもう少しましな仕事にもつけたのだろうが、この大学ではせいぜいこの会社ぐらいがいいところだ。/要是能上個好一點的大學，我不確定還能找到更好一點的工作，就這大學，能找到現在這家公司就算不錯了。

使用同一名詞的反覆，表示"假定如果有與之相符的情況的話"的心情。後續"…だろうが/だろうに/かもしれないが"等詞語。最後陳述現實情況並非如此。如例(1)表示"如果是有許多人認真考慮人生的時代的話"，例(2)表示"如果是能正確評價他的那樣的世道的話"，例(3)則表示"要是更好一點的大學的話"等意思。即假定一種比現實情況要好的狀態。表示"要是那樣的話，就能有一個好結果"的意思。但事實上這種假定是不可能實現的。所以表現了說話者一種遺憾、懊悔、達觀的心情。

5 NがNならNもNだ　(表示對兩者的指責)。

(1) この生徒はいつも教師に口答えばかりして困る。親もすぐ学校にどなりこんでくるし、まったく、親が親なら子も子だ。/這學生老跟老師頂嘴真傷腦筋。而他父母也動不動就跑到學校來吵鬧。真是，有其父必有其子啊。

(2) まったく、おじさんがおじさんなら、おばさんもおばさんだよ。おじさんが頑固なのはわかっているんだから、嘘でも「ごめんなさい」って言えば喧嘩なんかすぐにおさまるのに。/真是，叔叔倔吧，嬸嬸也夠倔的，倆人是硬碰硬。嬸嬸，你明知道叔叔倔，哪怕是違心的呢，只要說一聲"對不起"，也不至於打起來啊。

"NがNなら"部分的名詞與"NもNだ"部分的名詞雖不同但有關聯。表示一種"兩個N一樣都不好"的負面評價。如例(1)表示"父母和孩子一樣都有問題"，例(2)則表示"叔叔和嬸嬸都倔，都不好"的意思。用於對兩者都進行指責的場合。

6 V-たがさいご →【がさいご】
7 V-るがはやいか →【はやいか】

【が₂】
[N／Na だが]
[A／V が]

1 が＜逆接＞　可、但。
（1）彼は学生だが、私は社会人だ。／他是學生，而我已經是社會人士。
（2）昨日は暑かったが、今日は急に涼しくなって風邪をひきそうだ。／昨天那麼熱，但今天一下子又涼快起來，感覺好像要感冒了。
（3）今日の試合は、がんばったが負けてしまった。／今天的比賽，雖然大家都很努力，但還是輸了。
（4）種をまいたが、芽が一つも出なかった。／播了種，可是一個芽也沒發。

用於連接兩個對立的事物。表示前後內容相互對立，或後面產生的結果與從前面事物預想的結果相反。

2 が＜前言＞　（表示開場白）。
（1）山田と申しますが、陽子さんいらっしゃいますか。／我叫山田，陽子小姐在嗎？
（2）今日広田さんに会うんですが、何か伝えておくことはありますか。／我今天要見廣田先生，你有什麼事情要轉告他嗎？
（3）先日お願いいたしました件ですが、引き受けていただくことはできませんでしょうか。／前幾天求您的那件事，您能否答應呢。
（4）先月パソコンを買ったのですが、使い方がよくわからないので教えてほしいんですが。／上個月我買了一臺電腦，可是不知道怎麼用，想請您指點一下。

在向對方詢問、請求、命令之前，作爲一種開場白使用。

3 が＜欲言又止＞　（表示委婉）。
（1）《コピーしている人に》あのう、ちょっと1枚だけコピーしたいんですが。／《對正在複印的人》對不起，我只複印1張。
（2）すみませんが、ちょっとお先に失礼させていただきたいんですが。／對不起，我想先走一步。
（3）あのう、実は明日の会議に出られないんですが。／那個，我有點事無法參加明天的會議。
（4）この辞書に書いてること、間違っていると思うんですが。／我覺得這本辭典裡有錯誤。

在講一些難以啟齒的事情或不好請求的事情時，用於句尾，可使語氣顯得委婉。

【かい】
1 かいが ある／ない　（有／無）效果、回報。

[Nのかいが ある／ない]
[V-たかいが ある／ない]

（1）努力したかい(が)あって、無事合格することができた。／没有白努力．總算考上了。

（2）コンクールで優勝できるなんて、一日も休まず練習したかいがあったね。／他在比賽中得了冠軍啊．這麼多天．他一天都不休息．天天練．總算工夫没白費。

（3）警官の懸命の説得のかいもなく、その男性は警官の顔をしばらくじっと見つめた後、屋上から飛び降りてしまったという。／據説警察拼命地勸他也没用．那個男的凝視了一會警察後．就從屋頂上跳了下來。

（4）今になってまったく違う意見を主張されたのでは、せっかくみんなが歩み寄って意見を調整したかいがなくなるじゃないか。／到現在又提出不同意見．那我們費了半天勁．好不容易讓大家取得了一致意見．不都白費了嗎。

接表示動作的動詞或表示行爲的名詞後．表示"該行爲得到了預期的效果．該行爲得到了回報"的意思。使用否定形時．表示"其努力没有得到回報／没有效果"的意思。

2 R-がい　值得…．不白…。

（1）やりがいのある仕事を求めて転職する。／爲了找到更值得一做的工作而改行。

（2）仕事のほかに生きがいを見出せないような人生ではあまりにも寂しいではないか。／除了工作就没有別的人生價值．你不覺得這樣的人生太乏味了嗎。

（3）もっと働きがいのある職場に移りたいと思うが、この不況では転職もなかなかむずかしそうだ。／我想換個單位．找到更有價值的工作．但現在這種經濟不景氣的狀況下．要想換個工作是很不容易的。

（4）こんなに喜んでもらえるのだったら、料理のしがいがある。／看大家吃得那麼高興．我這菜也没白作。

（5）一度失われた森林を元に戻すのは大変なことではあるが、そこに住む人たちの暮らしもかかっているだけに、苦労のしがいもあるというものだ。／讓失去的森林再恢復原貌．是一件很困難的事情．但這關係到住在這裡人們今後的生活．所以我們吃點苦也值得。

接動詞連用形後．表示做這一動作值得、有效、可以得到回報的意思。能够使用的動詞有限。如例（4）、（5）所示．完成該動作很難、很費力時．表示吃這種苦值得、有意義的意思。

【かえって】

反倒、反而、相反。

(1) 親切で言ったつもりなのだが、かえって怒らせてしまったようだ。／本想好意對他講，可反倒把他給惹火了。

(2) 間に合うようにと思ってタクシーに乗ったのに、渋滞のせいでかえって遅くなってしまった。／想儘量趕上就坐上了計程車，哪想到反而遇上堵車遲到了。

(3) 昨日買ったカーテンは少し派手すぎたかなと思っていたが、かえって部屋が明るくなってよかった。／開始我以爲昨天買的窗簾太花俏了，没想到反而使得房間顯得更明亮，還買對了。

(4) A：お見舞いに来てくれたお礼に、川井さんにはお菓子でも持って行こうか。／爲了感謝他們來探望，給川井他們帶點點心去吧。
    B：いや、そんなことをしたら、かえって向こうが気を遣うよ。／不要吧，那樣反而會使他們覺得見外了。

(5) A：この間はひどいことを言ってしまって、悪かった。／上次我説話太不注意，真對不起。
    B：いや、かえって良かったよ。あれから君の言葉を思い出してぼくもいろいろ反省したんだ。／没有的事，相反多虧你説了。後來我想起你説的話，自己也反省了許多。

做某一事後，一般會預想到一個必然的結果，此句型用於其結果與自己的意願、預料相反的場合。如例 (1) 表示"自己出於關心對方講了一番話，可與預料相反，結果反倒把對方給惹火了"，例 (4) 表示"自己預想給對方帶點點心會使對方高興，但相反會使對方覺得見外"，例 (5) 則表示"由於自己説話不注意覺得可能傷害了對方，但相反對方覺得自己説了這話倒使他有了反省的機會"。即用於其結果與一般常識性的預想相反的場合。至於只限於當時的一種臨時性的預想時，則不能使用。

(誤) 今日は雨が降ると思っていたが、かえっていい天気になった。

(正) 今日は雨が降ると思っていたが、いい天気になった。／本以爲今天要下雨呢，但没想到是個好天氣。

【かえる】

改…、換…、重…。

[R-かえる]

(1) 次の文を否定文に書きかえなさい。／把下面的句子改寫成否定句。

(2) 次の駅で急行に乗りかえましょう。／在下一站我們改搭快車吧。

（3）電球を新しいのと取りかえたら、部屋が見違えるように明るくなった。／換了一個新燈泡以後，屋中一下子亮了起來，好像變了一個家似的。

（4）もらってきた花を花びんに生けてあった花と入れかえて玄関に飾った。／把花瓶裡原來插的花換上朋友送的花，然後擺在了大門口。

（5）家を建てかえたので、ついでに家具も全部買いかえた。／因爲翻修了房屋，所以順便把家具也全部都換了。

（6）名札をジャケットからシャツに付けかえた。／把名牌從外套上取下來，別在了襯衣上。

（7）彼はとても器用で、卓球をやっているとき、ラケットを左右に持ちかえながらプレイすることができる。／他特別靈巧，打乒乓球時會左右手換着拍子打。

接動詞連用形後，表示"變化""交換"等意思。如例（1）、（2）、（5）表示 將X換成另外一種東西，即換成Y。例（3）、（4）表示將X和Y進行交換。例（6）、（7）則表示將X的位置從Y移到Z的意思。其他經常可使用的詞語有"移しかえる・置きかえる・掛けかえる・植えかえる・張りかえる"等。

【がかり】

這是從動詞"かかる"衍生出來的句型。與"時間／お金がかかる"搭配，有"花費"的意思。與"医者にかかる"搭配，有"依靠"的意思。與"雨がかかる"搭配，有"受其影響"的意思。與"仕事にかかる"搭配，有"開始着手"的意思等。

1 數量詞＋がかり　花、用、一起。

（1）グランドピアノを5人がかりでやっと運んだ。／5個人一起抬，才終於把三角鋼琴給搬動了。

（2）3日がかりで作り上げた巨大な雪だるまは、翌日のポカポカ陽気ですぐに溶けてしまった。／花了3天才堆起來的大雪人，沒想到第二天艷陽高照，一下子就把雪人兒曬化了。

（3）5年がかりの調査の結果、その湖の生態系は壊れかかっているということがわかった。／花了5年的時間進行調查，其結果表明這個湖泊的生態系統已開始遭到破壞。

（4）さすが横綱は体が大きくて力も強いので、高校生力士が3人がかりで向かっていってもまるで勝ち目はなかった。／到底是横綱，個子大力氣也大，3個高中生相撲隊員一起上也贏不了他。

接"…人／日／時間"等詞語後，表示做某動作時花費了這麼多的人力或時間等。後續多爲表示很難或很費力的動作的表達方式。

2 Nがかり　依靠、像…似的。

（1）彼女は30才にもなって、親がかりで留学した。／她都30歲

（2） 男は「君はバラのように美しいね」などと、芝居がかりのせりふを吐いた。／那男的吐出了一句像戲劇臺詞似的話．"你美得像一朵玫瑰花"。

此句型用於兩種場合，一如例（1）所示，表示"依靠父母．受父母照顧"的意思，另一如例（2）所示，表示"帶有戲劇的性質．像戲劇似的"的意思。例（1）的用法只有"親がかり"一種。例（2）的用法另外還有"神がかり（好似神仙鬼怪）"，但也極少。類似（2）的用法還可以說成"Nがかっている／Nがかった"。這時常用的有"青みがかった（帶有綠色的）・左がかった（偏左的）"等詞彙。

3 R-がかり　順便、由於這種趨勢。
（1） 広場でトランペットの練習をしていると、通りがかりの人が何人も足を止めて聞いていった。／我在廣場上練習吹小啦叭，結果吸引了許多過路的人駐足欣賞。
（2） それは他の部署の企画だったが、担当者にいくらかアドバイスもしたので、行きがかり上しかたなく私も関わることになってしまった。／本來這是其他部門的一項計劃，但由於開始我向承擔項目的人提了些建議，到了這關頭上．現在我也不得不參與了。

例（1）表示"偶然路過"的意思。例（2）的"行きがかり上"表示"由於過去的這麼一種原委"的意思。是一個慣用句．不能與別的動詞一起使用。

【がかる】
帶有…樣子，有點像…。
[Nがかったり N]
（1） 川井さんは青みがかった紫色のとてもきれいなワンピースを着ていた。／川井穿了一件特別漂亮、並有點淺藍的紫色連身裙。
（2） その絵は背景が赤みがかった空色で、まるで夕暮れの空のようだ。／這幅畫的背景是帶有點紅色的天空顏色．就仿佛是晚霞中的天空一樣。
（3） 山本は考えることが左がかっている（＝左翼的だ）。／山本的想法有些偏左（＝左派）。
（4） あいつの行動はどこか芝居がかっていて、こっけいだ。／那傢伙的行動有點像演戲，特別滑稽。
（5） その人は、村では神がかった存在として尊敬されおそれられている。／在村裡．他就像個神仙，大家對他都特別尊敬。

接名詞後．表示多少帶一點該名詞所表示事物的性質。可以使用的名詞有限。如例（3）所示．也可以使用"Nがかっている"的形式。

【かぎり】
1かぎり
a かぎりが ある／ない（有／無）
極限。

かぎり 95

(1) 資源には限りがある。無駄遣いしてはいけない。／資源有限，不得浪費。
(2) 限りある資源を大切にしよう。／要愛惜有限的資源。
(3) 宇宙の広がりには限りがないように思える。それが魅力だ。／我覺得宇宙是廣闊無限的。這就是它的魅力。
(4) 宇宙には限りない魅力がある。／宇宙具有無限的魅力。
(5) ワープロには数限りない機種があるため、どれを選んだらいいのか、選択に困る。／文字處理機有數不清的機型，所以不知道選哪一種才好。

表示時間、空間或事物的程度、數量都是有限的意思。例(2)、(4)是修飾名詞的形式。是一種慣用句。也可以説"限りのある／ない"。例(5)的"数限りない"也是一個慣用句。修飾名詞，用於可數性的事物。表示其數量極多。也可以使用其副詞形，説"数限りなく"。

b かぎりなくNにちかい　極其接近、特別像。
(1) その着物は限りなく白に近い紫だった。／這件和服的顏色是極接近白色的淡紫色。
(2) その真珠のネックレスは限りなく本物に近い偽物で、見ただけでは偽物であることがわからない。／這條假珍珠項鏈特別像真的，從表面上看，你根本看不出是假的。

(3) キムさんの日本語の発音は限りなく日本人に近いが、注意して聞くとやはり韓国語の影響が残っている。／金先生的日語發音極其像日本人，但是仔細聽，還是能聽出一點韓國語音的影響。

表示與該名詞性質極其相近，幾乎一樣的意思。

2…かぎり＜期限＞
a Nかぎり　只限於…、到…爲止、以…爲限。
(1) 彼女は今年限りで定年退職することになっている。／她到今年爲止就要退休了。
(2) その演劇の公演は、今週限りで打ち切られる。／這部戲的上演到這周末就停止了。
(3) 勝負は1回限りだ。たとえ負けても文句は言うな。／比賽就這一次。即使輸了也不許有意見啊。
(4) あの人はその場限りの思いつきの意見しか言わない人だ。／他就只會當場憑着靈感提意見。
(5) 今の話はこの場限りで忘れてください。／剛才這些話我們就在這兒説，説完就忘了吧。

接表示時間、次數、場所的名詞後，表示"只限於此"的意思。表示場所的詞，只能使用"この場／その場／あの場"等。如例(1)表示"以今年爲限度"，例(4)表示"只限於當場"的意思。

b …かぎり　儘、儘量、竭儘。
[Nのかぎり]
[V-るかぎり]
(1) 力の限り戦ったのだから負けても悔いはない。／已經竭儘全力拚了．所以即使輸了也不後悔。
(2) 選手たちは優勝をかけて命の限り戦ったが、惜しくも敗れてしまった。／儘管隊員們爲爭取冠軍拚命苦戰．但最終還是失敗了。
(3) あの大統領は、権力の絶頂にあった頃ぜいたくの限りを尽くしていたそうだ。／據說那個總統在他權力鼎盛時期．竭儘了奢華之能事。
(4) 難民たちは持てる限りの荷物を持って逃げてきた。／難民們拿着所有能拿得了的行李逃了出來。
(5) できる限りの努力はした。あとは結果を待つだけだ。／我已經盡了最大的努力。接下來只有聽天由命了。
(6) そこは見渡す限り(の)桜の花だった。／那裡是一望無際的櫻花。

　　表示"達到最高限度、極限"、"儘其所有一切"的意思。接名詞的例(1)～(3)中的"力の限り"、"命の限り"、"ぜいたくの限り"均爲慣用句。例(6)中的"見渡す限り"也是表示"可以望見的所有範圍"意思的慣用句。接動詞時．多接表示可能的"V-れる"形動詞。

3 かぎり＜範圍＞
a V-る／V-ている／V-た　かぎり
在…的範圍內。
(1) 私の知る限り、彼は絶対そんなことをするような人ではない。／據我所知．他絕對不是做這種事情的人。
(2) 私が聞いている限りでは、全員時間どおりに到着するということだが。／我所聽到的是．全體人員都要按時到達啊。
(3) 私の見た限りで「樹神(こたま)」という姓の人は、電話帳に 2 軒しか載っていなかった。／在我查看的範圍内．姓"樹神"的人在電話本上就只有兩家。
(4) この植物は、私が今まで調べた限りでは、まだ日本では発見されていないようだ。／據我到目前爲止的調查．這種植物在日本好像還沒有被發現。

　　接"見る(看見)・聞く(聽說)・調べる(調查)"等表示認知行爲的動詞後。表示"根據我的知識、經驗的範圍來判斷的話"的意思。也可以說"かぎりで"、"かぎりでは"。

b V-る／V-ている　かぎり　只要…就…、除非…否則就…。
(1) この山小屋にいる限りは安全だろう。／只要呆在這個山間小屋中就會安全的吧。
(2) プロである限り、その大会への出場資格はない。／只要

是職業運動員就没有資格參加這次運動會。

(3) あいつが意地を張っている限りは、絶対にこっちも頭を下げないつもりだ。／只要他還堅持己見，我們也決不會低頭的。

(4) A：英会話なんか、ちょっと本気でやりさえすればすぐに上達するさ。／英語會話嗎，只要我稍稍努力，很快就能提高的。
B：おまえ、そんなこと言ってる限り、いつまでたってもうまくならないぞ。／你呀，除非你改變這種想法，否則你的英語永遠也好不了。

表示"在這種狀態持續期間"的意思。用於表述條件範圍。後續爲在這種條件下發生的狀態。含有如果其條件變化了，產生的狀態也有變化的可能性之意。

c Ｖ－ないかぎり　只要不…就…，除非…否則就…。

(1) 練習しない限り、上達もありえない。／你不練習就提高不了。

(2) あいつが謝ってこない限り、こっちも折れるつもりはない。／除非他來認錯，否則我絕不讓步。

(3) 絶対にやめようと自分で決心しない限り、いつまでたっても禁煙なんかできないだろう。／除非你自己下決心戒煙，否則到什麽時候你這煙也戒不了。

(4) 今の法律が変わらない限り、結婚したら夫婦はどちらか一方の姓を名乗らなければならない。／只要現在的法律不變，結婚以後，夫婦就得姓一方的姓。

表示"在這種事情不發生期間"的意思。用於表述條件範圍。後續爲在這種條件下發生的狀態。含有如果其條件變化了，產生的狀態也有變化的可能性之意。

【かぎりに】
→【をかぎりに】

【かぎる】

1 …にかぎる　最好…。
[Nにかぎる]
[Na なのにかぎる]
[Aのにかぎる]
[Ｖ－るにかぎる]

(1) 和菓子ならこの店にかぎる。／要説日式點心，這一家店的最好。

(2) 疲れた時は温泉に行くにかぎるね。／累了的時候，最好去洗洗溫泉。

(3) せっかくテレビを買いかえるのなら、画面がきれいなのにかぎる。／好不容易要買一臺新電視，最好是買一臺畫面清晰的。

（4） ヨーロッパを旅行するなら電車にかぎるよ。安くて快適だしね。／在歐洲旅行最好是搭電車旅行．既便宜又舒適。
（5） 家族みんなで楽しみたかったら、ディズニーランドに行くに限る。／如果全家都想玩得高興，那最好是去迪斯奈樂園。

用於表示"最好是…"的意思。前面多伴有"…なら／たら"等表達方式。

2 Nにかぎったことではない 不光是、不只是、不僅僅。
（1） あの人が遅刻するのは今日にかぎったことではない。／他遅到不光是今天一次啦。
（2） レポートのできが悪いのはこの学生にかぎったことではない。／小論文寫得不好的不只是這一個學生。
（3） 日本の物価の高さはなにも食料品にかぎったことではない。／日本物價貴，不僅僅是在吃的方面。
（4） エンジンの故障が多いのはこの車種に限ったことではないらしく、同じメーカーの他の車種でも同じようなトラブルが起こっているということだ。／據説引擎經常發生故障的不只限於這種車型，同一廠商的其他車型也經常發生類似毛病。

表示"問題不僅限於此"的意思。一般用於負面評價。表示不僅有這種情況．還有其他情況。

3 …とはかぎらない
　→【とはかぎらない】
4 …ともかぎらない
　→【ともかぎらない】

【かくして】　就這樣、如此。
（1） かくして市民による革命が成し遂げられたのであった。／就這樣，由市民們發起的革命取得了成功。
（2） かくして長かった一党独裁の時代が終わりを告げたのである。／如此．長期一黨獨裁的時代宣告結束了。

在一段較長的文章以後．用於結論性、總結性文章的段首。表示"就這樣"、"如此"的意思。也可以説"かくて"。多用於陳述歷史等較嚴肅的書面語。

【かくて】
　→【かくして】

【かけ】
做一半、没做完、快…了。
[R－かけ]
（1） やりかけの仕事が残っていたので、会社に戻った。／因爲還有没做完的工作，所以又返回了公司。
（2） 彼女の部屋には編みかけのセーターが置いてあった。／她的房間裡放着一件織了一半的毛衣。
（3） その本はまだ読みかけだっ

たが、友達がどうしても貸してほしいと言うので貸したら、そのまま戻ってこなかった。／那本書我剛看了一半，但朋友非要借，結果一借給他就再也沒回來。

(4) 私は友達にもらった壊れかけのテレビを、もう5年も使っている。／朋友送給我一臺快壞了的電視機，我用了5年多了。

(5) 食事を作ろうと思ったら、冷蔵庫の中には腐りかけの野菜しかなかった。／本想做飯，但打開冰箱一看，就只有些快爛了的蔬菜。

接動詞連用形後，表示動作、狀態等正在一個過程當中。如例(1)、(2)、(3)，表示一種受意志支配的動作正進行到一半。而例(4)、(5)則表示一種非意志的狀態已經開始發生的意思。

【かけて】
→【にかけて】

【かける】

1 R-かける＜涉及對方＞　跟、對、和。

(1) 電車の中で酔っぱらいに話しかけられるたびに、私は日本語がわからないふりをすることにしている。／每當在電車上遇見醉漢跟我說話時，我都裝做聽不懂日語的樣子。

(2) みんなに呼びかけて、いらなくなった衣類や食器などを持ってきてもらおう。／號召大家把不用了的衣物、餐具等捐出來吧。

(3) その子は、人と目が合うたびにやさしく笑いかけるような、そんな、人を疑うということを知らないような子だったと言う。／據說那孩子只要看見別人就會對別人笑，是一個從不知道懷疑人的孩子。

(4) リサイクル運動の市民グループを作りたいと思って、周りの友達に相談を持ちかけてみたが、みんな忙しいと言って話に乗ってこなかった。／我想發起組織一個搞廢物回收利用運動的市民團體，可是和周圍的朋友一商量，大家都說忙，沒有一個人響應。

接動詞連用形後，表示向對方做某種動作或施加某種影響。例(4)中的"人に相談を持ちかける(和別人商量)"，是一種慣用的句式。另外常用的還有"問いかける"、"語りかける"、"誘いかける"等。

2 R-かける＜做一半＞　做一半、沒做完、快…了。

(1) 友達に大事な相談の手紙を書きかけたとき、玄関のベルが鳴った。／有重要的事情要寫信給朋友商量，但剛寫了一個開頭兒，就聽見門鈴響了。

(2) 「じゃあ」と言って受話器を置きかけて、しまったと思った。彼に用件を言い忘れていたことに気づいたのだ。／說了聲"再見"，剛要把話筒放下，忽然想槽了，把應該跟他講的事情給忘了。

(3) その猫は飢えでほとんど死にかけていたが、世話をしたら奇跡的に命を取り戻した。／那隻猫本來餓得都幾乎快要死了，可我養了幾天，它竟奇跡般地又活下來了。

(4) 忙しい日々の中で忘れかけていた星空の美しさを、この島は思い出させてくれた。／來到這個島上，使我又想起了在繁忙的日子中都快要忘却了的美麗的星空。

接動詞連用形後，表示"動作做到一半"的意思。如例(1)、(2)，表示一種受意志支配的動作正進行到一半，而例(3)、(4)則表示一種非意志的狀態已經開始發生的意思。

【がさいご】

（既然…）就必須…、(一…)就非得…。

[V-たがさいご]

(1) ここで会ったが最後、謝ってもらうまでは逃がしはしない。／今天在這兒見到你了，你就必須得向我道歉是，否則我不會放你走。

(2) この計画を聞いたが最後、あなたもグループに加わってもらおう。／你已經聽到我們這個計劃了，就必須得參加我們這個組織。

(3) 学校内でタバコを吸っているのを見つかったが最後、停学は免れないだろう。／既然在校内抽煙已經被發現了，我看停學處分是逃不掉了。

(4) その茶碗は、一度手に取ったが最後、どうしても買わずにはいられなくなるほど手触りや重さ、色合いなどが私の好みに合っていた。／這碗一拿到手上就覺得非買不可，因爲它那手感、輕重、顏色等都那麼合我的品味。

表示"某事一發生就必定…"的意思，後續爲表示説話者意志或必然發生的狀況的表達方式。例(1)表示"今天總算在這裡遇見你了，所以今天必須要讓你道歉"，帶有一種威儡感，例(2)表示"你已經聽到我們的計劃了，所以你必須參加我們的組織"，帶有一種命令的口吻。又如例(3)、(4)所示，也可以用於叙述一般性事物。

【がたい】

難以、不可、不能。

[R-がたい]

(1) 信じがたいことだが本当なのだ。／這件事雖然難以置信但確實是真的。

(2) あいつの言うことは何の根

拠もないし常識はずれで、とうてい理解しがたい。／他説的話沒有任何根據，又不符合一般常規，實在叫人費解。

（3）日本が戦時中にアジア諸国で名もない人たちを理由もなく殺したことは、動かしがたい事実である。／日本在戰爭中無故殺害了許多亞洲國家的平民百姓，這是不可動搖的鐵的事實。

（4）彼は部下の女性に対するセクシャル・ハラスメントで告発されたにもかかわらず、まるで反省の色が見えないばかりか、あの女は無能などと言いふらしており、まったく許しがたい。／雖然他的女部下告發了他性騷擾，但他不僅毫無反省之意，甚至還到處跟人講那個女部下如何如何無能等等，簡直是令人不能容忍。

　　接動詞連用形後，表示做該動作很難或不可能的意思。除常用的"想像しがたい(難以想像)、認めがたい(不能認可)、(考えを)受け入れがたい(難以接受)、賛成しがたい(不能贊成)"等表示認知的動詞以外，還經常使用"言いがたい(難以啟齒)、表しがたい(難以表達)"等與講話等有關的動詞。例（3）的"動かしがたい事実"是一種慣用句，表示"不容否認，是鐵的事實"的意思。書面語。

【かたがた】

　　順便、兼。
[Nかたがた]
（1）友達が風邪をひいたというので、お見舞いかたがた家を訪ねることにした。／聽說朋友感冒了，我決定去看看他，正好順便也拜訪一下他家。
（2）散歩かたがたパン屋さんに行ってこよう。／去散步的時候順便繞去麵包店。
（3）《手紙文》以上 お礼かたがたお願いまで。／《書信》以上特此致謝並兼請求。

　　接表示動作的名詞後，表示在做這一動作時，順便兼做後面的動作的意思。如"お見舞い"、"散歩"等，可使用的名詞有限。

【かたわら】

1 …かたわら＜旁邊＞　在…旁邊。
[Nのかたわら]
[V-るかたわら]
（1）母が編み物をするかたわらで、女の子は折り紙をして遊んでいた。／母親在織毛衣，在她的身邊，一個女孩子正在玩折紙。
（2）楽しそうにおしゃべりしている田中くんのかたわらで、田川さんはしょんぼりうつむいていた。／田中興致勃勃地説個不停，而在他旁邊的田川却一言不發地低着頭。

接表示動作的名詞或動詞後。表示"在…旁邊"的意思。多用於情景描寫。見於故事等書面性語言。

2 …かたわら＜次要動作＞ 一邊…一邊…、同時還…。

[Nのかたわら]
[V-るかたわら]

（1）その教授は、自分の専門の研究をするかたわら、好きな作家の翻訳をすることを趣味としている。／那位教授一邊從事自己的專業研究，一邊還翻譯一些他所喜歡的作家的作品，以此來作爲自己的業餘愛好。

（2）そのロック歌手は、演奏活動のかたわら、中高生向けの小説も書いているそうだ。／據説那位民歌歌手，在從事演出活動的同時還寫一些針對高初中生的小説。

（3）その年老いた職人は、本職の家具作りのかたわら、孫のために簡単な木のおもちゃを作ってやるのが楽しみだった。／那位老工匠，除了他自己的本職工作做家具以外，最大的樂趣就是給他的孫子做一些簡單的木製玩具。

表示"在做主要的活動、工作以外，在空餘的時間還做…"的意思。是書面性語言。

【がち】

1 Nがち 經常…、總是…、帶有傾向的。

（1）その作家は、ここ数年病気がちでなかなかまとまった仕事ができないと言っている。／那位作家説，這些年來經常生病，所以很難寫出暢銷的作品。

（2）このところ、はっきりしない曇りがちの天気が続いているので、洗濯ものが干せなくて困る。／最近天氣總是那麼陰沈沈的，洗了的衣服也晾不乾，真煩人。

（3）どうしてあんなことをしたんだと問いつめると、彼女は伏し目がちに、どうしてもお金がほしかったのだと答えた。／當我追問她爲什麼會做出這種事時，她略微低着頭回答説，因爲我急需要錢。

（4）「よかったらうちまで車で送ってもらえないでしょうか」と、彼女は遠慮がちにたずねた。／她非常客氣地問道，"您能不能開車送我一下呢？"

接名詞後。表示"容易產生該名詞所表示的狀態，具備相當多的該名詞所表現事物的性質"的意思。如該狀態不同於尋常則帶有一種負面評價的含意。可使用的詞彙有限。例（3）、（4）是一種慣用句。

2 R-がち 容易…、往往會…。

（1）寒い季節は家の中にこもりがちだが、たまには外にでて

体(からだ)を動(うご)かした方(ほう)がいい。／寒冷季節的時候，總是會呆在家裡，其實最好還是三步五十到外面去活動活動較好。

（2）彼女(かのじょ)に電話(でんわ)すると、どうしても長話(ながばなし)になりがちで、いつも父親(ちちおや)に文句(もんく)を言(い)われる。／一給她打電話，往往話就長了，老是爲此受到父親的責罵。

（3）甘(あま)いものはついつい食(た)べ過(す)ぎてしまいがちなので、ダイエット中(ちゅう)は気(き)をつけましょう。／甜食，稍不注意就容易吃多，所以在減肥期間一定要節制。

（4）惰性(だせい)で仕事(しごと)を続(つづ)けていると、この仕事(しごと)に飛(と)び込(こ)んだ頃(ころ)の若々(わかわか)しい情熱(じょうねつ)をつい忘(わす)れがちになる。／只靠一種習慣性來做工作的話，往往就會忘了剛剛到這裡工作時的那種朝氣蓬勃的熱情。

（5）『役不足(やくぶそく)』とは『その役(やく)を務(つと)めるには能力(のうりょく)が不足(ふそく)している』という意味(いみ)だ』という解釈(かいしゃく)は、ありがちな間違(まちが)いだ。／把"役不足（大材小用）"一詞解釋成爲"不具備承擔這一工作的能力"的意思，這是經常有的一種錯誤。

接動詞後，表示即使是無意的也容易這樣做的意思。用於表述負面評價的動作。多與"どうしても・つい・うっかり"以及"てしまう"等詞語一起使用。例（5）中的"ありがちな"表示"經常會有"的意思。

【かつ】

且…、既…又…、又…又…、一面…一面…。

[N（であり）かつN]
[Na かつNa]
[R かつV]

（1）これで、福祉会館建設(ふくしかいかんけんせつ)に関(かん)する議案(ぎあん)を提出(ていしゅつ)するのに必要(ひつよう)かつ十分(じゅうぶん)な条件(じょうけん)が整(ととの)った。／這樣我們就具備了提出有關建設福利會館方案所必須且充分的條件。

（2）今回(こんかい)の大胆(だいたん)かつ巧妙(こうみょう)な手口(てぐち)の犯行(はんこう)は犯人像(はんにんぞう)を割(わ)り出(だ)す手(て)がかりになるものと思(おも)われる。／我想這次既大膽又巧妙的作案手段，將成爲我們推斷找出犯人的重要線索。

（3）その知(し)らせを聞(き)いて一同皆(いちどうみな)驚(おどろ)きかつ喜(よろこ)び、中(なか)には涙(なみだ)を流(なが)す者(もの)さえいた。／聽到這一消息後，大家又驚又喜，有的人甚至流下了眼淚。

（4）我々(われわれ)は久(ひさ)しぶりの再会(さいかい)に、陽気(ようき)に騒(さわ)ぎかつ大(おお)いに飲(の)み、時間(じかん)のたつのも忘(わす)れた。／我們爲這次久別重逢一面大聲歡呼一面開懷暢飲，竟忘記了時間的流逝。

（5）彼(かれ)は私(わたし)の親友(しんゆう)であり、かつライバルでもある。／他既是我的親密朋友又是我的競爭對

手。

當某事物同時具備兩種狀態時，用以將其同時陳列表述。與"そして(而且)"意思相同。是書面語。在口語中多爲"必要で十分"、"騒いで飲む"等，即使用"…て"的形式。

【かつて】

曾、曾經、以往。

（1）このあたりは、かつては有名な米の産地だった。／這一帶曾經是著名的稻米產地。

（2）彼女はかつて新聞社の特派員として日本に滞在したことがあるそうだ。／據説她曾經作爲報社的特派記者在日本長駐過。

（3）今度この地方で地震が起こるとすれば、それはかつてないほどの規模のものになる恐れがある。／如果這一帶再發生地震，恐怕會是前所未有的極大地震。

（4）久しぶりに会った彼は、相撲取りのように太っていて、かつての精悍なスポーツマンの面影はどこにもなかった。／多年不見的他，胖得像個大相撲力士，以往那種精悍、運動員似的相貌已不復存在了。

（5）わが国が主食である米の生産を外国に頼るなどということは、未だかつてなかった。／成爲我國主食的稻米要靠外國進口，這種情況過去還從未有過。

表示"以往"、"過去"的意思。也可以説"かつて"。例（3）、（5）中的"かつてない"，即其否定形式表示"到目前爲止沒有發生過一次"的意思。"かつてない"、"未だかつて…ない"均是一種慣用句。書面語。

【がてら】

順便、在…同時、借…之便。

[Nがてら]
[R-がてら]

（1）買い物がてら、その辺をぶらぶらしない？／我們去買東西，順便到那面逛逛好嗎？

（2）散歩がてら、パンを買いに行こう。／我去散步，順便買點麵包回來吧。

（3）引っ越してきてから2週間ほどの間、私は運動がてら近所の町を歩き回った。／搬過來以後兩個多星期，我在出去運動的同時把附近的街道都轉了轉。

（4）彼は映画評論家なので、仕事がてらよくアジアの映画を見ることがあるそうだ。／因爲他是一位電影評論家，所以據説他籍着工作之便經常看一些亞洲國家的電影。

（5）京都においでの節は、お遊びがてらぜひ私どものところへもお立ち寄りください。／到京都來時，一定要在遊玩的

同時順便到我家來坐坐。

接表示動作的名詞或動詞連用形後。以"XがてらY"的形式表示"在做X的同時，順便把Y也做了"的意思。一般多用於做Y其結果也可以完成X的場合。也可以説"…をかねて"、"…かたがた"等。

【かというと】

1 …かというと　至於是否…、是不是(就)…。
[N/Na（なの）かというと]
[A/V（の）かというと]
（1）彼女はその仕事が気に入っているそうだ。しかし自分の時間を犠牲にしてでも打ち込んでいるかというと、そこまでは行かないらしい。／據説她很滿意這項工作。但至於是否能做到犠牲自己的時間，全身心地投入工作，好像還無法做到這一點。
（2）私はこの国に失望させられた。しかし、まったく見捨ててしまったのかというと、そうでもない。／我對這個國家已經失去希望了。但是不是就完全要抛棄它，那也未必。
（3）彼女はケーキ作りがとても上手なのだが、甘いものが好きなのかといえば、そうもない。／她蛋糕做得特別好，那是否表示她喜歡吃甜食呢，其實也不盡然。
（4）彼は入社して3ヶ月で会社を辞めてしまった。仕事や給料が不満だったのかというとそういうわけではなくて、もともと大学院に行きたかったので就職する気はなかったのだということだった。／他進公司3個月就辭職不幹了。是不是對工作或報酬有所不滿呢，其實並不是，他原來就想考研究所根本不想工作。

以"Xかというとそうではない"、"Xかというとそうとは限らない"等形式。後面多伴有否定X的表達方式。用於先提出從前文導出的必然結果X，然後對其加以否定的場合。如例（1）表示的是，從"她很滿意這項工作"可以預想到"她會犠牲自己的時間，全身心地去投入工作"，但實際上不是這樣的意思。也可以使用"かといえば"。

2 疑問詞＋かというと　要説…、要問…。
（1）私は彼がきらいだ。どうしてかというと、いつも人の悪口ばかり言っているからだ。／我很討厭他。要説為什麼，就是因為他老説別人的壞話。
（2）私は一度も海外に行ったことがない。どうしてかというと、飛行機に乗るのが恐いからだ。／我一次也沒有出過國。要問為什麼，就是因為我害怕坐飛機。
（3）祖父がいつごろこの家を建てたかというと、戦争が終わってすぐの頃、食べるもの

も満足に手に入らないような苦労の時代だ。／要問我祖父是什麼時候蓋的這個房子．那還是在戰爭剛剛結束．連肚子都吃不飽的那個艱苦時代呢。

(4) 彼は入社して3ヶ月で一流企業を退職してしまった。やめて何をするかというと、インドへ行って仏教の修行をするらしい。／他進公司才3個月就辭去了這家一流公司的職業。要問他辭職以後去做什麼．好像是要到印度去修行佛教。

(5) 機械の苦手な私がどうやってパソコンに慣れたかというと、友達とパソコンでゲームをして遊んでいるうちに、だんだん恐くなくなってきたのだ。／我對機器很不擅長．那麼我又是怎麼能習慣使用電腦的呢．這還多虧了和我朋友一起玩電腦遊戲．漸漸地我就不那麼害怕電腦了。

(6) A：なんで引っ越すの。今のアパート、家賃も安いし広いのに。／你幹嘛要搬家啊？現在這間公寓不是又便宜又寬敞嗎？
B：なんでかっていうとね、大家さんがうるさくて、友達を呼ぶと文句を言われるし、おまけに壊れたところも直してくれないのよね。／幹嘛搬家？那還不是因為房東太煩人．每次來個朋友他都要嘮叨半天．房間的設備壞了他也不修理。

接帶疑問詞的疑問句．用以指示疑問的焦點．後續作為解答的句子。如例(1)所示．在後面陳述理由時．多伴有"からだ／ためだ／のだ"等表達方式。"どうしてかというと／なぜかというと"等為慣用句．用於就某事自問自答的場合。也可使用"かといえば"的形式。

【かといえば】
→【かというと】

【かとおもうと】
剛一…就…。

[V-たかとおもうと]
(1) 急に空が暗くなったかと思うと、はげしい雨がふってきた。／天空一下子就暗下來了．接着又下起了傾盆大雨。
(2) やっと帰ってきたかと思ったら、また出かけるの？／才剛回來就又要出去啊？
→【とおもう】9

【かとおもうほど】
幾乎覺得…。
(1) いつ寝ているのかと思うほどいそがしそうだ。／忙得幾乎都不知道什麼時候才能睡覺。
(2) 死ぬんじゃないかと思うほ

ど苦しかった。／痛苦的幾乎覺得要死了。
→【とおもう】1

【かとおもうまもなく】
→【とおもう】8

【かとおもえば】
既有…又有…、有…又有…。
[V-るかとおもえば]
（1）葉がぜんぶ落ちた木があるかと思えば、まだたくさん残っている木もあった。／既有樹葉都落光了的樹，也有樹葉還很茂密的樹。
（2）校庭のあちらではけんかをしている子供たちがいるかと思うと、こちらではじっと池の魚を観察している子もいる。／校園那邊有的孩子在打架，而這邊又有的孩子在靜靜地觀察池中的遊魚。
→【とおもう】2

【かとおもったら】
才…又…、以爲…原來…。
（1）帰ってきたかと思ったら、また出かけていった。／才看到他剛回來，沒想到又走了。
（2）何をやっているのかと思ったら、昼寝をしていたのか。／我以爲你幹什麽呢，原來是在睡午覺啊。
→【とおもう】4

【かな】
（表示懷疑或疑問）。
（1）山田さんは今日来るかな。／山田今天能來嗎？
（2）これ、おいしいのかな。／這個，好吃嗎？
（3）これ、もらって帰ってもいいのかな。／這，我能拿走嗎？
（4）ちょっと手伝ってくれないかな。／你能稍微幫我一下嗎？
（5）今度の旅行はどこへ行こうかな。／這次旅行去哪兒好呢。
（6）最近なんでこんなに疲れやすいのかなあ。／最近我怎麼那麼容易累啊。

由表示疑問的"か"後接"な"構成，用於句尾，表示向自己提問題的心情。一般爲自言自語地表示懷疑或疑問的心情，用於對方時，則通過將疑問題向對方表明，間接地起到表示請求、期望的作用。不用於禮貌語體。是比較隨便的口語形式。有時可拉長尾音説成"…かなあ"。

【がな】
（表示奇怪、感嘆或願望）。
（1）山田さんはまだ来ないの？遅れずに来るように言っておいたんだがな。／山田還沒來嗎？我已告訴他不要遲到了喔。
（2）今度の試験も駄目だった。一生懸命勉強したつもりなんだがなあ。／這次考試又完蛋

了。我覺得我挺努力復習的了。
（3）あした運動会だろう?雨が降らないといいがなあ。／明天開運動會吧。要是不下雨就好了。
（4）彼らももう少し本気で仕事に取り組んでくれるようになるといいんだがなあ。／他們工作要是能再認真一點就好了。
（5）田口君、今、暇?ちょっと手伝ってくれるとありがたいんだがな。／田口，你現在沒事嗎？你能不能幫一幫我呢？

由表示逆接的"が"後接"な"構成，用於句尾，表示奇怪爲什麼自己做的事情與實際發生的情況不符，或希望實際尚未發生的情況能夠實現等的心情。如例（5），有時也用於請求。不用於禮貌語體。一般爲自言自語或對較親近的人使用，是男性用語、口語。有時可拉長尾音說成"…がなあ"。女性則使用"…けどな"，意思相同。

【かなにか】

→【なにか】3

【かならず】

一定、必須、務必。

（1）休むときはかならず連絡してください。／你要休息不來的時候一定要跟我聯絡。
（2）宿題はかならずしなければならない。／作業必須得做。
（3）これからは、かならず朝ごはんを食べるようにしよう。／今後我一定要吃早飯。
（4）ご招待ありがとうございます。かならずうかがいます。／謝謝您的邀請。我一定來。
（5）そうですか。かならず来てくださいよ。お待ちしていますから。かならずですよ。／是啊，那您務必得來啊。我們等着您呢。務必啊。

表示"沒有例外的"、"絕對的"意思。用於表示強烈的意志，如例（3）、（4）；表示要求，如例（1）、（5）；表示義務，如例（2）等。又如例（4）、（5）所示，在帶有"邀請"意義時，可以與"きっと"替換。不能用於否定表達方式。

（誤）かならず行きません。
（正）ぜったい行きません。／絕對不去。

【かならずしも…ない】

不一定、未必、不儘然。

（1）金持ちがかならずしもしあわせだとは限らない。／有錢人並不一定就幸福。
（2）語学が得意だからといって、かならずしも就職に有利だとは限らない。／並不一定擅長外語就一定對找工作有利。
（3）日本人は礼儀正しい人々だと言う人もいるようだが、実態は必ずしもそうではないとわたしは思っている。／有人

説日本人都很懂禮貌，但我以爲實際上也不儘然。
（4）政治家たちは国連は重要だと言う。しかし、必ずしも、常に尊重しなければならぬものだと思っているわけではない。／政治家們雖然口頭上説聯合國很重要，但他們心裡却覺得並不一定要時時刻刻都尊重聯合國的意見。

表示"如果X，就一定Y"的道理並不是時時刻刻都適用的意思。如例（2）表示，"擅長外語就對找工作有利"這樣一個道理並不是時時刻刻都適用。常與"わけではない"、"とはかぎらない"等表達方式一起使用。是書面語。

【かにみえる】
→【みえる】2f

【かねない】
很可能。
[R-かねない]
（1）風邪だからといってほうっておくと、大きい病気になりかねない。／説是感冒就不管它，很可能會轉成大病。
（2）君は、彼がそんなことをするはずがないと言っているそうだが、ぼくはあいつならやりかねないと思うけどね。／你説他不會做這種事，可是我覺得他很有可能做這種事。
（3）政府の今回の決定はいくつかの問題点をはらんでおり、近隣諸国の反発をまねきかねない。／政府這次的決定有幾個重大問題，很可能會招致周邊國家的反對。
（4）今回の土砂崩れは二次災害を引き起こしかねないものであり、対策を急がねばならない。／這次的坍方很可能會引起第二次險情，所以必須儘快採取措施。

表示"有這種可能性、危險性"的意思。意思雖與"かもしれない"、"ないとは言えない"等表達方式基本相近，但"かねない"只能用於説話者對某事物的負面評價。
（誤）私のこどものこの病気はなおりかねない。
（正）私のこどものこの病気はなおるかもしれない。／我小孩的病可能會好的。
是書面性表達方式。

【かねる】
不能…，難以…，…不了。
[R-かねる]
（1）そのご意見には賛成しかねます。／您這個意見，我不能贊成。
（2）残念ながら、そのご提案はお受けいたしかねます。／很遺憾，您的這條建議，我們很難接受。
（3）その中学生の死は、同級生のいじめにたえかねての自殺と見られている。／這個中學生的死，被認爲是因爲忍

受不了同學的欺負才自殺的。
(4) その人が、あまりにもこどもの心理を理解していないようなしかり方をするものだから、見かねて、つい口を出してしまったんだ。／那個人在責罵孩子的時候，一點兒也不能理解孩子的心理，我實在是看不下去了，所以才插了嘴。

接動詞連用形後，表示這樣做有困難或不可能的意思。有"即使想做／即使努力了，也不可能"的含意。慣用句有"決めるに決めかねる（難以決定）""見るに見かねて（看不下去）"等。是比較鄭重的書面性語言。

【かのごとき】
→【ごとし】

【かのよう】
→【ようだ1】1b

【がはやいか】

剛一…就…。
[V-るがはやいか]
(1) そのことばを聞くがはやいか、彼はその男になぐりかかった。／剛一聽到這句話，他就撲上去揍了那個男人。
(2) その男はジョッキをつかむがはやいか一気に飲みほした。／那個男人抓起大啤酒杯，一口氣就喝光了。
(3) こどもは、学校から帰って来ると、玄関にカバンをおくがはやいか、また飛び出していった。／孩子從學校回來，把書包往大門口一放就又跑出去了。
(4) その鳥は、ウサギをするどいツメでとらえるが早いか、あっと言う間に空にまい上がった。／那隻鳥，用它那鋒利的爪子剛把兔子抓起來，一眨眼就又飛上了高空。

使用"Xがはやいか Y"的形式，表示幾乎與X同時發生Y的意思。與"…やいなや"、"…とたんに"等意思相近，是書面語。

【かもしれない】

[N／Na／A／V　かもしれない]

口語中有時也使用"かもわからない"的形式。在較隨意的會話中，還可省略爲"かもね"、"かもよ"等形式。"かもしれぬ"、"かもしれず"則用於較拘謹的書面語。

1 …かもしれない　也許，可能，没准兒。
(1) A：あの偉そうにしている人、ひょっとしてここの社長かもしれないね。／那個很傲氣的人，説不一定也許就是這兒的總經理吧。
　　B：そうかもね。／也許吧。
(2) ここよりもあっちの方が静かかもしれない。行ってみようか。／那邊也許比這邊安靜一

些。我們到那邊去吧。
(3) 雨が降るかもしれないから、かさを持っていったほうがいいよ。／可能要下雨，最好還是帶着傘去吧。
(4) A：来週のパーティー、行くの?／下星期的宴會，你去嗎？
　　B：まだ決めてないんだ。行くかもしれないし、行かないかもしれない。／還沒決定呢。也不知道會去還是不會去。
(5) ノックをしても返事がない。彼はもう寝てしまったのかもしれない。／怎麼敲門也没反應。他也許已經睡了。
(6) 交渉相手が依然として強気の姿勢をくずさないということは、もしかすると何か強力な材料をもっているのかもしれない。／談判對方仍然堅持強硬的態度，看來也許他們手裡掌握着什麼有力的資訊。
(7) 見合い話が壊れて、さぞがっかりしているだろうと心配していたが、それほど気にしている様子もない。当の本人は案外平気なのかもしれない。／本來耽心相親没談成，他一定會很垂頭喪氣的，但看起來他並不是很在意的樣子。也許人家本人並没有把這事看得很重。

(8) ちょっと待って。今山田君が言ったそのアイデア、ちょっとおもしろいかもしれないよ。／等一下。山田剛才説的這個想法，我覺得還挺有意思的。

表示説話者説話當時的一種推測。即"有這種可能性"的意思。與"にちがいない"或"だろう"相比較，"かもしれない"所表示的可能性程度較低。即也含有也許没有這種可能性的含意。"のかもしれない"是在"のだ"後加上"かもしれない"構成的。

如例(8)所示，説話者在避免武斷、使自己的意見較委婉時也可使用。另如"御存知かもしれませんが(也許大家已經聽説)"、"私が間違っているかもしれませんが(也許我説的不對)"等。在説話者陳述自己的主張時，可用以作爲開場白。

在日常會話中一般都使用"かもしれない"的形式。而在視角可自由變換的小説行文當中，如下例所示，有時也使用"かもしれなかった"的形式。

(例) このままでは、達彦自身の会社も危なくなるかもしれなかった。／這様下去的話，達彦自己的公司也許就危險了。

2 たしかに…かもしれない 的確是…(但是…)。
なるほど…かもしれない
(1) A：この計画は危険すぎますよ。／這個計劃太危險了。
　　B：確かに、危険かもしれない。しかし、やってみるだけの価値はあると思

112　かもわからない

(2) A：今の時代、小さいころから受験勉強を始めなければ、いい大学には入れないんですよ。／現在這個時代，如果不從小就接受聯考教育就上不了好大學。
　　B：なるほど君の言うとおりかもしれない。でも、いい大学に入れなくったって、いいじゃないか。／的確，正像你所說的。可是，上不了好大學又有什麼關係呢。
(3) 女性は強くなったといわれている。確かに、昔に比べれば女性も自由になったかもしれない。しかし、就職ひとつを例にとっても、真の男女平等と言うにはほど遠いのが日本の現状だ。／都說女性權利增強了。的確，與過去相比，女性是自由了許多。但就拿找工作這一條來說吧，離真正的男女平等還相差甚遠。這就是日本現實的一面。

用於先承認對方所說的或一般的見解可能是正確的，但進一步闡述與之不同的己見時。

3 …ば／…たら …かもしれない
a …ば／…たら V-るかもしれない
（如果…）就可能…。

(1) ここで代打がホームランでも打てば、形勢は逆転するかもしれない。／如果這時代球員能打出一個全壘打，那形勢就可能逆轉。
(2) もう少しがんばれば、志望校に合格できるかもしれない。／再加把勁，就有可能考上你想上的大學。

表示在假定某種條件下，說話者對該條件下可能發生的情況做出的推斷。

b …ば／…たら V-たかもしれない
（要是…）就可能…。

(1) あの時彼女を引き留めていたら、僕たちは別れずに済んだかもしれない。／如果當時我要留住她，我們也許就不會分手了。
(2) もう少し早く手術をしていれば、あるいは助かったかもしれない。／要是早動手術也許就得救了。
(3) もし、あの時、救急車の到着があと5分遅かったら、私は今こうして生きていなかったかもしれない。／如果當時救護車再晚到5分鐘，我也許就活不到今天了。

就過去已經發生的事，表示"如果條件不同，也許就是另一種結果了"的意思。用於表達說話者後悔或慶幸自己未遭惡運等心情的場合。

【かもわからない】

1 …かもわからない　也許、可能。

[N／Na／A／V かもわからない]

（1）私は明日来られないかもわからない。／明天我也許來不了。

（2）きょうは山田さんも来るかもわからないから、日本酒も用意しておこう。／今天可能山田也來，準備點日本酒吧。

意思與"かもしれない"一樣，但不太常用。

2 …か（も）わからない 連…都不知道、不清楚、不明白。

[N／Na か（も）わからない]

[A／V か（も）わからない]

（1）先生の言っていることがわかりません。何について話しているかもわかりません。／我聽不懂老師講的課。連老師講的是關於什麼內容我都聽不懂。

（2）社長が今どこにいるのかもわからなくて、秘書がつとまると思っているのか。／連總經理現在在哪兒都不知道，你還配當個秘書嗎？

（3）はたしてその計画をスタートさせることができるかどうかも分からないのに、成功した後のことをあれこれ言うのは早すぎる。／甚至連是否能開始進行這一計劃都不清楚，現在就來議論成功以後的事，為時過早了。

接疑問表達方式後，表示不僅其他的事情，就連"か"所指示的事情都不清楚的意思。多用於按一般情況應該知道卻不知道的場合。

→【かもしれない】

【がゆえ】

→【ゆえ】3

【がよかろう】

→【よかろう】

【から】₁

1 Nから

a Nから 從、由、因、根據。

（1）この町には、国じゅうからたくさんの人があつまってくる。／許多人從全國各地聚集到這個城市來。

（2）あのクラスでは、試験の成績と出席率から成績が決められるそうだよ。／據說那個班，是根據考試成績和平時的出席情況來決定總成績的。

（3）窓からひざしがさしこんでいて、その部屋はとてもあたたかかった。／陽光從窗戶照射進來，我感覺那間屋子很暖和。

（4）父からはこっぴどくしかられるし、母からはいやみを言われるし、さんざんな失敗だった。／挨了爸爸一頓臭罵，又挨媽媽嘮叨，簡直糟透了。

（5）成績不振から解雇されたそ

のチームの監督はいまテレビの解説者をしている。／因成績不佳而被解雇的那個運動隊的總教練．現在在電視臺作體育節目解説員。

（6）　日本は衆議院・参議院からなる二院制を取っている。／日本採取的是由衆議院、参議院構成的兩院制。

　　表示各種動作、現象的起點、開始、由來等。

b　NからNまで　從…到…。

（1）　ここから目的地までは10キロほどあります。／從這兒到目的地大約有10公里左右。

（2）　10日から15日まで休みます。／從10號到15號休息。

（3）　子どもから大人まで楽しめる番組です。／從大人到小孩都可以看的節目。

　　表明起點和終點．表示距離或時間的範圍等。

c　Nから…にいたるまで　從…到…。

（1）　あの会社はヒラ社員から社長にいたるまで全員が制服を着ている。／那家公司從一般職員到總經理都穿着工作制服。

（2）　この番組は、北海道から九州、沖縄に至るまで、全国ネットでお送りしています。／這個節目．從北海道到九州、沖縄．利用全國廣播網進行播放。

（3）　当社は、設計・施工からアフターサービスに至るまで、みなさまの大切な住宅をお世話させていただきます。／大家的寶貴住宅．從設計、施工到售後維修服務都由本公司來承擔。

（4）　一日の過ごし方から政治思想に至るまで、私があの思想家の影響を受けなかったものはない。／從每一天的生活方式到政治思想．我幾乎沒有一處不受那位思想家的影響。

　　表明起點和終點．表示其範圍很大的樣子．是書面性語言。

2　Nからいうと　→【からいう】
3　Nからが　→【にしてからが】
4　Nからして　→【からして】
5　Nからすると　→【からする】
6　Nからみると　→【からみる】

7　…こと／…ところ　から　因、因爲、所以。

[Nである　こと／ところ　から]
[Naである　こと／ところ　から]
[Naな　こと／ところ　から]
[A／V　こと／ところ　から]

（1）　この魚は、ヘビそっくりなところから、ウミヘビという名前をもつ。／這種魚因其長得跟蛇一模一樣．所以取名叫海蛇。

（2）　カボチャは、カンボジアからやってきたと言われているところからその名がついたそうだ。／南瓜是因爲從柬埔

寨傳來的，所以才得了這麼個名稱（注：日語中，"南瓜"與"柬埔寨"發音相近）。
（3）車のバンパーから被害者の衣服の繊維が検出されたことから、その車の所有者にひき逃げの容疑がかかっている。／根據從汽車保險杆上檢查出被害者服裝的纖維，所以懷疑這輛車的車主是肇事逃匿的嫌疑犯。
（4）その人物が殺害されたことを記録した文書が全く存在しないところから、実はその人物は生き延びて大陸に渡ったのだという伝説が生まれたらしい。／由於完全沒有該人物被殺害的文獻記錄，所以才有了他活下來並且逃到了大陸的傳說。
（5）彼女は父親が中国人であるところから、中国人の知り合いも多い。／她因為自己的父親是中國人，所以有許多中國朋友。

表示根據或來歷。如例（1）、（2）所示，表示某種名稱的來歷時，常與"ところ"一起使用。是較嚴肅的、書面性語言表達方式。

8 Nにしてからが →【にしてからが】
9 數量詞＋から
a 數量詞＋からのN …多。
（1）その説明会には1000人からの人々がつめかけたと言う。／據說那次說明會上聚集了

1000多名聽眾。
（2）あの人は3000万からの借金をかかえているそうだ。／聽說他借了3000多萬日元的債。

表示"某一數量以上"的意思，有數量很多的含意。是較拘謹的表達方式。

b 數量詞＋からある／からする　有…、值…。
（1）その遺跡からは、20キロからある金塊が出土した。／從這處遺跡中，出土了重達20公斤的金磚。
（2）自動車産業は好調で300万からする車が飛ぶように売れている。／汽車產業發展迅速，價值300萬日元的小汽車賣得飛快。
（3）その種の陶器は今では貴重で、小皿1枚が10万からしている。／現在這種陶器特別貴重，一個小碟子就值10萬日元。

表示"大約有這麼多，或比這更多"的意思。在表示重量、長度、大小時一般使用"からある"。在表示價值時，一般使用"からする"。

10 V-てから →【てから】

【から2】

[N／Na だから]
[A／V から]

1 …から　（因為…）所以…。
（1）今日は土曜日だから、銀行は休みですよ。／今天是星期六，

所以銀行是不辦公的。
(2) それは私(わたし)が持(も)ちますから、あれを持って行っていただけますか。／這個我來拿，您拿一下那個好嗎？
(3) 星(ほし)が出(で)ているから、あしたもきっといい天気(てんき)だろう。／今晚有星星，所以明天也肯定是個好天氣。
(4) この辞書(じしょ)じゃよくわからないから先生(せんせい)に聞こう。／查這本辭典也查不到，還是去問問老師吧。

　　既用於簡體也用於敬體。用於表述說話人出於主觀的請求、命令、推測、意願、主張等的理由。因此，較之"ので"主觀性要強。

2 …から＜句尾用法＞（表示警告或安慰）。
(1) いつか、しかえししてやるからな。／總有一天我會報復你的。
(2) おとなしく待(ま)ってろよ。おみやげ買(か)ってきてやるからな。／你乖乖地在這兒等着啊，我會給你買禮物來的。
(3) A：たまご、買(か)って来(く)るの忘(わす)れちゃった。／哎呀，忘了買雞蛋了。
B：いいから、いいから。それより、はやく手をあらいなさい。／没關係，没關係。你還是快點把手洗了吧。

　　用於句尾，表示警告或安慰等語氣。即不使用明確的詞語而對對方表示各種各樣的口氣。如"いつかしかえししてやるから、覚えてろ(總有一天我會報復你的，你給我記着)"、"いいから、早く手を洗いなさい(没關係，你快去洗手吧)"等例句中的劃綫部分，一般在語言表達中會省略或倒置。常用於口語會話中。

3 …からいい　→【からいい】
4 …からこそ　→【からこそ】
5 …からだ
a …のは…からだ　…是因為…。
(1) 試験(しけん)に落(お)ちたのは勉強(べんきょう)しなかったからだ。／考試不及格是因為没好好學習。
(2) 今日(きょう)こんなに波(なみ)が高(たか)いのは台風(たいふう)が近(ちか)づいているからだ。／今天浪這麼大是因為颱風快要來了。
(3) 君(きみ)はまだ気(き)がついていないのか。彼女(かのじょ)が君(きみ)につめたいのは、君がいつもからかうようなことを言うからだよ。／你還没察覺出來嗎？她對你那麼冷淡是因為你總取笑她的原因。

　　將表示理由的句型"XからY"顛倒過來，就成為"YのはXからだ"的形式。這時句型中的"から"不能替換成"ので"。
(誤) 試験に落ちたのは勉強しなかったのだ。

b …からだ　是因為…。
(1) 試験(しけん)に落(お)ちたんだってね。勉強(べんきょう)しなかったからだよ。／聽說你考試没及格。那還不是因為你没好好學習嘛。
(2) A：今日(きょう)は二日酔(ふつかよ)いだ。／今

天我還在宿醉呢。
B：きのうあんなに飲んだからだよ。／那是因為你昨天喝得太多了。

句型"YのはXからだ"中"Yのは"的部分，根據前後語境可以明確判斷，所以被省略。

6 …からって　→【からって】
7 …からといって　→【からといって】
8 …からには　→【からには】

【からある】
→【から1】9b

【からいい】
[N／Na　だからいい]
[A／V　からいい]

1 …からいいが　因為…倒也…(但…)。

（1）まだ時間はあるからいいが、今度からはもうちょっと早く来るようにしなさい。／今天還有點時間倒沒什麼關係，下次可得早點來啊。
（2）ネギ、買ってくるの忘れたの？まあ、少し残っているからいいけど。／忘買蔥了？唉，還有點剩的，就將就點吧。
（3）え？今日も休むの？まあ、あまり忙しくない時期だからいいけど。／啊？今天你又休息？唉，現在倒是不太忙，休就休吧。

以"…からいいが"、"…からいいけど"等的形式．表示"因為…倒也沒多大關係"的意思．用於口語會話。

2 …からいいようなもの　因為…幸好沒…(但…)。

（1）大きな事故にならなかったからいいようなものの、これからはもっと慎重に運転しなさい。／幸好還沒有造成大事故，以後開車可得注意點兒啊！
（2）だれも文句を言ってこないからいいようなものの、一つ間違えば大事故になっていたところだ。／誰都沒說什麼還算是幸運，差一點兒就釀成一起大事故啊！
（3）保険をかけてあるからいいようなものの、そうでなければ大変なことになっていたよ。／幸虧有保險呢，要不然可就不得了了。
（4）ちょうどタクシーが通りかかったからいいようなものの、あやうく遅刻するところだった。／正巧有一輛計程車路過，要不差一點兒就遲到了。
（5）大事に至らなかったからいいようなものの、今回の事故によって、政府の原子力政策は見直しをせまられそうだ。／幸好沒有發生重大事故，不過由於這次事故，政府

要被迫重新審視現在的核能政策。

表示"因為…幸好沒有導致那麼嚴重的後果"的意思。"言外之意有. 從結果來看當然避免了最壞的事態, 但也不是很好的含意。意思雖與"からいいが／けど"相似, 但指責、責備的語氣要重得多。

【からいう】

1 N からいうと 從…來說。

(1) 私の立場から言うと、それはこまります。／從我的立場來說, 這件事太為難。
(2) 先生の見方から言うと、私のやりかたはまちがっているのかもしれませんが、私はこれがいいんです。／從老師的觀點來說, 也許我的作法是錯的, 但我覺得也只能這樣做。
(3) あなたの考え方から言うと、私の主張していることなんかは急進的すぎるということになるんでしょうね。／從你的想法來說, 肯定會覺得我的主張太激進了吧。
(4) 民主主義の原則から言えば、あのやり方は手続きの点で問題がある。／從民主主義的原則來說, 這種作法在程序上是有問題的。

以"Nからいうと／からいえば／からいったら"的形式, 表示"站在某一立場上來判斷的話"的意思。意思與"からみると"相同, 與"からみると"不同的是, 不能直接用於表示人物的名詞。

(誤) 彼から言うと、それはまちがっているそうだ。
(正) 彼の考え方から言うと、それはまちがっているそうだ。／從他的想法來看, 那是錯誤的。
(正) 彼から見ると、それはまちがっているそうだ。／從他來看, 那是錯誤的。

2 N からいって 從…來看。

(1) さっきの返事のしかたから言って、私はあの人にきらわれているようだ。／從剛才的答話情況來看, 他好像不喜歡我。
(2) あの態度から言って、彼女は引き下がる気はまったくないようだ。／從她的態度來看, 她沒有絲毫要退讓的意思。
(3) あの口ぶりから言って、彼はもうその話を知っているようだな。／從他的口氣來看, 他好像已經知道這件事了。
(4) あの人の性格から言って、そんなことで納得するはずがないよ。／從他的性格來看, 他不會就這樣答應的。

表示判斷的依據。也可以說"からして"、"からみて"等。

【からいったら】
→【からいう】1

【からこそ】
正是因為…。

[N／Na　だからこそ]
[A／V　からこそ]

（1）これは運じゃない。努力したからこそ成功したんだ。／這不是靠運氣，正是因為努力才取得了成功。

（2）A：君はぼくを正当に評価していない。／你沒有客觀地評價我。
B：評価しているからこそ、もっとまじめにやれと言っているんだ。／正是因為對你做了評價，才要你更加努力地去學。

（3）愛が終わったから別れるのではなく、愛するからこそ別れるという場合もあるのだ。／有時不是因為愛情結束了才與對方分手，而正是因為愛對方才與對方分手的。

（4）忙しくて自分の時間がないという人がいるが、私は忙しいからこそ時間を有効に使って自分のための時間を作っているのだ。／有人說忙得都沒有自己的時間，我正是因為太忙才更有效地使用時間，努力地擠出自己的時間來。

特別強調原因或理由的表達方式。多與"のだ"一起使用。在理由上加"こそ"是為了表示"不是因為別的，正是因此"的主觀心情。所以表示客觀的因果關係等時不能使用。句尾多以"…のだ"結句。

（誤）今、東京は朝の9時だからこそ、ロンドンは夜中の12時だ。

（正）今、東京は朝の9時だから、ロンドンは夜中の12時だ。／現在，東京是上午9點，所以倫敦是半夜12點。

【からしたら】
→【からする】1

【からして】

1　Nからして＜舉例＞　就連…都…、就從…。

（1）リーダーからしてやる気がないのだから、ほかの人たちがやるはずがない。／就連領導都沒有心思做，別人當然不會做的。

（2）課長からして事態を把握していないのだからヒラの社員によくわからないのも無理はない。／就連處長都不掌握這一情況，何況一個普通職員，當然不會知道。

（3）ほら、その君の言い方からして外国人に対する偏見が感じられるよ。／你瞧，就從你這種說話的口氣，就能感覺到你對外國人有偏見。

（4）君はいろいろ言うが、まずこの問題には自分はまったく責任がないと信じ込んでいることからして私には理解しかねる。／你可說了不少，但首先從你自認為自己對這

一問題毫無責任的態度，我就無法理解。

由於舉出極端或典型的例子，表示"連…都這樣呢，更何況別的，不用説了"的意思。多爲負面評價。也可以説"にしてからが"。

2 Nからして＜依據＞ 從…來看。

（1）あの言い方からして、私はあの人にきらわれているようだ。／從他的口氣來看，他好像不喜歡我。

（2）あの態度からして、彼女は引き下がる気はまったくないようだ。／從她的態度來看，她没有絲毫要退讓的意思。

（3）あの口ぶりからして、彼はもうその話を知っているようだな。／從他的口氣來看，他好像已經知道這件事了。

（4）あの人の性格からして、そんなことで納得するはずがないよ。／從他的性格來看，他不會就這樣答應的。

表示判斷的依據。也可以説"からすると"、"からみて"、"からいって"等。

【からする】

1 Nからすると 從…來看。

（1）あの言い方からすると、私はあの人にきらわれているようだ。／從他的口氣來看，他好像不喜歡我。

（2）あの態度からすると、彼女は引き下がる気はまったくな

いようだ。／從她的態度來看，她没有絲毫要退讓的意思。

（3）あの口ぶりからすると、彼はもうその話を知っているようだな。／從他的口氣來看，他好像已經知道這件事了。

（4）あの人の性格からすると、そんなことで納得するはずがないよ。／從他的性格來看，他不會就這樣答應的。

以"Nからすると／すれば／したら"的形式，表示判斷的依據。也可以説"からして"、"からみて"、"からいって"等。

2 数量詞＋からする
→【から1】9b

【からって】

説是因爲…。

[N／Na だからって]
[A／V からって]

（1）頭が痛いからって先に帰っちゃった。／他説他頭疼就先回去了。

（2）金持ちだからって何でも自由にできるというわけではない。／並不是説有錢就什麼都可以隨心所欲。

是"からといって"的較通俗的説法。
→【からといって】

【からでないと】
→【てから】2

【からでなければ】
→【てから】2

【からといって】
[N／Na　だからといって]
[A／V　　からといって]

1 …からといって　説是(因爲)…。
（1）用事があるからと言って、彼女は途中で帰った。／説是有事，她中途就回去了。
（2）電車の中でおなかがすくといけないからと言って、見送りに来た母は売店であれこれ買っている。／來送行的母親説是不能在電車裡餓肚子，於是在小賣鋪里買了許多東西。

用於引用別人陳述的理由。

2 …からといって＋否定表達方式（不能）僅因…就…。
（1）手紙がしばらく来ないからといって、病気とはかぎらないよ。／也不能因爲有段時間没來信了，就認定是生病了。
（2）いくらおふくろだからといって、ぼくの日記を読むなんてゆるせない。／不能因爲是我母親就能看我的日記啊，我不能原諒。

表示"僅僅因爲這一點理由"的意思。後續否定表達方式，表示"Xだから Y"的理由並不能成立的意思。

【からには】
[Vから(に)は]　既然…。
（1）約束したからにはまもるべきだ。／既然約定好了就必須遵守。
（2）戦うからには、ぜったい勝つぞ。／既然要打，就一定要打贏。
（3）この人を信じようと一度決めたからには、もう迷わないで最後まで味方になろう。／既然一旦決定要相信這個人，就不能猶豫，一直到最後也要站在他一邊。
（4）こうなったからは、覚悟を決めて腰をすえて取り組むしかないだろう。／既然到了這個地步，就只有下決心脚踏實地的去做了。

表示"既然到了這種情況"的意思。後續表示"要一直做到底"的表達方式。用於表示請求、命令、意願、應當等的句子中。

【からみたら】
→【からみる】1

【からみる】
1 Nからみると　從…來看。
（1）イスラム教から見ると、それはおかしな考え方だ。／從伊斯蘭教的立場來看，這種想法是很奇怪的。
（2）先生から見ると、私のやりかたはまちがっているのかも

しれませんが、私はこれがいいんです。/從老師的角度來看，也許我的作法是錯的，但我覺得也只能這樣做。
(3) 私の立場から見ると、その見とおしは楽観的すぎると言わざるをえません。/從我的立場來看，我不能不說這種估計過於樂觀。
(4) あなたのような人から見ると、私の主張していることなんかは急進的すぎるということになるんでしょうね。/從你們這些人來看，肯定會覺得我的主張太激進了吧。
(5) 子供たちから見ると、おとなはいったい何をやっているんだ、ということになるんだろうね。/從孩子們來看，肯定會覺得大人們到底在搞什麼名堂啊。

以"Nからみると/みれば/みたら"的形式，表示"從某一立場來判斷的話"的意思。意思雖與"からいうと"相同，但用法與"からいうと"不同。可以直接接在表示人物的名詞後。

2 Nからみて 從…來看。
(1) あの言い方からみて、私はあの人にきらわれているようだ。/從他的口氣來看，他好像不喜歡我。
(2) あの態度から見て、彼女は引き下がる気はまったくないようだ。/從她的態度來看，她沒有絲毫要退讓的意思。
(3) あの口ぶりから見て、彼はもうその話を知っているようだな。/從他的口氣來看，他好像已經知道這件事了。
(4) あの人の性格から見て、そんなことで納得するはずがない。/從他的性格來看，他不會就這樣答應的。

表示判斷的依據。

【がり】
→【がる】

【かりそめにも】
萬萬(不能)、絕對(不)。
(1) かりそめにもそのような恐ろしいことを口にしてはならない。/萬萬不能說這種可怕的話啊。
(2) かりそめにも一城の主たる方が、こんなところにお泊まりになるはずがない。/作爲一城之主是絕對不可能住在這樣的地方的。

是"かりにも"舊式的說法。
→【かりにも】

【かりに】
1 かりに …たら／…ば 假定、假如、如果。
(1) かりに3億円の宝くじに当たったら、何をしますか。/假定你中了3億日元的獎券，你打算怎麼用呢？

（2） 仮に関東大震災と同程度の地震が今の東京に起こったら、東京はどうなってしまうだろうか。／假如現在東京發生了相當於關東大地震一樣嚴重的大地震，東京將會怎樣呢。
（3） 仮に予定の時間までに私がもどってこない場合は、先に出発してください。／如果到了預定的時間我還沒有回來，你們就先走吧。

與"たら"、"ば"或"場合は"等表示條件或狀況的表達方式相呼應，表示"假定發生了這種情況，那時將…"的意思。意思雖與"もし(も)"相似，但"かりに"所含有的無論現實情況如何，暫且假定的意識要更強一些。關於"かりに"與"もし"的不同點，詳細説明請參見【もし1】項目。

2 かりに …とすれば／…としたら
假定、假設、假如、如果。
（1） かりに100人来るとしたら、この部屋には入りきらない。／假如來了100個人，那這間屋子可裝不下。
（2） 仮にあなたの話が本当だとすれば、彼は嘘をついていることになる。／假如你説的話是真的，那就是説他在撒謊。
（3） 仮に私の推測が正しいとすれば、あの二人はもうすぐ婚約するはずだ。／如果我的推測没有錯的話，他們倆很快就要訂婚了。
（4） 仮に時給千円とすれば、一日5時間働けば5千円もらえることになる。／假設一個小時的工資是1千日元，一天做5個小時，就能賺5千日元。

與"とすれば／としたら"、"とする"、"と呼ぶ"等表達方式相呼應，表示"假定…時"、"假設…"的意思。基本用於假設一種情況。在這種情況成立的條件下來叙述以後情況的場合。如下例所示，有時也可以不使用"ば"、"たら"。
（例1） いまかりにXの値を100としよう。／現假設X的值爲100。
（例2） かりにこの人をA子さんと呼んでおく。／我們先假定這個人的名字叫A子。
（例1）的情況多見於數學程式。

3 かりに …ても／…としても　即使。
（1） かりに参加希望者が定員に満たないような場合でも旅行は決行します。／即使申請者名額不足也照予定旅行。
（2） かりに予定の日までに私が帰って来ないようなことがあっても、心配しないで待っていてくれ。／即使到了預定的日期我還没有回來，也不要着急，要耐心地等待。
（3） 仮にその話がうそだとしても、おもしろいじゃないか。／即使這件事不是真的，不也挺有意思的嘛。
（4） 仮に手術で命が助かったとしても、一生寝たきりの生活となるだろう。／即使做

了手術可以得救，也會終生癱瘓了吧。

與"ても／としても"等表示逆接條件的句形呼應，表示"即使發生了這種情況／即使這是真的"的意思。

【かりにも】

是表示"即便假定…也…"意思的副詞。是比較拘謹的書面性表達方式。也可以說"かりそめにも"、"かりにもせよ"。

1 かりにも＋ 禁止／否定表達方式
絕對(不…)、無論如何(不…)、萬萬(不能…)。

（1） かりにもこのことは人に言うな。／這件事絕對不要對別人講。
（2） かりにも人のものを盗んだりしてはいけない。／無論如何不能偷人家的東西。
（3） 仮にもそのようなことは口にすべきではない。／萬萬不能說這種話。
（4） 仮にも死ぬなんてことは考えないでほしい。／千萬千萬不能想死啊。
（5） 仮にもあんな男と結婚したいとは思わない。／我絕對不會想和那種男人結婚。

與表示禁止或否定的表達方式相呼應，表示"即便這種行爲是假定的，也不要做／不應該做／不許做／不做"的意思。

2 かりにも …なら／…いじょうは
既然是、如果是。

（1） かりにも大学生なら、このくらいの漢字は読めるだろう。／如果是大學生，這個漢字就應該會讀。
（2） かりにもチャンピオンである以上は、この試合で負けるわけにはいかない。／既然是冠軍，在這場比賽中就不能輸。
（3） 仮にも教師であるからには生徒に尊敬される人間でありたい。／既然當老師，就要做一個受學生尊敬的人。
（4） 仮にも学長という立場にある以上は、大学の経営についても関心を払うべきだ。／既然在校長這個位子上，就應該關心大學的經營情況。
（5） 仮にも医者ともあろうものが患者を犠牲にして金もうけを行うとは信じがたいことだ。／一個醫生，竟然爲了賺錢而不惜犧牲患者的利益，簡直令人難以置信。

接表示職業或社會地位、身分等的名詞或短句後，表示"如果是這種地位的人的話"、"如果是稱得上這種人的話"的意思。常使用"Xなら／いじょうは／からには／ともあろうものがY"的句型，Y表示如果X成立，Y也當然應該成立或是處於該位置的人當然應該做的。例(5)中"Xともあろうものが"用於表示"X做了不應該做的行爲，而對其進行責難"的場合。

【がる】

（表示覺得、有這種感覺）。

[Na がる]
[A-がる]
[V-たがる]
（1） 注射をいやがるこどもは多い。/怕打針的孩子很多。
（2） その子は自分と同じくらいの大きさの犬をかわいがっている。/那孩子喜歡一隻長得和他差不多高大的狗。
（3） 妻の死をいつまでもかなしがってばかりはいられない。わたしには残されたこどもたちをそだてていく義務がある。/我不能總沈浸在妻子之死的悲傷中，我還有義務要扶養沒母親的孩子們。
（4） こわがらなくてもいいのよ。この人はおかあさんのともだちなの。/別怕。這個人是媽媽的好朋友。
（5） そのラーメン屋は朝8時から夜の2時までやっているうえに安くてうまいので、近所の学生たちに重宝がられていた。/這家麵館不光是從早上8點開到半夜2點，而且又便宜又好吃，所以附近的學生們都將它視爲一塊寶地。
（6） こどもがおもちゃをほしがって地べたにすわりこんで泣いていた。/那孩子爲了要讓大人給他買玩具坐在地上哭起來。
（7） 人の話を最後まで聞かずに口をはさみたがる人がときどきいる。/有時總有人不等聽別人把話説完就想插嘴。

接形容詞或表示願望的"V-たい"形式的詞幹後，表示這樣想，有這種感覺，要這樣做等意思。因新構成的動詞是一個表示客觀叙述的動詞，所以除小説叙述部分或如例（3）客觀地審視自己的情況以外，一般不用於第一人稱。"本が読みたい（想看書）"、"車がほしい（想要汽車）"等句中的"が"，如"本を読みたがる"、"車をほしがる"所示，在這一句型中要變成助詞"を"。除例句中所示詞語外，常用的還有"はずかしがる（覺得害羞）"、"さびしがる（覺得寂寞）"、"なつかしがる（覺得很親切）"、"けむたがる（覺得棘手，覺得不好接近，）"、"つよがる（逞強）"、"いたがる（覺得疼）"、"とくいがる（覺得很拿手）"等。

"…たがり"或"あつがり"、"さむがり"、"さびしがり"、"はずかしがり"、"こわがり"等，以"がり"的形式構成的名詞，表示有這種想法，有這種感覺，要這樣做的人之意。

【かれ】

不論…。

[A-かれA-かれ]
（1） 遅かれ早かれ、山田さんも来るでしょう。/早晚山田也會來的。
（2） 人は多かれ少なかれ、悩みをもっているものだ。/人多少都會有些煩惱的。

表示"不論哪種場合"的意思。用於

具有反義的イ形容詞。例（1）表示"也許時間有早有晚.但總會"。例（2）表示"也許數量有多有少.但都有"的意思。一般都爲慣用形式.常用的還有"よかれあしかれ(不論好壞)"。

【かろう】

（表示推測）。

[N／Na ではなかろう]
[A-かろう]
[A-く(は)なかろう]

(1) その話は真実ではなかろう。／這話不是眞的吧。
(2) 親をなくしてはさぞや辛かろう。／父母死後一定很辛苦吧。
(3) 少しは苦しむのもよかろう。／稍微吃點苦也好啊。
(4) 手術はさほどむずかしくはなかろうと存じます。／我覺得手術不是很難吧。

接イ形容詞或"だ"的否定形"ではない"去掉詞尾"い"的形式後.與"だろう"一樣表示推量的意思。與動詞的"V-よう"的推量用法相對應。是一種帶有文言色彩的較陳舊的説法. 適用於書面語或口語中較鄭重的場合。一般口語中多使用"だろう"。

【かろうじて】

是較拘謹的書面性語言。在日常會話中更經常使用"どうにか"、"なんとか"等。其他與之相似的表達方式還有"やっと"、"ようやく"等。

1 かろうじてV-た 勉強、終於、總算。

(1) 試験の開始時間に、かろうじて間に合った。／勉強才趕上了考試開始的時間。
(2) 試験のできは良くなかったが、かろうじて合格できた。／考試成績不太好. 可是勉強及格了。
(3) 雨でタイヤがスリップした.危ないところだったが、かろうじて事故はまぬがれた。／下雨輪胎直打滑.真够危險的. 但總算沒有出事。
(4) 国連の介入で、かろうじて武力衝突は避けられた。／由於聯合國的介入才終於避免了武装衝突。
(5) ひどい怪我だったが、かろうじて死なずにすんだ。／傷勢雖然很重. 可總算撿了條命。

表示"好不容易、終於…"、"總算勉強…"的意思。用於勉勉強強得到一個好結果或終於避免了一個壞結果等場合。常用"かろうじて…をまぬがれた"、"かろうじて…せずにすんだ"、"かろうじて…は避けられた"等形式。使用"やっと"時. 有"經過很長時間的努力"、"吃了很多苦"的含意。而使用"かろうじて"時. 則並不很重視過程. 表達的重點在於結果。與"やっと"比較. 是較拘謹的書面性表達方式。

2 かろうじてV-ている 勉強。

(1) 毎日の生活は苦しいが、かろうじて借金はせずに済んでいる。／每天的生活雖然很苦. 勉強還可以不用借錢。
(2) 病人は機械の力を借りて、

かろうじて生きている。／病人的生命是靠着醫療器材勉強維持着的。
(3) 現代人は、毎日のストレスに耐えて、かろうじてバランスを保っているに過ぎない。／現代的人們，每天都忍受着各種各樣的勞累．只不過是勉強保持着平衡。
(4) 彼女も、かろうじて涙をこらえているようだった。／她好像是在強忍着淚水。

表示"好不容易，終於…着"、"總算勉強…着"的意思。如例(1)～(3)表示"狀態雖不太好．但沒有到最壞的狀態．勉強維持着現在的狀態"的意思。又如例(4)用於表示經過艱苦的努力才終於保持現在狀態的場合。例(4)的意思是"眼看就要哭了．但還努力強忍着"。

3 かろうじてV-るN　勉強、應付。
(1) この道は、車二台がかろうじてすれ違える広さしかない。／這條路很窄勉強能讓兩輛車錯過去。
(2) 列車の寝台というのは、人ひとりが、かろうじて横になれる大きさだ。／列車的臥鋪只能勉強橫躺下一個人那麼大。
(3) その家は、僕にもかろうじて買えそうな値段だ。／那所房子的價錢．連我都可以勉強買得起。
(4) 私の英語は、かろうじて日常会話ができる程度だ。／我的英語的程度只能勉強說點

日常會話。

如例(1)～(4)所示．常與表示可能的表達方式一起使用．表示"勉強／應付能夠…的N"的意思。用於"雖然很難．但勉強可以…．也不能再多"的場合。

【かわきりに】
→【をかわきりに】

【かわりに】
代替、相反。
[Nのかわりに]
[Vかわりに]
(1) わたしのかわりに山田さんが会議にでる予定です。／予定由山田替我出席會議。
(2) ママは熱があるので、きょうはパパがかわりにむかえに行ってあげる。／媽媽發燒．所以今天爸爸替媽媽去接你。
(3) じゃあ、きょうはぼくが作るかわりに、あしたかぜがなおってたらきみが料理するんだぞ。／那今天我來做．不過明天你感冒好了你可得做啊。
(4) 今度転勤して来たこのまちはしずかでおちついているかわりに交通の便がややわるい。／這次調職來到的這個城市．雖然很安靜但交通稍稍有些不太方便。
(5) 彼女のような生き方をしていたんでは、大きな失敗もしない代わりに、胸おどるような

経験もないだろうね。／像她那樣生活的話，儘管不會有很大的失敗，但也不會有令人心動的經歷。

如例(1)、(2)、(3)所示，可用於表示由另外的人或物所代替的意思。又如例(4)、(5)所示，也可以用於就某事而言，既有可取的一面，相反也有不可取的一面的場合。

【きく】
→【ときく】

【きっかけ】
契機、機會。
[Nをきっかけに(して)]
(1) 彼女は卒業をきっかけに髪をきった。／她藉畢業的機會，把頭髮剪短了。
(2) 彼は、就職をきっかけにして、生活をかえた。／他以找到工作為轉折點，改變了自己的生活方式。
(3) 日本は朝鮮戦争をきっかけにして高度成長の時代にはいったと言われる。／人們都説，日本是以朝鮮戰爭為轉機而進入了經濟高度成長的時代。
(4) こんなところで同じ高校の出身の方と出会うとは思いませんでした。これをきっかけに今後ともよろしくお願いいたします。／真沒想到在這兒還能遇上同一個高中的畢業生。從今以後，還請你多多關照啊。

表示"以某事為機會、線索、契機"等的意思。

【きっと】
一定、肯定。
(1) 鈴木さんもきっと来るでしょう。／鈴木也一定會來的吧。
(2) 雲が出てきた。今夜はきっと雨だろう。／雲出來了。今天晚上肯定會下雨吧。
(3) 彼女はきっとあのことを知っているにちがいない。／她肯定是已經知道那件事了。
(4) ご招待ありがとうございます。きっとうかがいます。／謝謝您的邀請。我一定來。
(5) そうですか。きっと来てくださいよ。お待ちしていますから。きっとですよ。／是啊。那請您一定來。我們等着您。一定喔。

表示"確切"、"肯定"的意思。用於如例(1)～(3)表示説話者的推斷(比"たぶん"語氣要強)，如例(4)表示説話者強烈的意志，如例(5)表示對對方強烈要求的場合等。在用於如例(4)、(5)表示約定某事時，可與"かならず"替換，但此時不能使用否定表達方式。

(誤) きっと行きません。
(誤) きっと来ないでください。

【ぎみ】

稍微、有點。

[Nぎみ]
[R-ぎみ]

(1) ちょっとかぜぎみで、せきが出る。/稍微有點感冒，咳嗽。
(2) 彼女はすこし緊張ぎみだった。/她剛才稍微有點緊張。
(3) ここのところ、すこしつかれぎみで、仕事がはかどらない。/最近稍微有點累，工作不見進展。
(4) 現在の内閣の支持率は発足時よりやや下がり気味である。/現在的內閣支持率比剛成立時有所下降。

表示有這樣樣子、有這種傾向的意思。多用於不好的場合。

【きらいがある】

有點兒…、總愛…。

[Nのきらいがある]
[V-るきらいがある]

(1) 彼はいい男だが、なんでもおおげさに言うきらいがある。/他是個好人，就是有點愛吹牛。
(2) 最近の学生は自分で調べず、すぐ教師に頼るきらいがある。/最近的學生，什麼都懶得自己去做，總是有點事就去找老師。
(3) あの先生の講義はおもしろいのだが、いつの間にか自慢話に変わってしまうきらいがある。/那個老師的課講的挺有意思，但是在不知不覺之中就開始炫耀自己。
(4) あの政治家は有能だが、やや独断専行のきらいがある。/那個政治家挺有才幹，就是有點兒獨斷專行。

表示有這種傾向、容易這樣的意思。用於不好的場合。是書面性語言。

【きり】

在口語中常為"っきり"的形式。

1 Nきり　只有、僅有。

(1) ふたりきりで話しあった。/只有我們兩個人進行了談話。
(2) のこったのは私ひとりきりだった。/留下來的就只有我一個人。
(3) 見て。残ったお金はこれ（っ）きりよ。/你瞧，剩下的錢就這麼一點點啊。

接名詞後，用於表示限定"只有這些"的範圍。接"これ"、"それ"、"あれ"後時，多為"これっきり"、"それっきり"、"あれっきり"的形式。

2 R-きり　一直、全心全意。

(1) 彼女は3人の子供の世話にかかりきり（で）、自分の時間もろくにない。/她全心全意地照顧3個孩子，沒有一點自己的時間。
(2) 熱を出した子供をつき（っ）きりで看病した。/一直守

護在發燒的孩子身邊，照顧他。

接動詞連用形後，表示不做別的一直做這一件事的意思。

3 V-たきり…ない ―…就…(再沒…)，只…(再沒…)。
（1）彼は卒業して日本を出ていったきり、もう5年も帰ってこない。／他一畢業就離開了日本，已經有5年多沒回來了。
（2）あの方とは一度お会いしたきり(で)、その後、会っていません。／我和那位先生只見過一面，後來就再沒見過。

多使用"たきり…ない"的形式。表示以此爲最後機會，再也沒有發生預想的事態的意思。也可以説"これっきり"、"それっきり"、"あれっきり"。
（例）あの方とは一度お会いしましたが、それ(っ)きり会っていません。／我和那位先生見過一面，從那以後就再沒見過。

【きる】

接動詞連用形後，給該動詞所表示的動作添加種種意義。

1 R-きる＜完了＞ …完、…盡。
（1）お金を使いきってしまった。／把錢全都用光了。
（2）山道を登りきったところに小屋があった。／爬到山路盡頭，那裡有一間小房子。
（3）長編の冒険小説を1週間かけて読み切った。／花了一星期的時間，把這本長篇探險小説讀完了。

表示"把…做到最後""把…做完"的意思。

2 R-きる＜極其＞ 充分、完全、到極限。
（1）無理な仕事をして疲れきってしまった。／工作過度，累極了。
（2）そんな分かりきったことをいつまで言っているんだ。／那麼明白的事，你還老在那兒嘮叨什麼呢。
（3）この絵はその情景を十分に描き切っているとは言えない。／這幅畫並沒有把那個景致全部描繪出來。
（4）彼女は絶対に自分が正しいと言い切った。／她斷言自己絕對是正確的。

表示"充分…"、"堅決…"的意思。

3 R-きる＜切斷＞ 切斷、斷念。
（1）大きな布を二つに断ち切った。／把一塊大布裁成兩塊。
（2）別れてからも彼女のことを思い切ることができない。／分手以後，仍斷不了思念她的心情。
（3）故郷にとどまりたいという思いを断ち切って出発した。／他徹底打消了留在家鄉的念頭後出發了。

表示切斷的意思。進而可表示抛棄(某種念頭)，斷念的意思。

4 R-きれない 不能完全…。
（1） それはいくら悔やんでも悔やみきれないことだった。／那是一件追悔莫及的事情。
（2） その人との別れは、あきらめきれないつらい思い出として、今でも私の胸の奥底にある。／與他的分手成爲一段無法割斷的追憶，至今仍留在我的心中。

表示"不能完全…"、"不能充分…"的意思。

【きわまりない】

極其，非常。

[Na(なこと)きわまりない]
[A-いこときわまりない]

（1） その探検旅行は危険きわまりないものと言えた。／那次探險旅行可以説是極其危險的。
（2） その相手の電話の切り方は不愉快きわまりないものだった。／對方掛斷電話的方式令人非常不愉快。
（3） そのような行動は、この社會では無作法(なこと)きわまりないものとされている。／這種行爲在我們這個社會被視爲非常粗魯的行爲。
（4） 丁重きわまりないごあいさつをいただき、まことに恐縮です。／您一番極其誠懇的致詞，使我們誠惶誠恐。
（5） そのけしきは美しいこときわまりないものだった。／那裡的景色真是美極了。

表示達到了極限的意思。另有"無法做／鄭重／不愉快きわまる"的形式，意思相同。但只能用於接ナ形容詞詞幹之後。是較鄭重的書面語。也可以説"…ことこのうえない"。

【きわまる】

→【きわまりない】

【きわみ】

極限，頂點。

[Nのきわみ]

（1） このような盛大なる激励会を開いていただき、感激のきわみです。／今天爲我們舉辦了這麼盛大的表揚會，我們真是感激致極。
（2） 彼が自殺してちょうど一か月たつ。あの日何か話をしたそうな様子だったのに忙しくてそのままにしてしまった。いま思うと痛恨の極みだ。／自從他自殺以後整整過了一個月。想起那天他好像有話要對我説，可是由於太忙，我就沒有去理會他。現在想起來真是悔恨極了。
（3） 不慮の事故でわが子を失った母親は悲嘆の極みにあった。／由於不可預知的事故而失去孩子的母親，悲痛萬分。

（4）　資産家の一人息子として、贅沢の極みを尽くしていた。／身爲一個資産家的兒子，他真是奢侈透頂了。

接"感激"、"痛恨"等一部分名詞後，表示達到極限、頂點的意思。

【きんじえない】
　　→【をきんじえない】

【くさい】

1 Nくさい＜氣味＞　氣味、味道。
（1）　あれ？ガスくさいよ！／咦？有煤氣味喔！
（2）　この部屋はなんだかカビくさい。／這間屋子好像有股發黴的味道。
（3）　昨日火事があったところは、焦げくさい臭いが充満していた。／昨天發生過火災的地方散發着一股焦糊的氣味。

表示有某種氣味的意思。用於不好聞的味道上。

2 Nくさい＜樣子＞　很有…的樣子。
（1）　インチキくさい商品だなあ。／這商品，我覺得很可疑。
（2）　子供たちに信頼される教師になりたいのなら、そのインテリくさいしゃべり方を止めろ。／你要想當一名讓孩子們信賴的教師，就得改掉這種文鄒鄒的説話方法。
（3）　彼女はバタ臭い顔立ちをしている。／她長着一副洋味十足的面孔。

表示很像那麼一種樣子的意思。多用於説話者認爲這種樣子不太好的場合。

3 Na／A くさい＜強調＞
（表示加強語氣）。
（1）　あんた、いつまでそんな古くさいこと言っているつもり？／我説你呀，什麼時候能改變你那一套陳腔濫調啊？
（2）　そんな面倒くさいことは、だれか別の人に頼んでくれ。／這麼麻煩的事，你還是找別人吧。
（3）　彼はけちくさいことばかり言うので、嫌われている。／他老説話那麼小氣，所以惹人嫌。

接表示貶義的形容詞後，表示加強語氣。

【くせ】
[Nのくせに]
[Na なくせに]
[A／V くせに]

1 …くせに　可是、却。
（1）　彼は、自分ではできないくせに、いつも人のやり方にもんくを言う。／他自己不會，却總是挑別人的毛病。
（2）　もんく言うんじゃないの。自分はできないくせに。／別挑人家毛病。你自己還不會呢。

(3) あの選手は、体が大きいくせに、まったく力がない。／那個運動員塊頭挺大却没有力氣。
(4) こどものくせにおとなびたものの言い方をする子だな。／這孩子小小年紀説話却那麽老成。
(5) 好きなくせに、嫌いだと言いはっている。／他明明很喜歡,却偏偏説不喜歡。

使用"Xくせに Y"的形式.用於表示後續 Y 的事態與從 X 的内容出發當然應該發生的情況不符的場合。事態 Y 多爲貶義。也可如例(2)所示、"Y、Xくせに"使用倒裝的形式。又如下例所示.主句和子句的主語不同時,不能使用"くせに"。

(誤) 犬は散歩に行きたがっているくせに、彼はつれて行ってやらなかった。
(正) 犬は散歩に行きたがっているのに、彼はつれて行ってやらなかった。／小狗要去散歩. 可是他却没帶它去。

2 …くせして　可是、却。
(1) 彼は、自分ではできないくせして、いつも人のやり方についてああだこうだと言う。／他自己不會做, 却總還對別人的作法説三道四。
(2) 人のやり方にけちつけるんじゃないの。自分ではできないくせして。／別挑人家毛病。你自己還不會呢。
(3) この人、大きなからだのくせして、ほんとに力がないんだから。／這個人. 別看塊頭兒挺大還真是没有力氣。
(4) こどものくせしておとなびたものの言い方をする子だな。／這孩子小小年紀説話却那麽老成。
(5) 好きなくせして、嫌いだと言いはっている。／他明明很喜歡. 却偏偏説不喜歡。

意思與"くせに"相同. 但比其顯得語氣隨和一些。

3 そのくせ　可是、却。
(1) 彼女はもんくばかり言う。そのくせ自分ではなにもしない。／她對別人是一大堆意見. 但自己什麽也不做。
(2) 彼女は自分ではなにもしない。そのくせ、もんくだけは言う。／她自己什麽也不做. 却只在發牢騷。
(3) 彼女はよく山田君はバカだと言ってるでしょ。そのくせ、私がそうだ、そうだというと、こんどはおこるのよ。／她老説山田笨。可是我要是説對啊. 對啊. 她還不高興呢。
(4) 日本人は他人には非常に冷淡な時がある、そのくせ身内に対しては異常なくらい仲間意識を持つという側面がある、とその研究者は言っている。／那位研究員説. 日本人有一個特點, 就是有時對外人非常冷淡, 但對自己

人則表現出出乎意料的同伴意識。
連接兩個獨立的句子。表示的意思與"くせに"相同。但不能如"くせに"的例(2)那樣"もんく言うんじゃないの"。與表示禁止或命令的表達方式一起使用。
(誤) 自分では何もしないじゃない。そのくせもんく言うんじゃないの。

【ください】
→【てください】

【くださる】
→【てくださる】

【くらい】
也經常説"ぐらい"。與之相似的詞句還有"ほど"。但"くらい"口語性更強。

1 數量詞＋くらい＜概數＞　左右、大概、多。

(1) この道を5分くらい行くと、大きな川があります。／從這條路向前走5分鐘左右,有一條大河。
(2) 修理には一週間ぐらいかかります。／修理要花一個星期左右的時間。
(3) これ、いくらだろう。3000円ぐらいかな。／這個,多少錢啊。是不是3000日元左右呢。
(4) その島はこの国の3倍くらいの面積がある。／那個島的面積大概是這個國家的3倍多。
(5) 店内のお客さまに、まいごのお子さまのご案内を申し上げます。青いシャツと黄色のズボンの、2才ぐらいのお子さまがまいごになっていらっしゃいます。／現在向來本店顧客廣播。有一個2歲左右的兒童,穿綠色上衣和黃色褲子,他現在走失了。

接表示數量的詞句後,表示大致的時間或數量(概數)。在表示時間或日期時,要使用"…くらいに"的形式。

(正) 3時ぐらいに来てください。／請3點鐘左右來。
(誤) 3時ぐらい来てください。

另外,還可以接在如下疑問詞"どれ／どの"、"いくら"、"何メートル／キログラム／時間"等後使用,表示詢問大致的程度。也可以接在"これ・それ・あれ"等指示代詞後,用於表示具體的大小程度。

(例) A：テープを切ってくれない？／給我剪一段膠帶好嗎？
B：どれくらい？／剪多長？
A：《指を広げて大きさを示しながら》これくらい。／《伸出手指比畫長度》這麼長。

2 Nくらい＜比較＞

a N1（とおなじ）くらい　與…相同、和…一樣。

(1) A：物価は日本と比べてどうですか。／物價和日本相比怎麼樣啊？
B：あまり変わりませんよ。日本と同じくらいです。／差不多。和日本基本

上一樣。
(2) A：田中君って、いくつぐらいだろう。／田中有多大歲數啊。
　　B：そうだね。うちの息子ぐらいじゃないかな。／我想想啊。好像跟我兒子差不多年齡。
(3) こんどのアパートは前のと同じぐらい広くて、しかも日当たりがいい。／這次搬的公寓和以前的一樣寬敞，而且採光也好。

以"XはY（とおなじ）くらい…だ"的形式。表示X與Y程度基本相同。"ほど"沒有這種用法。

b N（とおなじ）くらいのN　與…一樣的…。
(1) このボールは、ちょうどリンゴくらいの大きさだ。／這個球大小正好像一個蘋果。
(2) ジルさんは、トムさんと同じぐらいの成績だ。／基爾的成績和湯姆一樣。
(3) これと同じぐらいの値段でもっといいのがありますよ。／有價錢跟這個一樣，比這個還好的。

以"XはYくらいのNだ"的形式。表示X與Y程度相同。N一般為"大小、輕重、高矮、溫度、數量"等表示量或程度的名詞。

c …くらい…Nはない　沒有比……更…的了，…最…。
(1) タバコぐらいからだにわる

いものはない。／沒有比香煙對身體更有害的了。
(2) 山田さんくらい自分でこつこつと勉強する学生は少ない。／很少見到像山田那樣自己一步一步用功學習的學生。
(3) この車くらい若者から年輩の人にまで人気のある車は他にない。／沒有什麼車能像這種車那樣既受年輕人的歡迎又受老年人的青睞。
(4) 国民に見はなされた政治家ぐらいみじめなものはない。／最悲慘的就是被國民唾棄了的政治家。
(5) いまの私にとって、まずしくて書物が自由に買えないことぐらいつらいことはない。／對現在的我來說，最痛苦的就是太窮沒有足夠的錢來買自己想買的書。

表示以"…くらい"所提示的事物是最高水準的事物。即"這是最…"的意思。句尾除"ない"以外，也可如例(2)所示，使用"すくない（很少）"、"めずらしい（罕見）"等詞語。還可以替換為"…ほど…Nはない"的形式。

d Vくらいなら　與其…不如…、與其…寧願…、要是…還不如…。
(1) あいつに助けてもらうくらいなら、死んだほうがましだ。／與其求他幫忙，倒寧願死了更好。
(2) あんな大学に行くくらいなら、就職するほうがよほど

いい。／與其上那種大學，還不如工作呢。
（3）上から紙を貼って訂正するくらいなら、もう一度はじめから書き直したほうがいいと思うよ。／我覺得與其貼上紙修改，還不如從頭重寫呢。
（4）銀行で借りるくらいなら、私が貸してあげるのに。／早知道你要向銀行貸款，我就借給你了。
（5）君に迷惑をかけるくらいなら、僕が自分で行くよ。／要是給你添麻煩，還不如我自己去呢。

以"Xくらいならのほうがましだ／ほうがいい／…する"等形式，表示"Y比X好"的意思。或在Y舉出極端的事例，表示説話者對以"…くらい"所表示的事物極其厭惡，或用於表示説話者認爲"X不很理想，還是Y好"的場合。

3 …くらい＜程度＞

a …くらい　簡直、像…、那麼…。

（1）その話を聞いて、息が止まりそうになるぐらい驚いた。／聽了這話以後，我吃驚得簡直快要氣絶了。
（2）顔も見たくないくらい嫌いだ。／我討厭他，連見都不想見。
（3）佐藤さんぐらい英語ができるといいのにな。／要能像佐藤英語説得那麼流利該多好啊。
（4）一歩も歩けないくらい疲れていた。／累得連一步都走不動了。
（5）コートがほしい（と思う）くらいさむい日だった。／那天冷的甚至想要穿上大衣。
（6）A：ずいぶん大きな声で怒っていたね。／剛才你訓他的聲音好大啊。
　　B：うん、あいつにはあれぐらい言ってやらないとわからないんだ。／那傢伙，你不那麼大聲訓他，他是不會聽的。

爲説明動作或狀態的程度，以比喩的形式或舉出具體事例來進行説明。此種用法與"ほど"相同，但在程度嚴重時，不能使用。

（正）死ぬほど疲れた。／簡直累的要死了。
（誤）死ぬぐらい疲れた。

b …くらいだ　簡直、甚至、那麼…。

（1）君が困ることはないだろう。困るのは僕のほうだ。もう、泣きたいぐらいだよ。／你有什麼難做的，難做的是我。我簡直都想哭了。
（2）疲れて一歩も歩けないくらいだった。／累得連一步都走不動了。
（3）寒い日で、コートがほしいくらいだった。／那天冷的甚至想要穿上大衣。
（4）今のぼくのうれしさがわかるかい。そこらへんの人をみんなだきしめたいくらいだ

よ。／你知道我現在有多高興嗎？我甚至想要擁抱周圍所有的人。

（5）おぼえてる？あの寒い夜ふたりでわけあって食べたラーメン。おいしくて、あたたかくて、世の中にこんなごちそうはないと思うくらいだったね。／還記得嗎？在那個寒冷的夜晚，我們兩個分着吃的那碗湯麪，是那麼香，那麼溫暖，我簡直覺得世上沒有比這更美味的東西了。

用於舉出具體事例來進一步說明前面敘述事物的程度。

c …くらいだから （表示程度，爲後續判斷的根據）。

（1）あの人は、会社をみっつも持ってるぐらいだから、金持ちなんだろう。／他開着三家公司呢，肯定很有錢吧。

（2）彼はいつも本さえあればほかにはなにもいらないと言っているぐらいだから、きっと家の中は本だらけなんだろう。／他總説只要有書別的什麼也不要，那他家裡肯定全是書吧。

（3）あの温厚な山田さんが怒ったくらいだから、よほどのことだったのでしょう。／連那麼敦厚的山田都火了，肯定是相當嚴重了。

（4）素人の作品でも、こんなにおもしろいくらいだから、プロが作ればもっとおもしろいものができるだろう。／連業餘愛好者的作品都那麼有意思，要是行家來做，一定會更有意思。

指出某動作或狀態的程度，用以表示說話者做出某種判斷或推測的根據。後多續"のだろう／にちがいない／はずだ"等表示說話者推量的表達方式。

d …くらいの…しか…ない 最多只(能)…。

（1）燃料が少なくなっているので、あと10キロくらい（の距離）しか走れない。／燃料不多了，最多還能跑10公里左右(的距離)。

（2）10年間も英語を習っているのに、挨拶くらいの会話しかできない。／學了10年的英語，但還就只會點打招呼的日常會話。

（3）体が丈夫で、風邪で数日寝込んだことくらいしかない。／身體很好，只有因得感冒病了幾天。

（4）今忙しいので、ちょっとお茶を飲むくらいの時間しかありませんが、いいですか？／現在比較忙，只有喝杯茶的時間，行嗎？

（5）学費を払うために無理をしている息子をなんとか助けてやりたいのだが、失業中の私たちには、励ましの言葉

をかけてやるくらいのことしかできない。／兒子爲了交學費而在拼命工作，我們很想幫他，可是我們現在又都失業，也就只能用話來鼓勵鼓勵他而已。

以"Xくらいの Yしか…ない"的形式，舉出程度較低的事物X，來表示Y程度還没有X高。後續常有表示不可能的表達方式。此時表示"做不到超過X的Y"的意思。

4 …くらい＜蔑視＞ 這麼一點點（表示微不足道）。

（1） そんなことくらい子供でもわかる。／這點小事連小孩子都明白。
（2） 山田さんは1キロメートルぐらいなら片手でも泳げるそうです。／要是1公里距離的話據説山田只用單手就能游到。
（3） ちょっと足がだるいぐらい、ふろにはいればすぐになおるよ。／不就是脚有點兒酸嗎，洗個澡立刻就會好的。
（4） すこし歩いたぐらいで疲れた疲れたって言うなよ。／就走這麼點路，別老喊累了累了的。
（5） 1回や2回試験に落ちたくらいがなんだ。このおれなんて、これまで払った受験料だけで大学がひとつ買えるぐらいだぞ。／你落榜1、2次算什麼呀。告訴你吧，到現在我付的考試費都快可以買一所大學了。
（6） ビールぐらいしか用意できませんが、会議の後で一杯やりましょう。／我們只準備了一些啤酒，開完會後我們去喝杯吧。
（7） あいさつくらいの簡単な日本語しか話せない。／我只會講點打招呼的簡單日語。
（8） 指定された曜日にゴミを出さない人がいる。自分一人ぐらいかまわないだろうと軽く考えているのだろう。／有人不按指定的日子倒垃圾。他可能以爲就自己一個人這樣做没什麼關係。

表示某事物"不那麼重要，没什麼關係"的語氣。意思是"這事情很簡單，没意思"。後續内容多爲"大したことではない（没什麼關係）／容易である（很容易）／問題はない（没問題）"等。

5 …くらい＜限定＞
a Nくらい （表示最起碼的意思）。

（1） 子供じゃないんだから、自分のことぐらい自分で決めなさい。／你又不是孩子，自己的事情自己決定。
（2） A：もう、11時ですよ。／都11點啦。
　　　 B：いいじゃないか。日曜日ぐらい、ゆっくり寝かせてくれよ。／那怕什麼呀。星期天你還不讓我多睡一會兒啊。

（3）　帰りがおそくなるのなら、電話の一本ぐらいかけてくれてもいいじゃないか。／你知道會晚回來，也該給我來個電話啊。
（4）　あいさつぐらいしたらどうだ。／打個招呼行不行啊。

　　以"…くらい"的形式，舉出一個極端的事例，用以表示"最起碼得…"的意思。

b …のは…ぐらいのものだ　就只有…才（還）…

（1）　息子が電話をよこすのは、金に困った時ぐらいのものだ。／兒子來電話一般都是缺錢的時候。
（2）　仕事が忙しくて、ゆっくりできるのは週末ぐらいのものだ。／工作太忙，也就周末還能清閒一點兒。
（3）　そんな高価な宝石が買えるのは、ごく一部の金持ちくらいのものだ。／能買得起這麼昂貴寶石的，也就只有極少部分的大户。
（4）　社長に、あんなにずけずけものを言うのは君くらいのもんだよ。／也只有你才能那麼毫不客氣地跟總經理說話。

　　以"XのはYくらいのものだ"的形式，表示"X能成立的只有Y的場合"的意思。

【くらべる】
　　→【にくらべて】

【くれ】
　　→【てくれ】

【くれる】
　　→【てくれる】

【くわえて】
　　再加上。

[NくわえてN]

（1）　規則正しい食事、適度な運動、くわえて近所の人達との日常的なつきあい、そういったものがこの村のお年寄りの長生きの秘訣と考えられる。／有規律的飲食，適量的運動，再加上敦親睦鄰，這些被認為是這個村裡老人們的長壽秘訣。
（2）　慢性的な不作、加えて百年に一度という大災害で食糧不足はいっそう深刻になっている。／連年的欠收，再加上百年不遇的天災，使得糧食緊缺的問題更加嚴重了。
（3）　地場産業の衰退、加えて児童の減少による小学校の廃校がこの地域の人口流出に拍車をかけているようだ。／本地產業的衰退，再加上由於幼兒的減少而使得小學校關閉，更增加了這一地區的人口流失現象。

　　表示在此基礎上再加上的意思。即"それだけでなく（不僅如此）"、"そのう

え(加上)"的意思。是書面性語言。在更加死板的書面語中也可以説"くわうるに"。

【げ】

(表示帶有一種樣子)。
[Na げ]
[A-げ]
[R-げ]

（1）その人は退屈げに雑誌のページをめくっていた。／他百般無聊地翻着雜誌看。
（2）「そうですか」というその声には悲しげな響きがあった。／"是啊"那聲音中仿佛含着一種悲傷。
（3）彼女の笑顔にはどこか寂しげなところがあった。／她的笑臉中帶着一股凄涼。
（4）彼のそのいわくありげな様子が私には気になった。／他那欲言又止的表情令我不安。

接形容詞詞幹或動詞連用形後，形成一個表示帶有這種樣子的意思的新的ナ形容詞。例句中的用法均能替換爲"退屈そう"、"悲しそう"等"…そう"的形式，但"…げ"的形式書面語氣息較濃。例（4）是一種慣用句形式。

【けっか】

結果、由於。
[Nのけっか]
[V-たけっか]

（1）投票の結果、議長には山田さんが選出された。／投票表決的結果，山田被選爲主席團主席。
（2）調べた結果、私がまちがっていることがわかりました。／調査的結果表明是我錯了。
（3）3人でよく話し合った結果、その問題についてはもうすこし様子を見ようということになった。／3個人商量的結果，決定對這一問題還要觀察一段時間再説。
（4）国会審議の空転の結果、この法案がこの会期中に採決される見通しはなくなった。／由於國會審議毫無結果，這一法案在本次國會期間不可能被採納了。

如例句"調べた結果を教えてください。／請把調查的結果告訴我。"所示，"結果"本來是名詞，但也可以用於表示因果關係的表達方式。接在表示原因的詞語後，表示"以此爲原因"、"因此"等意思。後續表示因此而導致的結果。是書面語。

【けっきょく】

最後、最終、到底。

（1）バーゲンセールに行ったが、結局何も買わないで帰ってきた。／我去了正在進行大拍賣的商場，但是最後還是什麼也没買就回來了。
（2）結局、世の中は万事金で決まるということだよ。／歸根究底在這世上還是金錢決定一切啊。
（3）挑戦者も善戦したが、結局

は判定でチャンピオンが勝利をおさめた。／挑戰者也盡全力博鬥了，但最終裁判判定衞冕者取得了勝利。
（4）結局のところ、あなたは何が言いたいのですか。／你到底是想要説什麽呀。

用於句首或句中，表示最終的結果或結論。如例（3）、（4）所示，有時也用作"結局"、"結局のところ"。多見於無論你怎樣努力或有何期待，結果是不爲人的意志爲轉移的，即伴有一種"只好聽天由命"悲觀情趣的場合。因而當事情的結果正好符合願望時不好使用或使用以後使句子顯得有些不自然。

（誤）猛勉強を続け、結局、彼は一流大学に合格した。
（正）猛勉強を続けたが、結局、彼は希望した大学に合格できなかった。／他雖然拼命學習了，但最終還是没有考上他想上的大學。

例（4）後續爲疑問句，此時爲催促對方下結論的表達方式。

【けっして…ない】

決（不）…、絶對（不）…。

（1）あなたのことはけっしてわすれません。／我決不會忘記你。
（2）いいかい。知らない人においでとさそわれても、けっしてついて行ってはいけないよ。／記住了嗎？即使有陌生人叫你去，也絶對不能跟他去啊。
（3）きみのために忠告しておく。人前でそんなばかなことは決して言うな。／爲了你我才告戒你。在衆人面前可絶對不能説這種話。
（4）気をわるくされたのならあやまります。失礼なことを言うつもりは決してなかったのです。／如果惹你生氣了我向你道歉。但我絶不是有意要説不尊重你的話。

常與否定形或表示禁止的表達方式一起使用，表示加強語氣或自己强烈的決心或意志。

【けど】

1 けど　可、可是。
（1）A：この本は、恵子にやるつもりだ。／我打算把這本書送給惠子。
　　B：けど、それじゃ、良子がかわいそうよ。／那麽良子多可憐啊。
（2）このカメラ、貸してもいいよ。けど、ちゃんと扱ってくれよ。／這臺相機可以借給你用。可是你得小心點兒用啊。

是"けれど"較通俗的説法，一般在比較鄭重的會話中不能使用。

→【けれど】

2 …けど　可、可是、但。
（1）みんながあの映画はいいと言うけど、わたしにはちっともおもしろいと思えない。／大家都説這部電影好，但我覺得一點意思也没有。

(2) これは給料はよくないけど、やりがいのある仕事だ。／這工作雖然報酬不高但卻值得一試。
(3) A：これから、出かけるんだけど、一緒に行かない。／我現在要出門，你不一塊兒去嗎？
B：うん、行く。／好，一起去。
(4) 役所は認めてくれませんけど、これは立派な託児所です。／雖然政府機關不承認，但這確實是一所很不錯的託兒所。
(5) すみません、電話が故障しているらしいんですけど。／對不起，我家的電話好像出毛病了。

是"けれど"較通俗的説法。用於尊敬體時，顯得有些女性化。
→【けれど】

【けれど】

1 けれど　但、但是、可。
(1) 2時間待った。けれど、彼は姿を表さなかった。／我等了兩個小時。但他終究沒有來。
(2) パーティーではだれも知っている人がいなかった。けれど、みんな親切でとても楽しかった。／宴會上一個熟人也沒有。但是所有的人都非常熱情，所以玩得非常開心。
(3) この作品で3等賞ぐらいとれるかなと期待していた。けれど、結果は思いがけなく1等賞だった。／原來期待用這個作品大概能獲得個3等獎。可没想到，最後竟然獲得了個首獎。

用於句首，表示後續的事態發展與前面敘述事態和預想的結果相反。與"しかし(但是)"比較，更爲口語化。但在較隨便的文章中也可以使用。

2 …けれど＜逆接＞　但、但是。
(1) 2時間待ったけれど、彼は姿を現さなかった。／我等了兩個小時。但他終究沒有來。
(2) あの人はきれいだけれど、意地悪だ。／那人長的很漂亮，但心術不正。
(3) 下手だけれど、ピアノを弾くのは楽しい。／我彈得雖然不好，但彈鋼琴是我最大的樂趣。
(4) 野球もおもしろいけれどサッカーはもっとおもしろいと思う若い人が増えている。／越來越多的年輕人覺得，雖然棒球很好玩，但足球更好玩。
(5) 係長はもうすぐ帰ると思いますけれど、ここでお待ちになりますか。／我們主任馬上就回來，您要在這兒等他嗎？

接前一短句後，表示後續的事態發展與前面敘述事態預想的結果相反。雖然表示逆接，但並不只限於表示逆接，如

例(5)所示。也可以用於一般會話的前提。較為口語化。但在較隨便的文章中也可以使用。

3 …けれど＜開場白＞ （表示後面内容的開場白）。

(1) あしたの会議のことなんですけれど、実は都合が悪くて出席できなくなりました。／關於明天的那個會議，我突然有點事，不能參加了。

(2) こんなことを言ったら失礼かもしれないけれど、最近少し仕事の能率が落ちているんじゃないですか。／我這麼說可能有些失禮，最近我們的工作效率是不是太低啊。

(3) お口に合わないかもしれませんけれど、どうか召し上がってください。／也許不大合您的口味，就請您隨便嘗嘗吧。

用於作為下面表述內容的開場白，並對後面的敘述內容以及說法進行注釋、說明。

4 …けれど＜話說一半＞ （表示委婉的語氣）。

(1) いま母は留守なんですけれど。／我母親現在不在家，……。

(2) 来週は外国出張で、いないんですけれど。／下星期我要去國外出差，不在，……。

(3) 紅茶は切らしています。コーヒーならありますけれど。／紅茶賣完了，咖啡的話，還有，……。

(4) ちょっとコピー機が動かないんですけれど。／對不起，影印機停了，……。

(5) 書類が一枚足りないんですけれど。／資料還少一張啊，……。

(6) かあさん、友達が夏休みにうちへ泊まりに来たいって言ってるんだけれど。／媽媽，我有個朋友說暑假時想來我們家住，……。

等於後半句省略的形式。用於表示委婉的陳述理由，說明情況。如例(4)、(5)、(6)所示，還可以用於間接的向人提出請求。既可以用於敬體，也可以用於簡體。接敬體時顯得女性化。是口語。

【けれども】

1 けれども　但、但是、可。

(1) 2時間待った。けれども、一郎は姿を現さなかった。／我等了兩個小時。但一郎終究沒有來。

(2) 彼は話すのが下手だ。けれども、彼の話し方には説得力がある。／他不善於言談。但是他說話的方式方法很有說服力。

→【けれど】1

2 …けれども＜逆接＞　但、但是、可。

(1) あの人とは仲良く仕事をしたいと思っているんですけれども、なかなかうまく行きません。／我總想在工作中和

他友好相處，但老是事與願違。
(2) このままずっとここにいたいけれども、いつか国へ帰らなければならない。／我是想一直在這裡呆下去，可是總有一天我必須得回國。
(3) これは正式には発表されていないんですけれども、近いうちに大きな関心を呼ぶことになると思います。／這件事雖然還沒有正式公布，但我想不久一定會引起人們極大的關注。

與"けれど"相同。接敬體表達方式時，也可以用於會議等正式場合。

(4) 結婚式の日取りはまだ決まっていないんですけれども、たぶん夏ごろになると思います。／結婚典禮的日期還沒有定，我想可能得在夏天。

→【けれど】2

3 …けれど＜開場白＞ （表示後面内容的開場白）。
(1) 受験のことなんですけれども、相談に伺ってもいいですか。／關於報考的事情，我能去找您商量商量嗎？
(2) つまらないものですけれども、召し上がって下さい。／雖然是粗茶淡飯，也請您用餐吧。

→【けれど】3

【げんざい】

現在、當前、目前。

(1) 彼が死んでしまった現在、もうそんなことを言っても意味がないよ。／現在他已經死了，你再説這個也沒意義了。
(2) 失敗の原因が明らかになった現在、われわれは何をすべきか。／失敗的原因已經找到，現在我們應該做什麼呢？
(3) あの改革案がいまだに大方の賛同を得られていない現在、新たな方策を考えておくことも重要なことではないか。／在目前這一改革方案還沒有得到大多數人賛同的情況下，我們再考慮一個新的對策不也是很重要的嗎。
(4) 地球環境の保護が叫ばれている現在、クリーンエネルギーの夢を広げるその計画への期待は大きい。／在人們都在呼籲保護地球環境的當前的這樣一種情況下，對於能實現綠化這個理想，人們都寄予很大的期望。

如"過去と現在(過去和現在)"、"現在の気温は２９度だ(現在的氣溫是２９度)"等例句所示，"現在"本來是一個名詞。當它接在一個短句後時，也可以成爲一個提示目前情況，而進一步表明説話者主張的表達方式。是較拘謹的書面性語言。

【ごし】

1 Ｎごし＜空間＞ 隔著。

（1）となりの人とへいごしにあいさつした。／隔著院牆和鄰居打了招呼。
（2）そのふるい映画には恋人どうしがガラスごしにキスをするシーンがあった。／那部舊電影中，有一個鏡頭是一對戀人隔著玻璃接吻。
（3）窓越しに見える無数の星を見るのが好きだ。／我喜歡隔著窗戶觀看天上無數的星星。

表示"隔著某一物體"的意思。

2 Nごし＜時間＞　經過、歷經。
（1）3年ごしの話し合いで、やっと離婚した。／經過3年的協議，終於離婚了。
（2）私にとっては10年ごしの問題にやっとくぎりがつき、まとめたのが、この作品です。／對於我來說，一個歷經10年的問題終於有了結果，這部作品就是對它的總結。
（3）7年ごしの交渉がようやく実を結び、両国の間に平和条約が結ばれた。／經過7年的談判終於有了結果，兩國之間締結了和平友好條約。

多採取"…年ごしのN"的形式，表示某行為或狀態在此期間一直持續的意思。

【こしたことはない】
→【にこしたことはない】

【こそ】
1 Nこそ　才是、正是。
（1）A：よろしくお願いします。／請您多多關照。
　　B：こちらこそよろしく。／哪裡，哪裡（我才要請您多多關照呢）。
（2）ことしこそ『源氏物語』を終わりまで読むぞ。／今年我一定要把《源氏物語》從頭到尾都讀完。
（3）いまでこそ、こうやって笑って話せるが、あの時はほんとうにどうしようかと思ったよ。／現在我才能當笑話似的跟你說這件事，當時我真是覺得不知道該麼辦。
（4）そうか。彼はひきうけてくれたのか。それでこそわれわれが見こんだとおりの人物だ。／是啊，他接受了這項工作。這才像我們物色好的人嘛。
（5）A：やはり私は文学部に進みたいと思います。／我還是想上文學系。
　　B：そうか。それこそ、なくなったきみのお父さんものぞんでいたことだ。／是啊，這才符合你已故父親的遺願志啊。

強調某事物，表示"不是別的，這才是…"的意思。

2 …こそ あれ／すれ　只能（是）、只會。

[Nこそすれ]
[Na でこそあれ]
[R-こそすれ]

（1）あなたのその言い方は、皮肉でこそあれ、けっしてユーモアとは言えない。／你的這種説法，充其量只算是諷刺，談不上是什麼幽默。

（2）あなたをうらんでいるですって？感謝(し)こそすれ、私があなたをうらむ理由があるわけがないでしょう。／你説我恨你？我感謝你還來不及呢，怎麼可能恨你呢。

（3）政府のその決定は、両国間の新たな緊張の火種になりこそすれ、およそ賢明な選択とは言いがたいものである。／政府的這一決定，只能成為引起兩國新的緊張關係的導火線，很難説是一種明智的選擇。

以"Xこそあれ／Xこそすれ、Yではない"的形式。用以強烈表示事實是X而絕不是Y的意思。是一種為了強調不是Y，而有意拿出與之相對照的X來進行比較的表達方式。是一種書面性語言表達方式。例（3）中的用法也可以説成"火種にこそなれ"。

3 …こそ…が　雖然…(但是)、儘管…(可是)。

[Nこそ…が]
[Na でこそあるが]
[R-こそするが]

（1）この靴は、デザインこそ古いが、とても歩きやすい。／這雙鞋雖然款式舊了一些，但走起路來很舒服。

（2）書きこそしたが、彼のレポートはひどいものだった。／他論文寫雖然是寫了，但水準太差。

（3）彼はいちおう会長でこそあるが、実権はまったくない。／他雖然是個會長，但沒有一點實權。

（4）あの学生は宿題こそいつもきちんと提出するけれども、試験をしてみると何もわかっていないことがわかる。／儘管那學生每次都按時交作業，但你一考他就知道，其實他什麼也不懂。

（5）その作家は、ベストセラーこそないけれども、ある一群の読者たちにささえられて、一作一作着実に書いてきた。／這個作家雖然沒有寫出什麼暢銷書，但卻有非常支持他的讀者群，正是在這些讀者的支持下，他紮紮實實地寫出了一部又一部作品。

以"XはYこそ…"的形式，表示就X而言，可以説是Y…，但又進一步講出與之相對立的事物。後面常使用"…が"、"…けれども"等表示逆接的接續詞。是一種書面性語言表達方式。

4 …からでこそ　→【それでこそ】
5 …からこそ　→【からこそ】
6 …だからこそ　→【だからこそ】

7 …てこそ →【てこそ】
8 …ばこそ →【ばこそ】

【こと】

1 …こと＜事情＞　事、事情。
[Nのこと]
[Na なこと]
[A／V　こと]
（1）　なにかおもしろいことないかなあ。／有沒有什麼有意思的事啊。
（2）　卒業したらやりたいと思っていることはありますか。／有沒有畢業後你想做的事啊？
（3）　私がきのう言ったこと、おぼえてる？／我昨天說的事情，你還記得嗎？
（4）　世の中には君の知らないことがまだまだたくさんあるんだよ。／這世界上你不懂的事還多著呢。
（5）　本を読んで思ったこと、感じたことなどは、書名・著者名などといっしょにカードに書いておくとよい。／你可以把讀了書以後想到的、感受到的，連同書名、作者名一起記在卡片上。
（6）　なんでも好きなことをやってよい。／你喜歡做什麼事就做什麼。

接短句下。用以表示思考、發言、所了解知識的事情，但又不具體去涉及其內容。與"もの"的區別，請參考【もの1】。

2 …（という）こと＜事實＞　（表示一個具體事實）。
（1）　山田さんが魚がきらいなことを知っていますか。／你知道山田不喜歡吃魚嗎？
（2）　午後から会議だということをすっかりわすれていた。／我把今天下午開會的事忘得一乾二淨。
（3）　きみが将来アフリカに行きたいと思っている（という）ことは、もう彼女に話したのか。／你已經跟她說了你將來想去非洲嗎？
（4）　彼は死んでもうこの世にいない（という）ことが、まだわたしには信じられない気がする。／我到現在仍不能相信他已經去世，不在這個世上了。

接短句後，用以表示前面講述的事情是真實的。接ナ形容詞後時，可如例（1）所示，說"魚がきらいなこと"，也可說"魚がきらいだということ"。

3 V-る／V-ない　こと＜命令＞（表示命令）。
（1）　休むときは、かならず学校に連絡すること。／如果要請假，必須和學校取得聯繫。
（2）　期末レポートは、かならず縦書き400字づめ原稿用紙を使用すること（とする）。／學期末的小論文必須要使用直行格400字的稿紙來寫。

(3) 体育館には土足ではいらないこと。／禁止穿着鞋子進入體育館。
(4) 教室を授業以外の目的で使用するときは、前もって申請をすること。／除上課以外要使用教室的話，必須事先提出申請。

用於句尾，表示命令或説話者認爲應該這樣做的心情。是一種規定紀律或指示應遵守事項的表達方式。多用於書寫形式。如例（2）所示，也可以"こととする"的形式結束。

4 …こと＜感嘆＞ （表示感嘆）。
[Nだこと]
[Na だこと／なこと]
[A-いこと]
[V-ていること]

(1) まあ、かわいいあかちゃんだこと。／啊，這個寶寶真可愛！
(2) あら、すてきなお洋服だこと。おかあさんに買ってもらったの？／哎呀，你這件衣服真漂亮。是你媽媽給你買的嗎？
(3) あらあら、元気だこと。でも電車の中でさわいではいけませんよ。／哎呀，哎呀，真有精神。可是到了電車裡可不許鬧啊。
(4) え？この子まだ2才なの？まあ、大きいこと。／啊？這孩子剛剛兩歲啊？個子長的可真够大的。
(5) このネコ、見てよ。よくふとっていること。病気かしら。／你瞧，這隻猫，多肥啊。是不是有病啊。

表示人或物的狀態或性質的表達方式後，表示驚訝，感動或驚嘆的心情。如例（3）接ナ形容詞後時，也可以説"元気なこと"，即使用"な"。是一種口語，主要是女性使用。但在年輕人中，男女都不使用。

5 NことN 即、也就是
(1) 小泉八雲ことラフカディオ・ハーンはギリシャ生まれのイギリス人だ。／小泉八雲也就是拉福加迪奧・哈恩，是出生於希臘的英國人。
(2) これが、あの太陽王ことフランスのルイ14世が毎日使っていたワイングラスです。／這就是那位太陽國王，即法國路易14每天所使用過的葡萄酒杯。
(3) 漱石こと夏目金之助は1867年、東京に生まれた。／漱石即夏目金之助，於1867年出生在東京。

以"XことY"的形式，X顯示通稱、筆名、外號等，Y則顯示本名或更加正式的名稱。表示"X即Y"的意思。即顯示X與Y是同一人物。書面語。

6 Nのこと （表示與…相關的事情）。
(1) 私のこと、すき？／喜歡我嗎？
(2) あなたのことは一生わすれない。／我一輩子也忘不了你。

(3) 彼女のことはもうあきらめなさい。／你就對她死了心吧。
(4) パーティのこと，もう山田さんに言った?／宴會的事，你已經通知山田了嗎？
(5) 最近私は、どういうわけか、ふとしたひょうしに、ずいぶん前に死んだ祖母のことを考えていることが多い。／最近也不知爲什麼，我總因一些小事就會想起很久以前就過世的祖母。

對於某一事物，不是將其作爲一個單獨的個體，而是將其周圍的各種情況，以及對其的回憶，聲音，有時甚至包括其氣味等都混合在一起。多用來指稱表示感覺，思考，感情，語言活動等動詞的對象。

【ことうけあいだ】
保證、肯定、保管。

(1) こんどあの人のところに行くときは花を持って行くといい。よろこんでもらえること請け合いだよ。／下次你再到她那兒去的話，可以拿着花去。保證她一定會高興的。
(2) あんなやり方をしていたのでは、失敗することはうけあいだ。／這樣做的話，肯定會失敗的。
(3) この計画に彼を参加させるには、成功したら手にはいるばく大な金のことを話せばいい。乗ってくることうけあいだ。／你要想讓他參加這個計畫，就要告訴他一旦事情成功可以得到一大筆錢。這樣保管他會答應的。

接短句後，用來表示對即將發生的事情自己有很肯定的判斷或予以保證。如例(2)所示，中間也可以加入助詞 "は"。是比較陳舊的表達方式。

【ことか】　是多麼…啊。
[疑問詞＋Na なことか]
[疑問詞＋ A／V ことか]

(1) つまらない話を3時間も聞かされる身にもなってください。どれほど退屈なことか。／你也設身處地地想想，這麼無聊的講演要聽3個多小時，是多煩哎。
(2) 続けて二人も子供に死なれるなんて。どんなにつらいことか。／連續失去了兩個孩子，是多麼痛苦啊。
(3) とうとう成功した。この日を何年待っていたことか。／終於成功了，這一天我們盼了多少年啊。
(4) それを直接本人に伝えてやってください。どんなに喜ぶことか。／這件事你要直接告訴他本人。將會是多麼高興啊。

表示其程度之甚不可特定，含有非常感慨的心情。

【ことがある】

1 V-たことが ある／ない　曾經（不曾）…過。

（1）A：京都へ行ったことがありますか。／你去過京都嗎？
　　B：いいえ、まだないんです。／還沒有呢。

（2）ああ、その本なら子供の頃読んだことがあります。／啊．這本書我小時候看過。

（3）そんな話は聞いたこともないよ。／這種事我連聽都沒聽說過。

（4）高橋さんにはこれまでに2度お会いしたことがあります。／過去我曾見過高橋兩次。

（5）高橋さんにはまだお会いしたことがありませんが、お噂はよく聞いています。／我雖然還沒有見過高橋，但我經常聽到有人提起他。

（6）このあたりは過去に何回か洪水に見舞われたことがある。／過去．這裡曾遭受過幾次洪水的沖擊。

用以表述曾經經歷或未經歷過某事。主要與動詞一起使用，但如下例所示，有時也可以"名詞＋だった"的形式使用。

（例）あのホテルはできるだけ早く予約した方がいいよ。3ヶ月前に電話したのに満員だったことがあるんだ。／這家飯店最好早點預定。我曾經提前3個月打電話預定都沒有定到。

另外有時也可以用"V-なかったことがある"的形式表示"沒有…"的意思。

（例）財布を拾ったのに警察に届けなかったことがある。／有一回我撿了一個錢包．但是沒有交給警察。

2 V-る／V-ない ことがある　有時、偶爾。

（1）子供たちは仲がいいのですが、たまに喧嘩をすることがあります。／孩子們的感情都很好．但偶爾也會打架。

（2）これだけ練習していても、時として失敗することがある。／練得這麼苦．有時還會出現失誤呢。

（3）天気のいい日に子供と散歩することがあるぐらいで、ふだんはあまり運動しません。／頂多天氣好的時候．跟孩子出去散散步．平時基本上不運動。

（4）A：最近、外で食事することはありますか。／最近有時在外面吃飯嗎？
　　B：最近はあまりないですねえ。／最近沒怎麼在外面吃。

（5）長雨が続くと、害虫の被害を受けることがある。／若一直都是陰雨連綿．就會遭受虫害。

（6）彼は仕事が忙しくて、食事の時間をとれないこともあ

（7） 乾期にはいると2ヶ月以上も雨が降らないことがある。／進入乾旱以後，有時連續兩個多月都不下雨。

表示有時或偶爾發生某事。對於發生頻率高的事情不能使用。

（誤）このあたりはよく事故が起こることがある。
（正）このあたりはよく事故が起こる。／這一帶經常發生交通事故。

【ことができる】

會，能，可以。

[V-ることができる]

（1）アラビア語を話すことができますか。／你會講阿拉伯語嗎？
（2）あの人は、ゆっくりなら20kmでも30kmでも泳ぐことができるそうだよ。／要是慢慢游的話，據說他能游二、三十公里呢。
（3）残念ですが、ご要望におこたえすることはできません。／很可惜，我們不能滿足您的要求。
（4）その社会や階級の構成員を「再生産」するという観点から、「教育」というものをとらえ直してみることもできるだろう。／可以從"再生產"的角度來重新考慮對該社會或地位的成員進行"教育"的問題。

可以表示有無"能力"（如例（1）、（2）或有無"可能性"（如例（3）、（4））。可以與"話せる(能講)"、"泳げる(會游)"等表示可能的"V-れる"型動詞替換。但在較正式的場合或較拘謹的文章中(特別是在表示"可能性"的場合)，一般更傾向於使用"ことができる"。

【ことこのうえない】

無比、到極點。

[Na なことこのうえない]
[A-いことこのうえない]

（1）丁重なことこの上ないごあいさつをいただき、恐縮しております。／對於剛才的一番無比誠懇的演說，我們表示衷心的感謝。
（2）その風景は、さびしいことこのうえ（も）ないものであった。／那地方的風景，簡直淒涼到了極點。
（3）有権者の存在を無視したような、その政治家たちの舞台裏での争いは、見ぐるしいことこの上ないものであった。／政治家們在背後搞的那種無視選民的爭鬥，醜陋至極。

表示無以復加的意思。是較鄭重的書面性語言表達方式。以上各例均可替換為"このうえなく丁重なあいさつ"、"このうえなくさびしい"、"このうえなく見ぐるしいもの"。

【ごとし】

是文言文表達方式。現在只用於書面語。"ごとし"是用於句尾的形式。詞尾可有活用變化。如"ごときN"、"ごとくV"等。

1 ごとし　似、就像。

[Nのごとし]
[Nであるがごとし]

(1) 光陰矢のごとし。／光陰似箭。
(2) 時間というものは、矢のごとくはやくすぎさっていくものだ。／時光就像箭一樣飛快逝去。
(3) 山田ごときに負けるものか。／我哪能輸給像山田那樣的人啊。

用於比喻。即表示"像…似的"。

"Nごとき"的形式一般後接名詞、即爲"NごときN"的形式。但也可如例(3)所示、將"Nごとき"的形式作爲名詞使用。這時一般都只限於貶義。除諺語或慣用句以外、在現代日語當中、較常使用"ようだ"。

2 …かのごとし　就好像、當做是

(1) 彼女はそのことを知っているはずなのに、まったく聞いたことがないかのごとき態度だった。／她應該知道這件事、却裝出就好像根本没有聽説過似的樣子。
(2) そのふたりはまずしかったが、世界中が自分たちのものであるかのごとくしあわせであった。／他們兩人雖然很貧窮。但他們感覺就好像擁有全世界似的。過得非常幸福。
(3) 「盗作する」とは、他人の作品を自分の作品であるかのごとく発表することである。／所謂"剽竊"、就是把別人的作品拿來、當做是自己作品似的公開發表。
(4) あの政治家は、いつも優柔不断であるかのごとくふるまってはいるが、実はそうかんたんには真意を見せないタヌキである。／那個政治家看起來好像優柔寡斷似的。其實是一個不輕易表露真實一面的老狐狸。

接句子。如是接名詞或ナ形容詞時、如例(3)、(4)所示、不使用"だ"、而使用"である"。表示事實雖非如此却好像就是這樣的意思。現在更多地使用"かのようだ"的形式。尤其結句形式"かのごとし"很少使用。

【ことだ】

1 V-る／V-ない　ことだ　就得、該。

(1) 日本語がうまくなりたければもっと勉強することです。それいがいに方法はありません。／要想學好日語就得更加好好學習。除此以外没有別的辦法。
(2) かぜをはやくなおしたいんだったら、あたたかくして

ゆっくり寝ることだ。／要想感冒早點好，就得蓋得暖和點好好睡一覺。
(3) まあ、ここは相手に花を持たせておくことだね。またチャンスもあるよ。／這時候你該把榮譽讓給對方。你還有機會嘛。
(4) こどもにさわらせたくないというのなら、最初から手のとどく所におかないことだ。／要不想讓孩子們動這東西，一開始就不要放在他們拿得到的地方。

陳述在某情況下更加理想的狀態或更好的狀態，表示一種間接的忠告或命令。是一種口語形式。

2 …ことだ　（表示各種感情）。
[Na なことだ]
[A－いことだ]
(1) 家族みんな健康で、けっこうなことだ。／全家人都健康，這太好了。
(2) いつまでもお若くて、うらやましいことです。／你總是那麼年輕，真讓人羨慕啊！
(3) 夜はあぶないからって、あのおかあさん、こどもを塾までおくりむかえしてるんだって。ごくろうなことだね。／據說那孩子的媽媽，怕晚上危險，每天接送孩子去補習班。也真夠累的。
(4) 道路に飛び出した弟を止めようと追いかけていって車にはねられるなんて…。いたましいことだ。／聽說他是為了要拉住跑到馬路上的弟弟而追上去，結果被車撞了…。真夠慘的。

表示說話者的驚訝、感動、諷刺、感慨等心情。可使用的形容詞有限。

3 …ということ　→【ということ】
4 …とは…のことだ　→【とは】

【ことだから】
（表示自己的判斷依據）。
[Nのことだから]
(1) 彼のことだからどうせ時間どおりにはこないだろう。／你還不了解他，反正不會按時間來的。
(2) あの人のことだから、わすれずに持ってきてくれると思うけどね。／他不會有錯的，我想他一定不會忘記給我帶來的。
(3) 慎重な山田さんのことだから、そのへんのところまでちゃんと考えてあるとは思うけどね。／那麼謹慎的山田，我想他一定會考慮到這一點的。
(4) あの人のことだから、この計画が失敗しても自分だけは責任をのがれられるような手はうってあるんだろう。／他這個人你還不了解，即使計畫失敗了，也一定會想好推卸

自己責任的理由。
　主要接在表示人物的名詞後，用於對說話者、聽話者都熟知的人物的性格、行為習慣等做出某種判斷。如例（3）所示，有時還可在人物名詞前，加上諸如"慎重な"這樣的修飾詞語，以明確指出該人物的性格或特徵來作為自己判斷的根據。

【ことだし】
　（表示陳述理由）。
[N／Na　であることだし]
[Na　なことだし]
[A／V　ことだし]
（1）雨がふってきそうだから、きょうは散歩はやめておこうか。こどもたちもかぜをひいていることだし。／眼看就要下雨了，今天就別去散步了吧。而且孩子們也都感冒了。
（2）おいしそうな料理もでてきたことですし、私のへたなごあいさつはこのへんで終わりにしたいと存じます。／各種美味佳肴也都上齊了。我的蹩脚的致詞也就到此結束吧。
（3）委員も大体そろったことだし、予定時間も過ぎているので、そろそろ委員会を始めてはいかがですか。／委員也都基本到齊了，而且也已經過了預定的時間，我想我們就開始開會吧。

接短句後，以"ことだ+し"的結構，用以表述各種判斷、決定、要求等的理由或根據等。例（2）中的"ことですし"是更加有禮貌的形式。例（3）表示陳述兩種理由，例（2）只陳述一種理由，例（1）是在句尾補充陳述的形式。雖是口語形式，但比單獨使用"し"要顯得鄭重。

【ことだろう】
　（表示推測）。
[Na　な／である　ことだろう]
[A／V　ことだろう]
（1）ながいあいだ会っていないが、山田さんのこどもさんもさぞおおきくなったことだろう。／好多年不見，山田先生的孩子也一定長高了吧。
（2）市内でこんなにふっているのだから、山のほうではきっとひどい雪になっていることだろう。／市内都下這麼大的雪，山裡一定下的更大雪吧。
（3）《手紙》息子さん、大学合格とのこと。さぞかしお喜びのことでございましょう。／《書信》聽說您的孩子已考取大學。您一定很高興吧。
（4）この誘拐事件は人質の安全を考慮して今はふせられているが、公表されれば、まちがいなく社会に大きな衝撃をあたえることだろう。／考慮到人質的生命安全，現在還不能公布這起誘拐事件，一旦公布，肯定會對整個社

會有巨大的震動。

接短句，表示推測。單獨使用"だろう"也可以表示推測，但"ことだろう"則顯得更加鄭重，書面語氣氛更強，用於帶着某種感情色彩，對"現在、當前"尚不明確的事物進行某種推測。如例（1）所示，與副詞"さぞ（かし）"一起使用，感情色彩則更濃。

【ことで】

（關於…。

[Nのことで]

（1）さっきのお話のことで質問があるんですが。／關於剛才那件事情，我有一個問題。

（2）先生、レポートのことで、ご相談したいことがあるんですが。／老師，關於小論文的事情，我有事想和您商量。

（3）君がきのう出した企画書のことで、課長が話があるそうだよ。／聽説關於你昨天提交的計畫書，處長要找你談談。

與"質問する（詢問）·相談する（商量）·話す（談話）"等表示"語言活動"的動詞一起使用時，表示"關於…"的意思。用於開始陳述理由、講解情況等。

【ことと おもう】

（表示推測）我想。

[Nことと おもう]

[Na なことと おもう]

[A/V ことと おもう]

（1）《手紙》「ごぶさたいたしておりますが、お元気でおすごしのことと思います。」／《書信》"久未通信，我想您還是依然健康"。

（2）《手紙》「このたびのおかあさまのご不幸、さぞお力落としのことと存じます。」／《書信》"這次爲您母親的不幸，一定很傷心吧"。

（3）みなさんもずいぶん楽しみになさっていたことと思いますが、旅行の中止は私もたいへん残念です。／我想大家都非常期待着這一天吧，但是旅行被迫中止，我也感到很遺憾。

接短句，表示對聽話者現在狀況的一種推測，並帶有同情或安慰的感情色彩。多與"さぞ"、"さぞかし"、"ずいぶん"等副詞一起使用。比單獨使用"…とおもう"要顯得鄭重，書面語感更強，多用於書信。如例（2）使用"…ことと存じます"，顯得更鄭重，更有禮貌。

【こととて】

（表示原因）因爲。

[Nのこととて]

[Vこととて]

（1）子供のやったこととて、大目に見てはいただけませんか。／這是孩子做的事，您就原諒他吧。

（2）なにぶんにも年寄りのこととて、そそうがあったらお許しください。／因爲他們都上

了年紀．要是有什麽不對的地方，還請原諒．
（3）慣れぬこととて、失礼をいたしました。／因爲我還不太習慣，對不起。
（4）知らぬこととて、ご迷惑をおかけして申しわけございません。／因爲我不知道，給您添了麻煩，對不起。

後面伴有表示道歉，請求原諒的表達方式．用以表示道歉的理由。是較陳舊的表達方式．例（3）、（4）中的"V－ぬ"是文言形式．相當於現代語的"V－ない"．

【ことなく】

不…。
[V－ることなく]
（1）ひどいゆきだったが、列車はおくれることなく京都についた。／雖然雪下得很大，但列車還是準時到達了京都。
（2）われわれは、いつまでもかわることなくともだちだ。／我們是永遠的朋友，友誼常存。
（3）その子は、もうこちらをふりかえることもなく、両手を振り、胸を張って、峠の向こうに消えて行った。／那孩子頭也不回地，擺着兩臂，挺着胸膛消失在山的那一邊。

如例（3）所示，也可以使用"…こともなく"的形式．意思與"…ないで（不…）"或"…ず（に）（不…）"相近．但"…ことなく"書面語感更强．而且從意思上來説，就上述例句來看，都分別含有原來有"おくれる（晩點）・かわる（改變）・ふり

かえる（回頭）"的可能性．但是並沒有這樣做的意思．

【ことなしに】

不…（而…）。
[V－ることなしに]
（1）努力することなしに成功はありえない。／要想不付出努力就獲得成功，那是不可能的。
（2）誰しも他人を傷つけることなしには生きていけない。／人只要活着就不可能不傷害別人。
（3）リスクを負うことなしに新しい道を切り開くことはできないだろう。／不承擔風險就想開闢出新的道路，那是不可能的。

以"Xすることなしにできない"的形式．後面伴有否定某種可能性的表達方式．表示"如果不X，就不可能Y"，即"如果想要Y的話，X就是不可避免的"的意思。是較生硬的表達方式．

【ことに】

（表示某種情感）的是。
[Na なことに]
[A－いことに]
[V－たことに]
（1）残念なことに、私がたずねたときには、その人はもう引っ越したあとだった。／遺憾的是，我去拜訪的時候，他已經搬走了。

（2）おもしろいことに、私がいま教えている学生は、私がむかしお世話になった先生のこどもさんだ。／有趣的是，現在我教的這個學生，是過去教過我老師的孩子。
（3）おどろいたことに、彼女はもうその話を知っていた。／令我吃驚的是，她竟然已經知道這件事情了。
（4）あきれたことに、その役所は知事の選挙資金のために裏金をプールしていた。／使人震驚的是，那個機關為了縣長的競選資金，竟然籌措了黑金。

接表示情感的形容詞或動詞後，用以提前表述說話者對即將叙述事件的感情色彩。是一種書面語。

【ごとに】

每…。
[Nごとに]
[V-るごとに]
（1）この目覚まし時計は5分ごとに鳴る。／這個鬧鐘每隔5分鐘響一次。
（2）この季節は、一雨ごとに暖かくなるという。／人們說，這個季節是每下一場雨就變暖和一些。
（3）列車が到着するごとに、ホームは人であふれそうになる。／火車每到達一站，月臺上就擠滿了人。
（4）グループごとに別の地域で行動した。／每個小組分別在不同的區域活動。
（5）彼は、会う人ごとに、こんど建てた家のことを自慢している。／他每見到一個人都向人家吹噓這次蓋的房子。

表示"反覆出現的事情的之次數"、"在所有完整事情的每一次"的意思。"V-るごとに"的形式常可與"たびに"替換。然而"ごとに"主要表示每一次事情的反覆出現，而"たびに"則沒有這一含意。

【ことにしている】

（表示因某種決定而形成的習慣）。
「Vことにしている]
（1）私は毎日かならず日記をつけることにしている。／我每天必寫日記。
（2）夜はコーヒーを飲まないことにしているんです。／我晚上不喝咖啡。
（3）彼の家族は、家事はすべて分担してやることにしているそうだ。／聽說在他們家，大家一起分擔家務事。
（4）運動不足解消のため、私はこどもと公園に行くとかならず鉄棒をやることにしている。／為了解決運動量不足的問題，每次和孩子去公園我都要練練單槓。
（5）ずいぶん前から、不正をおこなった場合は失格ということにしています。／從很早以

前我們就決定並實行，一旦發現使用不正當手段就取消資格。

表示根據某種決定而形成的某種習慣或規矩的意思。即"ことにする"所表示的決定、決心，最終形成了一種習慣。所以在表示一般意義的習慣、禮儀時不能使用。

(誤) 日本人は、はしを使ってご飯を食べることにしています。

(正) 日本人は、はしを使ってご飯を食べます。／日本人使用筷子吃飯。

【ことにする】

1 …ことにする＜決定＞ 決定、決心。

[Vことにする]

(1) あしたからジョギングすることにしよう。／我決心從明天開始跑步。

(2) これからはあまりあまい物（もの）は食べないことにしよう。／我決定今後少吃甜食。

(3) きょうはどこへも行かないで勉強（べんきょう）することにしたよ。／我決定了今天要學習，哪兒也不去。

表示對將來行爲的某種決定、決心。如例(3)用作"ことにした"的形式，則表示這一決定或決心已經形成的意思。與之意思相同的"こととする"，則顯得更加鄭重，且爲書面語。

2 …ことにする＜當做＞ 當作、算作、作爲。

[～(だ)ということにする]

[Na だということにする]

[V-た(という)ことにする]

(1) その話（はなし）は聞（き）かなかった(という)ことにしましょう。／這話就當我沒聽見。

(2) その件は検討中（けんとうちゅう）(だ)ということにして、すこしなりゆきを見（み）まもろう。／這件事就當做還在討論研究中，讓我們靜觀其變吧。

(3) 敵（てき）の攻撃（こうげき）に対（たい）する防御（ぼうぎょ）の時間（じ かん）をかせぐために、大統領（だいとうりょう）はすこぶる健康（けんこう）だということにしておくべきだ。／爲了對付敵人進攻，爭取防禦的時間，我們應該對外宣布總統身體很好。

(4) 出張（しゅっちょう）に行（い）った(という)ことにして出張費（しゅっちょうひ）を着服（ちゃくふく）したり不正流用（ふせいりゅうよう）することを、俗（ぞく）に「カラ出張（しゅっちょう）」と言う。／當做出差，將出差費用私呑或不當使用，一般把這種行爲叫作"出空差"。

接短句，表示將某事按照與事實相反的情況處理的意思。接名詞時，如例(2)使用"N(だ)ということにする"的形式。接動詞時，如例(1)、(4)所示，接動詞的タ形。這時有無"という"均可。與之意思相同的"こととする"，則顯得更加鄭重，且爲書面語。與"ことになる"的比較，請參照【ことになる】1。

【ことになっている】

規定着、按規定。

[Nということになっている]
[V-る（という）ことになっている]
[V-ない（という）ことになっている]
（1）やすむときは学校に連絡しなければならないことになっている。／學校規定．請假不上學時必須事先與學校取得聯係。
（2）乗車券をなくした場合は最長区間の料金をいただくことになっているんですが。／按規定．遺失車票時要按最遠距離票價補票。
（3）規則では、不正をおこなった場合は失格ということになっている。／按照紀律要求．在發現不正當行爲時就取消資格。
（4）駐車場内での盗難や事故については、駐車場側は関知しないことになっております。／按規定．在停車場内發生的偷盗事件或事故．與停車場管理方面無關。
（5）パーティーに参加する人は、6時に駅で待ち合わせることにっている。／決定了．参加宴會的人6點鐘在車站集合。
（6）夏休みのあいだ、畑の水やりは子供たちがすることになっている。／商量好了．暑假期間澆水的事情由孩子們負責。

表示約定．日常生活中的規定，法律、紀律以及一些慣例等約束人們生活行爲的各種規定．即可將其視爲"…ことになる"所表示的結論、結果的持續存在。

【ことになる】

1 …ことになる＜決定＞ 決定。
[Nということになる]
[V-る（という）ことになる]
[V-ない（という）ことになる]
（1）こんど大阪支社に行くことになりました。／公司把我這次調到大阪分公司。
（2）ふたりでよく話し合った結果、やはり離婚するのが一番いいということになりました。／兩個人反覆商量的結果．決定還是離婚最好。
（3）よく話し合った結果、やはり離婚ということになりました。／再三商量的結果．還是決定離婚了。
（4）亡くなった山田さんは形式ばったことがきらいな人だったから、葬式などはしないことになりそうだな。／去世的山田先生生前最討厭形式上的東西了．所以估計會取消葬禮。
（5）この問題は、細部については両政府の次官級協議にゆだねられることになった。／關於問題的細節．決定委託兩國政府的副部長之間進行協商。

表示就將來的某種行爲做出某種決

定. 達成某種共識. 得出某種結果. 另外一個句型"…ことにする"主要表現的是明確由某人做出了決定或下了決心. 而這裡的"ことになる"在這一點上則不明確. 帶有該結果, 決定是自然而然, 不知不覺過程中, 自發形成的含意. 如例(1)、(2), (4)所示. 在實際例句中多使用"ことになった"的タ形. 與之意思相同的"こととなる"則顯得更加鄭重. 書面性語氣更濃.

2 …ことになる＜換言之＞ 也就是説、就是.

[Nということになる]
[V-る（という）ことになる]
[V-ない（という）ことになる]

（1） 4年も留学するの？じゃあ、あの会社には就職しないことになるの？／你要留學4年？那就是説你不去那家公司工作了？

（2） りえさんはわたしの母の妹のこどもだから、わたしとりえさんはいとこどうしということになる。／理惠是我母親妹妹的孩子. 也就是説我和理惠是表兄妹關係.

（3） これまで10年前と4年前に開いているので、これで日本での開催は3回目ということになる。／在過去10年前和4年前分別在日本舉行過. 這次再舉行就是第3次在日本舉行了.

用於換一種説法或換一個角度來指出事情的本質.

【ことには】

1 V-ることには 據…説.

（1） その子供たちの言うことには、彼らの両親はもう二日も帰ってきていないらしい。／據孩子們説, 他們的父母已經有兩天沒有回來了.

（2） 学生たちの言うことには、ことしは就職が予想以上にきびしいらしい。／據學生們説, 今年找工作要比預想的更困難得多.

（3） 先生のおっしゃることには、最近の学生は言われたことしかしないそうだ。／據老師説. 現在的學生只做老師規定好了的事情.

（4） たぬきさんの言うことにゃ、きつねさんがかぜをひいたそうじゃ。／聽狸貓説. 狐狸感冒了.

多接"言う(説)"或表示類似意思的動詞辭書形的後面. 用以指出被引用説話内容的説話者. 如例(1)等於是説"その子供たちが、両親がもう二日も帰ってきていないと言っている（孩子們説. 父母已經有兩天沒有回來了）"的意思. 比較陳舊. 是書面語. 特別是像例(4), 用作"ことにゃ", 一般見於童話故事等.

2 V-ないことには 如果不…、要是不….

（1） 先生が来ないことにはクラスははじまらない。／老師不來就無法開始上課.

（2） いい辞書を手にいれないこ

とには外国語の勉強はうまくいかない。／如果找不到好辭典就學不好外語。
(3) あなたがこころよく見おくってくれないことには、私としても気持ちよく出発できないよ。／你要是不高高興興地送我，我也不能心情愉快地出發。
(4) とにかくこの予算案が国会で承認されないことには、景気回復のための次のてだてを講ずることは不可能だ。／總之，如果這一預算草案不能得到國會的認同，就不可能採取促進經濟復甦的下一個方案。

以"Xないことには Yない"的形式，表示"如果不實現 X，也就不能實現 Y"的意思。即 X 是 Y 能成立的必要條件。可以與"なければ"、"なくては"替換。

【ことは…が】

…是…但…。

[Na なことはNa だが]
[A ことはA が]
[V ことはV が]

(1) 読んだことは読んだが、ぜんぜん分からなかった。／讀是讀過了，可是根本就沒讀懂。
(2) あの映画、おもしろいことはおもしろいけど、もう一度金をはらって見たいとは思わないね。／那部電影是挺有意思的，但是我也不想花錢再看一遍了。
(3) おいしかったことはおいしかったけどね、でも高すぎるよ。／好吃是好吃，但就是太貴了。
(4) どうしてもやれと言うなら、いちおうやってみることは(やって)みるけど、うまく行かないと思うよ。／你要是說非做不可，我也可以做一次，但肯定做不好。
(5) A：ひさしぶり。元気だった？／好久不見了。你身體好嗎？
　　B：元気なことは元気なんだけどねえ。なにかもうひとつ満たされない気分なんだなあ。／身體倒是挺好的，但就是總覺得有什麼不如意似的。

用於同一詞句的反覆。表示一種讓步，用以表示可以承認某事，但是並不能積極肯定。如例(1)、(4)，使用動詞時，表示儘管做(做了)這一動作，但結果並不理想。此時多與"てみる"一起使用。如例(2)、(3)、(5)，使用名詞或形容詞時，則表示"儘管我不否認這一點，但…"的意思。比如例(2)就等於是說"おもしろくない(という)わけではないが(儘管我不是說它沒有意思，但)"。在表述過去的事情時，如例(1)所示，可以兩個詞語都使用タ形，也可以只有第 2 個詞語才使用タ形。

(例) 読むことは読んだが、ぜんぜん分からなかった。／讀是讀過了，可是根本就沒讀懂。

【ことはない】

用不着、不要。

[V-ることはない]
（1）心配することはないよ。ぼくもてつだうからがんばろう。／用不着耽心。我也會幫你的，加油吧。
（2）こまったことがあったらいつでも私に言ってね。ひとりでなやむことはないのよ。／有什麼困難隨時都可以跟我說，不要一個人在那煩惱。
（3）そのことでは彼にも責任があるんだから、君だけが責任をとることはないよ。／這件事他也有責任，不要只讓你一個人承擔責任。

表示就某一行爲，沒有那個必要或不必那樣的意思。用於鼓勵或勸戒別人時。

【ことはならない】

不能、不允許。

[Vことはならない]
（1）だめだ。あんな男と結婚することはならない。おまえはだまされているんだ。おとうさんはぜったいにゆるさない。／不行，你不能和這樣的男人結婚。你是受騙了，爸爸決不會允許的。
（2）戦前は、天皇の写真でさえ顔を上げて見ることはならないとされていた。／戦前，就連天皇的照片都不能抬頭正眼看。
（3）こどものころ、本や新聞をまたぐことはならぬとよくおじいさんにしかられたものだ。／小時候，我爺爺管我，決不允許我從書或報紙上面跨過去。

有禁止或不允許的意思。如例（3）所示，也可以有"ならぬ"的形式。是較陳舊的説法。

【このたび】

這次。

（1）この度はご結婚おめでとうございます。／恭禧您，有情人終成眷屬。
（2）《あいさつ》この度、転勤することになりました。／《通知》通知諸位我即將調職。
（3）この度、会長に選ばれました佐々木でございます。どうぞよろしくお願いいたします。／我是這次被選爲會長的佐佐木，請多多關照。

表示"這次"的意思，是一種較鄭重的習慣用語。

【このぶんでは】

→【ぶん】3

【こむ】

（表示裝入、進入、持續地…等義）。

[R-こむ]

(1) ここに名前を書きこんでください。／請在這填上你的名字。
(2) かばんに本をつめこんで旅にでかけた。／把書塞進書包後就上路旅行去了。
(3) トラックに荷物を積みこむのを手伝った。／我幫他們把行李裝上了卡車。
(4) その客は家にあがりこんで、もう5時間も帰らない。／那個客人進家來呆了5個多小時了還不走。
(5) 日本の社会に溶け込むことと自分の文化を見うしなわないこととは両立するのだろうか。／融入日本社會和保持有自己本國文化，這兩點可以同時並存嗎？
(6) 人の部屋に勝手に入り込まないでくれ。／不要隨便進人家屋裡來。
(7) 友達と話し込んでいたらいつのまにか朝になっていた。／和朋友聊天忘記了時間，不知不覺就到了第二天早上。
(8) サルに芸を教え込むことと子供を教育することとの違いが分かっていない教師がいる。／有的教師甚至分不清教會猴子耍把戲和教育孩子有什麼不同。
(9) 部屋の片隅に座り込んで、じっと考え事をしている。／他呆呆地坐在房間角落裡想心事。

組成帶有裝入、填入等意義的他動詞（如例（1）～（3）），或組成帶有進入意義的自動詞（如例（4）～（6））。還可以用於組成帶有"深入地/持續地做…"意義的動詞（如例（7）～（9））等。

【ごらん】

看、瞧、試試看

(1) どうぞ、ご自由にごらんください。／請隨便參觀。
(2) ごらん（なさい）、つばめがやってきた。／你瞧，燕子飛來了。
(3) ひとりでやってごらん。ここで見ててあげるから。／你自己試著做做看，我在這幫你看着呢。
(4) こどもはいくらかな。駅員さんに聞いてきてごらん。／你去問問車站服務員，孩童票要多少錢。

是"見る（看）"的敬語。例（1）中的"ごらんください"是"見てください（請看）"的敬語形式。例（2）是作爲"見なさい（你瞧）"較文雅的説法（"ごらん"是"ごらんなさい"的省略形式）。例（3）、（4）的"てごらん"是"てみなさい（試着做做看）"的文雅形式。但應該注意的是，儘管如例（2）、（3）、（4）都可以説是較文雅的表達方式，但因其仍有"…しなさい（表示輕度命令）"的意思，所以不能對身分、地位高於自己的人使用。

【これだと】

照這樣、現在這種狀況。

(1) これだと、ちょっと困るんですけど。／要是這樣的話有點棘手啊。

(2) これだと、まだ解決には遠いようですね。／依現狀，離最後解決還差得遠呢。

(3) これだと、人には薦められません。／要是這個的話，我無法向人家推薦。

(4) これだと、目的地に到着するまでまだ2～3時間かかりそうだ。／照這個速度，到達目的地還得要2～3個小時。

與"これでは"意思相同。

→【これでは】

【これでは】

照這樣、現在這種狀況。

(1) これでは、生活していけません。／照這樣無法生活下去。

(2) これでは、問題の解決になっていない。／依現在這個樣子，問題還沒有解決。

(3) 君の作文は誤字が多すぎる。これでは、試験にパスしないだろう。／你的作文錯別字太多。照這樣考試是通不過的。

(4) 高速道路の渋滞がひどい。これでは目的地に到着するまで、2～3時間はかかりそうだ。／高速公路上車堵得太厲害。照這個速度，到達目的地還要2～3個小時。

表示"照現在這種狀況／現在這個條件"的意思。後面多伴有不好的判斷或預測。

【さあ】

1 さあ（表示催促或勸誘時的聲音）。

(1) さあ、いこう。／來，咱們走吧。

(2) さあ、いそいで、いそいで。／來，快點兒，快點兒。

(3) さあ、がんばるぞ。／啊，我要加油啦。

(4) さあ、春だ。／啊，春天來啦。

(5) さあ、ごはんができたぞ。／來啊，飯好啦。

用於催促或勸誘對方時。例(3)表示自己鼓勵自己。例(4)、(5)雖然不像例(1)、(2)、(3)表面上含有"うながし(催促)"、"さそい(勸誘)"、"はげまし(鼓勵)"等功能，但也可以說成"さあ、春だ。がんばるぞ(啊，春天來啦。我要加油啦。)"、"さあ、ごはんができたぞ。食べよう／食べなさい(來啊，飯好啦。吃飯吧／吃飯啦)"。上述例句，除例(3)以外，如果語境明顯，都可以只用"さあ"就能表達。

2 さあ（表示不明情況、遲疑時的聲音）。

(1) A：あの人、だれ？／那人是誰啊？
    B：さあ(、知りません)。／啊(，我不知道)。

(2) A：これから、どうする？／

接下來我們怎麼辦啊？
B：さあ、どうしようかな。
／哎呀，怎麼辦呢。

用於聽到別人提問或遇到某種情況時，不知道情況(如例(1))或不知怎樣回答是好(如例(2))的場合。特別是如例(1)的場合，即不知道情況時，只有和自己關係非常密切的人，才能單獨使用"さあ"。

【さい】

時候、時機。

[Nのさい(に)]
[Vさい(に)]

(1) お降りのさいは、お忘れ物のないよう、お気をつけください。／下車的時候，請不要把東西忘在車上。

(2) 先日京都へ行った際、小学校のときの同級生をたずねた。／前不久去京都時，我去拜訪了我一個小學同學。

(3) このさい、おもいきって家族みんなでスペインにひっこさない？／還不趁此機會乾脆全家搬到西班牙去？

(4) 国際会議を本県で開催される際には、次回はぜひとも我が市の施設をお使いくださるよう、市長としてお願い申し上げます。／我身為市長鄭重請求，如果下次再有機會在本縣舉行國際會議，請務必要使用本城市的設施。

多數可與"とき(時、時候)"替換。與"とき"不同的是，(a)比"とき"語氣顯得拘謹。(b)同時帶有機會、契機等意思。(c)很少接否定形後。另外如例(3)中的"このさい"，是一種以某事為契機而下決心的慣用表達方式，不能與"とき"替換。

【さいご】

→【がさいご】

【さいちゅう】

正在…。
[Nのさいちゅう]
[V-ているさいちゅう]

(1) 大事な電話の最中に、急におなかが痛くなってきた。／正在接一個重要電話時，突然肚子疼起來了。

(2) きのうの断水のとき私はちょうどシャワーの最中でした。／昨天停水的時候，我正在洗澡呢。

(3) 授業をしている最中に非常ベルが鳴りだした。／正在上課時，警報鈴響了。

(4) その件は私たちの方で今話し合っている最中だから、最終結論を出すのはもうちょっと待ってくれないか。／關於這件事我們正在討論，請再等一等我們就會提出最後結論。

表示某一行為或現象正在進行過程中的意思。如例(1)～(3)所示，多用於表示在這一時刻突然發生了什麼的場合。

【さえ】

1 さえ　連、甚至。

[N（＋助詞）さえ（も）]
[疑問詞…かさえ（も）]

(1) あのころは授業料どころか家賃さえはらえないほどまずしかった。／那時候我們窮得別説交學費了，就連房租都付不起啊。

(2) この本はわたしにはむずかしすぎます。何について書いてあるのかさえわかりません。／這本書對我來説太難了，我甚至連它寫的是關於哪方面的内容都看不懂。

(3) そんなことは小学生でさえ知ってるよ。／這種事連小學生都明白。

(4) 本人にさえわからないものを、どうしてあの人にわかるはずがあるんだ。／連本人都不知道的事，他怎麼會知道呢。

(5) その小説はあまりにもおもしろくて、食事の時間さえもったいないと思ったほどだった。／那本小説太有意思了，我甚至連吃飯的時間都覺得可惜（廢寝忘食）。

(6) A：ぼくたち、いつ結婚するんだ。／咱們什麼時間結婚啊？
　　B：なに言ってるの。するかどうかさえ、私はまだ決めてないのよ。／你在説什麼啊。連結不結我還都沒考慮好呢。

用以表述按常規理所當然的事都不能，就不要説其他事情，就更不行了。接主格後時多用"でさえ"的形式。可以與"…も"替換。

2 …さえ…たら／…ば　只要…（就…）。

[Nさえ　…たら／…ば]
[R-さえ　したら／すれば]
[V-てさえ　…たら／…ば]
[疑問詞…かさえ　…たら／…ば]

(1) あなたさえそばにいてくだされば、ほかにはなにもいりません。／只要有你在我身邊，別的我什麼也不需要。

(2) あなたがそばにいてさえくだされば、ほかにはなにもいりません。／只要有你在我身邊，別的我什麼也不需要。

(3) あなたがそばにいてくださりさえすれば、ほかにはなにもいりません。／只要有你在我身邊，別的我什麼也不需要。

(4) 今度の試験で何が出るのかさえわかったらなあ。／哪怕只要能知道這次考試出什麼題目也好啊。

表示只要某事能實現就足夠了，其餘的都是小問題，没必要，没關係的心情。

3 ただでさえ　→【ただでさえ】

【さしあげる】

→【てさしあげる】

【さしつかえない】

可以，没関係，無妨。

(1) さしつかえ(が)なければ、今夜ご自宅にお電話しますが…。／如果可以的話，我今天晚上想到您府上打個電話…。

(2) これ、来週までお借りしてほんとうにさしつかえありませんか。／這個，我下星期再還給你，真的没關係嗎？

(3) わたしがおおくりしてさしつかえないのなら、山田先生はわたしの車でおつれしますが。／如果可以讓我送的話，我就用我的車子送山田先生。

表示"没有妨礙"、"没關係"的意思。如例(2)、(3)所示，也可以用作"て(も)さしつかえない"的形式，例(1)的用法。中間可以加入助詞"が"，但例(2)、(3)的用法就不能加。

【さすが】

1 さすが　到底是，果然名不虚傳，不愧是。

(1) これ、山田さんがつくったの？うまいねえ。さすが(は)プロだねえ。／這是山田做的嗎？真棒。不愧是專家啊。

(2) さすが(は)山田さんだねえ。うまいねえ。／到底是山田。做的真棒。

(3) これ山田さんがつくったの？さすがだねえ。／這是山田做的嗎？果真名不虚傳啊。

(4) さすが(は)世界チャンピオン、その新人の対戦相手を問題にせずしりぞけた。／到底是世界冠軍，没費吹灰之力就把那個新手給打敗了。

多用於句首。有如例(1)、(2)、(4)那様的"さすが(は)Nだ"的形式，也有如例(3)那様的"さすがだ"的形式。用於表示某事的結果果然符合説話者所了解的内容或者他所持有的社會観念。意思與"やはり(還是)"相近，但"さすが"只能用於褒義。

2 さすがに　雖然…(也還是…)，別看…(還是…)。

(1) 沖縄でもさすがに冬の夜はさむいね。／雖説是沖縄，冬天的夜晚也還是挺冷啊。

(2) いつもはおちついている山田さんだが、はじめてテレビに出たときはさすがに緊張したそうだ。／別看山田平時都很鎮靜，據説第一次上電視時，還是有些緊張。

(3) 世界チャンピオンもさすがにかぜには勝てず、いいところなくやぶれた。／別看是世界冠軍，終歸也對付不了風，結果一敗塗地。

(4) 最近調子を落としている山田選手だが、このレベルの相手だとさすがにあぶなげなく勝った。／別看最近山田選手競技状態不太好，不過像這麼水準的對手，他到底還是輕而易舉地就取勝了。

（5）ふだんはそうぞうしいこどもたちも今夜ばかりはさすがにお通夜のふんいきにのまれているようだ。／別看平時吵吵鬧鬧的孩子們，今天也好像被守靈的氣氛給鎮住了。

用於表示受到某種評價的人或事物，在某種特定的情況之下，表現出與評價不符的情況。如例（1），其意思是，在日本一般都認為沖繩是一個很暖和的地方，可是在冬天的夜晚這樣一種情況下，其實也不儘然。既可用於褒義，也可用於貶義。

3 さすが(に)…だけあって　到底不愧是…、到底沒白…。

[Nだけあって]
[Na なだけあって]
[A-いだけあって]
[Vだけあって]

（1）さすがプロだけあって、アマチュア選手を問題にせず勝った。／到底不愧是專業運動員，不費吹灰之力就贏了業餘運動員。

（2）さすがに熱心なだけあって、山田さんのテニスはたいしたもんだ。／真是沒白費苦心，山田的網球打得還真不錯。

（3）さすがからだが大きいだけあって、山田さんは力があるねえ。／到底是塊頭大，山田還真有勁。

（4）山田さんは、さすがによく勉強しているだけあって、この

前のテストでもいい成績だった。／山田到底沒白努力，上次的考試就得到了好成績。

（5）彼女は、さすがに10年も組合活動をしているだけあって、なにごとも民主的に考えることのできる人だ。／她到底是搞了10年工會活動的老會友了，遇着什麼事都能按民主的方式來考慮。

用於表示某事的結果果然符合説話者所了解的知識或者他所持有的社會觀念。意思與"やはり（還是）"相近。但"さすがに…だけあって"只能用於褒義。

4 さすがに…だけのことはある　到底不愧是…、到底沒白…。

[Nだけのことはある]
[Na なだけのことはある]
[A-いだけのことはある]
[Vだけのことはある]

（1）アマチュア選手が相手なら問題にしないね。さすがにプロだけのことはあるよ。／對付業餘運動員根本不成問題啊。到底不愧是專業運動員。

用於就某事的結果或狀態，用説話者所掌握的知識或持有的社會觀念來對其原因或理由進行判斷。意思與"やはり（還是）"相近。但"さすがに…だけのことはある"只能用於褒義。還可以與上面的"さすがに…だけあって"組合，説成"さすがに…だけのことはあって"。

5 さすがのNも　就連…（也…）。

（1）さすがの世界チャンピオンもケガには勝てなかった。／

就連世界冠軍也無法克服身體的傷痛。

（2）さすがの山田さんも、はじめてテレビに出たときは緊張したそうだ。／據説就連山田第一次上電視時也有些緊張呢。

（3）さすがの機動隊も、ひとびとのからだをはった抵抗にたいしては、それ以上まえにすすむことができなかった。／面對人們不畏強暴的抵抗,就連防暴警察部隊也無法再前進一步。

（4）私は小さいころよくいじめられるこどもだった。しかし、さすがのよわむしもおとうとやいもうとがいじめられているときだけは相手にとびかかっていったそうだ。／我小時候是個經常受別人欺負的孩子。但據説就是我這麼個膽小鬼,在看到弟弟、妹妹被人家欺負的時候也勇敢地衝上去保護他們了呢。

用於表示受到某種評價的人或事物,在某種特定的情況之下,表現出與評價不符的情況。基本與作爲副詞使用的"さすがに"意思相同。

【させる】

表示使役。"V-させる"中的V爲五段活用動詞,如"行く→行かせる"、"飲む→飲ませる"所示,將該動詞的辭書形末尾的假名變爲ア段再加"せる"。一段活用動詞時,如"食べる→食べさせる"所示,在其詞幹"食べ"後加"させる"。"する"變爲"させる"、"来る"變爲"こさせる"。在口語中,也可以使用"行かす"、"飲ます"、"食べさす"等形式。

使役句的基本意義是,按照某人的命令或指示斑,另一個人去行動。但在實際的語言運用當中,可以用於表示"強制命令"、"指示"、"放任"、"允許"等,即比一般意義的使役要廣泛得多。

（例1）＜強制命令＞犯人は銀行員に現金を用意させた。／嫌犯勒令銀行職員準備出現金。

（例2）＜指示＞社長は秘書にタイプを打たせた。／總經理叫秘書打字。

（例3）＜放任＞疲れているようだったので、そのまま眠らせておいた。／他好像很累,就讓他那麼睡了。

（例4）＜允許＞社長は給料を前借りさせてくれた。／總經理允許我預支了工資。

（例5）＜放置不管＞風呂の水をあふれさせるな。／別讓澡盆裡的水溢出來。

（例6）＜照顧＞子供にミルクを飲ませる時間です。／是該給孩子餵奶的時間吧。

（例7）＜自責＞子どもを事故で死なせてしまった。／在交通事故中讓孩子死了。

（例8）＜原因＞フロンガスが地球を温暖化させている。／是臭氧在使地球暖化。

1 V-させる

a NがNにNをV-させる　叫、令、讓。

(1) 教師が学生に本を読ませた。／老師叫學生朗讀了課本。
(2) 犯人は銀行員に現金を用意させた。／嫌犯勒令銀行職員準備現金。
(3) A：機械がまた故障なんですが…。／機器又出現故障了。
    B：申し訳ありません。すぐに係りの者を伺わせます。／對不起。我讓修理人員馬上過去。
(4) 山田はひどい奴だ。旅行中ずっと僕に運転させて、自分は寝てるんだよ。／山田這傢伙真差勁。旅行中一直讓我開車，他自己睡大覺。

表示強制命令、指示、放任等各種意思。是將使用他動詞的主動句式"NがNをV(他動詞)"改變爲使役句式"NがNにNをV－させる"。這時他動詞主動句式中的主語"Nが"變爲"Nに"。

b NがN を／に V－させる　叫、令、讓。

(1) 子どもを買い物に行かせた。／讓孩子去買東西了。
(2) 社長は、まず山田をソファーにかけさせて、しばらく世間話をしてから退職の話を切りだした。／總經理先讓山田坐在沙發上，閒聊了一會兒，然後才開始談退休的事。
(3) 最近は小学生を塾に通わせる親が多い。／最近有許多家長都送孩子上補習班。
(4) 大きな契約だから、新入社員に行かせるのは心配だ。／這是一個大買賣，所以讓新來的職員去，我有點不放心。

表示強制命令、指示、放任等各種意思。是將使用自動詞的主動句式"NがV(自動詞)"改變爲使役句式"NがNを／にV－させる"。這時自動詞主動句式中的主語"Nが"多變爲"Nを"，但也可以變爲"Nに"。

c NがNをV－させる＜人＞　（表示使人…，把…弄成…的意思）。

(1) 彼は、いつも冗談を言ってみんなを笑わせる。／他總講笑話逗大家笑。
(2) 就職試験を受けなかったために、父をすっかり怒らせてしまった。／由於沒有去參加就職考試，讓父親大發雷霆。
(3) 私は子供の頃は乱暴で、近所の子をよく泣かせていた。／我小的時候很粗暴，經常把街坊的孩子給弄哭了。
(4) 二年も続けて落第して母をがっかりさせた。／連續兩年都落榜，使母親很失望。
(5) 厳しくしつけすぎて、息子をすっかりいじけさせてしまった。／由於管教太嚴，使得我兒子沒有了一點闖勁。
(6) 子どもを交通事故で死なせてからというもの、毎日が失意のどん底であった。／自從

在交通事故中死了孩子以後，一天天變得無精打來。

表示"某人促使…"、"某人是…的原因"等意思。是使用"泣く(哭)、笑う(笑)、怒る(發火)"等表示自己難以控制的動作的自動詞的使役句。這時主動句"NがV(自動詞)"中的主語"Nが"在使役句中變為"Nを"。例(5)所表示的雖不是某人有意要怎樣，或是成為該事的原因，但含有本來自己應該是起到一種保護的作用，却反倒造成了這樣一種結果。有説話者自責的心情在裡面。

d NがNをV‐させる＜物＞（表示某事物使…成為…的意思）。

（1）シャーベットは、果汁を凍らせて作ります。／冰砂是用果汁冷凍成的。

（2）打撲の痛みには、タオルを水で湿らせて冷やすとよい。／撞傷最好用涼水浸濕的毛巾冷敷。

（3）貿易の不均衡が日米関係を悪化させている。／貿易的不平衡使日美關係惡化。

（4）金融不安が、日本の経済状態を悪化させる原因となっている。／金融不穩定是使日本經濟狀態惡化的原因。

（5）子供達は目を輝かせて話に聞き入っている。／孩子們睜着大眼睛聚精匯神地聽着故事。

（6）猫は目を光らせて暗闇に潜んでいる。／那隻貓，兩眼放光，藏匿的蹲在黑暗中。

表示"某物促使…"、"某物是…的原因"等意思。如"凍る(凍氷)"、"湿る(濕)"等無對應他動詞的自動詞，將其變為使役態後，可具備與他動詞相同的用法。例(5)、(6)中的"目を輝かせる／光らせる"屬於一種慣用句用法。

2 V‐させてあげる＜允許＞（表示允許）讓。

（1）そんなにこの仕事がやりたいのなら、やらせてあげましょう。／既然他那麼想做這項工作，那就讓他做吧。

（2）従業員たちもずいぶんよく働いてくれた。2、3日休みをとらせてやってはどうだろう。／這段時間工人們做得非常賣勁。放他們兩三天假吧。

（3）きのうの晩、ずいぶん遅くまで勉強をしていたようだから、もう少し休ませてあげましょう。／昨天晚上他學習到很晚，再讓他多睡一會兒吧。

使役表達方式與"あげる"、"やる"等組合在一起，表示允許或放任的意思。

3 V‐させておく＜放任＞（表示放任）隨，讓。

（1）甘えて泣いているだけだから、そのまま泣かせておきなさい。／他哭是在撒嬌，別管他，隨他哭吧。

（2）注意したってどうせ人の言うことなんか聞こうとしないんだ。勝手に好きなことをさせておけばいいさ。／你提

醒他他也不會聽你的。所以最好讓他愛怎麼做就怎麼做吧。

(3) 夕方になると急に冷え込みますから、あんまり遲くまで遊ばせておいてはいけませんよ。／傍晚會突然冷起來的，所以不要讓他們玩得太晚啊。

使役表達方式與"おく"組合，表示放任的意思。

4 V-させてください＜請求允許＞ 請允許、讓我來…。

(1) 申し訳ありませんが、今日は少し早く帰らせてください。／對不起，今天請允許我早一點回去。

(2) A：だれか、この仕事を引き受けてくれませんか。／誰來做這項工作啊？
B：ぜひ、私にやらせてください。／我來做（請務必允許我來做）。

(3) A：私が御馳走しますよ。／我請客。
B：いや、いつも御馳走になってばかりですので、ここは、私に払わせてください。／不行，每次都是你請客，今天讓我來做東吧。

(4) 少し考えさせていただけますか。／能允許我考慮一下，好嗎？

(5) 期日については、こちらで決めさせていただけるとありがたいのですが…。／關於期限問題，最好能由我們來決定…。

使役表達方式與"ください"、"いただけますか"等表示請求的表達方式組合，表示請求允許的意思。也可如例(3)所示，作為一種很有禮貌的提議使用。

5 V-させて もらう／くれる＜接受恩惠＞（表示接受恩惠、恩准的意思）。

(1) 両親が早く亡くなったので、姉が働いて私を大学に行かせてくれた。／由於父母早逝，是我姐姐工作賺錢供我上的大學。

(2) 金婚式のお祝いに、子ども達にハワイに行かせてもらった。／為祝賀我們金婚，孩子們送我們去夏威夷旅行了。

(3) 《結婚式のスピーチ》新婦の友人を代表して、一言ご挨拶させていただきます。／《在婚禮上的致詞》請允許我代表新娘的朋友講幾句話。

(4) 《パーティーで》では、僭越ではございますが、乾杯の音頭をとらせていただきます。／《在宴會上》那麼就恕我冒昧，請允許我來帶大家乾杯。

使役表達方式與"もらう"、"くれる"等組合，表示由於對方的允許、放任使自己得到恩惠的意思。例(3)、(4)的用法是放在致詞前的一種習慣表達方式，含有能讓自己這樣做感到非常榮幸的謙恭

之意。

6 V-させられる＜使役被動＞（表示被迫）。
[NがNにVさせられる]
（1）きのうは、お母さんに3時間も勉強させられた。／昨天在媽媽的逼迫（監督）下，我學了3個多小時。
（2）先輩に無理に酒を飲まされた。／被前輩們灌了不少酒。
（3）この歳になって、海外に転勤させられるとは思ってもみなかった。／没想到，這麼大年紀了還被調到海外去工作。
（4）山下さんは、毎日遅くまで残業させられているらしい。／山下好像每天都不得不加班到很晚。
（5）きのうのサッカーの試合は、逆転につぐ逆転で最後までハラハラさせられた。／昨天的足球賽，高潮迭起，看到最後都叫人捏一把汗。

是將"XがYにV-させる"的使役句，從Y的角度變成的被動句，便成為"YがXにV-させられる"的句式。用於表示被X強迫而做某動作的意思。含有Y感到"受害"、"不情願"的心情。由"行く（去）"、"読む（讀）"等五段活用動詞變成的"行かせられる"、"読ませられる"，多可以説成"行かされる"、"読まされる"。

【さぞ…ことだろう】
→【ことだろう】

【さっぱり】

1 さっぱり…ない 一點也(不…)。
（1）あの人の話はいつもむずかしいことばがたくさんでてきてさっぱりわからない。／那人講的話中常有很多生澀難懂的詞，一點也聽不懂。
（2）最近山田さんからさっぱり連絡がないね。／最近山田沒有絲毫音信。
（3）辞書をいくら使ってもこの本はさっぱり理解できない。／不管怎麼翻字典也還是一點都看不懂這本書。
（4）これだけ努力しているのにさっぱり上達しないのは、これは私のせいではなく、日本語そのもののせいなのではないだろうか。／我這麼努力還是一點長進沒有，我看不是我的問題，應該是日語本身有問題吧。

用於加強否定表達方式（多爲動詞）的語氣。多含有事態發展不儘如意的意思。

2 さっぱりだ 不行、很糟糕。
（1）A：どう、調子は。／怎麼樣，最近？
　　B：だめ。さっぱりだよ。／不行，簡直糟透了。
（2）このごろ数学の成績がさっぱりだ。／最近數學成績一蹶不振。
（3）暖冬の影響で冬物衣料の売れ行きがさっぱりだとい

う。／據説因爲今年冬天比較暖和，冬裝的銷售狀況極差。
表示不好，不理想的意思。

【さて】

1 さて（表示要採取行動，或轉換話題）。

（1）さて、そろそろいこうか。／那麼，咱們該出發了吧。
（2）さて、つぎはどこへいこうかな。／呀，下面該去哪兒了啊。
（3）A：あの人、だれ？／那個人是誰呀？
　　　B：さて、だれだろう。／啊，那是誰來着。
（4）さて、話はかわりますが、…。／下面，換一個話題…。

當要轉換話題或要採取下一步行動之前發出的聲音。可用於如例（1）勸誘他人，如例（2）、（3）告訴聽話者自己在考慮，如例（4）轉換話題等場合。是比較鄭重的表達方式。

2 さてV-てみると　一旦，果真。

（1）漢字がおもしろそうだったので日本語を勉強することにしたのだが、さてはじめてみると、これがけっこうむずかしい。／我是覺得漢字有意思才決定學習日語的，可是一旦開始學起來，沒想到漢字還挺難的。
（2）頂上までいけば水ぐらいあるだろうと、むりをしてのぼっていった。ところが、さてついてみると何もないのである。／我想到了山頂最少也會有點水，就拼命爬了上去。誰想一旦爬到山頂一看，什麼也沒有。
（3）頂上までいけば水ぐらいあるだろうと、むりをしてのぼっていった。さてついてみると、あった、あった、そこには神社もあり水もあった。／我想到了山頂最少有點水，就拼命爬了上去。結果爬上去一看，果真有，不僅有水，還有一座神社呢。

後面伴有表示某種結果的表達方式，用以表示抱着某種預想採取某種行動，進而看到其結果的意思。較之例（3），其結果正如其預想的場合，更多的是如例（1）、（2），其結果是自己預想之外的場合。是比較鄭重的表達方式。

【さほど】

不太…、不怎麼…。

[さほどNaではない]
[さほどA-くない]
[さほどV-ない]

（1）きょうはさほどさむくない。／今天不怎麼冷。
（2）きのうはさほど風がなかったので、公園でバドミントンができた。／昨天沒什麼風，我們在公園里打了羽毛球。
（3）さほど行かないうちにバス停

が見えてきた。／没走幾步路就看見了公牌車站。

（4）その子は、熱もさほど高いわけではなかったので、朝まで待って、それから医者につれていくことにした。／那孩子燒也不太高，所以決定等到早上再帶他去看醫生。

與否定表達方式一起使用，表示程度不那麼嚴重的意思。比"それほど…ない"的説法要顯得拘謹。

【さも】

非常、很、仿佛。

（1）かれはさもおいしそうにビールを飲みほした。／他津津有味地把啤酒一口氣喝光了。

（2）子供はさもねむそうな様子で、大きなあくびをした。／孩子看起來非常睏的樣子打了一個大哈欠。

（3）老人は、さもがっかりした様子で立ち去った。／老人顯得非常失望的樣子離去了。

（4）その子はさもうらやましそうな声で「いいなあ」と言った。／那孩子用很羨慕的口吻説了聲"真不錯啊"。

（5）その植木はさも本物らしく作ってあるが、よく見るとにせ物だということがわかる。／那盆花看上去仿佛像真的一樣，仔細看才知道是假的。

是一種強調樣子或狀態的表達方式。表示"非常像…"、"仿佛…一樣"的意思。常與"そうだ"、"らしい"、"ようすだ"等一起使用。

【さらに】

又、再、還有、更加。

[さらにNa／A／V]
[さらに＋數量詞]

（1）一日一回では効かないので、さらに薬の量を増やした。／因爲一天吃一次不見效，所以又增加了藥量。

（2）このままでも十分おいしいのだが、クリームを入れるとさらにおいしくなる。／就這麼吃也挺好吃，要是再加點兒奶油就更好吃了。

（3）さらに多くの方に利用していただけますように今月は入会金を半額にいたしております。またご家族でご入会いただきますと、さらにお得なファミリー割引がございます。／爲了讓更多的人來參加，從這個月起，入會費減爲半價。而且，如果家屬也加入的話，還有更加划算的家族入會優惠。

（4）途中の小屋まで5時間、それから頂上まではさらに2時間かかった。／到中途的山間小屋就花了5個小時，從那兒爬到山頂，又花了兩

（5） さらに二人（ふたり）のメンバーが入（はい）って、団員（だんいん）は全部（ぜんぶ）で18人（にん）になった。／又有兩個人參加．隊員總數達到了18人。
（6） 事故（じこ）の全貌（ぜんぼう）が明（あき）らかになるにしたがって、更（さら）に犠牲者（ぎせいしゃ）が増（ふ）える見込（みこ）みである。／隨着事故真象逐漸明朗．估計死亡人數還會有所增加。

表示程度還會比現在有所發展。是書面語。在較鄭重的口語中也可以使用。與數量詞一起使用時．表示"その上に（再加上）"的意思。可以與"もっと"替換．但"もっと"的口語性更強．而且如例（4）、（5）．與數量詞一起使用時．不能與"もっと"替換。

【さることながら】
→【もさることながら】

【ざるをえない】
不得不…。
[V-ざるをえない]

是將"V-ない"中的"ない"變爲"ざる"而形成的。但"する"在接"ざる"時．要變爲"せざるをえない"。
（1） 先生（せんせい）に言（い）われたことだからやらざるをえない。／因爲是老師吩咐的．所以不得不做。
（2） 先生（せんせい）に言（い）われたことだからせざるをえない。／因爲是老師吩咐的．所以不得不做。
（3） あんな話（はなし）を信（しん）じてしまうとは、我（われ）ながらうかつだったと言（い）わざるを得（え）ない。／居然會相信這種事．連我自己都不得不承認太粗心大意了。
（4） これだけ国際的（こくさいてき）な非難（ひなん）を浴（あ）びれば、政府（せいふ）も計画（けいかく）を白紙（はくし）に戻（もど）さざるを得（え）ないのではないか。／在國際上受到如此的譴責．恐怕政府也不得不重新來考慮這項計畫吧。

表示除此以外別無選擇的意思。可以與"V-するほかない"替換。多如例（1）、（2）、（4）所示．表示迫於某種壓力或某種情況而違心地做某事。是書面性語言。

【されている】
→【とされている】

【し】
1 し＜並列＞
a …し 既…又…、…而且…。
（1） あの店（みせ）は安（やす）いし、うまい。／這家店既便宜又好吃。
（2） このアパートは静（しず）かだし、日当（ひあ）りもいい。／這間公寓又安靜．採光又好。
（3） 部屋（へや）にはかぎがかかっていなかったし、窓（まど）もあいていた。／房間沒上鎖．而且窗戶也是開着的。
（4） 昨日（きのう）は食欲（しょくよく）もなかったし、少（すこ）し寒気（さむけ）がしたのではやく寝（ね）た。／昨天既沒有食欲．又發冷．所以我早早就睡了。

以"そして(而且)"的意思連接短句和短句。用於表示兩個事物同時存在,或在說話者的意識中,兩個事物有所關聯。在表示事物時間先後順序時,不能使用。

（誤） 先週大阪へ行ったし、友だちに会った。

（正） 先週大阪へ行った。そして友だちに会った。／上星期我去了大阪,而且也拜訪了朋友。

b …し、それに …而且還…。
（1） 今日は雨だし、それに風もつよい。／今天下雨,而且還颳大風。
（2） この会社は給料もやすいし、それに休みも少ない。／這家公司工資又少,而且休假還很少。
（3） 家の修理にはお金がかかるし、それに時間もない。だから当分このままで住むつもりだ。／修理房屋要花錢,而且我也沒有時間,所以我打算暫時先就這麼住着。

表示"そのうえ(再加上)"、"さらに(還有)"等添加的意思。

c Nも…し、Nも 又…又…、…也…、…還…。
（1） あの子は頭もいいし性格もいい。／那孩子頭腦兒又聰明,性格又好。
（2） 新年会には山田も来たし、松本も来た。／新年會上山田來了,松本也來了。
（3） かれはタバコも吸うし、酒も飲む。／他又抽煙又喝酒。

（4） 小さな庭ですが、春になると花も咲きますし鳥も来ます。／院子雖然不大,但是到了春天,又開花,又有小鳥飛來。

（5） A：すきやきの材料は全部買った？／日式牛肉火鍋(壽喜燒)的材料都買來了嗎？
   B：ええ、ねぎも買ったし、肉も買ったし…。／都買了,你看,買了大葱,還買了牛肉…。

用於提示或陳列相同的事物。

2 し＜理由＞
a …し （表示因果關係）。
（1） もう遅いしこれで失礼します。／已經不早了,我告辭了。
（2） 暗くなってきたし、そろそろ帰りましょうか。／天快黑了,我們該回去了吧。
（3） 今日はボーナスも出たし、久しぶりに外に食べに行こうか。／今天發了獎金,好久沒在外面吃飯了,今天我們到外面去吃飯吧。
（4） そこは電気もないし、ひどく不便なところだった。／那裡又沒有電,是一個非常不方便的地方。
（5） まだ若いんだし、あきらめずにもう一度挑戦してみてください。／你還年輕,別灰

心，再試一次。

表示理由。與"ので"或"から"比較，前後的因果關係不是那麼緊密，並暗含有其他理由。

b …し，…から　…又…所以…。
（1）この子はまだ10歳だし、体が弱いから留学は無理だ。／這孩子剛10歲，身體又不好，所以不能去留學。
（2）昨日は祭日だったし、天気がよかったから、がらくた市は大勢の人でにぎわった。／昨天是個節日，又加上天氣好，所以跳蚤市場上來了好多人，非常熱鬧。
（3）その道は夜は暗いし危ないから一人で歩かないようにしてください。／那條路晚上特黑，而且又危險，所以最好不要一個人走。
（4）風邪気味だし、それに着て行く服もないからパーティーには行かない。／有點感冒，又沒有合適的衣服穿，所以我不去參加宴會了。

用於列舉兩個以上理由時。

c Nは…し，Nは…しで　又…又…（因此…）。
（1）子供は生まれるし、金はないしで大変だ。／要生孩子，又沒有錢，真夠拮據的。
（2）雨は降るし、駅は遠いしで本当につかれました。／天又下雨，車站又遠，真給累壞了。
（3）遊園地では待ち時間は長いし、子供は寝てしまうしで散々でした。／在遊樂園，等的時間又長，孩子又睡著了，真是狼狽極了。

把每個原因都以"は"的形式提出，表示強調。後面多為表示因此吃了很大苦頭，或受了很大累的表達方式。

d Nじゃあるまいし　又不是…。
（1）子供じゃあるまいしそんなこと一人でやりなさい。／你又不是小孩子，這點事情，自己做。
（2）学生じゃあるまいし取引先にちゃんと挨拶ぐらいできなくては困る。／你又不是學生，連規規矩矩和客戶打個招呼都不會，這怎麼行呢。
（3）泥棒じゃあるまいし、裏口からこっそり入って来ないでよ。／又不是小偷，別那麼偷偷摸摸地從後門進來。

表示"不是…所以…"的意思。後面多為"要…"、"不要…"等，表示輕微的責難或告戒的表達方式。如例（1）的意思就是"子供なら仕方がないが、そうじゃないのだから／要是小孩子，那沒辦法，你又不是小孩子，所以…"。

【しいしい】

一邊…一邊…。
（1）女は遠慮しいしい部屋の片隅に座った。／那女人客客氣氣地坐在了房間的角落裡。
（2）男は大きなハンカチで汗をふきふき坂を登ってきた。／

那男人一邊用一塊大手帕擦着汗，一邊爬上坡來。

（3）子供たちはもらったばかりのあめをなめなめ老人についていった。／孩子們一邊舔着剛得到的糖果，一邊跟在老人後面走去。

　　如"食べ食べ"、"飲み飲み"所示，將動詞連用形反覆使用，表示反覆做一個動作的意思。"する"、"みる"等，連用形爲"し"、"み"即單音節時，後加"い"成爲"しいしい"、"みいみい"的形式。以"しいしい…する"的形式，用以表示同時還在做另一個動作。是較陳舊的表達方式，現代口語中多用"ながら"。

【しか】

1 しか…ない
a N（＋助詞）しか…ない　只、只有。
（1）朝はコーヒーしか飲まない。／早上只喝咖啡。
（2）1時間しか待てません。／只能等1個小時。
（3）月曜しか空いている日はないんで、打ち合せはその日にしてもらえませんか。／我只有星期一有空，所以我們見面的時間能不能定在這一天啊？
（4）こんなことは友だちにしか話せません。／這種事情只能對朋友說。
（5）この映画は18歳からしか見ることはできない。／這部電影，只有18歲以上的成人才能看。
（6）あそこの店は6時までしかやっていない。／那家商店只營業到6點。
（7）かれは自然のものだけしか食べない。／他只吃天然食品。
（8）今月はもうこれだけしかない。／這個月就只剩這一點了。

　　與否定表達方式一起使用，用以提示一件事物而排斥其他事物。
　　如例（7）、（8）所示，與"だけ"同時使用時，語氣顯得更強。

b Nでしかない　不過是、只不過是。
（1）どんなに社会的な地位のある人でも死ぬときはひとりの人間でしかない。／無論社會地位多高的人，到死的時候也只不過就是一個普通的人。
（2）かれは学長にまでなったが、親の目から見るといつまでも子どもでしかないようだ。／別看他都當了大學校長，在父母的眼裡，到任何時候都只不過是一個孩子。
（3）会社でいばってはいるが、家では子どもに相手にされないさびしい父親でしかない。／別看在公司挺威風，但回到家裡，連孩子都不願意理

他，只是一個非常寂寞的父親而已。
(4) 時間がなくて出来ないと言っているが、そんなのは口実でしかない。ほんとうはやりたくないのだろう。／説是沒有時間做不了，這只不過是一個藉口，其實他是不想做吧。

是"Nだ"的強調形式，N所表示的事物多是不值得評價或評價並不高的事物。可與"にすぎない(不過是)"替換。

c V-るしかない　只有、只好。
(1) 高すぎて買えないから、借りるしかないでしょう。／太貴了，買不起，所以只有用租的。
(2) そんなに学校がいやならやめるしかない。／如果你那麼不喜歡上學，那就只好退學了。
(3) 燃料がなくなったら、飛行機は落ちるしかない。／燃料燒完以後，飛機只有墜毀。
(4) ここまで来ればもう頑張ってやるしかほかに方法はありませんね。／已經到了這一地步，就只有硬着頭皮做，別無選擇。

表示"只有這樣做"的意思，多用於別無選擇，或沒有其他可能性的語境。

2 …としか…ない　只能、一定是、准是。
(1) 今はただ悪かったとしか言えない。／現在我只能對您說一聲對不起。
(2) 今の時点ではわからないとしか申し上げようがありません。／到現在我只能告訴您，還不清楚。
(3) 彼の立場なら知っているはずだ。隠しているとしか思えない。／處於他那種地位是應該知道這件事的，我想他一定是在隱瞞。
(4) 風邪で行けないというのは口実としか思えない。／我總覺得他説感冒了不能去不過是一個藉口。
(5) この時刻になっても連絡がないのはおかしい。どこかで事故にあったとしか考えられない。／到現在還沒有聯絡就奇怪了，我看八成是在什麼地方出事了。

用於否定其他可能性，唯獨強調這一點。與"言えない(不能説)"、"思えない(不能認爲)"等表示可能性的"V-れる"動詞的否定形一起使用。另如例(2)的"申し上げようがない(無法告訴)"所示，也可以使用"V-ようがない"的形式。

【しかし】

但是、然而、可是。
(1) 手紙を出した。しかし返事は来なかった。／信我寄出去了，但是沒有回音。
(2) そのニュースを聞いて皆泣いた。しかし私は涙が出なかった。／聽到這一消息，大家都哭了，然而我却没有流

涙。
（3）われわれ医師団は患者の命を救うために最大限の努力をいたしました。が、しかしどうしても助けることができませんでした。／我們醫療組爲了挽救病人的生命竭盡了全力．但是．最終還是沒有把他救活。
（4）A：先ほどのご意見ですが、モデルが現実とかなりずれているんじゃないでしょうか。／關於剛才那個意見．你們的示範是不是和實際情況相差太遠了呢？
B：しかしですね、個々のケースにばかりとらわれていると、全体が見えなくなってくるということもありますし。／但是我要強調的是．如果過於拘泥於每一個個別現象．往往就會看不見整體。
（5）A：社長、先方は今月末までに送金してくれと言ってますが…。／總經理．對方要我們這個月底就給他們匯款呢．…。
B：しかしだね、君、そう急に言われても困るんだよ。／可是．你這麼突然地告訴我．我也沒法辦啊。
（6）A：ずいぶん、ひどい雨ね。／這雨下得真大啊。
B：しかしそれにしても佐藤さん、遅いね。／是啊．可是佐藤也來得太晚了。

表示後半句出現的事態與前半句預想的結果相反。是書面語表達方式。在口語中多用於討論會、講演等較鄭重的場合。會話中則可作爲提出與對方相反意見的前提．另如例(6)所示．還可以用於轉換話題。

【しかしながら】

但是、然而。

（1）彼の計画は思いつきとしてはすばらしいと思います。しかしながら、実現は不可能です。／我認爲他的計畫設想是不錯的．但是．就是不可能實現。
（2）彼女のしたことは法律の上では決して許されない。しかしながら、人道的には同情の余地が十分ある。／她的做法在法律上是絶不允許的．但是．從人道主義角度去考慮還是有值得同情的一面。

與"しかし"意思相同．但書面語氣更濃．用於鄭重的會話或文章中。特別是常見於邏輯性推理的文章中。

【しかたがない】

1 しかたがない 没辦法、只好。

（1）電話の通じない所で、しかたがないから電報を打った。／那邊電話不通．没辦法只好

打了封電報。
（2）こんなことができないなんて、しかたがない人ね。／什麼，連這都不會，真拿你没辦法。
（3）行きたくないけど行くしか仕方がない。／我不想去，但是又不得不去。
（4）会えないなら引き返すよりしかたがない。／如果見不了的話，我們就只好回去了。

　　表示別無他法的意思。如例（3）、（4）"V-るしかしかたがない"、"V-るよりしかたがない"所示，也可以和動詞一起使用。例（2）表示的是，"拿這人真没辦法"的意思。口語中還可以説"しようがない"。

2 …てしかたがない
→【てしかたがない】

【しかも】

而且、並且。
[N／Na でしかも]
[A-くてしかも]

（1）いいアパートを見つけた。部屋が広くて、南向きでしかも駅から歩いて5分だ。／我找到公寓了。房間既寬敞又向南，而且從車站只要走5分鐘就到。
（2）通訳の採用枠二名に対し百人近い応募があったが、その九割が女性で、しかも半数以上は留学経験者だった。／錄用翻譯的名額只有兩名，却將近一百名的人來應考，其中百分之九十是女性，而且有一半以上的人都留過學。
（3）若くて、きれいで、しかも性格がいいとなれば結婚したがる男はいくらでもいるだろう。／年輕，漂亮，而且又溫柔，有這樣的條件，我看想跟她結婚的男人多的是吧。
（4）彼女は仕事が速くて、しかも間違いが少ないので上司の信頼が厚い。／她工作效率高，並且很少出錯，所以深得上司的信任。
（5）A：会社の近くで安くておいしい店、知ってるんだって。／聽説你知道一家離公司近，又便宜又好吃的店？
　　B：うん、しかもすいてるんだよ。／是啊，而且還不會很多人。
（6）この不況で会社は昇給なし、しかもボーナスは例年の半分になった。／在這種不景氣的情況下，公司不加薪，而且獎金也只有往年的一半。

　　就某事，將相同的或近似的條件不斷加上去的表達方式。表示"而且"的意思。

【しだい】

1 Nしだいだ　全憑、要看…而定。
（1）するかしないかは、あなたし

だいだ。／做還是不做，全看你了。
(2) 世の中は金しだいでどうにでもなる。／在這世上，只要有錢什麼都能辦到。
(3) 作物の出来具合はこの夏の天気次第です。／農作物的收成就看今年夏天的氣候怎麼樣了。
(4) 結婚した相手次第で人生が決ってしまうこともある。／有時根據結婚對象的不同而決定自己今後的一生。

表示"根據N的情況而變化，爲其左右"的意思。例(1)爲"由你來決定"的意思。

2 R-しだい (一旦)…立刻、隨即、馬上。
(1) 落し物が見つかりしだい、お知らせします。／一旦找到遺失物，我們立刻通知您。
(2) 事件のくわしい経過がわかりしだい、番組のなかでお伝えします。／一旦有關於事件的詳細經過，我們將隨即在節目中報導。
(3) 資料が手に入り次第、すぐに公表するつもりだ。／我打算一得到資料就馬上公布。
(4) 天候が回復し次第、出航します。／天氣一旦恢復，我們立即起航。

表示"一…立刻就…"的意思。用以表示某事剛一實現，立即就採取下一步的行動。前半句多爲表示事情自然經過的場合，後半句不能用以表示自然經過，而多爲表示說話者有意識行動的表達方式。

(誤) そのニュースが伝わり次第、暴動が起こるだろう。

而且，也不能用來表示過去的事情。

(誤) 休みになりしだい、旅行に行った。

例(2)多見於電視新聞報道。

3 V-る／V-た しだいだ （表示原委、因由）。
(1) とりあえずお知らせした次第です。／暫時通知。
(2) 《挨拶状》今後ともよろしくご指導くださいますようお願い申し上げる次第でございます。／《致謝函》今後還蒙請多多指教。

用以表示事情至此的原委、原由。是書面語。在慣用語句中有時還可使用形容詞。

(例) こんなことになってしまい、まったくお恥ずかしい次第です。／事到如此，實在令我汗顏。

4 こととしだいによって 根據情況、視其情況。
(1) ことと次第によって、計画を大幅に変更しなければならなくなるかもしれない。／根據情況，計劃也許還要做大幅度的修改。
(2) ことと次第によっては、事件の当事者だけでなく責任者も罰することになる。／視其情節輕重，不光是事故的當事

者，負責人也將受罰。

當無法預測事態發展情況時，或做出某種重大決定時，可用作說話的前提。是一種慣用表達方式。

【したがって】

因此、所以。

(1) このあたりは非常に交通の便がよい。したがって地価が高い。／這一帶交通特別方便，所以地價很貴。

(2) その地方は道路があまり整備されていない。したがって初心者のドライバーは避けたほうがよい。／那個地方路況不是很好，所以新司機開車最好不要走這個地方。

(3) ロケットの燃料タンクに重大な欠陥が見つかった。したがって打ち上げ計画は当分の間、延期せざるをえない。／由於發現了火箭燃料箱有重大缺陷，因此只好決定暫時延遲發射計劃。

(4) 台風の接近にともなって、沖繩地方は午後から暴風雨圏にはいる。したがって本日は休校とする。／隨着颱風的接近，從下午開始，沖繩地區將進入暴風雨區域範圍，因此學校決定今天停課。

以前文爲理由，按邏輯推理得出後續的結論。表示"因爲、所以"的意思。是較拘謹的書面性語言。

【じつは】

1 じつは　其實、是這麽回事、說實在的。

(1) 今まで黙っていたけれど、実は先月、会社を首になったんだ。／我一直沒有對你說，其實我上個月就被公司解雇了。

(2) A：実は急に結婚することになりまして。／事實上，我突然決定結婚了。
B：あら、それはおめでとう。／那可要恭喜你了。
A：それで申し訳ないんですが今月で退職させていただきたいんですが。／所以，實在對不起，這個月我就準備辭職了。

(3) 今まで知らなかったのだが、それをやったのは実は彼女だった。／過去我們一直不知道，這件事其實是她幹的。

(4) 不況で都会からふるさとに帰って仕事をさがす人が増えているという。それを聞いて安心するという人が実は多いのではないだろうか。／據說因爲經濟不景氣，離開城市回鄉下找工作的人越來越多了。其實，可能有很多人聽了這一消息以後反倒感到放心了呢。

(5) A：井田さん、急にやせたね。どこか悪いところでもあるのかな。／井田先

生。最近突然瘦了許多。有哪兒不舒服嗎？
　　B：実は私も前からそう思っていたのよ。／其實我自己也早就發覺了。

表示"其實是這樣"的意思。用於講明真相或真實情況等。如例（1）用於説出對聽話者感到意外的消息時。例（2）用於提出某種請求時的開場白。例（3）表示説話者自己聽説此事後的驚訝心情。例（4）表示從表面上雖看不出來，但實際上是這麼回事的意思。例（5）是接了對方的話以後，説出自己的真實想法等。

2 じつをいうと　説實話、告訴你、實話跟你説。

（1）　A：なんだか、元気がないな。／你怎麽顯得無精打采的啊。
　　B：うん、実を言うと金がないんだ。もう少ししたら入るはずなんだけど。／説實話，我是没有錢了。不過再過幾天就會有了。

（2）　A：さっきの人、知っている人だったの。／剛才那個人你認識啊。
　　B：実を言うと別れた女房なんだ。こんなところで会うとは思わなかったよ。／告訴你吧，那是我離了婚的老婆。真没想到會在這個地方遇上。

（3）　A：このごろ、お子さんの成績がひどく落ちているんですが、お母さんに、

なにか心あたりはありませんか。／最近，您家孩子的成績退步很多。您有没有想過是什麼原因呢？
　　B：先生、実を言いますと、この頃ほとんど家にいないんです。家に帰って来るのも何時なのか親もよく知らないような始末でして。／老師，跟您説實話吧，最近這孩子根本就不在家。連我們都不知道他幾點鐘回來。

表示"説實話"的意思。用法與"じつは"基本相近，但不能用於請求的開場白，多如例（3）所示。用於被問及原因而講明真相時。

3 じつのところ　説實在的、真的、其實。

（1）　A：山口さん、また仕事中に寝てましたよ。／山口，你看，他又在工作時間睡着了。
　　B：実のところ、僕も彼には困っているんだ、無断欠勤も多いし。／説實在的，我也對他很傷腦筋，再加上還老無故曠職。

（2）　A：石田選手、よくがんばりましたね。／石田選手這次可表現得真出色啊。
　　B：実のところかれの活躍には本当におどろいて

いるんだ。あまり期待していなかったから、よけいそう思うのかもしれないけどね。／真的，我也對他的這次表現感到非常驚訝。而且正因爲原來沒對他抱多大希望，所以就更吃驚。

(3) A：刑事さん、犯人は正子でしょうね。／刑警先生，凶手就是正子吧。
　　 B：いや、実のところわからないことが多すぎるんだ。／不，其實還有很多疑點沒有搞清楚呢。

用於接着對方的話以後而説明眞相。後面多爲説話者聽了對方的話以後，對此表明的態度或對情況的説明。一般單純的説明情況或作爲請求的開場白等，不能使用。

(誤) 実のところ結婚することになりました。
(正) 実は結婚することになりました。／事實上，我決定結婚了。

【して】
→【て】

【しないで】
→【ないで】

【しなくて】
→【なくて】

【しはする】
（表示強調）。
[R－はする]
(1) 坂田さんはアルバイトに遅れはするが、ぜったいに休まない。／坂田打工時，有時會遲到，但絶不請假。
(2) かれは人前に行きはするが、だれともしゃべらない。／他可以在人前露臉，但跟誰也不説話。
(3) 酔ってその男をなぐりはしたが、殺してはいない。／我喝醉了打了那個男人，但我沒有殺死他。
(4) だれも責めはしない。悪いのは私なのだから。／我不責怪任何人，因爲是我不好嘛。
(5) そんなことをしてもだれも喜びはしない。かえって迷惑に思うだけ。／你這樣做誰都不會高興的，反倒都會覺得是找麻煩。

接動詞連用形後，用以強調該部分。多以"Xしはするが、Y"的形式，強調X行爲，另外提及與之不同的Y行爲，或如例(3)，以助詞"は"將兩個行爲進行對比。是較拘謹的表達方式。

【しまつだ】
（結果）竟然…。
[V－るしまつだ]
(1) 彼女は夫の欠点を延々と並べ上げ、あげくの果てには離婚すると言って泣き出す始

末だった。／她喋喋不休地數落了丈夫的缺點以後，最後又提出離婚而且竟然哭了起來。

（2）息子は大学の勉強は何の役にも立たないと言ってアルバイトに精を出し、この頃は中退して働きたいなどと言い出す始末だ。／兒子說在大學學習沒有一點用處，每天拼命地打工，而且近來竟然提出要退學開始工作。

（3）一度相談にのってあげただけなのに、彼はあなただけが頼りだと言って、真夜中にでも電話をかけてくる始末だった。／我也就好心聽他嘮叨了一次，結果他竟然半夜也打電話來，還說什麼就靠你啦什麼的，真沒辦法。

接動詞辭書形後，表示因某人的行為而使自己很不好辦或因此而感到麻煩。前半句一般為敘述事態發生的情況，後面講述結果竟然發展至此的情形。下面例句中的"この始末だ"是一種慣用表達式，用以表示在發生某種問題後，對其進行譴責時。

（例）山田はどうもこの頃学校に来ないと思ったらこの始末だ。バイクで人身事故を起こすような学生には、もう退学してもらうしかない。／山田最近老不來學校，我正想怎麼了呢，你看，結果出事了吧。像這種騎摩托車把人撞傷的學生就只有勒令退學，沒有別的辦法。

【じゃあ】

是"では2"較隨便的說法。也可以拉長音，說成"じゃあ"。

1 じゃ(あ)＜推論＞ 那，那樣的話。

（1）A：風邪をひいて熱があるんですよ。／感冒了，還發燒呢。
B：じゃあ、試合に出るのは無理ですね。／那，就不能參加比賽了吧。

（2）A：急な用事が入っちゃって。／突然有點急事。
B：じゃあ、パーティーに来られないの？／那，你不能來參加宴會了？

→【では2】1

2 じゃ(あ)＜表明態度＞ 那。

（1）A：先生、終わりました。／老師，我做完了。
B：じゃあ、帰ってもいい。／那，你可以回去了。

（2）A：気分が悪いんです。／我有點不舒服。
B：じゃあ、休みなさい。／那你休息吧。

→【では2】2

3 じゃ(あ)＜轉換話題＞ 那麼。

（1）じゃ、次の議題に入りましょう。／那麼，讓我們進入下一個議題吧。

（2）じゃ、始めましょう。／那麼，我們就開始吧。

（3）じゃ、今日の授業はこれで終わりにします。／那麼，今

天的課就上到這裡。
（4） じゃあ、またね。／那麼，下次見。
→【では2】3

【じゃない】
（表示否定、肯定等語氣）。
[N／Na じゃない]
（1） A：雨？／下雨了？
　　　 B：いや、雨じゃない。／不，不是下雨。
（2） A：雨じゃない？／是不是下雨了？
　　　 B：ええ、雨よ。／是下雨了。
（3） あら、雨じゃない。せんたく物いれなくちゃ。／啊，下起雨來了。得趕緊收衣服。

是"ではない"較隨便的説法。例（1）是否定句，"な"的部分聲音加強。例（2）是否定疑問句，句尾用上升語調。例（3）不表示否定，而表示肯定，"じゃない"整體用下降語調。男女均可使用。
→【ではない】

【じゃないか1】
[N／Na／A／V じゃないか]

是"ではないか1"較隨便的説法，用於口語句尾，主要男性使用。女性多使用"じゃないの"、"じゃない"的形式。更隨便的説法是"じゃん"，男女均可使用。有禮貌的説法是"じゃないですが"、"じゃありませんが"。
→【ではないか1】
1 …じゃないか＜驚奇・發現＞（表示吃驚、發現）。

（1） すごいじゃないか。大発見だね。／哎呀，真了不起，這可是個大發現啊。
（2） なんだ、山田君じゃないか。どうしたんだ。こんな所で。／咦，這不是山田嘛。你在這幹什麼呢。
→【ではないか1】1
2 …じゃないか＜指責＞（表示指責）。
（1） どうしたんだ。遅かったじゃないか。／你怎麼了，來這麼晚。
（2） 約束は守ってくれなきゃ困るじゃないか。／你不遵守約定這麼行呢。
→【ではないか1】2
3 …じゃないか＜確認＞（表示確認）不是…嗎。
（1） ほら、覚えていないかな。同じクラスに加藤って子がいたじゃないか。／你還記得嗎？我們班上不是有一個叫加藤的孩子嗎？
（2） A：郵便局どこ？／郵局在哪兒啊？
　　　 B：あそこに映画館があるじゃないか。あのとなりだよ。／你看那邊有一家電影院嗎？就在它隔壁。

用於確認聽話者應該知道的事物或當場可以認識的事物。多見於想起忘却了的事物或於當場察覺某事物的場合。
4 V-ようじゃないか（表示堅定的語氣）讓我們…吧。

（1）頑張って勝ち抜こうじゃないか。／加把油吧，取得最後的勝利。
（2）十分注意してやろうじゃないか。／我們要特別小心地做啊。

是"V-ようではないか"較隨便的説法。

→【ではないか1】4

【じゃないか2】

(表示確認或推測)是不是。

[N／Na　(なん)じゃないか]
[A／V　んじゃないか]

（1）隣、ひょっとして留守じゃないか。／隔壁隣居是不是不在家啊。
（2）A：隣の家の様子、ちょっと変じゃないか。／你看隔壁的情況，是不是有點不對勁兒啊。
　　　B：そうね。ちょっと見て来る。／是啊。我去看看。
（3）A：この部屋、少しさむいんじゃないか。／這房間是不是有點冷啊。
　　　B：そうね。暖房をいれましょう。／是有點冷。開暖氣吧。
（4）ひょっとして、昼からは雨になるんじゃないか。／從下午開始是不是會下雨啊。

是"ではないか2"較隨便的説法。"じゃないか"是男性使用的形式，女性則使用"じゃないの"、"じゃない"形式。在會話中使用昇調時，表示將自己的推測向對方確認。意思是"你是不是也這樣認爲"。自言自語時表示説話者自己不確切的推測。這時可與"(ん)じゃないかな"／"(ん)じゃないかしら"替換。

→【ではないか1】4

【じゃないが】

並不是…、並非…。

[Nじゃないが]

（1）非難するわけじゃないけど、どうしてあなたの部屋はこんなに散らかっているの。／我並不是要指責你，但你的房間爲什麼會這麼亂呢？
（2）悪口を言いたいわけじゃないけど、あの人、このごろ付き合いがわるいんだよ。／我不是說他壞話，他最近交往的人都不怎麼樣啊。
（3）疑うわけじゃありませんが、きのう1日どこにいたのか話してください。／並不是懷疑你，還是請你講一講你昨天一天都去哪兒了。
（4）A：自慢じゃないが、息子が今年東大に入ってね。／不是我要吹牛，我兒子今年考取了東大。
　　　B：あっ、それはおめでとうございます。／真的啊，真是可喜可賀啊。

表示"並非打算…"的意思。可以起到減弱後面表達方式語氣的作用。例(4)是一種慣用表達方式。

【じゃないだろうか】

（表示推測或確認）是不是。

[N／Na （なん）じゃないだろうか]
[A／V んじゃないだろうか]

(1) もう帰ってしまったんじゃないだろうか。／他是不是已經回去了呢？
(2) あいつはやる気がないんじゃないだろうか。／他是不是根本就不想做啊。

是"ではないだろうか"的口語形式。較禮貌的說法是"(ん)じゃないでしょうか"。自言自語時表示說話者的推測，在會話中多表示向聽話者確認的意思。

→【ではないだろうか】

【じゅう】

1 Nじゅう＜空間＞ （表示整個區域範圍）整個、全。

(1) 学校中にうわさが広まった。／流言語傳遍了整個學校。
(2) 国中の人がそのニュースを知っている。／全國人民都聽說了這一消息。
(3) 家中、大掃除をした。／把全家打掃了一遍。
(4) ふたごの転校生が教室に入ってくると、クラスじゅう、大騒ぎになった。／一對雙胞胎的轉學生一走進教室，全班立刻嘩然。
(5) サイレンの音でアパート中の住人が外にとびだした。／聽到警鈴聲，全公寓的人都跑了出來。
(6) そこいら中で風邪がはやっている。／這一帶到處流行着感冒。

與表示場所、範圍的詞語一起使用，表示"在其整個範圍之內"的意思。例(6)的意思是"這裡和那裡，到處都"。

2 Nじゅう＜時間＞ 整整、全。

(1) 一晩中起きている。／整整一個晚上沒有睡覺。
(2) 一日中仕事をする。／全天工作。
(3) 家の前は年中、道路工事をしている。／我家前面，一年到頭都在道路施工。
(4) 午後中ずっと宣伝カーの音でうるさかった。／整整一下午，被宣傳車的聲音吵得暈頭轉向的。

與表示"時間""期間"的詞語一起使用，表示"在此期間內一直"的意思。但"午前中"說"ごぜんちゅう"。

【しゅんかん】

在…的一瞬間，剛一…。

[Nのしゅんかん]
[V-たしゅんかん]

(1) 立ち上がった瞬間に、家がぐらっと大きく揺れた。／在站起來的一瞬間，感到房子忽地猛然晃了一下。
(2) 王子様が、眠っているお姫様にキスしたその瞬間、魔法がとけた。／當王子剛一親吻熟睡的公主，魔法就消失了。

（3）試験に落ちたことがわかった瞬間、目の前が真っ暗になって血の気が引いていくのが自分でもわかった。／當得知考試沒有通過的那一瞬間，連我自己都感到眼前一片漆黑，臉上都沒血色了。
（4）これが誕生の瞬間だ。／這就是生命誕生的那一瞬間。

表示"正好在這個時候"的意思。很少接名詞後。口語中多使用"V-たとたん"的形式。

【じょう】

從…來看、出於…、鑒於…。

[Nじょう]
（1）子供にお金を与えるのは教育上よくない。／從教育孩子的觀點來看，給孩子零用錢不好。
（2）サービス業という仕事上、人が休みの時は休むわけにはいかない。／出於服務業的工作性質，別人休息的時候我們不能休息。
（3）安全上、作業中はヘルメットを必ずかぶること。／出於安全考量，操作過程中必須戴安全帽。
（4）経験上、練習を三日休むと体がついていかなくなる。／根據我的經驗，只要三天不練，體力就跟不上了。
（5）立場上、その質問にはお答えできません。／出於我所處

的地位，我不能回答這一問題。
（6）図書整理の都合上、当分の間閉館します。／鑒於整理圖書，暫時閉館。

表示"從這一觀點來看"、"出於這一原因"的意思。例（6）也可以替換爲"都合により"。是較拘謹的説法。

【しょうがない】

1 しょうがない　没辦法、没轍。
（1）誰もやらないならしょうがない、私一人でもやる。／要是没人做也没轍，就是我一個人我也要做。
（2）散歩の途中で雨が降ってきた。しょうがないから、スーパーに入って雨の止むのを待った。／去散步的路上下起了雨。没辦法，只好到超市裡去避雨。
（3）ワインがない時はしょうがないからビールにします。／没有葡萄酒的時候，没辦法只好喝啤酒。
（4）A：おかしもらったけど、かびがはえてて、食べられないの。／人家送了點心來，可是發了黴，根本無法吃。
　　B：しょうがないな、捨ててしまおう。／没辦法，只好扔掉吧。
（5）しょうがない子ね、一人でトイレにも行けないの。／這孩

子，真没办法，连自己去厕所都不会。

表示"没办法"、"没有别的办法"的意思。如例(4)、(5)所示，也可以表示非常为难的意思。是"しようがない"的简略形式。是较随便的口语。

2 …てしょうがない→【てしょうがない】

【ず】

来自文言文助动词"ず"。表示否定的意思。只用于书面语或一些惯用表达方式。口语中使用"なくて"、"ないで"。将"V-ない"中的"ない"变为"ず"。接"す"时要说"せず"。

1 V-ず 不…、没…。

(1) 途中であきらめず、最後までがんばってください。／不要中途放弃，一定要坚持到最后。

(2) 1時間待っても雨は止まず、ぬれて帰った。／等了1个小时，雨还不停，只好冒着雨回了家。

(3) 出発前日まで予約が取れず、心配させられた。／直到出发前一天还没有定到旅馆，真叫人耽心。

(4) だれにきいても住所がわからず、困った。／问谁都不知道他的地址，真为难了。

表示"V-ないで"、"V-なくて"的意思。例(1)是个简单并列句，表示"不要灰心"的意思。如例(3)、(4)所示，前后文因果关系明显时，也经常可以表示理由。口语中也可以使用，但显得有些生硬。

2 …ず、…ず   不…(也)不…。

[A-からず、A-からず]
[V-ず、V-ず]

(1) 飲まず食わずで三日間も山中を歩きつづけた。／不吃不喝地在山中连续走了三天。

(2) その時、彼はあわてず騒がず一言「失礼しました」と言って部屋を出ていった。／当时，他没急也没闹，说了一声"对不起了"，就走出房间去了。

(3) 展覧会に出品されている作品はいずれも負けず劣らずすばらしい。／在展览会上展出的作品，每一件都出手不凡，都是上乘之作。

(4) 独立した子供達とは、つかず離れずのいい関係だ。／和成了家的孩子们保持不远不近的关系。

(5) 日本の5月は暑からず、寒からずちょうどいい気候です。／日本的5月，不冷也不热，气候正好。

(6) 客は多からず、少なからずほどほどだ。／客人不多也不少，正好。

表示"既不X也不Y"的意思。如例(1)、(2)、(3)，有时可连接意思相同的词语，又如例(4)、(5)、(6)，有时也可连接意思相反的词语。例(3)表示，将其进行比较，"哪一个都非常优秀"。例(4)表示，"保持一种适当的距离"。例(5)则表示，"既不热，又不冷"的意思。是一种惯用表达方式。另外常用的有"鳴かず飛ばず／(不叫也不飞)比喻(默默无闻)"等。

【すえに】

經過…最後。

[Nのすえに]
[V-たすえに]

(1) 今月のすえに、首相が訪中する。／這個月的月底，首相將訪問中國。
(2) 長時間の協議のすえに、やっと結論が出た。／經過長時間的協商，最後終於得出了結論。
(3) かれは三年の闘病生活の末に亡くなった。／他和疾病作了三年的抗爭，最後還是過世了。
(4) よく考えた末に決めたことです。／這是經過深思熟慮後決定的。
(5) 大型トラックは1キロ暴走した末に、ようやく止まった。／那輛大卡車狂奔了1公里以後，終於停住了。

表示"經過一段時間，最後"的意思。例(1)只單純地表示在某一時間的最後，如例(2)以下各例句所示，多表示"經過某一個階段，最後"的意思。是書面性用語。

【すぎない】

只是、不過是。

[N／Na／A／V にすぎない]

(1) その件は責任者にきいてください。私は事務員にすぎませんので。／關於這件事請你去問負責人。我只是一個普通的辦事員（所以不知道）。
(2) 彼は政治家ではなく、たんなる官僚に過ぎない。／他不是什麼政治家，只不過是一個官僚。
(3) それが本当にあるかどうかは知りません。例として言っているに過ぎないんです。／是否確有其事，我並不知道。我不過是作為一個例子舉出來說明的。
(4) そんなに怒られるとは思ってもみなかった。からかったにすぎないのに。／沒想到他會那麼生氣。我不過是開個玩笑而已。

表示"只是…"的意思。帶有"這並不重要"的語氣。如例(1)表示"我不負責，只是一個普通的辦事員"，例(3)表示，"只是作為一個例子來說"的意思。

【すぎる】

[N／Na すぎる]
[A-すぎる]
[R-すぎる]

1 …すぎる 太…、過於…。

(1) この役は思春期の役だから10歳では子供すぎて話にならない。／這是一個青春期年齡的角色，剛10歲的孩子太小了，要演這個角色太不合適了。
(2) 下宿のおばさんは親切すぎてときどき迷惑なこともあります。／房東太太太熱情

(3) 彼はまじめすぎて、面白味に欠ける。／他這個人過於認真，缺乏風趣。
(4) このあたりの家は高すぎて、とても買えません。／這一帶房價太貴，根本買不起。
(5) 銭湯の湯は私にはあつすぎます。／澡堂的水對我來説太燙了。
(6) 子供の目が悪くなったのはテレビを見すぎたせいだと思います。／我覺得把孩子眼睛搞壞的原因就是電視看得太多了。
(7) ゆうべ飲み過ぎて頭が痛い。／昨晚喝多了，頭疼得厲害。

表示過分的狀態。

2 …すぎ　太…、過度…。
[R-すぎだ]
[R-すぎのN]
(1) 太郎、遊びすぎですよ。もうちょっと勉強しなさい。／太郎，玩的時間太多了。要加油多唸書習呀。
(2) 働きすぎのお父さん、もっと子供と遊ぶ時間を作ってください。／工作過度的父親們，要多騰出點時間來和孩子相處。
(3) 飲み過ぎにはこの薬がいいそうだ。／聽説酒喝多了的時候吃這種藥特管用。
(4) テレビの見すぎで成績が下がってしまった。／由於老看電視，成績都下降了。
(5) 肥料は適度に与えてください。やりすぎはかえってよくありません。／施肥要適度。施得過度反倒不好。

表示過分的狀態。可以作爲名詞使用。

3 …ても…すぎることはない　不管多…也不過分。
(1) 冬山登山は注意しても、し過ぎることはない。／冬天登山，多提醒並不爲過。
(2) 手紙の返事はどんなに早くても、早すぎることはない。／回信寫太早也不爲過。
(3) 親にはどんなに感謝してもしすぎることはないと思っています。／我覺得無論怎麼感謝父母也覺得不夠。

表示"不管做點什麼，也並不過分"的意思。例(1)的意思是"提醒越多越好"。例(2)的意思是"越早越好"。

【すぐ】
　　馬上、(距離)很近。
(1) すぐ来てください。／請馬上來。
(2) 会ってすぐに結婚を申し込んだ。／一見面馬上就提求婚了。
(3) 空港に着いてすぐホテルに電話した。／到了機場以後馬上就給飯店打了電話。
(4) 郵便局はすぐそこです。／郵局就在那兒。

（5） すぐ近くまで来ている。／我已經到了附近。

表示時間、距離很短、很近的意思。表示時間時，有時也可以加"に"。

【すくなくとも】

至少、最少、(最)起碼。

（1） そこはちょっと遠いですよ。歩けば、すくなくとも20分はかかります。／那地方比較遠，走着去的話至少要20分鐘。
（2） この町で部屋を借りれば、すくなくとも5万円はかかるでしょう。／在這條街上租房子，最少也得要5萬日元。
（3） すごい人出だった。少なくとも三千人はいただろう。／人可多了。我估計起碼有三千人。
（4） せっかく外食するんだから、そんなものじゃなくて、少なくとも、自分では作れないなと思えるぐらいの料理を食べようよ。／好不容易在外面吃頓飯，別點這些，我們最起碼也得吃點自己平常做不了的菜啊。

表示數量、程度等的最低限。言外之意有非常多的意思。多如例（1）、（2）、（3）所示，使用"すくなくとも…は"，或如例（4），使用"すくなくとも…ぐらい(は)"的形式。如例（4），與表示意志、願望的表達方式一起使用時，可與"せめて"替換。口語中還可以説"すくなくても"。

【すぐにでも】

馬上、立刻、現在就。

（1） お急ぎならすぐにでもお届けいたします。／您要着急的話，我現在馬上就給您送去。
（2） お金があればすぐにでも国に帰りたい。／要是有錢，我想馬上就回國。
（3） そんなにやめたいなら、今すぐにでも退職金を払います。／如果你那麽想辭職，我們現在立刻就發給你退休金。
（4） 私がてんぷらのおいしい店をみつけたと言うと、かれはすぐにでも食べに行きたそうな感じだった。／我才剛一説出我發現了一家非常美味的天婦羅店時，他就顯出一副馬上就要去的表情。

表示"立刻"、"馬上"的意思。與如"帰りたい(想回家)"等表示願望的表達方式一起使用。例（4）也可以説成"すぐに…しそうだ"的形式。

【ずくめ】

清一色、全是、都是。

[Nずくめ]

（1） 彼女はいつも黒ずくめのかっこうをしている。／她的穿着打扮老是一身黑。
（2） この頃なぜかいいことずくめだ。／最近不知爲什麽全是遇見好事。
（3） 今日の夕食は、新鮮なお刺身やいただきもののロブス

ターなど、ごちそうずくめだった。／今天晚飯有新鮮的生魚片，還有別人送來的大龍蝦，全是好吃的。
（4）毎日毎日残業ずくめで、このままだと自分がすり減っていきそうだ。／每天每天老得加班，照這樣下去，自己的體力全都消耗光了。

接名詞後。表示身邊全是這些東西的意思。如"黒ずくめ"、"いいことずくめ"、"ごちそうずくめ"等。多爲固定的表達方式，不能説"赤ずくめ"、"本ずくめ"等。

【すこしも…ない】

一點也不…。

（1）強くこすっているのに、すこしもきれいにならない。／我使勁擦了，可是一點也沒變乾淨。
（2）貯金がすこしもふえない。／存款一點也不見増加。

用於加強否定語氣。

【ずして】

不…。

[V-ずして]
（1）悪天候の中を飛行機が無事着陸すると、乗客の中から期せずして拍手がわき起こった。／飛機在惡劣的氣候中安全降落，乗客們不約而同地鼓起掌來。

（2）戦わずして負ける。／不戰而敗。
（3）労せずして手に入れる。／不勞而獲。

表示"不…"的意思。例（1）的意思是"雖然沒有相約"，例（2）的意思是"沒有經過戰鬥"，例（3）的意思是"沒有吃苦"。是慣用形式，文言表達方式。

【ずじまいだ】

没…成，没能…。

[V-ずじまいだ]
（1）出張で香港へ行ったが、いそがしくて友だちには会わずじまいだった。／出差去了趟香港，但是因爲太忙，結果朋友也沒見成。
（2）せっかく買ったブーツも今年の冬は暖かくて使わずじまいだった。／好不容易買了雙靴子，但今年冬天又那麼暖和，結果一天也沒穿。
（3）夏休みのまえにたくさん本を借りたが、結局読まずじまいで、先生にしかられた。／暑假前借了好多書，結果都沒讀，還被老師訓了一頓。
（4）旅行でお世話になった人たちに、お礼の手紙を出さずじまいではずかしい。／旅行中受到許多人的照顧，但後來也沒給人家寫信致謝，真不好意思。

表示没能做成某事時間就過去了的意思，多帶有非常惋惜的語氣。

【ずつ】

每…、一點一點地、漸漸地。

[数量詞＋ずつ]

（1）一人に3つずつキャンディーをあげましょう。／給你們每人3顆糖。

（2）5人ずつでグループを作った。／每5個人組成了一個小組。

（3）雪が溶けて、少しずつ春が近づいてくる。／積雪融化了，春天的脚步慢慢接近了。

（4）いくらかずつでもお金を出し合って、焼けた寺の再建に協力しよう。／我們每人都各出一些錢，幫助燒毀了的寺廟重新蓋起來吧。

（5）病人はわずかずつだが食べられるようになってきた。／病人漸漸地能吃飯了。

表示"將同樣數量分發給每人"或"以每次基本相同的數量進行反覆動作"的意思。如例（1）表示"每人3個"，例（2）表示"每5人一組"，例（5）表示"每次一點點"的意思。

【ずとも】

即使不…也…。

[V-ずとも]

（1）そんな簡単なことぐらい聞かずともわかる。／那麽簡單的事情，即使不問別人我也明白。

（2）《昔話》これこれそこの娘。泣かずともよい。わけを話してみなさい。／《故事》喂、喂，那姑娘，你不要哭了，告訴我是什麽原因啊。

（3）あの方は体にさわらずとも病気がわかる名医だ。／他是個名醫，即使不接觸你的身體也能知道你得的是什麽病。

表示"即使不…也"的意思。後面多爲"わかる(明白)"、"いい(可以)"等表達方式。是一種文言表達方式。

【すなわち】

即。

（1）彼は、1945年、すなわち、第二次世界大戦の終わった年に生まれた。／他是1945年，即第二次世界大戰結束的那一年出生的。

（2）この絵は、父の母親の父、すなわち私の曾祖父が描いたものである。／這幅畫是我奶奶的父親，即我的曾祖父畫的。

（3）生まれによる差別、すなわち、だれの子供であるかということによる社会的差別は、どこの社会にも存在する。／依出身而歧視對方，也就是因爲是某某人的孩子而歧視其實是任何一個社會都存在的問題。

（4）敬語とは人間と人間の関係で使い分けることばである。すなわち、話し手と聞き手、および第三者との相互関係

によっていろいろに言い分け、その言葉の使い分けである。／敬語是因人的關係不同而區別使用的語言。即根據説話者和聽話者以及與第三者的相互之間的關係來區別使用的語言。

接詞語短句或句子後，以意思相同的其他詞句來進行表達。後面的詞句多爲更直截了當，或更具體地表達該事物的內容。用於學術論文、講義、講演等較拘謹的書面語。口語中則常用"つまり"來表示。

【ずに】

不…、没…。
[V-ずに]
（1） よくかまずに食べると胃を悪くしますよ。／不好好嚼就吃下去會把胃搞壞的。
（2） 切手を貼らずに手紙を出してしまった。／没貼郵票就把信給寄出去了。
（3） きのうはさいふを持たずに家を出て、昼ご飯も食べられなかった。／昨天没帶錢包就出了門，結果連午飯也没吃。
（4） ワープロの説明をよく読まずに使っている人は多いようだ。／好像有很多人都是没怎麼好好看說明書就開始使用文字處理機。
（5） あきらめずに最後までがんばってください。／不要灰心，要堅持到底。
（6） 両親を事故で亡くしたあと、彼はだれの援助も受けずに大学を出た。／父母因事故過世以後，他没有依靠任何人的資助讀完了大學。

後面伴有動詞句，表示"在不（没有）…的狀態下，做…"。是書面語，口語中的形式是"…ないで"。

【ずにいる】

不…、没…。
[V-ずにいる]
（1） 禁煙を始めたが、吸わずにいるとだんだんイライラしてくる。／我開始戒煙了，可是忍著不抽煙，情緒還真會煩躁起來。
（2） これでもう1ヶ月酒を飲まずにいることになる。／到現在，我已經有1個月没喝酒了。
（3） 三日新聞を読まずにいると世の中のことがわからなくなる。／三天不看報就會對社會脫節。
（4） わがままな彼が、なぜあんなひどい会社をやめずにいるのか不思議だ。／真不明白，像他那麼任性的人怎麼會還堅持在那家惡劣的公司裡工作。

表示不做某行爲的狀態。

【ずにおく】

（爲…而）不…、没…。

[V-ずにおく]
（1）父に電話がかかってきたが、疲れてよく寝ているようだったので起こさずにおいた。／有人打電話找父親，但我看他太累，睡得挺香，就沒有叫醒他。
（2）彼女がショックを受けるとかわいそうだから、このことは当分言わずにおきましょう。／怕她受打撃太大，這事暫時不要告訴她吧。
（3）あとでいるかもしれないと思って、もらったお金は使わずにおいた。／我想以後可能會有用，就把得到的錢都攢了起來。
（4）あした病院で検査を受けるなら、夕飯は食べずにおいたほうがいいんじゃないですか。／如果明天要到醫院去檢査，是不是最好就別吃晩飯了呢。

表示爲某一目的而不做某事。

【ずにすむ】
不(没)用…、没有…。
[V-ずにすむ]
（1）漢和辞典を買おうと思っていたら、友だちが古いのをくれたので買わずにすんだ。／本想買一本中日辭典，但朋友送給我了一本舊的，就不用買了。
（2）いい薬ができたので手術せずにすんだ。／因爲有了好薬，我的病就没有動手術。
（3）一生働かずにすんだらいいんだけれど、そういうわけにはいかない。／要能一輩子不用工作就好了，可是没有那種好事。
（4）いまちゃんとやっておけば、あとで後悔せずにすみますよ。／現在做好了，將來就不用後悔。
（5）安全装置が作動したので大事故にならずにすんだ。／由於安全装置啓動，所以没有造成重大事故。

表示"可以不必做原來預定要做的事"或"避免了預測會發生的事"的意思。一般爲避免了不好的事態。是書面語，口語中説"…ないですむ"。

【ずにはいられない】
不能不、不得不。
[V-ずにはいられない]
（1）この本を読むと、誰でも感動せずにはいられないだろう。／讀了這本書，没有一個人不被感動的。
（2）彼女の気持ちを思うと、自分のしたことを悔やまずにはいられない。／替她着想，不能不爲自己做的事情感到後悔。
（3）彼女の美しさには誰でも魅了されずにはいられなかっ

た。／沒有一個人不爲她的美貌所傾倒。
（4）会社でのストレスを解消(かいしょう)するために酒(さけ)を飲まずにはいられない。／只有靠喝酒才能解脫在公司積下的精神緊張狀態。
（5）その冗談(じょうだん)にはどんなまじめな人(ひと)も笑わずにはいられないだろう。／聽了這一笑話，再嚴肅的人也不得不笑。

　　表示"靠自己的意志控制不住，自然而然就…"的意思。是書面語。口語中説"…ないではいられない"。

【ずにはおかない】

　　必然。
　　[V-ずにはおかない]
（1）この本(ほん)は読(よ)む人(ひと)を感動(かんどう)させずにはおかない。／這本書必定然會感動讀者。
（2）彼(かれ)の言動(げんどう)は皆(みな)を怒(おこ)らせずにはおかない。／他的言行必然引起大家的憤怒。
（3）今(いま)のような政治情勢(せいじじょうせい)では国(こく)民(みん)に不信感(ふしんかん)を与(あた)えずにはおかないだろう。／現在的政治形勢必然引起國民的不信任感。
（4）両大国(りょうたいこく)の争(あらそ)いは世界中(せかいじゅう)を巻込(まきこ)まずにはおかない。／兩個超級大國的紛爭必然會將全世界都捲入進去。

　　表示無論本人意志如何，都必然導致某種狀態或引發某種行動的意思。多

涉及一些感情變化或糾紛的發生等自發性的事物。

【ずにはすまない】

　　不能不…、不得不…、不好不…。
　　[V-ずにはすまない]
（1）あいつはこの頃(ごろ)怠(なま)けてばかりだ。一言(ひとこと)言(い)わずにはすまない。／那像伙最近老偷懶，不能不説他兩句。
（2）親(しん)せきみんなが出席(しゅっせき)するのなら、うちも行(い)かずにはすまないだろう。／如果是親戚們都出席的話，咱們也不好不去吧。
（3）意図(いと)したわけではなかったとは言え、それだけ彼女(かのじょ)を傷(きず)つけてしまったのなら、謝(あやま)らずにはすまないのではないか。／儘管不是有意識的，但已經傷害她很深了，所以也不得不道一下歉吧。

　　表示"不得不…"、"不…不行"的意思。是較拘謹的表達方式。

【すまない】
　　→【ずにはすまない】

【すむ】

　1…すむ　…就解決了、…就辦好了。
　　[Nですむ]
　　[V-ですむ]
（1）もっと費用(ひよう)がかかると思(おも)っ

たが2万円ですんだ。／本以爲要花更多的錢呢，没想到2萬日元就解決了。
(2) 用事は電話ですんだ。／打了個電話就把事辦好了。
(3) 金ですすむなら、いくらでも出します。／如果花錢能解決的話，不管花多少錢我都出。
(4) ガラスを割ってしまったが、あやまっただけで済んだ。／我把人家玻璃打碎了，結果僅道了個歉就了事了。
(5) あやまってすむこととすまないことがある。／有的事道個歉就能解決，有的事光道歉是解決不了的。

本來有"完結"的意思。作句型用時，表示"這樣就夠了，不用再採取更麻煩的形式"的意思。

2 V-ないで／V-ずにすむ 没用…。
(1) バスがすぐに来たので待たないですんだ。／没等多久巴士就來了。
(2) バスがすぐに来たので待たずにすんだ。／没等多久巴士就來了。
(3) 電話で話がついたので行かずにすんだ。／打電話商量就好了，不用去就辦成了。
(4) 古い自転車をもらったので、買わないで済んだ。／有人送了我一輛舊脚踏車，不用買新的。

表示"可以不必做原來預定要做的

事"或"避免了預測會發生的事"的意思。一般爲避免不好的事態。

3 …すむことではない 不是光…能解決的，光…是不能解決的。
[Nですむことではない]
[V-てすむことではない]
(1) 大事な書類をなくしてしまうなんて、謝ってすむことではない。／把那麼重要的文件給丢了，不是光説聲對不起就能免的。
(2) 少数意見だと片付けてすむことではない。／不能因爲説是少數人的意見就這麼算了。
(3) この問題は補償金で済むことではない。心からの謝罪が必要だ。／這個問題光靠賠償金是解決不了的，需要有發自内心的賠禮道歉。

表示"做點什麽姿態是解決不了問題的，光這樣做是不夠的"的意思。如例(1)表示"光道歉是償還不了的／是彌補不了的"，例(2)表示"不能因爲説是少數人的意見就無視"的意思。

【すら】

接名詞或"名詞＋助詞"的形式後。接主格成分後時，多爲"ですら"的形式。是較拘謹的書面性語言表達方式。

1 N(＋助詞)すら 連…都，甚至連…都。
(1) そんなことは子供ですら知っている。／這種事情連小孩子都懂。
(2) むかし世話になった人の名

前すら忘れてしまった。／甚至把過去照顧過我的人的名字都給忘了。
(3) この寒さで、あの元気な加藤さんですら風邪を引いている。／天這麼冷，連身體那麼棒的加藤也感冒了。
(4) 大企業はもちろんのこと、この辺の町工場ですら週休2日だという。／大企業就更不用説了，據説連這一帶的街道工廠也都實行週休2日了。
(5) こういった確執はどんなにうまくいっている親子の間にすら存在する。／這種不和即使是關係再好的父子之間也都存在的。

表示"連…"的意思。舉出一例，表示連他(或它)都是這樣的，其他就更不必説了的意思。如例(1)的意思是:"普通人就不必説了，連小孩子都懂"。

2 N(＋助詞)すら…ない 連…都不…。
(1) あまりに重すぎて、持ち上げることすらできない。／太重了，連拿都拿不起來。
(2) そのことは親にすら言っていない。／這件事我連父母都没有説。
(3) 仕事が忙しくて日曜日すら休めない。／工作忙得連星期天都無法休息。
(4) 40度の熱が出ている時ですら病院に行かなかった。／甚至連發燒40度的時候都没去醫院。
(5) 入社してもう20年近くたったが、まだ課長ですらない。／進公司都快20年了，還連個課長都當不成。

表示"連…都不…"的意思。舉出一個極端的例子，表示強調不能…。如例(3)的意思是:"其他日子當然休息不了，就連大家都休息的星期天也休息不了"。

【する】

1 數量詞＋する （表示時間的經過，或費用的花費）。
(1) バンコクまで往復でいくらぐらいしますか。／到曼谷來回要多少錢啊？
(2) その旅館は一泊5万円もする。／這家旅館住一晩上要5萬日元呢。
(3) 30分ほどして戻りますのでお待ちください。／大約過30分鐘我就回來，請你等我一下。
(4) この球根は植えて半年したら芽がでます。／這種球根種下以後過半年就發芽。
(5) 少ししてから出かけましょう。／再過一會兒咱們就走吧。
(6) こんな建て方では10年しないうちに壊れる。／照這種蓋法，用不了10年就會塌。

表示經過多少時間，或花費多少費

用的意思。表示時間時可與"たつ"替換，表示費用時可與"かかる"替換。

2 副詞＋する（表示性質或狀態）。
（1）赤ちゃんの肌はすべすべしている。／嬰兒的皮膚滑溜溜的。
（2）ほこりで机の上がざらざらしている。／桌上有一層灰塵，摸上去毛刺刺的。
（3）この料理は味がさっぱりしている。／這個菜味道很清淡。
（4）息子は体つきががっしりしている。／兒子身體很健壯。
（5）休日はみんなのんびりとしている。／假日大家都很清閒。
（6）なかなかしっかりしたよい青年だ。／他是一個腳踏實地的好青年。

以"…している"或"…したN"的形式，表示某事物具有某種性質或呈某種狀態。

3 …する（表示使其成爲…）。
[N／Na にする]
[A－くする]
[V－ようにする]
（1）子供を医者にしたがる親が多い。／有許多家長都想把自己孩子培養成醫生。
（2）部屋をきれいにしなさい。／把房間打掃乾淨。
（3）冷たくするともっとおいしいですよ。／冰過以後更好吃。
（4）この食品はいそがしい人のためにすぐに食べられるようにしてあります。／這是爲工作忙的人而做的，速食食品。

表示作用於對象使其發生變化。"なる"表示事物本身自然而然地發生變化，而"する"則表示作用者人爲地使其發生變化。

→【ように】3、5

4 Nがする（表示有這種感覺等）。
（1）台所からいいにおいがしてきた。／從廚房飄出來一股香味。
（2）このサラダは変な味がする。／這個沙拉有股怪味。
（3）古いピアノはひどい音がして、使い物にならない。／這架舊鋼琴音質極差，簡直無法用。
（4）外に出ると冷たい風が吹いていて、寒気がした。／走出門外，外面颳着冷風，感到一陣寒冷。
（5）その動物は小さくて柔らかく、まるでぬいぐるみのような感じがした。／那隻小動物又小又柔軟，抱着就像一個布娃娃。
（6）彼とはうまくやっていけないような気がする。／我總覺得跟他處不好。
（7）今朝から吐き気がして何も食べられない。／從今天早上我就想吐，什麼也吃不下。

（8）　この肉料理にはふしぎな香りがするスパイスが使ってある。／這道肉製料理中用了一種有特殊味道的香料。

　　接表示氣味、香味、口味、聲音、感覺、發冷、想吐等的名詞後，表示有這種感覺等意思。

5 …とする　決定。
（1）　来週は休講とする。／下星期決定停課。
（2）　一応60点を合格とします。／暫定60分爲及格。
→【とする2】

6 …にする　決定。
[Nにする]
[Vことにする]
（1）　A：何になさいますか。／您來點兒什麼？
　　　　B：コーヒーにします。／來一杯咖啡。
（2）　今度のキャプテンは西田さんにしよう。／這次我們選西田當隊長吧。
（3）　かぜがよくならないので旅行は止めることにします。／因爲感冒没好，所以決定不去旅行了。
（4）　事故がこわいので飛行機には乗らないことにしています。／因爲怕出事，所以我一直不坐飛機。

　　表示"決定"的意思。如下例所示，也可以使用"N＋助詞"的形式。
（例）　会議は5時からにします。／會議決定從5點開始。

7 …ものとする　→【ものとする】
8 Nをする
a N（を）する　（將名詞變爲動詞）。
（1）　午後は買い物をするつもりだ。／我打算下午去買東西。
（2）　日曜日には妻と散歩をしたりテニスをしたりする。／星期日有時陪妻子去散步，有時打打網球。
（3）　昔はよくダンスをしたものだ。／以前我是常跳交際舞的。
（4）　いたずらをすると叱られるよ。／你要調皮的話是要挨罵的啊。
（5）　ころんで足にけがをした。／摔了個跟斗把脚摔傷了。
（6）　せきをしているので風邪をひいたのでしょう。／咳嗽，可能是感冒了吧了。

　　接表示動作或作用的名詞後，使其變爲動詞。很少接日語固有詞彙，一般接漢語詞彙或外來語詞彙的名詞後，將其變爲動詞。

b Nをする〈外表〉　（表示外表、形狀）。
（1）　きれいな色をしたネクタイをもらった。／別人送我一條顔色非常漂亮的領帶。
（2）　その建物は三角形のおもしろい形をしている。／這座建築物呈現一種很有特色的三角形形狀。
（3）　見舞いに行ったら、かれはとても苦しそうな様子をして

いたのでつらかった。／去探望他時，看到他表情非常痛苦，我也很難受。
(4) それは人間の姿をした神々の物語だ。／這是一個關於以人的形象出現的神仙們的故事。
(5) みすぼらしい格好をした男が訪ねてきた。／一個衣着寒酸的男人來找我。
(6) この仏像はとてもやさしそうな顔をしている。／這尊佛像的面容顯得特別慈祥。

以"Nをしている"、"NをしたN"的形式使用。表示顏色、形狀、樣子、容貌、打扮、面容等視覺能感到的事物。

c Nをする＜職業＞　當…、做…工作。
(1) 彼は教師をしている。／他在當教師。
(2) ベビー・シッターをしてくれる人を探しています。／我在找能給我看孩子的人。
(3) 社長をしているおじの紹介で就職した。／經過總經理的叔叔的介紹，我找到了工作。
(4) 母は前は主婦だったが今は薬剤師をしている。／母親從前是家庭主婦，現在是藥劑師。

以"職業名稱＋をしている"的形式。表示"正在做什麼工作"的意思。

d Nをする＜裝束＞　（表示穿戴）。
(1) あの赤いネクタイをした人

が森さんです。／那個繫着紅領帶的人就是森先生。
(2) あの人はいつもイヤリングをしている。／她總戴着耳環。
(3) 手袋をしたままで失礼します。／我戴着手套，對不起。
(4) あっ、今日は時計をしてくるのを忘れた。／哎呀，今天忘記戴手錶了。
(5) このごろ風邪をひいてもマスクをする人はいませんね。／近來，即使感冒了也不見有人戴口罩。

表示係領帶、戴手表、耳環等裝戴在身上的意思。表示狀態時，如例(2)所示，使用"している"的形式。

9 NをNにする　把…當作…。
(1) 本をまくらにして昼寝した。／把書當作枕頭睡了個午覺。
(2) スカーフをテーブルクロスにして使っています。／把頭巾當桌布來用。
(3) 客間を子どもの勉強部屋にした。／把客廳當作了孩子的書房。

表示把某物用作他用的意思。

10 おR-する　（表示自謙）。
(1) ここでお待ちします。／我在這兒等您。
(2) お荷物お持ちしましょうか。／我來幫您拿行李吧。

→【お…する】

11 V-ようにする　（表示意志）。
(1) 必ず連絡をとるようにする。／我一定和你聯係。

（2） 朝寝坊しないようにしよう。／一定不睡懶覺。
→【ように3】5

【せい】
[Nのせい]
[Na なせい]
[A／V せい]

1 …せい

a …せいで 由於、怨…、因爲。
（1） わがままな母親のせいで、彼女は結婚が遅れた。／由於她母親過於固執，所以她結婚很晚。
（2） 3人が遅刻したせいで、みんな新幹線に乗れなかった。／由於3個人遲到，結果大家都沒搭上新幹線。
（3） とうとう事業に失敗した。しかし誰のせいでもない、責任はこの私にある。／事業還是失敗了。但這不怨任何人，責任應該由我來負。
（4） 熱帯夜が続いているせいで、電気の消費量はうなぎのぼりだという。／據説因爲夜間持續高溫，電的消耗量直線上昇。

用於表示發生壞事的原因或責任的所在。多可替換爲"…ので"或"…ために"。後半句爲由於該原因所產生的不良結果。例（1）的意思是"母親がわがままだったので（由於她母親過於固執）"，例（4）的意思是"暑い夜が続いているために（因爲夜間持續高溫）"。

b …のは…せいだ …是因爲…。
（1） こんなに海が汚れたのはリゾート開発規制をしなかった県のせいだ。／海水被如此污染，都是因爲縣政府沒有限制開發渡假村所造成的。
（2） 目が悪くなったのはテレビを見すぎたせいだ。／把眼睛搞壞的原因是因爲看電視看得太多了。
（3） 暮しがよくならないのは政府のせいだ。／生活水準無法提高都是因爲政府無能。
（4） 夜眠れないのは騒音のせいだ。／晚上睡不着覺是被噪音吵的。

用於先叙述不良結果，然後再闡明產生其結果的原因。

c …せいにする 怪…、是由…造成的、歸咎於…。
（1） A：あっ、雨。君が今日は降らないっていうから、かさ持ってこなかったのに。／呦，下雨了。你看，你説今天不會下雨，我才沒有帶傘來。
　　B：わたしのせいにしないでよ。／別把這事情怪在我頭上啊。
（2） 学校は責任をとりたくないので、その事故は生徒のせいにして公表しようとしない。／由於學校方面不願意承擔責任，所以把事故原因歸咎於學生而不予以公布。

（3）彼は仕事がうまくいった時は自分一人でしたように言い、うまくいかなかったら人のせいにするというような男だ。／他就是這麼種人，工作有成果時都歸功於自己，工作有問題時就都推到別人頭上。

（4）彼女は協調性がないのを一人っ子で育ったせいにして、自分の非を認めようとしない。／她把缺乏合作精神這種缺點歸咎於自己是獨生女的緣故，而不承認是自己的錯誤。

表示片面地將不良結果的原因歸咎於某人或某事。多帶有其實另外還有人應該負責的含意。

2…せいか　也許是（因爲），可能是（因爲）。

（1）歳のせいか、この頃疲れやすい。／也許是因爲上了年紀，最近特別容易累。

（2）家族が見舞いに来たせいか、おじいさんは食欲がでてきた。／可能是因爲家屬來探視他，老爺爺食欲大增。

（3）春になったせいでしょうか、いくら寝ても眠くてたまりません。／是不是因爲到了春天了，不管睡多少覺還老覺得睏。

（4）年頃になったせいか、彼女は一段ときれいになった。／也許是到了青春妙齡，她越來越漂亮了。

（5）彼は童顔のせいか、もう30近いのに高校生のように見える。／也許是因爲他長了一副娃娃臉，都快30歲的人了，看上去還像個高中生似的。

（6）気のせいか、このごろ少し新聞の字が読みにくくなったようだ。／也許是太敏感最近報紙上的字我覺得有點看不太清楚了。

表示原因或理由。意思是"也説不清，也許是因爲什麼什麼理由"。如例（1）的意思是"也許是因爲上了年紀"。其結果可以有好有壞。

【せいぜい】

頂多、充其量、就只有、儘情、儘量。

（1）結婚記念日といっても、せいぜい夕食を外に食べに行くぐらいで、たいしたことはしません。／説是結婚紀念日，也頂多是到外面吃一頓晚飯，不大肆慶祝。

（2）忙しい会社で、年末でもせいぜい三日くらいしか休めません。／公司特忙，年底也頂多就能休息三天。

（3）景気が今どうなのか知りません。私にわかることといえばせいぜい貯金の金利ぐらいです。／景氣如何發展我不得而知。我所知道的充其量也就是關於存款利率的問題。

（4）ふるさとと言われて思い出

すことといえばせいぜい秋祭りくらいですね。／提到老家，我現在能回憶起來的就只有秋天的豐收節了。

（5）給料が安くて、一人で暮らすのがせいぜいだ。／工資很低，頂多夠一個人生活的。

（6）たいしたおもてなしも出来ませんが、せいぜい楽しんでください。／沒什麼好招待的，你們就儘情地玩吧。

（7）あまり期待していないけどせいぜい頑張って来い、とコーチに言われて出た試合で勝ってしまった。／比賽前，教練對我們說，這場比賽希望不大，不過你們就做最大努力吧。但沒想到竟然贏了。

表示"雖有限度，但儘其最大範圍"的意思。常以"せいぜい…くらい"的形式使用。但也有如例（5）"…が、せいぜいだ"的形式。例（6）、（7）表示的是"儘可能地"的意思，是一種慣用表達方式。

【せずに】

→【ずに】

【せっかく】

1 せっかく…からには　（既然）好不容易。

（1）せっかく留学するからには、できる限り多くの知識を身につけて帰りたい。／既然好不容易來留學，就要儘可能多學點知識回國。

（2）せっかく代表として選ばれたからには、全力を尽くさなければならない。／既然好不容易被選爲代表，就要盡我最大努力。

（3）せっかく休暇をとるからには、2日や3日でなく、10日ぐらいは休みたい。／好不容易請假，就不能只請2天3天，我至少想休息10天。

以"せっかくXからにはY"的形式，X表示很難得的機會或經過努力、吃苦才完成的行爲，Y表示要將其很好利用的説話者的心情或願望。Y的部分常使用表示意志、希望、建議等的表達方式。

2 せっかく…けれども　雖然努力…了(但…)。

（1）せっかくここまできたけれども、雨がひどくなってきたから引き返そう。／雖然已經努力走到這兒了，但雨下大了，我們往回走吧。

（2）せっかく皆さんに骨折っていただきましたが、実はこの計画は取りやめになりました。／儘管大家費了半天力，然而實際上已經決定取消這一計畫了。

（3）せっかく作ったのですが、喜んではもらえなかったようです。／儘管費力做了，但沒有讓他滿意。

以"せっかくXけれどもY"、"せっ

かくXがY"等形式. X表示很難得的機會或經過努力, 吃苦才完成的行爲. Y表示這種努力已經白費, 並帶有說話者對此表示遺憾或對不起的心情。

3 せっかく…のだから 好不容易…就…。

（1）せっかく来たのだから夕飯を食べて行きなさい。／既然好不容易來一趟, 就吃了晚飯再走吧。

（2）せっかくここまで努力したのだから、最後までやり通しましょう。／好不容易堅持到這一步了, 就做到底吧。

（3）せっかくおしゃれをしたのだから、どこかいいレストランへ行きましょうよ。／特意打扮得這麼漂亮, 我們到一家高級一點的飯店去吧。

以"せっかくX(の)だからY"的形式. X表示很難得的機會或經過努力, 吃苦才完成的行爲. Y表示要將其很好利用的說話者的心情或願望. Y的部分常使用表示意志、希望、請求、勸誘、建議等的表達方式。

4 せっかく…のだったら 既然是好不容易…。

（1）せっかくピアノを習うのだったら、少しくらい高くてもいい先生についた方がいい。／既然是要學鋼琴, 哪怕是多出點錢, 最好是找一個好老師。

（2）せっかく京都まで行くのなら、奈良にも行ってみたらどうですか。／既然是好不容易去一趟京都, 那就順便也去奈良看看怎麼樣？

（3）せっかく音楽を楽しむのだったら、もうすこし音のいいステレオを買いたい。／既然是想欣賞音樂, 我就想買一臺音質再好一點的音響。

以"せっかくXのだったらY"、"せっかくX(の)ならY"的形式. 表示遇到一個難得的機會, 要想通過努力更好地去利用它的心情. Y的部分常使用表示意志、希望、建議等的表達方式。

5 せっかく…のに／…ても 雖然(即使)努力…了(但…)。

（1）せっかく招待していただいたのに、伺えなくてすみません。／雖然承蒙您特意邀請, 但我不能來參加, 實在抱歉。

（2）せっかくいい天気なのに、かぜをひいてどこにも行けない。／好不容易遇上個好天氣, 可是我感冒了, 哪兒也去不了。

（3）せっかくセーターを編んであげたのに、どうも気にいらないようだ。／好不容易給你織了件毛衣, 你並好像不滿意似的。

（4）せっかく来ていただいても何もお話しすることはありません。／即使您專程來一趟, 我們也沒有什麼好談的。

（5）今回のクイズには多数のおはがきをお寄せいただきました。ただせっかくお送りいただ

きましても、締切日をすぎておりますものは抽選できませんのでご了承ください。／這次猜中有獎活動中，我們收到許多觀眾的來信。但是如果儘管您寄來了，可是却超過了截止時間的話，那也就不能參加抽獎，這一點敬請原諒。

以"せっかくXのにY"、"せっかくXてもY"的形式，意思與"せっかく…けれども"相同。使用"…のに"時表示確定的事態，使用"…ても"時表示假定的事態。

6 せっかくのN　好不容易的、難得的。

(1) せっかくの日曜日なのに、一日中、雨が降っている。／難得的一個星期天，却下了一整天雨。

(2) せっかくのチャンスを逃してしまった。／錯過了一次難得的機會。

(3) せっかくの努力が水の泡になってしまった。／費盡心血的努力全成爲泡影。

(4) せっかくのごちそうなのだから、残さないで全部食べましょう。／主人精心爲我們做了這麼多好菜，別剩下，都吃光了吧。

後續表示難得機會或需伴隨努力才能完成的行爲的名詞。表示説話者没很好利用而感到惋惜或希望能很好利用的心情。

7 せっかく＋連體修飾句＋N　好不容易…的、費力…的。

(1) せっかく書いた原稿をなくしてしまった。／把好不容易寫好的稿子給丟了。

(2) せっかく覚えた英語も今は使う機会がない。／好不容易學了英語，可現在却没有機會用。

(3) せっかくきれいに咲いた花をだれかが取っていった。／開得那麼漂亮的花，不知讓誰給摘去了。

(4) せっかく作った料理を誰も食べてくれない。／費了半天工夫做的菜，但誰也没吃。

表示難得機會或需伴隨努力才能完成的行爲，表現出説話者對没能很好利用而感到惋惜或希望能很好利用的心情。

8 せっかくですが　謝謝您的好意(但…)。

(1) A：もう遅いですから、泊まっていらしたらいかがですか。／今天已經很晚了，你就住在這吧。

　　B：せっかくですが、あしたは朝から用事がありますので。／謝謝你的好意，可是明天一早我還有事。

(2) A：今晩一緒に食事しない?／今晩我們一起吃晩飯，好嗎？

　　B：せっかくだけど、今晩は

ちょっと都合が悪いんだ。／謝謝你的邀請，但今晚不巧我有點事。

以"せっかくですが"、"せっかくだけど"等形式，作爲拒絶對方邀請等的開場白。

9 せっかくですから （表示既然機會難得，就…）。

（1） A：食事の準備がしてありますので、うちで召し上がってください よ。／飯已經吃好了，就在我們家吃吧。

B：せっかくですから、お言葉に甘えて、そうさせていただきます。／好啊，那我就恭敬不如從命。

（2） せっかくだから、あなたの作ったケーキご馳走になっていくわ。／難得有這麼一次機會，就讓我享用你做的點心啦。

用以作爲接受對方邀請等的開場白。

【せつな】

一瞬間，一刹那。

[V-たせつな]

（1） 目を離したせつな、子供は波にのまれていった。／就在我沒注意的一瞬間，孩子被大浪吞没了。

（2） あたり一面火の海だった。逃げてきた道をふりかえった そのせつな、建物が轟音をたててくずれおちた。／周圍一片火海。就在我回頭看了一眼的那一刹那，大樓轟隆一聲的塌了下來。

表示"時間短暫、一瞬間"的意思。比"瞬間（一瞬間）"的使用範圍窄。是文學色彩較强的表達方式。是書面性語言。

【ぜひ】

一定，務必。

（1） ぜひ一度遊びにきてください。／請務必到我家來玩一趟啊。

（2） 《引越しのあいさつ状》お近くにおいでの節は是非ともお立ち寄りください。／《搬家後致信》您如有便來此地，務必敬請光臨寒舎。

（3） この大学を卒業する皆さんは、ぜひ世の中の役に立つような人間になってもらいたいものだと思います。／我希望從這所大學畢業的各位，一定要成爲對社會有用的棟樑之材。

（4） 友人から、引っ越したからぜひ遊びに来るようにという電話がかかってきた。／我朋友打來電話，説他搬了家，要我一定到他家去玩玩。

（5） 彼女は有能だから結婚してもぜひ仕事を続けてほしい。／她非常能幹，所以即使她

結婚以後，我也特別希望她能繼續工作。

表示"無論如何"、"必須"的意思。常與表示請求的"てください"、表示希望的"てほしい"等達方式一起使用，表示說話者的強烈願望。一般不與否定的希望表達方式一起使用。

(誤)　ぜひ話さないでください。
(正)　ぜったいに話さないで下さい。／請絕對不要説啊。

另外只能用於表示人的事物。
(誤)　あしたはぜひ晴れてほしい。
(正)　あしたは何としても晴れてほしい。／明天無論如何也希望是個好天氣啊。

單獨表示加強決心時，一般使用"かならず"等。
(誤)　ぜひそこに参ります。
(正)　かならずそこに参ります。／我一定要去那兒。

但在答覆請求時，可以使用"ぜひ行かせていただきます／好，我一定去"。是較鄭重的表達方式。

【せめて】

1 せめて　最少、起碼、哪怕。

(1) 夏はせめて一週間ぐらい休みがほしい。／夏天，最少也想有一個星期的休假。

(2) 大学に入ったのだから、せめて教員免許ぐらい取っておこうと思う。／已經考上了大學，我想最起碼也得考一個教師資格吧。

(3) 小さくてもいい。せめて庭のある家に住みたい。／哪怕小點也沒關係，我想住一個有院子的房子。

(4) せめてあと三日あれば、もうちょっといい作品が出せるのだが。／哪怕再有三天時間，我就能畫一個更好的作品。

(5) あしたが無理なら、せめてあさってくらいまでに金を返してほしい。／如果明天不行，最晚後天希望你能把錢還給我。

表示"儘管不充分，但至少也…"的意思。後續表示決心、願望等的表達方式。多爲"せめて…ぐらいは"的形式。例(1)的意思是，"即便長假不行，最少也想休息一個星期"。

2 せめて…だけでも　哪怕、最起碼。

(1) せめて一晩だけでも泊めてもらえませんか。／哪怕一晚上也行，能讓我住在這嗎？

(2) 忙しいのはわかっているけど、せめて日曜日だけでも子供と遊んでやってよ。／我知道你很忙，但最起碼星期天你也得跟孩子玩一玩吧。

(3) うちは子供に継がせるような財産はなにもないので、せめて教育だけでもと思って無理をして大学へやっているのです。／我們家沒有任何財產留給孩子，所以就想最起碼要讓孩子受到良好的教育，現在勒緊了褲腰帶也要送孩子上大學。

（4）両親を早くなくして、苦労しました。せめて母親だけでも生きていてくれたらと思います。／父母早逝我吃了不少苦。我總想，哪怕母親能活到現在那也該多好啊。

表示"儘管不充分，但至少也…"的意思。例（1）的意思是，"哪怕就一晩上也沒關係"。

3 せめて…なりとも　哪怕、最起碼。

（1）せめて一目なりとも子供に会いたいものだ。／哪怕就看一眼，真想見上那孩子一面。

（2）せめて一晩なりとも部屋を貸してはいただけないでしょうか。／哪怕就一晩上，您能借我一間房嗎？

與"せめて…だけでも"意思相同。屬於文言表達方式。

4 せめてものN　（表示能够這樣就不錯了，微不足道等意思）。

（1）ひどい事故だったが、死者が出なかったのがせめてもの救いだ。／事故非常嚴重，但唯一萬幸的是没有死人。

（2）パスポートをとられなかったのが、せめてものなぐさめだ。／護照没被偷是唯一的安慰。

（3）せめてものお礼のしるしにこれを受け取ってください。／就這麼一點點小禮物，請你收下吧。

表示與更嚴重的情況相比，現在這種情況應該說是萬幸的意思。N處一般限於"救い（補償）"、"なぐさめ（安慰）"等詞語。例（3）的意思是，"很微不足道的，但作爲禮物"。是一種慣用表達方式。

【せよ】

→【にせよ】

【せられたい】　（表示命令）請…。

[Nせられたい]
[R－られたい]

（1）上記三名の者ただちに出頭せられたい。／以上三名請儘快出庭。

（2）何等かの変更がある場合は、すぐに届出られたい。／如有變更，請儘快報告。

（3）心当たりの方は係まで申し出られたい。／有線索的人請與負責人聯繫。

在官方文件中，相當於"しなさい"的命令語氣。屬於文言文，較拘謹的表達方式。

【せる】

→【させる】

【ぜんぜん…ない】

一點兒也不…、根本不…。

（1）テレビ、消そう。ぜんぜんおもしろくない。／把電視關了吧。真夠無聊了。

（2）なんだ、これ。ぜんぜんおいしくないぞ。塩が足りなかっ

たかな。／這是什麼呀。一點兒也不好吃。是不是鹽沒放夠啊。
(3) あの人、きょうはどうしたんだろう。全然しゃべらないね。／他今天是怎麼了。一句話也不説啊。
(4) A：どう、勉強進んでる？／學習怎麼樣啊？
　　B：だめ、だめ、全然だめ。／不行，不行，根本不行。

與否定表達方式一起使用，表示加強否定的語氣。是口語。最近在較隨便的口語中，有時也可以不與否定形式相呼應，説"ぜんぜんいい／絶對好"。

【そう…ない】

並不那麼…。

(1) 夕食はそうおいしくなかったが全部食べた。／晩飯並不那麼好吃，但我還是全都吃了。
(2) 日本語はそうむずかしくないと思う。／我覺得日語並不那麼難。
(3) 松子は明るい感じの子でしたが、クラスではそう目立たない生徒でした。／松子是一個很開朗的孩子，但在班上並不那麼太顯眼。
(4) このあたりでは雪で学校が休みになるのはそうめずらしいことではない。／在這一帶，因下雪而停課的事並不那麼稀奇。

表示"並不那麼…"的意思。

【そういえば】

是啊，對了，説起來。

(1) A：なんだか今夜はしずかね。／今天晩上真安靜啊。
　　B：そういえばいつものカラオケがきこえないね。／是啊，怎麼聽不見每天晩上的卡拉OK呢。
(2) A：おなかがすいてない？／你肚子不餓嗎？
　　B：そういえば朝から何もたべてないね。／對了，説起來從早上到現在我還什麼東西都没吃呢。
(3) A：山田、今日のゼミ休んでたけど風邪かな。／山田没來参加今天的課堂討論，是不是感冒了啊。
　　B：そういえば先週から見かけないな。／是啊，説起來，從上星期我就没看見他了。
(4) A：坂田さんの家に何度電話しても通じないんだけど、どうしたのかしら。／給坂田家打了好幾次電話也打不通，不知怎麼了。
　　B：そういえば、火曜から旅行に行くって言ってた

わよ。/對了．他曾説過．這個星期二要去旅行。
(5) きょうは4月1日か。そういえば去年のいまごろはイギリスだったなあ。/今天是4月1日啊。這麼説．去年的今天我還在英國呢啊。
(6) もうじき春休みか。そういえばいとこが遊びに来るって言ってたなあ。/馬上就要放春假了。對了．表哥還説要來玩呢。

　　用於表示想起或意識到與現在講話内容相關聯的某件事情。多爲接着對方的話題使用．也有如例(5)、(6)自問自答的形式。是口語。

【そうしたら】

　　將前後文按時間順序連接的用法。進一步口語化時．可以説"そしたら"。

1 そうしたら＜將來＞　這樣一來、那樣的話。

(1) 娘は大学に入ったら下宿すると言っている。そうしたら、家の中が静かになるだろう。/女兒説上大學以後要出去租房子住。這樣一來．家中就該清靜多嘍。
(2) ここには木を植えて、ベンチを置こう。そうしたら、いい憩いの場所ができるだろう。/在這裡種樹．再安置長椅。這樣一來．這裡就可以成爲一個很好的休閒場所。
(3) 彼の店はもうすぐ開店するらしい。そうしたら、わたしも行ってみよう。/他的店好像馬上就要開張了。那樣的話．我也可以去看看。
(4) 毎日30分だけ練習しなさい。そうしたら見違えるほど上達するでしょう。/每天堅持練30分鐘。那樣的話．你就能有很大步進。

　　接在講述計劃等的句子後面．用以表示因此而帶來的結果。

2 そうしたら＜過去＞　結果。

(1) 暑いので窓を開けた。そうしたら大きなガが飛び込んで来た。/因爲太熱打開了窗戸．結果飛進來一隻大蛾。
(2) 忘れ物をとりに夕方学校へ行った。そうしたらもう正門が閉まっていた。/傍晩回學校去取掉在學校的東西．結果學校大門已經關上了。
(3) ふらっとデパートに入ってみた。そうしたらちょうどバーゲンセールをしていた。/没事到百貨公司去逛逛．結果正趕上大拍賣。
(4) 前にはだぶだぶだったズボンをはいてみた。そうしたらちょうどいい大きさになっていた。/以前穿着又實又大的褲子．今天一穿．結果竟正合適了。
(5) 試験のあと、参考書を開いて

みた。そうしたら、全く同じ問題がのっていた。／考完試翻開參考書看了看，結果發現書中有一道題，跟考題一模一樣。

用於表述因某事或某行為因其原因所發生的過去的事情。多表示有所新的發現。與"そして（然後）"不同的是，後續為繼前文發生與自己的行為、意志無關的事情或有所新的發現。後續為以自己的意志而發生的行為時不能使用。是較隨便的口語。

→【たら1】3＜確定條件＞

（誤）　デパートへ行った。そうしたら買物をした。
（正）　デパートへ行った。そして買物をした。／我到百貨公司去了。然後買了東西。

【そうして】

1 そうして＜列舉＞　還有、而且。
（1）　好きな所。雑踏の中、港、遊園地、そうして、旅立つ前の空港。／我喜歡的地方有，熱鬧喧嘩的地方，比如港口、遊樂園，還有旅行出發前的機場。
（2）　おもしろくて、そうして人の役に立つことをしたい。／我想做有意義的，而且對別人有益的工作。

用於列舉或添加事物。基本上與"そして"相同。使用"そうして"顯得更有所考慮。此種用法一般多使用"そして"。

2 そうして＜先後＞　然後。
（1）　旅行にもって行く物を全部再点検した。そうして、やっと安心した。／把旅行要帶的東西又重新檢查了一遍。這樣我才放了心。
（2）　状況を説明する言葉をじっくり考えた。そうして、彼に電話した。／仔細考慮了一下應該怎樣說明，然後給他打了一個電話。
（3）　次に会う時間と場所、連絡の方法などを決めた。そうして、散会した。／決定了下次集會的時間、地點和聯繫方法等，然後就散會了。

表示接前面的事情，後來又發生了什麼。一般多用於在一連串的事情中，表述最後的一件事。基本可以與"そして"替換。

【そうすると】

1 そうすると＜契機＞　結果、這樣一來。
（1）　ビルのまわりを回ってみた。そうすると、ひとつだけ電気のついている窓があった。／我圍著大樓轉了一圈兒，結果發現有一個窗戶還亮著燈。
（2）　切符はまとめて20人分予約することにした。そうすると、少し割り引きがあって助かるのだ。／我們一起預定了20個人的票。這樣可以有優惠省點錢。
（3）　テニスの練習は土曜日の朝す

ることにしよう。そうすると、土曜日（どようび）の午後（ごご）は、時間（じかん）ができる。／我們星期六上午打網球吧。這樣就可以把星期六下午的時間騰出來了。

表示以前面的事情爲契機而發生後面的事情。或意識到後面的事情。在"そうすると"後面，不能使用表示説話者有意志行爲的表達方式。

(誤) 20人以上予約して下さい。そうすると割引きしましょう。／另外，後續句多表示對前面事情的解釋。

2 そうすると＜結果＞ 那麽説、那樣的話。

(1) A: ホテルを出（で）るのが5時（じ）で、新幹線（しんかんせん）に乗（の）るのが6時（じ）です。／離開飯店時間是5點，搭新幹線的時間是6點。
B: そうすると、買（か）い物（もの）の時間（じかん）がなくなりますよ。／那樣的話，就沒有購物時間了。

(2) A: お客（きゃく）の数（かず）が百（ひゃく）から二百（にひゃく）に増（ふ）えそうなんですが。／聽衆可能會從一百增加到二百。
B: そうすると、この会場（かいじょう）ではできなくなりますね。／那樣的話，在這個會場就開不成了。

(3) A: パスポートはおととし取（と）りました。／我是前年申請的護照。
B: そうすると、来年（らいねん）はまだ大丈夫（だいじょうぶ）ですね。／那明年還能用啊。

用於接對方話以後開始説話。在"そうすると"後，陳述一些對對方所講事物的解釋或邏輯性的結論。基本與"すると"相同，是口語。

【そうだ₁】

聽説、據説、據…。
[N／Na だそうだ]
[A／V そうだ]

(1) あの人（ひと）は留学生（りゅうがくせい）ではなくて技術研修生（ぎじゅつけんしゅうせい）だそうだ。／聽説他不是留學生，是技術研修生。

(2) 今年（ことし）の冬（ふゆ）は暖（あたた）かいそうだ。／據説今年冬天會比較暖和。

(3) 昔（むかし）はこのあたりは海（うみ）だったそうだ。／據説這一帶從前是洋海。

(4) そのコンサートには1万人（まんにん）の若者（わかもの）がつめかけたそうだ。／聽説這次演唱會聚集了1萬多年輕的歌迷。

(5) 米（こめ）が値上（ねあ）がりしているそうだ。／聽説米價上漲了。

(6) 新聞（しんぶん）によると今年（ことし）は交通事故（こうつうじこ）の死者（ししゃ）が激増（げきぞう）しているそうだ。／據報紙報導，今年因交通事故死亡的人數劇增。

(7) 担当者（たんとうしゃ）の話（はなし）によると新製品（しんせいひん）の開発（かいはつ）に成功（せいこう）したそうだ。／據負責的同志説，新產品的

開發已獲得了成功。
(8) うわさでは大統領が辞任するそうだ。／小道消息説總統要辭職。
(9) 予報では台風は今夜半に紀伊半島に上陸するそうだ。／據天氣預報，今天半夜颱風要在紀伊半島登陸。
(10) パンフレットによるとこの寺は二百年前に建てられたのだそうだ。／據簡介介紹，這座寺廟是二百年以前建造的。

接用言簡體後，表示該信息不是自己直接獲得的，而是間接聽説的。不能使用否定或過去的形式。
(誤) 今年の冬は寒いそうではない。
(正) 今年の冬は寒くないそうだ。／聽説今年冬天不會太冷。
(誤) 去年の冬は寒いそうだった。
(正) 去年の冬は寒かったそうだ。／聽説去年冬天很冷 (來着)。

以報紙、小道消息等説明消息來源時，如例 (6)～(10) 所示，多以 "…では"、"…によると" 等形式出現。關於與 "みたいだ"、"らしい" 的區別，請參照【みたいだ】2。

【そうだ₂】
[Na そうだ]
[A-そうだ]
[R-そうだ]

其活用變格形式與ナ形容詞形式相同，活用形式爲 "そうにＶ"、"そうなＮ"。使用否定形時可以説 "Naそうではない"、"A-そうではない"，但基本上不能使用 "R-そうではない" 的形式，取而代之的是 "R-そうもない／そうにない／そうにもない" 等形式。

1 …そうだ＜樣子＞
a …そうだ　好像、似乎、顯得…似的。
[Na そうだ]
[A-そうだ]
(1) その映画はおもしろそうだ。／那部電影好像很好看。
(2) 彼女はいつもさびしそうだ。／她總是顯得那麼孤寂的樣子。
(3) おいしそうなケーキが並んでいる。／擺着許多看上去很好吃的蛋糕。
(4) 今日は傘を持って行った方がよさそうだ。／今天好像帶着傘去比較好。
(5) あの人はお金がなさそうだ。／他好像没有什麼錢。
(6) 久しぶりに彼に会ったが、あまり元気そうではなかった。／時隔很久又見到了他，看上去好像身體不大好似的。
(7) 子供は人形をさも大事そうに箱の中にしまった。／孩子把娃娃小心翼翼地收到了盒子裡。
(8) いかにも重そうな荷物を持っている。／他提着一個看似非常沈重的箱子。
(9) 彼は一見まじめそうだが実は相当な遊び人だ。／看上去他顯得很老實，其實是個花

花公子。
(10) このおもちゃはちょっと見たところ丈夫そうだが、使うとすぐに壊れてしまう。／這玩具看上去挺結實似的，但一玩馬上就壞。

表示說話者根據自己的所見所聞而做出的一種判斷。如例（4）使用形容詞"いい"時，要變成"よさそう"，例（5）使用"ない"時，要變成"なさそう"。又如例（7）、（8）所示，常伴有"さも（非常）"、"いかにも（實在）"等副詞，表示強調。像"きれいだ（漂亮）"、"赤い（紅色）"等，一看就能明白的詞，一般不使用"そうだ"，而如下例所示。

（誤） 彼女はきれいそうだ。
（正） 彼女はきれいに見える。／看上去她很漂亮。

如例（9）、（10）所示，與"一見（乍一看）"、"ちょっと見たところ（表面看上去）"等一起使用時，後續部分多表示其實不是這樣的意思。

與"みたいだ"的區別，請參見【みたいだ】2。

b …そうにみえる　看上去顯得…。
[Na そうにみえる]
[A-そうにみえる]
（1） 誕生パーティーで彼女はいかにもしあわせそうに見えた。／在生日宴會上，她顯得是那麼幸福。
（2） 彼は若そうに見えるが来年は60才になる。／別看他看上去挺年輕的，明年就60歲了。
（3） なんだか気分が悪そうに見えますが大丈夫ですか。／看你很不舒服似的，不要緊嗎？
（4） その問題はむずかしそうに見えたがやってみるとそうでもなかった。／這個問題看起來挺難似的，實際一做並不怎麼難。

表示從外表看，"顯得…"的意思。

c …そうにしている　顯得…的樣子。
[Na そうにしている]
[A-そうにしている]
（1） 彼女はいつもはずかしそうにしている。／她總是顯得那麼腼腆。
（2） 先生はお元気そうにしておられたので、安心しました。／看到老師精神很好，就放心了。
（3） その人はコートも着ずに寒そうにしていた。／那個人也沒穿大衣，顯得冷颼颼的樣子。
（4） その子はいやそうにして遊び場からひとり離れて座っていた。／那孩子很不高興地一個人遠遠地離開大家在玩的地方坐着。

接表示感情或感覺的形容詞後，表示以這樣的情形做着某種動作的意思。雖可以與"…そうだ"替換，但替換後則失去做某動作的意思。

2 R-そうだ＜發生的可能性1＞
a R-そうだ　可能要…、快要…。
（1） 星が出ているから明日は天気になりそうだ。／今天晚上

(2) 今年は雨が多いから、桜はすぐに散ってしまいそうだ。／今年雨水多，櫻花可能會一下就凋謝。
(3) 服のボタンがとれそうだ。／衣服的鈕扣快要掉了。
(4) 反対運動は全国に広がりそうな気配だ。／反對運動有向全國蔓延的趨勢。
(5) 今日中に原稿が書けそうだ。／有可能今天之内把稿子寫完。
(6) 今夜は涼しいからぐっすり眠れそうだ。／今天晚上挺涼快，看來可以睡個好覺。
(7) 暑くて死にそうだ。／熱得要死了。
(8) ジェット機の音がうるさくて、気が変になりそうだ。／噴射機的聲音吵得我們都快精神不正常了。

接在"なる(成爲)"、"落ちる(掉落)"等表示非人爲意志動作的動詞或如"書ける"、"眠れる"等、表示可能的"V-れる"型動詞的可能態後面，表示有很大可能性發生這一事態。另外，如下例所示，常與"もうちょっとで(差一點兒)"、"今にも(眼看就)"等副詞一起使用，表示某事態即將發生的緊迫感。

(例) あの古い家はもうちょっとで倒れそうだ。／那間舊房屋差不多就快塌了。
(例) その子は今にも泣き出しそうな顔をしていた。／那孩子悠眉苦臉的，眼看要哭了。

例(7)、(8)爲一種比喻程度嚴重的慣用表達方式。

b R-そうになる　差點兒…、險些…。

(1) 道が凍っていて、何度もころびそうになった。／道路上結凍了，好幾次都差點兒滑倒。
(2) 車にぶつかりそうになって、あわてて道の端にとびのいた。／險些撞到汽車上，我趕快跳到了路邊上。
(3) びっくりして持っていたグラスを落としそうになった。／嚇了我一跳，差點把拿在手中的玻璃杯掉在了地上。
(4) 私には子供のころ犬にかまれそうになった記憶がある。／我記得小時候，有一次差點讓狗咬了。
(5) 私には、くじけそうになるといつもはげましてくれる友がいる。／我有一位朋友，每當我意志將要消沈下去的時候，他都來鼓勵我。

表示說話者的意志無法控制的現象即將發生的意思。如例(1)～(4)所示，多爲表達過去的事情。另外，常與"あやうく(差一點)"、"あわや(眼看要)"等副詞一起使用，表示事態即將發生的緊迫感。

(例) 山で遭難して、あやうく命を失いそうになった。／我們遇上山難，差點喪了命。

例(1)、(3)可以與"V-るところだ"形式替換。

c R-そうもない　不可能…、不太

可能…。
　　R-そうにない、
（1）この本は売れそうもない。／這種書根本就賣不了。
（2）仕事は明日までには終わりそうもない。／工作到明天不可能完成。
（3）雨は夜に入っても止みそうになかった。／到了夜裡，雨還是沒有要停的跡象。
（4）一人の力ではとうてい出来そうにもない。／這事情靠一個人的力量不可能做成。
（5）民家はちょっとやそっとでは壊れそうもないほど頑丈な造りだった。／這間民房造得很結實，一般情況是不會壞的。
（6）社長は歳をとってはいるが、元気だからなかなか辞めそうにもない。／總經理雖然上了年紀，但身體還很健康，所以還不太可能辭職呢。
　　以"R-そうもない"、"R-そうにない"、"R-そうにもない"等形式，表示發生某事的可能性極小的意思。

3 R-そうだ＜發生的可能性2＞
很快就要…、很可能…、會要…。
（1）あの様子では二人はもうじき結婚しそうだ。／看那樣子，他們倆很快就會結婚了。
（2）彼はもう10日も無断で休んでいる。どうも会社を辞めそうだ。／他已經有10天無故缺席。我看他是要辭職了。
（3）彼女は熱心にパンフレットを見ていたから、誘ったら会員になりそうだ。／她看宣傳資料看得非常認真，我想如果邀她，她很有可能成為我們的會員。
（4）あんなに叱ったら、あの子は家出しそうな気がします。／我想，你那麼狠地罵他，那孩子會離家出走的。
　　接表示第三人稱有意識動作的動詞後，表示某事態很有可能發生。與＜發生的可能性1＞的"そうだ"的區別是，一般不用於表示說話者自己的事情。
（誤）私は会社をやめそうだ。

4 R-てしまいそうだ　也許會…、恐怕會…。
（1）おいしいから全部食べてしまいそうだ。／因為好吃，也許會都吃光的。
（2）1度やめていたタバコをまた吸ってしまいそうだ。／已經戒過一次的香煙，很有可能又要抽起來。
（3）警察のきびしい尋問を受けたら、組織の秘密をしゃべってしまいそうな気がする。／在警察的嚴厲審問下，我恐怕會把組織的秘密給說出來。
　　接表示有意識動作的動詞後，表示與自己的意志相反，恐怕會作出某事的意思。多用於表述自己的行為。

【そこで】

1 そこで＜理由＞ 爲此、於是、所以。

(1) 今度の事件ではかなりの被害が出ています。そこで、ひとつ皆さんにご相談があるのですが。／在這次事故中受害非常嚴重．爲此．想和大家商量一下。

(2) 皆さんこの問題にはおおいに関心をお持ちのことと思います。そこで専門のお立場からご意見をお聞かせいただければと思うのですが、いかがでしょうか。／我想大家對這個問題都非常關心．所以我想請諸位從專家的角度給我們提一些建議．大家認爲如何？

(3) 村ではだれ一人、荒れ地の開墾に賛成の者はいなかった。そこで役人はまずひとりの若者を選んでこの困難な事業に当たらせることにした。／村裡沒有一個人贊成開墾荒地．於是政府辦事員就只好先找了一個年輕人來承擔這件難辦的事。

(4) A：このあたりは開発が遅れてるな。／這一帶開發得比較慢啊。
    B：そこで、相談なんだが少し金を融資してもらえないかな。／所以想跟你商量商量．能不能給我們一些貸款。

表示理由。用於以某情況爲緣由．而鄭重提出某些要求等。是比較鄭重的表達方式。可以與"それで"替換。

2 そこで＜時候＞ 這時、此時。

(1) A：だんだんむずかしくなってきたし、タイ語の勉強やめようかな。／越來越難了．我想中斷泰語的學習了。
    B：そこでやめちゃダメだよ。せっかく今までがんばってきたんだから。／你這時候停下來可不行啊。好不容易都堅持到現在了。

(2) 仕掛け花火が炸裂し、そこで祭りは終わりになった。／煙火在空中綻開．這時慶典也就接近了尾聲。

表示"在這一時刻"的意思。用於在某一情況下而非某一場所而作出的判斷。

【そこへ】

這時、就在這時。

(1) 友人のうわさ話をしていたら、そこへ当の本人が来てしまった。／我們正在談論一位朋友．而就在這時他本人就來了。

(2) 酔っぱらい客がけんかを始めた。そこへバーテンが止めに入ったが、かえって騒ぎが

大きくなってしまった。／喝醉酒的顧客打了起來。這時酒吧招待員上前去勸架，但沒想到反而把事情鬧大了。

（3）集会は整然と行われていた。ところがそこへデモ隊が入ってきて場内は騒然となった。／本來集會舉行得井然有序，然而這時遊行隊伍走了進來，結果會場內一片嘩然。

表示"在這樣一種場合下"的意思。後續多爲"来る(來)"、"入る(進入)"等表示移動的動詞。

【そこへいくと】
相比之下。

（1）A：うちの会社、残業が多くてね。先週はほとんど晩ご飯、家で食べていないんだ。／我們公司加班可多了。上個星期，我幾乎就沒有在家吃過晚飯。

B：そりゃ、大変だな。そこへいくと僕のとこなんか楽なほうだ。／那可是夠你忙的。相比之下，我們公司可算是比較輕鬆的。

（2）お宅の坊っちゃん、よくお出来になるそうですね。そこへいくとうちの坊主なんかまったくだめですよ。／您家的公子學習多好啊。相比之下我們家那小子，真是不行。

表示"與之相比較"的意思。後續多爲進行比較的表達方式。是一種口語形式。

【そしたら】　這樣一來、結果。

（1）きのう映画を見に行ったのよ。そしたらばったり高田さんに会っちゃって。／昨天我去看電影了。結果突然遇見了高田。

（2）一日に30分だけ練習しなさい。そしたら、上手になりますよ。／你每天要練習半個小時。這樣，你肯定會進步的。

是"そうしたら"的口語表達方式，一般在文章當中不能使用。
→【そうしたら】

【そして】

1そして＜並列＞　還有。

（1）今回の旅行ではスペイン、イタリアそしてフランスと、おもに南ヨーロッパを中心に回った。／這次旅行我主要去了西班牙、意大利還有法國等南部歐洲的幾個國家。

（2）リーダーには指導力、判断力そして決断力が欠かせない。／身爲領導，不可缺少的是領導能力、判斷能力還有決斷能力。

（3）おみやげは小さくて、そして軽いものがいい。／禮品最好

（4） この病気には、甘いもの、あぶらっこいもの、そしてアルコールがよくない。／這種病不要吃甜的、油膩的，還有不要喝酒。

用於列舉事物，再加上某事物時。意思與"それに"基本相同，但"そして"更加接近於書面性語言。

2 そして＜相繼＞　接着、然後、結果。

（1） 観客は一人帰り、二人帰り、そして最後にはだれもいなくなってしまった。／觀眾走了一個，又走了一個，結果到最後一個人也沒有了。

（2） 山間部のこの地方では、刈り入れが終わると短い秋が去り、そして厳しい冬がやってくるのだ。／在山區這一帶，秋收一完，短暫的秋天就結束了，接着到來的便是寒冷的冬天。

（3） 彼はその日、部下にすべてを打ち明けた。そして今後の対応を夜遅くまで話し合った。／那天，他把所有的事情都告訴了他的屬下。然後和他們商量對策一直到深夜。

用於按時間順序敘述事情。在敘述連續發生的事情中，多用於敘述最後發生的事情。帶有點書面性語言的味道。

【その…その】

　　每…。

[そのNそのN]

（1） その日その日を無事に過ごせれば出世なんかしなくてもいいんです。／只要每天都能平安度過，有沒有出息無所謂。

（2） その人その人で考え方がちがうのは当然だ。／每個人的想法不同，這是很正常的。

（3） 人生の大事なその時その時を写真におさめてある。／在人生的每一個關鍵時刻我都留一個影。

N使用同一個名詞，表示"每一個"的意思。

【そのうえ】

　　又、而且、還。

（1） あそこのレストランは高くて、そのうえまずい。／那家餐館價格很貴，而且又還不好吃。

（2） 彼の奥さんは美人だし、そのうえ料理もうまい。／他夫人長得又漂亮，而且又能做一手好菜。

（3） あの人にはすっかりお世話になった。住むところから、役所の手続きまで、そのうえアルバイドまで紹介してもらった。／這次他真是照顧得周到。從住處到在機關辦手續，後來甚至給我介紹了打工的地方。

(4) きのうは先生の家でごちそうになった。帰りにはおみやげまでもらい、そのうえ車で駅まで送っていただいた。／昨天，老師在他家裡請我們吃飯。臨走時不僅送給了我們禮物，而且還用車把我們送到了車站。

將相同事物不斷添加的表達方式。一般爲不斷增加情況或進一步詳細説明。可以與"それに"替換。

【そのうち】

一會兒、不久、過些時候。

(1) 木村さんはそのうち来ると思います。／我想木村一會兒會來的。
(2) そのうち雨もやむだろうから、そうしたら出かけよう。／過一會雨可能會停，到那時我們再去吧。
(3) あんなに毎日遅くまで仕事していたら、そのうち過労で倒れるんじゃないだろうか。／像這樣每天工作到那麼晚，不久還是會因爲勞累過度累倒下啊。
(4) A：また一緒に食事に行こうよ。／咱們再一起吃個飯吧。
    B：ええ、そのうちにね／好，等過些時候吧。

表示"從現在起過不了多久"的意思。是口語形式。書面語中可使用"いずれ"。也可以説"そのうちに"。

【そのくせ】

可是、但。

(1) 彼は味にうるさく、文句が多い。そのくせ自分ではまったく料理ができない。／他對飯菜的口味很挑剔，經常發牢騷，可是他自己却根本就不會做菜。
(2) 妻は寒いときは体があたたまるからたまご酒を飲めとかいろいろ言うが、そのくせ自分はよくかぜをひく。／我妻子常説，天氣冷的時候最好喝點鷄蛋加清酒，這樣可以暖暖身子，可是她自己却總感冒。
(3) この辺は雪が多いが、そのくせ時々水不足になる。／這一帶雖然常下雪，但還是經常鬧水荒。

表示"それなのに(可是、反而)"的意思。用於表示責難的心情時。是較通俗的口語形式。

→【くせ】3

【そのもの】

1 Nそのもの …本身。

(1) 機械そのものには問題はないが、ソフトに問題があるようだ。／機器本身没有問題，好像是軟體有問題。
(2) この本がつまらないんじゃない。読書そのものが好きになれないんだ。／並不是這本

書没意思。而是我根本就不喜歡讀書。

表示"其本身"的意思。

2 Nそのものだ　簡直、就是。

(1) その合唱団は天使の歌声そのものだ。／那個合唱團的歌聲簡直就是天使的歌聲。

(2) あの映画は彼の人生そのものだ。／那部電影寫的就是他自己的一生。

(3) あの子の笑い顔は無邪気そのものだ。／那孩子的笑容才叫做天真爛漫呢。

表示"不是別的，簡直就是…"的意思。

【そばから】

剛…就…、隨…隨…。

[Ｖそばから]

(1) 子供達は作るそばから食べてしまうので、作っても作ってもおいつかない。／剛一做好孩子們就開動了，無論怎麼做也趕不上。

(2) 聞いたそばから忘れてしまう。／這邊聽進去，那邊就忘了。

(3) 読んだそばから抜けていって何もおぼえていない。／邊讀邊丟，根本什麼也没記住。

表示"剛…就…"的意思。是比較陳舊的表達方式。

【そもそも】

1 そもそものＮ　最開始、起因。

(1) 父が株に手を出したことが、わが家の苦労のそもそもの始まりだった。／父親開始炒股票才是我們家變窮的最初的起因。

(2) それはそもそも姉が持ち出した話なのに、彼女はそのことをすっかり忘れてしまっている。／這事最開始是我姐姐提出來的，可到後來她却忘了個一乾二淨。

(3) そもそもことの起こりは、弟がうちを出て一人暮らしをすると言い出したことだった。／事情的起因是因爲弟弟說要離開家，自己獨立生活而引起的。

與"始まり(開始)"、"起こり(起始)"等表示開始意思的名詞一起使用，表示"某事最一開始"的意思。例(3)中使用的"ことの起こり"表示某事的某種情况，加上"そもそも"表示發生該狀況的緣由。

2 そもそも…というのは　本來。

(1) そもそも人の気持ちというのは他人にコントロールできるものではないのだから、人を思い通りにしようとしても無駄だ。／本來人的心情就不可能讓別人來控制，所以要想讓人家完全按自己的意願行事，那也是枉費心機。

(2) そもそも子供というものは型にはまらない生き方を好むものだ。規則ずくめの学校を息苦しく感じるのは当然だ。／孩子嘛，本來就是喜歡

無拘無束的。對於定有各種規章制度的學校，他們感到很拘束，那也是很正常的。

用於表述某事物的本質或基本特征。多用來反駁那些無視這些性質的行爲或言論。

3 そもそも　説到底、還不是。

（1）そもそもおまえが悪いんだよ。友達に自分の仕事をおしつけるなんて。／終究還是你不好嘛。你怎麼能把自己的工作推給朋友呢。

（2）そもそもあんたがこっちの道を行こうって言い出したのよ。文句言わないで、さっさと歩いてよ。／一開始還不是你説的要走這條路。別那麼多牢騷，快點走。

表示一種責難的語氣，最開始導致這種情況的還不是你嘛。

【それが】

可是。

（1）10時に会う約束だった。それが1時になっても現れないんだ。／本來約好10點鐘見面，可是到了1點還没見他來。

（2）10時に着くはずだった。それが道に迷ってひどく遅れてしまった。／本來應該10點鐘到，可是中途迷了路，晚了很長時間。

（3）A：お父さんはお元気でしょうね。／你爸爸身體還好嗎？

B：それが、このごろどうも調子がよくないんですよ。／提到這個，最近可是不太好。

（4）A：ご主人相変わらず遅いの？／您先生晚上還是回來那麼晚嗎？

B：それが変なのよ、このごろ。夕食前にうちに帰ってくるの。／別提了，最近可有點怪。每天吃晚飯前就回來了。

表示"可是"、"然而"的意思。如例（3）、（4）所示，也可用於作爲下文内容將出乎對方預料的開場白。

【それから】

1 それから　然後、從那以後。

（1）まず玉子の黄身だけよくかき混ぜて下さい。それからサラダ油と用意しておいた調味料を加え、混ぜ合わせます。／首先把蛋黄好好攪拌一下，然後加入沙拉油和事先準備好的調料，攪拌均匀。

（2）となりの奥さんにはおとといマーケットで会いました。それから一度も見かけていません。／我是前天在市場上見到隔壁夫人的，從那以後就再也没見過她。

（3）彼は高校時代にある事件のためひどく傷ついた。そしてそれから人を信じなくなっ

てしまった。／高中時，有一件事嚴重刺傷了他的心。打那以後，他再也不相信任何人了。
（4）きのうは夕方一度家に帰って、それから家族で食事に出かけました。／昨天傍晚，我先回了趟家，然後和家人一起到外面去吃飯了。
（5）あの日のことはよく覚えています。改札口を出て、それから駅前の喫茶店に入ろうとしたときに男の人がぶつかってきたんです。／那天的事情我記得很清楚。當我走出剪票口，然後要進車站旁邊的咖啡館時，一個男人就向我撞了過來。

　　表示事情按着時間的順序發生。即″那以後″的意思。是口語表達方式。多如例（4）、（5）所示，接在動詞的テ形後，以″V－てそれから″的形式出現。
（誤）昨日は風邪をひいていました。それから学校を休みました。
　　表示理由時，可以使用″それで″、″それだから″等形式。

2 Nそれから N　還有。
（1）夏休みにタイ、マレーシアそれからインドネシアの3カ国を回ってきた。／暑假的時候，我去了泰國、馬來西亞還有印度尼西亞這3個國家。
（2）カレーとミニサラダ、あっそれからコーヒーもお願いします。／我要咖哩飯、小盤沙拉，對了，還有咖啡。
（3）初級のクラスは月曜日と水曜日、それから土曜日にやっています。／初級班在星期一、星期三，還有星期六上課。
（4）担当は山田さん、それから松本さん、この二人です。／負責這件事的是山田，還有松本他們兩個人。
（5）この時期の海外旅行としましては、香港それから台湾といったところが人気がありますね。／現在這個季節的海外旅行，香港還有臺灣等地方特別受歡迎。

　　用於列舉同類事物，表示″そして（還有）″的意思。列舉名詞時，表示同時，沒有時間的順序。是口語表達方式。

【それこそ】
那才真是。
（1）野球部は練習がきびしくて君ではそれこそ三日ともたないよ。／棒球隊的訓練可苦啦，就你呀，那才真是連三天都堅持不了呢。
（2）育ち盛りの子供がたくさんいるので、毎日それこそ山のようなご飯を炊く。／我們家有好幾個正在發育體的孩子，所以每天都要煮一大鍋飯。

　　拿出一個比喻，強調程度之嚴重。如例（1）的意思就是″訓練苦得連三天都堅持不了″，例（2）的意思就是″孩子都特能吃，所以要燒很多飯″。是口語表達方式。

【それだけ】
也就，相應。

（1）1年間努力して合格したのでそれだけ喜びも大きい。／努力了一年才考上的．所以也就更加高興。

（2）よく働いたらそれだけおなかもすく。／工作特別賣力．所以肚子也就餓了。

（3）あの仲の良かったふたりはとうとう別れてしまった。愛し合っていたからそれだけ憎しみも大きいようだ。／他倆關係那麼好．但也還是離婚了。愛得越深也就恨得越深吧。

（4）練習を1日でもさぼるとそれだけ体が動かなくなる。／只要有一天偷懶不練．身體就會變得僵硬。

表示與其程度成正比的意思。

【それで】
所以，那麼。

（1）きのうの晩熱が出て、それで今日は学校を休んだ。／昨天晚上我發燒了．所以今天請假没去上學。

（2）小さい時に海でこわい思いをした。それで海が好きになれない。／小時候我在海上受過驚嚇．所以不喜歡大海。

（3）A：来週から試験だ。／下星期要考試了。

B：それで。／那又怎麼樣。

A：しばらく遊べない。／暫時就不能去玩了。

（4）A：昨日、突然いなかから親戚が出てきまして…。／昨天突然從老家來了親戚…。

B：それで。／然後呢？

A：それで、あのう今日の残業は…。／所以．今天這加班的事…。

B：かまわないよ、はやく帰りなさい。／那没關係．你就早點回去吧。

表示理由的説法。如例（3）、（4）所示．也可以像該會話中的B．用於催促對方説出下文。進一歩口語化後．可使用"で"。

【それでこそ】
那才稱得上是，那才叫真正的。

（1）彼は部下の失敗の責任をとって、社長の座を降りた。それでこそ真のリーダーと言える。／下屬犯了錯誤．他引咎辭去了總經理的職位。那才稱得上是真正的領導者呢。

（2）A：あの大学、卒業するのがむずかしいそうだよ。／聽説那所大學很難畢業啊。

B：それでこそ本当の大学だね。／那才叫真正的大學呢。

(3) A：今度のコピー機は、まったく人手がいらないそうだ。／聽說這次買的影印機根本就不用人動手。
B：それでこそオフィス革命と言えるね。今までのは人を忙しくさせるだけだったから。／這才叫辦公室革命呢。原來那臺光讓人跟着它忙乎了。

用於句子的起始。表示"正因爲這一理由才…"的意思。舉出某事物或某人物性質。用以因爲這一性質對該事物(人物)給以高度評價。只用於褒義。是稍陳舊的表達方式。口語中經常使用"それでこそ本当のNだ。"這樣的固定形式。

【それでは】

這是在"では"的前面加上指示詞"それ"而形成的句型。基本上的用法都可以與"では"替換。只有用法4＜否定的結果＞與其他不同。只能用"それでは"的形式。這是比較鄭重的表達方式。在較隨便的口語中可以使用"それじゃ(あ)"、"じゃ(あ)"。

1 それでは＜推論＞　那、那麼。
(1) A：私は1974年の卒業です。／我是1974年畢業的。
B：それでは、私は2年後輩になります。／那我要比你晚兩年。
(2) A：ようやく就職が内定しました。／工作終於定下來了。

B：それでは、ご両親もさぞお喜びのことでしょう。／那你父母也一定很高興吧。

→【では2】1

2 それでは＜表明態度＞　那、那麼。
(1) A：その人にはあった事がないんです。／我沒有見過這個人。
B：それでは紹介してあげますよ。／那我給你介紹一下吧。
(2) A：準備できました。／已經準備好了。
B：それでは始めましょう。／那我們就開始吧。

→【では2】2

3 それでは＜轉換話題＞　那麼。
(1) それでは、次は天気予報です。／那麼．接下來播送天氣預報。
(2) それでは、皆さん、さようなら。／那麼．各位就再見了。

→【てば2】3

4 それでは＜否定的結果＞　那。
(1) A：入学試験、多分60パーセントもとれなかったと思います。／這次入學考試，我恐怕連百分之60的正確機率也沒有。
B：それでは合格は無理だろう。／那恐怕很難考上了吧。
(2) A：明日までには何とか出来上がると思いますが。

／我想到明天無論如何也要完成了。

B：それでは、間に合わないんですよ。／那樣的話，就來不及了。

（3）こんなに大変な仕事を彼女ひとりに任せているそうだが、それでは彼女があまりにも気の毒だ。／聽説這麼一項艱難的工作都交給她一個人了，那她也有點太可憐了。

接句子或句節後，表示那樣的話將沒有好結果的意思。後續多爲"だめだ(不行)／無理だ(没希望)／不可能だ(不可能)"等表示否定意義的表達方式。

【それでも】
儘管如此、即使這樣。

（1）いろいろ説明してもらったが、それでもまだ納得できない。／雖然你爲我們作了很多説明，但我仍舊不能明白。

（2）試合は9時におわったが、それでもなお残ってさわいでいるファンがいた。／比賽一直進行到9點才結束。儘管如此，仍舊有許多球迷還不肯走，而且喧鬧個不停。

（3）葬式もすんだし、遺品の整理もついた。しかしそれでもまだ彼の死は信じられない。／葬禮已經結束，遺物也整理得差不多了，但我仍然難以相信他的死。

（4）去年の冬に山で大けがをした。しかしそれでもまた山に登りたい。／去年冬天我在登山時受了重傷，即使這樣，我仍舊想登山。

表示"即使有前面説過的情況，但是"的意思。常與"まだ(還)"、"なお(仍)"等一起使用。

【それどころか】
何止、哪裡。

（1）A：山の家はすずしくていいでしょうね。／山裡的房子挺涼快的吧。

B：それどころか、寒くてすっかりかぜをひいてしまいました。／何止是涼快啊，凍得我都感冒了。

（2）A：彼、最近結婚したらしいね。／他最近好像是結婚了吧。

B：それどころか、もう赤ん坊が生まれたそうだよ。／何止這樣，連孩子都生出來了。

用於陳述完全超出對方想像的事情。

【それとも】
1 Nそれともn　還是、是…還是…。

（1）A：コーヒー？ それとも紅茶？／您是喝咖啡？還是喝紅茶？

B：どちらでもけっこうです。／什麼都行。

（2） A：あしたのパーティーには、何を着て行くつもり？着物、それともドレス？／明天晚上的晚會，你準備穿什麼去啊？是穿和服，還是穿晚禮服？
　　　B：まだ、決めてないのよ。／我還沒想好呢。
（3） 進学か、それとも就職かとずいぶん悩んだ。／是升學還是就業，我猶豫了很長時間。

以"XそれともY"、"XかそれともYか"的形式，表示"是X抑或是Y"的意思。用於如例（1）所示，提出兩種選擇項，詢問對方哪者為好的場合，或如例（2）所示，詢問對方意向的場合。但如下例所示，在向對方進行指示的時候不能使用。

（誤） 黒それとも青のインクで書いてください。
（正） 黒か青のインクで書いてください。／請用黑墨水或藍墨水書寫。

還可以如例（3）所示，用於有兩種選擇，自己猶豫不決的場合。此時，可以與"あるいは（或是）"替換。

2 …それとも　還是、是…還是…。

（1） 雨が降ってきましたが、どうしますか。行きますか。それとも延期しますか。／下雨了，怎麼辦啊。是去呢？還是改期呢？
（2） 洋室がよろしいですか、それとも和室の方がよろしいですか。／是洋式房間好呢？還是和式房間好呢？
（3） A：散歩にでも行く？それとも、映画でも見ようか。／去散散步嗎？要不去看場電影？
　　　B：そうね、久しぶりに映画もいいな。／對了，好久沒看電影了，看場電影吧。
（4） 就職しようか、それとも進学しようかと迷っている。／是工作呢，還是繼續升學，猶豫不定。
（5） 彼は、初めから来るつもりがなかったのか、それとも、急に気が変わったのか、約束の時間が過ぎても現れなかった。／他到底是開始沒打算來呢？還是突然改變主意不來了呢？約好的時間都過了，還不見他來。
（6） この手紙を読んで、彼女は喜んでくれるだろうか。それとも、軽蔑するだろうか。／看到這封信以後，她是會高興呢？還是會看不起我呢？

以"XそれともY"、"XかそれともYか"的形式，表示"是X或是Y"的意思。用於如例（1）～（3）所示，提出兩種選擇項，詢問對方哪方較好的場合，或如例（4）～（6）所示，用於有兩種選擇，自己猶豫不決的場合。此時，可以與"あるいは（或是）"替換。

【それなら】
那、那樣的話。

（1）A：どこか山登りに行こうと思うんだけど。／我想到哪兒去爬爬山。
B：それなら、日本アルプスがいいよ。／那，我建議你去爬日本阿爾卑斯山。
（2）A：パーティーにはリーさんの奥さんも来るそうだ。／聽説李先生的夫人也要來參加今天的晚會。
B：それなら私も行きたいわ。／那我也想去參加。
（3）これ以上の援助はできないといっているが、それならこちらにも考えがある。／他們説不能再繼續援助了，那樣的話，我們也有我們的考量。

接對方的話，表示"那樣的話"、"那時"的意思。
→【なら1】

【それに】

1…それにN　還有、還要。
（1）部屋にはさいふとかぎ、それに手帳が残されていた。／我把錢包、鑰匙，還有記事本兒都掉在屋裡了。
（2）用意するものは紙、はさみ、色えんぴつそれに輪ゴムです。／需要準備的東西有紙、剪刀、彩色鉛筆，還有橡皮筋。
（3）牛乳とそれにたまごも買ってきてね。／你買點牛奶，還有雞蛋啊。
（4）A：いつがご都合がよろしいでしょうか。／您什麼時候有時間啊？
B：そうですね、火曜と木曜それに金曜の午後もあいています。／讓我想想啊，星期二和星期四，還有星期五的下午都有時間。
（5）カレーにハンバーグ、それにライスもお願いします。／我要咖哩飯、漢堡還要白飯。

用於列舉同類事物。雖然都表示添加，但不能與"そのうえ(而且)"、"しかも(而且)"替換。

2…それに　而且。
（1）このごろよく眠れない。それに時々めまいもする。／最近老睡不好覺，而且有時候還頭暈。
（2）そのアルバイトは楽だし、それに時間給もいい。／這份工作挺輕鬆的，而且每小時的工資也不少。
（3）高速バスは速いし、それになんといっても安い。／高速巴士又快，而且最主要的是便宜。
（4）去年の夏は雨が多かった。それに気温も低くて米も不作だった。／去年夏天雨水很多，而且氣溫很低，所以稻米也欠收了。

用於列舉同類事物。可以與"そのうえ(而且)"、"しかも(而且)"替換, 但是比"そのうえ"、"しかも"更口語化。

【それにしては】

可是、相比之下、可是。

(1) A：きのうほとんど寝てないんです。／昨天我幾乎沒睡覺。
B：それにしては元気がいいね。／即使那樣你還挺有精神啊！

(2) A：これは輸入の最高級品だよ。／這是最好的進口產品啊！
B：それにしては安いのね。／那價錢可真夠便宜的啊。

(3) かれは一流の大学をでているそうだが、それにしては仕事ができない。／聽説他畢業於一流大學，可是却不怎麼會工作。

(4) アメリカに3年いたそうだが、それにしては英語が下手だ。／聽説他在美國呆了3年。可是英語並不怎麼様啊。

表示"與前述事情的預想結果相反"的意思。

【それにしても】

可那也…、可是…。

(1) A：予選ではあんなに強かったのにどうして決勝で負けたんでしょうね。／預賽的時候那麼強，怎麼在決賽時候就輸了呢。
B：プレッシャーでしょう。／是精神上有壓力吧。
A：それにしてもひどい負け方ですね。／但那也輸得太慘了點。

(2) A：坂本さん、あの高校に受かったんだってね。／聽説坂本考上那所高中啦？
B：必死で勉強してたらしいよ。／他可是拼命學習才考上的。
A：それにしてもすごいね。／那也真是够棒的了。

(3) A：太郎、また背がのびたようよ。／太郎好像又長高了嘛。
B：それにしても、あいつはよく寝るなあ。／可不，那傢伙可真能睡啊。

(4) A：またガソリン代、値上がりしたよ。／汽油又漲價了。
B：それにしても政治家はなにをしてるんだろう。われわれがこんなに苦しんでいるのに。／真不知道那些政治家整天都在做些什麼。我們老百姓生活這麼苦。

（5）《A、Bが竹下を待っている》／《A、B在等竹下》
　　A：よく降りますね。／這雨下得真大啊。
　　B：ええ、それにしても竹下さん遅いですね。／可不，可是這竹下怎麼還沒來啊。

表示"即使考慮到這一因素，也…"的意思。用於姑且承認前述情況，但繼續説出與之相反事態的場合。

【それはそうと】
另外我問你，對了我問你。

（1）A：先生、レポートのしめきりはいつですか。／老師，小論文什麼時候交啊？
　　B：七月末だよ。それはそうと明日の演習の発表はだれだったかな。／七月底。另外我問你一下，明天的演習課由誰發表呢？
（2）A：パン、買ってきたよ。／麵包買回來了。
　　B：ありがとう。それはそうと安田さんに電話してくれた？／謝謝。對了我問你，你替我給安田電話了嗎？

一旦結束現在的話題，用於改變話題的開場白。多見於突然想起某事而添加時。

【それはそれでいい】
那行，但是…。

（1）事故の責任は取ったというなら、それはそれでいい。しかし今後の補償をちゃんとしてくれなくては困る。／你要説你們對事故負責，那這事這樣就算解決了。但今後若不付賠償金的話就不好了。
（2）A：部長、会議の資料そろいました。／部長，會議的資料我都準備好了。
　　B：それはそれでいいけど、事前の打ち合せのほうはどうなってるのかね。／那好，可是事先的約見安排好了嗎？

用於知道上述情況，但提出其他事由的開場白。

【それはそれとして】
此事暫且不論，另外還有。

（1）万引が問題なのはわかります。しかしそれはそれとして、もう少し広く青少年をとりまく社会環境について話し合いたいと思います。／我們知道，在商場偷東西這個問題很嚴重。但我想把這個問題先放一邊，來談一談更嚴重的，圍繞青少年社會環境的問題。
（2）A：今月かなりの赤字になっているのは人件費

がかかりすぎているからじゃないか。／這個月之所以會有這麼大的赤字，我想是因爲人事費用過高的原因吧。

B：まあそうだけど、それはそれとして、円高(えんだか)のことも考(かんが)えないといけないんじゃないかな。／這也是其中的原因之一吧。另外還有一個原因，恐怕也不能忽視日元升值的因素吧。

用於暫且承認前述情況，但換一個角度，提出不同看法時。

【それほど】

那麼。

(1) それほど好(す)きならあきらめずにやりなさい。／你要是那麼喜歡就別灰心，繼續堅持下去。

(2) A：嫌(きら)いなの？／你討厭他嗎？

B：いや、それほど嫌(きら)いなわけじゃないけど、あまり会(あ)いたくないんだ。／不，並不是那麼討厭，但就是不大想見他。

(3) A：テニス、ほんとにお上(じょう)手ですね。／你網球打得真不錯啊。

B：いや、それほどでもありませんよ。／不，打得並不怎麼好。

表示"そんなに(那麼)"的意思。如例(2)(3)所示，多與否定表達方式相呼應，表示"不太…"的意思。

【それまでだ】

就完了。

(1) 人間(にんげん)、死(し)んでしまえばそれまでだ。生(い)きているうちにやりたいことをやろう。／人一死啊，什麼都完了。所以趁活着的時候想做什麼就做什麼。

(2) A：お土産(みやげ)、チョコレートにしましょうか。／給他帶點巧克力作禮物吧。

B：チョコレートなんか食(た)べてしまえばそれまでだ。なにか記念(きねん)に残(のこ)るものがいいよ。／巧克力什麼的，吃了就没了。我想還是能留作紀念的東西好。

(3) 一度(いちど)赤(あか)ん坊(ぼう)が目(め)を覚(さ)ましたらもうそれまでだ。自分(じぶん)のことはなにもできない。／你要把小寶寶吵醒了，那就完了。自己的事情什麼也做不成了。

表示"這下算完了"、"再不可能有了"的意思。常與"…すれば"、"…したら"等一起使用。如例(1)、(2)所示。後續下文的意思多爲"以後就什麼都没有了，所以最好現在做了爲好"。

【それゆえ】

所以、因而。

（1）彼は自分の能力を過信していた。それゆえに人の忠告を聞かず失敗した。／他過於相信自己的能力，所以不聽別人的勸告而終於失敗了。

（2）最近、腸チフスに感染して帰国する旅行者が増加している。それゆえ飲み水には十分注意されたい。／最近出國旅行時感染傷寒的人不斷增加。所以希望大家飲水時要特別注意。

（3）我思う。ゆえに我あり。（デカルト）／我思，故我在。（笛卡爾）

（4）二つの辺が等しい。ゆえに、三角形ＡＢＣは二等辺三角形である。／因爲這兩個邊長相等，所以三角形ＡＢＣ是一個等腰三角形。

連接句子，表示句子之間的因果關係。是一種較鄭重的文言表達方式。多用於數學或哲學等的論文中。也可以說"それゆえに"、"ゆえに"。

【それを】

然而、而。

（1）あれほど考え直すように言ったのに君は会社をやめた。それを今になってもう一度雇ってくれだなんて、いったい何を考えてるんだ。／我們那麼勸你，要你重新慎重考慮一下，但你還是辭了職。而現在你又要我們重新錄用你，你到底在想什麼呢。

（2）A：もう一度やり直そうよ。／讓我再重新開始吧。
　　B：別れようって言ったのはあなたよ。それを今さらなによ。／提出分手的是你，現在提出和好的也是你，你到底想怎樣。

（3）契約したのは１年前だ。それを今になって解約したいと言ってきても無理だ。／我們是１年前簽的合約。然而你們現在來提出解除合約是根本不行的。

表示"それなのに（然而）"的意思。用於以前的情況發生了變化，而根據現在的情況向對方表示責難時。常與"今さら（現在才）"、"今になって（到現在）"等表達方式一起使用。

【たい】

1 R－たい　想、想要。

（1）ああ、暑い。なにか冷たいものが飲みたい。／啊，真熱。我真想喝點冷飲。

（2）A：子供はこんな時間までテレビを見てはいけません。／小孩子看電視不能看到這麼晚。
　　B：ぼく、はやく大人になりたいなあ。／我真想早點

（3）老後は暖かい所でのんびり暮らしたい。／老了以後，我想在溫暖的地方生活。

（4）その町には若い頃の苦い思い出があって、二度と行きたくない。／在那座城市裡有我年輕時痛苦的回憶，所以我不想再去。

（5）大学をやめたくはなかったのだが、どうしても学資が続かなかった。／雖然我本人並不想中斷大學的學習，可是怎麼樣也交不起學費了。

（6）今は単身赴任だが、来年3月までになんとか家族そろって住むところを見つけたい。／現在我是單身出差，到明年3月份為止，我想找一個可以和家人一起居住的地方。

（7）A：来月も続けて受講されますか。／下個月你還繼續聽課嗎？
B：続けたいんですが、ちょっと時間がなくて。／我是想繼續聽，但是沒有時間了。

（8）A：将来はどうなさるんですか。／將來你打算怎麼辦啊？
B：インテリア・デザインの会社で働きたいと思っていますが、まだわかりません。／我想到室內裝潢設計公司工作，但是還不知道行不行。

表示説話者（疑問句時聽話人）欲實現某種行為的要求或強烈的願望。活用形式（詞尾變化）與形容詞相同。如例（1）所示。在強調願望所涉及的對象時，要將助詞"を"變成助詞"が"，使用"…がR－たい"的形式。又如例（7）、（8）所示，常使用"－たいんです"、"－たいと思っています"的形式，以使表達方式顯得婉轉。另外，在較鄭重的場合，一般也不使用"なにか飲みたいですか（你想喝點什麼嗎？）"的形式來直接詢問對方的意願，而是採取"なにか飲みますか（您喝點兒什麼嗎？）""飲物はいかがですか（飲料要點什麼呀）"等的表達方式。

在表示第三者的願望時，不能使用"…たい（です）"。而要使用"…たがる"，或"…らしい""…ようだ"等表示推測的表達方式。或者是採取"…と言っています"等直接引用的形式進行敘述。

（例）森田さんは古い車を売りたいらしい。／森田好像想把舊車賣掉。

（例）息子は友達となにかあったのか、学校に行きたくないと言っています。／不知兒子和小朋友發生了什麼事，說不想去學校。

但是，在非斷句的情況下，有時也可以使用。

（例）和夫はバイクを買いたくて、夏休みはずっとガソリンスタンドで働いていた。／和夫想買摩托車，所以整個一個暑假都一直加油站上打工。

（例）ツアーに参加したい人は15日までに申し込んで下さい。／想參加團隊旅行的人，請於15日以前提出申請。

2 R－たいんですが　我想…。

（1）　A：住民登録について聞きたいんですが、何番の窓口でしょうか。／我想問一下關於居民登記的事情，在幾號窗口啊？

　　　B：3番へどうぞ。／請到3號窗口。

（2）　A：フェスティバルの日程が知りたいんですが。／我想了解一下這次慶祝活動的日程。

　　　B：そこにパンフレットがありますから、お持ち下さい。／那邊有宣傳資料，請隨便拿吧。

（3）　A：すみません、ちょっとお聞きしたいんですが。／對不起，我想請問一下。

　　　B：はい、なんでしょう。／可以，您想問什麼？

作爲很有禮貌的開場白使用。

3 R－たがる　想…。

（1）　自信がない人ほどいばりたがるものだ。／越是沒有自信的人越想在人面前逞強。

（2）　入社後一年はやめたがる人が多いが、それを過ぎるとたいていはながく勤めるようだ。／進入公司第一年有很多人想辭職不幹，過了這個時期後大部份就可以長期工作下去了。

→【たがる】

【だい】

用於較隨便的會話，爲男性使用。

1 疑問表達方式＋だい　（表示疑問）。

（1）　いま何時だい？／現在幾點啊？

（2）　いつだい？花子の入学式は。／花子的開學典禮是哪天啊？

（3）　その手紙だれからだい？／那封信是誰來的啊？

（4）　どうだい。元気かい。／怎麼樣？身體好嗎？

（5）　そんなことだれから聞いたんだい？／這事情你聽誰說的？

（6）　何時にどこに集ればいいんだい？／幾點，在什麼地方集合啊？

（7）　どうだい、すごいだろう。／怎麼樣？夠棒的吧。

（8）　何だい、今頃やってきて。もう準備はぜんぶ終わったよ。／怎麼了，這時候才來。準備工作我們全都做完了。

接在疑問詞或含疑問詞的疑問表達方式衹後，表示向對方詢問的語氣。另外如例（7）、（8）所示，也可以作爲帶有詢問、譴責語氣的感嘆詞使用。用於口語，顯得比較老氣。一般多爲男性使用。

2 …だい　（表示判斷）。

[N／Na　だい]

（1）　そんなことうそだい。／那是假的。

（2）　いやだい。絶対教えてあげな

いよ。／我不幹．我是絶不會告訴你的。
（3）ぼくのはこれじゃないよ。それがぼくのだい。／這個不是我的．那個才是我的。

用於男孩表示強烈的判斷。

【たいがい】

差不多，基本上，一般都。

（1）あの人は、たいがい9時ごろ来ます。8時ごろの時もありますが。／他差不多每天9點鐘來．有時候也8點鐘來。
（2）私は、朝食は、たいがいパンですね。／早飯我基本上都吃麪包。
（3）そんなに遠くない所なら、たいがいは自転車を使うことにしています。／不是很遠的地方．我一般都是騎腳踏車去。
（4）試験の成績が悪かった人は、たいがいの場合、追試を受けることになっています。／考試成績不好的人．按規定基本上都得参加補考。

接表示習慣性行爲的句子之後．表示發生這種事情的頻率和機率很高。有時也可以使用"たいがいは"、"たいがいの場合(は)"。但表示對將來的事情進行推測時不能使用。

（誤）今晩はたいがい7時には帰るでしょう。
（正）今晩はおそらく7時には帰るでしょう。／今天晩上我可能7點

鐘就可以回來。

另外．也可以使用"たいがいの人""たいがいの町"等"たいがいのN"的形式．表示機率很高。可以與"大部分的(大部分的)N"替換。也可以説"たいてい"。

【たいした】

1 たいしたNだ　了不起的、够…的。

（1）たいした人物だ。たった一人で今の事業をおこしたのだから。／他可是個了不起人物．一個人就把這個事業給做起來了。
（2）中国語を1年習っただけであれだけ話せるんだから、たいしたものだ。／只學了一年中文就這麽會説．真了不起啊。
（3）あんなに大勢のお客さんに一人でフルコースの料理を作るなんて、たいした腕前だ。／一個人就能爲那麽多客人做全套菜．本事真够大的。
（4）A：あの人、紹介状も持たずに社長に会いに行ったそうよ。／據説他連介紹信都没拿就去見總經理了。
　　B：たいした度胸ね。／膽子可够大啊。

表示對某人能力的贊賞。N部分多爲"もの(東西)"、"人(人)"、"人物(人物)"、"腕前(本領)"、"度胸(膽量)"、"力量(力量)"等名詞。

2 たいしたNではない　不是什麽

大不了的，不是什麼的重要問題。

（1）たいしたものではありませんが、おみやげにと思って買ってきました。／不是什麼大不了的東西．我想當個小禮品就買回來了。

（2）私にとってボーナスが多いか少ないかはたいした問題ではない。休みが取れるかどうかが問題だ。／對我來說．獎金的多少並不是什麼重要問題．關鍵是要看能不能有休假。

（3）A：朝から病院って、なにか大変なことがあったんですか。／一大早上就去醫院啊．得了什麼大病了嗎？

　　　B：いや、たいしたことではありません。家のねこがちょっとけがをしただけです。／沒什麼大不了的．只是我們家的猫受了點傷。

表示並不那麼重要的意思。

3 たいしたことはない　　没什麼，没那回事。

（1）A：お宅の奥さん、料理がお上手だそうですね。／聽說您夫人很會做菜呀。

　　　B：いや、たいしたことはありませんよ。／不．沒什麼大不了的。

（2）A：日本語、うまいですね。／你日語講得不錯啊。

　　　B：いや、たいしたことはありません。敬語の使い方なんか、まだまだです。／沒那回事在使用敬語方面．還差得遠呢。

（3）A：かぜの具合いはいかがですか。／感冒怎麼樣了？

　　　B：おかげさまで、たいしたことはありません。／託您的福．不怎麼太嚴重。

用於表示"不太⋯"即程度不那麼嚴重的意思。例（1）、（2）是對別人的稱讚之意的回答．表示謙虛的態度。

【たいして⋯ない】

不太⋯、不怎麼⋯。

（1）きょうはたいして寒くないね。散歩にでも行こうか。／今天不太冷啊．我們去散散步吧。

（2）あのすし屋は高すぎる。たいしてうまくもないのに。／那家壽司店太貴．而且味道又不是那麼好。

（3）あの人、うまいねえ。大して練習しているわけでもないのに。／他水平夠高的啊．況且並沒怎麼練習。

（4）大して有能でもないのに、あの議員は勤続25年だそうだ。一体どんな人が投票し

ているんだろう。/聽説那個議員也没什麽能耐，却連續25年當選。到底都是些什麽人投他的票啊。

後續否定表達方式，表示程度不高。如例（2）、（3）、（4）所示，常與助詞"のに"一起使用，對事物作出負面評價。又如例（4）的用法，可與"大した能力でもないのに"、"能力は大したことがないのに"等替換。

【だいたい】

大到上、基本上、根本、簡直。

(1) 大体のことは伝えておきます。/大致上的情況我都會告訴他的。

(2) だいたいわかりました。/我基本上明白了。

(3) この本をひとりで日本語に翻訳するのはだいたい無理な話だ。/要想一個人把這本書翻譯成日語，我看根本不行。

(4) こんな時間に電話するなんてだいたい非常識な人だ。/在這個時間還來電話，簡直是個没有常識的人。

(5) A：あの子、いつも忘れものをするらしいの。/那孩子，老是丢三忘四的。
B：だいたいね、注意してやらない君が悪いんだよ。/要説最根本的還是你不好，你總也不提醒他嘛。

(6) だいたいぼくよりあいつの方が給料がいいなんて変だよ。/那傢伙的工資比我還多，這根本就不公平。

(7) A：すみません、遅れまして。/對不起，我來晚了。
B：だいたいだね、君は今まで時間通りに来たことがない。/到今天爲止，你根本就没有準時來過。

例（1）、（2）表示大到上、基本上的意思。另如例（3）、（4）所示，與"無理"、"非常識"等一起使用時，包含着説話者對該事物的譴責，批評的語氣。再如例（5）、（6）（7）所示，還可以作爲向對方表示不滿、責難等的開場白。

【たいてい】

差不多、基本上、一般。

(1) あの人は、たいてい9時ごろ来ます。8時ごろの時もありますが。/他差不多每天9點鐘來。有時候也8點鐘來。

(2) 私は、朝食は、たいていパンですね。/早飯我基本上都吃麺包。

(3) そんなに遠くない所なら、たいていは自転車を使うことにしています。/不是那麽遠的地方，我一般都是騎脚踏車去。

(4) 試験の成績が悪かった人は、たいていの場合、追試を受け

ることになっています。／考試成績不好的人．按規定基本上都得參加補考。

接表示習慣性行爲的句子之後．表示發生這種事情的頻率和機率很高。但表示對將來的事情進行推測時不能使用。

(誤)　今晩はたいてい7時には帰るでしょう。
(正)　今晩はおそらく7時には帰るでしょう。／今天晚上我可能7點鐘就可以回來。

有時也可以使用"たいていは"、"たいていの場合(は)"。另外．還可以使用"たいていの人"、"たいていの町"等"たいていのN"的形式．表示機率很高．可以與"大部分の(大部分的)N"替換。也可以説"たいがい"。

【たいへん】

1 たいへん　　很、非常。
(1)　《教師が生徒に》はい、たいへんよくできました。／《老師對學生》嗯．做得很不錯。
(2)　先日は大変結構なものをちょうだいし、ありがとうございました。／那天您送給我們那麼珍貴的禮物．真是太謝謝了。

表示程度很高。是一種較生硬的表達方式。在口語中更多使用"とても"、"すごく"等。

2 たいへんだ　　不得了、真夠…。
(1)　たいへんだ。さいふがない。／糟了．錢包不見了。
(2)　日曜日も仕事ですか。大変ですねえ。／星期天還工作啊。真夠忙的啊。
(3)　え？あそこのうち、子供が3人とも大学に行ってるの？親は大変だ。／啊？他們家3個孩子都在上大學吶？父母可真夠受的。

對非同一般的事情或意外的事情表示驚訝、同情、感慨。

3 たいへんなN　　了不起的、真夠…。
(1)　きのうはたいへんな雨でしたね。／昨天那場雨可真夠大的啊。
(2)　あのピアニストの才能は大変なものだ。／那個鋼琴家可真是一個了不起的天才。
(3)　家族のうち二人も入院だ。大変なことになった。／家裡有兩個人都住院了。真夠累的。

用於對非同一般的事情或意外的事情表示評價。可以有正面評價也可以有負面評價。

【だか】
→【か】8

【たかが】

1 たかがN　　充其量、不過是、不就是。
(1)　かしこいと言ってもたかが子どもだ。言うことに、いちいち腹を立ててはいけないよ。／説聰明也不過是個孩

子，不必對他說的話都那麼在意。
(2) たかが皿1枚に10万円も払うのはばかげている。／充其量不就是一個盤子，竟要付10萬日元，簡直是笑話。
(3) たかが証明書一枚のために朝から二時間も待たされるなんて、ひどく能率の悪い役所だ。／就爲了開一張證明，從一大早就排隊等了兩個多小時，這辦事效率也太差了。
(4) たかが1泊の旅行のためにどうしてそんな大きなカバンがいるのよ。／不就是住一晚上的短途旅行，要帶那麼大一個包嗎？
(5) A：ぼく、この服いやだ。／我不愛穿這件衣服。
B：たかが服のことでなんだ。気に入らないなら家にいなさい。／不就讓你穿這件衣服嘛，鬧什麼鬧。你不愛去就在家呆着吧！

對"たかが"後續名詞所表示的事物，表示一種評價，多爲没什麼了不起的意思。後續表達方式多爲"ばからしい(可笑)"、"気にするな(別在意)"等表示價值取向的意思。語言形式多爲"たかがNのために"、"たかがNのことで"等。

2 たかが…ぐらいで　就是點…、不就是…。
[たかが　N／A／V　ぐらいで]
[たかが　N／Na　なぐらいで]

(1) たかが風邪ぐらいで学校を休まなくてもよい。／就是點感冒，用不着請假。
(2) たかが試験に失敗したぐらいでくよくよすることはない。／不就是考試没考好嘛，用不着那麼沮喪。
(3) たかが絵画展に入選したぐらいでこんなに祝っていただくのはなんだか恥ずかしいです。／也不就是作品入選參加了畫展，爲這麼點小事，大家却如此盛大地爲我慶祝，真是不勝感激。
(4) たかが旅さきの安いおみやげぐらいで、そんなにお礼をいっていただくと困ります。／不過是送了點旅行時買的便宜土産，您却如此地表示感謝，真叫我無法消受。

表示"就爲了這麼一點點小事"的意思。用於"爲這麼點事情，不必…"的場合。

【たかだか】

最多、頂多、充其量。

(1) あれはそんなに高くないと思うよ。たかだか3000円ぐらいのもんだろう。／我覺得這東西不會太貴，最多也就3000日元左右吧。
(2) 今度の出張はそんなに長くならないでしょう。のびたとしても、たかだか一週間程度のものだと思います。／

這次的出差不會太長。即使延長，我想也頂多是一個星期左右。
（3）ちょっとぐらい遅刻してもしかられないよ。あの先生なら、たかだか「これから気をつけてください」と言う程度だと思うよ。／稍微遲到也不會被挨罵的。那位老師頂多也就是提醒你，"下次注意啊"。
（4）長生きしたとしてもたかだか90年の人生だ。私は、一瞬一瞬が生の充実感で満たされているような、そんな人生を送りたいと思っている。／即使長壽，人的這一生充其量也就活個90多歲吧。我想還是每時每刻都過得十分充實的人生才更有意義。

用於表示一種推測，即對某一數量或某種程度過分地估計也不過如此的意思。常與"ぐらい"、"程度"等詞語一起使用。如果不是推測，而是說話者將其作爲事實進行叙述時，則不能使用。

（誤）これは安かったですよ。たかだか2000円でした。
（正）たった2000円でした。／只花了2000日元。

【だから】

有禮貌的説法是"ですから"。

1 だから＜結果＞ 所以。

（1）踏切で事故があった。だから、学校に遅刻してしまった。／在平交道出了事故。所以，上學才遲到了。
（2）部屋の電気がついている。だから、もう帰って来ているはずだ。／他屋裡亮着燈呢。所以，他應該已經回來了。
（3）時間がありません。だから、急いでください。／沒有時間了。所以，得快點。
（4）A：今夜は雨になるそうですね。／聽説今天晚上要下雨啊。
　　B：だから、私、傘をもって来ました。／所以，我帶着傘來了。

用於以前句爲原因、理由、根據、叙述由此導出的結果時。後續句子不僅可以叙述事實，還可以有推測、請求、勸誘等各種形式的句式。例（4）是在會話中出現的一種用法。即原因和結果分別出現在兩個人的句子中。

2 だから …のだ／…わけだ （所以）我説…來着。

（1）A：ジャクソンさんは、小学生の時からもう10年も日本語を習っているそうです。／聽説傑克森從小學開始學了10多年日語呢。
　　B：だから、あんなに日本語が上手なんですね。／我説他日語怎麼那麼棒呢。
（2）A：今日は吉田先生、休講だそうだよ。／聽説今天

吉田老師的課停課了。
B：ああ、そう。だからいくら待ってもだれも来ないわけか。／啊，是啊。我說怎麼等了半天也不見一個人來嘛。
（3）やっぱり、不合格だったか。だから、もっと簡単な大学を受けろと言ったのだ。／終究還是沒考上啊。所以我說讓他考一所容易點的大學嘛。

用於了解某事實後，表示當初自己就知道這是一種必然結果的心情時。在會話時，用於從對方的說話中就能明顯了解事情的原因、理由的場合。句尾多伴有表示確認的語氣助詞"ね"或表示了解的語氣助詞"か"。這種用法的"だから"，一般第一音節發音較重，且有所拖長。

3 だから＜詢問＞ 那(又怎樣)。
（1）A：みんなお前のためにこんなに遅くまで働いているんだ。／都是為了你，大家才做到這麼晚的。
　　B：だから、どうだって言うの。／那你要我怎麼樣呢？
（2）A：できることは全部やったつもりです。／我想我能做的都做了。
　　B：だから、何なんですか。／那又能說明什麼呢？
（3）A：たった一度会っただけだよ。／我就見過他一次。
　　B：だから？／一次又怎麼樣

呢？
是一種會話用法。"だから"後續某種詢問。詢問的目的不是要搞清因果關係，而是想說"是這樣，那你想說什麼呢"，即要求對方說清講話的意圖。可以與"それで"、"で"替換。如例(3)所示，使用昇調，可將後面的內容省略。由於此種用法帶有不甚恭敬的語氣，所以，即使句尾使用禮貌體也很難與"ですから"替換。

4 だから＜主張＞ （表示自己的說話意圖）。
（1）A：ちょっと、どういうことですか。／喂，這是怎麼回事啊？
　　B：別に特別のことはないよ。／沒怎麼呀。
　　A：だから、どういうことって聞いているんだよ。／問你呢，到底怎麼回事呀。
（2）A：何で、電話してくれなかったの。／你為什麼沒給我來個電話呀。
　　B：だから、時間がなかったんだ。／不是說了嘛，沒有時間了。

是一種會話用法。不是表示因果關係，而是用於當自己的意見與聽話者之間有矛盾時，表示"我是想說這個意思"，力圖讓聽話人理解自己的說話意圖。例(2)是一種辯解用法。由於此種用法主要是強烈表示自己的主張，帶有一定的強加於人的口氣，所以多顯得不夠恭敬。

【だからこそ】
所以，正因為如此。

(1) A：どうして彼女はその不審な電話のことを社長に話さなかったんでしょうか。／她爲什麼不向總經理報告這個可疑電話的問題呢？
　　B：彼女は社長に信頼されていたんです。だからこそまず自分で調べようとしたんだと思います。／她是深受總經理信任的。所以，我想這件事她自己首先要調查一下才能報告的。
(2) 私ほど彼女の幸せを願っているものはいない。だからこそ、あの時あえて身を引いたのだ。／沒有任何人比我更希望她獲得幸福了。所以，那時我才勇敢地告退了。
(3) A：結婚は人生の大事な節目ですから二人だけで式をあげたいんです。／結婚是終身大事，所以，我想就我們兩個人舉行儀式。
　　B：確かに結婚は人生の大事な節目だ。だからこそ大勢の人に祝ってもらわなくてはいけないんだよ。／確實結婚是終身大事。正因爲如此，才更需要得到更多的人的祝福。
(4) A：職場では、一人だと上司になかなか文句は言いにくいですよね。／在公司裡，一個人很難向上司提意見啊。
　　B：だからこそ、皆で団結しなくてはいけないと思うんです。／所以才需要大家團結起來呢。
(5) A：最近この辺で空き巣に入られる事件が増えているらしいですね。／據説最近這一帶發生過好多起闖空門的事件。
　　B：だからこそ、このマンションに防犯ベルをつけるようお願いしているんです。／正因爲如此，我們才提出要求在這間公寓中安裝防盜警鈴。
(6) A：高齢化社会が急速に進んでるね。／高齡化社會發展得可真够迅速的啊。
　　B：だからこそ、今すぐ老人医療の見直しをやらなければならないんだよ。／所以現在要重新考慮老年人的醫療問題。

　　這個句型是在表示理由的"だから"上再加上表示提示強調的"こそ"而形成的。一般用於句首，承接前句所表示的內容，表示"正是因爲這種理由"的意思，起到強調理由的作用。在表示一般性的理由時，使用"だから"就足够了。只有特別

需要強調理由的正當性時才使用這種形式。另外，在與人進行辯論時，把對方的發言直接作爲自己理由時，也經常使用這種形式。句尾常伴有"のだ"一起使用。

【だからといって】

(但不能)因此而…。

（1） 毎日忙しい。しかし、だからといって、好きな陶芸をやめるつもりはない。／每天的確實很忙。但是，我並不打算因此而放棄我所喜歡的陶瓷工藝。

（2） わたしは彼が好きだ。しかし、だからといって、彼のすることは何でもいいと思っているわけではない。／我很喜歡他。但是，這並不意味着因此我就覺得他做的什麼事情都是對的。

（3） 今この店で買うと50パーセント引きだそうだ。しかし、だからといって、いらないものを買う必要はない。／聽說現在在這家商店買東西可以打五折。但是，也沒有必要就爲此而買一些沒用的東西。

（4） 確かに、あの会社は待遇がいい。しかし、だからといって今の仕事をやめるのには反対だ。／那家公司的待遇的確不錯。但是，我還是反對你爲此而放棄現在的工作。

用於表示認可前面所說的理由，但是即使以此爲理由也不能接受後面所說的事情的場合。後續部分多伴有否定表達方式。

【たがる】

想、願意。

[R-たがる]

（1） 子供というものはなんでも知りたがる。／小孩子就是什麼都想知道。

（2） 子供は歯医者に行きたがらない。／小孩子不願意去看牙醫。

（3） 父は海外旅行に行きたがっているが、母は行きたくないようだ。／雖然我父親想去國外旅行，可是我母親好像不太想去。

（4） 夏になると、みんな冷たくてさっぱりしたものばかり食べたがるが、それでは夏バテしてしまう。／一到夏天，大家都想吃又涼又清淡的東西，可是老吃這些東西就會身體虛弱，受不了夏天的炎熱。

（5） 避難している住民は一刻も早く家に帰りたがっている。／在外面避難的居民都想儘快地返回家園。

（6） リーさんは留学してまだ半年だが、家族のことが心配で国に帰りたがっている。／小李留學剛半年，就耽心家人想回國。

（7）　教授はこの実験を大学院の学生にさせたがっているが、今のような研究態勢では無理なのではないだろうか。／雖然教授想讓研究生做這種實驗，但是像現在這種研究體制恐怕很困難。

用於表示第三人稱的要求或希望。在表示其現在的狀態時，則變成"V－たがっている"。

如果不使用"たがる"，表示第三人稱的要求或希望時，則要使用"たいと言っている"、"たいらしい"、"たいそうだ"等間接的表達方式。但是，如下例所示，說話者是站在第三人稱的立場上來表示其願望等時，則不必使用"たがる"。

（例）　A：山本さん、どうしてパーティーに来なかったんでしょう。／山本爲什麼不來參加宴會啊。
B：佐野に会いたくないからだよ。／我想是因爲他不想見到佐野吧。

另外，在說話人重複第三人稱的某人對自己的看法和其所說的話時，也需要使用"たがる"。

（例）　彼は僕が社長になりたがっていると思っているらしいが、僕はそんなつもりはまったくない。／他好像以爲我想當總經理，其實我根本就沒有這種打算。

→【がる】

【だけ₁】

[N（＋助詞＋）だけ]
[N／Na　なだけ]
[A／V　だけ]

表示限定。

1 …だけだ

a …だけ　只、只有、只是、就是。

（1）　今度の事件に関係がないのは彼だけだ。／與這起案件沒有關係的只有他一個人。
（2）　品物なんかいりません。お気持ちだけいただきます。／東西我們不要，心意我們領了。
（3）　コピーをとるだけの簡単な仕事です。／很簡單的工作，就只負責複印點資料。
（4）　ちょっとだけお借りします。／我就稍稍借用一下。
（5）　あの人だけが私を理解してくれる。／只有他能了解我。
（6）　ここは便利なだけで環境はあまりよくない。／這裡就是方便，環境並不太好。
（7）　たいした怪我ではありません。ちょっと指を切っただけです。／沒受什麼大傷，就只是割破了手指頭。
（8）　その話を聞いて泣いたのはわたしだけではない。／聽了這件事哭起來的並不只是我一個人。
（9）　あなただけにお知らせします。／我只告訴你一個人。
（10）　あの人にだけは負けたくない。／我就是不想輸給他。

表示限定除此以外別無其他。接短句後時接簡體形式。與助詞"が"、"を"相接的形式是"Nだけが"、"Nだけを"。另如例（2）所示，也可以將助詞"が"、"を"

省略。與助詞"に"、"から"等的相接形式可以有"Nだけに"和"Nにだけ"這樣兩種形式.且意思相同。但如下例所示,有時不同的相接形式可以表示不同的意思。

(例) 身分は保険証でだけ証明できる。(他の手段ではできない)／只有用保險證才能證明你的身分。(別的方法不行)

(例) 身分は保険証だけで証明できる。(保険証以外のものは要らない)／只要用保險證就能證明你的身分。(不需要保險證以外的證件)

b …といってもせいぜい…だけだ　説是…頂多也就是…。

(1) ボーナスといってもせいぜい一ヶ月分出るだけだ。／説是發獎金頂多也就是相當於一個月的工資。

(2) 夏祭りといってもせいぜい屋台が三、四軒出るだけです。／説是搞夏季廟會,頂多也就是出那麼三、四個位攤。

(3) 旅行といってもせいぜい2泊するだけです。／説是旅行,頂多也就住兩個晚上。

(4) はやっているといってもせいぜい週末に混むだけだ。／説它流行也不過就是周末人多了點。

用於強調數量之少。

c …たところで…だけだ　即使…也只…。

(1) 急いで計算したところで間違いが多くなるだけだ。／即使加快計算速度也只會錯誤出的更多。

(2) 親に話したところで誤解されるだけだ。／即使跟父母説了也只會引起他們的誤解。

(3) 早く帰ったところでねこが待っているだけだ。／即使早回去了也只有猫在等着我。

表示即使做了什麼也不會有什麼好結果的意思。

d ただ…だけでは　光…(不能…)、只…(不能…)。

(1) スポーツはただ見るだけでは面白くない。／體育運動光看没有什麼意思。

(2) 外国へ行ってただ景色を見るだけではつまらない。そこの土地の人たちとちょっとでも触れ合う旅にしたい。／到外國去光看看景色那太没意思了。我要是旅行就想和當地的人多接觸接觸。

(3) ただ話しただけではあの人の本当のよさはわからない。／光和他説話你是不能了解他的優點的。

表示"只做到這一點是不能…"的意思。後續多爲表示負面評價的表達方式。

e …だけで　只要…就…、光…就…。

(1) 明日からまた仕事だと思うと、考えるだけでいやになる。／明天又要開始工作了,我想起來就發怵。

(2) 地震は経験した人の話を聞くだけでこわい。／光聽經歷過地震的人講他們的經歷就

覺得非常可怕。
(3) イルカのダンスなんて考えただけで楽しくなる。／海豚的舞蹈，你光憑想像就會覺得非常愉快。

接"考える(考慮)、聞く(聽)、思う(想)、想像する(想像)"等動詞後，用於表示即使沒有實際親身經歷也能感受到的意思。

2 …だけしか…ない 只、只有。
(1) 今月、残ったお金はこれだけしかありません。／這個月剩下的錢就只有這點了。
(2) 頼りになるのはもうあなただけしかいない。／現在我能依靠的就只有你了。
(3) こんなことは、あなたにだけしか頼めません。／這種事情我只能求你。
(4) いまのところひとりだけしかレポートを出していない。／到現在交小論文的就只有一個人。

是強調"…だけだ"的表達方式。要注意，在強調數量之少時，不是使用"だけある"，而要使用"だけだ"、"(だけ)しかない"。

(例) A：お金がいくらありますか。／你有多少錢？
B：(誤)千円だけあります。
B：(正)千円だけです(或)千円しかありません。／就只有一千元。

在下面這些場合，不能使用"だけ"。

(例) A：この花いくらでしたか。／這花多少錢？
B：(誤)二百円だけです。
B：(正)二百円しかしませんでした(或)たったの二百円でした。／只有二百日元。

(例) A：いま何時ですか。／現在幾點？
B：(誤)1時だけです。
B：(正)まだ1時です。／剛1點。

3 …だけでなく…も 不只…還…、不僅…也…。
(1) 肉だけでなく、野菜も食べなければいけない。／不光要吃肉，還得要吃蔬菜。
(2) 英語だけでなくて、アラビア語もうまい。／不僅英語好，阿拉伯語也很棒。
(3) 彼は歌が上手なだけでなく自分で曲も作る。／他不光歌唱得好，而且還自己作曲。
(4) 今度の台風で、村は田畑だけでなく家屋も大きな被害を受けた。／這次的颱風，村裡不只田地受了很大損失，房屋也遭到了嚴重的破壞。
(5) 授賞式にかれは招待を受けただけではなく、スピーチも頼まれた。／他不只收到了領獎大會的邀請，還請他特別致詞。

表示"兩者都…"的意思。在口語中還可以說成"…だけじゃなく…も"。

4 …だけのことだ 只有、只要。
(1) だれも行かないのなら私が行

くだけのことだ。／如果誰都不去，那就只有我去了。
(2) 入園テストといっても何もむずかしいことはないんです。先生に名前を呼ばれたら「はい」と返事をするだけのことです。／入園考試也沒有什麼難的。就是老師叫到你的名字時，能答"到"就行了。
(3) いやなら無理をすることはない。断るだけのことだ。／你要不願意也不用勉強。只要回絕就是了。

表示只有這個方法或沒什麼大不了的意思。

5 …というだけ(の理由)で 就是因爲、只是因爲。
(1) その野菜はめずらしいというだけでよく売れている。／這種蔬菜就是因爲少見所以才賣得快。
(2) 若いというだけで皆にもてはやされる。／就是因爲年輕，所以大家都喜歡他。
(3) その晩に現場近くにいたというだけで彼は逮捕された。／他就因爲那天晚上在出事地點附近，就被逮捕了。
(4) 子どもが多いというだけの理由でアパートの入居を断られた。／就因爲孩子多的理由而被拒絕入住公寓。
(5) 名前の書いてない自転車に乗っているというだけの理由で警官に職務質問を受けた。／只是因爲騎了一輛沒有名字的自行車，就遭到了警察的盤問。

表示僅僅因爲一種原因的意思。

6 Ⅴ-るだけⅤ-て 光…(也不…)、只…(而不…)。
(1) 彼女は文句を言うだけ言ってなにも手伝ってくれない。／她光發了一大堆牢騷，什麼忙也不幫。
(2) 彼は飲むだけ飲んで会費を払わずに帰ってしまった。／他把酒喝個够了，也不付會費就跑了。
(3) 言いたいことだけ言ってさっさと出ていった。／他把想說的都説了，然後就走了。
(4) いまどうしているか様子がわからないから、手紙を出すだけ出して返事を待とう。／我也不知道他現在情況怎麼樣，反正先寄封信，然後等他回信吧。

多用同一動詞反覆使用。如例(3)中"言いたいこと"所示，在反覆的動詞中也可含有相關的名詞。表示"只做此事，其他該做的事情也不做"的意思。

【だけ₂】

表示程度。

1 Ⅴ-れるだけⅤ 儘量、儘可能。
(1) がんばれるだけがんばってみます。／我能堅持多久就堅持多久。

（2） そこのリンゴ、持てるだけ持って行っていいよ。／那有一堆蘋果，你能拿多少就拿多少。
（3） 彼は銀行から金を借りられるだけ借りて家を買った。／他從銀行最大限度地貸了款買了一所房子。
（4） 待てるだけ待ったが彼は、待ち合わせの場所に現れなかった。／等到不能再等了，可是他終於沒有出現在約會的地點。

用"頑張る(努力堅持)"、"持つ(拿)"等動詞反覆使用，表示"儘最大程度…"的意思。

2 V-たいだけV　想…(多少／多久)就…，…够。

（1） ここが気に入ったのなら、いたいだけいていいですよ。／你要是喜歡這個地方，你想在這待多久就待多久。
（2） 遠慮しないで食べたいだけ食べなさい。／別客氣，想吃多少就吃多少。
（3） 遊びたいだけ遊んで納得した。あすからいっしょうけんめい勉強しよう。／這次真是玩够了，從明天開始我要好好學習。
（4） 彼女は泣きたいだけ泣いて気が済んだのか夕食の支度を始めた。／她也許是哭够了，這下心裡痛快了，才開始做晚飯了。

將動詞反覆使用，表示一直做到盡興爲止的意思。

3 V-るだけはV　能够…都…、起碼得…。

（1） やるだけはやったのだから、静かに結果を待とう。／能做的都做了，下面就聽天由命了。
（2） 息子の言い分を聞くだけは聞いてやってくれませんか。／兒子的辯解你起碼也先得聽一聽吧。
（3） このことは両親にも話すだけは話しておいた方がいい。／這件事情你最好還是要跟父母説一下。

表示事情要做到這種程度的意思。後續内容多爲不期待或不要求程度更高的事情。

4 V-る／V-た だけのことはする　儘其所能。

（1） お金をいただいただけのことはしますが、それ以上のことは出来かねます。／您付多少錢我們做多少事，除此之外的事情我們很難辦到。
（2） 調査期間はわずか1ヵ月でしたが、やれるだけのことはやったつもりです。／雖然調查的時間只有短短的一個月，但我覺得我們還是盡了最大的努力。
（3） 出来るだけのことはしますが、今月中に仕上げるのはむずかしいと思います。／我

們會盡最大的努力，但我覺得這個月之內完成還是有點困難。

表示做與之相稱之事情的意思。

5 V-るだけのN　足以…的…、能够…的…。

（1）どんなところでも生きていけるだけの生活力が彼にはある。／他具有無論在哪兒都能生存下去的能力。

（2）その日彼の財布にはコーヒーを一杯飲むだけの金もなかった。／那一天，他的錢包裡連喝一杯咖啡的錢都沒有了。

（3）妻に本当のことを打ち明けるだけの勇気もなかった。／他連向妻子說出真相的勇氣都沒有了。

（4）その学生には異国で暮らすだけの語学力が不足している。／那個學生不具備在異國生活的語言能力。

表示"足以…"的意思。接"生活力（生活能力）、金（錢）、勇気（勇氣）、語学力（語言能力）、根性（毅力）、やさしさ（慈祥）"等名詞前，表示其程度。

6 V-ばV-るだけ　越…越…。

（1）交渉は時間をかければかけるだけ余計にもつれていった。／這次談判，花的時間越長，顯得糾紛越大了。

（2）動物は世話をすればするだけなついてきます。／動物你越照顧它越跟你有感情。

（3）ピアノは練習すればするだけよく指が動くようになる。／鋼琴越練手指頭越靈。

表示做某事做得越多，相應地會發生下一情況的意思。可與"V-ばVるほど"替換，但"V-ばVるほど"使用得更為廣泛。

7 これだけ…のだから　如此程度地。

（1）これだけ努力したんだからいつかは報われるだろう。／你都這麼努力了，我想總有一天會有回報的。

（2）よくがんばったね。それだけがんばれば誰にも文句は言われないよ。／你真是盡了全力了。你那麼努力，不會有人批評的。

（3）あれだけ頼んでおいたのに彼はやってくれなかった。／我那麼求他，他還是沒給我們做。

（4）あれだけ練習してもうまくならないのは、彼に才能がないのだろう。／那麼努力練習還是沒有進步，看來他是缺乏這方面的才能啊。

（5）どれだけ言えば、あの人にわかってもらえるのだろうか。／我得說多少遍才能讓他明白呀。

可與"これ、それ、あれ、どれ"等一起使用。後續"…のだから、…ば、…のに、…ても"等表達方式，表示"如此，達到這種程度"的意思。

8 …だけましだ　好在、幸好。
[Na なだけましだ]
[A／V　だけましだ]
（1）風邪でのどが痛いが、熱が出ないだけましだ。／感冒了，喉嚨痛，好在還沒有發燒。
（2）さいふをとられたが、パスポートが無事だっただけまだましだ。／錢包被人偷了，幸好護照還在。
（3）私の住んでいるところは駅からも遠いし工場があってうるさい。このへんは不便だが、静かなだけましだ。／我住的地方離車站很遠，又有工廠吵得不得了。但是這一帶雖不太方便，可好在還比較安靜。

表示儘管情況不是太好，但沒有更加嚴重，好在只到此為止的意思。

【だけ₃】
[N／A／V　だけに]
[Na なだけに]
　　提示某事物的一般性質，並叙述由此而必然產生的推論。
1 …だけに
a …だけに　到底是、正因為是。
（1）お茶の先生だけに言葉遣いが上品だ。／到底是茶道老師，講起話來很文雅。
（2）彼は現職の教師だけに受験についてはくわしい。／他到底是現任高中教師，對聯考情況非常熟悉。
（3）かれらは若いだけに徹夜をしても平気なようだ。／他們到底年輕，即使熬個通宵也不在乎。
（4）今回の事故は一歩まちがえば大惨事につながるだけに、原因の究明が急がれる。／正因為此次事故差一點釀成重大慘案，所以要儘快查明原因。

表示由於前項事情理所當然地導致後來的狀況。

b …だけになおさら　正是因為…更加…。
（1）横綱の意地があるだけになおさら大関には負けられないでしょう。／正是因為要有横綱的氣概，所以就更不能輸給大關了。
（2）彼女は若かっただけになおのことその早すぎた死が惜しまれる。／正是因為她還年輕，所以對她過早謝世感到非常的婉惜。
（3）苦労しただけになおさら今回の優勝はうれしいでしょうね。／正是因為付出了很多，所以對這次的取勝才感覺格外的高興。
（4）現地は暑さに加えて、飲み水も不足しているだけになおさら救援が待たれる。／正是因為當地不僅炎熱，而且缺乏飲用水，所以就更加期

待救援。

表示"因爲…原因, 當然更加…"的意思。例(2)的"なおのこと"也同樣可以使用。

c …だけに(かえって) 正因爲…(反倒…)。

(1) 若くて体力があるだけにかえって無理をして体をこわしてしまった。/正因爲他年輕, 有體力, 所以反倒逞強, 結果把身體搞壞了。

(2) 今まで順調だっただけにかえって今度の事業の失敗は彼に致命的な打撃となった。/正因爲他過去太順利了, 所以這次事業上的失敗, 對他是一次致命的打擊。

(3) 優勝確実と期待されていただけに、負けたショックからなかなか立ち直ることができなかった。/正因爲大家都期待着我們肯定能得冠軍, 所以才很難從這次失敗的陰影中擺脫出來。

(4) 助からないと思っていただけに、助かったときの喜びは大きかった。/正因爲本來以爲没救了, 所以當被救出來時, 那高興的心情就別提了。

表示結果與預料的相反的意思。多用於與願望相反, 得到不好結果的場合。但如例(4)所示, 也可以用於好的結果。

d NがNだけに (表示從其性質考慮)

(1) 祖父は今年90歳で元気だが、歳が歳だけに昼間もウトウトしていることが多くなってきた。/我爺爺今年90歲了, 身體還蠻好, 但畢竟是上了年紀, 最近白天也經常迷迷糊糊地打盹兒。

(2) この商品は今までの物よりもずっと性能がいいのですが、値段が値段だけにそうたくさんは売れないでしょう。/這種商品比過去的東西性能要好多了, 但價錢也很可觀, 估計不會賣出去很多吧。

→【が1】3

2 …だけのことはある 到底没白…、到底不愧是…

(1) うまい魚だ。とれたてを送ってもらっただけのことはある。/這魚真不錯。他們費那麼大工夫把新鮮的魚送來, 還真没白忙一場。

(2) A: このナイフ、いつまでもよく切れるね。/這把刀老是那麼快啊。
    B: 買った時は高いと思ったけど、それだけのことはあるね。/買的時候覺得它那麼貴, 看來這錢没白花啊。

(3) A: 杉島さんの英語の発音、とってもきれいね。/杉島的英語發音真標準啊。
    B: そうね、さすがにイギリスに留学していただけ

のことはあるわね。／是啊，到底没白去英國留學一趟啊。
（4）彼女は学校の先生をしていただけあって、今も人前で話すのがうまい。／她到底不愧是當過學校的老師，到現在她還特別會當着衆人講話。

表示與其做的努力、所處地位、所經歷的事情等相稱的意思。對其相稱的結果、能力、特長等給予高度評價。

【だけど】

但，但是。

（1）2時間待った。だけど、彼は現れなかった。／我等了兩個小時。但是，他没有來。
（2）朝から頭が痛かった。だけど、彼女との約束を破るのはいやだった。／從早上起來就頭疼。但是，我不願意失約於她。
（3）みきさんの言いたいことはわかる。だけど、決まったことは変えられない。／三木的意見我們也可以理解。但是，已經決定了的事情不能改變。
（4）仕事が山ほどたまっている。だけど、なかなか働く気になれない。／儘管工作堆得像山一樣。但我没有心思去做。

表示後續事項與前述事項的預想相反。在比較生硬的文章語中一般很少使用。另外，不能用於句子當中。

（誤）2時間待っただけど、彼は現れなかった。

是"だれれども"較隨便的表達方式。其禮貌形式爲"ですけれども"。

【だけに】

→【だけ 3】

【ただ】

1 ただ＜限定＞ 只是、只、唯。

（1）その絵はただ古いだけであまり値打がない。／這幅畫只是舊，没有什麼價值。
（2）悪いのはこちらの方だから、ただひたすら謝るほかはない。／都是我們不對，所以只有向人家賠禮道歉。
（3）部下はただ命令に従うのみだ。／部下只要服從命令就行了。
（4）ただご無事をお祈りするばかりでございます。／我祈望你們平安無事。
（5）ただ一度会っただけなのにあの人が忘れられない。／雖然我只見到過他一次，却永遠也忘不了他。
（6）これまで学校をただの1日も休んだことはない。／到目前爲止，我上學連一次假都没有請過。
（7）外はただ一面の雪であった。／窗外唯見一片白雪茫茫。

表示限定除此以外，没有其他。常與"だけ"、"のみ"、"ばかり"等一起使用。意

思是"只有"。如例（5）、（6）表示數量極少時，可與"たった"、"ほんの"替換。

2 …ただ 就是、唯獨。

（1）　おもしろい計画だね。ただ金がかかりそうだ。／這個計劃挺有意思。就是看來要花不少錢。

（2）　A：この椅子はずいぶんしっかりした作りですね。／這把椅子做得真夠結實的啊。
　　　B：ええ、ただ少し重いのでお年寄りにはちょっと不便かもしれません。／是的，就是分量重了點，恐怕對老年人來講，不大方便。

（3）　あいつは悪いやつだ。ただ家族にはやさしいようだが。／那傢伙不是個好東西。唯獨對他自己家人倒挺仁慈的。

（4）　A：お母さん、アメリカに留学する話。賛成してくれるでしょ？／媽，我去美國留學的事。您同意吧。
　　　B：私はいいんだけど、ただね、お父さんがどういうかと思って…。／我倒不反對，就是不知道你爸爸他怎麽說。

用於表述其他條件或例外的情況。對前述事項進行補充。是口語。在書面語中使用"ただし"。

【ただし】

但，不過。

（1）　テニスコートの使用料は1時間千円。ただし、午前中は半額となります。／網球場的使用費爲1小時1千日元。但上午是半價。

（2）　ハイキングの参加費はバス代を含めて一人2千円です。ただし、昼食は各自ご用意ください。／參加這次徒步旅行的費用，包括交通費在内，每人2千日元。但午飯請大家自備。

（3）　病人は少し落ち着いてきましたから面会はかまいません。ただし、興奮するといけませんから、あまり長く話さないようにしてください。／病人基本上穩定下來了，所以可以探視。不過，因爲病人還不能過於興奮，所以請不要跟他講太多的話。

（4）　日曜日は閉店します。ただし、祭日が日曜日と重なる場合は開店します。／星期天不開門。但逢假日與星期天爲同一天時，照常營業。

（5）　診察時間は夜7時まで。ただし、急患はこの限りではない。／門診時間到晚上7點。但急診不受此限制。

用於陳述與前述事項相關的更加詳細的注意事項或非同一般的情況。

【ただでさえ】

平時就…、本來就…。

（1） お父さんはただでさえうるさいのだから、病気にでもなったらああしろ、こうしろと大変だろうね。／爸爸平時就夠嘮叨的，要是再一生病，更是一會兒叫人做這個，一會兒叫人做那個，我看你夠煩了吧。

（2） ただでさえ人手がたりなくて困っているのに、こんな小さな会社で一度に三人もやめられたらどうしようもない。／本來就人手不夠忙的昏頭轉向，這麼一個小公司，一下有三個人辭職，簡直沒法辦了。

表示"即使在一般情況下也…"的意思。用於表述即使在一般情況下都這樣，更何況是在非一般情況下，肯定程度更加嚴重的場合。

【たっけ】

…來着。

（1） きのうの晩ご飯、なに食べたっけ。どうもよく覚えていないな。／昨天的晚飯吃什麼來着，我怎麼根本不記得了啊。

（2） A：試験は何課からだったっけ。／考試是從第幾課開始來着？
　　　B：5課からだよ。／從第5課啦。

→【っけ】

【だったら】

那、那樣的話。

（1） A：この仕事、私一人じゃとても無理だと思います。／這件工作我一個人可完成不了。
　　　B：だったら私が手伝いますよ。／那我來幫助你吧。

（2） A：どうしても彼には言えないよ。／我無法對他說。
　　　B：だったら私が言います。／那，我來告訴他吧。

（3） A：先生、入院なさったらしい。／老師好像住院了。
　　　B：だったら、しばらくは授業はないね。／那，我們這段時間得停課啦。

表示"如果那樣的話"的意思。用於聽到對方的講話，或得到某種新信息後，表明説話者的態度或做出某種推測的場合。是口語。與之意思相似的表達方式還有"それなら"、"それでは"。

【たって】

1 …たって　即使…、再…。
[A-くたって]
[V-たって]

（1） 遅くなったって、必ず行きますよ。／即使晚了，我也一定

去。
(2) あの人はいくら食べたって太らないんだそうだ。／聽説他無論怎麼吃都不會胖。
(3) いまごろ来たって遅い。食べ物は何も残っていないよ。／你來的太晚了。吃的東西都沒了。
(4) あの人はどんなにつらくたって、決して顔に出さない人です。／他這個人，即使多麼痛苦也從不表現在臉上。
(5) いくら高くたって買うつもりです。めったに手に入りませんから。／再貴我也要買。因爲這東西很難買到。
(6) 笑われたって平気だ。たとえ一人になっても最後までがんばるよ。／即使有人笑話我也不在乎。就是剩下我一個人也要堅持到底。

是"ても"較隨便的説法。

→【ても】

2…たって

a …ったって　説是…。

(1) 高いったって一万円も出せば買える。／即使説貴出一萬日元也買下來了。
(2) A：日曜日なんだから、どっか出かけましょうよ。／今天是星期天，我們出去逛逛吧。
　　B：出かけるったって、どこも人でいっぱいだよ。／出去逛逛，那到哪兒都不是一堆人吶。
(3) ストレス解消には、なんてったってスポーツが一番ですよ。／解除精神疲勞最好的方法就是體育運動。

是"といっても"較隨便的説法。是"たって"前加了促音而形成的。例(3)中的"なんてったって"也可以説成"なんたって"。

→【といっても】

b V-ようったって　即使要、即便想。

(1) 帰ろうったって、こんな時間じゃもう電車もバスもない。／即便想回家，都這個時候了，既没有電車也没有巴士了。
(2) こんなにへいが高くては、逃げようったって逃げられない。／牆這麼高，你想逃也逃不了啊。
(3) 連絡しようったって、どこにいるかさえわからないのに無理だ。／即使想跟他聯絡，可是也不知道他人在哪兒，没法聯絡。
(4) A：ちょっと休もうよ。／稍微休息一下吧。
　　B：休もうたってベンチもなにもないよ。／休息，連個凳子都没有，怎麼休息啊。

是"V-ようといっても"較隨便的説法。表示"即使要…也…"的意思。後續

表達方式多爲"這很難辦,辦不到"等意思。

【だって₁】

1 …だって＜詢問＞（表示反問）。

（1） A：あっ、地震だ。／啊,地震啦。
　　　 B：地震だって？ちがうよ。ダンプカーが通っただけだよ。／地震？不對,只是過去了一輛自動卸貨卡車。

（2） A：あの人、男よ。／那人是個男的。
　　　 B：男だって？ぜったいに女だよ。／男的？不,絶對是個女的。

（3） A：太郎、テストどうだった？／太郎,考試考得怎麼樣啊？
　　　 B：おもしろかったよ。／挺有意思的。
　　　 A：おもしろかっただって？むずかしかったとか、やさしかったけど問題が多かったとかほかに答えようがあるだろう。／挺有意思的？你不會説説是難啦,還是容易啦,或是題太多啦什麼的。

（4） A：福田さん、美人コンテストに出るらしいよ。／聽説福田要參加選美比賽喔。
　　　 B：美人コンテストですって？今ごろそんな時代遅れのコンテストなんかどこでやってるのよ。／選美比賽？現在哪還在搞那麼老掉牙的比賽呀。

（5） A：ヘリコプターがまだ到着しないんですが。／直升飛機還没有到啊。
　　　 B：なんだって？そりゃ大変だ。／什麼？那可要壞事了啊。

　　重覆對方的話語,表示自己吃驚、驚訝的心情。有時也可表示自己不滿的心情。一般爲上升語調。
　　是較隨便的口語,使用較禮貌的形式可説成"…ですって",但也只能用於身分,地位低於自己或較親近的人。在表示非常驚訝時,除可以使用例（5）中的"なんだって"以外,還可以使用"なんですって"、"なんだと"等。

2 …んだって　→【って】5

3 …なんだって　→【って】5

【だって₂】

1 Nだって　連…、就説…。

（1） それぐらいのことは子供だって知っている。／這點事連孩子都知道。

（2） 先生だって間違うことはある。／老師也有錯的時候。

（3） 医者だって風邪ぐらいひくよ。／醫生也會得感冒的。

（4） つらいのはあなただけじゃ

ない。浅田さんだって、坂田さんだってみんながまんしてるんです。／痛苦的不光是你一個人。就説淺田、坂田他們吧，都痛苦，但大家都忍着呢。
(5) 好き嫌いはありません。魚だって肉だってなんだって大丈夫です。／我没什麼忌諱。什麼魚啦、肉啦，都可以。
(6) あの子はこのごろ帰りが遅い。きのうだって11時過ぎていた。／這孩子最近很晩才回家。就説昨天吧，回來都過11點了。
(7) だれにだって一つや二つは秘密がある。／誰都有一、兩件個人秘密。

表示"でも(即使)"的意思。例(1)、(2)、(3)是擧出極端的事例，表示"連…"的意思。例(4)、(5)、(6)等是擧例說明，"不僅A，連B、C都…"的意思。是較隨便的口語。

2 疑問詞(＋助詞)＋だって　…都…。
(1) そんな仕事はだれだってやりたくない。／那種工作，誰都不願意做。
(2) 助けが必要なら、いつだって手伝いますよ。／如果需要幫助，我什麼時候都可以幫你。
(3) だれにだって、泣きたいときはある。／無論是誰，都有想哭的時候。
(4) どんなにつらいときだって、泣いたことはない。／無論多麼痛苦的時候，決没有哭過。

意思與"疑問詞(＋助詞)＋でも"的形式相同。表示"無論多麼…全都…"即全面肯定的意思。

【だって₃】
（表示申明理由）。
(1) A：どうして外で遊ばないの。／你怎麼不到外面去玩啊？
　　B：だって寒いんだもん。／外面冷嘛。
(2) A：にんじん、残さずにちゃんと食べなさい。／紅蘿蔔不能剩，都得吃了。
　　B：だってきらいだもん。／我不喜歡吃嘛。
(3) A：夕刊まだかな。／晩報還没來啊。
　　B：だって、今日は日曜日でしょ、来ないわよ。／因爲，今天是星期天嘛，没有晩報。
(4) A：きのうはどうして待ってくれなかったの。／昨天你爲什麼不等我啊。
　　B：だってあそこの喫茶店、人が多くて居づらかったんだよ。／唉，那家咖啡店人太多，没法待呀。

表示被問及理由時，說明"爲什麼"的場合。如例(2)、(3)所示，即使没有明確被問及理由也可以使用。特別是孩子回答大人時，常使用"だって…もん／も

ん"。當然大人也可以使用,是較隨便的口語。

【たて】

剛…、新…。

［R－たてのN］
［R－たてだ］

（1）覚えたての外国語で話してみる。／我試着用剛學會的外語説説。
（2）ここのパンは焼きたてで、おいしい。／這兒的麪包是剛烤好的, 很好吃。
（3）彼女は先生になりたてだ。／她剛當老師不久。
（4）畑でとれたてのトマトをかじった。／在田裡吃了剛摘下來的紅蕃茄。
（5）しぼりたてのオレンジジュースはいかがですか。／來一杯現榨的柳橙汁怎麽樣？
（6）《貼紙》ペンキぬりたて。さわるな。／《標語》油漆未乾,請勿觸摸。

接動詞連用形後, 表示"剛剛…"的意思。但能夠使用的動詞有限。

（誤）読みたての本。
（正）読んだばかりの本。／剛讀過的書。

【だと】

（表示反問）。

（1）A：今日は学校に行きたくないな。／今天我不想去學校啦。
B：なに？行きたくないだと？そんなことは言わせないぞ。／什麽？不想去學校啦？這種事情我可不答應啊。
（2）子：お父さんが悪いんだ。／孩子：是爸爸不好嘛。
父：何だと？もう一度言ってみろ。／父親：什麽？你敢再説一遍！
（3）大雪警報が出てるから旅行は取りやめだとさ。／説是有大雪警報所以旅行取消了。

是比"だって"更粗俗的表達方式。只限男性使用。
→【だって1】

【だといい】

要是這樣就好了。

（1）A：みんな今頃安全な場所に避難していますよ。／目前, 大家都已經躲避到比較安全的地方了。
B：だといいが。心配だ。／要是這樣就好了。但我還是有點兒不放心。
（2）A：彼は慎重だから、危ない運転はしませんよ。／他很穩重, 不會亂開車的。
B：だといいけど。本当に大丈夫かしら。／要是這樣就好了。真的沒事吧。

(3) A：子供達もきっとこのプレゼントに大喜びしますよ。／孩子們也一定會喜歡這些禮物的。
　　B：だといいね。／要是這樣就好了。

在會話中。用於句首。與"そうだといい(這樣就好了)"意思相同。後面常伴有"が"、"けれど"、"けど"等。用以表示"希望能這樣"的意思。也可以說"それだといいが"、"そうだといいけど"等。

【だといって】

(但不能)因此而。

(1) A：これは全面的にあいつが悪い。／這件事百分之百是那傢伙不對。
　　B：だといって、困っているのを見捨てるわけにもいかないだろう。／但也不能因此就對他見死不救吧。
(2) A：こちらも人が足りないんですよ。／我們這兒還人手不够呢。
　　B：だといって、放っておけないでしょう。／那也不能就袖手旁觀吧。

與"そうだといって"、"だからといって"意思相同。

→【だからといって】

【たとえ】

即便、即使、哪怕。

(1) たとえその事実を知っていたところで、私の気持ちは変わらなかっただろう。／哪怕我知道事情的真相，我的想法意也不會改變。
(2) たとえ子どもでもやったことの責任はとらなくてはいけない。／即使是小孩子，也要對自己做的事情負責。
(3) たとえどんなところに住もうとも、家族がいればいい。／無論住在什麼地方，只要有家人在一起就行。
(4) たとえ大金をつまれたとしてもそんな仕事はやりたくない。／即使能賺到大錢，我也不想做這種事情。

表示"即使假定能…"的意思。"たとえ"後面常伴有"ても、とも、たところで、としても"等表示讓步的表達方式。例(3)中的"住もうとも"是"住んだとしても"的書面性語言表達形式。

【たとえば】

比如、像、假設、假如。

(1) 飲物でしたら、たとえばコーヒー、紅茶、ジュースなどを用意してあります。／飲料的話，我們準備了一些，比如咖啡、紅茶、汽水等等。
(2) 日本語の中には、たとえばパン、ドア、ラジオなどたくさんの外来語が入っている。／日語中有許多外來語，像麵包、門、收音機等都是。

(3) ゆっくり過ごすとしたら、たとえば温泉なんかどうですか。／你要是想好好休息的話,比如可以洗温泉啦什麼的。

(4) A：このごろ運動不足なんだ。だけどスポーツするひまもないし金もないし。／最近我很缺乏運動。但是即使我想運動,可是又没有時間又没有錢。

B：わざわざ出かけなくても、たとえばバスをやめて、駅まで歩くとかいろいろあるでしょ。／你也用不着專門去運動,比如你可以不坐巴士走到電車站等等,有各式各樣的鍛鍊方法嘛。

(5) たとえばこの方程式のXを2とすると、Yは5になる。／假設這個方程式的X是2,那麼Y就是5。

(6) たとえば今ここに1億円あるとしたら、何に使いたい？／假如現在這有一億日元,你打算怎麼用？

(7) たとえば地球上に飲み水がだんだんなくなっていくとしますね。そういう場合どうするか。海水の淡水化ということが当然考えられるでしょう。／假設地球上的飲用水越來越少。這時將怎麼辦呢？當然會考慮到把海水淡化這一辦法吧。

用於舉出具體事例來進一步説明前一事項。如例(5)、(6)用於假設舉例時,後面常伴有"とすると"、"としたら"等。

【だとすると】

那樣的話、那樣一來。

(1) A：近くに大きなホテルができるのは確実です。／這附近肯定要建一座大飯店。

B：だとすると、この町の雇用率が上がるかもしれませんね。／那樣的話,説不定這個城鎮的就業率會上升呢。

(2) A：飛行機が10時間も遅れてるんだそうです。／聽説飛機誤點10個多小時呢。

B：だとすると、彼の帰りはあしたになるな。／那樣一來,他就得明天才到家了。

與"だとすれば"意思基本相同。還可以説"そうだとすると"。

→【だとすれば】

【だとすれば】

那樣的話。

(1) A：近くに大きなホテルができるのは確実です。／這附近肯定要建一座大

飯店。
B：だとすれば、この町の雇用率が上がるかもしれませんね。／那樣的話，説不定這個城鎮的就業率會上升呢。
（2）A：この写真は、夏に京都でとったものです。／這張照片是夏天在京都照的。
B：だとすれば、彼は去年の7月に日本にいたことになりますね。／那樣的話，説明他去年7月份在日本吧。

用於句首，以對方的講話爲依據，表示説話者的推測或判斷。意思是"根據這樣的事實或情況來判斷的話"。與"それなら"意思相近，但"だとすれば"較生硬。可以用於書面語。還可以説"そうだとすれば"、"だとすると"、"そうだとすると"等。

【だなんて】

説什麼。

（1）今頃になって気が変わっただなんてよく言えますね。／到這個時候了又説什麼改變主意，虧你還説得出口。
（2）約束したのに、できなかっただなんて、ひどい。／都約定好了，又説什麼没完成，太過份了。
（3）予約できるかもしれない、だなんて、無責任な言い方ですね。／説什麼可能能預約到，這也太不負責任了。
（4）事故で死んでしまうだなんて、あんまりだ。／就這麼遇難死了，也太無情了。

用於重覆對方的話，並表示責難或批評。又如例（4）所示，也可以表示對非自己責任的事情的一種責難或悲痛的心情。也可以單獨使用"なんて"。

【だにしない】

連…都不…、根本就不…、只要…就…。

[Nだにしない]

（1）このような事故が起きるとは想像だにしなかった。／居然會發生這種事故，我連想也没想過。
（2）衛兵は直立不動のまま、微動だにしない。／衛兵站得筆直，一動也不動。
（3）そんな危険をおかすなんて考えるだに恐ろしい。／要冒這種危險，一想起來都害怕。
（4）一顧だにしない。／不屑一顧。
（5）一瞥だにしない。／看都不看一眼。

是文言表達方式，表示"連…都不…"、"根本不…"的意思。

也可以用於肯定形式，如"思うだに恐ろしい（光想起來都害怕）"，表示"只要…就…"的意思。

例（4）、（5）是慣用形式，例（4）表示"根本就不回頭去看"，例（5）表示"連一眼都不看"的意思。

【だの】

(表示列舉)…啦…啦…。

[N／Na だの　N／Na だの]
[A／V だの　A／V だの]

（1）彼女は市場に出かけると、肉だの野菜だの持ちきれないほど買ってきた。／她一到菜市場．就又是買肉啦又是買菜啦．一直買到最後都拿不了了才罷休。

（2）同窓会には中村だの池田だの、20年ぶりのなつかしい顔がそろった。／在老同學的聚會上．見到了中村呀、池田呀．淨是些20多年都沒見的老朋友。

（3）チャリティーバザーには有名人の服だのサイン入りの本だのいろいろなものが集まった。／在義賣市場上又是名人穿過的衣服啦．又是帶簽名的書啦什麼的．應有盡有。

（4）彼は、やれ給料が安いだの休みが少ないだのと文句が多い。／他老是那麼多牢騷．一會兒說工資低啦．一會兒又嫌休息日少啦。

（5）彼はいつ会っても会社をやめて留学するだのなんだのと実現不可能なことばかり言っている。／每次見到他都嘮叨些不可能實現的事情．什麼辭掉公司去留學啦什麼的。

如"やら"、"とか"等．用於列舉一些事例．但如例（4）、（5）所示．其內容含意多為負面的．表示"總是那麼嘮嘮叨叨的令人討厭"的意思。又如例（5）中的"…だのなんだの"是一種慣用形式。

【たび】

→【このたび】

【たびに】

每、每次。

[Nのたびに]
[V-るたびに]

（1）健康診断のたびに、太りすぎだと言われる。／每次體檢都說我太胖。

（2）山に行くたびに雨に降られる。／每次爬山都遇上下雨。

（3）父は出張のたびにかならずその土地の土産を買ってくる。／父親每次出差都要買一些當地的土產回來。

（4）ふるさとは帰るたびに変わっていって、昔ののどかな風景がだんだんなくなっていく。／每回一次老家都感到有所變化．過去的那種幽雅的田園風光越來越少了。

（5）彼女は会うたびにちがうメガネをかけている。／每次見到她都換一付不一樣的眼鏡。

（6）この写真を見るたびにむかしを思い出す。／每看到這張

照片就想起過去。
表示"反覆發生的事情的每一次"、"一……總是…"的意思。

【たぶん】
大概、也許。
(1) たぶん田中さんも来るでしょう。／大概田中也會來吧。
(2) あしたはたぶん雨だから、今日のうちに洗濯しておこう。／明天也許要下雨，所以今天把衣服洗了吧。
(3) A：だいじょうぶでしょうか。／你行嗎？
　　B：たぶん。／也許行吧。
(4) これでたぶん足りると思うけど、念のために、もう少しもっていこう。／我想這些也許就夠了，但為了保險起見，再帶一些吧。

表示説話者的推測。語氣比"きっと(肯定)"要弱一些，但表示推測的可能性很大。比"おそらく(也許)"的口語性要強。

【たまらない】
1 たまらない　難耐、難以。
(1) A：毎日、車の音がうるさくて眠れないんです。／每天被汽車的噪音吵得睡不着覺。
　　B：それはたまりませんね。／那可真夠難受的啊。
(2) A：あの湖ではおもしろいほど魚がつれるんだよ。／在那個湖裡能釣到好多魚，真有意思。
　　B：つり好きにはたまらないね。／這對喜歡釣魚的人來説，可是要垂涎三尺啊。
(3) A：戦争で家も家族も全部なくしたんだそうだ。／聽説在戰爭中，他失去了家和家人。
　　B：たまらない話ね。／真夠悲慘的啊。

表示"無法忍耐"的意思。例(1)的意思是"難以忍受"，例(2)的意思是"好得按耐不住"，例(3)的意思是"聽起來就讓人悲傷"。

2 …てたまらない　…得不得了、太…。
(1) 和子はあしたから夏休みだと思うとうれしくてたまらなかった。／和子一想到明天就要放暑假了就高興得不得了。
(2) 最近はじめたばかりのスキューバダイビングがおもしろくてたまらない。／最近我剛剛開始玩潛水運動實在太有趣了。

→【てたまらない】

【ため】
1 Nのため＜有益＞　為、為了。
(1) こんなにきついことをいう

のも君のためだ。／説得這麼嚴厲也是爲了你好。
(2) みんなのためを思ってやったことだ。／我這是爲大家做的。
(3) 家族のために働いている。／爲了家人在工作。
(4) 子供たちのためには自然のある田舎で暮らすほうがいい。／要是爲了孩子，還是住到有自然風光的鄉下去好。
(5) 過労死という言葉がありますが，会社のために死ぬなんて馬鹿げていると思います。／有個詞叫"過勞死"，但我覺得爲公司而累死也太傻了。

接表示人物或事物的名詞後，表示對其有益的意思。稍陳舊一點的説法還可以説"Nがため"。

2 …ために＜目的＞
a …ために　爲、爲了。
[Nのために]
[V-るために]
(1) 世界平和のために国際会議が開かれる。／爲世界和平召開國際會議。
(2) ここの小学校では異文化理解のために留学生をクラスに招待している。／這裡的小學爲了加強對不同文化的理解，把留學生請到了班上。
(3) 外国語を習うためにこれまでずいぶん時間とお金を使った。／到目前爲止，我爲學習外語已經花掉了不少時間和金錢。
(4) 入場券を手に入れるために朝早くから並んだ。／爲買到入場券一大早就去排隊。
(5) 家を買うために朝から晩まで働く。／爲買房子從早到晚地工作。
(6) 疲れをいやすためにサウナへ行った。／爲了解除疲勞，我去洗了三溫暖。

表示目的。以"…ために"的形式表示目的時，需要前後從句爲同一主語。因此以下的(例1)可以解釋爲目的，而(例2)只能解釋爲原因。

(例1) 息子を留学させるために大金を使った。／爲了讓兒子留學花了不少錢。
(例2) 息子が留学するために大金を使った。／因爲兒子留學花了不少錢。

另外，"ために"前面的從句要求是由自己的意志可以實現的事情。如果是表示要實現某種狀態的話，則不能使用"ために"，而要使用"ように"。

(誤) 聞こえるために大きい声で話した。
(正) 聞こえるように大きい声で話した。／爲了讓大家聽見而大聲説話。
(誤) よく冷えるために冷蔵庫に入れておいた。
(正) よく冷えるように冷蔵庫に入れておいた。／放在冰箱裡讓它涼透。

b V-んがため　爲了。
(1) 生きんがための仕事。／爲了生存而工作。

(2) 子供を救わんがため命を落とした。／爲了救孩子而獻出了生命。

其形式是將"V-ない"中的"ない"換成"ん"而形成的。用"する"時的形式是"せんがため"。表示"以…爲目的"的意思。是一種文言表達方式。常用於慣用形式。例(1)的意思是"爲了生存"，例(2)的意思是"爲了救"。另外還可以説"V-たいがため"。

3 …ため＜原因＞

a …ため 由於、因爲。

[Nのため]
[Na なため]
[A／V ため]

(1) 過労のため3日間の休養が必要だ。／由於勞累過度，需要休息3天。
(2) 暑さのために家畜が死んだ。／因爲酷暑，家畜都死了。
(3) 事故のために現在5キロの渋滞です。／因爲發生了交通事故，現在有5公里的交通堵塞。
(4) 台風が近づいているために波が高くなっている。／由於颱風接近，風浪很大。
(5) 去年の夏は気温が低かったために、この地方では米は不作だった。／由於去年夏天氣溫偏低，這一帶的稻米欠收。
(6) 株価が急落したために市場が混乱している。／由於股票價格暴跌，市場發生混亂。
(7) この辺は、5年後にオリンピックの開催が予定されているために、次々と体育施設が建設されている。／因爲預定5年後要在這裡舉行奧林匹克運動會，所以不斷地建起新的體育場館設施。

表示"由於…原因"的意思。類似的表達方式還有"…せいで"、"…おかげで"等。

b ひとつには…ためである 原因之一是…。

(1) 彼の性格が暗いのは、ひとつにはさびしい少年時代を送ったためである。／他性格孤僻的原因之一是因爲他的少年時代過於寂寞造成的。
(2) 市民ホールが建たなかったのはひとつには予算不足のためである。／市民大廳没建成的原因之一是因爲經費不足。

用於表述其中原因之一。是書面性語言表達方式。

c …のは…ためだ
→【のは…だ】3

【ためし】

1 ためしに…てみる 試着…、…試試。

(1) 先月できたレストランはおいしいという評判だ。ためしに一度行ってみよう。／上個月開張的餐館大家都説味道不錯。我們也去品嘗看看

吧。
(2) テレビで宣伝していたシャンプー、ためしに買ってみましょう。／這是電視上一直宣傳的洗髮精，買一瓶試試吧。
(3) 新発売のインスタントラーメンためしに買ってみたがおいしくなかった。／試着買了一包新上市的速食麵，但是並不好吃。

表示"嘗試性地做一下,以辨別好壞"的意思。

2 V-たためしがない　從來沒有…。
(1) 彼女は約束の時間を守ったためしがない。／她從來就沒有遵守過約會的時間。
(2) 彼は競馬が好きだが、彼の予想は一度も当ったためしがない。／他很喜歡賭賽馬，但是他的預測從沒中過一次。
(3) 彼とはよく食事をするが、おごってくれたためしがない。／我經常和他一起吃飯，但他就從來没請過我一頓。
(4) 息子はあきっぽくて、何をやっても三日と続いたためしがない。／我那兒子做什麼都没耐性，做任何一件事情都没有堅持過三天以上的。

表示"至今爲止從没有過一次"的意思。多半是責難的語氣。

【たら₁】
[N／Na　だったら]
[A-かったら]
[V-たら]

這是述語的一種活用形，表示條件或契機。其用法與接續助詞"と"、"ば"、"なら"等有相吻合的部分。與表示普遍法則或真理的"一般條件"的用法相比，此句型更側重於表示特定的個別事物的具體條件。與另外三個接續助詞相比較，句尾所受限制少，常用於口語。其禮貌體可爲"N／Naでしたら"、"V-ましたら"，但イ形容詞没有禮貌體。較陳舊的説法可加助詞"ば"成爲"たらば"。

1 …たら＜假定條件＞
表示個別事物之間的關係爲"當X實現時Y則實現"或"要求只要X實現了Y就要實現"的關係。其中X可以是未實現的事物也可以是已經實現的事物，但Y始終爲未實現的事物。表述Y時，可以用表示未實現的"普通叙述句"，也可以用表示意志，希望等的"情感表達句"或者是表示命令，禁止，勸誘等的"祈使句"等等。

a …たら＋未實現的事物　要是、要、…了的話、一到…。
(1) 雨だったら道が混雑するだろう。／要是下雨的話，道路會很擁擠的。
(2) もしも、あまり高かったら誰も買わないでしょう。／如果太貴了的話，就不會有人買了。
(3) 万一雨が降ったら試合は中止です。／萬一要下雨的話就停止比賽。
(4) この薬を飲んだらすぐにせき

はとまりますが、3時間たったら効き目がなくなります。／喝了這個藥，咳嗽馬上就會止住，但是過了3個小時，藥性就會失效。

(5) あんなに美人だったら、男性がほうっておかないだろう。／那麼漂亮的女人，男人們不可能放過她吧。

(6) ここまで来たら、一人でも帰れます。／到了這兒，我自己就能回去了。

(7) そんなにたくさん食べたらおなかをこわしますよ。／你吃那麼多要把肚子吃壞啊。

此時 Y 是對某一未實現的事物進行敘述的用法。句尾的述語形式一般爲辭書形或加上表示推量的"だろう"的形式。

在例(1)～(4)當中，X 和 Y 均表示未實現的事物，即表示當 X 實現時 Y 則實現的意思。當 X 表示的是尚未實現且不確定的事物或基本不可能實現的事物時，可使用"もし(如果)"、"万一(萬一)"等來表示假定。例(4)表示的是"X 發生以後 Y 則發生／實現"的這樣一種對未來事物按其先後順序進行表述的用法。所以假定的意思比較薄弱。

在例(5)～(7)當中，X 表達的是已經實現的事物，在此基礎上對另一事物 Y 進行預測。在表示 X 時，常伴有指示現狀的指示代詞"こ／そ／あ"等。

"たら"側重於表示個別的事物，在表述經常性的近乎真理或法則似的"一般條件"時很難使用。但是在口語中，如以下各例所示，在表達一些個人的習慣或者是特定事物的反覆動作時，也可以使用。

(8) いつも、5時になったらすぐ仕事をやめて、テニスをします。／每天一到5點鐘我就馬上停止工作，去打網球。

(9) ここは冬になったら雪が1メートルぐらいつもる。／這裡每一到冬天就要積一公尺多厚的雪。

(10) ふだんは昼ご飯を食べたら昼寝をしますが、今日は買物に行かなければなりません。／平常我吃了午飯就睡一會兒午覺，可是今天得去買東西。

(11) 古くなったらすぐに新しいのに買いかえるというような生活では、お金は貯まらない。／東西一舊就換新的，像這樣的生活存不了錢的。

在例(8)～(11)當中，表示"一旦 X 實現，Y 即實現"的意思。即 X 表示的是 Y 實現的時間條件，只要在這種時間條件下，Y 則可以反覆實現。在這種情況下，"たら"可以與"と"替換。

b…たら＋情感表達・祈使 …了的話、如果要是…了、…了…就…、…的話。

(1) この仕事が完成したら、長い休みをとるつもりだ。／完成了這項工作以後，我打算長期休息一段時間。

(2) もしも1千万円の宝くじに当たったら、何でも買ってあげますよ。／如果要是中了一千萬日元的獎券的話，你想

要什麼我都給你買。
(3) 教師になったら子どもたちにものをつくる楽しさを教えたい。／當了教師的話，我想教孩子們做東西的樂趣。
(4) お風呂に入ったらすぐ寝なさい。／洗完澡就趕緊睡覺。
(5) この予防注射をしたら、風呂に入ってはいけません。／打了這種預防針以後不能洗澡。
(6) お酒を飲んだら絶対に運転はするな。／喝了酒就絕對不能開車。
(7) 宿題が済んだら遊びに行ってもいいよ。／作完作業以後就可以出去玩。
(8) A：あちらで野田さんに会われますか。／你在那能見到野田嗎？
B：ええ、その予定ですが。／是的，有這個計劃。
A：じゃ、お会いになったらよろしくお伝えください。／那，你見到他請帶我向他問好。
(9) もしも遅れたら、連絡してください。／如果要是晚了的話，請跟我聯絡。
(10) 会議が終わったら食事をしに行きましょう。／開完會以後我們去吃飯吧。

表示"當X實現以後，要／想實現Y"或"當X實現以後，就去／不許／可以／

請實現Y"的意思。後續Y一般爲表示説話者的意志、願望等的"情感表達方式"，或者是表示對聽話者的命令、禁止、允許、請求、勸誘等的"祈使句表達方式"。

"たら"一般用於表示某一具體時間、具體事物的關係。表述當X事物成立時的Y如何如何。即表示X在時間上先於Y。此時可以與"こういうことが起こった場合には(當這種事情發生時)"、"…した時に(當…時)"、"このあとで(而後)"等表達方式替換。另如以下各例所示，當"たら"的前面爲"ある"或形容詞時，則表示"在這樣一種情況下"的意思。後續部分則表示在這種情況下的説話人的意志、願望或對聽話者的要求或勸誘等。

如果内容涉及到聽話者的感情或意向等時，其用法則近似一種開場白。

(11) 暇があったら海外旅行をしたい。／有時間的話我想去國外旅行。
(12) 暑かったら、窓を開けてください。／你要是熱的話就打開窗戶。
(13) お暇でしたら、いらっしゃいませんか。／您要是有空的話要不要過來呢？
(14) そんなに勉強が嫌だったら大学なんかやめてしまえ。／要是那麼不願意學習，乾脆就別上大學了。
(15) 熱があったら休んでもいいよ。／發燒的話可以休息。

與"たら"相比較，接續助詞"と"、"ば"在使用上有一些限制。如"と"不能與"情感表達方式"或"祈使句表達方式"一起使用。而使用"ば"時，如X的動詞是表示動作、變化的動詞時，也很難與"情感表

達方式"或"祈使句表達方式"一起使用。
(誤) 結婚すれば仕事をやめたい。
(正) 結婚したら仕事をやめたい。／結了婚以後我想辭職。
(誤) お風呂に入ればすぐ寝なさい。
(正) お風呂に入ったらすぐ寝なさい。／洗了澡以後就趕緊睡覺。

c …たら＋詢問　要是…的話,…了。

（1）雨だったら試合は中止になりますか。／要是下雨的話比賽停止嗎？
（2）A：結婚したら仕事はやめるの。／結婚以後你要辭職嗎？
　　　B：ううん、しばらく続けるつもりよ。／不，我打算再工作一段時間。
（3）万一雨が降ったらどうしましょうか。／萬一下雨的話怎麼辦啊？
（4）A：もし宝くじに当たったら、何に使いますか。／如果你中了獎券你準備用來做什麼？
　　　B：すぐに使わないで貯金しておきます。／我不準備馬上用，要把錢存起來。
（5）A：大学を卒業したらどうするつもりですか。／大學畢業以後你準備做什麼？
　　　B：オーストラリアに留学したいと思っています。／我想去澳洲留學。
（6）A：社長はただ今出かけておりますが。／總經理現在外出不在。
　　　B：何時ごろでしたらお帰りでしょうか。／大約幾點鐘能回來？
（7）どのくらい勉強したら日本語の新聞が読めるようになりますか。／要學多長時間能看懂日文報紙啊？

這是以"XたらYか"的形式來要求聽話人回答的疑問句式的"たら"的用法。例(1)、(2)是要求回答"はい(是)"、"いいえ(不是)"的是非疑問句。例(3)～(7)是帶有"何(什麼)"、"どう(怎樣)"等疑問詞的疑問句。在例(3)～(5)的"XたらYか"當中,是Y的部分不明確,而在例(6)、(7)當中,則是X的部分不明確。

如例(6)、(7)所示,在問及好得到結果的方法,手段的疑問句當中,"たら"可以替換爲"ば",但如例(2)～(5),當X事物成立以後,Y事物還不知採取何種行動的疑問句當中,則一般只能使用"たら"。如果使用"ば"就會使句子變得不很自然。

(誤) 結婚すれば仕事をやめるつもりですか。
(正) 結婚したら仕事をやめるつもりですか。／結婚以後你打算辭職嗎？
(誤) 大学を卒業すればどうしますか。
(正) 大学を卒業したらどうしますか。／大學畢業以後你要做什麼？

d 疑問詞＋V－たら…のか　要多少…才…。

（1）何度言ったら分かるんだ。／説多少遍才能明白呀。
（2）人間は戦争という愚行を何度繰り返したら気がすむのであろうか。／人類要重覆多少遍戰爭這種愚蠢的行為才能覺悟過來呀。
（3）何年たったら一人前になれるのだろうか。／要過幾年才能獨立工作呢。
（4）何回繰り返したら覚えられるのか。／要重覆多少遍你才能記住呀。
（5）どれだけ待ったら平和な世界になるのだろうか。／要等多久才能實現世界和平呀。
（6）一体どうしたら今の思いを伝えることができるのか。／到底怎樣做才能使他們明白我現在的心情啊。

這是"何／どれだけ／どんなに"等疑問詞後接動詞タラ形構成的一種反語表達方式。表示"不管多少次／怎樣…事情也終不能如願"的意思。表現出一種對現狀的焦急甚至絕望的心情。句尾一般使用"のか"或"のだ／のだろう（か）"。"V-たら"可以與"V-ば"替換。

e …たらどんなに…か 要是…該多麼…。

（1）宝くじに当たったらどんなにうれしいだろう。／要是中了獎券該多高興啊。
（2）合格したら両親はどんなに喜んでくれるだろうか。／要是考上了父母該多為我高興啊。
（3）子供たちがもどってきたらどんなににぎやかになることか。／要是孩子們都回來了該多熱鬧啊。

表示"要是X實現了不知該有多好"的意思。表現出強烈希望X能實現。如果實現了的話則非常高興的心情。句尾一般使用"だろう（か）""ことか"等。

2 …たら＜與事實相反＞

a …たら …だろう／…はずだ 如果／要（不）是…就（不）會…了。

（1）あのとき精密検査を受けていたら、手遅れにならなかっただろう。／如果當時做了進一步詳細的檢查，可能還來得及治療。
（2）隕石が地球に衝突していなかったら恐竜は絶滅していなかったかもしれない。／要不是隕石撞擊了地球，也許恐龍還不會滅絕呢。
（3）ひどい話を聞かなかったら、こんなに酔うまで飲んだりしなかったにちがいない。／要不是聽到那麼氣人的話，我也絕不會喝到如此爛醉。
（4）あの時彼と結婚していたら、私の人生はもっと幸せだったはずだ。／當時要是和他結了婚，我的人生一定會更加幸福。
（5）あの当時この「薬の害」という本を読んでいたら今ごろ苦しまなくてもよかったの

に残念だ。／要是當初就看到這本《藥物之危害》的書，我也不至於受現在的這苦，真可惜。
(6) A：面接試験、うまくいった。／面試，考的如何？
　　 B：うまくいっていたら、こんな顔していないよ。／要是考好的話，也不會是這種表情啊。
(7) 点数があと10点高かったらこの大学に合格できるんだけど。／要是再多得10分就能考上這所大學了，可是…。

　　假定一種與實際發生的事情不符或相反的情況。表示如果是這樣的話就該怎樣怎樣的意思。如果是動詞，一般也都使用表示狀態的"V－ていたら"的形式。
　　當假定情況與事實相反時，如例(1)～(5)所示，句尾述語多爲"…ただろう／はずだ／のに"等，與夕形相關的形式。假定情況與現狀不符時，如例(6)，(7)所示，句尾述語常使用"…するのに／のだが"等，卽辭書形。
　　這種用法的"たら"可以與"ば"替換，但"たら"顯得更口語化一些。關於表示＜與事實相反＞的條件句的句型問題，詳細說明請參照【ば】4。

b …たらどんなに…か　要是…該多…啊。
(1) 背があと10センチ高かったらどんなによかっただろうか。／個子要再高10公分該多好啊。
(2) 10年前に彼女に会っていたらどんなによかっただろう。／要是10年前就見到她該多好啊。
(3) 祖母が生きていたら、どんなに喜んだことか。／要是祖母還活着，她該多高興啊。
(4) 今すぐあなたに会えたらどんなにうれしいだろうか。／要是現在馬上就能見到你該多高興啊。

　　這是X爲不可能實現或與現實相反的場合的用法。表示"要是X能實現的話，那不知該有多好啊"的意思。雖然強烈希望X能實現，但因爲其不可能，表現出一種非常惋惜的心情。
　　當假定的情況與現實相反時，如例(1)～(3)所示，後續爲"…ただろうか"的形式。當假定的情況尚未實現且不可能實現的事物時，如例(4)所示，後續爲"…るだろうか"的形式。

3 …たら…た＜既定條件＞　一…原來…、…了…就…。
(1) 空港に着いたら友達が迎えに来ていた。／到機場一看，我的朋友已經來接我來了。
(2) トンネルを出たら一面の銀世界だった。／出了隧道，眼前是一片銀白色的世界。
(3) 変な音がするので隣の部屋に行ってみたらねずみがいた。／聽到一種怪聲音，跑到隔壁房間去一看，原來有一隻老鼠。
(4) 山田さんは無口でおとなしい人だと思っていたが、よく話をしたらとても面白い人

だということが分かった。／本来以爲山田是個不愛説話的老實人，可是跟他好好一聊，才知道他是一個很風趣的人。

(5) お風呂に入っていたら、電話がかかってきた。／才剛一開始洗澡，就有人打來了電話。

(6) デパートで買い物していたら、隣の奥さんにばったり会った。／到百貨公司去買東西，碰巧遇上了隔壁鄰居的太太。

(7) 5月に入ったら急に暑くなった。／進入5月份以後，突然就熱了起來。

(8) 薬を飲んだら熱が下がった。／吃了藥燒就退了。

(9) 会社をやめたらストレスがなくなって元気になった。／辭了公司以後，沒有了精神壓力，身體就好了。

(10) 落ちてもともとと思って試験を受けたら、思いがけず合格した。／我想好了考不上也沒什麼，結果沒想到一考還考上了。

(11) 部屋の様子が変だと思ったら、案の定、空き巣に入られていた。／我覺得房間裡不太對勁兒，果然是被小偷偷了。

以"XたらYた"的形式，前後從句均表示已經實現的事物。用於當X事物實現時，説話者重新認識Y事物，或以此爲契機發生新的事物。後續Y事物一般爲説話者的意志所不能及的事物，或是一些新的發現、認識等等。

在例(1)～(4)當中，表示當X動作實現時，説話人發現Y這種情形，此時不表示"…たら、私は…した"的意思，即Y不表示發現者"私(自己)"，而是表示"…たら…ということが分かった"、"…たら…がいた"、"…たら…があった"等對某種狀況的描寫。

(誤) 隣の部屋に行ったら、私はねずみを見た。

(正) 隣の部屋に行ったら、ねずみがいた。／到隔壁房間去一看，原來有一隻老鼠。

另外，在Y表示新認識到或新發現的事物時，如例(1)、(2)所示，常使用"V－ていた"、"Nだった"等帶有狀態意義的形式。

如果不使用"V－ていた"的形式，而使用"V－た"的形式，則如下例所示，所表達的意思就會發生變化。

(例) 空港に着いたら友達が迎えに来た。／我到了機場以後，朋友已經來接我了。

此(例)中沒有使用"来ていた"，而是使用了動作意義較強的"来た"的形式。此時所表示的意思，就不是像例(1)所表示的"到機場一看，(發現)我的朋友來接我來了。"的意思，而是，"説話者到了機場以後，朋友才來接他。"的意思了。

又如例(10)、(11)所示，在從句的前項表示一種預想，而後項表示預想正確時，使用"案の定(果然)"、"やっぱり(還是)"等。如果是預想之外的事項時，則經常使用"案外(出乎意外)"、"意外なことに(意外的是)"、"思いがけず(沒想到)"等表達方式。

此種用法的"たら"一般可以與"と"替換，但是當X和Y表示爲同一人物的意志

可控制的連續動作時，只可以使用"と"，而不能使用"たら"。
(誤) 男は部屋に入ったら友達に電話した。
(正) 男は部屋に入ると友達に電話した。／那男人一進屋就給他朋友打了個電話。

另外，"と"常用於小説或故事等，而"たら"則多用於説話者陳述自己直接的經歴。

4 …たらさいご　一旦…就完了。
(1) 彼は寝たら最後、まわりでどんなに騒いでも絶対に目をさまさない。／他一睡下去就完了，旁邊再怎麼吵他也絶不會睁眼的。
(2) 賭事は一度手を出したら最後ずるずると抜けられなくなる人が多い。／賭博這東西一沾上就完了，很多人都是到最後不能自拔。
(3) すっぽんは一度かみついたら最後どんなことがあっても離れない。／要是鼈一咬上你，那算是完了，不管你怎麼弄它，也不會鬆口。

表示某事一旦發生，由於其性質或其主體的堅強意志所致，以後就總也改變不了其狀況的意思。常使用"一度…たらさいご絶対に…"的形式。

5 …たら…で　…也…。
[A-かったらA-いで]
[A-かったらA-かったで]
[V-たらV-たで]
(1) 金というのはあったらあったで使うし、なかったらないで何とかなるものだ。／錢這東西，有了就花，沒有也就沒有，也能將就着過。
(2) 自動車はあれば便利だが、なかったらなかったで何とかなるものだ。／汽車這東西，有它當然是方便，可是没有，也無所謂。
(3) 母は寒がりで冬が苦手だが、それでは夏が好きかというとそうではない。暑かったら暑かったで文句を言っている。／我母親怕冷，所以冬天很不好過，可是你説她喜歡夏天吧又不是。要是天兒熱了的話，她也是一肚子牢騷。
(4) 息子には大学に受かってほしいが、受かったら受かったでお金が要って大変だ。／很希望我兒子能考上大學，但是考上了也有考上的難處，因爲需要錢，也很困難。
(5) 平社員のときは給料が少なくて困ったけど、昇進したらしたでつきあいも増えるしやっぱり金はたまらない。／當個普通職員的時候，工資少生活有困難，這升職了呢，也有升了的難處，交際也多了，結果錢還是存不下。

前後反覆兩次使用同一形容詞或動詞，提出兩種完全對立的事物，表示哪個都一樣的意思。

有時如例(1)、(2)所示，表示"雖有問題，但沒多大關係／還能對付"的意思。

有時又如例(3)～(5)所示，表示情況不太好，"怎麼都傷腦筋／都有問題"的意思。

使用イ形容詞時，一般爲"A－かったらA－かった"的形式，也可如例(1)使用"なかったらないで"的形式。

與之相類似的表達方式有"…ば…で"。

6 …たら＜開場白＞

用於限定後續發言的條件範圍，對其進行預告或解釋等。是一種比較定型的慣用表達方式。可以與"ば"替換。

a …たら＋請求・勧誘＜開場白＞ 如果…的話。

(1) もし差し支えなかったら事情を聞かせてください。／如果沒關係的話，請把前後經過告訴我。

(2) よろしかったら、もう一度お電話くださいませんか。／如果可以的話，請您給我再來一個電話。

(3) よかったら、週末、家にいらっしゃいませんか。／方便的話，請您周末到我家來玩好嗎？

這是一種向對方表示請求或勧誘時，有禮貌地詢問對方是否方便的慣用表達方式。

b …たら＜開場白＞ …來看、…來說、…相比。

(1) 私から見たら、こんなことはたいした問題ではない。／依我看，這不是什麼大不了的問題。

(2) 私に言わせたら、責任はあなたの方にあるんじゃないかと思う。／要我説，我覺得責任還是在你這邊。

(3) 一時代前と比べたら、家事は格段に楽になったと言える。／與前一個時代相比，可以説家事已經輕鬆多了。

接"見る"、"思う"、"比べる"等表示發言、思考、比較等意思的動詞後，預告後續的發言、判斷是出於一種什麼樣的立場或觀點。是一種較爲固定化的慣用表達方式。

與之相類似的表達方式有"からしたら"、"から言ったら"等。

7 V－たら＜勧誘＞ （表示勧誘）。

(1) 立って見てないで、ちょっと手伝ってあげたら。／別光站着看，你也幫一幫他呀。

(2) 危ないからやめといたら。／太危險了，你還是別做了。

(3) そんなに疲れているなら、すこし休んだら？／你要是那麼累，稍微休息休息吧。

這是"V－たらどうか"形式的後一半被省略的形式，表示勧説聽話者做該動作的表達方式。一般使用上升語調。多用於關係較親近的者。如想表示有禮貌，則不省略後一半，使用"たらどうですか／いかがですか"等形式。

此種用法可以與"V－ば"形式替換，但使用"たら"時，含有真心勧誘對方的語氣，而使用"ば"時，則往往帶有一種對説話人來説無所謂的語氣。

8 …からいったら　→【からいう】1
9 …からしたら　　→【からする】1
10 …からみたら　　→【からみる】1

11 …といったら →【といったらありはしない】、【といったらありゃしない】、【といったらない】
12 …ときたら →【ときたら】
13 …としたら →【としたら】
14 …となったら →【となったら】
15 V-てみたら →【てみる】4
16 …にかかったら →【にかかっては】
17 …にかけたら →【にかけたら】、【にかけて】2
18 …にしたら →【にしたら】
19 …にしてみたら →【にしてみれば】
20 …によったら／ことによったら →【によると】1b
21 だったら →【だったら】

【たら2】

（表示一種責難）。
（1）あなたったら、何考えてるの?／瞧你，在想什麼呢？
（2）やめろったら。／我叫你停下來嘛。
→【ったら】

【たらいい】

[N／Na だったらいい]
[A-かったらいい]
[V-たらいい]

1 V-たらいい＜勧誘＞ 可以…一下、最好…吧。

（1）A：レポートのしめきり間に合いそうもないんだ。どうしたらいいかなあ。／看來已經趕不上交小論文的截止日期了。怎麼辦才好啊。
B：先生に聞いてみたらどう？／你去問一下老師看看。

（2）A：この急ぎの仕事だれにやってもらおうか？／這個緊急工作交給誰去做好啊？
B：山田君に頼んだらいいよ。どんな仕事でもいやな顔しないよ。／你可以交給山田。不管交給他什麼工作他都不會有怨言的。

（3）A：もう一杯おかわりしようかな、それともやめとこうかな。／再添一碗呢，還是不吃了呢。
B：食べたいだけ食べたらいいじゃないか。そんなに太ってないんだし。／想吃多少你就吃多少。你又不是那麼太胖。

（4）ゆっくり休んだらいい。後のことは任せなさい。／你就好好休息吧。剩下的事情交給我們吧。

（5）もう遅いから残りの仕事はあしたにしたらいい。／已經很晚了，剩下的工作明天再做吧。

（6）若いうちにいろいろ苦労した

らいいと思う。あとできっと役に立つはずだ。／我想還是年輕的時候多吃點苦較好。將來一定會有用的。

　這是一種勸誘對方做某事或向對方提議做某事的表達方式。用於表示採取何種手段或方法才能獲得好結果的場合，並要求對方提出建議或自己給對方提建議。在用於詢問時，可採取"どうしたらいいか"這種帶有疑問詞的形式。在勸對方不這樣爲好時，一般不使用"しなかったらいい"，而可以使用"しなければいい"的形式。

（誤）　太りたくなければ食べなかったらいい。
（正）　太りたくなければ食べなければいい。／不想發胖最好別吃。

　雖然"たらいい"和"ばいい"意思相似，可以互換。但是"たらいい"更趨於口語化。在談及如何做較好的問題時，可以使用"どうしたら／すればいいか"，而不能使用"どうするといい"。但是，如果是作爲回答，"たらいい／ばいい／といい"均可使用。

（誤）　A：電車の中にかばんを忘れてしまったのですが、どうするといいですか。
（正）　A：電車の中にかばんを忘れてしまったのですが、どうしたら／すればいいですか。（我把書包忘在電車裡了，怎麼辦才好啊？）
　　　　B：遺失物係で聞いてみたら／聞いてみれば／聞いてみるといいでしょう。（你可以去問問失物招領管理員。）

2 …たらいい＜願望＞　要是…就好了、要是…該多好啊。

(1) 生まれてくる子が男の子だったらいいのだが。／生出來的孩子要是個男孩就好了。
(2) 体がもっと丈夫だったらいいのに。／身體要是再強壯一點就好了。
(3) もう少し給料がよかったらいいのだが。／工資要是再高一點就好了。
(4) もっと家が広かったらいいのになあ。／家裡要是再寬敞一點該多好啊。
(5) 明日、晴れたらいいなあ。／明天要是個晴天就好了。
(6) もう少しひまだったらなあ。／再多點空閒時間該多好啊。

　表示説話者希望如此的願望。句尾多伴有"のに／なあ／のだが"等。當現實與願望不符或願望不能實現時，帶有一種"不能實現很遺憾"的心情。如例(6)所示，也經常可以省略"いい"，使用"たらなあ"的形式。

3 …たらよかった　要是…就好了。

(1) A：このあいだのパーティーおもしろかったわよ。／上次的宴會做的不錯喔。
　　B：僕も行ったらよかった。／我要是也去就好了。
　　A：そうよ。来たらよかったのに。どうして来なかったの。／就是嘛，你也應該來嘛。怎麼沒來呢？
　　B：アルバイトがあったんだよ。でもあの日はバイ

ト、ひまでね。休んでもよかったんだ。／我那天去打工。可是，那天的工也是閒着沒什麼事。我要是請個假就好了。

(2) きのう会社の上司とはじめて飲みに行った。彼がもうちょっと話好きだったらよかったのだが、会話が続かなくて困った。／昨天，我第一次和我們公司的上司去喝酒。他要是能再多説些話就好了，結果也沒什麼話，倆人挺難受的。

這是一種對實際沒有發生的事情或與現實不符的事情表示惋惜的表達方式。句尾多伴有"のに／(のに)なあ／のだが"等。但使用"のに"時，一般不用於涉及自己的事情。

(誤) 僕も行ったらよかったのに。
(正) 僕も行ったら{よかったんだけど／よかったんだが}。／要是我也去了就好了。

【だらけ】

滿是、淨是。

[Nだらけだ]
(1) 間違いだらけの答案が返ってきた。／交回了一份錯誤百出的考卷。
(2) 子供は泥だらけの足で部屋に上がってきた。／孩子們腳上沾滿了泥就跑進屋裡來了。
(3) 彼は借金だらけだ。／他背了一身的債。

(4)「傷だらけの青春」という映画を見た。／我看了一部電影，名字叫《傷痕累累的青春》。
(5) 彼女の部屋は本だらけだ。／她的房間裡到處都是書。

表示充滿了、到處都是的樣子。意思與"…でいっぱい(充滿)"不太一樣，多表示説話人給予負面評價的貶義。如例(5)所示，不僅表示了房間裡書很多的意思，而且給人的感覺是書太多，而且攤得到處都是。

【たらどうか】

(表示提議或勸誘)。

[V-たらどうか]
(1) 別の方法で実験してみたらどうでしょうか。／改用另一種方法做個實驗怎麼樣啊？
(2) 少しお酒でも飲んでみたらいかがですか。気分がよくなりますよ。／你稍微喝點酒吧。心情會好一些的。
(3) 遊んでばかりいないで、たまには勉強したらどう？／別老在玩，也得抽空學習學習吧。
(4) さっさと白状したらどうなんだ。／趕快坦白了吧。
(5) アメリカに留学してみたらどうかと先生に勧められた。／老師建議我去美國留學。
(6) A：吉田君、パーティーには出席しないって。／吉田説他不來參加宴會了。

B：もう一度誘ってみたら？
　　　／你再邀請他一次吧。

　　是一種表示提議或勸誘的慣用表達方式。多使用"V-てみたらどうか"的形式。意思與"てはどうか"基本相同，但"たらどうか"顯得更加口語化。更通俗一些的說法可以用"たらどうなの／どうかしら(女性)"、"たらどうなんだ(男性)"、"たらどう(男女均用)"。更加禮貌一些的說法可以用"たらいかがですか／いかがでしょうか"等。

　　例(3)、(4)一般用於聽話者不聽說話者的忠告或勸誘的場合，伴有說話者一種焦躁的心情。例(6)是省略後半部分的形式，使用升調發音。

【たり】

[N／Na　だったり]
[A-かったり]
[V-たり]

1　…たり…たりする　（表示列舉）。

(1)　休みの日には、ビデオを見たり音楽を聞いたりしてのんびり過ごすのが好きです。／休息天我喜歡看看電視，聽聽音樂，過得悠閒一些。

(2)　コピーをとったり、ワープロを打ったり、今日は一日中いそがしかった。／今天一天我又是複印，又是打字，忙壞了。

(3)　子供が大きくなって家族がそろうことはめったにないのですが、年に数回はいっしょに食事したりします。／孩子大了以後，全家人很難湊到一起，但我們每年還要有幾次在一起吃個飯什麼的。

(4)　給料日前には昼食を抜いたりすることもある。／發薪水的前一天，有時我就不吃午飯了。

(5)　アルバイトで来ている学生は曜日によって男子学生だったり女子学生だったりしますが、みなよく働いてくれます。／來打工的學生，根據日子不同，有時是男學生，有時是女學生，不過每個都做得不錯。

(6)　彼女の絵のモチーフは鳥だったり人だったりするが一貫して現代人の不安が描かれている。／她繪畫的主題有時是鳥類，有時是人物，但都始終在表現一種現代人的不安。

　　從複數的事物、行為當中舉出兩三個有代表性的事物。如例(3)、(4)所示，有時也可以只舉一例，而暗示另外還有。如以此句型結尾時，則要使用"…たり…たりします／しました"的形式，即最後動詞後一定要接"たりする"。

(誤)　きのうの休みにはビデオを見たり、散歩したり、手紙を書きました。

(正)　きのうの休みにはビデオを見たり、散歩したり、手紙を書いたりしました。／昨天休息天，我

看了看電視，出去散了散步，還寫了封信。

2 …たり…たり（表示反復）。

(1) 何(なに)か心配(しんぱい)なことでもあるのか彼(かれ)は腕組(うでぐみ)をして廊下(ろうか)を行(い)ったり来(き)たりしている。／他好像有什麼心事，抱着個胳膊在走廊里踱來踱去。

(2) 去年(きょねん)の秋(あき)は暑(あつ)かったり寒(さむ)かったりして秋(あき)らしい日(ひ)は少(すく)なかった。／去年的秋天一會兒冷一會兒熱，没有幾天像真正的秋天。

(3) 父(ちち)は近頃(ちかごろ)あまり具合(ぐあい)がよくなく、寝(ね)たり起(お)きたりだ。／我父親近來身體不大好，有時還能起來，有時就只能在床上躺着。

(4) 薬(くすり)はきちんと飲(の)まなければいけない。飲(の)んだり飲(の)まなかったりでは効果(こうか)がない。／藥要好好吃，吃吃停停是不會有效果的。

(5) くつを買(か)おうと思(おも)うが、いいと思(おも)うと高(たか)すぎたり、サイズがあわなかったりで、なかなか気(き)に入(い)ったのが見(み)つからない。／我想買雙鞋，可是覺得不錯的不是太貴，就是號碼不合適，老碰不上中意的。

(6) あすは山間部(さんかんぶ)は晴(は)れたり曇(くも)ったりの天気(てんき)でしょう。／明天山區的天氣晴時多雲。

表示某狀態交替出現或某行為反覆實行，或者是兩種完全形成對照的狀態。常見的對照狀態。除例句中所示以外，還有"あったりなかったり（時有時無）"、"上がったり下がったり（忽上忽下）"、"泣いたり笑ったり（又哭又笑）"、"乗ったり降りたり（上上下下）"、"出たり入ったり（出出進進）"等。

3 …たりしたら／しては（表示舉一例）。

(1) 英語(えいご)の生活(せいかつ)にもだいぶん慣(な)れたが、早口(はやくち)で話(はな)しかけられたりしたらわからなくて困(こま)ることも多(おお)い。／我基本習慣了使用英語的生活了，但是還經常因爲人家跟我講話太快，我就聽不懂了。

(2) その人(ひと)のいないところで悪口(わるぐち)を言(い)ったりしてはいけない。／別背着人家説壞話。

舉一事例，暗示還有其他。例(2)的意思與"悪口を言ったらいけない（不許説壞話）"意思基本一樣。但因爲不是明説（只是舉例），則顯得語氣比較婉轉。

4 …たりして 別是…吧、不會…吧。

(1) A：変(へん)だね、まだだれも来(き)てないよ。／奇怪啊，怎麼一個人也没來啊。
　　B：約束(やくそく)、あしただったりして。／不會約的是明天吧。

(2) A：佐野(さの)さん、遅(おそ)いわね。／佐野怎麼還不來啊。
　　B：ひとりだけ先(さき)に行(い)ってたりして。／不會他一個人先走了吧。

是舉一種事例的表達方式，暗含還

有其他可能性．避免直言說出。是一種旁觀者式的．帶有奚落語氣的表達方式。多見於年輕人較隨便的口語當中。

【たりとも】

哪怕…也不…、即使…也不…。
[…たりとも…ない]
[Nたりとも…ない]
[數量詞＋たりとも…ない]

（1）試験まであと一カ月しかない。一日たりとも無駄にはできない。／離考試的日子還有不到一個月的時間了．哪怕是一天也不能浪費了。
（2）水がどんどんなくなっていく。これ以上は一滴たりともむだにはできない。／水越來越少了．不能再浪費一滴水了。
（3）密林の中では、一瞬たりとも油断してはいけない。／在叢林當中．哪怕一分一秒也不能疏忽大意。
（4）この綱領について変更は一字たりとも許されない。／關於這份綱領．哪怕一個字也不能更改。
（5）だれもが敵は一人たりとも逃がさないと決意していた。／每個人都下定了決心．絕不放走一個敵人。

表示就是最少的人數或最小的數量也不能允許的意思。以 "一人／一滴／一日たりとも…ない" 等形式使用。即表示數量的部分均爲 "一"。在較隨便的口語中．可以說 "ひとりも"、"一滴も"。因爲是文言表達方式．所以多用於書面語言或較正式的講話（如會議發言、演説等）。

【たる】

由文言的 "てあり" 演變而成。每種用法都給人一種莊嚴的印象。語氣較誇張．用於較拘謹的書面語或演説等比較正式的講話。

1 NたるN 作爲…的…。

（1）国家の指導者たる者は緊急の際にすばやい判断ができなければならない。／身爲一個國家領導人．必須能在緊急關頭做出迅速的判斷。
（2）国会議員たる者は身辺潔白でなければならないはずである。／作爲國會議員．必須是一身清白。
（3）教師たる者は、すべてにおいて生徒の模範とならねばならないとここに書いてある。／這上面寫着．作爲教師必須在各方面成爲學生的典範。
（4）百獣の王たるライオンをカメラにおさめたいとサファリに参加した。／我是想拍下百獸之王獅子的雄姿．所以才參加了狩獵遠征旅行。

表示 "具有…（優秀）資格的…" 的意思。

2 NたるとNたるとをとわず 無論是…還是…一律都…。

（1）救出にあたっては軍人たると民間人たるとを問わず、総

力を結集せよ。／在救援活動中，無論是軍人還是老百姓，我們要調動一切力量。
(2) 医療活動は民間人たると、政府関係者たるとを問わず、全員を平等に扱う。／在醫療活動中，無論是普通平民還是政府官員，都要一視同仁。
(3) この法律は市民たると外国人たるとを問わず等しく適用される。／這個法律，無論是對我國市民還是對外國人都一律適用。

表示"無論是X還是Y，都一律…"的意思。

3 Nたるべきもの　作爲…的…。
(1) それは、指導者たるべき者のとる行動ではない。／這不是作爲領導者所應該採取的行動。
(2) 後継者たるべき者は以下の資格を備えていなければならない。／作爲接班人必須具備以下條件。
(3) 王たるべき者はそのようなことを恐れてはならない。／作爲大王不應該害怕這些事情。

表示"具有…資格的人、處於…地位的人"的意思。後半句一般表示"当然…なければならない（當然必須…）"，即陳述前面提到的具有這種資格或地位的人所應有的形象。

4 Nたるや　説到…。

(1) そのショーの意外性たるや、すべての人の注目を集めるに十分であった。／説到這場表演的意外性，那足以引起所有人的關注。
(2) その姿たるや、さながら鬼のようであった。／説到他那様子，簡直和鬼一様。
(3) その歌声たるや、聞き入る聴衆のすべてを感動させるすばらしいものであった。／説到那歌聲簡直太動聽了，把所有的聽衆都感動了。
(4) 救出に際しての彼らの活動たるや、長く記憶にとどめるに十分値するものであった。／説到在救援過程中他們的表現，真是值得永遠留在人們的記憶中。

接具有某種特性的名詞後，用於進一步陳述其所具有的性質或是何種狀態。但不能用於人名後。
(誤) 山田先生たるや、すべての人を感動させた。
(正) 山田先生の話し振りたるや、すべての人を感動させた。／説到山田老師的講話姿態，那把所有的人都打動了。

是一種強調提示句子主題的表達方式。如例(1)，與"その意外性は…"的形式相比，語氣顯得更誇張。

【たろう】
（表示推測）…吧。
[N/Na　だったろう]

[A-かったろう]
[V-たろう]
（1）母は若いころはずいぶん美人だったろう。／母親年輕的時候一定很漂亮吧。
（2）試験で大変だったろう。／因要考試，夠傷腦筋的。
（3）さぞや苦しかったろう。／一定很痛苦吧。
（4）A：おなかがすいたろう。／肚子餓了吧？
    B：うん、ちょっとね。／嗯，有點。
（5）あの子はあんなに熱があるのに学校に出かけたが、今日一日だいじょうぶだったろうか。／那孩子發那麼高燒還去上學了，今天一天行嗎。
（6）あわてて出かけて行ったが、無事間に合ったろうか。／他慌慌張張地跑出去了，也不知趕上了没有。

與"ただろう"相同，表示對已完成的事物進行推測。既可用於書面語也可用於口語。例（4）是一種口語用法，是以說話者的推測向聽話者進行確認。這時一般用升調。例（5）、（6）中的"たろうか"表示了說話人的疑慮或擔心。較禮貌的形式為"たでしょう"。
→【だろう】

【だろう】
[N／Na　だろう]
[A／V　だろう]

在書面語當中，不分男女均可使用，而在口語當中，一般只有男性使用。其較禮貌的形式為"でしょう"。

1 …だろう＜推量＞　…吧。
（1）あしたもきっといい天気だろう。／明天也必定是個好天氣吧。
（2）この辺は木も多いし、たぶん昼間も静かだろう。／這一帶樹木也很多，白天一定很安靜吧。
（3）北海道では、今はもう寒いだろう。／北海道現在已經很冷了吧。
（4）この程度の作文なら、だれにでも書けるだろう。／這種程度的作文誰都會寫吧。
（5）これだけ長い手紙を書けば、両親も満足するだろう。／我寫了這麼長的信，父母也該滿意了吧。
（6）彼がその試験問題を見せてくれた。ひどくむずかしい。わたしだったら、全然できなかっただろう。／他給我看了一下考試題。相當難。要是我可能根本就答不出來。
（7）A：朝はずっと雪の中で鳥の観察をしていたんです。／早上我一直在雪中觀察着鳥。
    B：それは、寒かっただろうね。／那一定很冷吧。
（8）A：お母さんたちは今頃どこにいるかしら。／媽媽

她們現在哪兒啊？
B：もうホテルに着いているだろうよ。／恐怕已經到飯店了吧。
(9) A：これでよろしいですか。／這樣行嗎？
B：ああ、いいだろう。／好,行啊。
(10) A：どれにしましょうか。／要哪個呢？
B：これがいいだろう。／就要這個吧。

伴隨降調. 表示說話者的推測。與"かもしれない（也許）"相比較. 説話者更加確信該事實是真的, 常與"たぶん（大概）"、"きっと（肯定）"等副詞一起使用。另外, 根據語境, 也不一定表示說話者的推測. 而可以表示其判斷, 只是顯得語氣不那麼肯定而已。

2 …だろう＜確認＞ …吧？

(1) A：君も行くだろう？／你也去吧？
B：はい、もちろん。／那當然。
(2) A：美術館はバスをおりてすぐみつかりました。／下了公共汽車馬上就找到美術館了。
B：行くの、簡単だっただろう？／去那兒很容易吧。
(3) やっぱり、納得できなくてもう一度自分で交渉に行ったんだ。わかるだろう、ぼくの気持ち。／我還是想不通, 又自己去交涉了一次。你能理解我的心情吧？

伴隨升調. 表示確認。含有希望聽話者能表示同意的期待。一般為男性使用. 女性可使用"でしょう／でしょ"。是口語表達方式。

3 …だろうか 能…嗎？

(1) この計画に、母は賛成してくれるだろうか。／這個計劃, 母親能表示贊成嗎？
(2) 今回の試合のためにはあまり練習できなかった。いい成績があげられるだろうか。／這次比賽可沒怎麼好好練習。能取得好成績嗎？
(3) こんな不思議な話だれが信じるだろうか。／這種離奇的事誰能相信呀。
(4) 彼はこつこつと作品を作り続けているが、いつかその価値を認める人が出てくるだろうか。／他孜孜不倦地制作着作品, 何時能有人認定它的價值啊。
(5) A：佐々木さん、こんな仕事を引き受けてくれるだろうか。／佐佐木他能接受這項工作嗎？
B：だいじょうぶだよ。喜んで引き受けてくれるよ。／沒問題. 一定會很高興地接受的。
(6) このコンテスト、はたしてだれが優勝するだろうか。／在這次比賽中到底誰能獲勝啊？

（7） A：山下さん、欠席ですね。／山下，缺席吧。
　　 B：うん。病気だろうか。／嗯，可能生病了吧。
（8） この選挙は、雨が降ったからだろうか、投票率が非常に低かった。／這次選舉，是不是因爲下雨的緣故啊，投票率特別低。

表示説話者對發生該事物的可能性的懷疑或耽心的心情。

例（3）是一種反語，表示"誰能相信呀，不可能有人相信"的意思。如例（5）所示，可以將自己的疑慮提出，間接地表示對聽話者的一種詢問。又如例（8）所示，可以插在句子中間，表示説話者的疑慮。

4 …ではないだろうか　是不是…啊、不就…嗎。

[N／Na　ではないだろうか]
[A／V　のではないだろうか]

（1） さっきすれちがった人は、高校のときの同級生ではないだろうか。／剛才走過去的那個人，好像是我高中時候的同學啊。
（2） この統計からは彼の述べているような予測をたてるのは無理ではないだろうか。／根據這個統計數據做出他剛才說的那種預測，是不是有點勉強啊。
（3） 選手たちの調子がとてもいいから、今回の試合ではいい成績があげられるのではないだろうか。／運動員們的競技狀況都挺不錯，估計這次比賽能取得好成績吧。
（4） 一日十ページ書いていけば、来月中には完成できるのではないだろうか。／要是一天寫十頁，那下個月之内不就寫完了嗎。
（5） 通子はけんかして以来少しやさしくなった。いろいろと反省したのではないだろうか。／自從吵過架以後，通子的脾氣溫和一些了。是不是她自己也反省了一些啊。
（6） この道の両側に桜の木を植えれば、市民のいい散歩道になるのではないだろうか。／如果要在這條路的兩旁栽上櫻花樹，不就能成爲市民一條很好的休閒散步的道路嗎。

表示對某事是否能發生的一種推測。語氣雖不如使用"だろう"那麼堅定，但基本上還是肯定的。如例（3），在説話者心中雖然還不能確定，但也是相信能取得好成績的。相反如果覺得可能性很低的話，則使用"だろうか"。在口語中，可以成爲"（ん）ではないだろうか"的形式。

5 Nだろうが、Nだろうが　不管是…還是…、無論是…還是…、不論是…還是…。

（1） 相手が重役だろうが、社長だろうが、彼は遠慮せずに言いたいことを言う。／不管對方是董事長還是總經理，他都毫不客氣地想説什麼就説什麼。

(2) 子供だろうが、大人だろうが、法を守らなければならないのは同じだ。／無論是孩子還是大人，在必須遵守法律這一點上都是一樣的。

(3) 彼は、山田さんだろうが、加藤さんだろうが、反対する者は容赦しないと言っている。／他説，不論是山田還是加藤，對凡是反對他的人都不會留情的。

(4) もし鉄道が使えなければ、ボートだろうが、ヘリコプターだろうが、とにかく使える方法でできるだけ早くそこに到着しなければならない。／如果鐵路用不上，你不論是乘快艇也好，還是乘直升機也好，總之要想盡辦法儘快到達那裡。

表示"不論是X還是Y，任何人(任何東西)都…"的意思。如果使用形容詞或動詞時，如"暑かろうが、寒かろうが(不論是熱還是冷)"、"生きようが死のうが(無論是生還是死)"、"雨が降ろうが降るまいが(不管下雨不下雨)"所示，使用"A-かろうが"、"V-ようが"的形式。

6 …だろうに

a …だろうに　本來是…可…、本來覺得…可是…、本以爲…可是…。

(1) その山道は、子供には厳しかっただろうに、よく歩き通した。／我本來覺得這段山路對孩子們來說太艱苦了，可他們還真走過來了。

(2) 忙しくて大変だっただろうに、よく期日までに仕上げたものだ。／本以爲忙昏頭了，沒想到還真趕在截稿日前完成了。

(3) 共同経営者を失ったのは痛手だっただろうに、彼は一人で会社を立て直してしまった。／失去合作者對他來說是一個沈重的打擊，但他一個人竟把公司重振起來。

(4) 冬の水は冷たくてつらいだろうに、彼らは黙々と作業を続けていく。／冬天的涼水多冷啊，他們却不聲不響地工作着。

(5) きちんと読めばわかっただろうに、あわてたばかりに誤解してしまった。／認真讀的話本來是能讀懂的，就是因爲太慌張，結果給搞錯了。

表示"本來(覺得)是…，可是…"的意思。多帶有説話者的同情或批評的語氣。

b …だろうに(表示遺憾)。

(1) あなたの言い方がきついから、彼女はとうとう泣き出してしまった。もっとやさしい言い方もあっただろうに。／你説話太傷人，所以她終於忍不住哭了。你説話不能再溫和點嗎。

(2) うちでグズグズしていなかったら、今頃は旅館に到着しておいしい晩ご飯を食

べていただろうに。／要不是你在家磨磨蹭蹭的，現在早到旅館吃上香噴噴的晚飯了。
（3）　もしあの大金をこの会社に投資していたら、大儲けできただろうに。／要是把那筆雄厚的資金投到這家公司，現在就賺大錢了。
（4）　地図と磁石をもって行けば、迷ってもそんなにあわてることはなかっただろうに。／要是帶上地圖和指南針，即使迷路也不至於這麼慌張啊。

表示對實際沒有這樣去做的事情的一種遺憾。

7 …のだろう　→【のだろう】

【ちがいない】

一定是…、肯定是…。
[N／Na　（である）にちがいない]
[A／V　にちがいない]
（1）　あんなすばらしい車に乗っているのだから、田村さんは金持ちにちがいない。／田村開那麼一輛好車，一定是很有錢了。
（2）　あそこにかかっている絵は素晴らしい。値段も高いにちがいない。／掛在那裡的那幅畫真棒。價格也一定很貴。
（3）　学生のゆううつそうな様子からすると、試験はむずかしかったにちがいない。／從學生們那種悶悶不樂的表情來看，考試一定是很難了。
（4）　あの人の幸せそうな顔をごらんなさい。きっといい知らせだったにちがいありません。／你看他那一臉幸福的表情。肯定是來了好消息。
（5）　あの人は規則をわざと破るような人ではない。きっと知らなかったにちがいない。／他不是那種故意破壞紀律的人。肯定是他事先不知道。
（6）　A：この足跡は？／這個腳印是誰的？
　　　B：あの男のものだ。犯人はあいつに違いない。／就是那個人的。那傢伙肯定是凶手。

表示說話者以某事為根據，做出非常肯定的判斷。與"だろう"相比較，說話者的確信程度或深信程度都要強一些。常用於書面語。用於口語時，會給人以誇張的感覺。除例（6）這種特殊場合以外，一般都可以使用"きっと…と思います"的表達方式。

【ちっとも…ない】

一點兒也不…、毫不…。
（1）　この前の旅行はちっとも楽しくなかった。／上次的旅行一點也不開心。
（2）　日本語がちっとも上達しない。／日語毫無長進。
（3）　A：ごめんね。／對不起啊。
　　　B：いや、いや。ちっともか

まわないよ。/哪裡，哪裡。一點關係也沒有。
（4）妻が髪形を変えたのに、夫はちっとも気がつかなかった。/太太改變了髮型，丈夫却毫不覺察。
（5）久しぶりに帰国した友達のためにたくさんごちそうを作ったのに、疲れていると言ってちっとも食べてくれなかった。/好容易給長期出國回來的朋友做了許多飯菜，可他却說累了一點也沒吃。
（6）ダイビングはこわいものと思っていたが、やってみたら、ちっともこわくなかった。/原以爲潛水運動很可怕，但實際試了一下，一點也不害怕。

表示"すこしも/ぜんぜん…ない（一點兒也不/根本不…）"的意思，用於強調否定意義時。與"すこしも"比較更加口語化。與"ぜんぜん"不同的是，它沒有表示次數的用法。
（誤）ちっとも行ったことがない。
（正）ぜんぜん行ったことがない。/根本沒去過（一次也沒去過）。

【ちなみに】

附帶説一下、順便提一下。

（1）この遊園地を訪れた人は、今年五十万人に上りました。これは去年の三十万人を大きく上回っています。ちなみに迷子の数も千人と去年の倍近くありました。/來此家遊樂園的人數，今年達到了五十萬人以上。這個數字大大超過了去年的三十萬人。附帶説一下，走失的兒童數字也達到一千人，將近去年的一倍。
（2）この人形はフランスで二百年前に作られたもので、同種のものは世界に五体しかないといいます。ちなみにお値段は一体五百万円。/這個洋娃娃是二百年前在法國製造的，據説與其相同的娃娃，現在世界上只有五個。順便介紹一下，它的價錢是五百萬日元。
（3）山田議員の発言は政局に大きな混乱をもたらした。ちなみに山田議員は一昨年も議会で爆弾発言をしている。/山田議員的發言使政局發生了混亂。附帶説一下，山田議員前年也曾在議會上作過爆炸性的發言。

用於陳述完主要内容以後，附加一些與之相關聯的内容。表示"附帶説一下，僅供參考"的意思。用於書面語或較拘謹的口語（如新聞報導、會議發言等）。這一表達方式不用來表示附加的動作。
（誤）買い物に出かけた。ちなみに、友達のところに寄った。
（正）買い物に出かけた。ついでに、友達のところに寄った。/外出買東西，順便到朋友那裡去了一下。

【ちゃんと】

1 ちゃんと 清楚、牢牢的、好好地、準確地。

(1) めがねを新しいのに変えたら、ちゃんと見えるようになった。／換了付新眼鏡以後看得更清楚了。

(2) おじいさんは耳が遠いと言っているが本当は何でもちゃんと聞こえている。／爺爺說他耳背，其實什麼他都聽得很清楚。

(3) そのとき言われたことは今でもちゃんと覚えている。／那時你對我説的話，我現在還牢牢地記着。

(4) 親戚の人にあったらちゃんと挨拶するように母に言われた。／母親告訴我，見了親戚們要好好打招呼。

(5) あの先生はみんながちゃんと席につくまで話し始めない。／那位老師，不等大家都在坐位上坐好是不開始講課的。

(6) 今朝は7時にちゃんと起きたが、雨で走りに行けなかった。／今天早上7點我按時起來了，可是外面下雨，結果沒能去跑步。

(7) この問題にちゃんと答えられた人は少ない。／能準確回答這道題目的人很少。

(8) わたしは朝どんなに忙しくてもちゃんと食べることにしている。／無論早上時間多麼緊，我也都要好好吃早飯。

表示"按照應有的方法做"的意思。可用於許多場合，根據語境的不同，可以有各種各樣的意思。如例(4)表示的就是，要按照社會習慣，做到不受人指責，或者是採取的行爲應該符合規定的程序等，即其行爲應該被人視爲正確或合適的意思。

2 ちゃんとする 規矩、整齊、正經八百。

(1) おばあさんはきびしい人だから、おばあさんの前ではちゃんとしなさい。／奶奶可是個非常嚴厲的人，在她面前你可要規矩一些。

(2) 昨日来たときは仕事場がひどくちらかっていたけれど、だれかが片付けてちゃんとしたらしい。／昨天我來的時候，這工作室還亂七八糟的呢，後來好像有誰打掃了，整齊多了。

(3) 客に会う前にちゃんとした服に着替えた。／在會見客人之前，換上了一件乾淨整齊的衣服。

(4) ちゃんとした書類がないと、許可証はもらえない。／沒有正式的申報材料是領不到許可證的。

(5) A：これ、変な名前だね。／這名字可真够古怪啊。
B：ええ、でもちゃんとしたレストランですよ。／是

(6) A：彼女のお父さんは、娘の結婚に反対しているそうですね。/聽說她父親反對這樁婚事啊。
B：ええ。相手を信用していないんです。わたしは、ちゃんとした人だと思いますよ。/是啊，就是不相信對方吧。其實，我倒覺着對方是個規規矩矩的好人。

表示該行爲或狀態符合現在的狀況。接名詞前時，形式爲"ちゃんとした"，表示"該事物比較合適，可以爲社會所接受"的意思。

【ちゅう】

1 Nちゅう＜正在繼續＞ 正在…、…期間。

(1) 会議中だから、入ってはいけない。/正在開會，所以不能進去。
(2) 「営業中」の札がかかっている。/掛着一個"正在營業"的牌子。
(3) その件はただいま検討中です。/關於這件事情，我們現在正在研究。
(4) 課長の休暇中に一大事が起こった。/在處長休假期間發生了一件重大事故。
(5) 工事中の道路が多くて、ここまで来るのに随分時間がかかった。/好多道路都在施工，所以到這裡來花了很長的時間。
(6) 勤務中は個人的な電話をかけてはいけないことになっている。/公司規定，上班時間不能打私人電話。
(7) 彼女はダイエット中のはずなのに、どうしてあんなにたくさん食べ物を買い込むのだろう。/她不是正在減肥嗎，怎麼還買那麼多吃的啊。

"ちゅう"漢字寫"中"。表示正在做什麼，或某狀態正在持續過程中的意思。應該注意的是，用於此意思時，漢字讀音必須是"ちゅう"。與其一起使用的名詞一般爲涉及某種活動的名詞。

(例) 電話中（正在打電話）・交渉中（正在交涉過程中）・婚約中（已經訂婚了）・執筆中（正在寫作過程中）・旅行中（正在旅行途中）・タイプ中（正在打字）等。

"（名詞）中"的讀音還可以讀"じゅう"，這時的意思如"一日中（整日中）"、"一年中（一年到頭）"所示，表示"在某期間內一直"的意思。

2 Nちゅう＜期間＞ …期間。

(1) 午前中は、図書館にいて、午後は実験室にいる予定だ。/我準備上午在圖書館，下午在實驗室。
(2) 戦時中、一家はばらばらになっていた。/戰爭期間，一家人妻離子散。
(3) 夏休み中に水泳の練習をす

るつもりだ。／暑假期間我打算練習游泳。
（4）彼は試験期間中に病気になって気の毒だった。／考試期間他生了病，真可憐。
（5）この製品は、試用期間中に故障したら、ただで修理してもらえる。／這種産品，如果在試用期間中發生了故障，可以免費修理。

　與表示時間的名詞一起使用，表示"在某一時間段内"的意思。但是，值得注意的是，有"ごぜんちゅう（上午）"的説法，而没有"こご（午後＜下午＞）ちゅう"的説法。

【ちょっと】

1 ちょっと＜程度＞ 稍微、一點兒、稍稍。

（1）ちょっと食べてみた。／稍微嘗了一下。
（2）借りた本はまだちょっとだけしか読んでいない。／借來的書剛稍微看了一點。
（3）目標額の10万円にはちょっと足りない。／離目標的額金10萬日元還稍微差一點。
（4）手紙をちょっと書き直した。／把信稍微改寫了一下。
（5）韓国語は、ちょっとだけ話せる。／我只稍微會講一點點朝鮮語。
（6）ちょっと左へ寄ってください。／請稍微往左邊靠一點。
（7）今日はちょっと寒い。／今天有點冷。
（8）試験の問題はいつもよりちょっとむずかしかったが、なんとか解けた。／考試題比以往的稍微難了一點，但好歹也答出來了。

　表示數量少，程度低。一般用於口語。

2 ちょっと
a ちょっと＜緩和程度＞（表示輕微）。

（1）ちょっと電話してきます。／我去打個電話就來。
（2）ちょっと用がありますので、これで失礼します。／我稍有點事，先失陪了。
（3）ちょっとおたずねしますが、この辺に有田さんというお宅はありませんか。／跟您打聽一下，這一帶有姓有田的人家兒嗎？
（4）すみません、ちょっと手伝ってください。／對不起，請你幫我一下。
（5）A：ちょっとこの辺でお茶でも飲みませんか。／我們在這喝杯茶休息休息吧。
　　B：ええ、そうですね。／好吧。
（6）A：これで決まりですね。／這下決定了吧。
　　B：ちょっと待ってください。わたしはまだいいと

は言っていません。／等等，我還没説行呢。
(7) A：おでかけですか。／您出門兒嗎？
B：ええ、ちょっとそこまで。／哎，出去一下。

是一種用於會話的較婉轉的表達方式。其數量少的意思並不強烈，而只是暗示程度比較輕。用於表述自己的行爲或向對方提出某種請求時。在請求別人時加上"ちょっと"，可使語氣顯得比較緩和。例(7)是一種約定俗成的寒暄用語。

b ちょっと＜緩和語氣＞　有點。
(1) A：この手紙の文章は、ちょっとかたすぎませんか。／這封信的文章是不是有點太死板了？
B：そうですか。じゃ、もう一度書き直してみます。／是啊。那，我再重新寫一封。
(2) A：山田さんが急病で、当分会社に出てこられないそうです。／聽説山田得了急病，暫時不能來公司上班了。
B：そうか、それはちょっと大変だな。／是嗎，那可有點麻煩啊。
(3) この問題は君にはちょっと難しすぎるんじゃないかな。／這個問題對你來説是不是有點兒太難了呢。
(4) 一日で仕上げるのはちょっと無理だ。／要在一天中完成有點困難。
(5) A：十時ではいかがでしょうか。／十點鐘怎麼樣啊？
B：十時はちょっと都合が悪いんですけど。／十點鐘，我不太方便。

與"大変(麻煩)"、"無理(有困難)"、"むずかしい(難辦)"等帶有否定意義的詞語一起使用，可以起到緩和語氣的作用。

c ちょっと＜欲言又止＞　有點兒…。
(1) A：この写真ここに飾ったらどう？／把這張照片掛在這兒怎麼樣啊？
B：そこはちょっとね…。／掛那兒，有點…。
(2) A：ご都合が悪いんですか。／你没空兒嗎？
B：ええ、ちょっと月曜日は…。／是的，星期一，稍微有點…。
(3) A：このコピー機空いていますか？／這臺影印機，現在没人用吧？
B：あ、すみません。まだ、ちょっと…。／啊，對不起，我還没…。

用於會話。只説"ちょっと"，而省略後面要説的句子，暗示一種否定的含意。是一種避免難以啓齒的表達方式。如例(1)就表現了説話者對掛在那個地方不很滿意的心情。還可以用於表示拒絕的場合，可以使語氣緩和。如例(2)、(3)

所示，省略後半句，用於拒絕。而且可以使對方理解。在表示承諾或肯定意義的場合，一般都不能將後半句省略。

3 ちょっと＜褒義＞ 挺…。

（1）この本、ちょっとおもしろいよ。／這本書挺有意思的。
（2）この先にちょっといいレストランをみつけた。／在前邊我找到一家餐館，挺不錯的。
（3）A：彼がどんな小説を書くか、ちょっと楽しみです。／看他能寫出什麼小説來，我們還都挺期待的呢。
　　　B：そうですね。／是啊。
（4）A：新しい職場はどう？／新的工作單位怎麼樣啊？
　　　B：課長さんがちょっとすてきな人なの。／處長是個挺帥的人。

將"ちょっと"與帶有褒義評價的表達方式一起使用時，可表示説話者認爲其程度不低，至少是比一般程度要好的意思。是一種較婉轉的表達方式。意思與"かなり（相當）"接近。而"すこし（稍微）"沒有這種用法。

4 ちょっと…ない

a ちょっと…ない＜褒義＞ 很少…、不大容易…、很難…。

（1）こんなにおもしろい映画は最近ちょっとない。／像這麼有意思的電影，最近還很少看到。
（2）この本は読み出したらちょっとやめられませんよ。／這本書，只要你讀起來就不大容易放下。
（3）こんなおいしいもの、ちょっとほかでは食べられない。／這麼好吃的東西，你在別的地方還很難吃到。
（4）あの人のあんな演説は、ちょっとほかの人にはまねができないだろう。／像他那樣的演講，別人是很難學會的吧。

與否定表達方式一起使用，語氣上是強調否定，而實際上多用於給予高度評價，認爲該事物非同一般。如例（1）即是對一部很有意思的電影進行贊揚。

b ちょっと…ない＜緩和語氣＞（表示婉轉的否定語氣）。

（1）A：田中先生の研究室はどちらですか。／田中老師的研究室在哪裡啊？
　　　B：すみません。ちょっとわかりません。／對不起，我不太清楚。
（2）A：あしたまでに全部現像してもらえますか。／明天能全部洗出來嗎？
　　　B：それは、ちょっとできかねます。／這，有點不太可能。
（3）A：今、ちょっと手が放せないので、あとでこちらからお電話します。／我現在有項工作放不下，待會我給您打電話。

B:そうですか。じゃあ、あとでよろしく。／那好吧。一會就麻煩你了。

與否定表達方式一起使用。意思不是表示數量或程度上的"一點"，而是起到緩和否定語氣的作用。如例（1）B的回答，意思是婉轉地表示"我根本就不知道"，而不是要說"我有一點不清楚"的意思。

5 ちょっと＜打招呼＞ 喂、哎、我說。
（1）ちょっと、そこのおくさん、財布落としましたよ。／喂，那位女士，你錢包掉了。
（2）ちょっと、これは何ですか。スープの中にハエが入ってるじゃないの。／喂，你瞧瞧，這是什麼呀。湯裡怎麼有只蒼蠅啊。
（3）ちょっと、だれか来て手伝って。／喂，誰來幫幫忙啊。
（4）ちょっと、お願いだからもう少し静かにしてて。／我說，求求你們了，安靜一點兒。

用於提請別人注意。不光可以表示打招呼。根據聲調的不同，還可以表示責難、威脅、乞求等各種心情。

6 ちょっとしたN
a ちょっとしたN＜緩和程度＞
少許、輕微。
（1）ちょっとしたアイデアだったが、大金になった。／出了不是啥好點子，却賺了大錢。
（2）ちょっとした風邪がもとで、亡くなった。／得了點輕微感冒就去世了。
（3）酒のつまみには、何かちょっとしたものがあればそれでいい。／作爲下酒菜，有點什麼就行了。

表示"輕微"、"不很重要"、"些許"的意思。

b ちょっとしたN＜褒義＞ 相當、不小。
（1）かれは、両親の死後、ちょっとした財産を受け継いだので、生活には困らない。／父母死後，他繼承了一筆相當可觀的遺産，所以在生活上他没有任何困難。
（2）パーティーでは奥さんの手料理が出た。素人の料理とはいえ、ちょっとしたものだった。／宴會上夫人做了一道菜。雖然不是專業廚師，但也相當够水準了。
（3）彼の帰国は、まわりの人にとって、ちょっとした驚きだった。／他的回國，對周圍人來説是個不小的震動。

表示非同一般。常可以與"かなりの（相當的）N"替换。使用"ちょっとしたN"，可以使評判的語氣顯得緩和一些。

【つ…つ】
（表示動作交替進行）。
[R-つR-つ]
（1）彼に会おうか会うまいかと悩んで、家の前を行きつ戻りつしていた。／不知是去見他

好呢還是不去見他好呢．愁得在我房子前面踱來踱去。
（2）お互い持ちつ持たれつで、助け合いましょう。／我們的關係是相互扶持的．就互相幫助吧。
（3）初詣の神社はものすごい人出で、押しつ押されつ、やっとのことで境内までたどり着いた。／新年初歌拜神社．人山人海．在人堆裡你推我擠．好不容易才擠進神社裡去。
（4）久しぶりに友人とさしつさされつ酒を飲んで何時間もしゃべった。／好久沒和朋友喝酒了．今天倆人推杯換盞．邊喝邊聊了好幾個鐘頭。

使用"行く（去）－戻る（回）"這樣的正反意動詞或"押す（推）－押される（被推）"這樣的主動和被動的動詞連用形．表示兩種動作交替進行。不過能使用的大多數是約定俗成的固定形式。如"行きつ戻りつ（來來去去）"、"持ちつ持たれつ（相互依靠）"等。

【つい】

不知不覺、沒留神、沒注意。

（1）太るとわかっていながら、あまりおいしそうなケーキだったので、つい食べてしまった。／明知道吃了要發胖．可是這蛋糕太好吃了．不知不覺就吃完了。
（2）お酒はやめたはずだが、目の前にあると、つい手が出る。／本來是戒了酒的．可是酒一擺在眼前．不自覺地就伸手想喝。
（3）そのことは口止めされていたのに、つい口をすべらせて言ってしまった。／這件事本來是不可以說的．沒留神就說溜嘴。
（4）おしゃべりが楽しくてつい遅くなってしまった。／光顧著聊天高興．沒注意都這麼晚了。
（5）よく周りから声が大きいと苦情がでるので気をつけてはいるのだが、興奮するとつい声が高くなる。／鄰居老嫌我聲音大．我也挺注意的．可是一興奮．不留神聲音就又高起來了。

表示因控制不住自己而做了不該做或自己本來想堅持不做的事情。常與"V－てしまう"的形式一起使用。

【ついて】

→【について】

【ついでに】

1 ついでに　順便。
（1）図書館へ本を借りにいった。ついでに、近くに住んでいる友達のところへ行ってみた。／我去圖書館借書．順便去住在附近的朋友家看了看。

(2) でかけるのなら、ついでに、この手紙を出して来てくれませんか。/你要出門的話，順便幫我把這封信寄了，好嗎？

表示利用這一機會的意思。用於在做某一主要事情的同時，另帶着做其他事情的場合。

2 …ついで(に)　順便、順路。
[Nのついで]
[Vついで]
(1) 京都へ行くついでに、奈良を回ってみたい。/去京都時，我想順路去奈良看看。
(2) 洗濯機を直すついでに、ドアの取っ手も直してもらった。/工人來修洗衣機時，我請他順便把門把也修理了一下。
(3) 姉は実家に遊びに来たついでに、冷蔵庫の中のものをみんな持って帰った。/姐姐趁着回娘家來玩的機會，順便把冰箱裡的東西全拿走了。
(4) 買い物のついでに、図書館へ行って本を借りて来た。/去買東西時，順便到圖書館借了本書。
(5) 兄は出張のついでだといって、わたしの仕事場へ会いに来た。/哥哥說是出差順路，來我公司看看我。

表示在做某一主要事情的同時，順便帶着做其他事情的意思。與名詞一起使用時，只限於表示某種活動意思的名詞。

【ついては】
　　爲此、因此。
(1) 《手紙》この秋に町民の大運動会を開催することになりました。ついては、皆様からの御寄付をいただきたく、お願い申し上げます。/《信函》今年秋天，決定舉行市民運動大會。爲此，我們懇請大家踴躍捐款。
(2) 今の会長が来月任期満了で引退します。ついては、新しい会長を選ぶために候補者をあげることになりました。/現任的會長因任期已滿即將引退。因此，爲選舉新會長決定由大家推薦候選人。

表示"因爲這樣的一種原因"的意思。是一種書面語，比較婉轉的表達方式。多用於比較正式地向聽話人（讀者）報告或請求某事的場合。

【ついに】
1 ついにV-た　終於、最後。
(1) 1995年、トンネルはついに完成した。/1995年，隧道終於竣工了。
(2) 登山隊は、ついに頂上を征服した。/登山隊終於登上了山頂。
(3) 待ちに待ったオリンピックがついに始まった。/盼望已久的奧林匹克運動會終於開始了。

（4） 留学生の数は年々増え続け、ついに10万人を越えた。／留學生人數每年遞增，終於突破了10萬人大關。
（5） 客は、一人去り一人去りして、ついに誰もいなくなった。／客人走了一個又走了一個，最後一個客人也沒有了。
（6） 遭難して五日目、食糧も水もついに底をついた。／災害發生後的第五天，儲備的糧食、水終於都用光了。

表示經過許多曲折，最後終於實現的意思。有如例（1）、（2）所示，經過很長時間或經歷很多挫折終於完成或取得成功的場合。也有如例（3）所示，表示某一重大事情開始或結束的場合。另外，如例（4）所示，可以用於表示達到某一數目很大的目標或界限。又如例（5）、（6）所示，也可以用來表示某一狀態逐漸變化，最終達到了說話者所預料的結果。

使用"ついに"時，其表達的重點是在事物本身，而不是在其過程。如以下（例1），其意義的重點在於"完成した（建成）"這一結果上。而（例2）使用"やっと（好不容易、終於）"時，其重點在於"該工程耗費了很長時間"，即注重該事物的過程。

（例1） 1995年トンネルはついに完成した。／1995年，隧道終於竣工了。
（例2） 1995年トンネルはやっと完成した。／1995年，隧道好不容易建成了。

與之相類似的詞語有"やっと""とうとう"。

詳細內容請參見【やっと】1。

2 ついにV-なかった　終於、直到最後、終究。
（1） 閉店時間まで待ったが、彼はついに姿を表さなかった。／我一直等到關門，他最後還是沒有出現。
（2） 彼の願いはついに実現しなかった。／他的願望終究沒能實現。
（3） 彼はついに最後まで謝らなかった。／直到最後，他也沒有道歉。
（4） 犯人はついにわからずじまいだった。／到最後也沒能抓到凶手。

用於表示最終沒有實現說話者所期待或預想的事情。例（1）～（4）可以與"とうとう"替換，但不能與"やっと"替換。

3 ついには　最終。
（1） この病気は、次第に全身が衰弱し、ついには死亡するという恐ろしい病気だ。／這種病很可怕，先是全身組織逐漸衰竭，最終導致死亡。
（2） 血のにじむような練習に明け暮れて、ついには栄光の勝利を勝ち取った。／他終日拼命練習，最終取得了輝煌的勝利。

表示經過種種曲折，最終達到某種結果的情形。是一種書面性語言表達方式。

【つきましては】

爲此，因此。

（1） 《招待状》この度、新学生会館が完成いたしました。つきましては、次の通り落成式を挙行いたしますので、ご案内申し上げます。／《邀請信》最近，新學生活動中心建成。爲此，我們將舉行落成典禮，特此向您發出邀請。

（2） 先月の台風で当地は大きな被害を受けました。つきましては皆様にご支援いただきたくお願い致します。／由於上個月的颱風，本地遭受了重大損失。因此想懇請諸位給以大力支持。

是"ついては"的鄭重表達方式。用於公函等。

→【ついては】

【っきり】

只有、一直、…後…就…。

（1） ふたりっきりで話しあった。／只有我們兩個人談了話。

（2） 一晩中つきっきりで看病した。／整整一晚上一直守候在病人身邊照顧。

（3） 家を飛び出していったっきり戻って来ない。／離家出走了以後從來沒回來過。

是"きり"的口語表達方式。

→【きり】

【っけ】

是不是…來着。

[N／Na　だ（った）っけ]
[A-かったっけ]
[V-たっけ]
[…んだ（った）っけ]

（1） あの人、鈴木さんだ（った）っけ？／那個人是不是叫鈴木來着？

（2） 君、これ嫌いだ（った）っけ？／你不喜歡這個來着嗎？

（3） この前の日曜日、寒かったっけ？／上個星期天是不是很冷來着？

（4） もう手紙出したっけ？／信已經寄完了吧？

（5） 明日田中さんも来るんだっけ？／明天，田中是不是也説要來着？

（6） しまった！今日は宿題を提出する日じゃなかったっけ。／糟了！今天是不是該交作業了吧。

用於自己記不清而表示確認時。如例（6）所示，也可以用於自己一人自言自語地確認時。是比較隨和的口語形式。其禮貌用語形式是"N／Naでしたっけ"、"V-ましたっけ"、"…んでしたっけ"。但是没有"A-かったですっけ"的形式。

【っこない】

不可能…。

[R-っこない]

（1） A：毎日5時間は勉強しなさい。／每天至少得學習

5個小時。
　　　B：そんなこと、できっこな
　　　　　いよ。／那樣的事，不可
　　　　　能做到。
（2）いくら彼に聞いても、本当の
　　　ことなんか言いっこないよ。
　　　／再怎麼問他，他也不可能
　　　說實話的。
（3）俳優になんかなれっこない
　　　と親にも言われたけれど、夢
　　　は捨てられなかった。／父母
　　　也對我說，你不可能成為演
　　　員，但我還是放棄不了這個
　　　理想。
（4）こんなひどい雨では頂上ま
　　　で登れっこないから、きょうは
　　　出かけるのはやめよう。／下這
　　　麼大雨，不可能登上山頂，所
　　　以今天就別去了。
（5）山口さんなんか、頼んだって
　　　やってくれっこないよ。／山
　　　口你求他也是白搭，不可能
　　　幫我們做的。
　　　與動詞連用形一起使用，表示對某
事發生的可能性進行強烈的否定。與"絕
對…しない"、"…するはずがない"、"…
するわけがない"等句型意思相近。是比
較隨便的口語形式。用於關係較親近的
人之間的會話。

【ったら】

1 Nったら　說起、我說。
（1）太郎ったら、女の子の前で赤
　　　くなってるわ。／你看看太
郎，他竟在女孩子面前弄的
滿臉通紅。
（2）A：松井さん昔はほんとう
　　　　　に小さくてかわいかっ
　　　　　たけど、今はすっかりい
　　　　　いお母さんだね。／松井
　　　　　你過去可真是又小巧又
　　　　　可愛，而現在完全是一
　　　　　個合格的媽媽了。
　　　B：まあ先生ったら。小学
　　　　　校を卒業してからもう
　　　　　20年ですもの。／哎呀，
　　　　　我說老師，人家小學畢
　　　　　業都已經20年了嘛。
（3）A：このカレンダーの赤丸
　　　　　なんだったかな。／這月
　　　　　曆上的紅圈是什麼意思
　　　　　啊？
　　　B：もうあなたったら忘れ
　　　　　たの。私たちの結婚記念
　　　　　日じゃありませんか。／
　　　　　我說你怎麼都忘了呢。
　　　　　那不是我們的結婚紀念
　　　　　日嘛。
（4）多恵子ったら、どうしたのか
　　　しら。いくら呼んでも返事が
　　　ないけど。／我說這個多惠子
　　　是怎麼了。那麼叫她也不答
　　　應一聲。
（5）お母さんったら。ちゃんと話
　　　を聞いてよ。／哎呀，我說
　　　媽，你倒好好聽著呀。
　　　表示"といったら(說到、我說)"的意
思。用於比較隨便的口語場合。說話者帶
著親密、取笑、告誡、責難、擔心等各種心

情而提起話題。主要是兒童或女性使用。

2 Vったら（表示敦促某種行動）。

（1）こっちへ来いったら。／叫你過來呢嘛。

（2）やめろったらやめろよ。／叫你別做你就別做了。

（3）やめてったらやめてよ。／叫你別做你就別做了。

接動詞命令形或テ形後。用以表示"這麼跟你説呢．你怎麼還不做呀"的心態。語氣強烈。多反覆使用同一動詞。命令形限於男性使用。是較隨便的口語形式。

3 …ったら（表示不滿）。

（1）A：ひとりで出来るの？／你一個人能行嗎？
B：出来るったら。／當然行啦。

（2）A：飲んだらコーヒーカップちゃんと洗って。／喝過咖啡以後要把咖啡杯洗乾淨。
B：うん、わかった。／嗯．知道了。
A：ほんとにわかったの？コーヒーカップは？／聽明白了嗎？咖啡杯要怎麼辦？
B：わかったったら。同じことそう何度も言うなよ。／我不是説知道了嘛。車軲轆話，用不着老説。

接對方的話．對對方對自己的懷疑等表示強烈的不滿。是較隨便的口語形式。

4 ったらない　別提多…了。

（1）うちのおやじ、うるさいったら

らない。／我們家老爺子．別提多嘮叨了。

（2）あの時のあいつのあわてかたったらなかったよ。／當時他那個慌張勁兒．別提了。

表示程度很甚。是較隨便的口語形式。

【つつ】

與動詞連用形一起使用。一般用於書面語或較拘謹的會話。

1 R-つつ＜同時＞　一邊…一邊…、一面…一面…、…（的）同時。

（1）かれは、「春ももう終わりですね」と言いつつ、庭へ目をやった。／"春天馬上就要結束了"他一邊説着一邊望了望院子。

（2）静かな青い海を眺めつつ、良子は物思いにふけっていた。／良子一面眺望着寧靜的、藍藍的大海．一面沈思着。

（3）この会議では、個々の問題点を検討しつつ、今後の発展の方向を探っていきたいと思います。／這次會議在研究每個個具體問題的同時．還要探討一下今後的發展方向。

（4）その選手はけがした足をかばいつつ、最後まで完走した。／那個運動員一邊護着自己受了傷的腿．一邊堅持跑完全程。

表示同一主體在進行某一行為時同時進行另一行為。基本與"…ながら"意思

相同，但"…つつ"傾向於用於書面語。

2 R-つつ＜逆接＞
a R-つつ　雖然、儘管。
（1）夏休みの間、勉強しなければいけないと思いつつ、毎日遊んで過ごしてしまった。／雖然想在暑假期間要好好學習，但每天還是貪玩，一下就晃過去了。

（2）早くたばこをやめなければいけないと思いつつ、いまだに禁煙に成功していない。／儘管總是想要盡快戒煙，但直到如今還沒有戒掉。

（3）その言い訳はうそと知りつつ、わたしは彼にお金を貸した。／我雖然知道他那解釋是在撒謊，但還是把錢借給他了。

（4）青木さんは事業のパートナーを嫌いつつ、常に協力を惜しまなかった。／儘管青木很討厭他在事業上的合作夥伴，但還是經常不惜一切地幫助他。

用於連接兩個相反的事物。如例（1）所示，其意思是"雖然這樣想，但…"。其逆接用法與"のに"、"ながら"等相近。例（3）中的"うそと知りつつ（明知是撒謊）"是一種常見的慣用表達方式。

b R-つつも　雖然、儘管。
（1）彼は、歯痛に悩まされつつも、走り続けた。／儘管牙痛使他很痛苦，但他還是堅持繼續跑下去。

（2）「健康のために働き過ぎはよくないのよ」と言いつつも、彼女は決して休暇をとらないのだ。／雖然她總說，"為了身體健康不能勞累過度"，但她從來也沒休過假。

（3）医者に行かなければと思いつつも、忙しさに紛れて忘れてしまった。／儘管總想著要去找醫生看看，但一忙就給忘了。

（4）設備の再調査が必要だと知りつつも無視したことが、今回の大事故につながったと思われる。／明明知道應該對設備重新進行一次檢查但卻忽視了，我想這是釀成這次重大事故的原因。

與【つつ】2 a 相同。

3 R-つつある　正在…。
（1）地球は温暖化しつつある。／地球溫暖化現象正在日趨嚴重。

（2）この会社は現在成長しつつある。／這家公司現正在發展過程中。

（3）この海底では長大なトンネルを掘りつつある。／這裡的海底正在開掘一條長長的海底隧道。

（4）手術以来、彼の体は順調に回復しつつある。／手術以後，他的身體正在逐漸恢復。

（5）若い人が都会へ出て行くため、五百年の伝統のある祭

りの火がいまや消えつつある。/由於年輕人都到大城市去了，這延續了五百年的傳統節日的火焰也即將熄滅了。
(6) 彼は今自分が死につつあることを意識していた。/他意識到自己正在走向死亡。
(7) その時代は静かに終わりつつあった。/這個時代正在悄悄地結束。

表示某一動作或作用正在向着某一方向持續發展着。有許多場合均與"ている"意思相似，但也有些不同。如例(1)~(3)都可以與"ている"替換，且意思基本不變。而例(4)~(7)等，與表示瞬間變化的動詞一起使用時，意思就與"ている"不同了。在與表示瞬間變化的動詞一起使用時，"つつある"表示該變化產生，並朝着變化完成的方向正在繼續着的意思，而"ている"則表示其變化完成以後的狀態。因此，如果將例(6)中的"死につつある"變成"死んでいる"，句子就會變得很荒唐。

另外，沒有完成意義的動詞很難與"つつある"一起使用。如不能説"彼女は泣きつつある"。

【って】

1 NってN 叫…的…。
(1) これ、キアリーって作家の書いた本です。/這是一位叫吉里亞的作家寫的書。
(2) A：留守の間に人が来ましたよ。/你不在的時候，有人來過。
B：なんて人？/來的人姓什麼？
(3) 佐川さんって人に会いました。友達だそうですね。/我見到一個姓佐川的人。聽説你們是朋友啊。
(4) 駅前のベルって喫茶店、入ったことある？/你去過車站前的那家叫"鈴兒"的咖啡店嗎？

是較隨便的口語表達方式。是"NというN"的縮減形式。如"キアリーっていう作家"、"なんていう人"等所示，常以"NっていうN"的形式使用。用於表述説話者不知道，或以爲聽話者也許不知道的事物。接疑問詞"何"後面時，不使用"って"，而成爲"なんて"的形式。

(誤) なんって人。
(正) なんて人。/叫什麼名字的人。

2 …って＜主題＞ …是…。
[Nって]
[Aって]
[V(の)って]
(1) WHOって、何のことですか。/WHO是什麼東西啊？
(2) ヒアリングって、何のことですか。/"ヒアリング"是什麼意思啊？
(3) ゲートボールって、どんなスポーツですか。/槌球是一種什麼運動啊？
(4) 赤井さんって、商社に勤めているんですよ。/赤井，他在公司行號工作呢。
(5) 山田課長って、ほんとうにやさしい人ですね。/山田處長可真是一個和藹可親的人

（6）うわさって、こわいものです。／流言蜚語真可怕啊。
（7）若いって、すばらしい。／年輕，這就是本錢啊。
（8）都会でひとりで暮らす(の)って、大変です。／孤獨一人生活在大城市，這很不容易啊。
（9）反対する(の)って、勇気のいることです。／反對，是需要勇氣的。
（10）どちらかひとつに決める(の)って、むずかしい。／必須決定其中的某一個，這很難。

用於提起某事物作爲話題，給其下定義、表述其意義或對其做出評價等等。是較隨便的口語表達方式。在較拘謹的書面語當中，表示下定義、表述意義時，可使用"Nとは"。另外，如例（8）所示，用於動詞短句時，與"Vのは…だ"句型相對應，是其口語表達方式。

3 …って＜引用＞
a …って（引用聽到的話）。
（1）かれはすぐ来るっていってますよ。／他說了，馬上就來。
（2）それで、もうすこし待ってくれっていったんです。／後來，他說再等他一會。
（3）A：お母さん、きょうは、いやだって。／媽，他說今天不願意來。
　　B：じゃあ、いつならいいの。／那，他什麼時候能來呀？
（4）A：電話して聞いてみたけど、予約のキャンセルはできないって。／我打電話問了，人家說，預約了就不能取消。
　　B：ああ、そう。／是啊。

與表示引用句的"と"相對應，是較隨便的口語表達方式。除比較正式的會話以外廣泛被使用，並不限男女。例（1）的意思就是"かれはすぐ来るといっていますよ。／他說了，馬上就來。"。如例（3）、（4）所示，可以省略後接部分，只傳達所聽到的內容。

4 …って（表示反問等）。
（1）A：これ、どこで買ったの。／這是在哪兒買的啊？
　　B：どこって、マニラだよ。／在哪兒買的？在馬尼拉啦。
（2）A：もうこの辺でやめてほしいんだが。／我想你就到這吧，別做了。
　　B：やめろって、一体どういうことですか。／你叫我別做了，這到底是爲什麼？

重覆對方說過的話，用以應付對方的質問，或對其進行反問。是較隨便的口語表達方式。多與"…というのは"句型相對應。

5 んだって＜聽説＞　聽説、據説。
[N／Na　なんだって]
[A／V　んだって]
（1）あの人、先生なんだって。／

聽説他還是老師呢。
（2）山田さん、お酒、きらいなんだって。／據説山田不喜歡喝酒。
（3）あの店のケーキ、おいしいんだって。／都説那家店里的蛋糕特別好吃。
（4）鈴木さんがあす田中さんに会うんだって。／聽説鈴木明天要見田中。
（5）A：あの人、先生なんだって？／聽説他還是老師呢。是嗎？
　　B：うん、英語の先生だよ。／是啊，是教英語的老師。
（6）A：山田さん、お酒、きらいなんだって？／據説山田不喜歡喝酒。是嗎？
　　B：ああ、そう言ってたよ。／啊，他好像那麼説過似的。
（7）A：あの店のケーキ、おいしいんだって？／都説那家店的蛋糕特別好吃。是嗎？
　　B：いや、それほどでもないよ。／不，也不是那麼特好吃。
（8）A：鈴木さんがあす田中さんに会うんだって？／聽説鈴木明天要見田中。是嗎？
　　B：うん、約束してるんだって。／嗯，據説他們約好了。

是"のだ／んだ"與表示"引用"的"って"組合而成的形式。表示從別人那裡聽到某種信息(聽説)。例（5）～（8）使用升調，表示把聽來的信息又用以向對方詢問，以示確認。不分男女，用於較隨便的會話。一般不使用"なのだって／のだって"的形式，而多使用"んだって"、"んですって"的形式。

"んですって"的形式主要見於女性。即使使用了"です"，也不能對身分、地位高於自己的人使用。這時應該説"あの人は先生なんだそうです／聽説他是一位老師"。

6 …たって　即使…。

（1）そんなこと、したってむだだ。／即使這麼做也白搭。
（2）そんなこと、言ったって、いまからもどれないよ。／你即使這麼説，現在也回不去了。
（3）ここから呼んだって、聞こえないだろう。／從這叫他也聽不見吧。

→【たって】

【ってば】

（表示強烈主張或提請注意）我不是説…，我説…。

（1）A：この字、間違ってるんじゃないか？／這個字沒錯嗎？
　　B：あってるよ。／没錯。
　　A：いや、絶対、間違ってるってば。／不，我看肯

（2） A：宿題やったの？／作業做了嗎？

B：うん。／嗯。

A：もう9時よ。／都9點了啊。

B：やったってば。／我不是説我做了嘛。

（3） A：お母さん／媽

B：…／…

A：お母さんってば。聞いてるの？／我説媽，你在聽我説嗎？

用於關係密切的雙方較隨便的會話，表示説話者強調自己的主張。尤其用於説話者的主張不能被理解，顯得有些着急的場合。另外，如例（3）所示，也可以用於提示對方注意的場合。

【っぽい】
（表示有這種感覺或傾向）。
[Nっぽい]
[Rっぽい]
（1） 男は白っぽい服を着ていた。／那男的穿了一件發白的衣服。
（2） あの人は忘れっぽくて困る。／他特別健忘，真拿他没辧法。
（3） 30にもなって、そんなことで怒るなんて子供っぽいね。／都30歲了，還爲這點小事生氣，太孩子氣了。
（4） この牛乳水っぽくてまずいよ。／這牛奶像摻了水不好喝。
（5） 死ぬだとか葬式だとか、湿っぽい話はもうやめよう。／我們別再説那些死啦葬禮啦等等不吉利的話題好不好。

接名詞或動詞連用形後，表示"有這種感覺或有這種傾向"的意思。形成一個新的形容詞。

如例（1）所示，接"赤·白·黒·黄色·茶色"等表示顔色的名詞後，表示"帶有這種顔色的，或與這種顔色接近的"意思。又如例（2）所示，接在"怒る（生氣）·ひがむ（閙別扭）·ぐちる（發牢騷）·忘れる（忘記）"等動詞的連用形後，表示某人"很容易…、愛…"的意思。再如例（3）所示，接"子供（孩子）·女·男·やくざ（流氓）"等名詞後，表示"子供／やくざのようだ（像個孩子／流氓似的）"、"いかにも女／男という感じがする（給人感覺特像女的／男的）"等意思。

除此之外，常見的還有"水っぽい（摻了水，像水一樣）"、"湿っぽい（濕漉漉、陰鬱的）"、"熱っぽい（像發了燒似的，熱情的）"等。使用"子供っぽい·水っぽい"等時，説話人語氣中帶有一種貶義。如要表示褒義，則使用"子供らしい（天真活潑像個孩子）·みずみずしい（水靈靈的）"。

【つまり】
1つまり＜換言之＞ 也就是、即、就是。
（1） 彼は、母の弟、つまり私の叔父である。／他是我母親的弟弟，也就是我的舅舅。
（2） 両親は、終戦の翌年、つまり

1946年に結婚した。/父母是在二次大戰結束的第二年，即1946年結婚的。

(3) 相思相愛の仲とは、つまりお互いのことを心底愛し合っている関係のことである。/所謂相親相愛，就是兩人都是發自内心的互相愛慕。

(4) A：この件については、ちょっと考えさせてください。/關於這事讓我們考慮考慮。

B：つまり「引き受けていただけない」ということですね。/您這意思，就是説"不接受了"？

此用法是接短句或句子後，表示用相同意思的内容換句話說。如例(4)等於是接了對方的話以後，換成説話者自己理解的意思換句話說。其意思雖與"すなわち(即)"很相近，但"つまり"口語性很強，所以在例(4)這樣的會話形式當中，使用"すなわち"就會顯得不自然。

2 つまり(は)＜結論＞ 總之，歸根結底，到底。

(1) つまり、責任は自分にはないとおっしゃりたいのですね。/總之，您是想説責任不在您自己，對吧。

(2) 子供の教育は、つまりは、家庭でのしつけの問題だ。/孩子的教育，歸根結底是家庭管教的問題。

(3) A：まあ、それほど忙しいというわけでもないんですけど…。/嗯，其實倒也並不那麼忙…。

B：つまり、君は何が言いたいんだ。/你到底想説什麼呀。

(4) 私の言いたいことは、つまり、この問題の責任は経営者側にあって…。そのつまり、社員はその犠牲者だということです。/我想説的就是，這個問題在管理者方面…。也就是説，公司職員是受害者。

用於省略説明的經過，而得出最後的結論。例(1)、(3)是確認或摧促聽話者拿出結論的用法。如例(2)所示，有時也可以用作"つまりは"。例(4)是一種口語用法，可以起到銜接語言空當的作用。很多用例可與"結局(歸根到底)"、"要するに(總而言之)"替換。

【つもり】

1 V-るつもり
a V-る／V-ない つもりだ 打算，准備。

(1) 来年はヨーロッパへ旅行するつもりだ。/明年我打算去歐洲旅行。

(2) 友達が来たら、東京を案内するつもりだ。/朋友來了以後，我準備帶他遊覽東京。

(3) たばこは、もう決してすわないつもりだ。/我打算再也不抽煙了。

（4）山本さんも参加するつもりだったのですが、都合で来られなくなってしまいました。／本來山本也準備來參加的，但是因爲有點事不能來了。

（5）A：これから、美術館へもいらっしゃいますか。／您現在要去美術館嗎？
B：ええ、そのつもりです。／是的，我是這麼打算的。

表示意願或意圖。既可以表示説話者的意圖，也可以表示第三人稱者的意圖。"V－ないつもりだ"的形式表示不打算作某行爲的意願。另外，還可以如例（5）所示，將動詞部分省略，加上指示代詞"その"。如果不加指示代詞，只説"はい、つもりです"就錯了。

b V－るつもりはない　不打算、不想、不準備。

（1）この授業を聴講してみたい。続けて出るつもりはないけれど。／我想旁聽這門課試試，但並不打算一直聽到底。

（2）趣味で描いていた絵が展覽会で入選して、売れたが、プロになるつもりはない。／憑個人愛好畫的畫參加了展覽會，雖然賣出去了，但是我並不想作一名職業畫家。

（3）今すぐ行くつもりはないが、アメリカのことを勉強しておきたい。／雖然並不準備現在馬上就去，但還是想先了解了解美國的情況。

（4）この失敗であきらめるつもりはないけれど、やはりひどくショックなのには変わりがない。／雖然並不打算因此次失敗而就此罷休，但它對我的打擊還是很大的。

（5）このけんかはあの人達が始めたことで、わたしにはそんなことをするつもりは全くなかったんです。／這次爭吵完全是他們挑起的，我根本就没打算跟他們吵。

（6）A：この条件で何とか売っていただけないでしょうか。／按這個條件請您一定賣給我們吧。
B：いくらお金をもらっても、この土地を売るつもりはない。帰ってください。／你給我多少錢，我也不會賣掉這塊土地的。你快回去吧。

用於説話者否定某種意願，意思是"不打算…"。使用這一句型時，一般是説話者首先想像聽話者可能預想或期待自己有這種意願，在此基礎上，説話者予以否定。如例（3）、（4）所示，説話者還可以預計聽話者可能會想像的内容，作爲一種開場白使用。

c V－るつもりではない　並不是有意要…。

（1）すみません、あなたの邪魔をするつもりではなかったんです。／對不起，我並不是有意要打擾你。

（2） A：彼はあなたが批判したといって気にしていましたよ。／他挺在意的,說你批評他了。

B：あの、そんなつもりではなかったんです。／其實我並不是有意要批評他。

用於說話者否定某種意志,意思是"並不是有意要…"。多見於自己某種行爲或態度招致某種誤解時,以此來進行自我辯解,意思是說"其實我並不是/沒有這個意圖"可以與"つもりはない"替換。

d V-るつもりで　打算、想好。

（1） 今日限りでやめるつもりで、上司に話しに行った。／做好了今天就辭職的打算去找上司談了話。

（2） 彼女は彼と結婚するつもりでずっと待っていた。／她一直等着他,就是想好了要和他結婚。

（3） 今回の試合には絶対負けないつもりで練習に励んで来た。／下定決心,這次比賽決不能輸,打算一直堅持練習。

表示"以這樣一種意願"的意思。

2 …つもりだ

[Nのつもりだ]

[Na なつもりだ]

[A つもりだ]

[V-た／V-ている　つもりだ]

a …つもりだ＜信念＞　（表示自己這樣認爲、這樣覺得）。

（1） ミスが多かったが、今日の試合は練習のつもりだったからそれほど気にしていない。／雖然失誤很多,但我們是把今天的比賽當做一次訓練,所以並不很在意。

（2） まだまだ元気なつもりだったけど、あの程度のハイキングでこんなに疲れてしまうとはねえ。もう年かなあ。／我自己一直覺得自己身體還行,沒想到就這麼一次郊遊還累成這個樣子。到底還是上了年紀呀！

（3） まだまだ気は若いつもりだよ。／自己覺得自己還很年輕呢。

（4） よく調べて書いたつもりですが、まだ間違いがあるかもしれません。／我自認爲是經過充分的調查才寫出來的,不過也可能有錯誤。

（5） A：君の仕事ぶり、評判いいよ。／大家都對你的工作很滿意啊。

B：そうですか。ありがとうございます。お客様にご満足いただけるよう、毎日ベストをつくしているつもりです。／是啊,謝謝。我每天都是盡自己最大努力讓客人們滿意。

主語爲第一人稱,表示說話者自己這樣想或這樣認爲,至於別人如何認爲或與事實是否相符並無關緊要。

b …つもりだ＜與事實不符＞　以爲…。

（1）なによ、あの人、女王のつもりかしら。／什麼呀，她以爲她自己是女皇呢。

（2）あの人は自分では有能なつもりだが、その仕事ぶりに対する周囲の評価は低い。／他以爲他自己很能幹，其實周圍的人對他工作的評價很低。

（3）彼女のあの人を小ばかにしたような態度は好きじゃないな。自分ではよほど賢いつもりなんだろうけどね。／我特別不喜歡她看不起別人的那種態度。她是不是以爲自己有多麼聰明啊。

（4）君はちゃんと説明したつもりかもしれないが、先方は聞いてないといっているよ。／也許你以爲你自己講清楚了呢，可是對方却說根本就沒聽你說過。

（5）彼女はすべてを知っているつもりだが、本当は何も知らない。／她以爲她什麼都知道呢，其實她什麼也不知道。

主語爲第二人稱或第三人稱，表示該人信以爲眞的事與與（説話者或其他人想的）事實不符的意思。

c Ｖ-たつもりはない　沒想…。

（1）私はそんなことを言ったつもりはない。／我沒想這麼說。

（2）あの人、怒ってるの？からかったつもりはないんだけどねえ。／他生氣了？我可沒想取笑他啊。

（3）A：彼、あなたに服をほめられたって喜んでたわよ。／他說你誇了他的衣服，可高興了。

　　B：こまったな。ほめたつもりはないんだけどな。／真沒辦法。我可沒想誇他呀。

用於否定對方對自己的行爲做出的解釋、判斷。例（3）也可以說成"そんなつもりはないんだけどな"。

3 Ｖ-たつもりで　就當是…、認爲是…。

（1）旅行したつもりで、お金は貯金することにした。／就當是旅行，把錢存了起來。

（2）学生たちはプロのモデルになったつもりで、いろいろなポーズをとった。／學生們一個個就像當了職業模特似的，擺出了各種各樣的姿勢。

（3）昔にもどったつもりで、もう一度一からやり直してみます。／就當是又回到了從前，再從頭開始。

（4）完成までまだ一週間かかるのに、もう終わったつもりで、飲みに行った。／離完成還有一個星期呢，就跟都已經完成了似的去喝酒了。

（5）死んだつもりで頑張ればできないことはない。／就當拼死

一幹，没有做不成的事。

表示以某行爲爲前提，並且當做計盡的意思。可以與"したと見なして(就看做是)"、"したと考えて(就認爲是)"、"したと仮定して(就假定是)"等表達方式替換。"死んだつもりで"是一種慣用表達方式，表示下定決心做某事。

【つれて】

→【につれて】

【て】

(表示連接前後短句，根據語境可表示各種意思)。

[N／Naで]
[A-くて]
[V-て]

接名詞和ナ形容詞後時爲"で"。接イ形容詞後時爲"くて"。接表示否定的"ない"時有"なくて"、"ないで"兩種形式。接動詞時，詞書形詞尾爲グ・ヌ・ブ・ム的爲"で"，其他動詞爲"て"。

(1) 朝ご飯を作って、子供を起こした。／做好早飯，叫孩子起床。
(2) しっかり安全を点検して、それからかぎをかけた。／徹底檢查了安全情況以後，鎖上了鎖。
(3) まず、買い物をして、それから、映画を見て、帰って来た。／先是採購，物然後看了場電影，就回來了。
(4) 電話をかけて、面会の約束をとりつけて、会いに行った。／打電話約好見面時間，然後去見了他。
(5) 山田さんがやめて、高田さんが入った。／山田辭了職之後，又來了一個高田。
(6) びっくりして、口もきけなかった。／嚇得我都說不出話來了。
(7) 着物を着て、出掛けた。／穿上和服出門了。
(8) 地下鉄ははやくて安全だ。／地鐵既快又安全。
(9) 外が真っ暗でこわかった。／外面一片漆黑，特別可怕。
(10) めずらしい人から手紙をもらってうれしかった。／一個很少給我寫信的人來了信，我特別高興。

用於連接前後兩個短句，且兩者的關係非常寬鬆，如例(3)、(4)所示，"…て"還可以使用兩個以上。

在連接表示行爲動作的短句時，表示其行爲動作按照時間先後順序進行。如例(1)、(2)等。另外，根據語境還可以表示對比、輕微的原由、行爲的手段或附屬的情況等等。

在連接形容詞或表示屬性、狀態等的短句時，表示兩種屬性並列或以"…て"的部分表示輕微的理由。又如例(10)所示，當表示動作的短句後接續形容詞等表示狀態性的短句時，一般也都是表示輕微的理由。

在表示幾種行爲動作或狀態交替發生時，或者是與時間順序沒有關係時，則不使用"て"而使用"たり"。

【て…て】

（表示強調）。

[Na でNa で]
[A-くてA-くて]
[V-てV-て]

（1）連絡がいつまで待っても来ないので、不安で不安で仕方がなかった。／怎麼等也沒有消息，耽心得不得了。
（2）お土産を買い過ぎたので、トランクが重くて重くて腕がしびれそうだった。／禮品買得太多了，箱子重到快是不動，弄得胳膊都發麻了。
（3）はじめて着物を着たら、帯がきつくてきつくて何も食べられなかった。／第一次穿和服，帶子勒得緊緊的，搞得我什麼也沒吃。
（4）走って走ってやっと間に合った。／跑呀跑呀拚命地跑，終於趕上了。
（5）一晩中飲んで飲んで、飲みまくった。／喝呀喝呀，瘋狂地喝了一晚上的酒。

反覆使用同一動詞或形容詞，以表示對其程度的強調。一般用於會話。

【で】

1 で 那麼、所以。

（1）《写真を見せながら》これが、田中先生の奥さん。で、こっちが息子さんの孝君。／《一面給我們看照片一面介紹說》這位是田中老師的夫人。那麼，這邊這個呢，是他兒子阿孝。
（2）あしたから、試験なんだ。で、この２、３日はほとんど寝てないんだ。／明天就該考試了。所以，這兩三天我都沒怎麼睡覺。
（3）A：私には、ちょっと無理じゃないかと思うんですが。／我覺得對我來說有點難。
　　B：で？どうだと言うの。／那，又怎麼樣呢？
（4）A：今の仕事やめようと思っているんです。／我想辭了現在這份兒工作。
　　B：ああ、そう。で、やめた後、どうするつもりなんだ。／是嗎。那辭了工作以後，你打算怎麼辦呢？
（5）ようやく結婚式の日取りも決まりました。で、実は先生にお願いがあるのですが。／婚禮的日期終於定下來了。爲此，我想請老師幫個忙。

用於接說話者自己或聽話者前面說過的話，然後接着說或是要求對方進一步提供些消息。是"それで"縮短而形成的一種形式。基本上可以與"それで"替換。但如例（5）提出某種請求時，只能與"そこで"替換。

→【それで】、【そこで】、【そして】、【それから】

2 …で（表示連接前後短句）。
(1) 彼女は病気で寝ています。/她病了，躺着呢。
(2) ちょっと休んでいって下さい。/稍微休息一會兒再去吧。

→【て】、【ていく】

【てあげる】

1 V-てあげる　爲…做…。
(1) おばあさんが横断歩道で困っていたので、手を引いてあげた。/我看到一位老奶奶過馬路很困難，就上去牽着她的手，帶她過了馬路。
(2) 妹は母の誕生日に家中の掃除をしてケーキを焼いてあげたらしい。/在母親生日的那一天，妹妹把全家都打掃乾淨，好像還爲母親烤了一塊蛋糕呢。
(3) この暖かいひざかけ、お母さんに一枚買ってあげたら喜ばれますよ。/這種蓋膝毯可暖和了，要是給你母親買一塊她肯定很高興。
(4) せっかくみんなの写真を撮ってあげようと思ったのに、カメラを忘れてきてしまった。/本來想得好好的，要給大家照張相，但却忘帶照相機來了。
(5) A：何を書いているの。/你寫什麼呢？
　　B：できたら、読ませてあげる。/寫好了再給你看。
(6) A：ごはん、もうできた？/飯做好了嗎？
　　B：まだ。できたら呼んであげるから、もう少し待ってて。/還沒呢。做好了會叫你的，再稍等一會兒。

表示説話者（説話者自己一方的人）爲別人做某事。接受這些行爲的人如果是聽話者時，如例(5)、(6)所示，應該是與説話者地位相等的人或者是比較親近的人。否則就會有强加於人的感覺，顯得很失禮。在口語當中，如"話してあげる→話したげる"、"読んであげる→読んだげる"等，常常會變爲"V-たげる"的形式。

另外，如果動作行爲涉及到別人的身體的一部分或屬於他所有的東西，或者是直接涉及到他本人時，不能使用"…にV-てあげる"這一句型。

(誤) おばあさんに手を引いてあげた。
(正) おばあさんの手を引いてあげた。/牽了老奶奶的手。
(誤) 友達に荷物を持ってあげた。
(正) 友達の荷物を持ってあげた。/替朋友拿了行李。
(誤) キムさんに手伝ってあげた。
(正) キムさんを手伝ってあげた。/幫助了金同學。

2 V-てあげてくれ（ないか）
V-てあげてください　（請）爲…做…。
(1) ケーキを作りすぎたので、おばあさんに持っていってあげて下さい。/蛋糕做多了，你給奶奶送去一塊。

（2）　太郎くん、今度の日曜日、暇だったら花子さんの引っ越しを手伝ってあげてくれない？私、用事があってどうしても行けないのよ。／太郎，下個星期天你要是有空的話，去幫花子搬個家好嗎？我實在是有事去不了。

　　用於請求別人為第三者做某種對其有益的事情。如果這個第三者人物是屬於說話人一方的人，一般使用"…てやってくれ／くれないか／ください"的形式。

【てある】
（表示動作結果的存在）。
[V-てある]
（1）　テーブルの上には花が飾ってある。／桌子上擺放着一瓶花。
（2）　A：辞書どこ？／詞典在哪兒呢？
　　　　B：辞書なら机の上においてあるだろ。／詞典不是放在桌子上面。
（3）　黒板に英語でGoodbye！と書いてあった。／黑板上用英語寫着Goodbye（再見）！
（4）　窓が開けてあるのは空気を入れかえるためだ。／開着窗戶是為了換換新鮮空氣。
（5）　あしたの授業の予習はしてあるが、持っていくものはまだ確かめていない。／明天的課已經預習好了，就是該帶的東西還沒有檢查呢。
（6）　起きてみると、もう朝食が作ってあった。／早上起來一看，早飯已經做好了。
（7）　推薦状は準備してあるから、いつでも好きなときにとりにきてください。／推薦信我已經準備好了，你什麼時候都可以來拿。
（8）　電車の中に忘れたかさは、事務所に届けてあった。／忘在電車裡的雨傘已經送到辦公室處去了。
（9）　ホテルの手配は、もうしてあるので心配ありません。／飯店我們已經安排好了，你就放心吧。
（10）　パスポートはとってあったので、安心していたら、ビザも必要だということが分かった。／本來護照辦好了我就很放心了，後來才知道還得辦簽證。
（11）　その手紙は、カウンターにおかれてあった。／那封信放在櫃臺上來着。

　　接他動詞後，表示某人行為動作的結果留下的某種狀態。根據上下文的關係，有時也可帶有"為將來做好某事"的意思。

　　一般是動詞意義上的目的語作句子的主語，動作者本身不出現在句子當中，但可以讓人感受到動作者的存在。與"窓があけてある（窗戶打開着）"相類似的表

達方式可以説"窓があいている(窗戶開着)"，但後者使人感受不到動作者的存在。即使用"あけてある"時，雖然動作者不出現在句子中，但也能讓人感受到動作者的存在。而使用"あいている"時，則感受不到這一點。另外，如例(11)所示，當使用被動形時，動作者的存在就更加強烈。關於本句型與"ておく"句型的不同，請参照【ておく】。

【であれ】

無論…還是…、不論…還是…。
[Nであれ Nであれ]
(1) 晴天であれ、雨天であれ、実施計画は変更しない。／無論是晴天還是下雨，實施計劃都不改變。
(2) 貧乏であれ、金持ちであれ、彼にたいする気持ちは変わらない。／無論他是貧窮還是有錢，我對他的心都不會改變。
(3) 試験の時期が春であれ秋であれ、準備の大変さは同じだ。／考試時間無論是在春天還是在秋天，準備工作都一樣艱巨。
(4) アジアであれ、ヨーロッパであれ、戦争を憎む気持ちは同じはずだ。／不論是在亞洲或是在歐洲，痛恨戰爭的心情都是一樣的。

表示"哪一種場合都…"的意思。後接部分多爲表示事態没有變化的内容。可以與"…であろうと…であろうと"句型相替换。用於較拘謹的口語或比較正式的書面語。主要是接名詞後，有時也可接ナ形容詞後。接イ形容詞後時，如"あつかれ、さむかれ(無論是熱還是冷)"、"よかれ、あしかれ(無論是好還是壞)"等所示，使用"…かれ…かれ"的形式。

【であろうと】

1 Nであろうと、Nであろうと　無論…還是…、不論…還是…。
(1) 雨であろうと、雪であろうと、当日は予定通り行う。／無論是下雨還是下雪，當天都按預定計劃進行。
(2) トラックであろうと、軽自動車であろうと、ここを通る車はすべてチェックするようにという指令が出ている。／有通知説，無論是卡車還是小型轎車，凡通過這裡的車都必須一律檢查。
(3) 猫であろうと、虎であろうと、動物の子供がかわいいのは同じだ。／不論是猫還是老虎，動物的小嬰兒都一樣可愛。

表示"哪一種場合都…"的意思。後接部分多爲表示事態没有變化的内容。可以與"…であれ…であれ"句型相替换。用於較拘謹的口語或比較正式的書面語。主要是接名詞後，有時也可接ナ形容詞後。接イ形容詞後時，如"あつかろうとさむかろうと(無論是熱還是冷)"、"よかろうとあしかろうと(無論是好還是壞)"等所示，使用"…かろうと…かろうと"的

形式。

2 …であろうとなかろうと　不管是不是…。

[N／Na　であろうとなかろうと]

（1）休日であろうとなかろうと、わたしの仕事には何も関係ない。／不管是不是假日，跟我的工作都沒有關係。

（2）観光地であろうとなかろうと、休暇が楽しく過ごせればどこでもいい。／不管是不是旅遊觀光地，只要能休假玩得痛快哪兒都行啊。

（3）仕事であろうとなかろうと、彼は何ごとにも全力をつくさないと気がすまない。／不管是不是自己的工作，他做什麼事情都是那麼盡全力。

（4）彼が有名であろうとなかろうと、つり仲間としてはほかの人と同じだ。／不管他是不是名人，作爲釣魚夥伴跟別人都一樣。

表示"無論是這樣還是不是這樣"的意思。後接內容爲"總之都一樣"的意思。

【ていい】

可以…、…就行。

[N／Na　でいい]
[A-くていい]
[V-ていい]

（1）この部屋にあるものは自由に使っていい。／這屋裡的東西你可以隨便用。

（2）ちょっとこの辞書借りていいかしら。／我可以借這本詞典用用嗎？

（3）3000円でいいから、貸してくれないか。／就3000日元就行，你能借給我嗎？

表示允許或讓步。與句型"…てもいい"的1項和4項意思相同，但"…ていい"只用於口語。

→【てもいい】1、【てもいい】4

【ていく】

1 V-ていく＜移動時的狀態＞　…着去、…去。

（1）学校まで走っていこう。／我們跑着去學校吧。

（2）重いタイヤを転がしていった。／把一個很重的輪胎滾着移走了。

（3）時間がないからタクシーに乗って行きましょう。／沒有時間了，我們坐計程車去吧。

（4）トラックは急な坂道をゆっくり登っていった。／卡車慢慢地駛上一段很陡的坡路。

表示以什麼樣的動作或什麼樣的手段進行移動。

→【てくる】1

2 V-ていく＜逐漸遠去＞　（表示離去）。

（1）あの子は、友達とけんかして、泣きながら帰っていった。／那孩子和小朋友打了架，哭着回家去了。

（2） ブーメランは大きな弧を描いて彼のもとに戻って行きました。／飛鏢畫着一個大弧又回到他那邊去了。
（3） 船はどんどん遠くに離れて行く。／船越走越遠。

表示遠離說話者而去。

3 V-ていく＜繼而再去＞ …了再去。

（1） あと少しだからこの仕事をすませていきます。／就剩下一點了，我把這點事做完了再去。
（2） A：じゃ、失礼します。／那，我就告辭了。
　　 B：そんなこと言わないで、ぜひうちでご飯を食べていって下さいよ。／別急，一定要在我們這吃了飯再走。
（3） 疲れたからここで休んでいくことにしましょう。／太累了，我們在這兒休息一會再走吧。
（4） 叔母の誕生日だから、途中でプレゼントに花を買って行きました。／今天是我嬸嬸的生日，所以我在路上買了一束花，作爲禮物送去給她了。

表示做完某行爲動作後再去。使用此句型時，一般是以要去某處爲前提，進而表示爲此做的某種行爲動作，所以表達的重點不在去本身，而在去之前的行爲動作上。

4 V-ていく＜繼續下去＞ …下去。

（1） 結婚してからも仕事は続けていくつもりです。／我打算結婚以後仍舊要繼續工作下去。
（2） 今後もわが社の発展のために努力していくつもりだ。／我準備今後仍爲我公司的發展繼續努力下去。
（3） 日本ではさらに子供の数が減少していくことが予想される。／預計日本的兒童人口的數字會更進一步減少下去。
（4） 見ている間にもどんどん雪がつもっていく。／眼看着雪不斷地堆積起來。
（5） その映画で評判になって以来、彼女の人気は日増しに高まっていった。／自從那部電影走紅以後，她的聲望越來越高起來了。
（6） 当分この土地で生活していこうと思っている。／我想暫時在這裡生活下去。

表示以某一時間爲基準，變化繼續發展或將某種行爲動作繼續下去。

5 V-ていく＜消失＞ （表示消失不見）。

（1） この学校では、毎年五百名の学生が卒業していく。／每年都有五百名學生從這所學校畢業（出去）。

（2）見てごらん、虹がどんどん消えていくよ。／你瞧．彩虹慢慢的消失不見了。
（3）小さいボートは木の葉のように渦の中に沈んでいった。／小船像一片樹葉似地沈到漩渦中去了。
（4）毎日交通事故で多くの人が死んでいく。／每天都有許多人在交通事故中死去。
（5）仕事についても3ヶ月ぐらいで辞めていく人が多いので困っている。／有好些人工作3個多月就辭去不做了．真沒辦法。
（6）英語の単語を覚えようとしているが、覚えたはしから忘れていく。／我想記英語單詞．可是這邊記住了那邊又忘了。

表示原來存在的事物從説話人的視野中消失。

【ていけない】

情不自禁．禁不住。

[V-ていけない]
（1）この音楽を聞くたびに、別れた恋人のことが思い出されていけない。／每當聽到這首樂曲．就情不自禁地想起已經分手的戀人。
（2）こんな光景を見ると涙がでていけない。／一看到這種景色就禁不住流出眼淚。
（3）最近若い人の言葉使いが気になっていけない。／最近年輕人使用的語言特別難懂．叫人擔心得不得了。

表示某種感情自然而然（反覆）地產生．自己不能控制。是一種比較陳舊的表達方式。意思與"…てしかたがない"基本相同。

【ていただく】

這是動詞的テ形後接"いただく"而形成的句型。表示更加謙恭的形式是"おR-いただく"、"ごN いただく"。

1 V-ていただく＜受益＞（表示某人爲説話人一方做某事）。
（1）友達のお父さんに、駅まで車で送っていただきました。／朋友的父親用車把我們送到了車站。
（2）高野さんに教えていただいたんですが、この近くにいいマッサージ師がいるそうですね。／是高野告訴我的．聽説這附近有一位手藝很好的按摩師啊。
（3）会議の日程は、もう、山下さんから教えていただきました。／關於會議的日程．山下已經告訴我了。
（4）《手紙》珍しいものをたくさんお送りいただき本当にありがとうございました。／《信函》您寄來那麽多珍貴的東西．真是萬分感謝。

是"…てもらう"的自謙表達方式。表示

某人爲説話者或説話者一方的人做某種行爲動作。一般帶有一種受到恩惠的語氣。表示做該行爲動作的人物時，多使用助詞"に"，如果帶有從他(她)那裡得到某種信息或東西時，也可以使用助詞"から"。

2 V－ていただく＜指示＞ （表示給人以指示）請…

(1) まず、1階で受け付けをすませていただきます。それから3階の方にいらして下さい。／首先請在1樓辦理報到手續。然後請再到3樓。

(2) この書類に名前を書いていただきます。そして、ここに印鑑を押していただきます。／請在這份表格上填上姓名。然後，請在這裡蓋章。

用於很禮貌地給予指示。只限於可以單方面給予別人指示的人使用。如以下各例所示，還常使用"お／ご…いただく"的形式。

(例1) 3才以下のお子様はコンサート会場への入場をご遠慮いただきます。／謝絕3歲以下兒童進入演唱會場。

(例2) クレジットカードはご利用いただけません。／此處不能使用信用卡。

3 V－ていただきたい 想請您…。

(1) A：この次からは、間違えないでいただきたいですね。／下次可不要再錯了。

B：はい、申し訳ございませんでした。／是的，對不起。

(2) この忙しいときにすみません、あした休ませていただきたいんですが…。／這麼忙的時候實在對不起，明天想請您允許我請假…。

(3) すみません、もう少し席をつめていただきたいんですが。／對不起，能再往裡面坐一坐嗎？

這是與"…てもらいたい"相對應的自謙表達方式。用於表示希望對方爲自己做某事時。直接使用"…ていただきたい"的形式時，雖然形式是自謙的，但請求的語氣比較強硬。如果要使請求的語氣顯得比較客氣，可使用"…ていただきたいのですが"，即句尾留有餘音的形式。

4 V－ていただける＜請求＞ 請您…。

(1) A：ご注文のお品ですが、取り寄せますので、3日ほど待っていただけますか。／您要的商品得從廠商訂貨，請等兩三天好嗎？

B：ええ、かまいません。／沒關係。

(2) これ、贈り物にしたいんですが、包んでいただけますか。／這個我要送人，請你給包起來。

(3) A：わたしも手伝いに来ますよ。／我也來幫您忙。

B：そうですか。じゃあ、日曜日のお昼頃来ていただけますか。／是啊，

那，就請你星期天中午來吧。
（4）タクシーがまだ来ませんので、あと5分ぐらい待っていただけませんか。／計程車還沒有來．請再等5分鐘好嗎？
（5）先生、論文ができたんですが、ちょっと見ていただけませんか。／老師．我論文寫好了．您能幫我看看嗎？
（6）そのことはぜひ知りたいんです。もし何か詳しいことがわかったら、連絡していただけませんか。／關於這件事我特別想了解．如果有什麼詳細情況．請您通知我好嗎？
（7）5分ほど待っていただける？／等5分鐘好嗎？
（8）こちらにいらしていただけない？／請您到這邊來好嗎？

使用"いただく"的可能態形式"いただける"．表示非常謙恭的請求．與"いただけますが"相比，使用"いただけませんか"顯得更加客氣．經常用於設想對方不一定能答應自己的請求時．例（7）、（8）的形式一般用於身分、地位與自己相等或比自己低的人．且是女性帶着一種親密的語氣很有禮貌地提出請求．如果要顯得更加謙恭．還可以使用"お／ご…いただける"的形式。

（例）修理に少し時間がかかっています。すみませんが、もう少々お待ちいただけないでしょうか。／修理要花點時間．對不起．請您再稍等一下好嗎？

5 V-ていただけるとありがたい
　V-ていただけるとうれしい　您要能…那太…。
（1）A：私がやりましょう。／我來做吧。
　　B：そうですか。そうしていただけると助かります。／是啊．您要能做那可幫大忙了。
（2）一人では心細いんで、いっしょに行っていただけるとうれしいんですけれど。／我一個人去有點害怕．您要能跟我一起去．我該多高興啊。
（3）《手紙》お返事がいただければ幸いです。／《信函》您要能給我回信．我將感到萬分榮幸。

與"…ば／…たら／…と"等表示假定的表達方式一起使用．表示如果對方能這樣做．說話者將會感到"ありがたい（慶幸）、うれしい（高興）、助かる（得到幫助）"等．即對說話者來說是一種受益的狀態。

【ていはしまいか】
是不是（正在）…呢呀。
[V-ていはしまいか]
（1）環境保護の運動が盛んになってきたが、本質的な問題を忘れていはしまいか。／環境保護的運動現在搞得是很熱烈．但是我們是不是忘記了一個最本質的問題呀。

（2） 娘はひとりで旅行にでかけたが、今頃言葉のわからない外国で苦労していはしまいかと気になる。／女兒一個人去旅行了．真耽心她現在外國．是不是因語言不通正在吃苦呢。
（3） 幼い子供は両親の家に預けてきたが、寂しくなって泣いていはしまいかと心配だ。／把幼小的孩子放在父母家了．現在又耽心他是不是寂寞得正在哭呢。
（4） はじめて報告レポートを書いたときは思わぬ間違いをしていはしまいかと、何度も見直したものである。／當年我第一次寫調查報告時．生怕不是會出錯．所以反覆檢查了好幾遍。
（5） 彼は、自分の書いた批評が彼女をおこらせていはしまいかと、おそるおそる挨拶した。／他耽心自己寫的批評文章是不是觸怒了她．所以非常小心翼翼地跟她打了招呼。

"まい"是表示否定推量的文言表達方式．"しまい"的意思相當於"しないだろう(不／没…吧)"．整個句型的意思與"ていないだろうか(是不是…吧)"基本相同。如例（2）就是表示説話者推測自己的女兒是不是正在外國吃苦呢。

【ている】

口語中經常成爲"V-てる"的形式。

1 V-ている＜動作的持續＞　正…着、正在…。
（1） 雨がざあざあ降っている。／雨正嘩嘩地下着。
（2） わたしは、手紙の来るのを待っている。／我正等着來信呢。
（3） 子供たちが走っている。／孩子們正在跑步。
（4） A：今、何してるの。／你現在幹什麼呢？
　　 B：お茶飲んでるところ。／我正在喝茶呢。
（5） 五年前から、日本語を勉強している。／從五年前開始．我就一直在學日語。
（6） このテーマはもう三年も研究しているのに、まだ結果が出ない。／這個題目我已經研究了三年多了．可是還没有結果。

用於表示動作或作用的動詞．表示該動作、作用正在持續的過程當中。例（5）、（6）的用法則表示某動作從過去的某一時間開始一直持續到現在。需要注意的是．根據動詞的不同．有的動詞不能表示這個意思。如使用"行く(去)"説"彼は今アメリカに行っている"．意思就不是表示他正在去美國的過程當中．而是表示他現在已經在美國了。請參照用法2。

2 V-ている＜動作的結果＞　已…了。
（1） 授業はもう始まっている。／課已經開始了。
（2） せんたくものはもう乾いて

（3）彼女が着ている着物は高価なものだった。／她穿的和服是非常昂貴的。
（4）その集まりには彼も来ていたそうだ。／聽說他也參加了那次集會。
（5）A：お母さんはいらっしゃいますか。／你媽媽在嗎？
　　　B：母はまだ帰っていません。／我母親還沒有回來。
（6）今5時だから、銀行は、もうしまっている。／現在已經5點了，所以銀行已經關門了。
（7）電灯のまわりで、たくさん虫が死んでいた。／在電燈的周圍，有好多小虫子死在那裡。
（8）A：あそこにいる人の名前を知っていますか。／你知道那邊那個人的名字嗎？
　　　B：さあ、知りません。／唉，不知道。
（9）疲れていたので、そこで会った人のことはよく覚えていません。／因爲我太累了，所以不記得在那裡都見到了誰。
（10）わたしが新聞を読むのはたいてい電車に乗っているときだ。／我一般都是搭電車的時候看報。
（11）今はアパートに住んでいるが、いずれは一軒家に住みたいと思っている。／我現在住在公寓裡，但遲早我想住在獨門獨院的房子。
（12）このプリントを持っていない人は手を上げてください。／沒有拿到這份講義的人請舉手。
（13）彼は今はあんなにふとっているが、若いころは、やせていたのだ。／你別看他現在那麼胖，年輕的時候可瘦了。
（14）その家の有り様はひどいものだった。ドアは壊れているし、ガラスは全部割れているし、ゆかはあちこち穴があいていた。／那房子損壞得可嚴重了。門也壞了，玻璃全都破了，地板上還到處都是洞。

表示某動作、作用的結果所形成的狀態。用於這種意思的動詞有"始まる(開始)"、"乾く(<晾>乾)"、"あく(開)"、"閉まる(關閉)"等表示狀態變化的動詞，"行く(去)"、"来る(來)"、"帰る(回家)"等動詞。另外，"知る(知道)"、"持つ(手拿)"、"住む(住)"等動詞的"…ている"形式也可以表示狀態。這些動詞一般都沒有表示動作持續進行中的形式。但是，可以用於表示反覆的用法3。又如"着る(穿)"這樣的動詞，根據語境的不同，有時可表示持續進行中，有時可表示結果的狀態。

3 Ｖ-ている＜動作的反覆＞
a Ｖ-ている（表示頻繁、反覆出現或發生）
（1）毎年、交通事故で多くの人が死んでいる。／每年都有許多人死於交通事故。

(2) いま週に一回、エアロビクスのクラスに通っている。／現在，我每周去一次健身操訓練班。
(3) この病院では毎日二十人の赤ちゃんが生まれている。／每天有二十個嬰兒在這家醫院出生。
(4) いつもここで本を注文している。／我總是在這裡訂購書籍。
(5) 戸田さんはデパートで働きながら、大学の夜間部へ行っているそうだ。／聽説戸田一面在百貨公司工作，一面上夜大。

表示某動作、作用反覆發生。一般有兩種情況，一是一群人多次做這種行爲動作，一是在很多人身上不斷地重覆發生某一事情。

b Nをしている 是…，做…。
(1) 彼は、トラックの運転手をしている。／他是卡車司機。
(2) わたしの父は、本屋をしている。／我父親經營着一家書店。
(3) 彼女は、以前、新聞記者をしていたが、今は主婦をしている。／她以前當過報社記者，現在是家庭主婦。
(4) A：お仕事はなにをしていらっしゃいますか。／您做什麼工作呢？
B：コンピューター関係の会社につとめています。／我在一家電腦公司工作。

接表示職業的名詞後，表示現在在做什麼職業。用"Nをしていた"形式，表示過去某一時期做過的工作。

4 V－ている＜經歷＞ 以前…、曾經…。
(1) 調べてみると、彼はその会社を三か月前にやめていることがわかった。／經調査，才知道他三個月以前就辭掉了這家公司。
(2) わたしは、十年前に一度ブラジルのこの町を訪れている。だから、この町を知らないわけではない。／我十年前曾到過巴西的這個城市。所以我並不是不了解這個城市。
(3) 記録をみると、彼は過去の大会で優勝している。／從過去的記録來看，他曾在過去的運動會上取得過冠軍。
(4) 北海道にはもう3度行っている。／北海道我已經去過3次了。

表示回想起過去發生的事情。一般用於這種事情在某種意義上還與現在有關聯的場合。

5 V－ている＜動作的完成＞
a V－ている 已經…了。
(1) 子供が大学に入るころには、父親はもう定年退職しているだろう。／等孩子上大學的時候，父親都已經退休了吧。
(2) 遅刻した高田が会場に着いたときにはもう披露宴が始まっ

ていた。／没能按時趕到的高田到達會場的時候，喜宴會都已經開始了。
（3）彼女が気づいたとき、彼はもう彼女の写真をとっていた。／等她察覺的時候，他已經給她照了相了。

　　以"ている"的形式，表示在未來的某一時間，已經完成的事態。另外，以"ていた"的形式，表示在過去已經完成的事態。

bＶ－ていない　還沒…呢。
（1）Ａ：もう終わりましたか。／已經結束了嗎？
　　　Ｂ：いいえ、まだ終わっていません。／没有，還没結束呢。
（2）Ａ：試験の結果を聞きましたか。／考試的結果你們已經聽説了嗎？
　　　Ｂ：いや、まだ聞いていません。／不，還没聽説呢。
　　　Ｃ：わたしは、もう聞きました。／我已經聽説了。
（3）卒業後の進路についてはまだはっきりとは決めていない。／關於畢業以後的去向還没有最後決定呢。

　　表示動作或作用還没有實現。如"まだ来ません（還没來呢）"所示，有時也可與"まだＶ－ない"的形式替换，但能這樣替换的動詞是有限的。大多數動詞還是使用"まだＶ－ていない"的形式比較自然。

６Ｖ－ている＜單純的狀態＞　（表示狀態）。
（1）ここから道はくねくね曲がっている。／從這裡開始道路變的彎彎曲曲的。
（2）北のほうに高い山がそびえている。／北面聳立着高山。
（3）日本と大陸はかつてつながっていた。／日本曾經與亞洲大陸相連。
（4）先がとがっている。／頭上尖尖的。
（5）母と娘はよく似ている。／母女倆長得很像。

　　表示恒久不變的狀態。像"そびえる"、"似る"等動詞一般只用於"ている"、"ていた"的形式。只是在修飾名詞時，與"曲がっている道"相比較，往往"曲がった道"的形式更爲自然。

【ておく】

（事先）做好…。
[Ｖ－ておく]
（1）このワインは冷たい方がいいから、飲むときまで冷蔵庫に入れておこう。／這種葡萄酒喝涼的好，所以喝之前把它放在冰箱裡吧。
（2）帰るとき窓は開けておいてください。／回去的時候請把窗户打開。
（3）その書類はあとで見ますから、そこに置いておいて下さい。／那個資料一會我要看的，你把它放那好了。
（4）Ａ：岡田教授にお目にかかりたいんですが。／我想見一見岡田教授。

B：じゃあ、電話しておくよ。向こうの都合がよければ、来週にでも会えると思うよ。／那，麼我先幇你打個電話。只要教授有時間，我想你下周就能見到。
（5） インドネシアへ行く前にインドネシア語を習っておくつもりだ。／我打算去印度尼西亞之前，先學一下印尼語。
（6） よし子が遅れて来てもわかるように、伝言板に地図を書いておいた。／爲了譲佳子來晩了也能明白，我在留言板上給她畫了一個地圖。

表示採取某種行爲，並使其結果的狀態持續下去的意思。根據語境，有時可以表示這是一種臨時的措施，有時可以表示這是爲將來做的準備。句型"…てある"也可以表示爲將來做某種準備的意思，兩者除了在句子結構上有所不同以外，使用"…ておく"時，側重點在於作爲準備採取了何種行爲，而使用"…てある"時，其側重點則在於這種準備已做好的狀態。"…ておく"在口語中可以說成"…とく"。
（例1） お母さんに話しとくね。／我事先跟你媽說了啊。
（例2） ビール冷やしといてね。／把啤酒氷好啊。

【てから】

1 V－てから …然後、…以後。

（1） 先に風呂に入ってから食事にしよう。／先洗澡，然後再吃飯吧。
（2） 遊びに行くのは仕事が終わってからだ。／做完工做以後再去玩。
（3） 日本に来てから経済の勉強を始めた。／來日本以後我開始學習經濟。
（4） 夏休みになってから一度も学校に行っていない。／放暑假以後，學校一次也沒去過。
（5） 今は昼休みですので、1時になってから来て下さい。／現在正在午休，請你1點鐘以後再來。

以"XてからY"的形式，表示X比Y先進行。如例（1）表示在時間關係上，"風呂に入る（洗澡）"在先，"食事をする（吃飯）"在後。

2 V－てからでないと

a V－てからでないとV－ない 不…就不能…。

（1） A：いっしょに帰ろうよ。／我們一塊回家吧。
B：この仕事が終わってからでないと帰れないんだ。／我不完成這項工作是不能回家的。
（2） わが社では、社長の許可をもらってからでなければ何もできない。／在我們公司，如果没有總經理的批准，什麼事情也辦不成。
（3） まずボタンを押して、次にレバーを引いて下さい。ボタン

を押してからでなければ、レバーはうごきません。／先鈕，然後再拉操縱桿。如果不先按按鈕，操縱桿是拉不動的。

以"Xてからでないと／なければ／なかったらY"的形式，表示要實現某事所必須具備的條件。意思是"如果不是先做了X以後，就不能做Y"。如下例所示，有時也可以直接接在表示時間的詞語後面。

（例1）3日からでないとその仕事にはかかれない。／不到3號以後就開始不了那項工作。

（例2）1時からでなければ会議に出席できない。／不到1點鐘以後出席不了會議（＝1點鐘以後才能出席會議）。

b V-てからでないとV-る　如果不…就會…。

（1）A：あした、うちへ泊まりにおいでよ。／明天，你到我家來住一晚吧。
　　B：後で返事するよ。お母さんに聞いてからでないとおこられるから。／我待會再答覆你。我得問問我媽，要不然她會罵我了。

（2）きちんと確かめてからでないと失敗するよ。／如果不檢查好會失敗的。

以"Xてからでないと／なければ／なかったらY"的形式，表示"如果不做X的話，就會發生Y的情況"的意思。Y一般爲不太好的事情。

3 V-てからというもの（は）　自從…以後。

（1）彼女は、学生時代には、なんとなくたよりない感じだったが、就職してからというもの見違えるようにしっかりした女性になった。／她在當學生的時候，什麼事交給她都覺得不怎麼放心，但自從她工作以後，就像變了個人似的，成爲一個非常能幹的女子。

（2）彼は、その人に出会ってからというもの、人が変わったようにまじめになった。／自從遇上那人以後，他就像變了一個人似的，變得特別踏實實地。

（3）70才を過ぎても元気だったのに、去年つれあいをなくしてからというものは、別人のようになってしまった。／70歲以後，他還特別硬朗呢，但自從去年老伴死了以後，他就像變了個人似的。

表示"以這一事件爲契機"的意思。用於陳述在那以前和以後發生很大變化的場合。是書面性語言表達方式。

【てください】

（表示請求或命令）請…。
[V-てください]
（1）今週中に履歴書を出してください。／請這星期以内交

出履歴表。
（2）来週までにこの本を読んでおいてくださいね。／下星期之前，把這本書讀完。
（3）この薬は1日3回、毎食後に飲んでください。／這種藥1天吃3次，請飯後服用。
（4）授業はできるだけ遅刻しないでください。／上課儘量不要遲到。
（5）頼むから、邪魔しないでくださいよ。／求你了，別給我搗亂。

是請求，指示，命令某人爲説話者（或説話者一方的人）做某事的表達方式。

雖然比"V－てくれ"形式的語氣要禮貌一些，但也只能用於對方當然要按照去做的場合，因而一般只對身分，地位比自己低或相等的人使用。

【てくださる】

這是動詞的テ形加"くださる"而形成的句型。更加禮貌的表達方式是"おR－くださる"、"ごNくださる"。

1 V－てくださる＜受益＞ （表示爲説話者或説話者一方做某事）。

（1）先生が論文をコピーしてくださった。／老師幫我複印了論文。
（2）明日山田さんがわざわざうちまで来てくださることになった。／約好了，明天山田專程到我們家來。
（3）どうも今日はわざわざおいで下さってありがとうございました。／您今天專程趕來，真是萬分感謝。
（4）せっかくいろいろ計画して下さったのに、だめになってしまって申し訳ありません。／您爲我們的事情如此籌劃，我們却没有辦成，真是對不起。

以爲説話者或説話者一方的人做某事的人物爲主語進行陳述的表達方式。用於該人物身分，地位比説話者高或不很親近的場合。是"V－てくれる"的敬語表達方式。

2 V－てくださる＜請求＞ （表示請求爲説話者或説話者一方做某事）。

（1）ちょっとここで待っていてくださる？／在這稍微等我一下好嗎？
（2）いっしょに行ってくださらない？／你能跟我一起去嗎？
（3）ついでにこの手紙も出しておいて下さいますか。／順便幫我把這封信寄了好嗎？
（4）ちょっとこの書類、ミスがないかどうかチェックして下さいませんか。／你幫檢查一下，看這份資料有没有錯。

是請求別人爲説話者或説話者一方的人做某事的表達方式。"…てくださいますが"、"…てくださいませんが"比"…てください"語氣更加謙恭。另外，例（1）（2）中的"…てくださる"、"…てくださらない"是女性較親密地向身分，地位比自己低或相等的人請求時使用的形式，語氣顯得很文雅。

【てくる】

1 V-てくる＜移動時的狀態＞ …着來。

(1) ここまで走ってきた。／跑着到這裡來的。

(2) 歩いて来たので汗をかいた。／走來的，所以出汗了。

(3) バスは時間がかかるから、タクシーに乗って来て下さい。／坐公車太費時間，所以你坐計程車來吧。

表示做着什麼動作來或以何種手段來的意思。

2 V-てくる＜向這邊靠近的移動＞ …來。

(1) 先月日本に帰ってきました。／上個月回到日本來的。

(2) 頂上から戻ってくるのに1時間かかった。／從山頂返回到這裡花了1個小時。

(3) 船はゆっくりとこちらに向かって来ます。／船緩緩地向這邊駛來。

(4) その物体はどんどん近づいて来た。／那個物體不斷地向這邊靠近。

表示遠離的人或物向說話者這邊靠近的意思。

3 V-てくる＜相繼發生＞ …(然後再)來。

(1) ちょっと切符を買ってきます。ここで待っていて下さい。／我去買張票就回來。你在這等一下。

(2) A：小川さんいらっしゃいますか。／小川先生在嗎？

B：隣の部屋です。すぐ呼んできますから、中に入ってお待ち下さい。／他在隔壁房間呢。我這就去叫他來。您請進來等一下。

(3) A：どこに行くの？／上哪去？

B：ちょっと友達のうちに遊びに行ってくる。／我去朋友家玩玩就回來。

(4) おそくなってごめんなさい。途中で本屋に寄ってきたものだから。／來晚了，對不起。因為我路上順便去了家書店。

(5) A：かさはどうしたの？／雨傘到哪兒去了？

B：あ、電車の中に忘れて来ちゃった。／哎呀，忘在電車裡了。

表示作完某種動作以後再來的意思。例(1)～(3)表示"先離開現在所在的地方，做完某動作後又回到現在所在的地方"。例(4)～(5)表示"在別的地方做完某動作再來到現在所在的地方"。當然表示這兩種意思也都可以不使用"てくる"句型就能表達。但還是以使用"てくる"的形式更常見。這樣可以使人感到在別處發生的事情與現在說話的地方是有關聯的。

4 V-てくる＜持續＞ (一直)…下來。

(1) この伝統は5百年も続いて

きたのだ。／這種傳統是從5百年前一直傳下來的。
(2) 17歳のときからずっとこの店で働いてきました。／從17歲的時候開始，我就一直在這家店裡工作。
(3) 今まで一生懸命頑張ってきたんだから、絶対に大丈夫だ。／到目前為止我們一直努力去做了，所以絕不會有問題。
(4) これまで先祖伝来の土地を守り続けてきたが、事業に失敗して手放さなければならなくなった。／過去我一直把祖傳的土地堅守下來了，但這次事業上的失敗，迫使我不得不撒手了。

表示某種變化或動作一直從過去持續到現在。

5 V-てくる＜出現＞ …出來。
(1) 少しずつ霧が晴れて、山が見えてきた。／霧漸漸地散了，山脈的輪廓顯現了出來。
(2) 雲の間から月が出てきた。／月亮從雲層里鑽了出來。
(3) 赤ちゃんの歯が生えてきた。／嬰兒的牙齒長出來了。
(4) 春になって木々が芽吹いてきた。／春天來了，樹木都發出了嫩芽。

表示過去不存在或看不見的東西顯露出來的意思。相反，表示消失的意思時，使用"…ていく"句型。

6 V-てくる＜開始＞ …起來、…了。
(1) 雨が降ってきた。／下起雨來了。
(2) 最近少し太ってきた。／最近有點胖起來了。
(3) ずいぶん寒くなってきましたね。／真夠冷的了啊。
(4) このあいだ買ってあげたばかりのくつが、もうきつくなってきた。／前不久剛給他買的鞋就已經小了。
(5) 問題がむずかしくて、頭が混乱してきた。／題目太難，我腦袋全亂了。

表示發生變化。

7 V-てくる＜朝向這一方面的動作＞ …來、…過來。
(1) 友達が結婚式の日取りを知らせてきた。／朋友通知他舉行婚禮的日期。
(2) 化粧品を買った客が苦情を言ってきた。／買了化妝品的顧客來投訴了。
(3) 急に犬がとびかかってきた。／突然，一隻狗向我撲了過來。
(4) 歩いていたら、知らない人が話しかけてきました。／正走着，一個陌生人上前來跟我說話。
(5) 息子は勝手にスーツを買って、請求書を送りつけてきた。／兒子自作主張買了一套

西裝，還把帳單寄到我這裡來了。

表示某一動作朝着説話者或在説話者視線中的人進行的意思。此時，表示動作者使用助詞"…が"，表示該動作被朝向的人使用助詞"…に"。

（例）　山田さんが父に電話をかけてきた。／山田打了個電話給我父親。

如果動作者是"会社(公司)"等這樣表示場所的名詞，也可以使用"…から"來表示。

（例）　会社から調査を依頼してきた。／公司委託我進行調査。

這種表達方式還可如下例所示，替換成帶有被動意義的形式。

（例1）　山田さんから父に電話がかかってきた。／山田打了個電話給我父親。

（例2）　国の家族から衣類や食料が送られてきた。／國內的親屬給我寄衣服和食品等。

此時，表示動作者使用"…から"，表示受動者使用"…に"。

【てくれ】

1 V-てくれ（表示命令）。

（1）　もう帰ってくれ。／你給我回去。

（2）　いいかげんにしてくれ。／做多句了吧（表示制止對方）。

（3）　人前でそんなこと言うのはやめてくれよ。／在衆人面前別説這種事。

（4）　こんなものは、どこかに捨ててきてくれ。／這東西，快幫我扔掉吧。

表示強烈命令某人爲説話者或説話者一方的人做某事。只對身分、地位比自己低或相等的人使用。女性很少使用。

2 V-ないでくれ　別…、不要…。

（1）　冗談は言わないでくれよ。／別開玩笑。

（2）　ここではたばこを吸わないでください。／請不要在這裡吸煙。

（3）　見ないで！／別看！

（4）　このことは絶対に外にはもらさないでいただけませんか。／請絶對不要把這件事情洩露出去。

以"V-ないでくれ"、"V-ないでもらえないか"、"V-ないでください"等形式，表示請求別人不要做某事的意思。是"V-てくれ"等句型的"V-て"部分變成否定形式而形成的。

在較隨便的口語當中，如例（3）所示，後半部分可以省略。比較禮貌的形式有"V-ないでください(ませんか)／いただけませんか／いただけないでしょうか"等。還可以説"V-ないでほしい"。

【てくれる】

1 V-てくれる＜受益＞　（表示爲説話者或説話者一方做某事）。

（1）　鈴木さんが自転車を修理してくれた。／鈴木幫我修理了脚踏車。

（2）　誰もそのことを(私に)教えてくれなかった。／這件事誰也没有告訴我。

（3）　母がイタリアを旅行したとき案内してくれたガイドさん

は、日本語がとても上手だったらしい。／母親在義大利旅行時，據説給她做導遊的那個人的日語特別好。
(4) 自転車がパンクして困っていたら、知らない人が手伝ってくれて、本当に助かった。／脚踏車爆了胎，正當我不知如何是好的時候，一個陌生人來幫了我，真是太萬幸了。
(5) せっかく迎えに来てくれたのに、すれ違いになってしまってごめんなさい。／你好不容易來接我，我倆却走岔了路，真對不起。

這是以爲説話者(或説話者一方的人)做某事的人物爲主語進行表述的表達方式。用於那人主動做某事的場合。如果是受説話人之請求而做時，則多使用"V-てもらう"的形式。

需要注意的是，如果不使用"V-てくれる"，只使用動詞本身，就會成爲表示爲説話者(或説話者一方的人)以外的人做某事的意思。例如，説"鈴木さんが自転車を修理した／鈴木修理了自行車"，就成爲"鈴木給別人修理了自行車"的意思。所以，如果動作是爲説話人而做的，而又不使用"V-てくれる"，就會使句子顯得很不自然。

(誤) 誰もそのことを私に教えなかった。
(誤) おいしいリンゴを送って、ありがとう。

又如下例所示，如果某人的行爲對説話人來説是帶來麻煩或造成什麼問題，也可以使用此句型，此時帶有一種譏諷的語氣。

(例) 大事な書類をどこかに置き忘れるなんて、まったく困ったことをしてくれたな。／這麼重要的資料居然把它忘在什麼地方了，真是給我麻煩。

2 V-てくれる＜請求＞（請求別人爲説話者或説話者一方做某事）。

(1) この本、そこの棚に入れてくれる?／你把這本書幫我放到那邊的書架上，好嗎？
(2) ちょっとこの荷物運んでくれないか?／能幫我搬一下這個行李嗎？
(3) すみませんけど、ちょっと静かにしてくれませんか。今大事な用事で電話してるんです。／對不起，稍微安靜一下好嗎？我現在有個要緊的事在打電話呢。
(4) もしよかったら、うちの子に英語を教えてくれないか?／如果可以的話，你能教我們孩子學英語嗎？

是請求別人爲説話者或説話者一方的人做某事的表達方式。簡體形式只用於身分、地位比自己低或相等以及關係比較密切的人。男性使用"…てくれないか"的形式。"…てくれませんか"的形式比"…てくれますか"的形式要顯得禮貌一些。如例(3)所示，也可以用於提醒別人注意。

3 V-てやってくれないか（請求爲第三者做某事）。

(1) 息子にもう少し勉強するように言ってやってくれ。／你説説我兒子，讓他再好好多

唸點書。
（２）　山田君に何か食べるものを作ってやってくれないか。／你能給山田做點吃的嗎？

用於請求聽話者爲除說話者、聽話者以外的第三者做某事時。適用於說話者、聽話人及第三者等都屬與說話人比較親近的人的場合。

【てこそ】

只有…才…。

[V-てこそ]

（１）　一人でやってこそ身につくのだから、むずかしくてもがんばってやりなさい。／這種事只有自己練才能掌握，所以再難你也要堅持練。

（２）　この木は雨の少ない地方に植えてこそ価値がある。／這種樹木只有種在雨水少的地方才有價値。

（３）　互いに助け合ってこそ本当の家族といえるのではないだろうか。／只有相互幫助才能稱得上是真正的家人，你說對不對。

（４）　この問題は皆で話し合ってこそ意味がある。規則だけ急いで決めてしまうというやり方には反対だ。／關於這個問題，只有大家在一起討論協商才真正有意義。所以我反對只草率地定一些規則的做法。

（５）　今あなたがこうして普通に暮らせるのは、あの時のご両親の援助があってこそですよ。／多虧了當時有你父母的支援，你現在才能像普通人一樣生活。

這是動詞的テ形後加上表示強調的助詞"こそ"而形成的。"V-てこそ"後面一般接有表示褒義的表達方式。意思是"只有做了某事才有意義，然後得出好的結果"。如例（５）可以理解爲得出好結果的理由時，可與"ばこそ"的形式替換。

（例）　ご両親の援助があればこそです。／多虧了有你父母的支援。

【てさしあげる】

（爲別人做某事）。

[V-てさしあげる]

（１）　昨日は社長を車で家まで送ってさしあげた。／昨天我用車把總經理送回了家。

（２）　A：あなた、お客様を駅までお見送りしてさしあげたら？／喂，你去把客人送到車站，怎麼樣啊？

B：うん、そうだな。／嗯，好吧。

（３）　田中さんをご存じないのなら、私の方から連絡してさしあげましょうか。／如果您不認識田中的話，我幫您聯係吧。

表示說話者(或說話者一方的人)爲別人做某事。接受這種行爲的一般爲身

分、地位比自己高或相同而不很親近的人。當發現對方很爲難，或得知對方做不得的事自己可以做等場合，以比較謙恭的態度提出要爲對方做某事。但有時也會有強加於人的印象。

如果是直接向對方表達時，應避免向身分、地位高於自己的人使用，或如例（3）所示，避免使用"V－てさしあげます／ましょう"的形式，以緩和強加於人的語氣。否則就會顯得失禮。如果要有禮貌地表示時，一般使用"お送りした"、"ご連絡しましょうか"等自謙的形式。

【てしかたがない】

特別…、…得不得了。
[Na でしかたがない]
[A－くてしかたがない]
[V－てしかたがない]

（1）公園で出会って以来、彼女のことが気になってしかたがない。／自從在公園見面以後，我就特別惦記她。
（2）この映画はみるたびに、涙が出てしかたがない。／每次看這部電影，都要止不住地流淚。
（3）何とか仕事に集中しようとしているのだが、気が散ってしかたがない。／想要盡量集中精力工作，可不知爲什麼，就是定不下心來。
（4）毎日ひまでしかたがない。／每天閒得不得了。
（5）試験に合格したので、うれしくてしかたがない。／考試及格了，高興得不得了。
（6）台風のせいで、あの山に登れなかったのが、今でも残念でしかたがない。／由於颱風的影響沒能爬成那座山，現在想起來還覺得非常遺憾呢。
（7）わたしが転職したのは、前の会社で働くのがいやでしかたがなかったからだ。／我之所以調動工作，是因爲我以前公司的工作實在受不了。
（8）田中さんは孫が可愛くて仕方がないらしい。／聽説田中喜歡他的孫子喜歡得不得了。

表示情不自禁地產生某種感情或感覺，連自己都控制不了。一般見於這種感情因無法控制而非常高漲的場合。在"…てしかたがない"的前面只能使用表示感情、感覺、欲望等的詞句，如果使用一些表示屬性或評價的詞句，意志就會不通。

（誤）歌が下手で仕方がない。
（正）歌がとても下手だ。／唱歌唱得特別差。

當然，即使不是直接表示感情或感覺，只要是因爲該無法控制的事態而導致説話人困惑或焦躁的情形也可以使用。

（例1）最近うちの息子は口答えをしてしかたがないんです。／最近我兒子老跟我頂嘴，真沒辦法。
（例2）年のせいか物忘れをしてしかたがない。／也許是上了年紀，現在特別健忘。

也可以省略"が"説"…てしかたない"。另外，在較隨便的口語中，還可以説"…てしようがない"。與"てならない"的區別請參照【てならない】項。

【でしかない】

→【しか】

【てしまう】

在較隨便的口語當中，如"言っちゃう"、"来ちゃう"所示，多爲"…ちゃう"的形式。

1 V-てしまう＜完了＞ …完,…了。

（1）　この本はもう読んでしまったから、あげます。／這本書我已經看完了，所以送給你。

（2）　A：でかけますよ。／走了啊。
　　　B：ちょっと、この手紙を書いてしまうから、待ってください。／等一下，我快把這封信寫完了，你稍微等我一會。

（3）　この宿題をしてしまったら、遊びにいける。／把這些作業做完了就可以去玩。

（4）　仕事は、もう全部完成してしまった。／工作已經全部做完了。

（5）　あの車は売ってしまったので、もうここにはない。／那輛車已經賣掉了，所以不在這了。

（6）　雨の中を歩いて、かぜをひいてしまった。／因在雨中走，結果感冒了。

（7）　朝早くから働いていたので、もうすっかり疲れてしまっ

て、動けない。／從一大早就開始工作，累壞了，都動不了了。

表示動作過程的完了。如例（1）～（3）所示。用於表示持續動作的動詞時，與"R-おわる"意思相近。又如例（6）、（7）所示。根據動詞的意思不同，有時可表示"到了某種狀態"的意思。如例（6）的意思就是"到了感冒的狀態了"。

2 V-てしまう＜感慨＞（表示種種感慨）。

（1）　酔っ払って、ばかな事を言ってしまったと後悔している。／後悔當時喝醉了，説了些蠢話。

（2）　新しいカメラをうっかり水の中に落としてしまった。／一不小心把新買的照相機掉到水裡了。

（3）　電車の中にかさを忘れて来てしまった。／把雨傘忘在電車裡了。

（4）　だまっているのはつらいから、本当のことを話してしまいたい。／悶在肚裡太難受，想一吐真情爲快。

（5）　知ってはいけないことを知ってしまった。／知道了不該知道的事情。

（6）　彼は、友達に嫌われてしまったと言う。／他説，朋友都討厭他了。

（7）　アルバイトの学生にやめられてしまって、困っている。／因爲打工的學生都不幹了，

我正在發愁呢。

根據語境的不同，可以表示可惜、後悔等種種感慨。有時也帶有"發生了無法彌補的事情"的語氣。如例（6）、（7）所示，也可以被動表達方式後。

3 V-てしまっていた　已經…了。

（1）わたしが電話したときには、彼女はもう家を出てしまっていた。／我給她去電話去給她的時候，她已經出門了。

（2）友達が手伝いに来たときには、ほとんどの荷造りは終わってしまっていた。／朋友來幫忙的時候，行李已經都幾乎裝箱了。

（3）警察がかけつけたときには、犯人の乗った飛行機は離陸してしまっていた。／警察趕到的時候，凶手乘坐的飛機已經起飛了。

表示在過去的某一時間已經完了的意思。此時也可以使用"…ていた"表示，但如果使用了"…てしまっていた"，就會加強"徹底完了"的意思，帶有一種"不可挽回、無法彌補"的語氣。

【でしょう】
→【だろう】

【てしょうがない】
…得不得了、特別…。
[A-くてしょうがない]
[V-てしょうがない]

（1）赤ちゃんが朝から泣いてしょうがない。／嬰兒從早上醒來就哭個沒完沒了。

（2）このところ、疲れがたまっているのか、眠くてしょうがない。／最近也許是太累了，每天睏的不得了。

（3）バレーボールを始めたら、毎日おなかがすいてしょうがない。／自從開始練排球以後，每天我特別容易餓。

（4）可愛いがっていた猫が死んで、悲しくてしょうがない。／我心愛的貓死了，讓我傷心的不得了。

（5）二度も、自転車を盗まれた。腹がたってしょうがない。／接連兩次腳踏車被偷，我真的很生氣。

（6）うちの子は先生にほめられたのがうれしくてしょうがない様子だ。／我家的孩子被老師誇獎了，顯出高興得不得了的樣子。

是"…てしようがない"簡約而成的形式。是"…てしかたがない"的較隨便的口語表達方式。
→【てしかたがない】

【てたまらない】
…死了、特別…、…得不得了。
[Na でたまらない]
[A-くてたまらない]

（1）今日は暑くてたまらない。／今天熱死了。

（2）この仕事はやめたくてたまら

ないが、事情があってやめられないのだ。／其實我特別想辭了這份工作，可是因爲某種原因又辭不了。
(3) 彼女に会いたくてたまらない。／我想見她想得不得了。
(4) ショーウィンドーに飾ってあった帽子がほしくてたまらなかったから、もう一度その店に行ったんです。／我特別想要櫥窗裡展示的那頂帽子，所以就又去了一趟那家店。
(5) はじめての海外旅行が中止になってしまった。残念でたまらない。／第一次的出國旅遊因故被取消了。無法形容有多惋惜。
(6) うちの子供は試合に負けたのがくやしくてたまらないようです。／我家孩子因爲比賽輸了，好像特別懊惱似的。

表示説話者强烈的感情、感覺、欲望等。如例(1)的意思與"とても暑い(特別熱)"意思相近。用法、意思與"してしかたがない"基本相同。表示第三人稱的情形時，如例(6)所示，要與"ようだ"、"そうだ"、"らしい"等一起使用。

【てちょうだい】

（表示請求）請…。
[V-てちょうだい]
(1) 伸子さん、ちょっとここへ来てちょうだい。／伸子，你過來一下。
(2) 彼女は「和雄さん、ちょっと見てちょうだい」と言って、わたしを窓のところへ連れて行った。／"和雄，你過來看看"説着，她把我帶到了窗戶前面。
(3) 「お願いだから、オートバイを乗り回すのはやめてちょうだい」と母に言われた。／母親對我説，"求求你，別再騎着摩托車到處亂跑了"。

用於向對方表示某種請求。一般是女性或兒童對身邊或較親近的人使用。雖然不是很粗魯的表達方式，但在正式場合一般不宜使用。

【てっきり…とおもう】

我想肯定是…，以爲一定是…。
(1) 彼女がいろいろな結婚式場のパンフレットを持っているので、これはてっきり結婚するんだと思ってしまったんです。／她手裡拿着許多結婚典禮場所的廣告宣傳書，我想她肯定是要結婚了。
(2) 人が倒れていたので、てっきり事故だと思って駅員に知らせたんです。／看到有人倒在那裡，我想一定是出事了，就跑去告訴了站臺管理員。
(3) 窓ガラスが割れていたので、これはてっきり泥棒だと思ったんです。／因爲窗戶玻璃被打破了，我認肯定是小

偷幹的呢。
（４）　てっきり怒られるものと思っていたが、反対にほめられたので、驚いた。／本以爲一定要挨罵了，但相反還受到了表揚，真是感到意外。

用於事後說明。當時根據某種情況或契機的推測，把某事信以爲真的情形。副詞"てっきり"起到強調其深信不疑程度的作用。實際情況往往是自己的想像與事實不符。而且，只能用於表示過去自己以爲的情況。

（誤）　てっきり帰ったと思っています。
（正）　てっきり帰ったと思いました。／我認定定他是回去了呢。

【てでも】

就是…也要…。

[V－てでも]
（１）　どうしても留学したい。家を売ってでも行きたいと思った。／當時我是想，我無論如何也要去留學。就是把房子賣了我也要去。
（２）　彼女がもしいやだと言えば、引きずってでも病院へ連れて行くつもりだ。／如果她不願意，就是拖，我也打算把她拖到醫院去。
（３）　いざとなれば、会社をやめてでも、裁判で争うつもりだ。／一旦需要，我就是辭了公司也要在法廷上和他爭個明白。
（４）　由起子はまだ熱が下がらないが、この試合だけは、這ってでも出たいと言っている。／由起子的燒還沒有退，可是她說，就是爬着去也要參加這場比賽。

表示採取強硬的手段。後接爲表示堅強意志或強烈願望的表達方式，表現了不惜採取極端手段的堅強決心。

【でなくてなんだろう】

難道不是…又是什麽呢。

[Nでなくてなんだろう]
（１）　彼女のためなら死んでもいいとまで思う。これが愛でなくて何だろう。／爲了她就是死我也在所不辭。這難道不是愛又是什麽呢。
（２）　出会ったときから二人の人生は破滅へ向かって進んでいった。これが宿命でなくて何だろうか。／自從兩人相遇以後，他們的人生就走向了毀滅。這難道不是命中注定又是什麽呢。

接"愛（愛）"、"宿命（命中注定）"、"運命（命運）"、"真実（事實）"等名詞後，表示強調"…である（就是…）"的意思。常用於小說、隨筆等當中。

【でなくては】

→【なくては】

【てならない】

特別…，…得不得了。

[Na でならない]
[A-くてならない]
[V-てならない]
（1）卒業できるかどうか、心配でならない。／對於是否能畢業，感到特別耽心。
（2）将来がどうなるか、不安でならない。／對於將來會怎樣，感到特別不安。
（3）子供のころニンジンを食べるのがいやでならなかった。／小時候，我特別不喜歡吃胡蘿蔔。
（4）あのコンサートに行き損ねたのが今でも残念でならない。／沒有去成那次演唱會，我現在還覺得特別可惜呢。
（5）住み慣れたこの土地を離れるのがつらくてならない。／要離開自己生活慣了的土地，心中難過不得了。
（6）だまされてお金をとられたのがくやしくてならない。／被人騙了錢，心中覺得特別惱火。
（7）青春時代を過ごした北海道の山々が思い出されてならない。／禁不住想起了伴我度過青春年華的北海道的群山。
（8）きのうの英語の試験の結果が気になってならない。／特別惦記昨天英語考試的結果。
（9）大切な試験に失敗してしまった。なぜもっと早くから勉強しておかなかったのかと悔やまれてならない。／在關鍵的考試中失敗了。要是再早一點開始復習就好了，現在悔恨得不得了。

表示情不自禁地產生某種感情或感覺，連自己都控制不了。一般見於這種感情因無法控制而非常高漲的場合。在"…てならない"的前面只能使用表示感情、感覺、欲望等的詞句。如果使用一些表示屬性或評價的詞句，句子就會不通順。
（誤）この本はつまらなくてならない。
（正）この本はすごくつまらない。／這本書特無聊。

雖然與"…てしかたがない"意思基本相同，但與之不同的是，此句型中很難使用非表示感情、感覺、欲望以外的詞語。
（誤）赤ちゃんが朝から泣いてならない。
（正）赤ちゃんが朝から泣いてしかたがない。／嬰兒從早上醒來就哭個沒完沒了。

此種說法比較陳舊，多用於書面語言。

【てのこと】

…是(因爲)…才行(可能)。

[V-てのこと]
（1）彼が6年も留学できたのは、親の援助があってのことだ。／他能留學6年之久，都是因爲有了父母的經濟支持才能實現。
（2）彼は来年から喫茶店を経営するつもりだ。しかし、それも資金調達がうまくいって

のことだ。／他打算從明年開始開一家咖啡店。但是，這也得要能籌到足夠的資金才行。

（3）今回の人事異動は君の将来を考えてのことだ。不満もあるだろうが辛抱してくれたまえ。／這次的人事調動是考慮到你的前途才這樣決定的。你可能會有些不滿，但希望你能忍耐一下。

以"XはYてのことだ"等形式，表示X之所以能辦到或已經成爲可能，都是因爲有了Y這樣一個條件的意思。是一種強調必要條件的表達方式。經常用於會話，但並不很粗俗。

【ては】

[N／Na では]
[A-くては]
[V-ては]

這是述語的テ形加助詞"は"組合而成的句型。使用名詞或ナ形容詞時，要接"だ"的テ形，變成"では"的形式。在書面語當中，還可以使用"であっては"的形式。在口語中，常可以說成"ちゃ"、"じゃ"。

1 …ては＜條件＞

與句尾表示貶義内容的表達方式相呼應，表示"…ては"而形成的條件會導致不良結果的意思。多用於説話者想表示儘量應該避免這種情況的場合。

a …ては　要是…的話。

（1）この仕事に時給500円では人がみつかりません。／這種工作一個小時要是只給500日元工資的話，你是雇不到人的。

（2）先方の態度がそんなにあやふやでは将来が心配だ。／對方的態度要是那麼含含糊糊的話，將來的合作就令人耽心了。

（3）コーチがそんなにきびしくては、だれもついてきませんよ。／教練要是那麼嚴厲的話，那沒有人能跟着他練了。

（4）そんなに大きな声を出しては魚が逃げてしまう。／你叫那麼大聲把魚都嚇跑了。

（5）そのことを彼女に言ってはかわいそうだ。／這事情要告訴她那太殘酷了。

後接一般爲表示否定事態的内容，表示如果是這樣的條件那太難辦，或不應該這樣做的意思。

b V-ていては　要是那麼…。

（1）そんなにテレビばかり見ていては目が悪くなってしまうよ。／要是在老看電視的話，眼睛會搞壞的。

（2）そんなにたばこばかり吸っていては、体に障りますよ。／你老那麼抽煙，可對身體有害啊。

（3）そんなに先生に頼っていては、進歩しませんよ。／你要老是那麼倚賴老師的話，是不會進步的。

是一種常用於忠告的表達方式。用以指出對方的缺點，希望對方改變態度。

c Vのでは　…的話。
(1) そんなに遠くから通勤していらっしゃるのでは大変ですね。／你從那麼老遠的地方來上班的話，那可真夠辛苦的啊。
(2) 年間200万円もかかるのではとてもその大学には行けない。／每年要花200萬日元的話，那我們可上不起那所大學。
(3) A：山下さん子供が5人いるんですって。／聽説山下有5個孩子呢。
　　 B：5人もいるのでは、毎日大騒ぎだろうな。／有5個孩子，那每天家裡不鬧翻天了啊。
(4) そんなふうに頭ごなしに否定されたのでは議論にならないじゃないですか。／像這麼不問青紅皂白就給全盤否定了的話，那怎麼討論啊。

動詞後接"のでは"，表示"在這樣一種情況下"的意思。後面内容爲在這種情況下會發生的事情或説話者對此的看法。在口語中，常説成"Vんでは"、"Vんじゃ"。

d V-る／V-ない ようでは　（要是）…就…、…都…。
(1) 最初の日から、仕事に遅刻するようでは困る。／第一天上班就遲到，那怎麼能行呢。
(2) この程度の練習にまいるようでは、もうやめたほうがいい。／這種程度的訓練都受不了，那最好別練了。
(3) そんなささいなことで傷ついて泣くようではこれから先が思いやられる。／爲這麼點小事就傷心痛哭，那今後可會人担心。
(4) こんな簡単な文書も書けないようでは、店長の仕事はつとまらない。／這麼簡單的報告都寫不了，那他當不了店經理了。
(5) こんな短い距離も歩けないようでは夏の登山はとても無理だ。／這麼短的距離都走不了，那夏天没法去登山。

與"困る(難辦)"、"いけない(不行)"、"無理だ(難以辦到)"等表示否定意義的詞語一起使用。表示"像這樣樣子怎麼能行"的意思。常用於批評、指責某人的場合。根據語境，有時也可以直接用於責駡對方。

→【ようだ2】4

2 V-ては＜反復＞
接動詞，表示某動作、現象等反復出現。

a V-ては V　（表示動作的反復）。
(1) 家計が苦しいので、母はお金の計算をしてはため息をついている。／因爲家庭經濟狀況不好，母親一邊算錢一邊嘆氣。
(2) 子供は二、三歩歩いては立ち止まって、母親の来るのを待っている。／孩子每走兩三步就停下來站一站，等着母

（3）その女性は誰かを待っているらしく、1ページ読んでは顔をあげて窓の外を見ている。／那女人好像在等誰，她看1頁書就向窗外張望一下兒。

（4）一行書いては考え込むので、執筆はなかなかはかどらない。／每寫一行就要思考一下，所以稿子寫得特別慢。

（5）学生の頃は、小説を読んでは仲間と議論したものだ。／當年在學生時代，每看完一本小說就要和朋友們議論一番。

表示在一定時間段中，反覆重覆相同的動作。例（5）與"たものだ"一起使用，表示回想起過去所反覆做過的事情。

b V-てはV、V-てはV …又…，…又…。

（1）書いては消し、書いては消し、やっと手紙を書き上げた。／寫了又擦，擦了又寫，好不容易才把信寫完了。

（2）作ってはこわし、作ってはこわし、を何度もやりなおして、ようやく満足できるつぼができあがった。／做好了又砸掉，砸掉了又重做，反覆多次才終於做成了一個自己滿意的壺。

（3）降ってはやみ、降ってはやみの天気が続いている。／這幾天總是下下停停，停停下下，陰雨連綿。

（4）食べては寝、寝ては食べるという生活をしている。／過著吃了睡，睡了吃的生活。

使用兩個動詞，按相同順序反覆兩次，表示動作或現象的反覆出現。也可如例（4）所示，兩個動詞前後顛倒使用，成"V1てはV2、V2てはV1"的形式。

【では₁】

1 Nでは（表示手段、標準、時間、場所等）。

（1）人は外見では判断できない。／不能憑人的相貌來判斷人的好壞。

（2）これくらいの病気ではへたれない。／不會因這麼點小病就倒下的。

（3）この仕事は1時間では終わらない。／這個工作1個小時做不完。

（4）日本ではタクシーに乗っても、チップを渡す必要はありません。／在日本坐計程車不必給小費。

（5）私の時計では今12時5分です。／我的手錶現在是12點零5分。

（6）この地方では旧暦で正月を祝います。／這個地方要在農曆年有慶祝活動。

這是名詞後接助詞"で"，再加上"は"而形成的句型。它與助動詞"だ"的テ形加

"は"的形式不同．不能與"であっては"替換．
(誤) これくらいの病気であってはへこたれない。
(正) 重い病気であっては、欠席もやむをえない。／要是得了重病，缺席也沒辦法。

接表示手段、標準、時間、場所等的名詞後．表示"在這樣的手段／標準／時間／場所的情況下"的意思。如例（1）～（3）所示．後接內容多爲表示否定意義的表達方式。也可如例（5）、（6）表示一種對比的意思。

2 N／Na のでは
→【ては】，【ではだめだ】2

【では₂】

偏重書面語．用於較正式的場合。在較隨便的口語中説"じゃ（あ）"。

1 では＜推理＞ 那，那麽説。
（1） A：私は1974年の卒業です。／我是1974年畢業的。
　　　B：では、私は2年後輩になります。／那麽，我比你晚兩屆。
（2） A：この1週間毎晩帰宅は12時過ぎだよ。／這個星期，我每天都是12點以後才回家。
　　　B：では、睡眠不足でしょう。／那，你一定睡眠不足了。
（3） A：彼、日本語を10年も習っているんですよ。／他學了10多年日語呢。
　　　B：では、日常の会話に困ることはないですね。／那麽，日常會話肯定沒問題了。
（4） A：緊急の会議が入ってしまいまして…／我突然有一個緊急會議要參加…
　　　B：では、今日のパーティにはおいでになれませんね。／那麽，您就出席不了今天的宴會了吧。
（5） 家を出たときには、あの袋はたしかに手にもっていた。では、途中のバスの中に忘れたということかな。／我從家裡出來的時候，的確是拿着那個包來着。那麽説，也許是忘在了公車上了。

放在句首．用於根據新掌握的事實或自己的記憶等進行推理．得出説話者自己的結論。如果是向聽話者確認自己的推理是否正確．可如例（2）～（4）所示．成爲表示確認或疑問的表達方式。例（5）的用法是根據自己的記憶所做出的推理。這些用法基本上都可以與"それなら、そうしたら、（それ）だったら、（そう）すると"等替換。

2 では＜表明態度＞ 那。
（1） A：すみません。教科書を忘れてしまいました。／對不起，我忘帶課本了。
　　　B：では、となりの人に見せてもらいなさい。／那，

（2）A：用紙の記入、終わりましたが。／表格我已經填好了。
　　　B：じゃ、3番の窓口に出してください。／那，請您交到3號窗口。
（3）A：全員集合しました。／全體都到齊了。
　　　B：では、そろそろ出発しましょう。／那，我們就出發吧。
（4）A：実は子供が病気なんです。／其實是我孩子病了。
　　　B：では、今日は帰ってもいいです。／那，你今天可以回去了。

　　放在句首，用於説話者根據新的信息來表明自己的態度。後接爲表示命令、請求、意志、允許等的表達方式。可以與"それなら、そしたら、(そう)だったら"等替換。但不能與"(そう)すると"替換。

3 では＜轉換話題＞ 那麼。

（1）では、次の議題に入りましょう。／那麼，我們進入下一個議題。
（2）では、始めましょう。／那麼，就開始吧。
（3）では、今日の授業はこれで終わりにします。／那麼，今天的課就上到這裡。
（4）では、また明日。さようなら。／那，我們明天見。再見。

　　放在句首，用於轉換爲新的話題或場面。後接爲表示宣布轉換新話題的開始或舊話題結束的表達方式。例(4)是與人分手告別時的一種固定表達方式。

【ではあるが】

雖然…、但…。

[N／Na ではあるが]

（1）この絵はきれいではあるが、感動させるものがない。／這幅畫雖然很漂亮，但沒有令人感動的地方。
（2）彼は才能の豊かな人間ではあるが、努力が足りない。／他是一個很有才能的人，但就是不夠努力。
（3）これはお金をかけた建築ではあるが、芸術性は全くない。／這幢大樓雖然造價很高，卻沒有一點藝術性。
（4）まだ10歳の子供ではあるが、大人びた面も持っている。／雖然只是個剛滿10歲的孩子，有些地方卻很老成。
（5）彼は犯罪者ではあるが、文学的な才能に恵まれていた。／他雖然是個罪犯，卻具備文學天才。

　　用以陳述有對比性的評價。在"が"的前面陳述一些局部性的評價，或帶有否定性的見解，後面提出與之相對立的評價。評價的重點在後半部。多用於書面語言。使用イ形容詞時，成爲"A-くはあるが"的形式。

【ではあるまいか】

是不是…呀。

[N／Na （なの）ではあるまいか]
[A／V のではあるまいか]

（1） この話は全くの作り話なのではあるまいか。／這故事是不是全都是編的呀。

（2） この品質で、こんな値段をつけるとは、あまりにも非常識ではあるまいか。／就這種質量還定這麼的高價錢，是不是有點太離譜兒了啊。

（3） いまどき、彼のような学生はめずらしいのではあるまいか。／現在，像他那樣的學生是不是太少見了啊。

（4） 父は自分が癌だということに気づいていたのではあるまいか。／父親是不是已經察覺到自己是癌症了啊。

（5） 彼らは私のことを疑っているのではあるまいか。／他們是不是在懷疑我呀。

是比"ではないだろうか"更加鄭重的書面語表達方式。常用於論文或評論性文章等。

→【ではないだろうか】

【てはいけない】

1 V-てはいけない 不能…、不准…。

（1） 遊んでいたらおじいさんがきて、「芝生に入ってはいけないよ。」と言った。／我們正玩着的時候，一位老爺爺走過來説，"不准到草坪裡面去。"

（2） この薬は、一日に三錠以上飲んではいけないそうだ。／據説這種藥的服用量一天不能超過三片。

（3） この場所に駐車してはいけないらしい。／這裡好像不能停車。

（4） きみ、はじめて会った人にそんな失礼なことを言っちゃいけないよ。／喂，對初次見面的人不能説那麼没有禮貌的話。

（5） A：おかあさん、公園へ行っていい？／媽，我能去公園玩玩嗎？
B：宿題をすまさないうちは、遊びに行ってはいけませんよ。／没做完作業不能去玩。

表示禁止。簡體形式表示禁止做某事。爲男性向身分、地位低於自己的人使用。與之相對應的禮貌體形式"いけません"、一般爲母親、教師、單位的上司等處於某種監督地位的人向屬於被自己監督的人使用的表達方式。

2 V-なくてはいけない

→【なくてはいけない】

【てはいられない】

1 Nではいられない 不能…。

（1） きみは大人になりたくないというが、人はいつまでも子供ではいられない。／你

説你不想成爲大人，可是人不能永遠是孩子。
(2) ずっと大学にいたいが、いつまでも学生のままではいられない。／我真想一直呆在大學裡，但是也不能一輩子當學生。
(3) 私は同級生の彼と友達でいたいのに、彼はこのままではいられないという。／我想與同班的他一直做朋友，然而他却説不能這樣下去。
(4) ずっとお世話になりっぱなしではいられないし、仕事を探すつもりです。／不能讓您這樣一直照顧下去，我打算找工作。

"Nでいる"是停留在N的狀態之意，"Nでいられない"是不能一直持續相同狀態之意。

2 V-てはいられない　不能…、哪能…。

(1) 時間がないから、遅れてくる人を待ってはいられない。すぐ始めよう。／没有時間啦，不能再等遲到的人了，馬上開始吧。
(2) A：すっかりよくなるまで寝ていないと。／要是不躺到徹底痊癒，……。
　　B：こんなに忙しいときに寝てはいられないよ。／這麼忙的時候，哪能躺得下去呀。
(3) あしたは試験だから、こんなところでのんびり遊んではいられない。／明天有考試，哪能在這樣的地方悠閒地玩。
(4) 今晩はお客さんが何人か来るし、テニスなんかしてはいられない。早く買い物に行かなければならない。／今晚有幾個客人要來，不能打什麼網球，必須快點去買東西。
(5) 今うちの商品はよく売れているが、うかうかしてはいられない。新しい製品がどんどん出てくるからだ。／現在我們的商品雖然暢銷，但是不能掉以輕心，因爲新產品會不斷出現。
(6) この事態を傍観してはいられない。／不能袖手旁觀這種事態。
(7) スキーのシーズンが始まると、わたしはじっとしてはいられない。／一到滑雪季節，我就坐不住了。
(8) こうしてはいられない。早く知らせなくちゃ。／不能這樣，必須趕快通知其他人。

表示因爲在緊迫的情況下，不能再繼續那種狀態或者急於想付諸於另一種行動之意。這個表達方式常伴有"のんびり(悠閒)"、"うかうか(漫不經心)"、"ずっと(一直)"等副詞。

【てはだめだ】

1 V－てはだめだ＜禁止＞ 不得、不能、不行。

（1）駐車場で遊んではだめだ。出て行きなさい。／不要在停車場玩，出去吧！

（2）「その花をとってはだめよ。」と姉が弟に言った。／姐姐對弟弟說〝不許摘花〞。

（3）文句ばかり言っていてはだめだ。自分でなんとかしろ。／光發牢騷不行，你自己想點辦法做。

（4）こんなところでへばってはだめだ。あと1キロだ。しっかりしろ。／在這種地方垮下來可不行，還有1公里，堅強一點。

（5）「今、あの人を叱ってはだめです。もうすこし様子を見ましょう。」と彼女は部下をかばった。／她袒護部下說〝現在不能批評他，再觀察一下吧〞。

（6）そんな浅いところから、飛び込んではだめだ。／這地方水這麼淺，不能往裡跳。

這種用法表示禁止，多用於父母、教師、管理人員等處於管理地位的人對被監督者的場合。這種形式中的〝では〞、〝ては〞常發生簡化，變爲〝じゃ〞、〝ちゃ〞，此句型意義與〝V－てはいけない〞相同。

2 …Nではだめだ 不行、不可。

［N／Na ではだめだ］
［A－くてはだめだ］
［V－ていてはだめだ］

（1）写真をとるのに、こんなに暗くてはだめだ。／要拍照，這麼暗可不行。

（2）秘書になりたいそうだが、ことばがそんなにぞんざいではだめだ。／聽說你想當秘書，但是說話那麼粗魯可不行。

（3）富士山へ登りたいのなら、そんな靴ではだめです。登山靴をはきなさい。／如果想登富士山，穿那種鞋不行，請換上登山鞋。

（4）今でもお母さんに洗濯してもらっているんですか。それではだめです。自立したかったら、自分でやりなさい。／現在還讓媽媽給洗衣服嗎？那可不行。要想自立門戶，自己去洗。

（5）君のように遊んでばかりいてはだめだ。学生は勉強しなくてはいけない。／像你這樣光是玩可不行，學生必須唸書。

這個句型表示一種判斷，意思是那種情況下達不到目的。目的本身既有用語言表達出來的情況，也有隱含在句子中的情況。這種表達方式多用於會話中。也常說其省略形式〝じゃ（あ）だめだ（不行）〞、〝ちゃ（あ）だめだ（不行）〞。

像例（5）一樣，與動詞一起使用，是以〝V－ていてはだめだ〞的形式來述說現在的狀況不合適，是作爲批評、指責的表

達來使用的。

【てはどうか】

[V-てはどうか] …怎麼樣、…如何。

(1) A：この辺でちょっと休憩してはどうですか。／在這兒休息一會兒怎麼樣？

B：そうですね。／好的。

(2) 作戦を変えてみてはどうですか。／改變一下戰術如何？

(3) この問題については、議長に一任してはどうだろうか。／關於這個問題的處理，委託給主席如何？

(4) A：家の譲渡のことで家族の間でもめているんです。／因家產之轉讓，兄弟之間正在爭執。

B：弁護士に相談してみてはどうですか。／找律師商量商量如何？

(5) A：この壁はちょっと暗いですね。壁紙を取りかえてみてはどうでしょうか。／這牆有點暗，換換壁紙怎麼樣？

B：そうですね。／換吧。

(6) しばらく何も言わないでそっとしておいてみては？／你暫時什麼也別說，稍微過一段時間怎麼樣啊。

這是一種表示提議或者勸說的慣用表達方式。常用"V-ては"的形式。"V-てはどうか"是書面語，用於正式場合與書信。而"V-たらどうか"的形式幾乎與此同義，用於一般會話中。但是"V-ちゃどうか"的形式是一種隨便的說法，表示客氣時要使用"V-てはいかがですか／V-てはいかがでしょうか"的說法。例(6)的後半部省略了。

【ではない】

1 …ではない　不是…。

(1) これは、新しい考えではない。／這不是新的想法。

(2) わたしの生まれた所は、札幌だが、育ったのは、札幌ではない。／我出生的地方是札幌，但是成長地方不是札幌。

(3) この表現はけっして失礼ではない。／這種表達絕不算失禮。

(4) 昨日行ったレストランはあまりきれいではなかった。／昨天去的餐廳不太乾淨。

用於將"XはYだ"予以否定的形式。

2 …ではない　什麼。

(1) A：すみません、日程の変更をご連絡するのを忘れていました。／對不起，忘記通知你日程變更了。

B：忘れていましたではないよ。おかげで、予定が

一日狂ってしまったんだよ。／什麼忘了吧,就是因爲你,我一天的計劃全套了。
(2) A：あ。そのこと、言い忘れてた。／啊,忘記說那件事了。
    B：言い忘れてたじゃないわ。おかげで大変な目にあったのよ。／什麼忘說了,就是因爲你,我吃了好大苦頭。
(3) A：ごめん、現像失敗しちゃった。／對不起,照片洗壞了。
    B：失敗しちゃったじゃないよ。どうしてくれるんだ。／什麼洗壞了,你看這怎麼辦吧？
(4) A：あの、お借りしたビデオカメラ、こわれちゃったんです。／哎,你借給我的攝影機壞了。
    B：こわれちゃった、じゃないよ。大事なもの、君だから貸したのに。／什麼,壞了,那樣貴重的東西,因爲是你我才借的。

通過重覆對方的話來表示譴責,是口語。只能對部下或者相當親近的人使用,如例(2)、(3)、(4)所示,用"じゃない"的情況居多。

3…ではなくて
→【ではなくて】

【ではないか₁】

[N／Na／A／V　ではないか]

接在簡體形之後,表示說話者吃驚的心情和迫使聽話者認同的態度。接名詞、ナ形容詞時不介入"だ",直接接續。也有接續"だった／ではない／ではなかった"的情況。

這是由"だ"的否定形固定化後形成的表達方式,所以是書面性的表達,稍顯生硬。一般男性用。通俗的說法是,男性說"じゃないか",女性說"じゃない"、"じゃないの"。"じゃん"是更粗通俗的說法,男女都用。客氣的說法是"ではないですか／ではありませんか"。在不變爲夕形,總使用辭書形和不能接續"だろう"這點上,與"ではないか 2"是不同的。

1…ではないか＜驚奇・發現＞　不是嗎？
(1) やあ、大野君ではないか。／哎呀,這不是大野嗎？
(2) これはすごい、純金ではないか。／棒極了,是純金的吧？
(3) なんだ、中身、空っぽじゃないか。／什麼呀,中間不是空的嗎？
(4) この店の料理、結構おいしいではありませんか。／這家的菜不是很好吃嗎。
(5) このレポートなかなかよくできているではありませんか。／這小論文不是寫得很好嗎？

表示發現預想不到的事時的驚訝,如果是自己希望的事,如例(4)、(5)表

示佩服之意。如果與盼望的相反，則如例（３）一樣．表示沮喪和偏離期望之意。

２ …ではないか＜譴責＞　不是…嗎？

（１）Ａ：悪いのは君のほうではないか。／難道不是你錯了嗎？
　　　Ｂ：僕はそうは思いませんが。／我不那麼認爲，…。
（２）Ａ：病人を連れ出したりしたら、だめじゃないか。／把病人帶出去,那怎麼行啊？
　　　Ｂ：はい、これから気をつけます。／好,我今後注意。
（３）Ａ：おそかったじゃないか。／怎麼來這麼晚呢？
　　　Ｂ：あの、道が込んでいたんです。／是,路上太擠了。
（４）Ａ：まずいじゃありませんか、そんな発言をしては。／不太合適吧。你做那種發言。
　　　Ｂ：そうですか。／是嗎。
（５）Ａ：はじめにそう言ってくれなくては困るではないか。／開始你不跟我說,多不好辦哪!
　　　Ｂ：すみません、気がつかなくて。／對不起,我沒注意。

這個形式是用於訓斥和譴責下級或者同級的表達方式。讓對方認識這種不希望發生的狀況是由於對方的責任造成的。句子一般讀爲降調。

３ …ではないか＜確認＞　不是…嗎。

（１）近藤さんを覚えていないですか。ほら、この間のパーティーの時に会ったではないですか。／你不記得近藤嗎？對了，最近那次的聚會時不是見到他了嗎？
（２）繁華街などによくいるではありませんか。ああいう若者が。／在鬧區等地不是常有的嗎？那樣的青年人。

這個表達方式用於確認聽話者本該知道的事．或者被認爲當場能夠認識的事。一般不怎麼用"ではないか"的形式。大體上多使用"じゃないか"、"じゃありませんか"、"じゃないですが"的形式。

→【じゃない１】３

４ …ようではないか　讓…吧!

（１）このクラスみんなでディベート大会に申し込もうではないか。／我們這個班都去申請參加討論會吧!
（２）とにかく、最後まで頑張ってみようではないか。／總之讓我們堅持到底吧!
（３）遠くからはるばる来たのだから、お金の心配などしないで、十分楽しもうではないか。／大老遠來到這裡，所以您就別擔心錢什麼的,讓我們痛快地玩吧!
（４）売られた喧嘩だ。受けて立

とうじゃないか。／是他們來找我們打架的，那我們就和他們打吧！

前接動詞意向形，用於提議和對方共同做某事，説明自己的意志時，是稍微拘泥於形式的套話。一般爲男性使用。

【ではないか₂】

[N／Na （なの）ではないか]
[A／V のではないか]

這個句型接名詞、ナ形容詞時不介入"の"，接在イ形容詞、動詞後時必須介入"の"，説成"のではないか"。在這點上與"ではないか1"不同。簡單的説法是，男性説"(ん)じゃないか"；女性説"(ん)じゃない"、"(ん)じゃないの"。客氣的説法是"(ん)ではないですか／(ん)ではありませんか"。

1 …(の)ではないか　是…啊，不是…嗎。

（1）あそこを歩いているのは、もしかして山下さんではないか。／走在那的人説不定是山下呢。
（2）こんなおおきなアパートは一人暮らしにはちょっとぜいたくではないか。／一個人住在這様大的公寓裡，是不是有點奢侈呀？
（3）もしかしたら、和子は本当に良雄が好きなのではないか。／説不定和子真的喜歡良雄呢。
（4）この話は結局ハッピーエンドになるのではないか。／這個故事難道不是圓滿結局嗎？
（5）ファーストフード産業が伸びれば伸びるほどごみも増えるのではないか。／快餐業發展越快，垃圾不也就越多嗎？
（6）この品質でこの値段は、ちょっと高いのではないか。／以這種質量賣這種價格，是不是貴了點？
（7）これからますます環境問題は重要になるのではないか。／今後環境問題不是越來越重要嗎？

前接簡體形式，表示説話者的"雖然不能清楚斷定，但是大概如此"的推測性判斷，説話人的確信度比"だろう"低。

2 …(の)ではないかとおもう

（1）こんなうまい話は、うそではないかと思う。／這麼好的事情，我總覺得是不是騙人的呀。
（2）どちらかというと妹さんの方がきれいなのではないかと思う。／要讓我説，還是妹妹漂亮吧。
（3）話がうますぎるので、山田さんは、これは詐欺ではないかと思ったんだそうです。／因爲話説得太漂亮了，據説山田認爲這是不是在騙人哪。
（4）もしかすると、彼女はこの秘密を知っているのではな

いかと思う。／我看説不定她知道這個秘密。
（5）この条件（じょうけん）はわれわれにとって不利（ふり）ではないかと思（おも）われる。／叫人感到這種條件對於我們是不利的。

這是"ではないか"＋"思う"而形成的。"思う"爲辭書形時，表示説話者的判斷。使用"思った"時，如例（3）能表示第三人稱的判斷。例（5）中的"思われる"是書面語，並不是要表示説話者有懷疑的心情，而多用於緩和獨斷説法的情況。

（5）彼（かれ）らはもう出発（しゅっぱつ）してしまったのではないだろうか。／他們是不是已經出發了？
（6）もしかして、私（わたし）はだまされているのではないだろうか。／也許我被人蒙騙了吧？

與"ではないか2"是同義表達，表示説話人的推測判斷，説話者的確信度更低，是委婉的説法。客氣説法爲"ではないでしょうか"。用如例（3）一樣，在會話中表示向聽話人確認自己的推測的意思。

【ではないだろうか】

不是…嗎、也許是…吧。
[N／Na(なの)ではないだろうか]
[A／Vのではないだろうか]

（1）ひょっとしたらこれはわるい病気（びょうき）ではないだろうか。／説不定這也許是難治的病吧？
（2）もしかしたら、和子（かずこ）は本当（ほんとう）に良雄（よしお）が好きなのではないだろうか。／説不定和子真地愛上良雄了吧。
（3）A：この本は子供（こども）にはまだ難（むずか）しいのではないでしょうか。／這本書對孩子是不是還太難呢？
B：そうでもないですよ。／也不見得吧。
（4）不況（ふきょう）は長引（ながび）くのではないだろうか。／經濟不景氣會不會延長下去呢。

【ではなかったか】

[N／Na　（なの)ではなかったか]
[A／V　のではなかったか]

這個句型就過去的狀況進行推測，對現狀與過去不一致表示不滿，是書面語。口頭表達時，男性説"(ん)じゃなかったか"；女性説"(ん)じゃなかったの"。

1 …(の)ではなかったか＜推測＞
不是…嗎？
（1）古代人（こだいじん）にとってはこれも貴重（きちょう）な食事（しょくじ）ではなかったか。／對於古人來説這不也是寶貴的食品嗎？
（2）昔（むかし）はここもずいぶん閑静（かんせい）だったのではなかったか。／以前這裡不是很安靜的嗎。
（3）当時（とうじ）のわが家（や）の暮（く）らしは、かなり苦しかったのではなかったか。／當時我們家的生活不是相當苦嗎？
（4）当時（とうじ）の人々（ひとびと）は人間（にんげん）が空（そら）を飛（と）ぶなどということは考えもしな

【ではなかろうか】

是不是…呢？

[N／Na(なの)ではなかろうか]
[A／Vのではなかろうか]

（1）彼の成績ではこの大学は無理ではなかろうか。／他的成績，考這所大學是不是不行啊？
（2）低温続きで、今年の桜はちょっと遅いのではなかろうか。／這樣低溫持續下去的話，今年櫻花開放是不是要晚一點。
（3）不況は長引くのではなかろうか。／經濟不景氣會不會延長啊。

"ではなかろうか"是較陳舊的説法，用於論説式的文章中，意與"ではあるまいか"幾乎同義。

【ではなくて】

不是…、而是…。

[N／Na (なの)ではなくて]
[Aのではなくて]
[Vのではなくて]

（1）彼がこの前一緒に歩いていた女性は、恋人ではなくて、妹なのだそうだ。／據説前幾天和他走在一起女子，不是他的戀人，而是他的妹妹。
（2）わたしが買ったのは、日英辞書ではなくて、英日辞書です。／我買的不是日英辭典，而是英日辭典。

かったのではなかったか。／當時的人們怎麼也沒有想到過人能在天空中飛。

這是對過去事實的推測説法，與"…た(だ)ろう"相似，説"ではなかったか"時，説話人的確信度低，除例（1）的情況之外，一般用"…たのではなかったか"的形式，與"ではなかろうか"、"ではなかったろうか"意義幾乎相同。

2 …(の)ではなかったか＜反期待＞

不是…嗎？

（1）昔はとなり近所の人々はお互いにもっと協力的ではなかったか。／以前鄰居間不是更守望相助的嗎？
（2）あなたたちは規律を守ると誓ったのではなかったか。／你們不是發誓要遵守紀律嗎？
（3）これまでは平和に共存してきたのではなかったのか。／以往不是和平共處過來的嗎？
（4）これからは一家が平和に暮らしていくのではなかったか。／今後，我們全家不是要和平生活下去嗎？

對於現狀與過去的不一致，而且是不希望的結果，來表示對聽話者的譴責、不滿、遺憾的心情。"のではなかったか"是書面語。也有如例（3）一樣使用"ではなかったのか"的形式。像例（4）一樣前接動詞辭書形的用法，表示"按理該去那麼做，然而現實…"之意。

（3） A：つまり、報酬が少なすぎるとおっしゃるんですね。／你是説回報太少嘍。

B：いや、そうではなくて、仕事の量の問題なんです。／不,不是的,而是工作量的問題。

（4） A：じゃあ、彼は会ってくれるんですね、いつ行けばいいんですか。／那麼,他答應見我們了,什麼時候去合適啊？

B：いや、わたしたちが彼のところへ行くのではなくて、向こうから来るというんです。／不,不是我們去他那,而是他來我們這。

這個句型是用 "Xではなくて" 來否定 X，其後邊附加上正確内容。是一種訂正的表達方式。在口語中用 "じゃなくて" 的説法。

【てはならない】

不要,不能。

[V-てはならない]

（1） 一度や二度の失敗であきらめてはならない。／一、兩次失敗,千萬不要放棄。

（2） 警察が来るまで、だれもここに入ってはならないそうだ。／據説警察到來之前,誰也不能進去。

（3） ここで見たり聞いたりしたことは決して話してはならないと言われた。／要求我們決不能説出在這裡看到的和聽到的。

這個句型表示禁止。一般多用於提醒、訓戒時。爲了禁止特殊事情而面對面直接使用,只限於相當特殊的情況,所以此句型多用於書面。"V-てはならない" 以及敬體的 "V-てはなりません" 直接對對方使用時,均限於相當特殊的情況。口語中多用 "V-ちゃだめだ"、"V-ちゃいけません" 的形式。

【ではならない】
→【てはならない】

【てほしい】
→【ほしい】

【てまもなく】
→【まもなく】

【てみせる】

給…看、做給…看。

[V-てみせる]

（1） かれは柔道の型を教えるためにまずやってみせた。／他爲了教授柔道的招式先作了示範。

（2） 歌がおじょうずだそうですね。一度歌ってみせてください。／聽説你唱歌很棒,爲我們唱一次吧。

（3） ファックスの使い方がまだわからないので、一度やって見せてくれませんか。／我不懂傳真機的用法，你能幫我操作一下給我看嗎？
（4） トラクターぐらいなら、一度やってみせてもらったら、後は一人で扱えると思います。／如果是耕耘機的話，你開一次給我看，以後我就能自己開了。

表示在進行介紹，促使別人理解時，而做出的實際動作。

【てみる】

1-Vてみる　試試、看看。
（1） 一度そのめずらしい料理が食べてみたい。／我真想吃一次那種罕有的菜肴。
（2） 先日最近話題になっている店へ行ってみました。／前幾天我去了人們議論的店鋪看了看。
（3） ズボンのすそを直したので、ちょっとはいてみてください。／褲角改過了，請你穿一下試試。
（4） 電話番号は電話局へ問い合わせてみたのですが、わかりませんでした。／電話號碼，我試着問過電信局了，可是還是不知道。
（5） パンダはまだ見たことがない。一度見てみたいと思っている。／我還沒見過熊猫，想去看一次。
（6） 電車をやめて、自転車通勤をしてみることにした。／我決定不搭電車，試着騎脚踏車上班。
（7） どの車を買うか決める前に、車に詳しい人の意見を聞いてみようと思っています。／在決定買車之前，想問一問精通車的人的意見。

爲了了解某物某地而採取的實際行動。雖有試做意志，但實際上沒進行行爲時，不能用此句型。"会ってみたが会えなかった"的説法是錯誤的用法。這時應説"会おうとしたが会えなかった／我要見他. 可是没見到."。

2 V-てみてはじめて　只有…才…。
（1） 病気になってみてはじめて健康の大切さは身にしみた。／只有得了病才切身感到健康的重要。
（2） 親に死なれてみてはじめてありがたさがわかった。／只有在父母去世後才知父母恩。
（3） 彼がやめてみてはじめて、この会社にとって重要な人物だったということがわかった。／只有在他辭職後大家才知道他對於這家公司來說是個不可或缺的人物。

其意是"只有在那種狀態下才…"，其中的"みて"不是有意"要試"的意思，而是"產生某種狀態的"意思。

3 V-てみると 試一試，…一下。

(1) 表にして比べてみると、両者は実際にはあまり違いがないということがわかる。／翻到正面比較一下，二者實際上沒有什麼差別。

(2) そのルポルタージュをよく読んでみると、作者はその場所へは実際に行ったことがないとわかった。／仔細讀了讀那份報導，就明白了其實作者沒有真去過那個地方。

(3) 今振り返ってみると、5年前の会社設立当時が自分の人生の中で最も大変だったと思う。／現在回過頭來想一想，5年前建公司時才是自己人生中最艱難的時候。

(4) もう一度考えてみると、この批判はある程度当っていないこともない。／重新考慮一下，這種批評在某種程度上也並非沒有説到重點上。

(5) 仕事をやめてみると、急に生活の空間が広がったような気がした。／一辭掉工作，突然感到生活空間廣闊多了似的。

(6) 生のイカなんて、みかけは気持ちが悪かったが、食べてみると、意外においしかった。／生烏賊，那付樣子真令人感覺不舒服，可是嘗了一嘗，没想到味道好極了。

(7) A：意地悪に見えるけど、彼は本当は好意でそう言ったんじゃないんですか。／表面看起來他似乎心存不良，然而他的確真的是出於好意才那麼説的呀。

B：そう言われてみると、そんな気もします。／你那麼一説，我也有同感。

(8) 一夜明けてみると大木がなぎ倒されていた。／天亮一看，大樹被風颳倒了。

表示發現的契機，這契機有意志性和無意志性之分。有意志性時表示"試過以後明白其結果是這樣的"意思。象例(7)、(8)一樣無意志的情況表示"在那種狀況下，發現了"之意。即使沒有"みる"，意義也大體相同，但是"よんでみると試著(讀)"、"振り返ってみると(回頭一看)"經常作爲慣用表達方式使用。

4 V-てみたら

a V-てみたら 那麼一做…。

(1) 電話でたずねてみたら、もう切符は売り切れたと言われた。／打電話一問，説票已經賣光了。

(2) きらいなうなぎを思い切って食べてみたら、おいしいので驚いた。／心一橫，毅然吃了討厭的鰻魚，沒想到那鰻魚美味令我大吃一驚。

(3) 新聞に広告を出してみたら、予想以上の反響があった。

／在報紙上登出廣告，沒想到反應遠遠超出預料。

表示發現的契機。

b V-てみたらどう　再…如何？再…怎麼樣？
（1）A：山下さんは全然わかってくれません。／山下根本不理解我。
　　　B：もう一度あって話してみたらどうですか。／再見一次面，談談怎麼樣？
（2）結果をまとめる前にもうすこしデータを増やしてみたらどうですか。／在歸納出結果前，再稍增加點數據怎麼樣？
（3）ひとりで考えていないで、専門家に相談してみたらどうですか。／別一個人想來想去的，和專家談一談如何？

表示勸人還要試試。

5 V-てもみない　根本没、壓根兒没…。
（1）この作品がコンクールに入選するなんて考えてもみなかった。／我根本没想到這部作品會在比賽中入選上。
（2）できないと思いこんでいたので、試してもみなかった。／因爲我認定不行，所以也就連試也没試。
（3）はじめから断られると思っていたので、言ってもみなかった。／我從一開始就知道會遭到拒絕，所以根本没開口求他。
（4）彼女と結婚することになるとは思ってもみなかった。／我根本就没想到結果會和她結婚。
（5）あの人にもう一度会えるなんて思ってもみなかった。／我根本没想到還能再見到他一次。
（6）始める前は、こんなに大変な仕事だとは思ってもみなかった。／開始做這項工作前，根本没想到竟然是這麼艱難的工作。

多以"てもみなかった"的形式，來強調没有那麼做。能用的動詞很有限。"思ってもみなかった"是慣用的表達方式，是實際在某狀態下"完全没有想到"的意思。

6 V-てもみないで　没…。
（1）本を読んでもみないで何が書いてあったかどうしてわかるだろう。／没看書怎麼會知道那上面寫的是什麼呢？
（2）食べてもみないで、文句を言うのはやめてください。／没親口嘗一嘗，還是別在那兒發牢騷。

是比"V-ないで"稍微強調的表達方式，多用於表示譴責的心情。

7 Nにしてみれば　→【にしてみれば】

【ても】

[N/Na でも]
[A-くても]
[V-ても]

"ても"是述語テ形＋"も"的組合。前接名詞或ナ形容詞時,用"でも"。隨便交談時也用"たって"或"だって"的形式。

1 …ても＜逆接條件＞　即使…也…。

(1) この仕事は、病気でも休めない。／即使你生病,這項工作也不能停下來。

(2) その車がたとえ10万円でも、今の私には買えない。／那種車就算10萬日元,現在的我也買不起。

(3) 不便でも、慣れた機械のほうが使いやすい。／即使不方便,也還是用慣了的機器好用。

(4) 風が冷たくても平気だ。／風再冷,我也不在乎。

(5) ほしくなくても、食べなければいけない。／即使不想吃,也不得不吃。

(6) 国へ帰っても、ここの人々の親切は忘れないだろう。／即使回國,也忘不了這裡的人們的親切。

(7) 今すぐできなくても、がっかりする必要はない。／即使現在辦不到,也不必太失望。

(8) わたしは、まだ勉強不足だから、今試験を受けてもからないだろう。／我還學習得不夠,即使現在接受考試,也考不上的呀。

(9) たとえ両親に反対されても彼との結婚はあきらめない。／即使遭到父母反對,我和他結婚的事也絕不放棄。

這個句型是否定如果X能成立,Y也成立的"XならばY"的順接條件關係,表示逆接關係的表達方式。以例(1)、(6)來說,是否定"如果病了就能休息"、"如果回國就忘記這裡人的熱情"的關係。表示即使X的條件成立,Y也不成立。如例(9)所示,用副詞"たとえ"的情況很多。

2 …ても＜並列條件＞

並列舉出兩個或者兩個以上的條件,表示不論哪個方面的條件都成立,結果相同。

a …ても　即使…。

(1) 2を二乗すると4になりますが、－2を二乗しても4になります。／2乘2等於4,－2乘2也等於4。

(2) 飛行機で行くと料金は片道2万円ぐらいですが、新幹線で行っても費用はだいたい同じです。／雖然搭飛機去,單程要花2萬日元左右,也就是搭新幹線去費用也大到相同。

(3) A：演奏会、あと20分で始まるんですが、タクシーで行けば間に合うでしょうか。／演奏會還有20分鐘就開演了,

坐計程車去來得及嗎？
B：会場は駅の近くですから、歩いていっても間に合うと思いますよ。／會場就在車站旁邊，走着去也來得及。

如同"XならばZ"、"YならばZ"一樣，表示不同條件下結果相同的條件句排列時，第二個條件句如"Y(であっ)てもZ"所示，一般用"ても"來表示。因爲表達的是不論什麼條件下結果都相同的意思，所以可以改換爲"XてもYてもZ"的形式。

（例） 2を二乗しても、－2を二乗しても4になります。／2乘2，－2乘2都等於4。

b …ても…ても　不論…不論…。

（1） うちの子供は、ニンジンでもピーマンでも、好き嫌いを言わないで食べます。／我家的孩子，不論胡羅蔔還是青椒，也不説喜歡不喜歡統統都吃。

（2） 天気がよくても悪くても雨が降っても風が吹いても、新聞配達の仕事は休めない。／不管天好還是天壞，不管下雨還是颱風，送報的工作不能停。

（3） 道を歩いてもデパートへ入っても人でいっぱいだ。／不管走路，還是去商店，到處都是人擠人。

（4） 辞書で調べても先生に聞いても、まだこの文の意味が理解できない。／不管查字典，還是問老師，仍然不能理解這個句子的意思。

（5） スポーツをしても映画を見ても気が晴れない。／不管做運動，還是看電影，都不開心。

"XてもYても(…ても)Z"的形式是並列舉出兩個或者兩個以上的條件，表示不論在什麼情況下結果都是相同的。

c V-てもV-なくても　不管…、不論…。

（1） 今回のレポートは出しても出さなくても、成績にはまったく影響ありません。／不管這次交不交小論文，對成績都毫無影響。

（2） 全員が参加してもしなくても、一応人数分の席を確保しておきます。／不管全體參加與否，先按照全體人數弄到相向數量的座位。

（3） 1日ぐらいなら、食べても食べなくても、体重はたいして変化しない。／一天的話，吃不吃飯，體重没什麼變化。

以"…してもしなくても"的形式把具有肯定和否定關係的條件加以並列，表示不論哪種場合，結果都是相同的意思。

d V-てもV-ても　…又…。

（1） このズボンは洗っても洗っても汚れが落ちない。／這條褲子洗了又洗，污點還是

　　　　没洗掉。
（2）宿題(しゅくだい)が多(おお)すぎて、やってもやっても終(お)わらない。／作業太多．多得寫也寫不完。
（3）働(はたら)いても働(はたら)いても、暮(く)らしは全然楽(ぜんぜんらく)にならない。／工作又工作，生活還是一點也不好過。

　　　用於反覆使用同一動詞，來強調不管怎麼努力也得不到如願的結果，後接大到上使用否定表達方式，但是也有如下例所示的肯定表達方式。不過這種場合得到的結果含有不希望的否定性的意義。
（例1）追(お)い払(はら)っても追(お)い払(はら)ってもついてくる。／趕了又趕，還是跟着不走。
（例2）雑草(ざっそう)は取(と)っても取(と)っても、すぐ生(は)えてくる。／雜草拔了又長，長了又拔，馬上長出來了。

3 疑問詞…ても

　　　"何、どこ、誰、いつ、どう"等疑問詞接"ても"表示條件時，其意義是不論什麼條件下，結果的事態一定能成立(若是否定形則不成立)。

a いくら…ても　不管怎麼…、不管多麼…。

（1）いくら華(はな)やかな職業(しょくぎょう)でも、つらいことはたくさんある。／不管多麼體面的職業，也有很多辛苦的一面。
（2）いくら高(たか)い車(くるま)でも、使(つか)わなかったら宝(たから)のもちぐされだ。／不管多昂貴的車，不用也是廢物。
（3）給料(きゅうりょう)がいくらよくても、休日(きゅうじつ)のない職場(しょくば)には行(い)きたく

ない。／不管工資待遇怎麼好，我也不願意去沒有公休日的公司。
（4）いくら騒(さわ)いでも、ここは森(もり)の中(なか)の一軒家(いっけんや)だから大丈夫(だいじょうぶ)だ。／森林中只此一家．怎麼喧嘩，也没事的。
（5）いくらお金(かね)をもらってもこの絵(え)は絶対手放(ぜったいてばな)せない。／不管你付多少錢．這幅畫我絕不出手。
（6）このテープの会話(かいわ)は、いくら聞(き)いてもよくわからない。／這卷錄音帶上的會話，怎麼聽也聽不懂。

　　　以"いくらXても"來表示動作和狀態的頻度和程度大的狀況，用於不論在多麼強大的條件下，結果事態不受其影響都成立的場合。結果與預想、期待相反的情況多，比如例(1)與"既然是體面的職業就盡是快樂的事吧"的預想相反，結果"有很多辛苦"的一面；例(6)與"聽了多次錄音帶會弄懂的吧"的預想相反，結果"還是不懂"。

b どんなに…ても　不管多麼…、怎麼…。

（1）このコンピューターはどんなに複雑(ふくざつ)な問題(もんだい)でも解(と)いてしまう。／這種電腦不管多麼複雜的題都能解。
（2）どんなにつらくても頑張(がんば)ろう。／不管多辛苦也要努力堅持。
（3）どんなに熱心(ねっしん)に誘(さそ)われても、彼女(かのじょ)はプロの歌手(かしゅ)にはなりたくなかった。／不管別人

怎麼熱心勸她，她也不想當職業歌手。
（4）どんなに大きい地震がきても、この建物なら大丈夫だ。／不管發生多麼大的地震，這種建築都不會有事的。
（5）妻は、わたしがどんなに怒っても平気である。／不管我怎麼發火，妻子都不在乎。

與上邊的 a 用法相同，"どんなに"可以用"いくら"來替換。使用"いくら"更口語化。

c 疑問詞…ても　不管（誰/什麼/哪兒）…。
（1）だれが電話してきても、とりつがないでください。／不管誰打電話來，都別接過來。
（2）どんな仕事でも、彼は快く引き受けてくれる。／不論什麼工作，他都愉快地接受。
（3）本は、どこで買っても値段が同じだ。／書不論在哪買，價錢都一樣。
（4）あの人はいつ見ても美しい。／什麼時候看她，她都那麼美。
（5）何をしても、あのショックが忘れられない。／不論做什麼，那次打擊也忘不了。

表示"不論什麼場合都是 Y "的意思，即疑問詞的部分適合於任何要素，歸根究底都能成立（使用否定形時表示不能成立）。

d どう V…ても　不管怎麼…也…。
（1）どう言ってみても、彼の決心を変えさせることはできなかった。／不管你怎麼説，都無法改變他的決心。
（2）どう計算してみても、そこへ着くまで10時間はかかる。／不管怎麼算，到那也要10小時。
（3）どうがんばっても、前を走っている三人を追い抜くのは無理だと思った。／不管怎麼加油，要超過前面跑的三個人還是辦不到的。

使用表示意志行爲的動詞，表示無論怎麼做，也達不到預期的結果之意。

e なん＋量詞＋V-ても　不管…也…。
（1）何回聞いても名前が覚えられない。／問了他好幾次，也記不住他的名字。
（2）この論文は何度読み返しても理解できない。／這篇論文反覆讀過幾次理解不了。
（3）何回話し合っても、この問題は簡単には解決できないだろう。／不管談多少次，這個問題也不會那麼容易解決吧。
（4）あの店の料理は何度食べてもあきない。／那家飯館的菜可好吃了，去吃多少次都不膩。
（5）あの映画は何回見ても面白い。／那部片子很有意思，不

管看多少遍也愛看。

用表示動作的動詞，表示多次反覆得到同樣的結果。如例（1）～（3）一樣，後續與期待相反的結果較多，可是也有如例（4）、（5）一樣後接可喜的事態的情況。

4 …ても…ただろう　即使…也…。
（1）たとえ、努力しても合格できなかっただろう。／即使努力也及格不了吧。
（2）彼は頭がいいので、努力しなくても合格できただろう。／他頭腦聰明，不努力也會及格的。
（3）人をだまして金儲けをするような商売では、たとえ成功しても両親は喜んでくれなかっただろう。／騙人賺錢的買賣，即使成功，父母也不會高興吧。

這個句型否定"Xしたら Yしていただろう"的關係，是反事實的條件句。以"Xても Y しなかっただあろう"的形式用於假想敍說即使反事實的 X 成立，也不會影響不成立的 Y 事實。

比如例（1）是否定順接反事實條件"如果努力能夠合格的吧（實際上沒有努力沒能合格）"的條件關係，表示"實際上沒有努力，即使努力，不合格的事實也不會改變吧"的意思。例（2）是否定順接反事實條件"如果不努力就不能夠合格吧（實際上因為進行了努力，能夠合格）"，表示"實際上進行了努力，即使不努力，能夠合格的事實也不會改變吧"的意思。

5 …ても…た　即使…也…。
（1）雨でも運動会は行われた。／即使下雨也還是舉行了運動會。
（2）頭が痛くてもやすまなかった。／即使頭疼，也沒有請假。
（3）ドアは強く押しても開かなかった。／即使使勁推，門也沒推開。
（4）いくら待っても彼女は現れなかった。／怎麼等，她也沒出現。
（5）この本は難しすぎて、辞書を引いて読んでも、ほとんど理解できなかった。／這本書太難，查字典看，也幾乎沒有搞懂。

是"XてもYた"的形式，句尾用夕形，表示不論X，還是Y，都是實際上發生的事，比如例（1）是"雖然下了雨運動會也開了"的意思。這時"ても"雖然與"が"、"けれども"、"のに"等意義相似，但是"ても"接在表示動作的動詞之後時，含有儘管該動作反覆進行，或者進行到極端的程度，也沒有得到期待的結果的意思。因此如例（4）所示，伴有"いくら"時，"ても"不能替換為"が"、"けれども"、"のに"。

（誤）いくら待った（が／けれども／のに）彼女は現れなかった。

6 V－てもR－きれない　怎麼…也（不）…。
（1）彼の親切に対しては、いくら感謝してもしきれない。／對於他的熱心，我怎麼感謝也感謝不盡。
（2）学生時代になぜもっと勉強

しておかなかったかと、悔やんでも悔やみきれない。／學生時代爲什麽没更努力學習，現在後悔也來不及了。
（3）ここで負けたら、死んでも死にきれない。／要是在這輸了，死也不能瞑目啊。

使用同一動詞，強調其意義。比如例（1）強調重謝；例（2）強調後悔，是慣用性表達方式。能使用的動詞有限。"死んでも死にきれない"是作爲"不罷休"和"後悔"的強調表達而使用的。

7 V-てもどうなるものでもない 即使…也無濟於事。
（1）いまから抗議してもどうなるものでもない。／現在抗議也没用。
（2）もう一度彼に会ってもどうなるものでもないと彼女は思った。／她想即使再見他一次，也没有多大用處。
（3）性格は直らないのだから、あの人に説教してもどうなるものでもない。／性格是變不了的，即使怎麽勸他也是無濟於事的。

是即使做某事，也解決不了的意思。是含有善罷甘休心情的表達方式。

8 V-たくてもV-れない 想…也…不了。
（1）急に仕事が入って、飲みに行きたくても行けないのだ。／突然有了工作，想去喝酒也去不了。
（2）きらいな先生の前では、泣きたくても泣けない。／在討厭的老師面前，想哭也哭不出來。
（3）医者に止められているので、甘いものは食べたくても食べられない。／因爲醫生有禁令，想吃甜的食物也吃不了。

是把"V-たい"的"ても"形式與表示可能的"V-れる"組合起來使用的慣用表達方式。表示"即使想那麽做也不能"之意，用於強調因情況不允許而不能，或者辯解的場合。

9 …てもいい　→【てもいい】
10 …てもかまわない
　　→【てもかまわない】
11 …てもさしつかえない
　　→【てもさしつかえない】
12 …てもしかたがない
　　→【てもしかたがない】
13 …てもみない
　　→【てみる】5，【てみる】6
14 …てもよろしい
　　→【てもよろしい】

【でも₁】

然而、但是、可是。
（1）友達はプールへ泳ぎに行った。でも、わたしはアルバイトで行けなかった。／朋友去游泳池游泳了，可是我因爲打工没能去。
（2）彼は新しい、いい車をもっている。でもめったに乗ら

ない。／他雖然買了一輛好的新車，可是很少開。
(3) 青木さんは、自分勝手な人だと言われている。でも、私はそうは思わない。／青木被人説成是個非常任性的人，可是我不那麼認爲。
(4) わたしの姉は貧乏な画家と結婚した。でも、とても幸せそうだ。／我姐姐與窮畫家結婚了，但是却過得很幸福。

"でも"用於句首，表示與前述内容相反的事情持續着，是比"しかし"更隨便的説法，比較口語化，在文章中不使用。

(誤) 友達はアルバイトをやめたでも、私はやめられなかった。
(正) 友達はアルバイトをやめたが、私はやめられなかった。／我那朋友雖然停止打工了，可是我没能停。

【でも₂】

1 Nでも 即使…也…。

(1) この機械は操作が簡単で、子供でも使えます。／這種機器操作很簡單，即使是小孩子也能使用。
(2) この算数の問題は大人でもむずかしい。／這道算術題即使對大人也很難。
(3) この森は、夏でも涼しい。／在這片森林中，夏天也感到很涼快。

在"XでもY"的形式中，舉出一般不可能認爲是Y的極端例子X，表示因爲連它都是Y，所以其他更應該是Y。

2 N（＋助詞）でも（用於舉例）。

(1) コーヒーでも飲みませんか。／你不喝點咖啡什麼的嗎？
(2) 待っている間、この雑誌でも見ていてください。／在等候時，請您看一看這本雜誌。
(3) A：佐々木さん、いませんね。／佐佐木不在啊。
B：ああ、昼食にでもでかけたんでしょう。／啊，出去吃午飯了吧。
(4) 山下さんにでも聞いてみたらどう？／問問山下怎麼樣？
(5) A：先生のお宅へ行く時、何か持っていきましょうか。／去老師家，帶點什麼去啊？
B：そうですね。ワインでも買って行きましょう。／是啊，買瓶葡萄酒去吧。
(6) この夏は、山にでも登ってみたい。／今年夏天，想登登山。
(7) 病気にでもなったら困るから、日頃運動するようにしている。／要是得了病什麼的就不好啦，所以平時都在運動運動。
(8) 宿題のレポートは、図書館

ででも調べてみることにした。／作業要寫的小論文，我決定去圖書館查查看。

(9) 避暑にでも行ったら元気になるかもしれない。／去避避暑也許精神會振作起來。

(10) こんな忙しいときに客でも来たら大変なことになる。／這麼忙的時候，要再來客人那就糟了。

(11) 寒いからなべものでもしたらどうでしょうか。／挺冷的，吃點火鍋什麼的好嗎？

用於雖然包含有其他選擇仍舉出一例的場合。根據上下文實際上委婉指出該事物的情況居多。

比如例(1)指咖啡之外的飲料；例(2)具體指出的是"正看這本雜誌"；例(9)～(11)用"でも"舉例，假定"如果那麼做的話"，實際上想說的是"如果去避暑的話"等，即很多句子所要表達是不含"でも"時該句所要表示的意思。在整體表達委婉的句子上也常用"でも"。

3 疑問詞(＋助詞)＋でも　不論…。

(1) この会は誰でも自由に参加できます。／這個會不論誰都可以自由參加。

(2) 上官の命令なら、どこにでも行かなければならない。／如果是長官的命令，不論哪裡都得去。

(3) 彼に聞けば、どんなことでも教えてくれる。／如果去問他，不論什麼都會告訴我們的。

這個句型是"どんな…もすべて"之意，即表示全面肯定的意思。

4 R-でもしたら　如果…就…。

(1) 放っておいたら病気が悪くなりでもしたらどうするんですか。／放任不管，病情惡化了怎麼辦呢？

(2) そんな大金、落としでもしたら大変だから、銀行に入れたほうがいいですよ。／那麼一大筆錢，丟了就糟了，還是存入銀行好。

(3) そんなにいうならこのカメラ、貸してあげるけど、気をつけてよ、こわしでもしたら承知しないから。／你要那麼說的話，我借給你這個照相機，你可要小心用，要是弄壞了什麼的可不饒你。

(4) こどものころ、妹を泣かしでもしたら、いつも一番上の兄に怒られた。／小時候，我要是弄哭妹妹的話，總是挨大哥罵。

接動詞的連用形後，表示萬一如此之意，多用於舉出萬一發生事故，萬一生病就犯難的事例，用於提醒注意的場合。

5 V-てでも　→【てでも】
6 N／Na でも
→【ても】、【てもいい】4、【てもかまわない】3、【てもよろしい】

【でもあり、でもある】

既是…也是…。
[N でもありN でもある]

[Na でもあり Na でもある]
[A くもあり A くもある]

(1) 彼はこの会社の創始者でもあり、今の社長でもある。／他既是這家公司的創立者,也是現任的總經理。

(2) 娘の結婚はうれしくもあり、さみしくもある。／對於女兒結婚,我既感到高興又感到寂寞。

表示 X 事情 Y 事情同時成立之意。

【でもあるまいし】
→【まい】3b

【てもいい】

1 V-てもいい＜許可＞　可以,也行。

(1) A：入ってもいいですか。／可以進去嗎？
B：どうぞ。／請進。

(2) A：すみません、ここに座ってもいいですか。／對不起,坐在這可以嗎？
B：あの、連れがいるんですけど…。／但我有一個一起來的同伴。

(3) A：この服、ちょっと着てみてもいいですか。／我試試這件衣服行嗎？
B：はい、どうぞ。／好,你試吧。

(4) あそこは、夕方8時から朝6時までは駐車してもいいらしい。／那裡晚上八點到第二天早上六點好像可以停車。

(5) A：あしたは何時に来ればいいでしょうか。／明天幾點來好呢？
B：10時ぐらいに来てくれますか。／10點能來嗎？
A：あの、ちょっと遅れてもいいですか。／如果稍微來遲一點可以嗎？

(6) A：すみませんが、ここで写真をとってもいいですか。／對不起,能在這照相嗎？
B：申し訳ありませんが、ここでは撮影禁止になっております。／對不起,這裡禁止拍照。

(7) この部屋のものは何でも自由に使って(も)いいと言われました。／他告訴我這個房間裡的東西什麼都可以隨便用。

(8) 母は、将来は、わたしの好きなようにして(も)いいと言った。／媽媽說將來我可以按照自己的意願去做。

(9) 明日は特に用もないから、別に来なくてもいいですよ。／明天沒有什麼事,你不用來也可以啊。

(10) 飲めないのなら無理に飲まなくてもいいよ。／不能喝，就別勉強喝了。

表示許可和允許，在會話中用於許可或請求許可的場合。也説"V-てもよい"。另外"V-てもかまわない"大到與本句型同義。也使用"V-ていい"的形式。

在決定約會時間的場合，使用"何時に来てもいいですか"的説法是錯誤的，而應該用"何時に来たらいいですか"、"何時に来ればいいですか"。

如例（9）、（10）所示"…なくてもいい"的形式是"没有…必要"的意思。

2 V-てもいい＜可能性＞　也可、也行、也成。

（1）ワインのかわりに、しょうゆで味をつけてもいい。／用醬油代替葡萄酒調味也成。

（2）そのときすぐ断ってもよかったのだが、失礼だと思ったので、そうしなかったのだ。／當時我馬上拒絕也可以，但是想到不禮貌，所以我沒有那麼做。

（3）滞在をもうすこし延ばしてもよかったのだが、切符が取れたので、予定どおり帰ってきた。／再多住幾天也可以的，因爲弄到了票，所以就按計劃回來了。

（4）就職の時、東京の会社を選んでもよかったのだが、最終的には郷里に帰るほうを取ったのだ。／當初就職時，選擇東京的公司也是

可以的，但是，最後我還是選擇了回郷下。

（5）タクシーで行ってもよかったのだが、車で送ってくれるというので、乗せてもらった。／本來坐計程車去也是可以的，説是有車送我，我就坐他們的車了。

表示還有其他的選擇餘地和可能性。在這個意義上不怎麼用"ていい"的説法。用"てもよかった"的過去形式時，表示"雖有選擇的餘地，但沒有那麼做"的意思。

3 V-てもいい＜提議＞　也成、也好。

（1）A：わたしは、月曜日はちょっと家を出られないんですが。／我星期一有點事離不開家。

B：じゃあ、わたしがお宅へ伺ってもいいですよ。／那我去你家好了。

A：それじゃ、そうしてください。／那，你來吧。

（2）A：彼がいないので、この仕事が進まないんだ。／他不在，這項工作進行不下去呀。

B：ぼくが引き受けてもいいよ。／我接過來也成啊。

用於説話者自發地提出做某事，一般用於該事是對對方有利的。

4 …てもいい＜讓步＞　也成、也

行。
[N／Na でもいい]
[A-くてもいい]
(1) 印鑑がなければ、サインでもいいですよ。／没帶圖章的話，簽字也可以。
(2) 給料がよければ、すこしぐらい危険な仕事でもいい。／待遇好的話，哪怕工作稍微有點危險也成。
(3) 試合をするのに人数が足りないので、下手でもいいですから、誰か参加者を探してください。／参加比賽的人手不够一下，技術差點也可以將就，你給幫我找幾個参加比賽的人吧。
(4) 多少不便でもいいから、自然環境のいいところに住みたいと思う。／交通上有點兒不方便也可以，我想住到自然環境較好的地方去。
(5) わたしでもよければ、手伝いますよ。／如果你覺得我行，我就幫忙。
(6) この部署には若くてもいいから、しっかりした人を入れたい。／這個部門想增加一個比較踏實的人，哪怕年輕點也行。
(7) 手紙でも、電話でもいいから、連絡してみてください。／寫信也行，打電話也行，請你聯系一下。

是讓步表達方式。表示雖說不是最佳的，但妥協一下，這樣就可以的意思。此外如例(7)在表示幾個選擇時，表示可能選擇的範圍，這點與"…てもかまわない(…也無妨)"的用法相同。

【てもかまわない】

1 V-てもかまわない＜許可＞ 也行、也可以。

(1) この集まりにはすこしぐらい遅れてもかまわない。／這次聚會稍微來遲點也無妨。
(2) このレポートは英語で書いても、日本語で書いてもかまいません。／這份小論文用英語寫用日語寫都行。
(3) A：すみません、ここで待っていてもかまいませんか。／對不起,可以在這等個人嗎？
　　 B：いいですよ。どうぞ。／可以,請你在那等吧。
(4) 今できないのなら、あとでやってもかまいません。／如果現在辦不了，待會再辦也成。
(5) ここでやめてもかまわないが、そうすると、この次、また、始めからやり直さなければならないだろう。／到這停下來也行，那樣的話，下次又必須從頭開始做吧。
(6) 飲めないのなら、無理に飲まなくてもかまいません。

／不能喝，就別勉強喝。
（7）ここでは何もしなくてもかまわないから、ゆっくり養生して、元気を取り戻してください。／在這什麼都不做也可以，請您好好修養，恢復精神。
（8）　A：10分待ちましたよ。／等了10分鐘了。
　　　B：すみません、でも先に行ってくれてもかまわなかったのに。／對不起，不過你也可以先走啊。

表示許可和允許，在會話中用於給予對方許可，或者求得許可。可以換成"…てもいい"的説法。如例（6）、（7）使用"…なくてもかまわない"即"没有必要做…"之意。

2 V-てもかまわない＜可能性＞
…也可、…也行、…也可以。

（1）タクシーで行ってもかまわなかったのだが、車で送ってくれるというので、乗せてもらった。／本來坐計程車去也是可以的，説是用車送我，我就坐他們的車了。
（2）お金は十分あったので、高いホテルにとまってもかまわなかったのだが、そうはしなかった。／錢是夠的，即使住高級旅館也是可以的，但我没那麼做。

多用"てもかまわなかった"的形式，表示有其他的選擇性可能性，實際上多暗示没那麼做。這個句型可以用"てもよかった"來代替。

3 …てもかまわない＜讓歩＞　也行、也行、也可以。
[N／Na　でもかまわない]
[A-くてもかまわない]

（1）何か上着のようなものを貸してください。大きくてもかまいません。／請借我一件上衣什麼的，大一點也不要緊。
（2）　A：このスープはまだ十分温まっていませんよ。／這湯還不十分熱啊。
　　　B：ぬるくてもかまいません。／溫的也行。
（3）テレビは、映りさえすれば古くてもかまわない。／電視只要能放出影像來，舊點也成啊。
（4）静かなアパートを探している。静かな場所なら、多少不便でもかまわない。／正在找安靜的住處。如果安靜的話，稍微有點不方便也沒關係。
（5）意味が通じるのなら、表現は多少不自然でもかまわない。／意思通的話，表達稍不自然也無妨。
（6）だれでもかまわないから、わたしの仕事を代わってほしい。／誰都行，真想找人代替我的工作。
（7）手紙は手書きでも、ワープ

口書きでもかまわない。／書信．不論手寫還是文字處理機打的都行。
(8) 誰か一人呼んでください。吉田さんでも、小山さんでもかまいません。／叫個人來，吉田，小山都行。
(9) A：何時頃お電話をすればいいですか。／幾點給您打電話好啊？
B：朝でも晩でもかまいませんから。なるべく早く結果を知らせてください。／早晨晚上都成，請您儘快通知我結果。

表示讓步。"雖説不是最佳的，但妥協一下，這樣就可以"的意思。此外如例(9)在表示幾個選擇時，表示可能選擇的範圍。這點可以用"…てもいい"來替換。

【てもさしつかえない】

即使…也無妨。
[N／Na でもさしつかえない]
[A－くてもさしつかえない]
[V－てもさしつかえない]

(1) 無理をしなければ運動をしてもさしつかえありません。／如果不勉強的話，即使運動運動也無妨。
(2) ひとりかふたりのお客さまなら、人数を変更なさってもさしつかえありません。／即使人數有所變動，増加一、兩個客人的話也無妨。
(3) この書類ははんこがなくてもさしつかえない。／這份文件不蓋章也行。
(4) 最終的に決定するのに、全員の意見が聞けなくてもさしつかえはないと思う。／我看在做最後決定的時候，不聽全體人員的意見也没關係。

這是讓步表達方式。"…てもさしつかえない"、"…なくてもさしつかえない"都可以用。表示以"…ても"所提示的條件可以，無妨的意思。也可以説"さしつかえはない"，意義接近"てもいい"、"てもかまわない"，可是比起這二者，"…てもさしつかえない"一般用於正式場合。

【てもしかたがない】

即使…也無可奈何，既使…也只能如此。
[N／Na でもしかたがない]
[A－くてもしかたがない]
[V－てもしかたがない]

(1) このレポートでは、やりなおしを命じられても仕方がない。／這份報告即使被命令重寫，那也只好遵命了。
(2) あんないいかげんな練習では、一回戦で負けてもしかたがない。／那麼不認真練習，第一場就輸也只好認了。
(3) あんなに雪が降っては、時間通りに着けなくてもしかたがない。／下這麼大雪，不

能按時到達也沒轍了。
（4）これだけたくさんの人がいては、彼女がみつけられなくても仕方がない。／這人太多，找不到她也沒辦法。
（5）チームの選手にけが人が多かったから、今回は最下位でもしかたがない。／本隊的隊員受傷的人多，這次比賽結果是最後一名也無可奈何。
（6）買い物に行く暇がないから、今夜のパーティーは古い服でもしかたがない。／沒有時間去購物，今晚的宴會只好穿舊衣服去。
（7）このところ雨ばかりだから、ビアガーデンのお客が少なくてもしかたがない。／最近老下雨，露天啤酒屋的客人少也無可奈何。
（8）この辺は便利だから、マンションの値段が高くても仕方がない。／這附近很方便，所以公寓價高點也只好接受。

"…てもしかたがない"、"…なくてもしかたがない"二者都常用，雖然是遺憾或不滿的狀況，但表示不得不接受。用"…ては"時，多表示產生其狀況的原因和理由。

【でもって】

1 Nでもって　用、以。
（1）行為でもって誠意を示しなさい。／請你要用行動表示出誠意來。
（2）言葉は信じられない。行動でもって示してください。／光說讓人難相信，請拿出行動來。
（3）お金でもって、始末しようという彼の態度が気に入らない。／他這種用錢來搞定的態度叫人不滿意。

表示手段和方法，多用於口語中。

2でもって　而且、然後。
（1）彼女は美人である。でもってスポーツ万能ときている。／她是個美人，而且是運動樣樣通。
（2）A：山田さんは、怒って部屋を飛び出していったの。みんな、びっくりよ。／山田生氣跑出房間，大家都大吃一驚。
　　B：でもって、それから、どうなったの。／那，後來怎麼啦?

用在補充談話內容，並使談話繼續發展下去的時候，意同"そのうえ(而且)"、"それで(於是)"，多用在隨便的會話中。

【でもない】

1 Vでもない　也不…。
（1）彼は反論するでもなく、ただぼんやりたばこをすっている。／他也不反駁，只是悶悶呆地吸著煙。
（2）角のところにぼんやり人影

が現れた。しかし、こちらへ歩いてくるでもない。／街頭有人影晃動，但也不是往這邊走來。
(3) 彼女はそんなきびしい批評をされても、しょんぼりするでもなく、いつものように淡々としていた。／她雖然受到那樣嚴厲的批評，也沒有氣餒，和往常一樣泰然處之。
(4) 彼はプレゼントをもらっても、喜ぶでもなく、何かほかのことを考えている様子だ。／他得了禮物也沒高興，那樣子好像是在想別的什麼。

表示一種不怎麼清楚的態度和狀況。根據其上下文，預想某種反應。而又是不明確的，表示整體上是朦朧狀態的樣子。

2 まんざら…でもない →【まんざら】

【てもみない】
→【てみる】5

【てもよろしい】
1 V-てもよろしい
a V-てもよろしい〈許可〉 也行、也可以。
(1) A：君たち、きょうは、もう帰ってもよろしい。／你們今天可以回去了。
   B：はい、社長。／是，總經理。
(2) A：いやなら、おやめになってもよろしいですよ。／要是不願意去,可以不去。
   B：いいえ、まいります。／不, 我去。
(3) A：書類はここでご覧になってもよろしいですよ。／文件，可以在這看。
   B：ありがとうございます。／謝謝。

用於給予許可。使用簡體，帶有某種權威性的語氣。然而敬體的"よろしいです"是表示很恭敬的說法。

給予許可的行爲，一般是發自有那種權限的人。爲此，身分地位低者對身分地位高於自己的人使用這種説法是不禮貌的。

b V-てもよろしいですか 可以嗎?行嗎?
V-てもよろしいでしょうか
(1) A：先生、お聞きしたいことがあるんですが、すこしお時間をいただいてもよろしいでしょうか。／老師, 想請教點事, 能給我點時間嗎？
   B：いいですよ。／行啊。
(2) A：先生、これを見せていただいてもよろしいですか。／老師，能讓我看看這個嗎？
   B：ええ、どうぞ。／好，看

（3） A：必要書類は明日お届けにあがってもよろしいでしょうか。／需要的文件,明天我給您送去行嗎？
B：結構です。よろしく。／行,明天送來吧。
（4） 社長、では10時ごろ、お迎えに参ってもよろしいでしょうか。／總經理,那十點左右來接您可以嗎？
（5） お客様、お部屋を掃除させていただいてもよろしいでしょうか。／對不起,我可以打掃房間嗎？

是一種非常客氣地求得許可的表達方式,用於身分地位高於自己的人。句中的其他部分多用敬語。"でしょうか"比"ですか"客氣。所以這是比"てもいいですが"更客氣的説法。

2 てもよろしい＜可能性＞ 行、可以。

（1） A：ネクタイピンはこちらをおつけになってもよろしいですね。／我看您戴這個領帶夾也挺好。
B：そうですね。／是啊。
（2）《料理の番組》これは、キャベツをお使いになってもよろしいと思います。／《烹飪節目》我看這用圓白菜也可以。

表示有選擇別物的可能性,與"てもいい"相比,是一種比較恭敬的説法。

3 …てもよろしい＜譲歩＞ 也行、也可。
[N／Na でもよろしい]
[A-くてもよろしい]
（1） 面会はあしたでもよろしい。／明天見面也行吧。
（2） これ、自宅まで届けていただけますか。来週でもよろしいんですけど。／這能給我送到家去嗎？下周也行。
（3） 酒さえあれば、食べ物はなくてもよろしい。／只要有酒,没吃的也行。
（4） 応募したいんですが、経験が不充分でもよろしいですか。／我想應微,没什麼經驗也行嗎？

表示讓步。是"雖説不是最佳的,但可以妥協一下就可以"之意。在會話中也用來表示給予許可,求得許可的意義。在對方在場時使用簡體有權威性。使用敬體"よろしいです"時,表示恭敬之意。

【てもらう】

1 V-てもらう 讓、請。

（1） 私はタイ人の友達にタイ料理を教えてもらった。／我請泰國朋友教我做泰國菜。
（2） 山本さんに香港映画のビデオを貸してもらった。／向山本借了香港電影的錄影帶。
（3） 今年の冬は、ホストファミリーにスキーに連れて行ってもらいました。／今年冬天我

寄宿在那家的家人帶我去滑雪了。
(4) みんなに1000円ずつ出してもらって、お祝いの花束を買った。／讓每個人拿出1000日元買了束鮮花表示祝賀。
(5) いろいろと準備してもらったのに、中止になってしまって申しわけありません。／讓大家準備了半天，但又取消了，真對不起。
(6) プリントが足りなかったら、隣の人に見せてもらってください。／講義不夠的話，請看旁邊人的。

是表達某人爲説話者（或者説話者一方的人）做某行爲的表達方式。説話者在委託別人進行行爲時多使用"V-てもらう"的句型，對方主動進行行爲時，一般以那個人爲主語，使用"V-てくれる"的句型。

象"教えてもらう(請教)"、"貸してもらう(請求借給)"、"送ってもらう(請求送給)"等表示物體和知識由對方向説話者一方移動、傳達時，使用"…からV-てもらう"的形式，説成"友だちからタイ料理の作り方を教えてもらった／向朋友請教學習了做泰國菜的方法。

2 V-てもらえるか　能…嗎。
V-てもらえないか
(1) A：ちょっとドア、閉めてもらえる？／能幫我關一下門嗎？
　　B：いいよ。／好的。
(2) 買い物のついでに郵便局によってもらえるかな。／你去買東西時，能順便去趟郵局嗎？
(3) ちょっとペン貸してもらえますか。／能借我支筆用用嗎？
(4) A：ねえ、わるいけどちょっと1000円貸してもらえない？／喂,不好意思。能借給我1000日元嗎？
　　B：いいよ。／行啊。
(5) すみません、ここは子供の遊び場なんですけど、ゴルフの練習はやめてもらえませんか。／對不起，這裡是兒童遊樂場，別在這練高爾夫好嗎？
(6) ここは公共の場なんですから、タバコは遠慮してもらえませんか。／這裡是公共場所，別吸煙好嗎？

使用"もらう"的可能形，用於爲了説話人(或説話人一方的人)請求別人進行某行爲時。簡體用於身分、地位低於自己，而且是比較親密的人。敬體使用面廣，對於各種各樣的人都可以使用，如例(5)、(6)一樣也用於提醒別人的場合。

要進行比較禮貌的請求時，使用"V-てもらえないでしょうか"、"V-ていただけませんか"、"V-ていただけないでしょうか"等表達方式。

3 V-てもらえるとありがたい　如…我很感謝。
V-てもらえるとうれしい

(1) A：今度の日曜日、もし時間があったら、引越しの手伝いに来てもらえるとありがたいんですけど。／這個星期天如有時間，能幫我搬家可就感謝不盡了。

B：あ、いいですよ。／啊，可以。

(2) 私が買い物から帰ってくるまでに掃除しておいてもらえるとうれしいんだけど。／我買東西回來前，如果能幫我打掃一下那我可太高興了。

(3) 約束の時間をもうすこし遅くしてもらえると、助かるんだが。／約會的時間稍微往後延遲一會就幫了我大忙了。

"V-てもらえると"其後接"ありがたい(感謝)"、"うれしい(高興)"、"助かる(幫忙)"等詞表示禮貌的請求，句尾不結句，並且多以"けど"、"が"等結尾。

4 V-てやってもらえるか　能…嗎。

V-てやってもらえないか

(1) わるいけど、ちょっと太郎の宿題を見てやってもらえる？／不好意思．能給太郎看看作業嗎？

(2) 彼女、人間関係でかなり落ち込んでるみたいなんだけど、それとなく一度話を聞いてみてやってもらえる？／她好像因爲人際關係沒處好．相當消沈．你能比較婉轉地和她談一下嗎？

(3) うちの娘に英語を教えてやってもらえないかしら。／你能不能教我女兒英語啊？

用於請求別人爲屬於說話者一方做某個行爲的場合。

【てやまない】

…不已。

[V-てやまない]

(1) 愛してやまないアルプスの山々は今日もきれいだ。／非常熱愛的阿爾卑斯山今天還是那麼美麗。

(2) 彼女は、女優をしていた間、ずっとその役にあこがれてやまなかった。／她當女演員時，一直對那個角色嚮往得很。

(3) 今井氏は一生そのことを後悔してやまなかった。／今井一生爲那事後悔不已。

(4) あの方はわたしの父が生涯尊敬してやまなかった方です。／那位是家父終生無比尊敬的先生。

前接表示感情的動詞，表示那種感情一直持續着。也用於表達否定性的感情。在小說或文章中廣爲使用，會話中不大使用。

【てやる】

給…(做…)。

[V-てやる]
(1) 子供に新しい自転車を買ってやったら、翌日盗まれてしまった。／給孩子買了輛新脚踏車，第二天就被偷走了。
(2) 東京の弟に、今年もふるさとの名物を送ってやった。／今年又給住在東京的弟弟寄了點家鄉的特產。
(3) 犬を広い公園で放してやったら、うれしそうに走り回っていた。／在公園把狗放開，狗快活地繞圈跑。
(4) A：荷物、重かったら持ってやるよ。／行李重的話，我給你拿吧。
B：あ、いい、大丈夫。／啊，我能拿，没事。
(5) こんな給料の安い会社、いつでも辞めてやる。／工資這麽低的公司，隨時都想辭掉。
(6) A：あんたなんか死ねばいいのよ。／你死了算了。
B：そんなに言うんなら、ほんとに死んでやる。／你要那麽説，我真死給你看看。

　　表示説話者（或説話者一方的人）爲身分地位低於自己的人或者動物進行某個行爲。如例（5）、（6），是一種生氣的表達方式，也可用於故意做對方所討厭的事情的時。如果對方和説話者是對等關係的人，使用"V-てあげる"。

【てん】

1 …てん 在…點上、在…方面。
[Nのてん]
[Na なてん]
[A-いてん]
[Vてん]
(1) 兄より弟のほうが行動力の点でまさっている。／在活動能力方面哥哥不如弟弟能幹。
(2) あたらしい車の方が、燃費の点で安上がりだ。／新車在燃料費方面便宜。
(3) 値段の点では、A電気のもののほうが安いが、性能の点では、B電気のほうがよくできている。／在價格上A電氣公司的貨便宜，在性能上B電氣公司的貨好。
(4) この種類の犬は性格のやさしい点が好まれている。／這種狗性格溫和，讓人喜歡。
(5) この小説は、現代の世相をよくとらえている点で評価が高い。／這部小説準確地把握當今社會現實方面受到很高的評價很高。
(6) 経験がある点で、彼のほうがこの仕事には向いている。／從有經驗這一點看，他很適合做這項工作。
(7) 若い社員がたくさん活躍している点で、この会社はおもしろそうだ。／從有許多

年輕職員積極努力工作這一點來看，這家公司似乎很有生氣。
（8）この点でみんなの意見が分かれた。／在這點上，大家的意見產生了分歧。

從某事之特性之中，特舉出其一加以說明。

2 …というてん　在…點上、在…方面。
[Nというてん]
[Na だというてん]
[A-いというてん]
[Vというてん]

（1）彼の設計は創造性という点で高く評価された。／他的設計在創造性這點上受到高度評價。
（2）この会社は、給料はいいが、労働条件がきびしいという点が気になる。／這家公司雖然工資待遇好，可是在工作條件苛刻這一點上讓人擔心。
（3）この犬は、性格が優しいという点で、人気がある。／這隻狗在性格溫順這點上討人喜歡。
（4）この計画は人がたくさん必要だという点で問題がある。／這項計劃在需要很多人這一點上有問題。
（5）経験があるという点で、彼のほうがこの仕事に向いている。／在有經驗這點上他

更適合這項工作了。

和 1 的用法相同，只不過形式上加上了"という"。使用名詞時也可以加上"という"，更多用於短句。

接動詞和形容詞時，可以不用"という"；而名詞、形容詞作為謂語時，即"…だ"時，則必須介入"という"。

【と₁】
[N／Na　だと]
[A-いと]
[V-ると]

前接動詞的辭書形。雖然一般接簡體形式，但是在禮貌表達時，也用"…ですと"、"…ますと"的形式。表示一種以前邊的事為轉機後邊的事才成立的關係。

1 …と＜一般條件＞　一…就…。
（1）あまり生活が便利だと、人は不精になる。／生活太方便，人就懶了。
（2）気温が低いと桜はなかなか咲かない。／氣溫一低，櫻花就老不開。
（3）酒を飲むと顔が赤くなる。／一喝酒，臉就紅。
（4）春が来ると花が咲く。／春天到，百花開。
（5）水は100度になると沸騰する。／水到100度就沸騰。
（6）気温が急に下がると霧が発生する。／氣溫突然下降，就會起霧。
（7）だれでも年をとると昔がなつかしくなるものだ。／誰到老了都會懷念過去的。

(8) 生活が安定すると退屈になるし、不安定すぎるとストレスがたまる。／生活一穩定就會無聊，生活太不穩定又會積聚疲勞。
(9) 月にかさがかかると翌日が雨になる。／月朦明日雨。
(10) 来年のことを言うと鬼が笑う。／説到明年的事，鬼都會笑你的(比喻將來之事不可預料)。
(11) 夜爪を切ると親の死に目に会えない。／晚上剪指甲，父母死時見不到面。

陳述人和事的一般條件關係，而不是特定的人和物。表示"X成立時Y必定成立"之意。句尾一般採取辭書形，不取タ形和推量形。如例(7)所示. 也有後半接上表示本來具有那種性質的"ものだ"的情況。

多表示前項的事情一發生，後項的事情接着自動地、自然而然地發生的這樣一種關係，常用於叙述自然法則。例(10)、(11)是諺語。

2 …と＜反覆・習慣＞

表示特定的人或物的習慣和動作的反覆，常伴有"必ず(一定)"、"いつも(經常)"、"毎年(每年)"、"よく(常常)"等表示習慣和反覆的副詞。與表示＜一般條件＞用法1不同，這種用法是就特定的主語的陳述。句尾用辭書形和タ形均可。

a …と…る　 一…就…。

(1) おじいさんは、天気がいいと裏山に散歩にでかける。／天氣一好，爺爺就去後山散步。
(2) 兄は、冬になると毎年スキーに行く。／每年一到冬天，哥哥就去滑雪。
(3) 隣の犬は、私の顔を見るといつもほえる。／鄰居的狗一見到我就叫。
(4) 私は、面白いコマーシャルを見るとすぐその製品を買いたくなるくせがある。／我有個毛病，一看到有趣的廣告，就想買那種產品。
(5) お酒を飲むと、いつも頭がいたくなる。／一喝酒總頭疼。
(6) ワープロを2時間たたくと、肩がこる。／打2小時文字處理機，肩就酸。
(7) 彼女は、ストレスがたまるとむやみに食べたくなるのだそうだ。／據説她積勞一多，就想大吃大喝一頓。
(8) 僕がデートに遅れると、彼女は必ず不機嫌になる。／我約會一遲到，她就不高興。
(9) 彼は給料が入ると飲みに行く。／他一領薪水，就去喝酒。

表示特定的人或物現在的習慣和動作的反覆，句尾述語可用辭書形。

b …と…た(ものだ)　 一…就…。

(1) 子供のころ、天気がいいと、この辺を祖母とよく散歩をしたものだ。／小時候，一遇

到好天氣，就和祖母在這一帶散步。
(2) 日曜日に一家で買い物に出ると、必ずデパートの食堂でお昼を食べた。／那時星期天，全家出動買東西，必定在百貨店的餐廳吃午飯。
(3) 祖母のところに行くと、必ずおこづかいをもらったものだ。／那時一到奶奶那去，一定能得到零用錢。
(4) 学生のころは、試験が始まると胃が痛くなったものだ。／學生時代，一到考試我就胃疼。
(5) 北海道のおじさんが遊びに来ると、娘たちはいつも大喜びをした。／北海道的叔叔一來玩，女兒們總是高興得很。
(6) あのころは一日働くと、一ヵ月遊んで暮らせたものだ。／那時只要工作一天夠悠閒地生活一個月。

句尾可以用タ形，表示特定的人或物過去的習慣和動作，多伴有表示回想的"たものだ"。

3 …と＜假定條件＞

a …と＋未實現的事情　如果…就…。

(1) ここをまっすぐ行くと、右手に大きな建物が見えます。／從這兒一直走，能看見右手有棟大樓。
(2) このボタンを押すとドアは開きます。／如果接這個鈕門就會開。
(3) この小説を読むと世界観が変わるかもしれません。／如果讀了這本小說也許世界觀會改變。
(4) 雨天だと明日の試合は中止になります。／如果明天是雨天，就停賽。
(5) これを全部計算すると、総費用はだいたい百万円になります。／如果把這些全部計算一下，總費用大約需要一百萬日元。
(6) 動くと撃つぞ。／如果你動，我就開槍。
(7) そんなに食べると太るよ。／那麼吃要發胖的呀。
(8) 真面目に勉強しないと卒業できないよ。／不認真學，畢不了業啊。
(9) 生活がこんなに不安定だと落ち着いて研究ができない。／生活這麼不安定，就不能安心研究。
(10) こんなにおいしいと、いくらでも食べてしまいそうだ。／這麼好吃，有多少都能吃掉。

用於就特定的人或物，叙述"如果X成立時Y就成立"。Y雖然總表示未實現的事情，但是X既可以表示未實現的事情也可以表示已經實現的事情。

例（1）～（6）X爲未實現的情況，

例(7)～(10)X爲已經實現的情況。例(6)爲用手槍指向要動的人加以威脅時，這也可以說成"動いたら擊つぞ"，使用"と"表示前後的動作無間隔幾乎同時發生的意思，比起"たら"是更有威脅迫力的表達方式。例(7)、(8)是分別對吃得多的人、不學習的人警告時說的話。

Y的部分可以接陳述事實的表達方式或者用"だろう"、"かもしれない"等推量表達方式，而不能用命令、請求、勸誘等向對方施加影響的表達方式或者"V-よう"形的意志表達方式。

(誤) 雨天だと明日の試合は中止しよう。
(正) 雨天なら明日の試合は中止しよう。／如果是下雨天，明天就停止比賽。

"と"用來加強以已經實現或者將來有相當實現可能性的事情爲條件意思，因此有難於與表示假定意義的"もし"相接的傾向。

(誤) もし雨天だと試合は中止になります。
(正) もし雨天なら試合は中止になります。／如果是下雨天，比賽就停。

b …と＋疑問詞…か　如果…會、如果…能…。

(1) A：お酒を飲むとどうなりますか。／喝了酒會怎麼樣？
　　B：顏が赤くなります。／臉會紅的。

(2) A：51を3で割ると、いくつになりますか。／51被3除，得幾？
　　B：17になります。／得17。

(3) A：この道をまっすぐ行くと、どこに出ますか。／這路一直走，到哪兒？
　　B：国道1号線に出ます。／到1號國道。

以"…するとどうなるか"的形式，在"と"的後邊接續伴有疑問詞的疑問句。後邊接續"どうなるか(會怎麼樣)"、"何があるか(有什麼)"等表示變化和存在等無意志的動詞。如使用"どうするか(怎麼辦)"即用意志可以控制的動作表達時，不能用於表示習慣和習性以外的情況。

(誤) 水は100度になるとどうしますか。
(正) 水は100度になるとどうなりますか。／水到100度會怎麼樣？

"と"大到如同"…するとどうなるか(…做會怎麼樣)"一樣，用於後半有疑問焦點的場合，如果是"どうするとそうなるか(怎麼做會那樣)"即前半有疑問焦點的句子，則很難使用。在這種情況下不用"と"而用"ば"、"たら"更自然。

(誤) どうするとドアは開きますか。
(正) どう{すれば／したら}ドアは開きますか。／怎麼做門會開呀？

4 …と…た＜確定條件＞

前後都表示已經實現的特定的事。雖然句尾一般用タ形，但在小說等文章中，也用表示歷史性現在的辭書形。幾乎所有的場合，前後都用動詞。在故事和小說中雖然常用"と"，在會話中則常用"たら"。

a …と…た＜契機＞　一…就…。

(1) 教えられたとおりまっすぐ行くと、つきあたりに郵便局があった。／按照指給我

的路一直走，走到底會看到有個郵局。
(2) 駅に着くと、友達が迎えに来ていた。／到了車站，朋友已經等在那裡。
(3) トンネルを出ると、そこは銀世界だった。／一出隧道，就看到一片銀白色世界。
(4) お風呂に入っていると、電話がかかってきた。／正在洗澡就有人打電話來了。
(5) 街を歩いていると、見知らぬ男が声をかけてきた。／走在大街上，一個陌生男人向我打招呼。
(6) 夜になると急に冷え込んできた。／一到晚上突然冷起來了。
(7) 午後になるとだいぶ暖かくなった。／到了下午，天氣就暖和多了。
(8) ベルを鳴らすと、女の子が出てきた。／一按門鈴，就出來了一個小女孩。
(9) 仕事をやめるとたちまちお金がなくなった。／工作一停，立刻就沒錢花了。

表示説話者在前面的事情成立的情況下，重新認識後面的事情，或者以前面的事情爲契機，發生了後面的事情的關係。

例(1)、(2)、(3)是前面的動作發生時，説話者發現了後面狀況的用法。例(4)、(5)是在前面動作正在發生時新的事情出現的用法。例(6)、(7)前半部表示後續事情成立的時間性狀況。例(8)、

(9)表示以前面的動作爲契機後面的動作發生的關係。

不論哪種場合，後接的事情和前面的事情成立是同一場面，而且必須是説話者能够從外部觀察到的事情。下面的例子表示説話人身體性的感覺，因爲"と"不表示這種關係，所以不能用"と"。取而代之，必須使用"たら"。

(誤) 昨夜この薬を飲むと、よく效いた。
(正) 昨夜この薬を飲んだら、よく效いた。／昨晚吃了這藥很有效。

幾乎所有的場合前後都使用動詞，但如例(3)所示，在表示發現某狀況時，後半部也用名詞或形容詞作謂語。

(例) 外に出ると、予想以上に寒かった。／一到外邊，沒想到很冷。

b …と…た＜連續＞ …後…。
(1) 男はめざまし時計を止めると、またベッドへ戻った。／他按下鬧鐘，又回到床上。
(2) わたしは、東京駅へ着くとその足で会社へ向かった。／我到達東京站後，直接去了公司。
(3) 母は受話器を置くと、ためいきをついた。／媽媽放下話筒，嘆了一口氣。

表示同一行爲者，以一個動作爲契機，接着做了下一個動作。前後都表示意志性動作。句尾雖然一般使用夕形，但是在電影劇本中，也有如下使用辭書形的

(例) (脚本)良雄は、手をふくと、ギターを手に取る。／良雄擦了擦手，拿起吉他。

表示＜連續＞的"と"常用於小説和故事中。這種用法使用"たら"不自然，幾乎所有的場合都不能用"たら"去替換

"と"。這種用法的"と"可以換爲動詞的テ形，然而並不是所有的テ形都能變爲"と"的。比如テ形能表示三個以上的動作的連續，這時就不能變爲"と"。
（誤）父は家に帰ると、ご飯を食べると、すぐ布団に入った。
（正）父は家に帰って、ご飯を食べて、すぐ布団に入った。／父親回到家吃了飯馬上鑽進被窩中。

這是因爲テ形表示同一場面的連續動作，與之相對，"と"是把場面一分爲二，是用於從外部描寫自第一個場面向第二個場面切換時發生的變化。

5 …とすぐ 一…立刻…、一…立即…。

（1）彼は、うちへ帰るとすぐテレビのスイッチを入れる。／他一回到家立刻打開電視。
（2）放送局は、駅を降りて右へ曲がるとすぐです。／廣播電臺．下車後向右一拐就是。
（3）うちへ帰るとすぐテレビのスイッチを入れた。／一回到家，馬上打開了電視。
（4）彼らは土地の開発許可が降りるとすぐ工事にとりかかった。／土地開發許可一下來．他們就立即開工了。
（5）彼女は大学を卒業するとすぐ結婚した。／她大學一畢業馬上就結婚了。
（6）スポーツをやめるとすぐ太り出した。／一不運動，馬上就胖了。

這歴表示條件的"と"和副詞"すぐ"相結合，表示緊接前邊發生的事馬上又發生了下一個事。

6 …と＜開場白＞ 説到…、…來看，…想一想。

（1）正直に言うと、そのことについてはあまりよく分からないのです。／説實話，關於那件事我不太清楚。
（2）母に言わせると、最近の若者は行儀が悪くなっているようだ。／媽媽説，最近年輕人似乎禮貌很差。
（3）本当のことを申し上げますと手術で助かる見込みは50パーセント以下ではないかと思います。／説真的，我認爲手術成功的希望也就不到50％吧。
（4）実用的な点からみると、あまり使いやすい部屋ではない。／從實用的觀點來看．這房間不怎麼好用。
（5）今となって考えてみると、彼の言うこともももっともだ。／到現在一想，他所説的的確如此。
（6）昨年に比べると、今年は桜の開花がちょっと遅いようだ。／和去年相比，今年的櫻花開的稍晚。

接"言う"、"見る"、"考える"、"比べる"等表示發話，思考，比較等動詞，是有關後續內容以怎樣的觀點和立場敘述的開場白。這種用法的"と"，很多可以用"たら"、"ば"、"なら"來替換。

7 …からいうと →【からいう】1

8 …からすると　→【からする】1
9 …からみると　→【からみる】1
10 …てみると　→【てみる】3
11 …というと　→【というと】
12 …となると　→【となると2】
13 …ともなると　→【ともなると】
14 …によると　→【によると】
15 V-ようとV-まいと　→【よう2】4

【と₂】

1 數量詞＋と＜重復＞　一個又一個。
（1）人々は一人、また一人とやってきた。／人一個又一個地走來了。
（2）星が、一つ、また一つと消えていく。／星星一個又一個地消失了。
（3）白鳥は一羽、また一羽と湖に降り立った。／天鵝一隻又一隻落到湖面。

如"一人、また一人""一つ、また一つ"一樣重覆使用數量詞,表示事情散發式地重覆出現的情況。書面語。

2 數量詞＋と＜累加＞　一個、兩個地。
（1）人々は一人、二人と集まってきた。／人們一個、兩個地聚集過來。
（2）このコンクールも二回、三回と回を重ねるうちに、だんだんよくなってきた。／這種比賽重覆兩、三次後, 漸漸好起來。

（3）二度三度と失敗を繰り返して、ようやく成功にこぎつけた。／兩次、三次連續失敗後終於成功了。

把少的數量和比其多1的數量並列起來,表示次數或數量少量地一點點增加的情況。

3 數量詞＋と V-ない　不到…。
（1）禁煙しようという彼の決心は三日と続かなかった。／他下決心要戒煙,但堅持了不到三天。
（2）あの人は気が短いから、5分と待っていられない。／那個人沒耐性,等不了5分鐘。
（3）A：これだけビールを買っておけばだいじょうぶでしょう。／準備了這麼多啤酒就夠了吧。
　　B：いや、客が多いから1時間ともちませんよ。／不行,客人多,喝不了1個小時。
（4）あんなに宣伝したのに参加者は二十人と集まらなかった。／雖然大力宣傳,但參加的還是不到20人。

用表示短的期間和少量的數量詞,表示連這一點點都沒有滿足的意思,後面常伴有否定表達方式。

4 にどと V-ない　→【にどと…ない】
5 擬態詞＋と　…地。
（1）彼はゆっくりと立ちあがった。／他慢慢地站起來。

（2）雨がザーッと降ってきた。／大雨嘩地下了起來。
（3）雨がぽつり、ぽつりと降り始めた。／雨開始一滴一滴地下起來。
（4）列車はガタンガタンと動き始めた。／列車搖搖晃晃的開動了。
（5）傷口がずきんずきんと痛む。／傷口陣陣地痛。

接擬態語和擬聲語，表示動作和作用進行的狀況。有時"と"也可以省略。另如例（3）～（5）所示，重覆使用擬聲語和擬態語，表示動作和作用反覆地一點一點地緩慢開始的情況。

【とあいまって】

與…相結合、與…相融合。
[Nとあいまって]
（1）彼の現代的な建築は背景のすばらしい自然とあいまって、シンプルでやすらぎのある空間を生み出している。／他的現代建築與優美的自然背景相融合，產生出富於樸素而優閒的空間。
（2）その映画は、弦楽器の音色が美しい映像と相まって、見る人を感動させずにはおかないすばらしい作品となっている。／那部電影，優美的弦樂聲與美麗的畫面融為一體，成為使觀眾不能不感動的優秀作品。
（3）彼の独創性が彼女の伝統美と相まって、彼らの作る家具はオリジナリティあふれたものとなっている。／在他的獨創性和她的傳統美感結合下，他們製作的家具充滿了創造性。

接名詞，表示"它和其他因素相互作用"、"那種性質和其他因素的性質一起作用"之意。是書面性語言。

【とあって】

1 …とあって　因爲。
[Nとあって]
[Vとあって]
（1）今日は三連休とあって、全国の行楽地は家族連れの観光客で賑わいました。／今天開始連休三天，全國的遊樂場所擠滿了帶家屬的遊客。
（2）一年に一回のお祭りとあって、村の人はみんな神社へ集まっていた。／一年一度的節日，村裡的人都集聚到神社來了。
（3）めったに聞けない彼の生演奏とあって、狭いクラブは満員になった。／因很少能聽到他現場演奏，所以狹窄的俱樂部擠得滿滿的。
（4）大型の台風が接近しているとあって、どの家も対策におおわらわだ。／因有強烈颱風來臨，不論哪家都緊張

（5）名画が無料で見られるとあって、席ははやばやと埋まってしまった。／因能免費看著名電影，所以座位很快被占滿了。

表示"因爲是…狀況"的意思。用於特別狀況的場合，後接有在那種狀況下，當然發生的事情或者應該採取行動的含意。書面語。常用在新聞報導中。

2 …とあっては　如果是…、要是…。

（1）伊藤さんの頼みとあっては、断れない。／如果是佐藤求我，拒絶不了。
（2）彼が講演するとあっては、何とかして聞きに行かねばならない。／要是他演講，我必須想辦法去聽。
（3）高価なじゅうたんが定価の一割で買えるとあっては、店が混雑しないはずがありません。／要是昂貴的地毯按定價打一折，店裡必定人潮爲患。
（4）最新のコンピューター機器がすべて展示されるとあっては、コンピューターマニアの彼が行かないわけがない。／如果是最新的電腦都展出來，身爲電腦迷的他不會不去。

表示"如果是…的狀況"的意思。用於特別狀況的場合，後面叙述在那種狀況下當然發生的事情或者應該採取的行動。比如例（1）用於伊藤對自己是重要的人物，當然不能拒絶的狀況。雖然用法稍微有些生硬，但在口語中也可使用。

【とあれば】

如果…。

[Nとあれば]

（1）あなたの命令とあれば、どんなところにでも参ります。／如果是您的命令不論什麼地方我都去。
（2）お急ぎとあれば、直ぐお届けいたします。／如果急的話，馬上就爲您送去。

表示"如果實際情況、狀況是這樣的話"的意思。雖然可以轉換爲"なら"、"ならば"的説法，但是相比之下這種説法更爲正式。

【といい】

[N／Na　だといい]
[A-いといい]
[V-るといい]

1 V-るといい＜勸説＞　還是…好。

（1）この株は今買うといいですよ。／這種股票現在買合算。
（2）分からないときは、この辞書を使うといい。／不懂時，使用這本字典很方便。
（3）旅行には、小さいドライヤーを持っていくといい。／旅行時，帶個小吹風機好。
（4）疲れたようだね。仕事は急がなくてもいいから、ソファで

少し寝るといい。/你似乎累啦，工作不用急着做，在沙發上躺一下吧。
(5) 私を疑いたければ存分に疑うといい。/你若懷疑我的話，那就儘管去懷疑吧。

前接動詞的辭書形，表示勸別人進行那種行爲之意。根據上下文有如例(5)一樣，表示"按你喜歡的去作"的放任之意。一般不使用"ないといい"的表達方式來勸別人別那麼做，這種場合使用"V-ないほうがいい"的句型。
(誤) 今買わないといい。
(正) 今買わないほうがいい。/現在不買的好！

同義表達方式有"たらいい"、"ばいい"。"といい"用於"一般那麼做妥當"的勸説。如果是詢問應該如何做的疑問表達方式時，不用"といい"，而使用"たらいい"、"ばいい"。但是其回答不僅可以使用"たらいい"、"ばいい"也可以使用"といい"，這時，"たらいい"、"ばいい"表示爲了得到特定的結果"那樣就足以了"之意，與此相對應，"といい"則表示"那樣一般是比較合適的"之意。
(誤) うまくいかない時はどうするといいですか。
(正) A：うまくいかない時はどう{したら／すれば}いいですか。/不順利時怎麼辦好呢？
　　 B：山本さんに{聞いたら／聞ければ／聞くと}いいですよ。/問山本好啦！

2 …といい＜願望＞ …多好啊、…就好啦。

(1) 生まれてくる子供が、女の子だといいなあ。/生的孩子是女孩該多好啊。
(2) 学生がもっと積極的だといいのだが。/學生更積極些就好啦，可是…。
(3) 勉強部屋がもっと広いといいのになあ。/書房再大點多好啊，可是…。
(4) 旅行の間、晴天が続くといい。/旅行期間一直晴天就好啦。
(5) 彼が時間に間に合うといいんだけど。/他能趕上時間就好啦，可是…。
(6) みんながこのことを忘れていないといいが。/但願大家沒忘這件事就好啦。
(7) 学生の自発的な活動が今後も継続されるといい。/學生自發的活動今後能繼續下去就好啦。

表示希望變爲那樣的願望。句尾常伴有"が／けど／のに／(のに)なあ"。伴有"が／けど／のに"時，含有"也許實現不了"的不安，然而現狀與希望的狀態不同等含義。這時"といい"與"たらいい"、"ばいい"大到同義，幾乎所有場合都能替換。

3 …とよかった(のに) …多好啊、…就好啦。

(1) A：とても楽しい旅行だったわよ。あなたも来るとよかったのに。/是一次非常愉快的旅行，你要也去了就更好啦。

B：行けるとよかったんだけど、急用ができてしまってね。／能去當然好啦，但我有急事。
（2）本当のことを言ってくれるとよかったのに。／你能跟我説真話就好了，可是…。
（3）この部屋、もう少し日当たりがいいとよかったんだが。／這個房間要是採光再好一點就好了。

在實際上没有發生或者現實與期待相反的情況下，表示感到遺憾或者譴責聽話者的一種心情，在這種用法上"とよかった"比"ばよかった"、"たらよかった"更常用，句尾多用"のに／のだが／のだけれど"等。對自己的行動一般不使用"のに"。

（誤）僕も行けるとよかったのに。
（正）僕も行けるとよかったん{だけど／だが}。／我也能去就好了。

【といい…といい】

不論…還是…、…也好…也好。

[NといいNといい]

（1）社長といい、専務といい、この会社の幹部は古さい頭の持ち主ばかりだ。／總經理也好，專務理事也好，這個公司的幹部盡是些死腦筋的人。
（2）娘といい、息子といい、遊んでばかりで、全然勉強しようとしない。／不論女兒，還是兒子都只是玩，一點也不想唸書。
（3）玄関の絵といい、この部屋の絵といい、時価一千万を超えるものばかりだ。／不論正門掛的畫，還是這個房間裡掛的畫，都是時價超過一千萬的名貴之物。
（4）これは、質といい、柄といい、申し分のない着物です。／這套和服，質量也好，花色也好，都是無可挑剔的。
（5）ここは、気候といい、景色といい、休暇を過ごすには、最高の場所だ。／不論氣候，還是景色，這裡都是休假的最好場所。
（6）あのホテルといい、このレストランといい、観光客からできるだけしぼりとろうとしているのが明白だ。／那家飯店也好，這餐廳也好，顯而易見都是儘可能的勒索顧客。

用於作爲例子而舉出的兩項。多半指不只這兩項，還有其他也如此的含義。用於批評和評價的句子中，表示一種特別的感情（如厭煩的心情、欽佩的心情、斷念的心情等等）。

【といいますと】

一提到、一説到。

（1）サファリといいますと、アフリカの大自然が連想されます。／提到遊獵遠征旅行

自然就聯想起非洲大自然。
(2) 団塊の世代といいますと、1940年代の終わりごろに生まれた世代のことですね。／説到"嬰兒潮"，它是指20世紀40年代末期出生的一代人。
(3) A：この時代は女性の時代ですね。／這個時代是女性的時代啊。
　　B：といいますと、どういうことでしょうか。／你這樣說是什麼意思？
"といいますと"是"というと"的禮貌説法。
→【というと】

【という₁】

説、叫、聽説。
(1) 道子さんはすぐにいくと言いました。／道子説了"馬上就去"。
(2) 卒業後は郷里へ帰って教師をしているという。／聽説他畢業後回郷當了老師。
(3) あの船の名前はなんといいますか。／那條船叫什麼名字呀。
→【いう】

【という₂】

1 NというN＜名字＞　叫…、稱爲…、名爲…。
(1) これは、プリムラ(prmula)という花です。／這是叫作櫻草的花。
(2) 山川登美子という歌人を知っていますか。／您知道叫山川登美子的短歌詩人嗎？
(3) 中野さんという人から電話があった。／一個叫中野的人打電話來了。
(4) 飛行機が次に着いたのは、エベスという小さい町だった。／飛機的下一站是一個叫埃柏斯（音譯）的小鎮。
(5) 「天使の朝」という映画を見たが、友達はだれもその映画の名前を聞いたことがないと言った。／我看了"天使的早晨"這部電影，可是朋友中没有一個人聽説過這部電影的名字。

用於"N1というN2"的形式，表示N2的名稱。與單純的"これはプリムラです"相比，使用"という"時，表示説話者或聽話人或者雙方都對那種花還不大了解的含義。再通俗點的説法，如"プリムラって花"，"エベスって町"一樣説成"Nって"的形式。

2 NというN＜重覆＞　所有的、全部的。
(1) 道路という道路は車であふれていた。／所有的路都擠滿了車。
(2) 家という家は飾りをいっぱいつけて、独立の喜びをあらわしていた。／所有的家庭都裝飾一新，表達了對獨

立解放的喜悦。
(3) ビルの窓という窓に人の顔がみえた。／能看到大樓的每個窗子裡都有人影。
(4) 会場をでてくる選手の顔という顔に満足感がみちあふれていた。／離開會場的所有運動員的臉上都顯出心滿意足的樣子。

使用同一名詞表示"所有的N"之意。用於強調是一切。是書面的文學性的表達方式。

3 …というN＜内容＞ …的…。
(1) この会社には、仕事は五時までだという規則がある。／這家公司，有個規則那就是工作到五點。
(2) 山田さんは自分では画家だといっているが、本当は会社経営者だといううわさが流れている。／山田說自己是畫家，可是實際上人們傳說他是經營公司的。
(3) 弟が大学に合格したという知らせを受け取った。／弟弟收到了考上大學的通知。
(4) 彼女の到着が一日遅れるという連絡が入った。／收到了通知，說她晚到一天。
(5) 今度K製薬からでた新製品はよく効くし、それに使いやすいという評判である。／這次對K製藥公司推出的新藥的評價是既有效又使用方便。

(6) たばこの煙が体によくないという事実はだれでも知っている。／誰都知道吸煙對身體不好這一事實。

用於叙述N的內容。N可以是與"說話"、"傳聞"、"評價"等與發話相關的名詞，也可以是表示"規則"、"報導"、"信息"、"事件"等有完整內容的名詞。在叙述"工作"、"事件"等事情的內容時，"という"也有被省略的情況。

(例) 三人の高校生が中学校に放火した(という)事件は、近所の人を不安に陥れた。／三個高中生在中學放火的事件中使附近的居民陷入不安。

【というか】

1 …というか　説是…呢？
(1) そんなことをするなんて、ほんとに馬鹿というか、困った人だ。／幹那種事，說你真傻吧，叫人拿你沒辦法。
(2) この決断は、勇気があるというか、とにかく凡人にはなかなかできないことだ。／做這種決斷是要有勇氣的吧，反正凡人難以做到。
(3) 持っていたお金を全部あげてしまうとは、人がいいというか、びっくりさせられた。／把所有的錢全都給了別人，你說你是人太好了呢還是什麼呢？不得不讓我大吃一驚。

用於就人或者事以"比如可以這麼說"的心情，插入叙述印象和判斷。後接多

爲叙述總結性的判斷。

2 …というか…というか　是…還是…、説你是…還是説你…。

(1) そんなことを言うなんて、無神経(むしんけい)というか、馬鹿(ばか)というか、あきれてものもいえない。／説那種話，你是神經麻木，還是太傻，真讓人討厭，不知説什麼好。

(2) 彼女(かのじょ)の行動(こうどう)は大胆(だいたん)というか、無邪気(むじゃき)というか、みんなを困惑(こんわく)させた。／她的行動是大膽，還是天真，讓大家困惑不解。

(3) そのときの彼(かれ)の表情(ひょうじょう)は、悲壮(ひそう)というか、雄雄(おお)しいというか、言葉(ことば)にはしがたいものがあった。／他當時的表情, 是悲壯，還是雄偉，有點用語言難以表達。

(4) そのほめ言葉(ことば)を聞いたときのわたしの気持(きも)ちは、うれしいというか、恥(は)ずかしいというか、何(なん)とも説明(せつめい)しがたいものだった。／聽了他那誇獎的話，我的心情真不知是高興還是害羞，實在是解釋不清。

用於就人或事，列舉一些隨時想到的印象和判斷等。其後多爲叙述總結性的判斷等。

【ということ】

1 …ということ＜内容＞　…的是、一事。

(1) 最初(さいしょ)のオリンピックがアテネだったということは今(いま)まで知(し)らなかった。／以前我不知道第一屆奥運會是在雅典召開的。

(2) 日本語(にほんご)のクラスで、日本(にほん)ではクリスマスよりお正月(しょうがつ)のほうが大事(だいじ)だということを習(なら)った。／通過在日語班的學習, 知道了在日本, 比起聖誕節來人們更看重新年。

(3) この工場(こうじょう)地帯(ちたい)のはしに、豊(ゆた)かな自然(しぜん)が残(のこ)っているということは、あまり知(し)られていない。／人們不怎麼知道這塊工業區的邊上還保留着豐富的大自然。

(4) この法律(ほうりつ)を知(し)っている人(ひと)が少(すく)ないということは、大(おお)きな問題(もんだい)だ。／很少有人知道這項法律，這可是個大問題。

(5) 小林(こばやし)さんが、バンコクへ赴任(ふにん)するということが正式(せいしき)に決(き)まった。／小林去曼谷赴任一事正式決定了。

(6) わたしがここで言(い)いたいのは、根本的(こんぽんてき)に原因(げんいん)を解明(かいめい)しない限(かぎ)り、事態(じたい)は改善(かいぜん)されないということだ。／我在這裡想説的是，只要不從根本上找出原因, 事情是得不到改善的。

用於具體表示説話、知識、事情等的内容。在"…だ"的表達後面都必須加"という"，其他情況多可省略。不過，句子長

的時候爲了簡明易懂地歸納句子，一般都要接上"という"的形式。

2 …ということ＜意義＞ 是説這個意思，是這麼回事。

（1）「灯台もと暗し」とは、身近なことはかえって気がつかないということである。／"燈下黑"是説自己對身邊的事反而意識不到的意思。

（2）このことわざの意味は、時間を大切にしないといけないということだ。／這個諺語的意思是指不可不愛惜時間的意思。

（3）A：なんであの人腕時計を指してるの？／那個人爲什麼指手錶？
B：早くしろってことよ。／他是想説要快點，快點！

（4）A：つまり、この商談は成立しないということですか。／也就是説這次談判吹了？
B：ええ、まあそういうことです。／唉，是那個意思。

用於叙述詞語、句子的意思和解釋事情，這時一定要加上"という"。

3 …ということは…（ということ）だ …也就是説…。

（1）電車がストライキをするということは、あしたは学校が休みになるということだ。／電車工人罷工，也就是説明天學校停課。

（2）一日5時間月曜日から金曜日まで働くということは、1週間で25時間の労働だ。／從周一到周五，每天工作5小時，也就是説1周工作25小時。

（3）車が一台しかないということは、わたしたちのうち誰かバスで行かなければならないということだ。／只有一輛車，也就是説我們之中有人必須搭公車去了。

是就某情況加以解釋的表達方式。在"XということはYだ"形式中，先叙述聽話者也知道的狀況X，從那種狀況推測，從而導出作爲結論的事情，用Y來表示。

4 ということは 就是説。

（1）A：この先で事故があったようです。／在前面好像發生了事故。
B：ということは、渋滞するということですね。／你是説前面要交通堵塞啦。

（2）A：今月に入っても注文がないんですよ。／這個月以來還沒有定貨啊。
B：ということは、今月も給料がもらえないんですか。／那你是説這個月也拿不到薪水嗎？

用於句子開頭，是在從對方的話中推測，來引導出結論的時候使用。

人們的熱門話題。

　用於承接某個話題，從此敘述有關聯想，或者對其加以說明的場合。也用"…というと"的説法。

2 …といえば…が　説道…可是…。

（1）おっとりしているといえば、聞こえがいいが、彼女は何をするのも遅い。／説她文靜，聽起來好聽，其實，她是做什麼都慢呑呑的。

（2）緑が豊かだといえば、いい所だと思うが、実際は遠くて行くのが大変だ。／説到綠地很多，讓人感到是個好地方，實際上很遠，不方便去。

（3）一日に一回は部下をどなりつけるといえば、こわい上司だと思われるが、実際はみんなにしたわれている。／説到一天罵一次部下，讓人感到他是個可怕的上司，可是實際上大家都很敬慕他。

　是敘述兩種相互對立評價的表達方式。用於表示從 X 的説法考慮，一般得到 Y 的評價，但實際上得到與其相反的 Z 評價的場合。

3 …といえば…かもしれない　説…、也許…。

（1）彼らはビートルズの再来だといえば、ほめすぎかもしれない。／説他們是披頭士樂隊再現，也許是誇過頭了。

（2）この議会は今までで最低だといえば、問題があるかもしれない。／説本屆議會是至今最糟的，也許有問題。

（3）この作品が時代の流れを変えるといえば、あまりにおおげさかもしれないが、実際に見ればその素晴らしさがわかるだろう。／説這部作品能改變時代的潮流，也許太誇張了，可是實際一看該書就會覺得明白真是一部了不起的作品。

　是一種委婉評價的表達方式。用於把前半部的評價在後半部弱化的場合。説話者要主張的多爲前半部的評價，但如例（3）所示，後接肯定並發展爲評價的句子也不少。

4 …といえば…ぐらいのことだ
要説…, 無非…, 説到…, 也就是…。

（1）わたしの得意なことといえば、ビールの早飲みぐらいのことだ。／要説我拿手之處無非是啤酒喝得快。

（2）町の名所といえば、小さい古墳が残っているぐらいのことだ。／説到鎮上的名勝，也就是保留着一個小小古墳。

（3）うちの子供のとりえといえば、動物をかわいがるぐらいのことだ。／説到我家孩子的長處，無非是疼愛動物。

　用於就提出的話題給予不太高的評價時。多用於謙虛地敘述與自己相關的事。

【といけない】

因爲怕…不好。

[V-るといけない から/ので]

(1) 盗まれるといけないので、さいふは金庫にしまっておこう。／因爲怕讓人偷了，所以把錢包放到保險櫃裡吧。

(2) 雨がふるといけませんから、傘を持って行きましょう。／下雨就糟了，還是拿把傘去吧。

(3) 忘れるといけないので、メモしておいた。／因爲怕忘了，所以作了記錄。

(4) 遅れるといけないと思って、早目に家を出た。／因爲遲到不好，所以早早出門了。

前接表示不希望發生的事，表示"如果發生了不好辦"的擔心和畏懼心情。大多數場合使用"…といけないので/から/と思って"的形式，後接爲表示爲了不爲難，事先準備之意的表達方式。"V-てはいけない"雖然也表達類似意義，但後接句可以是結句形式的禁止表達方式，這一點與"いけない"不同。

【といった】

1 N、NといったN …等的…。

(1) 黒沢、小津といった日本の有名な映画監督の作品を上映するそうだ。／聽説要上映日本名導演黑澤、小津等人的作品。

(2) この学校には、タイ、インドネシア、マレーシアといった東南アジアの国々からの留学生が多い。／這所學校中以從泰國、印尼、馬來西亞等東南亞各國來的留學生居多。

(3) この豪華な催しの行われているホールの駐車場には、ベンツ、ロールスロイスといった超高級車がずらりと止まっている。／在舉辦這個豪華展覽的停車場中，朋馳、勞斯萊斯等超級豪華車停了一排。

用於列舉，有這不是全部還有其他的含義。

2 …といったところだ 也就是…那個程度。

(1) A：最近よく借りだされるビデオは何ですか。／最近常租出去的錄影帶是哪幾種？

　　B：ダイハード、スターウォーズといったところですね。／也就是＜虎膽龍威＞、＜星球大戰＞等幾種吧。

(2) A：体の調子、どうですか。／身體狀況怎麼樣？

　　B：回復まであと一歩といったところです。／到完全恢復只差一步了吧。

(3) A：彼の運転の腕はどうですか。／他的開車本領

如何？
B：まあまあといったところですね。／也就是馬馬虎虎吧。

用於說明處在那種階段的狀況。也說"…というところだ"。

【といったらありはしない】

…之極、極其。
[Nといったらありはしない]
[A-いといったらありはしない]

（1）この年になってから一人暮らしを始める心細さといったらありはしない。／到了這個年齡還要開始一個人生活，心中非常不安。

（2）彼女はこっちが立場上断れないとわかっていて、わざといやな仕事を押しつけてくるのだ。くやしいといったらありはしない。／她明知我出於自己的立場無法拒絶，還特意強重我不願做的工作，真是可恨之極。

與"といったらない"幾乎意義相同，只用於負面評價的事，是書面語。

【といったらありゃしない】

…之極、…不得了。
[Nといったらありゃしない]
[A-いといったらありゃしない]

（1）あの子は自分が周りからちやほやされているのを知った上で、それを利用しているんだよ。憎たらしいといったらありゃしない。／那孩子本來就知道自己受到周圍的寵愛，却還要利用這點，真是可恨之極。

（2）このごろあちこちで地震があるでしょ？おそろしいったらありゃしない。／最近到處鬧地震吧，可怕得不得了。

是比"といったらありはしない"更通俗的説法。常省略爲"…ったらありゃしない"。

【といったらない】

難以形容、無法形容。
[Nといったらない]
[A-い(とい)ったらない]

（1）花嫁衣裳を着た彼女の美しさといったらなかった。／她穿上新娘禮服，美麗得難以形容。

（2）みんなが帰っていったあと、一人きりで病室に取り残されたときの寂しさといったらなかった。／大家都回去之後，我一個人被留在病房中的寂寞無法形容。

（3）彼は会議中にまじめな顔をして冗談を言うんだから、おかしいったらないよ。／在會上他板着臉説笑話，太滑稽了。

（4）結婚以来今まで10年も別居

せざるをえなかった妻とやっと一緒に暮らせるのだ。うれしいといったらない。／結婚至今10年不得不和妻子分居兩地，現在終於能生活在一處，高興得無法形容。

接名詞和イ形容詞之後，用於強調其程度是極端的。是"…得難以形容"、"沒有比其更…"之意，在口語中用"…ったらない"。另外，"といったらありはしない"也表示相同意義，但只用於表示貶義的情況。

【といって】

1 といって　但是、可是。

（1）お金をなくしたのは気の毒だが、といって、わたしにも貸せる程のお金はない。／丟了錢雖然可憐，可是我也沒有足夠的錢能借給他。

（2）入社以来週末も働き通しで、疲れ果ててしまった。といって、ここで仕事をやめることもできない。／自從到這家公司工作以來，連週末也加班地做，累得精疲力盡，但是又不能現在辭掉工作不幹。

（3）最近の彼の働きはめざましいが、といって、すぐ昇進させるわけにもいかない。／最近他工作成績顯著，可是也不能馬上就這樣提昇他。

（4）このような対応の仕方では、解決はおぼつかないという批判が集中した。といって、これに変わる案が出て来たわけではなかった。／人們批評用這樣的對策方法，問題無法得到解決，可是代替此辦法的方案又沒出來。

前接表示狀況的句子，表示"しかしながら(但是)"之意。後接句為表示從那種狀況來看當然能預測的狀態卻未能實現的表達方式。

2 …といって　説是。

（1）頭が痛いといって、彼は会社を休んだ。／他說頭疼，請假休息了。

（2）ニュースを見るといって、娘はテレビを独占している。／女兒說是想看電視新聞，獨占了電視。

（3）大きな事故が起こったといって、当局はトンネルを通行止めにした。／說是發生了大事故，當局下令禁止通過隧道。

（4）石田さんは、子供の健康のためだといって、いなかに引越していった。／石田說是為了孩子的健康，搬到鄉下去住了。

是"說…理由"之意。用於敘述進行某行為為借口和理由，但實際上並不一定要按原話說出。

3 これといって…ない　沒有特別的。

（1）現代絵画の展覧会にいったが、これといっておもしろ

い作品には出会わなかった。／去參觀了現代繪畫展覽，可是沒有看到稱得上流品位的作品。

(2) 初めて高い山に登るので少し不安だったが、これといって事故もなく無事に下山できた。／因爲第一次登高山，稍有一些不放心，可是也沒出什麼大事故，還是安全下了山。

(3) 食べ物の好き嫌いはこれといってないんですが、お酒はまったく飲めません。／雖然沒有什麼特別愛吃和不愛吃的食物，但是酒一點也不能喝。

(4) 彼はなんでもよくできて優秀なので、これといって注文はない。自由にやってくれればいい。／他什麼都會，而且很出色，對他沒有什麼特別的要求，請他盡情地做就行啦。

伴有否定表達方式，表示"沒有特別值得舉出的東西"的意思。

【といっては】

要説…。

(1) あの人はなまけものだといっては言い過ぎかもしれない。／要説那個人是懶鬼也許過了頭。

(2) 神童といってはほめすぎか
もしれないが、その夜の彼の演奏は確かに見事だった。／要説他是神童，也許誇獎過頭了，但是當天晚上的演奏的確很出色。

(3) 工業都市といってはあたらないかもしれない。ここには広大な森も広がっているからだ。／要説是工業城市也許沒説對，因爲這裡還有廣闊的森林。

(4) 彼女をワンマンだといっては気の毒だ。ほかの人が働かないだけなのだから。／要説她是獨裁有點不公平。因爲其他人不工作活嘛。

用於前接就人或事下判斷或評論的表達，而且認爲那種評論"過了頭"、"不符"的時候。

【といっても】

1 といっても 雖説…。

(1) ビデオの作品を作った。といっても、せいぜい10分の短い作品だが。／雖然是製作了録影作品，可也頂多是10分鐘的短片罷了。

(2) 新しいアルバイトが見つかった。といっても、友達の代わりに一週間働くだけだ。／雖説找到了新的兼差，但也就是代替朋友做一周罷了。

(3) あの人がこのクラブの会長

です。といっても、大会であいさつするだけですが。／那個人雖説是這個倶樂部的會長，也只是在大會上講個話罷了。
(4) 仕事場が変わりました。といっても、同じ階の端から端まで移っただけなんですけど。／雖説工作場所變了，但也就在這層樓從這頭移到那頭。

用於對從前句叙述的事中所期待的事加以修正或限定，説明實際上沒有那麼嚴重。

2 …といっても
a …といっても　雖説。
(1) A：休みには故郷へ帰ります。／休息時我回郷下。
B：じゃあ、当分お目にかかれませんね。／那我們得有段時間見不到面啦！
A：いや、帰るといっても、一週間程度で、すぐまた帰って来ます。／不，説是回去，也就一周左右，馬上就回來。
(2) 料理ができるといっても、卵焼きぐらいです。／雖説會做菜，也就是煎個蛋罷了。
(3) シンガポールへいったといっても、実際は一日滞在しただけです。／雖説去了新加坡，實際上也就呆了一天。
(4) A：去年珍しく雪が降りました。／去年很稀奇，下了雪。
B：へえ、あんな暖かいところでも降るんですか。／哎？那麼暖和的地方也下雪嗎？
A：いや、降ったといっても、ほんのすこしで、すぐ消えてしまいました。／説是下雪，就一點點，馬上就融化了。
(5) 日本舞踊ができるといっても、ほんのお遊び程度です。／雖説會跳日本舞，也就是跳着玩玩的程度。

用於就前述的事，補充説明實際上程度是很輕的。

b ひとくちに…といっても　雖然統稱説是…。
(1) 一口にアジアといっても、広大で、多種多様な文化があるのです。／雖然都統稱叫亞洲，但是那也是非常寛廣，有着多樣的文化的。
(2) 一口にバラといっても、実は豊富な種類があります。／雖然都統稱叫玫瑰，實際上有很多品種。
(3) 一口に日本人の考えといっても、いろいろな考え方があるので、どうとは決めにくいのです。／雖然都可以説是日本人的想法，但因爲有着各式各樣的思維方式，

還是很難決定的。

表示雖然作了簡單的歸納,但實際上很複雜之意。

c …といっても…ない 雖説…也不那麽…。
（1） A：来週はテストがあるんです。／下周有考試的。
　　 B：じゃあ、このハイキングはだめですね。／那郊遊就吹了吧。
　　 A：いえ、テストがあるといっても、そんなにたいしたものじゃありませんから、一日ぐらいはだいじょうぶです。／不,雖説有考試,但是不太重要,去玩一天也不要緊的。
（2） 山登りが趣味だと言っても、そんなに経験があるわけではありません。／雖説登山是我的愛好,但也並非那麽有經驗。
（3） 風邪を引いたと言っても、そんなに熱はない。／雖説得了感冒,但是没發什麽燒。
（4） アルバイトの人がやめたといっても、店のほうは別に支障はない。／雖説打工的人不做了,但是對店裡没什麽影響。
（5） 土曜日には、夫の姉が遊びに来ることになっている。しかし、お客が来るといっても別に忙しいわけではない。／周六,大姑要來。可是雖説要來客人,也並不特別忙。

表示發生了某個特別事態,雖然從中當然也能預測一些情況,但是實際上程度不重,也不會發生問題。

3 …といってもいいだろう 可以説…吧！
（1） これは、この作家の最高の傑作だといってもいいだろう。／可以説這是這個作家的最棒的傑作吧。
（2） 川田さんは、かれの本当の恩師だといってもいいだろう。／川田可以説是他的真正的恩師吧。
（3） 事実上の決勝は、この試合だと言ってもいいだろう。／這次比賽可以説是實際上的決賽吧。

表示"這樣評價也不錯吧"的意思。是就事或人的解釋、判斷、批評等的表達方式。比"…といえる"要委婉一些。

4 …といってもいいすぎではない 這麽説也不爲過。
（1） 環境破壊の問題は、これから世界の最も重要な課題になるといっても言い過ぎではない。／把保護環境的問題説成是今後世界上最重要的課題也不爲過。
（2） 成功はすべて有田さんのおかげだといってもいいすぎではない。／多虧了有田才

能成功這麼説也絶不過分。

是"那樣説也不誇張"之意。用於加強述説主張的場合，是書面語，可以用"過言"來代替"言いすぎ"。

（例）そのニュースは国中の人々を幸福な気分にさせたといっても過言ではない。／説這個消息使全國的人沈浸在幸福的氣氛中毫不過分。

【といってもまちがいない】

這麼説也不錯、爲過、這麼説也没錯。

（1）現在、彼が日本マラソン界の第一人者といっても間違いない。／現在説他是日本馬拉松界的第一代表也不爲過。
（2）この会社は祖父の力で大きくなったといってもまちがいはない。／説這個公司是憑祖父的力量才興旺起來的一點兒也没錯。

用於就事或人進行解釋、判斷、批評的場合。比起"…といえる"來是更有確信、斷定性的陳述。是書面語。"といってもまちがいない"中的"も"也有省略的情況。

【といわず…といわず】

不論…還是…。

[NといわずNといわず]

（1）風の強い日だったから、口といわず、目といわず、すなぼこりが入ってきた。／那天風特刷大，不論嘴還是眼，都進了灰。
（2）車体といわず、窓といわず、はでなペンキをぬりくった。／不論車身，還是車窗，都塗上了色彩艷麗的油漆。
（3）入り口といわず、出口といわず、パニックになった人々が押し寄せた。／不論是入口，還是出口，恐慌的人們擠來擠去。

重覆表示某物的部分的名詞，表示"不加區別，全部"的意思。

【どうしても】

1　どうしてもR-たい　無論如何（想要…）。

（1）次の休みには、どうしても北海道へ行きたい。／下次休假時，無論如何也要去北海道。
（2）競争率の高いのは知っているけれど、どうしてもあの大学へ入りたいのです。／我知道競争激烈，但我無論如何也想考上那所大學。
（3）どうしても今年中に運転免許をとらなければならないし、とりたいと思う。／我無論如何必須在今年考駕照，而且我想考下來。
（4）両親が反対したが、わたしはどうしても演劇の道に進みたいと思っていた。／雖然父母反對，但是無論如何

る。／一直站着工作了整整一天。
(3) 一日中歩き通しで、足が痛くなった。／一直走了一整天，脚都疼了。
(4) 朝から晩まで座り通しの仕事は、かえって疲れるものだ。／從早到晚一直坐着的工作，反而很累。

表示在某個時期内相同動作和狀態持續的樣子。接動詞的連用形，也有接名詞的情況，如"夜通し(＝整整一晚上)"。

【とおして】

1 Nをとおして＜中介＞　通過。
(1) 私たちは友人を通して知り合いになった。／我們是通過朋友介紹認識的。
(2) 我々は体験ばかりでなく書物を通して様々な知識を得ることができる。／我們不僅通過生活體驗式，還從書籍獲得各種各樣的知識。
(3) 実験を通して得られた結果しか信用できない。／只有通過實驗得到的結果才可信。
(4) 5年間の文通を通して、二人は恋を実らせた。／通過5年的通信，兩個人的戀愛開了花，結了果。
(5) 今日では、マスメディアを通して、その日のうちに世界の出来事を知ることができる。／現在通過新聞媒介，當天即可知道世界上發生的事。

前接表示人、事、動作的名詞，表示"將其作爲中介或手段"之意。用於通過此獲得知識經驗的場合。

2 V-ることをとおして　通過。
(1) 子供は、学校で他の子供と一緒に遊んだり学んだりすることを通して、社会生活のルールを学んでいく。／孩子在學校裡通過和其他孩子一起學習玩耍，掌握社會生活的規則。
(2) 教師は、学生に教えることを通して、逆に学生から教えられることも多い。／教師通過教學生，相反也可以從學生那兒學到很多東西。

前接動詞辭書形，表示與1相同的意思。一般接如"学ぶ"等和語動詞，如果是"学習する"、"研究する"一樣的漢語動詞時，一般要使用用法1的表達形式，即用"学習／研究をとおして"的説法。

3 Nをとおして＜期間＞　中、期間。
(1) 5日間を通しての会議で、様々な意見が交換された。／5天的會議期間，交換了各種各樣的意見。
(2) この地方は1年を通して雨の降る日が少ない。／這個地方一年之中很少下雨。
(3) この1週間を通して、外に出たのはたった2度だけだ。／這1周内，外出的時間

只有2次。
　前接表示期間的詞語,表示"在那個期間中"、"在那期間範圍內"之意。例（1）是表示在其期間中一直繼續發生的行爲,例（2）、（3）是表示期間內繼續發生的事。

【とおす】

做到底、堅持到最後。

[R-とおす]
（1）やると決めたことは最後までやり通すつもりだ。／決定做就打算做到底。
（2）途中で転んでしまったが、あきらめないでゴールまで走り通した。／雖然途中跌倒了,但是没有放棄,一直跑到終點。
（3）こんな難しい本は、私にはとても読み通せない。／這麽難的書,我怎麽也讀不完。
　前接表示意志性行爲的動詞後,表示"做到底"的意思。

【とおもう】

1 …かとおもうほど　讓人感到…的程度。
（1）彼は、いつ寝ているのかと思うほどいそがしそうだ。／他忙得不可開交,以至不知何時睡下。
（2）その家は、ほかに金の使い道を思いつかなかったのだろうかと思うほど、金のかかったつくりだった。／那房子蓋得非常豪華,以至讓人感到大概有錢没地方花了似的。
（3）その人のあいさつは、永遠に終わらないのではないかと思うほど長いものだった。／那人的致詞讓人感到永遠也完不了似的那麽長。
（4）死んでしまうのではないかと思うほどの厳しい修行だった。／這種嚴酷的修練讓人感到幾乎是不是要被折磨死了。
　表示"讓人感到程度那麽嚴重"之意。用於以"Xかと思うほど（の）Y"的形式來强調Y的程度之甚。如下例所示也使用"…かと思うほどだ"的形式。
（例）彼はいそがしい。いつ寝ているのかと思うほどだ。／他很忙,讓人感到不知他何時睡覺。

2 …かとおもえば

a V-るかとおもえば　以爲…、認爲…。
（1）勉強しているかと思えば漫画を読んでいる。／以爲他在唸書,其實在看漫畫。
（2）来るかと思うと欠席だし、休むかと思うと出席している。／以爲他會來時却缺席了,以爲他休息時又出席了。
（3）今年こそ冷夏かと思えば、猛暑で毎日うだるような暑さだ。／以爲今年是冷夏,可却是每天酷熱難耐。

以"…かV-るかとおもえば／V-るかとおもうと"的形式來表示現狀是與說話人預想相反的事。因爲表示的是與預想相反的事反覆發生，現狀與預想相反，所以句尾一般用辭書形。另外這種用法很難使用"かと思ったら"的形式。

b V-るかとおもえば…も 既…也…。

（1）熱心に授業に出る学生がいるかと思えば、全然出席せずに試験だけ受けるような学生もいる。／既有誠心來上課的學生，也有一次課也沒有出席過只來參加考試的學生。

（2）一日原稿用紙に向かっていても一枚も書けない日があるかと思うと、一気に数十枚も書ける日もある。／既有那種整天面對稿紙一頁也寫不出來的日子，也有一口氣寫幾十頁的日子。

表示對立‧對比的事態共存或並列。也用"V-るかとおもうと"的形式。多用"ある／いる"等表示存在的動詞的重覆形式。用法a中的"V-るかとおもえば"表示預想和現實的不一致。這裡沒有那樣的意思，不過是把在意義上性質不同的事態加以並列。

3 …からとおもって 認爲、以爲。

（1）体にいいからと思って、緑の野菜を食べるようにしています。／認爲對身體有好處，所以堅持吃綠色蔬菜。

（2）せっかくパリまで来たのだからと思って、一流レストランで食事することにした。／我覺得好不容易來到巴黎，所以決定在一流餐廳吃飯。

（3）明日の試験に遅れては大変だからと思い、今晩は早寝することにした。／想到明天考試不能遲到，決定今晚早睡。

前接句節，表示將其作爲理由，而採取後續行動的意思。前半部的理由部分一般爲後續動作結果成立（＝行動的目的）的意義關係，後半部使用表示意志性的動作的表達方式。

4 …とおもったら

a V-たとおもったら →【とおもう】9b

b 疑問詞…かとおもったら 我還以爲…哪。

（1）何を言うのかと思ったら、そんなくだらないことか。／我還以爲他要說什麼呢，原來是那麼無聊的事呀。

（2）食事もしないで何をやってるのかと思ったら、テレビゲームか。／我還以爲他不吃飯在做什麼事呢，原來是在玩電子遊戲呀。

（3）会議中に席を立ってどこへ行くのかと思ったら、ちょっと空が見たいって言うんだよ。あいつ、最近おかしいよ。／會開到一半他離開座位，我還以爲他要去哪呢，却說了一句想看看天空，那小子最

(4) 2才の赤ん坊が夢中で何かやっている。何をやっているのかと思ったら、鏡にむかってにこにこ笑ったり、手をふったりしているのだ。／我還以爲2歲的嬰兒在幹什麼那麼着迷呢，原來是對着鏡子又笑又招手呢。

表示說話者感到奇怪而注視的樣子，後接爲表示意外發現和促使吃驚的事。

5 …たいとおもう →【おもう】

6 …とおもいきや 原以爲…。

(1) 今場所は横綱の優勝間違いなしと思いきや、3日目にケガで休場することになってしまった。／原以爲這個賽季横綱必勝無疑，哪知道第三天就受傷停賽了。

(2) 今年の夏は猛暑が続くと思いきや、連日の雨で冷害の心配さえでてきた。／原以爲今年夏天酷暑連天，哪知道陰雨連綿甚至擔心要有低溫災害。

(3) これで一件落着かと思いきや、思いがけない反対意見で、この件は次回の会議に持ち越されることになった。／原以爲到此可以了結一件，沒想到又有反對意見，結果決定把這件事提到下次會上再議。

接句節，表示本來預想到會有文中表達的結果，然而却出乎意外地出現了與此相反的結果。如例(3)一樣也有在 "と" 緊前伴有 "か" 的場合。是稍有點陳舊的説法，多用於書面。

7 …とおもう →【おもう】

8 …とおもうまもなく 剛…一下子馬上又…。

(1) つめたい雨が降ってきたと思う間もなく、それは雪にかわった。／剛才還覺着是下起了冰冷的雨點，但一會兒又變成了雪。

(2) 両目に涙があふれてきたかと思う間もなく、その子は大声で泣き出した。／剛才那孩子還兩眼含淚，但一下子又放聲大哭起來。

(3) 帰ってきたなと思う間もなく、息子は「遊びに行ってくる！」と叫んで出ていった。／我想兒子可回來了，沒想到他嚷了一聲 "我去玩了" 就又出去了。

(4) 雲を突き抜けたと思う間もなく、翼の下に、街の灯が広がった。／飛機剛鑽出雲層，機翼下馬上呈現出城鎮的一片燈火。

表示兩件事情之間無時間間隔地接續發生。也有 "と" 前伴有 "か" 的情況，用於書面語。在 "Xかとおもうまもなく Y" 的形式中，不論 X 還是 Y 都不能用來表示説話者的行爲。

(誤) 私はうちに帰ったかと思う間もなく友達に電話した。

420　とおもう

　（正）　私は家に帰るとすぐ友達に電話した。／我回到家馬上給同學打了電話。

9 …とおもうと
a V-るかとおもうと　→【とおもう】2a
b V-たとおもうと　　剛…馬上就…。

（1）急に空が暗くなったかと思うと、大粒の雨がふってきた。／突然天空暗下來，緊接着大雨點就砸了下來。

（2）山田さんたら、来たと思ったらすぐ帰っちゃった。／説到山田，剛來啦，又馬上回去了。

（3）さっきまで泣いていたと思ったらもう笑っている。／剛才還哭哪，現在已經笑了。

（4）やっと暖かくなったかと思うと、今朝は突然の春の雪でびっくりした。／剛剛感到終於暖和起來了，今天早晨突然又下起春雪，叫我吃了一驚。

（5）夫はさっき家に戻ってきたかと思ったら、知らぬ間にまた出掛けていた。／丈夫剛回到家，馬上又神不知鬼不覺地出了門。

（6）今までニコニコしていたかと思えば、突然泣き出したりして、本当に、よく気分の変わる人だ。／剛才還笑瞇瞇的，突然又哭了起來，真是個晴時多雲偶陣雨的人。

（7）ちょっとうとうとしたかと思うと、突然大きな物音がして目が覚めた。／稍微有點迷迷糊糊，突然一聲巨響把我驚醒。

　表示兩個對比的事情幾乎同時接續發生。也有"V-たとおもったら"、"V-たとおもえば"的形式。此外多用"V-たかとおもったら"的形式。後接多爲表示説話者驚訝和意外的表達。不能用於陳述説話者自身的行爲。

　（誤）　私は、うちに帰ったと思うとまた出かけた。
　（正）　私は、うちに帰って、またすぐに出かけた。／我回到家馬上又出門了。

10 …とおもったものの　→【ものの】1
11 Nにとおもって　爲了、作爲。

（1）おばあちゃんへのお土産にと思って、湯飲み茶碗を買った。／爲了當作給奶奶的禮物，就買了茶杯。

（2）つまらないものですが、これ、お子さんにと思って……。／微不足道的東西，這個就給您家公子吧。

（3）健康維持にと思い、水泳を始めた。／爲了維護健康，才開始游泳。

　前接表示人和目的、用途的名詞，表示"爲了那個人或那種目的"的意思。後接表示意志動作的表達方式。也可以説成"…にと思い"的形式。

12 …ものとおもう　→【ものとおもう】
13 …ようとおもう　→【おもう】5

【とおり】

1 數詞 ／なん／いく／とおり … 種。

（1）駅からあの建物までには3通りの行き方がある。／從車站到那棟大樓有3種去法。

（2）やり方は、何とおりもありますがどの方法がよろしいでしょう。／做法有好幾種，哪種好呢。

（3）「生」の読み方は、いくとおりあるか知っていますか。／你知道"生"字有幾種讀法嗎？

接在數詞和"何(なん)·幾(いく)"等疑問詞後，表示方法和種類的數量。

2 …どおり 按、按照。
[Nどおり]
[R-どおり]

（1）計画はなかなか予定どおりには進まないものだ。／計劃很難按預定方案進行。

（2）すべて課長の指示どおり手配いたしました。／一切都按處長指示安排好了。

（3）自分の気持ちを思いどおりに書くことは、簡単そうに見えて難しい。／按照自己的心情去寫，看起來簡單，實際很難。

（4）世の中は自分の考えどおりには動いてはくれないものだ。／社會是不會按照自己想的那樣去變動的。

前接表示"預定、計劃、指示、命令"等名詞和"思う、考える"等思考動詞的連用形，表示"與之相同"、"按那種樣子"、"照原狀一樣"等意義。這種用法總是爲"…どおり"的形式。其他例子有"命令どおり·型どおり·見本どおり·文字どおり·想像どおり"等。

3 V-る／V-た とおり 正如、按照。

（1）おっしゃるとおりです。（＝あなたの意見に賛成です。）／正如你説的（＝贊成你的意見）。

（2）私の言うとおりに繰り返して言ってください。／請按照我所説的重覆説一遍。

（3）先生の奥さんは私が想像していたとおりの美人でした。／老師的夫人正如我想像的是一個美人。

（4）ものごとは自分で考えているとおりにはなかなか進まない場合が多い。／事情大多很難按照自己想像的那樣發展。

接"言う"、"思う"等表示發話和思考的動詞等的辭書形／夕形之後，表示與之相同的意思。

【とか₁】

1 Nとか（Nとか） …或…、…啦…啦。

（1）病気のお見舞いには果物とかお花が好まれる。／探望病人時送水果或鮮花等較受

（2） 私は、ケーキとか和菓子とかの甘いものは、あまり好きではありません。／我不太喜歡吃蛋糕和式點心等甜食。

（3） 最近の大学院では、一度就職した人とか、子育てを終わった主婦とかが、再び勉強するために入学するケースが目立つようになった。／最近在研究生院里，曾就過業的人或，完成育嬰階段的主婦等等．再入學校重新學習的情況很顯著。

（4） 日本から外国へのお土産としては、カメラとか電気製品がいいでしょう。／作爲從日本帶給外國送的禮品．相機或是．電氣產品比較好吧。

接在表示人和物的名詞之後，用於舉出幾個類似例子的場合。屬於口語。

2 V-るとか(V-るとか) …或…、…啦、…啦。

（1） 休日はテレビを見るとか、買い物するとかして過ごすことが多い。／多半以看電視啦．購物等方式渡過假日。

（2） 教師の不足は、教師が教える時間数を増やすとか、一つの教室で複式の授業をするとかの方法で何とか乗り切ることにしたい。／想通過增加教師的授課時數或者在一個教室裡做復式授課等方法來解決教師不足的問題。

（3） 奨学金をもらっていない留学生には授業料を免除するとか、部屋代の安い宿舎を提供するとかして、経済面での援助をする必要がある。／需要對沒得到獎學金的留學生給予在經濟方面的援助，比如免除學費啦．或者提供房價便宜的宿舍啦．等等。

前接表示動作的動詞，用於舉出幾個類似的動作、行動的例子的場合。

【とか₂】

1 …とか(いう) （説是）什麼啦。

（1） 山田さんとかいう人が訪ねてきていますよ。／一個叫山田的人來訪了。

（2） 田中さんは今日は風邪で休むとか。／田中説今天感冒了要休息什麼的。

（3） A：田中さんは？／田中呢？
B：なんか今日はかぜで休むとか言っていました。／説什麼今天感冒休息了。

（4） 天気予報によると台風が近づいているとかいう話です。／據天氣預報説是颱風已接

近了。

接名詞和引用句節之後，用於把聽到的内容傳達給別人的場合。其中有對該内容的準確性無十分把握的含意。也有像例（2）一樣句尾省略"言っている／言った"的情況。

2 …とか…とか(いう) …啦，…啦。

（1）彼女は買い物に行くとこれがいいとかあれがいいとか言って、決まるまでに本当に時間がかかる。／她一去買東西，總是說這個好啦那個好啦，真得費好多時間才能決定下來。

（2）あの二人は結婚するとかしないとか、いつまでたっても態度がはっきりしない。／他們倆一會又說要結婚啦，一會又說不結婚啦，總是態度那麼含含糊糊的。

（3）もう仕事はやめるとかやっぱり続けるとか、会うたびに言うことが変わる人だ。／他一會說要辭了工作，一會說還得繼續做，每逢見到他都說的不一樣。

接完全相反的事實和發生各種變化的發言内容，用於表示弄不清楚到底是哪個的場合。也有如例（2）一樣"言う"被省略的情況。

3 …とかいうことだ 聽說…、據…。
[N／Na だとかいうことだ]
[A／V とかいうことだ]

（1）隣の娘さんは来月結婚式を挙げるとかいうことだ。／聽說鄰居的女兒下個月要舉行婚禮。

（2）ニュースによると大雨で新幹線がストップしているとかいうことだ。／據新聞報導，新幹線因大雨停開了。

接傳聞内容，表示"雖然不太清楚，但是聽到…的事"之意。

4 …とかで 說是…、據說…。
[N／Na だとかで]
[A／V とかで]

（1）途中で事故があったとかで、彼は1時間ほど遅刻してきた。／他遲到了1個小時，說是因為半路上發生了車禍什麼的。

（2）来週引っ越すとかで、鈴木さんから二日間の休暇願いが出ています。／鈴木提要請兩天假，說是下周要搬家什麼的。

（3）結婚式に出るとかで、彼女は着物姿で現れた。／她穿着和服出現了，說是要去參加婚禮。

是"據說是…的原因、理由"之意，表示原因理由部分是從別人那裡聽到的。口頭語。

【とかく】

1 とかく…がちだ 往往是…。

（1）女だというだけで、とかく軽く見られがちだ。／只是

因爲是女性，往往就被人看不起。
（2）年を取ると、とかく外に出るのがおっくうになるものだ。／年紀一大就，就懶得外出了。
（3）われわれは、とかく学歴や身なりで人間の価値を判断してしまう傾向がある。／我們有一種傾向，那就是往往憑學歷和穿着打扮來判斷人的價值。
（4）とかく人の世は住みにくいものだ。／人世間往往難生存。

句尾常伴有"…がちだ／やすい／傾向がある／ものだ"等表達方式，表示"怎麼説好呢，有…的傾向"的意思。一般表示不怎麼好的事。代替"とかく"，也可用"ともすれば"、"ややもすると"等説法。書面性語言。

2 とかく　這個那個。
（1）先のことを今からとかく心配してもしようがない。／現在擔心以後的事也無濟於事。
（2）他人のことをとかく言う前に自分の責任をはたすべきだ。／在對別人説三道四之前，應該先履行自己的責任。
（3）とかくしているうちに時間ばかり過ぎていった。（書きことば的）／在忙這忙那之間，時間都過去了。（書面性語言）

表示想過或説過這個啦那個啦的各種各樣事的情況。對該行動和發言多含有貶義的韻味。有點文言性質，現代語一般用"とやかく"。

【とかんがえられる】

1 …とかんがえられる　一般認爲…、人們認爲…。
[N／Na　とかんがえられる]
[A／V　とかんがえられる]
（1）このままでは、日本の映画産業は落ち込む一方だと考えられる。／可以想像，這樣下去，日本的電影產業必定越來越衰落。
（2）ここ数年の経済動向から見ても、彼の予測が妥当なのではないかと考えられる。／從這幾年的經濟動向來看，可以認爲他的預測還是很妥當的嘛。
（3）この難解な文章を10歳の子供が書いたとはとても考えられないですね。／難以想像這麼難懂的文章是10歲的孩子寫的。

這種表達方式用於把自己的想法當作有某種根據的客觀性事實來陳述時。

2 …とかんがえられている　一般認爲、人們認爲。
[N／Na　とかんがえられている]
[A／V　とかんがえられている]
（1）一般的に英語は世界の共通語だと考えられているが、実際には英語が通じない国

はいくらもある。／一般都認爲英語是世界的共通語，然而實際上英語不通的國家多的是。
(2) 火星には生物はいないと考えられていましたが、今回の探索で生命の痕跡が確認されました。／人們認爲火星上没有生物，然而通過這次的探測確認了生命的痕跡。

用於陳述一般能接受的想法。但是其想法實際上往往是不正確的，或者是需要修正的。

3 …ものとかんがえられる 可以認爲。
[N であるものとかんがえられる]
[Na であるものとかんがえられる]
[A／V ものとかんがえられる]
(1) 泥棒は二階の窓から入ったものと考えられる。／可以認爲小偷是從二樓的窗子鑽進去的。
(2) 現在の二酸化炭素の排出量の増加傾向から、地球の温暖化はますます進むものと考えられる。／從現在的二氧化碳的排出量增加的傾向來看，可以想像地球的暖化會越來越嚴重。

多用於論文、論説等較生硬的書面文章中。表示把自己的想法作爲從各種各樣的根據中當然引出的客觀事實來表達。

4 …ものとかんがえられている 可以認爲、可以預測。
[N であるものとかんがえられている]
[Na であるものとかんがえられている]
[A／V ものとかんがえられている]
(1) 今回の地震の原因は地下断層に亀裂が生じたことによるものと考えられる。／可以認爲這次地震的原因是地下斷層產生龜裂所致。
(2) 携帯電話の利用者は、今後急激に増加していくものと考えられている。／可以預測使用行動電話的人今後會急劇增加下去。

用於陳述一般認定的通過各種各樣的根據所下的妥當判斷。多用於較生硬的書面語。

【とき】

1 …とき 時候。
[Nのとき]
[Na なとき]
[A-いとき]
[V-るとき]
(1) 子供の時、田舎の小さな村に住んでいた。／小時候，住在鄉下的小村在中。
(2) 暇な時には、どんなことをして過ごしますか。／閒暇時你怎麼過啊。
(3) 祖父は体の調子がいい時は、外を散歩する。／祖父身體好的時候，到外邊散步。
(4) ひまのある時には、たいていお金がない。／有空閒時，大都沒有錢。
(5) 寝ている時には地震があり

ました。／睡覺時發生了地震。

前接表示狀態的述語的辭書形，表示與此同時並行發生其他事情和狀態。

2 …たとき　時候。
[N/Na だったとき]
[A-かったとき]
[V-たとき]
（1）先代が社長だった時は、この会社の経営もうまく行っていたが、息子の代になってから、急に傾きはじめた。／上一代當總經理時這個公司的經營搞得很好，到了兒子輩之後突然開始衰敗起來了。
（2）貧乏だった時は、その日の食べ物にも困ったものだ。／窮的時候，甚至曾爲當天的糧食發愁。
（3）子供がまだ小さかった時は、いろいろ苦労が多かった。／在孩子還小的時候，我吃了很多苦。
（4）東京にいた時は、いろいろ楽しい経験をした。／在東京的時候，曾嘗過各式各樣的快樂經驗。
（5）ニューヨークで働いていた時に、彼女と知り合った。／在紐約工作時和她相識了。

前接表示狀態的述語的タ形，表示與此同時並行成立的過去的事和狀態。這種場合，前半部分也可以用辭書形，但意思上有微妙的差別。

（例）子供がまだ小さい時は、いろいろ苦労が多かった。／孩子還小的時候，吃了很多苦。
把上例和例（3）加以比較，用タ形的例（3）中有說話者回想過去的含義和"現在已經不同於過去的狀態"的含義，與此相對使用辭書形的上例則不具備這種含義。

3 V-るとき　時、時候。
（1）電車に乗るとき、後ろから押されてころんでしまった。／上電車時被後面的人推倒了。
（2）関西へいらっしゃるときは、前もってお知らせください。／你來關西時，請事先通知我一聲。
（3）東京へ行くとき夜行バスを使っていった。／去東京時乘坐了夜間長途巴士。
（4）父は新聞を読むとき、めがねをかけます。／父親看報時戴眼睛。

接表示動作的動詞的辭書形，表示在那個動作進行之前，或者同時並行其他的行爲和事情發生了。例（1）、（2）爲前者的例，例（3）、（4）爲後者的例。

4 V-たとき　時、時候。
（1）家を出たときに、忘れ物に気がついた。／離開家時，發覺忘了東西。
（2）アメリカへ行った時に、昔の友人の家に泊めてもらった。／去美國時，住在老朋友家了。

（3）朝、人と会ったときは「おはようございます」と言います。／早晨遇到人時說"早安"。
（4）火事や地震が起こったときには、エレベーターを使用しないでください。／在發生火災和地震時請不要使用電梯。

接表示動作的動詞的夕形，表示該動作實現後，其他事情和狀態成立之意。

【どき】

時、時候。
[Nどき]
[R-どき]
（1）昼飯どきは、この辺りはサラリーマンで一杯になる。／午飯時這一帶到處是公司職員。
（2）木の芽時は、どうも体調がよくない。／每到樹發芽時，總覺得身體很不好。
（3）梅雨時はじめじめして、カビが生えやすい。／梅雨季節濕濕的，易發黴。
（4）株でもうけるには、買い時と売り時のタイミングに対するセンスが必要だ。／要以股票發財，需要有對買進和賣出如何掌握時機的靈性。
（5）会社の引け時には、ビルのエレベーターは帰宅を急ぐ人で満員になる。／公司下班時，大樓的電梯裡擠滿了急着回家的人。
（6）お中元の季節と歳末は、デパートのかきいれ時だ。／中元節和歲末是百貨公司發財的時候。

表示當那樣的事發生或舉行時，或者它的興旺時，是做那些事最合時宜的時候。

【ときく】

聽說。
[N／Na　だときく]
[A／V　ときく]
（1）ここは昔は海だったと聞く。／聽說這裡以前曾是大海。
（2）今の市長は、次の選挙には立候補しないと聞いている。／聽說現任市長不參加下屆選舉。
（3）噂で、あの二人が婚約を破棄したと聞いた。／傳聞說他們倆解除婚約了。

有"…と聞く／聞いている／聞いた"等形式，表示聽到那樣的傳聞。"と聞く"只用於書面表達方式，マス形的"と聞きます"不用。

（誤）このあたりは昔海だったと聞きます。
（正）このあたりは昔海だったと聞いています。／聽說這一帶以前曾是大海。

【ときたひには】

這是一種稍微陳舊的說法，現在一

般用"…ときたら"。

1 Nときたひには　説到、提到。
(1) うちの女房ときたひには、暇さえあれば居眠りしている。／提到我老婆,她只要有閒暇就打盹。
(2) うちの親父ときたひには、天気さえよければ釣りに行っている。／説到我老爸,只要天氣好他就去釣魚。

拿有着極端行動或性質的人物當話題,表示"真讓人拿他沒辦法"的心情。

2 …ときたひには　要是、如果是。
(1) 毎日残業で、しかも休日なしときたひには、病気になるのも無理はない。／要是每天都加班,而且没有休假日,得病也是理所當然的。
(2) 授業には毎回遅刻で、試験も零点ときたひには、落第するのも当然だ。／如果是上課每次遲到,考試零分,當然落榜了。
(3) 毎日うだるような暑さが続いて、しかも水不足ときたひには愚痴もいいたくなる。／要是難耐的酷熱天天持續不斷,而且水供應不足,真想發牢騷。

接表示程度不一般、極端狀況的短句和名詞,表示在這種狀況下弄成這樣也是理所當然的,基本上表示貶義。

【ときたら】

1 Nときたら　説到、提到。
(1) うちの亭主ときたら、週のうち3日は午前様で、日曜になるとごろごろ寝てばかりいる。／説到我家老公,每周有3天深夜歸宿,到了星期天又是整天睡着不起。
(2) あそこの家の中ときたら、散らかし放題で足の踏み場もない。／提到他們家裡頭,亂得簡直沒有放腳的地方。

用於以某人物或事物爲話題舉出,述説説話者就此的評價的場合。話題對説話者來説是身邊的,表示説話者就此特別強烈感到的感情和評價。是口語,後接多爲"本当に嫌になる／あきれてしまう"等表示譴責和不滿的表達方式。

2 …ときたら　説到、要説。
(1) 毎日残業の後に飲み屋のはしごときたら、体がもつはずがない。／要是每天加班後緊接着連續上幾家酒店喝酒,身體當然受不了了。
(2) 働き者で気立てがいいときたら、みんなに好かれるのも無理はない。／説到他又能幹脾氣又好,爲大家喜歡,也不無道理。
(3) 新鮮な刺し身ときたら、やっぱり辛口の日本酒がいいな。／説到新鮮的生魚片,還是烈性的日本清酒好啊。
(4) ステーキときたらやっぱり赤ワインでなくちゃ。／説到牛排還是得喝紅葡萄酒。

舉出具有極端性質的人物和事物以及狀況爲話題,表示"在這種場合和狀況

下還是這樣爲好"之意。例(3)、(4)使用"Nときたら N"的形式,是"Nには N が一番あう(對於 N 是 N 最合適)"、"N には N が一番いい(對於 N 是 N 最好)"之意。

【ときているから】

因爲都説是…。

[N／Na／A／V　ときているから]

（1）あの寿司屋は、ネタがいいうえに安いときているから、いつ行っても店の前に行列ができている。／因爲都説那家壽司店材料好而且便宜,所以什麽時候去都大排長龍。

（2）秀才でしかも努力家ときているから、彼の上にでるのは簡単ではない。／都説他是秀才而且是個奮鬥者,所以要高出他一截可不容易。

（3）収入が少なく子だくさんときているから、暮らしは楽ではない。／聽説他収入少孩子又多,所以生活不是很輕鬆的。

舉出具有極端性質的人物、事物、狀況,述説"因爲如此…,所以當然也就…"的意思,表示現狀是從那樣性質中得來的必然結果。是口語。

【ときとして】

1 ときとして　有時。

（1）温暖なこの地方でも、時として雪がふることもある。／雖説這裡是温暖的地方,但有時也下雪。

（2）人は時として人を裏切ることもある。／人有時也會背叛別人的。

用於"(雖然未必總是那様)可有時也有那様的事"的場合。稍有點書面語的味道。

2 ときとして…ない　没有…的時候。

（1）このごろは時として心休まる日がない。／最近没有一刻是心靜之日。

（2）当時は心配事ばかり続き、時として心休まる日はなかった。／當時盡是擔心的事,連一天安寧之日都没有。

用於表示能放心度日的生活"連一分一秒也没有"的場合。是文言,現代語一般用"一時(いっとき)として…ない"的形式。

【ときに】

然而、但是。

（1）時に、ご家族の皆様はお元気ですか。／但是,你們家都好嗎。

（2）時に、例の件はどうなりましたか。／但是,那件事後來怎麽樣啦。

用於在會話中,説出與以前話題毫無關係的新話題的場合。稍有點書面語的味道,一般使用"ところで"、"さて"等。

【ときには】

偶爾、也有。

（1）生真面目な彼だが、時には冗談をいうこともある。／

他死認真，但偶爾也說句笑話。
(2) 私だって時には人恋しくなることもある。／即使是我也偶爾有思念親人的時候。
(3) いつも明るい人だが、時に機嫌の悪いこともある。／平時很開朗的人，偶爾也會心情不好。
(4) 専門家でも、時に失敗する場合もある。／即使是專家也有失敗的時候。

是"雖然並非永遠是，但有時…"的意思。如例(3)、(4)所示，其中的"は"也有被省略的情況。

【どこか】

1 どこか＜不定＞ （不知是）哪。

(1) このテレビ、どこかがこわれているんじゃないかな。／這臺電視，是不是哪壞了。
(2) 今頃はどこかをさまよっているかもしれない。／現在他也許正在哪閒逛呢。
(3) どこかでお茶でも飲みませんか。／在哪喝點茶吧。
(4) 春休みにはどこかへ出かける予定がありますか。／春假有去哪的計劃嗎。
(5) どこかから赤ん坊の泣いている声が聞こえてくる。／不知從哪傳來了嬰兒的哭聲。
(6) 顔色が悪いが、どこか悪いところでもあるのではないか。／臉色不好，是不是哪不舒服？

表示不特定的某個場所。"が/を/から/で/に/へ"等助詞接在其後，但是"が"常被省略。口語裡多說成"どっか"。此外，修飾名詞時應爲"どこか＋連體修飾句＋ところ"的形式。
(正) どこか静かなところで話しましょう。／找個安靜地方談談吧。
(誤) 静かなどこかで話しましょう。

2 どこか＜不確切＞ 某處、有些地方。

(1) あの人は、どこかかわいいところがある。／那個人有的地方挺可愛的。
(2) 彼女にはどこか私の母に似たところがある。／她有些地方挺像我媽媽的。
(3) このあたりの風景には、どこか懐かしい記憶を呼び起こすものがある。／這附近的景色什麼地方總喚起我的眷戀。

表示雖然不能說清哪個部分是那樣，但有那樣的地方。

【どことなく】

總覺得…。
(1) 彼女はどことなく色気がある。／總覺得她有點性感。
(2) あの先生はどことなく人をひきつける魅力をもっている。／總覺得那位老師有吸引人的魅力。

表示雖然說不清是哪裡，但有給予那種印象和感覺的地方之意。也說"どこ

かしら"、"どこか"。

【ところ₁】

1 Nのところ（在時間上表示現在、最近）。

（1）今のところ患者は小康状態を保っています。／現在患者保持暫時穩定的狀態。

（2）現在のところ応募者は約100人ほどです。／現在應徵的人大約100人左右。

（3）このところ肌寒い日が続いている。／最近連續幾天都比較冷。

前接"今"、"げんざい"、"この"等表示"現在"的名詞。表示"現階段、現在時點、最近"等現在的時間性狀況。

2 V-るところとなる 被知道了。

（1）この政治的スキャンダルは、遠からず世界中の人々が知るところとなるだろう。／這件政治醜聞不久就將被全世界的人知道了吧。

（2）彼らの別居はたちまち周囲の人の知るところとなった。／他們倆的分居立刻被周圍的人知道了。

表示傳聞、消息被人知道了的狀態的意思。一般採取"知るところとなる"的形式。是書面性語言。

3 V-るところに よると／よれば 據説…、據…。

（1）聞くところによれば、あの二人は離婚したそうだ。／據説那兩個人離婚了。

（2）現地記者の話すところによると、戦況は悪化する一方のようである。／據戰地記者説．戰況越來越糟。

（3）特派員の伝えるところによると、アフリカの飢饉はさらに悪化しているらしい。／據特派記者報導．非洲的飢荒更加嚴重了。

接"聞く(聽)"、"話す(説)"、"伝える(傳達)"等有發話傳達意義的動詞，表示後接的事情是信息情報。句尾常伴有"らしい／そうだ／とのことだ"等。多用於新聞報導文章中。

4 V-る／V-ている ところのN …所…。

（1）私が知るところの限りでは、そのようなことは一切ございません。／據我所知，絕沒有那樣的事情。

（2）彼が目指すところの理想の社会とは、身分差別のないすべての人が平等であるような社会であった。／他所追求的理想社會就是沒有身分差別人人都平等的社會。

是西方語言中關係代詞的直譯。如果是按傳統日語習慣應爲"彼が目指す理想の社会"所示．不一定非要使用"ところ"，但是一用讓人聽起來是翻譯口氣，書面語。

5 V-るところまでV（表示到極限）。

（1）堕ちるところまで堕ちてしまった。／墮落到不能再墮落的地步。

（2）とにかく、行けるところま

で行ってみよう。／反正能去哪就去哪吧。
(3) 時間内にやれるところまでやってみてください。／在規定時間内，能做多少就做多少。

前後使用同一動詞，表示動作變化到了極限，最終階段的意思。如例(2)、(3)所示使用表示可能的"V-れる"時是儘可能地進行該動作的意思。

6 V-ているところをみると 從…來看。
(1) 平気な顔をしているところをみると、まだ事故のことを知らされてないのだろう。／從他那滿不在乎的樣子來看，他大概還不知道發生車禍的事。
(2) 大勢の人が行列しているところを見ると、安くておいしい店のようだ。／從很多人排隊來看，這兒似乎是既便宜又好吃的店。

用於説話人以直接經驗爲根據述推量的場合。句尾多使用"らしい／ようだ／にちがいない"等。也用"…ところから"和"…ところからみて"的形式。
(例) 高級車に乗っているところから、相当の金持ちだと思われる。／從乘高級轎車來看，他相當有錢。

【ところ₂】

1 V-たところ＜順接＞（表示偶然的契機）。

(1) 先生にお願いしたところ、早速承諾のお返事をいただいた。／我求了老師，立刻得到了他答應的回答。
(2) 駅の遺失物係に問い合わせたところ、届いているとのことだ。／問了車站的失物招領處，説是那東西已經送到了。
(3) ホテルに電話したところ、そのような名前の人は泊まっていないそうだ。／打了個電話飯店向一問，説是房客中没有叫那個名字的人。
(4) 教室に行ってみたところが、学生は一人も来ていなかった。／進教室看了，結果一個學生也没來。

前接表示動作的動詞タ形，後接表示事情成立和發現的契機。前後出現的事没有直接的因果關係，而是"…したら、たまたま／偶然そうであった"的關係。後接的事是説話者以前面的動作爲契機發現的事態，用於表達已經成立的事實。也有如例(4)一樣"V-たところが"，即伴有"が"的形式。在這種場合後邊的事多爲與期待相反的内容。

2 V-たところが＜逆接＞ 可是…、然而…。
(1) 親切のつもりで言ったところが、かえって恨まれてしまった。／本來滿懷熱情説的話，反而招來了別人的恨。
(2) 高いお金を出して買ったところが、すぐ壊れてしまっ

た。／出高價買來的東西，可是很快就壞了。
（3）仕事が終わって急いで駆けつけてみたところが、講演はもうほとんど終わってしまっていた。／工作一完，趕緊跑去一看，但是講演已經差不多結束了。

這是一種逆接的用法，可以和"のに"互換，表示結果與預想、期待相反之意。前一種用法是順接，一般可以省略"が"。此處不能省，只能用"ところが"。

【どころ】

1…どころか 哪裡。
［N／Na（な） どころか］
［A-いどころか］
［V-るどころか］
（1）病気どころか、ぴんぴんしている。／哪裡有病，精神可好。
（2）A：あの人、まだ独身でしょう。／那個人還單身嗎？
　　B：独身どころか、子供が3人もいますよ。／哪裡還單身，都有3個孩子啦。
（3）彼女は静かなどころか、すごいおしゃべりだ。／她哪裡文靜，多句愛說話的。
（4）A：そちらは涼しくなりましたか。／你們那裡涼快了嗎？
　　B：涼しいどころか、連日30度を超える暑さが続いていますよ。／涼快什麼呀，連續好多天超過30度的酷熱。
（5）風雨は弱まるどころか、ますます激しくなる一方だった。／風雨哪裡減弱呀，反而越來越大。
（6）この夏休みはゆっくり休むどころか、仕事に追われどおしだった。／這個暑假別說好好休息了，一直被工作壓得透不過氣來。

"どころ"接在名詞、形容詞之後。接在ナ形容詞之後時，既有如例（3）一樣在"どころ"前加"ナ"，也有可以省去"ナ"的情況。"どころ"多用於後接的內容與前邊所述的事實正相反的情況下，從根本上推翻說話者或者聽話人的預想和期待的事實。

以例（2）爲例，聽話者還以爲某人"單身"，說話者傳達了不但某人"不是單身"，而且都有"3個孩子"的事實，是一種從根本上否定聽話人認爲某人"單身"預想的表達方式。

2…どころ…ない　別說…連…、別說…就是…。
［…どころ…さえ（も）…ない］
［…どころか…も…ない］
［…どころ…だって…ない］
（1）最近の大学生の中には、英語どころか日本語の文章さえうまく書けない者がいる。／最近，在大學生中，有的人別說英語，連日語的文章也

寫不好。
（2）旅行先で熱を出してしまい、見物どころか、温泉にも入れなかった。／旅行途中發了燒，別說遊覽，連溫泉也沒泡上。
（3）彼女の家まで行ったが、話をするどころか、姿も見せてくれなかった。／她家，我雖然去了，別說跟她聊聊天了，她根本就沒露面。
（4）A：今夜お暇ですか。／今晚你有空兒嗎？
　　 B：暇などころか、食事をする暇さえありませんよ。／哪有空啊，連吃飯的時間都沒有。
（5）お前のような奴には、1万円どころか1円だって貸してやる気はない。／像你這樣的像伙，別說1萬日元，就是1日元也不想借給你。

用法2的接續、意義與用法1相同。後半部用"さえ（も）/も/だって…ない"等的表達方式，表示不僅沒有滿足平均的標準和期待，而且比那還簡單，甚至連低標準的期待也沒滿足。

以例（1）為例，日本的大學生在外語方面一般應該會英語，可是連比英語更簡單的日語作文都不會，表示有的學生沒作文能力的意思。

3 …どころではない　哪有、哪能、不是…的時候。
[Nどころではない]
[V-ているどころではない]

（1）この1か月は来客が続き、勉強どころではなかった。／這1個月接連來客人，哪有唸書的時間。
（2）こう天気が悪くては海水浴どころではない。／這樣的壞天氣，哪能去海水浴場啊。
（3）仕事が残っていて、酒を飲んでいるどころではないんです。／還有工作沒完，不是喝酒的時候。
（4）A：今晩一杯いかがですか。／今晚喝一杯怎麼樣？
　　 B：仕事がたまっていて、それどころではないんです。／工作堆了一堆，不是喝的時候。

"どころではない"接在動詞或者表示動作的名詞後，表示"不是能進行那種活動的狀況和場合"。也有如例（4）一樣用指示詞來承接前邊的話。例（4）也可以說成"酒を飲んでいるどころではない"。

4 Nどころのはなしではない　不是談…的時候、哪有閒工夫談…。
Nどころのさわぎではない
（1）受験生の息子を二人も抱え、海外旅行どころの話ではありません。／我有兩個應考的孩子（生活負擔很重），不是談出國遊玩的時候。
（2）こう忙しくては、のんびり釣りどころの話ではない。／這麼忙，哪有閒工夫釣魚。
（3）原子力発電所の事故発生で

バカンスどころの騒ぎではなくなった。／由於核電站發生了事故，根本沒有功夫去休假旅遊。

前接動詞和表示動作的名詞，其表示的意義與用法3類似，含有"不是談論那樣快活事的狀況"之意。

【ところが】

1 ところが＜反予測＞　但是、可是。

（1）天気予報では今日は雨になると言っていた。ところが、少し曇っただけで、結局は降らなかった。／天氣預報説今天有雨，可是只是天稍微陰了點，最終沒有下。

（2）ダイエットを始めて3週間になる。ところが、減った体重は、わずか1キロだけだ。／開始減肥已經3周了，可是體重只減少了1公斤。

（3）いつもは8時半ごろ会社に着く。ところが、今日は交通事故に巻き込まれ、1時間遅れで到着した。／我總是8點半到公司，可是今天碰上車禍，晚了1個小時才到。

（4）兄は大変な秀才である。ところが弟は大の勉強嫌いで、高校を無事に卒業できるかどうか危ぶまれている。／哥哥是個秀才，可是弟弟非常討厭學習，能否順利高中畢業都很危險。

（5）A：春休みはゆっくりされているんでしょうね。／春假您能好好休息吧。
　　B：ところが、締め切り原稿があってそうもしていられないんです。／可是有稿約也休息不得。

（6）A：来週のパーティには是非いらしてくださいね。／請您務必參加下周的聚會啊。
　　B：ところが、その日急に予定が入ってしまったんです。／可是，那天突然有了安排。

用於與從前面句子的內容，自然而所預想和期待的情況相反，即後接內容與前面不一致的場合。另外如例(3)、(4)所示，用於兩個事態對比關係的情況。如例(5)、(6)用於會話時，用於把"雖然你那麼想，可是事實與此截然不同"的話傳給聽話者的情況。也就是表示對方的期待和預想與現實不一致。不論哪種情況，後接句子都是表示既定的事實。如果是沒有決定事實性的意志、希望、命令、推量等表達方式，則不能用這個句型。如下例就是因此而產生的錯誤。

（誤）合格はかなり難しそうだ。ところが、受験してみるつもりだ（意志）／挑戦してみたい（希望）／頑張れ（命令）／ひょっとしたら受かるかもしれない（推量）。

2 ところが＜發現＞　可是…。

（1）急いで家を出た。ところが、途中で財布を忘れているこ

とに気がつき、あわてて引き返した。／急急忙忙離開了家，可是半路上發覺忘記帶錢包了，於是又慌慌張張地跑回家了。
(2) 友人の家に電話した。ところが、1週間前から海外旅行に行って留守だという。／給朋友家打了電話，可是，説是他1周前出國旅遊去了不在家。

用於表示發生了從前述的狀況和趨勢難以預想的情況和新變化時，並且説話者對此感到非常意外。後接句子內容是説話者第一次發現的新信息，即與從前述情況自然預想到的事情具有不一致的内容。"ところが"的這種用法與"しかし"、"けれども"、"だが"等是不能替換的，即便能替換也是表達其他意義。

【ところだ】

1 ところだ＜事態的局面＞

"ところだ"接在動詞之後，用於報告場面、狀況、事情等處於怎樣的進展階段。"ところだった"用於表示過去所處於的那種狀態。"ところだ"本身不能變否定形和疑問形。而且前面所接的動詞一般也不能使用否定形。

a V-たところだ　剛剛。
(1) 今帰ってきたところです。／我剛回來。
(2) 海外勤務を終え、先日帰国したところです。／結束了國外的工作，前兩天剛回國。
(3) 電話したら、あいにくちょっと前に出かけたところだった。／打電話一問，説是不湊巧剛出門。

表示動作、變化處於其"稍後"的階段，與"今"、"さっき"、"ちょっと前"等表示"稍前"的時間副詞一起使用的情況較多。

b V-ているところだ　正在。
(1) A：もしもし、和雄君いますか。／喂，喂，和雄在嗎？
　　B：今お風呂に入っているところなんです。／正在浴室洗澡呢。
(2) ただいま電話番号を調べているところですので、もう少々お待ちください。／我正在查電話號碼，請你稍微等一會兒。
(3) ふすまを開けると、妻は着物を片付けているところだった。／打開拉門一看，妻子正在整理衣服。

此處的"ところ"表示動作進行"當中"的階段。

c V-ていたところだ　（當時）正…呢。
(1) いい時に電話をくれました。私もちょうどあなたに電話しようと思っていたところなんです。／你的電話來的真是時候，我也正想打電話給你呢。
(2) 思いがけなくも留学のチャンスが舞い込んできた。そ

のころ私は、将来の進路が決められずいろいろ思い悩んでいたところだった。／沒想到飛來個留學機會，當時我正爲難以決定將來前途而煩惱不堪。

表示從以前到句子所表達的時點爲止，該狀態一直持續着。多用於表達說明思考和心理狀態的場合，以及在那種狀態下發生變化產生了新發展的情況。

d V-るところだ　正想、正要。

（1）これから家を出るところですから、30分ほどしたら着くと思います。／我正要離家出門，我想過30分鐘左右就能到你那。

（2）飛行機は今飛び立つところだ。／飛機正要起飛。

（3）A：ご飯もう食べた？／你吃飯了嗎？
　　 B：ううん、これから食べるところ。／沒呢，我正要吃。

（4）家に戻って来ると、妻は買い物に出掛けるところだった。／我回到家，妻子正要出門購物去。

表示動作和變化處於其發生的"正要"的階段。句子中常用"ちょうど（正好）、今（現在）、これから（一會兒）"等副詞。

2 Vところだ＜興事實相反＞

表示"如果情況不同就應該是這樣"的一種與事實相反的事情。前面多伴有"たら／なら／ば"等表示條件的分句。

a …たらVところ　要是…就會…。

（1）昔だったらそんな過激な発言をする人間は、処刑されているところだ。／要是在過去，那種言辭過激的人會被處死的。

（2）父がそのことを知ったら激怒するところだ。／爸爸要是知道了此事，會勃然大怒的。

（3）先生がお元気だったら、今日のような日には一緒に中華料理でも食べているところでしょう。／老師如果身體好的話，像今天這樣的日子就會和我們一起品嘗中國菜啦。

（4）知らせていただかなければ、とっくにあきらめていたところです。／如果您不通知，我早就放棄了。

伴有"…ば"、"…たら"等條件分句時，主句中的動詞爲辭書形或夕形，表示事實雖然與此不同，但是如果是那種情況的話是能想像出它的結果是什麼的。

如例（1）"昔だったら処刑されているはずだ（要是以前會被處刑的）"，但表示的是現代社會不會有那種事。

b …ところだった　那可就…、險些…。

[V-るところだった]
[V-ていたところだった]

（1）もし気がつくのが遅かったら、大惨事になるところだった。／如果發現晚了，那

可就太慘了。
(2) あっ、あなたに大事な話があるのを思い出しました。うっかり忘れるところでした。／啊，我想起來了．有要事和你說．差一點忘了。
(3) ありがとうございます。注意していただかなければ忘れていたところでした。／謝謝．你不提醒我就忘了。

表示如果情況不同，就會發生的事在比之前得以避免的意思，常伴有"…ば"、"…たら"的條件分句。如果要加強馬上就要發生之意時，則説"もうすこしで…ところだった。(差一點兒…就…)"。

c …なら(ば)…ところ だが／を　平時的話…，可現在…。
(1) 普通ならただではすまないところだが、今回だけは見逃してやろう。／要是平時是饒不了你的．就這次放你一馬。
(2) 本来ならば直接お伺いすべきところですが、書面にて失礼致します。／本來應該直接拜訪您的．可是這次只好寫信了。
(3) 通常は定価どおりのところを、お得意さんに限り特別に1万円引きになっております。／把平常按定價出售的東西．僅對老客戶特別便宜一萬日元。
(4) いつもなら1時間で行けるところを、今日は交通事故があって3時間もかかった。／平時1個小時能到的地方．今天碰到車禍花了3個小時。

在這個句型中常伴有"普通／通常／本來／ならば"等詞語，表示平常是這樣的，可是現狀則與此不同是特殊之意。

【ところで】

1 ところで　且説、可是。
(1) A：お元気ですか。／你好嗎？
　　B：おかげさまで。／託您的福了！
　　A：ところで、この度は息子さんが大学に合格なさったそうで、おめでとうございます。／啊，聽説這次貴公子考上了大學，恭喜你啦！
(2) A：やっと夏休みだね。ところで、今年の夏休みはどうするの。／終於到暑假啦，可是今年暑假你有何打算？
　　B：卒論の資料を集めるつもり。／打算收集寫畢業論文的資料。
(3) 今日はお疲れ様でした。ところで、駅のそばに新しい中華料理屋さんができたんですけど、今夜行って見ませんか。／今天您辛苦了．對了，車站旁邊新開了一家中國菜館，今晚不去瞧瞧嗎？

(4) 今日の授業はこれまでです。ところで、田中君を最近見かけませんが、どうしているか知っている人いますか。／今天課就上到這。可是最近沒見到田中，有沒有人知道他怎麼了？

用於與前面話題不同而轉變爲其他話題時，或者添加與現在話題相關連的事，使其相互對比的場合。

2 V-たところで＜階段時間點＞ 在…時。

(1) 論文の最後の一行を書いたところで、突然気を失った。／寫到論文最後一行時，突然昏過去了。
(2) 話の区切りが付いたところで、終わることにしましょう。／話告一段落時，就此結束吧。
(3) 大急ぎで走り、飛び乗ったところで電車のドアが閉まった。／急急忙忙奔跑飛身上了車，電車門就關上了。
(4) ようやく事業に見通しがつくようになったところで、父は倒れてしまった。／總算事業有望的時候，父親却累倒了。

表示前面動作、變化結束了，告一段落時，發生了後面的動作和變化之意。

3 V-たところで＜逆接＞

a -Vたところで…ない 即使也不(没)。

(1) いくら頼んだところで、あの人は引き受けてはくれないだろう。／即使使勁求他，他也不會接受吧。
(2) そんなに悲しんだところで、死んだ人が帰ってくるわけではない。／即使那麼悲哀，死了的人也回不來了。
(3) 今頃になって急いだところで無駄だ（＝間に合わない）。／到了這時候即使急也没用（＝也來不及了）。
(4) 到着が少しぐらい遅れたところで問題はない（＝大丈夫だ）。／稍微晩到一會，也問題不大（＝没關係）。
(5) 頑丈な作りですから倒れたところで壊れる心配はありません。／做得很結實，倒了也不必擔心會破碎。

"ところで"接在動詞的タ形之後，表示即使成爲那樣，也得不到所期待的結果。結果的部分是"述語＋ナイ"形或者是"無駄だ／無意味だ"一類表示否定性判斷或價值的表達方式。如例(1)～(3)就是如此。也如例(4)、(5)所示，亦可一樣以"…しても大丈夫／問題はない"來結尾，表示肯定評價的用法。這是即使前面的事態發生，也不會影響到後面事態的關係。這個句型常伴有"たとえ"、"どんなに"、"いくら"等副詞和"何＋數量詞"（如：何人、何冊、何回）的表達方式。

b V-たところで 即使…，頂多…。

(1) うちの夫は出世したところで課長どまりだろう。／我家先生即使出人頭地，頂多也就

做到處長就結束了。
(2) どんなに遅れたところで、せいぜい5、6分だと思います。／再怎麼遲到，我想頂多5、6分鐘吧。
(3) 泥棒に入られたところで、価値のあるものは本ぐらいしかない。／即使小偷鑽進來（也没的可偷），有價值的只有書。

後面伴有表示量少程度的表達。表示"即使發生了那樣的事時，其程度、量、數都是微不足道的"之意。

【ところに】
…的時候。
[V-ている／V-た ところに]
(1) 出かけようとしたところに電話がかかってきた。／要出門的時候，來了電話。
(2) ようやく実行する方向に意見がまとまったところへ思わぬ邪魔が入った。／好不容易在實施的方向上取得了一致的意見，没想到又有了障礙。
(3) 財布をなくして困っているところに偶然知り合いが通りかかり、無事家までたどり着くことができた。／丢了錢包正在為難時，一位熟人偶然從此路過，得到他的幫助才得以平安返回家。

用於表示發生使之處於某階段的狀況變化、變更等事情的場合。大體上如例(1)、(2)表示妨礙阻撓事情進展的情況居多，也有如例(3)使表示現狀向好的方向變化的情況。

【ところを】
1 Vところを…V 正…時，之時。
(1) お母さんは子供が遊んでいるところを家の窓から見ていた。／媽媽從窗戶看著正在玩耍的孩子。
(2) こっそりタバコを吸っているところを先生に見つかった。／正在偷偷吸煙時被老師發現了。
(3) 駅前を歩いているところを警官に呼び止められた。／路過車站前時被警察叫住了。
(4) 男は金庫からお金を盗み出そうとしているところを現行犯で逮捕された。／那男的正從保險櫃里偷錢時，被以現行犯逮捕了。
(5) 人々がぐっすり寝込んだところを突然の揺れが襲った。／正當人們睡得正香時，突然大地搖晃了起來。
(6) あやうく暴漢に襲われかけたところを見知らぬ男性に助けてもらった。／險些被歹徒襲擊之時，被一位不認識的男子漢搭救了。

在"ところを"前後都有動詞相伴，表示對於由前面動詞所表示的狀況進

展,後接的內容給予前面直接性的作用動作。作爲後接動詞一般是"見る"、"見かける"、"見つける"、"発見する"等表示視覺或發現意義的動詞,或者是"呼び止める"、"捕まえる"、"捕まる"、"襲う"、"助ける"等表示停止、捕捉、攻擊、救助之類意義的動詞。這些動詞在制止阻擋前面動作,事物的進展方面有着共同點。

2 …ところ(を) …之時,…之中。

[Nのところ(を)]
[A-いところ(を)]
[R-ちゅうのところ(を)]

(1) お楽しみのところを恐縮ですが、ちょっとお時間を拝借できないでしょうか。／在大家玩興正濃時,實在不好意思,能給我點時間嗎?

(2) ご多忙のところ、よくきてくださいました。／歡迎百忙之中前來光臨。

(3) お忙しいところを申し訳ありませんが、ちょっとお邪魔いたします。／對不起,在您百忙之中還來打擾您。

(4) お取り込み中のところを失礼します。／在您百忙之中還來打擾實在對不起。

(5) お休み中のところをお電話してすみませんでした。／在您安歇之時給您打電話,抱歉抱歉。

(6) 難しいことは承知のうえですが、そこのところをちょっと無理して聞いていただけないでしょうか。／雖然知道您有些爲難,但還是希望您想辦法給打聽一下好嗎?

(7) A：最近ちょっと忙しくて…。／最近稍微有點忙…。
    B：そこんところを何とかよろしくお願いしますよ。／這種情況下還是想請您關照。

用於勉強對方,給對方添麻煩之時,是顧及到對方狀況的一種表達方式,多用於開場白。後接的表達是委託、致歉、致謝等內容。也有如例(6)、(7)把前面內容用指示詞來承接,說成"そこのところ"的表達方式。

【とされている】

被視爲…、被看成…。

(1) 仏教で、生き物を殺すのは十悪のひとつとされている。／佛教把殺生視爲十惡之一。

(2) 地球の温暖化の一因として、大気中のオゾン層の破壞が大きくかかわっているとされている。／臭氧層的破壞被視爲地球溫暖化的重要原因之一。

(3) チョムスキーの理論では、言語能力は人間が生まれつきもっている能力とされている。／按照喬姆斯基的理論,語言能力被視爲人天生的能力。

（4）当時歌舞伎は風俗を乱すものとされ、禁止されていた。／當時歌舞伎被視爲傷風敗俗之物而被禁止。

"とされている"表示"被認爲/被看成…"的意思。其前面的名詞述語中的助動詞"だ"可以省略，多爲"Nとされている"的形式。一般用在報導和論文等較鄭重的文章中。

【としたら】

這個句型是由助詞"と"加上"したら"構成的，表示"認爲那是事實的場合"、"認爲是實現並存在的場合"、"在這樣的事實、現狀的基礎上的場合"等意義，是設想"在那樣想的情況下"進行條件設定，幾乎所有的場合都不能單獨的"たら"來替換。

1 …としたら＜假定條件＞ 要是、如果。

[N／Na だとしたら]
[A／V としたら]

（1）家を建てるとしたら、大きい家がいい。／要是蓋房子，還是大的好。
（2）もし1億円の宝くじがあったとしたら、家を買おう。／如果我中了一億日元的奬券，我要買房子。
（3）仮にあなたが言っていることが本当だとしたら、彼は私に嘘をついていることになる。／假定你所説的是真的，那麽就是他對我撒了謊。
（4）いらっしゃるとしたら何時ごろになりますか。／如果您來的話，幾點來啊？
（5）責任があるとしたら、私ではなくあなたの方です。／如果説有責任，不是我有，而是你有。

表示"假如把那當成事實"或者"認爲其可以實現、存在的話"之意，後半句接表示説話人的意志、判斷或評價的表達方式。前面常伴有"仮に"、"もし"，後接如果是表示評價或意志的表達方式時，雖然可以用"としたら"，但是用"とすると"、"とすれば"，則句子不自然。

（誤）宝くじがあった（とすると／とすれば）家を買おう。

2 …としたら＜既定條件＞ 如果。

[N／Na （なの)だとしたら]
[A／V （の)だとしたら]

（1）これだけ待っても来ないのだとしたら、今日はもう来ないでしょう。／如果這麽等都不來，今天不會來了吧？
（2）A：私はそのことを誰にも話していません。／我跟誰也没説那件事。
　　 B：あなたが話してないのだとしたら、一体誰がもらしたのだろう。／如果你没説，那到底是誰洩漏的呢？

根據現狀和從對方得來的信息，表示"在這種現狀和事實的基礎上"之意。多用"…のだとしたら"的形式。這種用法不能使用副詞"かりに"和"もし"。

3 （そう）だとしたら 那樣的話。

（1）A：寝台車は全て満席だっ

て。／説是臥鋪車全都満了。

B：だとしたら、普通の座席に坐って行くしかないわね。／那様的話,只能坐普通車去。

（２）Ａ：会議は１時間遅れの開始になったそうですよ。／聽説會議晩開始一個小時。

Ｂ：そうだとしたら、こんなに急いでくるんじゃなかった。／早知那様的話,就不這麼急着趕來啦。

（３）台風の上陸と満潮の時刻が重なるらしい。だとしたら、沿岸では厳重な警戒が必要になる。／好像颱風登陸和漲潮要撞到一起,那様的話,沿岸有必要嚴加警戒。

承接前面句子或對方的話,表示"在那様的事實下"、"基於這種狀況"、"如果那是事實的話"之意。

【として】

１Ｎとして　作爲、當作。

（１）研究生として、この大学で勉強している。／他作爲研修生在這所大學學習。

（２）日本軍の行った行為は日本人として恥ずかしく思う。／對於日本軍隊的所爲,我作爲日本人感到羞恥。

（３）子供がこんなひどい目にあわされては、親として黙っているわけにはいかない。／孩子受到這樣遭遇,我作爲家長不能默視不管。

（４）彼は大学の教授としてより、むしろ作家としての方がよく知られている。／他與其説作爲大學教授,不如説作爲作家更有名。

（５）趣味として書道を勉強している。／我把書法當作一種愛好來學。

（６）学長の代理として会議に出席した。／作爲校長代理出席了會議。

（７）大統領を国賓として待遇する。／給總統以國賓的禮遇。

（８）軽井沢は古くから避暑地として人気があるところだ。／輕井澤自古以來作爲避暑勝地而深受歡迎。

（９）文学者としては高い評価を得ている彼も、家庭人としては失格である。／作爲文學家得到很高的評價的他,作爲家庭成員却不夠資格。

（10）彼の料理の腕前はプロのコックとしても十分に通用するほどのものだ。／他的做菜本事,作爲專業厨師也是十分是夠用的。

"として"接名詞之後,表示資格、立場、種類、名目等。

２Ｎとしては　→【としては】

3 Nとしても 作爲…也。

（1） 私（わたし）としても、この件（けん）に関（かん）しては当惑（とうわく）しております。／關於這件事，我也困惑不解。

（2） 学長（がくちょう）としても、教授会（きょうじゅかい）の意向（いこう）を無視（むし）するわけにはいかないだろう。／作爲校長，我也不能無視教授會的意願吧？

（3） 会社（かいしゃ）といたしましても、この度（たび）の不祥事（ふしょうじ）は誠（まこと）に遺憾（いかん）に思（おも）っております。／作爲公司方面對這次發生的不光彩事件實在表示遺憾。

"としても"接在表示人或組織的名詞之後，表示"從那種立場、觀點出發也…"之意。也有像例（3）一樣採取禮貌語體的表達方式。與"としては"的不同之處是，"としても"含有其他也有同樣立場觀點的人和組織之意。

→【としても】

4 NとしてのN 作爲…的…。

（1） 教師（きょうし）としてではなく、一人（ひとり）の人間（にんげん）としての立場（たちば）から発言（はつげん）したいと思（おも）う。／我不是以身爲教師，而是想從身爲一個普通人的立場發發言。

（2） 彼（かれ）にも男（おとこ）としての意地（いじ）があるはずです。／他也應該有作爲男子漢的氣概。

（3） 日本代表（にほんだいひょう）としての責任（せきにん）を強（つよ）く感（かん）じ、精一杯頑張（せいいっぱいがんば）りたいと思（おも）います。／我作爲日本代表深感責任重大，要全力以赴。

是"Nとして"修飾名詞的用法。

【として…ない】

没有一…。

[最小數量＋として…ない]

（1） 戦争（せんそう）が始（はじ）まって以来（いらい）、一日（いちにち）として心（こころ）の休（やす）まる日（ひ）はない。／自戰爭開始以來沒有一天心情平靜的。

（2） 期末試験（きまつしけん）では、一人（ひとり）として満足（まんぞく）のいく答案（とうあん）を書（か）いた学生（がくせい）はなかった。／期末考試中，沒有一個學生寫出圓滿的答案。

（3） 高級品（こうきゅうひん）ばかりで、一つ（ひと）としで私（わたし）が買（か）えそうな品物（しなもの）は見当（みあ）たらない。／都是高級豪華商品，自己能買的東西一個也沒找到。

（4） だれ一人（ひとり）として、私（わたし）の発言（はつげん）を支持（しじ）してくれる人（ひと）はいなかった。／不論誰，沒有一個支持我的發言的。

"として"之前爲"一日"、"一時"、"(だれ)一人"、"(何)一つ"等表示最小數量，接"一"的詞。後接的述語常伴有否定形，表示"一點也沒有"之意。如有"だれ"、"なに"等疑問詞相伴時，其中的"として"可以省略。

（例） だれ一人、私の発言を支持してくれる人はいなかった。／没有一個人支持我的發言。

這句話稍有點書面語的味道，若用口頭表達，則爲"一人も…ない"的説法。

【としては】

此爲"として"加上"は"的形式，但是以下用法通常不能省略"は"。

1 Nとしては＜立場・観点＞　作爲…。

（1）彼としては、辞職する以外に方法がなかったのでしょう。／作爲他，除辭職之外沒有別的辦法吧。

（2）私といたしましては、ご意見に賛成しかねます。／您的意見我難以苟同。

（3）吉田さんとしては、ああとしか答えようがなかったのでしょう。／作爲吉田只能那麼回答吧。

（4）委員会としては、早急に委員長を選出する必要がある。／作爲委員會有必要儘快選出委員長。

其前爲表示人物或組織的詞語，表示"從那種立場、觀點來説／來想"之意。也有用"…としましては"、"といたしまして"等禮貌語體表達形式的情況。

2 Nとしては＜與平均值有出入＞作爲。

（1）父は、日本人としては背の高いほうです。／父親作爲日本人算個子高的。

（2）100キロの体重は普通の男性だったらずいぶん重いと思うが、相撲取りとしてはむしろ軽いほうである。／100公斤的體重，如果是一般男子的話就很重了，可是作爲相撲力士毋寧説是數輕量級的。

（3）大学院を出てすぐ大学に就職できる人は、研究者としては幸運な部類に入る。／研究生一畢業就能在大學就職，作爲研究者算是屬於幸運一族。

（4）学生数2000人というのは大学としてはかなり規模が小さい。／學生數爲2000人，作爲大學，規模相當小。

前接表示人物或組織的名詞，用於表示將該人物或組織在其所屬標準或平均數值相比較，具有遠離該數量或不具備其性質的意思。可以與"…にしては"互換。

【としても】

1 Nとしても　→【として】3
2 …としても　即使…也。
[N／Na（だ）としても]
[A／V　としても]

（1）彼の言っていることが真実だとしても、証拠がなければ信じるわけにはいかない。／即使他説的是真的，如果沒有證據也不能相信。

（2）たとえ賛成してくれる人が一人もいないとしても、自分の意見を最後まで主張するつもりだ。／即使沒有一個人贊成我，我也打算把自

己的意見堅持到底。
(3) 留学するとしても、来年以降です。／即使留學，也要明年以後再説。
(4) 今からタクシーに乗ったとしても、時間には間に合いそうもない。／即使現在坐上計程車，也根本來不及了。
(5) 渋滞でバスが遅れたとしても、電話ぐらいしてくるはずだ。／即使是交通堵塞公車晚到，也該打個電話呀。
(6) 加藤さんの忠告がなかったとしても、やっぱり病院を変えていただろう。／即使没有加藤的忠告，也還是轉院了吧。
(7) 同級生に駅で出会わなかったとしても、やっぱり授業をさぼって映画に行っただろう。／即使在車站没碰到同學，也肯定是逃課去看電影了吧。

以"XとしてもY"的形式表示"假如X是事實或者成立，在Y的成立上或者阻止Y上，也不會起到有效的作用"之意。Y表示與X預想期待相反或者與X不符的事情。

X是動詞時，如例(4)～(7)一樣多用"V-たとしても"的形式，也用例(3)那樣，"V-るとしても"的形式。例(3)是"將來要發生留學的情況"的意思，Y表示與X成立時的時間相同。與此相對應，"V-たとしても"表示"即使X的事態成立的情況"，X表示先於Y成立的事情。例(4)是表示"即使坐上計程車的

情況下也要以來不及的結果告終吧。"的意義。
例(6)、(7)表示反事實的事情時，"雖然實際上有加藤的忠告，但即使在沒有的情況下。"、"雖然實際上見到了同學，但即使没見到"Y的結果也成立吧！

3 …はいいとしても　即使…也。

(1) 彼はいいとしても、彼女が許してくれないだろう。／即使他認可，她也不會原諒我吧。
(2) 計算を間違えたのはいいとしても、すぐに報告しなかったことが問題だ。／即使計算錯了這一點可以原諒，但你没有馬上報告也是問題。
(3) 時間通り来たのはいいとしても、宿題を忘れて来たのはよくない。／即使按時到是好的，忘了帶作業可不好。
(4) あのホテルは、部屋はいいとしても、従業員の態度がよくない。／那家飯店雖然房間好，服務員的態度可不好。

前接名詞或者句節，使用"XはいいとしてもY"的形式，在Y上接續"不好"等貶義表達方式，表示"有關X雖然認爲其好可也，但是對Y則不能那麼説"之意。是使二者相比較，這是X在允許的範圍之内Y則處於其範圍之外的説法。

【とする₁】
（表示樣子或狀態）。
(1) ぎりぎりで締め切りに間に

合い、ほっとした。／剛剛好趕上了截止日期，鬆了一口氣。
(2) 子供は少しの間もじっとしていない。／孩子一下也不會安寧的。
(3) 何を言われても平然としている。／不管別人說什麼都泰然處之。
(4) ぼんやり(と)していた記憶が時間が経つにつれてだんだんはっきり(と)してきた。／本來模糊的記憶隨着時間的流逝逐漸地清晰起來。
(5) 記者の質問に対し堂々とした態度で応対した。／對於記者的提問，以落落大方的態度去面對。
(6) もっときちんとした格好をしなさい。／你穿着再整齊點。
(7) 真夜中の電話の音にはっとして目が覚めた。／深夜的電話聲嚇醒了我。
(8) 何を言われても、平然としてたばこを吹かしている。／不論別人說什麼，他都平靜地吸着煙。
(9) 彼女はきっとして、私をにらみつけた。／她狠狠地瞪了我一眼。
(10) 昨日からの雪は、一夜明けた今も依然として降り続いている。／昨天開始下的雪，過了一夜仍然在下。

詞尾加"と"的副詞再加"する"，表示是那種樣子和狀態。例(4)中的"ぼんやり"、"はっきり"不接"と"也可作副詞使用，此時可以省略"と"。例(7)～(9)中可以省略"して"。其他的例子還有"ちゃんと／ゆったりと／かっかと／悠々と／悠然と／毅然とする"等。

【とする₂】

[N／Na （だ）とする]
[A／V　とする]

1 …とする＜假定＞　如果…、假如…。

(1) 今仮に3億円の宝くじがあなたに当ったとします。あなたは、それで何をしますか。／假設現在你中了3億日元的獎券，你用這筆錢要做什麼？
(2) 今、東京で関東大震災と同程度の地震が起こったとしよう。その被害は当時とは比べものにならないものになるだろう。／假設東京現在發生了和關東大地震同樣程度的地震，其損失將無法和當年相比吧。
(3) 例えば50人来るとして、会費は一人いくらぐらいにすればよいでしょうか。／比如假設來50人，一個人交多少會費好呢？

表示"かりに…と考える(假設…去考慮)"之意。現實是怎麼樣那就另說了，

總之是以假定、想像的事情來設定條件的用法。説話人以假想的東西來設定這種意識性的條件, 設定意識頗強.

2 …とする ＜看作＞

這是用於新聞報導、法律條文等方面稍生硬文章中的表達方式.

a …とする　看成…、視爲…。

[N／Na　（だ)とする]
[A／V　とする]

（1）酔ったうえでの失言(だ)として、彼の責任は問われないことになった。／把那件事視爲酒後失言, 他的責任不予追究了。

（2）多額の不正融資が行われた証拠があるにもかかわらず、事実無根として片付けられた。／儘管有進行高額非法融資的證據, 也被看成事實不確鑿給處理了。

（3）裁判長は過失は被告側にあるとし、被害者に賠償金を払うよう命じた。／審判長認爲過失在被告一方, 並且勒令被告向受害者支付賠償金。

（4）今の法律では夫婦はどちらか一方の姓を選ばなければならないとされている。／按照現行的法律規定, 夫妻必須選擇兩人中某一方的姓氏。

表示"看成…"、"判斷爲…"之意。名詞後的"だ"多被省略。

b …こととする　規定…、決定…。

（1）《規則》会議を欠席する場合は、事前に議長宛に届けを提出することとする。／《規則》規定缺席會議時, 要在事前向議長提出請假。

（2）この度の法律改正は喜ぶべきこととして受け止められている。／這次的修改法律當成値得高興的事而被接受了。

表示"決定爲…"、"判斷爲…"之意。

c …ものとする　視爲…、解釋爲…。

（1）意見を言わない者は賛成しているものとする。／不發表意見的人視爲賛同的人。

（2）1週間たってもお返事がない場合はご辞退なさったものとして扱います。／過一周後没有回信時, 以自己放棄來論處。

表示"看成…"、"解釋爲…"之意。

3 V-ようとする　正要…。

（1）時計は正午を知らせようとしている。／時鐘正要報午時。

（2）お風呂に入ろうとしたところに、電話がかかってきた。／正要進浴室時, 電話響了。

→【よう2】8

4 NをNとする　把…視爲、把…當作…。

（1）私は恩師の生き方を手本と

している。／我把恩師的生活方式作爲榜樣。
(2) 祖父は散歩を日課としている。／祖父把散步當成每天必做的事。
(3) この試験では60点以上を合格とする。／這次考試60分以上爲及格。
(4) 看護婦は昔は女の仕事とされていたが、この頃は男の看護士もいるそうだ。／護士以前被視爲是女性的工作，據說最近也有男護士了。
(5) 芭蕉は人生を旅として生きた。／松尾芭蕉把人生視爲旅途而活下來。

表示"把…看成／考慮爲／假定爲…"之意。有以別人的行動和方法爲榜樣，決定把該行動作爲習慣，或者將該事看成不同的事情等各種情況。例(1)～(4)可以替換成"Nにする"的形式，也可以說成例(5)一樣的比喻情況。

【とすると】

這個句型由助詞"と"加上"すると"構成。前接句子，表示"如果那是事實的情況"、"要實現的情況"、"在這樣的現狀和事實的基礎上"等意思。後半部接續根據上述情況能成立的判斷。因爲是在那種想法上設定的條件，所以單獨的"と"沒有這樣的意義。因此這個句型幾乎所有場合都不能替換成"と"。

1 …とすると＜假定條件＞　如果…、假如…。

[N／Na　だとすると]
[A／V　とすると]
(1) 医学部に入るとすると、一体どのぐらいお金が必要なのだろうか。／如果要報考醫學系，到底需要多少費用啊？
(2) もし、今後も雨が降らないとすると、水不足になるのは避けられないだろう。／如果今後不下雨，用水不足的問題將不可避免吧？
(3) 仮に被告が言っていることが事実だとすると、彼女は嘘の証言をしていることになる。／假如被告所說的是事實，那麼她就做僞證了。

雖然不清楚是否是事實，或者能實現與否，表示"如果是事實"、"認定會實現"的情況之意，常伴有"かりに(假如)"或"もし(如果)"等。

2 …とすると＜既定條件＞　如果…。

[N／Na　だとすると]
[A／V　とすると]
(1) 1時間待ってまだ何の連絡もないとすると、途中で事故にでもあったのかもしれない。／要是等了1個小時還沒有聯絡，那也許是途中遇到事故什麼的了。
(2) A：図書館は明日から2週間休館になります。／圖書館從明天起閉館2周。
   B：2週間休館だとする

と、今日のうちに必要な本を借りておかなければならないな。／如果閉館2周,今天之内必須把需要的書借出來。

根據現狀或者從對方聽來的信息,表示"在這樣的現狀或者事實的基礎上"的意思。使用這個用法時不能用"かりに(假如)"或"もし(如果)"。

3（だ）とすると　這樣的話、那麼。

(1) A：今年の2月の平均気温は平年より数度も高いそうですよ。／據説今年2月的平均氣溫比往年高好幾度呢。
　　B：とすると、桜の開花も早くなるでしょうね。／那麼,櫻花開放的季節也要提前吧。

(2) 脱線事故で、今日一日、電車は不通の見込みだという。だとすると、道路は相当混雑するだろう。／據説因為脱軌事故,預計今天一天不通車。那麼道路會相當擁擠吧。

承接前句或對方的發言,表示"在這種現狀或事實的基礎上"的意思。

【とすれば₁】

作爲…。

[Nとすれば]

(1) 夫とすれば家事をおろそかにする妻には不満も多いだろうと思う。／作爲老公,自然對不認真做家事的妻子會有很多不満了。

(2) 当事者の彼とすれば、そう簡単に決めるわけにはいかないのです。／他作爲當事人,不會那麼簡單地下決定。

(3) 教師とすれば、よくできる学生に関心が行くのは自然なことだと思う。／我覺得作爲教師,關心好學生也是自然的。

承接表示人物的名詞,表示"從那個人的角度來看／出發"之意,屬於書面性語言表達方式,口頭語則使用"にしたら(假如)"、"にしてみれば(如果)"。

【とすれば₂】

由助詞"と"加上"すれば"構成。前接句節,表示"如果將其當作事實"、"如果實現的情況"或者"在這樣事實和現狀基礎之上"之意。是説話人設定的條件,即"如果那樣想的話"。因爲單獨使用的"ば"没有這種用法,所以幾乎所有場合不能用"ば"來替換。

1 …とすれば＜假定條件＞　如果…、假如…。

[N／Na　だとすれば]
[A／V　とすれば]

(1) 死ぬとすれば10歳年上の私のほうが早いはずだ。／如果要死的話,還是年長10歳的我會先死的。

(2) 台風は上陸するとすれば、

明日の夜になるでしょう。／如果颱風登陸的話，也要在明天晚上吧。
(3) 仮に20人来るとすれば、この部屋ではちょっと狭すぎるだろう。／假如來20人，這間房間窄了一點吧。
(4) この結婚に反対する人がいるとすれば、それは一番身近な母親である可能性が高い。／假如有人反對這宗婚事的話，我認為那就是離我最近的媽媽的可能性最高。

雖然不知那是否是事實，或者能否實現，但表示一種"如果那是事實的情況，那將實現或者存在的情況"的假定條件。常伴有副詞"かりに(假如)"、"もし(如果)"。後半句多用"だろう"、"はず"等表示説話人判斷的表達方式。

2 …とすれば＜既定條件＞ 如果…、…的話。
[N／Na だとすれば]
[A／V とすれば]
(1) これだけ待っても来ないとすれば、もともと来る気がなかったんじゃないだろうか。／這麼等都不來．是不是本來就沒有來的意思吧。
(2) 我々の計画が敵に知られていたとすれば、仲間のだれかがもらしたことになる。／如果我們的計劃被敵人知道了．那就是同夥中的某人洩漏了。
(3) A：この時間に容疑者は友人と会っていることが分かっています。／我知道這時作案嫌犯正在與朋友見面。
　　B：そうか。彼にアリバイがあるとすれば、では、犯人は一体誰なのだろう。／是麼，要是他有不在現場的證明的話，那麼犯人到底是誰呢？

當以現狀和對方得來的信息，重新弄清了那是事實時，表示"在這種事實・現狀的基礎上或者根據此進行判斷的話"之意。後接用於表示説話者的判斷的表達方式。這時不用"かりに(假如)"或"もし(如果)"。

3 (だ)とすれば 那樣的話。
(1) A：家に電話しても誰も出ないんですよ。／打電話到他家，沒人接啊。
　　B：だとすれば、もうこちらに向かっているということじゃないですか。／那樣的話，是不是他現在正往這裡來呢。
(2) あの日彼女は一日中彼と一緒だったことが証明された。とすれば、彼女にはアリバイがあるということになる。／那天她一整天和他在一起得到了證明。那樣的話，她就有不在現場的證明了。

是承接前句或者對方發言的表達方

式,表示"如果那是事實或者如果正確"的意思。在用法上同2,表達上稍顯生硬,普通會話中經常使用"だったら"或者"そうなら"。

4 NをNとすれば　如果要説…那麼…。
NがNだとすれば
(1) テレビがお茶の間のものとすれば、ラジオは個室のものである。/如果要説電視是放在客廳的裝飾,那麼收音機則是臥室的裝飾。
(2) 兄が実業家タイプだとすれば、弟は学者タイプの性格である。/如果要説哥哥是實業家的類型,那麼弟弟則是學者類型。

這是將二個事物相對比的表達方式。是"如果要説一方面是…的,另一方面則是…的"較固定的表達。正如例句"哥哥是實業家的類型,弟弟則是學者類型"所示,可以用"NがNなら(ば)"來替換。這種用法並非根本不能使用"とすると"、"としたら",但是多用"なら"或者"とすれば"。

【とたん】

1 V-たとたん(に)　剛…、刹那。
(1) ドアを開けたとたん、猫が飛び込んできた。/開門的一刹那,一隻猫跳了進來。
(2) 有名になったとたんに、彼は横柄な態度をとるようになった。/剛一出名,他的態度就蠻橫起來了。
(3) 試験終了のベルが鳴ったとたんに教室が騒がしくなった。/考試結束的鈴聲剛響過,教室立刻吵鬧起來。
(4) 注射をしたとたん、患者のけいれんはおさまった。/剛打了針,患者的痙攣就止住了。

接動詞的夕形,表示"前面的動作和變化發生後,馬上又發生了別的動作和變化"的意思,而且後面的動作和變化是説話人當場所發現的,所以多伴有"感到意外"的韻味。因此,後接部分不能用表示説話者意志的動作。代替"とたん",可用"とすぐに(立即)"或者"やいなや(馬上)"。
(誤) 私は家に帰ったとたん、お風呂に入った。
(正) 私は家に帰るとすぐにお風呂に入った。/我回到家後立即洗了澡。

2 そのとたん(に)　剛…、就在這時。
(1) 友だちと30分ほど話して、受話器を置いた。そのとたんに再び電話のベルが鳴り出した。/和朋友在電話中談了30分鐘,剛放下話筒電話鈴又響起來了。
(2) 噂の二人が部屋から姿を現した。そのとたん、外で待ち構えていた記者たちのフラッシュのシャワーが二人をおそった。/人們議論中的兩個人從房間裡走出來,就在這時立刻受到在外面等待的記者們閃光燈的襲擊。

表示"就在那之後"或者"剛完馬上"之意。

3 とたんに V　突然、立刻。
（1）空が急に暗くなったと思ったら、途端に大粒の雨が降りだした。／天空突然暗下來，突然大雨點從天而降。
（2）日が落ちたら、途端に寒くなった。／太陽一下山，立刻冷了起來。
（3）列車はゆっくりと動き出した。とたんに彼女の目から涙があふれ出した。／列車慢慢開動了，她立即淚水奪眶而出。

表示"突然"、"立即"之意。在這種場合下不能省略"に"。

【とちがって】

與…不同。
[N と(は)ちがって]
[Na なのと(は)ちがって]
[A／V　のと(は)ちがって]
（1）弟は大柄な兄とちがって、やせていて背も低い。／弟弟和大塊頭的哥哥不同，矮小瘦弱。
（2）人間は機械とちがって、想像力をもっている。／人和機器不同，有想像力。
（3）外国での生活は、自国で生活するのとちがって、思わぬ苦労をすることがある。／在國外的生活與在本國的生活不同，有想像不到的辛苦。
（4）実際に自分の目で見るのは、人から聞くのとちがって強烈な印象を受けるものだ。／自己實際親眼看見和從別人那兒聽說是截然不同的，會留下深刻印象。

表示"與…不同"之意。用於把性質不同的東西相比較的場合，也可用"…とちがい"的形式。

（例）評判で聞いたのとはちがい、実際に見たら退屈な映画だった／和聽到的評論不同，實際一看，這是一部無聊的電影。

【とちゅう】

1 とちゅうで　半路上。
（1）いつもの時間に家を出たが、途中で忘れ物に気づいて引き返した。／按平時的時間離開了家，半路上發覺忘記了東西，又返了回來。
（2）やりかけた仕事は途中で投げ出してはいけないよ。／已經做起來的工作不可半途而廢。
（3）泥棒の足跡は途中で途切れている。／小偷的足跡半路上消失了。
（4）この道は途中で行き止まりになっている。／這條路中間過不去。

表示時間和場所的"中途"之意，用於表示某事沒有做到最後就中止了，或

又發生了其他事情的場合。這裡的"で"不能省略。

2 …とちゅう(で／に) 路上。
[Nのとちゅう(で／に)]
[V-るとちゅう(で／に)]
（1） 通勤の途中、突然雨が降りだした。／上班路上突然下起雨來了。
（2） 買い物の途中で、急に気分が悪くなって倒れてしまった。／買東西的路上，突然身體不適倒在地上了。
（3） 買い物に行く途中で、ばったり昔の友人に会った。／去買東西的路上，偶然遇到了老朋友。
（4） 家に帰る途中、居酒屋に立ち寄った。／回家的路上在小酒館逗留了一會兒。
（5） 駅に行く途中に郵便局があるので、そこでこの手紙を出してくれませんか。／去車站的路上有個郵局，你能在那兒幫我投封信嗎？

接表示動作的名詞或動詞，表示在那個行爲尚未完了的時點上，又發生了其他的事。或表示在移動的場所中存在某事物。一般在表示發生事物的時點時用"で"，表示存在的場所時用"に"，也有如例（1）、（4）一樣省略助詞"で／に"。

3 …とちゅう(は) 路上、途中。
（1） 会社に来る途中、ずっとこの小説を読んでいた。／來公司的路上，一直在讀這本小説。
（2） 歩いている途中、彼に言われたことばが頭を離れなかった。／在路上，他對我説過的話一直在我的腦袋中縈繞。
（3） 旅の途中は眠ってばかりいた。／旅行途中，一直在睡覺。
（4） 通勤の途中は語学の勉強をすることにしている。／我決定在上班路上學習外語。

前接表示移動動作的名詞和動詞，用於表示在那期間一直持續着後面的動作和狀態的場合。

【どちらかというと】

總括來説、總歸説。
（1） 私はどちらかというと、人前で発言するのが苦手である。／總括來説，在台前發言我還是會發抖的。
（2） この店はどちらかというと若者向けで、年配の客はあまり見当たらない。／這家商店總括來説，還是適合年輕人，上年紀的人少見。
（3） あの教授は、どちらかといえば、学者というよりビジネスマンタイプである。／總括來説，那位教授與其説是學者，不如説是商人。
（4） 大阪も悪くないが、どちらかというと私は京都のほうが好きだ。／大阪也不壞，

但總括來説，我還是喜歡京都。
（5）最近の大学生は、どちらかといえば男子より女子のほうがよく勉強して成績もよい傾向がある。／最近的大學生的傾向，總括來説女生比男生更努力學習，成績也好。

是"整括上"、"總括來説"的意思。用於對人和事物的性格、特徵進行評價時，表示從整體上承認那種情況和特徵的意思。與"どちらかいえば"幾乎同意。

【どちらかといえば】
→【どちらかというと】

【とて】

1 Nとて(も)　就是、即使是。
（1）私とて悔しい気持ちはみなと同じである。／我，懊悔的心情也和大家一樣。
（2）この事故に関しては、部下の彼とても責任はまぬかれない。／關於這次事故，就是作爲下屬的他，也難推脱責任。
（3）最近は父親とて、育児に無関心でいるわけにはいかない。／最近，就是父親也不能對教育孩子莫不關心。
（4）これとても、特に例外的な現象というわけではない。／這，也並非是特別例外的現象。

主要接在表示人或作用的名詞之後，表示"即使是…"、"關於那個也與其他相同"的意思。用於強烈主張和其他同類相比時，關於此點也可以説當然相同的場合。此表達方式稍有些陳舊，在口語中常用"私だって"的説法。

2 …からとて　就是因爲。
[N／Na　だからとて]
[A／V　からとて]
（1）病気だからとて、無断で休むのはけしからん。／就是生了病，不請假休息也不對。
（2）仕事に情熱がもてないからとて、家族を養う身としては、簡単にやめるわけにはいかないのである。／作爲一個要養家糊口的人，不能就因爲對工作没熱情，就輕易地把工作辭掉啊。

其意爲"僅因此理由"，用於表達不能得出後面所述的那樣的結論的場合。與"からといって"同意，但是文言表達方式。

3 …とて　即使…。
[Nだとて]
[V-たとて]
（1）いくら愚か者だとて、そのくらいのことはわきまえていてもよさそうなものだが。／即使多麼笨的像伙，那點事還是辨別得清楚的吧。
（2）たとえ病気だとて試合は休むわけにはいくまい。／即使生病，比賽也不能歇吧。

(3) いくら頼んだとて、聞き入れてはもらえまい。／即使怎麼求他，他也不會接受吧。
(4) どんなに後悔したとて、失われたものは再び元に戻ることはないのである。／即使怎麼後悔，丟掉的東西也不會回來了。

"だとて"是"…でも"、"…としても／としたって"、"…たところで"等的文言説法，這種説法一般在口語中不常使用。常伴有"いくら(多)"、"どんなに(多麼)"、"たとえ(比如)"等副詞。

【とても】

1 とても　很、非常。
(1) あの映画はとても面白かった。／那部電影很有意思。
(2) 今度の新入社員はとてもよく働く。／這次的新職員非常勤快。

表示程度上很深，是"很"、"非常"的意思。

2 とても…ない　根本…不…。
(1) こんな難しい問題はとても私には解けません。／這麼難的問題，我根本解不開。
(2) 一度にこんなにたくさんの単語はとても覚えられません。／一次根本記不住這麼多單字。
(3) あの美しさはとても言葉では表現できない。／那種美根本無法用語言表達。

是"不論使用什麼方法都不行、不能"的主觀判斷。在書面語中可以用"とうてい…ない"來替換。

【とでもいう】

可以説…。
(1) 学問の楽しみは、未知の世界を発見する喜びとでもいおうか。／作學問的快樂，可以説是發現未知世界的喜悦吧。
(2) シルクの繊維としての素晴らしさは、気温や湿度の変化に対する絶妙なバランスにあるとでもいったらよいだろうか。／絲綢纖維的長處，可以説就在於對氣溫和濕度變化的絶妙平衡中。
(3) 冷房のきいた部屋から外に出た時の感じは、まるで蒸し風呂に入った感じとでもいえようか。／從冷氣房間走出來的感覺可以説仿佛進入蒸氣浴池的感覺吧。

把事物的性質、特徵比喻爲其他的表現的説法。表示打比喻説"…不是可以説成…一樣嗎？"以"…とでもいおうが"、"…とでもいえよう"、"…とでもいってよいだろう"的形式使用，是書面語。

【とでもいうべき】

應該稱得上，可以稱得上。
[NとでもいうべきN]
(1) そこは東洋のパリとでもいうべき優雅な雰囲気のある

町である。／那裡是有着優雅氣氛，可以稱得上是東洋巴黎的城市。
(2) 第二のモハメッド・アリとでもいうべきボクサーが現れた。／可以稱得上穆罕默德・阿里第二的拳擊手出現了。
(3) 彼は映画の神様とでもいうべき存在である。／他可以稱得上是電影之神。

這是一種委婉的表達方式。舉出人們熟悉的名字，表示比喻成這樣是合適的心情。也可以說成"…ともいうべき"。

【とともに】

1 Nとともに 和…一起。
(1) 仲間とともに作業に励んでいる。／和夥伴一起努力工作。
(2) 夫とともに幸せな人生を歩んできた。／和丈夫共同走過了幸福的人生之路。
(3) 隣国とともに地域経済の発展に努めている。／和鄰國一起致力於地區的經濟發展。

前接表示人或者機關的名詞，表示與其"一起"、"共同"、"協助"之意。屬於書面性語言。

2 …とともに 與…的同時。
[Nとともに]
[V-るとともに]
(1) テレビの普及とともに、映画は衰退した。／與電視普及的同時電影衰退了。
(2) 国の経済力の発展とともに、国民の生活も豊かになった。／與國家經濟發展的同時，人們的生活也富裕起來了。
(3) 地震の発生とともに津波が発生することがある。／發生地震的同時，有時也發生海嘯。
(4) 年をとるとともに記憶力が衰えてきた。／隨着年老記憶力衰退。
(5) ≪スピーチ≫今後、教育内容の充実を図るとともに地域社会に貢献する大学の建設に努力する所存でございます。／≪講演≫今後在謀求教育內容充實的同時，我們要爲建設社區所作出貢獻的大學而努力。

前接表示動作、變化的名詞和動詞。表示發生了與這一動作變化相應其他動作和變化，或者是兩個事情同時發生的意思。是書面語。用法同"…につれて(隨着)"、"…と同時に(的同時)"。

【となく】

1 なん＋量詞＋となく 好多。
(1) 原始林の中には、巨大な樹木が何本となく茂っている。／原始森林中，好多參天大樹，枝葉繁茂。
(2) 彼は世界選手権にはすでに何回となく参加した経験をもっ

ている。／他已經有多次參加世界錦標賽的經驗。
(3) 公園のベンチには若いカップルが幾組となく腰掛けて愛を語り合っている。／在公園的長椅子上好幾對年輕人坐在那裡談情説愛。

在"何(なん)"、"幾(いく)"等表示不定數量的詞後接上"…人"、"…回"等量詞，表示該數量相當多的意思。是書面語。口語中也常用"何回も(幾次)"、"幾組みも(幾組)"的形式。

2 ひるとなくよるとなく 不分晝夜。
(1) 世界の至るところで、昼となく夜となく様々な事件が発生している。／在世界各地不分晝夜發生着各種各樣的事件。
(2) 母は昼となく夜となく病気の祖母の世話で忙しく暮らしている。／媽媽不分晝夜，照顧生病的奶奶，忙得很。

"昼も夜も"即"一整天"的意思。是書面性語言。

【となったら】

前接句子或名詞，表示"如果到了…的場合和狀況的話"、"如果那事成爲話題"之意。如狀況或話題"變爲那樣的場合"一樣，自然而然形成的意思較強。也説"となると"、"となれば"。

1 …となったら 如果。
[N／Na (だ)となったら]
[A／V となったら]
(1) もし、一戸建ての家を建てるとなったら、銀行から相当の借金をしなければならない。／如果建獨門獨院的房子，那必須從銀行借相當多的錢。
(2) 引き受ける人が誰もいないとなったら、私がやるしかない。／如果沒有人承擔的話，只好我來做。
(3) 彼女がすでに他の人と結婚してしまったとなったら、もう諦めるしかない。／如果她已經和其他人結婚了，那我只好死了這條心。
(4) A：夫が海外勤務になっているんですよ。／我丈夫去國外工作了。
　　B：そうですか。海外で生活するとなったら、お子さんの学校のことなど、いろいろ大変ですね。／是嗎。如果在外國生活，孩子上學等等有許多不便吧。

接短句，表示"發生了…的事情和狀況的話"的意思。可以用於事實如何是未定的假定場合，也可用於剛弄清事實的場合，是其中的哪個要靠句子上下文來決定。如例(2)所示，則爲"假如是那種場合"和"已經事實明確的現在"兩種解釋都可成立。表示假定常伴有"かりに(假如)"、"もし(如果)"。例(4)則是接別人的發言，可以替換爲"そうなったら"。

2 いざとなったら 萬一…。
(1) いざとなったら私が責任を取ります。／萬一有什麼問

（2） いざとなったら、今の仕事をやめても自分のやりたい道に進むつもりだ。／到了那一步的話，我打算即使辭掉現在的工作也要走自己想走的路。

表示"如果實施某事碰上成爲障礙的問題的發生時"之意。後半句多表示意志的情況。這時可以用"となれば"，但不能用"となると"。

3 N（のこと）となったら 説到…。

（1） 日本料理となったらここの板前の右に出るものはいないそうだ。／説到日本菜，據説手藝沒有超過這裡的廚師。

（2） 自分の専門のこととなったら、彼は何時間でも話しつづける。／要是説到自己的專業，他能連續説幾個小時。

接在名詞之後，並將其作爲話題提出。表示"關於此事"或者"談到此事"之意。

【となっては】

1 いまとなっては 如今、到了現在。

（1） いまとなっては、名前も顔も思い出すことができない。／到了今天，連名字和長相都想不起來了。

（2） 全てが終わってしまった今となっては、じたばたしてもしかたがない。／一切都結束了，現在手忙脚亂也沒

（3） 当時はずいぶん辛い思いをしたものだが、今となっては、それも懐かしく思い出される。／當時雖然感到非常難受，如今那也讓人想起來挺懷念的。

表示"經歷了各式各樣的事後在現時點上"的意思。後續多接"それも当然だ"、"もっともだ"的表達。雖然有如例（1）、（2）那樣接"できない（不能）"、"しかたがない（沒有辦法）"等貶義表達，但也有如例（3）一樣的中性評價。

2 …となっては 如果是…。

[N／Na （だ)となっては]
[A／V となっては]

（1） 子供達だけで海外へ行くとなっては、親としてはちょっと心配になる。／孩子們自己出國的話，作爲父母有點擔心。

（2） 病状がここまで進んだとなっては、もうどうすることもできない。／病情發展到這種地步，已經無計可施。

（3） 誰も引き受けてくれないとなっては、自分でやるしかない。／如果誰都不承擔的話，只好自己做。

前接短句，表示"在…的情況下"之意。多半是表示已經成立的狀況，後接爲説話者的評價和判斷，即在那種情況下當然成立，而且多爲"心配だ（擔心）"、"しかたがない（沒有辦法）"等負面評價。

【となる】

成爲。

[N／Na となる]

(1) 始めて戦後生まれの人物がアメリカの大統領となった。／第一次由戰後出生的人當上美國總統。

(2) 今回の協定は大筋では米国側の主張を受け入れた内容となっている。／這次的協定大致的内容是接受美國的主張。

→【なる】5

【となると】

1 となると 那樣的話。

(1) A：先生はご病気で昨日入院されました。／老師昨天因病住院了。
B：となると、しばらく授業は休講ということになりますね。／那樣的話，要停一段時間的課啦。

(2) 長期予報によれば今年の梅雨は空梅雨になるとのことだ。となると、野菜の値段の高騰や、水不足の心配が予想される。／根據長期預報，今年的梅雨將成爲一場空。那樣的話，可以預想蔬菜價格要暴漲，而且擔心要缺水。

用在句首，表示"在那種事實的基礎上"的意思。前半句陳述内容爲説話者得知的新信息或者是别人發言的内容，後半句爲根據前面的信息從中引申説話人的判斷。有時也用"だとなると／そうだとなると"的形式。

2 …となると 如果…、要是…。

[N／Na （だ)となると]
[A／V となると]

(1) 医学部に進むとなると相当にお金がかかるだろう。／如果上醫學院念書要好多錢吧。

(2) 彼は、決断するまでは時間がかかるが、やるとなると実行するのは早い。／他下決心需要時間，要是做起來快得很。

(3) いざ、海外に行くとなると、事前の準備が大変だ。／一旦要去外國，出發前的準備可不得了。

(4) 仮に、このまま水不足が続くとなると営業時間を短縮しなければならなくなる。／假如缺水這樣持續下去，就必須縮短營業時間。

(5) この時間になっても帰っていないとなると、何かの事件に巻き込まれている可能性がある。／如果到這時還不回來的話，有可能捲進什麼事件啦。

(6) 現場に残された指紋が彼のものと一致するとなると、彼が犯人である公算が高い。

／如果留在現場的指紋和他的一致的話，他就是犯人的可能性極大。
（7）これほど大企業の経営状態が悪いとなると、不況はかなり深刻ということになる。／大企業的經營狀況這麼糟的話，説明不景氣相當嚴重。
（8）社長がそう言っているとなると、変更はほとんど不可能でしょう。／要是總經理那麼説了，改變幾乎是不可能了吧。

前接短句，表示"在…情況下"、"如果…的情況下"的意思。既有陳述現實性狀況，也有陳述假定狀況，到底是哪種，要靠上下文來判斷。如果是假定性的情況，可以用"もし／かりに"。

3 いざとなると　到了關鍵時刻、萬一。

（1）危険は承知の手術だが、いざとなると不安になるものだ。／雖然手術前就作好了有危險的思想準備，可是到了關鍵時刻還是擔心。
（2）スピーチは原稿を何度も読んで練習してきたが、いざとなるとあがってしまうまくしゃべれなかった。／雖然讀了好幾遍演講稿，可是到了關鍵時刻還是怯場沒説好。

這是表示"實際實施情況下"意思的慣用表達方式。後續多爲在這種情況下自然而然形成的意義表達。

4 N（のこと）となると　説到…。

（1）芸能人のスキャンダルとなると、マスコミは夢中になって追跡する。／説到演藝界人士的醜聞，那可是傳媒拼命追蹤的對象。
（2）試験問題のこととなると学生は急に真剣になる。／説到考試學生們立刻認真起來。

接名詞，表示"那件事情成爲話題或者問題時"的意思。後續表示那件事情成爲問題時採取與平時不同的態度之意。

5 …かとなると　説到…。

（1）どうすればこの問題を解決できるかとなると、簡単には答えられない。／説到怎麼能解決這個問題時，不是能簡單地回答出來的。
（2）実際にだれがその危険な仕事にあたるかとなると、積極的な人は一人もいない。／一説到具體由誰來做那項危險的工作時，就沒有一個積極的了。

前接疑問表達方式，表示"某事成爲問題"之意。後續表示將其解決・實施是不可能的、困難的等含否定意義的表達方式。

6 Nともなると　→【ともなると】

【…となれば】

如果…的話。
[N／Na（だ）となれば]
[A／V　となれば]

（1） 外国に住むとなれば、やはりその国の言葉ぐらいは勉強しておいたほうがよい。／如果住到外國，還是先學那個國家的語言較好。
（2） 結婚してから両親と同居するとなれば、今の家では狭すぎるだろう。／結婚後如果和父母同住，現在的家就太小了。
（3） 今から急いで行ってももう間に合わないとなれば、焦ってもしかたがない。／現在趕著去都來不及的話，著急也沒用。
（4） 彼が言ったことが全て嘘だとなれば、我々はまんまとだまされていたことになる。／他所說的如果都是謊言的話，我們就全都被欺騙了。

接短句表示"在…的情況下"、"在變爲…那樣的狀況下"、"基於…樣的事實上"的意思。後續內容爲理所當然意義的判斷或者在那種情況下應該採取的行動。既可以是假定性的狀況，也可以是現實性的狀況，究竟是哪種靠上下文判斷。

2 いざとなれば　萬一。

（1） 手持ちの現金では足りないかもしれないが、いざとなればクレジットカードを使うことができる。／隨身帶來的現錢也許不夠，萬一不夠，可以使用信用卡。
（2） 一人で留学するのは不安だが、いざとなれば、友達が助けてくれるから大丈夫だ。／一個人留學總會有些不放心，但是萬一有什麼需要的時候，有朋友幫助所以不要緊。

是表示"現實上成爲那種情況下"之意的慣用表達方式。多用於表示即使爲難也無妨的情況。也說"いざとなると"、"いざとなったら"。

3 N（のこと）となれば　說到…。

（1） いつもは生気のない彼の目もサッカーのこととなれば急に生き生きと輝いてくる。／一說到足球，一直沒有朝氣的他也會突然雙目生輝。
（2） 脳死問題となれば学者も安易な発言はできない。／說到腦死問題，學者也無法輕易發言。

前接名詞，表示"那件事成爲話題"之意，是將其作爲話題提示的用法。後續爲當話題改變時，會採取與平時不同的態度和處理方法的表達。

4 …かとなれば　說到、如果。

（1） どうすれば解決できるかとなれば、答えは簡単には出てこないものだ。／說到怎麼做才能解決，不是簡單能回答的。
（2） 首相が発言どおり実行するかとなれば、必ずしもそうとばかりは言えない。／說到總理是否會真按發言去實行的話，也未必儘然。

接疑問表達方式，表示"當…成爲話

題和問題時"的意思。後續爲對其解答和實施是不可能的，是困難的等否定性的表達方式。如"雖然我發言，但如果一旦實施的話"一樣，多用於使其與其他的事情相對比提示更重要的場合。

5 Nともなれば→【ともなれば】

【とにかく】

用於把某事或者行爲，暫時先放在一邊，而優先提及或實施其他的事情和行爲的場合。也説"ともかく"。

1 とにかく　總之、反正、姑且。

(1) あの人はとにかく大変な秀才です。／總之他非常優秀。

(2) 田中さんの新しい家、とにかくすごく大きい家なんですよ。／總之田中的新家是個非常大的房子。

(3) 戦闘の後の町は、とにかくひどい状況です。／發生過戰爭的城市，總之狀況很慘。

表示"雖有各種各樣的事，首先…"之意。後邊伴有表示非平均程度的表達方式，在強調時使用"非常に／大変／すごく…だ"。是口語。

2 とにかくＶ　反正、姑且。

(1) うまくいくかわかりませんが、とにかくやってみます。／不知能否做好，反正試著做做看。

(2) とにかく言われたことだけはやっておきました。／總之儘量按照你説的去做了。

(3) お忙しいと存じますがとにかくおいでくださいますようお願いいたします。／我們知道您很忙，但還是邀請您光臨。

(4) まだ全員そろっていませんが、時間ですのでとにかく始めることにしましょう。／還沒都到齊，但已經到時間了，姑且先開始吧。

後面伴有表示意志行爲的動詞，表示"不管其他事情如何，首先優先此行爲"之意。用於説話人主張自己的意志和事實或促使對方實施的場合。

3 Ｎはとにかく（として）　姑且不談、暫放一邊。

(1) 見かけはとにかく、味はよい。／外觀不論，味道不錯。

(2) 成績はとにかくとして、明るくて思いやりのあるいい子供です。／成績姑且不談，却是個性格開朗、關心人的好孩子。

(3) 私はとにかく、あなたはこの仕事に満足しているんですか。／暫別説我，你對這工作滿意嗎？

(4) あいさつはとにかく、まずは中にお入りください。／先別忙着寒暄，請先進去吧。

(5) Ａ：先日はお世話様でした。／前幾天給您添麻煩了。
Ｂ：いいえ。それはとにかく、お願いした仕事の方は引き受けてくださいますか。／哪裡，那算

不了什麽，求你的事你答應嗎？

前接名詞，用於將此與比那更重要的事情或者應該先做的事情加以對比的場合。在會話中如例（5）一樣，也可以"それはとにかく（として）"放在句首來承接對方的發言，進而提出與之有別的其他話題。

【との】

1 …とのことだ　聽説、據説、他説。

（1）みなさんによろしくとのことでした。／他説向大家問好。

（2）無事大学に合格なされたとのこと、まことにおめでとうございます。／聽説你順利考上大學了，恭喜你。

（3）社長は少し遅れるので、会議を始めておいてくれとのことでした。／總經理要晚點到，他説讓大家先開始開會。

（4）そちらは、寒い日が続いているとのことですが、皆様お変わりありませんか。／聽説你們那裡還很冷，大家都很好吧？

（5）あの二人も、長かった婚約に終止符を打ち、6月に挙式するとのことだ。／據説那兩個人也將結束漫長的婚約生活，於6月舉行婚禮。

是"…（だ）そうだ／ということだ（聽説／據説）"的意思，用於述説從別人那聽到的事情的場合。也有如例（2）、（5）一樣"だ"被省略，句子結束的情況。此句型雖然可以變換爲"とのことだった／でした"的夕形，但是句尾不能變爲否定形。

2 …とのN　　…的…。

（1）恩師から結婚式には出席できないとの返事を受け取った。／收到了恩師不能出席結婚典禮的回信。

（2）学生から、留学するため、一年休学させてほしいとの希望が出されている。／爲了留學，學生提出了希望休學一年的要求。

（3）この件については、次回の審議に回してはどうかとの議長の提案に全員賛成した。／全體通過了主席關於此案留到下次審議的建議。

（4）来月から一年間、札幌の支社に出向せよとの辞令を受けた。／收到了從下月開始到札幌分社工作一年的調令。

（5）文部大臣は、学校教育を改善するためには、高等教育機関の入学試験制度の抜本的改革が必要だとの見解を述べた。／教育部長發表了如下見解，爲了改善學校教育必須徹底改革高等教育機關的入學考試制度。

用表示語言表達和思考内容的句節來修飾名詞，是比較正式的文體。N常使用"書信、回答、委託、方案、警告、命令"等

表示語言活動和"意見、見解、思考、希望"等表示思考活動的名詞。用於就別人的發言和想法來進行陳述時,如果表示說話人自身的想法時,如下例所示,一般不用"との"而用"という"。
(例)　私たち夫婦別姓を合法化すべきだという意見をもっている。／我們的意見是夫婦不同姓應該合法化。

【とは】

1 …とは＜下定義＞　所謂的…就是(即)。
(1)　パソコンとは、個人で使える小型のコンピューターのことだ。／微電腦就是個人使用的小型計算機。
(2)　蓮華とは蓮の花のことだ。／蓮花即荷花。
(3)　21世紀の日本で求められる福祉の形態とはどのようなものだろうか。／21世紀在日本尋求的福利形態是什麼樣的呢？
(4)　「普遍的」とは、どんな場合にも広く一般的に当てはまるという意味だ。／所謂的"普遍",意思就是在什麼場合下都能廣泛地適用的意思。
(5)　私にとって家族とは一体何なのだろうか。／對於我來說家庭到底是什麼？

前接名詞,用於陳述其意義性質內容是怎樣的狀況。用"とは…ものだ"的形式,表示某事物的本質特徵,用"…とは…のことだ／意味だ""…とは…ということだ／意味だ"的形式,就語句的意思和內容進行下定義。是書面性語言。口語一般則為"Nというのは"。

2 …とは＜引用＞　…就是…。
(1)　A：森山さん、会社退職するそうですよ。／聽說森山要辭職啊。
　　 B：えっ、退職するとは、結婚するということですか。／咦,辭職就是說要結婚嗎？
(2)　≪書き置きを見て≫「お世話になりました」とは、もう帰ってこないということだろうか。／≪看留下的便條≫"承蒙您照顧了",那就是說再也不會來了。
(3)　A：このお話、なかったことにしてください。／這件事就當沒發生。
　　 B：「なかったことにする」とはどういうことですか？／"就當沒發生"是什麼意思啊？
(4)　親に向かって「バカヤロー」とは何事だ。／對父母說混蛋,這算怎麼回事？

前接對方的發言或者書寫下來的信息等語言表達內容,用來確定其真意,或者陳述說話者對此的評價。多伴隨着吃驚、感嘆、生氣等情感。"とは"多可以用"というのは"來替換。但是如例(4)一樣的"とは何事だ"的定型說法是不可替換的。

3 …とは＜吃驚＞ (表示驚訝)。

(1) 一人で5種目も優勝とは、まったく驚いた。／一個人奪得5項冠軍，太讓人吃驚了。
(2) 全員そろって授業をサボるとはあきれた学生達だ。／全體逃課，真是些令人討厭的學生。
(3) 人を2時間も待たせておいて「すみません」の一言もないとはまったく非常識な奴だ。／讓人等了2個小時連一聲對不起都不説，真是個沒常識的傢伙。
(4) タクシーの中に忘れた現金が、もどってくるとは思いもよらないことでした。／忘在計程車的現金又找回來是我沒有想到的。

表示接觸到意外的情況時的吃驚、感嘆。隨便的説法常用"…なんて"的形式。也有如下各例所示，省略後邊部分的情況。

(例) あの人がこんな嘘をつくとは。／那個人撒了這麼大的謊，真沒想到。
(例) ベテラン登山家の彼が遭難するとは。／登山老手的他會遇難讓我震驚。
(例) こともあろうに、結婚式の日がこんなひどい土砂降りになろうとは。／結婚典禮的日子下這麼大的暴雨真是糟透了。

【とはいいながら】

1 …とはいいながら　雖説…可是…。

(1) 分かっているとはいいながら、やはり別れはつらいものだ。／雖然説心裡明白，可是分手還是很難受的。
(2) もう過去のこととはいいながら、なかなかあきらめられない。／雖然事情已經過去，可是仍然不死心。

接句子，表示"那事我承認，可是…"的意思。

2 とはいいながら　雖然這麼説、但是。

(1) 過ぎたことは悔やんでも仕方がない。とはいいながら、思い出すとつい涙が出てしまう。／過去的事懊悔也無濟於事，雖然這麼説，可是一想起來還是流下了眼淚。
(2) 結婚相手を決める場合は、何よりもお互いの相性が大事である。とはいいながら、いざとなると相手の家柄や経済力、容姿などのことが気になる。／決定結婚對象時，互相和得來是最重要的。雖然這麼説，一旦要正式決定時還是對對方的家庭、經濟實力、相貌等很介意的。

接前面句子，表示"那事雖然承認，但是…"的意思。

【とはいうものの】

雖然…可是…。

(1) フランス語は大学時代に習ったとはいうものの、も

うすっかり忘れてしまった。／雖然在大學時學過法語，但是全忘了。
（2）大学時代は英文学専攻だった。とはいうものの、英語はほとんどしゃべれない。／雖然大學時代專攻的是英國文學，可是我英語幾乎不會説。

→【ものの】2、【ものの】3

【とはいえ】

接句節和句子，表示"那事雖然如此，可是…"的意思。用於從前面的事情所預想期待的事和其結果不一致時。書面語。可以換爲"とはいいながら"、"とはいうものの"、"と(は)いっても"。

1 …とはいえ　雖然…但是…。
[N／Na（だ）とはいえ]
[A／V　とはいえ]
（1）男女平等の世の中とはいえ、職場での地位や仕事の内容などの点でまだ差別が残っている。／雖説是男女平等的社會，但是在工作單位的地位和工作内容等方面上仍然存在歧視。
（2）国際化が進んだとはいえ、やはり日本社会には外国人を特別視するという態度が残っている。／雖然進入國際化了，但是在日本社會仍然殘留着對外國人另眼相看的態度。

接短句，表示"那事雖然是那樣，但是…"的意思。用於從前面的事情所預想期待的事和其結果不一致時。書面語。可以換言之爲"とはいいながら"、"とはいうものの"、"と(は)いっても"。

2 とはいえ　雖然…但是…。
（1）病状は危険な状態を脱して、回復に向かっている。とはいえ、まだ完全に安心するわけにはいかない。／病情脱離危險狀態，大有好轉，雖然這麼説，但還不能完全放心。
（2）生徒の非行には家庭環境が強く影響する。とはいえ、学校教育のあり方に責任の一端もある。／雖説學生學壞與家庭影響關係很大，但是學校的教育方式也有一定責任。

前接句子，表示"那事雖然是那樣，但是…"的意思。用於從前面的事情所預想期待的事和其結果不一致時。書面語。可以換言之爲"とはいいながら"、"とはいうものの"、"と(は)いっても"。

【とはいっても】

雖然説…也…。
（1）初めて小説を書いた。とはいっても、ごく短いものだけれど。／我第一次寫了篇小説。雖然這麼説，也是很短的。
（2）病気でねこんだとはいっても、風邪をひいただけですよ。／雖然説得病倒了，也只

是得了感冒。
與"といっても"相同。
→【といっても】1、【といっても】2

【とはうってかわって】

與…截然不同。

[Nとはうってかわって]

（1）父は若い時とはうってかわって、とても優しくなった。／父親與年輕時截然不同，變得非常和藹了。
（2）村は昔の姿とはうってかわり、近代的なビルが立ち並んでいる。／村子與過去完全兩樣，現代化的樓房幢幢相連。
（3）社長はこれまでとはうってかわったように、強硬な態度に出てきた。／總經理和以前態度截然不同，態度強硬。

以"とはうってかわって／うってかわり／うってかわったように"等形式，表示徹底變爲與前面的狀態完全不同的另一種樣子。如下例一樣沒有"Nとは"也可作爲副詞來使用。

（例）教室はうってかわったように静まり返っていた。／教室驟然變得鴉雀無聲。

【とはかぎらない】

不見得、未必。

[N／Na／A／V とはかぎらない]

（1）日本語を教えているのは日本人とはかぎらない。／教日語的不見得是日本人。
（2）有名の作家の小説ならどれでもおもしろいとはかぎらない。／有名的作家未必每部小說都有意思。
（3）スーパーマンだからって、何でもできるとはかぎらないよ。／雖說是超人也未必什麼都行。
（4）ここのお料理もいつもおいしいとはかぎらないんですよ。／這裡的菜也不見得總是好吃。
（5）完治したからといって再発しないとはかぎらないのだから、気を付けるにこしたことはない。／雖說治好了，不見得不復發，所以，最好還是多注意點。

表示"不能說…永遠都是對"的意思。用於表示就一般被承認爲正確的事，也有例外的情況。

【とばかり】

1 …とばかり　幾乎就要説、簡直就要説。

（1）今がチャンスとばかり、チャンピオンは猛烈な攻撃を開始した。／看準現在就是機會，冠軍開始了猛攻。
（2）横綱はいつでもかかってこいとばかりに身構えた。／横綱擺好了架式，好像在說你儘管來吧。

（3）もう二度と来るなとばかりに私の目の前でピシャッと戸を閉めた。／他簡直就像說你別再來了，在我眼前砰地一聲把門關上了。
（4）「どうだ、すごいだろう」とばかりに、新しい車を見せびらかしている。／他嘴裡幾乎就要說"怎麼樣？夠酷的吧！"，顯示着他的新車。

接短句，表示"宛如要說…"的意思。用於看上去，對方儼然要那麼說的樣子的場合。後接是強有力的架勢和程度表達方式。是書面性語言。多用"この時とばかりに攻め込む／攻めかかる（看准機會進攻）"、"えいっとばかりに切りつける／切りかかる（喊了一聲"嘿！"就砍了過去）"等慣用說法。

2 …といわんばかり　幾乎就是說、簡直就是說。
（1）お前は黙っていろと言わんばかりに、兄は私をにらみつけた。／哥哥簡直就要說"你少廢話"，用眼睛瞪着我。
（2）警察は、「お前がやったんだろう」と言わんばかりの態度で、男を尋問した。／警察以幾乎就要說"是你幹的吧"的態度，盤問着那男人。

接短句，表示"以似乎可以說…的態度"的意思。用法與前述的1基本相同。

【とはちがって】
　→【とちがって】

【とみえて】
[N／Na　（だ）とみえて]
[A／V　とみえて]

1 …とみえて　看來…。
（1）最近忙しいとみえて、いつも電話しても留守だ。／看來他最近很忙，打電話給他總是不在。
（2）夜中に雨が降ったとみえて、水たまりができている。／看來半夜下雨了，積了很多水。
（3）何かいいことがあったとみえて、朝からずっとにこにこしている。／看來有什麼好事，從早晨起一直笑瞇瞇的。
（4）隣の家は留守とみえて、ドアの前に数日分の新聞がたまっている。／看來鄰居不在家，門前堆了好幾天的報紙。

是把對現狀預想爲理由・根據的説法。前面的分句出現其預想的部分，後面分句表示出其理由和根據。以例（2）爲例，後面的"水たまりができている"的現狀是根據前面的"夜中に雨が降ったようだ"的預想的說法。後面的分句中是陳述說話者實際觀察到的事實。

2 …とみえる　看來…。
（1）今日の田中君はやけに気前がいい。何かいいことがあったとみえる。／今天田中心情不錯，看來遇到了什麼好事。

（2）合格発表を見に行った妹は、帰ってくるなり部屋に閉じ込もってしまった。どうも不合格だったとみえる。／去看榜的妹妹一回家就把自己關在屋裡，看來可能是沒考上。

（3）学生にパソコンの使い方を説明したが、ほかの人に聞いているところを見ると、一度聞いただけではよくわからなかったとみえる。／對學生解釋了電腦的用法，看到他們又在問其他人，看來只聽一次還是不懂的。

（4）花子は、先生にほめられた絵を会う人ごとに見せている。ほめられたことがよほどうれしかったとみえる。／花子每逢遇到人就給人家看被老師誇獎過的畫，看來她被表揚很高興。

根據自己的觀察，陳述推測的説法，用於自言自語。年輕人不怎麼使用。

【とも】

接活用詞語，與"ても"同意，是日語文言，與"ても"相比，是陳舊的説法。

1 …とも　不管…多麼…、無論…也…。

[A-くとも]

[A-かろうと（も）]

（1）田中さんの送別会には、少なくとも30人は集まるだろう。／田中的歡送會，至少會來30人吧。

（2）どんなに苦しくとも、最後まで諦めないで頑張るつもりだ。／無論多麼苦，也打算奮鬥不懈地到最後。

（3）どんなに辛かろうと、苦しかろうと必ずやり遂げてみせます。／不管多麼艱苦，多麼困苦，一定要做好給你看。

接在イ形容詞"A-く"、"かろう"形之後。會話時，一般應為"A-くても"。例（1）表示"即使那樣去估量"的意思用來估計數量。"多くとも10人（頂多10個人）"、"長くとも30分（再長半小時）"、"遅くとも5時までに（最晚5點以前）"等都與此用法相同。像例（3）一樣"A-かろうと"被反覆兩次時，"も"被省略的情況多。

2 V-ようと（も）　即使…也…、不管…都…。

（1）たとえ両親に反対されようと（も）、彼女と結婚するつもりだ。／即使父母反對，我也打算和她結婚。

（2）たとえ失敗しようと（も）、やると決めたことは実行する。／即使失敗，決定做的事就做到底。

（3）どんなに苦労があろうと（も）、二人で助け合って幸せな人生を歩んでゆきたい。／不管有多苦，兩個人要互相幫助度過幸福人生。

（4）雨が降ろうと風が吹こうと、

練習は決して休まない。／不管颳風下雨，練習絕不間斷。

→【よう2】6d

3 …であろうと(も)　不論…還是…、即使…還是…。

[N／Na であろうと(も)]

（1）病人であろうと年寄りであろうと、なんの配慮もなしに、敵は攻撃を仕掛けてくる。／不論病人，還是老人，敵人都毫不寬容地對其進行攻擊。

（2）たとえ健康であろうと中年を過ぎたら、定期検診を受けたほうがいい。／即使很健康，過了中年還是定期體檢好。

（3）高名な僧侶であろうとも、迷いを断てないこともある。／即使是名望很高的和尚也有無法斬斷凡念之時。

是"N／Naであっても"較陳舊的説法。

→【であろうと】1

【ども₁】

…們。

[Nども]

（1）申し訳ありません。私どもの責任です。／對不起，是我們的責任。

（2）手前どもの店では、この品物は扱っておりません。／我們的商店，不販賣這種商品。

（3）≪けんかのことば≫野郎ども、みんなそろってかかって来い。／≪吵架語≫混蛋們，你們一起來吧。

（4）政界は偽善者どもの集まりだ。／政界是偽善者們的大聚會。

主要接表示人物、人稱的名詞之後，表示複數。與"…たち"相似，但因接在第一人稱後，表示謙虚的心情，所以比"私たち"更爲客氣。另外"私たち"有包括聽話者與不包括聽話人的兩種情況，"私ども"只表示説話者，不包括聽話者的意思。如例(3)、(4)所示，用在關於第一人稱以外的人的場合，多有瞧不起那個人之意思。此外有"女ども(娘兒們)"、"ものども(傢伙們)"等用法。

【ども₂】

即使…可是…。

[V-ども]

（1）行けども行けども、原野は続く。／走啊走，還是一片原野。

（2）声はすれども、姿は見えず。／聽到聲音，但是也看不見身影。

（3）振り向いて見れど、そこにはだれもいなかった。／回頭看，可是一個人也沒有。

接在動詞バ形後，表示"V-ても"、"Vけれども"之意。如例(1)可以改爲"行っても行っても"例(2)可以改爲"声

はするけれども(即使聽到聲音)"。例(1)、(2)是慣用表達方式,例(3)是日語文言表達方式。這樣的特殊用法,除"といえども"的形式之外,一般不常用。

【ともあろうものが】

　　　身爲…還…。
[Nともあろうものが]
(1) 大蔵官僚ともあろうものが、賄賂を受け取るとは驚いた。/身爲財政部的高官還接受賄賂,讓人吃驚。
(2) 警察官ともあろうものが、強盗をはたらくとはなんということだろう。/身爲警察,還當強盗是怎麼一回事啊。
(3) 母親ともあろうものが、生まれた自分の子供をゴミ箱に捨てるとは、まったく恐ろしい話だ。/身爲母親,竟然把自己親生的孩子扔垃圾箱裡,真太可怕啦。

是"那樣一種身份的人"之意。前接表示社會地位、作用或職業的名詞,用於按常識想那種人做了他不該做的事的場合。後接表示吃驚、憤怒、不相信的表達方式。在"もの"的部分上也可以用表示"人／人物"的名詞。

(例) 国会議員ともあろう人物がこのような巨額の脱税を平気で行うのだから、議員のモラルも低下したものである。/身爲國會議員之類的大人物竟然不在乎地搞如此巨額的漏税,議員的道德水準也真是降低了。

【ともいうべき】

→【とでもいうべき】

【ともかぎらない】

　　　説不定、未必、難保。
[N／Na　ともかぎらない]
[Aともかぎらない]
[V-ないともかぎらない]
(1) A:司会者を探してるんだけど、山下さん結婚式の司会なんか、引き受けてくれないよね?/我正在找司儀,看來山下是不會接受婚禮司儀這個差事了?
　　B:一度聞いてみたら?引き受けてくれないともかぎらないよ。/問問他看,也未必不接受。
(2) 山田は来ないと言っていたが、気まぐれな彼のことだから、ふらりと現れないともかぎらない。/山田説他不來,他那個人陰晴不定,説不定會飄然而來呢。
(3) 病院は慎重に選んだ方がいい。へたな医者にかかっては、命を落とさないともかぎらない。/還是慎重選擇醫院爲好。如果碰上個醫術拙劣的醫生,難保不丢小命。
(4) 教師の言うことが正しいとは限らないし、本に書いてあることが、正しいとも限らな

い。／老師説的不見得對，書上寫的也未必正確。

是"…尚未決定,也有與此相反的可能性"的意思。多使用"V－ないともかぎらない"的形式,是在考慮到可能性很低的狀況下,勉強説有可能性的表達。類似表達有"とはかぎらない"。

【ともかく】

1 Nはともかく（として）　姑且不論、先別説。

（1）見かけはともかく味はよい。／外觀姑且不論，味道不錯。

（2）学歴はともかく、人柄にやや難点がある。／學歴暫且不説，人品稍微有點缺陷。

（3）奥さんはともかくとして、ご主人はとてもいい人だ。／太太姑且不論，丈夫可是個大好人。

（4）細かい点はともかく全体的に見れば、うまく行ったと言えるのではなかろう。／小地方姑且不論，整體來看，可以説做得不錯吧。

（5）勝敗はともかくとして、一生懸命頑張ろう。／勝敗暫且不論，努力加油吧。

表示"將其不做爲議論的對象"之意。用於比起那些，作爲非常重要的事要優先表述後面事情的場合。也説"Nはとにかく（として）"。

2 ともかくV　總之、反正。

（1）雨で中止になるかもしれないが、ともかく行ってみよ

う。／也許會因下雨中止，反正先去看看吧。

（2）ともかく、言われたことだけはやっておきました。／反正你怎麼説，我就怎麼做了。

（3）ともかく使ってみないことにはいい製品かどうかは分からない。／總之没有使用看看，是不知道産品好壞的。

（4）ともかくお医者さんに見てもらった方がよい。／總之還是看醫生好。

伴有表示意志性行爲動詞，表示與其作各種談論，首先還是做的意思。與"とにかく（反正）"近義。

【ともすると】

往往…。

（1）ベテラン教師でもともするといい子ばかりに目がいってしまう。／就是内行的老師，往往眼中也只有好學生。

（2）この学生は時間にルーズで、ともすると授業に1時間も平気で遅れて来る。／這個學生不遵守時間，往往上課晚到1小時，毫不在乎。

（3）夏は、ともすると睡眠不足になりがちである。／夏天，常常會睡眠不足。

（4）核兵器は、ともすると人類の破滅を引き起こしかねない危険性をはらんでいる。

／核武器，往往蘊藏着能導致人類毀滅的危險性。

表示以某事爲契機，易發生那種事之意。表示發生不喜歡的事態的情況居多。多與"…がちだ(常常)"、"…かねない(可能)"等一起使用。也可以説成"ともすれば"。

【ともなう】
→【にともなって】

【ともなく】

1 疑問詞＋(助詞)＋ともなく　不知…。

(1) どこからともなく、沈丁花のいい香りが漂ってくる。／不知從哪飄來了紫丁香的花香。

(2) あくる朝、旅人はどこへともなく立ち去って行った。／第二天早晨旅行者不知跑到哪去了。

(3) 誰からともなく拍手が起こり、やがて会場は拍手喝采の渦に包まれた。／不知是誰鼓起掌來，不一會，整個會場捲入鼓掌喝采聲旋渦中。

(4) 生徒達は夜遅くまで騒いでいたが、いつともなくそれぞれの部屋に戻っていった。／學生們很晚還在吵鬧，不知何時都各自回到的房間去了。

(5) 二人は、どちらからともなく走り寄り固く抱きあった。／兩個人説不上誰先誰後跑近，緊緊擁抱在一起。

前接"どこ、いつ、だれ、どちら"等疑問詞，意思爲"場所、時間、人物、物"等"不能特定是哪個部分"的意思。如使用助詞，直接接在疑問詞之後。

2 V-るともなく　無意地、下意識地。

(1) どこを眺めるともなく、ぼんやり遠くを見つめている。／不經心地眺望着，呆呆地凝視着遠方。

(2) 老人は誰に言うともなく「もう秋か」とつぶやいた。／老人下意識地唸着"已經秋天啦"。

(3) 何を考えるともなく、一日中物思いにふけっていた。／説不上想什麽，整天沈思。

前接"見る／話す／言う／考える"等表示人的意志行爲的動詞，表示該動作是不具備明確的意圖和目的而進行的。其前常伴有"何、どこ"等疑問詞。

【ともなって】
→【にともない】、【にともなって】

【ともなると】

要是…。

[N／Vともなると]

(1) いつもは早起きの息子が、日曜日ともなると、昼頃まで寝ている。／平時一直早

起的兒子．要是到了星期天能睡到中午。
（2）主婦ともなると、独身時代のような自由な時間はなくなる。／要是做了家庭主婦,就没有單身時代那樣的自由時間了。
（3）子供を留学させるともなると、相当の出費を覚悟しなければならない。／要是讓孩子留學,必須作好開支很多的準備。
→【ともなれば】

【ともなれば】

要是…。

[Nともなれば]
[Vともなれば]

（1）9月ともなれば、真夏の暑さはなくなり過ごしやすくなる。／要是到了9月,没有盛夏的炎熱,好過多了。
（2）子供も10歳ともなれば、もう少し物分りがよくてもいいはずだ。／孩子要是10歳,按理説已經稍微懂事了。
（3）結婚式ともなればジーパンではまずいだろう。／在結婚典禮上,穿牛仔褲不合適吧。
（4）主婦ともなれば朝寝坊してはいられない。／要是做了家庭主婦就不能睡懶覺了。
（5）学長に就任するともなれば、今までのようにのんびり研究に打ち込んではいられなくなる。／要是當了校長,就不能像過去那樣全力地投入到研究中去了。

前接表示時間、年齡、作用、事情等名詞或者動詞,表示狀況"到了如此的情況之下"的意思。後接與狀況變化相應,當然會變爲那樣的判斷。也説"ともなると"。

【ともに】

→【とともに】

【ともよい】

→【なくともよい】

【とやら】

1 Nとやら　叫什麽。

（1）例の啓子さんとやらとは、うまくいっていますか。／你和那個叫什麽啟子的還合得來吧。
（2）娘が「ムサカ」とやらいうギリシャ料理を作ってくれました。／女兒給我做了一道叫什麽"姆薩卡"的希臘菜。

是"…とかいう"之意,接在没有記住的名稱之後。例(1)中"とやら"後直接接助詞,這可以視爲是"とやらいう人"的"いう人"部分被省略。

2 …とやら　説是…、聽説…。

（1）私の答案を見て、先生がびっくりした顔をしていた

とやら。／説是老師看了我的考卷，滿臉吃驚。
(2) 結局(けっきょく)あの二人(ふたり)は結婚(けっこん)して、田舎(いなか)で仲良(なかよ)く暮(く)らしているとやら。／説是最後兩個人結了婚，在鄉下圓滿地生活着。

接在從別人那裡聽到的事之後，表示"雖然不確切但是那樣聽到的"之意。與"…とか聞いている"、"とのことだ"、"そうだ"等近意，但"とやら"含説話人的記憶模糊，其引用不太確切之意更強。在日常談話中幾乎不用。

【とりわけ】

特別(とくべつ)。
(1) 兄弟(きょうだい)は3人(にん)とも頭(あたま)がよいが、次男(じなん)はとりわけ優秀(ゆうしゅう)だ。／兄弟3人都很聰明，尤其老二特別出色。
(2) 暖冬(だんとう)の影響(えいきょう)か、今年(ことし)の春(はる)はとりわけ桜(さくら)の開花(かいか)が早(はや)い。／也許是由於暖冬的影響，今年春天櫻花開得特別早。
(3) 今回(こんかい)の不況(ふきょう)はこれまでの中(なか)でもとりわけ深刻(しんこく)だ。／這次的經濟不景氣是目前爲止最嚴重的。
(4) どの学科(がっか)もあまり成績(せいせき)がよくないが、とりわけ国語(こくご)がひどい。／不論哪一科成績都不怎麼好，特別是語文更糟。

用於不論看哪方都不是平均的，在與其他相比較時，特別提示突出的東西。褒貶二義都用，可以和"特に／ことに／ことのほか"可互換。

【とわず】

→【をとわず】

【とんだ】

（表示意外）。
[とんだN]
(1) あなたが邪魔(じゃま)したなどと、とんだ思(おも)い違(ちが)いをしていました。／我完全想錯了，還以爲是你給我搗亂呢。
(2) A：通勤(つうきん)の途中(とちゅう)で、事故(じこ)に遭(あ)ってしまったんですよ。／上班路上遇上了交通事故。
B：それはとんだ災難(さいなん)でしたね。／那可是飛來橫禍啊。
(3) 親(おや)にかくれてたばこを吸(す)うとは、とんだ不良娘(ふりょうむすめ)だ。／背著父母吸煙，那可是夠壞的女孩子了。
(4) もし1分(ぷん)でも気(き)が付(つ)くのが遅(おく)れていたら、とんだ大事故(だいじこ)になっていたかもしれない。／如果再晚1分鐘發覺的話，也許要造成悲慘的大事故。
(5) とんだ野郎(やろう)に見込(みこ)まれてしまったものだ。／真是被那個混蛋看中了。
(6) 委員会(いいんかい)の議長(ぎちょう)に選(えら)ばれたと

は、とんだことになってしまった。／被選為委員會主席那可是不得了的事。

後接表示事或人的名詞，表示那是預想之外的事之意。多以"ひどい(殘極了)"、"驚きあきれた(嚇呆了)"、"困った(太難辦了)"、"大変な(糟透了)"的意義表示負面評價。用於與期待相反的結果或者缺少常識的人物。不過例(5)是"反常識有趣的人物"之意，也可用於充分親切的褒獎時。

【とんでもない】

1 とんでもないN　根本沒想到。

(1) 子供は時々とんでもない質問をして親を困らせることがある。／孩子時常提出些使人意想不到的問題令父母難以回答。

(2) 明け方の4時などという、とんでもない時間に電話がかかってきてびっくりした。／凌晨4點的時侯打來個電話，嚇了我一跳。

(3) 海中に都市を作るとは、とんでもない計画だ。／在海中建造城市，那可是個不切實際的計劃。

表示"根本沒想到"、"太意外啦"、"常識上無法想像"之意。與"とんだ"相比，負面評價的味道淡薄。

2 とんでもない　沒有那事兒，哪裡的話。

(1) A：ずいぶん景気がよさそうですね。／經濟景氣

似乎不錯嘛。

B：とんでもない。借金だらけで首が回りませんよ。／沒有那回事，債臺高築，無力回天。

(2) 先生：そのかばん、持ってあげましょう。／老師：那個皮包我來拿吧？

学生：先生に荷物を持っていただくなんてとんでもないです。／學生：讓老師拿行李，那怎麼行啊！

(3) A：この度は本当にお世話になりました。／這次承蒙您多方照顧。

B：とんでもございません。こちらこそいろいろご迷惑をおかけいたしまして…。／哪裡的話，我才給您添了不少麻煩呢。

用於在談話中強烈否定對方的發言，表示"沒有那事"的意思。如例(2)、(3)所示，否定來自對方的親切要求和感謝言辭時，表示客氣的心情。"とんでもありません／ございません"是其禮貌形式。

【どんな】

不論什麼樣的。

［どんなN＋助詞＋も］

(1) 母は、どんなことでもやさしく聞いてくれる。／不論我講什麼事，媽媽都耐心聽。

(2) どんな状況においても対

応できる準備ができている。／做了應付一切情況的準備。

(3) どんな人間にも、幸福に生きていく権利がある。／不論什麼人都有幸福生存的權利。

(4) 彼女は、どんな人からも好かれる女性です。／她是個誰都喜歡的女人。

(5) 教師は、どんな学生に対してもわけへだてなく付き合う必要がある。／教師對什麼樣的學生必須一視同仁，毫無區別地對待。

(6) 彼はどんなことにも興味を持つ人間だ。／他是個對什麼都感興趣的人。

表示在所有的情況下，不論所接名詞所表示的是什麼樣的東西，後接的事都成立。

【どんなに】

1 どんなに…だろう（か）　多麼…啊。

(1) 希望校に合格できたら、どんなにいいだろうか。／如果能考上自己期望的學校有多好啊！

(2) 息子の戦死を知ったら、両親はどんなに悲しむことでしょう。／父母要是知道了兒子戰死該多麼悲傷啊！

(3) 父が生きていたら、どんなに喜んでくれたことだろうか。／父親還活着的話，會有多高興啊！

(4) 子供が無事だと分かった時、私はどんなにうれしかっただろう。／當得知孩子安全無恙時，我有多麼高興啊！

(5) 私はこの日がくることをどんなに望んだことだろう。／我是多麼期待這一天的到來啊。

伴有喜悦、悲傷、希望等表達方式，是感嘆。表示該程度遠遠超過普通的程度。例(1)～(3)使用"もし…だったら、きっと大変…する／しただろう"是推測現實中沒有實現的事。與此相對，如例(4)、(5)表示現實中"大変うれしかった／強く望んだ"的事。

2 どんなに…ても　多麼、怎麼。

(1) どんなに金持ちでも愛情に恵まれなければ幸福とは言えない。／多麼富有的人，如果沒有愛情也談不上幸福。

(2) たとえどんなに苦しくても最後まで頑張ります。／不論多麼艱苦也要堅持到底。

(3) どんなに働いても暮らしはちっとも楽にならない。／怎麼拼命工作，生活一點也不好過。

表示不論是什麼樣的程度，不論在什麼水準條件下，後接的事態都未受其影響而成立（否定形表示不成立）。前面也用"たとえ"，也可以說成"いかに／いくら…ても"。

【ないか】

"…ないか"主要男性使用。禮貌的説法是"…ませんか"及省略"か"的形式"…ない？"，男女都用。

1 V-ない(か)＜勸誘＞ 不…嗎？

(1) ちょっと、食べてみない？／你不嘗一嘗？
(2) 今度、いっしょにスキーに行かないか？／下次一起去滑雪吧？
(3) そろそろお茶にしませんか。／去喝點茶吧？
(4) ちょっと寄っていきません？／不到我那坐一會？

接在表示意志的動詞後，規勸對方採取行動或者勸對方和自己一起行動。禮貌的説法是"V-ませんか"。一般讀爲升調，終助詞"か"可以省略。

2 V-てくれない(か)＜請求＞ 能…嗎。

(1) お塩、とってくれない？／能把鹽給拿過來嗎？
(2) ちょっと手伝ってくれませんか。／能幫我一下嗎？
(3) この本、2、3日貸してもらえない？／這本書能借我2、3天嗎？
(4) 5時までにおいでくださいませんか。／請您5點來. 行嗎？
(5) 明日もう一度ご来店いただけないでしょうか。／明天能再來本店一趟嗎？

以"N-てくれないか／もらえないか"等形式表示對對方的請求。如果説成"V-てくださいませんか／いただけませんか／いただけませんでしょうか"或和例(4)、(5)一樣"お／ご…くださいませんか"、"お／ご…いただけないでしょうか"的話更爲禮貌。

使用"もらう／いただく"應注意需變爲"V-てもらえないか／いただけないか"一樣表示可能的"もらえる"、"いただける"的否定形的使用。此外，"おいでになる"和漢語動詞"来店する"等後接"いただく／くださる"時一般省略"に"になって"、"して"變爲"おいでいただけませんか／くださいませんか"、"ご来店いただけませんか／くださいませんか"的形式。

多讀升調，也可以省略其中的終助詞"か"。如下例所示，禮貌的説法可以改爲"…願えないか"。

(例) もう一度ご来店願えないでしょうか。／您能再到店裡來一趟嗎？

3 Vない(か)＜命令＞ 還不(快)…。

(1) おい待たないか。／喂, 等一下!
(2) だまらないか。／還不住口!
(3) いい加減でやめないか。／還不快住手!
(4) 早く起きないか。／還不快起來!
(5) さっさと出かけないか。／還不快出發!

是一種對於尚未行動的對方令其馬上發起行動的表達方式。如例(1)表示"待て(等一下)"、例(2)表示"だまれ(住口)"的意思。

此表達方式雖與"待て(等一下)"、"だまれ(住口)"的命令表達方式相似。但

因爲用於對方總不行動的狀況下，多伴有說話者感到焦急和生氣的語氣。降調的責問不能使用禮貌客氣體，男性使用。

4 …ない（か）〈確認〉　不是…嗎。
[N／Na　ではないか]
[A-くないか]
[V-ないか]

(1) A：彼が犯人じゃないですか。／他不是犯人嗎？
　　B：そうかな。／是嗎？

(2) A：子供には無理じゃないですか。／對孩子來說不有點勉強嗎？
　　B：大丈夫ですよ。／没事的。

(3) A：君にはちょっと難しくない？／這對你稍微有點難吧？
　　B：ええ、でもやってみます。／唉，但我要試試。

(4) A：この部屋、変な匂いがしない？／這屋子沒有一股怪味嗎？
　　B：うん、なんだかちょっと。／嗯，是有點什麽味道。

(5) A：ちょっと駅から遠すぎませんか。／離車站稍微遠了點吧？
　　B：そうですか。歩いて15分ぐらいですけど。／是麽，走著去才15分鐘啊。

(6) 彼の様子、ちょっと変だと思いませんか。／你不覺得他的樣子有點怪嗎？

用於說話者確認自己的想法是否正確。雖然採取了"Xじゃないか"等否定的形式，確認的內容是"Xである"的肯定事項。聽話者若與說話者意見相同時，說"はい／うん、そうだ"；不同意見說"いいえ／いや、そうではない"來回答。另外被確認已經發生了的事情時，如下例採取夕形。

(例) A：何か物音がしなかったか。／沒聽見什麽聲音？
　　B：いや、僕には何も聞こえなかったけど。／沒有，我什麽也沒聽見。

(例) A：私に電話かかってきませんでしたか。／有沒有人給我打電話？
　　B：いいえ。／沒有。

5 …ない（か）〈有節制的主張〉 不是…嗎？
[N／Na　ではないか]
[A-くないか]
[V-ないか]

(1) 彼が、東大に合格したなんて、何かの間違いではないか。／說他考上了東京大學了，是不是搞錯了？

(2) 最近の彼の言動はちょっと変じゃないか。／最近他的言行是不是有點怪嗎？

(3) このスープ、ちょっと、塩味が薄くない？／這湯是不是稍微淡了點啊？

(4) やめといたほうがよくないか。／停下來不做不好嗎？

(5) そんなに働いたら病気にな

らないか。／那麼賣命做，不會得病嗎？

這是一種抑制自己的意見、主張時的表達方式，以"我認爲會是那樣"的心情，用於非斷定性述説稍微留有懷疑的場合。如例(5)一樣，多包含擔心、掛念的心情。

多可以轉換爲"(の)ではないか"、"(の)ではないだろうか／(の)ではなかろうか／(の)ではあるまいか"、"ないかしら／ないかな"等含有推測和疑念的表達方式。對過去的事採取"(では)なかったか"的形式。

(例) 昨日見かけた人、山田さんの奥さんじゃなかったか。／昨天見到的那個人不是山田的夫人嗎？

口語中接名詞和ナ形容詞時，一般爲"じゃないか"。

6 …じゃないか →【じゃないか1】
【じゃないか2】

7 …ではないか →【ではないか1】
【ではないか2】

【ないかしら】

以活用語的否定形，接表示説話者不確切心情的"かしら"而形成，既能用於問自己，也能用於提問對方。是女性用語，現在已不太使用，代之以"ないかな"。

1 …ないかしら＜願望＞　没…嗎？不…嗎？

[V-ない／Vれない　かしら]
[V-てくれないかしら]

(1) また、あの人から手紙が来ないかしら。／那個人還没給你來信嗎？

(2) お金持ちと結婚できないかしら。／能和有錢的人結婚嗎就好了？

(3) バス、すぐに来てくれないかしら。／要是公車馬上來就好了。

(4) ちょっと手伝ってくれないかしら。／能幫我一下嗎？

接在表示動作的動詞的否定形，表示可能的"V-れる"的否定形以及"V-てくれない"之後，表示説話者的希望和願望。例(4)是直接面對聽話者説的，也能構成祈使句表示請求。

2 …ないかしら＜推測・懸念＞　不是…嗎？

[N／Na　ではないかしら]
[A-くないかしら]
[V-ないかしら]

(1) 向こうから来る人、鈴木さんじゃないかしら。／對面來的不是鈴木嗎？

(2) この着物、私にはちょっと派手じゃないかしら。／這件和服，對我是不是太艷了點？

(3) このご飯、ちょっとかたくないかしら。／這米飯是不是硬了點？

(4) あんなに乱暴に扱ったらこわれないかしら。／那麼粗暴地搬動，不會弄壞嗎？

接述語否定形後，表示雖然没有十足的把握，但含有"萬一也許那樣"的推測和"有那種感覺"擔心"的懸念和擔心的心情。自言自語時表示説話者自問，面對聽話者説時是"你那麼認爲嗎"的詢問對方的判斷的表達方式。

【ないかな】

在活用語的否定形後接上表示說話者不確切心情的"かな"。自問和問對方都能使用。與"かしら"不同，男女都可以用，但不是禮貌的說法。直接對對方提問時只限於關係親密者之間。

1 …かな(あ)＜願望＞　多希望…啊！
[V-ない／V-れない　かなあ]
[V-てくれないかな]

（1）早く夏休みにならないかなあ。／多希望暑假早點到來啊！
（2）今夜いい夢が見られないかな。／希望今晚會做個好夢！
（3）息子が一流大学に入ってくれないかな。／多希望兒子能考進一流大學啊！

前接表示動作、變化、存在的動詞和表示可能的"V-れる"的否定形，表示"那樣的話就好"、"希望如此"的說話者的希望和願望。

2 …かな(あ)＜推測・懸念＞　不是…吧。
[N／Na　ではないかなあ]
[A-くないかなあ]
[V-ないかなあ]

（1）あの人、森田さんの奥さんじゃないかな。／那個人是森田的夫人吧？
（2）彼だったら大丈夫じゃないかな。／如果是他可能沒事吧？
（3）こっちのほうが、よくないかな。／這邊這個好點吧？
（4）子供にはちょっと難しすぎないかな。／對孩子有點太難吧？
（5）この靴、ちょっと小さくないかな。／這鞋稍有點小吧？
（6）あんなことを言って、彼女怒っていないかな。／說那麼重，她沒生氣吧？

接述語的否定形，表示雖然不十分確信，但是"說不定也許那樣"的推測和"有那樣的擔心／有那種心思"的懸念和擔心的心情。自言自語時是自問表達方式。有對方在時，則爲"你不那麼想嗎？"的詢問對方的判斷。

【ないことはない】

不是不、不會不。
[V-ないことはない]

（1）A：とても明日までには終わりそうにないんですけど…。／到明天爲止根本完成不了。
　　B：いや、やる気があればできないことはありませんよ。／不，只要想做也不是辦不到的。
（2）A：彼女は来ないんじゃないか。／她是不是不來了呢？
　　B：来ないことはないと思うよ。遅れても必ず来ると言っていたから。／不會不來的，她說即使晚了也一定來。

(3) A：1週間でできますか。／用一周的時間辦得到嗎？
　　B：できないことはないですが、かなり頑張らないと難しいですね。／也不是辦不到，但不付出相當的努力是很難的。
(4) A：行きたくないの？／你不想去嗎？
　　B：行きたくないことはないけど、あまり気がすすまないんだ。／不是不想去，不是那麼特別感興趣。

接對方的發言，用於"完全沒有那種事"的全面否定，或者表示"某一方面是那樣的，但是並非100%全是那樣的"意思有所保留的斷定。例(1)、(2)是前者的例；例(3)、(4)是後者的例。

分別解釋一下的話，例(1)是接到A的"不能"的發話，B則說"不是不能"，也就是"能"的意思；例(3)是"未必能"，即"也有不能的時候"的意思。

後者的用法可換為"ないこともない"，前者則不能替換。

【ないこともない】

不能不。

[V-ないこともない]

(1) よく考えてみれば、彼の言うこともっともだと思えないこともない。／仔細想想，不能不覺得他所說的是那麼回事。

(2) 言われてみれば、確かにあのときの彼は様子がおかしかったという気がしないこともない。／要是你那麼說來，的確不能不感到他當時的樣子有點怪。

(3) この会社は社長一人の意見で動いていると言えないこともない。／這家公司也可以說基本是靠總經理一個人的意見在運作。

使用雙重否定來表示"有那樣的方面／有那樣的可能性"的肯定意義。用於雖然不是全面肯定，但是有可以那樣說的一面，表示保留斷定的心情時。多用"言えなくもない"、"気がしなくもない"的形式。

【ないで】

是動詞的否定形＋テ形的形式，後接表示動作和狀態在什麼情況和狀況之下才成立。

１ V-ないで＜附帶狀況＞　沒…就…。

(1) 息子は今朝もご飯を食べないで出かけた。／兒子今天早晨也沒吃早飯就出去了。

(2) 彼女は一生結婚しないで独身を通した。／她一輩子沒結婚一直過着單身生活。

(3) 傘を持たないで出かけて雨に降られてしまった。／沒拿雨傘就出了門，結果被雨淋了。

(4) 予約しないで行ったら、満

席で入れなかった。／没有預定坐位就去了，結果客滿進不去。
（5）歯を磨かないで寝てはいけません。／不許不刷牙就睡覺。

其後面爲動詞句表示"在没…狀態下，做…"之意。書面語爲"…ずに"。不能用"なくて"來替換。

2 V-ないで＜代替＞　没…而…、没…反而…。
（1）親が来ないで子供が来た。／家長没來，而孩子來了。
（2）ロンドンには行かないで、パリとローマに行った。／没有去倫敦，而去了巴黎和羅馬。
（3）運動してもちっともやせないで、かえって体重が少し増えた。／雖然加大了運動量，一點也没瘦，反而體重增加了一點。
（4）頑張っているのに、成績はちっともよくならないで、むしろ下がってきている。／儘管努力了，可是成績仍然不佳，毋寧説還下降了。

是"不是…，代之做別的事"／"發生了別的事"之意。是對比述説兩個事情的表達方式。後接的事情多包含與預想、期待相反的結果。書面語可使用"…ずに"。

雖然也可用"なくて"來替換，但是"なくて"不具"代替"這樣對比的意義，是兩個事前後成立的另一種意義。因此，要表示對比意義時必須使用"ないで"。

3 V-ないで＜原因＞　因爲没…。
（1）やつが来ないで助かった。／那小子没來，我可輕鬆了。
（2）試験にパスできないでがっかりした。／考試没有通過，讓我很失望。
（3）朝起きられないで授業に遅れた。／早晨没有按時起床，所以上課遲到了。
（4）大事故にならないでよかった。／幸好没釀成大事故。

表示"因爲没做…"之意。後接表達方式多如例（1）、（2）一樣爲"困った"、"助かった"等表示感情和評價的表達方式，或如例（4）一樣承認時間上前後關係的情況。這種用法可以比較自由地換爲"なくて"。

【ないである】

没有…。
[V-ないである]
（1）手紙は書いたけれど、出さないである。／信雖然寫了，但是没有寄。
（2）頂き物のメロンがまだ手をつけないであるから、召し上がれ。／別人送的禮物哈蜜瓜還没有動，你嘗嘗吧。
（3）このことはまだ誰にも知らせないである。／這件事還没對任何人説。

是"處於没做…的狀態"之意。是人在有意識不作某狀態持續狀況下的表達方式。如"手紙はもう出してある"一樣"他動詞＋てある"形式中的他動詞取否

定形的形式。普通的説法爲"…(せ)ずにある"。

【ないでいる】

没有…。
[V-ないでいる]
（1） 昨日から何も食べないでいる。／從昨天起就什麼也没吃。
（2） このことは夫にも話さないでいる。／這件事我對丈夫也没説。
（3） 雨の日曜日は部屋から一歩も出ないでいた。／下雨的星期天，没出門一步。
（4） 祖母は自分一人では起き上がることもできないでいる。／祖母現在自己一人連起床都起不來了。

表示"處於不做(不能做)…的狀態下"之意。也可以説成"…ぜ(ず)にいる"。因爲主語只限於是具有感情和意志的人和動物，所以不用於如下表達方式。
（誤） 雨が降らないでいる。

【ないでおく】

不…。
[V-ないでおく]
（1） 時間がないので昼ご飯は食べないでおこう。／没有時間了，不吃午飯了。
（2） 十分に残っているので、まだ注文しないでおいた。／還剩下不少，暫時先不再訂貨了。
（3） 他人がさわると分からなくなると思ったので、机の上は掃除しないでおきました。／別人一碰就搞不清了，所以我就没打掃桌子。

表示因爲有某種原因和目的，有意識地"不…"的意思。也可以説"せずにおく"。

【ないでくれ】

別…。
（1） 危険なことはしないでくれ。／你別搞危險動作。
（2） ここではたばこを吸わないでくれ。／你別在這兒吸煙。
→【てくれ】2

【ないですむ】

没…就解決了。
[V-ないですむ]
（1） 道がすいていたので、遅刻しないですんだ。／道路不塞，没遲到。
（2） 電話で話がついたので、行かないですんだ。／通過電話談妥了，不用去就解決了。

表示"即使不作預定的事也解決了"、"避免了預測的事"之意。表示可以避免了自己不情願的事態。

【ないではいられない】

不能不…。
[V-ないでいられない]

（1）こんな悲しい話を聞いたら、泣かないではいられない。／聽了這麼悲傷的故事，不能不流淚。
（2）言わないほうがよいことは分かっているが、話さないではいられなかった。／明知不説較好，可是又不能不説。
（3）あの映画を見たら、誰だって感動しないでいられないだろう。／看了那部電影，誰都不會不感動的吧。
（4）子供のことでは、日々悩まされないでいられない。／爲孩子的事，天天煩得不得了。

接動詞否定形之後，表示用意志力量無法控制自然而然徹底變成那樣的意思。多用於"泣く(哭)"、"思う(想)"、"感動する(感動)"等表示人的行爲和思考或感情動作的動詞。有説話者認爲"的確如此"的含義。書面語爲"…せずにはいられない"。

【ないではおかない】

不會不…。

[V-ないではおかない]

（1）この作品は、読むものの胸を打たないではおかないだろう。／這部作品不會不打動讀者的心吧。
（2）彼女の言動は、どこか私を苛立たせないではおかないものがある。／她的言行有使我不得不安的地方。
（3）彼女とのこと、白状させないではおかないぞ。／關於和她的事情，必須得讓他交代不成。

接在他動詞的否定形和自動詞使役態"V-させる"的否定形後，表示由於外部來的強大力量導致不以本人意志爲轉移的那樣狀態和行動之意。本來是書面語，所以一般採取"せずにはおかない"的形式。

【ないではすまない】

不…不算完、非…不可。

[V-ないではすまない]

（1）知り合いに借りたキャンプ用のテントをひどく破ってしまった。新しいのを買って返さないではすまないだろう。／把向朋友借的露營用的帳篷弄得很破，不買新的還人家説不過去吧。
（2）こんなひどいことをしたんでは、お母さんにしかられないですまないよ。／搞得這麼糟，不挨媽媽的罵，是逃不過的。
（3）罪もない人々に、このような過酷な運命を強いてしまった。いつの日にか、その報いを受けないではすまないであろう。／對於無罪的人們強加給這樣殘酷的命運，

總有一天不遭報應是躲不過去的吧。

接動詞否定形,表示不作該行爲是不會被原諒之意。比如例(1)表示,因爲不可能把破損的帳篷原樣還給人家,必須買新的還的意思。一般爲表示負面評價的事態,這種表達方式稍顯拘謹。

【ないでもない】

接在動詞否定形和形容詞"ない"之後,表示那樣的事並非完全沒有,也有存在或成立的可能性之意。也說"…ないこともない"、"…なくもない"。

1 V-ないでもない　並非不、也不是不。

（1）　A：納豆はお好きですか。／你喜歡納豆嗎？
　　　B：食べ(た)ないでもないですが、あまり好きじゃありません。／並不是不能吃,但是不怎麼喜歡。
（2）　A：ねえ、行きましょうよ。／喂,一起去吧。
　　　B：そんなにいうなら行かないでもないけど。／你那麼說,我也不是不去。
（3）　自分(じぶん)にも悪(わる)い点(てん)があったことは認(みと)めないでもない。／並不是不承認自己也有缺點。
（4）　考(かんが)えてみれば、彼(かれ)の意見(いけん)ももっともだという気(き)がしないでもない。／想起來總覺得他的意見也挺對的。

接動詞否定形,表示那樣的行爲認識也成立的情況。用"言う、考える、思う、認める、感じる、気がする"等與思考、知覺相關的動詞時,表示"總有那種感覺"之意。

2 Nがないでもない　也不是不、也並非不。

（1）　時(とき)には、一人(ひとり)になりたいと思うことがないでもない。／有時也不是不想一個人獨處。
（2）　娘(むすめ)は、見合(みあ)いで結婚(けっこん)するつもりがないでもないらしい。／似乎女兒也不是不打算相親結婚。
（3）　海外旅行(かいがいりょこう)をしたい気(き)もないではないが、なかなかその時間(じかん)がとれない。／也並非不想出國旅遊,但是老排不出時間。

主要接表示意志和心情的名詞,表示並非完全沒有那種心情之意。"名詞＋も"在其前時也可如例(3)所示,使用"Nもないではない"的形式。

【ないでもよい】

不…也行、不…也可。

[V-ないで(も)よい]

（1）　この欄(らん)には何(なに)も書(か)かないでもよい。／這一欄可以什麼都不寫。
（2）　明日(あす)は来(こ)ないでいいですか。／明天不來也行嗎？
（3）　そんなことは言(い)わないでもいいじゃありませんか。／你不說那件事不行嗎？

是"V-なくてもいい"的近意用法，表示"沒有必要做"之意。也可用省略了"も"的"ないでいい"的形式。口語中常用"なくてもいい"。陳舊的説法爲"一ずともよい"有如(例:行かずともよい／不去也行)的説法。

【ないと】

[N／Na でないと]
[A-くないと]
[V-ないと]

1 …ないと＋負面評價内容 不…就…。

(1) 急がないと遅刻するよ。／不快點就要遲到了。
(2) 勉強しないと怒られますよ。／不唸書，就要挨罵的。
(3) 注意しないと病気になるぞ。／不注意點，就要生病的。
(4) 東大合格はもう少し成績がよくないとむずかしいだろう。／要考上東京大學，成績不再好點，就很難的吧。
(5) 早く来てくれないと困るよ。／如果你不早來就很麻煩了。

句尾伴有"遅刻する"、"むずかしい"等表示負面評價的表達方式，表示某事如果不成立，將產生令人不悦的事態之意。多用於以"…ないと"的部分促使述説的事成立，或給予那麼做爲好的忠告的場合。

2 …ないと…ない 不…就不…。

(1) 平均70点以上でないと合格できない。／平均達不到70分以上，就不能及格。
(2) 世の中の動きに敏感でないと、すぐれた政治家にはなれない。／對社會的動向不敏感，就成不了優秀的政治家。
(3) 背が高くないとファッションモデルにはなれない。／個頭不高，當不了時裝模特兒。
(4) 食べないと大きくなれないよ。／不吃長不大啊。
(5) 早く出ないと間に合いませんよ。／不快走就來不及啦。
(6) 気温が高くないとうまく発酵しない。／氣溫不高，不會發酵的很好。

句尾動詞用否定形，表示某事不成立的話，另一件事也不成立之意。另外還有"なくては…ない"、"なければ…ない"的表達方式，但此説法更口語化。

3 …ないと いけない／だめだ 必須、應該、非…不可(行)。

(1) 風邪を防ぐには十分な休養を取らないといけません。／要預防感冒必須充分休息。
(2) レッスンを休むときは、絶対連絡しないといけないよ。／不去上課時，絕對要事先聯絡啊。
(3) 映画はまずおもしろくないといけない。ほかの点は二の次だ。／電影主要是要有趣，其他都是第二位的。
(4) こういう仕事は若い人でないとだめだ。山田君にやっ

てもらおう。／這樣的工作非年輕人不可，讓山田來做吧。

表示"…是必要的／不可缺少的／義務的"的意思。如下例也可以省略後面的部分。

（例）　車はやはり頑丈でないとね／汽車還是得結實的。

雖然也說"なくてはいけない"、"なければいけない"，這個句型更口語化。另外還有"なくてはならない"、"なければならない"的說法，但是沒有"ないとならない"的形式。

（誤）　早く行かないとならない。
（正）　早く行かなければならない。／必須快點兒去！

→【なければ】

【ないといい】

不…就好了。

[N／Na　でないといい]
[A-くないといい]
[V-ないといい]

（1）　あそこの奥さん、もうちょっとおしゃべりでないといいんだけど。／那家的太太，嘴巴再少嘮叨點就好了。
（2）　新しく配置される部局の仕事、あまり大変でないといいのだが。／新調去的那個處的工作別太重就好了，可是…。
（3）　これほど毎日忙しくないといいのだが。／每天別這麼忙就好了，可是…。

（4）　この世に試験なんかないといいのになあ。／這個世界上沒有考試就好啦！
（5）　雨にならないといいが。／不下雨就好了。

接述語否定形，表示希望不是那樣的心情。多用於已經實現或感覺有某種危險和擔心的場合。以不說完或"いいのに／が／けれども"等形式結束比較自然。也說"なければいい"。

【ないともかぎらない】

不見得不、未必不、說不定。

（1）　今日は父の命日だから、誰かが突然訪ねてこないともかぎらない。／今天是父親的忌日，不知道有誰會突然來訪。
（2）　鍵を直しておかないと、また泥棒に入られないともかぎらない。／不把鎖修好，說不定小偷還會來的。
（3）　間違えないとも限られないので、もう一度確認した方がいい。／難保沒有錯，還是再確認一次好。
（4）　事故じゃないとも限らないし、ちょっと電話を入れてみた方がいいかもしれない。／不見得不會發生事故，也許打個電話看看較。

表示"某事不是百分之百屬實"之意。多用於覺得擔心會發生什麼事，還是採取點什麼對策為好的情況。一般接在否定表達方式之後。下例的"いつ死ぬと

もかぎらない"是例外,接肯定表達方式的慣用句,表示"不知何時死"之意。
(例) 人間いつ死ぬともかぎらないのだから、やりたいことはやりたい時にやった方がいい。／人不知何時死,所以想做的事還是想好了再做爲好。

【ないまでも】

没有…至少也…、就是…也該…。

[V-ないまでも]

(1) 毎日とは言わないまでも、週に2、3度は掃除をしようと思う。／不能説做到每天,但是想至少1周打掃2、3次。
(2) 絶対とは言えないまでも、成功する確率はかなり高いと思います。／不能説絶對成功,但是我想成功率相當高。
(3) 予習はしないまでも、せめて授業には出て来なさい。／即使不預習,至少也要來上課。
(4) 授業を休むのなら、直接教師に連絡しないまでも、友達に伝言を頼むか何かすべきだと思う。／要是不來上課,就是不能直接和老師取得聯絡,也該託同學帶個話來。

接動詞否定形,表示"雖没到那個程度,至少要這樣"之意。前半句中爲在數量和重要性上提示程度高的事,後半句上接比其程度低的事。如例(1)、(2)所示常用"…とは言わない／言えないまでも"的形式,表示"雖然不説／不能説有那樣程度,至少在這個程度之事…"之意。句末多用"すべきだ"、"…た方がよい"等表示義務、意志、命令、希望等的表達方式。日語文言中,還有較生硬的形式"V-ぬまでも"。

【ないものか】

能不能…。

[V-ないもの(だろう)か]
[V-れないもの(だろう)か]

(1) この混雑は何とかならないものか。／這麼亂．能不能改變改變？
(2) この橋が早く完成しないものか。／這座橋能不能早點完工啊？
(3) この状況をどうにかして打開できないものか。／能不能想點辦法轉變這種狀況啊？
(4) 私の力でこの人たちを助けてあげられないものだろうか。／能不能靠我的力量幫助一下這些人啊？

接動詞否定形或表示可能的"V-れる"的否定形,表示説話者"千方百計使其成立"的強烈希望實現某動作和變化的心情。多用於實現非常困難的情況下。也可如例(4)説成"…ないものだろうか"。

【なお】

1 なお＜程度＞ 更、還。

（1） あなたが来てくれれば、なお都合がよい。／你來的話就更好了。
（2） 薬を飲んだのに、病状はなお悪化した。／儘管吃了藥，病情還是更糟了。
（3） 祖父は老いてもなお精力的に仕事を続けている。／祖父雖然年邁，還精力充沛地堅持工作。
（4） 退院するまでには、なお1週間ぐらい必要だ。／到出院，還需要1周左右。
（5） 反対されると、なおやってみたくなる。／遭到反對，反而更想試試。

如"一層"、"もっと"、"さらに"、"そのうえ"一樣，表示與其他同類事物相比，其程度更甚的意思或者如"まだ(還)"、"相変わらず(依然)"、"今もなお(現在更)"一樣，表示相同狀態依然繼着的意思。如例（5）所示，前後具有對立意義時與"かえって(反而)"意思相近。

2 なお＜別外＞ 另外。
（1） 入学希望者は期日までに、入学金を納入してください。なお、いったん納入された入学金は、いかなる場合にもお返しできませんので、ご了承ください。／希望入學者要在規定的日期前交納入學金，另外請注意，一旦交了入學金，任何情況都不退還。
（2） 毎月の第三水曜日を定例会議の日とします。なお、詳しい時間などは、1週間前までに文書でお知らせすることにします。／把每月的第三周的星期三定為例會議日，另外具體時間於一周前以書面形式通知。
（3） 参加希望者は葉書で申し込んでください。なお、希望者多数の場合は、先着順とさせていただきます。／希望參加者請用明信片申請，另外人數多時我們將按照申請的先後順序決定名額。
（4） 明日は、2、3年生の授業は休講になります。なお、4年生のみが対象の授業は、通常どおり行いますので注意してください。／明天2、3年級停課，但是另外請注意，只對4年級開的課照常上。

用於暫時中斷至今的話題，追加與之相關的附加條款、補充說明、例外、特例，或者追加與前面句子無直接關係的其他話題的場合。如例（4）所示，追加與從前面句子所預想的事實相違的情況時，具有與"ただし(但是)"相近的意思。常用於告示、通知、論文的注等即非口頭語的文章中。

【なおす】
1 R-なおす＜有意志性＞ 重新。
（1） 出版の際に、論文の一部を書き直した。／出版之際，修

改了論文的一部分。
(2) 俳優がセリフを間違えたため、同じ場面を3度も撮り直さなければならなかった。／由於演員唸錯了臺詞，所以同一場戲不得不重拍了3次。
(3) 答案をもう一度見直してください。／再重新檢查一遍答案卷。
(4) 顔を洗って出直して来い。／你不配和我講話，清醒清醒再來。
(5) 一度はこの大学をやめようと思ったが、思い直して卒業まで頑張ることにした。／我曾一度想休學不唸了，但重新考慮後又決定堅持到畢業。

接表示意志行爲的動詞連用形，表示再作一次已經做過的行爲之意。因爲對前面的行爲結果不滿意，所以必修正其爲目的進行重作的情況居多。除"出る(出來)"以外幾乎所有場合都接他動詞。其他的有"言い直す、考え直す、し直す、立て直す、建て直す、作り直す、練り直す、飲み直す、焼き直す、やり直す"等復合動詞。

2 R-なおす＜無意志性＞ 恢復、轉變。
(1) 今年になって、景気が持ち直した。／到了今年，景氣恢復了。
(2) 病人はだいぶ持ち直した。／病人的情況大爲好轉了。
(3) 勇敢な態度を見て、彼にほれ直した。／看到他那勇敢的態度，對他的看法轉變了。
(4) 部長のことを見直した。／重新認識了部長。

接在表示與人意志無關的無意志動詞的連用形上，表示自然而然地朝向好的方向之意。"持ち直す"是景氣恢復和病情轉好之意。例(3)、(4)表示認識新的優點重新評價之意。前面出現的動詞只限於擧例所示，在任何場合下"直す"都沒有說話者有意修正之意，在這點上與1的用法是有區別的。其他用法例如："気を取り直す(恢復情緒)"。

【なか】

1 Nのなか 之中。
(1) 部屋の中にはだれがいるの。／房間裡有誰？
(2) 他人の心の中は外からは見えない。／別人的内心世界從表面是看不到的。
(3) 箱の中からバネ仕掛けの人形が飛び出した。／從盒子中飛出有彈簧裝置的布偶。

表示空間範圍内部之意。

2 Nのなかで 之中。
(1) 3人兄弟の中では、次男が一番優秀だ。／3個兄弟中老二最優秀。
(2) ワインとビールと日本酒の中で、ワインが一番好きだ。／在葡萄酒、啤酒和日本酒中最喜歡葡萄酒。
(3) この中で一番背が高い人は

だれですか。／這當中個子最高的人是誰？

用於表示比較三個以上東西時的範圍。如例（2）所示，也可用"NとNとNの中で"的形式列舉所有候補。

3 …なかを …之中。

[Nのなかを]
[A-いなかを]
[V-るなかを]

（1）激しい雨の中をさまよった。／徘徊在大雨中。
（2）雪が降る中を5時間もさまよい続けた。／在大雪中徘徊了5個小時。
（3）お忙しい中をご苦労樣です。／百忙中您辛苦啦。
（4）本日はお足元の悪い中をわざわざお出でいただき、まことに有り難うございます。／今天路很不好走，您還特意光臨，太感謝啦。

以"…中を"的形式，表示後面動作進行的狀況。後面多出現"歩く"、"さまよう"、"來る"等伴有移動動作的動詞。因為本來就具有"移動場所"之意，所以與用法1的"空間性範圍"是連續的。例（3）是將"お忙しい中を(お出でくださり)"的( )部分省略。例（3）、（4）可以用"ところ"來替換。

【ながす】

輕鬆地…、隨意地…。

[R-ながす]

（1）このレポートは、何の調査もせずに、思いついたことを適当に書き流しているだけだ。／這個報告沒有進行調查，只是把所想到的適當地記了個流水帳。
（2）彼が着物を軽く着流した姿は、なかなか粋である。／他隨意穿着和服的姿態是那麼瀟灑。
（3）ざっと読み流しただけですが、なかなか面白い本ですよ。／只是隨便看了看，是本很有意思的書。
（4）彼のいうことは聞き流しておいてください。／他説的就這耳朵聽那耳朵出了吧。
（5）老政治家は検察の執拗な追及も軽く受け流している。／老練的政治家對檢察官的執著追究没當回事。

接動詞連用形，表示輕鬆隨意地進行某動作。如有對方主動的動作時，表示不正面接受它，而是巧妙地擺脱、脱開之意。例（2）中的"着流す"表示不穿裙褲像平時一樣穿着和服，多用其名詞"着流し"的形式。

【ながら】

1 R-ながら＜同時＞ 一邊…一邊…。

（1）音楽を聴きながら、勉強や仕事をする人のことを「ながら族」という。／把邊聽音樂邊學習、工作的人稱為"一心二用的人"。

（2） その辺でお茶でも飲みながら話しましょう。／在那邊喝點茶，邊談吧。
（3） 母は鼻歌を歌いながら夕飯の用意をしている。／媽媽一邊哼着歌一邊準備晚飯。
（4） よそ見をしながら運転するのは危険です。／邊東張西望邊開車很危險。
（5） 飛行機は黒煙をあげながら真っ逆さまに墜落していった。／飛機冒着黑煙倒栽葱墜落下去。
（6） 液体はぶくぶくとガスを発生させながら発酵を続けている。／液體一邊咕嘟咕嘟產生着氣體，一邊繼續發酵。

　　前後連接表示動作的動詞，表示兩個動作同時並行着進行。這種場合，後面的動作是主要動作，前面的動作是描寫進行該動作樣態的次要性的動作。以例（1）爲例"學習和工作"是主要動作，表示該動作一邊伴隨"聽音樂"一邊進行。下例中描述上電車動作和讀書的動作同時進行，所以不妥當，同時不能解釋爲在電車裡讀書的意思。
（誤） 電車に乗りながら本を読んだ。
（正） 電車に乗って本を読んだ。／在電車裡讀書。

　　此句型中前後爲同一個主語，多表示人的有意識的行爲。如例（5）、（6）中的飛機和自然現象所示，也表示能靠自己的力量驅動的變化。所以當表示兩個人同時進行的動作時，不能用"ながら"來表達。
（誤） 私は本を読みながら、彼はウイスキーを飲んだ。

2 …ながら＜樣態＞　一樣、…狀。
[Nながら]
[R-ながら]
（1） いつもながら、見事なお手並みですね。／如平常一樣出色的本領。
（2） この清酒メーカーは、昔ながらの製法で日本酒をつくっている。／這家清酒工場按照傳統的製造方法釀造日本酒。
（3） 被害者は、涙ながらに事件の状況を語った。／受害者流着淚述説了事件的情況。
（4） 生まれながらのすぐれた才能に恵まれている。／天生就有卓越的才能。
（5） この子は、生まれながらにして優れた音楽の感性を備えている。／這個孩子天生就具備良好的音樂感受性。

　　接尾詞，動詞連用形後，表示原樣不變持續狀態、情況。比如"生まれながら"、"昔ながら"是"從那時一直是那個樣子"之意，與"生まれつき（天生）"、"昔のまま（一如既往）"意義相近。另外"涙ながらに"是"流着淚的狀態"之意。可以與"涙を流して"來互換。是比較固定化的表達方式，前面出現的詞語只限於如上邊例子等特定的詞語。

3 …ながら（も／に）＜逆接＞　雖然…、但是…。
[N/Na　ながら]
[A-いながら]

[R-ながら]
(1) このバイクは小型ながら馬力がある。／這輛摩托車雖是小型的，但是馬力不小。
(2) 敵ながら、あっぱれな態度であった。／他雖是對手，但態度令人欽佩。
(3) 子供ながらに、なかなかしっかりとした挨拶であった。／雖然是個孩子，但是講話很得體。
(4) 残念ながら、結婚式には出席できません。／很遺憾，我不能出席你的婚禮。
(5) 狭いながらもようやく自分の持ち家を手に入れることができた。／雖然窄了一點，但是終於有了自己的家了。
(6) 何もかも知っていながら教えてくれない。／他什麼都知道，可就是不告訴我。
(7) すぐ近くまで行きながら、結局実家には寄らずに帰って来た。／雖然走到離老家很近了，但是還是沒進家門回來。
(8) 学生の身分でありながら、高級車で通学している。／雖然是個學生，但是開着高級轎車上學。
(9) 細々ながらも商売を続けている。／生意還勉強維持着。
(10) ゆっくりながらも作業は少しずつ進んでいる。／雖然

慢了點，但是工作一點一點在推進。

接名詞、イ形容詞、ナ形容詞、動詞連用形、副詞（去掉と／に）等，與"…のに"或者"…けれども／が"類義，表示相反之意義。也使用"ながらも"的形式。例(3)中的"ながらに"是稍微陳舊的說法，在口語中一般不用。這種逆接的用法"ながら"之前出現的述語，多是表示狀態性的情況。與之相反，用法1中表示動作同時進行時，前後均限於表示動作的動詞。

4 …とはいいながら
→【とはいいながら】

【なきゃ】
　　如果不，應該。
(1) 早く行かなきゃ間にあわない。／不快去就來不及了。
(2) もう帰らなきゃ。／該回去了。

　　是"なければ"的通俗說法。
→【なければ】

【なくしては】
　　如果沒有。
[Nなくしては]
(1) 親の援助なくしては、とても一人で生活できない。／沒有家長的幫助，一個人很難生活。
(2) 無償の愛情なくしては、子育ては苦痛でしかない。／如果沒有無償的愛，養育孩子只有痛苦。
(3) 彼女のこの長年の努力なく

しては、全国大会の代表の座を勝ち取ることはできなかっただろう。／若没有她常年的奮鬥，她不可能奪得全國運動會代表選手的資格。
（4） 当事者同士の率直な意見交換なくしては、問題解決への道のりは遠いと言わざるを得ない。／如果没有當事人之間坦率的交換意見，就不能不説離問題解決的路程尚遠。
（5） 愛なくして何の人生か。／没有愛算什麽人生？

接名詞後，表示"原有的東西如果没了"的意思。用於叙述如果没有該名詞所表示的事物，要做什麽都困難的場合。根據上下文"は"可以省略。例（5）是慣用表達方式，是"如果没有愛情，人生還有什麽意義呢？"的意思。這是書面語，如用口頭語，則使用"Nがなかったら"。

【なくちゃ】

如果不，必須。

[N／Na でなくちゃ]
[A-くなくちゃ]
[V-なくちゃ]

（1） 勉強しなくちゃ怒られる。／不唸書要挨罵的。
（2） 早く帰らなくちゃ。／必須快回去！

是比"なくては"更隨便的説法。
→【なくては】

【なくて】

不、没。

[Nがなくて]
[N／Na でなくて]
[A-くなくて]
[V-なくて]

（1） 検査の結果、ガンでなくて安心した。／檢査的結果，不是癌症，這才放心了。
（2） 結婚した頃は、お金がなくて苦労した。／剛結婚時，没有錢很苦。
（3） 子供の体が丈夫でなくて大変だ。／孩子身體不好，可費心了。
（4） 思ったより高くなくてほっとした。／没有想像的那麽貴，放心了。
（5） ちっとも雨が降らなくて困っている。／一點雨也不下，真糟。
（6） あいつが来なくて助かった。／那傢伙不來反倒幫了我的忙。

以"那樣的事不成立爲原因・理由"之意，表示後面的事情的原因・理由。後半句用"安心する（放心）"、"困る（爲難）"、"助かる（幫忙）"等表示説話者感情和評價的表達方式。

"なくて"只表示前後的事情同時並行成立，不是明示原因・理由的詞語。爲此上例中的"なくて"要換成"ないので"、"ないから"，感覺相當不自然。

【なくては】

若非、如果不。
[N／Na　でなくては]
[A-くなくては]
[V-なくては]

（1）我慢強い人でなくては彼女と付き合うのは難しい。／若不是耐性強的人，很難和她交往。
（2）どんなにお金があっても健康でなくては幸せだとは言えない。／不管多麼有錢，若不健康，不能説幸福。
（3）成績がもっとよくなくては、この大学への合格は無理だろう。／成績不再提高點的話，要想考上這所大學很難吧。
（4）彼がいなくては、生きていけない。／如果没他，我就活不下去。
（5）聞いてみなくては分からない。／若不問問，我可不懂。
（6）もっと食べなくては大きくなれないよ。／如果不多吃點，那是長不大的。

句尾伴有動詞否定形或"無理だ"、"難しい"等否定表達方式，表示"不那樣…則不可能"之意。用於想説希望實現前面句子述説的事情或者認爲那是有必要的場合。"なくては"常可以替換説成"なかったら"、"なければ"、"ないと"。更隨便的説法是"N／Naじゃなくちゃ"、"A-く／V-なくちゃ"。

【なくてはいけない】

必須、不…不可。
[N／Na　でなくてはいけない]
[A-くなくてはいけない]
[V-なくてはいけない]

（1）履歴書は自筆のものでなくてはいけない。／履歴表必須是本人親筆填寫的。
（2）教師はどの生徒に対しても公正でなくてはならない。／老師對哪個學生都必須公正。
（3）家族が住むには、もう少し広くなくてはだめだ。／要是全家一起住，必須再寬敞點。
（4）目上の人と話す時はことばづかいに気をつけなくてはいけない。／和比自己年長資深位高的人説話時必須注意措詞。
（5）家族のために働かなくてはならない。／必須爲家人而工作。

以"…なくてはいけない／ならない／だめだ"等形式，表示整體上那麼做是"義務的"、"必要的"的意思。口語中也可説成"なく(っ)ちゃ"，後面的部分也可以省略。

（例）もっとまじめに勉強しなくちゃだめだよ。／不更加認真學習不行！
（例）もう行かなくちゃ。／必須得去了。

"なくてはいけない"和"なくてはな

らない"的區別請參考【なければ】2。

【なくてはならない】
　　→【なければ】2

【なくてもいい】
　　　不…也行(可)。
[N／Na　でなくてもいい]
[A-くなくてもいい]
[V-なくてもいい]
（1）時間はたっぷりあるから、そんなに急がなくてもいいですよ。／時間有的是,別那麼急急忙忙的。
（2）毎日でなくてもいいから、時々運動してください。／不必每天,但要時常運動。
（3）この染料はお湯で溶かすんだけど、温度はそんなに高くなくてもいいよ。すぐ溶けるから。／這種染料應用開水化開,但温度不那麼高也行,也可以馬上就化。
（4）仕事が忙しい場合は、無理して来なくてもいいですよ。／工作忙時,不必勉強來啦。
　　表示"没有必要做…"的意思。常用"なくてもかまわない"、"なくても大丈夫"的形式。正式的説法是"なくともよい"。

【なくともよい】
　　　不…也行(可)。
[N／Na　でなくともよい]
[A-くなくともよい]
[V-なくともよい]
（1）履歴書は自筆でなくともよい。但し、その場合は最後に押印、署名のこと。／履歴書不是親筆寫的也行,不過,這時要在最後蓋章、簽名。
（2）入学式には必ずしも父母同伴でなくともよい。／開學典禮不一定非要父母陪同參加也可以。
（3）支柱の強度はそれほど強くなくともよい。／柱子的強度不用那麼大也行。
（4）委任状を提出すれば、必ずしも本人でなくともよい。／如果提交了委託書也不一定非本人參加不可。
　　表示"没有必要做…"的意思。是"なくてもよい／いい"的文言表達方式。在現代語中除了正式的場合之外不怎麼用。使用"する"一詞時,其變化形爲"せずともよい"。

【なくもない】
　　接動詞否定形、形容詞"ない"的連用形,表示那種事並非完全没有,它也可成立,也存在的意思。也説成"ないこともない"、"ないでもない"。

1 V-なくもない　不是不、不是没有、並非不…。
（1）A：お酒は召し上がらないんですか。／您不喝酒嗎？
　　B：飲まなくもないんです

が、あまり強くはありません。/不是不喝,是不那麼能喝。
(2) 時には転職することを考えなくもない。/有時也考慮過調動工作。
(3) 日本語の会話は、日本に来てから少し上達したと言えなくもない。/日語會話,不能不説來日本以後有所提高。
(4) 最近彼女は少し元気がないような気がしなくもない。/總覺着最近她稍微有點没精神。

接動詞否定形,表示那樣的行爲、認識也有成立的情況。與"言う、考える、思う、認める、感じる、きがする"等有關思考、知覺動詞一起使用時,表示"總覺得有那樣的心情"的意思。

2 Nがなくもない 也不是不、也不是没有。
(1) 再婚するつもりがなくもない。/也不是不打算再婚。
(2) あの人を恨む気持ちがなくもない。/恨他的心情也不是没有。
(3) A:あの人まだ独身ですが、結婚するつもりがないのでしょうか。/他還是單身,没有結婚的打算嗎?
B:その気もなくはないようですが、今のところは特にそんな様子はありませんね。/好像也

不是没有那種打算,不過現在還看不出來。

主要接表示意志和心情的名詞,表示並非完全没有那種心態之意。"名詞+も"處於前面時,也可如例(3)使用"Nもなくはない"的形式。

【なけりゃ】

如果不、非…不…。
[N/Na でなけりゃ]
[A-くなけりゃ]
[V-くなけりゃ]
(1) この仕事はあなたでなけりゃ勤まらない。/這項工作非你不可了。
(2) ころばなけりゃ勝てたのに。/如果不摔倒就能取勝了,可是…。

是"なければ"的通俗説法。
→【なければ】

【なければ】

[N/Na でなければ]
[A-くなければ]
[V-なければ]

使用"する"時,除"しなければ"之外,還有"せねば"的形式。口語中也用"なけりゃ"和"なきゃ"的形式。

1 …なければ…ない 非…不…、没有…不、不…不…。
(1) この映画は成人でなければ見ることができない。/這部電影不是成年人是不能看。
(2) 体がじょうぶでなければこの

仕事はつとまらない。/身體不強壯，做不了這份工作。
(3) 私はワープロでなければ論文が書けない。/沒有文字處理機，我寫不了論文。
(4) 背が高くなければファッションモデルにはなれない。/個頭不高當不了時裝模特兒。
(5) 安くなければ買わない。/不便宜不買。
(6) 勉強しなければ大学には入れない。/不唸書考不上大學。
(7) 君が手伝ってくれなければこの仕事は完成しない。/你不幫忙的話，這項工作完不成了。

句尾伴有動詞的否定形和"無理だ"、"むずかしい"等否定表達方式，表示某事情不成立時，其他事情也不成立的意思。也說"…なくては…ない"。

2 …なければいけない　必須、應該。
　　…なければならない
　　…なければだめだ
(1) 教師は、生徒に対して公平でなければならない。/老師對學生必須公平。
(2) そろそろ、帰らなければいけません。/差不多該回去了。
(3) もっと自分を大切にしなければだめですよ。/你應該要更加愛護自己啊。

表示"…是必要的/不可缺少的/義務的"的意思。也可如下例所示，省略後面的"ならない"。
(例) もう10時だから、そろそろ帰らなければ/已經10點了，差不多該回家了。

此用法雖然都可以說"なくてはいけない/ならない/だめだ"，但是有以下的區別，"なければならない"、"なくてはならない"表示從社會常識和事情的性質來看，有那樣的義務和必要性的意思。也就是多用於述說對誰都有那樣的義務、必要性的一般判斷。與此相對應"なければいけない"、"なくてはいけない"多用於因個別事情產生的義務和必要的場合。"なければだめだ"、"なくてはだめだ"也同樣，比起"なければいけない"、"なくてはいけない"更口語化。

"なければ"可用"ねば"代替,"ならない"可用"ならぬ"代替,是書面語性質更強的說法。
(例) 人生には、我慢せねばならぬこともある。/人生中也有必須忍耐的事情。

此外"ならない"可以說成"ならん","いけない"可用"いかん"代替,是比較陳舊的說法。
(例) 優勝するには、もっと志気を高めなければならん。/要取得勝利，就應該更加提高士氣。
(例) 少しぐらいつらくても我慢しなければいかんよ。/稍微難受一點，也必須忍耐。

3 …なければV-た　如果沒有…就…、要不是…就不…。
(1) 彼が助けてくれなければ、この本は完成しなかっただろう。/如果沒有他的幫助，這本書也許就寫不出來了。
(2) 金目当てでなければ、彼女

はあんな老人とは結婚しなかったに違いない。／要不是看上錢，她肯定不會和那樣的老人結婚的。
(3) あの一言さえなければ別れることにはならなかったのに。／要是没説那句話，是不會分道揚鑣的。
(4) あのミスさえしていなければ合格できたはずなのに。／如果你不出那個錯的話，是能考上的。
(5) 体がこんなに弱くなければ仕事が続けられたのに。／如果身體不這麼差，就能堅持工作了，可是…。

表示如果情況不同，結果也會不一樣的反事實的表達。句尾多用 "だろう"、"にちがいない"、"はずだ"、"のに" 等。

【なさい】

（表示命令或指示）。

[R-なさい]

(1) うるさい。すこし静かにしなさい。／太吵了，安靜一點！
(2) 明日も学校があるんだから、早く寝なさい。／明天還要上學，快睡吧。
(3) A：あいつ、本当に馬鹿なんだから。／那小子，真混！
　　B：よしなさいよ。そんな言い方するの。／住嘴，快別那麼説。
(4) A：明日のパーティー、どうするの？／明天的聚會怎麼辦？
　　B：行こうかな。どうしようかな。／是去好呢，怎麼辦呢？
　　A：迷ってないで、行きなさいよ、絶対おもしろいから。／別猶豫啦。去吧，絕對開心的。
(5) ≪試験の問題≫次の文を読んで、記号で答えなさい。／≪考試問題≫閱讀下文用符號回答。

表示命令和指示。如父母對孩子，教師對學生一樣，處於監督崗位的人多用此句型。像例(3)、(4)一樣在家屬和朋友等比較親密的人之間也使用。例(3)是禁止表達方式，用於規戒對方的言行。例(4)表示強烈勸誘。例(5)則用於考試問題中的指示。"ごめんなさい(對不起)" 是親密者之間使用的認錯表達方式；"おやすみなさい(晚安)" 是睡前的問候。

【なさんな】

別…、不要…。

[V-なさんな]

(1) 風邪などひきなさんな。／別感冒啦。
(2) 大丈夫だから、そんなに心配しなさんな。／没事的，別那麼擔心。

"する" 的尊敬語是 "なさる"，接上表示禁止的 "な"，構成 "なさるな"。其口語

形式為"V-なさんな"，表示"不要做…"的意思。

只能用於親密者之間。上年紀的人使用，年輕人幾乎不用。一般説成"風邪を引くなよ"、"心配するなよ"。禮貌時説"心配しないで／ご心配なさらないで／ご心配なさらないでください"等，即使用"…ないでください"的形式或者其尊敬形式。

【なしでは…ない】

没有…不…。

[Nなしでは…ない]

（1）あなたなしでは生きていけない。／没有你，我活不下去。

（2）辞書なしでは英語の新聞を読めない。／没有字典，就讀不了英文報。

（3）議長なしでは会議を始めるわけにはいかない。／主席不到，不能開會。

（4）背広にネクタイなしでは、かっこうがつかない。／穿西裝不打領帶，不太像樣子。

（5）この会社で働くのに労働許可証なしでは困る。／要在這家公司工作，没有勞動許可證可不行。

句尾伴隨表示不可能或者否定意思的表達方式，表示"如果没有那個狀態，就不能…／為難"、"無論如何需要N"的意思。也能説成"Nが(い)なくては／(い)なければ…できない／困る"等。

【なしに】

没有…、不…。

[Nなしに]

（1）この山は、冬は届け出なしに登山してはいけないことになっている。／有規定，没有申請報告，冬天這座山是不許登的。

（2）断りなしに外泊したために、寮の規則で一週間ロビーの掃除をさせられた。／因為没報告就在外夜宿，為此按照宿舍的規定被處罰打掃一個星期走廊。

（3）前田さんは忙しい人だから、約束なしに人と会ったりしないでしょう。／前田是個大忙人，没約好是不見客的吧。

（4）研究会では、前置きなしにいきなり本題に入らないように、皆にわかりやすい発表をこころがけてください。／在研究會上，請各位注意不要不做説明就進入正題，發言時要讓大家容易聽懂。

（5）今度事務所に来たアルバイトの高校生は、いい子なのだが、いつもあいさつなしに帰るので、いつ帰ったかわからなくて困る。／這次來公司打工的高中生是個好孩子，但就是回家前老不打招呼，不知是什麽時候就回

去了，這一點真叫人不好辦。
　　接在表示"申報"、"拒絕"等動作的名詞後，表示不做那種動做就作別的什麼的意思。多在"沒做當然應該事先做的事，就幹別的什麼"的上下文中使用。如下例，名詞上接"何の"要介入"も"，變爲"何のNもなしに"的形式。
（例）　彼は何の連絡もなしに突然たずねてきて、金の無心をした。／他事前什麼招呼也不打，突然來訪是來要錢的。

　　"なしに"是書面語，口語爲"しないで"。

【なぜか】
　　不知爲什麼。
（1）　最近なぜか家族のことが気にかかってしかたがない。／最近不知爲什麼很擔心家人。
（2）　彼は今日はなぜか元気がないようだ。／他今天不知爲什麼好像沒精神。
（3）　だめだと思ってたのに、なぜか希望していた会社に採用されてしまった。／我以爲不行了呢，不知爲什麼還被我所希望去的公司錄用了。

　　表示"雖然不明白原因、理由"的心情。多用於述説與説話者的感覺意志和預想相反的情況。

【なぜ…かというと】
　　要説爲什麼…。
（1）　なぜ遅刻したかというと、出かける前に電話がかかったからです。／要説爲什麼遲到，是因爲出門前有人打來了電話。
（2）　なぜ偏西風が吹くのかというと、地球が自転しているからだ。／要説爲什麼會颳偏西風，是因爲地球自轉的原因。
（3）　なぜアメリカに留学したかといえば、親戚がいるからです。／要説爲什麼要去美國留學，是因爲那裡有親戚。
（4）　なぜあんなに勉強しているのかといえば、彼は弁護士資格をとるつもりなのです。／爲什麼那麼用功，是因爲他打算考律師資格。

　　用"なぜ…かというと／かといえば"的形式，"なぜ"後出現表示結果和現狀的表達方式，用於要求其理由。後半句則闡明其理由。句尾多伴有"からだ"，也有如例（4）一樣使用"のだ"的情況。

【なぜかというと…からだ】
　　要説爲什麼…是因爲…。
（1）　A：宇宙に行くとどうして物が落ちないのですか。／到宇宙中爲什麼東西不會掉下來？
　　　B：なぜかというと、地球の引力が働かなくなるからです。／要説爲什麼，是因爲地球的引力

不起作用了。
(2) 彼が犯人であるはずがない。なぜかというと、その時彼は私と一緒にいましたから。／他不可能是罪犯。因爲當時他和我在一起。

與"なぜかといえば…からだ"意思相同。
→【なぜかといえば…からだ】

【なぜかといえば…からだ】
要説爲什麼…，因爲。
(1) A：天気はなぜ西から東に変化して行くのでしょう。／天氣爲什麼從西向東變化？
　　B：それはなぜかといえば、地球が自転しているからです。／爲什麼會這樣呢？是因爲地球自轉的原因。
(2) 彼は背広とネクタイを新調した。なぜかといえば、就職の面接がもうすぐあるからだ。／他新買了西裝和領帶。因爲馬上就有工作的面試。

用於就前述的事情，説明其原因和理由。句尾一般取"…からだ"的形式，也用"…ためだ"的形式。多用於述説自然現象的原因和判斷的理由。

【なぜならば…からだ】
爲什麼…因爲。

(1) 原子力発電には反対です。なぜならば、絶対に安全だという保証がないからです。／我反對利用核能發電。要説爲什麼，因爲它没有絶對安全的保證。
(2) 殿下のご結婚相手はまだ発表するわけにはいかない。なぜならば、正式な会議で決まっていないからだ。／殿下的結婚對象還不能公布，因爲還没有在正式會議上通過。
(3) 私は車は持たないで、タクシーを利用することにしている。なぜなら、タクシーなら、駐車場や維持費がかからず、結局安上がりだからである。／我不買汽車，決定坐計程車，因爲計程車不花停車費和保養費，結果還是便宜。

用於就前述的事情，説明其原因和狀況。"ば"可以省略。一般用於書面語或較正式場面的口語表達中。在日常會話中多用"なぜかというと／なぜかといえば…からだ"。

【など】
通俗的説法使用"なんか"。

1 …など

a Nなど　等、什麼的。
(1) ウェイトレスや皿洗いなどのアルバイトをして学費を

貯めた。／當女服務員或者洗盤子什麼的,打工賺學費。
(2) A:このスーツに合うブラウスを探しているんですけど…。／我想找一件和這件西裝相配的襯衫。
B:これなどいかがでしょうか。お似合いだと思いますよ。／這件怎麼樣?我看您穿着很合適。
(3) デパートやスーパーなどの大きな店ができたために、小さな店は経営が苦しくなった。／因爲開了大的商店和超市等,小店經營困苦。

用於從各式各樣的事物中舉出主要的爲例。包含還有其他類似事物的含意。

b V-るなどする （表示列舉）。
(1) ひげをそるなどして、もうすこし身だしなみに気を付けてほしい。／還是希望你刮鬍子,稍微注意一下穿着打扮。
(2) 時には呼びつけて注意するなどしたのですが、あまり効き目はなかったようです。／有時也叫來提醒提醒,可是没有什麽效果。

從各式各樣的事情中舉出主要的爲例。包含還有其他類似事情的含意。

2 …などと　説什麽、説是。
(1) 学校をやめるなどと言って、みんなを困らせている。／説什麽不上學了,使大家爲難。
(2) 来年になれば景気が持ち直すから大丈夫などと、のんきなことを言っている。／説是明年景氣恢復就没事了,説得好輕鬆。
(3) 東京で仕事を探すなどと言って、家を出たきり帰ってこない。／説是去東京找工作,離家就没回來。

後接"言う"等表示發話的動詞,用於表示該發話大體的内容。雖然是引用的用法,帶有還說了其他相似事情的含義。

3 …など…ない　不做…等事、没…。
(1) あなたの顔など見たくない。／我不想見到你。
(2) 私は嘘などつきませんよ。／我可絶不説謊啊。
(3) 賛成するなどと言っていない。／我没説同意什麼的。
(4) あんな男となどいっしょに働きたくない。／我不想和那種人一起幹活。
(5) そんなことで驚いたりなどしないさ。／我不會爲那點事感到吃驚的。
(6) 別にあなたを非難してなどいませんよ。／我並没有譴責你啊!
(7) こんな難しい問題が私のようなものになど解けるはずがありません。／這麼難的問題,像我這樣的人根本解不開。

（8） こんな結果になるなどとは考えてもみませんでした。／造成這種結果連想也沒想過。

接名詞、動詞或者"名詞+助詞"等各種成分，其後爲表示否定的表達，在表示對某事否定的同時，通過"など"對提示的東西，表示輕蔑的、謙遜的或者意外的心情。如例(7)在説"這樣難的問題我根本解不開"的同時，也表示低姿態評價自己的謙遜心情。

4 …など…V-るものか　哪能…、怎麼會…

（1） そんな馬鹿げた話など、だれが信じるものか。／那種傻話，誰信哪？
（2） お前になど教えてやるものか。／哪能教給你呀？
（3） あんなやつを助けてなどやるものか。／哪能幫助那樣的傢夥呀？
（4） これくらいの怪我で、だれが死になどするものか。／這麼點傷，怎麼會死啊？
（5） 私の気持ちが、あなたなどに分かるものですか。／我的心情你們哪能懂啊。

接名詞、動詞、"名詞+助詞"等各種成分，在加強否定的同時，通過"など"對提示的東西，表示不值一提、無聊等輕視的心情。

【なに…ない】

1 なにひとつ…ない　一點…也不…、完全…没有…。

（1） 家が貧しかったので、ほしいものは、なにひとつ買ってもらえなかった。／家境貧寒，我想要的東西一個也没給我買過。
（2） あの大地震でも、家の中のものはなにひとつ壊れなかった。／即使那麼大的地震，家裡的東西竟一件也没壞。
（3） こんなに一生懸命工夫したのに、まともな作品は何一つ作れていない。／這麼拼命做，竟没做出一件像樣的作品。
（4） この店には、私が買いたいと思うものは何一つない。／在這家店裡我想買的東西一件也没有。
（5） 膨大な資料を調査してみたが、彼らの残した記録は何一つ見つからなかった。／調査了龐大的材料，但是没有發現一件他們留下的記録。
（6） みなさんにお伝えしなければならないような面白い事件は何一つ起こりませんでした。／應該傳達給大家的開心事一件也没有發生。

就物和事進行全面否定，即"一點…也不…"、"完全…没有…"的意思。用於人物時，則用"だれひとり…ない"的形式。

2 なに…ない　不…、十分…。

（1） 彼は父から受け継いだ大き

な家に住んで、なに不自由なく暮らしている。／他住在從父親那裡繼承下來的大房子中，生活得很自在。
（2）この会は気のあった人たちの集まりだから、なに気兼ねなく自由に振る舞うことができる。／這個會是興趣相同者的聚會，可以不必介意地自由活動。
（3）物質的には何不足ない生活をしているのだが、なぜか満たされない気持ちで日々を過ごしている。／過着物質充足的生活，可是不知爲什麼每天心情都不充實。
（4）祖父は孫たちに囲まれて、何不自由ない満たされた老後を送っている。／祖父現在兒孫滿堂，過着十分充實的晚年生活。

是"なに不自由なく"、"なに不自由ない"等的慣用固定表達方式，表示毫無不便和毫無不足，一種完全滿足的狀態。

【なにか】

1 なにか＜事物＞ 什麼…。
（1）冷蔵庫に何か入っているから、お腹がすいたら食べなさい。／冰箱裡有東西，餓了你就吃。
（2）この穴は何かでふさいでおいたほうがいいでしょう。／這個洞用什麼東西堵上好吧。
（3）何か質問はありませんか。／有沒有什麼問題啊？
（4）壁に何か堅いものがぶつかったようなあとがある。／牆上有什麼硬的東西撞過的痕跡。
（5）私に何かお手伝いできることはありませんか。／有沒有什麼我能幫忙的？

表示不能明確指示該事。多起副詞性作用。也有如例（2）中的與助詞一起使用的。説成"なにかで"或"なにかが"、"なにかを"的形式。若隨便地説，還可説成"なんか"。

2 なにか＜情況＞ 總覺得有點。
（1）彼の態度は何か不自然だ。／他的態度總覺得有點不自然。
（2）彼女のことが何か気になってしかたがない。／對她總覺得有點擔心。
（3）この景色を見ていると、いつも何か寂しい気持ちになってくる。／看到這景色，心情總覺得有點寂寞。

表示"爲什麼會感到那樣，雖然不清楚，但總覺得"之意。其隨便的説法爲"なんか"。

3 …かなにか 什麼的。
[N／V かなにか]
（1）コーヒーか何か飲みませんか。／喝點咖啡什麼的吧。
（2）はさみか何かありませんか。／有沒有剪刀什麼的？

（3）石か何かの堅いもので殴られた。／被石頭之類的硬東西打到了。
（4）吉田さんは、風邪をひいたか何かで会社を休んでいます。／吉田因感冒什麽的請假了。

前接名詞或動詞，用於表示雖不能明確指示，但是是與其類似的事物時。接"Nかなにか"的助詞"が"、"を"多被省略。隨便的説法爲"かなんか"。

4 Nやなにか　什麽的、之類。
（1）休みの日は雑誌や何かを読んでのんびり過ごします。／休息日讀點雜誌什麽的悠閑度過。
（2）かばんの中には洗面用具や何かの身の回り品が入っていた。／皮包裡裝着洗臉用具之類的日常用品。
（3）A：何を盗まれたんですか。／被偷了什麽東西？
B：金庫は荒らされていなかったんですが、たんすの中の宝石や何かがなくなっています。／保險櫃没有被撬開，但是衣櫃中的寶石和其他的東西丢了。

前接名詞，用於表示該物以及相類似的東西。"Nかなにか"形式是表示"N的ようなもの(如同N樣的東西)"之意，"Nやなにか"形式是表示除"N"之外，還有與之類似的東西。隨便的説法爲"やなんか"。

5 なにか＜質問＞　你説什麽。
（1）それならなにか。この会社を辞めてもいいんだな。／那麽，你説什麽。是説辭了這家公司也行啦。
（2）君はなにか、僕に責任があると言いたいのか。／你説什麽？你是想説我有責任嗎？

用升調，用於強烈追問對方時。多伴有譴責的心情。是男性用語，口語。用於對身份、地位、年齡等與自己相等或低於自己的人。

【なにかしら】
總是、什麽、某些。
（1）なにかしらアルバイトをしているので、生活には困りません。／因爲有工可打，所以生活不愁。
（2）いつもなにかしらお噂を聞いております。／總是聽到些有關您的傳聞。
（3）家のことがなにかしら気にかかったので、急いで帰ってきた。／有些擔心家裡的事，所以急忙回來了。
（4）息子は最近なにかしら反抗的な態度を取る。／兒子最近總是採取反抗的態度。

表示不能特別明確指示的事物。含有不僅一個還有其他很多之意。是從"なにか知らぬ"、"なにか知らん"轉化來的。

【なにかと】

1 なにかと　各種、這啦那啦。

(1) なにかと雑用が多くてゆっくりできません。／各種雜事多,不能閒着。
(2) 先生には、いつもなにかとお世話になっております。／承蒙先生總是多方照顧。
(3) 駅の近くだと何かと便利です。／在車站附近什麼都方便。
(4) お引っ越しされたばかりではなにかとお忙しいことと存じます。／聽説您剛搬完家,想必很忙吧。
(5) 大勢の人間をまとめなければならないので、何かと気苦労が多い。／必須把很多人都聚在一起,太費心費力了。

用於不特別特定,而且漠然指示各式各樣的物和事。類似表達有"いろいろと"、"あれやこれや"。

2 なにかというと　每逢、動不動、一…就…。

(1) あの人はなにかと言うと文句ばかり言っている。／那人一有點什麼就光發牢騷。
(2) 母は何かと言うと、その話を持ちだしてくる。／媽媽動不動就提起那件事。
(3) その先輩には何かと言うと意地悪をされた。／動不動就被那個前輩欺負。

表示"每逢以…為契機"的意思。後接表示人的行為。表示該行為總是被重覆的意思。也説"なにかにつけて(每逢)"。

【なにがなんでも】

1 なにがなんでも＜有幹勁＞　無論如何、務必。

(1) あの人には、なにがなんでも負けたくない。／怎麼也不想輸給他。
(2) この仕事は、なにがなんでも明日までに終わらせてもらわなければ困ります。／這項工作如果不能在明天以前做完, 不好交代。
(3) なにがなんでも彼女を説得してください。／務必請你説服她。
(4) この取引は社運がかかっているんだから、何が何でも成功させなければならない。／這筆買賣關係到公司的命運,無論如何也要成功。
(5) この試合に勝ちさえすれば、オリンピックに出場できる。何が何でも勝たなければならない。／如果勝了這場比賽,就能參加奧運會,務必要取勝。

後面伴有表示説話者的意志和委託的表達方式,表示"不論事情如何,也要做到底或希望別人做到底"之意。類似表達方式有"どんなことがあっても(不論發生什麼事)"、"是非とも(務必)"。

2 なにがなんでも＋貶義評價＜譴責＞ 再怎麼説、無論怎麼説。
(1) この記事は、なにがなんでもひどすぎる。／這報導無論怎麼説都太過分了。
(2) なにがなんでも、そんな話は信じられない。／再怎麼説，也難相信那種話。
(3) なにがなんでもこんな小さな子供にその役は無理だ。／再怎麼説，這麼小的孩子擔當那個脚色也不成啊。
(4) こんな短期間のうちに工事を終わらせろなんて、何が何でもできない相談です。／竟然要我們在這麼短的時間内完工，再怎麼説也是不可能的啊。

後面伴有表示譴責和提醒的表達方式，表示"即使承認有某種情況，但是仍然要譴責和提醒"的心情。類似表達方式有"どんな理由があったにしても(無論有什麼理由)"、"いくらなんでも(無論怎麼説)"。

【なにかにつけて】
一有機會、無論幹什麼。
(1) なにかにつけてその時のことが思い出される。／一有點什麼，就想起當時的事。
(2) 叔父にはなにかにつけて相談にのってもらっている。／有機會就找叔叔商量。
(3) 駅の近くだと、なにかにつけて便利です。／如果離車站近，做什麼都方便。
(4) 彼はなにかにつけて私の悪口を言いふらしている。／他一有機會就説我的壞話。

表示"每逢有什麼契機"、"在什麼時候肯定會"之意。後接爲表示事情和狀態的表達方式。其意爲那件事在被重覆或者一直處於那種狀態。也説爲"なにかというと(一説到什麼)"。

【なにげない】
若無其事、漫不經心、無意中、下意識。
[なにげないN]
[なにげなくV]
(1) 何気ないその一言が私の心をひどく傷つけた。／那句漫不經心的話重重地傷了我的心。
(2) 彼は、内心の動揺を隠して何気ない風を装っている。／他掩飾著内心的不安，装成若無其事的樣子。
(3) 彼は特に発言もせずに我々の意見に賛同しているように見えるが、実は、何気ない振りをしてこちらの出方をうかがっているだけなんだ。／看上去他没特別發言，似乎是賛同我們的意見似的，其實装成若無其事在觀望我們的態度。
(4) 彼女は何気ない顔つきで、みんながびっくりするような発言を始めた。／她臉上

像没事似地開始了讓大家吃驚的發言。
（5）なにげなく窓の外を見ると、空に大きな虹が架かっていた。／下意識地往窗外一看，天空上架起一道大彩虹。
（6）なにげなく、心に浮かんだ風景をキャンバスに描いてみた。／把無意中浮現心中的風景畫在畫布上。
（7）何気なく言った言葉が彼をひどく傷つけてしまった。／無意説的話重重地傷害了他。

表示没有特別深入思考而採取行動的樣子。根據上下文，可以有"没有深入想"、"無意識"、"下意識"等意思。作爲副詞性的用法可以換成"なにげなしに（若無其事地）"的形式。

【なにしろ】

無論怎麼説、因爲、總之。

（1）なにしろ彼は頭がいいから、私がどんなに頑張っても言い負かされてしまう。／總之他腦袋聰明，不管我怎麽努力也説不過他。
（2）なにしろ観光シーズンですからどのホテルも予約は取れないと思います。／因爲是旅行觀光的旺季，我想哪家旅館都定不到。
（3）もっと早くお便りしようと思っていたのですが、なにしろ忙しくてゆっくり机に向かう暇もありませんでした。／早就想寫信給你啦，但是因爲太忙，甚至没有坐到桌前的時間。
（4）どこにも異常はないかもしれないが、なにしろ大至急検査をしてみる必要がある。／也許哪都没有異常，可是怎麽説也有緊急檢查的必要。

用於雖然能想出各種各樣的事，但是不涉及那些，只把此事暫提示的情況。多以"なにしろ…から"、"なにしろ…て"等形式用於陳述理由的場合。類似表達方式有"なんにしても（總之）"、"とにかく（反正）"。

【なににもまして】

最、第一。

（1）なににもまして健康が大切です。／健康最重要。
（2）あなたにお会いできたことが、なににもまして嬉しく思いました。／能夠見到您是我最高興的。
（3）なににもまして必要なのは、このプランを実行に移すことだ。／第一需要的是把這個計劃付諸實施。

表示"比起其他任何東西都…"、"最好第一…"之意。

【なにも】

1 なにも

a なにも…ない 什麼也不…、什麼都没…。
(1) 外は暗くてなにも見えない。／外邊很黑，什麼也看不見。
(2) かばんの中にはなにも入っていなかった。／皮包裡什麼都没有。
(3) そのことについて、私は何も知りませんでした。／關於那件事，我一無所知。
(4) 作業は順調に進み、心配していたようなことは何も起こりませんでした。／工作進展順利，令人擔心的事一件也没發生。

後接伴隨着表示否定的表達，表示"完全没有…"、"一點兒…也没有"之意。多用於表示有關事、物、人以外的動物的情形。用於人時，句型爲"だれも…ない(誰也不)"，用於場所時爲"どこも…ない(哪兒都没有)"。

b なにも…ない 没必要，不必。
(1) なにも、みんなの前で、そんなに恥ずかしい話をしなくてもいいでしょう。／在大家面前，不説那麼令人害羞的話不好嗎？
(2) 団体旅行で添乗員もいるのだから、なにもそんなに心配する必要はありませんよ。／團體旅行有伴遊，没必要那麼擔心。
(3) 彼らも悪気があって言ったことじゃないんだから、何もそんなに怒ることはないじゃないですか。／他們也不是帶有惡意才説的，你没有必要那麼生氣嘛。
(4) ちょっと注意されただけなのに、何もそんなに気にすることはないですよ。／只是稍微讓人提醒了一下，不必那麼放在心裡啊。
(5) 何もそこまで懇切丁寧に指導してあげる必要はありませんよ。彼らはもう十分に訓練を受けている人たちなんですから。／没有什麼必要給他們進行那麼細心入微的指導，因爲他們都是已經充分接受過訓練的人啦。
(6) 何も試合直前になって延期したいと言ってくることはないだろうに。／没有像你那樣的，都到比賽前了却提出想延期。

後半句接"(そこまで)…しなくてもいい"、"(そう)…する必要がない"之類的表達方式，表示"没有特別需要那麼做，可是…"的一種心情。多用於對對方的過頭行爲進行斥責、責難的場合。

c なにも…わけではない 並没有、並不是。
(1) 私はなにも、あなたがやっていることを非難しているわけではないんです。ただちょっと注意したほうがいいと思って忠告しているんじゃないですか。／我並没有譴責你所做的事，只是想

提醒你一下,做個忠告,不是嗎?
(2) 私は何もこの仕事がやりたくないわけではないのです。今は他の仕事があるので、少し時間がほしいとお願いしているだけなのです。／我並不是不想做這項工作,只是因為現在有其他工作,求你稍微給我點時間。
(3) あなたは私が邪魔をしていると思っているようですが、何も私は邪魔をしているわけではないのです。手順を踏んで慎重に話を進めようとしているだけなんです。／你似乎覺得我是有意搗亂,其實我並沒妨礙你呀。我只是想按照程序慎重行事而已。
(4) A：お母さんは私のことが嫌いなんでしょう。／媽媽,你是討厭我吧?
　　 B：何を言ってるの。私は何もあなたが嫌いで反対しているわけではないのよ。あなたのことを気にかけているから、反対しているんじゃないの。／你説什麼呀我並不是討厭你才反對的,而是擔心你才反對你的。

用於在了解了對方對自己的行動如何看待之後,並來否定那種看法是不正確的場合。也有如例(4)一樣接對方話題的情況,更多場合是推測對方的想法,然後再進行否定。

2…もなにも
a Ｎもなにも　一切、全部。
(1) 戦争で、家もなにも全てを失ってしまった。／因戰爭,連家中所有的一切都沒有了。
(2) 事故のショックで、自分の名前も何も、すっかり忘れてしまいました。／因為事故的打擊,連自己的名字和所有的事情全都忘了。
(3) ペンも何も持っていなかったので、メモが取れませんでした。／筆什麼都沒帶,沒記成筆記。
(4) 住所も何も書いていないので、どこに連絡すればいいのか分からない。／住址什麼都沒寫,也不知和哪聯係好啊。

接在名詞之後,表示"那裡所表示的東西以及與其相似的所有的一切"之意。後半句常接"失う(丟失)"、"忘れる(忘記)"、"わからない(不懂)"等表示消失或者否定的表達方式。

b …もなにも
[A／V　もなにも]　什麼。
(1) A：高田さん、あなた必ずやるって約束してくれたじゃないですか。／高田,你不是跟我保證一定做嗎?
　　 B：約束するもなにも、私はそんなことを言った

覚えもないですよ。／什麼保證,我不記得我說過那樣的話啊。
(2) A：怪我をしたときは痛かったでしょう。／受了傷的時候,你很疼吧?
B：痛いもなにも、一瞬死ぬんじゃあないかと思ったくらいだ。／什麼疼呀,那一瞬間我甚至想我是不是死了。
(3) A：彼に会ってずいぶん驚いていましたね。／你見到他嚇一跳吧?
B：驚いたもなにも、彼のことは死んだと思っていたんですから。／什麼嚇一跳,我都認爲他已經死了。

用於接過對方的話題,並加以強烈否定,強調其情況超過對方的所想的場合. 一般用在口語之中。

3 なにもかも　全部、一切。
(1) 嫌なことはなにもかも忘れて楽しみましょう。／讓我們把不愉快的事全忘掉快樂起來吧。
(2) なにもかも、あなたの言うとおりにします。／一切的一切,都按你説的辦。
(3) あの人なら何もかも任せておいて大丈夫です。／如果是他,委託他什麼都行。
(4) 戦争で何もかもすっかり失ってしまった。／因爲戰爭所有的一切都失去了。

用在物與事上,表示没有任何限定的一切、全部、所有。用人時使用"だれもかれも"、用於場所時使用"どこかも／どこもかしこも"。

【なにやら】

1 なにやら　總覺得…、好像…。
(1) なにやら変な臭いがする。／總覺得有一股怪味。
(2) みんなで集まって、なにやら相談をしているらしい。／大家聚在一起,好像在商量着什麼事。
(3) なにやら雨が降りそうな天気ですね。／總覺得要下雨似的。
(4) この曲を聞いていたら、なにやら悲しい気分になってしまった。／聽了這首曲子,不知爲什麼,傷感起來。
(5) あの一家は、なにやら伊豆の方へ引越しをするそうです。／聽説那家人好像要搬到伊豆那一帶去。

表示不能確切地指明某事。意思是"雖不知是什麼,但…"、"雖不知確切的情况,但…"、"雖没弄清理由,但…"。

2 …やらなにやら　…之類。
[Nやらなにやら]
[A-い／V-る　やらなにやら]
(1) お菓子やらなにやらを持ち寄ってパーティーを開いた。

／大家各自帶來點心之類的食品開了個聚餐會。
（2）子供の病気やらなにやらで、落ち着いて考える暇もなかった。／由於孩子生病及其它雜事，連靜下心來考慮的時間都沒有。
（3）酔っぱらって、泣き叫ぶやら何やらの大騒ぎを演じたあげく、大いびきをかいて寝込んでしまった。／他喝醉了，又哭又喊大鬧一場後，就鼾聲如雷地睡着了。

　表示除此之外還有許多相似的東西。多含有許多事物混雜在一起的意思。

【なにより】

1なにより　比什麼都…、最…。
（1）料理を作るのがなにより得意です。／做菜是我最拿手的。
（2）息子が無事でいるかどうかが、なにより気がかりだ。／最令我擔心的是兒子是否平安無事。
（3）なにより嬉しかったのは、友達に会えたことです。／最令我高興的是得以見到朋友。
（4）あなたから励ましの言葉をいただいたことに、なにより感激いたしました。／能得到你的鼓勵，這比什麼都令我激動。

　表示"與其他任何東西相比都…"、"超過任何事物"的意思。

2なによりだ　比什麼都好。
（1）お元気そうでなによりです。／您身體好，我比什麼都高興。
（2）就職先が決まったそうで何よりです。／聽說你找到了工作單位，我太高興了。
（3）温泉に入るのがなによりの楽しみだ。／洗溫泉是我最大的享受。

　表示"和其他任何事物相比都是最好的"的意思。修飾名詞時如例（3）、（4）用"なによりのN"的表達方式。"なによりだ"多用於稱讚與對方有關的事物，不用於評價與自己有關的事物。
（誤）私が東大に入学できて何よりです。

　"なよりの…"的形式不僅可以於對方或第三者，也可用於與自己有關的事情。

【なまじ】

不充分、貿然、輕率。
（1）なまじ急いでタクシーに乗ったために、渋滞に巻き込まれてかえって遅刻してしまった。／急急忙忙上了計程車，碰趕上交通堵塞，反而遲到了。
（2）今の段階でなまじ私が発言すれば、かえって事態を混乱させることになりかねない。／在現在這種情況下，如

果我冒昧發言，反而容易把事情搞亂的。
(3) なまじ自信があったのがわざわいして、重大なミスを犯してしまった。／由於盲目自信而招致災禍並釀成大錯。
(4) なまじ彼女の状況が理解できるだけに、こんな仕事はとても頼みづらい。／正因爲對她的情況有所了解，所以很難把這項工作交給她。
(5) なまじの知識は役に立たないどころか邪魔になることもある。／一知半解的知識有時非但不起作用，反而會耽誤事。
(6) 彼女の前ではなまじなことは言わない方がいい。彼女はこの問題を徹底的に調べているらしいから、我々もそのつもりで準備しなければ負けてしまう。／在她面前還是不隨便説話爲好。因爲她好像正在徹底追查這個問題，我們如不做好准備，就會給她看出破綻。

表示有價值的東西不能充分發揮其真正的價值，半途而廢的樣子。本來好的東西却帶來了壞的結果。

修飾名詞時如例(5)、(6)用"なまじなN"、"なまじのN"的形式。這種情況，可以和"中途半端な(半途而廢的、不完整的)"互換。例(5)的意思是本應掌握好的知識，由於一知半解而帶來危害。

【なら₁】

直接接在名詞後，表示主題。有時也用"ならば"的形式。

1 Nなら　…的話、就…方面説。

(1) A：めがねはどこかな。／眼鏡哪去了？
　　B：めがねなら、タンスの上に置いてありましたよ。／你找的眼鏡，在櫃子上放着啊。
(2) A：アルバイトを雇うには金がかかりますよ。／雇人打工需要經費。
　　B：お金のことなら、心配しなくていいですよ。何とかなりますから。／經費的事，你用不着擔心，總會籌集到的。
(3) A：佐藤さん見ませんでしたか。／你見到佐藤了嗎？
　　B：佐藤さんなら、図書館にいましたよ。／佐藤呀，剛才在圖書館啊。
(4) 時間ならば十分ありますから、ご心配なく。／時間的話，很充裕，不用擔心。
(5) 例のことなら、もう社長に伝えてあります。／要是那件事的話，我已經向社長報告了。

把對方説的話或剛才談到的話題，或根據當時的情況所預測的事作爲話題提出來，將與其有關的談話進行下去。經常用於把對方所説的事情作爲話題提出

來時。

在許多情況下可以和表示主題的"は"互換,但"なら"所具有的"如果以N爲話題的話"的假定意思,"は"却沒有。因此互換以後,意思也就變了。與表示主題的"Nだったら"意思相近,可以互換。

2 NならNだ 説到…、提到…。
(1) 山ならやっぱり富士山だ。／說到山的話就是富士山啊。
(2) ストレス解消法ならゴルフに限る。／說到舒緩精神緊張的方法最好是打高爾夫。
(3) 酒なら、なんといってもこの地酒が一番だ。／提到酒,還是這裡當地產的酒最好。
(4) カキ料理なら広島が本場だ。／提到牡蠣菜肴,廣島是正宗的。

"Nなら"的後面除了"Nだ",還可用"Nに限る(最好…)"、"Nが一番(…是最好的)"、"Nがいい(還是…的好)"等。以"Nなら"限定話題的範圍,用於在這種情況下,用"Nは"替換,意思上沒有大的區別。

3 …(助詞)なら 如果是…的話。
(1) あの人となら結婚してもいい。／如果是和他的話,可以考慮結婚。
(2) フランス語はだめですが、英語でなら会話ができます。／雖然法語不行,但是用英語能夠交談。
(3) あと一人だけなら入場できます。／如果就一個人的話,可以入場。
(4) A：足の具合はいかがですか。／你的腳好了嗎？
B：ゆっくりとなら歩けるようになりました。／可以慢慢走了。
(5) 仕事の後なら時間があります。／如果是下班後的話,有點時間。

接名詞、副詞、或名詞＋助詞等,表示"其他的場合也許並不是這樣,但如果就X而言Y可以成立"。Y一般後接令人滿意的事項,積極選擇能夠使其成立的X。與表示對比的"は"相似,但"なら"可以接疑問詞,"は"不可以接疑問詞。

(正) 何時なら都合がいいですか。／幾點方便呢？
誰となら結婚してもいいですか。／和誰結婚都可以嗎？
(誤) 何時は都合がいいですか。誰とは結婚してもいいですか。

【なら₂】

[N／Na なら]
[N／Na だった(の)なら]
[A-い／A-かった (の)なら]
[V-る／V-た (の)なら]

接用言的辭書形・タ形,表示"如果實際情況是那樣的話"的意思。也可以用"のならば"、"のなら"、"ならば"的形式。口語中常把"の"說成"ん"。

在許多情況下不容易區分有"の"和沒有"の"的不同。有"の"時接説話者的發言或具體情況,表示"如果你那麼說的話"、"如果事實是那樣的話"、"如果實際情況是那樣的話"的意思。沒有"の"時表

示"一般在那種情況下"、"那樣做的時候"的意思。直接接名詞、ナ形容詞的時候一般不能加"の"。接動詞、イ形容詞時"(の)なら"與"のだったら"意思相近，可以互換。但"のだったら"中的"の"不能省略。

(誤) 知っているだったら教えてほしい。
(正) 知っている(の)なら教えてほしい。／如果你知道的話，請告訴我。
知っているのだったら教えてほしい。／如果你知道的話，請告訴我。

1 …(の)なら＜假定條件＞　要是…的話。

(1) A：風邪をひいてしまいまして。／我感冒了。
　　B：風邪なら早く帰って休んだほうがいいよ。／要是感冒的話，還是早點回去休息休息好。
(2) 彼女のことがそんなに嫌いなら別れたらいい。／你那麼討厭她的話，分手算了。
(3) A：頭がずきずき痛むんです。／頭一陣陣地刺痛。
　　B：そんなに痛い(の)なら早く帰ったほうがいいですよ。／要是那麼痛的話，還是早點回去的好。
(4) 行きたくない(の)ならやめておいたらどうですか。／你不想去的話就別去了吧。
(5) 真相を知っている(の)なら私に教えてほしい。／如果你知道真相的話，請你告訴我。
(6) 郵便局に行く(の)なら、この手紙を出してきてくれますか。／如果你去郵局的話，請幫我寄了這封信。
(7) あなたがそんなに反対する(の)ならあきらめます。／你那麼反對的話，我只好作罷了。
(8) A：ちょっと買い物に行ってくる。／我去買點東西。
　　B：買い物に行く(の)ならついでにおしょうゆを買ってきてちょうだい。／你去買東西的話，順便把醬油買回來。
(9) A：沖縄ではもう梅雨に入ったそうですよ。／聽說沖繩已進入梅雨季節了。
　　B：沖縄で梅雨に入ったのなら、九州の梅雨入りも間近ですね。／要是沖繩已進入梅雨季節的話，九州也快入梅了吧。
(10) 二人が昼からこの店で会っていたのなら、二人には午前中のアリバイはないことになる。／如果那兩個人是中午以後在這個店見過面的話，

那麼他們二人不在現場的證明就不能成立。

接用語的辭書形、夕形，表示"如果實際情況是那樣的話"、"如果那是事實的話"的假定條件。用於根據對方的談話內容或當時的情況，叙述自己意見或看法，向對方提出請求或勸告。

叙述必然會發生的事情或經過一段時間必然會發生的事情時，不能使用"なら"，應使用"たら"、"ば"、"と"。另外，在句尾不能使用單純叙述事實的表達方式，應使用判斷、意志、命令、要求、評價等表示說話者主觀態度的表達形式。

(誤) 春が来るなら花が咲きます。雨が降るなら道がぬかります。

(正) 春が{来たら/来れば/来ると}花が咲きます。／春天一到花就開。
雨が{降ったら/降ると/降れば}道がぬかります。／如果下雨，道路就會泥濘。

(正) 《午後から雨が降ると聞いて》雨が降る(の)なら、傘を持って行こう。(意志)／《聽說下午要下雨》要是下雨的話就帶着傘去吧。(意志)

"たら"、"ば"、"と"從時間上以前面的爲條件，後面叙述作爲其結果成立的事物。與此相反，"なら"可以是後半句的結果首先成立，然後再說條件部分。

(例) イタリアに行ったらイタリア語を習いなさい。(イタリアに行ってからイタリアで習う)／到了義大利要學義大利語。(到了義大利以後在義大利學習)

(例) イタリアに行くならイタリア語を習いなさい。(イタリアに行く前に自分の国で習う)／去義大利的話要學義大利語。(去義大利之前在本國學習)

2 …(の)なら＜與事實相反＞ 如果…就…，可是…。

(1) 電話をくれるのなら、もう少し早い時間に電話してほしかった。／如果你打電話給我的話，希望你再提前點打來。

(2) 神戸に来ていたのなら、電話してくれればよかったのに。／你到了神戶以後，只要給我打個電話就好了，可是…。

(3) あいつが来るのならこのパーティには来なかったんだが。／要是早知道那傢伙也來的話，我就不參加這個晚會了。

(4) 結婚式に出席する(の)なら黒いスーツを買うのだが。／如果出席婚禮的話就買黑色西服套裝了。

"X(の)ならY"中的Y，或X和Y都是表示與事實相反的事情時的用法。前者是知道了新的事實X時，表示"如果知道了X就會去做Y這件事，但是因爲不知道，所以没有做"的意思。X表示的是事實，Y表示的則是與事實相反的事情。後者表示"如果做了X的話就會做Y，但因爲實際没有做X也就不去做Y"，X與Y都表示與事實相反的事情。例(1)～(3)是前者的例子，例(4)是後者的例子。例如例(2)是知道對方來到神戶的事實後，對對方没有給自己打電話表示埋怨或後

悔的心情"你要是打個電話給我就好了"，X表示事實，Y表示與事實相反。例（4）的意思是"如果出席婚禮就買黑色西服套裝，但因爲實際上不出席婚禮，所以不買"，X與Y都表示與事實相反的事情。

例（1）～（4）與用"たら"、"ば"表示的與事實相反的假定條件句意思不同，所以不能互換使用。用"たら"、"ば"表示的與事實相反的假定條件句中的X與Y都表示與事實相反的事情。而且，X必須是先在Y發生的事情。而例（1）～（3）只有Y是表示與事實相反的事情，例（4）雖然X與Y都表示與事實相反的事情，假定其能夠成立的順序是先發生Y後發生X。"買了黑西服套裝以後再出席婚禮"。這種關係只有用"なら"才能表示出來，不能換成"たら"、"ば"。

（例）　先週、神戸に来ていたのなら案内してあげたのに。／如果你上周來神戸，我就能陪着你走走了。

"因爲不知道你上周到的神戸，所以沒能陪着你走走"的意思。X是事實，Y表示與事實相反

（例）　先週、神戸に来て{いれば／いたら}案内してあげたのに。／如果我上周到神戸來，就能陪着你走走了。

"因爲我上周沒來神戸，所以沒能陪你走走"的意思。X與Y都與事實相反

（例）　結婚式に出るなら黒いスーツを買ったのだけど。／要是出席婚禮的話就買黑色西服套裝了。

"因爲不出席婚禮，所以沒有買黑西服套裝"的意思。X與Y都不是事實。如果此句成立的話，行動的順序是先Y後X

（例）　黒いスーツを買って{いれば／いたら}結婚式に出たのだが。／要是買了黑西服套裝就參加婚禮了。

"因爲沒有買黑色西服套裝，所以沒有出席婚禮"的意思。X與Y都不是事實。如果此句成立的話，行動的順序是先X後Y。

3 V-る(の)なら…がいい　如果…則…爲好。

（1）靴を買うならイタリア製がいい。／如果買鞋的話，義大利產的好。
（2）食事をするなら、このレストランがいいよ。／如果吃用餐的話，這家餐廳好。
（3）英語を習うならアメリカかカナダに留学することをすすめたい。／如果學英語的話，我建議去美國或加拿大留學。
（4）A：大学を卒業したら留学したいと思っているんだ。／大學畢業以後，我想去留學。
B：留学するのならオーストラリアがいいよ。／留學的話，還是去澳大利亞好。

後接"がいい（還是…的好）"、"をすすめる（推薦…）"等，用於推薦進行某事時最好的方法、手段。常用於廣告詞中。

如果不是說特定的對方的行爲，而是就一般的行動進行敘述時，一般不加"の"，這時與"Nなら…がいい"、"Nは…がいい"表達方式中的表示主題的"なら"、"は"的意思接近。

（例）　靴を買うならイタリア製がい

い。／如果買鞋的話，義大利的產的好。
（例）靴ならイタリア製がいい。／要説鞋，還是義大利產的好。
（例）靴はイタリア製がいい。／鞋是義大利產的好。

4 V-る(の)なら …しろ／…するな 如果…就必須…／就不許…。

（1）何事もやるなら最後まで徹底的にやれ。／無論什麼事，要做就要做到底。
（2）女性と付き合うなら真剣に付き合いなさい。／與女性交往就要認真交往。
（3）留学するならいい加減な気持ちではするな。／如果留學的話，三心二意的話就不要去了。
（4）私のことを笑うなら勝手に笑えばいい。／要笑我的話就隨便笑好了。
（5）泣きたいのなら好きなだけ泣けばいい。／要哭就哭個夠吧。

"なら"的前後接同一個動詞，用於在採取某種行動時，指出應當怎樣做。後面除了接命令・禁止的表達方式外，還可以接如"すればいい(…爲好)"等提案或建議的表達方式。例(4)、(5)的意思是"願意那麼做就隨便吧"。

如果是"一般…的時候"的意思的話，"なら"的前面多不加"の"，但如果是接"你打算那樣的話"、"想那樣做的話"等特定的對方的發言或意向時，如例(5)所示，可以用"のなら"的形式。

5 …(の)なら…で 如果…也没有關係。

[Na ならNa で]
[A(の)ならAで]
[V(の)ならVで]

（1）嫌なら嫌で、そう言ってくれたらよかったのに。今となっては遅すぎるよ。／不願意的話，你就告訴我説不願意好了。你現在才説，已經太晚了。
（2）金がないならないで、人生何とかなるものさ。／没錢就沒錢啦，人生總會有辦法的。
（3）会社を辞める(の)なら辞めるで、それからあとの身の振り方ぐらい考えておくべきだった。／你要辭職不幹，就辭吧，但應該考慮好以後的出路。
（4）遅くなる(の)なら遅くなるで、ちゃんと連絡ぐらいしてくれればいいのに。／遲到也沒有什麼關係，早些通知我一下就好了。
（5）行かない(の)なら行かないで、ちゃんと断りの連絡だけはしておいたほうがいい。／不去也沒關係，最好事先通知我。

"なら"的前後重複同一個詞，表示在認可是那種情況也沒關係的基礎上，闡明當時應採取什麼行動，以及對沒有採取其行動表示責備或後悔的心情。

6 …(の)なら…と 如果…就説…

好了。

[NならN（だ）と]
[NaならNa（だ）と]
[A（の）ならAと]
[V（の）ならVと]

(1) 欠席なら欠席と前もって知らせておいてください。／如果缺席的話請事先通知我。

(2) そうならそうと言ってほしかった。／希望你是怎麼回事就怎麼說。

(3) 嫌なら嫌だとはっきり言ってくれればいいのに。／不願意就明確地說不願意就好了。

(4) 好きなら好きとはっきり言っておけばよかった。／喜歡就要明確地說喜歡。

(5) 都合が悪い（の）なら悪いと言ってくれればよかったのに。／不方便的話，就告訴我不方便就好了。

(6) これからは来ない（の）なら来ないとちゃんと事前に連絡して下さいね。／今後不來的話，請事先通知一下說不來。

(7) 行く（の）なら行く、行かない（の）なら行かないとちゃんと言ってくれなければ困るじゃないですか。／要來就來，不來就不來，不說明白可不好辦。

重複同一個詞，後面接"言う"、"連絡する"等表示發言的詞語，表明說話者希望對方或第三者對自己的行動表明態度。

一般用於對沒有明確表示態度的行為進行批評，或告誡應當表明態度時。也可以如例(4)用於對自己沒有表明態度而懊悔的心情。

7 …（の）ならべつだが 如果是…的話，另當別論，但是…。

[N／Na ならべつだが]
[A／V （の）ならべつだが]

(1) そんなに勉強がつまらない（の）なら別だが、自分の心構えについても反省してみてはどうだろうか。／如果對學習那麼不感興趣的話，另當別論，但是你是不是對自己的態度也要反省一下啊。

(2) やめたい（の）なら別だが、もし続けたい（の）ならもう少し基礎的なところから勉強し直した方がいい。／如果不想學了，另當別論，但是想繼續學的話，最好重新再從基礎的一些東西學起。

(3) 本気で頑張る気があるのなら別だがいい加減な気持ちでやっているならやめたほうがいい。／如果是真有心想努力的話還行，你要是馬馬虎虎地做，我看還是算了吧。

(4) 自分のことなら話は別だが、人のことにそんなに気を揉んでも仕方がないだろう。

／如果是自己的事那另當別論，對別人的事那麼着急也沒用。
(5) どうしても嫌なら話は別だが、我慢して今の会社にとどまるのも一つの考えだ。／如果怎麼都不願意的話另當別論，但是如果能忍耐一下留在現在的公司也可以考慮。

設想兩種不同的情況，其中一種情況也許不太適用，先作爲話題提出來，説話者對另一種情況説出自己的意見。後面多接對對方的警告・忠告等呼籲。也可以如例(4)、(5)所示用"…なら話は別だが"的形式。

8 …というのなら　如果説是…的話。

(1) A：明日はほかに用事があってお邪魔できないのですが。／我明天還有別的事，不能到府上打擾。
　　 B：来たくないと言うのなら来てもらわなくてもいい。／如果你不想來的話，那就不勞你大駕了。
(2) 責任をもつと言うのなら、信頼して任せてみてはどうですか。／如果他説負責任的話，就充分相信全權委託如何？
(3) 子供が大事だと言うのなら、もっと家庭を大切にしなくてはだめだ。／如果你愛孩子的話，就應該更加珍惜這個家庭。
(4) 経営に行き詰まっているというのならあんな派手な商売はできないはずだ。／如果是真的經營不下去的話，生意就不會搞得那麼盛大。

用於説話者根據前面説話的內容對其進行判斷時。後接對對方的許可或忠告、提案以及説話者的判斷等表達方式。也可以説"ということなら"。

9 …ということなら　如果説…的話。

(1) 癌だということなら退院させてくれるはずがない。／如果説是癌症的話，就不會讓我出院。
(2) 自分たちでやるということなら、やらせてみてはどうか。／如果他們説要自己做的話，就讓他們做做看怎麼樣？
(3) 期限内にできないということなら、ほかの業者に頼むことにしよう。／如果他們説在規定的期限内做不完的話，我們就決定委託其他廠家。

表示説話者根據第三者的發言所做出的應對。用法與"というのなら"大致相同，但"というのなら"可以有兩種用法，即根據眼前的對方或第三者的發言説"如果你那樣説的話"、"如果他那樣説的話"。而"ということなら"一般用後者。

10 どうせ…(の)なら　→【どうせ】2
11 …ものなら　→【ものなら】1
12 V-ようものなら　→【ものなら】2

【なら3】

[N／Na（だった）なら]
[A-い／A-かった　なら]
[V-る／V-た　なら]

　與"なら2"不同，不能用"のなら"的形式。用"なら"或"ならば"的形式。相當於"N／Naだ"的バ形，接動詞以及イ形容詞的辭書形和タ形。接動詞・イ形容詞時可以與"ば"、"たら"互換，意思上沒有大的不同。"たなら"是稍舊的説法，用於強調"たら"。

1 N／Na なら(ば)　如果是…的話，假如…的話。

（1）10人一緒なら団体の割り引き料金になる。／如果10個人一起來，票價可以按團體票打折。
（2）まわりがもう少し静かならば落ち着いて勉強できるのですが。／周圍要是稍微再安靜些就能靜下心來用功唸書了。
（3）東京ならこんなに安い家賃で家は借りられません。／如果是在東京，這麼便宜的租金是租不到房子的。
（4）その話が本当なら大変なことになりますよ。／那件事要是真的話，那就糟了。
（5）私があなたならそんなふう には考えなかったと思う。／我想我要是你的話就不會那麼想了。
（6）日曜日、お天気ならハイキングに行きましょう。／星期日如果天氣好的話，去郊遊吧。

　是"N／Naだ"的バ形，表示"如果是…的話"、"假如是…的情況"等假定條件，或表示"如果情況相反的話"等與事實相反的條件。"だったなら"的鄭重的書面表達可以用"である"的バ形"であれば"。可以和"だったら"互換。

　與表示主題的"なら1"的區別在於"なら1"只能接名詞，表示"如果N是話題的話"的意思。"なら3"的用法表示是否是事實還未定，或雖然與事實相反但假定是那樣的話的意思。在許多情況下很難判斷屬於哪種用法。

2 NがNならNはNだ　如果説…是…的話，那麼…就是…。

（1）銀座が東京の中心なら心斎橋は大阪の中心だ。／如果説銀座是東京的中心，那麼心齋橋就是大阪的中心。
（2）パリが芸術の都なら、ロンドンは金融の都だ。／如果説巴黎是藝術之都的話，倫敦可以説是金融之都。
（3）兄が努力型の秀才なら弟は天才型の秀才だ。／如果説哥哥是努力奮鬥型的高材生，弟弟則是天才型的高材生。

　把具有對比性質的人物或事物進行對比時的説法。用於用另一句話做比喻時

"如果把…用…表達的話.而…就可以表達爲…"的意思.

3 NがNならNもNだ 雙方都不怎麼樣。
(1) 親が親なら子も子だ。／老子和兒子都夠差勁的。
(2) 先生が先生なら学生も学生だ。／老師和學生都有問題。
(3) 亭主が亭主なら女房も女房だ。／丈夫和老婆都不怎麼樣。
(4) アメリカがアメリカなら日本も日本だ。／美國和日本都各有問題。

前後接如"妻"、"夫"那樣成對關係的人物或表示機關•組織的名詞.用於對其人物或組織的作法及態度給予負面的評價.例如"都同樣糟糕"、"簡直是些不可救藥的像"。用於一對不懂道理•懶惰•不客氣•失禮等具有不好的性質•態度的人或組織.也可如例(4)所示用"N１もN１ならN２もN２だ"的形式。

4 …なら(ば) 如果…。
[A／V なら(ば)]
(1) 今年も真夏の日照時間が短いならば米不足の問題は深刻だ。／今年如果也是盛夏日照時間短的話.稻米欠收的問題就要嚴重了。
(2) この機会を逃すならもう２度と彼には会えないだろう。／如果你錯過了這次機會.也許再也見不到他了。
(3) このまま不況が続いたなら失業問題は深刻になる。／

如果經濟不景氣再這樣持續下去的話.失業問題就會更嚴重。
(4) 今後１週間雨が降らなかったら水不足になる。／一周之內如果不下雨的話就會造成缺水現象。

接イ形容詞、動詞的詞典形及タ形.表示"如果那種情況成立的話"的意思.假定預料在未來成立的情況.預測其實現時所成立的事物的假定條件。使用"するなら"或"したなら"在意思上沒有大的不同.是文言的說法.用於評論性的文章中。可以與"ば"、"たら"互換.在口語中多用"ば"、"たら"。

(1') 今年も真夏の日照時間が{短ければ／短かったら}米不足の問題は深刻だ。／今年如果也是盛夏日照時間短的話.稻米欠收的問題就要嚴重了。
(2') この機会を{逃せば／逃したら}もう２度と彼には会えないだろう。／如果你錯過了這次機會.也許就再也見不到他了。
(3') このまま不況が{続けば／続いたら}失業問題が深刻になる。／如果經濟不景氣再這麼持續下去的話.失業問題就會嚴重起來。
(4') 今後１週間雨が{降らなければ／降らなかったら}水不足になる。／今後的一周如果不下雨的話就會造成缺水現象。

5 …たなら 如果…了的話。
[N／Na だったなら]
[A-かったなら]
[V-たなら]

（1）私が全能の神様だったなら、あなたを助けてあげられるのに。／我要是萬世的主，就能幫助你了。
（2）もう少し発見が早かったなら助かったのに。／如果再早發現一點的話就能得救了。
（3）困ることがあったならいつでも相談に来い。／如有爲難事就隨時來找我商量吧。
（4）もしも私に翼があったなら大空を自由にかけまわりたい。／假如我有翅膀的話，想在天空自由遨翔。
（5）《歌詞》あの坂を越えたなら幸せが待っている。／《歌詞》翻過那道坡，幸福在等待。

是強調"たら"的舊式的說法。用於表示假定條件、與事實相反的條件。常在歌詞中使用。日常會話一般用"たら"。

6 V-るなら＜觀點＞ 要是…的話、如果…的話。

（1）事情を知らない人の目から見るなら、少しおおげさな感じがするかもしれない。／在不了解情況的人看來也許有些小題大作。
（2）私に言わせるなら、この作品はあまり面白いとは思えない。／要讓我說的話，我認爲這個作品不怎麼有意思。
（3）戦前と比べるなら生活レベルはずいぶん向上したといえるだろう。／與戰前相比，生活水準可以說是大大提高了。
（4）一部を除くなら、彼の意見は正しいと思う。／除去部分内容，我認爲他的意見基本是正確的。

是在"見る"或"言う"、"比べる"等動詞後接"なら"的慣用的表達方式，表示後接的判斷及意見是從什麼觀點來進行闡述的。是稍書面式的表達方式。たら／と／ば也有同樣的用法，可以互換。其它還有"…によるなら／を別にするなら（如果按…的話／如果另論…的話）"等。

【ならいい】

如果是…的話，就算了／也可以。
[N／Na ならいい]
[A／V （の）ならいい]
（1）お母さんが病気ならいいよ。早く家に帰ってあげなさい。／如果是你母親病了的話，就不要在這裡了，趕快回家吧。
（2）勉強がそんなに嫌いならいいよ。大学など行かないで就職したらいい。／那麼討厭學習就算了吧，不上大學去工作好了。
（3）A：悪いけど、その仕事はあまり得意じゃないんだ。／對不起，我不太擅長那項工作。
　　B：やりたくない（の）ならいいよ。他の人に頼む

から。／不願意做也沒關係，我再找別人做。
（4）それほど熱心に言う(の)ならいいじゃありませんか。やりたいことをやらせてあげなさいよ。／他既然説得那麼誠懇不是挺好嗎。他想做就讓他做吧。

根據以前説話的内容及情況，説話者表示出"如果是那種情況，那樣也沒關係／也可以／不…也可以"等許可或放任的態度。如例（3）表示"不想做的話，不做也可以"的意思。

【ならでは】

只有…才有的，只有…才能。
[Nならでは]
（1）親友ならではの細かい心遣いが嬉しかった。／這是只有好朋友才能給予的無微不至的關心，對此我感到非常高興。
（2）二枚目俳優ならではの端正な顔立ちをしていた。／他生着一副只有小生演員才有的端端正正的臉龐。
（3）当店ならではのすばらしい料理をお楽しみください。／請您品嘗一下本店獨家風味的佳肴。
（4）あの役者ならでは演じられないすばらしい演技だった。／這可是只有那個演員才能表演出的高超演技。

接表示人物或組織的名詞後，表示"正因爲是N才會這麼好"、"只有N才會…"、"不是N就不可能…"的意思。多用"Nならではの N"的形式，也可以用"Nならでは…ない"的形式。表示對N進行高度的評價，常用於商店或公司的廣告・宣傳詞。

【ならない】

1 V-てならない →【てならない】
2 V-てはならない →【てはならない】
3 V-なくてはならない
 →【なければ】2
4 V-なければならない
 →【なければ】2

【ならびに】

及、以及。
[Nならびに N]
（1）各国の首相ならびに外相が式典に参列した。／各國總理以及外交部長參加了慶典。
（2）この美術館は主に東欧の絵画並びに工芸品を所蔵している。／這家美術館主要收藏了東歐的繪畫以及工藝品。
（3）本日ご出席の卒業生の諸君ならびに御家族皆さま方に心からお祝い申しあげます。／向今天到會的各位畢業生以及家長表示衷心的祝賀。
（4）優勝者には賞状ならびに記念品が手渡されることに

なっている。／向冠軍頒發獎狀和記念品。
（5）用紙に住所、氏名ならびに生年月日を記入してください。／請在表格上填上住址，姓名以及出生日期。

進一步列舉與前面的事物相同的東西。是書面語言。也可以用於致辭等鄭重的口語。

【なり₁】

1 V-るなり　剛…就立刻…、一…就…。
（1）家に帰るなり自分の部屋に閉じ込もって出てこない。／一回到家，就關在自己的房間不出來。
（2）立ち上がるなり目まいがして倒れそうになった。／剛一站起來就感到頭暈，差點摔倒。
（3）会うなり金を貸してくれなどと言うので驚いた。／一見面就提出要借錢，簡直令人吃驚。

接表示動作的動詞後，表示"在其動作剛剛做完後"的意思。
"剛一…就…"。用於在其動作剛做完就發生了沒有預想到的事情時。

2 V-たなり
a V-たなり(で)　…着、一直…。
（1）座ったなり動こうともしない。／坐着一動不動。
（2）うつむいたなり黙り込んでいる。／低着頭沈默不語。
（3）立ったなりでじっとこちらの様子を伺っている。／一直站着窺視着這邊的動靜。

表示某種狀態維持原狀沒有進展。也可以和"…したまま(原封不動，照舊)"替換。是多少有些陳舊的説法。

b V-たなり　就那樣一直(不)…、一…就(不)…。
（1）家を出たなり一ヶ月も帰ってこなかった。／離開家後一個月都沒有回來。
（2）お辞儀をしたなり何も言わずに部屋を出て行った。／鞠了個躬，什麽話都沒説就走出了房間。
（3）住民の反対にあたって、工事は中断されたなり解決のめどもついていない。／因爲遭到了附近居民的反對，工程一直停下來，問題還沒有得到解決。

表示某種事態發生後，沒有再發生一般認爲會繼續發生的事而保持着什麽都沒有發生的狀態。可以同"…したまま"替換。是有些陳舊的説法。

【なり₂】

1 …なり　…之類、…什麽的。
[Nなり]
[V-るなり]
（1）何かお飲物なりお持ちしましょうか。／我拿些飲料什麽的來吧。

（2）そんなに忙しいんだったら友達になり手伝ってもらったらいいのに。／你那麼忙的話，請朋友什麼的幫幫忙就好了。
（3）そんなに心配なら先生に相談するなりしてみてはどうですか。／你那麼擔心的話，和老師商量商量怎麼樣？
（4）壁に絵を飾るなりしたらもっと落ちつくと思いますよ。／我覺得牆上掛張畫，屋子裡就顯得更諧調了。

接名詞或動詞等各種成分後，從幾種可能性中作爲例子舉出其中一種。

2 V-るなり V-ないなり　或是…或是不…、…也好…不…也好。

（1）行くなり行かないなりはっきり決めてほしい。／去或是不去，希望能明確地決定一下。
（2）やるなりやらないなり、はっきりした態度をとらなければならない。／是做還是不做，必須有個明確的態度。
（3）来るなり来ないなりをきちんと連絡してもらわなければ困ります。／是來還是不來，得不到你的正式通知，我們可不好辦。

在動詞肯定形後接否定形，表示選擇其中一種行爲。後接請明確選擇哪一種，希望你這樣做，這樣做會如何等表達方式。有強迫別人選擇的意思，所以用錯了就會不禮貌。

（誤）参加なさるなりなさらないなりをお知らせください。
（正）参加なさるかどうかをお知らせください。／請通知我您是否參加。

3 …なり…なり　或是…或是…、…也好…也好。
[Nなり Nなり]
[V-るなり V-るなり]
（1）彼の父親なり母親なりに相談しなければならないだろう。／必須和他的父親或母親商量商量吧。
（2）東京なり大阪なり、好きなところで生活すればいい。／東京也好大阪也好，只要是在自己喜歡的地方生活就好。
（3）叱るなり誉めるなり、はっきりとした態度をとらなければだめだ。／是批評是表揚，必須有個明確的態度。

列舉兩個同屬一組的人、事、物，選其中之一。除此兩項之外，還有其它的可能性。

4 …なりなんなり　之類的、什麼的。
[N／V　なりなんなり]
（1）チューリップなりなんなり、少し目立つ花を買ってきて下さい。／鬱金香也好什麼也好，請買些顏色稍微鮮艷些的花來。
（2）ここは私が支払いますからコーヒーなりなんなり好きなものを注文して下さい。

／今天我作東，咖啡呀什麼的喜歡什麼就點吧。
（3）　転地療養するなり何なりして少し体を休めたほうがいい。／易地療養啦，就地休養啦，總之，還是好好安養身體。
（4）　この部屋は寒そうだから、カーペットを入れるなり何なりしなければいけないね。／這間屋子好像很冷，所以必須鋪塊地毯什麼的。

　　表示只要是與此類似的事或物什麼都可以的意思。表示場所時用"…なりどこなり"。
（例）　外国なりどこなり、好きなところへ行ってしまえ。／外國也好哪也好，愛去哪就去哪吧。

【なり₃】

1 …なり

a …なり　與…相適、那般、那樣。
[Nなり]
[A-いなり]
（1）　私なりに努力はしてみましたが、力が及びませんでした。／我儘了自己的努力，但是我的力量達不到。
（2）　この事態は役人だけに任せておくのではなく、私たち住人なりの対応策を考えなければならない。／這種事不能只靠政府官員，我們居民必須考慮自己的對應政策。

（3）　彼らは経験が浅いなりによく頑張ってやってくれる。／他們雖然經驗不多，但爲了我們做得非常努力。
（4）　母親が留守の間は、子供たちなりに一生懸命考えて、食事を作っていたようです。／媽媽不在的時候，好像是孩子們自己絞盡腦汁做了飯菜。
（5）　この結論は私なりに悩んだ末のものです。／這個結論是我自己絞盡腦汁左思右想的結果。

　　表示其相應的狀態。用於在承認其事物有限度或有缺欠的基礎上對其進行一些正面的評價。

b …なり　任憑、順着。
[Nなり]
[V-るなり]
（1）　彼は妻の言うなりになっている。／他對妻子唯命是從。
（2）　その店なら、道なりにまっすぐ行くと右側にあります。／那個商店，沿路往前走，就在右側。

　　表示"對其不違背順從下去"的意思。只用於"言うなり"、"道なり"等固定化的表達方式。與"言うなり"意思相同的還有"言いなり"。

2 …なら…なり　有其相當的…、相對應的。

[NならNなり]
[Na ならNa なり]
[A-いならA-いなり]

[V-るならV-るなり]
（1）嫌なら嫌なりの理由があるはずだ。／他不喜歡一定有他不喜歡的理由。
（2）若いなら若いなりにやってみればいい。／年輕人就按年輕人的辦法做就可以啦。
（3）貧乏なら貧乏なりに楽しく生きられる方法がある。／窮有窮的快樂生活下去的方法。
（4）我々の要求を受け入れられないなら、受け入れられないなりにもっと誠意を持って対応すべきだ。／如果不能接受我們的要求，也應該有相當的誠意來對待我們。
（5）金があるならあるなりに心配ごともつきまとう。／有錢也有因錢而有無法解脫的煩惱。
（6）新しいビジネスを始めるなら始めるなりの準備というものが必要だ。／要開展新的業務就需要做相當的準備。

重複同一個詞。表示"與在這裡所說的事相應的"、"與此相符"的意思。其事物有特有的限度、缺點或優點等特做。認這些的基礎上與之相當的"的意思。後多接應該是那樣、必須那樣做、希望那樣等表達方式。也有時用"…ば…なり"。
（例）金があるならあるなりに気を使わなければならない。／有錢就要操有錢的心。

3 には…なり 相當的、那樣的、相對應的。

[NにはNなり]
[V-るにはV-るなり]
（1）若い人には若い人なりの考えがあるだろう。／年輕人有年輕人的想法吧。
（2）学生には学生なりの努力が求められている。／既然是學生就要做出學生應該做的努力。
（3）金持ちには金持ちなりの心配事がある。／有錢人自有有錢人擔心的事情。
（4）この商売にはこの商売なりに、いろいろな苦労や面白さがある。／這個買賣有許多獨特的艱辛與樂趣。
（5）断るには断るなりの手順と言うものがある。／要拒絕也應該有個適當的拒絕程序。

重複同一個名詞或動詞。表示其事物含有其特有的限度及缺點或長處等特征。"在承認…的基礎上，與之相對應的、相稱的"的意思。

4 NはNなり 那般、那樣。
（1）彼らは彼らなりにいろいろ努力しているのだから、それは認めてやってほしい。／他們盡了他們應盡的許多努力，希望這一點能給予肯定。
（2）私は私なりのやりかたでやってみたい。／我想按照我自己的做法去做做看。
（3）私は私なりに考えて子供を

しつけてきたつもりです。／我認爲我是按照自己的想法來教育孩子的。
(4) 古い機械は古い機械なりに、年代を経た趣と手慣れた使いやすさがある。／舊機器有舊機器的裡經風霜的情趣和順手好用的優點。

重複同一個名詞。表示其人或事雖有限度和缺欠"在承認其有限度或有缺欠的基礎上.與之相應的、相稱的"的意思。

5 それなり　相對應、恰如其分。
(1) 小さな会社だがそれなりの利益は上げている。／雖然是個小公司，但也取得了應得的利潤。
(2) 嫌だというならそれなりの理由があるのだろう。／既然説不喜歡就有不喜歡的理由吧。
(3) 子供たちもそれなりに力を合わせて頑張っている。／孩子們以自己的方式同心協力地努力奮鬥着。
(4) 努力をすればそれなりの成果はあがるはずだ。／只要努力就會取得應有的成果。

表示它有限度和缺點"在承認其基礎上與之相對應的"的意思。

【なりと】

1 Nなりと（も）　…之類…、…什麼的…。

(1) よろしかったら私の話なりとも聞いて下さい。／如果可以的話，也請聽我説一説。
(2) ここにおかけになってお茶なりと召し上がっていらして下さい。／請坐在這喝點茶什麼的吧。

主要接在名詞後.從幾個事物中舉出一個作爲例子。

2 疑問詞（＋格助詞）＋なりと　不論…、不管…。

(1) お前みたいな勝手なやつはどこへなりと行ってしまえばいい。／像你這樣任性的傢伙，想到哪去就到哪去吧。
(2) だれとなりと、好きな男と一緒になるがいい。／不論和誰，只要是和你喜歡的男人在一起就好。
(3) なんなりとお好みのものをお持ちしますのでおっしゃて下さい。／只管説，您喜歡什麼我就爲您拿什麼。
(4) ご希望がありましたら、どうぞ遠慮せずに何なりとお申しつけ下さい。／有什麼要求，請您不要客氣只管吩咐。

用"どこへなりと（不論去哪裡）"、"だれとなりと（不論和誰）"、"なんなりと（不論什麼）"等慣用句式的固定表達方式.表示無論什麼都可以根據自己的喜好進行選擇的意思。

【なる】

1 …なる　變成…、變爲…。

[N／Na になる]
[A-くなる]
[V-ようになる]
(1) 木が切り倒されて山が裸になってしまった。／樹木被砍光了，山成了禿山。
(2) 彼女は働きすぎて病気になった。／她勞累過度病倒了。
(3) このあたりは、昔は静かなところだったのですが、ずいぶんにぎやかになったものですね。／這一帶過去很安靜，可是現在變成了相當熱鬧的地方啊。
(4) 酒を飲んで顔が赤くなりました。／喝了酒，臉變紅了。
(5) 道路が拡張されたために車が増えて、だんだん住みにくくなっています。／因為道路拓寬車輛増加，漸漸地不適宜居住了。
(6) 練習の成果があって、ようやく平仮名が全部読めるようになりました。／練習有了成果，總算把平假名都記了下來。
(7) 以前は無口だったが、最近はよくしゃべるようになりました。／以前他不愛説話，最近變得愛説了。
(8) 彼と一緒に仕事をするようになって、ずいぶんいろいろなことを学びました。／和他一起工作以後，學到了很多東西。

表示事物的變化。"する"表示行爲人所存在的有意圖的變化，"なる"表示其物體本身的自然變化。
→【ように3】6

2 Nからなる　由…組成、由…構成。
(1) この本は4つの章からなっている。／這本書是由4個章節構成的。
(2) この委員会は委員長以下5人の委員からなっている。／這個委員會由委員長以下5名委員組成。
(3) 日本の議会は参議院と衆議院からなる。／日本的議會由參議院和衆議院組成。
(4) 3つの主要な論点からなる議題を提案した。／提出了由3個主要論點組成的議案。

接名詞後，表示"由此構成"的意思。也有如例(3)"XとYとからなる"的形式。用在句尾時常用"…からなっている"，鄭重的書面語言也可以用"…からなる"。修飾名詞的時候用"…からなるN"的形式。

3 …ことになる　相當於…。
(1) この大会も今年で4回目ということになりますね。／這個大會到今年是第4次了吧。
(2) 私とあの人はいとこどうしということになる。／我和他相當於表兄弟的關係。
→【ことになる】

4 R-そうになる　馬上就要…。
(1) 叱られて泣きそうになった。

／挨罵了，快要哭了。
(2) この臭いをかぐとくしゃみが出そうになる。／一聞到這種味道就要打噴嚏。

→【そうだ2】2b

5 …となる 成爲…、變爲…。
[N／Na となる]
(1) 彼はまだ20歳なのに、もうすぐ一児の父となります。／他才20歲，却馬上就要當爸爸了。
(2) 人々は次々に島を出て行き、ついにそこは無人島となった。／人們紛紛離島而去，那裡終於變成了無人島。
(3) その法案には様々な問題があることが明らかとなった。／顯然這項法案有許多問題。
(4) この戦争は最終的には悲劇的な結末となった。／這場戰爭最終結局是悲劇性的。
(5) 結局は、両国の話し合いは物別れとなった。／最後兩國的談判破裂了。

接名詞或ナ形容詞，表示在這裡所顯示的東西或狀態發生的變化。因爲這個變化要一直到最後階段，所以有些不好表示最終階段的詞如"にぎやか(熱鬧)"、"病気(生病)"、"元気(健康)"就不能用。凡是用"…となる"的都可以用"…になる"互換，而反之却不一定。
(誤) にぎやかとなった。
(正) にぎやかになった。／變得熱鬧起來。

6 …となると →【となると1】【となると2】

7 Nともなると 到了…程度、到了…地步。
(1) 3月ともなるとだいぶ暖かく感じられるようになります。／到了3月份就感到暖和多了。
(2) 大学生ともなると、ある程度は自分でお小遣いをかせがなければならない。／成了大學生，應當在一定程度上自己賺些零花錢了。

→【ともなると】

8 …になる 定於…、定爲…。
[Nになる]
[V-ることになる]
(1) 来年から5月4日は休校日になります。／從明年起5月4日爲學校休息日。
(2) 今年の秋に結婚することになりました。／定於今年秋天結婚。

表示對將來的行爲做出某種決定或達成某種協定以及產生某種結果。不把誰決定的作爲問題，是自然趨勢或外界的支配產生的結果。也可使用下列形式"N＋助詞"。
(例) 会議は5時からになりました。／會議定爲5點開始。

→【ことになる】

9 Nになると 至於…、說到…。
(1) 国語なら教えられるが、数学になると全く手がでない。／國語的話還能教，要說數學根本不行。
(2) 練習ではうまくいったの

に、いざ本番になると上がってしまいました。／排演時還不錯，可是一到正式演出就怯場了。

表示"到了某個水準、階段時"的意思。也可以用"Nとなると"的形式。

10 おR-になる（敬語的慣用形式）。
（1）先生はお帰りになりました。／老師已經回去了。
（2）おかけになってお待ち下さい。／請您坐著等。

→【お…になる】

【なるたけ】

儘量…、儘可能…。
（1）この仕事はなるたけ早く仕上げて下さい。／請儘快地把這項工作做完。
（2）壊れやすい品物だから、なるたけ気を付けて運んでね。／因爲是易碎物品，請儘量小心搬運。

是"できるだけ"、"なるべく"的通俗説法。

【なるべく】

1 なるべく　儘量、儘可能。
（1）今晩はなるべく早めに帰ってきて下さいね。／今晩請儘量早點回來啊。
（2）明日は試合だから、今日は無理をしないでなるべく体を休めておくようにしよう。／明天有比賽，所以今天不能太累，得儘量放鬆休息好。
（3）この活動には、なるべく多くの人に参加してもらいたい。／希望儘可能有較多的人參加這項活動。
（4）この品物は壊れやすいから、なるべく注意して取り扱って下さいね。／這個東西容易碎，所以請儘量注意小心輕放。
（5）かなり長い距離を歩くと聞きましたので、荷物はなるべく少なくするようにしました。／因爲聽説要走相當長的路，所以做到了儘量少帶行李。

表示"儘可能"、"儘量"的意思。後多接意志・希望・請求等表達方式。

2 なるべくなら　儘可能、如果可能的話。
（1）なるべくなら、今晩は早く帰って休みたい。／如果可能的話，我今晩想早點回去休息。
（2）なるべくなら、だれにも会わずに帰ろうと思っていたのですが、知り合いに見つかって声をかけられてしまいました。／我本來想如果可能的話，誰也不見就回來，可是被熟人看到後被叫住了。
（3）この話はなるべくなら人に知られたくないので、黙っていて下さいね。／這件事

我不想讓別人知道，你儘量不要對別人説。
(4) なるべくなら武力（ぶりょく）を使（つか）わずに話（はな）し合（あ）いで解決（かいけつ）したいものだ。／希望儘可能不動用武力通過協商解決。
　　表示"如果可能的話"、"如果可以的話"的意思。後多接表示需求・意志的詞句。

【なるほど】
誠然、的確、原來如此。

(1) いい店（みせ）だとは聞（き）いていたが、なるほどサービスもいいし料理（りょうり）もうまい。／聽説是家挺不錯的飯店，去了一看，果然服務好菜色也棒。
(2) あなたの言（い）うことはなるほどもっともだが、私（わたし）の立場（たちば）も考（かんが）えてほしい。／你所説的確實有道理，可是也請你考慮一下我的處境。
(3) なるほど、富士山（ふじさん）というのは美（うつく）しい山（やま）だ。／的確，富士山是美麗的山。
(4) なるほど、噂（うわさ）には聞（き）いていましたが、実際（じっさい）に使（つか）ってみると本当（ほんとう）に便利（べんり）なものなのですね。／以前聽人説過，確實如此，實際用了以後真的非常方便。
(5) A：きのうは久（ひさ）しぶりに大学時代（だいがくじだい）の友達（ともだち）に会（あ）ってきたよ。／昨天見到了相隔很久沒見面的大學時代的朋友。
　　B：なるほど。だからあんなに嬉（うれ）しそうにしていたんですね。／原來如此。所以你才那麼高興的啊。
(6) A：このコピー機（き）は、濃度調整（のうどちょうせい）が自動（じどう）でできるようになっております。／這臺影印機可以自動調節濃度。
　　B：なるほど。／噢，是這樣啊。
　　A：それから、用紙（ようし）の選択（せんたく）も自動（じどう）になっております。／而且可以自動選擇不同規格的紙張。
　　B：なるほど。／原來如比。
　　對從別人那裡得到的知識或對方所主張的事表示認同的心情。另外還用於表示再度確認自己的知識的正確以及對疑念所得到的解答的認同等心情。例(6)是用比"認同"更隨意的心情向對方表示同意或注意的一種隨聲附和。這種用法有時聽起來有些狂妄自大，所以對身分、地位高於自己的人不用。

【なれた】
慣了、習慣了。
[R-なれたN]
(1) 使（つか）いなれた道具（どうぐ）を使（つか）う。／使用用慣了的工具。
(2) 老後（ろうご）も住（す）み慣（な）れた土地（とち）で暮（く）らしたい。／老年後我想在

住慣了的地方生活。
(3) そのベテランの工員は、扱い慣れた自信に満ちた態度で機械を操作していた。／那個非常內行的工人以充滿自信的態度熟練地操作着機器。
(4) 彼は人前で話し慣れているから、上がらない。／他習慣了在台前説話，所以不怯場。

接動詞連用形，表示因其動作經常進行而非常熟悉或很習慣。多用"…なれた"的形式修飾名詞，也有在少數情況下如例(4)用"…なれている／なれていない"的形式做句子的述語。

【なれば】

1 …となれば →【となれば】
2 …ともなれば →【ともなれば】

【なんか】

1 なんか＜事物＞

"なにか"的通俗説法，用於口語。
→【なにか】

a なんか 什麼的、那一類的。

(1) A：なんかたべるものない？／有什麼吃的沒有？
B：冷蔵庫見てみたら？なんか入っていると思うけど。／你打開冰箱看看，我想裡面可能有吧。
(2) 誕生日にはなんか買ってやろうと思っています。／我正在想他生日時候買點東西送他呢。
(3) 今日手伝えなかったことは、きっと何かで償うよ。／今天沒能幫上忙，以後一定會以什麼補償給你的。
(4) 何か変な音が聞こえませんでしたか。／你没聽到什麼奇怪的聲音嗎？
(5) この部屋、何か臭わない？／你没聞到這屋裡有什麼怪味嗎？

用於表示不能明確指出就是該事物。

b なんか＜樣子＞ 不知爲什麼、總覺得。

(1) 彼女と話しているとなんかほっとした気持ちになる。／和她聊聊天不知爲什麼覺得一下子安下心來。
(2) あの人の言っていること、なんか変だと思いませんか。／你不覺得他所説的事有點怪嗎？
(3) 今日は子供たちがなんか妙に静かですね。なにかいたずらをしているんじゃありませんか。／不知爲什麼孩子們今天特別安靜，是不是在做什麼惡作劇。
(4) なんか不思議だなあ、この町は。前に来たことがあるような気がしてならない。／真怪啊，這條街。我總覺得

以前好像來過。

表示"不知為什麼"、"總覺得"的意思。

c …かなんか　什麼的、之類的。
[N／A／V　かなんか]
（1）今度の休みは映画かなんか行かない？／這次公休日你不去看看電影什麼的嗎？
（2）この傷は石かなんかがぶつかってできたものでしょう。／這塊傷是石頭砍後留下來的吧。
（3）お見舞いには果物かなんかを持って行くことにしよう。／看望病人帶些水果去吧。
（4）田中君は試験が近いかなんかでとても忙しそうです。／田中好像因考試快到了非常忙。
（5）A：田中君はどうしたの？／田中君怎麼了？
　　B：忘れものをしたかなんかで、取りに戻っています。／忘了東西什麼的，回去拿了。

用於不能明確指出就是該物，但表示是與該物類似的東西。

d Nやなんか　之類的。
（1）スポーツは好きですが、野球やなんかの球技はあまり得意ではないんですよ。／我喜愛體育運動，但不太擅長棒球等球類運動。
（2）出張やなんかで旅行をするときはいつもこの鞄を持っていきます。／出差啦旅行的時候總是帶這個行李。
（3）この話は友達やなんかには言わないで下さいね。／這話你可千萬不要對朋友們講。
（4）山で遭難したときは、持っていたチョコレートやなんかを食べて救助を待ちました。／在山上遇險的時候吃了自己帶來的巧克力等東西等待救援。

用於表示該物或與該物類似的東西。

2なんか
a（Nや）Nなんか　等、之類的。
（1）お酒はワインなんか好きで、よく飲んでいます。／酒類我喜歡喝葡萄酒什麼的，而且經常喝。
（2）食料品なんかは近くの店で買うことができます。／食品什麼的可以在附近的商店購買。
（3）これなんかどうですか？似合うと思いますよ。／你看這個怎麼樣？我覺得挺適合你的。
（4）山本さんや鈴木さんなんかはこの案に反対のようです。／好像山本和鈴木等人反對這個提案。
（5）部品なんかは揃っているんですが、技術者がいないので直せないんです。／零件

什麼都湊齊了，因爲没有技術人員所以無法修理。

從許多事物中舉出主要的一件作爲例子，暗示還有其他類似的東西。是"など"的通俗説法。用於口語。

b V-たりなんかして　做些…事。

（1）休みの日は本を読んだりなんかして過ごします。／公休日看看書什麼的打發過去。
（2）どうしたの？ひとりで笑ったりなんかして。／怎麼了？一個人在那笑。
（3）お父さんたら急に怒り出したりなんかして。この頃少し疲れてるのかな。／父親動不動就突然發起火來，是不是最近有些累了。

從許多事物中舉出主要的一件作爲例子，暗示還做其他類似的事情。是"など"的通俗説法。用於口語。

c なんか…ない　連…都不、連…都没。

（1）お金がないから、旅行なんか滅多にできない。／因爲没錢，所以很少能去旅遊。
（2）あんな男となんか口もききたくない。／我連理都不想理那種男人。
（3）そんなばかげたことなんか考えたこともありません。／那種荒唐事我連想都没想過。
（4）こんな汚い部屋になんか一日だって泊まりたくない。／這麼髒的屋子，連一天我都不願意住。
（5）こんな天気の良い日は、家の中で本を読んでなんかいないで、外を散歩しましょうよ。／這麼好的天，別在家裡看書了，出去散散步吧。
（6）あんな映画ちっともおもしろくなんかないよ。／那種電影一點意思都没有。

接名詞以及動詞，名詞＋助詞等各種成分，後接表示否定的表達。表示對所舉事物的否定，同時通過"なんか"對所舉事物表示輕蔑和謙虛或意外等心情。如果後接"おまえなんか嫌いだ（我討厭你）"、"あんなやつなんか死んでしまえ（那種人死了算了）"等表示否定意思的表達時，有時不能用否定形"ない"。なんか…ない是"など…ない"的通俗説法。用於口語。

【なんか…ものか】
才不…呢！怎麼會…、哪能…。

[…なんかV-るものか]

（1）家になんか帰ってやるもんか。／我才不會回家呢。
（2）誰がそんな話なんか信じるものか。／難道會有人相信那種話嗎？
（3）あんな男となんか二度と口を利いてやるものか。／我才不會再理那種人呢。
（4）あんなひとに教えてなんかやるものか。／我怎麼會教那種人呢？
（5）一人でも寂しくなんかある

ものか。／即使是一個人也
没什麼好寂寞的。
(6) A：講演会いかがでしたか。
おもしろい話が聞けた
でしょう。／講演會怎
麼樣？聽到了許多有趣
的事吧。
B：おもしろくなんかある
ものですか。すごくく
だらない話でしたよ。
／什麼有意思。差勁透
了。

接名詞・動詞・形容詞以及名詞＋助詞等各種成分。在強烈否定下文的同時通過"なんか"對所舉的事表示"荒唐的東西、不足爲取的、豈有此理的事"等蔑視的心情。是"など…ものか"的通俗説法。

【なんだか】

總覺得…、不知爲什麼。
(1) このあたりはなんだか気味が悪いね。／總覺得這一帶有些令人毛骨悚然。
(2) あなたと話していたら、なんだか少し気分が楽になってきた。／和你聊了聊之後就覺得輕鬆起來了。
(3) 彼は最近なんだか私のことを避けているような気がする。／我總覺得他最近好像總躲着我。

表示"不知是什麼原因或理由"、"不知爲什麼"的意思。是"なぜか"的通俗説法。

【なんだろう】

→【でなくてなんだろう】

【なんて₁】

1 なんて
a なんてV　什麼、怎麼。
(1) よく聞こえないのですが、あの人はなんて言っているのですか。／我聽不太清楚,他在説什麼呢？
(2) この字は何て書いてあるのか分からない。／看不懂這個字寫的是什麼。
(3) このことを知ったら、お母さん何て思うかしら。／媽媽知道了這件事會怎麼想呢？

後接"言う"或"書く"等動詞,表示其內容不詳之意。是"なんと"的通俗説法。

b なんて(いう)N　(叫做)什麼的。
(1) さっき来た人はなんていう人ですか。／剛才來的那個人叫什麼？
(2) 後藤さんは何ていう会社にお勤めですか。／佐藤在什麼公司工作？
(3) あの人、なんて名前だったかしら。／那個人叫什麼？
(4) 彼、なんて町に住んでいるんだっけ。／他住在什麼街。

用於詢問人或物的名字。是"なんというN"的通俗説法。

c なんて(いう)Nだ　真是太…了。
(1) あなたって人は、なんてい

う人なの。／你這個人到底是什麼人啊。
（2）あれだけの仕事を1日で片づけてしまうなんて、何ていう早業だろう。／那麼多工作一天就做完了，真夠快的。
（3）事故で子供を失ってしまうなんて、なんて事だ。／在事故中失去了孩子，真是太可憐了。
（4）友人を見殺しにするなんて、あなたってなんて人なの。／對朋友見死不救，你還叫做人啊。

是"なんというNだ"的通俗說法，表示對程度之甚的驚訝或愕然的心情。

d なんてことない 算不了什麼，沒什麼。
（1）これくらいのけが、なんて事ないさ。／這點傷算不了什麼。
（2）この程度の仕事は何て事ない。1日で片付くさ。／這點工作算不了什麼，一天就能做完。
（3）一見何て事ない仕事のようだけれど、やってみると非常に手がかかる。／乍一看好像是很簡單的工作，但是做起來才知道非常費事。

表示"不是什麼大不了的事"的意思。是"なんということない"的通俗說法。

2 なんて…んだろう 多麼…啊！
[なんて…Nなんだろう]

[なんてNa なんだろう]
[なんてA-いんだろう]
（1）ここはなんて寂しいところなんでしょう。／這裡是個多麼荒涼的地方啊。
（2）彼の演奏はなんてすばらしいんだろう。／他的演奏太棒了！
（3）この子は何てかわいげのない子供なんだろう。／這個孩子太不可愛了。
（4）家の中に木を植えるとは、何て大胆な発想なんだろう。／在家中種樹，這是多麼大膽的設想啊！

對於吃驚、驚訝或認爲非常棒的事情，用感嘆的語氣表達出來。是"なんと…のだろう"的通俗說法。

【なんて₂】

1 Nなんて （表示輕蔑）…之類的。
（1）あなたなんて大嫌い。／我討厭透你了。
（2）そんな馬鹿げた話なんて、だれも信じませんよ。／那種荒唐話，誰相信哪。
（3）あの人の言うことなんて、嘘に決まっています。／他說的話肯定是謊話。

用輕蔑的語氣把認爲是"愚蠢的事"、"無聊的事"作爲主題提出來。是通俗的口語。

2 …なんて （説、想）什麼的。
（1）みんなには時間を守れなん

て言ったけど、そう言った本人が遅刻してしまった。／對大家説什麼要遵守時間，可是説這種話的人却遅到了。
(2) 息子が大学進学は嫌だなんて言い出して困っている。／兒子説什麼不願意上大學，真没辧法。
(3) 私が彼をだましたなんて言っているらしいけど、彼のほうこそ嘘をついているんです。／他好像説是我騙了他，其實是他在説謊。
(4) あやまれば許してもらえるなんて甘い考えは捨てなさい。／以爲道了歉就能得到原諒，快丢掉這個天真的想法吧。
(5) まさか、親に頼めば借金を払ってもらえるなんて思っているんじゃないでしょうね。／你難道是在想如果求父母，他們就會替你還錢嗎？

後接"言う"、"思う"、"考える"等動詞或以之相當的名詞，在表示發言或思考的内容的同時，對其内容感到意外或輕蔑，是"などと"的通俗説法。

3 …なんて 簡直太…、真是太…。
[N／Na （だ）なんて]
[A／V なんて]
(1) 一家そろって海外旅行だなんて、うらやましいですね。／全家人一起去出國旅遊，真令人羨慕啊。

(2) あなたにそんなことを言うなんて、実にひどい男だ。／他對你説了那種話，真太差勁了。
(3) こんなところであなたに会うなんて、びっくりしましたよ。／在這種地方碰到你，太讓我吃驚了。
(4) こんな安い給料でまじめに働くなんて馬鹿らしい。／拿這麼點工資還認真地做太傻了吧。
(5) あんな怠け者が一生懸命働きたいなんて、嘘にきまっているでしょう。／那種懶人説什麼要拼命地做，肯定是謊話。
(6) この吹雪の中を出て行くなんて、命を捨てに行くようなものだ。／冒着這麼大的暴風雪出去，簡直就是去送死。

後面用"うらやましい"、"ひどい"等表示評價的詞，表示成爲其評價對象的事物。後面多接表示感到意外的驚訝心情或表示輕蔑心情的"くだらないものだ（無聊的東西）"、"馬鹿げた事だ（荒唐的事）"等詞，是通俗的口語。

【なんでも】

1 なんでも 全都、什麼都。
(1) ほしいものは何でも手に入る。／想要的東西都可以弄到手。
(2) 何でも好きなものを注文し

て下さい。／你喜歡什麼就點什麼吧。
(3) あの人は植物の事なら何でも知っている。／他對植物什麼都懂。

表示"不論何事"、"不論何物"、"全都"的意思。

2 なんでも …らしい／…そうだ
聽説…、據説…。
(1) 何でも彼女はもうすぐ仕事をやめるそうですよ。／據説她馬上就要辭掉工作。
(2) うわさによると、何でも彼らは浜松に引っ越したという話だ。／據説他們搬到浜松去了。
(3) 何でもこの窪地は、隕石が落下したあとだということです。／聽説這塊窪地是隕石落下時砸的洞。
(4) 何でもこのあたりには幽霊が出るっていう話ですよ。／據説這一帶有幽靈出現。

後接"らしい／そうだ／という話だ／ということだ"等表示傳聞的詞，用於在没有確切的把握的情況下對聽來的内容做轉述。

3 なんでもない
a なんでもない　算不了什麼、不費吹灰之力。
(1) あの頃の苦労に比べればこんな苦労は何でもない。／和那時的辛苦相比，這點辛苦算不了什麼。
(2) 何でもないことにそんなに大騒ぎするな。／不要爲一點小事那麼大驚小怪。
(3) この程度の仕事は彼女にとっては何でもないことです。／這點工作對她來説算不了什麼。
(4) A：顔色が悪いけど気分でも悪いんじゃないですか。／你臉色不太好，是不是身體不舒服？
　　 B：いいえ、何でもありません。大丈夫です。／不，没什麼。不要緊。

表示"不是什麼值得一提的事"、"不是什麼大不了的事"的意思。

b Nでもなんでもない　並不是…。
(1) 病気でも何でもない。ただ怠けたくて休んでいただけだ。／不是什麼病。只是想偷懶休息一下。
(2) こんなものは芸術でも何でもありません。だれだって少し練習すれば作れます。／這種東西根本不是什麼藝術品。無論誰稍加練習都做得來。
(3) お前とはもう友達でもなんでもない。二度と僕の前に顔を出さないでくれ。／我和你已經不是朋友了，不要再來找我了。
(4) 彼は政治家でもなんでもない。ただのペテン師だ。／他並不是什麼政治家，只不過是個騙子而已。

接名詞之後．強調"不是那樣"。多數場合"那樣"的事是好事情．通過對其的強烈否定表明很強的批評之意。

4 なにがなんでも
　→【なにがなんでも】

【なんと】

1 なんと　什麽、怎麽。
(1) ご両親はなんとおっしゃっていましたか。／你父母説了什麽？
(2) なんと言ってなぐさめてよいか分かりません。／不知説怎麽來安慰他才好。
(3) 報告書には何と書いてありましたか。／報告書中寫了些什麽？
(4) 彼らには何と伝えればいいんでしょうか。／向他們轉達些什麽好呢？

"如何"、"怎樣"的意思。後接"言う"、"書く"等動詞．表示其內容不詳。

2 なんと…のだろう　多麽…啊！
[なんと…Nなのだろう]
[なんとNa なのだろう]
[なんとA-いのだろう]
(1) なんと美しい人なのでしょう。／多麽美的人啊！
(2) 彼女の気持ちが理解できなかったなんて、俺はなんと馬鹿だったのだろう。／沒有能理解她的心情．我有多麽傻呀。
(3) 軽装で雪山に登るとは、何と無謀な若者たちなのだろう。／穿着很少的衣服登雪山，是一群多麽莽撞的年輕人啊。

對於吃驚、驚訝或認爲非常棒的事情．用感嘆的語氣表達出來。用於書面語言。口語中用"なんて…んだろう"。

【なんという】

1 なんというN　叫做什麽的…。
(1) あの人は何という名前ですか。／他叫什麽名字？
(2) その赤いのは何という花ですか。／那朵紅花叫什麽花。

用於詢問東西的名字。通俗的説法是"なんていうN"。

2 なんという＋連體修飾語＋N　簡直是太…。
(1) なんという馬鹿なやつだ。／簡直是個大傻瓜。
(2) 若いのになんという冷静沈着な人物なのだろう。／他雖然年紀輕輕．却是一個那麽沈着冷静的人。
(3) 練習がつらいならやめてしまえだなんて、なんという思いやりのないことを言ってしまったのだろう。／"不願意練就別練了"．他這麽説多不體貼人啊。
(4) 子供たちまで皆殺しにするなんて何という残虐な奴らだろう。／連孩子們都殺了．是多麽凶殘的傢伙們啊。

後接伴有修飾句的名詞。對於吃驚、驚訝或認爲非常棒的事情，用感嘆的心情表達出來。常用"なんという…のだろう"的形式。

3 なんというNだ　真是…、太…。
(1) こんな大きな石を一人で持ち上げられるなんて、何という男だ。／這麼大的石頭，他一個人就能舉起來，真是個奇人。
(2) 一瞬のうちにして、家族全部を失ってしまうなんて、なんということだ。／一瞬那間就失去了全家，太慘了。
(3) 何ということだろう。月が真っ赤に染まっている。／哎呀！這是怎麼回事啊！月亮變得紅紅的。
(4) 外国で同じバスに乗りあわせるなんて、何という偶然だろう。／在國外不期而遇同座一輛公共汽車，簡直太偶然了。

對於吃驚、驚訝或認爲非常棒的事情，用感嘆的心情表達出來。

4 なんということもない　没有什麼特別的。
(1) 何ということもなく、毎日が穏やかに過ぎて行く。／平平淡淡地過着每一天，没有什麼特殊的事情發生。
(2) 特に何ということもない平凡な人間だ。／他是一個没有什麼特別引人注意的普通人。

用於説明某人没有特別值得一提的引人注意的地方。

【なんとか】

1 なんとか＜有意識地＞　想辦法、設法。
(1) なんとかして山田さんを助け出そう。／一定要設法救出山田。
(2) このゴミの山を早くなんとかしないといけない。／必須儘快想辦法處理掉這個垃圾堆。
(3) 早くなんとか手を打たないと、大変なことになりますよ。／如果不趕快採取措施會釀成大禍。
(4) お忙しいことは承知していますが、何とか明日までに仕上げていただけないでしょうか。／我知道您很忙，但能不能請您設法在明天之前完成啊？
(5) A：あしたまでに仕上げるのはちょっと無理ですよ。／在明天之前完成有點困難。
　　 B：そこを何とかできないでしょうか。何とかお願いしますよ。／您能不能想想辦法。拜託了。

"なんとかする(儘量想辦法)"、"なんとか手を打つ(儘量設法)"等後接表示採取某種手段做某件事的意思的動詞。表示"想盡辦法"的意思。

例(1)用"なんとかして…する/しよう"的形式表示想盡辦法打開困難的局面。另外，如例(4)、(5)所示後接表示請求的詞句時，表示雖然知道很難辦，但還是提出了無理的要求。

2 なんとか＜自動的＞ 總算、勉強、好歹。

（1）安月給だがなんとか食べていくことはできる。／雖然工資低．但總算還能生活得下去。

（2）みなさんのご支援でなんとかここまで頑張ってやって来れました。／在大家的支持下總算堅持到了現在。

（3）銀行が金を貸してくれると言うから、何とか倒産だけはまぬがれることができそうだ。／因爲銀行願意貸款．看來總算可以免於倒閉了。

後面用表示可能的表達方式．表示雖然是很困難的狀況．或雖然不是十分滿意的狀況．但總算可以進行某事了。與"どうにか(總算、好歹)"、"やっと(總算、勉強)"的不同．參照"やっと2"。

3 なんとかなる 總會有辦法的、能够過得去。

（1）そんなに心配しなくてもなんとかなりますよ。／不必那麼擔心．總會有辦法的。

（2）二階の雨漏り、何とかならないかしら。／二樓的漏雨．能不能想辦法解決一下。

（3）これだけ蓄えがあればなんとかなるだろう。／有這些積蓄．總能過得去吧。

能够把不好的事態向好的方向轉變．或雖不能説很充分．但能够將就下去。

【なんとかいう】

1 なんとかいう

a なんとかいう 説點什麼。

（1）私の言うことは聞こうとしないから、あなたから何とか言ってやって下さい。／他根本就不聽我的．你去跟他説説吧。

（2）黙っていないで何とか言ったらどうなんだ。／別老不開口．説點什麼好不好？

命令或請求別人發言．表示無論什麼都可以．請説點什麼吧。是口語。

b なんとかいうN 叫做什麼的。

（1）大阪の何とかいう人から電話がありましたよ。／一個大阪的叫做什麼的人打來電話了。

（2）以前佐藤さんが何とかいう学校に通っていただろう。あれはなんていう名前だったかな。／以前佐藤不是上過一個什麼學校嘛。那個學校叫什麼名字來着。

用於指對名字不太清楚的人或物。是口語。

2 …とかなんとかいう

a Nとかなんとかいう N 叫做什麼之類的。

（1）ポエムとか何とかいう喫茶店で会うと言っていました。

／好像叫什麽"波埃姆（音）"的咖啡館見面。
（2）田中とか何とかいう男の人がたずねてきましたよ。／有個叫什麽田中的人來過了。

表示雖然想起了某個名字或單詞,但沒有把握。

b …とかなんとかいう　説…啦…啦。
（1）あの男は給料が安いとかなんとか言って辞めたそうだ。／聽説他以工資低啦什麽的爲由辭職不幹了。
（2）彼女は自信を失ったとか何とか言っていたようです。／她好像是説她自己失去了信心什麽的。
（3）やりたくないとか何とか言っているようだが、本当はやってみたくてしかたがないんだ。／雖然好像説是不願意做啦什麽的，其實他非常想做。

對所説的内容没有把握或除此之外還説了許多,不能指特定一個内容。

【なんとしても】
無論怎麽樣也…、怎麽也…。
（1）なんとしても彼には負けたくない。／無論怎麽樣也不願輸給他。
（2）なんとしても彼に追いつくことができなかった。／怎麽追也没能追上他。
（3）なんとしても戦争の再発だけは防がなければならない。／無論如何必須防止戰争再次爆發。

表示"用盡各種手段也要…"、"無論如何努力也…"的意思。是"どうしても（無論如何）"的書面語言。

【なんとなく】
總覺得、不由得、無意中。
（1）なんとなく旅に出てみたくなりました。／不知爲什麽想出去旅遊。
（2）彼と話していると、なんとなく気が休まるんです。／和他談了談覺得心情輕鬆多了。
（3）何となく町をぶらついていて彼女に出会ったのです。／我是在街上閑逛的時候無意中碰到她的。

表示"無明確理由或目的"的意思。

【なんとはなしに】
不知爲什麽、不由得、無意中。
（1）なんとはなしに昔の友達に会ってみたくなりました。／不知怎的很想見見從前的朋友。
（2）何とはなしに嫌な予感がするので、早く家に帰りました。／不知爲什麽有種不好的預感，所以就趕快回家了。
（3）何とはなしに町を歩いていたら後ろから呼びとめられ

た。／在街上閒逛時，後面有人叫住了我。

意同"なんとなく(總覺得、不由得、無意中)"。

→【なんとなく】

【なんとも】

1 なんとも　真的、實在是。

(1) なんとも申し訳ないことをしてしまいました。／實在是做了件對不起你的事。

(2) 何とも困ったことをしてくれたものだ。／真是辦了一件讓我為難的事。

(3) あいつの生意気な態度には、何とも腹がたって仕方がない。／那個傢伙的傲慢態度真的讓我氣憤的不得了。

(4) 人が突然消えてしまうなんて、何とも不思議な話ですね。／人突然就失蹤了，簡直太奇怪了。

多用於對不好的狀況，無法形容其程度。

2 なんとも…ない

a なんともV-ない　什麼也不(没)…、怎麼也不(没)…。

(1) 結果がどうなるかはまだなんとも言えませんね。／結果如何還是不好說。

(2) みんなは納得したかもしれないが、私は何とも釈然としない気持ちだ。／大家也許想通了，但我還是怎麼也想不通。

(3) 彼女の言っていることは何とも分かりかねる。／對她說的話怎麼也理解不了。

(4) あんなことをする人たちの気持ちは何とも理解できない。／怎麼也不能理解做那種事的人的心情。

用"言えない"、"分からない"等表達方式表示不知說什麼好，不能確切地理解情況，不能徹底領會等心情。

b なんともV-ようがない　無法…。

(1) こんな事になって、なんともお詫びのしようがありません。／出了這種事，不知如何道歉才好。

(2) 非常に複雑な状態なので、なんとも説明のしようがありません。／因為情況非常複雜，不知如何解釋才好。

(3) 成功するかどうか、今の段階では何とも言いようがない。／能不能成功，在現階段不好說。

(4) 資料がこんなに少ないのでは、何とも判断のしようがありません。／憑這麼點資料，還判斷不了什麼。

用"言いようがない"、"説明のしようがない"的形式，表示不知説什麼好，不能確切地理解情況，不能徹底領會等心情。

例(1)是表示強烈的道歉心情的慣

用的表達方式。表示感謝時比"なんとも"用的更多的是"なんとお礼を言ってよいのか分かりません(不知怎麼感謝才好)"等表達方式。

c なんともない　没什麼，不要緊。
　　なんともおもわない

（1）A：気分が悪いんじゃありませんか。／是不是身體不舒服？
　　　B：いいえ、なんともありません。ちょっと疲れただけです。／不，没什麼。就是稍微有點累。

（2）軽い打ち身だけで、頭のけがは何ともありませんでした。／只是輕微的創傷，頭上的傷没什麼事。

（3）A：あの映画、こわかったでしょう。／那個電影很可怕吧。
　　　B：ううん。何ともなかったよ。／不，没什麼可怕的。

（4）私がこんなに心配しているのに、彼の方は何とも思っていない様子でした。／我這麼擔心，但他好像蠻不在乎。

（5）こんなに馬鹿にされているのに、あなたは何とも感じないのですか。／這麼被愚弄，難道你什麼感覺都没有嗎？

（6）A：さっきはあんなこと言ってごめんなさい。／剛

才我說出那種話，真對不起。
　　　B：いや、別に何とも思っていないよ。／没什麼，我没放在心上。

用"なんともない"的形式表示"没什麼要緊的"、"没什麼問題"的意思。多用於有關身體的情況或感情的狀態。另外，用"何とも思わない"、"何とも感じない"的形式表示不認爲(没感到)有什麼大事。

d A-くもなんともない　一點也不…、根本不…。

（1）そんな話は恐くも何ともないさ。／那種故事一點都不可怕。

（2）彼の冗談はおもしろくも何ともない。／他的玩笑一點意思也没有。

（3）一人でいたって寂しくも何ともない。／即使是一個人也毫不寂寞。

（4）人の日記なんか読みたくも何ともないよ。／根本不想看別人的日記。

（5）そんなくだらないもの、ほしくも何ともない。／我根本不想要那種無聊的東西。

與表示感嘆的"恐い"、"おもしろい"和表示需求的"したい"、"ほしい"等詞一起使用，表示強烈否定的心情。"根本不…"、"毫不…"。

【なんにしても】

　　　無論怎麼樣都…，總之。

（1）なんにしても健康が一番で

す。／總之，健康是最重要的。
（2）なんにしてもこの場は引き上げたほうがいいよ。／總之，這種場合還是回去爲好。
（3）なんにしても年内に立ち退いてもらいます。／無論如何，請在年底前把房子空出來。

表示"可能還會有其他許多情況，但不論在什麼情況下"的意思。

【なんにしろ】

不論是什麼、不管怎樣。

[Nはなんにしろ]
（1）事情は何にしろ、早く故障した部品を取りかえなければならない。／不管情況怎樣，必須趕快換掉有毛病的零件。
（2）理由は何にしろ、あなたのやったことは間違っている。／無論有什麼理由，你所做的事全都錯了。
（3）理由は何にしろ、約束が果せなかったことについては責任をとってもらいます。／無論有什麼理由，關於沒履約一事要追究你的責任。

表示"也許是有許多情況或理由，但…"的意思。用於在承認有情況或理由的基礎上進行提醒・勸告・要求。

【なんら…ない】

1 なんらV-ない　没有任何…、毫無…。

（1）彼らがどう言おうと、私にはなんらかかわりのないことだ。／不管他們怎麼説，這件事和我毫不相干。
（2）彼の話から何ら得るところがなかった。／没有從他的話中得到任何有價值的東西。
（3）我々がこれほど努力しているのに、状況は何ら変わらない。／我們這麼努力，但情況却絲毫没有改變。

表示强烈否定的心情。"完全没有…"、"毫不…"。用於鄭重的表達。口語中常用"なにも…ない"。

2 なんらのNもV-ない　没有絲毫的…。

（1）彼らの対応にはなんらの誠意も感じられない。／從他們表現出的態度中没有感到任何誠意。
（2）住民の生活に対しては何らの配慮もなされていない。／對居民的生活没有給予絲毫的關照。
（3）彼らからは何らの回答も得られなかった。／没有能從他們那裡得到任何答覆。

表示强烈否定的心情。用於鄭重表達。口語中常用"なんのNもV-ない"。

【に】

1 R-にV　…了又…、反覆…、再三…。

（1）待ちに待った帰国の日がつ

いやってきた。／盼望已久的歸國之日終於到來了。
(2) 電車は遅れに遅れて、東京駅に着いたときは夜中を過ぎていた。／電車不斷誤點,到東京的時候,已經過了半夜了。
(3) 彼の死を悼んで、人々は泣きに泣いた。／哀悼他的死,人們哭了又哭。

重覆同一動詞,強調所說的動作或作用的程度非常激烈。多用於過去式的文型。

2 V-るにV-れない　想…也不能。
(1) 人手が足りないのでやめるにやめられない。／因爲人手不够,所以想不做也不行。
(2) ものすごくおかしな話だったけど、みんながまじめな顔をして聞いているので、笑うに笑えなかった。／雖然是一個極可笑的故事,但是看到大家都嚴肅認真地聽着,我想笑也不敢笑。
(3) 戦時中は言うに言えない苦労をしてきた。／戰爭期間經歷了無法用語言表達的艱辛。
(4) 事業は失敗するし、妻には逃げられるし、全く泣くに泣けない気持ちだ。／事業上失敗了,妻子也跑了,真是想哭也哭不出來。
(5) ここまで深入りしてしまっては、いまさら引くに引けな

い。／已經陷到這種地步,如今想抽身也不可能了。

重覆同一動詞,表示"即使想那樣做也不能"、"無論如何做不到…"的意思。例(3)～(5)是慣用的表達方式,例(3)、(4)表示的是想那樣做也做不到的嚴重狀態,例(5)表示的是不能停下來的狀態。

【にあたって】
在…的時候,值此…之際。
[Nにあたって]
[V-るにあたって]

(1) 開会にあたってひとことご挨拶を申し上げます。／值此會議召開之際,請允許我講幾句話。
(2) 年頭にあたって集会を持ち、住民達の結束が揺るぎないものであることを確認しあった。／值此年初召開集會之際,確認了居民們的團結是不可動搖的。
(3) 試合に臨むにあたって、相手の弱点を徹底的に研究した。／面臨比賽之際,全盤研究了對方的弱點。
(4) お嬢さんをお嫁に出すにあたってのお気持ちはいかがでしたか。／在送女兒出嫁的時候,您心情如何？
(5) 新しい生活を始めるにあたっての資金は、親の援助で何とか調達できた。／在

父母的幫助下，總算把要開始新生活時所需的資金籌措好了。

接名詞及動詞的辭書形。表示"已經到了事情的重要階段"的意思。在…之際。多用於致辭及感謝信等形式。更形式化的用法可以用"にあたり（まして）"。修飾名詞時如例（4）、（5）所示用"…にあたってのN"的形式。

【にあたらない】
→【にはあたらない】

【にあたり】
在…之時。
[Nにあたり]
[V-るにあたり]

（1） 代表団の選出にあたり、被選挙人名簿を作成した。／在選舉代表團的時候，制定了候選人的名單。

（2） 今回の企画を実現にあたりまして、皆様から多大のご支援を賜りましたことを感謝致します。／在此次計劃得以實現之際，感謝諸位所給予的大力支持。

是比"にあたって"更形式化的說法。
→【にあたって】

【にあって】

1 Nにあって　處於…情況下。

（1） 異国の地にあって、仕事を探すこともままならない。／在異國他鄉找工作很難找到如意的工作。

（2） 住民代表という立場にあって、寝る時間も惜しんでその問題に取り組んでいる。／身為居民代表，廢寢忘食地致力於解決那個問題。

（3） 大臣という職にあって、不正を働いていたとは許せない。／雖然身居大臣的要職，但是做了壞事也是不可饒恕的。

（4） 母は病床にあって、なおも子供達のことを気にかけている。／母親雖然臥病在床，還仍然在惦記着孩子們。

接名詞，表示"在這所顯示的情況下"的意思。所顯示的情況與後面要說的事情的關係比較隨意。根據上下文可以是順接也可以是逆接。例（1）與例（2）是順接的例子，例（3）與例（4）是逆接的例子，表示"雖然身處那種環境／儘管如此"的意思。

2 Nにあっても　即使身處…的情況下。

（1） 彼は苦境にあっても、めげずに頑張っている。／即使身處困境，他也毫不畏懼頑強奮鬥。

（2） 暖かい家庭の中にあっても、彼女の心は満たされなかった。／即使生活在溫暖的家庭中，她內心仍然不滿意。

（3） 母は死の間際にあっても、子供達の幸福を願い続けた。

／母親即使是在臨終的時候還在不斷地祝願孩子們幸福。

接名詞. 表示"即使身處這樣的情況下"的意思. 後接在這種情況下發生與所預測的不同的事情. 是書面語言。

3 Nにあっては＜情況＞ 在…的時候、在…的情況下。
（1）こんな厳寒の地にあっては、新鮮な野菜が食卓に上がるなど、滅多にないことだ。／在這種嚴寒的地方. 能吃上新鮮的蔬菜什麼的. 那可是少有的事。
（2）いつ戦争が起こるか知れない状況にあっては、明るい未来を思い描くことなどできない。／在不知何時將爆發戰爭的情況下. 很難描繪未來的光明。
（3）夫が病床にあっては、子供達に十分な教育を受けさせることもできなかった。／丈夫臥病在床. 無法使孩子們充分受到良好的教育。
（4）わが社にあっては、若者が自由に発言できる雰囲気を大切にしている。／在我們公司. 非常重視營造使年輕人能夠自由發言的氣氛。
（5）「鉄の女」といわれた彼女も家にあっては良き母であった。／被稱作"鐵娘子"的她在家也是個好母親。

接表示場所或狀況的名詞後. 表示"在那種情況下"的意思。在…之中。用於表示在"厳寒の地"、"病床"等情況嚴峻的時候. 後接表示不盡人意的狀況. 如果不是這種時候則如例（4）、（5）只單純表示"在這裡"的意思. 是書面語言。

4 Nにあっては＜人＞ 提到…(這個人)。
（1）高橋さんにあっては、どんな強敵でも勝てそうにありませんね。／高橋這個人. 任何強敵都無法戰勝他。
（2）あの男にあっては、嘘もまことと言いくるめられる。油断は禁物だ。／那個人能把假的説成真的. 對他這種人千萬不可大意。
（3）あなたにあってはかなわないな。しょうがない。お望み通りに致しましょう。／我是服了你啦. 沒辦法. 就按你的意思做吧。

接表示人的名詞後. 用於做出誰也比不過他的評價. 例（3）是對對方巧言的勸誘和強烈的要求無法拒絕時的表達. 有些和對方開玩笑的感覺。也可以説"…にかかっては"。

【にいたる】

是書面的表達方式。

1 …にいたる 到達…、達到…、發展到…地步。
[N／V-るにいたる]
（1）この川は大草原を横切って流れ、やがては海に至る。／這條河横貫大草原. 然後流入大海。

(2) 彼はトントン拍子で出世を続け、やがて大蔵大臣になるに至る。／他飛黃騰達, 不久就當上了經濟部長。
(3) 仕事を辞めて留学するに至った動機は、人生の目標というものを見つめなおしてみたいと思ったことであった。／我辭掉工作去留學的動機是想重新審視自己的人生目標。
(4) さんざん悩んだ結果、仕事を辞めて田舎で自給自足の生活をするという結論に至った。／極其苦惱, 最後得出結論, 辭掉工作, 到鄉下去過自給自足的生活。

表示"到達"的意思。既可以如例(1)所示表示到達空間的場所, 也可以如例(2)、(3)、(4)所示表示事物或想法的變化或結果達到某個階段或結論。是生硬的書面的表達方式。

2 Nにいたるまで　至…、直到…。

(1) 旅行中に買ったものからハンドバッグの中身に至るまで、厳しく調べられた。／從旅行時買的物品到手提包裡的東西都被進行了嚴格的檢查。
(2) 部長クラスから新入社員に至るまで、すべての社員に特別手当が支給された。／從處長級幹部到新職員, 對所有的職員都發了特別津貼。
(3) テレビの普及によって、東京などの大都市から地方の村々に至るまで、ほぼ同じような情報が行き渡るようになった。／由於電視機的普及, 從東京等大城市到地方的各個村鎮都能傳遞大致相同的訊息。

與"まで"的意思大致相同. 用於說細微到每個角落的範圍的事情。常與"…から"一起使用。

3 にいたって　到了…階段(才…)。
[N／V-るにいたって]

(1) 編集段階に至って、初めて撮影したビデオの映像が使いものにならないことがわかったが、すでに遅かった。／到了編輯階段才發現拍錄下來的圖像不能用, 可是已經晚了。
(2) 上司にはっきり注意されるに至って、ようやく自分の言葉遣いに問題があることに気づいた。／直到被上司明確提醒後才發覺自己的措辭有問題。
(3) 卒業するに至って、やっと大学に入った目的が少し見えてきたような気がする。／到了大學畢業好像才感覺到稍微看清了上大學的目的。

表示"到達某種極端狀態的時候"的意思。後常伴有"ようやく／やっと／初めて(好容易／終於／才…)"等詞。

4 Nにいたっては　至於…、談到…。

（1） 父も母も私の転職に大反対し、姉にいたっては、そんなことより早く結婚しろと言い出す始末だった。／父母都堅決反對我調動工作，連姐姐甚至說出，與其那樣還是早點結婚之類的話。

（2） 首相が代わってからというもの、住宅問題も教育問題も手付かずで、軍事面にいたっては予算が増加する一方である。／雖說換了首相，但不論居住問題還是教育問題都沒有着手解決，至於軍事方面却在不斷地增加預算。

（3） 不登校の生徒に対して、どの教師も何の対応もしようとせず、教頭にいたってはどこかよその学校に転校してもらえたらなどと言う始末である。／對不到校上課的學生，哪個教師都不想採取對策，至於副校長竟然說請您的孩子轉到其他學校去吧。

（4） ことここにいたっては、家庭裁判所に仲裁を頼むしかないのではないだろうか。／事到如今，恐怕只有提交家庭案件法院來仲裁了。

　　用於從若假設做好的事情中就一件極端的事例進行闡述。例（4）的"ここにいたっては"是"事情到了這種嚴重的地步的話"的慣用句。

5 …にいたっても　雖然到了…程度、即使到了…地步。

[N／V-るにいたっても]

（1） 投票率が史上最低という事態に至っても、なお自分たちが国民から信頼されていると信じて疑わない政治家も少なくない。／雖然投票率達到史上最低點，但仍有不少政治家堅信不疑自己仍然是受到國民信頼的。

（2） 大学を卒業するに至っても、まだ自分の将来の目的があやふやな若者が大勢いる。／有許多年輕人即使要大學畢業，對自己將來要做什麼還認不清楚。

（3） 高校での成績が下から10番以内にまで下がるに至っても、両親は僕に東京大学を受験させたがった。／即使高中的成績下降到了倒數10名以內，但父母還是想讓我考東京大學。

　　表示"即使到了某個極端的階段"的意思。後常伴有"まだ／なお／いまだに（還／尚／仍然）"等詞。

【にいわせれば】

依…看、讓…說。

[Nにいわせれば]

（1） あの人に言わせれば、こんな辞書はまったく使いものにならないということらしい。／按他所說，這種辭典似

乎根本没有辦法用。
(2) 映画好きのいとこに言わせれば、この映画は映像と音楽が見事に調和した、素晴らしい作品だという話だ。／按喜歡電影的表弟所說，這部影片是個圖像和音樂完美結合的好作品。
(3) あなたは気に入っているかもしれないが、私に言わせればそんな作品は素人のお遊びみたいなものだ。／也許你喜歡，但要叫我說那種作品就像外行人做着玩玩之類的東西。
(4) 彼に言わせると、今度見つかった恐竜の化石は、進化の歴史を変えるかもしれないような重要なものなんだそうだ。／據他講這次發現的恐龍化石是非常重要的，也許會改變生物的進化史。

接表示人的名詞後，意思爲"按其人的意見"。用於説其意見是充滿自信的。

【において】

1 Nにおいて＜狀況＞　在…地點、在…時候、在…方面。

(1) 卒業式は大講堂において行われた。／畢業典禮在禮堂舉行了。
(2) その時代において、女性が学問を志すのは珍しいことであった。／在那個時代，女人立志鑽研學問的是很少見

的。
(3) 調査の過程において様々なことが明らかになった。／在調査過程中弄清了許多問題。
(4) 日本の物理学会において、彼の右に出る者（＝彼より優れている者）はいない。／在日本物理學會中無人在他之上（他是最優秀的）。
(5) 当時の状況において戦争反対を訴えるのは限りなく勇気のいることだった。／在當時的情況下呼籲反對戰爭是需要極大的勇氣的。

接表示場所、時代或狀況的名詞。表示某件事發生或某種狀態存在的背景。一般可以用"で"替換，如"大講堂で"，但比"で"的感覺鄭重。修飾名詞時，用"NにおけるN"的形式，如"大講堂における式典"。

2 Nにおいて＜領域＞　在…方面。

(1) 絵付けの技術において彼にかなうものはいない。／在陶瓷繪畫技術上沒有人贏的上他。
(2) 大筋においてその意見は正しい。／大致上那樣的意見是對的。
(3) 造形の美しさにおいてはこの作品が優れている。／在造型的美觀上這個作品非常好。
(4) 資金援助をするという点においては賛成だが、自衛隊を派遣するという点におい

ては強く反対する。／在資金援助的問題上是贊成的,但是在派遣自衛隊的問題上堅決反對。

表示"關於…"、"在那一點上"的意思。後面多用對其事物的評價或是與其他事物做比較的表達形式。

【におうじた】
→【におうじて】

【におうじて】
根據…、按照…。
[Nにおうじて]
（1）物価の変動に応じて給料を上げる。／根據物價的浮動情況來提高工資。
（2）売行きに応じて生産量を加減する。／根據銷售情況來調整產量。
（3）状況に応じて戦法を変える。／根據情況改變戰術。
（4）情報に応じた戦法をとる。／根據情報制定戰術。
（5）功績に応じた報酬を与える。／根據業績的大小給予報酬。

表示"根據其情況的變化或多樣性"的意思。後面接"加減する(調整)"、"戦法を変える(改變戰術)"等表示相應發生變化的表達。修飾名詞時例如(4)、(5)用"Nにおうじたん"的形式。

【におかれましては】
關於…的情況。

[Nにおかれましては]
（1）先生におかれましては、お元気そうでなによりです。／老師身體健康對我們來說是最高興的事。
（2）先生におかれましては、ますます御壮健の由、私ども一同喜んでおります。／得知老師身體愈加康健, 我們都非常高興。

接表示身分、地位高於自己的人的名詞後.用於向其人問候及敘述有關健康等近況。是非常鄭重的書信套語。

【における】
在…的、在…方面的。
[NにおけるN]
（1）過去における過ちを謝罪する。／對過去的錯誤謝罪。
（2）在職中における功労が認められた。／任職期間的功勞得到了認可。
（3）学校における母語の使用が禁止された。／在學校被禁止使用母語。

用於修飾名詞.表示某件事情發生,某種狀態存在時成其背景的場所或時間及狀況。如例(3)在表示事情的背景時,可以和"での"替換。但比"での"的感覺更加鄭重。修飾動詞時用"において"的形式.如"過去において過ちを犯した(在過去犯了錯誤)"。

【にかかったら】
→【にかかっては】

【にかかっては】

説到…，提到…。

[Nにかかっては]

（1）彼の毒舌にかかっては社長も太刀打ちできない。／説到他尖酸刻薄，連總經理也難以招架。

（2）あなたにかかっては私も嫌とは言えなくなる。／對於你，連我都無法說不願意。

（3）彼女にかかってはいつもしらないうちにイエスと言わされてしまう。／對於她，總是在不知不覺中就同意了她的意見。

接表示人或人的言行的名詞。用於提示，後接對於其人的態度和語言無人能及的表達。也可以說"…にあっては"，但不同的是"…にかかっては"可以說是從感到沒有辦法的人的角度來說的。

（正）私にかかっては社長も太刀打ちできないさ。／對於我，總經理也得讓三分。

（誤）私にあっては社長も太刀打ちきないさ。

有時也說"…にかかったら"、"…にかかると"。

【にかかると】

→【にかかっては】

【にかかわらず】

1 Nにかかわらず　無論…都…。

（1）試合は晴雨にかかわらず決行する。／無論是晴天還是雨天，比賽都照常舉行。

（2）性別にかかわらず優れた人材を確保したい。／不論性別是男是女，要保住優秀人材。

（3）このクラブは年齢や社会的地位にかかわらず、どなたでも参加できます。／這個俱樂部不論年齡和社會地位如何，誰都可以參加。

接天氣、性別、年齡等含有差異的名詞後，表示"與這些差異無關"、"不把這些差異當作問題"的意思。

2 …にかかわらず　無論…與否…。

[V-る　V-ないにかかわらず]

[A-い　A-くないにかかわらず]

（1）経験のあるなしにかかわらず、だれでも参加することができる。／無論有無經驗，誰都可以參加。

（2）結果の良し悪しにかかわらず彼の努力は評価されるだろう。／無論結果好壞，他的努力是會得到好評的吧。

（3）成功するしないにかかわらず、努力することに意義があると思う。／無論成功與否，我認為努力本身是有意義的。

（4）父が賛成するかしないかにかかわらず、私はこの仕事に就こうと思う。／無論父親是否贊成，我都要從事這個工作。

接兩個表示對立的事物，表示"與這

些無關"、"不把這些作爲問題"的意思。在"經驗のあるなし"、"結果の良し悪し"等慣用的表達方式中主語後用"の", 其它的時候一般用"が"。也可以如例(4)用"…か…ないか"的形式。

【にかかわる】

　　　　關係到…、涉及到…。
　［Nにかかわる］
（1）人の命にかかわる仕事をするにはそれなりの覚悟がいる。／從事性命悠關的工作就要有相應的心理準准備。
（2）こんなひどい商品を売ったら店の評判にかかわる。／要是賣這麼劣質的商品的話會影響到商店的聲譽。
（3）例の議員が武器の密輸に関係していたかどうかははっきりさせなければならない。これは政党の名誉にかかわる重大な問題だ。／必須查清那個議員與走私武器是否有關．這是關係到政黨聲譽的重大問題。
（4）たとえ噂でも倒産しそうだなどという話が広まると、会社の存続にかかわる。／即使是謠言，公司要倒閉的話傳開後，也要影響到公司的生存。
（5）あんな人にいつまでもかかわっていたら、あなたまで評判を落としてしまいますよ。／總和那種人糾纏在一起的話．就連你也會名聲掃地的啊。
（6）この裁判にかかわって以来、子どもの人権について深く考えるようになった。／介入這個案子以來．我開始深入考慮有關兒童的人權問題了。
（7）事件が起きてから十年たった。いつまでもこの事件にかかわっているわけにはいかないが、いまだに犯人はつかまっていない。／事件發生已經過了十年。雖然我不能總陷在這個案件中．但到現在犯人還没有被抓到。

　　表示"影響到…"或"關係到…"的意思。例(1)～(4)是"影響到…"的意思。接表示受影響的名詞如"名譽、評判、生死、合否(名譽、聲譽、生死、合格與否)"等。例(5)～(7)是"關係到…"、"有關聯"的意思. 接"人(人)"、"仕事(工作)"、"出来事(事情)"等詞。

【にかぎったことではない】

　→【かぎる】2

【にかけたら】

　　　　在…方面、論…。
　［Nにかけたら］
（1）スピードにかけたら、その投手の右に出る者はいない。／論速度．没有比那個投手更快的了。

（2）記憶力にかけたら、彼女は学校中の学生の中で5本の指に入るだろう。/論記憶力，她在學校的學生當中是屈指可數的。

表示"關於這件事"的意思。也可以說"Nにかけては"。

→【にかけたら】2

【にかけて】

1 NからNにかけて　從…到…。

（1）台風は今晩から明日の朝にかけて上陸するもようです。/看樣子颱風將於今晚到明晨之間登陸。

（2）今月から来月にかけて休暇をとるつもりだ。/我打算從這個月到下個月請假休息。

（3）北陸から東北にかけての一帯が大雪の被害に見舞われた。/從北陸到東北一帶遭受了雪害。

接表示場所或時間的名詞後。表示"兩個地點·時間之間"的意思。表示時間時，既可以如例（1）所示表示兩個時間中的某一時刻，也可以如例（2）所示表示其間的某一時間帶。和"…から…まで（に）（從…到…）"的用法類似，但沒有明確地特別指定界線，只是籠統地表示跨越兩個領域的時間或空間。

2 Nにかけて　在…方面、論…。

（1）話術にかけて彼の右に出るものはいない。/在説話技巧方面沒有人能超過他。

（2）忍耐力にかけては人より優れているという自信がある。/自信在忍耐力上比別人強。

（3）彼は誠実な男だが、商売にかけての才能はあまり期待できない。/他是個誠實的人，但卻沒有什麽做生意的才能。

表示"關於那件事"意思。後面多接對人的技術或能力之評價。修飾名詞時如例（3）用"NかけてのN"的形式。

3 Nにかけて（も）　拚命、丟面子。

（1）命にかけてもこの秘密は守り通す。/拚命也要保守這個秘密到底。

（2）私の命にかけて、彼らを助け出してみせます。/就是拚上我的小命也要救出他們。

（3）面子にかけても約束は守る。/即使丟了面子也得遵守諾言。

慣用句式的表達方式。接"命（性命）"、"名誉（名譽）"、"信用（信譽）"、"面目（顔面）"等表示從社會的角度對人的生存或價值給予保證的名詞。表示"無論如何絕對"的強烈決心。後面接表示決心或諾言的表達。

【にかこつけて】

籍故、籍口。

[Nにかこつけて]

（1）仕事にかこつけてヨーロッパ旅行を楽しんできた。/籍口工作去歐洲旅遊玩樂了。

（2）病気にかこつけて仕事もせずにぶらぶらしている。/籍

（3） 接待にかこつけて上等な酒を思いっきり飲んできた。／籍口招待客人，自己大喝上等酒。

接表示事情的名詞後，表示"那並不是直接的理由或原因，但却以此爲籍口"的意思。

【にかたくない】

不難…。

[Nにかたくない]

（1） このままインフレが続くと社会不安が増大し、政權の基盤が危うくなることは想像にかたくない。／如果通貨膨脹再這樣持續下去的話，社會不穩定就會更嚴重，可以想像政權的基礎就會變得很危險。

（2） 親からも教師からも見放された太郎が、非行グループの誘いに救いを求めそうになっただろうことは想像に難くない。／不難想像被父母和老師拋棄了的太郎會受流氓集團的勾引而向流氓集團求助的情況。

（3） なぜ彼があのような行動に走ったのか、事件の前後の事情をよく聞いてみれば理解にかたくない。／他爲什麼要採取那種行動，只要聽一聽事件前後的情況就不難理解了。

一般作爲慣用句用"想像／理解にかたくない"的形式。表示能容易地想像出來，誰都能想明白的意思。是生硬的書面表達方式。

【にかまけて】

只顧…，一心…。

[Nにかまけて]

（1） 仕事にかまけてちっとも子供の相手をしてやらない。／只顧工作，根本不管孩子。

（2） 遊びにかまけて勉強しようともしない。／只顧玩根本不想唸書。

（3） 資料の整理にばかりかまけていては、仕事は前へ進まない。／如果只顧整理資料的話，工作就不會有進展。

接表示事情的名詞後，表示對某事竭盡全力而不顧其他的事。後面多接對其他事忽視不顧的否定的表達。

【にかわって】

代替，替。

[Nにかわって]

（1） 母にかわって、私があいさつします。／我代替母親來問候您。

（2） 急病の母にかわって、父が出席した。／父親代替突然生病的母親出席了。

（3） 本日ご出席いただけなかった山田さんに代わって、ご

家族の方に賞状と副賞を受け取っていただきます。／請山田先生的家屬代替今天未能出席的山田先生接受獎狀和獎品。

(4) 21世紀には、これまでの先進諸国に代わって、アジア諸国が世界をリードするようになるのではないだろうか。／21世紀亞洲各國必將取代目前的先進國家而領導世界。

(5) 山田さんが立候補を辞退するとなると、彼女に代わる実力者を立てなければならない。／如果山田女士拒絕參加競選，就必須再推舉一個能够代替她並有實力的人物。

表示應由某人做的事改由其他的人來做。修飾名詞時如例(5)"Nにかわる"的形式。也可以説"…のかかわりに"。

【にかわり】

代替，替。

[Nにかわり]

(1) 急病の母にかわり、父が出席いたします。／父親將代替突然生病的母親出席。

(2) 21世紀には、これまでの先進諸国に代わり、アジア諸国が世界をリードする立場に立つという予測があるが、まだ未知数の部分が多いと言わざるを得ない。／有預測説21世紀亞洲各國將取代至今爲止的先進國家而站在世界的前端，但是也不得不説還有許多未知的部分。

"にかわって"的鄭重書面語言。

→【にかわって】

【にかわる】

→【にかわって】

【にかんして】

關於…，有關…。

[Nにかんして]

(1) その事件に関して学校から報告があった。／關於那件事，已經得到了學校的報告。

(2) 地震災害に関しては、我が国は多くの経験と知識をもっている。／有關地震災害的問題，我國有着豐富的經驗和知識。

(3) その問題に関して質問したいことがある。／關於那個問題有問題要問。

(4) 地質学に関しての本を読んでいる。／正在閲讀有關地質學的書。

(5) その事件に関しての報告はまだ受けていない。／還没有接到有關那個事件的報告。

(6) コンピュータに関する彼の知識は相当なものだ。／他有關電腦的知識相當豐富。

（7）地質調査に関する報告をするように求められた。／要求做出有關地質調查的報告。

表示"有關…"、"關於…"的意思。修飾名詞時如例（4）～（7）用"Nに関してのN"或"Nに関するN"的形式。是比"について"稍正規的説法。

【にかんする】
→【にかんして】

【にきまっている】
一定…、肯定…。

[N／A／V にきまっている]

（1）こんないたずらをするのはあいつにきまっている。／肯定是那傢伙幹的這種惡作劇。

（2）きっと彼も参加したがるに決まっている。／肯定他也想参加。

（3）そんなことを言ったら彼女が気を悪くするに決まっているじゃないか。／説了那種話，肯定會使她心情不好。

（4）A：田辺さん、ちゃんと時間にまにあったかしら。／不知田邊是否準時趕到了。
B：30分も遅く出ていったのだから、遅刻したに決まっているじゃないの。／出門就晚了30分鐘，那還不肯定遲到了。

表示説話者充滿自信的推測"肯定是那樣"。堅持與對方所推測的内容不同時用"に決まっているじゃない（か／の）"（那還不肯定是…嗎？）"的形式。是"にちがいない（肯定、没錯）"的口語説法。

【にくい】
難以…、不容易…。

[R-にくい]

（1）あの人の話は発音が不明瞭で分かりにくい。／那個人的發音不清楚，不容易聽懂。

（2）砂利道はハイヒールでは歩きにくい。／穿高跟鞋在碎石路上行走不便。

（3）人前ではちょっと話しにくい内容なのです。／在人前很難啟齒的話。

（4）あんなえらい先生のところにはなかなか相談に行きにくい。／很難到名望那麼高的老師那裡去討教。

與イ形容詞的變化相同。接動詞連用形。表示那樣做很困難、輕易做不到的意思。既可以如例（1）、（2）表示物理上的困難，也可以如例（3）、（4）表示心理上的困難。除了"分かりにくい（難懂）"等例子外，還用於"歩く（行走）"、"話す（説話）"等表示意志性行為的動詞。

（誤）あの人は喜びにくい人です。
（正）あの人を喜ばせるのはむずかしい。／很難讓他高興。

反意詞有"R-やすい"。

【にくらべて】

與…相比。
[Nにくらべて]
[Vのにくらべて]
（1） 例年に比べて今年は野菜の出来がいい。／與往年相比，今年的蔬菜收成好。
（2） 男性に比べて女性の方が柔軟性があると言われる。／據說女性比男性更有柔軟度。
（3） ワープロを使うと、手で書くのに比べて字もきれいだし早い。／使用文字處理機，字比手寫的美觀，而且速度快。
（4） 大都市間を移動するのに比べて、田舎の町へ行くのは何倍も時間がかかる。／比起在大城市之間往來，去鄉鎮要多花幾倍的時間。
（5） 東京に比べると大阪の方が物価が安い。／與東京相比，大阪的物價便宜。
（6） ジョギングに比べると、水泳は全身運動で身体にもいいということだ。／與跑步相比，據說游泳是全身運動，對身體也好。

用"Xにくらべて Y"、"Xにくべると Y"的形式。表示與 X 相比就 Y 而言的意思。可以和"X より Y"互換。

【にくらべると】

→【にくらべて】

【にくわえ】

加上…、而且…。
[Nにくわえ]
（1） 激しい風にくわえ、大雨に見舞われて、被害が拡大した。／狂風怒吼加上大雨滂沱，災情嚴重了。
（2） 学生たちは日々の課題にくわえ毎週週明けにはレポート提出を義務付けられていた。／學生們在每天的功課之外還規定在每周一必須提交學習報告。

"…にくわえて"的書面語言。
→【にくわえて】

【にくわえて】

加上…、而且…。
[Nにくわえて]
（1） 激しい風にくわえて、雨もひどくなってきた。／颳著狂風，而且雨又下大了。
（2） 学生たちは毎日の宿題にくわえて毎週レポートを出さなければならなかった。／學生們天天有作業，而且每周還要交學習報告。
（3） ふたりは、子供の誕生に加えて、仕事も順調に進み、幸せで一杯の毎日を送っている。／倆個人有了自己的孩子，工作也一帆風順，每天過着幸福的生活。
（4） その地場産業は、国内需要

の低迷に加えて安価な外国製品の流入に押されて、苦しい状態が続いている。／當地的產業因國內需求低迷，再加上廉價的外國產品的流入，因此困難的狀況一直在持續着。

表示某件事並未到此結束，再添加上別的事物的意思。稍有書面語言的感覺。

【にこしたことはない】

莫過於…，最好是…。
[Nであるにこしたことはない]
[Na(である)にこしたことはない]
[A-いにこしたことはない]
[V-るにこしたことはない]

（1）体はじょうぶにこしたことはない。／身體結實是再好不過的了。
（2）金はあるにこしたことはない。／最好莫過於有錢。
（3）そうじのことを考えないかぎり、家は広いにこしたことはない。／只要不考慮打掃的事，房子最好是寬敞。
（4）なにごとも慎重にやるにこしたことはないといつも私に言っている父が、きのう階段から落ちて足を折った。／父親總是對我說做什麼事最好要慎重，但是他昨天却從樓梯上摔了下來，脚骨折了。

表示"以…爲好"的意思。多用於在常識上認爲是理所當然的事。

【にこたえ】

應…，根據…，響應…。
[Nにこたえ]

（1）その青年は人々の期待にこたえ、大きな熊を撃ち取った。／那個青年沒有辜負人們的期望，擊斃了大熊。
（2）消費者の声に応え、従来より操作が簡単な製品を開発する方針だ。／我們的方針是根據消費者的反應開發比過去更加操作簡單的產品。

是"…にこたえて"的書面語言。
→【にこたえ】

【にこたえて】

應…，根據…，響應…。
[Nにこたえて]

（1）その選手は両親の期待にこたえてみごとに完走した。／那個運動員沒有辜負父母的期望，順利地跑完了全程。
（2）多数の学生の要望に応えまして、日曜日も図書館を開館することにしました。／應多數學生的要求，決定星期日圖書館也開放。
（3）多くの消費者の皆様のご意見にお応えして、この程、より使いやすい製品を発売いたしました。／根據衆多消費者的

意見．最近，我們出售了使用更方便的產品。

（4）国連からの要請に応えて、政府は救援チームを派遣することにした。／應聯合國的請求，政府決定派遣救援隊。

（5）多くのファンの声援に応える完璧なプレーをなしとげた。／在衆多球迷的聲援下，打了一場漂亮的比賽。

接"期待"、"要求"等名詞後，表示爲了使其得以實現。修飾名詞時如例（5）用"Nにこたえる N"的形式。稍有書面語言的感覺。

【にさいし】

當⋯之際、在⋯的時候。

[Nにさいし]
[V-るにさいし]

（1）今回の合併に際し、大規模な合理化が行われた。／在此次合併之際進行了大規模的合理化裁減。

（2）会長選出に際し不正が行われたとの噂がある。／有傳聞説在選舉會長的時候有不正當的行爲。

"⋯にさいして"的書面語言。
→【にさいして】

【にさいして】

當⋯之際、當⋯的時候。

[Nにさいして]

[V-るにさいして]

（1）お別れに際して一言ご挨拶を申し上げます。／臨別之際，請允許我講幾句。

（2）今回の初来日に際して、大統領は通商代表団を伴ってきた。／此次的首次訪日，總統率貿易代表團前來。

（3）この度の大規模なアジア現代美術展を開催するに際して、各国の多数のアーティストの協力と参加を得られたことには大きな意義がある。／在舉辦此次大規模的亞洲現代美術展覽之際，能夠得到各國衆多的美術界人士的協助與參與是非常有意義的。

（4）長年の懸案であった平和条約を締結するに際して、両国はお互いの歴史認識を深め合う意義を改めて認識すべきである。／在締結長年的懸而未決的和平條約之際，兩國應重新就加深認識相互歷史的意義達成共識。

（5）今回の会議参加に際しての最大の懸案事項はやはり安全保証問題であろう。／參加這次會議時的最大懸案依然是安全保證問題。

以某件事爲契機的意思。修飾名詞時如例（5）"N／V-るにさいしての N"的形式。是書面語言。

【にさきだち】

在…之前、先於…。

[Nにさきだち]
[V-るにさきだち]

（1）実験にさきだち、入念なチェックを行った。／在實驗之前，進行了細致的檢查。
（2）出陣に先立ち神に祈りをさげた。／在出征之前向神祈禱。

是"にさきだって"的書面語言。
→【にさきだって】

【にさきだって】

在…之前、先於…。

[Nにさきだって]
[V-るにさきだって]

（1）試験開始にさきだって、注意事項を説明する。／在考試開始之前，說明注意事項。
（2）首相来日に先だって、事務次官レベルの事前協議が始まった。／在首相訪日之前，召開了副部長級的事務磋商會議。
（3）開会を宣告するに先だって、今回の災害の犠牲者に黙祷を捧げたいと思います。／在宣布開會之前，我提議向此次災害的犧牲者默哀。
（4）交渉を始めるに先だって、お互いの内政問題を議題にしないという暗黙の合意が両国の間にできたようだ。／兩國在開始談判之前，好像達成了默契，不把相互間的内政問題作爲議題。

表示"在…開始之前"的意思。用於叙説在此之前做應做的事情。修飾名詞時用"Nにさきだつ N"的形式。没有"V-るにさきだつ N"的形式。

（正）首相来日に先立つ事前協議が始まった。／開始了首相訪日前的事務磋商。
（誤）首相が来日するに先立つ事前協議が始まった。

【にしたがい】

隨着…、按照…。

[Nにしたがい]
[V-るにしたがい]

（1）引率者の指示に従い行動すること。／要按領隊的指示行動。
（2）上昇するに従い気温が上がる。／隨着上升氣溫也升高。

"にしたがって"的書面語言。
→【にしたがって】

【にしたがって】

1 Nにしたがって 按照…、根據…。

（1）引率者の指示にしたがって、行動して下さい。／請按領隊的指示行動。
（2）しきたりに従って式をとり行った。／按慣例舉行了儀式。
（3）上司の命令に従って不正を働いた。／根據上司的命令

做了違法的事。
（4）矢印に従って進んで下さい。／請按箭頭所指方向前進。

接表示人、規則、指示等名詞後，表示按其指示行動的意思。

2 V-るにしたがって　隨着…、伴隨…。
（1）上昇するにしたがって気圧が下がる。／升得越高，氣壓就會越低。
（2）進むにしたがって道は険しくなる。／越往前走，道路變得險峻起來。
（3）この材質は年月を重ねるに従って美しいつやがでて来る。／這種材質隨着年深日久會發出美麗的光澤。

表示"隨着其動作或作用的進展"的意思。後面所接的"気圧が下がる(氣壓降低)"、"険しくなる(變得險峻)"等是隨着前面所説的動作或作用的進展而發生的變化。

【にしたって】

是"にしろ"、"にしても"的口語表達方式。

1 Nにしたって　就連…也…、即使…也…。
（1）社長にしたって成功の見通しがあって言っていることではない。／就是總經理也不是因爲有了成功的希望才這麼説的。
（2）彼にしたって、今ごろは自分の行いを恥じているはず

だ。／即使是他，現在對於自己的行爲也會感到羞愧的。
（3）結婚式にしたってあんなに派手にやる必要はなかったんだ。／即使是結婚典禮也沒必要搞得那麼鋪張。
（4）住むところにしたって、探すのには一苦労だ。／就是住處，找起來也是一件很辛苦的事。
（5）食事の支度ひとつにしたってあの歳では重荷になっているはずだ。／就連做飯這樣的事對於年齡那麼大的人來説也是很重的負擔。

接表示人或事物的名詞，"即使是那樣的人、物、事也…"的意思。從許多事物中舉出一個作爲例子，對其進行論述。也可以説另外還有同樣的事。

2 V-るにしたって　即使…也…。
（1）人に注意を与えるにしたって、もう少し言葉遣いには気を付けるべきだ。／即使是提醒別人注意，也應該稍注意些措辭。
（2）休暇を増やすにしたって、仕事量が変わらなければ休むこともできない。／即使是增加休假，如果工作量不變也無法休息。
（3）休暇をとるにしたって、旅行などとても無理だ。／即使請了假也不可能去旅遊。

表示"即使是那種情況"的意思。含有"姑且承認這裡所説的事情，但…"的意

思. 後接的事情與預測的不同。

3 疑問詞＋にしたって　無論…。
（1）どちらにしたって勝てる見込みはほとんどない。／無論哪一方都沒有取勝的希望。
（2）なにをやるにしたって金がかかる。／無論做什麼都要花錢。
（3）だれにしたってこんな問題にはかかわりあいたくない。／無論是誰都不願意和這樣的問題有瓜葛。
（4）なんにしたってこの種の問題を解決するには時間がかかる。／總之, 解決這種問題需要時間。

與"いずれ"、"どちら"、"なに"一起使用. 表示"無論什麼場合"、"無論是誰"等意思. 也可以如例（2）用含有疑問句的句節. 是"…にしても"在通俗的口語中的說法。

【にしたら】

作爲…來説、對…來説。

[Nにしたら]
（1）せっかくの申し出を断ってしまったのだから、彼にしたら、自分の親切が踏みにじられたと感じていることだろう。／好不容易提出申請却被拒絕了, 對他來説, 一定會感到自己的熱情受到了踐踏。
（2）母親は子供のために思って厳しくしつけようとしたのしょうが、子供にしたら自分が嫌われていると思いこんでしまったのです。／媽媽爲了孩子着想才嚴格管教孩子, 可是孩子却認爲是媽媽不喜歡自己。
（3）学生の語学力を高めるには必要な訓練なのだが、学生にしたら退屈きわまりない授業だと思うにちがいない。／雖然是爲提高學生的外語能力所必須的訓練, 但是作爲學生來説一定認爲是極無聊的課。
（4）私にしたら親切のつもりだったのですが、言い方がきつかったのか彼はすっかり怒ってしまいました。／對我來説是出於好意, 也許是語言上有些嚴厲, 他勃然大怒。

接表示人的名詞後. 表示"站在他的角度來説"的意思. 用於站在別人的角度上推測其人的想法. 不能用於有關説話者本身的立場。
（誤）私にしたらたいへん嬉しく思います。
（正）私としてはたいへん嬉しく思います。／作爲我來説感到非常高興。

【にして】

1 Nにして＜時間＞（表示短暫的時間）
（1）火がついたと思ったら、一瞬にして燃え尽きてしまっ

た。／火剛着起來，轉眼就都燒光了。
（2）この大作をわずか三日にして完成させたとは、驚いた。／僅僅用了三天就完成了這樣的大作，太令人吃驚了。

與表示短時間的表達一起使用，表示"在短暫的時間內"的意思。

2 Nにして＜階段＞ 到了…階段，才…。

（1）この歳にして初めて人生のなんたるかが分かった。／到了這個歲數才懂得了人生的真諦。
（2）40にしてようやく子宝に恵まれた（＝子供が生まれた）。／到了40歲才得了個寶貝兒子。
（3）長年苦労を共にした妻にして初めて理解できることである。／這是只有長年同甘共苦的妻子才能夠理解的事。

表示"到了那個階段"的意思。用於表示到了某個階段才發生了某事。常用的形式有"Nにしてようやく"、"Nにして初めて"。

3 Nにして＜並存＞ 雖然…但是…、是…同時也是…。

（1）教師にして学問のなんであるかを知らない。／身爲教師却不知學問爲何物。
（2）彼は科学者にして優秀な政治家でもある。／他是科學家，同時也是優秀的政治家。

表示"是…而且也是…"的意思。既有如例（1）所示"雖然…但是…"後接逆接的表達方式，也有如例（2）所示的單純並列的東西。用於書面語言。

4 …にして（接特定的名詞或副詞，表示時間、狀態等，可靈活翻譯）

（1）幸いにして大事にいたらずにすんだ。／慶幸的是没有釀成大禍。
（2）不幸にして、重い病にかかってしまった。／不幸身患重病。
（3）その事故で一瞬にして家族全員を失った。／在那次事故中轉眼間就失去了全家人。
（4）生まれながらにして体の弱い子供だった。／是個天生體弱的孩子。
（5）その小舟は、たちまちにして波に飲まれて沈んでいった。／那艘小船立即就被波濤吞没沈下去了。

接特定的名詞或副詞，用於叙述事情的狀況。既有如例（1）或例（2）所示説話者評價後接事項是否是幸運的事，也有如例（3）～（5）所示用於叙述事情應有的狀態或發生的狀態。

【にしてからが】

從…來看…、首先…就…。

[Nにしてからが]

（1）リーダーにしてからがやる気がないのだから、ほかの人たちがやるはずがない。／首先領導者就無心去做，其他人更不可能做了。

（2）課長にしてからが事態を把握していないのだから、ヒラの社員によくわからないのも無理はない。／連課長都沒有把握局勢，也難怪一般職員不清楚了。
（3）夫にしてからが、自分の事を全然分かってくれようともしない。／就連自己的丈夫都根本不想理解自己。

舉出一個本來離這個最遠的例子。用於表示"連這個都這樣，更何況別的就不用說了"的心情。多是負面評價。也可以說"からして"。

【にしては】

照…來說…，就…而言算是…。
[N／Na／V にしては]
（1）子供にしてはむずかしい言葉をよく知っている。／一個小孩子却知道不少艱深字彙。
（2）このアパートは都心にしては家賃が安い。／這個公寓地處市中心房租算便宜的了。
（3）貧乏人にしてはずいぶん立派なところに住んでいる。／作爲一個窮人來說，住的地方是够好的了。
（4）始めたばかりにしてはずいぶん上達したものだ。／就剛開始做這件事而言，算是做得相當不錯的了。
（5）近々結婚するにしてはあまり楽しそうな様子ではない。／馬上就要結婚了，但却看不出他有多高興。
（6）下調べをしたにしては不十分な内容であった。／就事先已經調查過了而言，内容是不充分的。

表示"按其比例"的意思。後接與預測不同的事情。許多情況下可以和"X(な)のに"互換，但"のに"有X是既定事實的意思，而"Xにしては"沒有這樣的意思。

【にしてみたら】
→【にしてみれば】

【にしてみれば】

從…角度來看、對…來說。
[Nにしてみれば]
（1）今何の歌がはやっているかなんて、私にしてみればどうでもいいことだ。それよりもっと大切なことが山ほどある。／現在流行什麽歌在我看來都無所謂。我還有許多比這更重要的事。
（2）長い間使っていなかった古いコンピュータをあげたのだが、彼女にしてみればとてもありがたかったらしく、何度も何度もお礼を言われた。／我雖然給她的是長時間不用的舊電腦，但在她來看好像非常寶貝，多次道謝。
（3）私は軽い気持ちで話してい

たのだが、あの人にしてみれば大きな問題だったのだろう。彼は落ち込んで誰とも口をきかなくなってしまった。/我是很隨意地説説，但在他看來也許就是大問題了。他變得情緒消沈和誰都不講話了。
(4) 母にしてみれば、大切に育ってきた息子が突然家を出ていったのだから、たいそうショックだろうが、私は親離れしようとしている弟に声援を送りたい気持ちだった。/對於媽媽來説，精心培育的兒子突然離家出走，是很大的打撃。可是我内心却支持弟弟離開父母獨立生活。

接表示人的名詞後，表示"對於此人來説"的意思。用於説此人與其他人相比有不同的看法時。也可以説"…にしてみたら"。

【にしても】

通俗的口語説法用"…にしたって"，鄭重的口語用"にせよ"、"…にしろ"。

1 Nにしても 即使…也…、就算…也…。
(1) 彼にしても、こんな騒ぎになるとは思ってもいなかったでしょう。/就是他也没有想到會鬧到這種地步吧。
(2) 母にしても初めから賛成し

ていたわけではありません。/就是媽媽也不是從一開始就贊成的。
(3) かなりハードな仕事だし、給料にしても決していいというわけでもない。/工作相當辛苦，但工資却絶對不能算高。
(4) 歩き方ひとつにしてもきちんと作法に則っている。/就連毎一歩走路的姿勢都規規矩矩地按照規定去做。
(5) 身につけているものひとつにしても育ちのよさが感じられた。/從他身上佩帶的一件飾物就可以感到他的教養之好。

接表示人或物的名詞，用於表示除此之外雖然也可以説還有同樣的情況，但就此人或此物來説。從許多情況中舉出一個來強調其他也肯定是這樣。如例(4)、(5)表示"單從這一點就可以看出"。

2 …にしても 即使…也…。
[N(である)にしても]
[A／V にしても]
(1) 子供のいたずらにしても笑って済ませられる問題ではない。/即使是小孩子的惡作劇也不是能一笑置之的問題。
(2) たとえ失敗作であるにしても十分に人を引き付ける魅力がある。/雖然是失敗之作，但也有十分吸引人的魅

力。
（3）忙しいにしても連絡ぐらいは入れられただろうに。／就算忙也能和我們保持聯絡呀。
（4）私を嫌っているにしても、こんな仕打ちはあんまりだ。／即使不喜歡我，這種作法也太過份了。
（5）いくら貧しいにしても人からは施しは受けたくない。／無論如何貧窮也不願接受別人的施捨。

表示"即使假設承認是這裡所說的狀態"的意思。後面所說的事情與預測的不同。多如例（5）與"いくら"、"どんなに"等疑問詞一起使用。

3 …にしても…にしても 無論…都…、…也好…也好。
[NにしてもNにしても]
[VにしてもVにしても]
（1）山田にしても佐藤にしても、この仕事に向いているとはいえない。／無論是山田還是佐藤都不能說適合這項工作。
（2）犬にしても猫にしてもこのマンションではペットを飼ってはいけないことになっている。／這所公寓規定不許養寵物，無論是狗還是猫。
（3）当選にしても落選にしても、今回の選挙に立候補したことは大いに意味があった。／無論是當選還是落選，能在這次選舉中當候選人就非常有意義。
（4）行くにしても行かないにしても、一応準備だけはしておきなさい。／無論去還是不去，先做好準備吧。
（5）勝つにしても負けるにしても、正々堂々と戦いたい。／不論是輸是贏都要光明正大地參加比賽。
（6）勝ったにしても負けたにしても、よく頑張ったとほめてやりたい。／無論是贏了還是輸了，都要表揚他併命的意志了。

舉出同類或對立的兩個事物，表示"無論哪方面"的意思。

4 疑問詞+にしても 無論…。
（1）いずれにしても結論は次回に持ち越されることになった。／總之結論留到下次會議。
（2）だれにしてもそんなことはやりたくない。／無論是誰都不想幹那種事。
（3）なんにしても年内に立ち退いてもらいます。／無論如何請您年底從這搬出去。
（4）だれがやったにしても、我々全員で責任をとらなければならない。／不論是誰幹的，我們大家都要負責任。
（5）何をするにしても、よく考

えてから行動しなさい。／無論做什麼都要認真考慮之後再做。

與"いずれ"、"だれ"、"なに"等疑問詞一起使用,表示"無論什麼場合"、"無論是誰"等意思。也可以如例（4）、（5）用含有疑問詞的句節。

5 それにしても →【それにしても】

【にしろ】

無論…都…。
（1）役人がわいろを受け取ったかどうか問題になっているが、かりに金銭の授受はなかったにしろ、なんらかの報酬をもらったことは間違いない。／現在的問題是政府官員是否受賄了, 即使沒有接受金錢, 也肯定是接受了某些報酬。
（2）妻にしろ子供達にしろ、彼の気持ちを理解しようとするものはいなかった。／無論妻子還是孩子們沒有一個人想理解他。
（3）どちらの案を採用するにしろ、メンバーには十分な説明をする必要がある。／無論採用哪個方案, 都有必要對每個成員做充分的說明。

"…にしても"的鄭重書面語言, 也可以說"…にせよ"。

→【それにしても】

【にすぎない】

→【すぎない】

【にする】

→【する】

【にせよ】

即使…、…也好…也好。
（1）直接の責任は部下にあるにせよ、彼の監督不行き届きも糾弾されるだろう。／即使直接責任在部下, 他的管理不善也應受到譴責。
（2）来るにせよ来ないにせよ、連絡ぐらいはしてほしい。／不論是來還是不來, 希望都能和我聯系一下。
（3）いずれにせよもう一度検査をしなければならない。／不管怎麼樣, 一定要再檢查一遍。

是"…にしても"的鄭重書面語言。也可以說"…にしろ"。

→【にしても】

【にそういない】

一定…、肯定…。
[N／V にそういない]
（1）犯人はあの男に相違ない。／犯人肯定是他。
（2）彼女は3日前に家を出たまま帰ってこない。きっとなにか事件に巻き込まれたに

相違ない。／她3天前離家至今未歸，一定是被捲進什麼事件中去了。
（3）これを知ったら、彼はきっと烈火のごとく怒り出すに相違ない。／若知道了這件事，他一定會暴跳如雷的。

表示説話者非常有把握，"一定是那樣"、"肯定是…"。用於書面語言。可以和"…にちがいない"互換。

【にそくして】

根據…，按照…。

[Nにそくして]

（1）事実にそくして想像をまじえないで事件について話してください。／請你不要攙雜自己的想像，根據事實把事件説一下。
（2）経験にそくしていうと、ぼくの人生にとって若いときの異文化体験の意味はとても大きい。／根據經驗來説，年輕時對異國文化的體驗對我的一生有非常大的意義。
（3）ゼロ才児保育につきましてはそれぞれの家庭で事情が異なると思いますから、実情に即して対処いたします。／關於剛出生嬰兒的保育問題，我想各個家庭的情況不同，我們會根據實際情況處置的。
（4）この問題は私的な感情ではなく、法にそくして解釈しなければならない。／這個問題不應從私人感情出發，必須依據法律做出解釋。
（5）法律に即して言うと、今回の事件は刑事事件として取り扱うべき性格のものだ。／按照法律來説，此次的事件應當作爲刑事事件來處理。

接表示事實、體驗、規範等名詞後，表示"按照…"、"根據…"或"以…爲基準"的意思。如例（1）～（3）接事實、體驗等名詞時寫作"即して"，如例（4）、（5）接法律或規範等名詞時寫作"則して"。

【にそった】

→【にそって】

【にそって】

沿着…、跟着…、按照…。

[Nにそって]

（1）この道に沿ってずっと行くと、右手に大きい公園が見えてきます。／沿着這條路一直走，就能看到右邊有個大公園。
（2）川岸に沿って、桜並木が続いていた。／河的沿岸種着櫻花樹。
（3）この塀に沿って植えてある花は、日陰でもよく育つ。／沿着這道圍牆種的花，即使在背光處也能生長得很好。
（4）書いてある手順に沿って

やってください。／請按照所寫的順序做。
（5）マニュアルに沿った手紙の書き方しか知らないのでは、いざというとき困る。／如果只知道按照使用手冊的寫信法，到了關鍵的時候還是會束手無策。
（6）妻は夫に添って病室に入っていった。／妻子陪着丈夫一起進入了病房。

接河流及道路等長長沿續的東西或表示按程序以及按説明的操作流程等名詞後，表示"正如所延續下去的那樣／沿着其邊沿一直／按照"等意思。這種情况下，用漢字"沿"。也有如例（6）表示緊跟着人或物的意思，此時漢字用"添"。修飾名詞時如例（5）用"NにそったN"的形式。

【にたいして】

1…にたいして　對…、向…。
[Nにたいして]
[Naなのにたいして]
[A-いのにたいして]
[Vのにたいして]
（1）私の発言に対して彼は猛烈に攻撃を加えてきた。／他對我的發言給予了猛烈的攻擊。
（2）私の質問に対して何も答えてくれなかった。／對我的疑問沒有給予任何回答。
（3）彼は女性に対しては親切に指導してくれる。／他對婦女給予親切的指導。
（4）現在容疑者に対しての取り調べが行われているところです。／現在正在對嫌犯人進行審訊。
（5）私が手を振って合図したのに対して、彼女は大きく腕を振って応えてくれた。／我向她揮手示意，作爲回應，她向我使勁揮動手臂。

表示"向着"、"根據某事物"等意思，後接對所面向的行爲以及態度産生某種作用。修飾名詞時用"…にたいしてのN"、"…にたいするN"的形式。

2 N＋数量詞＋にたいして　比例是…、…比…。
（1）研究員1人に対して年間40万円の補助金が与えられる。／給每位研究員一年40萬日元的津貼。
（2）学生20人に対して教員一人が配置されている。／每20名學生分配一名教員。
（3）砂3に対して1の割合で土を混ぜます。／以3比1的比例把沙子和土混起來。
（4）学生1人に対して20平米のスペースが確保されている。／確保每個學生有20平方米的空間。

以數量表示的數字爲單位，表示"根據其單位"的意思。也可以和"…について（每…）"、"…につき（每…）"互换。

3…のにたいして　與…相反、…而…。

（1）彼が自民党を支持しているのに対して、彼女は共産党を支援している。／他支持自民黨，而她支持共產黨。
（2）兄が背が高いのに対して、弟の方はクラスで一番低い。／哥哥的個子很高，而弟弟却是班上最矮的。

用於列舉表示兩個對立的事物。

【にたいする】

1 Nにたいする N　對…的…。
（1）私の疑問に対する答えはなかなか得られない。／總得不到對我的問題的答覆。
（2）子供に対する親の愛情ははかり知れない。／父母對子女的愛是無法測量的。
（3）親に対する反抗心をむき出しにしてくってかかった。／毫不掩飾地表現出對父母的反抗，來頂撞父母。
（4）書画に対する造詣が深い。／對書畫的造詣很深。

表示"對…的…"、"有關…的…"的意思。用於修飾後接的名詞。也可以如"その問に対しての解答"用"Nに対しての N"的形式。

2 N＋数量詞＋にたいする N　比例是…、…比…。
（1）研究員1人に対する年間の補助金は40万円である。／每個研究員一年的津貼是40萬日元。
（2）教員1人に対する学生数は20人という計算になる。／按每個教員20名學生計算。

以數量表示的數字為單位，"根據其單位"的意思。用於修飾後接的名詞。

【にたえない】

1 V－るにたえない　不堪…、忍耐不了…。
（1）幼い子供が朝から晩まで通りで物乞いをしている姿は見るにたえない。／小孩子從早到晚在大街上乞討的身影令我不忍目睹。
（2）近ごろの週刊誌は暴露記事が多く、読むにたえない。／最近的週刊雜誌曝光的報道太多，不堪入目。
（3）地震のあと、町はパニック状態となった。暴徒が次々に商店をおそい、正視するにたえない光景が繰り広げられた。／地震發生後，街道陷入恐慌狀態。暴徒不斷襲擊商店，眼前一片慘不忍睹的情景。

表示由於情況太嚴重，不能聽下去或看下去的意思。只能用"見る"、"読む"、"正視する"等極有限的動詞。

2 Nにたえない　不勝…。
（1）このようなお言葉をいただき、感謝の念にたえません。／承蒙您這麼說，不勝感激。
（2）晩年近くなってボランティ

ア活動を通じて若い人々とこのようなすばらしい出会いがあろうとは考えてもみないことであった。感激にたえない。／沒想到到了晚年透過義士活動結識了這麼多年輕人，真是太感謝了。

接在"感謝"、"感激"等有限的名詞後，用於強調其意思。一般作爲比較生硬的客套話使用。

【にたえる】

1 Nにたえる　（能）耐、承受。

（1）この木はきびしい冬の寒さにたえて、春になると美しい花を咲かせます。／這棵樹經受住了冬天的嚴寒，到了春天就會開出美麗的花朵。

（2）重圧に耐えられなくなって、彼は社長の座を降りた。／承受不了沈重的壓力，他不當總經理了。

表示不屈服地忍耐下去的意思。否定的表達方式多用表示不可能的"たえられない"。

2 …にたえる　値得…。

[Nにたえる]
[V-るにたえる]

（1）アマチュアの展覧会ではあるが鑑賞にたえる作品が並んでいる。／雖然是業餘人士之展覽會，但陳列着許多值得一看的作品。

（2）きびしい読者の批判にたえる紙面作りを目指したい。／旨在創作能够經得起讀者批評的版面。

（3）読むに耐える記事が書けるようになるまでには相当の訓練が要る。／能够寫出有價值的新聞報導需要相當的訓練。

接"鑑賞"、"批判"、"読む"、"見る"等有限的名詞或動詞後，表示有充分那樣做的價值的意思。否定的表達一般用"たえない"，不用"たえられない"。

→【にたえない】

【にたりない】

不足…、不值得…。

[V-るにたりない]

（1）とるに足りない（＝つまらない）ことをそんなに気にするな。／不必對那種不值一提的事介意。

（2）あんなものは恐れるに足りない。／那種東西不足爲懼。

（3）彼は信頼するに足りない人物だ。／他是個不值得信賴的人。

表示"不是那麼大不了的東西"、"不值得那樣去做"的意思。

【にたる】

值得…。

[V-るにたるN]

（1）昨今の政治家は私利私欲に走り、尊敬するにたる人物

はいなくなってしまった。／現在的政治家都追求私欲，已經沒有值得尊敬的人物了。
(2) 学校で子供たちが信頼するにたる教師に出会えるかどうかが問題だ。／問題是孩子們在學校能不能遇到值得信賴的老師。
(3) 一生のうちに語るに足る冒険などそうあるものではない。／一生中没有多少值得一談的冒險。
(4) 会議では皆それぞれ勝手なことをいうばかりで、耳を傾けるに足る意見は出なかった。／在會上大家都只顧説各自的意見，而並没有發表出值得洗耳恭聽的意見。
(5) すべてが眠ったような平和な島では、報道するに足るニュースなどなにもなかった。／在一切像沈睡着的和平的島嶼上，没有任何值得報導的新聞。

接在"尊敬する"、"信頼する"等有限定的動詞後，表示"非常有那樣做的必要"、"與那樣做相符的"的意思。是生硬的書面語言。

【にちがいない】
→【ちがいない】

【について】
1 Nにいて　關於…、就…。

(1) 農村の生活様式について調べている。／正在調查有關農村的生活方式。
(2) その点については全面的に賛成はできない。／關於那一點不能完全贊成。
(3) 彼女は自分自身について何も語ろうとしない。／她不想談有關她自己的任何事情。
(4) 事故の原因について究明する。／查明有關事故的原因。
(5) 経営方針についての説明を受けた。／聽取了關於經營方針的説明。
(6) 将来についての夢を語った。／談了有關將來的理想。
(7) ことの善悪についての判断ができなくなっている。／無法對事情的善惡進行判斷。

表示"關於…"的意思。修飾名詞時如例(5)～(7)用"NについてのN"的形式。鄭重地説的時候用"つきまして"。

(例) その件につきましては後でお返事さしあげます。／關於那件事以後給您答覆。

2 N＋數量詞＋について　每…。
(1) 車1台について5千円の使用料をちょうだいします。／每輛車收取5千日元的使用費。
(2) 乗客1人について3つまでの手荷物を持ち込むことができます。／每位乘客可以携帶3件手提行李。
(3) 作業員5人について1部屋

しか割(わ)り当(あ)てられなかった。／只能每5個工人住了一間屋子。

接數量詞. 表示以其數字爲單位 "按其單位" 的意思. 意同 "…に対して(每…)"。

【につき】

1 Nにつき＜有關＞　關於…、就…。

（1）本部(ほんぶ)の移転(いてん)問題(もんだい)につき審議(しんぎ)が行(おこな)われた。／就本部的遷移問題進行了審議。

（2）領土(りょうど)の分割案(ぶんかつあん)につき関係各国(かんけいかっこく)の代表(だいひょう)から厳(きび)しい批判(ひはん)が浴(あ)びせられた。／有關領土的分割方案受到了有關各國代表的嚴厲批判。

"Nについて" 的鄭重説法。

→【について】1

2 Nにつき＜理由＞　因…。

（1）改装中(かいそうちゅう)につきしばらくお休(やす)みさせていただきます。／因正在裝修暫停營業。

（2）父(ちち)は高齢(こうれい)につき参加(さんか)をとりやめさせていただきます。／父親因爲年紀大不參加了。

接名詞後. 表示 "因其理由" 的意思. 用於鄭重書信等。

3 N＋數量詞＋につき　每…。

（1）参加者(さんかしゃ)200人につき、5人の随行員(ずいこういん)がついた。／每200名參加者配備了5名隨行人員。

（2）テニスコートの使用料(しようりょう)は1時間(じかん)につき千円(せんえん)ちょうだいします。／網球場的使用費每小時收取1千日元。

（3）食費(しょくひ)は1人(ひとり)1日(いちにち)につき2千円(せん)かかる。／伙夥食費每人每天花費2千日元。

"N＋數量詞＋について" 的鄭重的説法。

→【について】2

【につけ】

1 Nにつけ　不論…都…。

（1）何事(なにごと)につけ我慢(がまん)が肝心(かんじん)だ。／無論什麽事. 忍耐是最重要的。

（2）彼(かれ)は何(なに)かにつけ私(わたし)のことを目(め)のかたきにする。／他不論做什麽事總是把我當成眼中釘。

（3）山田(やまだ)さんご夫婦(ふうふ)には何(なに)かにつけ親切(しんせつ)にしていただいています。／山田先生夫婦從各個方面熱情關照我。

慣用的固定表達方式. 用 "何事につけ"、"何かにつけ" 的形式. 分別表示 "無論什麽場合"、"每當有個什麽契機" 的意思。

2 V-るにつけ　每當…就…。

（1）彼女(かのじょ)の姿(すがた)を見(み)るにつけ、その時(とき)のことが思(おも)い出(だ)される。／每當看到她的身影. 就令我想起那個時候的事來。

（2）そのことを考(かんが)えるにつけ後悔(こうかい)の念(ねん)にさいなまれる。／每當想起那件事就悔恨得不得了。

（3） その曲を聞くにつけ、苦しかったあの時代のことが思い出される。／每當聽到那個曲子，就想起那個苦難的時代。

慣用的固定的表達方式，接"見る"、"思う"、"考える"等動詞，表示"每當看到或想到就聯想起"的意思。後面接"思い出（回憶）"、"後悔（後悔）"等與感情或思考有關的內容。

3 …につけ…につけ　無論…都…、…也好…也好。

[AにつけAにつけ]
[VにつけVにつけ]

（1） いいにつけ悪いにつけ、あの人達の協力を仰ぐしかない。／無論好壞都只有仰仗他們的合作了。
（2） 話がまとまるにつけ、まとまらないにつけ、仲介の労を取ってくれた方にはお礼をしなければなりません。／無論是談得成還是談不成，都要感謝從中周旋的人。

慣用的固定的表達方式，列舉兩個表示對立內容的詞句，表示"無論是其中的哪一方"的意思。

【につれて】

　　　　　　隨着…、伴隨…。
[Nにつれて]
[V-るにつれて]

（1） 町の発展につれて、前になかった新しい問題が生まれて来た。／隨着城鎮的發展，出現了以前所沒有的新問題。
（2） 時間がたつにつれて、悲しみは薄らいできた。／隨着時間的推移，悲傷也淡漠了下來。
（3） 設備が古くなるにつれて、故障の箇所が増えて来た。／隨着設備的老化，故障的地方也多了起來。
（4） 試合が進むにつれて、観衆も興奮してきて大騒ぎとなった。／隨着比賽的進行，觀衆開始興奮喧嘩起來。
（5） 成長するにつれて、娘は無口になってきた。／隨着年齡的增長，女兒變得不愛説話了。

某事態進展的同時，其他的事態也在進展。表示籠統的比例關係。書面語言可以用"…につれ"。

【にて】

　　　　　　在…。
[Nにて]

（1） 校門前にて写真撮影を行います。／在校門前照像。
（2） では、これにて失礼致します。／那麼，我失陪了。
（3） 会場係は当方にて手配いたします。／會場工作人員由我們安排。

表示事情發生的場所，用於"これにて"、"当方にて"等慣用的表達方式。用於鄭重的書信等書面語言。可以和"で"互換。

【にとって】

對於…來説。

[Nにとって]
(1) 彼にとってこんな修理は何でもないことです。／對他來説修理這點東西算不了什麼。
(2) 年金生活者にとってはインフレは深刻な問題である。／對靠退休金生活的人來説,通貨膨脹是個嚴重的問題。
(3) 度重なる自然災害が国家の再建にとって大きな痛手となった。／接二連三的自然災害對於國家的重建是重大的打擊。
(4) 病床の私にとっては、友人の励ましがなによりも有り難いものだった。／對於躺在病床上的我來説,朋友的鼓勵是最寶貴的。

多接表示人或組織的名詞後. 表示"從其立場來看"的意思. 偶爾也有用例(3)接表示事情的名詞後. 表示"從這一點來看"的意思. 後接表示可能・不可能的詞句或表示評價的如"むずかしい(困難)"、"有り難い(寶貴)"、"深刻だ(嚴重)"等詞句. 不能用"賛成(贊成)"、"反対(反對)"、"感謝する(感謝)"等與表明態度有關的詞.

(誤) その案は私にとって反対です。
(正) 私はその案に反対です。／我反對那個方案。

【にどと…ない】

再也不…、不再…。

[にどとV-ない]
(1) こんな恐ろしい思いは二度としたくない。／再也不願意想這種恐怖的事了。
(2) 同じ間違いは二度と犯さないようにしましょう。／讓我們不要再犯同樣的錯誤了。
(3) こんなチャンスは二度と訪れないだろう。／這種機會不會再有第二次了吧。
(4) あんなサービスの悪いレストランには二度と行きたくない。／再也不想去服務態度那麼惡劣的餐廳了。
(5) 今、別れたら、あの人にはもう二度と会えないかもしれない。／現在分手後,也許就再也見不到他了。

用於強烈的否定"絶對不…"、"決不再…"。

【にとどまらず】

不僅…、不限於…。

[Nにとどまらず]
(1) その流行は大都市にとどまらず地方にも広がっていった。／那種流行不僅大城市也傳到了鄉間。
(2) 干ばつはその年だけにとどまらず、その後3年間も続いた。／乾旱不僅發生在當年,在其後又持續了3年。
(3) 大気汚染による被害は、老人や幼い子供達にとどまらず、若者達にまで広がった。

／大氣污染的危害不僅對老人和孩子，也危及到了青年人。

接表示地域或時間的名詞後，表示"不只限於此範圍"、"不僅如此"的意思。

【にともない】

随着…、伴随…。
[Nにともない]
[Vのにともない]
（1）高齢化にともない、老人医療の問題も深刻になりつつある。／隨著高齡化的到來，老人的醫療問題日益嚴重起來。
（2）地球の温暖化にともない、海面も急速に上昇している。／隨著地球變暖，海面也快速上升了。
（3）政界再編の動きに伴いまして、このたび新しく党を結成するはこびとなりました。／伴隨著政界重組的動向，此次重新組成了政黨。

比"にともなって"更生硬的説法。
→【にともなって】

【にともなって】

随着…、伴随…。
[Nにともなって]
[Vのにともなって]
（1）気温の上昇にともなって湿度も上がり蒸し暑くなってきた。／隨著氣溫的升高，

濕度也隨之升高，天氣變得悶熱起來了。
（2）学生数が増えるのにともなって、学生の質も多様化してきた。／隨著學生人數的增加，學生的質量也變得參差不齊。
（3）父親の転勤に伴って、一家の生活拠点は仙台からニューヨークへと移ることになった。／隨著父親的調職，全家的生活據點就由仙臺轉到了紐約。

"にともなって"的前後用表示變化的詞，與前面所説的變化發生聯動反應，發生後叙的變化。一般不用於私人的事情。用於説規模大的變化。是正式的書面語言。

【になく】

與（往常）不同。
[Nになく]
（1）店の中はいつになく静かだった。／店裡與平時不同，異常的安靜。
（2）例年になく、今年の夏は涼しい日が多い。／與往年不同，今年夏天涼快的日子多。
（3）彼女は歌がうまいと言われて、柄にもなく顔を赤らめていた。／當她被誇歌唱得好時，竟然臉紅了。

是慣用的固定表達方式，表示"與往常不同"的意思。也可以説"…にもなく"。

【になると】
→【なる】9

【ににあわず】
與…不相稱、和…不般配。
[Nににあわず]
(1) いつもの佐藤さんに似合わず口数が少なかった。／佐藤與平日不同，今天話不多。
(2) 彼は大きな体に似合わず気の小さいところがある。／他身材高大，却有些小心眼。

表示"與該物所應有的性質不一致地…"的意思。

【には】
1 Nには
爲了強調助詞"に"前面的名詞，在"に"的後面加"は"。

a Nには＜時間・場所・方向・對方等＞
在…時間、在…地方、向…。
(1) 春には桜が咲きます。／春天櫻花開放。
(2) 10時には帰ってくると思います。／我想10點鐘會回來的。
(3) この町には大学が三つもあります。／這個城市中有三所大學。
(4) 結局国には帰りませんでした。／結果没有回國。
(5) 山田さんにはきのう会いました。／昨天見到了山田。
(6) みなさんには申し訳ございませんが、今日の集まりは中止になりました。／非常對不起大家，今天的聚會取消了。

接助詞"に"，可以提示表示各種意思的句子，提示主題或與其他事物做比較時在"に"的後面加"は"。如果没有必要加"は"的意思時，可以只用"に"。

b Nには＜評價的基準＞ 對於…來説。
(1) このセーターは私には大きすぎる。／這個毛衣我穿太大。
(2) この問題はむずかしすぎて私には分かりません。／這道題太難，我不懂。
(3) この仕事は経験のない人には無理でしょう。／這個工作對於没有經驗的人來説恐怕做不了。

接表示人的名詞，意思是"對於此人來説"。對某種情况做出評價，如"大きい"、"難しい"、"できる"、"できない"等。含有表示對比的"其他的暫且不論"的意思。只用"に"的形式不多，一般"…には"的形式。

c Nには＜尊敬的對象＞ （對你們，您 老師，先生等表示尊敬）。
(1) 皆様にはお変わりなくお過ごしのことと存じます。／想必你們生活得很好，平平安安吧。
(2) 先生にはお変わりなくお過ごしのこととお喜び申し上げます。／老師依然如故身

體康健，倍感欣慰。

接表示身分，地位高於自己的對方的名詞後，用於對其人表示尊敬。只用於鄭重的書信。更加鄭重的表達還有"…におかれましては"。

2 V-るには　要…就得…。

(1) そこに行くには険しい山を超えなければならない。／要去那裡就必須翻越嶺山。

(2) その電車に乗るには予約をとる必要があります。／乘坐那輛電車需要預先定票。

(3) 健康を維持するには早寝早起きが一番だ。／要保持健康早睡早起是最要緊的。

表示"要那麼做就得…"、"要想那樣就得…"的意思。

3 V-るにはVが　做是做了，但…。

(1) 行くには行くが、彼に会えるかどうかは分からない。／去是去，但不知能不能見到他。

(2) A：あしたまでに完成させると約束したんですって。／聽說定的是明天之前完成。
B：うん。約束するにはしたけれど、できるかどうか自信がないんだ。／是。雖說是那麼定的，但能不能完成沒有信心。

(3) いちおう説明するにはしたのですが、まだみんな、十分に理解できていないようでした。／雖然大致解釋了一遍，但好像大家還沒有充分理解。

重覆同一動詞，表示"做是做了，但不知能否達到滿意的結果"的意思。

【にはあたらない】

不必…、用不着…。

[V-るにはあたらない]

(1) 中学校で教師をしている友人の話によると、学校でのいじめが深刻だという。しかし驚くにはあたらない。大人の社会も同じなのだから。／據在中學當老師的朋友說，學校裡欺負人的現象很嚴重。但也無需驚訝，因為成年人的社會也是一樣的。

(2) 彼ひとりだけ仲間を置いて下山したからといって、非難するには当たらない。あのような天候のもとではそれ以外の方法はなかっただろう。／雖說他扔下同伴一個人下了山，也不能責備他。在那種氣候條件下只好那樣做了。

(3) 子どもがちっとも親のいうことをきかないからといって、嘆くには当たらない。きっといつか親の心がわかる日がくる。／雖說孩子一點都不聽父母的話，但也不必嘆息。總有一天他們會明白

父母的心情。

（4）彼が会議でひとことも発言しなかったからといって責めるには当たらない。あのワンマン社長の前ではだれでもそうなのだ。／雖說他在會上沒有發言，但也不必責備他，在那個大權獨攬的總經理的面前誰都會這樣的。

接"驚く"、"非難する"等動詞，表示那樣做不合適、不得要領的意思。多和"…からといって（雖說…但…）"等表示理由的詞句一起使用，表示"因為這個理由而吃驚或責備是不合適的"的意思。

【にはおよばない】

1 …にはおよばない　不必…、用不着…。

[Nにはおよばない]
[V-るにはおよばない]

（1）検査では何も異常は見つかりませんでした。すっかり元気になりましたから、ご心配には及びません。／在檢查中沒有發現任何異常。已經完全康復了，請不要擔心。

（2）分かりきったことだから、わざわざ説明するには及びません。／已是明明白白的事了，用不着特意說明。

（3）こんな遠くまで、はるばるお越しいただくには及びません。／您不必特意到這麼遠來。

表示"不用那樣做"、"沒有那個必要"的意思。也可以說"…にはあたらない"。

2 それにはおよばない　不必那樣。

（1）A：車で家までお送りしましょう。／我用車送您回家吧。
　　B：いいえ、それには及びません。歩いても 5 分ほどの所ですから、どうぞご心配なく。／不，不用了。走路 5 分鐘就到了，所以請不必費心了。

（2）A：空港までお迎えにあがりますよ。／到機場去接您吧。
　　B：大丈夫です。よく知っている所ですから、それには及びませんよ。／不用了。因為是非常熟悉的地方，所以不用接了。

用於對對方提出的事表示拒絕"不用為我做那些也沒關係"。有承認對方關心的意思，是比"その必要はありません（沒有那個必要）"客氣的說法。

【にはんし】

與…相反。

[Nにはんし]

（1）大方の予想に反して、我らのチームが圧勝した。／出乎多數人的預料，我們的隊

大獲全勝。
（2）人々の期待に反し、景気は依然低迷を続けている。／與人們的期待相反，景氣依然持續低迷。

是"にはんして"的書面語言。
→【にはんして】

【にはんして】

與…相反。
[Nにはんして]
（1）予想にはんして、今年の試験はそれほど難しくはなかったそうだ。／與預料的相反，聽說今年的考試不太難。
（2）周囲の期待に反して、彼らは結局結婚しなかった。／與周圍的期待相反，他們最終沒有結婚。
（3）年初の予測に反して、今年は天候不順の年となった。／與年初的預測相反，今年的天氣反常。
（4）今回の交渉では、大方の見方に反して、相手側がかなり思い切った譲歩案を提示した模様だ。／在這次談判中，與人們的預料相反，對方提出了相當大程度的讓步方案。

接"予想"、"期待"等表示預測將來的名詞後，表示結果是與此相反的事物。可以和"…とは違って(與…不同)"、"…と

は反対に(與…相反)"互換。是書面語言。修飾名詞時用"Nにはんする／にはんしたN"的形式。
（例）先週の試合は、大方の予想に反する結果となった。／上週比賽的結果出乎大家的意料。

【にひかえて】

1 NをNにひかえて＜時間＞　面臨。
（1）試合を十日後に控えて選手たちは練習に余念がない。／還有十天就要比賽了，運動員們都在埋頭苦練。
（2）結婚を間近に控えた娘が他の男と遊び回るなんてとんでもない。／眼看就要結婚的女兒卻和別的男人去玩，太不像話了。
（3）入学試験を目前に控えてあわただしい毎日だ。／面臨升學考試，每天非常忙碌。

用"XをYにひかえて"的形式，表示X所表示的事情已經迫近。Y多用"間近に・10日後に・数ヵ月後に"等表示時間的詞句。可以省略"Yに"，用"Xをひかえて"的形式。如例(2)所示修飾名詞時用"ひかえたN"的形式。

2 NをNにひかえて＜場所＞　靠、背靠。
（1）神戸は背後に六甲山をひかえて東西に広がっている。／神戶背靠六甲山向東西擴展開來。
（2）彼の別荘は後ろに山をひかえた景色のよい場所にある。

／他的別墅是個背靠青山景色優美的地方。

表示如山、湖、海、灣那樣的大的空間就在身後的樣子。如例（2）所示修飾名詞時用"ひかえたN"。

【にひきかえ】

與…相反、與…不同。

[Nにひきかえ]
（1）兄にひきかえ弟はだれにでも好かれる好青年だ。／與哥哥不同，弟弟是個人見人愛的好青年。
（2）努力家の姉に引きかえ、弟は怠け者だ。／與勤奮努力的姐姐相反，弟弟是個懶人。
（3）このごろは子供っぽい男子学生にひきかえ女子学生のほうが社会性があってしっかりしているようだ。／最近好像男學生很孩子氣，倒是女學生有社會能力，很成熟。
（4）市当局の柔軟な姿勢にひきかえ、窓口の高圧的な対応は市民の反発を招いている。／與市當局的靈活態度相反，窗口的高壓態度引起了市民的反感。

把兩個對照性的事物做對比。表示"與一方相反另一方"的意思。口語用"Nにくらべて(與…相比)"。

【にほかならない】

1 Nにほかならない　正是…、不外乎…。
（1）この会を成功のうちに終わらせることが出来ましたのは、皆様がたのご協力のたまものに他なりません。／這次大會能夠開得成功，完全是靠大家的共同努力。
（2）年を取るというのは、すなわち経験を積むということに他ならない。／上了年紀也就是積累了經驗。

用於斷定地說"除此之外就沒有"、"正是"。

2 …にほかならない　正是…、不外乎…、無非是…。

[…から／…ため　にほかならない]
（1）父が肺ガンになったのは、あの工場で長年働いたために他ならない。／父親得了肺癌就是因為在那個工廠常年工作積勞的結果。
（2）彼が私を憎むのは、私の業績をねたんでいるからに他ならない。／他恨我，無非是因為嫉妒我的成就。
（3）この仕事にこんなにも打ち込むことができたのは、家族が支えていてくれたからに他ならない。／能夠如此全心地投入這項工作，正是由於家人支持的結果。

用於斷定地說事情發生的理由及原因不是別的，就是這個。

【にむかって】

向着…。

1 Nにむかって＜方向＞

(1) この飛行機は現在ボストンに向かっています。／這架飛機現在正飛往波士頓。
(2) 病人はだんだん快方に向かっています。／病人正逐漸恢復健康。
(3) 両国の関係は最悪の事態に向かって一気に進んでいった。／兩國的關係不斷向着最壞的事態發展。
(4) 春に向かってだんだん暖かくなってきた。／春天臨近，漸漸暖和起來。
(5) このトンネルは出口に向かって下り坂になっている。／這個隧道接近出口處，呈下坡路。

表示物體移動時的方向、時間及狀態變化時的去向。例(1)～(3)表示"這架飛機"、"病人"、"兩國的關係"所要到達的目的地，也可如例(1)、(2)作句子的述語。例(4)和例(5)後接表示變化的詞句，表示"隨着臨近…，發生某種情况的變化"的意思。如例(4)表示隨着臨近春天，發生了氣溫上升的變化。

2 Nにむかって＜面向＞ 面向…、面對…。

(1) 机に向かって本を読む。／伏案讀書。
(2) 黒板に向かって座る。／面向黑板而坐。
(3) マリア像に向かって祈りを捧げる。／對着瑪利亞的像祈禱。
(4) 私の部屋は正面に向かって左側にあります。／我的房間向着正面，在左側。

接表示物或人的名詞後，表示對其採取直接面對的姿勢。

3 Nにむかって＜對方＞ 對…、向…。

(1) 親に向かって乱暴な口をきくな。／不許對父母説話粗野。
(2) 敵に向かって発砲する。／向敵人開槍。
(3) 上司に向かって反抗的な態度を示す。／對上司表示反抗的態度。

接表示人的名詞後，表示要對其採取某種態度或進行某種行爲時的對方。也可以説"…にたいして"。

【にむけて】

1 Nにむけて＜方向＞ 向着…、面對…。

(1) 入口に背を向けて座っている。／背對入口而坐。
(2) 飛行機は機首を北に向けて進んでいた。／飛機調頭向北飛去。
(3) 飛行機は北に向けた。／飛機向北飛去。

接表示場所或方位的名詞後，表示物體移動所要去的地點或人的姿勢面對的方向。也可如例(3)用作句子的述語。

2 Nにむけて＜目的地＞ 向着…、

朝着…。
(1) 飛行機はヨーロッパに向けて飛び立った。/飛機向着歐洲起飛了。
(2) 彼らは任地に向かって出発した。/他們向着赴任地出發了。

接表示場所的名詞後。表示作爲移動的目標的地點。後接表示移動的詞句。

3 Nにむけて＜對方＞　向…。
(1) 人々に向けて戦争の終結を訴えた。/向人們呼籲結束戰争。
(2) アメリカに向けて、強い態度を取り続けた。/繼續對美國採取強硬態度。
(3) 彼は戦争の当事者たちに向けて根気強く停戦協定の締結を訴え続けた。/他頑強地不斷地向戰爭雙方呼籲締結停戰協定。

接表示人或組織的名詞後。表示"向…"的意思。

4 Nにむけて＜目標＞　朝着…方向努力。
(1) スポーツ大会に向けて厳しい練習が続けられた。/朝着進軍運動大會的目標進行了嚴格的訓練。
(2) 国際会議の開催に向けてメンバー全員の協力が求められた。/爲了迎接國際會議的召開，要求全體成員共同努力。
(3) 平和的な問題解決に向けて人々は努力を惜しまなかった。/朝着和平解決問題的方向，人們盡了最大的努力。

接表示事情的名詞後。表示"以實現此事爲目的"的意思。後接表示行爲的詞句。

【にめんした】
　→【にめんして】

【にめんして】
1 Nにめんして＜面向＞　面對…、面向…。
(1) 美しい庭に面して、バルコニーが広がっている。/陽臺面對着美麗的庭院伸展開來。
(2) この家は広い道路に面している。/這所房子對着寬的大馬路。
(3) リゾート地のホテルで、海に面した部屋を予約した。/在療養地的賓館裡預定了面臨大海的房間。

接道路或庭院以及大海等表示寬闊場所的名詞。正對着這個場所有一個空間存在。可以如例(2)把"…にめんしている"放在句尾。另外，修飾名詞時，如例(3)用"Nにめんした N"的形式。

2 Nにめんして＜面對＞　面對…。
(1) 彼女は非常事態に面しても適切な行動の取れる強い精神力の持ち主なのだ。/她是個堅強意志的人，即使面

對緊急狀況也能採取相應適當的行動。
（2）彼は危機的事態に面しても冷静に対処できる人だ。／他是個面對危急局面也能够冷靜對待的人。

表示面對困難或危機等嚴峻的狀況。

【にも】

爲了強調"に"前面的名詞，在"に"後面加"も"。

1 Nにも

a Nにも<時間・場所・方向・對方等> 在…也…、對…也…、向…也…。

（1）あそこにも人がいます。／那裡也有人。
（2）田中さんにも教えてあげよう。／也告訴田中吧。
（3）箱根にも日光にも行きました。／不論箱根還是日光都去過了。

接了助詞"に"，可以提示表示各種意思的句子，後面加"も"，表示"不只這些，對其他事物也可以這麼説"的意思。沒有必要加"も"的意思時，可以只用"に"。

b Nにも<尊敬的對象> 你們也…、您也…、老師也…、先生也…。

（1）ご家族のみなさまがたにもおすこやかにお過ごしのことと拝察申し上げます。／欣慰地得知您和全家人都身體康健，生活愉快。
（2）皆々様にもご健勝にお過しの由、お喜び申し上げます。／獲悉大家也都身體康健，非常高興。

接表示對方爲身分、地位高於自己的人的名詞，用於對其人表示敬意。只能用於慣用的表達，是非常正規的書信問候語。更加鄭重的表達方式有"…におかれましては"。

2 V-ようにも

a V-ようにも…ない 即使想…也不能…。

（1）助けを呼ぼうにも声が出ない。／想喊救命却喊不出聲來。
（2）機械を止めようにも、方法が分からなかったのです。／想關上機器，但是不知道怎麼關。
（3）先に進もうにも足が疲れて一歩も踏み出せなかった。／即使想往前走，可是腿累得一步也走不動了。
（4）手術をしたときはすでに手遅れで、助けようにも助けようがなかったのです。／手術的時候已耽誤了，想救也沒法救了。

接"呼ぼう"、"止めよう"等動詞的意向形，後接否定的表達形式，表示"即使想那麼做也不行"的意思。

b V-ようにもV-れない 即使想…也不能…。

（1）少し休みたいけれど、忙しくて休もうにも休めない。／想休息一下，但忙得想休息也休息不了。

（2） こんなに遠くまで来てしまっては、帰ろうにも帰れない。／來到這麼遠的地方，想回去也回不去了。
（3） こんな恐ろしい事件は、忘れようにも忘れられない。／這麼可怕的事件，想忘也忘不掉。
（4） 土砂崩れで道がふさがれており、それ以上進もうにも進めない状態だった。／因爲塌方道路被堵住了，想再往前走也走不過去了。

接"帰ろう"、"忘れよう"等動詞的意向形，後面是同一動詞的可能態的否定形。表示"即使想那麼做也不能"、"無論如何也做不到…"的意思。

【にもかかわらず】

雖然…但是…、儘管…却…。

[N／A／V　にもかかわらず]
[Na であるにもかかわらず]

（1） 悪条件にもかかわらず、無事登頂に成功した。／儘管條件惡劣，但成功地登上了山頂。
（2） 母が止めたにもかかわらず、息子は出かけていった。／儘管媽媽出面阻止，可是兒子還是出去了。
（3） あれだけ努力したにもかかわらず、すべて失敗に終わってしまった。／雖然那麼努力，但一切還是以失敗告終了。
（4） 規則で禁止されているにもかかわらず、彼はバイクで通学した。／儘管有明文規定禁止騎摩託車上學，他還是照騎不誤。

表示"雖然是那種事態，但…"的意思。後接表示與預測相反的事態。也可如下面的例子，用於句子的開頭。

（例） 危険な場所だと十分注意されていた。にもかかわらず、軽装で出かけて遭難するはめになった。／儘管別人已警告過他那是個危險的地方，但他還是穿着輕便的服裝出發了，最後落了個遇難的下場。

【にもとづいた】

→【にもとづいて】

【にもとづいて】

根據…、按照…。

[Nにもとづいて]

（1） 実際にあった話に基づいて小説を書いた。／根據實際發生的事寫了小説。
（2） 計画表に基づいて行動する。／按計劃表行動。
（3） 過去の経験に基づいて判断を下す。／根據已往的經驗做出判斷。
（4） この小説は実際にあったことに基づいている。／這個小説是根據真人真事寫的。
（5） 長年の経験に基づいた判断

だから、信頼できる。/因爲是根據長年的經驗做出的判斷，所以可以信賴。

表示"以此爲依據"、"以此爲根據"的意思。可以如例（4）做述語。修飾名詞時如例（5）用"…にもとづいたN"的形式。也可以用"…にもとづいてのN"的形式。

【にもなく】

與(往常)不同。

[Nにもなく]

(1) 今日はがらにもなく背広なんかを着ている。/他今天與往常不同穿了西裝。

(2) その光景を見て、我にもなく動揺してしまった。/看到那種場面，就連我也不知不覺地動搖了。

是慣用的固定的表達方式，表示"與其人或其物往常的樣子或性質不同"的意思。

【にもならない】

1 Nにもならない 就連…都成不了。

(1) あまりにばかばかしい話で、冗談にもならない。/這件事太無聊了，連個笑話也算不上。

(2) こんなに細い木では焚きつけにもならない。/這種碎木頭連劈柴都够不上。

接"冗談(玩笑)"、"焚きつけ(劈柴)"等一些沒有什麼用的東西之後，表示連這樣的價值都沒有的意思。

2 V-るきにもならない 就連…都不想。

(1) あまりにばかばかしくて笑う気にもならない。/因爲太無聊了，連笑的心思都沒有了。

(2) 彼の考え方があまりに子供っぽいので、腹を立てる気にもならなかった。/他的想法太孩子氣了，讓人氣都氣不起來。

表示"成不了那種心情"的意思。多數情況含有其價值之低不值得那麼想的負面評價的意思。

【によったら】

→【によると】1b

【によって】

1 Nによって＜原因＞ 由於…、因爲…

(1) 私の不注意な發言によって、彼を傷つけてしまった。/由於我冒昧的發言，傷害了他。

(2) 踏切事故によって、電車は3時間も遅れました。/由於平交通發生事故，電車晚了3個小時。

(3) ほとんどの会社は不況によって経営が悪化した。/幾乎所有的公司都因爲不景氣而經營惡化。

接名詞後，表示"那就是原因"的意

2 Nによって＜被動句的動作主體＞ 由…、被…。

(1) この建物は有名な建築家によって設計された。／這座建築是由著名的建築師設計的。
(2) その村の家の多くは洪水によって押し流された。／這個村裡的許多房屋被洪水沖走了。
(3) 敵の反撃によって苦しめられた。／由於敵人的反撃，使我們苦不堪言。
(4) これらの聖典はヨーロッパからの宣教師たちによってもたらされた。／這些聖經是由從歐洲來的傳教士們帶來的。
(5) 3年生の児童たちによって校庭に立派な人文字が描かれた。／在校園中，由3年級的孩子們組成了一個壯觀的人字。
(6) この奇抜なファッションは新しいものを好む若者たちによってただちに受け入れられた。／這種奇特時裝立即爲喜好新事物的年輕人所接受。

表示被動句中的動作主體。與"XにYされる"的"Xに"相同。但如果"Y"的動詞是"設計する"、"作る"、"書く"等表示創造出某物的詞時候不能用"に"，要用"によって"。另外，像例(2)、(3)中"洪水"、"敵の反撃"等表示原因或解釋某件事時，可以和"で"互換。
(例) 洪水で押し流された。／被洪水沖跑了。

3 Nによって＜手段＞ 根據…、透過…、靠…。

(1) この資料によって多くの事実が明らかになった。／透過這個資料，弄清楚了許多事實。
(2) 給料をカットすることによって、不況を乗り切ろうしている。／想透過削減工資來渡過經濟蕭條。
(3) 交通網の整備によって、遠距離通勤が可能になった。／透過對交通網的調整使長途通勤成爲了事實。
(4) コンピュータによって大量の文書管理が可能になった。／透過電腦管理大量文件已成事實。
(5) インターネットによって世界中の情報がいとも簡単に手に入るようになった。／透過因網路可以毫不費力地得到世界各地的情報。

表示"與此爲手段"、"用其方法"的意思。

4 Nによって＜依據＞ 根據…、依據…。

(1) この資料によっていままで不明だった多くの点が明らかになった。／透過這個資

料弄清楚了至今爲止許多不明之處。
（2） 行くか行かないかは、あしたの天気によって決めよう。／去還是不去，看明天的天氣再決定吧。
（3） 先生の御指導によってこの作品を完成させることができました。／在老師的指導下才得以完成了這個作品。
（4） 試験の成績よりも通常の授業でどれだけ活躍したかによって成績をつけようと思う。／比起考試成績我想根據平時在課堂上的表現來評分。
（5） 恒例によって会議の後に夕食会を設けることにした。／我們決定按照慣例，在會議之後設晚餐會。
（6） 例によって彼らは夜遅くまで議論を続けた。／像往常一樣他們一直討論到半夜。

接名詞或"疑問詞…か"的形式，表示"以此爲依據"、"以此爲根據"的意思。例（5）、（6）是作爲慣用句的固定的表達方式，表示"像往常一樣"的意思。

5 Nによって＜情況＞　因…，根據…。
（1） 人によって考え方が違う。／想法因人而異。
（2） 明日は所によって雨が降るそうだ。／據說明天部分地區有雨。
（3） 時と場合によって、考え方を変えなければならないかもしれない。／根據時間或場合的不同也許必須改變想法。
（4） 場合によってはこの契約を破棄しなければならないかもしれない。／根據情況這個合約可能要取消。
（5） 事と次第によっては、裁判に訴えなければならない。／根據情況和事態，有時必須打官司。

表示"根據其中的種種情況"的意思。例（5）是慣用句，與"場合によって（根據情況）"意思相同。

【によらず】

不論…，不按…。

[Nによらず]
（1） この会社では、性別や年齢によらず、能力のあるなしによって評価される。／在這個公司不按性別與年齡，而是按能力來評價員工。
（2） 古いしきたりによらず、新しい簡素なやりかたで式を行いたい。／我想不按老規矩，用新式儉樸的方式舉辦婚禮。
（3） 彼は見かけによらず頑固な男だ。／與他的外表不同，他是個非常固執的人。
（4） 何事によらず、注意を怠らないことが肝心だ。／關鍵

是無論在什麼情況下都不能疏忽大意。

表示"與…無關"、"與…不對應"的意思。例（3）、（4）是慣用句，例（3）表示"與外表不同"，例（4）表示"無論在什麼情況下"的意思。

【により】

根據…、通過…。

（1）水質汚染がかなり広がっていることが、環境庁の調査により明らかになった。／經環境廳調查查明水質污染已擴展面積。

（2）関東地方はところにより雨。／關東地方部分地區有雨。

"によって"的書面語言。

→【によって】

【による】

由…、由於…、因…、根據…。

[Nによる]

（1）学長による祝辞に引き続いて、卒業生代表によるスピーチが行われた。／校長致詞之後，畢業生代表致詞。

（2）計画の大幅な変更は、山田の強い主張によるものである。／計劃的大幅度修改是因山田的強烈要求的結果。

（3）地震による津波の心配はないということである。／據説不必擔心有因地震而引發的海嘯。

（4）晩御飯を食べて帰るかどうかは、会議の終わる時間による。／吃完晚飯後回不回家要根據會議的結束時間而定。

（5）車で行くかどうかは場合による。晴れていたら自転車の方が気持ちがいいが、もし雨が降ったら車で行くしかない。／是不是開車去要根據情況而定。如果是晴天騎自行車舒服，但是雨天的話就只有開車去了。

用於表示"動作主體"、"原因"、"根據"等。例（1）～（3）的N表示動作主體或原因，例（4）、（5）的N表示決定某事的條件。表示動作主體或原因的用法用於生硬的文章體，表示條件的用法可用於一般的口語。

【によると】

1 Nによると

a Nによると 據…、按…、根據…。

（1）天気予報によると、明日は晴れるそうです。／據天氣預報説，明天是晴天。

（2）彼の説明によると、この機械は廃棄物を処理するためのものだということです。／根據他的説明，這個機器是用來處理廢棄物的。

（3）あの雲の様子によると、明日は多分晴れるだろう。／

看那片雲彩的形狀，明天可能是晴天。

表示傳聞的出處或推測的依據。後接表示傳聞的"…そうだ"、"…ということだ"或表示推測的"…だろう"、"…らしい"等。例（1）、（2）也可以用"…によれば"。

b ことによると／ばあいによると　根據情況或許…。

（1）ことによると今回の旅行はキャンセルしなければならないかもしれない。／根據情況，這次旅行也許要取消。
（2）場合によると彼らも応援に来てくれるかもしれない。／根據情況，也許他們也會來聲援的。

是慣用句的固定的表達方式，表示"或許"、"在某種條件下"的意思。後接表示推測的内容。也可用"ことによったら"、"場合によったら"的形式。

2 Vところによると　據…、據說…。

（1）聞いたところによると、最近は飛行機でいく方が電車より安い場合もあるそうですね。／聽說最近有時搭飛機去比電車還要便宜。
（2）彼の主張するところによると、彼は事件とは関係ないということだ。／據他自己說他和事件沒有關係。
（3）祖父の語ったところによると、このあたりには昔古い農家があったということだ。／據祖父說這一帶過去有古老的農家。

表示所聽傳聞的出處或判斷的依據。後接表示傳聞的"…そうだ"、"…ということだ"或表示推測·判斷的詞語。也可用"…ところによれば"的形式。

【によれば】

據…、根據…、按照…。

（1）この記録によれば、その城が完成したのは11世紀末のことだ。／據這項記載，那個城堡是在11世紀末建成的。
（2）彼の話によれば、この茶碗は骨董品として価値の高いものだそうだ。／據他說這個茶杯作爲古董有着很高的價值。

意同"…によると（據…、按…、根據…）"。

→【によると】1a、2

【にわたって】

在…範圍内、涉及…、一直…。

【Nにわたって】

（1）この研究グループは水質汚染の調査を10年にわたって続けてきた。／這個研究小組已經持續了10年對水質污染的調查工作。
（2）彼はこの町を数回にわたって訪れ、ダム建設についての住民との話し合いをおこなっている。／他幾次來到這個城鎮，就修築水庫之事

與當地居民進行協商。
(3) 首相はヨーロッパからアメリカ大陸まで8カ国にわたって訪問し、経済問題についての理解を求めた。／首相從歐洲到美洲大陸訪問了8個國家，就經濟問題尋求他們的理解。
(4) 外国人労働者に関する意識調査の質問項目は多岐に渡っており、とても一言で説明することはできない。／有關對外國工人的工作意識調查，疑問項目涉及方面很多，根本無法用一句話解釋清楚。

接表示期間、次數、場所的範圍等詞，形容其規模之大。後常伴"行う／続ける／訪れる"等動詞。用於正規的文章體。

【にわたり】

在…範圍内、涉及…、一直…。

【Nにわたり】
(1) 話し合いは数回にわたり、最終的には和解した。／經過數次協商，最後達成和解。
(2) 彼の研究は多岐にわたり、その成果は世界中の学者に強い影響を与えた。／他的研究涉及許多領域，其成果對全世界的學者有很大的影響。
(3) 彼女が訪れた国は実に23カ国に渡り、その旅を記録した写真集は普通の人々の生活を生き生きと写し取っていることで評判になっている。／她到過23個國家，記錄了其行程的攝影集生動地拍攝出一般老百姓的生活，受到了好評。

與"にわたって"意思相同。"にわたって"多修飾緊跟其後的動詞，而"にわたり"多用於句子的後面。用於書面的正規文體。

【ぬ】

文言中表示否定的助動詞。現在除了"…ません"及"知らん(不知道)"、"好かん(不喜歡)"中的"ん"可以看出文言的痕跡、還可以用於作爲慣用句的固定説法。

1 V-ぬ　不…。

(1) 知らぬ存ぜぬで(＝知らないと主張し続けて)押し通す。／一口咬定説什麼也不知道。
(2) 知らぬが仏(＝知れば腹も立つが知らなければおだやかな気持ちでいられる)。／不知道就心不煩(知道了也許會生氣，但是如果不知道就能保持一種平靜的心情)。
(3) 予期せぬ(＝予期しない)事件が起こった。／發生了意想不到的事件。
(4) 急いで対策を考えなければならぬ。／必須立即考慮對策。

是作爲慣用句的固定的表達方式．表示"不…"的意思。例(4)是"…なければならない"的文言的説法。

2 V-ぬうちに　趁還沒有…。
（1）誰にも気付かれぬうちにここを抜け出そう。／趁還没人察覺，從這溜走吧。
（2）暗くならぬうちに家にたどり着けるといいのだが。／趁天黑之前能趕回家就好了。

"…ないうちに"的文言的説法。

→【うち】2 C

3 V-ぬばかり　快要…，幾乎就要…。
（1）おまえは馬鹿だと言わぬばかりの顔をした。／他那副表情是差點就要罵出"你是個混蛋"。
（2）泣かぬばかりに懇願した／幾乎要哭出來地懇求。

是慣用句式的固定表達方式．表示"眼看就要…樣子"的意思。是"V-んばかり"的文言的表達方式。

→【ばかり】6

4 V-ぬまでも　即使不…也得…。
（1）この崖から落ちたら、死に至らぬまでも重傷はまぬがれないだろう。／從這個懸崖上掉下去，就是摔不死，也難免受重傷。
（2）実刑は受けぬまでも罰金は払わせられるだろう。／即使不被判刑也得被判交罰金吧。

是"…ないまでも"的文言的説法。

→【ないまでも】

5 V-ぬまに　在不(没)…之時。
（1）鬼のいぬ間に洗濯（＝邪魔になる人がいない間にしたいことをする）。／閻王不在，小鬼造反。
（2）知らぬ間にこんなに遠くまで来てしまった。／不知不覺間就走了這麼遠。

是慣用句式的固定的表達方式．表示"在不(没)…之時"的意思。

【ぬき】

1 N ぬきで　省去…、撇開…、去掉…。
（1）この集まりでは、形式張ったこと抜きで気楽にやりましょう。／這次的聚會，我們免去形式上的東西，放輕鬆些吧。
（2）この後は偉い人抜きで、若手だけで飲みに行きましょう。／從現在起，撇開大人物，就我們年輕人去喝酒吧。
（3）前置きは抜きで、さっそく本論に入りましょう。／省去開場白，馬上進入正題吧。

表示"除去…"的意思。也可如例(3)用"Nはぬきで"的形式。

2 N ぬきに…V-れない　没有…就不可能…。
（1）この企画は、彼の協力抜きには考えられない。／這項計劃没有他的協助是不可能實現的。
（2）資金援助抜きに研究を続け

ることは不可能だ。／没有資金援助就不可能繼續進行研究。
(3) 今回の企画の成功は山田君の活躍抜きに語れない。／這次的計劃得以成功，如果没有山田君的積極努力就無法談起。

接名詞，在句尾用"…できない"、"V-れない"、"不可能だ"，表示"如果没有…就不能做到…"的意思。

3 Nはぬきにして　除去…、免去…。
(1) この際、仕事の話は抜きにして、大いに楽しみましょう。／現在，不談工作上的事，好好樂一樂吧。
(2) 冗談は抜きにして、内容の討議に入りましょう。／把玩笑話收起来，開始討論吧。

表示"除去…"、"停止…"的意思。

【ぬく】

…到底、一直…。
[R-ぬく]
(1) 苦しかったが最後まで走りぬいた。／雖然很痛苦，但還是堅持跑完了全程。
(2) 一度始めたからには、あきらめずに最後までやりぬこう。／一旦做起来就不要放棄一直做到底。
(3) 考え抜いた結果の決心だからもう変わることはない。／因爲這是我經過再三考慮

下的決心，所以不會再改變了。
(4) この長い漂流を耐え抜くことができたのは、「ここで死にたくない」という強い気持ちがあったからだと思います。／能够在這次漫長的漂流中堅持下来，我想是因爲有"我可不想死在這裡"的堅強信念在支撑着。

把所必須的行爲・過程做完的意思。經受着痛苦而完成的意思較强。

【ぬまでも】

即使不…也…。
[V-ぬまでも]
(1) 邸宅とは言わぬまでも、せめて小さな一戸建てぐらいは建てたいものだ。／即使談不上是豪宅，至少也想建一所獨門獨户的住宅。
(2) この崖から落ちたら、死に至らぬまでも、重傷はまぬがれないだろう。／從這麼高的山崖掉下去的話，即使摔不死，也免不了要受重傷的。

是"…ないまでも"的文言的説法。
→【ないまでも】

【ねばならない】

必須…、應該…、要…。
[V-ねばならない]
(1) 平和の実現のために努力せ

ねばならない。／要爲實現和平而努力。
（2）一致協力して問題解決に当たらねばならない。／必須同心協力努力解決問題。

是"…なければならない"的書面語言。

→【なければ】2

【ねばならぬ】

必須…、應該…、要…。

[V-ねばならぬ]

（1）暴力には力を合わせて立ち向かわねばならぬ。／對付暴力，大家必須同心協力一起抗爭。
（2）自然破壊は防がねばならぬ。／必須防止破壊自然。

是比"…ねばならない"更加文言的表達方式。

→【なければ】2

【の₁】

1 NのN

a NのN＜所屬＞ …的…。

（1）これはあなたの財布じゃないですか。／這不是你的錢包嗎？
（2）こちらは東京電気の田中さんです。／這位是東京電器的田中先生。
（3）東京のアパートはとても高い。／東京的公寓非常貴。

修飾名詞，表示該名詞所表示的東西的所屬者或所在地。

b NのN＜性質＞ …的…。

（1）病気の人を見舞う。／探望生病的人。
（2）バラの花を贈る。／送玫瑰花。
（3）3時の電車に乗る。／搭3點的電車。
（4）カップ1杯の水を加える。／加一杯水。

修飾名詞，表示該名詞的性質、狀態、種類、數量等各種意思。

c NのN＜同位語＞（表示同一物或人）

（1）友人の和男に相談した。／與朋友和男先生商量了。
（2）社長の木村さんをご紹介しましょう。／我來介紹一下總經理木村先生。
（3）これは次女の安子でございます。／這是我的二女兒安子。

表示前面的名詞和後面的名詞是同一物(人)。後面的名詞多用人或物的名字等固有名詞。

d N（＋助詞）のN …的…。

（1）子供の成長は早い。／孩子成長很快。
（2）自転車の修理を頼んだ。／求了人修理自行車。
（3）アメリカからの観光客を案内する。／爲從美國來的遊客作嚮導。
（4）京都までのバスに乗った。／搭上了開往京都的公車。
（5）田中さんとの旅行は楽し

かった。／與田中的旅行很愉快。
（6）京都での宿泊はホテルより旅館のほうがいい。／在京都投宿住旅館比住飯店好。

　　"子供が成長する"、"自転車を修理する"、"アメリカから観光客が来る"中的"子供"和"成長"、"自転車"和"修理"、"アメリカ"和"観光客"之間的關係是通過用前面的名詞修飾後面的名詞來表達的。如"子供が成長する"和"自転車を修理する"中的"が"和"を"變成"子供の成長"和"自転車の修理"，不再使用"が"或"を"。"の"還可以接在其他的助詞後。如"アメリカからの観光客"、"田中さんとの旅行"。而"に"的後面不能接"の"，要把"に"換成"へ"。

（誤）母にの手紙
（正）母への手紙／給媽媽的信。

e Nの…N …的…。
（1）彼の書いた絵はすばらしい。／他畫的畫棒極了。
（2）学生たちの歌う声が聞こえる。／傳來了學生們的歌聲。
（3）タイプの上手な人を探している。／正在找打字快的人。
（4）花の咲く頃にまた来てください。／請在花開時節再來。

　　在"彼の書いた絵"、"タイプが上手な人"這種修飾名詞（這裡是"畫"、"人"）的句子裡可以用"の"代替"が"。

2 …の
a Nの …的(東西)。
（1）これは私のです。／這是我的。
（2）電気製品はこの会社のが使いやすい。／電器產品是這個公司的好用。
（3）この電話は壊れてますので、隣の部屋のをお使い下さい。／這個電話壞了，請用隔壁房間的電話。
（4）ラーメンなら、駅前のそば屋のが安くておいしいよ。／拉麵的話，車站前的麵館的又便宜又好吃。
（5）柄物のハンカチしか置いてないけど、無地のはありませんか。／只有花手帕，有不帶花的嗎？

表示"…的東西"的意思。

b …の …的…。
[Na なの]
[A／V の]
（1）これはちょっと小さすぎます。もう少し大きいのはないですか。／這個稍有點小，還有再大點的嗎？
（2）みんなで料理を持ちよってパーティーをしたんだけど、私が作ったのが一番評判よかったんだ。／大家各自帶了飯菜來參加晚會，我做的菜得到的評價最高。
（3）これは大きすぎて使いにくい。もっと小さくて便利なのを探さなくてはならない。／這個太大不好用。得找個更小巧方便的。
（4）その牛乳は古いから、

さっき買ってきたのを使って下さい。／那牛奶過期了，用剛買的吧。

接動詞或形容詞，表示"大的東西""我做的東西"等意思。

c Nの…の　…的…。
[NのNa なの]
[Nの A／V の]
（1）戸棚のなるべく頑丈なのを探してきてほしい。／請幫我找一個儘量牢固些的櫃櫥。
（2）ビールの冷えたのはないですか。／啤酒有冰的嗎？
（3）袋の中にリンゴの腐ったのが入っていた。／袋子裡裝的是爛蘋果。

用"Nの＋修飾語＋の"的形式，表示就N所表示的東西而言，特指處於定語所顯示的狀態下的東西。如例（2）的意思就是"這裡要説啤酒，就是指其中冰過的啤酒"。

【の₂】

1 …の＜提問＞　…嗎？
[N／Naなの]
[A／V の]
（1）A：遊んでばかりいて。試験、本当に大丈夫なの？／老是玩，考試真的沒問題了嗎？
　　B：心配するなよ。大丈夫だってば。／別操心啦，我不是說沒問題了嘛。
（2）A：明子ちゃんは、なにをして遊びたいの？／明子，你想玩什麽？
　　B：バトミントン。／羽毛球。
（3）A：スポーツは何が得意なの？／你善長什麽運動？
　　B：テニスです。／網球。
（4）元気ないね。どうしたの？／無精打采的，怎麽啦？

用上升的語調表示發問。用於對孩子以及親密的人説話時。

2 …の＜用輕鬆的語氣表示斷定＞　是…的。
[N／Na なの]
[A／V の]
（1）お母さん、あの子がいじわるするの。／媽媽，那個孩子欺負我。
（2）A：あした映画に行きませんか。／明天去看電影嗎？
　　B：残念だけど、明日はほかに用事があるの。／很遺憾，明天還有別的事。
（3）彼は私に腹を立てているみたいなの。／他好像是在生我的氣。
（4）A：元気ないですね。／怎麽無精打采的？
　　B：ええ、ちょっと気分が悪いの。／嗯，有點不舒服。
（5）A：もう少し早く歩けな

　　　　い？／能再走快點嗎？
　　　B：ごめんね。ちょっと足
　　　　が痛いの。／對不起，
　　　　我的脚有點疼。
　　用下降的語調，用於孩子及婦女以
輕鬆的語氣表示斷定。
3…の＜確認＞（向對方表示確認）
（1）　A：やあ、明子さん。今日
　　　　は。／喂，明子，你好。
　　　B：あら和夫さん。来てた
　　　　の。／哎呀，和夫，你
　　　　來了。
（2）　春子：正子さん、朝日高校
　　　　出身なんですって？
　　　　私もよ。／春子：正
　　　　子小姐，聽說你是朝
　　　　日高中畢業的，我也
　　　　是。
　　　正子：へえ、春子さんも朝
　　　　日高校出身なの。／
　　　　正子：真的？你也是朝
　　　　日高中畢業的呀。
（3）　A：君の発表すごくおもし
　　　　ろかったよ。／你的發
　　　　表非常有意思。
　　　B：あれ、君も聞いてくれ
　　　　ていたの。／咦，你也
　　　　聽了。
　　用上升或下降的語調，向對方表示
確認。
4…の＜用輕鬆的語調表示命令＞
你得…、你要…。
［V-る／V-ない　の］
（1）　病気なんだから、大人しく
　　　　寝ているの。／你有病了，得

　　　　乖乖地躺着。
（2）　そんなわがままは言わない
　　　　の。／不許說那種任性的話。
（3）　明日は早いんだから、今晩
　　　　は早く寝るの。／明天得早
　　　　起，所以你今晚要早睡！
（4）　男の子はこんなことで泣か
　　　　ないの。／男孩子不能爲這
　　　　點事哭。
　　用平調或下降的語調，表示女性以
輕鬆的語氣對晚輩的命令或禁止。

【の…の】
1の…のと　（說）…啦…啦。
［NだのNだのと］
［NaだのNaだのと］
［AのAのと］
［VのVのと］
（1）　量が多すぎるの少なすぎる
　　のと文句ばかり言っている。
　　／他一個勁地發牢騷，一會
　　説量太多啦，一會又説太少
　　啦。
（2）　頭が痛いの気が進まないの
　　と言っては、誘いを断って
　　いる。／他説什麽頭疼啦什
　　麽没心思啦，拒絶了邀請。
（3）　形が気に入らないの色が嫌
　　いだのと、気むずかしいこと
　　ばかり言っている。／説什麽
　　不中意様式啦不喜歡顔色啦，
　　淨説些難侍候的話。
（4）　私の父は、礼儀が悪いの言葉
　　づかいが悪いのと、口うるさ

い。/我父親一會説我不懂禮貌啦一會又説我措辭不當啦,真煩人。

舉出同類的東西.表示説不停地發牢騷。也有以下的慣用句用法。

(例) なんのか(ん)のと(＝ああだこうだと、いろいろ)文句ばかり言っている。/怨這個怨那個的總是發牢騷。

(例) 四の五の言わずに(＝あれこれ言わずに)ついてこい。/別説那麼多了. 跟我來吧。

2 …の…ないの

a …の…ないのと   …啦,不…啦。

[A-いの A-くないのと]
[V-るの V-ないのと]

(1) 行くの行かないのと言い争っている。/他們爭論着是去還是不去。

(2) 結婚したいのしたくないのとわがままを言う。/一會説什麼想結婚啦一會又説不想結婚啦. 淨説些任性的話。

(3) 会社を辞めるの辞めないのと悩んでいた。/煩惱辭不辭去公司的工作。

(4) A：あの二人、離婚するんですって？/聽説他倆要離婚。
　　B：ううん。離婚するのしないのと大騒ぎしたけど、結局はうまくおさまったみたいよ。/嗯。離呀不離的鬧得很厲害. 但最後好像沒事了。

舉出有對比性的內容.表示怨這個怨那個地發牢騷。

b …の…ないのって 什麼…不…、…極了。

[A-いの A-くないのって]
[V-るの V-ないのって]

(1) A：北海道、寒かったでしょ。/北海道很冷了吧。
　　B：寒いの寒くないのって。耳が凍るんじゃないかと思ったよ。/冷極了. 耳朵都要凍掉了。

(2) A：あの治療は痛かったでしょうね。/那種治療很疼吧。
　　B：痛いの痛くないのって。思わず大声で叫んじゃったよ。/疼死了. 我都忍不住叫了起來。

表示程度極爲激烈。"非常…"的狀態的意思。後面多述説由此而發生的事情。也説"…のなんのって"。用於通俗的口語。

3 …のなんの

a …のなんのと 説…什麼的。

[A／V のなんのと]

(1) 高すぎるのなんのと、文句ばかり言っている。/總是發牢騷説太貴什麼的。

(2) やりたくないのなんのとわがままを言い始めた。/説起了

（3） 頭が痛いのなんのと理由をつけては学校を休んでいる。／編個頭疼什麼理由不上學。

表示對不願意的事嘮嘮叨叨發牢騷的樣子。

b …のなんのって　什麼…不…、…極了。

[A／V のなんのって]

（1） A：彼女に会って驚いたんじゃない？／你見到她沒嚇一跳吧。

B：驚いたのなんのって。すっかり変わっちゃってるんだもの。始めは全然違う人かと思ったよ。／嚇了我一大跳。她簡直是變了一個人。一開始我還以爲是另一個人呢。

（2） A：あのホテルは車の音がうるさくありませんでしたか。／那個飯店汽車的噪音不吵嗎？

B：いやあ、うるさいのなんのって、結局一晩中寝られなかった。／哎呀, 簡直是吵死了, 鬧得我一個晚上都沒睡着。

（3） 喜んだのなんのって、あんなに嬉しそうな顔は見たことがない。／還説什麼不高興呢, 從來沒見過他那麼高興的樣子。

意同 2 b 的"…の…ないのって"。

【のいたり】
→【いたり】

【のか】
[N／Na なのか]
[A／V のか]

1 …のか＜判明＞　原來是…。

（1） なんだ、猫だったのか。誰か人がいるのかと思った。／原來是猫啊。我還以爲有個什麼人呢。

（2） 彼は知っていると思っていたのに。全然知らなかったのか。／我以爲他知道呢, 原來他根本不知道。

（3） なんだ。まだだれも来ていないのか。ぼくが一番遅いと思ってたのに。／原來一個人都沒來呢。我還以爲我是來得最晚的呢。

用下降的語調。用略帶吃驚的語氣述説判明了與自己原來判斷是不同的事。

2 …のか＜提問＞　…嗎？

（1） 朝の5時？そんなに早く起きるのか。／早晨5點？得起那麼早啊？

（2） 君は娘に恋人がいたことも知らなかったのか？／你連你女兒有了戀人都不知道嗎？

（3） A：もう帰るのか？／這就回去嗎？
　　　B：うん。今日は疲れたから。／嗯。今天累了。
　　用上升語調，表示向對方的發問或確認。

3 …のか＜間接疑問＞　呢…、是…，還是不…。
（1）何時までに行けばいいのか聞いてみよう。／問一問幾點之前去好。
（2）彼はいつも無表情で、何を考えているのかさっぱり分からない。／他總是面無表情，簡直不知他在想什麼。
（3）この書類、どこに送ったらいいのか教えて下さい。／請告訴我把這個文件送到哪兒。
（4）行くのか行かないのかはっきりして下さい。／請表明態度是去還是不去。
（5）あの人はやる気があるのかないのか、さっぱり分からない。／根本不知道他是想做還是不想做。
　　把"何時までに行けばいいのですが"、"行くのですか、行かないのですが"等疑問表達作爲間接疑問表達方式放入句中。

【のきわみ】
　　→【きわみ】

【のだ】
[N／Na　なのだ]
[A／V　のだ]
　　一般作爲書面語言使用。口語多用"んだ"。敬體的説法是"のです"，也可用於會話。在隨意的會話中如"どうしたの？"可以只用"の"做結句。另外，正規的書面語言可以用"のである"。

1 …のだ＜説明＞　（因爲）是…。
（1）道路が渋滞している。きっとこの先で工事をしているのだ。／道路堵塞，一定是前面正在施工。
（2）彼をすっかり怒らせてしまった。よほど私の言ったことが気にさわったのだろう。／我把他徹底惹火了。是不是我的話嚴重傷害了他的感情。
（3）泰子は私のことが嫌いなのだ。だって、このところ私を避けようとしているもの。／泰子一定是討厭我，因爲她最近老躲着我。
　　用於説明前文所叙述的事情或當時的情況的原因或理由。

2 …のだ＜主張＞　…是…的。
（1）やっぱりこれでよかったのだ。／還是這樣較好。
（2）誰がなんと言おうと私の意見は間違っていないのだ。／不管誰説什麼，反正我的意見没有錯。
（3）誰が反對しても僕はやるのだ。／無論誰反對，我都是要

做。

用於說話者爲了證實自己說服他人而堅持强硬的主張或表示决心。

3 疑問詞…のだ …呢?
（1） 彼は私を避けようとしている。いったい私の何が気に入らないのだ。／他老躲着我. 到底是不喜歡我哪呢?
（2） こんな馬鹿げたことを言い出したのはだれなのだ。／説出這種蠢話的究竟是誰?

接含有疑問詞的句子. 用於要求自己或聽話人做出某些説明。

4 つまり…のだ 也就是説…。
（1） 防災設備さえ完備していればこのようなことにならなかった。つまりこの災害は天災ではなく人災だったのだ。／如果防火設施完備就不會發生這種事。也就是説這場火災不是天災是人禍。
（2） 私が言いたいのは、緊急に対策を打たなければならないということなのだ。／我想説的就是必須緊急採取對策。
（3） 会社の経営は最悪の事態を迎えている。要するに、人員削減はもはや避けられないことなのだ。／公司的經營正面臨着最嚴重的局面。總之. 裁减人員已是不可避免的事了。

接"つまり(就是説)"、"私が言いたいのは(我要説的是)"、"要するに(總之)"等詞的後面. 用於説話人把剛才説過的話用另一句話重新表達出來。

5 だから…のだ 所以才…的。
（1） コンセントが抜けている。だからスイッチを入れてもつかなかったのだ。／插頭没插着。所以怎麽開燈也不亮。
（2） エンジンオイルが漏れている。だから変な臭いがしたのだ。／機油漏了。所以才有一股怪味。
（3） 産業廃棄物の不法投棄が後をたたない。そのために我々の生活が脅かされているのだ。／由於非法抛棄工業廢料屢屢不斷, 爲此我們的生活正在受到威脅。

接"だから"、"そのために"等詞的後面. 表示這裏所説的事情是根據前文所説的事情得出的結論。

6 …のだから 因爲…。
[N／Na なのだから]
[A／V のだから]
（1） まだ子供なのだから、わからなくても仕方がないでしょう。／因爲還是個孩子. 不明白也就算了。
（2） 私でもできたのだから、あなたにできないはずがない。／連我都辦到了. 你不可能辦不到。
（3） あした出発するのだから、今日中に準備をしておいた方がいい。／因爲明天要

出發．所以最好在今天做好準備。
（4）冬の山は危険なのだから、くれぐれも慎重に行動してくださいね。／冬天山上很危險．所以請千萬謹慎行動。

接句子後．表示承認這里所説的是事實．並根據其事實的理由・原因引出以後的話。如例（1）首先承認他是個孩子．並以此爲根據得出不明白是也沒辦法的結論。如果是"まだ子供だから分からないのだろう"則是推測理由"不明白是因爲是孩子的緣故吧"。口語中一般用"…んだから"。

【のだった】

1 V-るのだった＜後悔＞ 如果當初…就好了．當初真應該…。

（1）あと10分あれば間に合ったのに。もう少し早く準備しておくのだった。／再多10分鐘就趕上了．真應該早點做準備。
（2）こんなにつまらない仕事なら、断るのだった。／要知道是這麼沒意思的工作拒絶了就好了。
（3）試験は悲惨な結果だった。こんなことなら、もっとしっかり勉強しておくのだったと後悔しています。／考試慘敗．早知如此．當初應該更加努力地學習。

對没有做的事表示後悔。具有如果做了就好了的心情。口語一般用"…ん

だった"。

2 …のだった＜感慨＞ 表示感慨。
[N／Na　なのだった]
[A／V　のだった]

（1）田辺はそれが贈賄であると知りながら、金を渡したのだった。／田邊明知那是行賄．還是遞了錢。
（2）この小さな事故が後の大惨事のきっかけとなるのだったが、その時はことの重大さにだれも気付いていなかった。／就是這個小事故釀成了後來的大慘劇．但是．當時誰也沒有意識到問題的嚴重性。

與"のだ（1）"的用法相近．用於對過去的事．懷着某種感慨來述説。多用於小説或隨筆等書面語言。

【のだったら】

如果是…的話。
[N／Na　なのだったら]
[A／V　のだったら]

（1）風邪なんだったら、そんな薄着はだめだよ。／會感冒的．可不能穿那麼少。
（2）そんなに嫌いなんだったら、むりに食べなくてもいいよ。／要是那麼不喜歡吃的話．就不要勉强吃了。
（3）こんなに寒いんだったら、もう1枚着て来るんだった。／要知道這麼冷的話．就再

多穿一件衣服了。
（4）A：そのパーティ、私も行きたいな。／那個晚會，我也真想去啊。
　　　B：あなたが行くんだったら私も行こうかな。／如果你去的話，我也去吧。

對剛聽到的事或現在的狀況，表示"如果是那樣"、"如果是那種情況"的意思。口語多用"んだったら"。

【のだろう】

[N／Na　なのだろう]
[A／V　のだろう]

是"のだ"和"だろう"組合在一起的形式。口語中常用"んだろう"。

1…のだろう＜推測＞　是…吧。…んだろう

（1）大川さんはうれしそうだ。何かいいことがあったのだろう。／大川好像很高興，也許有什麼好事了吧。
（2）子供はよく眠っている。今日一日よく遊んだのだろう。／孩子睡得好熟一定是今天玩了一天玩累了。
（3）大きなスーパーマーケットができて一年もしないうちに、前の八百屋は営業をやめてしまった。きっと、お客をみんなとられたのだろう。／大型超級市場建不到一年，從前的那個菜販就停止營業了。一定是顧客都被超級市場奪去了。
（4）実験に失敗したのにこのような興味深い結果が得られたのには、何か別の要因があるのだろう。／雖然實驗失敗了，却得出了這種意味深長的結果，這其中一定有什麼原因吧。
（5）この製品は特別に売れ行きがいい。きっと宣伝が上手なんだろう。／這個產品銷路特別好，一定是宣傳得好吧。

用下降語調，表示推測。在"だろう"的前面加上"の"表示對理由及原因的推測等，用於說話者對情況的判斷。

2…のだろう＜確認＞　是…吧。…んだろう

（1）A：10年ぶりの同窓会だね。君も行くんだろう？／是相隔10年才開的同學會呀。你也去吧？
　　　B：うん、行くつもりだ。／嗯，我準備去。
（2）A：来月ディズニーランドに行くの。／下個月我去迪斯奈樂園。
　　　B：え、また？もう何回も行ったんだろう？／怎麼，還去？你不是已經去過好多次了嗎？
（3）A：来週は試験だから、週末は忙しいんだろ

う？／下周要考試了，
周末該忙了吧。
B：うん。まあね。／嗯。
也許吧。
(4) A：新しいコンピュータ
買ったんだって？新型
は便利なんだろう。／
聽說你買了新電腦，新
型電腦方便吧。
B：ええ。本当に便利です
よ。／是。方便極了。

　　用上升語調，表示確認。有"の／ん"
時表示根據上下文或剛才的情況得到的
信息或推測爲依據來確認。一般爲男性
使用的口語。多用"んだろう"的形式。

3 …のだろうか 　是…吧。
　 …んだろうか
(1) 子どもたちが公園にたくさ
んいる。今日は学校が休み
なのだろうか。／公園裡孩
子真多。今天學校是放假吧。
(2) A：山口さんこの頃元気が
ないね。／山口最近沒
精神哪。
B：うん。顔色も悪いし、
体の具合でも悪いのだ
ろうか。／是啊。他臉
色也不好，是不是身體
不好啊。
(3) A：来年は入試だというの
に、太郎ったら、全然勉
強しようとしないんで
すよ。／明年就升學考
試了，可是太郎這個像
伙根本就不想學習。

B：うん。あれでどこかの高
校に入れるんだろうか。
心配だなあ。／是啊。這
樣下去能上哪個高中呢，
真令人擔心啊。
(4) A：山下さん、うれしそう
ね。／山下好像很高興
啊。
B：ほんとだね。何かいい
ことでもあったんだろ
うか。／可不是嘛。他
是不是有了什麼好事了
吧。

　　表示説話者懷疑、擔心的心情。"のだ
ろうか"用於説話者根據從文中得到的信
息或情況做出推測時。

【ので】
　　因爲…。
[N／Na　なので]
[A／V　ので]
(1) 雨が降りそうなので試合は
中止します。／因爲要下雨
了，中止比賽。
(2) もう遅いのでこれで失礼い
たします。／天不早了，我這
就告辭了。
(3) 風邪をひいたので会社を休
みました。／因爲感冒了，沒
有上班。
(4) 入学式は10時からですの
で、9時頃家を出れば間に
合うと思います。／因爲開
學典禮是10點開始，所以我

想9點來鐘出門就來得及。
(5) A：これからお茶でもどうですか。／現在去喝茶怎麼樣？
　　B：すみません、ちょっと用事がありますので。／對不起，我還有點事。

　　前面的句節説的事爲原因或理由，後面句子中所説的是因此而發生的事。用於客觀承認前項事與後項事的因果關係。所以一般後項爲已經成立或確實要成立的事，不能用於説話人根據自己的判斷下命令。
(誤) 時間がないので急げ。
(正) 時間がないから急げ。／没時間了，趕快！

　　如例(5)所示常用於闡述拒絶的理由或辯解。在通俗的口語中用"んで"。

【のであった】

表示感慨。
[N／Na　なのであった]
[A／V　のであった]
(1) 彼は大学を辞めて故郷に帰った。ようやく父のあとを受けて家業を継ぐ決心がついたのであった。／他大學退了學回到了故郷。終於下定決心繼承父業。
(2) ついに両国に平和が訪れたのであった。／兩國終於迎來了和平。

　　是滿懷感慨地回顧過去的"のだった"的鄭重説法。

【のである】

…是…的(靈活翻譯或不譯)。
[N／Na　なのである]
[A／V　のである]
(1) 解決には時間がかかりそうだ。問題は簡単ではないのである。／要解決問題好像還需要時間，因爲問題不那麼簡單。
(2) 結局のところ、政局に大きな変化は期待できないのである。／總之，不能期待政局發生大的變化。

　　是"のだ"的鄭重説法。
→【のだ】

【のです】

[N／Na　なのです]
[A／V　のです]

　　是"のだ"的敬體的説法。用於禮貌的會話，一般常用"んです"的形式。

１…のです＜説明＞　(因爲)是…。
(1) 遅くなってすみません。途中で渋滞に巻き込まれてしまったのです。／我來晩了，真對不起。因爲在來的路上遇到了堵車。
(2) 電話を使わせていただきたいのですが、よろしいでしょうか。／我想用一下電話，可以嗎？
(3) ハヤブサは突然急降下を始めました。獲物を見つけたのです。／隼鳥突然開始俯

衝。因爲它發現了獵物。
→【のだ】1

2 …のです＜主張＞ …是…的。
（1） これからはあなたたちがこの店をまもり発展させて行くのです。／今後要靠你們把這家店維持和發展下去。
（2） やはり私の考えは間違っていなかったのです。／我的想法還是沒有錯。
（3） あなたはことの本質を理解していないのです。／你是還沒有理解事情的本質。
（4） だれがなんと言おうと、私は仕事を辞めるのです。／無論誰説什麼，我都要辭掉工作。
→【のだ】2

3 …のです＜話題的契機＞（表示新話題的契機或背景）
（1） 先週京都へ行ってきたのですが、そこで偶然高橋さんに会いましてね。相変わらず仕事に励んでいるようでした。／上星期我去京都了，在那裡偶然碰到了高橋，他好像依然在努力地工作。
（2） 実は近々結婚するのです。それでご挨拶にうかがいたいのですが、ご都合はいかがでしょうか。／情況是這樣的，我最近要結婚，爲此想去拜訪一下，您方便嗎？
爲了營造提出新話題的契機，表示成爲其話題背景的事。

4 …のですか …呢，…嗎。
（1） どうして彼が犯人だとわかったのですか。／你怎麼知道了他就是犯人的呢？
（2） 田中さんはタフですね。なにかスポーツでもしているのですか。／田中身體真健壯啊。有參加什麼體育活動嗎？
（3） A：もうお帰りになるのですか。／您就要回去了呀？
B：ええ。ほかに用事もありますので。／是的。我還有點其他事。
就當時的情況或剛説過的内容，要求聽話者做出某種説明。

5 つまり…のです 即…，也就是…。
（1） 締切は今月末、つまりあと5日しかないのです。／截止日期是本月底，也就是説只剩下5天了。
（2） 私が言いたいのは、緊急に対策を打たなければならないということなのです。／我想説的就是必須緊急採取對策。
→【のだ】4

6 だから…のだ 所以オ…的。
（1） ずいぶん熱が高いですよ。だから頭がいたかったのですね。／燒得相當厲害，所以

才頭疼的啊。
（2）社長は私を信頼していない。だからこの仕事を任せてもらえなかったのだ。／總經理不信任我，所以才不把這項工作交給我。
（3）ここにすきまがあるようですね。そのために風が吹き込んでくるのですよ。／這好像有條縫隙，所以風才吹進來的呀。
→【のだ】5

7 …のですから　因爲…。
（1）時間はあるのですから、ゆっくりやって下さい。／還有時間，請慢慢做吧。
（2）ここまで来たのだから、あともう一息です。／已經到了這了，只需再加一把勁了。
→【のだ】6

【のでは】
　　　如果…的話。
[N／Na　なのでは]
[A／V　のでは]
（1）そんなに臆病なのでは、どこにも行けませんよ。／要是那麼膽小的話，哪也去不成了。
（2）雨なのではしかたがない。あしたにしよう。／下雨的話那就沒辦法了。改成明天吧。
（3）こんなに暑いのでは、きょうの遠足はたいへんだろうね。／這麼熱的話，今天的郊遊可累了啊。
（4）こんなにたくさんの人に見られているのでは緊張してしまうでしょう。／讓這麼多人看著，肯定緊張吧。
　　根據剛聽到的事情或情況，表示如果是那樣的話、如果是那種情況的話的意思。後面常接"こまる(不好辦)"、"たいへんだ(夠辛苦)"等持否定態度的表達方式。口語多用"なんじゃ"、"んじゃ"的形式。

【のではあるまいか】
　→【ではあるまいか】

【のではないか】
　→【ではないか2】

【のではないだろうか】
　→【ではないだろうか】

【のではなかったか】
[N／Na　なのではなかったか]
[A／V　のではなかったか]
1 …のではなかったか＜疑問＞
不是…嗎？
（1）当時の人々は人間が空を飛ぶなどということは考えもしなかったのではなかったか。／當時的人也許連想都沒想過人能在天上飛。

（２）　古代人にとってはこれも貴重な食物なのではなかったか。／對於古代人來説這大概也是寶貴的食物了吧？
→【ではなかったか】

２…のではなかったか＜責備＞
不是…了嗎。
（１）　あなたたちは規律を守ると誓ったのではなかったか。／你們不是發誓要遵守紀律的嗎？
（２）　これまでは平和に共存してきたのではなかったか。／至今爲止不是和平共處過來了嗎？

用於表示因爲事態與前句所説的事有出入,説話者對聽話者的責備或遺憾的心情。

【のではなかろうか】
→【ではなかろうか】

【のに₁】
［Ｎ／Ｎａ　なのに］
［Ａ-い／Ａ-かった　のに］
［Ｖ-る／Ｖ-た　のに］

１…のに＜用於句中＞

接句節。用"ＸのにＹ"的形式,表示不能得出由Ｘ推測出的結果,而成爲與其不同結果的Ｙ。Ｘ與Ｙ表示已確定的事實,對Ｙ一般不能用没有確定的事實、疑問、命令、請求、勸誘、意志、期望、推量等表達方式。

（誤）　雨が降っているのに出かけなさい。
（誤）　雨が降っているのに出かけたい。
（誤）　雨が降っているのに出かけるだろう。

ａ…のに＜相反的原因＞　雖然…却…、居然…。
（１）　５月なのに真夏のように暑い。／才到５月却像盛夏一樣炎熱。
（２）　家が近いのによく遅刻する。／家近却總遲到。
（３）　雨が降っているのに出かけていった。／下着雨還是出門了。
（４）　真夜中過ぎたのにまだ帰ってこない。／都過半夜了,還没回來。
（５）　今日は日曜日なのに会社に行くんですか。／今天是星期天還去公司上班啊？
（６）　５月なのに何でこんなに暑いんだろう。／才５月,怎麽就這麽熱呢。

當"ＸのにＹ"的Ｘ與Ｙ之間有因果關係時,其因果關係却不能成立的用法。

如例（３）不是通常的"因爲下着雨,所以没出門"的因果關係,而是正相反的情况。多伴有説話者對預想外的結果和不同的意外感和懷疑的心情。

例（６）是對預料之外的現狀的原因的提問形式,表示意外和懷疑。

例（５）雖然是疑問句,但可以用"のに"。其理由是例（５）要去公司是已經確定的事實,可是對"星期天還去公司上班"感到奇怪。對這種事實用"のですか"的形

式提問。

對此如果不用"のだ",而用以下的疑問句問去不去公司時就顯得不自然。

(誤) 今日は日曜日なのに会社に行きますか。

b …のに＜對比＞ 而…、却…。

(1) 昨日はいい天気だったのに今日は雨だ。／昨天是個好天,而今天却下起了雨。

(2) あの中国人は日本語はあまり上手でないのに、英語はうまい。／那個中國人日語不太好,但英語很棒。

(3) お兄さんはよく勉強するのに弟は授業をよくサボる。／哥哥很用功,而弟弟却經常逃學。

X與Y不具有因果關係,是表示對比的關係的用法。

如例(2)是把表示對比關係的"日語不好"與"英語棒"放在一起的用法,而不是表示"那個中國人因爲日語不好,所以英語才棒"的因果關係。

這時的"のに"可以和"けれども"以及"が"互換,但"けれども"或"が"只是單純地表示對比關係,而"のに"的X與Y的關係超出通常的預料,使説話人感到"奇怪,反常"。

(例) あの中国人は日本語はあまり上手ではない{けれども／が}、英語はうまい。／那個中國人雖然日語不太好,但英語很棒。

c …のに＜預料之外＞ 原以爲…、却…、原打算…可是…。

(1) 合格すると思っていたのに、不合格だった。／原以爲能及格,可是却没有及格。

(2) 今晩中に電話するつもりだったのに、うっかり忘れてしまった。／原準備今天晚上打電話,可是稀里糊塗地給忘了。

(3) 和子さんには来てほしかったのに、来てくれなかった。／非常希望和子能來,可是她却没有來。

(4) せっかくおいでくださったのに、申し訳ございませんでした。／承蒙您特意光臨,(我却不在)非常抱歉。

表示預測落空,結果超出預料之外。

在例(1)～(3)中X用"…と思っていた(原以爲…)"、"つもりだった(原打算…)"、"来てほしかった(本來非常希望她來)"等表示預測、意向、希望的詞句,Y表示與此相反的結果。

例(4)的意思是"承蒙您特意光臨,(我却不在)非常抱歉",省略了表示結果的( )中的部分,後面表達的是自己對這種與對方所期待相反結果的歉意心情。

2 …のに＜用於句尾＞ …却…。

(1) スピードを出すから事故を起こしたんだ。ゆっくり走れと言っておいたのに。／因爲速度太快才出了事故,我説過了慢點開,你却…。

(2) 絶対来るとあんなに固く約束したのに。／説好了一定來的,却(没有來)。

(3) もっと早く出発すればよ

かったのに。／要是再早點出發就好了。
（4）あなたも来ればいいのに。／你也來就好了，可是…。
（5）あと5秒早ければ始発電車に間に合ったのに。／要是再早5秒鐘就趕上頭班電車了。

用於句尾，表示因爲結果與預想的不同而感到遺憾的心情。用於對説話者以外的行爲表示責備或不滿以及如例（5）所示用於與事實相反的條件句的句尾。

3 せっかく…のに →【せっかく】5

4 Nでも…のに 就連…都…，更何況…。

（1）電気屋でも直せないのに、あなたに直せるはずがないじゃないの。／電器商店都修不了，你不是更修不了嗎。
（2）九州でもこんなに寒いのに、まして北海道はどんなに寒いだろう。／連九州都這麼冷，北海道會更冷啊。
（3）こんな簡単な問題は、小学生でも解けるのに、どうして間違えたりしたの？／這麼簡單的題，連小學生都能解，爲什麼你却錯了呢？

展開自己的論點"如果是N的話是理所當然的，但結果却相反（以爲電器商店能修，可是却修不了）。N尚且如此，更何況比其可能性小的你了（你這個外行就更修不了了）"。

【のに2】

爲了…，用於…。

[V-るのに]
（1）この道具はパイプを切るのに使います。／這個工具是用來切管子的。
（2）暖房は冬を快適に過ごすのに不可欠です。／暖氣是舒適過冬所不可缺少的。
（3）彼を説得するのには時間が必要です。／説服他需要時間。

接動詞的辭書形，表示目的。可以和"…するために"互換，但後接詞只限於"使う"、"必要だ"、"不可欠だ"等，不如"…するために"隨意。

（誤）留学するのに英語を習っている。
（正）留学するために英語を習っている。／爲了留學正在學英語。

接名詞表示同一意思時，變爲"Nに"。

（例）辞書は語学の勉強に必要だ。／辭典是外語學習所必須的。

【のは…だ】

[N／Na なのは…だ]
[A／V のは…だ]

用"XのはYだ"的形式，在X的部分説聽話者已經知道的事情或已經預測到的事情，在Y的部分説聽話者不知道的新情況。

1 …のは Nだ／N＋助詞＋だ …的是…。

（1）このことを私に教えてくれ

たのは山田さんです。／告訴我這件事的是山田先生。
(2) 彼の言うことを信じているのはあなただけだ。／相信他的話的只有你。
(3) ここに通うようになったのは去年の3月からです。／毎天經過這裡是從去年3月開始的。

先叙述某件事，然後再表示與此事的成立相關的人或物。"だ／です"的前面用名詞或名詞＋助詞，不能用助詞"が"和"を"。

(誤) このことを私に教えてくれたのは山田さんがです。

2 のは…からだ 之所以…是因爲…。
(1) 彼女が試験に失敗したのは、体の調子が悪かったからだ。／她考試没考好，是因爲身體不舒服。
(2) 大阪に行ったのは事故の原因をたしかめたかったからです。／去大阪是因爲想查清事故的原因。

先説出某件事，然後再闡述其理由。

3 のは…ためだ 之所以…是因爲…。
(1) 電車が遅れたのは、踏切事故があったためだ。／電車誤點是因爲平交道發生了事故。
(2) 彼らが国に帰ったのは、子供たちに会うためだ。／他們回國是爲了看看孩子們。

先説出某件事，然後再闡述其理由。

4 のは…おかげだ 之所以…多虧了…。
(1) 子供が助かったのはあなたのおかげです。／孩子能够得救多虧了您。
(2) この事業が成功したのは、みんなが力を合わせて頑張ったおかげだ。／這個事業能够成功是大家共同努力的結果。

先説出令人滿意的事，然後再闡述其理由。

5 のは…せいだ 之所以…是因爲…(的緣故)。
(1) 雪崩に巻き込まれたのは、無謀な計画のせいだ。／之所以卷入雪崩是由於計劃不周。
(2) 試合に負けたのは私がミスをしたせいだ。／比賽輸了是因爲我的失誤。

先説出令人不満意的事，然後再闡述其理由。

【のみ】

1 Nのみ 只，僅。
(1) 経験のみに頼っていては成功しない。／只依靠經驗不會成功。
(2) 金持ちのみが得をする世の中だ。／這個社會是只有有錢人才得利的社會。
(3) 洪水の後に残されたのは、石の土台のみだった。／洪水過後剩下的只有石頭基石。

表示只限於此的意思。是用於書面的生硬表達。口語中可以用"だけ"或"ばかり"。

2 V-るのみだ　只有…。
(1) 準備は整った。あとはスイッチをいれるのみだ。／都準備好了。只差開開關就行了。
(2) 早くしなければと焦るのみで、いっこうに仕事がはかどらない。／工作總沒有進展，再不快點，最後就只有乾着急了。

表示"只有"的意思。例(1)表示某一動作處於馬上就可進行的狀態，例(2)表示只進行這種動作。可以和"…するばかりだ"互換。

3 Nあるのみだ　只有…。
(1) こうなったからは前進あるのみだ。／到了這種地步只有向前進了。
(2) 成功するためには、ひたすら努力あるのみです。／要成功，只有不懈地努力。

接"前進"、"努力"、"忍耐"等名詞後，表示"應該做的只有這個"的意思。

【のみならず】

1 …のみならず…も　不僅…也…。
[Nのみならずも]
[Naであるのみならずなでも]
[A-いのみならずA-くも]
[VのみならずNもV]
(1) 若い人のみならず老人や子供達にも人気がある。／不

僅青年人，也受到老人和孩子們的歡迎。
(2) 戦火で家を焼かれたのみならず、家族も失った。／在戰火中不僅房屋被燒毀了，還失去了親人。
(3) 彼女は聡明であるのみならず容姿端麗でもある。／她不僅聰明，而且容貌端莊秀麗。

用以表示添加"不僅如此…而且…"。是"だけでなく…も"的鄭重的書面語言。

2 のみならず　不僅如此。
(1) 彼はその作品によって国内で絶大な人気を得た。のみならず、海外でも広く名前を知られることとなった。／他因那部作品在國內受到極大的歡迎。不僅如此，在海外也名聲大噪。
(2) 彼女はありあまる才能を恵まれていた。のみならず彼女は努力家でもあった。／她不僅才華橫溢，還非常勤奮。

接前面的句子，表示不僅如此的意思。暗示還有其他類似的東西。是鄭重的書面表達方式。

【ば】

[N／Na　なら(ば)]
[A-ければ]
[V-ば]

用言的活用形之一。表示條件。是日

語中表示條件的最典型的形式,具有與 "たら"、"と"、"なら" 進行部分重疊使用的用法。

接名詞、ナ形容詞時可以省略 "ば",多用 "N/Naなら" 的形式。其生硬的書面表達方式爲 "N/Naであれば"。否定式 "N/Naでなければ" 既可以用於書面語也可以用於口語。イ形容詞的 "いい" 不能變成 "いければ",必須變成 "よければ"。

"ば" 的用法大多與 "たら" 相同,但一般書面語用 "ば",口語中用 "たら"。在比較隨意的口語中,語尾的 "子音+ebd" 有時可以變爲 "子音+ya"(例:あれば→ありゃ、行けば→行きゃ、飲めば→飲みゃ、なければ→なけりゃ)。"A-ければ" 變爲 "A-きゃ"(例:なければ→なきゃ)。

1 …ば＜一般條件＞ 如果…就…
[…ば N/Na だ]
[…ば A-い]
[…ば V-る]

(1) 春が来れば花が咲く。／春天一到,花就開。
(2) 10を2で割れば5になる。／10除以2等於5。
(3) 台風が近づけば気圧が下がる。／颱風臨近,氣壓就會降低。
(4) 年をとれば身体が弱くなる。／上了年紀身體就會變弱。
(5) 経済状態が悪化すれば犯罪が増加する。／經濟狀況惡化,犯罪就會增加。
(6) 人間というものは、余分な金を持ち歩けばつい使いたくなるものだ。／人帶着多餘的錢出門就總想花掉。
(7) 信じていれば夢はかなうものだ。／只要相信,美夢就能成真。
(8) だれでもほめられればうれしい。／無論是誰,受到表揚都高興。
(9) 風がふけば桶屋がもうかる。／意料之外的結果(期待毫無指望的事情)。
(10) 終わりよければすべてよし。／結尾好就一切都好。

不是指特定的人或物,而是述説一般事物的條件關係,表示 "如果X成立Y就一定會成立" 的意思。與特定的時間無關,表示通常成立的規律性、法則性的關係或因果關係,句尾用辭書形。不是以個人的經驗或個別的單次的事情爲題,而是用於 "當X成立時,就一定會成爲Y"、"一般會成爲這樣"、"本質上是這樣" 的場合。

一般不用主語,如用主語則表示對同屬某一種類的事物進行論述,如 "無論是誰"、"N這種東西" 等。再如例(6)、(7)所示在句尾多用表示本來就具有這種性質的意思的 "ものだ"。另外如例(9)～(10)常用於諺語或格言。

2 …ば＜反覆・習慣＞

表示某個特定的人物或事物反覆進行的動作或習慣 "每當X成立Y就會成立"、"要做X這件事就必然要做Y"。與1的＜一般條件＞的區別在於＜一般條件＞是述説不特定的主語是超越時光成立的事情,句尾一定要用辭書形。而這個用法不只用辭書形還可以用タ形。用於述説特定主語的習慣或反覆進行的動作。

a …ば… V-る 只要…就…、一…就…。

(1) 祖母は天気がよければ毎朝近所を散歩します。／只要天氣好，祖母每天都在附近散步。
(2) 彼は暇さえあればいつもテレビを見ている。／他只要有時間就總是看電視。
(3) 父は私の顔を見れば「勉強しろ」と言う。／爸爸一看到我就說"趕緊用功"。
(4) 愛犬のポチは主人の姿を見ればとんでくる。／愛犬一看到主人的身影就飛奔過來。

句尾用表示動作的動詞的辭書形。表示特定的主語現在的習慣或反覆性的動作。

b …ば…V-た　過去總是…、當時只要…就會…。

(1) 子供のころは、天気がよければ、よく母とこの河原を散歩したものだ。／孩提時代，只要天氣好，就經常和媽媽在這個河灘上散步。
(2) 学生のころは暇さえあればお酒を飲んで友達と語り明かしたものだ。／在學生時代只要有時間就和朋友喝酒聊天到天亮。
(3) 父は東京へ行けば必ずお土産を買ってきてくれた。／父親只要去東京就一定給我買禮物回來。
(4) 20年ほど前には、街から少し離れれば、いくらでも自然が残っていた。／20多年前，離城市稍遠一些的地方，還留有許多大自然的景色。

表示特定的主語過去的習慣或在過去的特定條件下一定會成立的事"過去總是這樣"、"只要那樣做肯定就會是那種結果"。也可以如例(1)、(2)後接表示回憶的"V-たものだ"。

作爲"…ば…V-た"這個句型，有表示與事實相反的4那種＜與事實相反＞的用法。與＜反復・習慣＞的用法的不同點在於後者是在說實際已經成立的事實。

另外，表示述說過去事實的用法在"たら"中也有，與"ば"相比，"たら"一般是表示過去只有一次成立的事情。而"ば"是表示過去反復進行的行爲或是在一定的條件下總是成立的事情。

(例1) ビールを2本飲めば酔っぱらいました。／過去只要喝兩瓶啤酒就醉。
(例2) ビールを2本飲んだら酔っぱらいました。／喝了兩瓶啤酒就醉了。

(例1)表示過去反復發生的事"只要喝兩瓶就肯定／總是醉"。(例2)表示過去發生的一次事"有一次喝了兩瓶就醉了"。

3 …ば＜假定條件＞

表示特定的事物・人物的關係"如果X成立Y就成立"。X表示未實現和已實現的兩種情況，Y經常表示未實現的事情。

1的＜一般條件＞是述說事物的一般情況。句尾用結尾的辭書形。＜假定條件＞是把＜一般條件＞作爲特定的個別性的事情進行預測的用法。句尾可以接"だろう"、"かもしれない"等。

(例) ＜一般條件＞食事を減らせば誰でもやせる。／如果減少食量

誰都會瘦。

(例) <假定條件>食事を減らせばあなたもやせるだろう。/如果減少食量你也會瘦吧。

用於Y的可以是未實現的事、意志及命令等"表述・施事"的表達方式。

a …ば＋未實現的事物　如果…的話,假如…的話。

(1) もし私が彼の立場なら、やっぱり同じように考えるだろう。/如果我是他的話,也會同樣考慮的。

(2) もし天気が悪ければ、試合は中止になるかもしれない。/如果天氣不好的話,比賽可能會中止。

(3) 手術をすれば助かるでしょう。/如果動手術的話就能得救吧。

(4) こんなに安ければ、きっとたくさん売れると思う。/這麼便宜的話,我想一定會暢銷的。

(5) それだけ成績がよければ、どの大学にでも入学できるはずです。/學習成績這麼好,不論哪所大學都會考上的。

(6) ふだん物静かな夫がめずらしく、一時間も説教していた。あれだけ叱られれば、息子も少しは反省するにちがいない。/平時很文靜的丈夫,今天居然對兒子訓了一個小時。兒子受到這樣的訓教,一定會作些反省的。

對於特定的人物或事物表示"只要X成立Y也當然會成立吧"的意思。Y表示未實現的事情,句尾多用表示推量或預測的表達方式. 如"だろう(是…吧)"、"にちがいない(一定是)"、"はずだ(應該是)"、"かもしれない(也許是)"或"思う(我認爲)"等。

例(1)～(3)是假定未成立的X,推測在那種情況下應當成立的Y的用法。例(4)～(6)表示X是已經實現的事情"如果這種情況成立. Y也當然會成立吧"。

説話人對Y的成立如果有相當的自信時. 如下列例句. 句尾的述語用現在式結尾。

(7) 応募人数が多ければ抽選になります。/如果報名的人數多就抽簽決定。

(8) うっかりミスさえしなければ必ず合格できますよ。/只要不出差錯就一定能合格。

(9) 食事の量を減らして運動をすれば、2、3キロぐらいはすぐ減りますよ。/減少食量多運動的話, 馬上就會減掉2、3公斤。

(10) A：気分が悪くなってきたよ。/感覺有些不舒服。
B：それだけ飲めば、気分も悪くなるよ。/喝那麼多當然不舒服了。

"ば"常用於表示X是使Y能夠成立的必要條件。例(8)用"Xさえ…ばY"的形式. 表示"爲了Y的成立. 只要有X就足夠了"的意思. 例(9)是説怎樣做才能取

得預期的效果的表達方式。例(10)的意思是"喝那麼多酒，不舒服是必然的"。

這些都是表示"只要是X就一定會是Y"的＜一般條件＞，也適用於述説特定的情況。從例(10)來看，把"無論是誰喝多了都會難受"這個一般條件針對特定的對方説"你也同樣，喝這麼多肯定會難受的"。

b…ば＋意志・希望　如果…、假如…。

(1) 安ければ買うつもりです。／如果便宜就打算買。
(2) A：こんどの日曜日、天気がよければハイキングに行こうよ。／這個星期日如果天氣好的話，我們去郊遊吧。
　　B：いいね。すこしぐらい天気が悪くても行こうよ。／好啊，即使天氣不太好，我們也去吧。
(3) A：なにか飲む？／你喝點什麼？
　　B：そうだな、ビールがあれば飲みたいな。／是啊，要是有啤酒的話，倒是想喝點。
(4) レポートを提出しなければ、合格点はあげません。／不交報告就不及格。
(5) 田中さんが行かなければ、私も行かない。／如果田中不去的話，我也不去。
(6) 田中さんが行けば、私も行く。／如果田中去的話，我也去。
(7) 掃除を手伝ってくれればおこづかいをあげる。／你要是幫我打掃，就給你零花錢。
(8) お電話くだされば お迎えに上がります。／您打個電話給我，我就去接您。
(9) もし、今学期中にこの本を読み終われば、次にこの本を読みます。／如果這個學期能把這本書看完，然後就看這一本。
(10) もし雨が降れば中止しよう。／如果下雨就中止吧。

在"Xば…しよう／したい"的形式中，Y表示意志或期望時，用於X的述語受到某種條件的制約。作爲一般的傾向，X的述語如果是狀態性的表達就不會發生問題。如果接表示動作及變化的動詞時句子多會顯得不自然。

例(1)～(5)因爲用的是イ形容詞及"ある"、"V-ない"等狀態性的述語，所以使用"ば"是沒有問題的。例(6)～(10)雖然X表示動作・變化，也可以用"ば"。例(6)中的聽話人和説話人採取的是同一種動作。例(7)、(8)的意思是"只要你採取X的行動，我就採取Y的行動"，向對方提出交換條件，達成協定。例(9)、(10)表示"不太清楚能不能看完／也許看不完，但如果能看完的話"、"假如下起雨來"的意思。是對X的事情能不能確實成立懷有疑問，考慮到也許不能成立的説法。

例(6)～(10)雖然X表示動作・變化，也可以用"ば"。但如果是有關未來行動的預定，按照時間的順序來表達動作的經過時，不可以用"ば"。如例(9)的意思如果是看完了這本書後，再看下一本的話，就不能用"ば"，而必須用"たら"。

(誤) この本を読めば次にこの本を読みます。
(正) この本を読んだら次にこの本を読みます。／看完了這本書，然後再看這本書。

c …ば＋施事・要求　如果…就…。

（1）そう思いたければ勝手に思え。／你願意那麼想就隨你想好了。
（2）やりたくなければやるな。／你不願意做就別做了。
（3）宿題をすませなければ遊びに行ってはいけない。／你不寫完作業就不許去玩。
（4）飲みたくなければ飲まなくてもいい。／如果你不願意喝，不喝也可以。
（5）お時間があれば、もう少しゆっくりしていってくださいよ。／如果您有時間就請再多坐一會吧。
（6）明日、天気がよければ海に行きませんか。／明天如果天氣好的話，要不要去海邊？
（7）7時までに仕事が終われば、来てください。／如果7點之前工作能完的話，請來一下。

上述各例為"ば"後接"命令・禁止・許可・勸誘・請求"等要求對方行動的"施事"的句子。句尾表示"呼叫、要求"時，一般X很難使用表示動作・變化的動詞。比Y表示"意志・期望"的情況更要受到嚴格的制約。

"ば"可以後接"V－たい"、"V－な

い"、"ある"等狀態性的述語，例（1）～（6）就都是這方面的例子。例（7）是"ば"前可以接表示變化的動詞的例子。在變化的動詞"終わる"後表示請求的表達。意思是"也許完不了，假如能夠做完的話"，説話人對做完的可能性抱有懷疑及否定的心情。這種情況可以用"ば"。

但一般來説，X表示動作或變化，其動作・變化發生後，在要求進行或禁止後續的行動或動作時，不能用"ば"，而必須用"たら"。

(誤) 駅に着けば迎えに来てください。
(正) 駅に着いたら迎えに来てください。／我到車站後請來接我。
(誤) お酒を飲めば運転するな。
(正) お酒を飲んだら運転するな／如果喝了酒就不要開車。

d …ば＋發問　如果…是不是就…呢？

（1）A：学生ならば、料金は安くなりますか。／如果是學生的話，費用可以便宜嗎？
　　　B：大人料金の2割引になります。／是成人費用的8折。
（2）この病気は手術をすれば治りますか。／這個病動手術能治好嗎？
（3）あやまれば許してくれるでしょうか。／如果道歉的話，能原諒我嗎？
（4）A：どうすれば機嫌を直してくれるかしら。／怎麼才能讓他高興起來

　　　　呢？
　　　B：何か贈り物をして丁寧にあやまるのが一番ね。／最好是送些禮物再好好地道個歉。
（5）A：どのぐらい入院すればよくなるでしょうか。／要住院多長時間才能好呢？
　　　B：2週間ぐらいですね。／兩個星期左右吧。
（6）A：どこに行けばその本を見つけることができるでしょうか。／到哪去才能找到那本書呢？
　　　B：神田の古本屋を探せば、一冊ぐらいはあるかもしれませんね。／到神田的舊書店找一找，說不定會有一本。

　　用"XばYか"的形式，表示提問要求聽話人做出回答。例（1）～（3）是要求對方回答"是"或"不是"的疑問句。例（4）～（6）是用"怎麼"、"哪裡"等疑問句的例子。後者是"ば"常用於通過"どうすればYか"的形式，詢問爲了取得好結果Y，採取什麼樣的手段・方法X。相反，如果是問當X成立以後，應當採取什麼行動時，用"たら"比較合適。而用"ば"就不合適。
（誤）雨が降ればどうしますか。
（正）雨が降ったらどうしますか。／如果下起雨來怎麼辦呢？

e 疑問詞＋V-ば…のか　怎麼才能…呢？

（1）いったいどういうふうに説明すれば分かってもらえるのか。／到底怎麼解釋才能讓你們明白呢？
（2）何年勉強すればあんなに上手に英語がしゃべれるようになるのだろう。／學幾年才能把英語説得那麼好呢？
（3）どれだけ待てば、手紙は来るのか。／等多長時間才能來信呢？
（4）人間、一体何度同じ過ちを繰り返せば、気がすむのであろうか。／人到底要重復多少次同樣的錯誤心情才能平靜呢？

　　接在"何／どれだけ／どんなに"等疑問詞後的動詞バ形表示反問。意思是"不論怎麼…都不盡人意"，表示對事情的焦躁和絶望的心情。句尾用"のか／のだ／のだろう（か）"等。"V-ば"可以和"V-たら"互換。

4 …ば＜與事實相反＞

　　述説前後與事實相反的事，表示如果事情不是這樣的話就應該實現（了）。用於兩種情況，一是説已經實現了的事情，二是説根本不可能實現的事。

　　對好的事情沒能實現時，懷有後悔以及遺憾的心情。而當避開了壞的事情以後有鬆了一口氣的感覺"沒有遇上那件事，太好了"。

　　是不是＜與事實相反＞，很多情況下從形式上不容易區別，以下的句型常用於反事實的條件句。這種用法的"ば"可以和"たら"互換。

a …ば …のに／…のだが　如果就好了，但…

（1）宿題がなければ夏休みは

もっと楽しいのに。(残念なことに宿題がある。)／如果没有作業，暑假會更快樂。(遺憾的是有作業。)
(2) お金があれば買うんだけどなあ。(お金が無いから買えない。)／要是有錢就買了。(因爲没有錢買不起。)
(3) お金があれば買えたんだが。(お金がなかったので買えなかった。)／如果有錢的話就買下了。(因爲没有錢，所以買不起。)
(4) A：試験うまくいった？／考試考的好嗎？
B：うまくいっていれば、こんな不機嫌な顔はしていないさ。(試験に失敗したから、こんな不機嫌な顔をしている)／考的好就不會這麼不高興了。(因爲没考好才這麼不高興)

"XばYのに／のだが／のだけれど"形式的反事實條件句。Y的述語有辭書形和タ形兩種。例(1)、(2)是前者的例子，是希望與現狀不同或是感嘆現狀的表達方式。例(3)是後者的例子，假定與過去事實不同的事態，如果是那樣就會成爲不同的結果。例(4)的形式是"V-ていればV-ている"，對已經實現了的事，表示假設如果情況不同，現狀就不會是這樣了。

在例(1)～(3)中如果句尾用"のに"、"のだが"、"のだけれど"就很清楚是反事實條件句。但也可以如例(4)句尾不用這些詞。

b …ば …だろう／…はずだ　如果…就一定會…。

(1) 地震の起こるのがあと1時間遅ければ被害はずっと大きかっただろう。／如果地震再晚一個小時，受害會更嚴重。
(2) 気をつけていれば、あんな事故は起きなかったはずだ。／如果注意了，就不會發生那樣的事故。
(3) 発見がもう少し遅ければ助からなかったかもしれない。／如果再晚一會發現，也許就没救了。
(4) あの時すぐに手術をしていれば、助かったにちがいない。／如果當時馬上動手術的話，肯定會得救的。
(5) 彼が止めに入らなければ、ひどい喧嘩になっていたと思う。／如果不是他來勸阻，我想會打一場大架的。
(6) あの時、あの飛行機に乗っていれば、私は今ここにいないはずだ。／當時要是坐了那架飛機，我現在就不在這了。

推測如果是另一種情況就必然會發生的事。句尾用"だろう・はずだ・かもしれない・にちがいない・と思う(是…吧，應該是，也許是，肯定是，我認爲)"等表示預測・推測的表達方式。

例(1)～(5)接述語的タ形時，表示

過去的事實會不同.例(6)接述語的辭書形時,表示現狀會不同.

c …ば…ところだ(った)　差點就…、如果…就…了.

(1) もう少し若ければ、私が自分で行くところだ。／要是再年輕點，我就自己去了。

(2) あのとき、あの飛行機に乗っていれば私も事故に巻き込まれていたところだ。／當時要是坐了那班飛機，我也就捲入事故中去了。

(3) 今日の授業は突然休講になったらしい。田中が電話をしてくれなければ、もう少しで学校に行くところだった。／今天好像是突然停課。要不是田中打電話給我，我就差點去學校了。

(4) 電車がもう少し早く来ていれば大惨事になるところだった。／要是電車再早一會到就會釀成大禍。

(5) 注意していただかなければ忘れていたところでした。／要不是您提醒，我差點就忘了。

句尾用"V-るところだった"、"V-ていたところだ"、"V-ていたところだった"等形式。

"…ばV-るところだ"是一種表示假設的說法。假設如果情況與X不同，眼看就要發生而未發生的事情Y。(1)就是這種例子，表示"實際上因為不年輕了，所以去不了，但心情上是想去的"的意思。

"…ばV-ていたところだ"是說過去可能會發生的情況"如果情況不同，就那樣做了／就成為那樣了"的意思。例(2)就是這方面的例子。

例(3)、(4)的"…ばV-るところだった"表示情況如果不同，本來該發生的事情在發生之前避免了。用於"沒有造成壞的結果，太好了"的場合。

例(5)的"忘れていたところだった"也可以說成"忘れているところだった"，但前者表示過去的某個時間裡的情況"避免了忘掉"，後者表示現在的情況"幸好沒忘掉"。

→【ところだ】2

d …ば V-た／V-ていた　如果…就…了.

(1) 安ければ買った。／要是便宜就買了。

(2) もっと早く来れば間に合った。／要是再早點來就趕上了。

(3) 手当てが早ければ、彼は助かっていた。／如果救治早的話，他就得救了。

(4) きちんとした説明があれば、私も反対しなかった。／如果有個像樣的說明，我也就不會反對了。

句尾用動詞的夕形，表示與事實相反的事情。對於過去了的事情，假設實際沒有發生或與實際不同的情況發生了。例(2)表示的意思是"要是再早點來就趕上了，但實際上因為來晚了沒趕上"。

通常，反事實的條件句，如前面的a～c多在句尾用"のに／のだが／のだけど"或"だろう／かもしれない／はず

だ/にちがいない/と思う"、"ところだ(った)"等.但也有如d沒有這些詞的句型。句尾用夕形結尾的.要注意用"ば"的句子和用"たら"的句子的不同。

（例1）ボタンを押したら爆発した。／按了鈕後爆炸了。

（例2）ボタンを押せば爆発した。／如果按鈕就會爆炸。

（例1）表示實際發生的事"按了鈕。於是就爆炸了"。而（例2）則表示與事實相反的條件句"如果按鈕就會爆炸,但實際上因爲沒有按鈕,所以沒有爆炸"的意思。

5 …ば＜確定條件＞ …之後,感到…。

(1) 彼は変わり者だという評判だったが、会ってみれば、うわさほどのことはなかった。／據説他是個怪人,見面一看,倒不像傳説的那樣。

(2) 言われてみればそれももっともな気がする。／聽人一説覺得那也有道理。

(3) 始める前は心配だったが、すべてが終わってみれば、それほど大したことではなかったと思う。／開始之前有些擔心,一切結束以後,覺得也沒什麼大不了的事。

用"XばY"的形式用於表示當X成立時對Y有了重新認識的意思。這種用法一般使用"たら"和"と". 而"ば"則只限用於詩歌或小説以及較陳舊的文學的表達形式.在口語中一般可用"V-てみれば"的形式.表示了解事實後的理解心情"那也是有道理的"、"那是理所應當的"等意思.

例（1）〜（3）可以和"たら"互換.但如果用了"たら"意思就成爲"做了某事以後從而發現了什麼事"。如例（1）換成"たら".把把句子變爲"会ってみたら、うわさほどのことはなかったよ".就成爲"見了面以後才發現和傳聞的不同"的意思。這種述説自己的新感受時.一般用"たら"或"と".而用"ば"則多顯得不自然。

(誤) 昨日、台所で変な音がするので泥棒かと思って行ってみれば、弟がラーメンを作っていた。

(正) 昨日、台所で変な音がするので泥棒かと思って行って{行ってみたら／行ってみると}、弟がラーメンを作っていた。／昨天聽到廚房有奇怪的聲音.以爲是小偷.過去一看,原來是弟弟在煮麵。

(誤) 朝起きれば、雨が降っていた。

(正) 朝{起きたら／起きると}、雨が降っていた。／早晨起來一看.下雨了。

如以下的例子,同一人物接前面的動作做後一動作.而且只是一次性的動作時.不能用"ば"和"たら".只能用"と"。

(誤) 次郎は家に{帰れば／帰ったら}、テレビを見た。

(正) 次郎は家にかえると、テレビを見た。／次郎一回到家就看電視。

6 …ば…で …呢,…。

[A-ければ A-いで]
[V-ば V-たで]

(1) 自動車がないとさぞ不便だろうと思っていたが、なければないでやっていけるものだ。／原以爲沒有汽車一

（2）父は暑さに弱い。それでは冬が好きかというとそうではない。寒ければ寒いで文句ばかり言っている。／父親怕熱。那麼是不是就喜歡冬天呢？也不是。天冷時又老叨嘮嫌冷。

（3）金などというものは、無ければ困るが、あればあったでやっかいなものだ。／錢這個東西．沒有的話着急．有錢吧又有有錢的麻煩。

（4）子供が小さい間は、病気をしないだろうかちゃんと育つだろうかと心配ばかりしていたが、大きくなれば大きくなったで、受験やら就職やら心配の種はなくならない。／孩子小的時候，總是擔心會不會得病啦發育好不好啦．長大了以後又操心升學啦找工作啦．操心的事沒完沒了。

重復使用同一個動詞或形容詞。用於提出對照性的事情．表示不論是哪種情況都一樣。例（1）的意思是"有車方便．沒有也不像想的那麼困難"．例（2）是"父親不論天熱天冷都發牢騷"．例（3）是"有錢沒錢都麻煩"．例（4）的意思是"孩子小的時候和長大了之後．都讓人操心"。例（4）的第二個"大きく"可以省略．説成"大きくなればなったで"。與"…たら…で"的表達方式相近。

7 …ば＜引言＞

用於後接的發言是在什麼樣的條件下進行的．提前限定其範圍、進行預告或注釋。在某種程度上是固定化了的慣用的表達方式。在一般的情況下可以和"たら"互換。

a …ば＋請求・勧誘 如果…的話。

（1）もし、お差し支えなければ、ご住所とお名前をお聞かせください。／如果沒有什麼不方便．請告訴我您的住址和姓名。

（2）A：今日の説明会はもう終わったんでしょうか。／今天的説明會已經結束了嗎？
　　B：はい、3時に終了いたしました。よろしければ、来週の火曜日にも説明会がございますが。／是的．3點結束的．如果您方便．下星期二還有説明會。

（3）よろしければ、もう一杯いかがですか。／如果行的話．再來一杯怎麼樣？

用於對聽話者進行請求或勸誘和建議時的慣用的表達形式．表示考慮到對方的情況和心情。意思是"如果您方便或願意的話"．是説話者一種很客氣的禮貌的表達形式．如果您不方便或是不想那樣做的話可以不必答應。

b …ば＜觀點＞ 要説…。

（1）A：本当に行くのかい。／你真的去嗎？
　　B：うん。でも正直に言え

ば、本当は行きたくないんだ。／嗯。但是説老實話，其實我是不想去的。

（2）50年前と比べれば、日本人もずいぶん背が高くなったと言える。／和50年前相比，可以説日本人的個子長高了許多。

（3）今は円高なので、国内旅行よりも海外旅行の方が安くつくらしい。考えてみればおかしな話だ。／因爲現在日元升値，所以去海外旅行比在國内旅行還便宜。想起來是不正常的。

（4）思えば、事業が成功するまでのこの10年は長い年月だった。／想起來，事業成功前的10年是漫長的歳月。

接"言う"、"思う"、"比べる"等表示發言、思考、比較的動詞。對於後接的發言和説明是出於什麼様的立場・觀點，提前做出預告和説明。

例（1）、（2）可以和"正直に言って／言うと／言ったら"、"比べて／比べると／比べたら"互換。例（3）可以和"考えてみると／みたら"互換。例（4）的意思是"現在想起來"，用於満懷感慨地回顧過去的事情，不能與テ形及"たら"、"と"互換。

在某種程度上固定化的慣用表達方式很多。如"はっきり言えば"、"極端に言えば"、"からみれば"、"からすれば"等。

8 V-ば〈勸誘〉 如果⋯的話怎麼様呢？

（1）《服売り場で》《在服装櫃臺》

A：これなんかどうかなあ。／這個怎麼様啊。
B：着てみれば？／穿穿看吧。

（2）A：ゆうべから、すごく頭が痛いんだ。／從昨天晩上就頭疼得厲害。
B：そんなに痛いの？会社休めば？／那麼疼嗎？就別上班了，怎麼様？

（3）A：あ、これ間違ってる。／哎呀，這個錯了。
B：教えてあげれば？／就告訴他吧。

用上升語調發音，用於勸聽話者採取某個行動時。如只用"V-ば"結尾，給人的感覺多是對於説話者來説無所謂的很隨便的感覺。也可以和"V-たら"、"V-たらどう"互換。用於通俗的口語。

9 ⋯も⋯ば⋯も 既⋯又⋯、也⋯也⋯、又⋯又⋯

（1）彼は心臓が悪いくせに酒も飲めばたばこも吸う。／他心臓不好，還又喝酒又抽煙。

（2）彼は器用な男で料理もできれば裁縫もできる。／他是個心靈手巧的人，既會做飯又會做衣服。

（3）勲章なんかもらっても、うれしくもなければ、名誉だとも思わない。／即使得了勲章也既不感到高興也不感到光榮。

（4）動物が好きな人もいれば、嫌いな人もいる。／既有喜歡動物的人，也有討厭動物的人。
（5）人の一生にはいい時もあれば悪い時もある。／人的一生有好的時候，也有不好的時候。

例（1）～（3）是把類似的事情並列起來加以強調。例（4）、（5）是把對照性的事情並列起來，表示還有很多情況。這些例句如"酒も飲むしたばこも吸う"，可以和使用"…し"的用法互換。再如"動物の好きな人がいれば嫌いな人もいる"中的第一個"も"可以換成"が"。

10 おもえば →【おもえば】
11 …かとおもえば →【かとおもえば】
12 …からいえば →【からいう】1
13 …からすれば →【からする】1
14 …からみれば →【からみる】1
15 さえ…ば →【さえ】2
16 ってば 用於表示責備、不滿、著急的時候。
（1）お父さんってば、早く来てよ。／爸呀，快來呀。
（2）絶対に私が正しいんだってば。／絕對我是對的。
→【ってば】
17 …といえば →【といえば】
18 …とすれば →【とすれば】1、【とすれば】2
19 …となれば →【となれば】
20 …ともなれば →【ともなれば】
21 …ならば →【なら】1、【なら】2、【なら】3
22 …にいわせれば →【にいわせれば】
23 …にしてみれば →【にしてみれば】
24 …ば…ほど 越…越…。
（1）考えれば考えるほど分からなくなる。／越想越不明白。
（2）食べれば食べるほど太る。／越吃越胖。
→【ほど】4 b
25 も…ば 只要…就…。
（1）その部品なら1000円も出せば買えるよ。／那個零件有1000日元就能買下來。
（2）こんな作業は5分もあれば終わる。／這個工作有5分鐘就能做完。
→【も】4 d
26 …も…あれば…もある →【も】10

【は…で】

而…呢，…，…，而…。

[NはNで]
（1）彼の言うことなど気にせず、君は君で自分が正しいと思ったことをやればいいのだ。／不要介意他的話，你認為自己對的事就去做好了。
（2）姉はオリンピックで金メダルを取り，妹は妹で、初めて書いた小説が芥川賞を受賞した。／姐姐在奧林匹克運動會上奪得了金牌，妹妹也很了不起，第一本小說就得了芥川獎。
（3）タヌキは若い女に化け、キツネはキツネで立派な侍に

変わった。／狸變做一個年輕的女人，而狐則變成威武的武士。

用"XはXで"的形式. 重復同一名詞. 用於一面同其它的事物做對比一面就X進行闡述。

【ばあい】

[Nのばあい]
[Na なばあい]
[A／V ばあい]

1 …ばあい　時候、情況、場合。

（1）雨天の場合は順延します。／如果是下雨就順延。

（2）火事、地震など、非常の場合には、エレベーターを使用せずに階段をご利用下さい。／在發生火災、地震等非常情況下，不要使用電梯，請走樓梯。

（3）あの場合にはやむを得なかった。／那種情況下也是不得已。

（4）陸からの救助が困難な場合には、ヘリコプターを利用することになるだろう。／陸上的救助困難的時候，也許會動用直昇飛機。

（5）この契約が成立した場合には謝礼をさしあげます。／這個合約簽訂之時，一定給您酬謝。

（6）万一8時になっても私が戻らない場合には警察に連絡して下さい。／萬一到了8點我還沒有回來，請和警察聯絡。

從可能發生的情況中只舉出一個做爲問題提出來。

例（1）～（6）可以和"…時は(…的時候)"互換。但下列表示根據說話者個人經歷的具體的時間關係的句子不能用"場合"。

（正）私が行った時には会議は始まっていた。／我去的時候，會議已經開始了。

（誤）私が行った場合には会議は始まっていた。

2 …ばあいもある　也有…的時候、也有…的情況。

（1）患者の様態によっては手術できない場合もある。／根據患者的情況，有時候也不能動手術。

（2）商品はたくさん用意しておりますが、品切れになる場合もございます。／我們雖然準備了許多商品，但也會有賣完的時候。

（3）優秀な学生であっても、希望した学校に入学できない場合もあるし、逆の場合もありうる。／即使是優秀的學生，有時也會考不上自己想上的學校，但也會有相反的情況。

用於闡述某種情況有發生的可能。例（1）、（2）多用於下列的句子"在一般的情況下是没有問題的，但也可能有例外，所以事先說一下"。

3 …ばあいをのぞいて　除了…時候、除了…情況。

（1）緊急の場合を除いて、非常階段を使用しないで下さい。／除了緊急的時候，請不要使用緊急出入樓梯。

（2）非常時の場合を除いてこの門が閉鎖されることはない。／除了緊急的時候，這個門不上鎖。

（3）病気やけがなど特別な場合を除いて、再試験は行わない。／除受傷生病等特殊情況不再進行補考。

用於舉出發生了某特殊情況，闡述在這種情況發生時的例外規定。後多接續"…ないでください（請不要…）"、"…しない（不…）"。例（1）表示"只有在緊急的時候才能使用緊急出口樓梯"的意思。例（3）表示"只有受傷生病等特殊情況才能參加補考"的意思。有時也說"場合以外は"。

4 V-ているばあいではない　不是…的時候。

（1）今は泣いている場合じゃないよ。／現在不是哭的時候。

（2）もう議論している場合ではない。行動あるのみだ。／現在不是爭論的時候，只有付之行動了。

（3）A：入学試験に落ちたら、学校に行かなくてもすむな。／考不上學就可以不上學了。
　　B：冗談を言っている場合じゃないだろう。少しは勉強したらどうだ。／現在不是開玩笑的時候，再用點功吧。

用於說明現在的狀態或對方採取的行動不合適，告誡聽話者現在事態緊急。

5 ばあいによっては　→【によって】5

【はい】

用於肯定的應答及隨聲附和等。與"はい"相似的表達方式有"うん"、"ええ"。"うん"只能用於家人及朋友之間或關係非常親密的人很隨意或對晚輩說話時。在鄭重的場合說"はい"或"ええ"。否定時用"いいえ"、"ううん"、"いや"等。

1 はい＜肯定＞　是、是的。

（1）A：これはあなたの本ですか。／這是你的書嗎？
　　B：はい、そうです。／是，是的。

（2）A：明日、学校へ行きますか。／明天去學校嗎？
　　B：はい、行きます。／是的，明天去學校。

（3）A：おいしいですか。／好吃嗎？
　　B：はい、とてもおいしいです。／好吃，非常好吃。

（4）A：便利ですか。／方便嗎？
　　B：はい、便利です。／是的，很方便。

（5）A：国へ帰るんですか。／要回國嗎？

　　　　B：はい、そうです。／
　　　　　　是，是的。
　　在問到説話者的判斷是否正確的疑問句中,用於回答對方的判斷是正確的。這時如例(1)所示"はい、そうです。"只能用於接名詞時使用。
　　接動詞、形容詞時如例(2)、(3)、(4)重復同一動詞,形容詞。但如例(5)的問話是"のですが"、"んですが"時也可以説"はい、そうです。"。
(例)　A：これは、あなたの車ではありませんね。／這不是你的車吧。
　　　　B１：はい、ちがいます。
　　　　　　／對，不是。
　　　　B２：いいえ、わたしのです。／不，是我的車。
　　在以上否定疑問句的例子中對方的判斷正確時用"はい"，不正確時用"いいえ"。既如果"這不是你的車"的判斷正確的話，回答如B１"對，不是"或"對，不是我的車"，用"はい"來回答。
　　通過以上例子可以明白，對否定疑問句的回答如果發問者的預想或判斷正確就用"はい"，不正確就用"いいえ"，判斷的内容本身和是肯定還是否定没有關係。在實際會話當中，對否定疑問句的回答很多時候不用"はい"、"いいえ"。

2はい＜答應＞　好的、好吧。
(1)　A：行ってくれますね。／
　　　　你去嗎？
　　　　B：はい。／去。
(2)　A：いっしょにやりましょう。／一起做吧。
　　　　B：はい。／好的。
(3)　A：これをあっちに持って行ってください。／請把這個拿到那去。
　　　　B：はい、わかりました。
　　　　　／好的，我明白了。
(4)　A：いっしょに食事をしませんか。／一起去吃飯好嗎？
　　　　B１：はい、行きましょう。
　　　　　　／好吧，一起去吧。
　　　　B２：いや、今日はちょっと。／哎呀，今天不行。
(5)　母：早くおふろに入りなさい。／母親：趕快洗澡。
　　　子：はいはい。／孩子：知道了，知道了。
　　　母：「はい」は、一回！／母親：答應一次"知道了"就行了。

用於答應對方的請求或要求和勸誘時。例(4)雖然形式上是疑問句，但並不是在問是對還是不對，而是表示勸誘，因此在答應時可以用"はい"。謝絶時如果用"いいえ"的話，給人拒絶的感覺太強烈，因此一般避免説"いいえ"。例(5)對於請求或要求説兩次"知道了"，好像是很不耐煩的回答，給人一種没有禮貌的印象。

3はい＜應答＞　哎、到。
(1)　A：山田君。／山田君。
　　　　B：はい。／到。
(2)　A：ちょっとおたずねしますが…。／請問…。
　　　　B：はい。／什麽事？
(3)　A：あのう。／那個…。
　　　　B：はい。／什麽事？

（4） A：おーい。ちょっと。／喂，等一等。
　　　 B：はい。／哎（什麼事？）。

用於在別人向自己打招呼時或是在點名中被叫到名字時的回答。這時候不用"ええ"。在比較隨意的場合下，被叫到的時候也可以用"はあい"或"なに"、"なあに"等。

4 はい＜隨聲附和＞　噢、是嗎、好的。

（1）《電話で》《電話中的對話》
　　　 A：来週の旅行のことですが…。／我和你說一下下週旅行的事。
　　　 B：はい。／好的。
　　　 A：他の方は皆さんいらっしゃることになったんですが。／別人都決定去了。
　　　 B：あ、はい。／啊，是嗎？
　　　 A：ええ、それで、Bさんのご都合はどうかと思いまして…。／所以我想問問B先生你能去嗎？
　　　 B：すみません。それができですねえ。急に用事ができてしまいまして、申し訳ないんですが…。／對不起。我突然有點急事，實在對不起。
　　　 A：だめですか…。／不能去嗎？

"はい"或"ええ"、"うん"多用於隨聲附和別人的話。這時只是表示理解對方的話。在聽對方說話，不是表示同意對方的話。

5 はい＜喚起注意＞　喂、好。

（1） はい、みなさんこっちを向いて。／好，大家請面向這。
（2） はい、みなさん出発しますよ。／喂，我們出發啦。
（3） はいどうぞ。／請。
（4） はい、お茶。／請喝茶。
（5） はい、これでございます。／您看這個。

用於引起對方的注意。此時不能用"うん"、"ええ"。

6 はい＜追加承認＞　是啊、確實是這樣。

（1） A：おじいさんは、こちらには長くお住まいですか。／爺爺，您在這兒住了很長時間嗎？
　　　 B：私ですか。私は、戦前からずっとここに住んでおります。はい。／你說我啊。我從戰前就一直住在這兒。就是這樣。
（2） 客：どっちが似合うかしら。／顧客：你看我穿哪件合適？
　　　 店員：そりゃもう、どちらもお似合いでございます。はい。／售貨員：我看您穿哪件都合適。真的。

好像是在確認自己的話似的加在自己所說的話之後。給人的感覺比較陳舊

和謙恭。

【ばいい】
[N／Na　なら(ば)いい]
[A-ければいい]
[V-ばいい]

是活用語的バ形後接"いい"的慣用的説法。稍鄭重的説法是"ばよい"、"ばよろしい"。
→【たらいい】、【といい】

1 V-ばいい＜勧誘＞　…就可以、…就行。

（1）休みたければ休めばいい。／你要是想休息的話就休息吧。
（2）お金がないのなら、お父さんに借りればいいじゃない。／没有錢的話，就向你父親借好了。
（3）A：どうすればやせられるでしょうか。／怎麼樣才能痩呢？
　　　B：食べる量を減らして、たくさん運動すればいいんじゃないですか。／那就要減少食量多運動。
（4）A：何時ごろ行きましょうか。／幾點去呢？
　　　B：10時までに来てくれればいい。／10點之前来就行。

是勸誘或提議對方採取某特定行爲的表達方式。用於爲了取得特定的好結果給對方出主意或提出要求應採取什麼樣的方法・手段時。與"たらいい"意思相近，一般可以互換。但在"ばいい"的用法中"只要那樣做就足夠了"的意思較強。根據上下文有時表示對説話者來説是無所謂的事，或是表示説話者認爲"連那麼簡單的事都不懂嗎"這樣一種滿不在乎的態度。在徵求意見時，如例（3A）用"どうすればやせられるか"的形式表明目的地提問，或是用"どうすればいいか"的疑問句。

2 …ばいい＜願望＞　…該多好、但願…。

（1）この子が男の子ならいいのに。／這孩子要是個男孩子就好了。
（2）もうすこし暇ならいいのに。／再有些空閒時間就好了。
（3）もう少し給料が高ければいいのだが。／工資要是再高點就好了。
（4）もっと家が広ければいいのになあ。／房子要是再寬敞點就好了。
（5）明日、雨が晴れればいいなあ。／明天雨停了就好了。
（6）父が生きていればなあ。／父親要是還活着該有多好啊！
（7）順子さんもパーティに出席してくれればいいなあ。／順子小姐也能來出席晚會就好了。

表示説話者的願望。句尾多用"のだが／のに／(のに)なあ"。現狀與所希望的情況不同或不能實現時表示"不能那樣太遺憾了"的心情。也常用例（6）的形

式，省略"いい"，只用"…ばなあ"。一般情況下可和"たらいい"互换。

3 …ばよかった　要是…就好了。

（1）親がもっと金持ちならばよかったのに。／父母要是更有錢就好了。
（2）体がもっと丈夫ならばよかったのに。／身體再結實些就好了。
（3）もう10センチ背が高ければよかったのに。／個子要是再高10公分就好了。
（4）あんな映画、見に行かなければよかった。／那種電影不去看就好了。
（5）A：スキー旅行楽しかったよ。君も来ればよかった。／滑雪旅行非常愉快。你也來了就好了。
　　B：僕も行けばよかったと思うよ。残念だった。／我也覺得我要是去了就好了。太可惜了。

實際没有發生或現狀與期待不符時，表示説話者的遺憾心情或對聽話者的責備。例（4）用否定形"なければよかった"是對實際已經做了的事感到後悔的説法。句尾除了接"のに"還可以接"のだが／のだけれども"。與"たらよかった"的意思基本相同。雖然也可以用"とよかった"，但常用的是"たらよかった"、"ばよかった"。説自己的行動時一般不用"のに"。

（誤）僕も行けばよかったのに。
（正）僕も行けばよかったんだが。／我要是也去了就好了。

【はいざしらず】
→【いざしらず】

【はおろか】
不要説…就連…也…。

[Nはおろか]

（1）私は、海外旅行はおろか国内旅行さえ、ほとんど行ったことがない。／不要説出國旅行我連國内旅行也幾乎没有去過。
（2）吉井さんはアレルギーがひどくて、卵はおろかパンも食べられないそうだ。／據説吉井先生過敏症很厲害，不要説鷄蛋，就連麵包也不能吃。
（3）この学生には単位は出せません。今学期はレポートはおろか出席さえしていないんです。／不能給這個學生學分。這學期別説交報告了，他連課都不上。
（4）発見されたとき、その男の人は住所はおろか名前すら記憶していなかったという。／據説他被發現的時候，不要説是住址就連名字也都不記得了。
（5）もし歩いていてピストルを突きつけられたら絶対に逆らわないでお金を渡しなさい。さもないと金はおろか命までなくすことになるよ。

／如果走着路被人用手槍頂住．千萬不要反抗．把錢交出去。不然的話．別說錢．就連命都保不住。
(6) 戦争も末期になると、青年はおろか妻子ある中年の男まで戦場に送り込まれた。／戰爭到了後期．不要說青年．就連有妻兒的中年男人也被送上了戰場。

如"Xはおろか Yさえ／も／すら…ない(不用說…就連…也不…)"的形式．"はおろか"多與否定的表達方式一起使用。表示理所當然．不用說了的意思．程度輕的用X表示．用於強調Y。在陳舊生硬的文體中使用。口語中用"…どころか(豈止…、非但…)"。

【ばかり】

1 数量詞＋ばかり　左右、上下。
(1) 一時間ばかり待ってください。／請等一個小時左右。
(2) 三日ばかり会社を休んだ。／有三天左右沒去公司上班。
(3) りんごを三つばかりください。／請給我三個蘋果。
(4) 1000円ばかり貸してくれませんか。／能不能借給我一千日元。
(5) この道を100メートルばかり行くと大きな道路に出ます。／沿着這條路走100米左右就有一條大路。
(6) 来るのが少しばかり遅すぎたようだ。／來得好像有點太晚了。
(7) ちょっとばかり頭がいいからといってあんなにいばることはないじゃないか。／雖說頭腦有點小聰明．也用不着那麼狂妄啊。

接表示數量的詞後．表示大致的量。例(1)～(5)可以和"ほど"互換。日常會話中常用"ほど"。
在現代語中可以如例(1)、(2)所示用於表示時間的長度．但不能用於時刻·日期。時刻·日期用"ぐらい"或"ごろ"。
(誤) 3時ばかりに来てください。
(正) 3時{ぐらい／ごろ}に来てください。／請在3點左右來。
(誤) 10月3日ばかりに来てください。
(正) 10月3日{ぐらい／ごろ}に来てください。／請在10月3日前後來。

例(3)、(4)與"りんごを三つください"、"1000円貸してください"意思相同．加"ばかり"不把數量說得很明確而使表達更柔和。也可以如例(6)、(7)所示接"すこし"、"わずか"、"少々"等。

2…ばかり＜限度＞
在口語中也可以用"ばっかり"。
a N(＋助詞＋)ばかり　只、淨、光。
(1) このごろ、夜遅くへんな電話ばかりかかってくる。／最近半夜總是來奇怪的電話。
(2) うちの子はまんがばかり読んでいる。／我家孩子光看漫畫書。
(3) 彼はいつも文句ばかり言っ

(4) 今日は朝から失敗ばかりしている。／今天從一大清早就老是出錯。
(5) 6月に入ってから、毎日雨ばかりだ。／進入6月以後，每天總是下雨。
(6) 子供とばかり遊んでいる。／總是在和小孩子玩。
(7) 父は末っ子にばかり甘い。／父親總是最慣最小的孩子。
(8) この店の材料は厳選されたものばかりで、いずれも最高級品だ。／這個店的材料都是經過嚴格挑選的最上等的物品。

表示"只有這個沒有別的"的意思. 用於述說"很多同樣的東西"、"多次重復同樣的事"。

如例(1)～(5)、(8)所示接在名詞後的"ばかり"放在助詞"が"、"を"的前面. 成爲"ばかりが"、"ばかりを". 但大多省略"が"、"を". 有其他助詞時接"名詞＋助詞"後. 如例(6)、(7)成爲"とばかり"、"にばかり". 不能接在"まで"、"より"的後面. 另外也不能接在表示理由的"から"的後面. 與"だけ"、"のみ"很相似. 但含有"多次重復"、"總是"、"全部"的意思時不能用"だけ"或"のみ"。

(正) うちの子はいい子ばかりだ。／我們家的孩子都是好孩子。
(誤) うちの子はいい子{だけ／のみ}だ。
(正) 母は朝から晩まで小言ばかり言っている。／母親從早到晚總是叨叨嘮嘮。
(誤) 母は朝から晩まで小言{だけ／

のみ}言っている。

b V-てばかりいる　總是…、老是…。
(1) 彼は寝てばかりいる。／他總是在睡覺。
(2) 遊んでばかりいないで、勉強しなさい。／不要老是玩，用點功吧。
(3) 食べてばかりいると太りますよ。／老在吃的話就會發胖喲。
(4) 母は朝から怒ってばかりいる。／媽媽從一大早就老是發火。

用於説話者對多次重復的事或總是處於同樣狀態的事持批判的態度來述説。不能和"だけ"、"のみ"互換。

c …ばかりで　只…、光…、淨…。
[Na ばかりで]
[A-いばかりで]
[V-るばかりで]
(1) 彼は言うばかりで自分では何もしない。／他只會耍嘴皮子，自己什麼也不做。
(2) サウナなんか熱いばかりで、ちっともいいと思わないね。／我覺得三溫暖就是熱，一點都不好。
(3) このごろの野菜はきれいなばかりで味はもうひとつだ。／現在的蔬菜也就是新鮮好看，味道完全是兩碼事。
(4) 忙しいばかりで、ちっとももうからない。／淨瞎忙，一點都不賺錢。

除了"ばかり"所強調的事, 再没有其

他的事了，表示説話者對此的負面評價。後半句接否定的表現形式。

d Ｎばかりは　唯有、只有。

（１）そればかりはお許し下さい。／唯有這一點請您原諒。
（２）命ばかりはお助け下さい。／請救我一命。
（３）今度ばかりは許せない。／這次絶不原諒。
（４）他のことは譲歩してもいいが、この条件ばかりはゆずれない。／其他的事可以譲歩，但只有這個條件不能讓。
（５）いつもは厳格な父も、この時ばかりは叱らなかった。／平時很嚴厲的父親在這個時候没有發火。

接"これ・それ・あれ"及名詞後。強調"其他事暫且不論，惟有這件事"、"至少在這個時候"。是生硬的書面語言。如用於日常會話會給人陳舊誇張的感覺。

3 Ｖ-たばかりだ　剛…。

（１）さっき着いたばかりです。／剛剛到的。
（２）このあいだ買ったばかりなのに、テレビが壊れてしまった。／前幾天剛買的電視就壞了。
（３）まだ３時になったばかりなのに、表はうす暗くなってきた。／才剛到３點，外面天就黑了。
（４）日本に来たばかりのころは、日本語もよく判らなくて本当に困った。／剛到日本的時候，也不太懂日語，真的很傷腦筋。
（５）山田さんは一昨年結婚したばかりなのに、もう離婚を考えているらしい。／山田前年剛結婚，好像就已經在考慮離婚了。

表示一個動作完成後還没有過去多長時間。即使不是動作剛剛結束。如例（５）所示表示作爲説話者的感覺時間並没有多長。

4 Ｖ-るばかりだ＜朝着一個方向發展＞　越發…、一直…。

（１）手術が終わってからも、父の病気は悪くなるばかりでした。／動了手術以後，父親的病情是越來越糟了。
（２）コンピュータが導入されてからも、仕事は増えるばかりでちっとも楽にならない。／引進電腦以後，工作越來越多，一點也没輕鬆起來。
（３）英語も数学も学校を出てからは、忘れていくばかりだ。／從學校畢業以後，英語和數學都忘光了。

表示一直朝着壞的方向發展。也可以説"…する一方だ(越發…、一直…)"。

5 Ｖ-るばかりだ＜準備完畢＞　只等…。

（１）荷物もみんな用意して、すぐにも出かけるばかりにしてあった。／行李都準備好了，只等馬上動身出發了。
（２）部品も全部そろって後は組

み立てるばかりという時になって、説明書がないことに気がついた。／零件也都備齊了，到了該組装的時候才發現沒有説明書。

（3）料理もできた。ビールも冷えている。後は、お客の到着を待つばかりだ。／飯菜已做好，啤酒也冰上了。只等客人來了。

（4）今はただ祈るばかりだ。／現在只有祈禱了。

經常用"V-るばかりにしてある"、"V-るばかりになっている"的形式。例（1）～（3）表示都準備完了，隨時可以進入下一個行動的狀態。例（4）表示"一切都做好了，就只差…了"的意思。

6 …ばかり＜比喩＞
a …ばかりのN　幾乎…、簡直…。
［A-いばかりのN］
［V-るばかりのN］

（1）頂上からの景色は輝くばかりの美しさだった。／從山頂上看到的景色絢麗多姿。

（2）船はまばゆいばかりの陽の光を浴びながら進んでいった。／船沐浴着耀眼的陽光向前駛去。

（3）透き通るばかりの肌の白さに目をうばわれた。／幾乎接近透明的白皮膚光彩奪目。

（4）用意された品々は目を見張るばかりの素晴らしさである。／所備的物品件件都好令人瞠目結舌。

（5）雲つくばかりの大男が現れた。／一個頂天立地的巨人出現了。

用比喩表示程度之甚。多是慣用的表達方式，屬書面語言，常用於故事中。

b V-んばかり　幾乎…、眼看就要…。

（1）デパートはあふれんばかりの買物客でごったがえしていた。／百貨商店中盡是購物的顧客，熙熙攘攘。

（2）彼のスピーチが終わると、われんばかりの拍手がわきおこった。／他的演講一結束，就爆發出如雷般的掌聲。

（3）山々は赤に黄色に燃えんばかりに輝いている。／群山（被晩霞）染成一片赤橙色。

（4）お姫様の美しさは輝かんばかりでした。／公主美麗超群光彩照人。

（5）泣かんばかりに頼むので、しかたなく引き受けた。／因爲他是幾乎要哭出來地苦苦央求，所以沒辦法我只得答應了。

（6）ひさびさの再会を喜んだ祖母は手を引かんばかりにして我々を招きいれた。／奶奶見到了久別的我們，高興極了，拉着我們的手把我們牽進屋。

（7）彼女は意外だと言わんばかりに不満気な顔をしていた。／她好像很意外似地露出不

満的神色。
(8) 彼はまるで馬鹿だと言わんばかりの目付きで私の方を見た。/他用憤怒的目光瞪著我，差點要罵出"混蛋"來。
(9) 彼はほとんど返事もせずに、早く帰れと言わんばかりだった。/他不再回答，幾乎要喊出"快滾！"。

形式是去掉"V-ない"中的"ない"加"ん"。

例(1)～(3)的意思是"馬上就要到…程度"，例(4)是"耀眼的美麗"的意思。用比喻來表示程度之甚。例(5)、(6)表示"幾乎馬上就要…的樣子"、"可以説是正在…的狀態"。例(7)～(9)用"…と言わんばかり"的形式，表示雖然實際上沒有説出口，但從態度上給人這種感覺。

多與"様子・態度・目付き・口調(様子・態度・眼神・口氣)"等詞一起使用。

7 …ばかりに
a …ばかりに　就因爲…。
[Aばかりに]
[V-たばかりに]
(1) 働きがないばかりに、妻に馬鹿にされている。/就因爲沒有工作才被妻子看不起。
(2) 二人は好き合っているのだが、親同士の仲が悪いばかりに、いまだに結婚できずにいる。/兩個人雖然相愛，但是就因爲兩家父母關係不好，所以到現在還没能結婚。
(3) 彼の言葉を信じたばかりにひどいめにあった。/就是因爲相信了他的話才吃了大

苦頭。
(4) コンピュータを持っていると言ったばかりに、よけいな仕事まで押しつけられる羽目になってしまった。/只因爲説了有電腦，結果就連外加的工作也都推到我這來了。

表示就是因爲那件事的緣故的意思。後接内容多是處於壞的結果狀態或是發生了壞的事情。

b R-たいばかりに　就是因爲想…。

ほしいばかりに
(1) 彼に会いたいばかりに、こんなに遠くまでやって来た。/就是因爲想見他，才跑到這麽遠的地方來。
(2) 嫌われたくないばかりに、心にもないお世辞を言ってしまった。/就是因爲不想招人討厭，所以才説了言不由衷的奉承話。
(3) わずかな金がほしいばかりに、人を殺すなんて、なんて馬鹿げたことだろう。/爲了得到一點錢就殺人，是多麽愚蠢的事啊。

表示"無論如何想…"或"不想…"的意思。後接爲此不辭辛苦或不願意做也得做等内容。

8 V-てばかりもいられない　也不能總是…。
(1) 父が亡くなって一か月が過ぎた。これからの生活を考

えると泣いてばかりもいられない。／父親去世一個月了，考慮到今後的生活也不能總是哭。
(2) このごろ体の調子がどうも良くならない。かといって、休んでばかりもいられない。／最近身體狀況總是不太好。但是也不能老休息。
(3) ひとごとだと思って、笑ってばかりもいられない。／不能認爲是別人的事就總是嘲笑。
(4) よその国のことだと傍観してばかりもいられない。／不能認爲是其他國家的事就袖手旁觀。

也可以用"V-てばかりはいられない"的形式。意思爲"不能老那麼做"。用於說話人對現狀感到"不能安心"、"不能大意"。多與表示感情和態度的詞如"笑う・泣く・喜ぶ・傍観する・安心する"等一起使用。

9 …とばかりはいえない　不能一概而論。
(1) 一概にマンガが悪いとばかりは言えない。中にはすばらしいものもある。／不能一概而論說漫畫都不好。其中也有好的。
(2) 一流大学を出て、一流企業に勤めているからといって、人間としてりっぱだとばかりはいえない。／不能一概認爲畢業於一流大學，

在一流企業工作，人品就好。

表示"不能一概認爲就是那樣，也有不是的時候"、"不能籠統地說"的意思。

10 …とばかりおもっていた　一直以爲…。
[N／Na　だとばかりおもっていた]
[A／V　とばかりおもっていた]
(1) 河田さんは独身だとばかり思っていたが、もうお子さんが二人もあるそうだ。／我一直以爲河田是單身一人，可是聽說他已經有兩個孩子了。
(2) 試験は来週だとばかり思っていたら、今週の金曜日だった。／我一直以爲是下星期考試，結果是這個星期五。
(3) A：昨日はどうしてパーティーに来なかったんですか。／你昨天爲什麼沒來參加晚會？
　　B：えっ、昨日だったんですか。明日だとばかり思っていました。／什麼？是昨天呀？我一直以爲是明天呢。

用於說話者"誤會了以爲是…"，由於某個契機，認識到自己想錯了的意思。如果情況明了，後面的部分可以省略。

11 …とばかり(に)　以爲…是(機會)，認爲…。
(1) 相手チームの調子が崩れた。彼らはこのときとばかりに攻め込んだ。／對方隊

亂了陣腳，他們一看正是機會就攻了上去。
(2) 「えいっ」とばかり切り付けた。／"嘿！"了一聲就砍了下來。
(3) 今がチャンスとばかりに攻めかかった。／認爲現在正是機會，發動了進攻。

→【とばかり】

【ばかりか】

是書面的生硬表達方式。

1 …ばかりか …も／…まで 不僅…而且…。

[Nばかりか …も／…まで]
[Na なばかりか …も／…まで]
[A／V ばかりか …も／…まで]

(1) 彼女は、現代語ばかりか古典も読める。／她不僅能看現代文章，也能看古典文學。
(2) 会社の同僚ばかりか家族までが私を馬鹿にしている。／不僅公司的同事，就連家裡的人也看不起我。
(3) そのニュースが放送されると、日本国内ばかりか遠く海外からも激励の手紙がよせられた。／那條新聞一播出，不僅日本國內，從遙遠的海外也寄來了鼓勵的信。
(4) 手術をしても歩けるようにはならないかもしれないと言われていたが、手術後の回復はめざましく、歩けるようになったばかりか軽い運動もこなせるようになった。／雖然醫生説即使動了手術也不一定能走路，但手術後的恢復非常快，不但可以走路了，還能做些輕微的運動。
(5) 最近では、東京や大阪のような大都市ばかりか、中小都市でも道路の渋滞がひどくなってきているらしい。／最近不但東京、大阪那樣的大城市，好像中小城市的交通堵塞也非常嚴重。

表示"不僅如此，而且…"的意思。先説程度輕的，然後再説不僅如此，還有程度更高的。

例(1)表示"她不僅看得懂現代文章，還能看得懂更難的古典文學"的意思。

例(2)表示"不僅公司的同事，就連(應該是最信任我的)家裡的人也看不起我"的意思。

用"V-ないばかりか"的形式時常用於説不好的事情。

(例) 彼は自分の失敗を認めないばかりか、相手が悪いなどと言い出す始末だ。／他不但不承認自己的失敗，反而説出是對方不好。

(例) 親切に忠告してやったのに、彼は、まじめに聞かないばかりかしまいには怒りだした。／我懇切地向他提出了忠告，可是他不但不認真聽，到後來還發起火來。

(例) 薬を飲んだが、全然きかないばかりか、かえって気分が悪くなってきた。／喝了藥後，不僅毫不見

2 そればかりか 不僅如此。

（1）上田さんは英語が話せる。そればかりか韓国語もインドネシア語も話せる。／上田會講英語。不僅如此，還會講韓語和印度尼西亞語。

（2）彼はその男に着る物を与えた。そればかりか、いくらかの金まで持たせてやった。／他給那個人衣物。不僅如此，還給了一些錢，讓他用。

（3）日本の私立高校には、たいてい制服がある。そればかりか靴やカバンまで決まっているという学校が多い。／日本的私立高中一般都有校服。不僅如此，有許多學校就連鞋和書包都是統一的。

用法與1相同。先説程度輕的事，然後再説程度更高的事。

【ばかりでなく…も】

不但…也…。

（1）山田さんは英語ばかりでなく中国語も話せる。／山田不但會講英語，還會講漢語。

（2）漢字が書けないばかりでなく、ひらがなも書けない。／不僅不會寫漢字，連平假名也寫不下來。

（3）佐藤さんがイギリスに行くことは、友人ばかりでなく家族でさえも知らなかった。／佐藤去英國一事，不但朋友不知道，就連家人也不知道。

（4）このアパートは、暑いばかりでなく音もうるさい。／這個公寓不但熱還吵。

用"Xばかりでなく Y も"的形式，表示"X 就不用説了，就連 Y 也…"的意思。除了"も"，還可以用"まで"或"さえ"。口語中常用"だけじゃなくて"。

【ばこそ】

正因爲…才…。

[N／Na であればこそ]
[A-ければこそ]
[V-ばこそ]

（1）すぐれた教師であればこそ、学生からあれほど慕われるのです。／正因爲是優秀教師，才那麼受學生的愛戴。

（2）体が健康であればこそ、つらい仕事もやれるのだ。／正是因爲身體健康才能够做繁重的工作。

（3）問題に対する関心が深ければこそ、こんなに長く研究を続けてこられたのだ。／正是因爲對問題有很大的興趣，才能够這麼長時間地堅持研究。

（4）あなたを信頼していればこそ、お願いするのですよ。／正因爲相信你才求你的。

（5）家族を愛すればこそ、自分

が犠牲になることなどはおそれない。／正因爲愛家人才不怕自己犧牲。

"ば"後加"こそ"。表示"正是這個理由"的意思。是強調理由的稍陳舊的説法。句尾多用"のだ"。一般可以和表示理由的"から"互換。但如果用"から"就失去了強調理由的意思。

(例) すぐれた教師だから、学生からあれほど慕われるのです。／因爲是優秀教師才那麼受學生的愛戴。

"からこそ(正因爲…。所以才…)"。但"からこそ"可以用於好的理由也可以用於壞的理由，而"ばこそ"却不太用於説壞的理由。

(誤) 体が弱ければこそ嫌いなものも無理して食べなければならない。

(正) 体が弱いからこそ嫌いなものも無理して食べなければならない。／正因爲身體弱，對不愛吃的東西也得勉強吃。

書面語言。可用於文章或鄭重的口語。

→【からこそ】

【はじめ】

1 Nをはじめ(として)…など　以…爲首、以及。

(1) 日本の伝統芸能としては、歌舞伎をはじめ、能、茶の湯、生け花などが挙げられる。／作爲日本的傳統技藝，可以列舉出歌舞伎及能樂、茶道、花道等。

(2) 日本語には外来語が多い。英語をはじめフランス語、ドイツ語、ポルトガル語、オランダ語などさまざまな外国語起源の外来語が使われている。／日語中外來語很多。有英語及法語、德語、葡萄牙語、荷蘭語等各種外語起源的外來語。

先舉出具有代表性的東西，然後再列舉相同的例子。

2 Nをはじめ(として)…まで　從…到…。

(1) その会議には、歴史学者をはじめ、町の研究家から一般市民にいたるまで、さまざまな人々が参加した。／參加那個會議的有歷史學家、郷鎮問題研究人員以及一般市民等各界人士。

(2) 彼の葬儀には、友人知人を初め、面識のない人までが参列した。／朋友熟人，甚至没見過面的人都參加了他的葬禮。

表示由核心的人或物擴展到很廣的範圍。

【はじめて】

在…之後才…。

[Ｖ-て(みて)はじめて]

(1) 病気になってはじめて健康のありがたさがわかる。／得病後才知健康的寶貴。

(2) 外国に行って初めて自分の国について何も知らないこ

とに気がついた。／到了外國才感到自己對自己的國家一無所知。
（3） 言われてみて初めて、自分がいかに狭量であったかに気がついた。／被人説了以後才發現自己有多麼小心眼。

表示"發生了某件事才…"的意思. 用於述説經歷了某件事後才對以前没有注意到的事或雖然知道但没有認真想過的事有了新的認識。

【はず】

[Nのはず]
[Na なはず]
[A／V　はず]

1 …はずだ＜説話人的判斷＞　應該…、按説…該…。

（1） A：山田さんも明日の会議には出席するんですか。／山田也出席明天的會嗎？
　　 B：いや、今週は東京に行くと言っていたから、明日の会議には来ないはずだよ。／不, 因爲他説這周去東京, 所以明天的會他是不會來啦。
（2） あれから4年たったのだから、今年はあの子も卒業のはずだ。／從那時起已經過了4年了. 今年那孩子應該畢業。
（3） 今はにぎやかなこの辺りも、昔は静かだったはずだ。／現在這一帶很熱鬧, 過去是很寂静的。
（4） A：本当にこのボタンを押せばいいのかい？押しても動かないよ。／真的按這個鈕就行嗎？按了也不動啊。
　　 B：説明書によるとそれでいいはずなんだけど。変だなあ。／按説明書上説的應該這樣就可以了. 這可怪了。
（5） A：あそこにいるの、下田さんじゃありませんか。／在那的那個人不是下田嗎？
　　 B：おかしいな。下田さんは昨日ニューヨークに発ったはずだよ。／奇怪呀, 下田應該就去昨天紐約了。
（6） A：会議は一時からですか。／會議是一點開始嗎？
　　 B：ええ、そのはずです。／是的, 應該是。

用於説話者根據某些依據闡明自己認爲肯定是那樣的. 其判斷的根據在邏輯上必須是合乎情理的. 因此下面的例句就不能使用。

（誤）　めがねが見つからない。またどこかに置き忘れたはずだ。
（正）　めがねが見つからない。またど

こかに置き忘れたんだ。/眼鏡找不到了，又忘在什麼地方了。

例(4)、(5)表示現實與説話者的判斷不同時，説話者感到意外・可疑的心情。

對於第三者的預計行爲，可以說"彼は来年帰国するはずです。(他應該是明年回國)"，但對於説話者本身的行爲，不能用"はず"。要用"つもり(打算)"、"V-ようと思う(我要…)"、"…予定だ(預計…)"。

(誤)　私は来年帰国するはずです。
(正)　私は来年帰国する予定です。/我預計明年回國。

雖然是自己本身的行爲，但如以下例句，不能由自己的意志決定的事情與預計的行動不同時，可以使用。

(正)　マニュアルを何回も読んだからできるはずなんだけど、どうしてもコンピューターが起動しない。/看了好幾遍説明書，應該是會用了，可是電腦就是不起動。

(正)　その旅行には、私も行くはずでしたが、結局行けませんでした。/本來我也是要去那次旅遊的，結果没有去成。

2 …はずだ＜理解＞　怪不得…。
[Na なはずだ]
[A／V　はずだ]

(1)　この部屋、寒いねえ。(窓が開いているのを見つけて)寒いはずだ。窓が開いているよ。/這個屋子好冷啊。(看到窗戶開着)怪不得冷，窗戶開着呢。

(2)　≪作品をみながら≫彼が自慢するはずだ。本当にすば

らしいできだ。/≪一邊看作品≫怪不得他那麼猖狂。畫得也真棒。

(3)　さっきから道が妙にすいていると思っていたが、すいているはずだ。今日は日曜日だ。/從剛才就覺得路上車輛特別少，怪不得車少，原來今天是星期天。

表示説話者對原來認爲奇怪或不理解的事發現了能夠很好説明的事實，可以理解了。

3 V-たはず　的確…、確實…。

(1)　おかしなことに、閉めたはずの金庫のカギが開いていた。/真奇怪，本來鎖着的保險櫃打開了。

(2)　A：書類、間違っていたよ。/文件拿錯了。
　　　B：えっ、よく確かめたはずなんですけど。すみません。/哎？我還仔細査看了呢。對不起。

(3)　ちゃんとかばんに入れたはずなのに、家に帰ってみると財布がない。/明明放進書包了，可是回家一看錢包卻没有了。

用於説話者認爲理所當然的事與現實不符時，表示説話者的後悔、奇怪等心情。

4 …はずがない＜對可能性的否定＞
不可能…、不會…。

(1)　あの温厚な人がそんなひどいことをするはずがない。

／那個敦厚的人不會幹那種不講道理的事。
（2）かぎがない？そんなはずはない。さっき机の上に置いたんだから。／鑰匙没了？不可能。剛才就放在桌子上了。
（3）これは君の部屋にあったんだよ。君が知らないはずはない。／這個在你的房間中找到，你不可能不知道。

用"はずがない"、"はずはない"的形式．表示"不會有、不可能、很奇怪"等説話者的強烈疑問。

例（3）表示 "説不知道是很奇怪的．肯定是知道的"的意思。

1的用法 "…ないはずだ" 表示説話人認爲"不會…吧"．如例（1）"不會幹那種不講道理的事"．説話者的主張不是很強烈。

5 …はずだった 應該是…（但…）。
（1）彼も来るはずだったが、急用ができて来られないそうだ。／本來他也是要來的，據説有急事來不了了。
（2）理論上はうまくいくはずだったが、実際にやってみると、うまくいかなかった。／從理論上行得通，而實際做起來却行不通。
（3）初めの計画では、道路はもっと北側を通るはずだったのに、いつの間にか変更されてしまった。／在最初的計劃中，道路應該鋪得再靠北一些，但不知什麽時候被變更了。

表示"認爲一定會是這樣"的意思．而實際上却出現了不同的結果。多含有説話人意外或失望、後悔等心情。經常用"はずだったが／のに／けれど"等逆接的形式。

6 …はずではなかった 本來不該…。
（1）こんなはずではなかった。もっとうまくいくと思っていたのに。／本來不應該是這樣的。我原以爲會更好呢。
（2）こんなはずじゃなかったのに。／本來不應該是這樣的。
（3）彼が来るはずではなかったのに。／本來不該他來的。

常用"こんなはずではなかった"的形式．表示實際與説話者的預測不同，説話者的失望和後悔的心情。也經常用"…はずではなかったのに"的形式。

【はずみ】

在…時候…，剛一…就…。

[Nのはずみ　で／に]
[V-たはずみ　で／に]
（1）ころんだはずみに足首を捻挫してしまった。／在跌倒的時候扭傷了脚脖子。
（2）衝突のはずみで、乗客は車外に放り出された。／由於撞車衝撃乗客被抛出了車外。
（3）このあいだは、もののはずみで「二度とくるな」などと言ってしまったが、本当に

そう思っているわけではない。／前幾天我順口就説出"你不要再來了"的話，其實我並不是那麼想的。

　　表示"趁着某個動作的狀況"的意思，用於發生了預想不到的事或没有準備的事時候。例（3）的"もののはずみで"是慣用句式的表達方式，一般可以和"V-た拍子に"互换。

【はたして】

1　はたして…か　到底…、究竟…。
（1）　説明書の通りに組み立ててみたが、はたしてこれでうまく動くものかどうか自信がない。／按照説明書試着組装起來了，可是這樣能不能發動我一點信心也没有。
（2）　この程度の補償金で、はたして被害者は納得するだろうか。／這麼點賠償金，到底受害人能不能接受呢？
（3）　この程度の金額で、はたして彼が承知するだろうか。／就這麼點錢，他真的能答應嗎？
（4）　はたして、どのチームが優勝するだろうか。／到底哪個隊能獲勝呢？
（5）　機械には特に悪いところがないとすると、はたして何が故障の原因だったのだろうか。／如果機器没有特別不好的地方，那麼到底什麼是故障的原因呢？
（6）　はたして誰の言っていることが真実なのだろうか。／到底誰説的話是真的呢？

　　表示"真能…嗎？"的意思。用"はたして…が"、"はたして…だろうか"、"はたして…かどうか"的形式，表示説話者對"能不能按預想的發展"持懷疑態度。另外，如例（4）～（6）與含有"いつ／どこ／だれ／なに／どう"等疑問詞的疑問句一起使用，表示"到底…呢"的意思。是書面的表達形式。

2　はたして…した　果然…。
（1）　彼もやって来るのではないかと思っていたところ、はたして現れた。／我剛想他也許也會來，果真就來了。
（2）　はたして彼女は合格した。／果然她及格了。

　　表示"和預想的一樣"、"到底還是…了"的意思，表示説話人所預料的事真的發生了。是書面語言。

3　はたして…としても　縱然是…、即使是…。
（1）　はたして彼の言うことが事実であったとしても、彼に責任がないということにはならない。／即使他説的是事實，也不能證明他就没有責任。

　　表示"即使真是…"、"真是…的話"、"縱然是…"的意思。強調的是假定。此用法是文言文用法，不能用於日常的口語。

【はとわず】

→【をとわず】

【ぱなし】
[R-っぱなし]
1 R-っぱなし＜放任＞ 置之不理、放置不管。
(1) ドアを開けっ放しにしないでください。／別把門敞着不關。
(2) しまった。ストーブをつけっぱなしで出てきてしまった。／糟了。爐子沒關就出來了。
(3) うちの子ときたら、食べたら食べっぱなし、服は脱いだら脱ぎっぱなしで、家の中がちっとも片づかない。／我們家的孩子，吃完了碗筷一扔，衣服脱了隨手一丢，把家裡弄得亂七八糟。

表示對本應做的事不去做。而"保持原樣"、"還是原來的樣子"的意思。與"V-たまま"不同。多含有負面的評價。

2 R-っぱなし＜持續＞ 一直、總是。
(1) 新幹線はとても混んでいて、東京から大阪まで立ちっぱなしだった。／新幹綫非常擁擠，從東京一直站到了大阪。
(2) うちのチームはここの所ずっと負けっぱなしだ。／我們隊最近總是輸。
(3) 今日は失敗ばかりで、一日中文句の言われっぱなしだった。／今天總是出錯，一天老挨埋怨了。

表示相同的事情或相同的狀態一直持續着的意思。

【はやいか】
剛…就…。
[V-るがはやいか]
(1) 小学校5年の息子は、ただいまと言うが早いか、もう遊びに行ってしまった。／上小學5年級的兒子剛説了句我回來了就跑出去玩了。
(2) 彼は、そばにあった棒をつかむがはやいか、どろぼうになぐりかかった。／他抓起身旁的棍子就向小偷打去。

表示在一個動作之後緊接着發生了另一件事。意思爲"與…幾乎同時"、"剛…立刻就…"。

例(1)表示"幾乎分不清説我回來了和出去玩哪個發生在前就…"。既"幾乎與説我回來了的同時就已經出去玩了"的意思。是書面語言的表達方式。

【はんいで】
在…範圍内。
[Nのはんいで]
[NからNのはんいで]
[Vはんいで]
(1) 私にわかる範囲でよければお答えしましょう。／如果在我所了解的範圍内可以的話，我願給予回答。
(2) 差しつかえない範囲でお答え下さい。／若無妨礙，請在你所知的範圍内作出答復。

（3）駅から歩いて10分ぐらいの範囲で、いいアパートはありませんか。／距車站步行10分鐘左右的範圍内有没有好的公寓？

（4）今日の午後、花火工場で爆発事故がありました。半径5キロから10キロの範囲で、被害があったもようです。／今天下午，煙火廠發生了爆炸事故。好像在半徑5公里至10公里的範圍内都受到了危害。

表示"某個有限的範圍"的意思。

【はんたいに】

1 はんたいに　反，相反。

（1）あの子は、靴を反対にはいている。／那個孩子鞋穿反了。

（2）父は酒が一滴も飲めない。反対に母はとても酒に強い。／父親滴酒不能沾，而母親却酒量非常大。

（3）彼はどろぼうに飛びかかったが、反対にやられてしまった。／他向小偷撲了過去，可是却被小偷打了。

（4）今学期は、いっしょうけんめい勉強したが、成績は反対にさがってしまった。／這學期非常用功，而成績却下降了。

表示"相反"的意思。可用於如例（1）所示"左右，上下"等兩個東西反了的時候，也可用於如例（2）所示述説兩個對照性的事物，還可如例（3）、（4）用於成爲與一般所認爲的相反的結果。

2 …と(は)はんたいに　與…相反。

（1）姉は友だちと騒ぐのが好きだが、私は姉と反対に静かに音楽でも聞いている方が好きだ。／姐姐喜歡和朋友一起鬧，我和姐姐相反，喜歡靜靜地聽音樂。

（2）私の部屋は南むきで陽あたりがいいが、うるさい。それとは反対に妹の部屋は、陽あたりは悪いが静かだ。／我的房間朝南向陽，但很吵。與此相反，妹妹的房間不向陽，但很安静。

（3）山田さんが晩年いい作品を残したのと反対に、若くして賞をとった石田さんはその後ぱっとしなかった。／山田在晚年留下了許多好的作品，而年紀輕輕就得了獎的石田却得獎之後，再没有大的作爲。

（4）弟が有名になっていくのとは反対に、兄の人気は衰えてきた。／弟弟名聲越來越大，而哥哥却漸漸地不受歡迎了。

表示"與…相反"的意思。如例（1）、（2）、（3）用於比較兩個對照性的事物，或如例（4）用於述説反比例變化下去的状態。

【はんめん】

1 …はんめん 另一方面、相反。
[Nであるはんめん]
[Na な／である はんめん]
[A-いはんめん]
[V-るはんめん]

（1）この薬はよく効く反面、副作用も強い。／這個藥很有效，相反副作用也很大。
（2）化学繊維は丈夫である反面、火に弱いという欠点がある。／化學纖維很結實，相反也有易燃的缺點。
（3）自動車は便利な反面、交通事故や大気汚染というマイナスの側面も持っている。／汽車有方便的一面，同時也有引起交通事故、污染空氣的不好的一面。
（4）彼は目上に対して腰が低い反面、目下に対してはいばっている。／他對上司點頭哈腰，相反對下屬却擺臭架子。
（5）おじはがんこ者である反面、涙もろい性格だ。／叔父是個脾氣執拗的人，但性格很脆弱。

表示"與…相反"的意思。表示在同一事物中存在着不同性格的兩個方面。

2 そのはんめん（では） 另一方面。

（1）田中先生はたいへんきびしい方だが、その反面、とてもやさしいところもある。／田中先生是位非常嚴厲的人，但是另一方面，也有非常慈祥的地方。
（2）加藤さんは仕事が速いので有名だ。しかし、その反面、ミスも多い。／加藤以工作快速而聞名。但另一方面，失誤也多。
（3）急激な近代化とそれに伴う経済成長のおかげで、我々の生活は確かに向上した。だが、その反面では、伝統的な固有の文化が失われるという結果をもたらした。／由於現代化的飛速發展以及隨之而來的經濟增長，我們的生活水平確實提高了。但是，另一方面所帶來的結果是失去了固有的傳統文化。

與1的意思相同。如例（1）所示用"…が／けれど、その反面…"的形式，如例（2）、（3）所示用"（しかし／だが）その反面（では）…"的形式。

【ひいては】

進而，甚至。

（1）今回の事件は、一社員の不祥事であるばかりでなく、ひいては会社全体の信用をも失墜させる大きな問題であると言うことができる。／這次事件不僅々是一個員工做了不體面的事，也可以說是使整個公司喪失了信用

（2）無謀な森林の伐採は森に住む小動物の命を奪うだけではなく、ひいては地球的規模の自然破壊につながるものである。／盲目的來森林砍伐不僅奪去了住在森林裡的小動物的生命，進而關係到全球性的自然破壞。

接前文，表示"那就是原因"、"進而"的意思。例(1)表示"看起來很小的事實際上會成為重大問題的原因"的意思。例(2)表示"一件小事牽扯到更大的問題"的意思。

【ひかえて】

→【にひかえて】

【ひさしぶり】

→【ぶり】2

【ひじょうに】

非常。

（1）今日はひじょうに寒い。／今天非常冷。
（2）非常に結構なお味でした。／味道非常好。
（3）その提案は非常にありがたいのですが、家族ともよく相談しませんと。／您的那個方案非常好。可是我和家人也得商量一下。

是比較生硬的表達方式。表示程度之甚。口語中常用"とても(非常)"、"すごく(很)"。

【ひではない】

無法相比。

[Nのひではない]

（1）アラビア語の難しさは英語などのひではない。／阿拉伯語的難度是英語所無法相比的。
（2）彼は専門的な教育を受けたことはないが、その博識は並みの学者のひではない。／他雖然沒有受過專業性的教育，但其廣博的學識是一般的學者所無法相比的。
（3）現在でも医学部に入学することは難しい。しかし、当時女性が医者になることの困難さは現代の比ではなかった。／即使是現在進入醫學院學習也是很難的。但是，當時婦女當醫生的困難程度是現代的醫生無法相比的。

表示"不同等，程度高得無法相比"的意思。

【ひとつ】

1 ひとつ…ない

強調"沒有"。類似的表達方式有"…ない"、"…として…ない"等。有關頻率時使用"一度も／一回も／一ぺんも…ない"。

a Nひとつ…ない　連…都沒(不)…。

[Nひとつない]
[NひとつV-ない]
（1）雲一つない青空。／晴空萬里，没有一絲雲彩。
（2）しみひとつない美しい肌。／無瑕的美肌。
（3）街は清潔で、ちりひとつ落ちていない。／街道清潔，没有一點塵土。
（4）夜の公園には、猫の仔一匹いなかった。／夜晚的公園連隻小猫的影子都没有。
（5）あたりはしーんとして、物音ひとつしない。／四周非常安靜，没有一絲聲響。
（6）彼の意見に誰一人反対しなかった。／没有一個人反對他的意見。
（7）昨日から何ひとつ食べていない。／從昨天起就什麽東西都没吃。

表示"完全没有…"的意思。如例（1）、（2）用"没有一絲雲彩／斑點"來強調"天空的藍"、"肌膚的美"。另外如例（3）～（5）與動詞一起使用，表示"完全没有…"的意思。除了"ひとつ"之外，還常用"一匹、一人、一枚"等"一＋數量詞"的形式。再如例（6）、（7）用"誰ひとり…ない"、"何ひとつ…ない"的形式，表示"没有任何人"、"没有任何物"的意思。

b ひとつも…ない　根本没(不)…、一點兒都没(也不)…。
[ひとつもない]
[ひとつも　A-ない]
[ひとつも　V-ない]

（1）知った顔はひとつもない。／没有一個認識的人。
（2）この料理はひとつもうまくない。／這個菜一點都不好吃。
（3）彼の作文には、まちがいはひとつもなかった。／他的作文中一個錯誤也没有。
（4）このごろのファッションなんか、ひとつもいいと思わない。／最近的時裝什麽的，我一點也不覺得好。
（5）あいつは、君の忠告なんかひとつも覚えてやしないよ。／那像伙對你的勸告一點都没放在心上。

是強調"絲毫没有…"、"完全没有…"的説法。

2 もうひとつ／いまひとつ…ない　差一點、不够。
（1）給料はいいが、仕事の内容がもうひとつ気に入らない。／工資還可以，但對工作的内容不太滿意。
（2）風邪がもうひとつよくならない。／感冒還没有完全好。
（3）今年のみかんは、甘味がもうひとつ足りない。／今年的桔子不够甜。
（4）今年のみかんは、甘味がもうひとつだ。／今年的桔子不够甜。

用"もうひとつ…ない"、"今ひとつ…ない"的形式，表示没有達到説話者所期待的程度。意思爲"雖不是很壞，但不如

意、不滿意"。例（1）表示"對內容不太滿意"。例（2）的意思爲"感冒還沒有完全好"。例（3）、（4）的意思爲"不夠甜"。另外，例（4）的"もうひとつだ"也是同様的意思。

3 Nひとつ…できない 連…都不會、連…都不能。

（1） 近ごろの子供はぞうきんひとつ満足にしぼれない。／現在的孩子連塊抹布都扭不乾。
（2） 女優のくせに、歌ひとつ歌えない。／還虧是女演員呢，連個歌都不會唱。
（3） このごろの若いやつは、挨拶ひとつ満足にできない。／現在的年輕人連個招呼都打不好。
（4） 留学してから、もう半年にもなるのに、息子ははがきひとつよこさない。／兒子去留學都半年了，連個明信片也不寄一張來。
（5） ビール一杯飲めないようでは、社会にでてから困るだろう。／要是連杯啤酒都不能喝的話，步入社會以後會很辛苦的。
（6） 当時はたいへん貧しく、子供達に着物一枚新しく買ってやれなかった。／當時非常貧困，連給孩子們都買不起件新衣服。

用於強調本來應該做到的很簡單的事情却做不到。暗示比這再難的事就更不可能做到了。多含有説話者持不滿或批評的態度。

4 ひとつ 一點、稍微。

（1） ひとつよろしくお願いしますよ。／請多關照。
（2） ひとつ頼まれてほしいことがあるんですが。／有點事想求您。
（3） ひとつ頼まれてくれないか。／求你點事。
（4） ここはひとつやってみるか。／我試一試吧。
（5） ひとつ話にのってみようか。／我也算一份吧。
（6） おひとつどうぞ。／請吃一點。
（7） ひとついかがですか。／您來一點怎麽樣？

是日常口語的慣用的表達方式。表示"稍微試一下"的意思。用於如例（1）〜（3）請求別人做某事時，或如例（4）、（5）嘗試着要做某事時。例（6）、（7）用於勸人吃東西時。

【ひとつまちがえば】

差一點兒、弄不好就會…、稍有差錯就會…。

（1） 出産というのは大変な仕事で、医学の進んだ現在でもひとつまちがえば命にかかわる。／接生是件非常危險的工作，即使是在醫學發達的今天，搞不好也會關係到生命的存亡。
（2） 政治家の不用意な発言が続

いている。ひとつ間違えば外交問題にも発展しかねない。／政治家總做出不謹慎的發言。一句話説錯了也許就會發展成外交問題。
（3）カーレースは、ひとつまちがえば、大事故につながることもある危険な競技である。／賽車是一種稍不注意就有可能釀成大事故的危險比賽。
（4）ひとつ間違えば大惨事になるところだった。／差一點就釀成重大事故。
（5）乗る予定だった飛行機が墜落した。ひとつ間違えば、私もあの事故で死んでいたと思うとぞっとする。／我原定要乘坐的飛機墜毀了。一想到我也差點在那次事故中喪生就不寒而慄。

表示"差一點"的意思。

例（1）、（2）、（3）表示差一點就有釀成大禍的可能的意思。常用"ひとつまちがえば…こともある／かねない"的形式。

例（4）、（5）是差一點就釀成大禍的例子。例（4）的"ひとつ間違えば…ところだった"的形式用於表示"實際上雖然沒有成爲那樣，但差一點就危險了"的意思。

【ひととおり】

1 ひととおり　大概、大到。
（1）教科書は一通り読んだが、まだ問題集には手を付けていない。／大到的看了一下課本，但還没開始着手做習題。
（2）テニスを始めようと思って、道具は一通り揃えたのだが、忙しくて暇がない。／想開始學打網球，球拍等道具準備齊了，但太忙，没有時間打。
（3）そんなに上手なわけではないが、お茶もお花も一通りは習った。／雖然不是那麼太好，但茶道花道都大致學過了。

表示"大致上"、"基本上達到滿意的程度"的意思。

2 ひととおりのN　尋常的、一般的。
（1）一通りのことはできるようになった。／一般的事都學會了。
（2）この問題は難しくて一通りの説明ではわからない。／這個問題很難，只靠大致地講一講還是搞不明白。
（3）私が合格した時、母は一通りの喜びようではなかった。／我考上的時候，媽媽可不是一般的高興。
（4）みんなが頑張っているのだから、成功しようとすれば、一通りの努力ではだめだ。／大家都在努力，要想成功，一般的努力是不行的。

表示"普通的"、"一般的"的意思。多

用"ひととおりのNではない"、"ひととおりのNでは、…ない"的形式，表示"不是一般的程度"、"一般的程度是不行的"的意思。

3 ひととおりではない　非同一般。
（1）成功するまでの彼の努力は、一通りではなかった。／直到成功爲止他所做出的努力非同尋常。
（2）愛用していたワープロが壊れたので、あわてて友だちから借りてきたが、慣れない機械というのは、使いにくいこと一通りではない。／因爲常用的文字處理機壞了，急忙向朋友借了一臺，没用慣的機器那種不順手可非同一般。

表示"不是一般的程度"的意思。例（1）表示"不同尋常的努力"，例（2）表示"非常難用"。

【ひとり…だけでなく】

不只是…、不僅僅是…。

[ひとりNだけでなく]
（1）子供のいじめは、ひとり日本だけでなく世界諸国の問題でもある。／兒童中的校園暴力，不只是日本，也是世界各國的問題。
（2）この活動は、ひとり本校だけでなく、広く地域に呼びかけて進めたい。／不只在本校，準備向更多的地域發出呼籲推進這項活動。

表示"不僅如此"的意思。是書面語言，用於比較嚴肅的話題。

更文言的表達還有"ひとり…のみならず"。

【ひとり…のみならず】

不只是…、不僅僅是…。

[ひとりNのみならず]
（1）環境汚染の問題は、ひとり我が国のみならず全世界の問題でもある。／環境汚染問題不僅是我國的問題，也是全世界的問題。
（2）このBGOの組織には、ひとりイギリスのみならず、多くの国の人々が参加している。／不只是英國，許多國家的人參加了這個BGO的組織。

是比"ひとり…だけでなく"更加文言的説法。
→【ひとり…だけでなく】

【ふう】

1 Nふう　様式，風格。
（1）あの寺は中国風だ。／那是一座中國風格的寺廟。
（2）音楽家だというので、ちょっと変わった人間を想像していたが、やってきたのはサラリーマン風のごく普通の男だった。／因爲聽説他是音樂家，就想像他也許有點古里古怪的，可是來的却

是個上班族打扮的極普通的人。
(3) 美智子さんは、今風のしゃれた装いでパーティーに現れた。／美智子穿着入時地出現在晚會上。

表示"那種樣式"、"那種風格"的意思。修飾名詞時用"Nふうの N"的形式。

2 …ふう＜様子＞ 樣子。
[Na なふう]
[A-ふう]
[V-ている／V-た ふう]
(1) そんなに嫌がっているふうでもなかった。／他並沒有表現出很不願意的樣子。
(2) 男は何気ないふうを装って近づいてきた。／那個男人裝做若無其事的樣子向我靠了過來。
(3) 久しぶりに会った松井さんは、ずいぶんやつれて、生活にも困っているふうだった。／我見到了久別的松井，他非常憔悴，一副窮困潦倒的樣子。
(4) なんにも知らないくせに知ったふうなことを言うな。／什麼都一無所知，你就別裝成知道了。

表示"那種樣子"的意思。

3 …ふう＜方法＞
a こういうふう 這樣、這種。
(1) こういうふうにやってごらん。／請你按照這個樣子做看。
(2) あの人も、ああいうふうに遊んでばっかりいると、ろくなことにはならないよ。／他老那麼玩，不會有什麼好處的。
(3) どういうふうに説明していいのかわからない。／不知道怎樣說明才好。
(4) A：きみ、最近太りすぎじゃない？／你最近是不是太胖了。
B：失礼な奴だな。そういうふうに、人の嫌がることをはっきり言うもんじゃないよ。／你這個沒禮貌的傢伙。你不應該那樣直接了當地說出別人不願意聽的話。
(5) そういうふうな言い方は失礼だよ。／那種說法是不禮貌的。

除了"こういう"，還可以用"そういう／ああいう／どういう"等，表示特定的做法、方法。與ナ形容詞活用形變化相同。也可以說"こんなふう、そんなふう、あんなふう、どんなふう"。

b …というふうに 像…樣地。
(1) 好きな時間に会社へ行き、好きな時間に帰るというふうにはいかないものだろうか。／能不能想什麼時候上班就什麼時候上班，想什麼時候下班就什麼時候下班呀？

（2） ひとり帰り、またひとり帰りというふうにして、だんだん客が少なくなってきた。／走了一個．又走了一個．就這樣客人漸漸地少了。
（3） 今月は京都、来月は奈良というふうに、毎月どこか近くに旅行することにした。／我準備這個月京都，下個月奈良．每個月到附近一個地方去旅遊。

用於對"做法、方法"或"狀態"等舉例說明。

【ふしがある】

有…之處。

（1） 彼はどうも行くのをいやがっているふしがある。／他好像有點不願意去。
（2） 犯人は、その日被害者が家にいることを知っていたと思われるふしがある。／有讓人感到犯人似乎知道被害人那天在家的疑點。
（3） その男の言動には、どことなくあやしいふしがある。／總覺得那個男人的言行有可疑之處。

表示"有那種樣子"的意思。例（1）、（2）用於"雖然不是本人明確地說．但通過言行可以看出"。例（3）用於"有可疑之處"的意思。

【ふそくはない】

没有不満意、満意。

（1） 相手にとって不足はない。／對於對方來說沒有什麼不滿意的。
（2） 給料には不足はないが、仕事の内容がもうひとつ気に入らない。／工資方面還滿意．但工作內容不盡如人意。
（3） 彼は大統領として不足のない人物だ。／他作為總統是夠格的。

表示"如說話者的期待．沒有不滿意"的意思。

【ふと】

1 ふと 偶然、突然。

（1） 彼は映画の広告を見つけて、ふと立ち止まった。／他看到了電影廣告．突然站住了。
（2） ふと思いついて近所の本屋に寄ってみることにした。／突然想起來．決定到附近的書店順路去看看。
（3） 人は死んでしまうとどうなるのだろうと妙なことをふと考えた。／突然有了一個奇怪的念頭．想到人死了以後會怎麼樣呢？
（4） 普段は何とも思わないのだが、何かの拍子に、忙しいだけのこんな生活がふとむなしくなるときがある。／平時倒沒覺得什麼．偶爾有時突然覺得這種忙忙碌碌的

日子挺空虛的。

表示"偶然地"、"意外地"的意思。例(1)表示没有特別的理由或目的.因偶然想到或借某個機會做某事。另外.如例(2)、(3)、(4)與"考える、思う、思い出す(考慮、想、想起)"以及"むなしくなる、さびしくなる(空虚起來、寂寞起來)"等表示心理變化的詞句一同使用.表示不知何故.在某個偶然的情況下想起或察覺到。

2 ふとV-ると　無意中…。
（1）ふと見上げると、空にはぽっかり白い雲が浮かんでいた。／無意中抬頭一看．天空飄着一朵白雲。
（2）ふと見回すと、まわりには誰もいなくなっていた。／無意中環視四周．一個人也没有了。
（3）仕事をしていて、ふと気がつくと外はもう暗くなっていた。／做着做着工作.無意中向外邊一看．天已經黑了。

表示"無意中…"的意思。後接無意中發現的事情。

3 ふとしたN　微不足道、不足為提。
（1）長い一生の間には、ふとしたことで、人生が嫌になることがあるものだ。／在漫長的一生中．有時也會因為一點兒小事而厭倦人生。
（2）ふとしたきっかけで、彼とつきあうようになった。／由於偶然的機縁開始和他交往起來。
（3）小さいころ、祖母にはずいぶん可愛がってもらった。今でも、ふとしたひょうしに祖母のことを思い出すことがある。／小的時候祖母非常疼愛我．即使現在．有時還會因為一點兒小事就想起祖母。
（4）赤ん坊は、ふとした病気がもとで死んでしまった。／嬰兒因為一點小病夭折了。

表示"微不足道的原因、理由、契機"的意思。例(4)表示"本不是要命的大病.却死了"的意思。

【ぶり】

1 …ぶり　樣子、狀態、情況。
[Nぶり]
[R-ぶり]
（1）最近の彼女の活躍ぶりは、みんなが知っている。／她最近很活躍，其情况衆所周知。
（2）東京の電車の混雑ぶりは異常だ。／東京電車的擁擠是異乎尋常的。
（3）間違いを指摘された時の、彼のあわてぶりといったらなかった。／被指出錯誤的時候．他驚慌的樣子就甭説有多狼狽了。
（4）彼は飲みっぷりがいいね。／他酒喝得真痛快。
（5）佐藤さんの話しぶりからすると、交涉はあまりうま

いっていないようだ。／從佐藤說話的口氣來看，好像談判進行得不順利。

接在"活躍ぶり、混雑ぶり、勉強ぶり"等表示動作的名詞或動詞的連用形後，表示其樣子，情景。動詞"食べる、飲む"變爲"食べっぷり、飲みっぷり"的形式。例（4）表示"看他喝酒的樣子很豪爽"的意思。

2 …ぶり　經過…之後又…、事隔…之後又…。

（1）10数年ぶりに国に帰った。／闊別10數年後，回到了故鄉。

（2）国に帰るのは5年ぶりだ。／闊別5年之後回到祖國。

（3）父の半年ぶりの帰国に、家族みんなが大喜びでした。／父親時隔半年回國了，對此全家人高興極了。

（4）三日ぶりにふろに入った。／隔三天才洗了澡。

（5）遭難者は18時間ぶりに救出された。／事隔18個小時後遇難者被救了出來。

（6）最近、ずっと忙しかったが、今日はひさしぶりにゆっくりすごした。／最近一直很忙，今天總算輕鬆了一天。

（7）A：下田さん、お元気ですか。御無沙汰してます。／下田，你好嗎？好久不見了。
　　B：やあ、田中さん。久しぶりですね。／哎呀，是田中啊，好久不見了。

接表示時間長度的詞，多用"…ぶりに…した"的形式，用於述說再一次做很長時間沒有做的事。可以如例（4）用於很短的時間，但必須的條件是"平時每天都洗澡，因感冒有三天沒洗了"，對於說話者來說感到時間很長。"ひさしぶりですね"、"おひさしぶりです"用於問候長時間沒見面的對方。

【ぶる】

冒充…、假裝…、擺…樣子。
[N／Na　ぶる]

（1）彼は、通ぶってフランスの上等なワインしか飲まない。／他假裝行家樣子只喝法國的高級葡萄酒。

（2）父は学者ぶって解説を始めた。／父親擺出學者派頭開始講解。

（3）あの人は上品ぶってはいるが、たいした家柄の出ではない。／他假裝文雅，其實出身門第並沒有多高貴。

（4）彼はもったいぶってなかなか教えてくれない。／他擺架子不肯教我。

（5）三年生になった長女は、先輩ぶって一年生の妹にいろいろ教えたりしている。／上三年級的大女兒擺出前輩的架式給上一年級的妹妹講這講那。

表示"用好像…的態度"的意思。擺出

"好像很了不起"的樣子。例（1）～（3）多用於説話者對某人的負面的評價，如"本來不是那樣，却要擺出那種架式"或"本來沒什麼了不起，却要擺出大派頭"。例（4）的"もったいぶって"是慣用的表達方式，表示"裝模做樣擺架子"的意思。與"なかなか教えない／言わない（不肯教／不肯説）"一起使用。只限用於特定的詞彙。

【ぶん】

1 …ぶん
[Nのぶん]
[Vぶん]
[期間を表す名詞＋ぶん]　部分、份。

（1）甘いものが大好きな弟は、私のぶんのケーキまで食べてしまった。／非常愛吃甜食的弟弟連我的那份蛋糕也給吃了。
（2）心配しなくていいよ。君のぶんはちゃんと残しておいたから。／別擔心，你那份已經給你留好了。
（3）子供に食べさせる分まで奪われてしまった。／連給孩子吃的那份食物也被搶走了。
（4）来月分の食費まで先に使ってしまった。／連下個月的伙食費都提前用掉了。
（5）部屋を借りるためには、はじめに家賃三ヶ月分のお金が必要です。／要租房需要在一開始先交相當於三個月房租的錢。

表示"分攤的…／分的份"、"所需的東西"的意思。例（4）的意思是"連下個月用的伙食費都用掉了"。例（5）的意思是"相當於三個月的金額"。

2 …ぶん（だけ）　按其程度。
[Nのぶん]
[Naなぶん]
[A／Vぶん]

（1）1年間の休職の分だけ、仕事がたまっていた。／因爲休息了一年，所以工作積壓了很多。
（2）外で元気な分、彼は家ではおとなしい。／在外面活潑，在家裡老實。
（3）食べれば食べたぶん（だけ）太る。／吃得越多相對的就會越胖。
（4）早く始めれば、その分（だけ）仕事が早く終わる。／早點開始工作就可以早點結束。
（5）彼を信頼していたぶん（だけ）裏切られたときのショックも大きかった。／正是因爲太相信他，所以被出賣時，受到的打擊更大。

表示"根據其程度"的意思。常用例（3）、（4）"…V-ばV-たぶんだけ"、"…V-ば、そのぶんだけ"的形式。表示"那麼多的量，與其相應的量"的意思。
例（3）的意思是"吃得越多就會相應地越胖"，例（4）的意思是"早開始就可以早結束"，例（5）的意思是"正是因爲太相信他，所以受到的打擊更大"。"だけ"可以省略。

3 このぶんでいくと　照這種情況

進展的話。

　このぶんでは
（1）一年かかって、まだ半分も終わっていない。このぶんでいくと完成するには三年ぐらいかかりそうだ。／做了一年還没有完成一半。照這個樣子，恐怕要用三年才能完成。
（2）このぶんでは徹夜になりそうだ。／照這様下去，今晩得做個通宵了。
（3）このぶんでいくと、仕事は予定より早く終わりそうだ。／照這様做下去，工作要比計劃的提前完成。

　　表示"如果照這個様子進展的話"、"照這個速度進展的話"的意思。

4 …ぶんには　如果是、只是。
[Na なぶんには]
[A／V　ぶんには]
（1）はたで見ているぶんには楽そうだが、自分でやってみるとどんなに大変かがわかる。／在一邊看別人做，好像很輕鬆，自己一做就知道有多難了。
（2）私はいかなる宗教も信じない。しかし、他人が信じるぶんには一向にかまわない。／我不信仰任何宗教。但是，如果是別人信我也不反對。
（3）A：申し訳ありません。会議の始まる時間がいつもより少し遅くなりそうですが。／對不起。會議開始的時間要比往常晩一點。
　　B：遅くなるぶんには、かまわないよ。／晩點倒没關係。

　　表示"只是…"的意思。例(1)的意思是"如果只是看，自己不做的話，好像很輕鬆"，例(2)的意思是"自己不信宗教，但別人信也不反對"，例(3)的意思是"早了不好辦，晩點没關係"。

【べからざる】
　　不能、不可。
[V-るべからざる]
（1）川端康成は日本の文学史上、欠くべからざる作家だ。／川端康成是日本文學史上不可少的作家。
（2）大臣の地位を利用して、企業から多額の金を受け取るなどは、政治家として許すべからざる犯罪行為である。／利用大臣的地位，接受企業的巨額贈款，這是作爲政治家所不能允許的嚴重犯罪行爲。
（3）いかなる理由があったにせよ、警官が一般市民に暴力を加えるなど、あり得べからざる異常事態だ。／無論有何理由，警官對一般市民施加暴力，是不應該發生的

異常事態。

"べからざるN"是"べきではないN"的文言形式。説明其行爲或事態"不正確、不好"，表示"不能…"、"不可…"的意思。

例（1）是説"必不可少的、不應該忘記的人物"。例（2）表示"不可饒恕的嚴重犯罪行爲"。（3）的意思是"不該發生的事態、不應發生的事態"。

不能用於所有的動詞，只能用於如例（1）～（3）中的"欠くべからざる人物"、"許すべからざる行爲"、"あり得べからざる事態"等慣用的表達方式。例（3）不能接"得る"，而是接"得"。是生硬的書面語言。

【べからず】

禁止、不得、不可。

[V-るべからず]

（1）落書きするべからず。／禁止在牆上亂寫亂畫。
（2）芝生に入るべからず。／禁止進入草坪。
（3）犬に小便させるべからず。／禁止讓狗在此處大小便。

表示禁止。是"べきはない"的文言形式。説明其行爲"不正確／不理想／不好"，表示"不許…"的意思。

是語感很强烈的表示禁止的説法，多寫在招牌或布告上。但在最近開始使用如"芝生に入ってはいけません（不要進入草坪）"、"芝生育成中（草坪生長中）"等語感溫和的表達方式。

在招牌或布告上常用的表示禁止的説法還有"…禁止"、"V-ることを禁ず"等，也都是語氣相當强烈的表示禁止的説法。是生硬的書面語言。口語中不用。

【べき】

[N／Na であるべき]
[A-くあるべき]
[V-るべき]

文言助動詞"べし"的活用形。在現代語中接動詞的辭書形。接"する"時可以用"するべき"、"すべき"兩種形式。

1 …べきだ　應該、應當。

（1）学生は勉強す(る)べきだ。／學生應該用功學習。
（2）他人の私生活に干渉す(る)べきではない。／不應干涉他人的私生活。
（3）近頃は小学生まで塾に通っているそうだが、子供はもっと自由に遊ばせるべきだ。／聽説現在連小學生都在上補習學校，應該讓孩子更加自由地玩。
（4）女性は常に化粧をして美しくあるべきだなどという考えには賛成できない。／我不能贊成認爲女性應當經常化妝保持美麗的想法。
（5）地球的規模で自然破壊が進んでいる。人間は自然に対してもっと謙虚であるべきだ。／全球規模對自然的破壞越來越嚴重。人類對自然應採取更加謙虚的態度。
（6）教師：君、成績がよくないね。もっと勉強するべきだね。／老師：你的成績可不好啊。

還應更努力學習。
学生：すみません。／學生：對不起。
(7) A：海外研修に行くかどうか迷っているんだ。／我正在猶豫去不去海外研修呢。
B：そりゃ、行くべきだよ。いいチャンスじゃないか。／那當然應該去了。多好的機會啊！
(8) この仕事はきみがやるべきだ。／這件工作你應該做。
(9) 会社の電話で私用の電話をするべきじゃない。／不應當用公司的電話打私人電話。

表示"那樣做是應該的"、"那樣做是對的"、"必須…"的意思。否定形是"べきではない"，意思爲"那樣做不好"、"那樣做不對"、"不許…"。

例(1)～(5)是説話者對一般的事情發表意見的例子。用於有關對方的行爲時，表示勸告・禁止・命令等。可以用於書面，也可以用於日常會話。

2 …べきだった／ではなかった 當時應該…／當時不應該…
[V-る／V-ておく　べきだった]
(1) あの時買っておくべきだった。／那時買下來就好了。
(2) あんなひどいことを言うべきではなかった。／當時不該説那種過份的話。
(3) 君はやっぱりあのときに留学しておくべきだったんだよ。／那個時候你還是應該去留學。

對於過去的事情，表示"要是那樣做就好了"、"要是不做那種事就好了"的意思。

例(1)的意思是"那時買下來就好了(實際上沒有買)"。例(2)的意思是"不説那種過份的話就好了(已經説了過份的話)"。例(3)是"你那時沒有去留學，要是去留學就好了"的意思。説話者在述説自己的事時，表示後悔或反省的心情。可以用於書面，也可以用於口語。

3 …べきN　必須…、必然…、應該…。
(1) 外交政策について、議論すべきことは多い。／關於外交政策還有許多應該討論的事。
(2) エジプトのピラミッドは、永遠に残すべき人類の遺産である。／埃及的金字塔是應該永遠保存下去的人類的遺產。
(3) エイズは恐るべき速さで世界中に広がっている。／艾滋病以驚人的速度向全世界蔓延。
(4) 人は皆死すべき運命を背負っている。／人都是要死的。

表示"必然要做的事"、"必然會發生的事"的意思。

例(1)是"應該討論的事情"，例(2)是"必須保存下去的人類的遺產"的意思。例(3)、(4)是慣用的表達方式，表示"驚人的速度"、"必然要死的命運"的意思。

是書面的生硬的表達方式。

【べく】
[V-るべく]

文言助動詞"べし"的連用形。作爲生硬的書面語言也用於現代語中。接動詞的辭書形。接"する"時可以用"するべく"、"すべく"兩種形式。但"すべく"的感覺比較生硬。

1 …べく V-た　爲了…、爲了能够…。

（1）大学に進むべく上京した。／爲上大學來到了京城。
（2）速やかに解決すべく努力致します。／爲迅速解決問題而努力。
（3）しかるべく処置されたい。／希望得到適當的處置。

表示"爲了做…"、"爲了能够做…"的意思。例（3）是"請給予適當的處置"的意思。是書面的生硬表達方式。

2 V…べくしてV-た　該…、必然…。

（1）この機械の危険性は以前から何度も指摘されていた。この事故は起こるべくして起こったといえる。／這個機器的危險性以前就被指出過多次。所以這次事故的發生可以說是必然的。
（2）彼が勝ったのは偶然ではない。練習につぐ練習を重ねて、彼は勝つべくして勝ったのだ。／他取勝不是偶然的，是通過不斷的練習才取勝的。

重復同一動詞，表示所預料的事實際發生了。例（1）的意思爲"擔心會發生事故，還真的發生了"。例（2）的意思是"他的取勝不是偶然或好運，而是努力的必然結果"。

是書面的生硬表達方式。

3 …べくもない　無從…、無法…。

（1）多勢に無勢では勝つべくもない。／衆寡懸殊，難以取勝。
（2）優勝は望むべくもない。／奪冠已沒有指望。
（3）突然の母の死を、遠く海外にいた彼は知るべくもなかった。／對於母親的突然去世，遠在海外的他當然不可能知道。

表示"做不到…"、"不可能…"的意思。是生硬的文言的表達方式。現在不太使用。

【べし】

應該…、必須…、值得…。

[V-るべし]

（1）学生はすべからく勉強に励むべし。／學生必須努力學習。
（2）後生おそるべし。／後生可畏。
（3）今度の試験は、よほど難しかったらしく、クラスで一番良くできる生徒でも60点しかとれなかった。後は推して知るべしだ。／這次的考試好像相當難，就連班上最好的學生才只得了60分，其他的人就可想而知了。

文言的表達方式。在現代語中除了慣用的表達用法以外已幾乎不再使用。意思爲"作爲理所當然應該做的"、"那樣做是理所應該的"，表示命令。

例（1）用"すべからく…べし"的形式。表示"作爲學生必須要做的事是要用功學習"的意思。

例（2）是"年輕人將來會大有作爲, 必須愛護"的意思的慣用句。

例（3）的"後は推して知るべしだ"是慣用的表達方式，"一推測就會馬上明白"的意思。在這句的意思是"其他的學生不用説成績更不好"。

【へた】

ナ形容詞。在名詞前時用"へたなN"的形式。

1 へた

a へた　不擅長、笨拙、不好。

（1）字がへたなので、もっぱらワープロを愛用している。／因爲字寫得不好，所以總愛用文字處理機來打字。

（2）A：日本語がへたで、すみません。／我日語不好，對不起。
　　B：へただなんてとんでもない。とてもじょうずですよ。／怎麼能說不好呢。你的日語非常好啊。

（3）父は、へたなくせにゴルフが好きだ。／父親高爾夫打得不好却非常喜歡。

（4）へたな言いわけはやめなさい。／不要強詞奪理了。

（5）社長は気むずかしい人だから、へたなことを言って、怒らせないように気をつけたほうがいい。／總經理是個不好侍候的人，還是當心點好，別說錯話惹他生氣。

表示"不擅長、不好"的意思。例（1）～（4）表示"不好、不擅長、技術不高"。例（5）表示"沒有經過認真思考就去說去做"。

b N は…がへただ　…不好、不行。

[N は N がへただ]
[N は V-るのがへただ]

（1）私は計算がへただ。／我在計算方面不行。

（2）私は歌を歌うのが下手だ。／我唱歌唱得不好。

（3）山下さんはピアノはうまいが、歌は下手だ。／山下鋼琴彈得很好，可是唱歌唱得不好。

（4）英語は読む方はなんとかなるが、話すのは下手だ。／讀英語還可以，但說的不好。

（5）A：テニスはやるんだろう？／你打網球吧？
　　B：うん、へただけど。／嗯，但打得不好。

表示"做不好"、"不擅長"的意思。類似的表達方式有"…が苦手だ(不擅長…)"。但"苦手だ"含有不太喜歡的意思。而"へただ"不含有此意。

2 へたに　疏忽、大意、不慎重。

（1）このごろの機械は複雑だから、故障しても素人がへたにいじらない方がいい。／因爲現在的機器非常複雜，

所以發生了故障外行人最好不要隨便動。
（2）へたに動かすと爆発するかもしれないので、うかつに手がだせない。／弄不好會爆炸，所以不能隨便插手。
（3）A：うちの娘が反抗期でね。家族と口もきかないんだ。注意した方がいいのかなあ。／我女兒現在正處於反抗期，和家中的人都不説話。是不是得勸勸她。
B：でも、へたに注意するとよけいに反抗するかもしれないよ。／但是，勸不好會更加引起她的反抗。

表示"不給予充分的注意或關照"的意思。疏忽，粗心大意。既有如例（1）所示"搞不好的可能性大，還是不做爲好"的用法，也有例（2）、（3）所示"不充分注意或關照的話，可能會發生不好的事，所以要注意"的用法。

3 へたをすると　弄不好、搞不好。

（1）A：試験はどうだった。／考試考得怎麼樣？
B：それが、あまり良くなかったんだ。へたをすると、卒業できないかもしれないなあ。／考得不太好。搞不好也許畢不了業呢。
（2）風邪のようなありふれた病気でもへたをすると命とりになることがある。／即使是感冒那樣的常見病，搞不好也會要人命的。
（3）不景気で中小企業の倒産があいついでいる。へたをすると、うちの会社も倒産するかもしれない。／因爲不景氣中小企業相繼倒閉。説不定我們公司也會倒閉。
（4）道を歩いていたら、上から植木鉢が落ちてきた。へたをすると大怪我をするところだった。／走着走着路，從上面掉下來個花盆，差點受了重傷。

表示"弄不好、説不定"的意思。例（1）～（3）用於有可能成爲壞結果時。多表示説話者的擔心或不安。例（4）用"へたをすると…V-るところだった"的形式，表示"差一點就造成壞的結果，但是避免了災難"的意思。

【べつだん】

1 べつだん…ない　並不特別…、並没有什麽…。

（1）べつだん変わったことはない。／没有什麼特別的事情。
（2）彼はいつもより口数が少ないようだったが、私はべつだん気にもしなかった。／他好像比平時話少，我也没太在意。

表示"没有特別的…"的意思。是稍有些生硬的書面表達方式。

2 べつだんのN 特別的、特殊的。
（1）別段のご配慮をいただきたく存じます。／希望能得到您的特別關照。
（2）来賓として招かれて、別段の扱いを受けた。／作爲被邀請的貴賓，受到了特殊的禮遇。

表示"特別的"、"與往常不同"的意思。例（1）是非常鄭重的生硬的表達方式。

【べつとして】

1 Nはべつとして 另當別論、除了…。
（1）中国語は別として、そのほかのアジアの言語となると学習する人が極端に少なくなる。／中文另當別論，其它亞洲語言，學的人極少。
（2）京都や奈良といった観光地は別として、小さい寺や神社には観光収入はないのが普通だ。／除了京都或奈良那樣的旅遊城市，一般來說小寺院或神社沒有觀光收入。
（3）中国での生活が長かった西田さんは別として、うちの会社には他に中国語のできる人はいない。／除了曾經長期在中國生活的西田外，我們公司沒有其他人會中文。

表示"…是例外"、"…另當別論"的意思。也可以説"べつにして"。

2 …はべつとして …暫且不論。
[…かどうかはべつとして]
[疑問詞＋かはべつとして]
（1）将来役に立つかどうかは別として、学生時代にいろいろな分野の勉強をしておくことは、けっして無駄ではない。／姑且不論將來是否有用，在學生時代學好許多領域的科目，絕不會白學的。
（2）実現可能かどうかは別として、この計画は一度検討してみる価値はあると思う。／姑且不論是否能實現，我認爲這個計劃有再研究一遍的價值。
（3）だれが言ったかは別として、今回のような発言がでてくる背景には根深い偏見が存在すると思われる。／是誰説的暫且不論，總覺得這次的發言背後存在着根深蒂固的偏見。

表示"關於…的問題暫且不論"的意思。也可以説"べつにして"。

【べつに】

1 べつに…ない 不特別…、不怎麽…。
（1）別に変わったことは何もない。／没有什麽特殊的事。
（2）会社の宴会など別に行きたくはないが、断わる適当な理由も見つからないので、

しかたなく行くことにした。／並不特別想去参加公司的宴會，但是又找不到適當的理由拒絶，没辦法只好去了。

(3) 今どき洋酒なんか、別に珍しくはないが、海外旅行のおみやげにわざわざ持ってきてくれた彼の気持ちがうれしい。／雖説現在洋酒不是什麽稀罕東西，但他去海外旅行時，作爲禮品特意爲我帶回來，這片心意令我非常高興。

(4) あなたなんかいなくても、別に困らないわ。／即使你不在，我也没什麽可爲難的。

(5) A：どうかしたの。／怎麽了？
B：いや、べつに。／不，没什麽。

表示"没有特別的…"、"没有值得一提的…"的意思。也可以如例(5)省略"…ない"的部分。

2（…とは）べつに　分開、另。
[Nとはべつに]
[Vのとはべつに]

(1) 料金とは別に600円の送料が必要です。／費用外需另付郵資600日元。

(2) サービス料は別にいただきます。／服務費另收。

(3) みんなに配ったのとは別に、君には特別なプレゼントを用意しておいた。／和分給大家的不同，爲你準備了特別的禮物。

(4) 昨日来たのとは別に、もうひとつ小包が来ています。／和昨天寄來的不同，今天又寄來了一個包裹。

(5) 映画館はすごく込んでいたので、友だちとは別に座ることにした。／電影院裡特別擁擠，就和朋友分開坐了。

(6) 彼女は旅館に泊まった私達とは別にとなりの町のホテルに泊まった。／她没有住我們下榻的旅館，住了旁邊小鎮的飯店裡。

例(1)～(4)表示"…以外"、"除了…"的意思。例(5)、(6)表示"與…分開"、"與…不同"的意思。

3 Nべつに　按…。

(1) クラス別に写真を撮った。／按班級照了像。

(2) 小学校や中学校では男女別に名簿をつくるのをやめようという動きがある。／有這樣的動向，在中小學不按性別編制名册。

(3) アンケートの結果を、年齢別に集計した。／把問卷調査的結果按年齢匯總。

(4) 調査の結果を国別に見ていくと、中国をはじめとしたアジアの国々の経済成長が著しいことがわかる。／調査的結果從國別來看，可以看出以中國爲代表的亞洲各國的經濟增長是顯著的。

表示"每…"、"以…爲基準"的意思。

【べつにして】
→【べつとして】

【ぽい】
好…、容易…。
（1）気が短くて怒りっぽい。／性子急，愛發火。
（2）将来の計画について熱っぽく語っていた。／興致勃勃地談論着未來的計劃。
→【っぽい】

【ほう】
1 …ほう＜方向＞　方向、方面。
[Nのほう]
[Vほう]
（1）京都の北のほうは冬には雪がずいぶん積もる。／京都的北部冬天積雪很厚。
（2）あっちの方へ行ってみましょう。／我們到那邊去看看吧。
（3）A：どこに座ろうか。／我們坐哪呢？
　　B：前の方にしようよ。／坐前面吧。
（4）まっすぐ私の方を見てください。／請直視着我這邊。
（5）太陽が沈むほうに向かって鳥が飛んで行った。／鳥向着太陽下山的方向飛去。
（6）A：それで、山下さんはまっすぐ家に帰ると言ったんですね？／那麼，山下是説過他就直接回家了吧。
　　B：ええ、そう言いました。でも、山下さんが歩いて行った方には駅もバス停もないんで、おかしいなと思ったんです。／是的，是那麼説的。但是，他去的方向並沒有電車站和汽車站，好奇怪啊。

表示大致的方向、方位。多接在表示方位的"東・西・南・北"和"あっち・こっち・どっち・こちら・そちら・どちら"、"前・後・左・右・上・下"等表示方向的名詞後。

2 …ほう＜一方＞　…方面、…一方。
[Nのほう]
[Na なほう]
[A／V ほう]
（1）A：どちらになさいますか。／您要哪個？
　　B：じゃ、大きいほうをください。／那麼，給我那個大的吧。
（2）A：いくらですか。／多少錢？
　　B：こちらの赤い方が1万円、あちらの方が1万3千円となっております。／這個紅的1萬日元，那個1萬3千日元。

(3) どちらでもあなたのお好きな方で結構です。／無論是哪個，只要是你喜歡的就行。
(4) A：連絡は御自宅と会社とどちらにさしあげましょうか。／如果聯係的話是和您家裡聯係還是和您公司聯係。
B：自宅の方にお願いします。／請和我家裡聯係。
(5) 私の方からお電話します。／由我來打電話給您。
(6) A：たいへん申し訳ございませんでした。／太對不起了。
B：いや、悪いのはこちらの方です。／不，是我不好。
(7) 妻：悟は学校で問題なくやっているのかしら。／妻子：小悟在學校沒什麼事吧。
夫：放っておけばいいさ。何かあれば、学校の方から何か言ってくるだろう。／丈夫：不要管他。如果有事，學校方面會和我們説的。
(8) A：パチンコで5千円も負けちゃったよ。／我玩小鋼珠輸了5000日元了。
B：君なんか、まだましな方だよ。僕なんか一万

円以上負けてるよ。／你還算好的呢。我都輸了1萬多日元了。
(9) 自分で言うのもなんだが、子供のころ僕は成績のよい方だった。／我自己説不太好，小時候我的成績還不錯。
(10) A：御専門は物理学でしたね。／您的專業是物理學吧。
B：ええ、原子力の方をやっております。／對，我是做原子能的。
(11) 二つの作品のうち先生が手伝った方はさすがに完成度が高い。／在兩篇作品中還是老師指導過的那篇完成得好。

指兩個事物中的其中一方。例(5)、(6)是把説話者與聽話者做對比。説話者一方用"私の方／こちらの方"，聽話者一方用"あなたの方／そちらの方"表示。例(7)的"学校の方から"與"学校から"的意思相同，是把"我方"與"校方"做比較。另外也有如例(9)、(10)所示指籠統的部分或某一方面的用法。例(9)的意思是"總之，成績是屬於比較好的"。例(10)不是在把兩個事物做比較，是"在物理學中是研究原子能的"的意思。

3…ほう＜比較＞
[Nのほう]
[Na なほう]
[A／V ほう]
a…ほうが…より(も)　…比…更…。

（1）飛行機のほうが新幹線より速い。／飛機比新幹線快。
（2）高いより安い方がいいに決まっている。／當然是便宜比貴好了。
（3）新幹線で行く方が飛行機で行くより便利だ。／搭新幹線去比飛機方便。
（4）イタリアへ行くなら、ローマやベニスみたいな観光地より田舎の方がおもしろいよ。／如果去義大利的話，比起羅馬和威尼斯那樣的觀光城市，鄉村會更有意思。
（5）スポーツは見るより自分でやる方が好きだ。／在體育運動方面，比起觀賞，我更喜歡自己玩。
（6）漢字は読むことより書くことの方が難しい。／漢字是寫比讀難。
（7）加藤さんよりも佐藤さんの方が、親切に相談にのってくれる。／與加藤相比，佐藤熱情，更能與我討論問題。
（8）彼のけがよりも精神的なショックの方が心配だ。／比起他身體上的傷，我更擔心是對他精神上的打擊。

把兩個事物做比較，用"…ほうが"表示的事物程度高。"…ほうが"和"…より(も)"的順序可以互換變為"…より(も)…のほうが"。如果前後文關係非常明了常可以省去"…ほうが"或"…より(も)"。

b どちらのほう 哪一方面。

（1）A：田中さんと井上さんとでは、どちらのほうが背が高いですか。／田中和井上誰的個子高？
B：田中さんの方が背が高いです。／田中的個子高。
（2）A：コーヒーと紅茶と、どちらのほうがよろしいですか。／咖啡和紅茶，你喝哪個？
B：どちらでも結構です。／哪個都可以。

用於把兩個事物做比較，問其中的一方時。也可以省去"のほう"，只説"どちら"。

4 V ほうがいい〈勸告〉 最好是…、還是…爲好。

（1）僕が話すより、君が直接話す方がいいと思う。／我認爲你直接去説比我説要好。
（2）そんなに頭が痛いんだったら医者に行ったほうがいいよ。／如果頭那麼疼的話，還是去看醫生的好。
（3）あいつとつきあうのはやめたほうがいい。／還是不要再和那傢伙交往了。
（4）A：ときどき胃が痛むんだ。／有時候胃疼。
B：たいしたことはないと思っても、一度医者に行っておく方がいいよ。／你即使覺得問題不大，也還是去看看醫

生爲好。
(5) 退院したばかりなんだから、あまり無理をしない方がいいと思うよ。／你剛出院，還是不要太逞強的好。
(6) あの人おしゃべりだから、話さない方がいいんじゃない。／那個人多嘴，最好是不要對他説。

用於說話者認爲這樣爲好，向聽話者提出勸告或建議時。接動詞的辭書形・タ形・否定形。

無論是接辭書形還是接タ形都沒有大的區別，但是對聽話者進行較爲強烈的勸說時多用タ形。例如面對現在正在患感冒的人説話時用"V－たほうがいい"。但是，否定形一般用"…ない"的形式，而不能用"…なかったほうがいい"的形式。

(正) あの人には話さないほうがいいよ。／最好是不對他説。
(誤) あの人に話さなかったほうがいいよ。

5 …ほうがましだ＜選擇＞ 還是…好些。
[Nのほうがましだ]
[Na なほうがましだ]
[A-いほうがましだ]
[Vほうがましだ]
(1) A：テストとレポートとどっちがいい？／參加考試和交報告哪個好？
B：レポートの方がましかな。／還是交報告好些吧。

(2) どうせやらなくちゃいけないなら、日曜日に働くよりは、金曜日に残業して片づけてしまう方がまだましだ。／如果非得做的話，星期天做，的話還是星期五加班做吧。
(3) あんな男と結婚するくらいなら死んだほうがましだ。／和那樣的男人結婚還不如死了好。
(4) 途中でやめるぐらいなら始めからやらないほうがましだ。／與其半途而廢還不如當初就不做。

表示説話者在比較兩個都不太滿意的事時做出的不情願的選擇"如果一定要做出選擇的話，還是…爲好"的意思。

有時用"…くらいなら(與其…)"表示比較的對象。"…くらいなら"與"…より"相似，但含有説話者認爲這件事不好的意思。

6 …ほうがよかった＜後悔＞ 如果…就好了。
[Nのほうがよかった]
[Na なほうがよかった]
[A／V ほうがよかった]
(1) 人に頼まないで自分でやった方がよかった。／要是不求人自己做就好了。
(2) A：髪を切ったんだけど、似合う？／我剪了頭，怎麼樣？
B：えっ、切ったの。長い方がよかったのに。／

啊，剪了頭了？還是長髮好。
(3) せっかくの連休だからと思って、ドライブに出たが、車が渋滞していてまったく動かない。こんなことなら、来ない方がよかった。／好不容易有個連休，開車去兜風，結果交通堵塞，車根本開不動。早知這樣還不如不來呢。
(4) 少し有名になると仕事がどんどん入ってくるようになったが、苦労のわりには収入は増えない。いっそ、無名のままの方がよかった。／稍微出了點名工作也多了起來，工作辛苦而收入却沒增加。還不如不出名的好。

表示説話者對過去發生的事感到遺憾和後悔。"比起實際發生的事，還是與此不同的事更合適"的意思。説話者在述説自己的行為時表示"後悔"，在述説他人的行為時表示遺憾或失望的心情。

【ほうだい】

1 R-(たい)ほうだい　隨便、隨心所欲。

(1) 近所の子供たちは、後片付けもせずに、家の中を散らかし放題に散らかして帰っていった。／鄰居的孩子們玩完了也不收拾，把家裡弄得亂七八糟的就走了。
(2) 誰も叱らないものだから、子供達はやりたいほうだい部屋の中を散らかしている。／因為沒有人管束，孩子們隨心所欲把屋子弄得亂七八糟。
(3) 口の悪い姉は相手の気持ちも考えずいつも言いたい放題だ。／愛嘮叨的姐姐總是不顧別人的心情想説什麼就説什麼。

接"やる"、"する"、"言う"等動詞的連用形，表示對其他人毫無顧忌地隨心所欲的舉止。含有對説話者負面的評價。其它的慣用的表達方式還有"勝手放題にする(爲所欲爲)"等。

2 R-ほうだい　自由、放任。

(1) バイキング料理というのは、同じ料金で食べほうだいの料理のことだ。／自助餐就是每個人付同樣的錢吃到飽。
(2) ≪ビアホールの広告≫2000円で飲み放題。／≪啤酒店廣告≫2000日元到飽喝。
(3) 病気をしてからは、あんなに好きだった庭いじりもできず、庭も荒れ放題だ。／生病以後，原來那麼喜歡修整的庭院，現在也不行了，全都荒蕪了。

表示可以無限制地自由地去做某事的意思。多和"食べる・飲む"等詞一起使用。也可如例(3)所示表示"對該事不採取積極的態度，任其發展下去"的意思。

【ほか】

1 …ほか

a …ほか　除…之外。

[Nのほか]
[Na なほか]
[A／V　ほか]

(1) 今日のパーティーには、学生のほかに先生方もお呼びしてある。／今天的晚會，除學生之外，也邀請了老師。

(2) うちの会社には、田中さんのほかにはロシア語のできる人はいない。／我們公司，除田中先生之外，沒有人會俄語了。

(3) 今回の会議には、学識経験者のほか、銀行、電気メーカーといった企業の人事部長が参加した。／除學識淵博的學者外，銀行、電器廠家等有關企業的人事部長出席了這次會議。

(4) お支払いは、銀行、郵便局のほか、お近くのコンビニエンスストアなどでも扱っております。／除在銀行、郵局之外，也可以在您家附近的便民商店辦理支付手續。

(5) 今度引っ越したアパートは、ちょっと駅から遠い他はだいたい希望通りだ。／這次搬入的公寓，除離車站稍遠，有點不便之外，基本上合我心意。

(6) きょうは授業にでる他には特に何も予定はない。／今天除上課之外，其他沒有什麼特別的計劃。

表示"除那件事之外"之意。以"ほか"、"ほかに"、"ほかは"等形式使用。

b Nほか　…等。

(1) 田中他三名が出席します。／田中等共三人出席。

(2) 出演山田太郎他。／演出者：山田太郎等。

用於表示代表性人物或事物名稱時。是書面語較生硬的表達方式，常用於介紹演講者及戲劇的演員等場合。

2 ほかに(は)　其他、除此之外、還…。

(1) A：留守番ありがとう。何か変わったことはありませんでしたか。／謝謝你留下來值班，有什麼情況嗎？
    B：まちがい電話が一本かかってきただけで、ほかには何も変わったことはありませんでした。／只有一個打錯的電話，其他沒有什麼。

(2) 《税関で》／《在海關》
    A：何か申告するものはありますか。／有什麼要申報的嗎？
    B：ウイスキーが５本です。／有５瓶威士忌。
    A：他には？／還有別的嗎？

　　　　　　B：他にはべつに。／没有
　　　　　　了。
（3）　ボーイ：コーヒーでござい
　　　　　　ます。他に御用は
　　　　　　ございませんか。
　　　　　　／服務員：這是您
　　　　　　的咖啡，還需要點
　　　　　　別的什麼嗎？
　　　　　客：今のところ、特にありま
　　　　　　せん。／客人：暫時不要
　　　　　　什麼了。
　　　表示"除此之外"之意。

3 ほかのN　其他的…、別的…。
（1）石田さんに頼もうと思った
　　　が、忙しそうなので、他の人
　　　に頼んだ。／本想求石田先
　　　生，但看他好像很忙，就拜託
　　　了別人。
（2）ここがよくわかりません。
　　　ほかのところはやさしかっ
　　　たんですが。／其他地方還
　　　比較簡單，但這不太明白。
（3）　A：この店は高すぎるね。／
　　　　　這家商店太貴了啊。
　　　　B：そうね。ほか（の店）
　　　　　へ行きましょう。／是
　　　　　啊，我們去其他商店
　　　　　吧。
（4）これはちょっと高すぎます
　　　から、他のを見せてくれま
　　　せんか。／這個稍微有點貴，
　　　能給我看看其他的？
　　　表示"提出現在話題以外的以及不
　　同事物"，像例（4）那樣，原本是"其他
　　之物"之意，有時也可使用"ほかの"這一

表達方式。

4 …ほかはない
[Ⅴ-るほかはない]

a …ほかはない　只有、只好、只得。
（1）気は進まないが、上司の命
　　　令であるので従うほかはな
　　　い。／雖然不願意，但因是
　　　上司的命令，只得服從。
（2）だれも代わりに行ってくれ
　　　る人がいないので、自分で
　　　行く他はない。／因没人替
　　　我去，只好自己去。
（3）体力も気力も限界だ。こ
　　　の勝負はあきらめる他はな
　　　い。／不論體力，還是氣力都
　　　已到了極限，只好放棄這次
　　　比賽。
　　　表示"雖不符合心願，但是又没有其
　　他方法，不得已而爲之"的意思。是書面性
　　語言。另外還有"…ほかすべがない"、"…
　　しか手がない"等表達方式。口語中還可
　　使用"…しかない"、"…ほかしかたがな
　　い"等。

b …というほかはない　只能説。
（1）十分な装備を持たずに冬山
　　　に登るなど、無謀と言うほ
　　　かはない。／不帶足裝備就
　　　去進行冬季登山，只能説是
　　　蠻幹。
（2）あんな高いところから落ち
　　　たのにこの程度のけがです
　　　んだのは、幸運だったと言
　　　う他はない。／從那麼高的
　　　地方掉下來，才受了這麼點
　　　輕傷，只能説是幸運。

（3） 世界には前世の記憶をもった人がいるという。それが事実だとしたら、ただ不思議と言うほかはない。／據説世界上有人能記着前世的事。假如那是事實的話，只能説是不可思議。

表示"只有這麼説"、"真是…"之意。是書面語較生硬的表達方式。

5 …よりほかに…ない
…よりほかは…ない　只有、只好、没有比…。

（1） 田中さんよりほかに頼れる人はいない。／只有依靠田中先生了。（除田中先生没有能依靠的人了。）
（2） 入学試験も目前にせまった。ここまでくれば、がんばるより他はない。／入學考試已迫在眉睫。事已至此，只有努力了。

→【より】3b、【より】3c

6 ほかならない
a Nにほかならない　無非是…、不外乎…、完全是…。

（1） 今回の優勝は彼の努力のたまものにほかならない。／這次奪冠，完全是他努力的結果。
（2） 日本における投票率の低さは、政治に対する失望感の現れにほかならない。／在日本投票率的下降，不外乎是對政治失望的表現。
（3） このような事故が起きた原因は、利益優先で安全性を軽視してきた結果にほかならない。／引起這樣事故的原因，完全是因爲一直重利益輕安全所造成的結果。

用"XはYにほかならない"的形式，表示"X不是其他，確實是Y"、"X不是Y以外的任何東西"之意。是書面語較生硬的表達方式，不用於日常會話。

b ほかならないN／ほかならぬN
既然是、不外、無非、正是。

（1） ほかならない彼の頼みなので、引き受けることにしました。／正因爲是他的懇求，所以就擔了下來。
（2） 他ならない鈴木さんからの御依頼ですから、喜んでお引受けいたしましょう。／既然是鈴木先生的委託，那就高興地接受下來吧。
（3） ほかならぬ彼の頼みなので、断わるわけにはいかなかった。／既然是他的請求，就没有理由拒絶。
（4） うわさ話をしていたところにやって来たのは、ほかならぬ当人だった。／正當大家在議論他的時候，他來了。
（5） 現在の繁栄をもたらしたのも、自然破壊をもたらしたのも、他ならぬ人間である。／帶來現在繁榮的和，還是造成自然破壞的，都是人類本身。

表示"不是別的，確實是…"。例（1）

~(3)含有"要是別人的事的話,姑且可以不接受"之意.經常用於上下文表示"對於説話者來説,因爲是特別重要的人的委託所以不能拒絶"這種句中。例(4)~(5)用於強調確實是某事時。"ほかならぬ"比"ほかならない"用得多。

【ほしい】

　　"ほしい"的漢字書寫形式是"欲しい",但"V－てほしい"的形式,多用平假名來書寫。

1 Nがほしい　想要…。
(1)　もっと広い家が欲しい。／想要更大的房子。
(2)　A：誕生日のプレゼントは何が欲しい？／想要什麼生日禮物？
　　　B：そうね。新しい服が欲しいな。／是啊．真想要一套新衣服。
(3)　子供の頃、僕は野球のユニホームが欲しかった。／孩童時．我曾想要過棒球運動服。
(4)　今は何も欲しくない。／現在什麼也不想要。
(5)　≪小説≫彼はどうしても金がほしい。そのことを考えると夜もねむれないぐらいだ。／≪小説≫他無論如何想得到錢．一想到這事．甚至夜不能眠。

　　表示説話者"想弄到手"、"想使其成爲自己的東西"的慾望要求(疑問句時表示聽話者的願望要求)。"ほしい"是表示感情的形容詞．句末以斷定形式使用時．只限於例(1)那樣表示説話者本身的願望或例(2)那樣詢問聽話者的要求。直接表示第三者的慾望時不能使用。表示第三者願望時應使用"…は…をほしがっている"、"…がほしいようだ"等表達方式。

(正)　妹は人形をほしがっている。／妹妹想要個娃娃。
(誤)　妹は人形がほしいです。

　　但是．像例(5)那樣．在視點可以自由移動的小説的叙述部分中．在句末使用斷定形式問題也不大。另外．像例(2)那樣直接詢問對方要求時．限於關係較密切的人。需要禮貌程度時．應避免"砂糖がほしいですか"的説法．而使用"砂糖はいかがですか"．即儘量不使用"ほしい"。

2 V－てほしい
a Nに V－てほしい　想…、希望…。
(1)　この展覧会には、たくさんの人に来てほしい。／希望有更多的人來參加這個展覽會。
(2)　あまり仕事が多いので、だれかに手伝ってほしいと思っている。／要做的工作太多．想找個人幫幫忙。
(3)　母には、いつまでも元気で長生きしてほしい。／希望母親永遠健康長壽。
(4)　妻にはいつまでもきれいでいてほしい。／希望妻子永遠年輕漂亮。
(5)　僕を置いて外国へなんか行かないでほしい。／希望你不要把我丟在一邊．去什麼

外國。
（6）子供たちには自分の利益ばかり考えるような人間にだけはなってほしくない。／只希望孩子們不要成爲一心只考慮個人利益的人。
（7）A：うちの会社にも落度があったかもしれません。／我們公司說不定也有過錯。
B：君にまで、そんなことを言って欲しくないね。／不希望連你也說那種話。

表示說話者對自己以外的人的希望或要求。是"我想請您…"、"希望能保持這種狀態"之意，有時像例（1）、（2）那樣表示希望"他爲我做點什麼"，或像例（3）、（4）那樣表示希望"他處於某種狀態・成爲某種狀態"。

使用否定形時，有"V-ないでほしい"和"V-てほしくない"兩種用法。"V-ないでほしい"作爲"…しないでください"這種期望的表達方式經常像例（5）那樣被使用（有關期望表達方式，可參照3）。使用"V-ほしくない"時，一般像例（6）那樣和聽話者無關地敘述自己的願望或像例（7）那樣對聽話者所做出的行爲給與指責。

b …がV-てほしい　希望…。
（1）寒い冬にはもうあきあきしてきた。早く春がきてほしい。／對嚴冬已經厭煩了，希望春天早點到來。
（2）早く夏休みが始まってほしい。／真希望暑假早點開始。

（3）これだけ晴天が続くと、農家ならずとも雨が降ってほしいと思わない人はいないだろう。／晴天再這麼持續下去，即使不是農家，恐怕也沒有人不希望下雨的吧。
（4）彼の愛が永遠に変わらないでほしいと思うのはぜいたくでしょうか。／希望他的愛永遠不變，這種想法是不是太奢侈了。

表示盼望某種狀態產生。對象爲人時，像用法2 a那樣以"Nに"來表示，但是像例（1）～（5）那樣盼望某種狀態產生時要用"が"來表示。

3 ほしい（んだけれど）

表示說話者欲望的"想得到N""我想請您…"。根據情況不同有時會成爲間接請求的表達方式。像"ほしいんですが…"、"ほしいんだけど…"這樣欲說又止的說法，有客氣的感覺，是一種委婉的拜託方式。

a Nがほしいんですが　想要…、想買…。
（1）客：すみません。これがほしいんですが。／顧客：對不起，我想買這個…。
店員：こちらでございますか。ありがとうございます。／店員：是這個嗎？謝謝。
（2）店員：これなどいかがですか。／店員：這樣的行嗎？
客：そうねえ、もうちょっと明るい色のがほしいんだ

けど。／顧客：是啊，不過我想要更亮麗一些的…。
(3) ≪友だちの家で≫／≪在朋友家≫
A：水が一杯ほしいんだけど。／我想要杯水…。
B：いいよ。ちょっと待って。／好啊，請稍等。
(4) ≪おもちゃ屋で≫／≪在玩具商店≫
子供：お母さん、これほしい。／孩子：媽媽，我想買這個。
母親：ダメ。今日は何も買いません。／母親：不行，今天什麼都不買。

叙述説話者 "想得到某種東西" 的欲望要求，是間接請求的表達方式。經常使用像例(1)、(2) "すみません。Nがほしいんですが／ですけど" 的説法。

b V-てほしい(んだけれど)　希望…，想…。
(1) 客：プレゼントなので、リボンをかけてほしいんですが。／顧客：因這是禮品，希望能給繫個綢帶…。
店員：はい、少々お待ちください。／店員：好，您稍等一下。
(2) A：今日は早く帰ってきてほしいんだけど。／希望你今天能早點回來…。
B：うん、わかった。／嗯，知道了。
(3) A：田中さんに来週の予定を教えてあげてほしいんですが。／想和田中先生説説下周的行程…。
B：ああ、いいですよ。／啊，可以呀。
(4) あしたは出かけないでほしいんだけど。／希望你明天不要出門…。
(5) 君にこの仕事をやってほしいんだが。／這個工作想讓你來做…。
(6) 君には東京に行ってほしい。／想讓你去東京。

叙述説話者 "想讓聽話者做某種行爲" 的願望，是間接地表示請求的表達形式。表示 "不要做" 的期望時，使用例(4) "V-ないでほしい" 的形式。例(5)、(6) 用於男性，給人以壓制感。

4 V-させてほしい(んだけれど) 希望讓…。
(1) A：来週休ませてほしいんですけど。／希望允許我下周休假…。
B：ああ、いいよ。／啊，行啊。
(2) この件はぼくに任せてほしいんだけど。／這件事，希望能讓我做…。
(3) 私に行かせてほしいんですが。／希望能讓我去…。

以 "(私に)Vさせてほしいんですが／けれど" 的形式，用於説話者對自己將

要進行的行為求得許可時。

【ほしがる】

想…。

[Nをほしがる]
（1）山下さんは新しい車を欲しがっている。／山下想要輛新汽車。
（2）桃子が欲しがっているのは女の子の人形ではなくて、熊のぬいぐるみだ。／桃子想要的不是女孩娃娃，而是布製熊寶寶。
（3）人の物を欲しがってはいけない。／不要別人的東西。
（4）当時まだ一年生だった僕は、母の注意をひきたいばかりに、わざと妹のおもちゃをほしがってみせた。／當時的我還僅僅一年級，只是想引起媽媽的注意，故意做出想要妹妹的玩具的樣子。

用於敘述"想要"這種心情溢於言表時。

一般用於説話者以外的人。用於説話者自身的願望時，使用"…がほしい"的形式。但是，像例（4）那樣，和自己本身內心無關只是做出樣子給別人看，即使是説話者本身的願望也可使用"ほしがる"。

【ほど】

1 數量詞＋ほど＜概數＞ …左右。

（1）水を10ccほど入れてくださ

い。／請加入10cc左右的水。
（2）修理には一週間ほどかかります。／修理需要一周左右的時間。
（3）完成するまでに3時間ほどかかります。／到完成為止，需要3小時左右。
（4）仕事はまだ半分ほど残っている。／工作還有一半左右没有完成。
（5）A：りんごください。／請給我蘋果。
　　B：いくつですか。／要幾個？
　　A：五つほど。／拿5個吧。

接在表示數量的詞之後，表示大致數量（概數）。也可用於表示時間長短、天數等概數時。但是，在表示時刻、日期等，不具有時間長短的表達方式中一般不用。這時要用"ごろ"。

（誤）3時ほど来てください。
（正）3時ごろ来てください。／請3點左右来。

例（5）是一種禮貌的表達方式，和"五つください"意思一樣。即不明確説"五個"而用概數來表示，目的是給聽話者以選擇餘地，給人以柔和的感覺。

表示概數的"ほど"可以和"くらい"或"ぐらい"互換使用。

2 …ほど…ない＜比較＞

[Nほど…ない]
[Vほど…ない]

a …ほど…ない 没有那麼…。

（1）今年の夏は去年ほど暑くない。／今年夏天没有去年那麼熱。

(2) 試験は思っていたほど難しくなかった。／考試沒有想象的那麼難。
(3) 教師の仕事はそばでみているほど楽ではない。／教師這種工作不像旁觀者看着那麼輕鬆。
(4) 佐藤は今井ほど勤勉な学生ではない。／佐藤不是像今井那麼勤奮的學生。
(5) この地域は大都市近郊ほどは、宅地開発が進んでいない。／這一地區的住宅開發沒有大城市近郊進展那麼快。

以"XはYほど…ない"的形式．表示以Y為基準．X在Y之下的意思。如"XはYほど大きくない(X沒有Y那麼大)"既是"XはYより小さい(X比Y小)"的意思。

但是．使用"XはYより…／(X比Y…)"句型時，不過是單純地將兩者進行比較．而使用"XはYほど…ない"的句型時，有時含有"X也是這樣，Y也是這樣．不過兩者比較時就…"的意思。比如例(1)就有"今年夏天也熱．不過比去年好一些"的含義。

b …ほど…Nはない　没有比…更…．最…。
(1) 試験ほどいやなものはない。／沒有比考試更煩人的了。
(2) いろんな方が親切にして下さいましたが、あなたほど親身になって下さった方は他にありません。／很多人都對我很熱情．不過沒有一個人像你那樣待我像親人一樣。
(3) 東京ほど家賃の高いところはない。／沒有比東京房租更貴的地方了。
(4) これほどすばらしい作品は他にありません。／沒有比這再好的作品了。
(5) 川口さんほどよく勉強する学生はいない。／沒有比川口更勤奮的學生了。
(6) 子供に先立たれることほどつらいことはない。／沒有比白髮人送黑髮人更傷心的了。

通過敘述"沒有其他同等的事"．表示"…ほど"所表現的是最高程度。例(1)表示"考試比任何事都煩"．例(2)表示"你對我最好"。

3 …ほど＜程度＞
a …ほど　…得．…得令人…、如此的…、那樣的…。
[Nほど]
[A-いほど]
[V-るほど]
(1) この商品はおもしろいほどよく売れる。／這種商品很受歡迎，簡直讓人感到奇妙。
(2) 顔も見たくないほどきらいだ。／我討厭他甚至不想見到他。
(3) 今日は死ぬほど疲れた。／今天簡直累得要死。
(4) そのニュースをきいて、彼は飛び上がるほど驚いた。／聽到這個消息．他吃驚得

幾乎跳起來。
（5）東京中を足が棒になるほど歩き回ったが、探していた本は見つからなかった。／跑遍整個東京，腿都要跑斷了，也没有找到我要找的書。
（6）医者の話では、胃に親指の先ほどの腫瘍があるという。／醫生説，胃裡長了一個有拇指尖那麼大的腫瘤。
（7）それほど言うなら、好きなようにすればいい。／如果那樣説的話，那就隨你的便吧。
（8）なんの連絡もしてこないから、どれほど心配したかわからない。／什麼消息也没有，真不知有多擔心。

用比喩或具體事例表示動作和狀態處於某種程度時，使用該句型。"これ／それ／あれ／どれ"後接"ほど"時，意思爲"こんなに／そんなに／あんなに／どんなに(這麼／那麼／那麼／多麼)"。

b …ほどだ　甚至能…、甚至達到…程度。
[Na なほどだ]
[A／V　ほどだ]
（1）ずいぶん元気になって、昨日なんか外に散歩にでかけたほどです。／完全恢復了健康，像昨天甚至能出去散步了。
（2）彼は犬がたいへん嫌いだ。

道に犬がいれば、わざわざ遠回りするほどだ。／他非常討厭狗，甚至到了在路上看見狗就特意繞路的地步。
（3）コンサートはたいへんな人気で、立ち見がでるほどだった。／演唱會非常爆滿，甚至有很多觀衆没有坐位站着看。
（4）このシャツは着やすいし値段も安いので、とても気に入っている。色違いで3枚も持っているほどだ。／這種襯衫穿着舒服價錢也便宜，我非常中意，甚至買了3件不同顏色的。
（5）事故後の彼の回復ぶりは、奇跡とも言えるほどだ。／他事故後的恢復情況很好，簡直可以説是奇跡。

舉具體事例説明這以前叙述的事達到何種程度時，使用該句型。

c …ほどの…ではない　並非…程度、没有達到…地步、不至於。
[…ほどのNではない]
[…ほどの　こと／もの　ではない]
（1）医者に行くほどのけがではない。／這傷很輕，還用不着看醫生。
（2）そんなに深刻に悩むほどの問題ではない。／還不是那麼傷腦筋的問題。
（3）そんなに怒るほどのことではない。／並不是讓人那麼生氣的事。

（4） 確かに便利そうな機械だが、20万円も出すほどのものではない。／看來這機器確實很方便，但也不至於價錢高達20萬日元。

表示"比…程度要低"，含有沒什麼了不起，並不是重大問題的意思。

d …というほどではない 並非達到…程度，並不是説就…。

[N／Na というほどではない]
[A／V というほどではない]

（1） 酒は好きだが、毎日飲まないではいられないというほどじゃない。／雖然喜歡酒，但並非每天不喝不行。

（2） 英語は少し勉強しましたが、通訳ができるというほどではありません。／雖然學了一些英語，但並沒達到可以當翻譯的水平。

（3） 数年前から胃を悪くしているが、手術をしなければいけないというほどではない。／幾年前胃就不太好，但還沒到非要動手術的地步。

（4） A：高級車買ったんだって？／聽説你買了高級轎車？
　　B：いや、高級車というほどじゃないけれど。わりといい車なんだ。／不，説不上是高級轎車，不過也算是不錯的車。

表示程度並非那麼高。從開始敘述的事中，列舉出一般想象的事例，補充説明沒有那麼高的程度時，使用該句型。

4 …ほど＜按比例變化＞

a …ほど　越…越…。

[N／Na ほど]
[A-いほど]
[V-るほど]

（1） 年をとるほど体が弱くなる。／年紀越大，體質越弱。

（2） 上等のワインは、古くなるほどうまくなる。／上等的葡萄酒，時間越長味道越醇。

（3） 駅に近いほど家賃は高くなる。／離車站越近房租越貴。

（4） 北へ行くほど寒くなる。／越往北越冷。

（5） まじめな人ほどストレスがたまる。／越是認真的人，越容易精神疲勞。

（6） 健康に自信がある人ほど、病気になかなか気づかないことが多い。／很多事例説明越是對自己健康有自信的人，越是不易發現自己的病。

（7） 酔うほどに、宴はにぎやかになっていった。／宴會上人們喝的越醉越熱鬧。

表示隨着"…ほど"所表示的事物程度的提高，另一方的程度也提高的意思時，使用該句型。例（1）表示的是"上了年紀身體越來越弱"，例（2）表示的是"葡萄酒時間一長會更醇"的意思。

像例（1）～（4）所使用的"…ほど…Naに／A-く／V-ようになる"的形式，多用於表示一般事物。例（7）所使用的"…ほどに"是書面表達方式。近似的表達

方式有"…につれて"、"…ば…ほど"。
b …ば…ほど　越…越…。
[N／Na　であればあるほど]
[A-ければA-いほど]
[V-ばV-るほど]

(1) 食べれば食べるほど太る。／越吃越胖。
(2) A：どれぐらいのご予算ですか。／您打算花多少買啊？
B：(安ければ)安いほどいいんですが。／越便宜越好啦,…。
(3) 活発で優秀な学生であればあるほど、知識を一方的に与えるような授業はつまらなく感じるのだろう。／只是一味地灌輸知識,這種課越是活潑優秀的學生,就越會感到沒意思吧。
(4) 電気製品というのは、高くなればなるほど、使いにくくなる。／電器這種東西,價錢越貴,越難用。
(5) どうしたらいいのか、考えれば考えるほどわからなくなってしまった。／到底該怎麼辦,越想越不明白。
(6) 眠ろうとすればするほど眼が冴えてくる。／越想睡越睜着眼睛睡不着。
(7) この説明書は、読めば読むほどわからなくなる。／這説明書,越看越不明白。

同一個單詞重覆使用,表示伴隨着一事物的進行其他事物也在進行。意思是另一事物隨"…ば"所表示的事物成正比變化。不過像例(4)～(7)那樣與一般預想的成反比變化時也可使用該句型。

【ほどなく】

不久,沒多大。
[V-てほどなく]
[V-るとほどなく]

(1) 祖父が亡くなってほどなく祖母も亡くなった。／祖父逝去不久,祖母也逝去了。
(2) 広島と長崎に原爆が落とされてほどなく、第二次世界大戦は終結した。／廣島和長崎被原子彈轟炸之後不久,第二次世界大戰就結束了。
(3) 新しい社長が就任すると、ほどなく社内で経営側への非難が始まった。／新總經理就任不久,公司内就開始出現了對經營方面的譴責。
(4) Z社がパソコンを大幅値下げすると、ほどなく他社もそれに追随して値下げを始めた。／Z公司的電腦大幅度降價後,不久其他公司也開始隨之降價。

表示一件事發生後,沒過多長時間的意思。用以敘述過去的事。是書面語較生硬的表達方式。也可用"ほどなくして"。

【ほとんど】

1 ほとんど　幾乎、大部分、就要。

（1）この小説はほとんど読んでしまった。／這部小説就要讀完了。

（2）京都の有名な寺にはほとんどいったことがある。／京都的有名寺廟幾乎都去過了。

（3）新しいビルは、ほとんど完成している。／新大樓就要完成了。

（4）彼ほどの成績なら、合格はほとんど確実だ。／他那樣的成績，幾乎可以説百分之百及格了。

（5）地域のスポーツクラブに行ってみたら、ほとんどが年輩の人だったのには驚いた。／去社區運動倶樂部一看，讓人吃驚的是大部分都是上了年紀的人。

（6）このクラスのほとんどが、アジアからの留学生だ。／這個班，大部分都是亞洲來的留學生。

表示"大體"、"大部分"之意。對述語部分加以修飾。像例（1）～（3）那樣表示"雖不是全部，但也接近全部"，像例（4）那樣表示"接近百分之百"。另外像例（5）、（6）那樣也可以"(Nの)ほとんどが"的形式，表示"全體中的大部分"之意。

2 ほとんど…ない　幾乎没有…、幾乎不…、差一點。

（1）給料日前でほとんど金がない。／發工資之前幾乎没有錢了。

（2）彼は酒はほとんど飲まない。／他幾乎不喝酒。

（3）英語はほとんど読めない。／幾乎不會念英語。

（4）この仕事を三日で仕上げるのは、ほとんど不可能に近い。／要三天完成這一工作，幾乎不可能。

（5）このごろは忙しくて、あれほど好きだったテニスにも、ほとんど行っていない。／這陣子忙得很，連非常喜歡打的網球，幾乎都没去打。

（6）今でこそ有名だが、10年ほど前には、彼の名前を知っている人は、ほとんどいなかった。／他就是現在有名了，但是在10年前幾乎没有人知道他的名字。

（7）ほとんど飲まず食わずで、一日中働き続けた。／幾乎没吃没喝，連着做了一天。

（8）遭難して三日めには、食料もほとんどなくなった。／遇險後的第三天，食物也差不多都吃光了。

表示量非常少或頻率很低。

3 ほとんど…た　幾乎…、差一點…、險些…。

[ほとんどV-るところだった]
[ほとんどR-かけた]

（1）子供の頃、チフスでほとんど死にかけたことがある。／小時候，差一點因傷寒喪

（2） 横道から飛び出してきた自転車とほとんどぶつかるところだった。／險些和從小巷子飛奔出來的腳踏車相撞。
（3） 事業は、ほとんどうまくいきかけたのだが、運悪く得意先が倒産してしまい、それからは悪いこと続きだった。／事業上幾乎開始好轉，可是運氣不好主顧倒閉了，從那之後倒楣的事接連不斷。

表示"差一點成爲事實"。該句型多用於像例（1）～（2）那樣表示"在危險時刻得救"的場合。

【まい】

接在五段動詞辭書形、一段動詞連用形或辭書形後（例：行くまい、話すまい、見まい、見るまい）。"来る"和"する"分別用"くるまい／こまい"、"するまい／すまい"兩種形式。常用的形式是接辭書形後的"くるまい"、"するまい"。

動詞以外的用法是"ない"成爲"あるまい"，即"Nではない"、"Naではない"、"A-くない"分別成爲"Nではあるまい"、"Naではあるまい"、"A-くあるまい"。

另外，接在"ます"後有時還可以成爲"ますまい"。

1…まい
a V－まい＜意志＞ 不打算…、不想…。
（1） 酒はもう二度と飲むまい。／我不再喝酒了。
（2） あいつにはもう二度と会うまい。／再不想見到那傢伙了。
（3） A：佐々木さんとけんかしたんだって？／聽說你和佐佐木吵架了？
B：そうなんだよ。人が親切で言ってるのに聞こうともしないんだ。あいつにはもう何も言うまいと思っているんだ。／是的。人家好心說的話他一點也聽不進去。以後再也不和他說什麼了。
（4） 二日酔いの間はもう二度と飲みすぎるまいと思うが、ついまた飲み過ぎてしまう。／醉了的那兩天雖然心想再也不多喝了，可是不知不覺又喝多了。
（5） そのとき、広子は、二度と田中には会うまいと固く決心した。／那時，廣子下了大決心，再也不見田中了。
（6） 母を悲しませまいと思ってそのことは知らせずにおいた。／因不想讓母親傷心，那件事就沒有告訴她。

表示說話者"不做…"的否定意志。口語中使用"V-ないようにしよう"、"V-ないつもりだ"。另外，像例（5）那樣以"…まいと決心する／思う／考える"等形式，叙述他人"不做…"的意志時，使用該句型。例（6）是"不想讓母親傷心…"的意思。是書面語較生硬的表達方式。

b V－まいとする 想不…、爲了不

（1） 銃を奪われまいとして争いになった。／爲了不讓對方把槍奪去，而進行了爭鬥。
（2） 夏子は泣くまいとして歯を食いしばった。／夏子爲了不哭出來而拼命咬牙忍耐着。
（3） 家族の者を心配させまいとする気持ちから、会社をやめたことは言わずにおいた。／爲了不讓家人擔心，而没把辭職的事告訴他們。

表示"不想讓…發生而…"的意思，是書面語較生硬的表達方式。使用"…まいとして"時，有時可省略"して"。

（例） 銃を奪われまいと争いになった。／爲了不讓槍被奪去，而進行了對抗。

2 …まい＜推測＞ 不會…吧、也許不…、大概不…。

（1） このうれしさは他人にはわかるまい。／這份喜悦，別人也許不會明白。
（2） 税金を減らすのに反対する人はまずあるまい。／大概不會有反對減税的人吧。
（3） 山田氏の当選はまず間違いあるまい。／田中氏當選大概不會有錯。
（4） 年老いた両親も亡くなって、ふるさとにはもうだれもいなくなってしまった。もう二度と訪れることもあるまい。／年邁的父母已經雙亡，老家已没有任何親人，也許不會再回去了吧。
（5） こんな話をしてもだれも信じてはくれまいと思って、今まで黙っていたのです。／我想説這話大概也不會有人相信，所以至今沈默着。
（6） 顔を見るだけで他人の過去を当てるなんて妙な話だが、これだけ証人がいるのならまんざら嘘でもあるまい。／有人説他僅看面相就可猜到別人的過去，這雖説很荒唐，但有這麽多人作證的話，是不會假的吧。
（7） 他ならぬ松下さんの御依頼ですから、父もまさかいやとは言いますまい。／這不是別人，而是松下的請求，父親不會再推托的吧。
（8） 子供が初めて下宿した時には、かぜをひいてはいまいか、一人でさびしがっていはしまいかと心配でならなかった。／孩子第一次上學寄宿在外時，擔心得不得了，總是想會不會感冒呀，一個人會不會寂寞呀。

表示"不會…吧"的意思。表示説話者的推測。像例（7）那樣，在口語中很少使用，一般用"言わないだろう"、"言わないでしょう"。像例（5）那樣後接"と思って／と考えて"作爲引用時，口語是可以用的。這一句型是書面語較生硬的表達方式。

3 …でもあるまい

a Nでもあるまい　這時…已不…吧、就是…也不…吧。

（1）仕事を紹介して下さる人もあるが、私ももう70だ。この歳になって、いまさら会社勤めでもあるまい。／也有人給我介紹工作．但我已70歲了。這歲數已不適合在公司工作了吧。

（2）自分から家を出ておきながら、今ごろになって、同居でもあるまい。／是自己離家出走的．事到如今．再住在一起也不合適了吧。

表示判斷某事不合適．不適當。多以"いまさら／いまごろ…でもあるまい"的形式使用．在叙述時期太晚已不合適時使用該句型。

b Nでもあるまいし　又不是…。

（1）子供でもあるまいし、自分のことは自分でしなさい。／又不是小孩子．自己的事自己做！

（2）学生でもあるまいし、アルバイトはやめて、きちんと勤めなさい。／又不是學生．不要打工了．要好好上班！

（3）17や18の小娘でもあるまいし、男に振られたぐらいで、いつまでもくよくよするのはやめなさい。／又不是17、18歲的小姑娘．不要因爲被男朋友甩了這點小事．總是悶悶不樂的！

表示"又不是…"、"不該是…"的意思。經常在忠告．批評時．以後接"…しなさい"、"…してはいけない"等禁止命令的形式使用。也有"では／じゃあるまい"的形式。

c Ｖ－ることもあるまい　不該…吧、没必要…吧。

（1）あんなにひどい言い方をすることもあるまいに。／不該説那麼無情的話吧。

（2）あの程度のことで、大の大人が泣くこともあるまい。／爲了那點事．那麼大人没必要哭吧。

（3）電話か手紙で用は足りるのだから、わざわざ行くほどのこともあるまい。／打個電話或寫信就能解決問題．没必要特意去吧。

在叙述"那種行爲不適當"或"那種行爲没必要"等帶有批評性質的判斷時．使用該句型。是書面語較生硬的表達方式．口語中經常用"Ｖ－ることもないだろう"。

4 まいか

a …ではあるまいか　不是…嗎、難道不是…嗎。

[Ｎ／Ｎa（なの）ではあるまいか]
[Ａ／Ｖ　のではあるまいか]

（1）彼は若くみえるが、本当はかなりの年輩なのではあるまいか。／他看上去很年輕．但實際上已有一把年紀了吧。

（2）佐藤さんは知らないふりをしているが、全部わかっているのではあるまいか。／

佐藤裝作不知道的樣子，其實他全都清楚吧．
(3) 児童の自殺があいついだのには、現在の教育制度に、何か問題があるのではあるまいか。／兒童相繼不斷地自殺．難道不是現在的教育制度中存在什麼問題嗎？
(4) 他人への無関心が、このような事件を引き起こす一因となったのではあるまいか。／對他人的冷漠．難道不是引起這事件的原因之一嗎？
(5) 知識のみを偏重してきたことは、現在の入試制度の大きな欠陥ではあるまいか。／只偏重知識．不是現在的考試制度的一大缺陷嗎？
(6) 会社や組織のためにのみ働き続ける生活は、誰よりも本人が一番苦しいのではあるまいか。／這種只知道爲公司或組織拼命工作的生活，大概本人比任何人都痛苦．

表示"不是…嗎"的意思．"Xではあるまいか"是說話者表示"たぶんXだ／大概是…"的推測表達方式．

接在名詞、ナ形容詞後時．有"N／Naではあるまいか"、"N／Naなのではあるまいか"這兩種形式．

像例(3)～(6)那樣．或用於問題提起部分．或用於敘述結尾部分．表面上採取質問對方的形式．而實質敘述說話者的主張時．用該句型較多．是主要用於書面語的較生硬的表達方式．

b V-てくれまいか
　V-てもらえまいか　能…嗎．
(1) 忙しいからと一度は断ったのだが、なんとかやってもらえまいかと何度も頼まれてしかたなく引き受けた。／我說很忙曾一度回絕了他．但他幾次求我說能不能想辦法幫幫他．沒辦法．我就接受了．
(2) A：例のニューヨーク支店の件だが、支店長として、まず君に行ってもらえまいか。／還是紐約分店那件事．我作爲分店的經理．先要求你去一趟吧．
　　B：かしこまりました。／知道了．

表示請求．是男性用的較生硬的表達方式．口語中一般使用"V-てくれ／もらえないだろうか"．像例(1)那樣使用的"…と頼まれた／言われた"的形式．多用於引用文中．

5 V-ようがV-まいが　→【よう2】4c
6 V-ようとV-まいと　→【よう2】6c

【まえ】
1 Nのまえに　…的前面、…前．
(1) 駅の前に大きなマンションが建った。／車站前建了一棟很大的豪華公寓．
(2) 僕の前に田中が座っていた。／田中坐在我前面．

（3）食事の前に手を洗いましょう。／飯前要洗手。
（4）授業の前に先生のところへ行くように言われた。／有人讓我上課之前去老師那一趟。

表示空間或時間的關係。如例（1）、（2）表示在N的正面或前方，例（3）、（4）表示在N某一時間之前的意思。

2 V-るのまえに　…之前，…前。

（1）食事をする前に手を洗いましょう。／吃飯之前洗洗手吧。
（2）私は、夜寝る前に軽く一杯酒を飲むことにしている。／我在晚上睡覺之前要喝一小杯酒。
（3）大学を卒業する前に、一度ゆっくり仲間と旅行でもしてみたい。／在大學畢業之前，想和朋友一起進行一次休閒旅行什麼的。
（4）結婚する前には、大阪の会社に勤めていました。／結婚之前，我在大阪的一家公司上班。

以"Xまえに Y"的形式，表示Y發生在X發生之前。不管句尾述語的時態是什麼，"…まえに"的動詞要使用辭書形。

（正）食事をする前に手を洗った。／吃飯之前洗了手。
（誤）食事をした前に手を洗った。

3 Nをまえに（して）　面對…、面臨…、…之前。

（1）国会議員のA氏は記者団を前に終始上機嫌だった。／國會議員A氏，面對記者團始終情緒高昂。
（2）テーブルの上の書類の山を前に、どうしたらいいのか、途方にくれてしまった。／面對桌子上堆得像山一樣的文件，束手無策，不知該如何是好。
（3）試験を前にして、学生たちは緊張していた。／學生們在考試之前非常緊張。
（4）首相は出発を前に、記者会見を行う予定。／首相預定在出發之前會見記者。

表示空間上或時間上的關係。例（1）、（2）面對人和物。例（3）、（4）表示事情發生之前。表示時間上的關係時可以和"…をひかえて"互換。

【まさか】

1 まさか…ないだろう　不會…、怎能…、怎會…、難道會…。

（1）彼には何度も念を押しておいたから、まさか遅れることはないだろう。／囑咐了他好幾次，他怎麼會遲到呢。
（2）いくら強いといっても、相手はまだ小学生だ。まさか大の大人が負けるようなことはないだろう。／再怎麼説強，對手也還是個小學生，那麼大的成人難道會輸嗎？
（3）まさかそんなことはないと

思うが念のためにもう一度調べてみよう。／雖然想絶不會有那樣的事，但爲了慎重起見還是再查一遍吧。
(4) あんなに何度も練習したのだから、まさか失敗することはあるまい。／做了那麼多次的練習，怎麼會失敗呢。
(5) A：お金が足りませんが…／錢不夠了…
　　 B：まさかそんなはずはない。／怎麼會呢。
(6) A：だれが秘密をもらしたんだろう。／是誰把秘密洩露出去的呢。
　　 B：君、まさか僕を疑っているんじゃないだろうね。／你不會是在懷疑我吧？
(7) まさか、あなた、あの人と結婚する気じゃないでしょうね。／你不會有和他結婚的意思吧。

　句尾使用"ないだろう"、"まい"、"はずはない"、"わけがない"等否定的表達方式．表示"那種事實際上不會發生，不應該發生"的否認態度。另外，像例(6)、(7)那樣用"まさか…じゃないだろう／でしょうね"的形式．表示很強的懷疑態度。

2 まさか…とはおもわなかった 没想到會…。

[まさか Nだとはおもわなかった]
[まさか Naだとはおもわなかった]
[まさか Aとはおもわなかった]
[まさか Vとはおもわなかった]

(1) 山田さんが病気で入院しているとは聞いていたが、まさかこんなに悪いとは思わなかった。／聽説山田因病住院了，没想到會這麼嚴重。
(2) まさか私が優勝できるとは思いませんでした。／真没想到我會取勝。
(3) まさか彼があんな冗談を本気にするとは思わなかった。／没想到他會把那玩笑當真。
(4) まさか彼がこんなに早く亡くなるなんて誰も想像していなかった。／誰也没有想到他會那麼快死去。
(5) まさかこんな大惨事になるとは誰も予想していなかった。／誰也没想到會釀成這麼大的惨案。
(6) A：犯人は彼だったよ。／犯人就是他。
　　 B：まさか。／真没想到。

　與"とは思わなかった"、"とは知らなかった"等表達方式相呼應使用．表示對没有想到的事却發生了而感到驚奇。口語中多像例(6)那樣只用"まさか"。

3 まさか＋否定表達方式 總不能…。

(1) A：あんな失敗をするなんて、あいつは馬鹿じゃないか。もっときつく言ったほうがいいんじゃないですか。／敗

得那麼慘，那像伙真是愚蠢。不能說得再嚴厲些嗎。

B：まさか本人に面と向かって「ばか」とも言えないじゃないか。／總不能當着本人的面説"混蛋"吧。

（2）いくら助けてやりたくても、まさかテストの答えを教えるわけにもいかないし、自力で頑張ってもらうしかない。／無論怎麼想幫助他，總不能把考試答案告訴他吧，只能讓他自己努力。

與表示可能的"V-れる"的否定形或"ともいえない"、"わけにもいかない"等否定表達方式相呼應。列舉極端事例，表示實際上不能那麼做，但説話人又真想那麼做的心情。

4 まさかのN　一旦、萬一。

（1）健康には自信があるが、家族のことを考えてまさかの時のために保険に入っている。／雖然對自己的健康很自信，考慮到家庭的利益，爲萬一起見而入了保險。

（2）まさかの場合は、ここに電話してください。／一旦有什麼事，請打電話到這裡。

表示"緊急場合・萬一發生什麼事"的意思。

【まさに】

是書面語較生硬的表達方式，用於口語時有誇張的感覺。

1 まさに　真正、確實、正是。

（1）警察に届けられていたのは、まさに私がなくした書類だった。／有人交到警察那裡的正是我丟失的文件。

（2）その絵は実際の幽霊を描いたものとして有名で、その姿にはまさに鬼気迫るものがある。／那幅畫，作爲描繪了實際的幽靈而出名，那一形象確實給人以陰森可怕的感覺。

（3）《領収書》金十万円正に受領致しました。／《發票》收到現金十萬日元整。

（4）A：日本政府のはっきりしない態度が、アジア諸国との関係を悪化させているのではないか。／難道不是日本政府不明朗的態度，使其和亞洲各國的關係開始惡化的嗎？

B：まさにそのとおりだ。／確實是這樣。

（5）この夏、「世界リゾート博」を訪れた人は113万人を超えた。同博宣伝部長のS氏は「晴天続きのまさにリゾート日和でした。」とほくほく顔だった。／今年夏天，參加"世界度假村博覽會"的人數超過113萬。該博覽會宣

傳部長S氏高興地說：" 連續的晴天正是度假的艷陽天。"
表示"確實是"、"真的"之意。

2 まさに… V-ようとしている（ところだ） 將，即將，將要，正要。

(1) 私が到着した時、会議はまさに始まろうとしているところだった。／我到的時候，會議正要開始。

(2) 《テレビ中継放送》今まさに世紀の祭典オリンピックが始まろうとしております。／《電視轉播》現在，世紀聖典奧林匹克運動會即將開始。

(3) ハイジャックの犯人をのせた飛行機は警察が包囲する中、今まさに飛び立とうとしている。／在警察包圍中，載有截機犯的飛機現在正要起飛。

(4) 彼らが駅に到着した時、列車はまさに動きださんとするところだった。／他們到達車站時，列車正要開動。

表示"馬上就要進行"、"正好剛要開始"之意。較生硬的説法有時也可像例(4)那樣使用"V-んとしている"。

【まじき】
→【あるまじき…だ】

【まして】

1 まして（や） 何況，況且。

(1) 日本語の勉強を始めて3年になるが、まだ新聞を読むのも難しい。まして古典などはとても読めない。／開始學習日語已經3年，但看報紙還很困難，何況古典什麼的更讀不了了。

(2) この辺りは昼でも人通りが少ない。まして夜ともなると、怖くて一人では歩けない。／這一帶白天都很少有人通過，何況到了晚上，更是可怕得不敢一個人走。

(3) 僕でもできた仕事だ。まして君のような優秀な人間にできないはずはない。／連我都會的工作，何況像你那樣的優秀人才不可能不會。

(4) 家族の死は常に悲しい。まして、子供の死ともなれば、残された者の嘆きは、いかばかりであろうか。／親屬的死使人悲傷。何況，對於孩子的死，活着的人該是多麼悲傷呀。

常使用"Xは…ましてYは…"或"Xでも…ましてYは…"的形式。將X和比X程度更高的Y做比較。表示"連X都那樣，Y更是那樣或當然那樣"的意思。"ましてや"是書面語稍生硬的表達方式。

2 Nにもまして 比…更。

(1) 日本の夏は暑い。しかし、暑さにもまして耐えがたいのは、湿度の高さだ。／日本的夏天很熱。但是比酷熱更難

耐的是濕度高。
（2）本当にいい映画だった。映像の美しさはもちろんだが、それにもまして音楽がすばらしかった。／真是一部不錯的電影。畫面漂亮自不必説，更精采的是音樂。
（3）彼はもともとまじめでよく働く人間だが、子どもが生まれてからというもの、以前にもましてよく働くようになった。／他本來就是認真勤奮的人，自從有了孩子之後，比以前更加能幹了。
（4）何にもましてうれしかったのは、友人の加藤君と10年ぶりに再会できたことだった。／比什麼都高興的是，又見到了闊別10年的朋友加藤。

以"Xにもまして…なのはYだ"、"XにもましてYが…"等形式，表示"X是當然的…，不過Y更…"的意思。通過和X比較，用以強調Y的程度更高。像例（3）那樣以"前にもまして"、"以前にもまして"的形式使用時，意思即成為"比以前更…"。例（4）"何にもまして"的用法，是"比什麼都…"、"最…"的意思。

【まず】

1 まず 先、首先、開頭。
（1）まずはじめに、本日の予定をお知らせいたします。／首先，通知一下今天的安排。
（2）《司会者の発言》次にみなさんのご意見をお伺いしたいと思います。では、まず川口さんからお願いします。／《主持人的發言》下面想聽聽大家的意見。先請川口先生發言。
（3）今年の夏は暑いらしいから、ボーナスが入ったら、まずクーラーを買おうと思っている。／今年夏天好像很熱，所以拿到獎金以後，想先買冷氣。
（4）日本の年中行事として、まず盆と正月が挙げられる。／提到日本的節日，首先會想到盂蘭盆節和元旦。
（5）その国の文化を知るには、まず言葉からだ。／要了解該國文化，首先從語言開始。

表示"最初に"、"最初"、"第一に"／第一之意。例（4）、（5）有"他のものはさておき／其他暫且不提"的意思。

2 まずは 姑且、謹此、暫且、總算。
（1）まずは一安心した。／總算放心了。
（2）《手紙》まずはご報告まで。／《信函》謹此奉告。
（3）《手紙》取り急ぎ、まずはお礼まで。／《信函》暫且匆匆致謝。
（4）《手紙》まずは用件のみにて、失礼いたします。／《信函》暫且就此匆匆擱筆。

表示"雖不完全，但大致如此"、"雖不

充分,但姑且…"的意思。例(1)是"まずはほっとした"、"まずはよかった"等的固定説法,可和"なにはともあれ"、"とにかく"等互換使用。例(2)~(4)是書信結尾使用的慣用表達方式。

3 まず…だろう／…まい 大概、大致、大體、差不多。

(1) 患者：もう、普通の生活に戻っても大丈夫でしょうか。／患者：已經可以恢復正常生活了吧？
 医者：そうですね、無理さえしなければ、まず大丈夫でしょう。／醫生：是啊,只要不勞累過度,大概沒什麼問題。

(2) 予算は十分にあるから、足りなくなることはまずないだろう。／預算很充足,大概不會不夠吧。

(3) 山田氏の当選はまず間違いあるまい。／山田氏的當選大到不會錯了吧。

(4) この怪我ではまず助かるまい。／這種傷差不多是沒救了。

(5) この案に反対する人はまずいない。／大概不會有人反對這一提案的。

(6) 彼が一度「だめだ」と言ったら、もう可能性はないと思ってまず間違いない。／他一旦説"不行", 我想就已經没有可能性了。這大概不會錯。

和"…だろう"、"…まい"等一起使用,表示説話者的推斷相當準確。"まず…まい"是"まず…ないだろう"的意思,是書面語較生硬的表達方式。像例(5)、(6)那樣不帶"…だろう"使用時,表示具有更強信心的推測。

【また】

1 また
a また＜反復＞ 又、再、還。

(1) また、飛行機が落ちたらしい。／好像又掉下一架飛機。

(2) 同じ問題をまた間違えた。／又做錯了同樣的題。

(3) A：すみません。来週の金曜日、休ませていただきたいのですが。／對不起,下周星期五我想休息…。
 B：またですか。先週も休んだでしょう。／又休息？上周不是休了嗎。

(4) A：さようなら、また来てくださいね。／再見.(有空)再來玩啊。
 B：有り難うございます。また、おじゃまします。／謝謝。(有空)再來打擾您。

(5) 《授業の終わりに》では、また来週。／《下課時》那麼,下週再見。

（6）　A：じゃ、また。／那麼，再見。
　　　B：じゃあね。／再見。

表示同樣的事反覆發生。作為寒暄語在分手時也可像例（4）〜（6）那樣使用。

b　また＜附加＞　還、另外。

（1）教科書は、大学生協で購入できる。また、大きな書店でも販売している。／教科書可以在大學的福利社購買。另外在大書店也有賣的。

（2）10月から大手私鉄の運賃が平均20％値上げされる。また、地下鉄、市バスも来年4月に値上げを予定している。／從10月份起大的私營鐵路票價平均上漲20％。另外，地鐵、市公交車也預計在明年的4月漲價。

（3）《テレビのニュースで》現在、新幹線は京都神戸間が不通になっております。また、在来線は大阪神戸間が不通となっております。／《電視新聞》現在，新幹線京都至神戶段不通車。另外大阪神戶間的原有線路也不通車。

（4）《テレビのニュースで》天皇皇后両陛下の韓国御訪問は10月と決まりました。また、首席随行員は渡辺外相が務めます。／《電視新聞》天皇和皇后陛下，決定10月訪問韓國。另外，首席隨行人員渡邊外交部長也一同前往。

與先前敘述事物有關，附加說明或其他事物時，使用該句型。

c　また＜列舉＞　既…又、不但…還、不僅…還。

（1）彼は良き父であり、また良き夫でもある。／他既是好父親又是好丈夫。

（2）この本はおもしろく、またためになる。／這本書不但有意思，而且還有價值。

（3）喫煙は健康に悪いし、また、周囲の迷惑にもなる。／吸煙不僅對健康有害，而且會給周圍的人造成麻煩。

是"而且、加之"之意。用於列舉同類事物時。經常以"また…も"的形式出現。

d　また＜選擇＞　另外…也。

（1）参加してもよい。また、参加しなくてもよい。／參加也行，不參加也行。

（2）黒か青のインクで書くこと。また、ワープロの使用も可。／要用黑墨水或藍墨水筆書寫。用文字處理機打也可以。

表示"兩者中任選其一"之意。經常以"また…も"的形式出現。

2　…もまた　也還是…。
[Nもまた]
[Na なのもまた]
[A／V のもまた]

（1）山でのキャンプ生活は電気もガスもないが、不便なのもまた楽しい。／山上的露

營生活．雖然沒有電也沒有煤氣．不過這種不方便的生活也是一種樂趣．
(2) 暑いのも困るが寒いのもまたたいへんだ。／熱了不好過．冷了也是够討厭．
(3) 晴れた日の散歩は楽しい。しかし、雨にぬれながら歩くのもまた風情があっていいものだ。／晴天散步很愜意．但是，雨中散步也還是別有一番情趣的．
(4) 天才といえども、彼もまた人の子だ。うれしいときもあれば悲しいときもある。／雖說是天才．但他也還是個普通人的孩子．既有高興的時候，也有悲傷的時候．

是"和…一樣"的意思．例(1)～(3)表示和前面所敘述的事一樣．例(4)表示"天才的他也和普通人一樣"．

3 …また 又…，可…．
(1) いったいまたどうしてそんなことを。／到底爲什麼又要做那種事．
(2) どうしてまた、こんなことになったのだろうか。／爲什麼又成這樣了呢．
(3) しかしよくまた、こんなことができたものだ。／唉．這可真是了不起啊．
(4) これはまたきれいな絵ですね。／這可真是一幅漂亮的畫啊．

和"いったい"、"どうして"、"これは"等相呼應使用．表示說話者驚奇．不可思議的心情．

4 またのN 下一次的、再一次的、另外的．
(1) またのお越しをお待ちしております。／我期待着您下一次再來．
(2) きょうは忙しいので、この話はまたの機会にお願いします。／今天我很忙．這件事下次有機會再說．
(3) 彼は医者だが、またの名を北山淳といって有名な小説家でもある。／他是醫生．而且還是一位以北山淳爲筆名的著名的小說家．

是"下一次、另外的"意思．例(1)和例(2)都是慣用的固定表達方式．一般只限於和"またの機会／チャンス／とき／日／名"等名詞一起使用．
例(3)所用的"またの名…である"是"另外的名字是…"的意思．

5 NまたN 接連、不斷．
(1) 一行は、山また山の奥地に進んで行った。／一行向着綿綿山脈的深處前進．
(2) 残業また残業で休む暇もない。／連續加班．連休息時間都沒有．
(3) 人また人で歩くこともできない。／人挨着人，都走不動路．

反覆使用同一名詞．表示同一物體的連接狀或同一事物接連不斷發生的狀

態。

【まだ】

1 まだ…ない　還未…、還没…。

（1）　A：昼ご飯は、もう食べましたか。／吃午飯了嗎？
　　　B：いいえ、まだ食べていません。／不，還没吃呢。
（2）　A：この本は、もう読みましたか。／這本書，你已經看了嗎？
　　　B：いいえ、まだです。／不，還没呢。
（3）　事故の原因は、まだわかっていない。／還不知道事故的原因。
（4）　子：お母さん、ご飯まだ？／孩子：媽媽，飯還没好嗎？
　　　母：もうちょっと待ってね。／母親：再稍等一會。
（5）　風邪はまだよくならない。／感冒還没好。
（6）　その時はまだ何が起こったのかわからなかった。／當時還不知道發生了什麽事。
（7）　外国には、まだ一度も行ったことがない。／還没去過一次外國呢。

表示所預定的事現在還未進行或還没有完成。

對"もう…ましたか"這一問題的否定答案，多使用"いいえ、まだ…ていません"這一形式。也可用"いいえ、まだです"。如果用"いいえ、まだ…ません"就不太適當，有時會被解釋爲"没那打算…"的意思。

（誤）　A：昼ごはんはもう食べましたか。
　　　　B：いいえ、まだ食べません。

2 まだ＜從過去持續到現在＞　還…。

（1）　A：敏子は何をしているの？／敏子在幹什麽呢？
　　　B：おねえちゃんは、まだ電話をしているよ。／姐姐還在打電話呢。
（2）　もう一週間になるのに、父と母はまだけんかをしている。／已經過了一周了，但爸爸媽媽還在吵架。
（3）　子どもの時に大きな地震があった。あの時のことは、今でもまだはっきりと覚えている。／小時候發生過一次大地震，那時的情景，至今還記憶猶新。
（4）　今年になっても、日本の経済はまだ低迷を続けている。／直到今年，日本的經濟還持續處於低迷狀態。
（5）　A：昔、みんなで温泉に行ったことがあったね。／過去，我們大家曾一起去洗過溫泉啊。
　　　B：ああ、まだおじいさんが生きていたころだ

ね。／是啊．那時爺爺還健在呢。
(6) 昔と違って、60代といってもまだ若い。／和過去不同，現在60多歲還算年輕。
(7) 9月なのにまだ暑い。／都9月份了．還那麼熱。
(8) さなえちゃんは偉そうなことを言っても、まだ子供だね。／早苗再怎麼誇口．也還是個孩子。
(9) まだ未成年なのに酒を飲んではいけない。／還未成年．不許喝酒。

多以"まだV－ている"的形式使用．表示同樣的狀態一直持續着．例(5)以"まだV－ていた"的形式．表示現在雖不同了．但在過去的某個時間其狀態一直持續着．是"現在不在了．可那個時候還活着"的意思。例(7)～(9)強調的是．現在也和以前一樣停留在同樣的狀態下．還未達到當然應該達到的下一個階段。例(7)表示"夏天已經過去．該到涼快的時候了．可並非那樣"。例(8)表示"還未成爲大人"。例(9)是"還未到可以喝酒的年齡"之意。

3 まだ＜向未來持續＞ 還會。
(1) これから、まだもっと寒くなる。／今後還會更冷。
(2) 雨は、まだ二、三日続くだろう。／這雨還會持續兩三天吧。
(3) 景気はまだ当分よくならないと思われる。／人們認爲景氣暫時還不會好轉。
(4) まだこの株は値上がります。／這張股票還會升值。
(5) まだまだこれからが大変ですよ。／今後還會更利害的。

表示現在的狀態還會繼續下去。使用"まだまだ"時．成爲"還會更進一步"之意．表示程度會更高或時間持續更長。像例(2)那樣如使用了"二、三日"、"三日"這樣具體的時間時．不能用"まだまだ"。

4 まだ…ある 還有…。
(1) 開演までには、まだ時間がある。／離開演還有一段時間。
(2) 目的地まで、まだ20キロはある。／離目的地少說還有20公里。
(3) 食糧はまだ三日分ほど残っている。／還有够三天吃的糧食。
(4) まだ他にも話したいことがある。／還有其他想說的。

表示還留有某些東西或時間等。

5 まだ＜經過＞ 才、僅、不過
(1) まだ一時間しかたっていない。／才過了一小時。
(2) 日本にきて、まだ半年だ。／來到日本才半年時間。
(3) まだ10分ほどしか勉強していないのに、もう眠くなってきた。／才不過看了10分鐘的書．就開始睏了。
(4) 震災からまだ一年にしかならないのに、街の復興はめざましい。／震災後．才不過一年．城市的恢復狀況非常

顯著。

（5）もう夕方かとおもったが、まだ3時だ。／以爲已經到了傍晚，才不過3點啊。

和表示時間的詞呼應使用，在強調離某些事僅過了很短的時間時，使用該句型。

6 まだ＜比較＞　還是、還算。

（1）何日もかかって、長いレポートを書かされるよりは、一日ですむ試験の方がまだいい。／與其讓我們花費好幾天的時間寫長的論文，還不如一天就解決的考試好一些。

（2）家事はみんな嫌いだが、掃除よりも洗濯の方が、まだましだ。／誰都討厭做家務，不過，比起掃除來洗衣服還算輕鬆一些。

（3）A：ああ、いやだ。試験が5つもある。／啊，真煩人，我們有5門考試。
　　B：君なんか、まだましな方だよ。僕なんか、11もあるよ。／你還算呢，我有11門考試呢。

（4）今度の地震で家も財産もなくしたが、命があっただけ、まだ救われる。／這次地震家也沒了，財產也沒了。不過，只要人活着，就還算有救。

以"まだいい"、"まだましだ"的形式表示哪方面都不好，不過比起一方來另一方還算好一些。

【またしても】

又…。

（1）またしても空の事故が起こった。／又發生了空難。

（2）またしてもあいつにしてやられた。／又被那傢伙給騙了。

（3）《高校野球の実況中継で》平安高校、またしてもホームランを打ちました！／《高中棒球錦標賽實況轉播》平安高中又打了個全壘打。

説話者用驚奇的口氣叙述同一事情持續反覆發生時使用該句型。像例（1）、（2）多用於不好的事情。雖然是強調"また"的説法，但因感覺上較生硬，所以多使用於書面語或電視，廣播等新聞報導以及解説詞方面。日常的口語中還是"また"用得多一些。

【または】

或是…、或。

[NまたはN]

（1）黒か青のペンまたはえんぴつで書いて下さい。／請用黑色及藍色鋼筆或鉛筆填寫。

（2）13日までに到着するように郵送するか、または、持参してください。／請在13日之前寄過來或是直接送過來。

（3）400字詰め原稿用紙に手書

き、またはＡ４の用紙にワープロで打つこと。／要求寫在400字稿紙上或使用文字處理機打在Ａ４複印紙上。

表示兩者之間無論哪方都可以。例（１）是"鋼筆也可以，鉛筆也沒關係"，例（２）是"郵寄或是交來都可以"的意思。是書面性語言的表達方式，經常用於告示通知等場合。

【またもや】

又…。
（１）またもや、彼が登場した。／他又上臺了。
（２）またもや人為的なミスによる飛行機事故が起きたことは、看過できない問題である。／又是人爲造成的飛機事故，這是不能忽視的問題。
（３）またもや、汚職事件が発覚した。／又暴露了一起瀆職事件。

是"又…、再次…"的意思。表示同一事情連接發生，是稍有些陳舊的表達方式。一般還是"また"、"またしても"使用得多一些。也可以説"またも"。是書面語言。

【まったく】

１まったく…ない　絶對不…、完全没有…、根本不…、一點沒有…。
（１）きのうのクラスはまったくおもしろくなかった。／昨天的課一點都沒有意思。
（２）彼は家ではまったく勉強をしない。／他在家根本不唸書。
（３）この一週間全く雨が降っていない。／這星期一場雨也沒下。
（４）その選手のフォームは全く文句のつけようのない美しさだ。／那位選手的姿勢帥得完全無可挑剔。
（５）そのバイオリニストのアルバムは、デビューアルバムとしては全く申し分のない出来である。／那位小提琴手的專輯唱片，作爲首張專輯來説絶對無可挑剔。

強調否定意思時使用該句型。比"ぜんぜん"、"すこしも"、"ちっとも"等表達方式生硬。強調"無可挑剔"、"沒的説"、"無法挑剔"等意思時，除"まったく"外很難用其他説法表示。

２まったく　完全、簡直、真、實在。
（１）これとこれはまったく同じものです。／這個和這個是完全一樣的東西。
（２）それとこれとはまったくちがう話だ。／那個和這個完全是兩回兒。
（３）まったくいやな雨だなあ。／真是討厭的雨啊。
（４）またお金わすれたの？まったくこまった人ね。／又忘了帶錢？簡直拿你没辦法啊。
（５）Ａ：うっとうしい天気だね。／這天氣真悶人啊。

B：まったくだ。／真是。
(6) きのうの演奏は全くすばらしいものだった。／昨天的演奏實在是太好了。
強調程度時使用該句型。例(5)即是用於表示充分地肯定對方説法的心情。

【まで】

1 NからNまで 從…到…。

(1) シンポジウムは1時から3時まで第3会場で行います。／專題討論會在第3會場舉行。時間從1點到3點。
(2) A：大阪から東京までどのくらいかかりますか。／從東京到大阪需要多長時間？
  B：新幹線なら3時間ぐらいでしょう。／搭新幹線的話，3小時左右吧。
(3) 《ホテルで》／《在飯店》
  A：シングルでいくらですか。／單人房多少錢？
  B：シングルのお部屋は、7500円から12000円までとなっております。／單人房，從7500日元到12000日元不等。
(4) 教科書の25頁から35頁まで読んでおいてください。／請預先看一下教科書的第25頁到35頁的内容。
(5) この映画は、子供からお年寄りまでご家族みんなで楽しんで頂けます。／這部電影，從孩子到老人全家都會喜歡的。
(6) A：昼休みは何時までですか。／午休到幾點？
  B：1時までです。／到1點。

2 Nまで＜目的地＞ 到…。

(1) バスに乗らずに駅まで歩いて行くことにした。／決定到車站不坐公共汽車而走着去。
(2) 公園まで走りましょう。／跑到公園吧。
(3) 毎日学校まで歩きます。／每天步行到學校。
(4) 川幅が広くて向こう岸まで泳げそうもない。／河面那麼寬，看樣子遊不到對岸。
(5) 先週の日曜日は、散歩がてら隣の町まで行ってみた。／上星期日，去散步時順便到鄰近的小鎮轉了轉。
(6) A：京都にはどうやって行ったらいいですか。／到京都怎麼走好呢？
  B：そうですねえ。山手線で東京駅まで行って、新幹線に乗るのが一番早いと思いますよ。／是啊，搭山手線到東京站，然後再換新幹線，我想這樣最快。

（7）わからないことがありましたら、係りまでおたずね下さい。／如有不明白的地方，請到主管人員那去問。

和"行く、来る、歩く、走る、泳ぐ"等動詞一起使用，表示移動結束的場所。"歩く、走る、泳ぐ"等移動動詞，雖不能直接接在"に"或者"へ"後，不過可以和"まで"一起使用。

（正）公園まで走りましょう。／跑步到公園吧。
（誤）公園{に／へ}走りましょう。
（正）毎日学校まで歩きます。／每天步行到學校。
（誤）毎日学校{に／へ}歩きます。
（正）向こう岸まで泳いだ。／游到了對岸。
（誤）向こう岸{に／へ}泳いだ。

另外，參照以下例句可以知道"まで"表示的是持續動作結束的場所，所以不能同時選擇兩個以上場所。

（正）イタリアではローマとミラノ{に／へ}行った。／在義大利，去了羅馬和米蘭。
（誤）イタリアではローマとミラノまで行った。

例(7)和"係りに"意思一樣，但感覺上更加鄭重。

3 …まで＜時間＞
a Nまで 到…、…之前。
（1）3時まで勉強します。／學習到3點。
（2）きのうは結局朝方まで飲んでいた。／結果昨天一直喝到天亮。
（3）私はなまけもので、日曜日はもちろん普通の日でも、たいてい11時頃まで寝ている。／我是個懶人，星期日不用說，就是平時大都也要睡到11點左右。
（4）ついこのあいだまでセーターを着ていたのに、この二三日急に暖かくなった。／前幾天還一直穿着毛衣呢，可這兩三天一下暖和起來了。
（5）祖父は死ぬ直前まで意識がはっきりしていた。／祖父在死之前一直意識很清醒。

接在表示時間的名詞之後，表示在以"まで"所表示的時間以前的動作或事件一直持續着。後面要伴隨着表示動作或狀態繼續着的表達方式，而不能使用表示事件發生的表達方式。

（誤）5時まで到着します。
（正）5時までに到着します。／5點之前到達。

有關"まで"和"までに"的不同點，請參照"までに"的用法。

b V-るまで …到、…之前、到…為止。
（1）あなたが帰ってくるまで、いつまでも待っています。／我永遠等着你，一直等到你回來。
（2）私がいいと言うまで目をつぶっていてください。／在我說可以之前不要睜眼。
（3）田中さんは結婚して退職するまで、貿易会社に勤めていたそうだ。／聽說田中在結了婚退職前，一直在貿易公司上班。

（4）《医者が患者に》もう少し暖かくなるまで外出はしないほうがいいでしょう。／《醫生對患者》還得稍暖和一點再出門吧。
（5）佐藤さんは会社を辞めるなんて、昨日山田さんに聞くまで知りませんでした。／佐藤要辭職這件事，昨天我是聽山田說了才知道的。
（6）肉がやわらかくなるまで、中火で煮ます。／用中火煮到肉爛爲止。

接在表示事件的短句之後，表示該事件發生前一直持續着同樣的狀態或動作。例（6）是在説明順序等時經常使用的表達方式，指示用中火煮，直到肉煮爛時再停止煮這一行爲。

4 …まで＜程度＞

ａ Ｎまで　連…都、甚至…都、到…地步。

（1）近頃は子供ばかりか、いい年をしたおとなまでマンガを読んでいる。／最近別説孩子，連挺大歲數的人都看起了漫畫。
（2）きみまでそんなことを言うのか。／連你都那麼説嗎？
（3）一番信頼していた部下までが、彼を裏切った。／甚至連他最信任的部下都背叛了他。
（4）子供にまでばかにされている。／甚至被孩子看不起。
（5）そんなつまらないものまで買うんですか。／連那麼無聊的東西都買呀。
（6）落ちぶれた身には、風までが冷たい。／對於窮困潦倒的人來説，連風都是冷酷無情的。（人要是倒楣，連喝涼水都塞牙縫。）
（7）だんだん暗くなって来るのにさがしている家は見つからない。その上、雨まで降ってきた。／天越來越黑了，但要找的房子還沒發現，甚至還下起來了雨。
（8）今年はいいことばかりだ。新しい家に引っ越したし、子供も生まれた。その上、宝くじまで当たった。／今年都是好事，搬了新家，又生了孩子，而且還中了彩券。
（9）私にも悪い点はあるが、そこまで言われたら、黙ってはいられない。／我也有不好的地方，不過話要説到那種地步，就不能保持沈默了。
（10）生活に困って盗みまでするようになった。／生活困苦，甚至到了偷盜的地步。

是説話者帶有驚奇口氣叙述"不用説一般能考慮到的範圍，甚至涉及到一般沒想到的範圍"時的表達方式。如例（1）的意思是"漫畫一般是小孩兒讀的東西，可是最近不僅小孩兒連大人也開始讀了"。例（7）的意思是"天黑下來就很不利了，可又加上下起了雨這一更惡劣的狀況"。例（8）相反表示的是在好事上又

加上更好的事。像例(4)的"子供にまで"那樣。有時也可用"名詞+助詞+まで"的形式。

b V-るまでになる　達到…地步、到…程度。

（1）苦労の甲斐あって、やっと日本語で論文が書けるまでになった。／辛勤努力有了結果，終於達到能用日語寫論文的程度了。

（2）人工飼育されていたひなは、ひとりで餌がとれるまでに成長した。／人工飼養的雛雞，已長到自己能進進食的程度了。

（3）リハビリの結果、ひじを曲げられるまでになった。／經過復健，手肘關節已可以彎曲了。

除"なる"外還可和"成長する・育つ・回復する・進歩する"等表示變化的動詞一起使用。表示經過長時間及努力而達到現在的結果和狀態。在表示"經過努力而達到了現在的良好結果和狀態"這種情況下多使用該句型。

c V-るまで(のこと)もない　未達到…程度、無需、沒必要、用不着。

（1）この程度の風邪なら、医者に行くまでのこともない。うまいものを食べて、一日ぐっすり眠れば治る。／這點感冒，沒必要去看醫生。吃點好的，悶頭睡一覺就會好的。

（2）その程度の用事ならわざわざ出向くまでもない。電話でじゅうぶんだ。／為那點事，沒必要親自前去，打個電話就行了。

（3）皆さんよく御存知のことですから、わざわざ説明するまでもないでしょう。／都是大家知道的事，用不着特意説明吧。

（4）改めてご紹介するまでもありませんが、山本先生は世界的に有名な建築家でいらっしゃいます。／用不着我再介紹了，山本先生是世界有名的建築家。

（5）田中先生は、御専門の物理学は言うまでもなく、平和運動の推進者としてたいへん有名であります。／無需説田中先生在他的本行物理學方面很有名，作為一名和平運動的推動者也非常有名。

（6）子供の頃、兄が大事にしていた万年筆を持ちだしてなくしてしまったことがある。後でひどく怒られたことは言うまでもない。／孩童時，曾將哥哥視如珍寶的鋼筆拿出來弄丟了。之後不用説被哥哥狠狠地罵了一頓。

是"沒必要做…"的意思。像例(1)、(2)那樣表示"因程度低，所以沒必要做…／不做也沒關係"。像例(3)～(5)那樣表示"因是理所當然的事，所以沒必要做"時使用該句型。例(6)是"事後當然被

罵了一頓"的意思。

d …までして 甚至於到…地步。
[Nまでして]
[V-てまで]
（1）色々ほしいものはあるが、借金までして買いたいとは思わない。／雖然想要的東西很多，但也沒想要借錢去買。
（2）徹夜までしてがんばったのに、テストでいい点が取れなかった。／雖通宵趕夜車但考試也沒取得好成績。
（3）彼が自殺までして守りたかった秘密というのは何だろう。／他甚至不惜採取自殺的手段要保住的秘密到底是什麼呢？
（4）彼は、友だちを騙してまで、出世したいのだろうか。／他就那麼想出人頭地？甚至不惜欺騙朋友。
（5）自然を破壊してまで、山の中に新しい道路をつくる必要はない。／沒有必要甚至不惜破壞自然而在山中修條新路。

接在表示極端事物的形式後，表示"竟然做那樣的事"的意思。像例（1）、（4）、（5）那樣，在責備爲達目的而不擇手段時使用。經常在表示"爲做某事，而採取那樣的手段是不好的"、"（我）不想爲了某些目的而使用那種手段"的語境中使用該句型。另外，像例（2）、（3）那樣表達"付出不一般的努力"、"以極大的犧牲爲

代價，而爲達到某種目的"意思時也使用該句型。

5 …までだ
a V-るまで（のこと）だ 大不了…就是了。
（1）父があくまで反対するなら、家を出るまでのことだ。／父親堅持反對的話，大不了離開家就是了。
（2）もし入学試験に失敗しても、私はあきらめない。もう一年がんばるまでのことだ。／入學考試失敗的話，我也不灰心，大不了再努力一年就是了。

表示說話者"現在的方法即使不行也不沮喪，再採取別的辦法"的決心。

b V-たまで（のこと）だ 也就是…、不過是…。
（1）そんなに怒ることはない。本当のことを言ったまでだ。／沒必要那麼生氣，不過是說了真話而已。
（2）妻：どうして子供たちに結婚する前の話なんかしたんですか。／妻子：爲什麼把結婚前的事告訴孩子們？
　　夫：聞かれたから答えたまでで、別に深い意味はないよ。／丈夫：他們問我也就順口說了，沒有其他更深的意思喲。

表示"說話者所做的事只是那點理由，沒有其他意思"。

c これ／それ までだ　也就是這樣了、完了、無話可説。
(1) いくらお金を貯めても、死んでしまえばそれまでだから、生きているうちに楽しんだ方がいい。／再怎麼存錢，死了也就一切都完了，不如活着時享受更好。
(2) 運がよかったと言ってしまえばそれまでだが、彼があの若さで成功したのにはそれなりの理由がある。／如果説那只是運氣好也就無話可説了，不過他那麼年輕取得了成功自有他的道理。
(3) もはや、これまでだ。／事到如今，萬事皆休。

以"V-ば、それまでだ"的形式，表示"這樣就完了"的意思。另外，例(3)是慣用句，用於陷於絶境時。

6 V-ないまでだ　即使不是…也、即使沒有…也。
(1) 喜びはしないまでも、いやがりはしないだろう。／即使是不高興，但也不會討厭吧。
(2) 優勝とは言わないまでも、ベスト４ぐらいはねらいたい。／即便拿不到冠軍，也要拿到前４名。

→【ないまでも】

【までに】
1 …までに　在…之前、到…爲止。

[Nまでに]
[V-るまでに]
(1) レポートは来週の木曜日までに提出して下さい。／請在下周星期四之前將報告書提交上來。
(2) 何時までに伺えばよろしいですか。／我幾點之前拜訪您好呢？
(3) 明日までにこの仕事を済ませてしまいたい。／想在明天之前完成這項工作。
(4) 夏休みが終わるまでにこの本を読んでしまいたい。／想在暑假之前讀完這本書。

附在表示時間的名詞或表示事件的短句之後，表示動作的期限或截止日期。後面伴隨着表示動作或作用的表達方式。説明要在這期限以前的某個時間之内完成這些動作或作用。

"…まで…する"的形式表示動作或狀態到"某時間"一直持續着。而"…までに…する"的形式不表示持續，是表示某事物的發生。所以，在"…までに"的句中，後面不能用表示繼續的表達方式。

(誤) ５時までにここで待っています。
(正) ５時までここで待っています。／５點之前在這兒等着。

另外，除表示期限的句子之外，還有在書信等形式中使用的"参考までに"這一習慣用法，一般在表示"爲了参考"、"説不定能得到参考"的意思中使用。

(例) ご参考までに資料をお送りします。／送去資料，謹供参考。

2 V-るまでになる
→【まで】4 b

【まま】

在口語中也可用"まんま"。

1 …ままだ 仍舊、老樣子、一如原樣、一直沒…、原封未動。

[Nのままだ]
[Na なままだ]
[A-いままだ]
[V-たままだ]

（1）10年ぶりに会ったが、彼は昔のままだった。／時隔10年又見面了，他還是老樣子。

（2）テーブルの上は、朝出かけた時のままだった。／桌子上面，和早晨出去時一樣，原封不動。

（3）このあたりは開発もされず、昔と変わらず、不便なままだ。／這一帶也沒有進行開發，和過去一樣，還是那麼不方便。

（4）小学生の息子に辞書を買ってやったが、あまり使わないのか、いつまでも新しいままだ。／給上小學的兒子買的字典，大概沒怎麼使用，始終是那麼新。

（5）彼には、去年一万円借りたままだ。／去年向他借了一萬日元至今沒還。

（6）彼は、先週からずっと会社を休んだままだ。／他從上周開始一直休息沒上班。

（7）母は一時ごろに買物に出かけたままだ。／媽媽一點左右出去買東西還沒回來。

（8）桜の木は台風で倒れたままだ。／被颱風吹倒的櫻花樹一直倒在那裡。

（9）新幹線は込んでいて、大阪から東京までずっと立ったままだった。／新幹線中很擁擠，從大阪一直站到東京。

（10）彼はずっとうつ向いたままだった。／他一直低着腦袋。

表示同一種狀態持續不斷。例（1）〜（4）接在名詞、ナ形容詞、イ形容詞後，表示過去某時間的狀態至今未變一直持續着。另外，例（5）〜（10）接在動詞的タ形後，表示以"V-た"形式所表現的動作完了之後，同一狀態一直持續着。

一般，在當然應該繼續進行的事但還未進行的情況下多使用該句型。例如，例（5）表示的是"借出之後還沒有還"，例（6）表示的是"還沒到公司上班"的意思。

2 …まま（で） 就那樣…、保持着原樣…。

[Nのまま（で）]
[Na なまま（で）]
[A-いまま（で）]
[V-たまま（で）]

（1）日本のトマトは、煮たりしないで生のまま食べた方がうまい。／日本的紅柿子，不要煮熟了，就那樣生吃最好。

（2）店員：袋にお入れしましょうか。／店員：幫你裝在口袋中吧。
客：いや、そのままでけっこうです。／顧客：不用，

就這樣挺好。
(3) 年をとっても、きれいなままでいたい。／上了年紀,也還是想保持着青春美貌。
(4) 日本酒はあたためて飲む人が多いが、私は冷たいままで飲むのが好きだ。／很多人都是把日本清酒溫一溫再喝,但我喜歡就那樣涼着喝。
(5) 靴をはいたまま部屋に入らないで下さい。／請不要穿着鞋進屋。
(6) クーラーをつけたまま寝ると風邪をひきますよ。／開着冷氣睡覺可要感冒喲。
(7) ストーブを消さないまま学校に来てしまった。／沒關爐子,就來了學校。
(8) 三日前に家をでたまま行方がわからない。／三天前離開家至今不知去向。
(9) 急いでいたので、さよならも言わないまま、帰ってきてしまった。／因爲很急,也沒説再見就回來了。
(10) 戦後の混乱で父とはずっと連絡がとれなかった。結局父は、私が結婚したことも知らないまま亡くなった。／因戰後混亂,一直和父親沒有取得聯係。結果我結婚的事他一直不知道就那樣去世了。

表示在"沒有變化的同樣狀態下"的意思。像例(1)～(4)那樣,表示不改變現在的狀態或狀態不變。像例(5)～(10)那樣,接在動詞タ形或否定形之後,表示"在那一狀態下,進行…"的意思。

使用表示瞬間動作的動詞,表示在那一結果持續的狀態下,進行下一動作或事態時,使用該句型。兩個動詞的主語必須是一樣的。

(誤) 電車はこんでいて、山田さんは立ったまま、私はすわっていた。
(正) 電車はこんでいて、山田さんは立ったままだったが、私はすわっていた。／電車非常擁擠,我坐着但山田先生却一直站着。
(誤) 彼が待っているまま、私は他の人と話していた。
(正) 彼を待たせたまま、私は他の人と話していた。／我和其他人講話時,就讓他那麼一直等着。

3 …まま(に)

a V-るまま(に) 隨意、任憑…那樣、隨心所欲。
(1) 足の向くまま、気の向くまま、ふらりと旅に出た。／走到哪算哪,高興去哪就去哪,就這樣無目的地外出旅行了。
(2) 気の向くままに、絵筆をはしらせた。／隨心所欲地揮動着畫筆。
(3) あなたの思うまま、自由に計画を立ててください。／就按你所想的那樣,隨意定計劃吧。

表示"聽其自然,按喜歡的去做"的意思。一般只用於像"足の向くまま"、"気の向くまま"等,所能使用的動詞不多。

b V-られるまま(に) 任人擺布、

惟命是從、任憑…。
（１）春の風に誘われるままに、公園を散歩した。／任憑春風拂面, 我散步在公園。
（２）彼は、上司に命令されるままに行動していただけだ。／他只是按上司命令採取了行動而已。
（３）被害者は犯人に要求されるままに金を渡していたようだ。／受害者好像是在犯人的脅迫下交出了錢。

表示服從其他什麼人的意志或狀態, 任憑擺布的樣子。也可用"Ｖ-られるがままに"的表現形式。

ｃ …ままに なる／する　擱置、不管、放任、保持原狀。

[Ｖ-たままに　なる／する]
（１）暑いのでドアはあけたままにしておいてください。／太熱了, 門就那麼開著吧。
（２）病気はだんだん悪くなってきている。このままにしておいてはいけない。／病情越來越嚴重, 不能這麼擱置不管。
（３）家族を失って、彼女は悲しみにうちひしがれている。今は、そっとこのままにしておいた方がいい。／失去親人, 她已是悲痛欲絶, 現在就讓她這麼安靜地呆著為好。
（４）電気がついたままになっていた。／燈一直這麼開著。
（５）あの事件以来、ドアはこわれたままになっている。／那次事件以後, 這門一直這麼壞著沒人管。

表示"不去改變, 使同一狀態持續着"的意思。例（１）～（３）的"Ｖ-たままにしておく"、"このままにしておく", 是指說話者由於某些理由, 特意不去改變該狀態。例（４）、（５）的"Ｖ-たままになっている"表示保持原狀擱置不管的意思。

４ Ｖ-たままを　按所…樣子去做。
（１）見たままを話してください。／請把所看到的講一下。
（２）遠慮なく、思ったままを言ってください。／不要客氣, 怎麼想的就怎麼說。
（３）田中さんに聞いたままを伝えただけです。／只是把田中講的原封不動地告訴了你而已。

表示不加以改變, 按原樣去做的意思。使用"感じたまま、見たまま、聞いたまま"等形式。

５ …がまま　任憑。

[Ｖ-る／Ｖ-られる　がまま]
（１）言われるがままに、はんこを押してしまった。／按着所說的那樣蓋了圖章。
（２）なぐられても、けられても、彼はされるがままになっていた。／別人怎麼打他踢他也都不還手。
（３）あるがままの姿を見てもらいたい。／希望你看到真實的形象。

是一種慣用的固定表達方式，表示不加以改變的服從狀態。例（1）、（2）和"V-られるまま(に)"一樣。例（1）是"按所說的去做"，例（2）是"被動地不加以抵抗"的意思。例（3）表示的是"不加以修飾的真實形象"的意思。

【まみれ】

沾滿。

[Nまみれ]

（1）子供たちは汗まみれになっても気にせずに遊んでいる。／孩子們玩得渾身是汗也不在乎。

（2）あの仏像は何年も放っておかれたので、ほこりまみれだ。／那尊佛像因擱置了多年，沾滿了塵土。

（3）犯行現場には血まみれのナイフが残されていた。／犯卜現場留下了一把沾滿血跡的刀子。

表示沾滿污垢的狀態。使用"Nまみれになる"、"Nまみれだ"、"Nまみれの"等表達方式。如"ほこりまみれ"、"血まみれ"、"泥まみれ"等所示。可使用的名詞有限。

【まもなく】

1 まもなく　不久、馬上、很快、一會兒。

（1）《駅のアナウンス》まもなく急行がまいります。／《車站廣播》快車很快就要進站了。

（2）《劇場のアナウンス》まもなく開演です。席のほうにお戻りください。／《劇場廣播》馬上就要開演了，請各位回到座位上去。

（3）一学期も終わりに近づき、まもなく楽しい夏休みがやって来る。／已快到期末，不久就是愉快的暑假了。

表示在下一次事情發生之前僅有一點點時間。是比"すぐに"稍鄭重一些的說法。

2 V-ると／V-て まもなく　…不久。

（1）彼女は結婚してまもなく、夫の海外赴任についてアメリカへ行ってしまった。／她結婚不久，就跟着到海外赴任的丈夫去了美國。

（2）病院に運ばれてまもなく、みちこは女のあかちゃんを出産した。／送到醫院不久，美智子就生了個女孩兒。

（3）会社をやめてまもなく、青木さんは喫茶店を開業した。／辭去公司工作不久，青木開了家咖啡店。

（4）夜があけるとまもなく小鳥たちが鳴き始める。／天剛亮不久，小鳥們就開始鳴叫。

後接表示事情的表達方式。一般用於"第一件事情發生不久，接着又發生與其有關聯的另一個事情"這種表示二者之間時間的前後關係上。

近似的表達方式有"V-てすぐ"。

"V-てすぐ"用於兩個事物前後馬上就發生時。而"V-るとまもなく／V-てまもなく"沒那麼緊迫。用於"過一會兒／不久以後下一個事情發生"時。

【まるで】

1 まるで　簡直、完全、仿佛、宛如。
（1）今日は風が強くて、まるで台風みたいだ。／今天這風颳得很大，簡直就像颱風似的。
（2）あんなつまらないことで怒りだすなんて、まるで子供みたいだ。／為那麼無聊的事就發起火來，簡直就像個孩子。
（3）彼は、入学試験を受ける友人のことを、まるで自分のことのように心配している。／他把朋友參加入學考試的事，完全當作自己的事一樣擔心。
（4）きのうあんなに大きな事件があったのに、街はまるで何事もなかったかのように平静を取り戻していた。／昨天發生了那麼大的事件，可是今天街上恢復了平静，就好像什麼也沒發生似的。
（5）大事件にもかかわらず、人々はまるで何事もなかったかのごとく振舞っている。／儘管發生了大事件，但人們就好像什麼也沒發生似的照樣生活。

使用"まるで…ようだ／みたいだ、まるで…かのように／かのごとく"的表達方式。將某種狀態比作其他例子，將二者加以比較，表示"雖然實際上不同，但卻非常相似"。不能和"らしい"一起使用。
（誤）あの人は、まるで女らしい人です。
（正）あの人は{たいへん／とても}女らしい人です。／她(非常)有女人味兒。

2 まるで…ない　完全不…、簡直不…、一點不…。
（1）私は外国語はまるでだめなんです。／我的外語簡直就不行。
（2）うちの兄弟はまるで似ていない。／我們哥倆一點都不像。
（3）いくら仕事ができても、自分の身の回りのことがまるでできないようでは、一人前のおとなとは言えない。／不管工作做得多好，自己的生活一點都不能自理的話，也不能說是一個夠格的成年人。
（4）あいつのやり方はまるでなってない。／那傢伙的作法，根本不行。
（5）みんなの話では、ずいぶん嫌な男のように思えたが、実際に会ってみると、聞いていたのとはまるで違っていた。／照大家的話來説，我

想他是一個非常討厭的人，但實際見到他，和聽到的完全不一樣。

伴隨否定形或表示否定意思的表達方式．表示"全然…"、"完全不…"的意思。例（4）是"根本不行"的意思。

【まわる】

（表示在一定範圍内轉悠。）

[R-まわる]
(1) この寒いのに子供達は外を走り回っている。／這麼冷的天孩子們還在外面跑着玩。
(2) 病人がスイカが食べたいというので、スイカを求めて12月の街を駆けずり回った。／病人說想吃西瓜，於是爲找西瓜，跑遍了臘月的大街小巷。
(3) 売れっ子ジャーナリストの彼は世界中を飛び回っている。／他是一名走紅的記者，在世界各國飛來飛去。
(4) 子供は小犬に追いかけられて、部屋中を逃げまわった。／孩子被小狗追得滿屋亂竄。

和"動く／動"、"走る／跑"、"飛ぶ／飛"、"泳ぐ／游泳"等表示移動動作的動詞或"暴れる／鬧"、"遊ぶ／玩"、"跳ねる／跳"等表示動作的動詞一起使用．表示"到處…"、"在…範圍内…"之意。

【まんざら】

1 まんざら…でもない　並不完全

…、未必一定…。

まんざら…ではない
(1) 彼のことはまんざら知らないわけでもない。／關於他的事我並不是毫不知情。
(2) 祖母は、一時期教師をしていたことがあるから、人前でしゃべるのはまんざら素人でもない。／祖母當過一陣子教師，所以在人前說話並不外行。
(3) 大勢の人の前で歌うのは、まんざら嫌いでもない。／並非不喜歡在衆人面前唱歌。
(4) 彼女の様子では、まんざら彼が嫌いでもないようだ。／從她的表現來看，並非討厭他。
(5) おれもまんざら捨てたものではない。／我也並不完全是一無是處的。

表示"未必…"、"並不完全…"的意思。X中要加入否定形或否定的表達方式。例（3）、（4）表示"不那麼討厭，相反更喜歡"．例（5）是習慣用法．表示"有相當好的地方"之意。

2 まんざらでもない　不但沒覺得不好,反而…。

(1) 子供のことをほめられて彼はまんざらでもないようすだった。／孩子被別人誇獎，他一付很高興的樣子。
(2) まんざらでもない顔をしていた。／一付喜形於色的表情。

（3）お世辞だとわかっていても、自分が描いた絵をほめられるのはまんざらでもない。／明知是奉承，但自己畫的畫被別人誇獎，也是令人高興的事。

（4）今でこそみんな忘れてしまったが、学生のころの英語の成績はまんざらでもなかった。／只是現在都忘了，但當學生的時候英語成績還是相當不錯的。

表示"不壞的心情。或不如說更高興"的意思。經常使用"まんざらでもない樣子／ふう／みたい／ようだ"、"まんざらでもない(という)顔をしている"等表達方式。像例(4)那樣表示的是"不壞。或不如說是相當好"的意思。

【まんまと】

巧妙地、漂亮地、輕而易舉地。

（1）やつにまんまと騙された。／讓那傢伙輕而易舉地騙了。

（2）まんまと、してやられた。／輕易地被騙了。

（3）まんまと一杯くわされた。／讓人巧妙地蒙了一下。

（4）犯人は、金をだまし取ることにまんまと成功した。／犯人輕而易舉地成功地騙取了錢財。

"非常順利地"、"巧妙地"之意。"まんまと"後經常使用"騙す"、"してやる"、"一杯くわせる"、"忍び込む"等習慣固定用法。用於鑽別人漏洞。成功地騙取了錢財或採取不太受贊賞的手段順利到手的場合時。

像例(1)～(3)那樣，使用"まんまとV-された"的表達方式時，表現了說話者的不甘心的心態或對那慣用手段之巧妙表示驚訝的心情。

【みえる】

1 …がみえる　能看到、可以看到。

[Nがみえる]
[Nが V-るのがみえる]
[Nが V-ているのがみえる]
[Nが V-るところがみえる]
[Nが V-ているところがみえる]

（1）晴れた日には、ここから富士山がよく見える。／晴天時，從這可以清楚地看到富士山。

（2）田舎は空気がきれいなので星がよく見える。／農村空氣乾淨，因此可以清楚地看到星星。

（3）この部屋の窓から、電車が通るのがよく見える。／從這間屋子的窗戶，能清楚地看見電車通過。

（4）この部屋の窓から、子供達が公園で遊んでいるのが見える。／從這間屋子的窗戶，可以看見孩子們在公園裡玩耍。

（5）ちょうどそのとき、裏からだれかが出てくるところが見えました。／正好那時，看到從後面有人出來。

(6) 子供の頃、私の部屋から、庭の桜の木が見えた。／小時候，從我的房間可以看到院子裡的櫻花樹。
(7) 彼は生まれつき目が見えない。／他天生就看不見。
(8) 目が悪いので、めがねがないと遠くの文字は見えない。／視力不好，所以不戴眼鏡就看不清遠處的字。
(9) 黒板の字が小さくて見えません。／黑板上的字太小，看不清。

　　表示並非有意識地想看，而是"自然地映入眼簾"、"能看到"之意。"見えない"表示的是因視力有問題，有障礙物或太遠等理由而"看不到"的意思。

　　"みられる"也是"見ることができる"的意思。但這不是單純的在視覺上映入眼簾，而是"被允許看"、"有看的機會"的意思。所以，在下列句子中，如果屬於有無機會看到的問題時，不能使用"みえる"。

(正)　A：歌舞伎を見たいんですが、どこへ行けば見られますか。／我想看歌舞伎表演，去哪兒能看到呢？
　　　B：そりゃ、歌舞伎座でしょうね。／那得去歌舞伎劇院才可以看到吧。
(誤)　歌舞伎を見たいんですが、どこへ行けば見えますか。
(正)　大都会では、蝶やとんぼが身近に見られなくなった。／在大城市已看不到蝴蝶蜻蜓在身邊飛了。
(誤)　大都会では、蝶やとんぼが身近に見えなくなった。

2 みえる
a Nがみえる　可以看到、能看到。
(1) 今学期の彼の成績には、努力の跡が見える。／從他這學期的成績中，可以看到他努力的結果。
(2) 彼女にはまったく反省の色が見えない。／在她的臉上一點也看不出有反省的意思。
(3) 当時の日記には、当時彼が苦悩していた様子があちこちに見える。／在當時的日記中，很多地方可以看到當時他很苦惱的情形。
(4) 彼が父親を嫌っていることは、言葉の端々に見える。／從他的話中處處可以看出他不喜歡父親。

　　表示"人們認為"、"知道是那樣"、"那樣感覺"的意思。

b …がみえる　像…、似…、看上去。
[…が　N／Na　にみえる]
[…が　A-くみえる]
[…が　V-てみえる]
(1) 壁のしみが人の形に見える。／牆上的污痕，像人的形狀。
(2) あの子は背が高くて、とても小学生には見えない。／那個孩子個子很高，一點不像個小學生。
(3) 父は最近体の調子がいいらしく、前よりずっと元気に見える。／父親最近身體

状況好像不錯，看上去比以前精神多了。
（4）あの人は、実際の年よりずっと若く見える。／他比實際年齡看上去要年輕得多。
（5）みんなに祝福されて、彼の顔はいっそう輝いて見えた。／在大家的祝福下，看上去他更是滿面生輝。

　説話者從所看到的情況加以判斷，表示"使人那樣認爲"、"讓人那樣感受"。也可使用下面c"…そうにみえる"、d"…ようにみえる"的形式。

c　…そうにみえる　使人感到、看上去。
[Naそうにみえる]
[A-そうにみえる]
[R-そうにみえる]
（1）料理にパセリかなにか緑色のものを添えるとおいしそうに見える。／在菜肴上添加一些荷蘭芹等綠顏色的東西，讓人看上去就覺得很好吃了。
（2）この人形は今にも動きだしそうに見える。／這個娃娃看上去馬上就要動起來似的。
（3）その日の山本さんは、なんだか寂しそうに見えた。／那天的山本先生，看上去好像很寂寞似的。
（4）この仕事ははじめ楽そうに見えたが、やってみるとなかなかたいへんだ。／這個工作開始看上去好像很輕鬆

似的，可實際上一做非常辛苦。
（5）あいつは一見やさしそうに見えるが冷たいところのある男だ。／他乍看好像很和藹，實際上是一個有着冷酷一面的男人。
（6）このごろの電気製品は、いろいろな機能がついていて一見便利そうに見えるが、実際にはいらないものばかりだ。／最近的電器產品，附帶了各種功能，乍看很方便似的，實際盡是些沒必要的東西。

　説話者從所看到的情況加以判斷，表示"使人那麼認爲"、"讓人感到"的意思。像例（4）～（6）那樣表示"外表看上去是那樣，但真實情況不知道"、"實際上不同"的意思時，也使用的比較多。

d　…ようにみえる　看似…、看上去像…。
[Nのようにみえる]
[Naなようにみえる]
[A-ようにみえる]
[Vようにみえる]
（1）この宝石は猫の目のように見えるところから、キャッツアイという名前がついている。／這種寶石看上去很像貓的眼睛，所以起名爲貓眼石。
（2）夏休みの間に、子供たちは急に成長したように見える。／暑假期間，孩子們看上

（3） 便利なように見えたので買ってみたが、使ってみるとたいしたことはなかった。／看上去好像非常方便，所以就買下了，但實際一用並沒什麼。
（4） 彼は賛成しているように見えるが、本当のところはわからない。／看上去他好像贊成似的，但其真實意圖我並不清楚。
（5） 男は何も知らないといったが、何かを隠しているように見えた。／那男的説他什麼也不知道，但看上去好像隱瞞了什麼。

説話者從所看到的情況加以判斷，表示"使人那麼認爲"、"讓人感到"的意思。例（1）是"因爲像猫的眼睛"的意思。一般經常用於像例（3）～（5）那樣，表示"外表看是那樣，但真實情況不知道"、"和實際不同"時。

e …とみえる　可以看作是、可以看出。
（1） すぐに返事をしないところをみると、佐藤さんはあまり気が進まないとみえる。／從不馬上回話來看，可以認爲佐藤先生不太滿意。
（2） その子はおもちゃを買ってもらったのがよほどうれしかったとみえて、寝ている間も離さなかった。／可以看出給那孩子買了玩具後他有多高興，連睡覺時也不離手。
（3） 母はたいへん驚いたとみえて、しばらく口をきかなかった。／媽媽半天没開口，可看出她吃驚。
（4） 山田は、まだ飲み足りないとみえて、しきりにもう一軒行こうと誘う。／可看出山田還没喝夠，一個勁地勸別人再去一家。

説話者從所看到的情況加以判斷，表示"使人那樣感覺"、"讓人那麼想"的意思。口語中也這樣使用，但説起來屬於書面用語。口語中還是使用"みたいだ"、"らしい"比較多。

f …かにみえる
　…かのようにみえる　看上去似乎、看來好像。
（1） 彼は他人の非難などまったく意に介していないかにみえる。／看來他好像對別人的指責絲毫不介意似的。
（2） きのうあんな事件があったのに、街は静かで何ごともなかったかにみえる。／昨天發生了那麼大的事，但現在街上安靜得好像什麼事也没發生似的。
（3） 景気の悪化は一応おさまったかにみえるが、まだまだ安心はできない。／看來景氣的惡化得以一時控制，但人們還是不能放心。
（4） その法案は、そのまますんなりと参議院を通過するかに

みえたが、僅差で否決されるという意外な結末を迎えた。／那一提案看來似乎能順利在參議院通過，可是接下來卻是因微弱的幾票之差被否決的意外結局。

　　表示"表面上使人那樣感覺，那麼想"的意思。一般用於在叙述"真實的情況並不清楚，可表面上是那樣顯示的／有可能實際不是那樣"時。像例（4）那樣使用"かにみえたが"的表達方式時，意思爲"雖然讓人那麼認爲，可現實卻出現了和預想不同的結果"。是書面語較生硬的表達方式。口語中一般使用"ようにみえる"、"みたいにみえる"。

3　Nがみえる　來、光臨、光顧
(1)　あなた、山下さんが見えましたよ。／老公，山下先生來了。
(2)　先週、斎藤さんが挨拶に見えた。／上週，齋藤先生來看望你了。
(3)　明日のパーティーには、田中さんも見えるはずだ。／明天的招待會，田中先生也會光臨的。
(4)　A：留守中だれか来ましたか。／我不在家時有誰來了嗎？
　　B：今日はどなたも見えませんでした。／今天誰也沒有來。

　　是"来る"的尊敬語。和"いらっしゃる"、"おいでになる"意思相同。更禮貌的説法是"…がお見えになる"。

【みこみ】

1　…みこみがある　有希望、有可能。
[Nのみこみがある]
[V-るみこみがある]
(1)　A：先生、この足はもう治らないんでしょうか。／大夫，這腿就沒救了嗎？
　　B：残念ですが、回復の見込みはほとんどありません。／很遺憾，幾乎沒有恢復的希望了。
(2)　もう二十日も晴天が続いている。水不足が心配されているが、近いうちに雨が降る見込みはまったくない。／已經連續20多天的晴天了。儘管大家很擔心供水不足，可是近幾天一點沒有要下雨的跡象。
(3)　A：このあたりに地下鉄の駅ができるというのは、どの程度見込みのある話なんですか。／説要在這一帶建地鐵車站，到底有多大希望呀？
　　B：さあ、どうなんでしょうね。／是啊，怎麽説呢。
(4)　川口はいつも文句ばかり言っている。あんなやつは、見込みがない。／川口整天發牢

騷.那傢伙是沒希望了。

表示"有那種可能性"、是那種預想、估計"的意思。修飾名詞時,使用"…見込みのあるN"的表達方式。像例(3)那樣根據語意關係很明確時只使用"みこみがある".前半部分可省略。特別是例(4)對於某些人說"見込みがある／ない"時.意思爲"有(沒有)前途"。

2 …みこみだ　推測、估計、預定、將。
[Nのみこみだ]
[V-るみこみだ]

(1)《ニュース》JR東海道線は、明朝6時には回復する見込みです。／《新聞》JR東海道線,預計明晨6時恢復通車。

(2)《新聞記事》JR東海道線は明朝6時には回復の見込み。／《報紙記事》JR東海道線明晨6時將恢復通車。

(3) 台風の影響で新幹線のダイヤはたいへん乱れております。復旧は夜遅くになる見込みです。／由於颱風影響,新幹線的運行時刻已被打亂。估計要到晚上很晚的時間才能恢復。

(4)《履歴書》〇〇年3月31日高校卒業見込み。／《履歷書》預計〇〇年3月31日高中畢業。

意思爲"估計…"、"推測…"。例(4)是填寫履歷表時的一種固定格式.和"卒業予定(預定畢業)意思一樣.是書面語較生硬的用法。除用於書面語之外.多用於廣播或新聞播報中。

3 みこみがたつ　預定、有希望。

(1) やっと、借金の返済の見込みが立った。／終於有希望還錢了。

(2)《アナウンス》先ほど、JR東海道線で脱線事故があったもようです。今のところ、復旧の見込みは立っておりません。／《廣播》剛才.在JR東海道線上發生了出軌事故.現在還不能預定何時能恢復正常。

是"有…預定、計劃"的意思。例(2)"什麼時候恢復.還不清楚"表示。

4 みこみちがいだ／みこみはずれだ　看錯了、預計錯了。

(1) 彼には大いに期待していたが、まったくの見込み違いだった。／本來對他抱以很大的期望.結果完全看錯了。

(2) 今年は冷夏で、クーラーなどの電気製品はさっぱり売れなかった。猛暑を期待していたのに、見込みはずれだった。／今年是冷夏.所以.冷氣等電器產品銷售情況很不好。本來期待的是一個酷暑.結果預計錯了。

使用"みこみちがいだった"、"みこみはずれだった"這種タ形表達方式比較多。意思爲"和預想的不同"、"沒有如期至"。也可用"みこみがはずれた"的形式。

【みこんで】

估計在內、計算在內、認為有希望、相信。

[…をみこんで]
[Nをみこんで]
[V-るのをみこんで]

（1）君を見込んで頼むのだが、ぜひ今度の仕事に参加してほしい。／相信你才來拜託的，希望你務必參加這次的工作。

（2）君を男と見込んで頼みたいことがある。／我是把你當作男子漢才有事來求你的。

（3）完成までに時間がかかる地下鉄工事などは、物価の上昇を見込んで、余裕のある予算を組んでおいた方がよい。／到完工為止需要花費時間的地鐵等工程，要考慮到物價上漲因素，將預算作的充分些為好。

（4）商品には、はじめから売れ残るのを見込んだ値段がかけてある。／商品在定價時，一開始就考慮到了有可能銷售不完的因素。

意思為"期待…"、"預想…"。像例（1）、（2）那樣，表示高度評價那個人的能力，並期待着他（她）會出色地完成工作。另外，例（3）、（4）表示的是"一開始就將其計算在內"、"事先就考慮在內"的意思。

【みせる】

1 …をみせる　給…看、顯示。

[NがNに…をみせる]

（1）私は友だちにアルバムをみせた。／我給朋友看了相簿。

（2）来月工場に行って、実際に製品を作っているところを見せてもらうことになった。／決定下月去工廠，讓他們給我們看一下產品的實際製造過程。

（3）その子はうまく字が書けるようになったのを母親に見せたくてしかたがないようだった。／那個孩子好像非常想讓媽媽看一下他的字已經能寫得很好了。

（4）家族と離れて元気がなかった彼も、最近やっと笑顔を見せるようになった。／連離開家人無精打采的他，最近也終於露出了笑臉。

（5）9月に入って、さすがの猛暑も衰えをみせるようになった。／進入九月以後，本來的酷熱也顯示出了衰勢。

（6）微熱が続いたのであちこちの医者に見せたが、結局原因はわからなかった。／因為持續低燒，看了很多醫生，結果還是原因不明。

例（1）～（3）是使人能夠看到的意思。例（4）是將內心狀態或感情表露在態度或表情上。例（5）是能感覺到的狀態變

化。例(6)的"医者にみせる"是表示請醫生診斷。

2 かおをみせる
　　すがたをみせる　露臉、露面。
(1) このごろ彼はちっとも学校に顔を見せない。／最近，他總不在學校露面。
(2) 久しぶりだね。たまには顔を見せてくれよ。／好久不見了。偶爾也得露露面喲。
(3) 8時ごろになって、やっと月が雲の晴れ間から顔を見せた。／到了八點，月亮終於從雲中露了出來。
(4) 8時ごろになって、やっと星が姿を見せた。／到了八點，終於看到了星星。

表示"人來了"或"一直没看見的，現在看見了"的意思。

3 Ｎが…を…みせる　使…看上去。
[Ｎが…をNa にみせる]
[Ｎが…をＡ－くみせる]
[Ｎが…をＶ－ようにみせる]
(1) 華やかな衣装が彼女を実際より若く見せている。／華麗的服裝使她看上去比實際年齡要年輕。
(2) 明るいライトが商品をいっそうきれいに見せている。／明亮的燈光使商品看上去更漂亮。
(3) ショートカットの髪がいっそう彼女を活発に見せている。／短髮使她看上去更活潑。

(4) 明るい照明が商品を新鮮にみせている。／明亮的燈光照明使商品看上去很新鮮。

接名詞後，以前面的表述構成原因，表示使看的人產生那樣的感覺的意思。

4 …ようにみせる　使人看上去像…。
[Ｎのようにみせる]
[Na なようにみせる]
[Ａ－いようにみせる]
[Ｖようにみせる]
(1) 犯人は、わざとドアを壊して外部から進入したように見せている。／凶手故意將門毀壞，造成一種從外面闖入的假想。
(2) 出かけたように見せて、実は家の中に隠れていた。／造成像是出了門的假想，實際在家中藏着。
(3) 彼は娘の家出をあまり気にしていないように見せてはいるが、本当は心配でたまらないのだ。／雖然他使人看上去好像對女兒的離家出走不太介意似的，實際上擔心得不得了。

表示實際上不是那樣却做出那樣給人看的意思。

5 Ｖ－てみせる　→【てみせる】

【みたいだ】
[Ｎ／Na／Ａ／Ｖ　みたいだ]

主要用於口語。雖然書面語言中也使用，但是一種相當通俗的表達方式。在

嚴謹的文章或鄭重的場合一般使用"ようだ"。使用"ようだ"構成的慣用表達方式，很難用"みたいだ"互換。

1 …みたい＜比喩＞

用於列舉相似的例子，來表示事物的狀態・性質・形狀・動作時。和"よう"意思相同。強調非常相像時，使用"まるで／ちょうど…みたい"的形式。"あたかも"、"いかにも"、"さながら"是書面語較生硬的説法，所以不和"みたい"一起使用。

a Nみたいな N　像…一樣的、像…似的。

（1）この薬は、チョコレートみたいな味がする。／這藥有股巧克力似的味道。
（2）竹下さんって、あの学生みたいな人でしょ？／你説的竹下先生，就是像學生的那個人吧？
（3）いい年をして、子供みたいな服を着ないでほしいな。／年紀不小了，別穿像小孩一樣的衣服了。
（4）飛行機みたいな形の雲が浮かんでいる。／漂浮着一朵像飛機形狀的雲彩。

使用形式是"N1みたいなN2"。一般用於列舉什麼樣的東西和N2相似並加以説明時。可以和"Nのような N"互換使用。有很多學習者會和"NらしいN"混同，"NみたいなN"只是列舉相似的例子，不表示N1等於N2的意思。例如："男みたいな人"，説的是那個人很像男人，但實際上並不是男人。而"男らしい人"，意思是"非常有男人味，男人特徵很突出的人"，是針對男性所使用的表達方式。

b …みたいだ　就像…、真像…。
[N／V　みたいだ]

（1）すごい風だ。まるで台風みたいだ。／這麼大的風，簡直就像颱風一樣。
（2）君ってまるで子供みたいだね。／你可真像個孩子。
（3）その地方の方言に慣れるまでは、まるで外国語を聞いているみたいだった。／在未習慣那個地方的方言之前，簡直就像聽外語一樣。
（4）私が合格するなんてうそみたい。／我能通過，那簡直像做夢了。

就有關事物的狀態・性質・形狀・動作等，説話者將自己的感覺，列舉出容易理解並近似的例子進行叙述時使用該句型。可以用"…ようだ"替換使用。在日常會話中，女性使用該句型時，像例（4）那樣大都在句尾省略"だ"。"うそみたい"的意思是"難以置信，非常吃驚"。

c …みたいに　像…一樣…。
[N／A／V　みたいに]

（1）もう9月も半ばなのに、真夏みたいに暑い。／已經是九月過半了，但還像盛夏那麼熱。
（2）この服は、買って何年にもなるが、新品みたいにきれいだ。／這件衣服，買都買了好幾年了，但還像新的一樣那麼漂亮。
（3）子供みたいにすねるのはや

(4) こんなにうまいコーヒーが、一杯100円なんて、ただみたいに安いね。／這麼好喝的咖啡，才100日元一杯，這不便宜得和送的一樣嘛。
(5) 私ばかりが悪いみたいに言わないでよ。あなただって悪いんだから。／不要説好像都是我不好似的，其實也有你的不是啊。
(6) A：学校ではあまり会わないね。／在學校總是不見你啊。
B：おいおい、そんな言い方をしたら、僕が授業をさぼってばかりいるみたいに聞こえるじゃないか。／曖曖，照你那麼説，聽起來好像我總是曠課不上學似的。

用於列舉相似的東西爲例，就有關事物的狀態・性質・形狀・動作進行叙述時。例(5)、(6)兩個例子，含有"實際不是那樣，可是…"的意思。

d …みたいなものだ　像…一樣。
[Nみたいなものだ]
[V-たみたいなものだ]
(1) 僕の給料なんか、会社の儲けに比べたら、ただみたいなものさ。／我的工資，比起公司的利潤來，還不像零一樣嘛。
(2) 《野球をみながら》こんなに点差があけば、もう勝ったみたいなものだ。／《一邊看棒球比賽》那麼大的分數之差，還不就等於贏了一樣。
(3) A：中田さん、店、売ったんだって？／聽説田中把店給賣了？
B：売ったというか、まあ、取られたみたいなものだ。借金の抵当にはいってたんだそうだよ。／説是賣，唉，像被搶走一樣。據説充當了債務抵押。

意思爲"雖然現實還不是那樣，但幾乎已成爲事實"或"可以説幾乎是一樣的狀態"。
口語中不説"ものだ"而用"もんだ"多一些。

2 …みたいだ＜推測＞　好像。
(1) 誰も彼女の本名を知らないみたいだ。／好像誰也不知道她的真名。
(2) 田中さんは甘いものが嫌いみたいだ。／田中先生好像不喜歡甜的東西。
(3) どうもかぜをひいたみたいだ。／總覺得像感冒了。
(4) 今度発売された辞書は、すごくいいみたいだよ。／這次發售的字典，好像特別好。
(5) 何か焦げているみたいだ。へんな匂いがする。／好像什麼燒焦了，有股焦味。
(6) A：あの人誰？／那人是

誰？
B：誰だろう。近所の人じゃないみたいだね。／誰呀，好像不是這附近的人吧。
(7) A：試験はいつあるんだい。／考試什麼時候進行？
B：来週みたいだよ。／好像是在下星期。
(8) A：あの人会社をやめたの？／他辭職了？
B：みたいだね。／好像是。
(9) A：小林さんはもうアメリカに行ったのかな？／小林先生已經去美國了吧？
B：ええ、きのう出発したみたいですよ。／對，好像是昨天走的。
(10) A：山本さん怒っていたでしょう？／山本先生生氣了吧？
B：うん、すごく怒ってるみたいだった。／嗯，好像發了很大火。

表示説話者的推斷。意思爲"雖不能清楚地斷定，但却那麼認爲"。是説話者以自己親身所直接體驗到的，如看到了什麼，聽到了什麼聲音，聞到了什麼味道，來叙述自己的推斷時的表達方式。

如果根據從他人那裡聽到的間接信息，來表示説話者的推斷時，使用"らしい"。如果將聽到的内容原封不動報告時，使用"そうだ"。

(例) 山下さんは今日は来ないみたいですね（もう、時間も遅いし）。／山下先生今天好像不來了（而且時間也太晚了）。
(例) 山下さんは今日は来ないらしいですよ（直接きいたわけではないが、他の人がそう言っていた）。／山下先生今天好像不來了（不是直接聽他講的，而是别人那麼説的）。
(例) 山下さんは今日は来ないそうです（山下さんから「行かない」という伝言があった）。／聽説山下先生今天不來了（山下先生留言説'不去了'）。

"…みたいだ"和"…みたいだった"兩者用的都比較多，但意思有所不同。像下例所示，"V-たみたいだ"是就過去發生的事，説話者在説話的時候叙述推測的結果。

(例) A：田中さんはいつ来たのかな？／田中先生什麼時候來的呀？
B：午前中は見かけなかったから、昼から来たみたいですよ。／一上午没看到他，好像是中午來的。

"V-たみたいだった"表示説話者在過去的某一時候是那樣認爲的。

(例) 昨日の夜は妙だった。誰か来たみたいだったから、ドアをあけてみたが、だれもいなかった。そんなことが何度もあった。／昨天夜裡很奇怪，覺着好像誰來了，但打開門一看，什麼也没有。這種事出現過好幾次了。

另外，在叙述所看到的狀態時，比如，對眼前擺着的蛋糕不説"このケーキは

おいしいみたいだ"。而説"このケーキはおいしそうだ"。
- (例) A：これ、新しく買ったテープレコーダーです。／這個，是新買的錄音機。
- (正) B：便利そうですね。／好像很好用啊。
- (誤) B：便利みたいですね。

這時使用的"そう"和表示傳聞的"そう"不同，需要注意。表示傳聞時應該是"おいしいそうだ"、"便利だそうだ"。

3 …みたい＜舉例＞ 像…一樣的。
[Nみたいな N]
[Nみたいに]

- (1) 東京や大阪みたいな大都会には住みたくない。／不想住在像東京或大阪那樣的大城市中。
- (2) A：三分間写真の機械って、どんなところにある？／哪有三分鐘速成的相機啊？
  B：さあ、デパートみたいなところにはあるんじゃないかな。／是啊，像百貨公司那樣的地方會有吧。
- (3) 何か細くて長い棒みたいな物はありませんか。／有沒有細長的像棍子一樣的東西？
- (4) 佐藤さんみたいに英語が上手になりたい。／真想能像佐藤先生的英語那麼好。
- (5) 今年みたいに暑いと、働くのが本当にいやになる。／要像今年那麼熱，就真不想工作活了。
- (6) 君みたいなあわて者、見たことがないよ。／真沒見過像你這樣毛手毛腳的。
- (7) 彼みたいに勝手なことばかりしていると、そのうち誰も相手にしなくなる。／像他那樣想做什麼做什麼，過不了多久就沒人理他了。

舉例時使用。例(1)是"例如，東京或大阪等大城市"，例(2)是"例如，像百貨商店或百貨商店那樣的大商場"的意思。

例(5)、(6)、(7)雖然用的也是舉例形式，但實際上可以這樣考慮為好。"因為今年夏天很熱，所以真不想工作了"、"你真是毛手毛腳"、"他很隨便，想做什麼做什麼，所以不久就不會有人理他了"。禮貌的口語可以使用"…のような／ように"。

【みだりに】
胡亂、隨便。

- (1) みだりに動物にえさを与えないでください。／不要隨便給動物喂食。
- (2) みだりに他人の部屋に立ち入るべきではない。／不應隨意進出他人房間。
- (3) 新聞と言えども、個人のプライバシーをみだりに公表することはゆるされない。／即便是報紙，也不容許隨意公開個人隱私。

意思為"沒必要，可是卻…"、"未經允

許"、"隨便地"。一般後面接續禁止他人行爲的表達方式。如"みだりに…するな/してはいけない"等。日常會話中經常使用"勝手に…しないでください"。是書面語較生硬的表達方式。

【みる】

1 …をみる 看…、望…、觀察、照看、試。
[Nをみる]
[Vのをみる]

(1) テレビを見るのが好きだ。／我喜歡看電視。
(2) 窓からぼんやりと雲が流れて行くのを見ていた。／(剛才)呆呆地從窗口看着雲彩的流動。
(3) このごろは忙しくて新聞を見るひまもない。／近來忙得連看報紙的時間都沒有。
(4) 料理の味を見てください。／請嘗一下菜的味道怎麽樣。
(5) 風呂の湯かげんをみる。／看一下洗澡水的溫度如何。
(6) しばらく反響を見てみよう。／暫時觀察一下反應。
(7) 機械の調子をみる。／試一下機器運行情況。
(8) 近所のおばさんに子供の面倒をみてもらっている。／請鄰居的阿姨幫忙照看着孩子。
(9) もしよかったら、うちの子の勉強を見てもらえませんか。／如果方便的話，能否幫忙輔導一下我孩子的學習？
(10) あの人の言うことは全部本気にしていると馬鹿をみるよ。／他說的話，要全部當真的話，是會吃虧上當的喲。
(11) あの人は子供の時からずっと辛い目をみてきたのだから、今度こそ幸せになって欲しい。／正因爲他從小一直受歧視，所以這次希望他能得到幸福。
(12) 作品は20年後に完成をみた。／在20年後作品終於完成了。

除了有"用眼看"這一基本意思之外，還有"用手或舌頭去試"、"照看"等意思。例(10)、(11)是習慣用語，意思爲有那樣的體驗。例(12)是書面語較生硬的用法，是"用了很長時間，終於完成了，成功了"的意思。表示"醫生給病人看病"意思的"みる"要用漢字的"診る"。

2 Nを…みる 看做、認爲。
[NをA-くみる]
[NがV-るとみる]

(1) 試験を甘くみていると失敗しますよ。／輕視考試，就要失敗喲。
(2) 政府は今回の事件を重くみて、対策委員会を設置することを決定しました。／政府很看重這次事件，決定爲其設置專門委員會。
(3) 警察は、A容疑者にはまだ余罪があるとみて、厳しく追求する構えです。／警察認爲A嫌疑犯還有其他罪行，

準備更嚴厲地追究。

意思是"認爲是…"、"推測爲…"。是書面語中較生硬的表達方式。

3 にみる　被看做…、從中看…。

（1）最近の新聞の論調にみる経済偏重の傾向は目にあまるものがある。／從最近新聞論調中看到的偏重經濟傾向，有的東西甚至令人難以接受。

（2）今回の地震は、近年まれにみる大災害となった。／這次地震，造成了近年來罕見的大災害。

（3）《新聞や雑誌などの見出し》アンケート調査にみる大学生の生活実態と金銭感覚／《報紙或雜誌等的標題》從民意調查中看大學生的生活實際狀況和對金錢的感覺。

意思是"被看作…"。是書面語中所使用的較生硬的用法。

4 …ところをみると　從…來看。

（1）うれしそうな顔をしているところをみると、試験はうまくいったようだ。／從他高興的表情來看，考試一定考得不錯。

（2）いまだに返事がないところを見ると、交渉はうまく行っていないようだ。／從到現在還沒答覆來看，好像談判進展得不太順利。

（3）平気な顔をしているところをみると、まだ事故のことを知らされていないのだろ

う。／從他平靜的表情來看，他大概還不知道出了事故。

説話者以直接經驗爲根據敍述自己的推測時使用該句型。句尾多使用"らしい／ようだ／にちがいない"等。有時也可使用"…ところからみて"這種形式。

（例）高級車に乗っているところからみて、相当の金持ちらしい。／從乘坐高級轎車來看，好像相當有錢。

5 V‐てみる　→【てみる】
6 …からみると　→【からみる】1

【みるからに】

看上去（就）…。

（1）部屋に入ってきたのは、見るからに品の良い中年の女性だった。／進屋來的人，是一位看上去就很文雅的中年婦女。

（2）このコートは見るからに安物だ。／這件大衣，看上去就是便宜貨。

（3）あの人はいつも見るからに上等そうなものを着ている。／他總是穿着看上去很高級的服裝。

（4）店の奥から、見るからにやさしそうなおばあさんが出てきました。／從店裡出來一位看上去很和藹的老奶奶。

（5）通夜、葬式と続いて、ふだんは元気な彼も見るからに疲れたようすで座っていた。

／又是守靈又是葬禮，平時精力很充沛的他看上去也很疲勞地坐在那裡。

意思爲"從外觀上很容易判斷"、"看一眼馬上就明白"。

【むき】

１Ｎむき＜方向＞　朝…。

（１）南向きの部屋は明るくて暖かい。／朝南的房間，既明堂又暖和。

（２）右向きに置いてください。／請面向右邊放。

（３）横向きに寝てください。／請側身睡。

（４）前向きに検討したいと考えております。／我們想朝着積極的方向給予考慮。

接在表示東西南北等方向及前後左右、上下等方位的名詞之後，表示正面對着那個方向。例（４）的"前向きに"是習慣用語，意思爲"努力儘量使其實現"。

２Ｎむき＜適應性＞　適用於…、面對…、適合…。

（１）女性向きのスポーツにはどんなものがありますか。／適合女性的體育運動有哪些呢？

（２）この映画は子供向きだ。／這部電影是針對兒童的。

（３）この家は部屋数も多く台所も広い。どちらかというと大家族向きだ。／這棟房子，間數多，厨房也大。總體來説是

適合於大家庭的。

（４）この機械はたいへん性能がよいが、値段も高く大型で一般家庭向きではない。／這個機器性能非常好，不過價錢太貴體積也大，不適用於一般家庭。

（５）セールスの仕事には向き不向きがある。／銷售這項工作，有的人適合有的人不適合。

（６）この機械は大きすぎて家庭で使うのには不向きだ。／這臺機器太大，在家庭内使用不太適合。

意思爲"作爲Ｎ正好"、"對Ｎ很適合"。"Ｎむきではない"可和"Ｎに不向きだ"替換使用。例（５）"向き不向きがある"是習慣用語，意思是"因人而異，有適合與不適合之分"。和"むけ"的不同之處，請參照"むけ"的用法。

３Ｖむきもある　也有…人、也有…傾向。

（１）君の活躍を快く思わないむきもあるようだから、はでな言動は慎んだ方がいい。／好像也有人對你的活躍感到不快，所以浮華的言行還是收斂些爲好。

（２）今回の計画については実現を危ぶむむきもある。／關於這次計劃，也有人覺得難以實現。

意思爲"也有那樣認爲的人"。例（１）是"也有不認爲好的人"，例（２）是"也有

人認爲實現很難"。是書面語較生硬的表達方式。

4 むきになる　認真,鄭重其事。
(1) むきになって言い張った。／鄭重其事地堅決自己的主張。
(2) そんなにむきにならなくてもいいじゃないか。／用不著那麼太認真嘛。
(3) 彼はいい男だが、仕事の話となるとすぐむきになるので困る。／他是個好人,可是一説起工作馬上就變得特別認真起來,真拿他沒辦法。

表示"本來没什麼大不了的事,却當真起來,或生氣或固持己見"。例(2)的意思是"要稍微冷静一下,心平氣和一些爲好"。

【むく】

　　　　適合。
(1) 彼は学者としてはすぐれているが、教師にはむかない。／他作爲一個學者來説很優秀,但不適合當老師。
(2) 私は人と接する仕事にむいていると思う。／我認爲我適合做和人接觸的工作。
(3) 私は知らない人に会うのが嫌いなので、セールスの仕事にはむいていません。／我不喜歡見生人,所以不適合做推銷工作。
(4) この仕事は美智子さんみたいにおしゃれな人に向いていると思うんだけど。／我想這項工作適合像美智子那樣愛漂亮的人…。
(5) 私に向いた仕事はないでしょうか。／難道没有適合我的工作嗎？

意思是"(對某人)有適應性"。"(某人)適合於(某工作)"、"(某工作)適合於(某人)"這兩種形式均可使用。也可以使用"むいている"。另外,修飾名詞時經常使用"Nにむいたn"的形式。

【むけ】

1 Nむけの N　向…、針對…。
(1) この会社では、子供向けのテレビ番組を作っている。／這家公司在製作上是針對兒童的電視節目。
(2) 小学生向けの辞書は字が大きくて読みやすい。／針對小學生的字典,字大容易看。
(3) 輸出むけの製品はサイズが少し大きくなっている。／(針對)出口産品,尺寸稍大一些。

以"N1むけのN2"的形式,表示以N1爲對象而做出的N2的意思。例(1)的意思是"爲兒童製作的節目"。

近似的表達方式還有"…むきの…"、"…ようの…"。"…むき"是"適合於…"的意思,"…よう"是"爲…使用的,爲…時候使用的"的意思。如"来客用のスリッパ(來客用的拖鞋)"、"パーティー用バッグ(晚會用的提包)"。

2 Nむけに　針對…。

（1）当社では、輸出向けに左ハンドルの自動車を早くから生産している。／本公司很早就在生產針對出口的左方向盤汽車。
（2）最近、中高年むけにスポーツクラブや文化教室を開いている地方自治体が増えている。／最近，不少地方自治體開設了針對中老年的運動倶樂部或文化教室。
（3）Y社では、若い女性むけにアルコール分が少なくカラフルな、缶入りカクテルを開発中である。／Y公司正在開發針對年輕女性的酒精含量少色澤鮮艷的罐裝鶏尾酒。

意思爲"以…爲對象，把…作爲對象"。

【むけて】

向…做…，朝着…做…。

[Nにむけて]
（1）全日空103便は8月10日午前8時に、成田からロンドンに向けて出発した。／全日空103航班8月10日上午8點，從成田向倫敦出發。
（2）来たるべきオリンピックに向けて準備が着々と進められている。／面對即將到來的奥林匹克運動會，準備工作正在緊緊實實地進展。
（3）新空港建設については、事前に住民に向けての十分な説明がなされなければならない。／關於新機場的建設問題，事前一定要向居民做詳細的説明。

例（1）表示的是朝着目的地或所去方向。例（2）表示的是朝着未來目標。另外，例（3）指的是該行爲所涉及的對象。

【むしろ】

1 むしろ　倒不如説、反倒。
（1）じゃましようと思っているわけではない。むしろ君たちに協力したいと思っているのだ。／並没想打擾你們，倒不如説是想幫助你們。
（2）A：総選挙からこっち、景気はよくなりましたか。／大選以後，經濟狀況有所好轉嗎？
　　B：そうですね。むしろ前より悪くなったんじゃないですか。／是啊，倒不如説比以前更糟。
（3）景気はよくなるどころか、むしろ悪くなってきている。／經濟狀況不但没有好轉，反倒越來越糟。

將兩個事物加以比較，表示從某方面來説，其中一方程度更高一些。

2 …より（も）むしろ　與其…莫不如，與其…寧可。
[Nより（も）むしろ]

[V-る／V-ている　より(も)むしろ]
(1) お盆のこむ時期には、旅行なんかするよりも、むしろ家でゆっくりしたい。／在盂蘭盆節交通那麼擁擠時，與其去旅行，寧可在家休息為好。
(2) 大都会よりもむしろ地方の中・小都市で働きたいと考える人が増えてきている。／與其在大城市，還不如在地方的中小城市工作，這樣想的人越來越多。
(3) 円高のせいで、国内旅行よりもむしろ海外へ行く方が安くつくという逆転現象が起こっている。／因日元升值，出現了在國內旅遊不如去海外更便宜的逆轉現象。
(4) この点については教師よりもむしろ学生の方がよく知っている。／關於這一點，學生倒比老師知道得多。

以"XよりもむしろY"的形式，表示從某種方面來說Y程度更高一些。

像例(1)、(2)不單純是比較，而是含有說話者的價值判斷，多表示的是"兩者從中選一的話，倒是後者更好"。這時，後面一般帶有"…するほうがよい"、"…したい"、"Nがいい／よい"等表示說話者的喜好或意圖的表達方式。

例(3)、(4)，含有"和一般所認為的正好相反"、"和所期待的相反"的意思。可以和"かえって"、"逆に"、"反対に"等互換使用。

3 V-るぐらいならむしろ　如果…的話，還不如…。
(1) 行きたくない大学に無理をして行くぐらいなら、むしろ働きたいと思っている。／我想要是勉強去不想去的大學上學，還不如工作。
(2) こんなに金利の安い時に貯金なんかするぐらいなら、むしろ海外旅行にでも行った方がいい。／在利息這麼低的時候存錢，還不如去海外旅行什麼的更好呢。
(3) あんな奴に援助を受けるぐらいなら、むしろ死を選ぶ。／與其接受那像伙的援助，還不如去死。

以"XぐらいならY"的形式，表示對於說話者來說"比起X來更喜歡Y"對於說話者X並不是所期望的，所以選擇Y。也可以使用"XくらいならY"。

4 …というよりむしろ…だ　與其說…，倒不如說是…。
(1) あの人は天才というより、むしろ努力の人です。／與其說他是個天才，倒不如說他是個很努力的人。
(2) 今回の出来事は、事故というよりむしろ人災だ。／這次出的事，與其說是事故倒不如說是人禍。
(3) 彼女は美人と言うよりむしろ可愛いという感じだ。／說她是美人，倒不如說她讓人感覺很可愛。

用於對某些事的表現或判斷方法加以比較時。意思爲"可以採取X這種說法或看法,但加以比較的話,Y的說法、看法更妥當一些"。

【むやみに】

胡亂、隨便、輕率、輕易。

(1) 人の物にむやみにさわらないほうがいい。／最好不要隨便觸摸別人的東西。
(2) 山で道に迷ったときはむやみに歩き回らないほうがいい。／在山上迷了路時,最好不要隨便亂走。
(3) たとえ小さな虫でも、むやみに殺してはいけない。／即使是小虫子也不要輕易殺掉。
(4) 最近、父は年のせいか、むやみに怒る。／最近,爸爸大概是年齡的關係吧,總是鬍亂發火。

表示不考慮後果會怎樣而做出的輕率行爲。一般後接"するな"、"してはいけない"等禁止的表達方式或"しない方がよい"、"するのはよくない"等。例(4)表示的是過於頻繁的狀態。"むやみやたらに"是"むやみに"的強調説法。也可使用"むやみと"的形式。

【むり】

1 むり 無理、過份、不量力。

(1) 無理を言わないでよ。／別不講理啊。
(2) 無理なことをお願いしてすみません。／提出過份的要求,實在對不起。
(3) 若い時とは違って無理がきかない。／和年輕時不同,已力不從心了。

意思爲"不合理的事、過份的事"。例(3)是習慣用法,意思是"承受不了過重的負擔"。

2 …はむりだ 勉強、不合適、難以辦到。

(1) 一日に新しい漢字を50も覚えるのは無理だ。／一天要記50個新漢字很難做到。
(2) その仕事は子供には無理ですよ。／那項工作對孩子可不合適啊。
(3) A:これ、明日までに修理してもらえますか。／這個,明天以前能修好嗎?
    B:明日ですか、ちょっと無理ですね。／明天啊?有點勉強。

表示難以做到,非常困難,不可能的意思。

3 …にはむりがある …裡有不合理的地方、不切合實際。

(1) 今度の計画には無理がある。／這次計劃中有不合理的地方。
(2) この工事を3ヶ月で完成させるというのには無理がある。／這一工程説要用3個月完成,這不合乎實際。
(3) 君の考え方には無理がある

よ。／你的想法中有不切實際的地方。

表示有不可能實現的地方. 另外還有不合乎道理的地方。

4 むりに 硬要、強行。
(1) A：かばんが壊れちゃった。／書包壞了。
B：そんな小さなかばんに無理に詰め込むからだよ。／是因爲你硬要往那麼小的書包裡塞那麼多東西的。
(2) このスーツケースは、鍵を壊して無理に開けようとするとブザーがなるようになっています。／這個旅行箱. 如硬要破壞箱鎖開啓的話. 警報器就會響。
(3) いやがる友人を無理につれて行った。／硬拉着不情願去的朋友去了。
(4) 行きたくなければ、無理に行くことはない。／不想去的話. 就不要勉强去。
(5) 彼がいやがっても、無理にでも連れて行くつもりだ。／不管他願意不願意. 也要硬拉他去。

表示强迫做不能辦的事或不想做的事。

5 むりをする 過度、不量力。
(1) 無理をすると体をこわしますよ。／過度勞累. 會搞垮身體的喲。
(2) 夜遅くまで勉強するのもいいが、試験も近いのに、今、無理をして病気にでもなったら大変だよ。／晚上學習到很晚也沒什麼不好. 不過考試也臨近了. 現在再過度用功. 生了病什麼的可就麻煩了。
(3) あの会社は不動産取引でかなり無理をしていたようです。／那家公司在不動産交易上好像相當勉强。

表示對做不到的事. 難度大的事强行去做。

6 …のもむりもない
…のもむり（は）ない 合情合理、有道理、合乎情理。
(1) あんなひどいことを言われては、彼が怒るのも無理はない。／別人説他説得那麼難聽. 他發火也是情有可原的。
(2) うちの子は遊んでばかりいる。あんなに遊んでばかりいては成績が悪いのも無理はない。／我家孩子光知道玩。那麼貪玩的話成績不好也是理所當然的了。
(3) A：仕事をする気になれないなあ。／真没心思工作了。
B：こんなに暑くちゃ、無理ないよ。／這麼熱. 真不想動。

接續在表示事物的表達方式之後. 表示那一事物的發生也是當然的。一般

多和這是理所當然的以及與其相關的原因或理由一起叙述。像例（3）那樣，可將"…のも"的部分省略掉。

【めく】

像…樣子、帶…氣息有…意味。

[Nめく]
（1） 少しずつ春めいてきた。／有點春天的氣息了。
（2） どことなく謎めいた女性がホールの入り口に立っていた。／一個神秘稀稀的女人站在大廳的入口處。
（3） 彼は、皮肉めいた言い方をした。／他説了帶有諷刺意味的話。
（4） 彼の作り物めいた笑いが、気になった。／他那付強裝出的笑臉，讓人擔心。

附在名詞之後，表示具有該事物的要素。比如例（1）的意思是逐漸要到春天了，一般在冬天結束時使用。所使用的名詞是有限的。修飾名詞時，所使用的形式如例（3）、（4）所示是"NめいたN"。

【めぐって】

圍繞…、就…。

[Nをめぐって]
（1） 憲法の改正をめぐって国会で激しい論議が闘わされている。／就憲法修正問題，國會展開了激烈的爭論。
（2） 彼の自殺をめぐって様々なうわさや憶測が乱れとんだ。／圍繞他的自殺，各種傳言、猜想紛紛揚揚。
（3） 人事をめぐって、社内は険悪な雰囲気となった。／圍繞人事問題，公司内氣氛非常緊張。

是"…に関して"、"…について"的意思。用於將某些事其中也包括周邊的事物作爲對象提出來時。與"…について"不同的是不能任意地和各種動詞一起使用。

（誤） 日本の経済をめぐって研究しています。
（正） 日本の経済について研究をしています。／正在就有關日本經濟問題進行研究。

後接動詞一般限制在"議論する、議論を闘わす、うわさが流れる、紛糾する"等。即必須是就N到底如何，各種人進行議論、交談的動詞。"をめぐり"多用於書面語。修飾名詞時，應使用"NをめぐるN""NをめぐってのN"的表達方式。

（例） 政治献金をめぐる疑惑がマスコミに大きくとりあげられている。／宣傳媒體大肆報道了有關政治捐款的醜聞。
（例） 父親の遺産をめぐっての争いは、日増しにひどくなっていった。／圍繞父親遺産的紛爭，日趨嚴重。

【めったに】

1 めったに…ない 不多見、很少、不常。

（1） 私は酒はめったに飲まない。／我不常喝酒。

（2）うちの子は丈夫でめったに病気もしない。／我的孩子身體好，很少生病。
（3）人混みは好きではないので、東京や大阪などの大都市にはめったに行かない。／因不喜歡人多嘈雜，所以不常去東京大阪等大城市。
（4）この頃の機械は優秀で故障はめったにない。／最近出的機器性能很好，很少故障。
（5）わが家はずいぶん田舎にあるので、お客がやって来ることはめったにない。／我家在偏遠的鄉下，所以不常有客人來。
（6）学生時代の友人とも遠く離れてしまって、めったに会うこともない。／和學生時代的朋友都離得很遠，所以不常見面。
（7）近頃は町中で野生の小動物を見かけるようなこともめったになくなった。／近來，在街上野生小動物也很少見了。

　表示某種事發生的次數非常少。多使用例（1）～（3）的"めったにV-ない"或例（4）、（5）"…はめったにない"的形式。
　"たまに"也是表示頻度較少，但強調的重點不同。例如，下列的（例1）、（例2）都表示"喝酒的次數非常少"，但（例1）的"めったに…ない"強調的是次數"少"，相對（例2）"たまに"表示的是雖然頻度低，但"有"時還是喝酒的。
（例1）私は酒はめったに飲みません。／我很少喝酒。
（例2）私は酒は嫌いですが、友だちに誘われたときなど、たまには飲むこともあります。／我不喜歡喝酒，不過朋友相約時，偶爾也喝點。

　一般表示頻度逐漸降低的順序爲：あまり…ない(不太…)、ほとんど／めったに…ない(幾乎不…很少)、ぜんぜん／まったく…ない(完全不…)。

2 めったな　少見的、稀少的、靠不住的。

（1）めったなことで驚かない私も、そのときばかりはさすがにうろたえてしまった。／對什麼事一般都很少吃驚的我，就那個時候真的也呆了。
（2）A：山下さんが盗ったんじゃない？／不是山田偷的嗎？
　　B：しっ。証拠もないのに、めったなことを言うもんじゃないよ。／噓。又沒有證據，不要亂説。
（3）この機械は丈夫ですから、めったなことでは故障しません。／這機器很結實，一般很少出故障。
（4）このことは、めったな人に話してはいけない。／這件事不要和其他無關的人説。

這是習慣用法。以"めったなことで(は)…ない"的形式，表示"沒有什麼特別以外的事，不會…"的意思。例（1）的意思是"對一般的事很冷靜，幾乎不吃驚"，例（2）是"靠不住的，欠思考的話不要說"的意思。

例（4）"めったなN"這一形式已不太使用。在這表示"除非是特別重要的人，對其他人不要講"的意思。

【も】

1 Nも＜疊加＞
a Nも　也，又。

(1) A：なんだか、すごく疲れました。／不知為什麼，怎麼那麼累呀。
　　B：ええ、私もです。／嗯，我也是。
(2) 東京へ行くので、帰りに静岡にも寄って来る。／因去東京，回來時也順便去一下靜岡。
(3) 今日も雨だ。／今天又下雨。
(4) 私のアパートは日当たりが悪い。そのうえ、風通しも良くない。／我住的公寓，光線不好，而且通風也不好。
(5) 今日は風が強いし、雨も降りだしそうだ。／今天風大，而且看樣子又要下雨。

用於再附加上同一類型事物。也可以像例（3）那樣，雖然前提還存在着其他同樣的事物，但僅單一地暗示該事物的存在。不僅可以直接接在名詞之後，也可以像例（2）那樣接在"名詞＋助詞"之後。

b Nも Nも　…也…也，…和…都…、…都…。

(1) セルソさんもイサベラさんもペルーの人です。／塞魯索和伊莎蓓拉都是秘魯人。
(2) 山下さんも田中さんも、英語はあまり得意じゃないでしょう。／山下和田中倆人英語都不太好吧。
(3) 空港までは電車でもバスでも行ける。／搭電車和公共汽車都能到機場。
(4) 田中さんにも山下さんにも連絡しておきました。／田中和山下，倆人都通知了。
(5) A：田中さんか森本さんを呼んできてくれない？／能把田中或森本叫來嗎？
　　B：田中さんも森本さんもまだ出社していないんですけれど。／但田中和森本倆人都沒來公司上班。
(6) 雨も降ってきたし、風も強くなってきました。／雨下起來了，風也越來越大了。
(7) 金もないし、暇もない。／既沒錢又沒時間。
(8) 猫が好きな人もいるし、嫌いな人もいる。／有人喜歡貓，也有人不喜歡貓。

用於並列提出同類事物。不僅可以直接接在名詞之後，也可以像例（3）、（4）那樣接在"名詞＋助詞"之後。

2 …も…も＜對句形式＞
a …も…も…ない　既…又…。
[NもNも…ない]
[NaもNa もない]
[A-くもA-くもない]
[R-もR-もしない]

(1) 寒くも暑くもなく、ちょうどいい気候だ。／既不冷也不熱，這氣候正好。

(2) 成績は上がりも下がりもしない。現狀維持だ。／成績既没提高也没降低，就是維持現狀。

(3) 趣味で音楽をやるのに上手も下手もない。／業餘愛好音樂，但説不上好也説不上壞。

(4) 今はな、長男も次男もない時代だな。／現在呀，也不分什麼長子和次子了。

(5) 最近は男も女もない時代だ。／最近做什麼事也不區分男女了。

(6) あまりの強さに手も足もでない（＝どうしようもない）。／太厲害了，手足無措。（＝没辦法）

(7) 根も葉もない（＝根拠のない）噂をたてられる。／出現了没根没據的傳言。(＝没根據的謠言)

(8) 私は逃げも隠れもしない。文句があったら、いつでも来なさい。／我不躲也不藏。有什麼意見隨時衝我來。

舉出"冷・熱"、"手・脚"等成一對的單詞，表示不是其中任何一方的意思。習慣上的用法較多，更固定的説法有"にっちもさっちもいかない（＝無論如何都没辦法）"。

(例)　今回の事件はにっちもさっちもない状態だ。／這次的事件，陥入了進退兩難的困境。

b V-るもV-ないもない　没…不…、不…不…。

(1) A：すみません。十日までにはできそうもありません。／對不起，十號以前看様子完成不了。
B：何を言ってるんだ。いまさら、できるもできないもないだろう。やってもらわないと困るよ。／説什麼呢，事到如今，不是完得了完不了的問題了。再不做的話可就麻煩了。

(2) A：すみませんでした。許してください。／實在對不起，請你原諒。
B：許すも許さないもない。君の責任じゃないんだから。／没什麼原諒不原諒的，因爲這不是你的責任。

(3) A：ご主人、単身赴任なさるんですって？賛成なさったんですか。／你説你丈夫要一個人去外地

工作(要單身赴任)？你同意他去呀？

B：賛成するもしないもないんですよ。全部一人で決めてしまってから、言うんですから。／没什麼同意不同意的，都是他一個人決定了之後才説的。

（4）A：反対なさるんじゃないかと心配しているんですが。／我正擔心你會不會反對呢。

B：反対するもしないもない。喜んで応援するよ。／没什麼反對不反對的，我會高興支持你的。

同一個動詞重覆使用，表示"做與不做已不成爲問題"的意思。用於重覆對方話的一部分，並給與強烈的否定，或強烈責備如那麼説會很爲難。

c …もなにもない　不僅没…也没…，没…不…。

（1）愛もなにもない乾いた心に潤いが戻ってきた。／在没有任何愛的乾枯心裡恢復了甘甜。

（2）政治倫理も何もない政界には、何を言っても無駄だ。／對没有任何政治倫理的政界，説什麼都是徒勞的。

（3）母：テレビを消して、手伝ってちょうだい。／母親：把電視關上，過來幫幫忙。

子供：だってぇ、今いいところなんだもん。／孩子：可是，現在正是精彩的地方呢。

母：だってもなにもありません。すぐ来なさい。／母親：没什麼可是不可是的，馬上過來！

（4）A：被害状況をよく調べましてから、救助隊を派遣するかどうか決定したいと考えております。／我考慮在好好調查受害狀況之後，決定是否派遣救援隊。

B：何を言っているんだ。調べるも何もないだろう。これだけけが人が出ているんだから。／説什麼呢，有什麼調查不調查的，已經有這麼多受傷的人員啦。

（5）A：反対なさるじゃないかと心配しているんですが。／我正擔心你會不會反對呢。

B：反対するもなにもない。喜んで応援するよ。／什麼反對不反對的，我會高興支持你的。

用於加強否定時。例（1）、（2）接在名詞之後，表示不僅没有此而且其他也没有，主要強調没有一切。例（3）～（5）重覆對方話的一部分，或給與強烈否定或強烈責備如那麼説會很爲難。和"V-

るもV-ないもない"用法相同。

d …も…も　…還是…都、不…全憑…、全都…。

[V-るも　V-る／V-ない　も]

（1）行くも止まるも君の心一つです。／走還是停,都你説了算。

（2）行くも行かないもあなたしだいです。／去還是不去隨你便。

（3）成功するもしないも努力しだいだ。／成功不成功全憑努力了。

（4）勝つも負けるも時の運だ。／勝負全看時運了。

使用"行く・行かない"、"勝つ・負ける"等爲正負一對的詞句,後面伴隨着"…しだいだ"、"…にかかっている"等表達方式,表示"做什麽,全憑…"、"會成爲什麽,由…決定"的意思。

3 極端事例＋も　連…也,甚至,都。

[N（＋助詞）も]

[V-るのも]

（1）日本語をはじめて1年になりますが、まだひらがなも書けません。／學日語快一年了,可還連平假名都不會寫呢。

（2）スミスさんは、かなり難しい漢字も読めます。／史密斯連相當難的漢字都會讀。

（3）こんな簡単な仕事は子供にもできる。／這麽簡單的工作連孩子也會做。

（4）恐ろしくて、声もできませんでした。／嚇得連聲都出不來了。

（5）立っていることもできないほど疲れました。／累得甚至站都站不住了。

（6）あんな奴は顔を見るのも嫌だ。／那傢伙,看他一眼都煩。

（7）最悪の場合も考えておいたほうがよい。／最好連最壞的結果都要考慮到。

（8）頭が痛いときには、小さな音でさえもがまんできない。／頭痛的時候,甚至連一點小聲音都受不了。

（9）人類は月にまでも行くことができるようになった。／現在人類甚至能登上月球了。

列舉極端的事例,暗示比其程度低的事物當然更是那樣。比如例（1）中含有最簡單的平假名都不會寫,那比其更難的片假名或漢字當然更不會寫了的意思。另外,有時也可像例（8）、（9）那樣,伴隨着使用"さえ"、"まで"等來加強語意。

4 數量詞＋も

a 數量詞＋も　強調數量多、程度高。

（1）雨はもう三日も降っています。／雨已經下了三天了。

（2）大根一本が300円もするなんて…。／一根蘿蔔就要300日元…,真貴。

（3）反戦デモには十万人もの人が参加した。／有10萬人參加了反戰遊行。

（4） いっぺんにビールを20本も飲むなんて、あいつはどうかしているよ。／一次要喝20瓶啤酒．那傢伙怎麼了。
（5） ほしいけれど、10万円もするなら、買えない。／真想要．但要10萬日元的話．買不起。
（6） 新しい車を買おうと思って貯金を始めたが、目標まで まだ50万円も足りない。／爲買新車開始存錢了．但離目標還差50萬日元呢。

用於強調數量多．程度高時。

b 数量詞＋も…ない　…也不…、連…都不。
（1） 泳ぐのは苦手で、ほんの5mも泳げない。／不善長游泳．連5公尺都游不了。
（2） ここからあそこまで10mもないだろう。／從這到那連10公尺都不到吧。
（3） 財布の中には500円も残っていない。／錢包裡連500日元都沒有了。
（4） ベッドに入って10分もたたないうちに寝てしまった。／他上床後．10分鐘都不到就睡着了。

強調數量少．程度低．加強否定語意時使用該句型。強調程度高時容易和"-4a"用法混淆．所以要注意。

（例） こんな豪勢な暮らしをしていて、わずか10万円も支払えないのか。(程度小)／過着這麼奢侈的生活．區區10萬日元都付不起嗎。
（例） 学生の身分で月々10万円も支払えるはずがない。(程度大)／一個學生．每月不會付得起10萬日元的。

c 最小数量＋も…ない　一…也没(不)。
（1） 客はひとりも来なかった。／客人一個也沒來。
（2） 彼女のことは一日も忘れたことはない。／我一天也沒有忘記過她。
（3） 外国へは一回も行ったことがない。／一次也沒有去過外國。
（4） 失敗は彼が原因だったが、彼を責めようとする人はひとりもいなかった。／雖然失敗原因在他．但沒有一個人想責備他。
（5） この料理は少しもおいしくない。／這菜一點也不好吃。

附加有表示最小限量"1"的"ひとりも(一個人也)"、"ひとつも(一個也)"、"一回も(一次也)"或"すこし(一點也)"等詞和否定表達方式一起使用．表示"(まったく／ぜんぜん…ない)完全／根本不…"的意思。

d 数量詞＋も …ば／…た　…的話
（1） この仕事なら、三日もあれば充分だ。／這項工作有三天的話足以完成。
（2） A：テープレコーダーって、いくらぐらいするものですか。／錄音機要多少錢？

B：そうですねえ、安いものなら、五千円もあれば買えますよ。／是啊，便宜點的話，有5000日元就能買。
(3) もうしばらく待ってください。10分もしたら、先生は戻っていらっしゃると思います。／請再等一會兒。我想再過10分鐘，老師就會回來的。
(4) 雨はだんだん小降りになってきた。あと10分もすればきれいに晴れ上がるだろう。／雨越下越小了。再有10分鐘的話，天氣大概就會放晴吧。
(5) このあたりは、自然が豊かだが、もう10年もたてば、開発されてしまうだろう。／這一帶自然狀態還很豐富，可再過10年的話，就都會被開發吧。

表示有這種程度的數量就足以完成某事物。除了可以用"ば"外也可以用"たら"或"と"。另外，句尾經常出現"だろう"、"でしょう"、"と思う"等表示說話者推測的表達方式。

e 数量詞＋も…か　大概有…（時間、数量）吧，可能…吧。
(1) 事故にあってから、救出されるまで1時間もあったでしょうか、夢中だったのでよくわかりません。／事故發生以後，到被救之前，大概過了有一小時吧．因很投入所以記不清了。
(2) A：その魚はどれくらいの大きさでしたか。／那條魚有多大呀？
B：そうですねえ。50ｃｍもあったかなあ。／是啊，有50公分長吧。
(3) 昔、家の庭に大きな木があった。高さは4.5ｍもあっただろうか。杉か何かだったと思う。／以前，我家的院子有棵大樹，大概有4.5公尺那麼高吧．好像是杉樹還是什麼來着。
(4) 直径3センチもあろうかという氷の固まりが降ってきた。／下起了大概有直徑3公分那麼大的冰雹。

和"あったでしょうか"、"あろうか"等一起使用，表示說話者主觀上判斷的大體數量。

5 疑問詞＋も
a 疑問詞＋(助詞)＋も　…也、…都、不管…都(也)、無論…都(也)。
(1) 山田さんはいつも本を読んでいる。／山田先生無論何時都在看書。
(2) だれもが知っている。／誰都知道。
(3) どれもみんなすばらしい。／無論哪個都很棒。
(4) どちらも正しい。／無論哪個都是對的。
(5) 誰も知らない。／誰也不知

道。
(6) このことは誰にも話さないでください。／這件事和誰都不要說。
(7) 何も買えない。／什麼都買不了。
(8) この辞書はどれも役にたたない。／這些字典,一都用不止。
(9) どちらも正しくない。／無論哪個都不對。

和"だれ・なに・どれ・どこ・いつ"等一起使用.表示哪種場合都適合。像例(1)～(4)那樣用於肯定句時.表示全面肯定.像例(5)～(9)那樣用於否定句時.表示全面否定.但是.下面的例句中的"いくらもある"表示有很多."いくらもない"表示幾乎沒有。

(例) そんな話はいくらもある。／那樣的事多了。
(例) 財布の中には、いくらも入っていない。／錢包裡.沒幾個錢了。

b なん＋量詞＋も　幾…。好多…。
(1) タイには何人も友だちがいる。／在泰國我有好多朋友。
(2) 何回も海外旅行をしたことがある。／海外旅行去了好多次。
(3) 何度もノックしたが、返事がない。／敲了幾次門都沒有反應。
(4) 雨は何日も降り続いた。／雨連着下了好幾天。
(5) 何か月も留守にしたので、庭は荒れ放題だ。／因幾個月不在家.院子都荒廢了。

表示數量或次數多的意思。

c なん＋量詞＋も…ない　沒幾…。
(1) この問題が解ける人は何人もいないでしょう。／能解這個問題的沒幾個人吧。
(2) 私の国では、雨が降る日は一年に何日もない。／在我們國家.一年中沒幾天下雨的日子。
(3) すぐに終わります。何分もかかりません。／馬上就結束.用不了幾分鐘。
(4) こんなチャンスは、人生に何度もない。／這樣的機會.人生中沒有幾回。

表示數量或次數少。不過.也有時像下面(例2)那樣表示數量多的時候.所以要注意。

(例1) 試験まで後何日もない。（＝短い間）／離考試沒幾天了。（＝時間短）
(例2) 彼は何ヶ月も姿を見せなかった。（＝長い間）／他幾個月沒露面了。（＝時間長）

6 Nも＜提示主題＞　也。
(1) 秋も深まって、紅葉が美しい。／也已是深秋.紅葉美麗宜人。
(2) 夜もふけた。／夜也深了。
(3) 長かった夏休みも終わって、あしたからまた学校が始まります。／長長的暑期也已結束.明天又要開學了。
(4) 彼にも困ったものだ。／對

(5) さっきまであんなに泣いていた赤ん坊もようやく寝ました。/剛才還大哭的嬰兒也終於睡着了。
(6) 彼のきげんも直って、平和な空気が戻った。/他的氣也消了，又恢復了平和的氣氛。

像例(1)～(3)那樣，説話者帶有感慨地列擧出伴隨着季節的變化，事情的始末等時間的推移而變化的事物或像例(4)～(6)那樣，暗示其他也有同樣的事物，以緩和的表達方式進行提示時使用該句型。

7 ＮもＮ＜強調＞　那個真是…。
(1) あいつは、うそつきもうそつき、大うそつきだ。/那傢伙，可真是能撒謊，簡直是個撒謊大王。
(2) 彼の両親の家は、山奥も山奥、一番近い駅から車で3時間もかかるところにある。/他父母的家那可真是在深山中，從最近的車站乘車也要用3個小時。
(3) Ａ：佐藤さん、酒飲みなんですって？/聽説佐藤愛喝酒？
Ｂ：酒飲みも酒飲み、ものすごい酒飲みだ。/那可是真愛喝酒，是個非常貪杯的人。

重覆使用同一個單詞，強調該程度已非一般時使用該句型。

8 ＮもＮなら
ＮもＮだが　…不…，…也不…。
(1) 親も親なら子も子だね。/大人不好吧，孩子也是（有其父，必有其子）。
(2) 兄さんも兄さんだが、姉さんだってひどいよ。/哥哥不好，但嫂子也够差勁的。
(3) わいろをもらう政治家も政治家だが、それを贈る企業も企業だ。/受賄的政治家不怎麼樣，但行賄的企業也够糟的。

以"ＸもＸならＹもＹだ"的形式，對雙方的問題都表示譴責。

9 …もあり…もある　…不…，…也不…、既…又…、既…且…。
[ＮでもありＮでもある]
[ＮａでもありＮａでもある]
[Ａ－くもありＡ－くもある]
(1) 彼はこの会社の創始者でもあり、今の社長でもある。/他既是這個公司的創立者，又是現在的總經理。
(2) 藤田さんは私の義兄でもあり師でもある。/藤田先生既是我的姐夫，又是我的老師。
(3) 彼の言ったことは、心外でもあり不愉快でもある。/他説的話，既讓人意外，又讓人不愉快。
(4) 娘の結婚は、嬉しくもありさみしくもある。/女兒的

出嫁．既讓人高興又使人寂寞．

以"XもありYもある"的形式．表示既是X又是Y的意思．

10 …もあれば…もある　有…也有…。
[Nもあれば Nもある]
[VこともあればVこともある]

（1）起きる時間は決まっていない。早く起きることもあれば遅く起きることもある。／起床時間沒有一定．有早起的時候．也有晚起的時候．

（2）人生、楽もあれば苦もある。／人生有樂也有苦．

（3）株価の変動は誰にも分からない。上がることもあれば、下がることもある。／股市的變動誰也摸不清．有漲也有跌．

（4）車に乗っていると、便利な時もあれば、不便な時もある。／開車．有方便的時候．也有不方便的時候．

（5）温泉といってもいろいろだ。硫黄が含まれているものもあれば、炭酸が含まれているものもある。／説起溫泉也各有不同．有含硫黃的．也有含炭酸的．

列舉出某些事物的變化情況．表示有各種不同的情況．多用於列舉對照性的事物時．

11 …もV-ない　也不…。
[NもV-ない]

[R-もしない]

（1）あいつは本当に失礼な奴だ。道であっても、挨拶もしない。／那傢夥真是個不懂禮貌的東西．在路上碰見．也不打招呼．

（2）息子は体のぐあいでも悪いのか、夕食に手もつけない。／兒子是不是身體不舒服．晚飯動也沒動．

（3）あの子は、ほんとうに強情だ。あんなにひどく叱られても、泣きもしない。／那孩子真強．那麼罵他也不哭．

（4）前から気がついていたのか、母は父が会社をやめたと聞いても驚きもしなかった。／大概事前有所察覺吧．媽媽聽説爸爸辭了職也不吃驚．

（5）うちの猫は魚がきらいで、さしみをやっても見向きもしない。／我家的貓不喜歡吃魚．餵它生魚片它都不睬．

（6）さわりもしないのに、ガラスのコップが割れてしまった。／碰都沒碰．但玻璃杯卻碎了．

（7）夕方になっても、電気もつけないで、本に熱中していた。／到了傍晚．燈也不開．一直在埋頭看書．

（8）山田さんは怒ったのか、さよならも言わないで帰ってしまった。／山田先生大概

生気了．連聲再見也不說就回去了。
（9）この寒いのに、子供たちは、上着も着ないで、走り回っている。／這麼冷的天，孩子們也不穿外套，在外面跑着玩。

用於強調否定意義時。一般認爲是理所當然的事却没有做，説話人對此表示驚訝、愕然時使用的比較多。

12 …もV-ずに 也不(没)…就…。

（1）わたしは深く考えもせず、失礼なことを言ってしまった。／我也没好好想一下，就説出了失禮的話。
（2）彼女は食事もとらずに、けが人の看病をしている。／她護理着受傷的病人，飯都没吃。
（3）彼女は、若い女性が興味を持ちそうなことにはいっさい目もくれず、研究に没頭していた。／她對年輕女性所感興趣的一切都不關心，只是埋頭搞研究。

是"…もしないで"的書面表達方式。
→【も】11

13 …もの／…こと もV-ない 該…没…。

[V-る もの／こと もV-ない]
（1）寝坊したので、食べるものも食べないであわてて会社へ行った。／因睡懶覺起晚了，該吃的飯也没吃，急急忙忙去了公司。
（2）急に雨が降り出したので、買うものも買わないで帰ってきてしまった。／因突然下起了雨，該買的東西也没買就回來了。
（3）時間が足りなかったので、言いたいことも十分には言えなかった。／因爲時間不够，想説的話也没能充分説完。
（4）こんな無能な医者では助かる命も助からない。／找這麼無能的醫生看病，就是能救的命也救不回來呀。

重覆使用同一動詞，表示"平時認爲當然能做的事也做不了"的意思。另外，還有以下的習慣用法。

（例）叔父が急に亡くなったというので、取るものも取りあえず（＝大急ぎで／急忙）駆けつけた。／聽説叔父突然去世，急忙跑了去。

【もう₁】

1 もう＋数量詞　再…、還…、又…。

（1）すみません、もう5分ここにいてください。／對不起，在這再呆5分鐘。
（2）もう一時間待って、彼が来なかったら先に行く。／再等1小時，他不來的話，我就先走了。
（3）もう一人紹介したい人がいる。／還有一個人想介紹給你。

（4） もう百円あれば、切符が買える。／再有100日元，就能買票了。
（5） もう10ページ読めば、この本は読み終えられる。／再看10頁，這本書就看完了。
（6） もう一回だけテストしてみよう。／再試最後一次吧。
（7） もう一度だけ会ってください。／再見最後一次面。
（8） みんなが来てから、もう一回先生に電話してみた。／大家來了之後，又打了一次電話給老師。

表示再加量時使用該句型。比如，例（4）的意思是"雖然有一些錢，但再加100日元的話，就可以買到票了"。

像"あと5分"那樣用"あと"替換比較多，但"あと"帶有"這是最後一次了"的含義，而"もう"沒有那種特別的含義。就次數來說，難以說這是最後一次時，不用"あと"而用"もう"。比如例（8）要說成"みんなが来てからあと一回先生に電話してみた"就顯得有點不自然。

2 もうすこし
a もうすこし／もうちょっと＜量＞
再…一點，再…一會。
（1） もう少し、ミルクをください。／再給我一點牛奶。
（2） もう少しここで過ごしたい。／想在這再住一段時間。
（3） もう少し待てば、順番が回ってくる。／再等一會，就輪到我們了。
（4） ゴールまで、もうちょっとだ。／離到終點，就差一點了。

表示比現在的狀態有少量的增減或變化。也可以說"あとすこし"。另外"もうちょっと"是比"もうすこし"更通俗易懂的表達方式，因此一般多用於日常會話中。表示量多時不能使用該句型。
（誤） もうたくさんほしい。
（正） もっとたくさんほしい。／想要更多。

b もうすこし／もうちょっと＜度＞
再…一點。
（1） もう少しいい車を買いたい。／想買一輛再稍好一點的車。
（2） 温度はもう少し低くした方がいい。／溫度再降低一點較好。
（3） もう少し大きな声で話したほうがいい。／最好聲音再大一點說。
（4） かれなら、もう少しむずかしい問題もできるだろう。／對他來說，再難一點的問題也會做吧。
（5） もうちょっと安いものはありませんか。／有再便宜點的嗎？

和表示屬性或狀態的表達方式一起使用，表示比現在的狀態程度高一點的意思。

c もうすこしでV-そうだった 再…一點就…、再…一會就…、差一點就…。
（1） もう少しでうまくいきそうだったのに、邪魔が入ってしまった。／再過一會就順利完成了，但這時有人來搗

(2) もう少しで会社に遅れそうになったが、ぎりぎりで間にあった。／再晚一點就遲到了，不過勉勉強強趕上了。
(3) もう少しで本当のことを言いそうになったが、何とか我慢した。／差一點就要説出了實情，但終於忍住了。
(4) 二人はもう少しでけんかしそうになったが、わたしが何とか止めた。／倆人差一點就要打起來了，我設法制止了他們。

意思是"某事態就要發生"。大部分情況可以和"もうすこしで…ところだ"互換使用。較隨意的會話中也可以使用"もうちょっとで"。

d もうすこしでV-るところだった
差一點就…。

(1) もう少しでけがするところだった。／差一點就受傷了。
(2) ぼんやり歩いていて、もう少しで車にひかれるところだった。／心不在焉地走着，差點讓車撞着。
(3) 赤ちゃんはもう少しで寝るところだったのに、電話の音で目をさましてしまった。／嬰兒差一點就睡着了，結果又讓電話聲吵醒了。
(4) 実験はまた失敗したが、本当はもう少しで成功するところだったのだ。／實驗又失敗了。其實這次差一點就要成功了。

是加強"V-るところだった"語意的説法。
→【ところだ】2 b

【もう₂】

1 もう＜完了＞ 已經…、已…了。

(1) 今日の仕事はもう全部終わった。／今天的工作已全部結束。
(2) A：今評判になっているあの映画、もう見ましたか。／現在受到好評的那部電影，你已經看了嗎？
B：ええ、この前の日曜日に見ました。／啊，上星期日看過了。
(3) 食事はもうできている。／飯已經做好了。
(4) その問題なら、もう解決している。／那個問題已解決了。
(5) 彼の娘はもう大学を卒業したそうだ。／聽説他女兒已經大學畢業了。
(6) 駅についたときにもう特急は出てしまっていた。／到車站時快車已經開出了。
(7) 手紙はもう投函したので、取り返せないんです。／信已投入信箱，所以無法挽回

(8) A：すみません、今日はもう閉店ですか。／對不起．請問今天已經關門了嗎？
   B：いいえ、まだ開いています。／不．還在營業。
(9) A：この本はもう出ましたか。／這書已經出了嗎？
   B：いいえ、まだ出ていません。予定は来週です。／不．還沒出．預計下星期出。

和動詞句一起使用．表示行為事情等到某個時間已經完了。在詢問完或沒完的疑問句中也使用"もう"。在表示還未達到完成狀態時．無論是陳述句還是疑問句都使用"まだ…ない"。

2 もう ＋時間／＋年齡　已是(到)。

(1) おしゃべりに夢中になっていたら、もう5時だ。／只顧聊天．不知不覺已是5點了。
(2) 気がついたらもう朝だった。／等發覺時已是早晨了。
(3) この子はもう10才だから、十分事故の証人になれる。／這個孩子已10歲了．完全可以做事故的證人。
(4) こよみの上ではもう春なのに、まだ雪が降っている。／日曆上已是春天．但還在下著雪。
(5) もう夜が明けるのに彼らはまだ話し続けている。／天已經亮了．但他們還在交談。
(6) もう8時ですよ。起きなさい、学校に遅れますよ。／已經8點了．快起來．要遲到了啊。

和表示時間或年齡的表達方式一起使用．表示已經到了充足的階段。像例(1)、(2)含有比想象要早地達到該時間的意思。

3 もうNaだ／もういい　已經…了。

(1) もうおなかが一杯だ。／肚子已經飽了。
(2) 今日はもう十分に楽しんだ。／今天已經很開心了。
(3) A：お湯はわいていますか。／水已經燒開了嗎？
   B：ええ、もういいですよ。／啊．已經開了。
(4) A：機械、直ったんですか。／機器．修好了嗎？
   B：ええ、これでもういいはずです。／啊．這應該算修好了。
(5) A：ちょっと目を閉じて。1、2、3。／閉一下眼睛。1、2、3。
   B：もういい？／好了嗎？
   A：いいよ。はい、目を開けて。／好了。好．睜開眼吧。

和"一杯だ"、"十分だ"一起使用．表示應該已是十分滿足的狀態。"もういい"的意思是基本上"達到充分適當的狀態"．可以在各種狀況下使用。根據上下文

的關係。可成爲"準備ができた（準備好了）"、"解決した（解決了）"等意思。有關"もういい"的否定用法，請參照"もう"5b。

4 もう…ない　不再…、已不…。

(1) 山田さんはもうここにはいません。／山田先生已不在這了。
(2) この喫茶店はもう営業していない。／這家咖啡館已不再營業了。
(3) 疲れて、もう何も考えられなくなった。／累了，什麼事也考慮不了了。
(4) 交渉のあと、だれももう文句を言わなかった。／交渉之後，任何人都不再發牢騷了。
(5) かれとは、もうこれ以上話したくない。／已不想和他説更多的話了。
(6) わたしは、18才、もう子供ではない。／我18歳了，已不是孩子了。
(7) もう二度とあの人には会わないだろう。／再也不會見到他了吧。
(8) もう誰も信じられないと言って、彼女は泣いていた。／她哭了，説她再也不能相信任何人了。
(9) こんな待遇の悪い職場にはもうがまんができない。／在待遇這麼差的工作單位，

已經忍耐不了。

(10) さいふの中にはもう100円しか残っていなかったので、家へ帰るのにバスも乗れなかった。／錢包中就只剩下100日元了，所以，回家連公車都没坐。
(11) 10万円の値段がついたので、もうこれ以上は上がらないだろうと思った。／價格達到了10萬日元，我想不會再漲得比這更高了吧。

以某個點爲界線，表示從那以後再没有超過這程度的。

5 もう＜否定的態度＞
a もう＋否定表達方式　已經。

(1) こんな退屈な仕事はもうやめたい。／那麼乏味的工作，已不想做了。
(2) もうあの人の愚痴を聞くのはいやだ。／已經聽煩了他的抱怨了。
(3) これ以上歩き続けるのは体力的にもう無理です。／再這麼走下去，體力上已吃不消了。
(4) あの人をかばい続けられるのももう限界だ。／已到了最大極限了，不能繼續庇護他了。
(5) 戦争をするのは、もうたくさんだ。／不能再有戰爭了。
(6) こんなまずいものを食べるのはもうたくさんだ。／吃這麼

難吃的東西,已經夠了。
(7) もういいかげんに妹をいじめるのはやめなさい。／不要再隨便欺負妹妹了。

使用"無理だ"、"いやだ"等否定意義的述語,表示再不能繼續某種狀態了。"もうたくさんだ"意思是"已達到極限,再往下發展,就令人厭煩了",多用於感情色彩較濃時。另外也可以像例(7)那樣用於禁止以後的行動。

b もういい　已够了、已可以了、行了、好了、就這樣吧。
(1) A：ほかに出す書類がありますか。／還需要交其他什麼文件嗎？
　　B：これでもういいです。／這些就可以了。
(2) A：チョコレート買いましょうか。／還買巧克力嗎？
　　B：いや、これだけ食料があれば、もういいです。／不,有這些食品就够了。
(3) A：もう一杯いかがですか。／再來一杯,好嗎？
　　B：いや、もういいです。／不,不要了。
(4) A：急なアルバイトさえなかったら、来られたんだけど。／如果沒有突然增加的臨時工要打,我就會來了…。
　　B：言い訳はもういいよ。／不要再解釋了。
(5) A：お母さんの気持ちも考えてみなさい。／你也要考慮一下媽媽的心情。
　　B：もういいよ。お説教は聞き飽きたよ。／好了,你的説教我已經聽够了。
(6) A：頑張っていたのに、うまく行かなくて残念だったね。／努力去做了,但沒做好,還是令人遺憾的啊。
　　B：もういいんです。何か、ほかの事を考えます。／你不用説了,我還是想想做點別的事情吧。
(7) A：もう一回探しなおせば、みつかるかもしれません。／再找一遍,説不定就會找着。
　　B：もういいよ。あきらめよう。／好了,不找了。

基本上的意思是"這些足已,再往下就不需要了"。可以在各種狀況下使用。例(3)是拒絶的表達方式。例(4)、(5)是"這是限度,再往下就接受不了了"的意思,表示説話者拒絶的態度。在討厭、膩煩時經常使用。像例(6)、(7)那樣,表示放棄所留戀的東西時的心情時,也可以使用。"もういい"的肯定用法,參照"もう"3。

6 もう＜指責＞　又…。
(1) お母さんたら、もう。わたしの友達の悪口を言うのはやめてよ。／媽媽,你又…。不

要説我朋友的壞話了。
（2）もう、あなたったら、こんなやさしい計算もできないの。／又是這樣. 你, 這麼簡單的計算都不會嗎？
（3）山田さんたら、もう、また『お茶入れて』ですって。自分でやればいいのに。／山田, 你又説："給我倒茶". 你自己倒不行嗎…
（4）A：あ、また、汚した。／啊. 又弄髒了。
　　B：もう。／瞧你…

插在句首或句中, 表示對對方的責難心情. 只用於隨意的會話中. 女性使用較多. 多和含有責備口氣的"（っ）たら"一起使用。

【もうすぐ】

馬上就…. 很快就…。
（1）田中さんはもうすぐ来ます。／田中馬上就來。
（2）もうすぐ夏休みですね。／很快就是暑假了吧。
（3）クリスマスまで、もうすぐだ。／離聖誕節没有幾天了。
（4）桜の花はもうすぐ咲きそうだ。／眼看櫻花就要開了。
（5）もうすぐここに30階建てのマンションが建つそうだ。／聽説很快要在這建一棟30層的豪華公寓。

表示從現在到該事情發生爲止没多長時間了. 比"すぐ"表示的時間長. 在口語中經常使用。

【もかまわず】

（連…都）不顧. 冒着…。
[N（に）もかまわず]
[Vの（に）もかまわず]
（1）喜びのあまり、人目もかまわず抱きついた。／欣喜若狂. 不顧衆目睽睽. 擁抱在了一起。
（2）役員たちから慎重な対応を求める声が上がっているのもかまわず、社長は新分野への参入を決断した。／不顧幹部們要求慎重對待的呼聲高漲. 總經理還是下了決心要進入新領域。
（3）世論から厳しい批判を浴びせられているのにも構わず、その議員は再び立候補した。／不顧輿論的嚴厲批判. 那位議員再一次宣布要參加競選。

表示"不把…放在心上"的意思. 多使用"人目もかまわず"這種慣用表達方式。

【もくされている】

被看作…. 被認爲…. 受矚目。
[Nともくされている]
（1）今度の競馬では、マックイーンが一番人気と目されている。／這次賽馬. 瑪奎恩最受人矚目。

（2） 彼がその事件の最重要参考人と目されている。／他被看作是那個事件最重要的見證人。
（3） 事業の後継者と目されているのは、重役の市川氏だ。／被認爲是事業接班人的是擔任要職的市川先生。
（4） 知事選挙で最有力候補と目されているのは、早田氏です。／在縣長選舉中，被認爲最有實力的候選人是早田先生。

是"とみなされている、そういう評判がたっている(被看作，得到公認)"的意思。但是，"目されている"一般用於真正的情況是什麽將會怎樣還不清楚的狀況時。

【もさることながら】

…也是不用説的事、當然如此、不用説、…更是如此。

[Nもさることながら]

（1） 彼は、大学の成績もさることながら、スポーツ万能で親孝行という申し分のない息子だ。／他在大學的成績不用説，在體育方面更是多才多藝，在家庭還是個孝子，是一個無可挑剔的兒子。
（2） このドレスは、デザインもさることながら、色使いがすばらしい。／這件禮服，設計上沒得挑，顔色的配備上更是絶妙。
（3） あのレストランは、料理もさることながら、眺めの良さが最も印象的だった。／那家餐廳，飯菜質量當然好，而周圍的景色更給人留下深刻印象。

以"Xもさることながら Y"的形式，表示"X也是這樣，而Y更是這樣"、"X也是這樣，而更能列舉出Y也是如此"的意思。一般用於認爲這件事好時。

【もし】

後面伴隨着條件句，對事物進行假設，是表現説話者態度的副詞。

多用於句首。類似表達方式有"かりに"、"もしも"。與"もしも"的不同之處，參照"もしも"條目。

1 もし…たら　如果…的話。

（1） もし雨が降ってきたら、洗濯物を取り込んでおいてね。／如果下雨的話，要把洗的衣服拿進來啊。
（2） もしよろしければ、週末、家にいらっしゃいませんか。／如果方便的話，周末能到我家來一趟嗎？
（3） もしお暇なら、いっしょにドライブに行きませんか。／如果有時間的話，一起去開車兜風好嗎？
（4） もし気が付くのが1秒でも遅かったら大惨事になっていただろう。／如果再晩一秒鐘發現的話，後果就不堪

設想吧。

除了"たら"，還可以使用"…は／…なら"等。伴隨順接假定條件，表示"假如那樣的話"的意思。例(1)～(3)表示的是是真是假還未定的未知事物。例(4)接在與事實相反的事物之前，用於預測或想像地加以叙述時。

與"かりに"很相似，但是"かりに"用於在想像現實中不存在的事物的基礎上，進行假設時。因此在叙述像例(1)那樣現實上有成立的可能性的事情時不太合適。相反，如果說話人有假定意識的話，就可以與事實無關地使用"もし"。因此例(1)那樣眼看實際上就要發生或像例(4)那樣與事實相反都可以使用"もし"。

(誤)　かりに雨が降ってきたら、洗濯物を取り込んでおいてね。

2 もし …ても／…としても　假使是…也…。

(1)　天気予報では曇りですが、もし雨でも遠足は決行します。／天氣預報是陰天，不過，假使下雨也堅決去郊遊。

(2)　薬で治りそうですが、もし手術をすることになっても、簡単に済みます。／看樣子吃藥也能治好，即使做手術，也是很簡單的。

(3)　もし泥棒に入られたとしたって、たいして金目になるものはない。／假使是小偷進來了的話，也没什麼值錢的東西可偷。

(4)　もし入社試験に合格しても、本人に入社の意志がないのなら辞退すべきだ。／即便是錄用考試合格，但本人没有進入本公司意願的話也應辭退。

後伴隨着"ても"、"としても"、"としたって"等條件句，表示"假使那樣的狀況成立的話也…"的意思。一般多有"不太有那種可能性，不過…"的含義。大到上可和"かりに"互換使用。

【もしかしたら】

1 もしかしたら…かもしれない　說不定…，或許…，可能…。

(1)　仕事の量が減ったから、もしかしたらわたしも日曜日に出かけられるかもしれない。／工作量減少了，或許星期日我也可以出去了。

(2)　いまはいい天気だが、すこし雲が出て来たから、もしかしたら雨が降るかもしれない。／現在天氣是不錯，不過有些雲浮上來了，說不定會下雨。

(3)　この名刺があれば、もしかしたら、彼に面会できるかもしれない。／有這張名片的話，或許能和他會面。

(4)　彼はここ2、3日大学に出て来ない。もしかしたら彼は病気かもしれない。／他這2、3天没來大學，可能是病了。

(5)　もしかしたら、中田さんが知っているかもしれないが、

はっきりしたことはまだわからない。／説不定中田知道，不過具體的還不清楚。
（6）もしかしたら、山川さんがその本をもっているのではないだろうか。／説不定山川有那本書呢吧。

伴随着"…かもしれない"、"…のではないだろうか"等推測的表達方式，表示一種有可能發生那種事的推測，也顯示出説話者對自己的判斷不太自信。也可以説"もしかすると"、"もしかして"、"ひょっとすると"。

2 もしかしたら…か　可能…吧、説不定…吧、或許…。

（1）A：あの人、もしかしたら、山本さんじゃないですか。／那人可能是山本先生吧。
　　　B：ええ。そうですよ。ご存じですか。／啊，是啊。你認識他嗎？
（2）もしかしたら事故にでもあったんじゃない？／莫非是遇到了什麽事故吧？
（3）もしかしたら今日は雨になるのではないだろうか。／説不定今天會下雨吧。

伴随着"…か"、"じゃない？"等表示疑問的表達方式，表示對自己的判斷不那麽自信。也可以説"もしかすると"、"もしかして"、"ひょっとして"。

【もしくは】

是書面語。以"XもしくはY"的形式使用。是一種經常用於公文等較鄭重的表達方式，不用於日常會話中。日常會話中經常使用的形式是"XかY"。

1 NもしくはN　…或…、…或者…。

（1）黒もしくは青のインクを使用すること。／請使用黒或藍色墨水。
（2）お問い合わせは、電話もしくは往復葉書でお願いします。／諮詢請打電話或郵寄回郵明信片。
（3）この施設は、会員もしくはその家族に限り使用できる。／這一設施只限於會員或其家屬使用。
（4）《法令》第84条第2項の規定による命令に違反した者は、これを6ヶ月以下の懲役もしくは禁固または一万円以下の罰金に処する。／對違反《法令條款》第84條第2項規定的人處以六個月以下徒刑或監禁，或者處以一萬日元以下的罰款。

意思爲"二者中的其中一方"。使其選擇X或Y的任何一方，或者表示如果符合X或Y的條件，採取哪一方都可以。像例（4）那樣，作爲法律用語使用時比較特別，當"XまたはY"中的X更進一步分爲兩部分時，使用"XaもしくはXb／Xa或Xb"的形式，其關係即成爲"XaもしくはXb、またはY／Xa或Xb，或者是Y"。

2 V-るか、もしくは　…，或者…。

（1）応募書類は、5月10日までに郵送するか、もしくは持

参すること。／請於5月10日前，將申請資料郵寄過來或直接送來。
(2) パンフレットを御希望の方は、葉書で申し込むか、もしくはＦＡＸをご利用下さい。／需要資料（小冊子）者，請寄明信片或傳真我們索取。
(3) 受講申し込みは、京都市内にお住まい、もしくは京都市内に通勤なさっている方に限ります。／上課申請僅限於住在京都市内或在京都市内上班的人。

意思是"二者中的其中一方"。例(1)、(2)是"讓選擇Ｘ或Ｙ的任何一方"時的説法。例(3)是擺出兩個條件，"符合Ｘ或者Ｙ的條件，哪一方都可以"的意思。像例(3)那樣承接表示動作的名詞時，有時使用"Ｎもしくはいする"的形式。

【もしも】

是"もし"更強調的説法，表示"假使那樣的話"的意思。

1 もしも…たら　如果…的話。
(1) もしも家が買えるなら、海辺の洋館がいい。／如果能買房子的話，海邊的西式建築比較好。
(2) もしも僕が君の立場だったら、違う行動をとると思う。／如果我站在你的立場的話，我想我會採取不同的行動。
(3) もしも私が君ぐらい若ければ世界中を飛びまわっているだろう。／如果我像你那麼年輕的話，肯定會周遊世界各國的。
(4) もしも地震が起こるのがあと30分遅ければ、被害は甚大なものになっていただろう。／如果地震再晚發生30分鐘的話，受害程度就會不堪設想。

後面和"たら／ば／なら"等表示條件的形式一起使用，表示對事實與否，未定的事物或與事實相反的事，做出"假使那樣的話"的假定判斷的意思。

2 もしものN　萬一、…意外、三長兩短、死亡。
(1) 父にもしものことがあったらどうしよう。／父親有個三長兩短的話怎麼辦？
(2) もしもの場合にはすぐ連絡してください。／出現意外情況時馬上和我聯係。
(3) 大地震はそんなにちょくちょく起こるわけではないが、もしもの時のために準備をしておいた方がよい。／大地震並不是時常發生，但最好也要做好預防萬一的準備。

"もしも"後接"時／場合／こと"等名詞，表示"萬一要成為那種狀態時"的意思。用於"死"、"危篤狀態"、"大災難"等不希望發生的重大事情時。例(1)是"死"的委婉説法。和"萬一"意思大體相同，可以互換使用。"もし"没有這種用法。

【もちまして】
→【もって2】

【もちろん】

1 もちろん　當然、不用説、不言而喻。

（1）　A：一緒に行きますか。／一起去嗎？

　　　B：もちろん。／那還用説。

（2）　A：そこへ行ったら、彼女に会えますか。／去那，能見到她嗎？

　　　B：もちろんですよ。／當然能了。

（3）　この仕事は、残業が多くなるかもしれません。もちろん、その分の給料はちゃんと支払われます。／這項工作説不定會經常加班。當然，會支付那部分的加班費的。

（4）　A：あの、休日は、きちんと取れるのでしょうか。／請問，休息日都能休息嗎？

　　　B：それは、もちろんですよ。／那是當然的了。

　　表示理所當然和可以接受之心情。通過該狀態就其可以做出其種推測來看。是強調確實如此的表達方式。另外，像以下例子那樣，也可用於對前面所叙述的事給與保留時。

（例）　わたしはこの計画に賛成です。もちろん、実行できるかどうかは社長の決定を待たなければなりません。／我贊成這一計劃。當然，能否實施還必須要等待總經理的決定。

（例）　娘は、土曜日の午後はアルバイトをして、友達と喫茶店でおしゃべりをして帰って来ます。もちろん、いつもそうだというわけではありませんが、だいたいそういう習慣になっていたようです。／我女兒，一般在星期六的下午打工，然後和朋友一起在咖啡店聊天再回來。當然，也不總是這樣，不過，大致上好像是這種習慣。

2 Nはもちろん　…不必説、…不用説、當然。

（1）　彼は、英語はもちろん、ドイツ語も中国語もできる。／他英語不用説，徳語中文都會。

（2）　彼は、スポーツ万能で、テニスはもちろん、ゴルフもサッカーもうまい。／他在體育上是多方面高手，網球不必説，高爾夫球足球也都很棒。

（3）　委員長の高田さんはもちろん、委員会の全メンバーが参加します。／不用説委員長高田先生，委員會的全體成員都參加。

（4）　来週のパーティーは、いろいろな国の料理はもちろん、カラオケもディスコもある。／下星期的晚會，各國的菜肴不必説，還有卡拉OK和迪斯可。

（5）この本は、勉強にはもちろん役に立つし、見るだけでも楽しい。／這本書對學習當然有用，就是光看也是令人愉快的。
（6）彼は子供の送り迎えはもちろん、料理もせんたくも家事は何でもやる。／他接送孩子這不用説，做飯洗衣服什麼家務事都做。

列舉出當然包括在内的具有代表性的事物N，然後再列舉出同一範疇的其他事時使用該句型。也有"もちろんのこと"這種表達方式。

【もって₁】

以…、用…、拿…。

[Nをもって]

（1）自信をもってがんばってね。／要滿懷信心，努力去做喲。
（2）A：しめきりが明日というレポートがみっつもあるんだ。／我還有三個到明天截止的報告書呢。
　　B：余裕をもってやらないからこういうことになるのよ。／你不騰出充裕的時間去寫，所以才這樣的。
（3）わたしは、そのとき確信をもって、こう言ったんです。／那時我是很有把握地這樣説的。
（4）これは、自信をもっておす

すめできる商品です。／這是我們很有信心向您推薦的商品。

可以使用"ものを持つ（拿東西）"、"手に持つ（手持）"時的具有具體動作的動詞"持つ"，也可以和"自信"、"確信"等表示抽象意思的名詞一起使用，表示"具有…"的意思。

【もって₂】

1 Nをもって　以此…。

（1）このレポートをもって、結果報告とする。／以這小論文，作爲最終報告。
（2）この書類をもって、証明書とみなす。／以這些文件，姑且當成證明書。
（3）これをもって、挨拶とさせていただきます。／謹此致謝。

"根據…"的意思。一般用於會議等正式場合的發言。作爲書面語時，是文件中使用的較生硬的表達方式。經常和表示"…とみなす（作爲…）"意思時的文一起使用。

2 Nをもちまして　謹此…、以此…。

（1）本日をもちまして当劇場は閉館いたします。／從即日起本劇場停業。
（2）当店は7時をもちまして閉店させていただきます。／本店七時關門。
（3）これをもちまして閉会（と）させていただきます。／大會到此結束。
（4）只今をもちまして受付は締

め切らせていただきます。／現在截止辦理手續。

告知時間或狀況,宣布會議等結束時使用該句型。限定於正式的致辭等場合,在隨意的會話中不能使用。比"をもって"更鄭重。

【もっと】
更…、再稍微…、更加…。

(1) もっと大きい声で話してくれませんか。／再大聲點説好嗎？
(2) もっと時間をかければもっといいものができると思います。／我想再多花一點時間的話,會做出更好的來。
(3) 地下鉄が開通すればこのあたりはもっと便利になる。／地鐵開通的話,這一帶會更方便。
(4) A：痛むのはこの辺ですか。／是這兒疼嗎？
   B：いや、もっと右です。／不,再往右點。
(5) A：そのラケット、よく売れますよ。／這種球拍,很好賣噢。
   B：これよりもっと軽いのはありませんか。／有比這更輕一點的嗎？
   A：あちらの黒いののほうがもっと軽いんですが、あまり軽すぎるのも使いにくいんじゃな

いでしょうか。／那邊那個黑的更輕一些,不過,太輕了也不好用吧。
(6) もっと（はっきり）言うと、あの子はやる気がまったくない。／再説得清楚點,那孩子根本就没有做的意思。
(7) もっと驚いたことには会社でそのことを知らなかったのは私だけだった。／更讓人吃驚的是,在公司中只有我一個人不知道那件事。

表示各種程度都比現在嚴重。也可像例(4)那樣附在表示程度的名詞(前、後、上、下等)後面。是口語表達方式。

【もっとも】
1 もっとも　話雖如此、不過、可是。

(1) レポートは来週提出して下さい。もっとも、はやくできた人は今日出してもかまいません。／下星期將報告書交上來。不過,早寫完的人今天交也可以。
(2) この事故では、橋本さんに責任がある。もっとも、相手の村田さんにも落度があったことは否定できない。／在這次事故中,橋本有責任。但話又説回來,不能否認對方村田也有過錯。
(3) 彼は強かったなあ。もっとも、毎日あれだけ練習しているのだから当然か。／他

可真厲害呀。不過，每天那麼拼命地練，也該如此吧。

對前文的内容，給與部分糾正時，使用該句型。

2 もっとも …が／…けど　話雖如此，不過…。

（1）あしたから旅行に行きます。もっとも二、三日の旅行ですが。／明天開始去旅行。不過也就是2、3天的旅行。

（2）あのホテルにした方がいいんじゃない。もっとも、私も行ったことがないから、本当にいいかどうかわからないけど。／還是定那個飯店好吧。不過，我也沒去過，是否真好我也不清楚。

（3）彼女がそう言っていました。もっともうそか本当かは分からないけど。／她是那麼説的。不過，是真是假不知道。

（4）わたしは来年東大へ行きます。もっとも試験に受かればの話ですが。／我明年上東大。當然，那得是考得上才能去。

（5）スポーツをするなら、サッカーが一番面白い。もっとも疲れることは疲れるけど。／搞體育的話，還是足球最有意思。話又説回來，累是累點。

用於對前文内容給與部分訂正，或否定聽話者對其内容將要預想到的事情。"…けど"是口語表達方式。

【もっぱら】

1 もっぱら　專門、主要、淨。

（1）世間ではもっぱら消費税のことでもちきりだ。／社會上談論的淨是消費税的問題。

（2）いろいろな酒類があったが、彼はもっぱら日本酒ばかり飲んでいた。／有那麼多種類的酒，但他只喝日本酒。

（3）A：愛読書は何ですか。／你喜歡讀什麼書？
B：私はもっぱら推理小説です。／我主要讀推理小説。

（4）日曜はもっぱらテレビにゴロ寝です。／星期天就是看電視睡懶覺。

是"幾乎只做那件事"的意思。

2 もっぱらのN　淨是…。

（1）K監督の新作が面白いともっぱらの評判だ。／淨是些説K導演的新作很有意思的評論。

（2）王子の花嫁候補の第一位はあの令嬢だと、もっぱらのうわさだ。／到處都在傳説王子新娘候補第一人選就是那位小姐。

（3）もうすぐ大きな異動があると、社内ではもっぱらのうわさになっている。／公司内部一片傳言，説馬上要有

大的人事變動。

和"評判""うわさ"等一起使用. 表示"大家都在那麼説"的意思。

【もと】

1 Nのもと(で)　在…之下(範圍)。

（1）子供は太陽のもとで思いきりはねまわるのが一番だ。／小孩子在陽光下盡情地活蹦亂跳是最開心的。

（2）彼はすぐれた先生のもとでみっちり基礎を学んだ。／他在優秀老師的手下，紮紮實實地打了基礎。

（3）先生のあたたかい指導のもとで、生徒たちは伸び伸びと自分らしい作品を作り出していった。／在老師熱心的指導下，學生們不斷地拿出了有自己特色的作品。

（4）各国の選挙監視団の監視のもとで、建国以来初の民主的な選挙が行われた。／在各國選擧監督團的監督下，進行了建國以來的第一次民主選擧。

意思是"在…下"、"在…的影響所涉及的範圍下"。修飾名詞時成為"Nのもとでの N"的形式。

（例）選挙監視団の監視のもとでの選挙が行われた。／在選擧監督團監督下進行了選擧。

是書面性語言表達方式。在更加鄭重的場合，還可以説"Nのもと"。

（例）各国の選挙監視団の監視のもと と、建国以来初の民主的な選挙が行われた。／在各國監視團監督下進行了建國以來的第一次民主選擧。

2 Nのもとに　在…下、在…之下。

（1）両親の了解のもとに3年間の留学が可能になった。／得到父母的充分理解，我的三年的留學計畫成為了事實。

（2）弁護士立ち会いのもとに当事者間の協議が行われた。／在律師在場的情況下，當事人之間進行了協商。

（3）他分野での対立点は棚上げにするという暗黙の合意のもとに、両者の連携は成り立っている。／在把其他領域的分歧點暫且擱置的默契之下，雙方達成了合作協議。

表示"以…為條件"、"在…狀況下"的意思。是書面語。

【もどうぜん】

→【どうぜん】2

【もともと】

1 もともと　原本是、本來、根本。

（1）その本はもともと彼のものだったんだ。だから、彼に返すのは当然のことだ。／那本書本來就是他的，所以還給他是理所當然的。

（2）彼は結局裁判で負けたが、もともと彼の主張は根拠が

薄いものだった。／結果法院裁決他敗訴了。不過本來他的主張就是根據不足。
(3) 彼はもともと保守系だ。あんな発言をしてもおかしくない。／他原本就是保守派。那樣發言也是不奇怪的。
(4) もともと彼は九州の出身だから、大学を出た後九州の会社に就職してもおかしくない。／他本來就是九州人，大學畢業後在九州的公司就職也是不足爲奇的。
(5) もともと(は)別々の国だったが、統一されてひとつの国になった。／原本是兩個國家，後統一成爲一個國家。
(6) あのマンションの敷地はもともと(は)工場だった。／那座公寓所占的地，原來是座工廠。
(7) あの歌手はもともと(は)サラリーマンだった。／那位歌手，過去是公司職員。

是"本來"的意思。用於叙述有關事物的最初階段時。對某種狀況和原來狀況相比重新認識怎麼樣時，多使用該句型。也有"もともとは"的說法。

2…てもともとだ 不賠不賺、也和原來一樣。
(1) 初めからあまり可能性がなかったから、失敗してもともとだ。／一開始可能性就不大，所以失敗了也是想像之中的。
(2) 勉強不足だとは思うが、とにかく、試験を受けてみよう。落ちてもともとだ。／明知自己不够用功，但好歹也要試一試，就是落榜也没什麼。
(3) 断られてもともとだと思って、思い切って彼女にプロポーズしてみた。／我想被拒絶也無所謂，就大着膽試探着向她求了婚。
(4) A：先生にいい点をくれるよう頼んでみたけど、できないと言われたよ。／試着求老師給個好分數，但老師説不行。
　　 B：まあ、だめでもともとだね。／唉，本來就不行又何必呢。

在"…て"的部分上，使用表示"だめ(不行)"、"失敗(失敗)"等意思的詞語，表示"和什麼都没做時一樣"的意思。用於做可能性不大的事或挑戰後失敗了等場合。也可以説"…てももともとだ"。

【もとより】

1 もとより 一開始就…、本來、原來。
(1) そのことはもとより承知しています。／那件事一開始我就知道。
(2) 反対に会うのは、もとよりわかっていたことです。／本來就知道會遭到反對的。

意思是"從一開始"。經常和"わかっていた(過去就知道)""そう思っていた(過去就是那樣認爲的)"這樣意思的句子一起使用。是稍鄭重一些的説法。

2 …はもとより 當然、不用説、不待言。

（1）ワープロはもとより、タイプライターすら使ったことがない。いつも手書きだ。／不用説文字處理機了，連打字機也没用過。經常是手寫。

（2）すしはもとより、すきやきも彼は食べられない。とにかく日本料理はいっさいだめだ。／別説壽司了，日式牛肉火鍋他也不能吃。總之，日本菜一概都不行。

（3）胃はもとより肺もやられているのが検査でわかった。／經過檢査，得知胃就不用説了連肺也有毛病了。

（4）結果はもとより、その過程も大切だ。／結果自不必説，其過程也是很重要的。

（5）迎えに行くのはもとより、彼の滞在中一切の世話をしなければならない。／當然要去迎接，而且他在逗留期間的一切也都要照顧好。

先舉出被認爲是理解當然的事，然後表示"不僅如此，還有更重要的／不重要的事"的意思。

【もの】

使用漢字"物"時，用於用法1當中表示可以用具體的手抓住的物體。除此以外一般使用"もの"。

1 もの＜物體＞ 東西。

（1）この部屋にはいろいろな物がある。／這間屋子中有各種各樣的東西。

（2）何かすぐ食べられる物があれば、それでいい。／有什麽馬上能吃的東西就行。

（3）どうぞ、すきなものをとってください。／請，請拿你喜歡的東西。

（4）赤ちゃんは、動かないものには興味を示さない。／嬰兒對不動的東西不感興趣。

（5）買いたいものがあるので、帰りにデパートに寄る。／因爲有想買的東西，所以回去時順便去一下百貨公司。

（6）この料理の本の中には、わたしにできるものはひとつもない。／這本烹飪書中，没有一個我會做的東西。

（7）古い蔵書の中でおもしろいものをみつけた。／在舊藏書中發現了有意思的書。

（8）この写真は彼女のものだ。／這張相片是她的。

（9）不思議なものを見たような気がする。／感覺像看到了不可思議的東西。

（10）山のすそに、けむりのようなものが見えた。／在山脚下，看到了像煙一樣的東西。

不是特指而是一般地列舉與物體或是在時間發展過程中所發生的事(事件)無關而存在的某些事物時，使用該句型。

很多時候"もの"和"こと"的用法難以區別．不同點在於是否是表示在時間發展過程中所發生的事．與動作或事件有關時不用"もの"而用"こと"．例如，一般不説"話したいものがある"而説"話したいことがある(我有話要説)"．同樣一般不説"たいへんなものが起こった"，而"たいへんなことが起こった(發生了重大事件)"才是正確的．

2 もの＜語言・知識・作品等＞　東西。
(1)　子供がものを言うようになった。／孩子會説話了。
(2)　あの人はあまりものを知らない。／他知道的東西不太多。
(3)　学生のころから、ものを書くのがすきだった。／當學生時，就喜歡寫東西。
(4)　かれとわたしとは、ものの考え方が違う。／他和我對問題的想法不同。
(5)　市役所に苦情を持ち込んだら、たまたまもののわかる人がいて、すぐ解決してくれた。／向市政府去訴苦，正巧遇見一個通情達理的人，馬上替我們解決了問題。

和"言う"、"見る"、"知る"等動詞一起使用．表示與該動詞對應的"語言"、"知識"、"作品"等意思．"ものを言う"除有"説話"的意思外，也有表示發揮力量的用法．
(例)　彼の肩書きがものを言う。／他的官銜起作用。

例(5)的"ものがわかる"是"有理解能力"的意思．

3 Nというもの
a Nというもの　…這種東西。
(1)　彼女は愛国心というものをもっていないのだろうか。／她難道沒有愛國心嗎？
(2)　わたしは一度も愛情などというものを感じたことがない。／我一次也沒感受到過愛情這種東西。
(3)　今まで彼は恐れというものを知らなかった。／以前他不知道什麼是害怕。

使用表示"愛情"等抽象概念的名詞，以示強調時使用該句型。

b Nというものは…だ　…這種東西是…。
(1)　人間というものは不可解だ。／人是很難讓人理解的。
(2)　男にとって、女というものはいつまでたっても謎だ。／對男人來説，女人永遠是個謎。
(3)　金というものは、なくても困るし、あり過ぎても困る。／錢這種東西，沒有難受，過多也苦惱。
(4)　幸福というものは、あまり続き過ぎると、感じられなくなる。／幸福這種東西，持續太長了，就感覺不到了。
(5)　時間というものは、だれに対しても平等だ。／時間對

任何人都是平等的。

附在"人"、"幸福"等名詞之後,用於對其屬性或性質進行一般化的叙述時。也有"…というのは"這種表達方式。也有像例(3)、(4)那樣的動詞句。根據上下文的關係,有時也含有各種感慨。用於名詞句時可以改換説"…とは…だ"。

4 V-れないものはV-れない 不…還是不…、不能…還是不能…、不…就是不…。

(1) A：これだけお願いしてもだめですか。／這麽求也不行嗎？
 B：いくら頼まれても、できないものはできないんだ。／再怎麽求,不行還是不行。
(2) A：まだわかりませんか。／還不懂嗎？
 B：いくら言われても、わからないものはわからないんだ。／再怎麽説,不懂就是不懂。
(3) A：本当にあしたまでに仕上がらないんですか。／真的到明天也完成不了嗎？
 B：急がされても、書けないものは書けないんです。／再怎麽催,寫不完還是寫不完。

使用表示可能的"V-れる"的形式或像"分かる"那樣具有可能意思的動詞。是强調辦不到的表達方式。多和"…ても"一起使用。

5 …もの／…もん 因爲、由於。

(1) 借りたお金は返しておきました。もらいっぱなしではいやだもの。／借的錢已經還了。因爲我不喜歡借了東西不還。
(2) A：展覧会に出品する話は断ったんですか。／你謝絶了在展覽會上展出你的作品嗎？
 B：ええ。しめきりが早くて。わたし、そんなに速くかけないもの。／是的,截止日期太早,因爲那麽早我畫不出來。
(3) わたし、姉ですもの。弟の心配をするのは当たり前でしょう。／我因爲是姐姐,所以擔心弟弟的事是應該的呀。
(4) A：寝坊したから、会社は休んだの。／早晨睡懶覺,所以没來公司上班。
 B：これだもん。いやになるよな。／你就是這樣,可真够煩人的。
(5) 雪が降ったんだもの。行けるわけないでしょう。／下着雪呢,不可能去嘛。
(6) A：もうすこしいたら。／再待一會怎麽樣。
 B：いっぱいやることがあるんだもの。帰らなくちゃ。／還有好多事要

做呢，所以不回去不行了。

(7) A：また、でかけるの。／又要出去？
B：うん。だって、吉田さんも行くんだもの。／嗯，再説，因爲吉田也要去的。

(8) A：どうして抗議しないんだ。／爲什麽不抗議呢？
B：だって仕方がないもの。／有什麽可説的呢，没辦法呀！

(9) A：冷蔵庫を空にしたの、よっちゃんでしょ。／把冰箱裡的東西都吃完了，是小陽陽吧？
B：うん、だってお腹すいちゃったんだもん。／嗯，可是，因爲我肚子餓了嘛。

在較隨便的會話中附在句尾，表示原因、理由。多用於爲堅持自己的正當性時。

"もの"年輕女性或小孩使用較多。"もの"的更口語化的形式是"もん"，(年齡層較低的)男女都可以使用。像例(7)～(9)那樣，也常和"だって"一起使用。和"だって"一起使用時，成爲帶有撒嬌口氣的表示理由的形式。主要用於小孩、年輕女性。

【ものか】

[Na なものか]
[A-いものか]
[V-るものか]

1 …ものか／…もんか　哪能…、怎麽會…呢、難道…、決不…。

(1) A：はさみも持って行く？／剪刀也帶去嗎？
B：そんなもの必要なもんか。／怎麽會需要那種東西呢？

(2) A：藤井さんが一番になったそうね。／聽説藤井得了第一？
B：そんなことがあるもんか。何かの間違いだろう。／哪可能有那種事？哪弄錯了吧。

(3) こんな複雑な文章、訳せるものですか。／這麽複雜的文章，怎麽可能翻譯的了呢。

(4) 誘われたって、だれが行くものか。／就是接到邀請，誰會去呀？

(5) あんな人に、頼むもんか。／怎麽能求那種人呢？

(6) 誰が人に手渡したりするものですか。／誰會把它交給別人呀？

伴隨下降的聲調，表示強烈否定的情緒。例(4)～(6)表示説話者"不做…"的強烈意志。在較隨便的會話中使用。

一般男性用"ものか"，女性用禮貌語"ものですか"。

2 V-ないものだろうか　難道不能…嗎、不能…嗎。

(1) もう少し涼しくならないも

のかなあ。／難道不能再涼快點嗎？
(2) もう少し分かりやすく書けなかったものか。／難道不能再寫得更容易辨認點嗎？
(3) 何とかして晩までに青森まで行けないものか考えてみよう。／考慮考慮難道不能設法晚上之前到青森嗎？
(4) だれかに協力してもらえないものだろうか。／難道不能求誰幫幫忙嗎？
(5) 2時間の通勤時間を何とか利用できないものかと考えた。／我想難道不能想辦法利用一下2小時的上下班時間嗎？
(6) A：彼と話しができないものでしょうか。／不能和他說說嗎？
　　 B：何とか方法を考えましょう。／讓我們設法想想怎麼辦吧。

表示說話者希望某事能實現的心情。例(2)的"…なかったものか"含有對沒能實現的事感到困惑的心態。另外，句尾伴隨"(と)考える"其意為不知能否實現。有時也可像例(6)那樣作為客氣的請求表達方式來使用。

3 どうしたもの（だろう）か　到底怎麼回事，到底該怎麼辦。
(1) 反対派への説明はどうしたものかね。／對反對派的說明到底該怎麼辦呢？
(2) 彼らに対する報酬はどうしたものだろうか。／對他們的報酬該怎麼辦呢？
(3) 今後の資金繰りはどうしたものか、少し考えさせてくれ。／今後的資金運籌該怎麼辦，讓我稍微考慮一下。

表示不明白該如何行動的困惑心情。有對手時，也可作為提問的形式使用。

【ものがある】
有價值，有…的一面。
[Na なものがある]
[A-いものがある]
[V-るものがある]
(1) この作品は発想に斬新なものがある。／這件作品在構思上有新意。
(2) 彼の潜在能力にはすばらしいものがある。／在他的潛能中有極優秀的東西。
(3) この文章はまだまだ未熟だが、しかし随所にキラリと光るものがある。／這篇文章雖不很成熟，但到處可見亮眼之處。
(4) 彼女の計画書は結局通らなかったが、いくつかの点で見るべきものがある。／儘管最終她的計劃書沒得到通過，但是在很多點上都有值得看的東西。

可看到某些特徵之意。例(4)的"見るべきもの"意思是"有值得看的精彩內容"。"ある"部分也可使用"見られる"、

"認められる"等。
(例) この文章はまだまだ未熟だが、しかし随所にキラリと光るものが見られる。／這篇文章雖不很成熟，但隨處能夠見到亮眼之處。

是書面語。

【ものだ】

[Na なものだ]
[A-いものだ]
[V ものだ]

1 …ものだ＜本能＞ 本來就是…、就該、就是。

(1) 人の心は、なかなかわからないものだ。／人心難測。
(2) 人間は本来自分勝手なものです。／人原本就是很自私自利的。
(3) 赤ちゃんは泣くものだ。／嬰兒就是愛哭的。
(4) 金というのはすぐなくなるものだ。／金錢就是一種瞬間即逝的東西。
(5) 水は本来低きに流れるものです。／水本來就往低處流。
(6) 世間とは冷たいものだ。一時は騒いでもすぐに忘れる。／世間是很冷酷的，即使一時很紅火，但很快就會被忘記。
(7) 人生なんて、はかないものだ。／人生是短暫無常的。
(8) A：すみません、レポートを書くのを忘れました。／對不起，小論文忘了寫了。
B：学生というのは本来勤勉なものだ。アルバイトばかりしていてはいけないよ。／學生就該勤奮學習的，不要光打工喲。

對所謂真理、普遍性的事物，就其本來性質，帶有某種感慨敘述時使用該句型。多和"本來"一起使用。作爲普遍性的特性來敘述，有時也可作爲訓戒。比如例(8)就是敘述學生應該有的態度。

2 …ものだ＜感慨＞

a …ものだ 真是…。

(1) 「ステレオがないと生活できない」とは、今の学生はぜいたくなことを言うものだ。／説什麼"沒有立體音響就不能生活"，現在的學生真是要求太高了。
(2) この校舎も古くなったものだ。／這棟校捨也真夠舊的了。
(3) この町も、昔と違ってきれいになったものだ。／這條街，真是和過去不同，變得漂亮多了。
(4) 昔のことを思うと、いい世の中になったものだと思う。／一想起過去的事，就覺得現在真是好世界了。
(5) あたりを見回して、かれはつくづく遠くへ来たものだと思った。／環視周圍，他感

到真是走得夠遠的了。
表示感慨、贊嘆。

b よく(も)…ものだ　竟然、居然、難爲。

（1）あんなに負債の大きかった会社の再建がよくできたものだ。／負債那麼多的公司居然又重振雄風了。
（2）こんなむずかしい問題が、よく解けたものだ。／那麼難的問題竟然解開了。
（3）昔世話になっていた人に、よくもあんな失礼なことができたものだ。／竟然對過去幫助過自己的人，做出那麼失禮的事。
（4）完成した作品を見ると、みんなよく頑張ったものだと思う。／看著完成了的作品，感到大家確實做出了很大的努力。
（5）こんな小さい記事がよく見つけられたものだ。／竟然發現了那麼小的(報刊，雜誌上的)消息。
（6）あんなに不況のときによく就職できたものだと思う。／在那麼不景氣的時候，居然能找到工作。

表示對某事，某行爲欽佩欣賞的心情。很多時候這一用法中如沒有"よく(も)"的話，就顯得句子很不自然。

3 V-たいものだ　真想…、很想…。

（1）そのお話はぜひうかがいたいものです。／很想聽一聽那件事。
（2）それはぜひ見たいものだ。／那是一定要看的。
（3）海外へ行かれるときには、わたしも一度、ご一緒したいものです。／您去海外的時候，我也很想一起去。
（4）私も彼の好運にあやかりたいものだ。／我也真想沾他的光交上好運。
（5）今のわたしを、死んだ両親にみてもらいたいものです。／真想讓死去的父母看一下現在的我。
（6）このまま平和な生活が続いてほしいものだ。／真希望和平的生活就這麼持續下去。

和表示欲望要求的"たい""ほしい"等一起使用，表示強調該心情。

4 V-たものだ（感慨地回憶過去）。

（1）学生のころはよく貧乏旅行をしたものです。／學生時代，經常進行窮困旅行。
（2）彼は、若い頃は周りの人とよくけんかをしたものだが、今はすっかりおだやかになった。／他年輕時經常跟周圍的人打架，但現在完全變得溫和了。
（3）小さい頃はよくみんなで近くの森へ遊びに行ったものです。／記得小的時候大家經常一起去附近的森林裡玩。
（4）そのころは週末になると映

画館にいりびたったものでした。／那時候一到周末就泡在電影院裡。
(5) 小学校時代、彼のいたずらには、先生たちが手を焼いたものでした。／小學生時代，老師們對他的淘氣非常棘手。

用於帶着感慨的心情回憶過去經常做的事時。

【ものだから】

[N／Na なものだから]
[A ものだから]
[V ものだから]

1 …ものだから　就是因爲…。

(1) 私の前を走っている人が転んだものだから、それにつまずいて私もころんでしまった。／就是因爲在我前面跑的人摔倒了，所以我也被絆倒了。
(2) 「父危篤すぐ帰れ」という電報が来たものだから、あわてて新幹線に飛び乗って帰って来た。／就因爲收到"父病危速歸"的電報，所以急忙跳上新幹線回來了。
(3) 彼がこの本をあまりに薦めるものだから、つい借りてしまった。／就因爲他拚命的推薦這本書，所以就借了。
(4) 駅まであまりに遠かったものだから、タクシーに乗ってしまった。／因爲到車站太遠，所以搭了計程車。
(5) A：昨日は練習に来なかったね。／昨天沒來練習吧？
　　B：ええ、妹が熱を出したものですから。／是．因爲我妹妹發燒了。
(6) 英語が苦手なものですから海外旅行は尻ごみしてしまいます。／就因爲英語不好，所以對海外旅行畏縮不敢去。

表示原因・理由。可以和"から"互換使用．但是後面不能跟表示意志，命令的表達方式。

(誤) 近いものだから、歩こう。
(正) 近いから歩こう。／因爲不遠．走着去吧。

在叙述"由於事態的程度很厲害或重大．因此而做了什麼"時．多使用該句型。在口語中使用很普遍．更隨意的説法是"もんだから"。

2 …おもったものだから　以爲…所以就…，我想…所以就。

(1) 彼はもう知っていると思ったものだから、伝えませんでした。／我以爲他已經知道了．所以就没告訴他。
(2) 彼女はたぶんいないと思ったものですから、電話しませんでした。／我想她可能不在．所以就没打電話。
(3) 子供の様子がいつもとは違うと思ったものですから、すぐ病院へ連れて行きまし

た。／因爲覺得孩子的情況和平時不同，所以就馬上帶到醫院去了。
（4）雨が降るといけないと思ったものですから、洗濯ものを取り込んでおきました。／我想一下雨就糟了，所以把洗的衣服收了回來。
（5）手紙では間に合わないと思ったものだから、ファックスにしました。／我怕寫信會來不及，所以就發了傳真。

和"思ったから"大到相同，但"思ったものだから"給人以帶有辯解的感覺。

【ものではない】

1 V－るものではない　不該…、不要…。

（1）人の悪口を言うものではない。／不該說別人壞話。
（2）男は人前で泣くものではありません。／男兒有淚不輕彈（男人不該在人面前哭）。
（3）動物をいじめるものではない。／不要玩弄動物。

接表示人行爲的動詞，表示"不應該…"。用於給予忠告時。

2 V－たものではない　不能、不可能。

（1）こんなすっぱいみかん、食べられたもんじゃない。／這麼酸的橘子沒法吃。
（2）こんな下手な写真など、人に見せられたものではない。／這麼難看的照片，怎麼能給人看呢。
（3）あいつにまかせたら何をしでかすか分かったものではない。／託付給那傢伙，不知道會搞出什麼名堂來呢。

接"できる"、"分かる"等表示可能的動詞，用於強調那是"不可能的"的否定心情時。一般用於口語中，通俗的說法是"もんじゃない"。用於負面評價事物時。

【ものでもない】

1 V－たものでもない　也並不那麼…。

（1）しろうとばかりの劇だが、すぐれたところもあり、そう馬鹿にしたものでもない。／雖然都是外行人演的劇，但也有很不錯的地方，不能小看人家。
（2）みんな、主任になったばかりの佐々木さんを若すぎて頼りないと言うが、彼の行動力はそう見くびったものでもない。／大家都說剛剛當上主任的佐佐木太年輕不可靠，可從他的工作能力來看也並不能小看他。
（3）年をとったといっても、わたしのテニスの腕はまだ捨てたものでもない。／雖說已上了年紀，但我打網球的技術也還是蠻不錯的嘛。

接續在含有"輕視"意思的表達方式

之後. 表示"並不那麼壞"的意思。

2 V-ないものでもない 也並非不…。
(1) この程度の料理なら、私にも作れないものでもない。／這種水準的菜，我也並不是做不來。
(2) 道は険しいが、気をつけて歩いて行けば行けないものでもない。／路雖險，但小心走的話也不是走不過去。
(3) 理由次第では、手を貸さないものでもない。／根據你講的理由，我也並非不幫忙。
(4) このルートで休みなしに走れば、間に合わぬものでもない。／按這條路線不休息地跑下去的話，並不見得來不及。

消極地表示"能…"。是生硬的稍有些陳舊的說法。和"V-なくもない"意思大致相同。

【ものとおもう】

1 …ものとおもう 認爲…、以爲…。
(1) そういうことはないものと思うが、一応確かめてみよう。／我認爲不會有那種事，不過，先查一下吧。
(2) 母は、子供たちも一緒に行くものと思っている。／媽媽認爲孩子們也會一起去的。

表示說話者有把握。

2 …ものとおもっていた 原來認爲是…、原以爲…。

(1) スキーはむずかしいものと思っていたが、やってみたら、簡単だった。／原以爲滑雪很難，可是實際一滑，很簡單。
(2) 間違いはもう全部直したものと思っていたら、まだ少しあると言われた。／原以爲錯的地方全部改正過來了，但被通知還有一些沒改。
(3) あしたはストで休みになるものと思っていたから、授業の準備は全然しなかった。／原以爲明天罷工會休息，所以一點也沒做上課的準備。
(4) 古典なんて退屈なものと思っていたが、読んでみたら、意外におもしろかった。／原以爲古典的東西很乏味，讀了以後，沒想到挺有意思的。
(5) 吉田さんは来ないものと思って、5人分の食事しか作らなかった。／原以爲吉田不會來，所以只做了五人份的餐點。

表示說話者信以爲真。一般用於開始時確信是真實的，可實際上並非如此時。

3 …ものとおもわれる 看來、人們認爲。
(1) 選挙の結果については明日の夕方には大勢がわかるも

のと思われる。／關於選舉的結果，看來明天的傍晚就會知道個大概。

（2）この調子の悪さでは、あまりいい結果は期待できないものと思われる。／從情況不很好來看，不會期待着有什麼太好的結果的。

（3）犯人は東京方面へ逃げたものと思われる。／人們認爲凶手向東京方面逃竄了。

和 "と思われる（／被認爲）" 意思一樣。是作爲推測的表達方式來使用的。帶有 "もの" 的表達方式一般在較嚴肅的會話或文章中使用。

【ものとする】
當作、理解爲、認定爲。

（1）このことは共通の理解を得たものとする。／就這件事可認爲達成了共識。

（2）これで契約が成立したものとする。／以此證明合同的成立。

表示"當作…"、"理解爲…"的意思。

【ものともせずに】
→【をものともせずに】

【ものなら】
1 …ものなら　如果能…的話。

（1）できるものなら世界中を旅行してみたい。／如果可能的話，想到世界各國去旅行。

（2）もし願いがかなうものなら、この美術館にある絵が全部ほしい。／如果願望能實現的話，這座美術館裡的畫我都想要。

（3）もし希望通りのことができるものなら、今すぐ引退して、趣味の花作りに打ち込みたい。／如果能做想要做的事的話，真想現在馬上退職，專心作花匠。

（4）こんな職場などやめられるものならやめてしまいたいが、家族がいるから、そうはいかない。／那樣的工作單位如果能辭掉當然想辭掉，但因有家屬，所以做不到。

（5）A：今年はスキーに行かないんですか。／今年不去滑雪啊？

B：行けるもんならもう行っているわよ。忙しくてどうしても休みがもらえないの。／能去的話早去了，因爲太忙怎麼也請不下假來。

（6）やれるものならやってみろ。／你能做的話就做做看吧！

就實現可能性很小的事物，假設"如果實現了的話"時，使用該句型。多使用可能動詞。另外，如果重覆使用同一動詞，就是強調實際上不可能做的事。例（6）是習慣用語，是向對方挑戰的說法。

2 V-ようものなら　如果要…的話。

（1）そんなことを彼女に言おう

ものなら、軽蔑されるだろう。／如果你要跟她說了那樣的事，就會被看不起的。
(2) そんな言葉を使おうものなら何と下品な女かと思われるだろう。／如果要使用那樣的語言，別人就會認為你是個多麼粗俗的女人呀。
(3) 最後の試験に遅刻でもしようものなら、僕の一生は狂ってしまうだろう。／如果最後的考試要是遲到了的話，我的一生就會亂了順序。
(4) 彼女は気が短くて、僕がデートにすこしでも遅れでもしようものなら、怒って帰ってしまう。／她性子特急，我要是約會時哪怕遲到一下或是什麼的，她都會生氣回去的。
(5) となりの子供はわがままで、ちょっと注意でもしようものなら、大声で泣き叫ぶ。／鄰居的孩子很任性，哪怕稍微說他一下，他都會大聲哭喊的。

這是一種稍有些誇張的條件叙述方法，表達的意思是"即使萬一發生了那樣的事就會…"。一般後面接接"產生重大事態"的內容。

【ものの】

1 …ものの　雖然…但是。
(1) 輸入果物は、高いもののめずらしいらしく、人気があってよく売れている。／進口水果雖然貴，但是似乎因為很少見，所以很受歡迎，非常好賣。
(2) 新しい登山靴を買ったものの、忙しくてまだ一度も山へ行っていない。／雖然買了新登山鞋，但是忙的一次也沒去過。
(3) 今日中にこの仕事をやりますと言ったものの、とてもできそうにない。／雖然說了今天之內我要做完這項工作，但看樣子不太可能。
(4) 自然の多い郊外に家を買ったものの、休みの日は寝てばかりだ。／雖然在郊外的風景區買了房子，但休息的時候都在睡覺。
(5) 次の企画を始めるお金はあるものの、アイデアがなくて困っている。／雖然有了下一次計劃的創業資金，但因為沒有好的創意而困惑。
(6) 招待状は出したものの、まだほかの準備は全くできていない。／請帖是發出去了，可是其他的準備一點沒做。
(7) 先月仕事で久しぶりに東京へ行った。大学時代の友人に電話でもかけてみようとは思ったものの、忙しさにまぎれて、つい、そのままに

してしまった。／上個月因工作去了好久沒去的東京. 本想給大學時代的朋友打個電話什麼的. 但是忙得最後也沒打。

叙述過去的事或現在的狀況. 後接"但是…"的句子。後面的部分多為表示從前面所預測的事一般沒有發生或根本不可能發生之意的表達方式。

例（1）的意思是"因爲很貴. 本應賣不出去. 可是却賣得很好"。例（3）的意思是"自己説了可以辦到却辦不到"。句子後面一般接續對於自己所説的或所做的以及某種狀態没有信心. 很難實現等的表達方式。

2 …とはいうものの　雖説…但是。
（1）四月とはいうものの風がつめたく、桜もまだだ。／雖説是4月了. 但風還很涼. 櫻花也没開。
（2）相手は子供とはいうものの、なかなか手ごわい。／雖説對手是個孩子. 但很難對付。
（3）「石の上にも三年」とは言うものの、こんなに訓練がきびしくてはやめたくなる。／雖説"(在石頭上坐三年也會變暖) 功到自然成". 但是訓練這麽嚴格. 都想不做了。
（4）人間は平等だとはいうものの、この世は不平等なことばかりだ。／説是人人平等. 但是這世上淨是不平等的事。

表示"和一般所推測的事不符"之意。

例（1）的意思是"四月一般很暖和是櫻花開放季節. 但今年却並非如此"。也可像例（3）那樣多接續在成語等後面使用。

3 とはいうものの　但是、雖説是這樣。
（1）大学時代は英文学専攻だった。とはいうものの、英語はほとんどしゃべれない。／我雖然在大學專攻英國文學。但是. 英語幾乎不會説。
（2）車庫付きの家も買ったし、すっかり結婚の準備は整っている。とはいうものの、肝心の結婚相手がまだ見つかっていないのが悩みだ。／既買了帶車庫的房子. 又完全做好了結婚準備。但是. 讓人苦惱的是最重要的結婚對象還没有找到。

表示與從前面事項所預想到的不同的事態仍持續着。意思是"説是那麽説. 可是…"、"但是"。

【ものを】

1 …ものを　却…、可是…。
（1）黙っていればわからないものを、彼はつい白状してしまった。／不説的話誰也不知道. 但他最終還是坦白了。
（2）本来ならば長兄が会社を継ぐはずのものを、その事故のせいで次兄が継ぐことになってしまった。／本來應該是大哥繼承公司. 但由於

那次事故，決定由二哥來繼承。
(3) 知らせてくれたら、すぐ手伝いに行ったものを、何も言わないとはみずくさい人だ。/告訴我的話，我馬上就去幫忙了，但你什麼都不說，真是太見外了。
(4) 場所が場所なら大事故となるものを、この程度のけがですんでよかったと思いなさい。/就那地方，搞不好就會釀成大事故，而你才受了這點傷，就算萬幸吧。

和"のに"意思大做相同。像例(1)～(3)那樣對發生的不稱心的結果帶有不滿的意思時，多使用該句型。

2 …すればいいものを　…的話就好了，可是却…，…的話就不行了，可是却…。

(1) すぐに医者に行けばいいものを、がまんしていたから、ひどくなってしまったのだ。/馬上去看醫生就好了，可是却忍着，所以就厲害了。
(2) そこで引き返せばいいものを、まっすぐ行ったものだから、山に迷い込んでしまった。/在那裡折回的話就好了，可是却一直走了下去，所以在山中迷了路。
(3) そのまま逃げだせばいいものを、うろうろしていたので彼は結局警官に捕まってしまった。/就那樣逃出去就好了，可是却轉來轉去的，結果他被警察抓住了。
(4) 部屋が火につつまれたときすぐ逃げればよかったものを、ペットを助けに行ったばかりに逃げ遅れて死んでしまった。/房間被火包圍的時候馬上跑出去的話就好了，可是就因爲去救寵物，跑晚了，結果被燒死了。
(5) わたしに話してくれればいいものを、どうして、ひとこと言ってくれなかったんですか。/跟我説不就行了，爲什麼一句話都不説呢？

表達的意思是"…的話就不會有壞結果，可是，因爲没那樣做，所以產生了不好的後果"。多用於帶有悔恨或譴責的心情時。

【もはや】

副詞。是比"もう"更生硬的表達方式。

1 もはや…だ　(如今)已是…。

(1) 少し前までは車を持つことが庶民の夢だったが、もはや一家に車二台の時代だ。/前不久有車還是普通人的夢想，但現在已是一家兩輛車的時代了。
(2) 資金繰りに走り回ったがついに不渡り手形を出してしまった。もはや会社もこれ

までだ。／雖然爲了籌措資金而到處奔走，但最終還是開出了空頭支票。公司時至今日也就算完了。
（3）地球の自然環境の悪化はもはや無視できないところまで来ている。／地球自然環境的破壞已到了不可忽視的階段。
（4）保守か革新かという論点はもはや時代遅れだ。／保守還是革新這一論點，已經過時了。

叙述以往的經過，將此告一段落，或表示現狀已到如此，已是這樣了。

2 もはや…ない　已經不…、已經沒…。
（1）この理論が時代遅れになった今、彼から得るものはもはや何もない。／在這一理論落後於時代的今天，已經從他那裡得不到任何東西了。
（2）終戦から半世紀もたっている。もはや戦後ではないという人もいる。／二次大戰結束已過了半個世紀。還有人說現在已經不是戰後了。
（3）彼のスキャンダルがあちこちでうわさになりはじめた。こうなってはもはや手の打ちようがない。／他的醜聞在各處傳開來。到這一步已沒辦法採取措施了。
（4）長年彼のうそにだまされてきて、もはやだれ一人とし

て彼を信じる者はなかった。／他長年說謊騙人，事到如今已沒有任何人信任他了。

表示持續到現在的狀態再不能持續下去了。例（3）的意思是"傳言已傳播到這種地步，已經沒有制止的方法了"。

【もらう】
→【てもらう】

【や₁】

1 NやN　…啦…、…或…。
（1）机の上には皿や紙コップなどが置いてあった。／桌子上放着盤子啦紙杯什麼的。
（2）バスは中学生や高校生ですぐにいっぱいになった。／公車被中學生和高中生一下就擠滿了。
（3）その村には米や野菜はあるが、肉はなかなか手に入らない。／那個村子有米啦蔬菜啦，但是肉很難買到手。

用於列舉東西時。如果用"ＸとＹ"時，說明只有ＸＹ兩個，而"ＸやＹ"含有除此之外還有其他什麼的意思。

2 數量詞＋や＋數量詞　…或…、…或是…。
（1）うちの息子は一度外国に出かけると一ヶ月や二ヶ月はなんの連絡もありません。／我兒子一旦出國，就一個月或兩個月的沒有任何聯係。
（2）善人だと言われている人で

も、悪(わる)いことの一(ひと)つや二(ふた)つはしているだろう。／即使是被公認爲善人的人，也會做過一兩件壞事吧。
（3）彼女(かのじょ)ももうすぐ二十歳(はたち)なんだから、ボーイフレンドが一人(ひとり)や二人(ふたり)いてもおかしくない。／她也已經馬上要到20歳了，有一個兩個男朋友也不足爲奇。
（4）彼(かれ)は気前(きまえ)がいいから、5万(まん)や10万(まん)なら理由(りゆう)を聞(き)かずに貸(か)してくれる。／他很慷慨，借個5萬10萬的不問理由就會借給你。
（5）狭(せま)い部屋(へや)ですが、一晩(ひとばん)や二晩(ふた)ならがまんできるでしょう。／房子很窄，一晩或兩晩還是可以忍耐的吧。
（6）給料(きゅうりょう)は安(やす)いが、子供(こども)の一人(ひとり)や二人(ふたり)は育(そだ)てられる。／工資很低，不過養一兩個孩子沒問題。
（7）国際化(こくさいか)の時代(じだい)なのに外国語(がいこくご)の一(ひと)つや二(ふた)つできないようでは困(こま)ります。／因是國際化的時代，要是不懂一兩國外語的話就會很難。

列舉出大約數量，表示那不是什麼了不起的數。後接"大丈夫だ(／沒關係)"、"かまわない(／沒關係)"、"たいしたことはない(／沒什麼了不起的)"。一般使用1、2（一人或兩人等）較多。

【や₂】

1 V-るや　當…時、一…馬上…。
（1）「どうして俺(おれ)なんか生(う)んだんだ」という兄(あに)のことばを聞(き)くや、母(はは)は顔(かお)を真(ま)っ赤(か)にしておこりだした。／"爲什麼要生我？"當聽到哥哥的這句話時，媽媽氣得臉通紅。
（2）「父死(ちちし)す」の電報(でんぽう)を受(う)け取(と)るや、すぐさま彼(かれ)は汽車(きしゃ)に飛(と)び乗(の)った。／接到"父去世"的電報，他馬上飛奔搭上了火車。

表示"與…同時"、"一…馬上就…"的意思。是老式說法。書面語。

2 V-るやいなや　剛一…就…、一…立刻就…。
（1）彼(かれ)はそれを聞(き)くやいなや、ものも言(い)わずに立(た)ち去(さ)った。／他一聽那話，什麼也沒說就離開了。
（2）その薬(くすり)を飲(の)むやいなや、急(きゅう)に眠気(ねむけ)がおそってきた。／吃了那個藥，睡意一下子就襲了上來。
（3）開店(かいてん)のドアが開(ひら)くや否(いな)や、客(きゃく)はなだれのように押(お)しよせた。／剛打開店門，顧客立刻蜂擁而至。

表示跟着一個動作之後馬上進行下一個動作。意思是"在剛做甚至還沒做這短短的期間內"、"一…立刻就…"。是書面語。

【やがて】

不久，馬上。

(1) 秋が終わり、やがてきびしい冬がやってきた。／秋天過去了，不久嚴冬就到來了。
(2) 小さな誤解が、やがて取り返しのつかない国際問題に発展することもある。／有時小的誤解，很快會發展成無法挽回的國際問題。
(3) あの子は心をとざして、だれに対しても反抗的だが、やがてわかる時がくる。今はそっとしておいてやろう。／那孩子内心封閉，對誰都是反抗情緒，不過他很快就會懂事的，現在不要去管他。
(4) この小川がやがて大きな河になりそして海にそそぎこむ。／這條小溪不久變成大河然後注入大海。

意思是"不久"、"過些時候"。和"…になる(成爲)"、"…にいたる(到達)"等表示"由於自然變化而成爲那樣"的意思的表達方式一起使用。

【やすい】

容易…，好…。

[R-やすい]

(1) このペンはとても書きやすい。／這隻筆非常好寫。
(2) 先生は気さくで話しやすいが、奥さんはこわそうなので家に遊びに行きにくい。／老師非常爽快好説話，但他太太看上去很厲害，所以很難去他家玩。
(3) その町は物価も安く、人も親切で住みやすいところです。／這個城市物價便宜，人也熱情，是個容易生活的地方。
(4) かたかなの「ツ」と「シ」は間違いやすいので気をつけてください。／片假名的"ツ"和"シ"容易弄錯，所以請注意。
(5) 彼はふとりやすい体質なので、食べすぎないようにしているそうだ。／他是很容易胖的體質，所以據説他注意不敢吃得過多。
(6) そのおもちゃは壊れやすくてあぶない。／這個玩具既容易壞，又很危險。

變化和イ形容詞一樣。接在動詞連用形後，表示該動作容易做，該事情很容易發生。作爲特性，將要成爲那樣的傾向時，用"恋いをしやすい(很容易愛上別人)"的話，不如用"すぐに人を好きになる(很快就喜歡上別人)"那樣，使用"すぐに…する"的表達方式。而"おこりやすい(容易生氣)"、"泣きやすい(容易哭)"等，一般也都使用"すぐにおこる、おこりっぽい"、"すぐに泣く"。其反意詞的説法是"…にくい"。

【やたらに】

胡亂，隨便，任意，非常，過分。

（1）今日はやたらに忙しい一日だった。／今天是非常忙碌的一天。
（2）最近やたらにのどがかわく。なにか病気かもしれない。／最近嗓子非常乾渴，説不定得了什麼病。
（3）今年の夏はやたらに雨が多い。／今年夏天雨水非常多。
（4）彼は、女子学生をみると、やたらに話しかけては嫌われているようだ。／他總是一見到女學生就不知好歹地搭腔，結果是遭人討厭。
（5）この学校はやたらに規則を変更するので困る。／這所學校老隨意變更規則真難做事。

表示程度厲害．沒有秩序。也可使用"やたらと"。也有"むやみやたらに"、"めったやたらに"的説法。

【やっと】

1 やっと＜願望得以實現＞ 終於，好不容易。
（1）三回試験を受けて、やっと合格した。／經過三次考試，終於通過了。
（2）テストもやっと終わった。／考試也好不容易結束了。
（3）何日も練習してやっとできるようになった。／經過幾天的練習終於會了。
（4）やっと、退院できるところまで快復した。／終於恢復到可以出院了。
（5）1995年にトンネルはやっと完成した。／1995年隧道建設終於完成了。
（6）きびしく注意したので、孫もやっといたずらをしなくなった。／通過嚴厲的教育，孫子終於不淘氣了。
（7）明日でやっと試験も終わる。／明天考試也終於要結束了。
（8）貯金もかなりできた。これでやっと独立できる。／也存了不少錢．這麼一來，終於可以自立了。
（9）娘も来年はやっと卒業だ。／女兒明年也終於要畢業了。

表示經過一番艱苦努力或長時間之後，説話人所期待的事實現了。多使用"やっとV-た"的形式。表示説話者的"鬆口氣的心情"或"喜悦"，或表示"費時"、"不得了"等心情。

相似的表達方式有"ようやく"、"とうとう"、"ついに"。"とうとう"、"ついに"對説話者來説既可以用於期盼的事也可用於非期盼的事．但是"やっと"只能用於説話者所期望的事。

（例）長い間入院していた祖父が｛とうとう／ついに｝亡くなった。／長期住院的祖父終究去世了。

在上列例子中如使用"やっと"，即成爲説話人"一直在等着祖父的死"的意思。而"とうとう／ついに"和説話者盼望與否無關，是表示長時間或經過一段過程達到最後的階段的中的表達方式。

另外，"やっと"、"ようやく"是在説話者所盼望的事得以實現時使用，所以不能

表示最後沒能實現的事。
(誤) 彼は、{やっと／ようやく}来なかった。
(正) 彼は、{とうとう／ついに}来なかった。／他終究沒來。

2 やっと＜極限的狀態＞

口語、書面語都可以使用。近似的表達方式有"どうにか"、"なんとか"、"かろうじて"、"からくも"等。"どうにか"、"なんとか"是口語表達方式，"かろうじて"是書面語稍有些生硬的表達方式。"からくも"用於生硬的書面語中。有關和"かろうじて"不同之處參照"かろうじて1"。

a やっとV－た　好歹總算…、勉強、剛好…、總算…。

(1) タクシーをとばして、やっと約束の時間に間に合った。／搭上計程車疾駛，總算趕上了約定的時間。
(2) 試合は延長戦にもつれこんだが、全力を振り絞ってやっと勝った。／比賽雖然進入了延長賽，但竭盡全力好總歹算贏了。
(3) うちの子は先月やっと二才になったばかりだ。／我那孩子上個月剛剛滿兩歲。
(4) 彼が出発してから、まだやっと三日しかたっていない。／他出發之後，也只是過了3天。

例(1)、(2)表示"雖然很難，不過經過一番辛勞，好歹還算順利完成"。例(3)、(4)和表示數量的表達方式一起使用，表達的意思是"這些數量，已是極限，不會比這更多"或"這一數量很少"。在此，例(3)的意思是"剛到兩歲不久(還小呢)"，例(4)是"剛只過三天"的意思。

b やっとV－ている　勉強、好不容易才…。

(1) 退職してからは、国から支払われる年金で、やっと生活している。／退職以後，靠國家支付的養老金，勉強維持生活。
(2) 私は太りやすい体質で、ダイエットをしてやっと現在の体重を維持している。／我是很容易發胖的體質，經過節食好不容易才維持住現在的體重。
(3) 人工呼吸器を使って、やっと生きている状態だ。／使用人工呼吸器，勉強維持着生命。
(4) 一面焼け野原で、焼け残った家も、燃え残った柱のおかげで、やっと立っているというありさまだった。／在一片被火燒光的原野上，燒得殘缺不全的房子，因有還未燒盡的柱子支撐，所以勉強站立着。

像例(1)、(2)那樣表示"雖然不盡如意，儘管很苦但還保持着現在的狀態"，或像例(3)、(4)表示"離(死／倒)這種最壞的狀態只有一步之隔，盡力設法維持現在的狀態"時使用該句型。

c やっとV－るN　勉強、好歹…。

(1) 私の家は家族5人がやっと暮らせる広さしかない。／我家很小，住五口人勉強能

（2）柿の実は、大人が背伸びをしてやっと届くところにあった。／柿子長到大人要墊起脚跟才勉强够得着的地方。
（3）何年も英語を勉強しているが、やさしい本がやっと読める程度で、新聞なんかとても読めない。／學了幾年的英語，簡單的書勉强能看懂，報紙什麼的根本看不懂。

表示"好容易、勉强、好歹能達到…程度"意思是"雖然很難，但是設法勉强能做"。和表示可能的表達方式一起使用。

d やっとNだ　好不容易才…、勉强才…、才剛剛…。

（1）宿題はなかなか終わらない。まだやっと半分だ。／作業老寫不完，好不容易才寫了一半。
（2）この本はすごく難しくて、なかなか進まない。三時間かかって、やっと5ページだ。／這本書非常難，總讀不下去，用了三個小時，好不容易才看了5頁。
（3）私の収入は、何もかも全部含めても、やっと10万円だ。／我的收入，什麼都加進去，才將近10萬日元。
（4）娘は、まだやっと18才だ。結婚なんかとんでもない。／女兒才剛滿18歲，離結婚還早着呢。

（5）うちの子は、まだやっと幼稚園だ。／我兒子才剛剛上託兒所呢。

像例（1）～（3）那樣和表示數量的表達方式一起使用，表示"經過艱辛，才達到那一數量"。説話人認爲"那一數量，和努力程度相比還是太少"時使用這一句型。另外，像例（4）、（5）那樣和表示年齡或學年等的表達方式一起使用，表達"只不過"、"非常年輕／小"的意思。

e やっとのN　勉强的、好容易…、好不容易…。

（1）戦争中は毎日食べていくのがやっとの生活だった。／戰爭期間，每天的生活能吃得到飯就很勉强了。
（2）日常会話がやっとの語学力では、大学の授業を受けるのは難しいだろう。／要是只有勉强能日常會話的語言能力的話，聽大學的課程太難了吧。
（3）やっとの思いで、彼女に秘密を打ち明けた。／好不容易想通了，向她吐露了秘密。
（4）やっとのことで、一戸建ての家を手にいれた。／好不容易買了套獨門獨院的房子。

使用"…するのがやっとのN"、"Nがやっとの N"的形式，表示"那樣做已是最大限度，没有再大的餘地了"的意思。另外，例（3）、（4）的"やっとの思いで"、"やっとのことで"是習慣用語，表達的意思是"經過非常大的艱辛和努力"。

f Nが／…のが やっとだ　勉强、剛够。

（1） 家の前の道は、車一台が通るのがやっとだ。／我家前面的路，勉強能通過一輛車。
（2） 私の給料では、食べていくのがやっとだ。／我的工資，剛够吃飯的。
（3） 子供の頃は体力がなくて、毎日学校に通うのがやっとだった。／小時候體力很差，勉強能堅持每天上下學。
（4） この本はすごく難しくて、なかなか進まない。一日に5ページがやっとだ。／這本書很難，總也讀不下去，一天也就勉強能看5頁。

意思是"那樣做已是最大限度，没有再大的餘地了"。

【やっぱり】
→【やはり】

【やなんぞ】
等什麼的、之類的。
[Nやなんぞ]
（1） 大学の名前やなんぞでぼくを評価してほしくない。／不希望用所上大學的名字之類的來評價我。
（2） 不況やなんぞには負けていられない。皆で会社のためにがんばろう。／不要向不景氣等現實狀況低頭，大家爲了公司努力去做吧。
（3） 塾やなんぞに行っても、やる気がなくちゃだめだ。／儘管去了補習班，但不努力的話也不行。
（4） たった一度の受賞やなんぞで得意になってはいけないよ。／就得這麼一次獎什麼的，可不要驕傲喲。

是"之類的"的意思，用於帶有否定性質時。也可以説"やなんか"。是稍舊一些的説法。

【やむ】
不…、停了。
[R-やむ]
（1） 夜中の三時ごろになってやっと赤ちゃんは泣きやんだ。／直到夜裡3點左右，嬰兒才終於不哭了。
（2） となりの部屋の電話のベルが鳴りやんだ。／隔壁房間的電話鈴聲不響了。
（3） 一ヶ月降り続いた雨が降りやんだ後は一面の洪水だった。／持續了一個月的雨停了之後，周圍一片汪洋。

意思是"一直持續的現象結束了"。和"泣く"、"鳴る"、"降る"等有限的自動詞一起使用。表示"降りやむ"的意思時，一般只單獨用"やむ"即可。

【やら】
1 …やら…やら 又…又…。
（1） 来月はレポートやら試験やらでひどく忙しくなりそう

だ。／下個月又是論文又是考試，看起來要非常忙碌了。

（2）スケート場は子供やらつきそいの母親やらでごったがえしていた。／溜冰場上又是孩子又是照料孩子的母親們，真是亂糟糟的。

（3）日が沈んで、山道は寒いやらこわいやらで小さい子は泣きだしてしまった。／太陽下山後，山路又冷又可怕，幼小的孩子嚇得哭了起來。

（4）皆さんにこんなに祝ってもらえるとは恥ずかしいやら、嬉しいやら、なんともお礼の言いようがありません。／得到大家如此的祝賀，又高興又不好意思，真不知該說些什麼。

（5）きのうは電車で財布をすられるやら傘を忘れるやらでさんざんだった。／昨天在電車上又丟了錢包又忘了傘，真是倒楣透了。

像"…や…などいろいろ（…啦…等各種）"，"…たり…たりして（又…又…）"那樣，用於從幾項中列舉出兩項時。一般在表示"由於這樣那樣的事，真夠糟"的意思時。

2 …のやら…のやら　一會…一會又…、有…還是沒有…、做…還是沒做…。

（1）行きたいのやら行きたくないのやら、あの人の気持ちはどうもよくわからない。／一會想去一會又不想去，實在不明白他的心思。

（2）息子に結婚する気があるのやらないのやら私にはわかりません。／兒子有沒有結婚的意思，我不清楚。

（3）うちの子はいつも部屋にいるけど、勉強しているのやらしていないのやら、まったくわからない。／我孩子經常在房間裡，但是在唸書還是沒在唸書，我根本不知道。

（4）こんなに辛くては、味がいいのやら悪いのやらさっぱりわからない。／這麼辣，味道是好還是不好，一點都吃不出來了。

（5）本人に直接、病名を言っていい（の）やら悪い（の）やら判断がつかない。／直接告訴患者病名，是好是壞難以判斷。

（6）毎日カバンを持って家を出るけど、どこで何をしているのやら。／每天都拿着書包出家門，但誰知道他在哪幹什麼呢。

意思是"不知道二者當中是哪一個"。一般多用於說話人難以判斷，或對話題中所涉及人物態度不明朗感到不高興時。口語中像例（6）那樣有時經常會把後面的"していないのやらわからない"部分省略掉。

3 疑問詞…のやら　…什麼…呢。

（1）きのうの昼に何を食べたのやらまったく思い出せない。／昨天中午吃了什麽了呢，完全想不起來了。
（2）お祝いに何をあげていいのやらわからない。／真不知道去祝賀時送些什麽好。
（3）どこにしまったのやらいくらさがしても見つからない。／收在什麽地方了呢，怎麽找也找不到。

句尾使用"分からない(不知道)"、"思い出せない(想不起來)"等動詞，表示不能特定是什麽的意思。有時也可省略"の"。

4 疑問詞＋やら　什麽…呢。
（1）なにやら騒がしいと思ったら、近所が火事だった。／以爲是什麽吵吵鬧鬧呢，原來是附近發生了火災。
（2）妻の誕生日がいつやらはっきりおぼえていない。／記不清妻子生日是哪天了。
（3）会議のあとでどこやら高そうなバーに連れて行かれた。／會議之後被帶到一家好像很貴的酒吧去了。
（4）どうやらやっと事件の解決の糸口が見えてきた。／總算找到了解決事件的頭緒。
（5）彼に会ったのがいつのことやらはっきり覚えていない。／記不清和他見面是什麽時候的事了。

接在"なに"、"どこ"等疑問詞後，表示不能清楚地指出那些是什麽。例（1）可以和"なにか、なんだか"，例（2）可以和"いつか"，例（3）可以和"どこか"，例（4）可以和"どうにか"互換使用。另外，也有像例（5）那樣的"いつのことやら"或"なんのことやら"等説法。

5 疑問詞＋が＋疑問詞＋やら　…是…呢
（1）40年も会っていないのではじめは誰が誰やらさっぱりわからなかった。／因爲40年沒有見面了，剛開始都分不清誰是誰了。
（2）暗い夜道を歩いているうちに、どこがどこやら分からなくなってしまった。／在夜路中走着走着，不知不覺中不知道走到哪了。

後面使用"分からない(不知道)"、"思い出せない(想不起來)"等動詞，表示不能特定是什麽的意思。

【やる】
→【てやる】

【ゆえ】
舊式説法。是書面語。

1 ゆえ　理由、緣故。
（1）ゆえあって故郷を捨て、この極寒の地に参りました。／因背井離郷，來到這嚴寒地帶。
（2）彼はゆえなく職務を解か

れ、失意のうちに亡くなった。/他被無故地解聘了職務，在失意中死去。
（3）若い女が故ありげな様子で門のそばにたたずんでいた。/一個年輕女性剛才好像有什麼事似地佇立在門口。

表示原因，理由的意思。例（1）是文言故事的解說詞，例（2）意思是"没有理由地被解聘了工作"，例（3）是"好像有什麼事的樣子"。"ゆえあって"、"ゆえなく"、"ゆえありげ"都是習慣用語式的表達方式。

2 Nのゆえに 由於…原因、因…緣故。
（1）貧乏のゆえに高等教育を受けられない子供たちがいる。/有的孩子們因貧困而接受不了高等教育。
（2）政府の無策の故に国内は内乱状態に陥った。/由於政府的束手無策，國内陷入内亂狀態。

意思是"由於…原因／理由"。和"…のため"意思相同。

3 …がゆえ 因爲…、由於…。
（1）女性であるが故に差別されることがある。/有時因爲是女性所以受到歧視。
（2）事が重大であるが故に、報告の遅れが悔やまれる。/因爲事情重大，所以懊悔報告晚了。
（3）親が放任していたが故に非行に走る若者もいる。/也有的年輕人是因爲家長的放任而墮落。
（4）容易に会えぬが故に会いたさがつのる。/由於不容易見面，就越想見面。
（5）若さ（が）故の過ちもあるのだ。/也有些過錯就是因爲太年輕而犯的。

接簡體的句子，表示"那是原因／成爲理由"的意思。

4 …のはNゆえである …的原因是…。
（1）息子は窃盗、万引きで何度つかまったことか。それでも見捨てないのは子供可愛さゆえである。/兒子因盜竊他人財物，在商店裡偷商品不知被抓過幾次，儘管這樣仍没有抛棄他是因爲太愛孩子了。
（2）冬山登山は確かに死と隣り合わせだ。だがそれでも行くのは冬山の魅力ゆえである。/冬天登山確實是與死爲伴。但是儘管這樣還去是因爲冬季的山太有魅力了。

意思是"(做)…是因爲…"。用於敘述在困難的狀態下還硬去做什麼時的理由。

【よう₁】

1 R-ようがない 没辦法…。
（1）こんなにひどく壊れていては、直しようがない。/壞得這麼厲害，無法修了。

（2）あの二人の関係はもう修復しようがない。／那兩個人的關係已無法挽回。
（3）ここまで来てしまったからにはもう戻りようがない。／既然到了這兒，就已無法回去了。
（4）そんなにひどいことをしたのなら、言い訳のしようがないと思う。／做了那麼無情的事，我想辯解也沒用了。

表示"採取什麼辦法也沒有用了"的意思。用於表示其他沒有任何辦法時。像"修復する"、"改善する"等漢語動詞，有時也可以使用"漢語＋の＋しようがない"的形式。

（例）あの二人の関係はもう修復のしようがない。／那兩個人的關係已無法挽回。

2 R-ようで（は）　看你如何…、取決於…。

（1）気の持ちようで何とでもなることだ。／這事看你怎麼想了，你怎麼想就怎麼成。
（2）考えようではサラリーマン生活も悪くはない。／看你怎麼想了，薪水階級者的生活也並不壞。
（3）あなたの気持ちの持ちようひとつできまるんだから。／這就取決於你的心情而定了。
（4）物は言いようで角が立つ。／話也要看人怎麼説了，説不好就會傷人。

（5）仕事はやりようでいくらでも時間を節約できる。／工作看怎麼做了，做得好，能節省出好多時間來。
（6）馬鹿とはさみは使いよう。／傻子和剪子，看你會用不會用（用好了都能發揮作用）。

意思是"取決於想法／做法"。例（3）以"R-ようひとつで"的形式，表示僅這一點就可決定後面的事，後半句接"どのようにもできる／どうにでもなる（怎麼樣都可以／無論如何都能成）"或"異なる／いろいろだ（不同／各種各樣）"等表達方式。例（6）的"使いようでどうにもなる"的後半部被省略掉了。是表達事物根據做法不同都會做好的意思的諺語。

3 R-ようによっては　要看怎麼…、取決於…。

（1）考えようによっては、彼らの人生も幸せだったと言えるのかもしれない。／要看怎麼想了，説不定可以説他們的人生也是幸福的。
（2）その仕事はやりようによってはとても素晴らしいものになるだろう。／那項工作取決於做的方法，説不定會做得很出色呢。
（3）あの山は、見ようによっては仏像が寝ているように見える。／那座山，根據角度，看上去很像一尊臥佛。

意思是"取決於想法／做法"。由於方法或觀點不同，會得出不同的結果。

【よう₂】
[V-よう]

是動詞活用形的一種，表示説話者的意志或推測。"-よう"接在一段動詞的連用形後（例：見よう、食べよう）。"来る"、"する"時變"こよう"、"しよう"。五段動詞在"オ段"上"-う"（例：行こう、読もう、話そう）。敬體如"食べましょう、行きましょう"用"R-ましょう"的形式。

1 V-よう＜意向＞

使用表示意向行為的動詞，表示説話者行動的意向。另外，根據使用的狀況，有＜提議＞、＜勸誘＞、＜間接要求＞等不同用法。

禮貌的説法，使用"…しましょう／いたしましょう"等。

a V-よう＜意志＞（表示意志）…吧。

（1）夏休みには海に行こう。／夏天去海邊吧！
（2）来年こそはよい成績がとれるように頑張ろう。／明年一定要努力取得好成績！
（3）何にもすることないから、テレビでも見ようっと。／没什麼可做的了，看電視吧！
（4）はっきり申しましょう。あなたにはこの仕事は無理です。／老實説吧，這工作對你太勉強。
（5）A：今夜一杯いかがですか。／今晩喝點酒怎麼樣？
B：そうですねえ。今日は遠慮しておきましょう。／我想想啊，我看今天算了吧。

使用表示意志行為的動詞，表示説話者想要進行那一行為的意志。例（3）的"V-ようっと"是用於口語中的自言自語的説法，也可發成短音"V-よっと"。

b V-よう＜提議＞（表示提議）。

（1）足が痛いのか。おぶってやろう。／脚還疼吧，讓我背着你吧。
（2）忙しいのなら、手伝ってあげよう。／忙的話，我來幫你吧。
（3）その荷物、お持ちしましょう。／那行李，我來拿吧。
（4）切符は私が手配いたしましょう。／票我來安排吧。
（5）駅までお送りしましょう。／送你到車站吧。

用於説話者提出為對方做什麼時。是説話者為對方想要做的對方有益的事。自謙的表達方式像例（3）～（5）那樣使用"…いたしましょう"或"お…しましょう／いたしましょう"。

c V-よう＜勸誘＞（表示勸誘）。

（1）君もいっしょに行こうよ。／你也一起去吧。
（2）一度ゆっくり話し合おう。／找機會好好談一次吧。
（3）今夜は飲み明かそうよ。／今晩喝個通宵吧。
（4）お待たせしました。では出かけましょう。／讓你久等了。那麼我們走吧。

用於勸誘聽話者也和自己一起行動時。在b的（表示提議）中，行為者只是説

話者,而(表示勸誘),是勸誘聽話者和說話者一起行動的用法。

d V－よう＜呼籲＞（表示呼籲）。

（1）横断する時は左右の車に注意しよう。／過馬路時要注意左右車輛！
（2）飲酒運転は絶対に避けよう。／絶對禁止酒後開車！
（3）食事の前には手を洗いましょう。／飯前要洗手！
（4）動物にいたずらしないようにしましょう。／請不要戲弄動物！

以"…する／しないようにしよう"的形式,用於號召人們採取(不採取)某種行動。在常見的廣告牌或幕布標語中經常使用.是呼籲人們遵守這些規則的說法。

e もらおう／V－てもらおう …吧

（1）ビールをもう一本もらおう。／再來一瓶啤酒！
（2）あんたには死んでもらおう。／你去死吧！
（3）ちょっと警察署まで来ていただきましょう。／請來一下警察署。

以"(V－て)もらおう／いただこう"的形式.表示間接地要求聽話者做某事時.和"ビールをください"、"死んでくれ"、"来てください"這樣的請求表達方式很相似.但是"(V－て)もらおう"將說話者的要求單方地強加於對方的語氣更強一些.如果不是社會上的實力派人物或在職業上有權威的人物.很難使用。

2 V－よう＜推量＞（表示推量）。

是說話者表示推量"だろう"的稍陳舊的說法。是書面語。像"よかろう／寒かろう"那樣イ形容詞的"A－かろう"的形式和這個同樣的用法。口語中使用"だろう(と思う)"、"でしょう"等。

a V－よう …吧。

（1）場合によっては延期されることもあろう。／根據具體情況.也可能會延期吧。
（2）この点については次のようなことが言えよう。／有關這一點.可以說是以下情況吧。
（3）午後からは全国的に晴れましょう。／下午以後.全國就會放晴吧。
（4）山沿いでは雪になりましょう。／山區附近可能要下雪吧。

表示說話者的推測。經常使用不表示意志的"ある"、"なる"或像"言える"、"できる"、"考えられる"、"あり得る"等表示可能意思的詞語。否定形式是"V－まい"。

是書面語.較陳舊的說法。口語中使用"だろう"。"V－ましょう"是"V－よう"的禮貌表達方式.過去的天氣預報等經常這樣用.但現在使用"でしょう"。

b V－ようか …吧、…嗎、為什麼…、難道…嗎。

（1）結論としては、次のようなことが言えようか。／作為結論.我們也許可以這樣說吧。
（2）こんなひどいことをする人間がこの世にあろうか。／難道這世上有做這麼過份的

事的人嗎？
（3）こんなに貧しい人達をどうして放っておけようか。／怎麼能對如此貧困的人們置之不理？
（4）そんな馬鹿げたことがありえましょうか。／難道會有那麼愚蠢的事？

是"だろうか"的書面表達方式。表示疑問或反問。例（2）～（4）是反問的例子，可以解釋爲"…だろうか。いやそうではない（是…嗎？不，不是）"。一般多使用簡體。

3 V-ようか＜意向＞（表示打算、意圖）。

在動詞意向形後附上表示疑問的"か"，表示在説話者自身的意向中有不明確的部分，或問聽話者的打算時使用該句型。基本的用法和"V-よう"一樣，但是由於加了"か"，添加了疑慮・質問的意思這一點有所不同。

a V-ようか＜意志＞（表示意志）。
（1）どうしようか。／怎麼辦？
（2）昼ご飯は何にしようかな。／午飯吃什麼呢？
（3）行こうか、それともやめておこうか。／是去，還是不去呢？
（4）私の考えていること、白状しちゃおうか。／把我的想法，還是都坦白了吧？
（5）こんな仕事やめてしまおうかしら。／還是放棄這樣的工作吧？
（6）これからどうして暮らしていこうか。／今後如何生活下去呢？

表示説話者猶豫該事做還是不做，打算未定的狀態。除"か"外有時還可以加"かな"、"かしら"。"かな"、"かしら"是自言自語的表達方式，難以和敬體一起用，一般不説"ましょうかな／ましょうかしら"等。

b V-ようか＜申請＞（表示申請）。
（1）君の代わりに僕がやろうか。／我來替你做吧。
（2）荷物、僕が持とうか。／行李，我拿吧。
（3）何かお手伝いしましょうか。／我來幫你做點什麼吧。
（4）いいこと教えてあげましょうか。／告訴你件好事吧。

可以使用升調、降調的任何一種語調，不過使用升調時，強調詢問的心理。

c V-ようか＜勧誘＞（表示勧誘）。
（1）結婚しようか。／（我們）結婚吧！
（2）何時に待ち合わせしようか。／幾點見面啊！
（3）どこかで食事しましょうか。／在哪吃個飯吧！
（4）いっしょに海外旅行しましょうか。／一起去海外旅行吧！

以詢問的方式勧誘聽話者和説話者一起行動時使用該句型。使用降調時比較多，使用升調時，強調詢問的心情。

d もらおうか／V-てもらおうか 給我…吧，爲我…吧。
（1）お茶を一杯もらおうか。／

給我來杯茶吧。
（2）これ、コピーしてもらおうか。／這個，幫我複印一下吧。
（3）君(きみ)には、しばらく席(せき)をはずしていただきましょうか。／你能暫時出去一會兒嗎？
（4）A：もうすぐ、帰(かえ)ると思(おも)います。／我想他很快就回來。
　　　B：じゃ、ここで待(ま)たせてもらいましょうか。／那麼，我就在這等一會吧。

用於間接地要求聽話者進行某些行動時。加上"か"，就帶有了說話者現在剛剛那樣想到的意思，或說話人猶豫的感覺。比沒有"か"而單方面要求對方，在意思上要稍微柔和一些。一般是社會地位高的人物對身份、地位、年齡低於自己的人所使用的。

4 V-ようが

是"V-ても"的書面表達方式。表達的是"採取什麼樣的行動也…／是什麼樣的狀態都…"的意思。不管前面如何，後面要接表示要完成的事情或決心・要求以及"自由的／隨意的"等表示評價的表達方式。很多時候也可以和"V-ようと"互換使用，但有的地方不能和"ても"互換使用。

a V-ようが　不管…。

（1）どこで何(なに)をしようが私(わたし)の勝(か)手(て)でしょう。／在哪做什麼，這是我自己的事。
（2）人(ひと)になんといわれようが、自(じ)分(ぶん)の決(き)めたことは実(じっ)行(こう)する。／不管別人怎麼說，自己決定的事就去做。
（3）彼(かれ)がどうなろうが、私(わたし)の知(し)ったことではない。／他怎麼樣，我管不着。

表示不管前面的事情如何，後面的事情都是成立的。後半部分使用意志・決心或像"自由だ／勝手だ(自由的／隨意的)"那種表示評價的形式。

b V-ようがV-ようが　不管是…還是…。

（1）出(で)掛(か)けようが家(いえ)にいようが、あなたの自(じ)由(ゆう)です。／是出去還是在家裡，這是你的自由。
（2）雨(あめ)が降(ふ)ろうがやりが降(ふ)ろうが、試(し)合(あい)は決(けっ)行(こう)します。／不管是下雨還是下刀子，比賽照常進行。
（3）みんなに笑(わら)われようがバカにされようが、気(き)にしない。／不管大家是笑話還是歧視，我都不在乎。

重覆叙述正反兩面或類似意思的事情。表示"不管發生什麼／不管做什麼"的意思。用法上同 a 一樣。

c V-ようがV-まいが　不管是…不是…、不管…不…。

（1）あなたが出(しゅっ)席(せき)しようがしまいが、私(わたし)は出(しゅっ)席(せき)します。／不管你出席不出席，我都要出席。
（2）勉(べん)強(きょう)をやろうがやるまいが私(わたし)の勝(かっ)手(て)でしょう。／學不學習，是我自己的事。

（3）　パーティは参加しようがしまいが、皆さんの自由です。／參加不參加晚會，是大家的自由。

使用同一個動詞肯定和否定的意向形，表示"無論採取哪一行動"的意思。是"…してもしなくても"的生硬說法。

5 V-ようじゃないか　不…嗎、…吧。

（1）　一緒に飲もうじゃないか。／不一起喝點嗎？

（2）　みんなでがんばろうじゃないか。／大家一起努力吧！

（3）　よし、そんなにおれと喧嘩したいのなら、受けて立とうじゃないか。／好，如果真那麼想和我打架的話，就一起來吧。

（4）　今夜は、語り明かそうではありませんか。／今晚，不聊個通宵嗎？

附在表示意向行為的動詞後，強烈表明自己的意向。用於勸誘對方一起行動時。比"V-ようが"推動對方的意思更強，主要是男性使用。女性一般用"…ましょう"。其禮貌的表達方式是"…ようではありませんか／ないですか"。

6 V-ようと

是"V-ても"的書面表達方式。表示"無論採取什麼樣的行動也…"是什麼樣的狀態都…"的意思。後半部分接不管前面怎樣都要成立的事情或"自由だ／勝手だ(是自由的)／隨意的)"等表示評價的形式。很多時候可以和"V-ようが"互換使用。但有時不能和"ても"互換使用。

a V-ようと　不管…。

（1）　なにをしようと私の自由でしょう。／不管做什麼，是我的自由。

（2）　どこへ行こうとあなたの勝手です。／要去什麼地方，是你的事。

（3）　どんなに馬鹿にされようと腹をたてるでもなく彼はひたすら働いている。／不管別人怎麼歧視，他都不生氣，就一個勁地幹活。

表示不管前面的事情如何，後面的事情都是成立的。後半部分接表示"勝手だ／自由だ／關係ない(隨意的／自由的／沒有關係)"等意思的表達方式。

b V-ようとV-ようと　不管是…還是…、…也好…也好。

（1）　努力しようと怠けようと結果がすべてだ。／不管是努力還是偷懶，結果就是一切。

（2）　あなたが泣こうとわめこうと、僕には関係ない。／不管你是哭也好叫也好，和我沒關係。

（3）　行こうとやめようと私の勝手だ。／去也好不去也好，是我自己的事。

（4）　遊ぼうと勉強しようとお好きなようにしてください。／玩也好學習也好，喜歡怎麼樣就怎麼樣吧。

（5）　煮て食おうと焼いて食おうとご自由に。／煮着吃也行烤着吃也行，請隨意。

（6）　駆け落ちしようと心中しようと勝手にしろ。／私奔也

好恛情也好，隨你便！

重覆叙述正反兩面或表示類似意思的事情，表示"做什麼都沒關係"是自由的"意思，或無論採取什麼行動都與其無關，後面的事情照樣成立。

c V-ようと V-まいと 做…不做…都…。

(1) 行こうと行くまいとあなたの自由だ。／去不去是你的自由。

(2) たくさん食べようと食べまいと料金は同じだ。／吃多吃少價錢都是一樣的。

(3) 君が彼女に会おうと会うまいと僕には関係のないことだ。／你和她見不見面，和我沒關係。

表示"做不做都…"的意思。

d V-ようとも 不管…都…。

(1) 皆にどんなに反対されようとも決めたことは実行する。／不管大家怎麼反對，決定了的事就要做。

(2) たとえどんなことが起ころうとも、彼からは一生離れない。／不管發生什麼事，一輩子我都不離開他。

(3) どんなに脅かされようとも、彼は毅然とした態度をくずさなかった。／無論受到怎樣的威脅，他都毅然不改初衷。

(4) いかに富に恵まれようとも、精神が貧しくては幸せとは言えない。／無論如何富有，

精神匱乏也不能稱之爲幸福。

在"V-ようと"後加上"も"，是"V-ても"的書面語。意思・用法和不加"も"時是一樣的，但這種用法稍帶些陳舊的語感。多和"(たとえ)どんなに／いかに"等詞呼應使用。

7 V-ようとおもう 想…，打算…。

(1) お正月には温泉に行こうと思う。／新年打算去洗温泉。

(2) 来年はもっと頑張ろうと思う。／明年打算更努力去做。

(3) 今夜は早く寝ようと思っている。／今晚想早點睡。

(4) 今の仕事を辞めようかと思っている。／我想要不要辭去現在的工作。

(5) 外国に住もうとは思わない。／不打算在外國居住。

(6) あなたは一生この仕事を続けようと思いますか。／你打算一輩子都做這個工作嗎？

接表示意向行爲的動詞，用於説話者表示打算或意向時。疑問句是問對方意向的表達方式。另外，例(4)的"かと思う"是表示説話人有些迷惑或猶豫。"V-ようと(は)思わない"表示説話人沒有那樣的意向。

和"つもりだ"近似，但"つもりだ"可以表示第三者的意向，這一點有所不同。

(正) 山田さんは留学するつもりだ。／山田打算留學。

(誤) 山田さんは留学しようと思う。

另外，"V-ると思う"表示的不是説話者的意向而是説話者的推測。因此想表達意向時不能使用，而必須使用"V-

ようと思う"。
(誤) 私は東京へ行くと思う。(作爲意向的表達方式是錯的)
(正) 私は東京へ行こうと思う。／我打算去東京。

8 V-ようとする
a V-ようとする＜眼前＞ 即將…、就要…。
(1) 時計は正午を知らせようとしている。／時針眼看就要指到中午了。
(2) 長かった夏休みもじきに終わろうとしている。／漫長的暑假也馬上就要結束了。
(3) 日は地平線の彼方に沈もうとしている。／眼看太陽就要落到地平線的那一端去了。
(4) 上り坂にさしかかろうとする所で車がエンストを起こしてしまった。／在就要靠近上坡的地方，汽車的引擎發生了故障。
(5) お風呂に入ろうとしていたところに、電話がかかってきた。／剛要洗澡，來了電話。

表示動作或變化將要開始或結束的"臨近／咫尺"的意思。使用"始まる""終わる"等與人的意向無關的無意向動詞是比較典型的，但是使用像"V-ようとするところ"這樣的句型時也可以使用意向動詞。使用無意向動詞時，一般多在文學或詩歌等的形式中。

b V-ようとする＜嘗試＞ 想要…。
(1) 息子は東大に入ろうとしている。／兒子想上東大。

(2) 彼女は25歳になる前に何とか結婚しようとしている。／她想怎麼也得在25歲以前結婚。
(3) いくら思い出そうとしても、名前が思い出せない。／無論怎麼想也想不起名字。
(4) 棚の上の花びんをとろうとして、足を踏みはずしてしまった。／想取架上的花瓶，結果腳踏空了。
(5) 本人にやろうとする意欲がなければ、いくら言っても無駄です。／本人如果沒有想做的實願的話，怎麼説都沒用。
(6) 寝ようとすればするほど、目がさえてきてしまった。／越想睡，眼睛睁得越大睡不着。

接表示意向行爲的動詞，表示爲實現該動作行爲而進行努力或嘗試。

c V-ようと(も／は)しない 不想…、不打算…、都不…。
(1) うちの息子はいくら言っても勉強をしようとしない。／我兒子不管你怎麼説他都不願學習。
(2) 隣りの奥さんは私に会っても挨拶ひとつしようとしない。／鄰居的太太，看見我連個招呼都不打。
(3) その患者は食べ物を一切うけつけようとしない。／那個患者什麼都吃不下。

（4） 声をかけても振り向こうともしない。／跟他打招呼，連個頭都不回。
（5） 彼女はこの見合い話をおそらく承諾しようとはしないだろう。／恐怕她不會同意這次相親吧。

接表示意向行爲的動詞，表示沒要進行該動作或行爲的打算。中間加有"も"的"V-ようともしない"是"…しようとさえしない（連…都沒…）"的否定的強調說法。有時也可像例（5）那樣把"は"加在中間使用。

9 V-ようとはおもわなかった　沒想到會…。

（1） こんなことになろうとは思わなかった。／沒想到會變成這樣。
（2） 被害がこれほどまで広がろうとは、専門家も予想しなかった。／災害到這種程度，連專家也沒想到。
（3） 息子が、たった一度の受験で司法試験に合格しようとは夢にも思わなかった。／做夢也沒想到兒子一次就通過了司法考試。
（4） たったの五日で論文が完成しようとは誰一人想像しなかった。／誰也想像不到僅5天就能完成論文。

接像"なる"那種表示和人的意向無關的無意向動詞，表示"沒想到會成爲那樣"的意思。例（3）、（4）的"合格しよう"、"完成しよう"表示的是"能合格／完成"、"成爲合格／完成"那種自然地成爲那樣的意思，而不是表示説話者的意向。後接動詞除"思う"以外，還可以接續"予想／想像する"等動詞，不過經常使用的形式是"-なかった"。屬書面語。

10 V-ようにもV-れない　想…也不能…。

（1） 頭が痛くて、起きようにも起きられない。／頭疼得想起也起不來。
（2） まわりがうるさくて、落ち着いて考えようにも考えられない。／周圍亂糟糟的，想冷靜考慮一下都不行。
（3） 風が強すぎて走ろうにも走れない。／風大得想跑也跑不動。
（4） 雨が降っているので、外で遊ぼうにも遊べない。／因爲下着雨，想在外面玩也玩不成。

接在表示意向行爲的動詞之後，表示"即使想要…也不行"的意思。前後使用同一個動詞。多用於表示儘管有想做的強烈願望，但那也是不可能的意思時。

【ようするに】
總而言之，總歸，到底。

（1） 要するに、日本は官僚型政治だ。／總之，日本是官僚型政治。
（2） いろいろ理由はあるが、要するに君の考えは甘い。／是有各種理由，不過總而言之你的想法太幼稚。

（3）要するに看護婦さんが足りないのだ。／總歸護士是不夠的。
（4）《前にいろいろ説明したあとで》要するに、私が言いたいことはこれに尽きる。／《在前面做了各種説明之後》總之，我想説的就這些。
（5）《相手の話をさえぎって》要するに、君の考えはお決まりのものだね。／《打斷對方的話》總而言之，你的想法是不變了，對吧。
（6）要するに、君は何が言いたいのだ。／歸根到底，你是想要説什麼呀。

　歸納這之前所敘述的内容，拿出自己的結論或問及確認對方的結論時使用該句型。在敘述不包含個人意見而是自然形成的結果的句子中不適用。這時使用"結局／（結果）"等。是書面語。

（誤）　健闘したが、要するに日本チームは負けてしまった。
（正）　健闘したが、結局日本チームは負けてしまった。／雖然經過努力奮鬥，結果日本隊還是輸了。

【ようだ₁】
[Nのようだ]
[A／V　ようだ]

　與ナ形容詞的變化形式相同。其連用形、連體形分別是"ように"、"ような"。

1…ようだ＜比喩＞
　a…ようだ　像…一樣的，像…一樣地，…似的。

（1）この雪はまるで綿のようです。／這雪像棉花一樣。
（2）彼女の心は氷のように冷たい。／她的心像冰一樣冷酷。
（3）男は狂ったように走り続けた。／那男的發瘋似地拼命奔跑。
（4）赤ん坊は火がついたように泣き出した。／嬰兒拼命地大哭起來。
（5）あたりは、水を打ったように静まりかえっている。／周圍變得鴉雀無聲。
（6）新製品は面白いようによく売れた。／新産品銷路非常好。
（7）6月が来たばかりなのに真夏のような暑さだ。／剛剛進入6月，但却像盛夏一樣炎熱。
（8）会場は割れるような拍手の渦につつまれた。／會場響起如雷般的掌聲。
（9）身を切るような寒さが続いている。／持續着徹骨的嚴寒。

　將事物的狀態、性質、形狀及動作的狀態，比喩成與此不同的其他事物。不僅可以比喩成同一性質的事物，也可以比喩成完全是其他想像的事物。多附在名詞或動詞後面使用。偶爾也可以像例（6）那樣附在イ形容詞之後，但是不能附在ナ形容詞之後。另外，有時也可伴隨着像以下的"あたかも"、"いかにも"、"さながら"、"まるで"、"ちょうど"等表示添加

意思的副詞一起使用。
（例）町はすっかりさびれてしまって、まるで火が消えたようだ。／街上一片蕭條景象，就像火勢熄滅後那樣沈寂。
（例）家族が一堂に揃い、あたかも盆と正月がいっしょに来たようだ。／親屬們匯聚一堂，就像盂蘭盆節和新年一起到來一樣。

有很多習慣、固定的用語。慣用表達方式除此之外還有"雲をつかむような話／竹を割ったような性格／血のにじむような努力／手が切れるような新札／飛ぶように売れる／目を皿のようにして探す)不着邊際的事／心直口快的性格／艱苦的努力／嶄新的鈔票／暢銷／睜大眼睛尋找"等。

口語中經常使用"みたいだ"。另外，書面語有時也使用"ごとし"。

b V-る／V-た かのようだ 就好像…似的、好像…一樣。
（1）彼はなにも知らなかったかのように振る舞っていた。／他就好像什麼也不知道似的泰然自若。
（2）父はあらかじめ知っていたかのように、平然としていた。／父親就像事先知道一樣那麼冷靜。
（3）本当は見たこともないのに、いかにも自分の目で見てきたかのように話す。／實際上根本沒曾見過，可是就像自己親眼見到一樣的説著。
（4）極楽にでもいるかのような幸せな気分だ。／感到就像在天堂一樣幸福。
（5）犯人は事件のことを初めて聞いたかのような態度をとった。／嫌疑犯的態度就像第一次才聽説這一事件似的。
（6）あたりは一面霧に包まれ、まるで別世界にいるかのようだ。／周圍被霧籠罩着，簡直是別有天地。

接動詞的辭書形、タ形，表示實際上不是那樣，可是做的或感覺到的却像是那樣的狀態。多用於列舉説明與事實矛盾或假想的事物時。

2 …ような／…ように
a …ように＜舉例＞ 像…那樣、按照…樣。
（1）あの人のように英語がペラペラ話せたらいいのに。／要像他那樣能説一口流利的英語就好了。
（2）ニューヨークのように世界中の人々が住む都市では、各国の本格的な料理を味わうことができる。／在紐約那種住着世界各國人的城市中，可以品嘗到各國正宗的佳肴。
（3）母親が美人だったように、娘たちもみな美人ぞろいだ。／像母親過去那麼漂亮一樣，女兒們也個個都是美人。
（4）私が発音するようにあとについて言ってください。／按我的發音，跟我一起説。

（5） 先生がおっしゃったように
お伝えしておきました。／
按老師說的那樣告訴他們了。

在以Y敘述的事物和性質或內容，方法等方面，將一致的具體的人物或事物作爲例子列舉時，使用"XようにY"的形式。例（4）的意思是"模仿動作"，例（5）可以和"とおりに"互換使用。

表示＜比喩＞的［ようだ1］，是將本來與其不同別的事物比喩成"宛如…"。而本句型的用法是將具有和Y同一性質或内容的X作爲具體的例子列舉出來。但是，這兩種用法有時是相關聯的，很難將其清楚地加以區別。

b …ようなN＜擧例＞ 像…樣的。
（1） 風邪をひいたときは、みかんのようなビタミンCを多く含む果物を食べるといい。／感冒的時候，吃像橘子那樣含維生素C多的水果最好。
（2） あなたのようなご親切な方にはなかなか出会えません。／很難碰到像你那麼熱情的人。
（3） これはどこにでもあるようなものではない。／這可不是到處都有的東西。
（4） 彼はあなたが思っているような人ではない。／他不是你所想像的那種人。
（5） このまま放っておくと、取り返しがつかないようなことになりかねない。／這麼擱置不管的話，說不定就補救不了了。

（6） これを食べても死ぬようなことはありません。安心してください。／吃了這個不會死的，你放心吧。
（7） 薬を飲んでもよくならないような場合は医者に相談してください。／吃了藥還不好的話，請找醫生。

將後接名詞所表示的具體内容作爲例子表示時使用該句型。比如在"みかんのような果物"中，後面的名詞則表示含有前面的名詞在内的以及比其更高一層的意思。接短句時沒有"ような"也成立。不過在意思上會產生不同。比如例（7）中去掉"ような"説成"薬を飲んでもよくならない場合"的話，是只限於那種特定場合的表達方式。但是要説成"薬を飲んでもよくならないような場合"的話，意思就是"這以外還會有各種情況，不過比如在這種情況下"。

c …ように＜引言＞ 像…那樣、如同…。
（1） ご存じのように、日本は人口密度の高い国です。／衆所周知，日本是一個人口密度很高的國家。
（2） あなたがおっしゃっていたように、彼は本当に素敵な方ですね。／如同你説的那樣，他真是一個很有魅力的人。
（3） すでに述べたようにアフリカの食糧不足は深刻な状況にある。／如前所述，非洲的糧荒，已到很嚴重的地步。
（4） ことわざにもあるように、

外国に行ったらその国の習慣に従って暮らすのが一番である。/俗語中也説過，入境隨俗是最重要的（到了外國就要按照該國的習慣生活是最重要的）。
(5) あのにこにこした表情が表しているように、彼はとても明るい性格の人です。/正像那現出微笑的表情一樣，他是一位性格非常開朗的人。

表示前面所叙述的事物或已知的事實與要説的事物是一致的，用於後面要進行説明的引言。可以和"とおり"互換使用。

d つぎのように／いかのように
如下…。
(1) 結果は次のようにまとめることができる。/結果可以歸納如下。
(2) 中には以下のような意見もあった。/其中也有如下意見。
(3) 本稿の結論をまとめれば、次のようになる。/本稿結論概括如下。
(4) 以下で示すように、我が国の出生率は下がる一方である。/如下所示，我國出生率呈下降趨勢。

用於事先預告，之後表示具體内容。在豎寫的文章中，有時也用"右のように（／如右所示…）"、"左のように（／如左所示…）"來表示。

【ようだ₂】
[Nのようだ]
[Na なようだ]
[A／V ようだ]

用於名詞或ナ形容詞時，除"Nの／Naなようだ"之外還有"N/Naだったようだ""N/Naじゃないようだ"等形式。

1 …ようだ＜推測＞ 好像…、就像…。
(1) あの人はこの大学の学生ではないようだ。/他好像不是這所大學的學生。
(2) どうやら君の負けのようだね。/多半你要輸了。
(3) 先生はお酒がお好きなようだ。/老師好像很喜歡喝酒。
(4) こちらの方がちょっとおいしいようだ。/這邊的好像好吃一點。
(5) どうも風邪を引いてしまったようだ。/總覺得好像感冒了。
(6) あの声は、誰かが外で喧嘩しているようだ。/聽那聲音，好像是誰在外面打架。
(7) ざっと見たところ、最低500人は集まっているようだ。/大略地一看，好像至少集合了有500人。

表示説話者對事物所具有的印象或推測性的判斷。就事物的外表或自己的感覺，"總有那種感覺／看上去就像那樣"，抓住其印象或外表來表示的形式。用於通過説話者身體的感覺・視覺・聽覺・味覺等來叙述所抓住的印象或狀態，並綜

合那些觀察來敘述說話者推測性的判斷時。
（例）　A：雨が降ってきましたね。／下起雨來了啊。
　　　　B：ええ、そのようですね。／啊，好像是。

這是委婉的表示方法。這個例子也可以不使用"ようだ"而使用"そうですね"。"ようだ"是避開判斷，對對方客氣地表達意思時使用，多伴着"どうやら"、"どうも"、"何となく"、"何だか"等副詞一起使用。在隨意的口語中使用"みたいだ"。

2 …ようなきがする　…ようなかんじがする　感覺像…，覺得好像是（有）…，彷彿…。

（1）ちょっと期待を裏切られたような気がする。／彷佛覺得被人欺騙了似的。
（2）もう他に方法はないような気がする。／感覺好像已經沒有其他辦法了。
（3）あまりほめられるとちょっとくすぐったいような感じがする。／過份的誇獎，感到有些不好意思。
（4）何となく不吉なことが起こるような予感がした。／總有一種會發生不祥的預感。
（5）運動したら、何だか体が軽くなったような感じだ。／運動以後，總感覺身體變輕了一樣。

在"ような"的後面接續"気"、"感じ"、"予感"等名詞，表示和以"ようだ"結尾時大到相同的意思。

3 …ように おもう／かんじる　覺得好像…，似乎…。

（1）こちらのほうがお似合いになるように思います。／我覺得這個對你似乎合適。
（2）心なしか彼の表情が陰ったように思われた。／也許是心理作用，他的表情給人感覺好像悶悶不樂似的。
（3）あの二人はとても仲がいいように見える。／那兩個人看上去似乎關係特別好。
（4）その日の彼は様子がいつもと違うように感じた。／覺得那天的他似乎和平常不一樣。
（5）今年の冬は去年より、少し暖かいように感じられる。／感覺今年的冬天好像比去年暖和一些。

在"ように"後面接續"おもう"、"おもわれる"、"みえる"、"感じる"等表示思考或感覺的動詞，一般用於敘述感覺・印象的內容或婉轉地敘述自己的主張時。

4 …ようでは　如果…的話，那就…。

（1）こんな問題が解けないようではそれこそ困る。／如果這樣的問題都解決不了，那可就難辦了。
（2）きみが行かないようでは誰も行くわけがない。／你要是不去的話，那誰也不會去。
（3）こんなことができないようでは、話にならない。／如果這樣的事都不行的話，那沒

法談。
（4）こんな質問をするようでは、まだまだ勉強がたりない。／如果問這樣的問題，那就說明學習的還不夠。

意思是"那樣的話"，後面伴隨著與期望相反的事物或"困る／だめだ"等負面評價的表達方式。

5 …ようで(いて)　看上去好像…但實際上…。
（1）一見やさしいようで、実際やってみると案外むずかしい。／乍看很容易，但實際一做却非常難。
（2）ふだんはおとなしいようでいて、いざとなるとなかなか決断力に富んだ女性です。／她平時看上去很溫和，但是到關鍵時刻却是一位非常富有決斷能力的女性。
（3）一見、内気で温厚なようだが、実は短気で、喧嘩っぱやい性格の男だ。／他看上去好像脾胴敦厚，實際上却是一個没耐性，動不動就打架的男人。

表示的意思是"剛開始看是這樣的印象，可是…"。一般多使用"一見／見かけは…ようで、実際は…"這樣的形式。表示與實際性質不同的事。有時也可以說"…ようだが"。

6 …ようでもあり　　…ようでもあるし　既是…又是…一樣(似)的，又…又…一樣。
（1）僕の言ったことが彼には分かったようでもあり、全く理解していないようでもある。／我對他說的話，他既像是聽懂了，又像是完全没理解。
（2）この会社での30年間は、長かったようでもあり、あっと言う間だったような感じもします。／在這家公司30年，既感覺很長又感覺像是一瞬間似的。
（3）彼は本当は結婚したい気持ちがあるようでもあるし、まったくその気がないようでもある。／他既好像真有想結婚的意思，又好像完全没有似的。

列舉正相反的或矛盾的内容，表示說話者對某一事物有著相互矛盾的感覺，印象。"…ようでもあるし"是書面語。

7 …ような…ような　又像…又像…。
（1）そのようなことがあったようななかったような…／那種事既好像發生過又好像没發生過似的。
（2）分かったような分からないような中途半端な感じだ。／是一種似懂非懂的夾生感覺。
（3）悲しいような懐かしいような複雑な気持ちである。／又悲傷又懷念，心情複雜。

用法與前面的6類似，但這是口語。

8 …ようなら／…ようだったら　如果要…樣的話。

(1) この薬を飲んでも熱が下がらないようなら、医者と相談した方がよいでしょう。／吃了這付藥燒還不退的話，還是最好去問醫生。
(2) 遅れるようだったら、お電話ください。／要是晚來的話，請打個電話。
(3) 明日お天気がよいようでしたら、ハイキングに行きませんか。／如果明天天氣好的話，不去郊遊嗎？

是"ようだ"的表示條件的形式．意思是"那樣的情況下"．在書面語中，也可使用"…ようであれば"。

【ような₁】

像…一樣的。

(1) 6月が来たばかりなのに真夏のような暑さだ。／剛到6月却像盛夏一樣炎熱。
(2) 会場は割れるような拍手の渦につつまれた。／會場響起如笛般的掌聲。

→【ようだ1】

【ような₂】

好像…。

(1) ちょっと期待を裏切られたような気がする。／感覺好像被人欺騙了似的。
(2) あそこに置いたような置かなかったような、記憶がはっきりしない。／又像是放在那裡了又好像不是，記不清了。

→【ようだ2】

【ように₁】

像…一樣地。

(1) あの人のように英語がペラペラしゃべれるようになりたい。／真想像他一樣說一口流利英語。
(2) 私が発音するようにあとについて言って下さい。／請按我的發音唸。

→【ようだ1】

【ように₂】

…樣。

(1) こちらのほうがお似合いになるように思われます。／給人感覺還是這個更合適。
(2) 心なしか彼の表情が陰ったように思われた。／可能是心理作用，他的表情給人悶悶不樂的感覺。

→【ようだ2】

【ように₃】

1 V-る／V-ない よう(に)＜目的＞

爲了…。

(1) 後ろの席の人にも聞こえるように大きな声で話した。／爲了讓後面座位的人也能

聽到，大聲地講了話。
（2）子供にも読めるよう名前にふりがなをつけた。／爲了讓孩子也能讀出姓名，在旁邊注了假名。
（3）赤ん坊を起こさないようにそっと布団を出た。／爲了不弄醒嬰兒，輕輕地鑽出被窩兒。
（4）忘れないようにノートにメモしておこう。／爲了不忘掉，記在本子上吧。

前後使用動詞，表示"爲了使該狀態・狀況成立而做／不做…"的意思。有時也可省略"に"。在"ように"的前面多使用"なる"、"できる"等與人的意向無關的表示無意向行爲的動詞和表示可能的"V-れる"，或者動詞否定形等表示狀態性的意思的表達方式。後面的句子一般是表示説話者意向行爲的動詞。前後主語可以像例（1）～（3）那樣不同，也可以像例（4）那樣是同一主語。

另外，前後主語一致，前面的動詞也是表示意向性動作時，一般使用"ために"。
（誤）息子が家で仕事ができるために父親は家を改築した。
（正）息子が家で仕事ができるように父親は家を改築した。（異主語・非意志的）／爲了讓兒子能够在家裡工作，父親改建了房子。（主語不同・非意向性）
（正）家で仕事をするために家を改築した。（同一主語・意志的）／爲了能在家裡工作，改建了房子。（同一主語・意向性）

2 V-る／V-ない よう(に)＜勸告＞
要…，請…。
（1）忘れ物をしないようにしてください。／請不要忘了東西。
（2）時間内に終了するようお願いします。／請在規定的時間内完成。
（3）風邪をひかないようにご注意ください。／請注意不要感冒。
（4）私語は慎むようにしなさい。／請不要交頭接耳。
（5）集合時間は守るように。／請遵守集合時間。
（6）授業中はおしゃべりしないように。／上課時請不要講話。

是對聽話者表示忠告或勸告的表達方式。後半部使用"しなさい／してください"或"お願いします"等動詞，有時也可省略這些動詞而以"ように"結尾。另外，也可省略"ように"的"に"，但是像例（5）、（6）那樣用"ように"結尾時一般不能省略。"V-ないように"的形式，多表示否定性的忠告・勸告。

3 V-る／V-ない よう(に)＜祈盼＞
希望能…。
（1）息子が大学に合格できるよう神に祈った。／向上帝祈禱兒子能够通過大學考試。
（2）現状がさらに改善されるよう期待している。／期待着能更一步改善現狀。
（3）《年賀状》新しい年が幸い

多き年でありますよう祈っております。／《賀年卡》祝新年幸福美滿！
(4) 《病気見舞いの手紙》早く全快なさいますよう、祈念いたしております。／《給病人的慰問信》祝早日康復！
(5) どうか合格できますように。／但願你能夠考上！
(6) すべてがうまくいきますよう。／祝你一切順利！
(7) あしたは雨が降りませんように。／希望明天不要下雨！

是對自己或他人，表示祈禱、希望的表達方式。"ように"的後面使用"祈る"、"祈念する"、"念じる"、"望む"、"願う"、"希望する"、"期待する"等動詞。也可像例(5)、(6)那樣以"…よう(に)"結尾。這時一般"…ように"的前面要用敬體。在演講、書信的結束語中經常使用。

4 V-る／V-ない よう(に)いう　要(不要)…。

(1) すぐ家に帰るように言われました。／被通知要馬上回家。
(2) これからは遅刻しないように注意しておきました。／提醒他今後不要遲到。
(3) 戻りましたら、家に電話するようお伝えください。／請轉告他回來後要給家裡打個電話。
(4) 隣りの人に、ステレオの音量を下げてもらうように頼んだ。／請求鄰居，把音響的音量關小一點。

後半部使用"言う"、"伝える"等表示傳達的動詞，用於間接引用所要求的内容時。如表示直接引用時要按下面"命令や依頼の表現＋と＋伝達の動詞"的形式。
(例)「すぐ帰れ」と言った。／説："馬上回去！"
(例)「ステレオの音量を下げてください」と頼んだ。／請求説："請把音響的聲音關小一點。"

5 V-る／V-ない ようにする　要做到…　設法做到…

(1) 私は肉を小さく切って、こどもにも食べられるようにした。／我把肉切得很小，讓孩子也能吃。
(2) 大きな活字を使い、老人にも読みやすいようにする。／使用大型字體，讓老人也能看清楚。
(3) できるだけ英会話のテレビを見るようにしている。／儘量做到看英語會話的節目。
(4) 彼女の機嫌を損ねることは言わないようにした。／努力做到了不說使她不高興的話。
(5) 試験日には、目覚まし時計を2台セットして寝坊しないようにしよう。／考試那天，為了別起晚了，我要撥兩臺鬧鐘。
(6) 油ものは食べないようにし

ている。／儘量不吃油膩東西。

表示將使其行為或狀況成立作為目標，而進行努力／用心／照料。像例(4)～(6)那樣使用否定形時，意思是將不其成立作為目標。例(3)和例(6)意思是要使其成為習慣。一般都在"ように"的前面使用動詞，但有時也會像例(2)那樣使用"V-やすい"的形式，這時也可以說"読みやすくする"。

6 V-る／V-ない ようになる　變得…、逐漸會…、就能…。

(1) 日本語が話せるようになりました。／逐漸能說日語了。
(2) 眼鏡をかければ、黒板の字が見えるようになります。／戴上眼鏡，就能看清黑板上的字。
(3) 赤ちゃんはずいぶん活発に動くようになりました。／嬰兒已長大，活動已相當自如了。
(4) 隣りの子供は最近きちんとあいさつするようになった。／鄰居的孩子最近變得非常有禮貌了。
(5) 注意したら文句を言わないようになった。／提醒之後，變得不發牢騷了。

接動詞辭書形，表示從不可能的狀態到可能狀態，或從不能實行的狀態變化到可實行的狀態。像例(1)那樣多使用表示可能的"V-れる"的形式。像例(5)那樣接續否定形時，表示向不實行狀態的變化，這時也可以說"言わなくなっ

た"。

【ようやく】

1 ようやく　好不容易、總算、漸漸、終於。

[ようやく　V-た／V-る]
[ようやく N だ]

(1) 冬の長い夜も終わりに近づき、ようやく東の空が白み始めた。／冬天的長夜即將過去，東方的天空上開始漸漸地泛起了魚肚白。
(2) 降り続いた雨もようやく上がって、陽が差し始めた。／連綿不斷的雨總算停了，陽光開始照射大地。
(3) 冬の朝は遅い。7時頃になってようやく陽が昇る。／冬天的早晨來得很遲，到了7點左右，太陽才漸漸昇起。
(4) 子供たちも、ようやく一人前になって、それぞれ独立していった。／孩子們也逐漸地成人，都分別獨立了。
(5) 会議も終わる頃になって、彼はようやく現れた。／會議快結束時，他終於露面了。
(6) 水道とガスは、震災から3カ月たって、ようやく復旧した。／自來水和煤氣，震災過了3個月才恢復。
(7) 何度も計画を変更して、ようやく社長の了解を得る

(8) 来年は娘もようやく卒業だ。／明年女兒也總算要畢業了。

像例(1)～(3)那樣,用於自然現象漸漸變化之狀態時。另外,像例(4)～(8)那樣用於經過長時間或半途中出現各種情況之後事態發生變化或説話者預料所期待的事實現了時。

多用於符合説話者願望時,但也並不是特指説話者期盼的事物。實現了所期盼的事物,並想表達"高興"、"放心了"的心情時,一般多使用"やっと"。

2 ようやく

表達經過時間和勞累實現了的狀態。近似的表達方式有"どうにか"、"なんとか"、"やっと"、"かろうじて"、"からくも"。區別使參照"やっと1"。

a ようやく V-た　好容易…、勉勉強強…、終於。

(1) タクシーを飛ばして、ようやく時間に間に合った。／催促計程車拼命開快,勉勉強強地趕上了。

(2) 試合は延長戦にもつれこんだが、一点差でようやく勝つことができた。／比賽在加時賽中你拚我奪,終於以一分之差取勝。

(3) 何時間にもわたる手術の結果、ようやく命をとりとめた。／經過幾個小時的手術,終於保住了生命。

表示"很危險,但還…了"的意思。用於叙述得到好結果時。表示"避免了壞的事態發生"時,要使用"かろうじて…なかった"的形式。

(正) {ようやく／やっと／かろうじて}約束の時間に間に合った。／終於趕上了約定時間。

(誤) 危ないところだったが、{ようやく／やっと}大事故にはならなかった。

(正) 危ないところだったが、かろうじて大事故にはならなかった。／雖然很危險,但還好没有釀成大事故。

b ようやく V-ている　勉強…着。

(1) 世界は、微妙なかけひきで、ようやく軍事的な均衡を保っている。／世界以微妙的外交策略,勉強保持着軍事上的均衡。

(2) 両親から援助を受けて、ようやく生計をたてている。／接受了父母的援助,才勉強維持着生計。

(3) 病人は、人工呼吸器を使って、ようやく息をしているという状態だ。／病人使用人工呼吸器,勉強維持着呼吸。

表示"很嚴重,但勉強…着"的意思。没有使用"やっと"時那種緊迫的感覺。

c ようやく V-る N　勉強。

(1) 家と家のすき間は、人一人がようやく通れる広さしかない。／房子和房子之間,只有勉強能通過一個人的空隙。

(2) 人に支えてもらって、ようやく歩ける状態だ。／請人

擁着,勉強能走。
(3) 本人は気にしているが、「ここにある」と言われてようやく気が付く程度の傷で、たいしたことはない。／本人很在意,可實際上是別人説:"在這呢。"才勉強發現的這麼點傷,没什麼大不了的。
(4) 鍵は、大人が背伸びをして、ようやく手が届く高さに隠してあって、子供にはとることができない。／鑰匙藏在大人伸手才勉強拿到的地方,小孩兒是拿不到的。

和表示可能的表達方式一起使用,表示"勉強能…程度"的意思。用於表示"雖然很難,但勉勉強強可以…"的意思時。

【よかった】

1 V-てよかった　幸虧、好在、值得。

(1) あ、雨だ。かさを持ってきてよかった。／啊,下雨了。幸好帶着傘呢。
(2) 財布、見つかってよかったですね。／幸好錢包找到了啊。
(3) 今日はお天気になってよかった。おかげで予定どおり遠足に行ける。／今天幸虧是個好天氣,托天氣的福,可以按予定去郊遊了。
(4) 友達もできたしいろんな経験もできたし、本当に日本に来てよかったと思っている。／又交了朋友又積累了很多經驗,我來日本來得很值得。
(5) あの映画、見に行かなくてよかったよ。全然おもしろくなかったんだって。／幸虧没去看那個電影,都説一點意思都没有。

表示評價某動作行爲或事物成爲事實是件好事。"よかった"雖是過去形,但表達的是現在的心情。

2 V-ばよかった
a V-ばよかった　…的話就好了。

(1) しまった。あいつの電話番号をメモしておけばよかった。／糟了,要記下那傢伙的電話號碼就好了。
(2) あの服、買っておけばよかった。もう売り切れてしまったんだって。／那衣服,要買了就好了。聽説已經賣完了。
(3) 野菜がしなびている。冷蔵庫に入れておいたらよかった。／菜都扁了,放在冰箱裡就好了。
(4) 一人で悩んでいないで、もっと早く相談しに来ればよかった。／別一個人苦惱着,早點來談就好了。
(5) 田中さんも誘ってあげたらよかったね。／也叫田中來就好了啊。

以"V-ばよかった"、"V-たらよ

かった"的形式。表示對實際上沒做的事。要做就好了的後悔心情。

b V-なければよかった 沒(不)…就好了。
（1）こんな服、買わなければよかった。派手すぎてとても着られない。／這件衣服不買就好了。太花俏實在不能穿。
（2）こんなごちそうが出るんなら、さっき間食しなければよかった。／要是知道有這麼多好吃的，剛才不吃零食就好了。
（3）あいつ、彼女が結婚することを知らなかったのか。それなら言わなかったらよかった。／他原來不知道她結婚的事啊。要是那樣的話不說就好了。
（4）きのうはあんなに飲まなければよかった。二日酔いで頭が痛い。／昨天要是不喝那麼多酒就好了。今天頭還疼呢。

以"V-なければよかった"、"V-なかったらよかった"的形式。表示對已做的事不該做的後悔心情。

3 V-ばよかったのに
a V-ばよかったのに …的話就好了，可…。
（1）昨日のパーティにあなたも来ればよかったのに。楽しかったよ。／昨天的晚會你也來就好了。大家可高興啦。
（2）そんなにやりたくないのなら「いやだ」と言えばよかったのに。／假如那麼不想做的話，你明說了不就是了嘛。
（3）今日は花子も誘ったらよかったのに。あの人このごろ暇だって言ってたよ。／今天要叫上花子就好了。她說她最近有時間。
（4）田中じゃなくて君が立候補したらよかったのに。田中じゃたぶん勝てないよ。／候選人不是田中而是你就好了。田中大概贏不了。
（5）行きたくなかったのなら、断わればよかったのに。／不想去的話，推掉就好了。

以"V-ばよかったのに"、"V-たらよかったのに"的形式。表示對聽話者實際沒做的事，認爲應該做或遺憾及責備的心情。

b V-なければよかったのに 沒(不)…的話就好了。
（1）そんなこと言わなければよかったのに。／那種話不說就好了。
（2）あんな人に会いに行かなければよかったのに。／你要不去見那種人就好了。
（3）風邪をひいているのなら、スキーなんかしなかったらよかったのに。／要是感冒了的話，不去滑雪什麼的就好了。

以"V-なければよかったのに"、

"V-なかったらよかったのに"的形式．對聽話者已做的事，表示不該做或遺憾或責備的心情。

【よかろう】
行吧、好吧、可以吧、没關係吧。

（1）のんびりしたいのなら、観光地に行くよりは温泉の方がよかろう。／要想放鬆放鬆的話，去觀光地不如去溫泉好吧。

（2）どうせみんな時間どおりには集まらないのだから、少しぐらい遅れて行ってもよかろう。／反正都不會按預定時間集合，稍晚一會去也没關係吧。

（3）医者には止められているが、少々ならよかろうと思ってビールを1杯飲んだのが間違いだった。／醫生勸阻過，但我想就一點没關係吧就喝了一杯啤酒，看來不該喝。

（4）どうせすぐに戻ってくるんだから、車はここに止めておけばよかろう。／反正馬上就回來了，把車停在這没關係吧。

（5）荷物を運ぶのは若い者に任せたらよかろう。／搬運行李的事讓年輕人做吧。

（6）どうしても行きたければアマゾンでもどこでも行くがよかろう。ただし、何が起こっても私は知らないぞ。／非要去的話，什麼亞馬遜或什麼别的地方，你愛去哪去哪。但是，要是發生了什麼我可管不着啊。

是"よい"的推量形，表示"可以"、"没關係吧"的意思。有時也可以像例（6）那樣以"…よかろう"的形式，作爲表示許可的形式。在口語中年輕人幾乎不使用。

【よぎなくさせる】
→【をよぎなくさせる】

【よぎなくされる】
→【をよぎなくされる】

【よく】

1 よく＜頻率＞ 經常。

（1）彼はこの店によく来る。／他經常來這個店。

（2）私は仕事でよく中国へ行くが、まだ一度も万里の長城に行ったことがない。／我雖然因工作經常去中國，可是一次也没去過長城。

（3）若い頃はよく一人で貧乏旅行をしたものだ。／年輕的時候，經常是一個人没錢也去旅行。

表示次數多。屢次、頻繁地。

2 よく＜程度＞ 做得好、充分地、很好地、仔細地。

（1）最近よく眠れなくて困って

いる。/最近總是睡不好，真没辦法。
(2) おやつは手をよく洗ってから食べるのよ。/點心，要洗好手再吃喲。
(3) 次の文章をよく読んで問題に答えなさい。/請仔細閱讀下面的文章，然後回答問題。
(4) 《試合の後で監督が選手に》みんな、よくやった。/《比賽之後教練對運動員説》大家都打得不錯。
(5) 《山の頂上まで登った人に》よくがんばったね。/《對登上山頂的人説》做得不錯！（很好地堅持下來了啊。）

表示充分的程度。充分地，圓滿地。像例（4）、（5）那樣有時也用於誇獎爲圓滿地完成困難的工作所作出的努力。

3 よく(ぞ)＜感動＞　難爲、竟能。
(1) よくいらっしゃいました。/您來得正好。
(2) そんな大事な秘密をよく私に話してくださいました。/難爲您把那麽重要的秘密跟我説了。
(3) 本当にみんな、こんな夜遅くまでよく働いてくれたね。ありがとう。/實在是難爲大家做到這麽晚，謝謝。
(4) こんなに遠いところまでよくぞいらして下さいました。/難爲大家來到這麽遠的地

方。

表示對特意爲自己做那麽難的事高興而感激的心情。多和"てくれる"一起使用。

4 よく(も)＜驚奇＞　竟然、居然。
(1) おじいさんの子供の頃なんて、よくもそんな古い写真が残っていたね。/這是爺爺小時候？竟然保留着這麽古老的照片。
(2) 田中さん、よくもあんな早い英語を正確に聞き取れるもんだね。/田中，那麽快的英語，你居然能準確地聽出來。
(3) あんな吹雪の中でよくも無事でいられましたね。どうやって寒さをしのいでいたんですか。/在那麽大的暴風雪中竟然安然無恙。你是怎麽忍耐嚴寒的？

對做了很難的事或不可能發生的事竟然發生而表示驚奇。

5 よく(も)＜責難＞　竟然、居然
(1) よくもみんなの前で私に恥をかかせてくれたな。/你竟然在大家面前讓我出醜。
(2) あなた、よくそんな人を傷つけるようなことを平気で言えるものですね。/你居然能滿不在乎地説出那樣傷害人的話來。
(3) あいつ、みんなにあれだけ迷惑をかけておいて、よくも平気な顔で出社できたも

のだ。／那像伙給大家帶來那麼大的麻煩，居然還能無動於衷地來公司上班。
（4）あの人、よく毎日同じもの食べて飽きませんね。おなかがいっぱいになれば味なんてどうでもいいんでしょうね。／他每天吃同一種東西也不膩啊。真是只要能填飽肚子，什麼味道不味道的什麼都行呵。
（5）あいつ、ふられた彼女に毎晩電話して「やり直そう」って言ってるらしいよ。あんな情けないこと、よくやるよ。／好像每天晚上他都給打電話把他甩掉的女朋友說："重新和好吧"。那麼低三下四的事，也虧他做得出來。
（6）Ａ：お前、すこし運動でもしてやせた方がいいじゃないか。／你能不能稍微運動運動瘦一點下來不好嗎？
Ｂ：よく言うよ。お前だっていつもごろごろして全然体を動かしていないじゃないか。／虧你還說我呢。你不是也經常閒着根本不運動嘛。

對做麻煩事、無情的事或不合情理的事，表示"爲什麼要做那樣的事？"這種生氣、責難、驚訝、輕蔑的心情。和"てくれる"一起使用時，是挖苦的表達方式。例（6）是對於對方說的話，表示"你沒有說那話的資格"這種責備的口氣。例（5）、（6）是慣用句，只有"よく"的形式。

【よそに】

1 Ｎをよそに＜無視＞　不顧、不管、莫然視之。
（1）弟は親の心配をよそに毎晩遅くまで遊んでいる。／弟弟不顧父母的擔心，每天都玩到很晚。
（2）反則をした選手は、観衆のブーイングをよそに、平然と試合を続けた。／犯規的選手，毫不在乎觀衆的起哄，坦然地繼續比賽。
（3）密室政治という悪評をよそに、また密室での決定がなされた。／對密室政治這種壞名聲不管不顧，還是進行了密室策劃。
（4）周囲の期待をよそに、彼はせっかく入った一流企業を退職し、小さな店をはじめた。／不顧周圍人對他的期待，辭退了好不容易進去的一流企業，開始經營小店鋪。

使用"心配、噂、非難、批判、期待（擔心、傳言、責難、批評、期待）"等表示他人給與的感情或評價的名詞，表示無視這些或不放在心上的意思。後半部接續意向性動作。

2 Ｎをよそに＜没有關係＞　不關心、漠視、不管。
（1）高速道路の渋滞をよそに、

【よほど】

在口語中加強語氣時用"よっぽど"。

1 よほど

a よほど 頗、相當、很大程度。

(1) こんな大邸宅を建てるなんて、よほどの金持ちに違いない。／建這麼大的豪宅，一定是相當有錢的人。

(2) よっぽどのことがなければ、彼はここに来ません。／要是沒有大事的話，他不會來這裡。

(3) あいつはよほど金に困っているらしい。昨日も友達に昼ごはんをおごってもらっていた。／好像他在錢方面相當困難，昨天還讓朋友請他吃中午飯。

(4) よっぽど疲れていたんだろう。弟は帰ってくるとご飯も食べずに寝てしまった。／大概太疲勞了吧？弟弟一回來，飯都沒吃就睡了。

(5) その映画、続けて3回も観たって？よっぽどよかったんだね。／你說連著看了3遍那個電影？看來相當不錯吧？

(6) 泣き言を言わない彼女が愚痴をこぼすとは、よほど仕事がつらかったんだろうと思う。／從不訴苦的她要是抱怨的話，我想大概是工作相當艱苦了。

表示從一般的標準來看已並非一般程度。用於邊推測事物的程度邊敘述時。

b …ほうがよほど …更（相當）…、…得多。

(1) 真夏の日本よりインドネシアの方がよっぽど涼しかった。／比起日本的盛夏，印度尼西亞要涼快得多。

(2) こんなに狭くて家賃の高い部屋に住むくらいなら、今の古い部屋の方がよっぽどましだ。／與其住這麼窄房租又那麼貴的房子，寧願住現在的舊房子更好。

私たちはゆうゆうと新幹線で東京に向かった。／我們不慌不忙地搭新幹線去了東京，根本沒理會高速公路堵不堵車。

(2) 最近結婚した友達は、最近の海外旅行ブームをよそに、奈良へ新婚旅行に出かけた。／最近剛結婚的朋友，漠視最近的海外旅行熱，去了奈良新婚旅行。

(3) 昨今の不景気をよそに、デパートのお歳暮コーナーでは高額のお歳暮に人気が集まっている。／百貨商場的過年禮品櫃臺絲毫沒有受到近來經濟蕭條的影響，照舊擠滿了買高價禮品的人們。

使用表示某狀態的名詞，表示與此沒關係、不為其煩惱的意思。

（3） 姉より弟の方がよっぽどよく家事を手伝ってくれる。／比起姐姐來，弟弟幫家裡做更多事。
（4） 入学試験を受ける兄より母の方がよっぽど神経質になっている。／比起參加考試的哥哥來，媽媽更緊張。
（5） こんなにつらいのなら死んだほうがよほどましだ。／與其這麼痛苦，還不如死了更好。

後面續形容詞・動詞。以"（Xより）Yのほうがよほど"的形式，將兩個事物加以比較，表示Y方程度更高。多表示更滿意Y方。和"ずっと（更）"意思相同。

２ よほどV－よう 很想…、差一點就…、真想…。

（1） こんなつまらない仕事、よほど辞めようかと思った。／真想辭了這麼無聊的工作。
（2） あいつに失礼なことを言われて腹がたったので、よほど言い返してやろうかと思ったが、大人げないので黙っていた。／因他說了失禮的話，我很生氣，真想回他幾句，但又覺得太沒大人樣了，所以就什麼都沒說。
（3） 彼の皿の洗い方があまりにも不器用なので、よっぽど自分でやってしまおうと思ったが、我慢して見ていた。／看他洗盤子笨手笨腳的樣子，真想自己去洗，但還是忍住了在一邊看着。
（4） その講演はあんまりつまらなかったので、よっぽど途中で帰ろうと思ったが、誰も席を立たないのでしかたなく最後まで聞いていた。／那個演講太沒意思了，差一點就想中途回來，但沒有人退席，只好聽到了最後。

多和"と思った"一起使用，是更想"做…"的意思。用於只是想但沒有做時，後面多續逆接的句子。

【よもや】

未必、不至於、難道。

[よもや …ないだろう／…まい]

（1） よもや負けるまいと思われていた選手が予選落ちした。／大家認為未必會輸的選手，却在預賽中落選了。
（2） いくらお金に困っているといっても、よもやサラ金に手を出したりはしていないでしょうね。／不管在錢上再怎麼困難，那也不至於向高利貸借錢吧。
（3） あんな雪山の遭難ではよもや助かるまいと思っていたが、彼は奇跡的に助かった。／在那種雪山中遇難，以為不可能獲救了，但他却奇跡般地活了下來。
（4） よもやばれることはないだろうと思っていたのに、母は

私の嘘を見抜いていた。／我想不至於揭穿吧．可是媽媽却看穿了我的謊言。

和推量的表達方式一起使用．表示那種事決不會發生的強烈否定心情。

【より】

1 …より(も／は)　…比…。
[N／V　より(も／は)]
(1) 今年の冬は昨年よりも寒い。／今年冬天比去年還冷。
(2) このシャツの方がさっき見たのより色がきれいだ。／這件襯衫比剛才看到的那件顏色漂亮。
(3) 休みの日は外へ出かけるよりうちでごろごろしている方が好きだ。／休息日．比起外出我還是喜歡在家閒呆着。
(4) 田中さんの送別会は予想していたよりずっと多くの人が集まってくれました。／田中的歡送會．比預想的出席人數多得多。
(5) やらずに後悔するよりは、無理にでもやってみた方がいい。／與其沒做而後悔．還不如硬幹一下試試。
(6) 仕事は思ったよりも大変だった。／工作比想像的更難做。
(7) 事件の背景は、私が考えていたよりも複雑なようだ。／事件的背景．似乎比我想像的要複雜。

以"XよりもYのほうがZ"、"YはXよりもZ"的形式．表示X是比較的基準。在通俗的口語中有時像下列例子那樣使用"よりか"、"よれよか"等形式。

(例)　レストランよりか居酒屋の方がリラックスできていいんじゃないかな。／比起餐館來．小酒館不是更放鬆嗎。

(例)　今から外食しに行くのもいいけど、それよか一緒に買い物に行ってうちで作って食べない？／現在去外面吃也可以．不過還不如一起去買東西．然後在家做着吃不好嗎？

2 …というより　與其説…還(到)不如。
(1) 彼は堅実家というよりけちだと言う方が当たっている。／説他是穩重派還不如説吝嗇更合適。
(2) 彼女はきれいというよりはむしろ個性的なタイプで、独特のファッション感覚がある。／與其説她漂亮倒不如説她有個性．具有獨特的時裝品味。
(3) 彼の書いた英文は、できが悪いというより、むしろもう絶望的だと言った方がいいくらいひどい。／他寫的英文．糟糕得與其説寫得不好．倒不如説已到了令人失望的地步。
(4) あいつは酒を飲むというより流し込むと言った方がい

いような飲み方をする。／與其說他是喝酒倒不如說他是往嘴裡倒酒更好。
(5) こんなパーティは、楽しいというよりも退屈なだけで、一部の人のためのバカ騒ぎとしか思えない。／這樣的晚會．與其說愉快還不如說就只是無聊．就只是爲了部分人的胡鬧。

用於就某事物的表現或判斷的方法加以比較時。意思是"X這種說法・看法也可以．但比較的話Y這種說法・看法更妥當"。像例(2)、(3)那樣多和"むしろ"一起使用。

3 …よりない

a V-るよりない　只有、只能。
(1) どうしても大学に通う気が起きないのなら、もう退学するよりないだろう。／如果怎麼也喚不起上大學的興趣的話．那只有退學了？
(2) 文句を言っても仕方がない。とりあえず今できることを一生懸命やるよりない。／發牢騷也沒用。只有先努力做自己現在能做的。
(3) こんな不景気なら、どこでもいいから採用してくれるところに就職するよりなさそうだ。／這麼不景氣．哪都可以．看樣子只好在能錄用的地方就職了。

表示問題處於某種狀態．除此之外沒有其他解決辦法。也可以說"…しかない"、"…以外にない"。

b V-るよりほか(に／は)ない　只好、只有。
(1) 今さらあれはうそだったともいえないし、隠しとおすよりほかにない。／事已至此．已沒法説那是假的了．只能繼續隱瞞了。
(2) 雪はだんだん激しくなってきたが、引き返すこともできないし、とにかく山小屋まで歩くよりほかはなかった。／雪越下越猛．反正也回不去了．只好步行到山上小屋。
(3) 放っておけばあの地域のリゾート開発は進む一方だし、こうなったら反対運動を起こすよりほかにないと思った。／放任不管的話．那一帶的度假村開發就會進一步發展．這樣只好發起反對運動了。

表示問題處於某種狀態．除此之外沒有其他解決辦法。也可以說"…しかない"、"…以外にない"。

c …よりほかに…ない　除此之外，沒有…、只有…。
[Nよりほかに…ない]
[V-るよりほかに…ない]
(1) その部屋は静かで、時計の音よりほかに何の物音も聞こえなかった。／那間屋子安靜得除了鐘表的聲音外聽不到其他任何聲音。

（2）田中さんよりほかにこの仕事を任せられる人はいない。／除了田中，没有人能勝任這項工作了。
（3）あなたよりほかに頼れる人がいないから、忙しいのを承知でお願いしているのです。／除你之外没有能託付的人了．我知道你忙但也只能求你了。
（4）せっかくのお休みで天気もいいのに、うちでテレビを見るよりほかにすることはないのですか。／難得的休息日．天氣也好．難道除了在家看電視就没有其他可做的了嗎？

後面伴隨着否定表達方式．用於強調"それ以外にない（／除此之外．没有…）"。也可以説"…しか…ない"、"…以外に…ない"。

d V-るよりしかたがない　除此之外，別無他法，只有，只好。
（1）お金がないのなら、旅行はあきらめるよりしかたがないね。／如果没錢的話．旅行那就只好不去啦。
（2）自分の失敗は自分で責任を持って始末するよりしかたがない。／自己的失敗．只有自己來承擔責任。
（3）終電が出てしまったので、タクシーで帰るよりしかたがなかった。／末班電車已經開出．只好搭計程車回家了。
（4）あさってからスキーに行きたいのなら、さっさとレポートを書いてしまうよりしかたがないでしょう。／後天要想去滑雪的話．只有盡快把報告書寫出來．不是嗎？

爲了解決某個問題，既使不情願，也只能那麽做。也可以說"…ほかしかたがない"、"…以外しかたがない"。

【よる】
→【によって】、【によらず】、【により】、【によると】、【によれば】

【らしい】
1 Nらしい
a Nらしい N　像樣的…、有…風度的，典型的。
（1）最近は子供らしい子供が少なくなった。／最近孩子氣十足的孩子不多了。
（2）男らしい男ってどんな人のことですか。／你説的有男子漢風度的是什麽樣的人啊？
（3）あの人は本当に先生らしい先生ですね。／他真是個典型的老師啊。
（4）このところ雨らしい雨も降っていない。／最近也没下點像樣的雨。

反覆使用同一名詞．表示在該名詞

表示的事物中是很典型的。
b N らしい　像…樣的、典型的。
(1) 今日は春らしい天気だ。／今天真是典型的春天的天氣。
(2) 弱音を吐くなんて君らしくないね。／説洩氣話這可不像你啊。
(3) 彼はいかにも芸術家らしく奇抜なかっこうで現れた。／他完全以典型的藝術家的奇特妝扮出現了。
(4) 彼女が選んだ花束はいかにも彼女らしいやさしい色合いだった。／她選擇的花束的色調完全像她一樣那麼柔和。

後接名詞,表示充分反應出該事物的典型的性質。

2 …らしい　似乎、好像。
[N／Na／A／V　らしい]
(1) 天気予報によると明日は雨らしい。／天氣預報説明天好像有雨。
(2) 新しく出たビデオカメラはとても便利らしい。／新出的攝影機好像非常好用。
(3) みんなの噂では、あの人は国では翻訳家としてかなり有名らしい。／聽大家傳説,好像他在國内作為一名翻譯家相當出名。
(4) 彼はどうやら今の会社を辞めて、自分で会社を作るらしい。／大概他要辭去現在公司的工作,自己成立公司。
(5) 兄はどうも試験がうまくいかなかったらしく、帰ってくるなり部屋に閉じこもってしまった。／哥哥似乎考試没考好,一回到家,就悶在房間不出來。
(6) その映画は予想以上におもしろかったらしく、彼は何度もパンフレットを読み返していた。／那個電影似乎比想像的有意思,他幾次反覆的翻看内容簡介。
(7) 料理はいかにも即席で用意したらしく、インスタントのものがそのまま並んでいた。／飯菜果然像是臨時準備的,就擺了幾樣速成加工食品。

接在句尾,表示説話者認爲該内容是確信程度相當高的事物。該判斷的根據是外部來的信息或是可觀察事物等客觀的東西,而不是單純想像的。例如,例(1)判斷的"雨らしい"是根據天氣預報這一信息來判斷的。例(5)所判斷的"考試没考好"是根據"一回家就悶在房間不出來"這一狀況來判斷的。

和"みたいだ"、"そうだ"的不同點,請參照"みたいだ2"。

【られたい】
　→【せられたい】

【られる】₁
表示被動。"V-られる"的V是五段活用動詞時,像"行く→行かれる"、"飲む

→"飲まれる"那樣,將辭書形的詞尾改成ア段音,加上"れる"。一段活用時,像"食べる→食べられる"那樣,在詞幹"食べ"後加上"られる"。"来る"成爲"こられる"、"する"成爲"される"。"V-られる"按照一段動詞的活用形變化。

1 NがV-られる＜直接被動＞
（表示直接被動）。
（1）この地方ではおもに赤ワインが作られている。／這個地方主要生產紅葡萄酒。
（2）木曜日の会議は3時から開かれることになっている。／星期四的會議決定3點召開。
（3）この辞書は昔から使われているいい辞書だが、最近の外来語などはのっていない。／這本字典是過去一直被使用着的不錯的字典，但是上面没有最近的外来語什麼的。
（4）昨夜、駅前のデパートで1億円相当のネックレスや指輪が盗まれた。／昨天晚上,在站前的商場,價值1億日元的項鏈和戒指被人偷走了。
（5）来月発表される車のカタログを手に入れた。／我得到了下月將要公布生產的汽車商品目錄。

將接受動作或作用的事物作爲主語來叙述時。在事實的描寫句、報道性文章中多被使用。由於動作主體不能特定,所以一般在文中不顯示。

2 NがNにV-られる
a NがNに(よって)V-られる＜直接被動＞ 被…、由…、受到…。
（1）漫画週刊誌は若いサラリーマンによく読まれている。／漫畫周刊雜誌多被年輕的上班族閱讀。
（2）その寺院は7世紀に中国から渡来した僧侶によって建てられた。／這一寺院是由7世紀從中國來的僧侶建造的。
（3）このあたりの土地はダイオキシンに汚染されている。／這一帶土地被二噁烷污染了。
（4）地震後、その教会は地域の住民によって再建された。／地震後,那座教堂被當地居民重建。
（5）その展覧会はフォード財団によって支援されている。／那個展覽會,受到福特財團的援助。

將接受動作或作用的事物作爲主語來叙述。多在事實的描寫句、報道性文章中被使用。動作的主體以"Nに"或"Nによって"來表示。主要表示物品(作品・建築物等)被生產或表示鄭重説法時,使用"によって"。

b NがNに／から V-られる＜直接被動＞ 被…、受到、在…下。
（1）おばあさんが犬にかまれた。／老奶奶被狗咬了。
（2）その子は母親にしかられて、泣き出した。／那孩子被媽媽責罵,哭了。

（3）彼女は皆にかわいがられて育った。／她在大家的疼愛下成長。
（4）森さんは知らない人から話しかけられた。／一個不認識的人向森先生搭訕。
（5）彼は正直なので、だれからも信頼されている。／他很正直，受到所有人的信賴。
（6）夜中に騒いだら、近所の人に注意されてしまった。／半夜吵鬧，受到鄰里的警告。

將接受動作或作用的人作為主語來敘述。這是將二者之間發生的事，從動作主體以外的人的視點來敘述的說法。動作主體用"Nに"來表示，不過在表示從動作主體給與的感情·信息·言語等的行為時也可使用"Nから"的形式。當表示涉及說話者的行為時，由於是從說話者的觀點來敘述，所以多使用被動。另外，一般一句話由一個人的觀點來敘述。

（誤）夜中に騒いだら、近所の人が注意した。
（正）夜中に騒いだら、近所の人に注意された。／夜半吵鬧，被鄰里警告了。

c NがNにV－られる＜間接被動＞ 被…。
（1）忙しいときに客が来られて、仕事ができなかった。／正忙的時候，來了客人，結果工作沒做成。
（2）A：日曜日はいかがでしたか。／星期天過得怎麼樣啊？
B：家族でハイキングに行ったんですが、途中で雨に降られましてね。／一家人去郊遊，結果途中被雨淋了。
A：それは大変でしたね。／那可真夠糟啊。
（3）彼は奥さんに逃げられて、すっかり元気をなくしてしまった。／他老婆跑了，他非常沮喪。
（4）子どもに死なれた親ほどかわいそうなものはない。／沒有比失去了孩子的父母更可憐的了。

從由於發生某事態而間接地受到麻煩的人的立場來敘述時，使用該句型。一般分別對應"客が来る"、"雨が降る"等自動詞的能動句。動作主體要用"Nに"來表示，不能使用"Nによって"或"Nから"。

3 NがNにNをV－られる
a NがNにNをV－られる ＜物體所有者被動＞ …被…。
（1）森さんは知らない人に名前をよばれた。／森先生被不認識的人叫了名字。（有個不認識的人叫了森先生的名字。）
（2）わたしは今朝、電車の中で足をふまれた。／今天早晨，我在電車上被人踩到腳。
（3）犯人は警官に頭を撃たれて重傷を負った。／犯人被警官撃中頭部，受了重傷。
（4）先生に発音をほめられて英語が好きになった。／因被老師誇讚發音好而喜歡上了

英語。

用於將接受動作或作用的事物的所有者作爲主語來叙述時。用於表示由於某人的行爲，該事物的所有者受到麻煩或受到困惑時。屬於所有者的(名字、脚、頭等)，用"Nを"的形式來表示。如將這些所屬物作爲主語的話，多給人不自然的感覺。

(誤)　私の足がふまれた。
(正)　私は足をふまれた。／我被人踩到脚。

表示從説話者的觀點來看應受歡迎的事時，使用"V-てもらった"等表示恩惠的表達方式比較多。像例(4)的"ほめる"那樣，本來具有正面意思的動詞成爲被動時，多含有"不好意思"、"很得意"等感情變化的意思。

b NがNにNをV-られる＜間接被動＞（表示間接被動）。

(1)　せまい部屋でタバコを吸われると気分が悪くなる。／在窄小的房間中聞到抽煙的煙味就不舒服。

(2)　夜遅くまで会社に残って仕事をされると、電気代がかかって困る。／如果你們留在公司加班到很晚那還得多花電費，不行。

(3)　次々に料理を出されて、とても食べきれなかった。／一道一道地上菜，怎麽吃都吃不完。

(4)　台所のテーブルの上に宿題を広げられると晩御飯のしたくができないから、はやくどけなさい。／在厨房的桌子上堆着作業没法準備晩飯了，趕快挪一邊去！

(5)　結婚はおめでたいけど、今あなたに会社をやめられるのは痛手だなあ。／結婚是件可喜的事，但現在你辭去公司的工作對我們是重大的損失啊。

從由發生某事態而間接地受到麻煩的人的立場來叙述時，使用該句型。與"(だれかが)タバコを吸う"、"(だれかが)仕事をする"等他動詞的能動句對應，表示説話者由於這些原因而困惑。動作主體要以"Nに"來表示，不能使用"Nによって"、"Nから"。動作主體多不表示出來。

【られる₂】

能、可以。

(1)　大きすぎて穴から出られなくなった。／太大了從洞裡出不來了。

(2)　そんなに早くは起きられない。／起不了那麽早。

表示可能。

→【れる1】

【れる₁】

表示可能。"V-れる"的V是五段活用動詞時，像"行く→行ける"、"飲む→飲める"那樣，將辭書形的末尾改成エ段的音，加上"る"。是一段活用時，像"食べる→食べられる"那樣在詞幹"食べ"後加上"られる"。"来る"成爲"こられる"、"これる"。另外，有關"する"，要使用"できる"。

"V-れる"作爲一段動詞使用。

V是五段活用動詞時,表示可能的"V-れる"和表示被動的"V-られる"形式不同(比如:表示可能時是'飲める・書ける',表示被動時是'飲まれる・書かれる')。然而,一段活用動詞表示可能和被動是同一形式(比如:表示可能和被動都是'食べられる''起きられる')。但是,在最近的口語中,將表示可能的"V-れる"中的"ら"去掉説成"食べれる"、"起きれる"的人日益增多。另外,不説"NがV-れる"而説"NをV-れる"的人也在增加。

1 NはNがV-れる

一般經常使用"NはNがV-れる"的句子,但表示具有能力・可能性的人時要用"Nに"來表示,有時也可成爲"NにNがV-れる"。

a NはNがV-れる＜能力＞ 能…,可以…。

(1) リンさんはなっとうが食べられますか。／小林能吃納豆嗎？
(2) かれにできないスポーツはない。／没有他不會的體育運動。
(3) わたしにかれらの指導ができるだろうか。／我能指導他們嗎？
(4) 読めない漢字があったら、そう言ってください。／有不會念的漢字的話,説出來。
(5) この本は読み出したら、やめられない。／這本書你只要一讀,就欲罷不能。
(6) どうしてもあの先生の名前が思い出せなくて冷や汗をかいた。／怎麼也想不起那位老師的名字,急得直冒冷汗。
(7) 朝6時から練習を開始しますので、起きられたら来てください。／早晨6點開始練習,能起來的話就來吧。

表示以能力、技術或意志的力量能做到的事物。

b NはNがV-れる＜可能性＞ 可以、可能、能。

(1) あの店ではいつも珍しいものが食べられる。／在那個店經常能吃到新奇的東西。
(2) 仕事場の人はだれでもそのファックスが使用できる。／工作單位的人都可以使用那臺傳真機。
(3) この動物園では、子供は無料でイルカのショーが見られる。／在這個動物園,孩子們可以免費看海豚表演。
(4) わたしが直接話せたらいいのですが、あいにく都合が悪いんです。／我要是可以直接説的話當然好,可是不巧正好不方便。
(5) 両親に言えないことでも、友達になら言える。／即使是對父母難以啟齒的事,但也可以和朋友説。
(6) 辞書は図書館で借り出せないので、ひまなときに調べ

に行くつもりだ。／因圖書館的字典不能借出，所以我打算有空的時候去査。
(7) 昨日は答えが聞けなかったので、きょうもう一度たずねてみます。／昨天沒能問到答案，所以今天再試着問一次。

表示根據狀況或機會是有可能性的"見られる"、"見える"是相似的表達方式，但有所不同。"見える"是自然地看在眼裡，而"見られる"表示因有那種情況和機會才是可能的。
(正) 昨夜のスポーツニュースはいそがしくて見られなかった。／忙得昨天晚上的體育新聞沒能看到。
(誤) 昨夜のスポーツニュースはいそがしくて見えなかった。
(正) ここから白い建物が見えます。／從這可以看到一座白色建築物。
(誤) ここから白い建物が見られます。

"聞ける"、"聞こえる"也是一樣。"聞こえる"是自然聽到耳朵里，而"聞ける"表示的是，因有那種情況和機會才是可能的。
(正) 携帯ラジオをもってきたので、どこでも天気予報が聞ける。／因帶着便携式收音機，所以在哪都能聽到天氣預報。
(誤) 携帯ラジオをもってきたので、どこでも天気予報が聞こえる。
(正) どこからか鳥の声が聞こえた。／不知何處傳來鳥的叫聲。
(誤) どこからか鳥の声が聞けた。

表示視力・聽力時使用"見える"、"聞こえる"。
(例) 生まれたばかりの猫の子は目が見えない。／剛生下來的小猫眼睛看不見。
(例) 補聴器をつけたら、耳がよく聞こえるようになった。／戴上助聽器，耳朵就能聽見了。

2 NはV-れる＜性質＞ 能，可以。
(1) この野菜はなまでは食べられない。／這種蔬菜，生的不能吃。
(2) この泉の水は飲めます。／這泉水可以喝。
(3) 悲しい映画かと思ったが、見てみるとけっこう笑える映画だった。／以爲是悲劇，但一看却是個很引人發笑的電影。
(4) この教室は300人は楽に入れます。／這教室可以很寬鬆的裝下300人。
表示作爲某事物的性質"可以…"的意思。

【れる₂】

被…。
(1) 車にはねられて怪我をした。／被車壓到受了傷。
(2) 表紙に美しい絵が描かれている。／封面上畫着美麗的畫。
表示被動。
→【られる 1】

【ろく】

1 ろくなN…ない　不…像樣、不能令人滿意。

（1）こんな安月給ではろくな家に住めない。／這麼少的月薪，住不起像樣的房子。

（2）誰もパソコンが使えないのか。まったくこの課にはろくな奴がいないな。／誰都不會用電腦嗎？這科真是沒有一個有用的傢伙。

（3）上司には怒られるし、彼女にはふられるし、ろくなことがない。／又挨上司的罵，又被女朋友甩了，沒有一件順心的事。

（4）A：どうもごちそうさまでした。／謝謝你的款待。
　　B：いいえ、最近ろくなおかまいもできませんで。／不，沒什麼。最近也沒什麼像樣的招待你。

表示不是很滿足的事，或比一般情況還不如的不好的事。

2 ろくでもないN　並不怎麼樣、沒什麼價值、很一般。

（1）花子はろくでもない男に夢中になっている。／花子對一個不怎麼樣的男人着了迷。

（2）そんなろくでもない本ばかり読んでいるから、成績が悪くなるのよ。／總是看那些無聊的書，所以成績才下降的嘛。

（3）A：そんなに仕事がいやなら、早いとこお見合いでもして結婚したらどう？／如果那麼討厭工作的話，早點相親結婚怎麼樣？
　　B：そんなろくでもないこと言わないでよ。／不要說那些沒用的話。

表示什麼價值也沒有。微不足道。不值錢。

3 ろくにV-ない　不正經地、不好好地。

（1）テストも近いというのに、あの子ったらろくに勉強もしないんだから。／眼看就要考試了，但那孩子還是不正經地學習。

（2）あいつは昼間から酒ばかり飲んでろくに仕事もしないくせに、食べるときは人一倍食べる。／那像伙白天就一直喝酒，也不好好工作，可是吃起來却比別人多一倍。

（3）せっかく海に来たというのに、彼女はろくに泳ぎもしないで肌を焼いてばかりいた。／難得到海邊來，可是她却不正經游泳，光在那兒曬太陽。

（4）ろくに予習しなくたって、あの授業は先生がやさしいから何とかなる。／即使不好好預習也能過得去，因爲

那門課的老師太善良了。
(5) そんな雑誌、ろくに読まなくてもだいたいどんなことが書いてあるかは見当が付くよ。/那種雜誌, 即使不好好看也大到能猜出寫的是什麼。

表示做得不完善, 幾乎不做…、不充分地做…。

【ろくろく】

[ろくろく V-ない] 不很好地、不充分地、不令人滿意地。
(1) 電気屋さんで新製品のカタログを山ほどくれたが、どれもろくろく見ないで捨ててしまった。/電器商店給了我很多新產品目錄簡介, 我也没好好看就扔了。
(2) 兄はろくろく勉強もしないで、すんなり東大に合格してしまった。/哥哥也不好好學習, 却毫不費力地通過了東大的考試。
(3) 彼女はその手紙をろくろく読みもしないで破り捨ててしまった。/她也不仔細看看那封信, 就撕掉扔了。
(4) 隣に引っ越してきた人は、うちの前で顔を合わせてもろくろく挨拶もしないんだ。いったいどういうつもりなんだろう。/搬來隔壁的那人, 在我家門口碰上也不好

好打個招呼, 到底他打算要怎樣啊？

意思是"幾乎不做…"、"不好好做…"。表示對不做某事持否定看法。像例(2)～(4)那樣, 以"R-もしない"的形式, 多用於強調否定的意思時。

【わ…わ】

1 …わ…わ(で) 啦、呀、又…又…。
(1) 昨日は山登りに行ったが、雨に降られるわ道に迷うわで、散々だった。/昨天去登山, 又被雨淋又迷路, 真是倒楣透了。
(2) 今週は試験はあるわレポートの締切は近いわで、寝る間もない。/這週又是考試, 又是小論文的截止期限, 連睡覺時間都没有。
(3) このごろ忙しくて、もう家事はたまるわ、まともな食事はしないわ……。/最近太忙, 結果家事堆了一大堆, 也没時間好好吃頓飯…。
(4) あいつは高校生のくせにタバコは吸うわお酒は飲むわ無断外泊はするわ、悪いことばかりしていて親を泣かせている。/他才是個高中生, 可是又抽煙又喝酒又擅自在外過夜, 淨做壞事, 讓他父母傷心。

不好的事情趕在一起發生時, 將這些列舉排列, 表示強調困窘的心情。後面

接由於這些事而感到很麻煩很爲難等內容。

2 V－るわV－るわ　（列舉事物，表示驚訝）…還是…、…又是…、…了又…。

（1）新しくできた水族館に行ったら、人がいるわいるわ、魚なんか全然見えないぐらいの人出だった。／去了新建的水族館，結果除了人就是人，人多的幾乎看不到魚。
（2）忙しくて新聞がたまるわたまるわ、もう2週間分も読んでいない。／忙得每天的報紙都堆在那，已經有兩週的報紙沒看了。
（3）部屋を久しぶりに掃除したら、ごみが出るわ出るわ、段ボール箱にいっぱいになった。／打掃了一下很長時間都沒打掃的房間，垃圾一大堆，裝滿了一紙箱。

　　重覆使用同一動詞，對存在或發生的量‧頻繁程度比想像的多表示吃驚。後面多接由此而發生的結果性事態。

【わけがない】

不可能…、不會…。
[N　な／である　わけがない]
[Na　なわけがない]
[A／V　わけがない]

（1）あいつが犯人なわけ（が）ないじゃないか。／他怎麼會是犯人呢。
（2）A：最近元気？／最近還好嗎？
　　B：元気なわけ（が）ないでしょ。彼と仲直りできなくて、もう悲惨な状態なのよ。／怎麼會好呢，和他沒能言歸於好，已經是無可救藥了。
（3）北海道で熱帯の植物が育つわけがない。／在北海道不可能培育熱帶植物。
（4）こんな忙しい時期にスキーに行けるわけがない。／這麼忙的時期不可能去滑雪的。
（5）勉強もしないで遊んでばかりいて、試験にパスするわけがないじゃないか。／不用功，光想著玩，怎麼會通過考試呢。
（6）考えてみれば、彼女が彼に対してそんなひどいことを言うわけがなかった。／仔細想想，她不會對他說出那麼無情的話的。

　　表示強烈主張該事物不可能或沒有理由成立。口語中像"わけない"那樣，多將"が"省略掉。可以和"はずがない"互換使用。

【わけだ】

1 …わけだ＜獨語型＞
[N　な／である　わけだ]
[Na　なわけだ]

[A／V　わけだ]

用於敘述從前面所表達的或前後文所表示的事實・狀況等, 合乎邏輯地導出結論時。説話者・文章作者就某些事進行説明解釋時使用該句型。

a …わけだ＜結論＞　當然…、自然…、就是…。

(1) イギリスとは時差が8時間あるから、日本が11時ならイギリスは3時なわけだ。／和英國有8小時的時差, 所以日本是11點的話, 英國就是3點。

(2) 体重を測ったら52キロになっていた。先週は49キロだったから、一週間で3キロも太ってしまったわけだ。／量了一下體重, 是52公斤。上周是49公斤, 也就是説一週胖了3公斤。

(3) 最近円高が進んで、輸入品の値段が下がっている。だから洋書も安くなっているわけだ。／最近日元持續升值, 進口產品的價格有所下降。所以, 進口書當然也就便宜了。

(4) 彼女は中国で3年間働いていたので、中国の事情にかなり詳しいわけである。／她在中國工作了3年, 自然對中國的情況相當熟悉了。

(5) 私は昔から機械類をさわるのが苦手です。だから未だにワープロも使えないわけです。／我過去就對機器之類的東西不擅長, 所以至今也不會用文字處理機。

以 "X。(だから) Yわけだ" 的形式, 表示 Y 是由 X 自然形成, 必然得出的結論。多和 "だから"、"から"、"ので" 等一起使用。

b …わけだ＜換言＞　也就是説、換句話説。

(1) 彼女の父親は私の母の弟だ。つまり彼女と私はいとこ同士なわけだ。／她的父親是我母親的弟弟, 也就是説她和我是表兄妹。

(2) 彼女はフランスの有名なレストランで5年間料理の修行をしたそうだ。つまりプロの料理人であるわけだ。／聽説她在法國有名的餐廳學習了5年的烹調技術, 也就是説她是專業烹調師了。

(3) 彼は大学へ行っても部室でギターの練習ばかりしている。要するに講義にはほとんど出ていないわけだが、それでもなぜか単位はきちんと取れているらしい。／他去了大學也只是在娛樂室練習吉他, 也就是説幾乎不去聽課。可是不知爲什麼好像學分全拿到了。

(4) 父は20年前に運転免許を取っていたが車は持っていなかった。つまり長い間ペーパードライバーだったわけ

だ。／父親20年前就拿了駕駛執照。可是一直没有車。也就是說這麼長時間一直是個没實際經驗的駕駛員。
(5) 私はおいしいものを食べている時が一番幸せである。言いかえれば、まずいものを食べることほどいやなことはないわけで、それが強制されたものだとなおさらである。／我在吃好吃東西時候感覺是最幸福的。換句話説，就是我覺得没有比吃難吃的東西更痛苦的事了，那要是強迫我吃就更受不了了。

以"X。(つまり)Yわけだ"的形式，表示X和Y是一樣的事，將X換一種説法用Y來説。多和"つまり"、"言いかえれば"、"すなわち"、"要するに"等一起使用。

c…わけだ＜理由＞　因爲。

(1) 今年は米のできが良くなかった。冷夏だったわけだ。／今年的大米收成不好，因爲是涼夏。
(2) 彼女は猫を3匹と犬を1匹飼っている。一人暮らしで寂しいわけだ。／她養着3隻猫一條狗，因爲一個人生活太寂寞了。
(3) 姉は休みの度に海外旅行に出かける。日常の空間から脱出したいわけだ。／姐姐每次休假都去國外旅行，因爲她想從日常生活的空間中逃脱出來。
(4) 山田君は就職難を乗り越えて大企業に就職したのに、結局3カ月でやめてしまった。本当にやりたかった音楽関係の仕事をめざすことにしたわけだが、音楽業界も就職はむずかしそうなので、心配している。／山田君越過了就職難這一難關，進了大企業，可是結果3個月就辭了職。因爲他決定去找真正想做的和音樂有關的工作，可是音樂界的就職好像也很難，真替他擔心。

以"X。Yわけだ"的形式，表示Y是X的原因。也可以和"Yだからx"形式互換使用。

d…わけだ＜強調事實＞　就是、都是、應該是。

(1) 4人とも車で来るわけだから、うちの前にずらっと4台路上駐車することになるね。／4個人都是開車來，所以我們家門口就會並排停上4輛車了。
(2) 私は古本屋めぐりが好きで、暇があると古本屋を回っては掘り出し物を探しているわけですが、このごろはいい古本屋が少なくなってきたので残念に思っています。／我喜歡去舊書店，一有時

間我就去舊書店看看，尋找是否有新發現。可是最近好的舊書店越來越少，真讓人感到遺憾。

（3）私、国際交流関係のボランティア活動はすでに10年近くやってきているわけでして、自慢じゃありませんが、みなさんよりもずっと経験はあるわけです。そういう立場の者としてご提案させていただいているわけです。／國際交流關係的義工活動已做了近10年。不是自吹，我比大家有更多的經驗，出於這一立場，所以請允許我提些建議。

（4）ねえ、聞いてくれる。昨日駅前に自転車置いて買い物に行ったんだけど、帰ってきたらなくなってるわけ。あちこち見てみたけど見つからなくて、しょうがないから警察に行ったわけよ。そしたら「鍵かけてなかったんじゃないの」なんて言われちゃって…。／哎，聽我説。昨天我去車站前放下自行車去買東西。可是回來後車沒有了，到處找都沒找到。沒辦法去找了警察。可是警察卻説：「你是不是沒上鎖？」…。

用於主張・強調自己所叙述的事

有合乎邏輯的根據的事實時。在口語中使用比較多。即使是沒有什麼特別合乎邏輯的根據時，有時也多作爲終助詞性質使用。一般在叙述自己的想法，説服對方時用得比較多。

這一用法，像例（2）、（3）、（4）那樣。即使聽話者不知道該事實時也能使用。這時含有「你不是也知道嗎？」的意思。有時也會給人一種強加於人的語氣。

2 …わけだ＜對話型＞

接對方的表達内容，用於叙述從該處引出的合乎邏輯的結論時。有時表示將該結論向對方確認。有時表示該結論已成爲事實。從對方的表達内容中得出該合乎邏輯的根據並表示同意。

a …わけだ＜結論＞ 也就是説，肯定。

［それなら…わけだ］
［それじゃ…わけだ］
［じゃ…わけだ］

（1）A：森さんは8年もフィンランドに留学していたそうですよ。／聽説森先生在芬蘭留學了8年。

B：へえ、そうなんですか。それならフィンランド語は得意なわけですね。／啊，是嗎？那樣的話他芬蘭語肯定説得很好了。

（2）A：明日から2泊3日で熱海の温泉に行くの。／從明天起，我們去熱海二天二夜的溫泉之旅。

B：へえ、いいわね。じゃ、その間仕事のストレス

からは解放されるわけね。/啊，太好了。那麽也就是説這期間可以從工作的緊張狀態中解放出來啦。

以"それなら/それじゃ/じゃ…わけだ"的形式．接對方的表達内容．表示必然從中得出的結論。

b …わけだ＜換言之＞ 換句話説、也就是説．

[つまり…わけだ]
[ようするに…わけだ]

(1) A：この間書いた小説、文学賞がもらえたよ。/上次寫的小説．得了文學奬啦。

B：あなたもようやく実力が認められたわけね。/也就是説你的實力也終於被承認了。

(2) A：田中くん、富士山登山に行くのやめるんだって。帰った次の日がゼミの発表だから準備しなくちゃいけないらしいよ。/聽説田中君．不去登富士山了。好像是因爲回來的第二天要發表研究課題．所以必須準備。

B：ふうん。要するに体力に自信がないわけね。/哦？也就是説主要還是體力上没有自信吧。

以"つまり/要するに…わけだ"的形式．用於將對方剛剛表達的内容．換成其他的表達方式來説。

c …わけだ＜理由＞ 因爲。

(1) A：川本さん、車大きいのに買いかえたらしいよ。/聽説川本換了輛大車。

B：へえ。子供が生まれて前のが小さくなったわけだな。/哦．因爲生了小孩．以前的車太小了吧。

A：いや、そうじゃなくて、単に新車がほしくなっただけのことらしいけど。/不．不是．好像就是想要輛新車。

(2) A：ぼく、今度一軒家に引っ越すことにしたんですよ。/我．這次決定搬個獨門獨院的家。

B：いいですね。でも家賃高いんでしょう。ってことは、お給料、けっこうたくさんもらってるわけですね。/真不錯．不過房租貴吧。看來．你的工資拿得不少啊。

A：いや、それほどでもないですけどね。/不．没那麽多．不過…。

表示對方所述事情的理由和原因。

d …わけだ＜理解＞ 所以、怪不得、原來如此。

[だから…わけだ]
[それで…わけだ]
[なるほど…わけだ]
[どうりで…わけだ]

（1）　A：山本さん、結婚したらしいですよ。／聽説山本結婚了。

　　　B：ああ、そうだったんですか。それで最近いつもきげんがいいわけだな。／啊，是嗎？我説最近他怎麼老是那麼高興呢。

（2）　A：彼女は3年もアフリカにフィールドワークに行っていたそうですよ。／聽説她去了非洲，進行了3年的實地考察。

　　　B：そうですか。道理で日本の状況がよくわかっていないわけですね。／是嗎？怪不得她對日本的狀況不太清楚呢。

（3）　A：隣りの鈴木さん、退職したらしいよ。／隔壁的鈴木好像退休休了。

　　　B：そうか。だから平日の昼間でも家にいるわけだ。／是嗎？怪不得他平時的白天也在家呢。

（4）　あ、鍵が違うじゃないか。なんだ。これじゃ、いくらがんばっても開かないわけ

だ。／啊，是不是鑰匙錯了啊。我說呢，怪不得怎麼開也開不開呢。

（5）　田中さん、一カ月で4キロやせようと思ってるんだって。なるほど、毎日昼ご飯を抜いているわけだわ。／田中説要在一個月中減4公斤。怪不得他每天不吃中午飯呢。

多以"だから/それで/なるほど/道理で…わけだ"的形式使用。以"X。(だから)Yわけだ"等形式，表示開始會很奇怪，爲什麼是Y呢，聽到對方的話後，當得知該原因・理由的信息時就會產生"原來如此是因爲X才是Y呀"的理解心情。

因爲是自己理解，所以"わけだ"後没必要加"ね"，但是使用"…わけです"這種禮貌語時一定要加上"ね"、"な"等。

例(1)中的意思是"山本最近很高興，但不知道爲什麼，當得到A的"聽説結婚了"這一信息時，才得以理解原來是"因爲結婚了，所以最近才高興"。例(4)是一個人的自言自語，表示開始"不知道門爲什麼開不開？"。當發現"鑰匙錯了"時，才得以理解原來"因爲鑰匙錯了，門才打不開"。也有像例(4)、(5)那樣的用法，自己叙述自己發現的或從他人處聽到的信息時，將已知事實結合起來表示理解。

3 …わけだから

a …わけだから…はとうぜんだ
因爲…當然就…。

（1）　小池さんは何年もインドネシア駐在員だったわけだから、インドネシア語が話せるのは当然です。／因爲小

池在印度尼西亞常駐了幾年，當然能說印度尼西亞語啦。
(2) あの議員は履歴を偽って国民をだましていたわけだから、辞職は当然のことだ。／那個議員偽造履歷欺騙了國民，辭職是理所當然的了。
(3) A：あの人、クビになったんだってよ。／聽説他被解雇了。
　　B：当然よ。会社のお金、何百万も使い込んでるのがばれたわけだから。／當然啦，因爲他挪用公司幾百萬日元的事敗露了。

以"Xわけだから Yは当然だ"的形式，表示以確鑿的事實X爲根據，主張因爲X是事實所以Y就是當然的結果。

b …わけだから…てもとうぜんだ　因爲…所以…也是當然的。

(1) 彼女は大学を出てからもう8年も経っているわけだから、結婚していても当然だろう。／因爲她大學畢業已經8年了，所以結婚了也是理所當然的啊。
(2) 彼は工学部を卒業しているわけだからパソコンが使えても当然なのに、まったく使えないらしい。／他是工學系畢業的，按理説會使用電腦是理所當然的，可是聽説他根本不會用。
(3) これだけ利用者が増えているわけだからもっと安くしても当然なのに、電車やバスの運賃は値上がりする一方だ。／乘客増加得這麼多就是再便宜一些也是理所當然的，可是電車和公共汽車的票價却還是一個勁地上漲。

以"Xわけだから Yても当然だ"的形式，意思是如果將確鑿事實的X看成根據，那麼Y成爲事實也就不奇怪了。像例(2)、(3)那樣，實際產生出與想像不同的和Y正相反的情況時，使用的也比較多。

4 というわけだ／ってわけだ　就是説…。

(1) イギリスとは時差が8時間あるから、日本が11時ならイギリスは3時(だ)というわけだ。／和英國有8小時的時差，也就是説日本如果是11點英國就是3點。
(2) 彼女の父親は私の母の弟だ。つまり彼女と私はいとこ同士(だ)というわけだ。／她父親是我母親的弟弟，也就是説她和我是表兄妹關係。
(3) A：あしたから温泉に行くんだ。／明天我們去溫泉。
　　B：へえ、いいね。じゃ、仕事のことを忘れて命の洗濯ができるというわけだ。／啊，太好了，那麼也就是説可以忘掉工作清靜清靜啦。

（4）A：川本さん、車買いかえたらしいよ。／聽説川本買了輛新車。
　　B：あ、そう。子供が生まれて前のが小さくなったってわけか。／啊.是嗎。是不是生小孩以前那輛車太小了。

是將"わけだ1"和"わけだ2"的＜結論＞＜換言之＞＜理由＞等用法和"という"結合起來用的形式。

【わけではない】

1 …わけではない　並不是…、並非…。

（1）このレストランはいつも客がいっぱいだが、だからといって特別においしいわけではない。／這個餐廳經常是客滿的，儘管如此，也並非特別好吃。
（2）私はふだんあんまり料理をしないが、料理が嫌いなわけではない。忙しくてやる暇がないだけなのだ。／我平時不怎麼做飯，並非討厭做．只是因爲太忙沒有時間做罷了。
（3）私の部屋は本で埋まっているが、全部を読んだわけではなく、買ってはみたものの開いたことさえないというものも多い。／我的房間全被書埋没了．並非都看過．也有好多書雖然買來了可從來連翻都沒翻過。
（4）来月から英会話を習うことにした。全然話せないわけではないのだが、日頃英語をしゃべる機会がないので、いざというとき口から出てこないのだ。／我決定從下月開始學習英語會話．並不是一點不能説．而是平時説英語的機會很少．一旦有什麼事時害怕張不開口。
（5）娘の外泊をただ黙って見のがしているわけではないが、下手に注意したらかえって反発するので、どうしたものかと考えあぐねている。／並非對女兒夜不歸宿漠視不管．而是怕説不好反而會起反作用．我正在發愁不知該怎麼辦呢。
（6）弁解をするわけではありませんが、昨日は会議が長引いてどうしても抜けられなかったのです。／我不是辯解．而是昨天的會拖得太長．怎麼也脱不開身。
（7）A：イギリスへ行ってしまうんだそうですね。／聽説你要去英國？
　　B：ええ。でも別に永住するわけじゃありませんし、5年たったらまた帰ってきますよ。／是

的。但是並不是永遠住下去．5年過後還會回來呢。

(8) A：今度の日曜日に映画に行きませんか。／這個星期日不去看電影嗎？

B：日曜ですか。／星期日？

A：予定があるんですか。／有其他安排嗎？

B：いえ、予定があるわけではないのですが、その日はうちでゆっくりしたかったので…。／不，沒什麼別的事，不過那天就想在家放鬆放鬆…。

用於否定從現在的狀況或表達內容中引出必然結果時。多和"だからといって"、"別に"、"特に"等一起使用。

如例（1），從"經常是客滿的"中一般得出的結論是"飯菜一定好吃"，但是在例（1）中認爲這結論是錯的而加以否定，"おいしいわけではない"的意思是"飯菜好吃這種結論是錯的"。但這種形式和直接否定"料理はおいしくない（飯菜不好吃）"的形式相比，是一種間接否定方式，是委婉的表達方式。因此，像例（8）那樣時，比說"予定はありませんが（沒有約定可是）"更能委婉地表達謝絕。也可以說"そういうわけではないのですが（／並不是那樣，可是）"。另外，像例（3）、（4）那樣，和"全部・みんな"、"全然・まったく"等詞一起使用時，是部分否定，意思是"讀了一點"、"能説一點"。

2　というわけではない

ってわけではない　並不是説…、並非是…、並不是因爲…。

(1) このレストランはいつも満員だが、だからといって特においしいというわけではない。／這個餐廳總是滿滿的，儘管如此，並不是説就特別的好吃。

(2) 私はふだんあまり料理をしないが、料理がきらい(だ)というわけではない。忙しくてやる暇がないだけだ。／我平時不怎麼做飯，並不是討厭做，而是太忙，沒有時間做。

(3) A：あした映画に行かない？／明天，不去看電影？

B：あした、か。うーん。／明天，是嗎？嗯一。

A：私とじゃいやだってこと？／不願意和我去？

B：いや、いや(だ)ってわけじゃないんだけど…。／不，並不是不願意…。

(4) 今日は学校へ行く気がしない。雨だから行きたくないというわけではない。ただ何となく今日は何もする気になれないのだ。／今天真不想去學校，並不是因爲下雨不想去，只是因爲今天什麼都不想做。

是 "わけではない 1" 和 "という／って" 結合一起使用的形式。像例（4）的 "雨だから行きたくない" 那樣，"XだからY" 這一結論在同一句中明確表示出來時，一般不使用 "わけではない" 而使用 "というわけではない"。

【わけても】

特別，尤其。

（1）この山は、わけても 5 月がうつくしい。／這座山，尤其是 5 月最漂亮。

（2）そのクラスの学生はみんな日本語がうまいが、わけてもAさんは上達がはやかった。／那個班的學生日語都很好，特別是A某進步得很快。

（3）彼はスポーツ万能だ。わけてもスキーはプロなみだ。／他體育無所不能，尤其是滑雪和專業運動員相差無幾。

（4）北風が身を切る季節になったが、給料日前の今夜はわけても寒さが身にしみる。／已是北風刺骨的季節，而發薪日前的今天晚上尤其感到寒氣逼人。

意思是在某事物中也是特別的。不加 "も" 的形式現在很少。屬書面語。口語中不用。

【わけにはいかない】

1 V -るわけに(は)いかない　不能…、不可…。

（1）ちょっと熱があるが、今日は大事な会議があるので仕事を休むわけにはいかない。／雖然有點發燒，但是今天有重要的會議，不能請假不去。

（2）カラオケに誘われたが、明日から試験なので行くわけにもいかない。／有人約我去卡拉OK，但是從明天開始就要考試了，所以不能去。

（3）体調を崩した仲間を残して行くわけにもいかず、登山隊はしかたなくそこから下山することになった。／不能拋下體力不支的同伴不管，登山隊只好決定就此下山。

（4）いくらお金をもらっても、お宅の息子さんを不正に入学させるわけにはいきません。／不管您出多少錢，也不能讓您的兒子走後門入學。

（5）もう 30 近い娘をいつまでも甘やかしておくわけにもいかないが、かと言って自立できる収入もないのに出て行けと放り出すわけにもいかない。／不能總是寵已經快要 30 的女兒，不過話又說回來，也不能將沒有收入還不能自立的她轟出去啊。

（6）A：うちで猫を飼っていること、大家さんには内緒

にしてもらえませんか。／在家養猫這件事，能否向房東保守秘密？

B：いや、そういうわけにはいきませんよ。契約ではだめなことになっているんですから。それにみんな猫の鳴き声で迷惑しているんですよ。／不，那不可能的。合約上規定是不准養的。而且猫叫聲也令大家討厭。

表示"那樣做是不可能的"。不是單純的"不行"，而是"從一般常識或社會上的普遍想法，過去的經驗來考慮，不行或不能做"的意思。

"私は酒が飲めない(我不能喝酒)"表示的是體質上不勝酒力所以不能喝的意思。但使用"お酒を飲むわけにはいかない(不能喝酒)"時，並不是體質上不勝酒力，而是像"今日は車で来ているから飲めない(今天是開車來的所以不能喝)"那樣，是不許喝的意思。另外，也可以像例(6)的"そういうわけにはいかない(＝内緒にするわけにはいかない(不能保守秘密)"那樣，接前面句子内容來使用。

2 V-ないわけに(は)いかない 不能不…、不可不…、必須。

(1) 他の人ならともかく、あの上司に飲みに誘われたら付き合わないわけにはいかない。断わると後でどんなめんどうな仕事を押しつけられるかわからないのだから。／別人的話暫且不説，如果是那個上司讓你去喝酒的話就不能不去。拒絶的話，日後還不知會強加給你什麼棘手的工作呢。

(2) 実際にはもう彼を採用することに決まっていたが、形式上はめんどうでも試験と面接をしないわけにはいかなかった。／實際上已經決定録用他了，但是在形式上即使麻煩也必須得進行筆試和面試。

(3) 今日は車で来ているのでアルコールを飲むわけにはいかないが、もし先輩に飲めと言われたら飲まないわけにもいかないし、どうしたらいいのだろうか。／今天我是開車來的，不能喝酒，可是如果前輩一定要我喝的話不喝又不行，那該怎麼辦呢？

(4) A：あんなハードな練習、もうやりたくないよ。疲れるだけじゃないか。／那麼辛苦的訓練，我已經不想再練了，不就是個累嘛。

B：そういうわけにはいかないだろう。監督に逆らったらレギュラーから降ろされるぞ。／那樣不行吧。要是和教練執拗的話，就會把你從正式隊員中撤換下來

的。

接動詞否定形. 表示一種"不做那動作是不可能的＝必須的"義務。這也是使一般常識. 社會理念和過去的經驗成爲這一義務的理由。也可以像例（4）那樣. 接前句或所表達的內容. 以"そういうわけ"（＝やらないわけ）的形式使用。

【わざわざ】

特意。

(1) 山田さんはわたしの忘れ物をわざわざうちまでとどけてくれた。／山田特意把我忘的東西送到家來。

(2) わざわざとどけてくださって、ほんとうにありがとうございました。／特意幫我送來. 實在感謝。

(3) かぜだというから、わざわざみかんまで買っておみまいに行ったのに、そのともだちはデートにでかけたと言う。／聽説朋友感冒了. 我特意買了橘子去看他. 可是他家人却説他出去約會了。

(4) そんな集まりのためだけにわざわざ東京まで行くのはめんどうだ。／僅爲了那樣的集會. 特意跑到東京真麻煩。

(5) 心配してわざわざ来てあげたんだから、もうすこし感謝しなさいよ。／因爲擔心你才特意來的. 你要有點感

激之情喲。

表示並不是做別的什麼時順便來做這件事. 而是專門就爲了這件事而做的。還表示不是出於義務而是出於好意・善意・擔心等才做的。多和"のだから"、"のに"等一起使用。

【わずか】

僅僅、一點、少、才、稍、微。

(1) さいふの中に残っていたのはわずか200円だった。／錢包裡就僅有200日元了。

(2) その会議のその日の出席者はわずか5人だった。／那個會議那天的出席人數才5個人。

(3) 社員わずか300人たらずのその会社がいま大きな注目を集めている。／僅有300人不到的那個公司. 現在很受人注目。

(4) わずかな日数で大きな仕事をなしとげた。／在短短的幾天中完成了一件大工作。

(5) 飢饉のため、わずかな食糧で暮らしている。／由於飢荒. 靠僅有的糧食度日。

(6) あの会社もわずかに社員8名を残すだけとなった。／那個公司僅僅留下了8名職工。

後面伴隨着表示數量的表達方式. 表示説話人認爲那一數量很少的意思。另外. 以"わずかに"的形式. 表示數量極少的狀態。只. 僅。

【わたる】
→【にわたって】

【わり】
1 わりと／わりに　比較、格外、分外。
（1）わりとおいしいね。／挺好吃啊。
（2）きょうの試験はわりとかんたんだった。／今天的考試比較簡單。
（3）ああ、あの映画？わりにおもしろかったよ。／啊，那個電影？挺有意思的喲。

意思是與從某種狀況想像的事加以比較。比如例（2）有〝和平時的考試比較〞、〝與大家猜想的可能很難吧相反〞這樣的意思。不是按照某一基準來説的。正面的評價負面的評價都可以使用。在生硬的句中不太使用。

2 わりに(は)　（比較起來）雖然…但是、比起…雖然不…但是(不過)…。
[Nのわりに]
[Naなわりに]
[A-いわりに]
[Vわりに]
（1）あのレストランは値段のわりにおいしい料理を出す。／那個餐廳價格不算太貴，菜可好吃。
（2）このいすは値段が高いわりには、すわりにくい。／這把椅子價格很貴，但坐起來不舒服。
（3）あの人は細いわりに力がある。／他比較瘦，可是挺有力氣。
（4）ひとの作った料理に文句ばっかり言ってるわりにはよく食べるじゃないか。／對別人做的菜總是發牢騷，吃時可不少。
（5）あまり勉強しなかったわりにはこの前のテストの成績はまあまあだった。／不怎麼唸書，可是上次的考試成績還馬馬虎虎。
（6）山田さん、よく勉強したわりにはあまりいい成績とは言えないねえ。／山田學習很努力，但成績不能説太好啊。

意思是，和從某種狀態中常識性地去猜想的基準做比較。正面的評價負面的評價都不是按膽某一基準來説的。在生硬的句子中不太使用。

【を…とする】
以…爲…、把…(作爲)當作…。
[NをNとする]
（1）その中学はその生徒を退学処分とするという決定をおこなったようだ。／那所中學給那個學生做出了退學處分的決定。
（2）我々は、ここに、我々の国を本日より共和制とすることを宣言する。／我們在此宣告，從今日起我國開始實施

共和制。
→【とする2】2a

【を…にひかえて】

面臨、靠近。

[NをNにひかえ(て)]

(1) 試験を来週にひかえ、図書館は毎日おそくまで学生でいっぱいである。／接近下週考試，圖書館中每天到很晚都有很多學生。

(2) 出産をまぢかにひかえて、その母親ゾウに対する飼育係の人たちの気の使いようはたいへんなものだった。／大象臨近產期，飼養母象的人們那個擔心樣就別提了。

(3) 首脳会談を5日後にひかえ、事務レベルの協議は最後の詰めにはいっている。／5天後首腦會議就要召開，事務性的準備工作已進入最後階段。

後面的N使用表示時間的名詞，表示某事在時間上已經很緊迫了，像以上例句那樣，多用於伴有某些緊張感的事物時。屬書面語。

【をおいて】

除…之外。

[Nをおいて]

(1) 都市計画について相談するなら、彼をおいて他にはいないだろう。／有關城市規劃，要進行協商的話，除他之外別人不行吧。

(2) マスメディアの社会への影響について研究したいのなら、この大学をおいて他にはない。／要想研究宣傳媒介對社會的影響，只有考這所大學。

(3) もし万一母が倒れたら、何をおいてもすぐに病院に駆けつけなければならない。／如果媽媽有什麼萬一的話，無論什麼都得先放下不，必須馬上趕到醫院。

意思是"除外／除了…"。例(3)的"何をおいても"是"どんな状況でも(／無論什麼情況)"意思的慣用句。

【をかぎりに】

僅限於…，以…爲界(最後)，…爲止，以最大限度。

[Nをかぎりに]

(1) 今日をかぎりに今までのことはきれいさっぱり忘れよう。／讓我們以今天爲界，把這以前的事完全徹底地忘掉吧。

(2) 明日の大晦日をかぎりにこの店を閉店する。／這個店營業到明天的除夕以後就關門。

(3) この会は今回をかぎりに解散することとなりました。／本會，在此次會議後就解散了。

（４）みんなは声を限りに叫んだが、何の返事も返ってこなかった。／大家拼命地喊，但也沒有任何反應。

加上"今日"、"今回"等表示時間的詞，表示"以這個時間爲最後一次"的意思。多使用表示含有發言時的時間的詞句。例（４）是慣用說法，意思是"發出最大的聲音"。

【をかわきりとして】
→【をかわきりに】

【をかわきりに】
以…爲開端、開始…，以…爲契機。
［Ｎをかわきりに］
（１）彼女は、店長としての成功を皮切りに、どんどん事業を広げ、大実業家になった。／她以一店之長取得了成功，並以此爲開端，不斷地擴大事業，成了大實業家。
（２）その歌のヒットを皮切りに、彼らはコマーシャル、映画、ミュージカルなどあらゆる分野へ進出していった。／他們以那首歌的成功爲契機，闖入了廣告、電影、輕音樂劇等各個領域。
（３）太鼓の合図を皮切りに、祭りの行列が繰り出した。／以大鼓爲信號，節日的慶典遊行隊伍開始出發。

意思是"以此爲出發點"。一般用於叙述這之後繁榮飛躍發展的情景。有時也可使用"…をかわきりにして"、"…をかわきりとして"的形式。

【をかわきりにして】
→【をかわきりに】

【をきんじえない】
不禁…、禁不住…。
（１）思いがけない事故で家族を失った方々には同情を禁じえません。／對因意外事故而失去親人的人們不勝同情。
（２）戦場から切々と訴えかける手紙に涙を禁じえない人も多いだろう。／面對從戰場寄來的悲切述說的書信，有很多人會禁不住流淚吧。
（３）母の死を知らず無邪気に遊んでいる子供にあわれみを禁じえなかった。／看到對母親的死漠然不知還無憂無慮地玩耍的孩子不禁哀憐。
（４）この不公平な判決には怒りを禁じえない。／對這不公正的判決不禁憤然。
（５）期待はしていなかったが、受賞の知らせにはさすがに喜びを禁じ得なかった。／面對未抱希望却得了獎的通知，不禁喜上眉梢。

表示面對某種情景，不得不感到憤怒或同情的情感。用於表達想抑制也抑制不了的感情時。是生硬的書面語。

【をけいきとして】

趁着…、以…爲契機。

[Nをけいきとして]
（1）彼女は大学入学を契機として親元を出た。／她把上大學作爲機會，離開了父母的身邊。
（2）彼は就職を契機として生活スタイルをガラリと変えた。／他以就職爲契機，完全改變了生活方式。
（3）日本は敗戦を契機として国民主権国家へと転換したと言われている。／人們認爲日本是以戰敗爲契機，轉向了民主主義國家的。
（4）今回の合併を契機として、我が社は21世紀をリードする企業としてさらに発展してゆかなければならない。／我公司作爲領先21世紀的企業，要以這次合資爲契機，更深入地發展下去。

用於表示"入學"、"就職"等動作的名詞之後，表示"以某事爲契機・轉折點"的意思。也可以説"…をけいきに"、"…をけいきにして"。

（例）彼女は大学入学を契機に（して）親元を出た。／她趁上大學這一機會，離開了父母的身邊。是書面語。

【をこめて】

集中、傾注。

[Nをこめて]
（1）母親のために心をこめてセーターを編んだ。／滿懷真心爲母親織了件毛衣。
（2）この花を、永遠に変わらぬ愛を込めてあなたに贈ります。／把這束傾注了永遠不變的愛情之花送給你。
（3）彼女は、望郷の思いを込めてその歌を作ったそうです。／聽説她是滿懷思郷之情作了那首歌。
（4）彼は、長年の恨みを込めて、痛烈な一撃をその男の顔面に食らわせた。／他集中了長年的憤恨，在那男人臉上給了重重的一擊。

表示"對某事傾注了愛或思念等的情感"的意思。修飾名詞時成爲"NをこめたN"，更多的時候成爲"NのこもったN"。

（例）子供たちが心を込めた贈り物をした。／孩子們贈送了傾注全部心血的禮物。
（例）子供たちが心のこもった贈り物をした。／孩子們贈送了傾注全部心血的禮物。

有時也有像下列例句那樣不加"を"的慣用表達方式。

（例）父は丹精込めて育てたその菊をことのほか愛している／父親格外喜歡他傾注全部精力栽培的菊花。

【をして…させる】

使…、讓…。

[Nをして V-させる]
(1) あのきびしい先生をして「もう教えることは何もない」と言わせたのだから、あなたはたいしたものだよ。／能讓那位嚴厲的老師說："已經沒法教你了"，你可真不得了啊。
(2) あのわからず屋の親をして「うん」と言わせるには、ちょっとやそっとの作戦ではむりだよ。／要想讓你那頑固的老爸點頭說："嗯"，就那麼簡簡單單地蒙騙他是不行的喲。
(3) あのがんこ者をしてその気にさせたのだから、誠意のたいせつさをわかいあなたに教えられた気がする。／能說動那麼頑固的人，我感覺從年輕的你身上學到了誠心誠意的可貴性。

在N處幾乎所有的場合都使用表示人的名詞。意思和"…に…させる"、"…を…させる"一樣，不過如使用了"をして"，多半的意思是表示很難說得動的對方做某事時。是較陳舊死板的說法。

【をする】
→【する】8

【をぜんていに】
以…爲前提、以…爲條件。

【Nをぜんていに V】
(1) 彼女は記事にしないことを前提にそのことを記者に話した。／她以不做報導爲條件，向記者說了那件事。
(2) では、そのことを前提に(して)、今後のことを話しあっていきたいと思います。／那麼，以此維爲前提，我想就今以後的事繼續交談下去。
(3) 政府は、その問題の解決を前提に援助交渉にのぞむ方針をかためたもようである。／政府決定了以解決那一問題爲前提，才能進行經濟援助談判的方針。

意思是如果不能滿足做某事的前提條件，就不能進入下一階段，而要在滿足這一條件的基礎上才能做。比如例(1)的"不做報道"就是條件。是書面語。口語中也可以使用"…をぜんていにして／として"的形式。

【をたよりに】
依靠、藉助。

[Nをたよりに V]
(1) あなたがいなければ、これからわたしは何をたよりに(して)生きていけばいいのですか。／如果沒有你，今後我靠什麼生活下去呢？
(2) その留学生は、辞書をたよりに、ひとりで「橋のない川」を読みつづけている。／

那個留學生，藉助字典一個人在讀着《沒有橋的河》這本書。
(3) 白いつえだけをたよりに、その人は70年生き、そして死んでいった。／他只是藉助着白色拐杖活了70年，然後死去了。
(4) もちまえの行動力だけをたよりに、彼女はバイクで世界中を旅している。／她只是仗着天生的活動能力，騎摩托車周遊着世界。

意思是"藉某種幫助"、"依靠某事"。口語中也説"…をたよりにして"、"…をたよりとして"。近似的表達方式有"…をたのみにして"、"…をたのみとして"。

【をちゅうしんに】

以…爲中心、以…爲重點、圍繞着…。
[Nをちゅうしんに V]
(1) そのグループは山田さんを中心に作業を進めている。／那個小組以山田爲中心進行着作業操作。
(2) そのチームはキャプテンを中心によくまとまったいいチームだ。／那支隊伍是一支以隊長爲中心的非常有實力的隊伍。
(3) 太陽系の惑星は太陽を中心としてまわっている。／太陽係的行星圍繞着太陽旋轉。
(4) 台風の影響は、九州地方を中心に西日本全体に広がる見込みです。／預計颱風的影響將以九州地區爲中心，擴展到整個西日本地區。
(5) このバスは、朝7時台と夕方6時台を中心に多くの便数がある。／這趟公車以早上七點和晚上六點爲高峰，發的班次比較多。

意思是"以…爲中心"。表示某事位於中心的行爲・現象・狀態範圍時使用。也有"…をちゅうしんにして"、"…をちゅうしんとして"的形式。是書面語。

【をつうじて】

通過…。
1 Nをつうじて V
(1) その話は山田さんを通じて相手にもつたわっているはずです。／那件事應該是通過山田轉達給對方了。
(2) A社はB社を通じてC社とも提携関係にある。／A公司通過B公司也和C公司建立了合作關係。
(3) 現地の大使館を通じて外務省にはいった情報によると、死者は少なくとも100人をこえたもようである。／根據通過當地大使館傳到外務省的信息，死者至少在100人以上。

意思是"經由…"。在叙述經由某事物來傳遞信息或建立關係時使用。傳達的是信息・話・聯絡手段，不能使用交通手

段。
(誤) この列車はマドリッドをつうじてパリまで行く。
(正) この列車はマドリッド{を通って／を経由して}パリまで行く。／這趟列車經由馬德里開往巴黎。

2 Nをつうじて 貫穿始終、在(整個)…的時間、在(整個)…範圍內。
(1) その国は一年をつうじてあたたかい。／那個國家一年到頭都是暖和的。
(2) このあたりは四季をつうじて観光客のたえることがない。／這一帶一年四季遊客不斷。
(3) その作家は、生涯を通じて、さまざまな形で抑圧されてきた人々を描きつづけた。／那位作家，整個一生描寫了各種受壓迫的人們。

附在表示時間的名詞後，表示"在某固定時期不間斷一直…"的意思。是書面語。也可以說"…をとおして"。

【をとおして】
→【とおして】

【をとわず】
無論…、不管…、不分…、不限…、不拘…。

[Nをとわず]
(1) 彼らは昼夜を問わず作業を続けた。／他們不分晝夜繼續作業。
(2) 意欲のある人なら、年齢や学歴を問わず採用する。／不限年齡學歷，只要有熱情都錄用。
(3) 近ごろは男女を問わず大学院に進学する学生が増えている。／最近無論男女，上研究所的學生增多了。
(4) 新空港の設計については、国の内外を問わず広く設計案を募集することとなった。／就新機場的設計問題，決定在國內國外廣泛募集設計方案。

表示的意思是"與其沒關係"、"不將此作為問題"。多使用"昼夜"、"男女"等表示正反意的名詞。有時也可以像下列例句那樣，使用"Nはとわず"的形式。
(例) (アルバイトの広告で)販売員募集。性別は問わず。／(在召募臨時工的告示中)募集售貨員，性別不限。

是書面語的表達方式。

【をのぞいて】
除了…之外、不算…。

[Nをのぞいて(は)]
(1) 山田さんをのぞいて、みんな来ています。／除去山田之外，大家都來了。
(2) 火曜日をのぞいて(は)だいたいあいています。／除了星期二，大致都有空。
(3) その国は、真冬の一時期をのぞいて(は)だいたい温暖

な気候だ。／那個國家除了隆冬那一個時期，大致都是溫暖的氣候。
(4) 全体的には、この問題を除いて、ほぼ解決したと言ってよいだろう。／可以這麼說吧，除此問題以外，基本上都解決了。

表達的是"把那個作爲例外"的意思。是書面語，口語中經常使用"…をのぞけば"或"…のほかは"。

【をふまえ】

根據、依據、在…基礎上。

[Nをふまえ(て)Ｖ]

(1) いまの山田さんの報告をふまえて話し合っていただきたいと思います。／想請大家根據剛才山田的報告一起談一談。
(2) 前回の議論をふまえて議事を進めます。／在上次議論的基礎上，展開討論。
(3) そのご提案は、現在我々がおかれている状況をふまえてなされているのでしょうか。／那一提案是根據我們現在所處的狀況下形成的嗎？
(4) 今回の最終答申は、昨年の中間答申をふまえ、さまざまな角度から議論を重ねたうえで出されたものだ。／這次的最終報告，是依據去年的中間報告，並在從各種角度反覆討論的基礎上提揀出的。

表達的意思是，在將某事作爲前提或判斷的根據或考慮進去的基礎上。是生硬的書面表達方式。

【をもって】

→【もって２】

【をもとに】

在…的基礎上、以…爲基礎、根據…。

[Nをもとに(して)]

(1) 実際にあった話をもとにして脚本を書いた。／以真實事件爲基礎寫出了劇本。
(2) 人のうわさだけをもとにして人を判断するのはよくない。／僅僅根據人們的傳言來判斷一個人是不對的。
(3) この地方に伝わる伝説をもとにして、幻想的な映画を作ってみたい。／我想根據流傳在這一地帶的傳說製作一部幻想電影。
(4) 調査団からの報告をもとに救援物資の調達が行われた。／根據調查團發來的報告，進行救援物資的調撥。
(5) 史実をもとにした作品を書き上げた。／寫出了以史實爲依據的作品。

表示"將某事作爲材料・啓示・根據

等"的意思。修飾名詞時，像例（5）那樣成爲"Nをもとにした N"的形式。

【をものともせずに】
不當回事、不放在眼裡、不理睬。
[Nをものともせずに]
（1）彼らのヨットは、嵐をものともせずに、荒海を渡り切った。／他們的快艇，面對暴風雨毫不畏懼，穿過了波濤洶湧的大海。
（2）ばくだいな借金をものともせずに、彼は社長になることを引き受け、事業を立派に立ち直らせた。／他沒把龐大的債務放在眼裡，擔當了總經理，並出色地重振了事業。
（3）周囲の批判をものともせずに、彼女は自分の信念を貫き通した。／她不理睬周圍的批評，對自己的信念始終如一。

意思是"毫不畏懼地去應付嚴峻的條件"。後面接表達解決問題意思的表達方式。是書面語。

【をよぎなくさせる】
迫不得已、迫使…不得不…。
[Nをよぎなくさせる]
（1）台風の襲来が登山計画の変更を余儀なくさせた。／由於颱風的襲擊，迫不得已改變了登山計劃。
（2）思いがけないゲリラの反撃が政府軍の撤退を余儀なくさせた。／游擊隊的突然反擊，迫使政府軍不得不撤退。

用於表示動作的名詞之後，表示"不得不那麼做的狀態"。用於表示引起令人不滿意的事態時。

【をよぎなくされる】
不得已、沒辦法、只能、必須。
[Nをよぎなくされる]
（1）火事で住まいが焼けたため、家探しを余儀なくされた。／因房子被火燒掉了，只得去找房子。
（2）長時間の交渉の結果、妥協を余儀なくされた。／長時間交渉的結果，不得不妥協。
（3）事業を拡張したが、売り上げ不振のため、撤退を余儀なくされる結果になった。／雖然擴大了事業，但因銷售不佳，結果只得撤掉。
（4）これ以上の争いをさけるために全員が協力を余儀なくされた。／爲了避免更大的競爭，全體必須攜手共進。

用於表示動作的名詞之後，意思爲"到了沒辦法，必須那麼做的地步"。是書面語。

【んじゃ】
…的話。

[N／Na （なん）じゃ]
[A／V んじゃ]
(1) 雨なんじゃしかたがない。あしたにしよう。／下雨的話没辦法，明天吧。
(2) そんなに臆病なんじゃ、どこにも行けないよ。／那麼膽小的話，哪都去不成喲。
(3) こんなに暑いんじゃ、きょうの遠足はたいへんだろうね。／這麼熱的話，今天的郊遊可傷腦筋呀。
(4) こんなにたくさんの人に見られているんじゃ緊張してしまうな。／被那麼多人看着，會緊張的呀。

是"(の)では"的口語表達方式。
→【のでは】

【んじゃない】

1 んじゃない 不…嗎？ 没…嗎？
[N／Na （なん）じゃない]
[A／V んじゃない]
(1) あの人、山田さんなんじゃない？／那個人不是山田嗎？
(2) ほら、顔があかくなった。あなた、山田さんが好きなんじゃないの？／啊，臉紅了。你是不是喜歡山田啊？
(3) それ、いいんじゃない？悪くないと思うよ。／那個，很好啊？我認爲不錯喲。
(4) かぎ？テーブルの上にあるんじゃない？／鑰匙？没在桌子上嗎？
(5) 佐藤さん？もう帰ったんじゃない？／佐藤？不是已經走了嗎？

是"のではないか"的隨意的表達方式。用上升語調。也可以像例(2)那樣用"んじゃないの"。男性除此之外還使用"んじゃないか"。敬體形式是"んじゃありません"。
→【ではないか2】

2 V-るんじゃない 不許…、不要…。
(1) そんなところで遊ぶんじゃない。／不要在那玩！
(2) 電車の中で走るんじゃない！／不要在電車裡跑！
(3) そんなきたないものを口にいれるんじゃない！／不要把髒東西放進嘴裡！
(4) そんな小さい子を突き飛ばすんじゃない！／不要撞那麼小的孩子！
(5) いじめられて大きな心の傷を負っている子供に対して、そんなに頭ごなしに「もっと強くなれ」だなんて言うんじゃないよ。／對被人欺負心靈受到很大傷害的孩子，不要那麼不問情由地説什麼："要更堅強一些"之類的話呀。

是禁止聽話者行爲的表達方式。用下降語調。屬口語。男性多使用。女性多使用敬體形式"んじゃありません"。

【んじゃないか】

是不是…、莫非是…、難道是…。

[N／Na （なん）じゃないか]
[A／V　んじゃないか]
（1）明日はひょっとしたら雪なんじゃないか。雪雲が出てきたよ。／明天莫非下雪？黑雲都上來啦。
（2）あの人、野菜がきらいなんじゃないか。こんなに食べ残しているよ。／他是不是不喜歡蔬菜？吃剩下那麼多。
（3）あの子、寒いんじゃないかな。くしゃみしてるよ。／那孩子，是不是冷啊？在打噴嚏啊。
（4）田中さんも来るんじゃないか。鈴木さんがつれてくるって言ってたから。／田中是不是也來？因爲鈴木說要帶他來。

是"(の)ではないか"的口語表達方式。敬體形式是"んじゃありませんか"。
→【じゃないか2】

【んじゃないだろうか】
　　　不會是…吧、難道是…嗎？會不會…吧。
[N／Na （なん）じゃないだろうか]
[A／V　んじゃないだろうか]
（1）こんなことが起きるなんて信じられない。夢（なん）じゃないだろうか。／發生這種事真讓人難以置信，不會是做夢吧？
（2）あの人、ワインの方が好きなんじゃないだろうか。ワインばかり飲んでたよ。／他大概喜歡喝葡萄酒吧，只拚命地喝葡萄酒來着。
（3）いくら浅い川だといっても、あのへんは深いんじゃないだろうか。／再怎麼說這河裡的水很淺，但那一帶還是很深的吧。
（4）雪が降っている。故郷ではもうずいぶん積もったんじゃないだろうか。／下雪了。家鄉會不會已經積滿了雪呀。

是"(の)ではないだろうか"的口語表現形式。敬體形式是"んじゃないでしょうか"。
→【ではないだろうか】

【んじゃなかったか】
　　　不是…了(的)嗎？
[N／Na （なん）じゃなかったか]
[A／V　んじゃなかったか]
（1）あの人はもっと有能なんじゃなかったか。／他不是很有才能的嗎？
（2）二度としないと誓ったんじゃなかったか。／不是發誓說不做了嗎？

是"(の)ではなかったか"的口語表達方式。
→【ではなかったか】2

【んだ】
1 …んだ（説明、主張）。

[N／Na　なんだ]
[A／V　んだ]
（1）　A：どうしたの。元気ないね。／怎麼啦？没精神啊。
　　　B：かぜなんだ。／我感冒了。
（2）　A：どうしてさっき山田さんとしゃべらなかったの？／爲什麼剛才没和山田説話？
　　　B：あの人はちょっと苦手なんだ。／我對他有點感冒。
（3）　やっぱりこれでよかったんだ。／還是這樣好啊。
（4）　コンセントが抜けてる。だからスイッチを入れてもつかなかったんだよ。／插頭没插。所以按了開關也不亮。

是"のだ"的口語表達方式。敬體形式是"んです"。
→【のだ】

2　V－るんだ（指示、命令）。
（1）　かぜなんだから、早く寝るんだ。／感冒了．所以要早睡。
（2）　さっさと食べるんだ。／趕快吃。
（3）　呼ばれたら返事をするんだよ。／別人叫你的話，你要答應喲。
（4）　いいかい、なるべく早く迎えにくるようにするから、おとなしく待ってるんだよ。／聽懂了嗎？我儘量早點來接你．要乖乖地等着喲。
（5）　人質の安全が第一だ。ここは犯人の要求どおりにするんだ。／人質的安全第一。在這一點上要按犯人的要求去做。

表示指示・命令。主要是男性使用。女性像"早く寝るんです"或"早く寝るの"那樣多使用"んです"或"の"。像例（3）、（4）那樣加上"よ"．可減弱命令的口氣。

【んだった】
　　…就好了、真該…。
[V－るんだった]
（1）　あと10分あれば間に合ったのに。もう少し早く起きるんだったな。／再多10分鐘就趕上了。再早點來起就好啦。
（2）　A：ひどい成績だね。／這成績真差勁啊。
　　　B：うん、こんなことになるのなら、もう少し勉強しておくんだった。／嗯．要知道弄成這樣．再用點功就好了。
（3）　あれ？パンがたりない。もっと買っておくんだったな。／哎喲．麵包不够啦。再多買點就好了。
（4）　こんな事態になる前に、何か手を打っておくんだった。／在形成這種事態之前．採

取些措施就好了。
是"のだった"的口語表達方式。
→【のだった】

【んだって】

聽說…。
(1) 山田さん、お酒きらいなんだって？／聽說山田不喜歡喝酒，是嗎？
(2) あの店のケーキ、おいしいんだって。／據說那個店的蛋糕很好吃。
→【って】5

【んだろう】

…吧。
[N／Na　なんだろう]
[A／V　んだろう]
(1) 子どもたちがたくさん遊んでいる。もう夏休みなんだろう。／很多孩子在玩。已經放暑假了吧？
(2) A：あの人、酒ばかり飲んでてね。／他一個勁光在那喝酒啊。
　　B：よっぽど好きなんだろうね。／看來很喜歡酒吧。
(3) 田中さんはずっと笑いっぱなしだ。何がそんなにおかしいんだろう。／田中一直在笑，是什麼那麼好笑啊？
(4) A：君も行くんだろう？／你也去吧？

B：はい、行くつもりです。／是，我打算去。
是"んだ"和"だろう"組合使用的形式。
→【のだろう】

【んで】

因爲、所以。
[N／Na　なんで]
[A／V　んで]
(1) かぜなんで、今日は休みます。／因爲感冒，今天休息。
(2) 雨が降りそうなんで洗濯はやめときます。／看樣子要下雨，所以不洗衣服了。
(3) あんまりおいしかったんで、ぜんぶ食べてしまった。／因爲非常好吃，所以都吃了。
(4) 殘った仕事はあした必ずかたづけるんで、今日は勘弁してください。／剩下的工作我明天一定處理完，所以今天你就原諒我吧。
(5) 急いで作ったんで、おいしくないかもしれませんよ。／急急忙忙做的，可能不好吃哟。
是"ので"的隨意説法。因爲給人感覺很不禮貌，所以對身份、地位、年齡比自己高的人不能使用。
→【ので】

【んです】

(主張、説明)。

[N／Na　なんです]
[A／V　んです]
（1）　A：どうしたんですか。元気がありませんね。／怎麼啦？那麼沒精神。
　　　B：ちょっとかぜなんです。／有點感冒。
（2）　A：どうしてさっき山田さんとしゃべらなかったの？／為什麼剛才沒和山田說話呀？
　　　B：あの人はちょっと苦手なんです。／我對他有點感冒。
（3）　A：どうしたの？退屈？／怎麼啦？無聊嗎？
　　　B：いえ、ちょっとねむいんです。／不，有點睏。
（4）　コンセントが抜けています。だからスイッチをいれてもつかなかったんですよ。／插頭沒插。所以按開關也不亮啊。

　　是"んだ"的敬體表現。也可以説"のです"。

→【のです】

50音順索引

索引

F
副詞＋する ------------ 203

H
何＋疑問詞＋か／いくつか 86

J
極端事例＋も ---------- 741

S
数詞／なん／いく／とおり
------------------ 421
数量詞＋あまり --------- 16
数量詞＋いか ---------- 27
数量詞＋いじょう ------- 38
数量詞＋がかり --------- 93
数量詞＋から ---------- 115
数量詞＋からある／からする
------------------ 115
数量詞＋からの -------- 115
数量詞＋くらい -------- 134
数量詞＋する ---------- 202
数量詞＋と ----------- 385
数量詞＋と…ない ------- 385
＋数量詞＋にたいして -- 576
＋数量詞＋にたいする -- 577
＋数量詞＋について --- 579
＋数量詞＋につき ----- 580
数量詞＋ばかり -------- 638
数量詞＋ほど ---------- 683
数量詞＋も ----------- 742
数量詞＋も…か -------- 744
数量詞＋も…ない ------ 743
数量詞＋も …ば／…たら
------------------ 743
数量詞＋や＋数量詞 ---- 779

Y
擬態詞＋と ----------- 386
疑問詞…か ------------ 86

疑問詞（＋格助詞）＋なりと
------------------ 532
疑問詞＋かというと ----- 105
疑問詞…かとおもったら 418
疑問詞＋（助詞）＋ともなく
------------------ 474
疑問詞＋（助詞）＋も -- 744
疑問詞＋…たら…のか -- 274
疑問詞…ても ------ 362,363
疑問詞＋にしたって ---- 569
疑問詞＋にしても ----- 573
疑問詞＋のだ --------- 608
疑問詞＋のやら -------- 786
疑問詞＋…ば…のか ---- 625
疑問詞＋も ----------- 744
疑問詞＋やら --------- 787
疑問表達方式＋だい ---- 239

Z
最小数量＋も…ない ---- 742

あ
あいだ --------------- 2
あいだに -------------- 3
あいまって　→とあいまって
あえて --------------- 3
あえて…ない ---------- 5
あえて…ば ------------ 4
あがる ------------- 5,6
あくまで -------------- 6
あくまで（も） ------ 6,7
あげく --------------- 7
あげくのはてに（は） --- 8
あげる ------------- 8,9
あたかも -------------- 9
あっての ------------- 10
あと ----------- 10,11,12
あと＋数量詞 --------- 12
あとから ------------ 13
あとで -------------- 13
あと　で／に --------- 11
あとは…だけ --------- 13
あまり -------------- 14

あまり／あんまり ------ 14
あまり／あんまり …ない 14
あまり（に） --------- 15
あまりに（も） -------- 14
あまりに（も）…と ---- 15
あまりの… に／で ---- 14
あらためる ----------- 16
あるいは ------------ 16
あるいは…あるいは ---- 18
あるいは…かもしれない - 17
あるのみだ ---------- 619
あるまじき…だ ------- 18
あれで --------------- 19
あれでも ------------ 19
あんまり ------------ 20
あんまり…ない ------- 20
あんまり（にも） ----- 14
あんまり（にも）…と --- 15

い
いい ---------------- 21
いいから／いいよ ------ 22
いう ------------ 23,23
いうまでもない ------- 25
いうまでもないことだが - 26
いうまでもなく ------- 26
いか -------------- 27,28
いか＋数量詞 --------- 27
いがい -------------- 28
いがいに…ない ------- 28
いかだ -------------- 27
いかなる ------------ 28
いかなる…でも ------- 29
いかなる…とも ------- 29
いかなる…（＋助詞）も - 28
いかに -------------- 30
いかに…か ---------- 30
いかに…ても -------- 30
いかに…といっても ---- 30
いかに…とはいえ ----- 31
いかにも ------------ 32
いかにも…そうだ ----- 32
いかにも…ようと（も） - 31
いかにも…らしい ------ 32

いかにも …らしい／…そうだ ………… 32
いかん ………… 33
いかんで ………… 33
いくら ………… 34
いくら…からといって(も) ………… 35
いくら…たところで ………… 36
いくら…ても ………… 34
いくら…といっても ………… 35
いくらでも ………… 34
いくらなんでも ………… 36
いくらも…ない ………… 34
いけない →てはいけない、なくてはいけない、なければ2
いご ………… 37
いささか ………… 37
いささかも…ない ………… 37
いざしらず ………… 37
いざとなったら ………… 458
いざとなると ………… 461
いざとなれば ………… 462
いじょう ………… 38, 42
いじょうに ………… 39
いじょうの ………… 38
いじょう(の) ＋数量詞／… ………… 42
いじょう(は) ………… 41
いずれ ………… 42, 44
いずれにしても ………… 42
いずれにしろ ………… 43
いずれにせよ ………… 43
いずれも ………… 44
いぜん ………… 44, 45
いたって →にいたる3
いたっては →にいたる4
いたっても →にいたる5
いたり ………… 46
いたる →にいたる
いちがいに…ない ………… 47
いちど ………… 47
いちど …と／…たら ………… 47
いちど …ば／…たら ………… 47
いつか ………… 48
いつか…た ………… 48

いつかの ………… 49
いつか (は) ………… 48
いっこうに ………… 49
いっさい ………… 49
いつしか ………… 50
いっそ ………… 50
いったい ………… 51
いったらありはしない →といったらありはしない
いったらない →といったらない
いったん…と ………… 51
いっぽう ………… 52, 53
いっぽうでは…たほうでは ………… 52
いない ………… 53
いまからおもえば ………… 80
いまごろ ………… 53
いまごろ …ても／…たところで ………… 54
いまごろになって ………… 53
いまさら ………… 54
いまさら…たところで ………… 54
いまさら…ても ………… 54
いまさらながら ………… 55
いまさらのように ………… 55
いまだ ………… 55
いまだに ………… 55
いまだ (に) …ない ………… 56
いまでこそ ………… 56
いまとなっては ………… 459
いまに ………… 57
いまにも ………… 57
いまや ………… 57
いらい ………… 58
いわば ………… 59
いわゆる ………… 59

う

うえ ………… 60
うえ (に) ………… 62
うち ………… 63
うちが ………… 65
うちに ………… 63
うちにはいらない ………… 63

うちは ………… 65
うる ………… 66

え

える ………… 66

お

おいそれと (は) …ない ………… 70
お…いたす ………… 67
お…いただく ………… 67
お…ください →お…くださる
お…くださる ………… 68
お…する ………… 68, 205
お…です ………… 68
お…なさい →なさい
お…なさる ………… 69
お…になる ………… 69, 535
お…ねがう ………… 70
おいて ………… 71
おうじて →におうじて
おかげだ →の…はだ4
おかげで ………… 71
おきに ………… 72
おそらく ………… 72
おそれがある ………… 73
おなじ ………… 73
おなじ…る なら／の だったら ………… 73
おぼえはない ………… 74
おまけに ………… 75
おもう ………… 75, 77
おもえば ………… 79
おもったものだから ………… 772
おもったら ………… 80
および ………… 81
おり ………… 82
おりから ………… 82
おりからの ………… 82
おり (に) ………… 82

か

か ………… 83, 85

856 索引

か…か ――― 83
か…かで ――― 84
か…ないか ――― 85
か…ない (か) ――― 85
か+疑問詞+か ――― 83
が ――― 87, 90
が…だから ――― 87
が…だけに ――― 88, 256
が…だとすれば ――― 452
が…てほしい ――― 681
が…なら…(が) ――― 89
が…なら…は…だ ――― 524
が…なら…も…だ ――― 89, 525
が…に／から…られる 820
が…に(よって)…られる 820
が…に…られる ――― 820, 821
が…に…を…させる ――― 169
が…に…を…られる ――― 821
が／…のが やっとだ ― 784
が…みえる ――― 718
が…られる ――― 820
が…を…させる ――― 170, 171
が… を／に …させる 170
が…を…みせる ――― 724
か、あるいは ――― 17
かい ――― 90
がい ――― 91
がいい ――― 23
かいが ある／ない ― 90
かえって ――― 92
かえる ――― 92
かおをみせる ――― 724
がかり ――― 93, 94
がかる ――― 94
かぎり ――― 94, 95, 96
かぎりが ある／ない ― 94
かぎりなく…にちかい ― 95
かぎりに →をかぎりに
かぎる ――― 97
かくして ――― 98
かくて →かくして
かけ ――― 98
かける ――― 99
がさいご ――― 100
がする ――― 203

がたい ――― 100
かたがた ――― 101
かたわら ――― 101
がち ――― 102
かつ ――― 103
かつて ――― 104
がてら ――― 104
かというと ――― 105
かといえば →かというと
かどうか ――― 84
かとおもうと ――― 106
かとおもうほど ― 106, 417
かとおもうまもなく →とおもう 8
かとおもえば ――― 107, 417
かとおもったら ――― 107
かとなると ――― 461
かとなれば ――― 462
かな ――― 107
がな ――― 107
かな (あ) ――― 482
がないでもない ――― 487
がなくもない ――― 499
かなにか ――― 507
かならず ――― 108
かならずしも…ない ― 108
かなんか ――― 538
かにみえる ――― 720
かねない ――― 109
かねる ――― 109
かのごとき →ごとし
かのごとし ――― 152
かのよう →ようだ 1 b
かのようにみえる ――― 720
がはやいか ――― 110
がほしい ――― 680
がほしいんですが ――― 681
がまま ――― 713
がみえる ― 717, 718, 721
かもしれない ――― 110
かもわからない ――― 112
か (も) わからない ― 112
がゆえ ――― 788
がよかろう →よかろう
から ――― 113, 115, 116

から…にいたるまで ― 114
から…にかけて ――― 560
から…まで ――― 114, 705
からある →から 1 9 b
からいい ――― 117
からいいが ――― 117
からいいようなものの ― 117
からいう ――― 118
からいうと ――― 118
からいえば →からいう
からいったら →からいう
からいって ――― 118
からか／…せいか／…のか 86
からが →にしてからが
からこそ ――― 118
からしたら →からする
からして ――― 119, 120
からする ――― 120
からすると ――― 120
からすれば →からする
からだ ――― 116
からって ――― 120
からでこそ →それでこそ
からでないと →てから 2
からでなければ →てから 2
からといって ――― 121
からといって+否定表達方式 ――― 121
からとおもって ――― 418
からとて ――― 455
からなる ――― 533
からには ――― 121
からみたら →からみる
からみて ――― 122
からみる ――― 121
からみると ――― 121
からみれば →からみる
がり →がる
かりそめにも ――― 122
かりに ――― 122
かりに …たら／…ば ― 122
かりに …ても／…としても ――― 123
かりに …とすれば／…としたら ――― 123

50音順索引

かりにも ------------ 124
かりにも …なら／…いじょうは ------------ 124
かりにも＋禁止／否定表達方式 ------------ 124
がる ------------ 124
かれ ------------ 125
かろう ------------ 126
かろうじて ------------ 126
かろうじて…た ------------ 126
かろうじて…ている ---- 126
かろうじて…る ------------ 127
かわきりに　→をかわきりに
かわりに ------------ 127

き

きく　→ときく
きっかけ ------------ 128
きっと ------------ 128
ぎみ ------------ 129
きらいがある ------------ 129
きり ------------ 129
きる ------------ 130
きれない ------------ 131
きわまりない ------------ 131
きわまる　→きわまりない
きわみ ------------ 131
きんじえない　→をきんじえない

く

くさい ------------ 132
くせ ------------ 132
くせして ------------ 133
くせに ------------ 132
ください　→てください
くださる　→てくださる
くもなんともない ------ 549
くらい ------- 134, 136, 138
くらい…はない ------------ 135
くらいだ ------------ 136
くらいだから ------------ 137
くらいなら ------------ 135

くらいの…しか…ない -- 137
くらべる　→にくらべて
くれ　→てくれ
くれる　→てくれる
くわえて ------------ 139

け

げ ------------ 140
けっか ------------ 140
けっきょく ------------ 140
けっして…ない ------------ 141
けど ------------ 141
けれど ------- 142, 143, 144
けれども ------------ 143
げんざい ------------ 144

こ

こういうふう ---------- 659
ごし ------------ 144
こしたことはない　→にこしたことはない
こそ ------------ 145
こそ…が ------------ 146
こそ　あれ／すれ ------ 145
こと ------------ 147, 148
こと／…ところ　から -- 114
ことうけあいだ --------- 149
ことか ------------ 149
ことがある ------------ 150
ことができない ------------ 151
ことこのうえない ------- 151
ごとし ------------ 152
ことだ ----------- 152, 153
ことだから ------------ 153
ことだし ------------ 154
ことだろう ------------ 154
ことで ------------ 155
こととおもう ------------ 155
こととしだいによって -- 183
こととする ------------ 448
こととて ------------ 155
ことなく ------------ 156
ことなしに ------------ 156

ことに ------------ 156
ごとに ------------ 157
ことにしている -------- 157
ことにする ------------ 158
ことになっている ------ 158
ことになる ---- 159, 160, 533
ことには ------------ 160
ことによると／ばあいによると ------------ 597
ことは…が ------------ 161
ことはない ------------ 162
ことはならない -------- 162
このたび ------------ 162
このぶんでいくと ------ 663
このぶんでは ---------- 664
こむ ------------ 162
ごらん ------------ 163
これ／それ／あれ　いじょう ------------ 39
これ／それ　までだ ---- 710
これいじょう…て ------ 40
これいじょう…ば ------ 40
これいじょう…は＋含否定意的表達方式 ------------ 41
これいじょう＋修飾句＋…は…ない ------------ 39
これだけ…のだから ---- 254
これだと ------------ 164
これでは ------------ 164
これといって…ない ---- 403

さ

さあ ------------ 164
さい ------------ 165
さいご　→がさいご
さいちゅう ------------ 165
さえ ------------ 166
さえ …たら／…ば ---- 166
さしあげる　→てさしあげる
さしつかえない -------- 167
さすが ------------ 167
さすがに ------------ 167
さすが（に）…だけあって ------------ 168

さすがに…だけのことはある ……… 168	して →て	すむことではない ……… 201
さすがの…も ……… 168	しないで →ないで	すら ……… 201
させてあげる ……… 171	しなくて →なくて	すら…ない ……… 202
させておく ……… 171	しはする ……… 186	する ……… 203
させてください ……… 172	しまつだ ……… 186	すればいいものを ……… 778
させてほしい(んだけれど) ……… 682	じゃあ ……… 187	
させて もらう／くれる 172	じゃ(あ) ……… 187	**せ**
させられる ……… 173	じゃあるまいし ……… 178	
させる ……… 169	じゃない ……… 188	せい ……… 206
さぞ…ことだろう →ことだろう	じゃないか ……… 188, 189	せいか ……… 207
さっぱり ……… 173	じゃないが ……… 189	せいぜい ……… 207
さっぱり…ない ……… 173	じゃないだろうか ……… 190	せいで ……… 206
さっぱりだ ……… 173	じゅう ……… 190	せいにする ……… 206
さて ……… 174	しゅんかん ……… 190	せずに →ずに
さて…てみると ……… 174	じょう ……… 191	せっかく ……… 208
さほど ……… 174	しょうがない ……… 191	せっかく…からには ……… 208
さほど…ない ……… 174		せっかく…けれども ……… 208
さも ……… 175	**す**	せっかく…のだから ……… 209
さらに ……… 175		せっかく…のだったら ……… 209
さることながら →もさることながら	ず ……… 192	せっかく …のに／ても ……… 209
ざるをえない ……… 176	ず…ず ……… 192	せっかく＋連體修飾句＋… ……… 210
されている →とされている	すえに ……… 193	せっかくですが ……… 211
	すがたをみせる ……… 724	せっかくですから ……… 211
し	すぎ ……… 194	せっかくの ……… 210
	すぎない ……… 193	せつな ……… 211
し ……… 177	すぎる ……… 193	ぜひ ……… 211
し、…から ……… 178	すぐ ……… 194	せめて ……… 212
し、それに ……… 177	すくなくとも ……… 195	せめて…だけでも ……… 212
しいしい ……… 177	すぐにでも ……… 195	せめて…なりとも ……… 213
しか ……… 179	ずくめ ……… 195	せめてもの ……… 213
しか…ない ……… 179	すこしも…ない ……… 196	せよ →にせよ
しかし ……… 180	ずして ……… 196	せられたい ……… 213
しかしながら ……… 181	ずじまいだ ……… 196	せる →させる
しかたがない ……… 181	ずつ ……… 197	ぜんぜん…ない ……… 213
しかも ……… 182	ずとも ……… 197	
しだい ……… 182	すなわち ……… 197	**そ**
しだいだ ……… 182	ずに ……… 198	
したがって ……… 184	ずにいる ……… 198	そう…ない ……… 214
じつのところ ……… 185	ずにおく ……… 198	そういえば ……… 214
じつは ……… 184	ずにすむ ……… 199	そうしたら ……… 215
じつをいうと ……… 185	ずにはいられない ……… 199	そうして ……… 216
	ずにはおかない ……… 200	そうすると ……… 216
	ずにはすまない ……… 200	そうだ ── 217, 218, 219, 221
	すまない →ずにはすまない	
	すむ ……… 200	

(そう)だとしたら ----- 442	それゆえ ------------ 237	だけに -------------- 255
そうにしている -------- 219	それを ------------- 237	だけにかえって -------- 256
そうにない ------------ 221		だけになおさら -------- 255
そうになる -------- 220, 533	**た**	だけのことだ --------- 251
そうにみえる ------ 219, 719		だけのことはある ------ 256
そうもない ----------- 220	たあとから ----------- 11	だけましだ ----------- 255
そこで ---------- 222, 223	たい ---------------- 237	たことが ある／ない -- 150
そこへ ------------- 222	だい ---------------- 239	たしかに…かもしれない 111
そこへいくと ---------- 223	たいがい ------------ 240	ただ ---------------- 257
そしたら ------------- 223	たいした ------------ 240	ただ…だけでは -------- 250
そして -------------- 223	たいした…だ --------- 240	ただし -------------- 258
その…その ----------- 224	たいした…ではない ---- 240	ただでさえ ----------- 259
そのうえ ------------ 224	たいしたことはない ---- 241	ためしがない -------- 271
そのうち ------------ 225	たいして…ない -------- 241	たっけ -------------- 259
そのくせ --------- 133, 225	だいたい ------------ 242	だったら ------------- 259
そのとたん（に） ------ 452	たいだけ ------------ 253	たって ------ 259, 260, 308
そのはんめん（では） --- 653	たいてい ------------ 242	だって -------------- 261
そのもの ------------ 225	たいとおもう --------- 77	たつもりで ----------- 313
そのものだ ----------- 226	たいばかりに --------- 642	たつもりはない -------- 313
そばから ------------ 226	たいへん ------------ 243	たて ---------------- 263
そもそも ------------ 226	たいへんだ ----------- 243	だと ---------------- 263
そもそも…というのは -- 226	たいへんな ----------- 243	だといい ------------ 263
そもそもの ---------- 226	(たい)ほうだい ------- 676	だといって ----------- 264
それが ------------- 227	たいものだ ----------- 771	たとえ -------------- 264
それから ------------ 227	たいんですが --------- 239	たとえば ------------ 264
それこそ ------------ 228	たうえで ------------- 61	たとおもうと --------- 420
それだけ ----------- 229	たおぼえはない -------- 74	たとおもったら　→とおもう
それで ------------- 229	たかが ------------- 243	9 b
それでこそ ----------- 229	たかが…ぐらいで ------ 244	たとき -------------- 426
それでは ----------- 230	たがさいご　→がさいご	たところ ------------ 432
それでも ----------- 231	たかだか ----------- 244	たところが ----------- 432
それどころか --------- 231	だから --------- 245, 246	たところだ ----------- 436
それとも --------- 231, 232	だから …のだ／…わけだ	たところで ----------- 439
それなら ----------- 233	---------------- 245	たところで…だけだ ---- 250
それなり ----------- 532	だからこそ ----------- 246	たところで…ない ------ 439
それに ------------- 233	だからといって -------- 248	だとすると -------- 265, 450
それにしては -------- 234	たがる ---------- 239, 248	だとすれば -------- 265, 451
それにしても -------- 234	たきり…ない --------- 130	たとたん（に） --------- 452
それにはおよばない ---- 586	たくても…れない ------ 365	たなら -------------- 525
そればかりか --------- 645	だけ --------- 249, 252, 255	たなり -------------- 528
それはそうと --------- 235	だけしか…ない -------- 251	たなり（で） ---------- 528
それはそれでいい ----- 235	だけだ -------------- 249	だなんて ------------ 266
それはそれとして ----- 235	だけで -------------- 250	だにしない ----------- 266
それほど ----------- 236	だけでなく…も -------- 251	だの ---------------- 267
それまでだ ---------- 236	だけど -------------- 257	たばかりだ ----------- 640

たはず ─────── 648	だろうに ─────── 290	つまり（は）───── 310
たび →このたび		つもり ───────── 310
たびに ─────── 267	**ち**	つもりだ ───── 312, 313
たぶん ─────── 268		つれて →につれて
たまで（のこと）だ── 709	ちがいない ─────── 291	
たままを ─────── 713	ちっとも…ない ───── 291	**て**
たまらない ─────── 268	ちなみに ─────── 292	
ため ─────── 268, 270	ちゃんと ─────── 293	て ─────── 314
ためし ─────── 270	ちゃんとする ───── 293	で ─────── 315, 316
ためしに…てみる ── 270	ちゅう ─────── 294	てあげてください ── 316
ために ─────── 269	ちょっと ── 295, 296, 297	てあげてくれ（ないか）─ 316
たものだ ─────── 771	ちょっと…ない ───── 297	てあげる ─────── 316
たものではない ──── 773	ちょっとした ───── 298	てある ─────── 317
たものでもない ──── 773		であれ ─────── 318
たら ── 271, 275, 279, 280	**つ**	であろうと ─────── 318
たら＋請求・勧誘 ──── 275		であろうと、…であろうと 318
たら…た ─────── 276	っ…っ ─────── 298	であろうとなかろうと ── 319
たら …だろう／…はずだ	つい ─────── 299	であろうと（も）───── 471
─────── 278	ついて →について	ていい ─────── 319
たら…で ─────── 272	ついでに ─────── 299	ていく ─────── 319, 320
たら…ところだ ──── 437	ついで（に）───── 300	ていけない ─────── 322
たら＋詢問 ─────── 274	ついては ─────── 300	ていただきたい ──── 322
たら＋情感表達・祈使 ── 272	ついに ─────── 300	ていただく ──── 321, 322
たら＋未實現的事物 ──── 271	ついに…た ─────── 300	ていただける ──── 322
たらいい ───── 280, 281	ついに…なかった ──── 301	ていただけるとありがたい
だらけ ─────── 282	ついには ─────── 301	─────── 323
たらさいご ─────── 278	つぎのように／いかのように	ていただけるとうれしい 323
たらどうか ─────── 282	─────── 801	ていたところだ ──── 436
たらどんなに…か ── 275, 276	つきましては ───── 302	ていては ─────── 342
たらよかった ───── 281	っきり ─────── 302	ていない ─────── 327
たり ─────── 283	っけ ─────── 302	ていはしまいか ──── 323
たり…たり ─────── 284	っこない ─────── 302	ていらい ─────── 58
たり…たりする ──── 283	ったって ─────── 260	ていらいはじめて ──── 58
たり したら／しては ── 284	ったら ─────── 303, 304	ている ── 324, 325, 326, 327
たりして ─────── 284	ったらない ─────── 304	ている／…る　うちに ── 64
たりとも ─────── 285	っつ ─────── 304	ているところだ ──── 436
たりなんかして ──── 539	つつある ─────── 305	ているところをみると ── 432
たる ─────── 285	つつも ─────── 305	ているばあいではない ── 633
たると…たるとをとわず 285	って ─────── 306, 307	ておく ─────── 327
たるべきもの ───── 286	ってば ─────── 30, 631	てから ─────── 328
たるや ─────── 286	ってわけではない ──── 835	てからでないと ──── 329
たろう ─────── 286	っぱなし ─────── 651	てからでないと…ない ── 329
だろう ───── 287, 288	っぽい ─────── 309	てからでないと…る ──── 329
だろうか ─────── 288	つまり ─────── 309	てからというもの（は）── 330
だろうが、…だろうが ── 289	つまり…のだ ─────── 608	てください ─────── 329
	つまり…のです ──── 613	

てくださる ------ 330	てほしい(んだけれど) - 682	てやる ------ 377
てくる ------ 331, 332	てまもなく →まもなく	てよかった ------ 809
てくれ ------ 333	てみせる ------ 356	てん ------ 378
てくれない(か) ------ 479	てみたら ------ 358	
てくれまいか ------ 692	てみたらどう ------ 359	**と**
てくれる ------ 333, 334	てみてはじめて ------ 357	
てこそ ------ 335	てみる ------ 357	と -- 384, 379, 380, 381, 385
てさしあげる ------ 335	てみると ------ 358	と…た ------ 382, 383
てしかたがない ------ 336	ても ------ 360	と…た (ものだ) ------ 380
でしかない ------ 179, 337	ても…きれない ------ 364	と…る ------ 380
てしまいそうだ ------ 221	ても…すぎることはない 194	と＋未實現的事情 ------ 381
てしまう ------ 337	ても…た ------ 364	とあいまって ------ 386
てしまっていた ------ 338	ても…ただろう ------ 364	とあって ------ 387
でしょう →だろう	ても…ても ------ 361	とあっては ------ 387
てしょうがない ------ 338	ても…なくても ------ 361	とあれば ------ 387
てたまらない ------ 268, 338	でも ------ 365, 366, 367	といい ------ 387, 388
てちょうだい ------ 339	でも…のに ------ 617	といい…といい ------ 389
てっきり…とおもう ---- 339	でもあり、でもある ---- 367	といいますと ------ 389
て…て ------ 315	でもあるまい ------ 690	という ----- 23, 24, 390, 391
てでも ------ 340	でもあるまいし ---- 368, 691	というか ------ 391
でなくてなんだろう ---- 340	てもいい ------ 368, 369	というか…というか ---- 392
でなくては →なくて	てもかまわない ---- 370, 371	ということ ------ 392
てならない ------ 340	てもさしつかえない ---- 372	(という) こと ------ 147
てのこと ------ 341	てもしかたがない ------ 372	ということだ ------ 394
ては ------ 342, 343	でもしたら ------ 367	ということなら ------ 523
では ------ 344, 345	でもって ------ 373	ということにする →というこ
ではあるが ------ 346	てもどうなるものでもない --	とにする2
ではあるまいか ------ 34, 691	------ 365	ということは…(ということ)
てはいけない ------ 347	でもともとだ ------ 764	だ ------ 393
てはいられない ------ 347	でもない ------ 373	というだけ (の理由) で 252
ではいられない ------ 347	でもなんでもない ------ 543	というてん ------ 379
てばかりいる ------ 639	てもみない ------ 359, 374	というと ------ 394, 395
てばかりもいられない -- 642	てもよろしい ------ 374, 375	というと…のことですか 395
てはだめだ ------ 349	てもよろしいでしょうか 374	というところだ ------ 395
ては…、ては… ------ 345	てもよろしいですか ---- 374	というのなら ------ 523
てはどうか ------ 350	てもらう ------ 375	というのは ------ 396
ではない ------ 350	てもらえないか ------ 376	というのは…ということだ
ではないか ------ 351, 352	てもらえまいか ------ 692	------ 396
ではないだろうか -- 289, 354	てもらえるか ------ 376	いうのは…のことだ ---- 396
ではなかったか ------ 354	てもらえるとありがたい 376	というのも ------ 397
ではなかろうか ------ 355	てもらえるとうれしい 376	というのも…からだ ---- 397
ではなくて ------ 351	てやってくれないか ---- 334	というふうに ------ 659
てはならない ------ 356	てやってもらえないか -- 377	というほかはない ------ 678
ではならない →てはならない	てやってもらえるか ---- 377	というほどではない ---- 686
てほしい ------ 356, 680	てやまない ------ 377	というもの ------ 766

というものだ ― 397	どうせ…るいじょう（は） 410	とか（いう） ― 422
というものではない ― 397	どうせ…るからには ― 409	とかいうことだ ― 423
というものは…だ ― 766	どうせ（のこと）だから 410	とかく ― 423
というより ― 398, 816	どうぜん ― 410	とかく…がちだ ― 423
というよりむしろ…だ ― 734	とうてい…ない ― 411	とかで ― 423
というわけだ／ってわけだ ― 833	どう…ても ― 363	とかなんとかいう ― 546
というわけではない ― 835	とうとう ― 411	とかんがえられている ― 424
といえど ― 398	とうとう…た ― 411	とかんがえられる ― 424
といえども ― 398	とうとう…なかった ― 412	とき ― 425
といえなくもない ― 399	どうにか ― 412	どき ― 427
といえば ― 399	どうにかする ― 412	ときく ― 427
といえば…が ― 400	どうにかなる ― 412	ときたひには ― 427
といえば…かもしれない 400	どうにも ― 413	ときたら ― 428
といえば…ぐらいのことだ ― 400	どうにも…ない ― 413	ときているから ― 429
といけない ― 401	どうにも　ならない／できない ― 413	ときとして ― 429
といった ― 401	どうも ― 413, 414	ときとして…ない ― 429
といったところだ ― 401	どうも…そうだ／…ようだ／…らしい ― 414	ときに ― 429
といったらありはしない ― 402	どうもない ― 414	ときには ― 429
といったらありゃしない ― 402	どうやら ― 414	どこか ― 430
といったらない ― 402	どうやら（こうやら）― 415	どことなく ― 430
といって ― 403	どうやら…そうだ ― 415	ところ ― 431, 432
といっている ― 23	どうり ― 415	どころ ― 433
といっては ― 404	どうりがない ― 415	ところが ― 435
といっても ― 405	どうりで ― 415	どころか ― 432
といっても…ない ― 406	どおし ― 415	どころか…ない ― 433
といってもいいすぎではない ― 406	とおして ― 416	ところだ ― 436, 437
といってもいいだろう ― 406	とおす ― 417	ところだった ― 437
といってもせいぜい…だけだ ― 250	とおなじ ― 73	ところで ― 438
といってもまちがいない 407	（とおなじ）くらい ― 135	どころではない ― 434
といわず…といわず ― 407	（とおなじ）くらいの ― 135	ところに ― 440
といわれている ― 24	とおもいきや ― 419	ところによると ― 597
といわんばかり ― 469	とおもう ― 75, 417	どころの　はなし／さわぎではない ― 434
どうしたもの（だろう）か ― 769	とおもうと ― 420	ところを ― 440
どうしても ― 407	とおもうまもなく ― 419	ところ（を）― 441
どうしても…たい ― 407	とおもったものの　→ものの	ところをみると ― 730
どうしても…ない ― 408	とおもったら ― 418	とされている ― 441
どうじに ― 409	とおもっている ― 76	としか…ない ― 180
どうせ ― 409	とおもわれる ― 76	としたら ― 442
どうせ…（の）なら ― 409	とおり ― 421	として ― 443
どうせ…のだから ― 410	どおり ― 421	として…ない ― 444
	とか ― 421	としての ― 444
	とか（…とか）― 421	としては ― 445
	とか…とか（いう）― 421	としても ― 444, 445
		とすぐ ― 384

とする ------ 204, 446, 447	と (は) はんたいに ---- 652	ないでおく ----------- 485
とすると -------------- 449	(…とは) べつに ---- 671	ないでくれ ------- 333, 485
とすれば -------------- 450	とみえて ------------- 469	ないですむ ----------- 485
とたん --------------- 452	とみえる --------- 469, 720	ないではいられない ---- 485
とたんに ------------- 453	とも ---------------- 470	ないではおかない ----- 486
とちがって ----------- 453	ども ---------------- 471	ないではすまない ----- 486
とちゅう ------------- 454	ともあろうものが ------ 472	ないでもない ---------- 487
とちゅうで ----------- 453	ともいうべき →とでもいうべ	ないでもよい ---------- 487
とちゅう (で／に) ----- 454	き	ないと --------------- 488
とちゅう (は) --------- 454	ともかぎらない -------- 472	ないと…ない --------- 488
どちらかというと ------ 454	ともかく ------------- 473	ないと＋負面評價内容 -- 488
どちらかといえば →どちらか	ともすると ------------ 474	ないといい ----------- 489
というと	ともなう →にともなって	ないと いけない／だめだ --
どちらのほう --------- 674	ともなく ------------- 474	-------------------- 488
とて ----------------- 455	ともなって →にともない、	ないともかぎらない ---- 489
とて (も) ------------- 455	にともなって	ないまでだ ----------- 710
とても --------------- 456	ともなると ------- 474, 534	ないまでも ----------- 490
とても…ない --------- 456	ともなれば ----------- 475	ないものか ----------- 490
とでもいう ----------- 456	ともに →ととともに	ないものだろうか ------ 768
とでもいうべき ------- 456	ともよい →なくともよい	ないものでもない ------ 774
とどうじに ----------- 408	とやら --------------- 475	ないわけに (は) いかない --
とともに ------------- 457	とよかった (のに) ----- 388	-------------------- 837
となく --------------- 457	とりわけ ------------- 476	なお ---------------- 490
となったら ----------- 458	とわず →をとわず	なおす --------------- 491
となっては ----------- 459	とんだ --------------- 476	なか ---------------- 492
となる --------- 460, 534	とんでもない --------- 477	ながす --------------- 493
となると ------------- 460	どんな --------------- 477	ながら --------------- 493
となれば ------------- 461	どんなに ------------- 478	ながら (も／に) ------- 494
とにかく ------------- 463	どんなに…だろう (か) - 478	なかを --------------- 495
との ---------------- 464	どんなに…ても ---- 362, 478	なきゃ --------------- 495
とのことだ ----------- 464		なくしては ----------- 495
とは ---------------- 465	**な**	なくちゃ ------------- 496
とは…のことだ →とは		なくて --------------- 496
とはいいながら ------- 466	ないうちに ----------- 64	なくては ------------- 497
とはいうものの ---- 466, 777	ないか --------------- 479	なくてはいけない ------ 497
とはいえ ------------- 467	ない (か) --------- 479, 480	なくてはならない →なけれ
とはいっても --------- 467	ないかぎり ----------- 97	ば２
とはうってかわって ---- 468	ないかしら ----------- 481	なくてもいい ---------- 498
とはおもわなかった ----- 76	ないかな ------------- 482	なくともよい ---------- 498
とはかぎらない -------- 468	ないことには ---------- 160	なくもない ---------- 498
とばかり ------------- 468	ないことはない -------- 482	なけりゃ ------------- 499
とばかりおもっていた -- 643	ないこともない -------- 483	なければ ------------- 499
とばかり (に) --------- 643	ないで --------- 483, 484	なければ…た --------- 500
とばかりはいえない ---- 643	ないである ----------- 484	なければ…ない --------- 499
とはちがって →とちがって	ないでいる ----------- 485	なければいけない ------ 500

なければだめだ ———— 500
なければならない ———— 500
なければよかった ———— 810
なければよかったのに ── 810
なさい ———————— 501
なさんな ———————— 501
なしでは…ない ———— 502
なしに ———————— 502
なぜ…かというと ———— 503
なぜか ———————— 503
なぜかというと…からだ 503
なぜかといえば…からだ 504
なぜならば…からだ ——— 504
など ————————— 504
など…ない ———————— 505
など…るものか ———— 506
などと ———————— 505
なに…ない ———————— 506
なにか ————— 507, 508
なにかしら ———————— 508
なにかと ———————— 509
なにかというと ———— 509
なにがなんでも ———— 509
なにがなんでも＋貶義評價 ──
———————————— 510
なにかにつけて ———— 510
なにげない ———————— 510
なにしろ ———————— 511
なににもまして ———— 511
なにひとつ…ない ———— 506
なにも ———————— 511
なにも…ない ———————— 512
なにも…わけではない ── 512
なにもかも ———————— 514
なにやら ———————— 514
なにより ———————— 515
なによりだ ———————— 515
なまじ ———————— 515
なら ————— 516, 517, 524
なら…だ ———————— 517
なら…なり ———————— 530
ならいい ———————— 526
ならでは ———————— 527
ならない ———————— 527
ならば　→なら

なら（ば）———————— 525
なら（ば）…ところ　だが／を
———————————— 438
ならびに ———————— 527
なり ————————— 528, 530
なり…なり ———————— 529
なりと ———————— 532
なりと（も）———————— 532
なりなんなり ———————— 529
なる ————————— 532
なるたけ ———————— 535
なるべく ———————— 535
なるべくなら ———————— 535
なるほど ———————— 536
なるほど…かもしれない 111
なれた ———————— 536
なれば ———————— 537
なんか ————— 537, 538
なんか…ない ———————— 539
なんか…ものか ———— 539
なんだか ———————— 540
なんだって　→って5
なんだろう　→でなくてなんだ
ろう
なんて ————— 540, 541, 542
なんてあんまりだ ———— 20
なんて（いう）… ———— 540
なんて（いう）…だ ———— 540
なんてことない ———————— 541
なんでも ———————— 542
なんでも　…らしい／…そうだ
———————————— 543
なんでもない ———————— 543
なんて…んだろう ———— 541
なんと ———————— 544
なんと…のだろう ———— 544
なんという ———————— 544
なんという…だ ———— 545
なんという＋連體修飾語＋…
———————————— 544
なんということもない ── 545
なんとか ———————— 545
なんとかいう ———————— 544
なんとかなる ———————— 544
なんとしても ———————— 547

なんとなく ———————— 547
なんとはなしに ———— 547
なんとも ———————— 548
なんとも…ない ———————— 548
なんとも…ようがない ── 548
なんともおもわない ———— 548
なんともない ———————— 548
なんにしても ———————— 549
なんにしろ ———————— 550
なんら…ない ———————— 550
なんらの…も…ない ———— 550
なん＋量詞＋…ても ———— 363
なん＋量詞＋となく ———— 457
なん＋量詞＋も ———— 745
なん＋量詞＋も…ない ── 745

に

に ————————— 550
に…てほしい ———————— 680
にあたって ———————— 551
にあたらない　→にはあたらな
い
にあたり ———————— 552
にあって ———————— 552
にあっては ———————— 553
にあっても ———————— 552
にいたって ———————— 554
にいたっては ———————— 554
にいたっても ———————— 555
にいたる ———————— 553
にいたるまで ———————— 554
にいわせれば ———————— 555
において ———————— 556
におうじた　→におうじて
におうじて ———————— 557
におかれましては ———— 557
における ———————— 557
にかかったら　→にかかっては
にかかっては ———————— 558
にかかると　→にかかっては
にかかわらず ———————— 558
にかかわる ———————— 559
にかぎったことではない ————
———————————— 98, 559

にかぎる ------- 97	にたいする ------- 577	によらず ------- 595
にかけたら ------- 559	にたえない ------- 577	により ------- 595
にかけて ------- 560	にたえる ------- 578	による ------- 596
にかけて（も） ------- 560	にたりない ------- 578	によると ------- 596
にかこつけて ------- 560	にたる ------- 578	によれば ------- 597
にかたくない ------- 561	にちがいない →ちがいない	にわたって ------- 597
にかまけて ------- 561	について ------- 580	にわたり ------- 598
にかわって ------- 561	につき ------- 580	
にかわり ------- 562	につけ ------- 581	**ぬ**
にかわる →にかわって	につけ…につけ ------- 581	
にかんして ------- 562	につれて ------- 581	ぬ ------- 598
にかんする →にかんして	にて ------- 581	ぬうちに ------- 599
にきまっている ------- 563	にとおもって ------- 420	ぬき ------- 599
にくい ------- 563	にとって ------- 582	ぬきで ------- 599
にくらべて ------- 564	にどと…ない ------- 582	ぬきに…れない ------- 599
にくらべると →にくらべて	にとどまらず ------- 582	ぬく ------- 600
にくわえ ------- 564	にともない ------- 583	ぬばかり ------- 599
にくわえて ------- 564	にともなって ------- 583	ぬまでも ------- 599, 600
にこしたことはない ------- 565	になく ------- 583	ぬまに ------- 599
にこたえ ------- 565	になる ------- 534	
にこたえて ------- 565	になると ------- 534, 584	**ね**
にさいし ------- 566	ににあわず ------- 584	
にさいして ------- 566	には ------- 584	ねばならない ------- 600
にさきだち ------- 567	には…なり ------- 531	ねばならぬ ------- 601
にさきだって ------- 567	にはあたらない ------- 585	
にしたがい ------- 567	にはおよばない ------- 586	**の**
にしたがって ------- 567	にはむりがある ------- 735	
にしたって ------- 568	にはんし ------- 586	の ------- 601, 602, 603, 604
にしたら ------- 569	にはんして ------- 587	の…ないの ------- 605
にして ------- 569, 570	にひきかえ ------- 588	の…ないのって ------- 605
にしてからが ------- 115, 570	にほかならない ------- 588, 679	の…ないのと ------- 605
にしては ------- 571	にみる ------- 730	の…の ------- 603, 604
にしてみたら →にしてみれば	にむかって ------- 589	の…のと ------- 604
にしてみれば ------- 571	にむけて ------- 589, 590	のあいだ ------- 2
にしても ------- 572	にめんした →にめんして	のいたり →いたり
にしても…にしても ------- 573	にめんして ------- 590	のうえで（は） ------- 60
にしろ ------- 574	にも ------- 591	のうち ------- 63
にすぎない →すぎない	にもかかわらず ------- 592	のか ------- 606, 607
にする ------- 204, 574	にもとづいた →にもとづいて	のきわみ →きわみ
にせよ ------- 574	にもとづいて ------- 592	のこと ------- 148
にそういない ------- 574	にもなく ------- 593	(のこと)となったら ------- 459
にそくして ------- 575	にもならない ------- 593	(のこと)となると ------- 461
にそった →にそって	にもまして ------- 696	(のこと)となれば ------- 462
にそって ------- 575	によったら →によると1b	(のこと)をおもう ------- 79
にたいして ------- 576	によって ------- 593, 594, 595	(のこと)を…という ------- 25
		のだ ------- 607

のだから —— 608	のは…ゆえである —— 789	ばあいもある —— 632
のだった —— 609	のまえに —— 692	ばあいをのぞいて —— 633
のだったら —— 609	のみ —— 618	はい —— 633, 634, 635
のため —— 268	のみならず —— 619	ばい —— 636
のだろう —— 610	のみならず…も —— 619	はいいとしても —— 446
のだろうか —— 611	のもと（で） —— 763	はいうまでもない —— 26
ので —— 611	のもとに —— 763	はいざしらず →いざしらず
のであった —— 612	のもむり（は）ない —— 736	はおろか —— 637
のである —— 612	のもむりもない —— 736	ばかり —— 638, 641
のです —— 612, 613	のやら…のやら —— 786	ばかりか —— 644
のですか —— 613	のゆえに —— 788	ばかりか …も／…まで 644
のですから —— 614		ばかりで —— 639
のでは —— 343, 614	# は	ばかりでなく…も —— 645
のではあるまいか →ではあるまいか		ばかりに —— 642
のではないか →ではないか2	は、…いらいだ —— 59	ばかりの —— 641
(の)ではないか —— 354	は…が…れる —— 823	ばかりは —— 640
(の)ではないかとおもう 354	は…がへただ —— 668	ばこそ —— 645
のではないだろうか →ではないだろうか	は…し、…は…しで —— 178	はじめ —— 646
	は…なり —— 531	はじめて —— 646
のではなかったか —— 614, 615	は…れる —— 824	はず —— 647
(の)ではなかったか —— 355, 356	ば —— 619, 620, 621, 625, 628, 630	はずがない —— 648
のではなかろうか →ではなかろうか	ば＋請求・勧誘 —— 629	はずだ —— 647, 648
	ば＋意志・希望 —— 623	はずだった —— 649
のところ —— 431	ば…た —— 621	はずではなかった —— 649
のなか —— 492	ば …た／…ていた —— 627	はずみ —— 649
のなかで —— 492	ば／…たら …かもしれない —— 112	はたして —— 650
(の)なら —— 518, 519	ば／…たら …たかもしれない —— 112	はたして…か —— 650
(の)なら…で —— 521	ば／…たら …るかもしれない —— 112	はたして…した —— 650
(の)なら…と —— 521	ば …だろう／…はずだ 626	はたして…としても —— 650
(の)ならべつだが —— 522	ば…で —— 628	はとにかく（として）—— 463
のなんの —— 605	ば＋發問 —— 624	はともかく（として）—— 473
のなんのって —— 606	ば…ところだ（った）—— 627	はとわず →をとわず
のなんのと —— 605	ば …のに／…のだが —— 625	ぱなし —— 651
のに —— 615, 616, 617	ば＋施事・要求 —— 624	はぬきにして —— 600
のにたいして —— 576	ば…ほど —— 631, 687	はべつとして —— 670
のは…おかげだ —— 618	ば＋未實現的事物 —— 622	はむりだ —— 735
のは…からだ —— 116	ば…る —— 620	はもちろん —— 759
のは…ぐらいのものだ —— 139	ば…るだけ —— 254	はもとより —— 765
のは…せいだ —— 206	ばあい —— 632	はやいか —— 651
のは…だ —— 617	ばあいによっては →によって 5	ばよかった —— 637, 809
のは…ためだ —— 618		ばよかったのに —— 810
のは …だ／…+助詞+だ —— 617		はんいで —— 651
		はんたいに —— 652
		はんめん —— 653

50音順索引

ひ

ひいては —— 653
ひかえて —— 654
ひさしぶり →ぶり2
ひじょうに —— 654
ひではない —— 654
ひとくちに…といっても 405
ひとつ —— 654, 656
ひとつ…できない —— 656
ひとつ…ない —— 654
ひとつには…ためである 270
ひとつまちがえば —— 657
ひとつも…ない —— 655
ひととおり —— 657
ひととおりではない —— 658
ひととおりの —— 657
ひとり…だけでなく —— 658
ひとり…のみならず —— 658
ひるとなくよるとなく —— 458

ふ

ふう —— 658, 659
ふしがある —— 660
ふそくはない —— 660
ふと —— 660
ふと…ると —— 661
ふとした —— 661
ぶり —— 661, 662
ぶる —— 662
ぶん —— 663
ぶん（だけ） —— 663
ぶんには —— 664

へ

べからざる —— 664
べからず —— 665
べき —— 665, 666
べきだ —— 665
べき だった／ではなかった —— 666
べく —— 666
べく…た —— 667
べくして…た —— 667
べくもない —— 667
べし —— 667
へた —— 668
へたに —— 668
へたをすると —— 669
べつだん —— 669
べつだん…ない —— 669
べつだんの —— 670
べつとして —— 670
べつに —— 670, 671
べつに…ない —— 670
べつにして →べうとして

ほ

ぽい —— 672
ほう —— 672, 673
ほうが…より（も） —— 673
ほうがいい —— 675
ほうがましだ —— 675
ほうがよかった —— 675
ほうがよほど —— 814
ほうだい —— 676
ほか —— 677
ほかならない —— 679
ほかならない／ほかならぬ —— 679
ほかに（は） —— 677
ほかの —— 678
ほかはない —— 678
ほしい —— 680
ほしいばかりに —— 642
ほしい（んだけれど） —— 681
ほしがる —— 683
ほど —— 683, 684, 686
ほど…ない —— 683
ほど…はない —— 684
ほどだ —— 685
ほどなく —— 687
ほどの…ではない —— 685
ほとんど —— 688
ほとんど…た —— 688
ほとんど…ない —— 688

ま

まい —— 689, 690
まいか —— 691
まいとする —— 689
まえ —— 692
まさか —— 693
まさか…とはおもわなかった —— 694
まさか…ないだろう —— 694
まさかの —— 695
まさか＋否定表達方式 —— 694
まさに —— 695
まさに…ようとしている（ところだ） —— 696
まじき →あるまじき…だ
まして —— 696
まして（や） —— 696
まず —— 697
まず …だろう／…まい 698
まずは —— 697
また —— 69, 699, 700
まだ —— 701, 702
まだ…ある —— 702
まだ…ない —— 701
またしても —— 703
またの —— 700
または —— 703
またもや —— 704
まったく —— 704
まったく…ない —— 704
まで —— 705, 706, 707
までして —— 709
までだ —— 709
までに —— 710
まま —— 711
ままだ —— 711
まま（で） —— 711
まま（に） —— 712
ままに なる／する —— 713
まみれ —— 714
まもなく —— 714
まるで —— 715
まるで…ない —— 715
まわる —— 716

索引

まんざら ────── 716
まんざら…ではない ── 716
まんざら…でもない ── 716
まんざらでもない ──── 716
まんまと ────── 717

み

みえる ────── 717, 718
みこみ ────────── 721
みこみがある ────── 721
みこみがたつ ────── 722
みこみだ ────────── 722
みこみちがいだ／みこみはずれ
　だ ──────────── 722
みこんで ────────── 723
みせる ────────── 723
みたい ────── 725, 728
みたいだ ──── 724, 725, 726
みたいな ────────── 725
みたいなものだ ────── 726
みたいに ────────── 725
みだりに ────────── 728
みる ──────────── 729
みるからに ──────── 730

む

むき ──────────── 731
むきになる ──────── 732
むきもある ──────── 731
むく ──────────── 732
むけ ──────────── 732
むけて ──────────── 733
むけに ──────────── 732
むけの ──────────── 732
むしろ ──────────── 733
むやみに ────────── 735
むり ──────────── 735
むりに ──────────── 736
むりをする ──────── 736

め

めく ──────────── 737
めぐって ────────── 737

めったな ────────── 738
めったに ────────── 737
めったに…ない ────── 737

も

も ────────── 739, 745
も…あれば…もある　→も10
も…し、…も ──────── 177
も…ずに ────────── 748
も…だが ────────── 746
も…ない ────────── 747
も…なら ────────── 746
も…ば ──────────── 631
も…ば…も ────────── 630
も…も ────── 739, 740, 742
も…も…ない ──────── 740
もあり…もある ────── 746
もあれば…もある ──── 747
もう ──── 748, 750, 752, 753
もう　＋時間／＋年齢 ── 751
もう＋数量詞 ──────── 748
もう…だ／もういい ── 751
もう…ない ────────── 752
もう＋否定表達方式 ── 752
もういい ────────── 753
もうすぐ ────────── 754
もうすこし ────────── 749
もうすこしで…そうだった
　──────────── 750
もうすこしで…るところだった
　──────────── 750
もうすこし／もうちょっと ──
　──────────── 749
もうひとつ／いまひとつ
　…ない ──────── 656
もかまわず ────────── 754
もくされている ────── 754
もさることながら ──── 755
もし ──────────── 755
もし…たら ────────── 755
もし　…ても／…としても ──
　──────────── 756
もしかしたら ──────── 756
もしかしたら…か ──── 756

もしかしたら…かもしれない
　──────────── 756
もしくは ────────── 757
もしも ──────────── 758
もしも…たら ────────── 758
もしもの… ────────── 758
もちまして　→もって2
もちろん ────────── 759
もって ──────────── 760
もっと ──────────── 761
もっとも ────────── 761
もっとも　…が／…けど 762
もっぱら ────────── 762
もっぱらの ──────── 762
もと ──────────── 763
もどうぜん ──── 411, 763
もともと ────────── 763
もとより ────────── 764
もなにも ────────── 513
もなにもない ──────── 741
もの ────────── 765, 766
もの／…こと　も…ない　748
もの／…もん ────────── 767
ものか ──────────── 768
ものか／…もんか ────── 768
ものがある ────────── 769
ものだ ──────────── 770
ものだから ────────── 772
ものではない ────────── 773
ものでもない ────────── 773
ものとおもう ────────── 774
ものとおもっていた ──── 774
ものとおもわれる ──── 774
ものとかんがえられている ──
　──────────── 425
ものとかんがえられる ── 425
ものとする ──── 448, 775
ものともせずに　→をものとも
　せずに
ものなら ────────── 775
ものの ──────────── 776
ものを ──────────── 777
もはや ──────────── 778
もはや…だ ────────── 778
もはや…ない ────────── 779

50音順索引

もまた ───────── 699
もらう　→てもらう
もらおう／…てもらおう　791
もらおうか／…てもらおうか
　───────── 792

や

や ──────── 779, 780
やがて ───────── 781
やすい ───────── 781
やたらに ──────── 781
やっと ─────── 782, 783
やっと…た ─────── 783
やっと…だ ─────── 784
やっと…ている ───── 783
やっと…る… ───── 783
やっとの… ─────── 784
やっぱり ─────── 785
やなにか ─────── 508
やなんか ─────── 538
やなんぞ ─────── 785
やむ ───────── 785
やら ───────── 785
やら…やら ─────── 785
やらなにやら ───── 514
やる　→てやる

ゆ

ゆえ ───────── 788

よ

よう ────── 788, 790, 791
ようか ─────── 791, 792
ようが ───────── 793
ようがない ─────── 788
ようが…まいが ───── 793
ようが…ようが ───── 793
ようじゃないか ── 188, 794
ようするに ─────── 797
ようだ ─────── 798, 801
ようったって ───── 260
ようで（いて）──── 803
ようでは ───────── 802
ようで（は）──── 789
ようではないか ─── 352
ようでもあり ─── 803
ようでもあるし ─── 803
ようと ───────── 794
ようと…まいと ─── 795
ようと…ようと ─── 794
ようとおもう ──── 78, 795
ようとする ───── 448, 796
ようとはおもわなかった 797
ようとも ───────── 795
ようと（も）──── 470
ようと（も／は）しない 796
ような ───── 800, 804
ような…ような ─── 803
ような／…ように ─── 799
ようなかんじがする ── 802
ようなきがする ─── 802
ようなら／…ようだったら ──
　───────── 803
ように ────── 799, 800, 804
ように　おもう／かんじる ──
　───────── 78, 802
ようにする ─────── 205
ようにみえる ──── 719
ようにみせる ──── 724
ようにも ───────── 591
ようにも…ない ─── 591
ようにも…れない ── 591, 797
ようによっては ─── 789
ようものなら ───── 775
ようやく ─────── 807, 808
ようやく…た ──── 808
ようやく…ている ── 808
ようやく…る… ──── 808
よかった ───────── 809
よかろう ───────── 811
よぎなくさせる　→をよぎなくされる
よく ───────── 811
よく（ぞ）──── 812
よく（も）──── 812
よく（も）…ものだ ─── 771
よそに ───────── 813
よほど ───────── 814
よほど…よう ──── 815
よもや ───────── 815
より ───────── 816
よりいっそ（のこと）── 50
よりない ───────── 817
よりほかに…ない ── 679, 817
よりほかは…ない ─── 679
より（も）──── 816
より（も）むしろ ─── 733
よる　→によって、によらず、により、によると、によれば

ら

らしい ─────── 818, 819
られたい　→せられたい
られる ─────── 819, 822
られるおぼえはない ── 74
られるまま（に）──── 712

る

る十いっぽう（で）──── 52
る／…た　うえは ──── 61
る／…た　かのようだ ── 799
る／…た　しだいだ ─── 183
る／…た　だけのことはする
　───────── 253
る／…た　とおり ─── 421
る／…ている　かぎり ── 96
る／…ている／…た　かぎり
　───────── 96
る／…ている　ところの 431
る／…ない　こと ─── 147
る／…ない　ことがある 150
る／…ない　ことだ ─── 152
る／…ない　つもりだ ── 310
る／…ない　ようでは ── 343
る／…ない　よう（に）──
　──────── 804, 805, 806
る／…ない　よう（に）いう
　───────── 806
る／…ない　ようにする 807
る／…ない　ようになる 807
るいぜん ───────── 45
るいっぽうだ ─────── 53

るうえで ─── 61
るかとおもうと →とおもう 2 a
るかとおもえば ─── 417
るかとおもえば…も ─── 418
るか…ないうちに ─── 64
るか、もしくは ─── 757
るがはやいか →はやいか
るきにもならない ─── 593
るぐらいならむしろ ─── 734
ることには ─── 160
ることもあるまい ─── 691
ることをとおして ─── 416
るしかない ─── 180
るだけ…て ─── 252
るだけの… ─── 254
るだけは… ─── 253
るつもり ─── 310
るつもりで ─── 312
るつもりではない ─── 311
るつもりはない ─── 311
ると／…て まもなく ─── 714
るといい ─── 387
るとか（…るとか）─── 422
るとき ─── 426
るところだ ─── 437
るところとなる ─── 431
るところに よると／よれば ─── 431
るところまで ─── 431
るともなく ─── 474
るなどする ─── 505
るなら ─── 526
るなり ─── 528
るなり…ないなり ─── 529
るに…れない ─── 551
るにしたがって ─── 568
るにしたって ─── 568
るにたえない ─── 577
るにつけ ─── 581
るには ─── 585
るには…が ─── 585
るのだった ─── 609
る(の)なら…がいい ─── 520
る(の)なら …しろ／…するな ─── 521

るのみだ ─── 619
るばかりだ ─── 640
るのまえに ─── 693
るまで ─── 706
るまでになる ─── 708
るまで(のこと)だ ─── 709
るまで(のこと)もない ─── 708
るまま(に) ─── 712
るも…ないもない ─── 740
るものではない ─── 773
るや ─── 780
るやいなや ─── 780
るよりしかたがない ─── 818
るよりない ─── 817
るよりほか(に／は)ない ─── 817
るわ…るわ ─── 827
るわけに(は)いかない 836
るんじゃない ─── 848
るんだ ─── 850

れ

れないものは…れない ─── 767
れる ─── 822, 824
れるだけ ─── 252

ろ

ろく ─── 825
ろくでもない ─── 825
ろくな…ない ─── 825
ろくに…ない ─── 825
ろくろく ─── 826

わ

わけがない ─── 827
わけだ 828, 829, 830, 831
わけだから ─── 832
わけだから…てもとうぜんだ ─── 833
わけだから…はとうぜんだ ─── 832
わけではない ─── 834
わけても ─── 836

わけにはいかない ─── 836
わざわざ ─── 838
わずか ─── 838
わたる →にわたって
わり ─── 839
わりと／わりに ─── 839
わりに(は) ─── 839
わ…わ ─── 826
わ…わ(で) ─── 826

を

を…という ─── 24
を…とおもう ─── 79
を…とする ─── 448, 839
を…とすれば ─── 452
を…にする ─── 205
を…にひかえて ─── 840, 587
を…みる ─── 729
をいう ─── 24
をおいて ─── 840
をかぎりに ─── 840
をかわきりとして →をかわきりに
をかわきりに ─── 841
をかわきりにして →をかわきりに
をきんじえない ─── 841
をけいきとして ─── 842
をこめて ─── 842
をして…させる ─── 842
をしている ─── 326
をする ─── 204, 206, 843
(を)する ─── 204
をぜんていに ─── 843
をたよりに ─── 843
をちゅうしんに ─── 844
をつうじて ─── 844, 845
をとおして ─── 416, 845
をとわず ─── 845
をのぞいて ─── 845
をはじめ(として)…など ─── 646
をはじめ(として)…まで ─── 646
をふまえ ─── 846

をまえに（して） ------- 693
をみせる ------------- 723
をみる --------------- 729
をもちまして --------- 760
をもって --------- 760, 846
をもとに ------------- 846
をものともせずに ----- 847
をよぎなくさせる ----- 847
をよぎなくされる ----- 847
をよそに ------------- 813

ん

んがため ------------- 269
んじゃ --------------- 847
んじゃない ----------- 848
んじゃないか --------- 848
んじゃないだろうか ---- 849
んじゃなかったか ----- 849
んだ ----------------- 849
んだった ------------- 850
んだって --------- 307, 851
んだろう --------- 610, 851
…んだろうか --------- 611
んで ----------------- 851
んです --------------- 851
んばかり ------------- 641

末尾語逆引き索引

ある

かいがある	91
きらいがある	129
ふしがある	660
ことがある	150
ものがある	769
みこみがある	721
かぎりがある	95, 96
にはむりがある	734
おそれがある	73
まだ…ある	701
つつある	306
てある	318
ないである	485
のは…ゆえである	786
のである	612
ひとつには…ためである	271
だけのことはある	257
さすがに…だけのことはある	169
ばあいもある	632
むきもある	730
でも…のに	616
でもあり、でもある	368
もあり…もある	746
数量詞＋からある	116

いい

いい	21
もういい	753
がいい	23
ほうがいい	674
る（の）なら がいい	520
ていい	320
それはそれでいい	236
といい	388, 389
といい…といい	390
ないといい	489
だといい	264
るといい	387
ばいい	635
てもいい	369, 370
なくてもいい	498
からいい	117
たらいい	281, 282
ならいい	526

いる

ている	325, 326, 327, 328
ないでいる	485
ようやく…ている	808
そうにしている	220
ことにしている	158
といっている	23
ことになっている	159
にきまっている	562
とおもっている	76
かろうじて…ている	127
やっと…ている	781
もくされている	753
とされている	442
とかんがえられている	425
ものとかんがえられている	425
ずにいる	199
てばかりいる	638

か

か	83, 85
数量詞＋も…か	743
もしかしたら…か	756
疑問詞…か	86
か＋疑問詞＋か	84
はたして…か	649
いかに…か	30
たらどんなに…か	276, 277
せいか	87, 208
ないか	479
ではないか	352, 354
ようではないか	352
（の）ではないか	354
ようじゃないか	188, 794
んじゃないか	848
てやってくれないか	335
まいか	690
ていはしまいか	324
ではあるまいか	347, 690
てくれまいか	691
はやいか	650
がはやいか	110
というか	392
というか…というか	392
もらおうか	792
かどうか	84
てはどうか	350
たらどうか	283
ようか	791
ではなかろうか	356
だろうか	289
ではないだろうか	290, 355
じゃないだろうか	190
のだろうか	610
どうしたもの（だろう）か	768
てもよろしいですか	375
というと…のことですか	395
のですか	613
のではなかったか	614
（の）ではなかったか	355, 356
んじゃなかったか	847
ことか	150
なにか	507, 508
かなにか	508
のか	86, 600
疑問詞＋ば…のか	624

疑問詞＋…たら		
…のか	276	
ものか	768	
なんか…ものか	539	
など…るものか	506	
ないものか	491	
ばかりか	643	
そればかりか	644	
てもらえるか	377	
てやってもらえるか	378	
はおろか	637	
どころか	433	
それどころか	232	
なんか	537, 538	
かなんか	537	
もんか	768	

から

から	114, 116	
いいから	22	
し、…から	178	
さっかくですから	211	
てから	329	
あとから	13	
たあとから	11	
ことから	115	
そばから	227	
おりから	82	
ときているから	429	
それから	228	
数量詞＋から	115	

する

する	204	
にたいする	576	
お…する	68	
がする	204	
ようなきがする	802	
どうにかする	413	
とする	204, 447, 448	
まいとする	689	

ようとする	448, 796	
るなどする	505	
ものとする	448, 775	
ちゃんとする	294	
せいにする	207	
るようにする	807	
ことにする	158	
ままにする	712	
を…にする	205	
しはする	186	
るだけのことはする	254	
からする	120	
数量詞＋からする	116	
たり…たりする	284	
をする	205, 206	
むりをする	736	
副詞＋する	203	

だ

もう…だ	751	
たいした…だ	241	
が…なら…も…だ	89, 525	
もはや…だ	778	
なんて（いう）…だ	540	
なんという…だ	544	
あるまじき…だ	18	
やっと…だ	784	
のは…だ	617	
というものは…だ	765	
が…なら…は…だ	524	
なら…だ	517	
というよりむしろ…だ	733	
みこみちがいだ／みこみはずれだ	722	
のは…せいだ	207, 618	
しだいだ	183	
るしだいだ	183	
みたいだ	724, 725, 726	

ずじまいだ	197	
は、…いらいだ	58	
くらいだ	137	
そうだ	218, 221, 222	
どうも…そうだ	414	
なんでも…そうだ	543	
いかにも…そうだ	32	
どうやら…そうだ	415	
てしまいそうだ	222	
るいっぽうだ	53	
ようだ	798, 801	
たかのようだ	797	
いかだ	27	
べきだ	664	
だけだ	250	
といっても	
せいぜい…だけだ	251	
わけだ	827, 828, 829, 830, 831	
ほうがましだ	674	
だけましだ	255	
はずだ	646, 647	
ば…はずだ	625	
たら…はずだ	276	
ただ	258	
は…がへただ	667	
とかく…がちだ	424	
しまつだ	187	
までだ	708	
それまでだ	237	
ことだ	153	
ないことだ	153	
とかいうことだ	424	
ということだ	394	
ということは…（ということ）だ	394	
というのは…ということだ	397	
といえば…ぐらいのことだ	401	
だけのことだ	252	
たまで（のこと）だ	708	

とのことだ	464
がやっとだ	783
ほどだ	684
てもともとだ	763
のだ	603
だから…のだ	262, 613
疑問詞…のだ	607
ものだ	770
たいものだ	770
みたいなものだ	726
のは…ぐらいのものだ	139
そのものだ	226
ままだ	709
みこみだ	722
るのみだ	619
ないとだめだ	489
てはだめだ	349
のは…ためだ	617
なければだめだ	500
からだ	117
なぜかというと…からだ	504
なぜならば…からだ	504
というのも…からだ	398
たばかりだ	639
るばかりだ	640
さっぱりだ	174
なんてあんまりだ	20
はむりだ	734
つもりだ	313, 314
なによりだ	515
ところだ	437, 438
というところだ	396
たところだ	437
ていたところだ	437
といったところだ	402
たら…ところだ	438
んだ	848
わけだから…は	
とうぜんだ	831
とんだ	477
たいへんだ	244

るんだ	850
のは…+助詞+だ	617

だから

だから	246, 247
くらいだから	136
が…だから	87
わけだから	831
ことだから	154
のだから	608
せっかく…のだから	209
これだけ…のだから	255
どうせ…のだから	410
ものだから	772
おもったものだから	771

たら

たら	272, 276, 280, 281
さえ…たら	167
ときたら	429
にかけたら	559
そうしたら	216
もしかしたら	756
そしたら	224
としたら	442, 443
(そう)だとしたら	443
かりに…としたら	123
にしたら	569
もし…たら	755
でもしたら	368
たりしたら	285
ったら	304, 305
だったら	260
ようだったら	802
のだったら	609
せっかく…のだったら	210
おなじ…るのだったら	73
となったら	458
いざとなったら	459
おもったら	81

とおもったら	419
いちど…たら	47
かりに…たら	123
てみたら	359
もしも…たら	758
数量詞+も…たら	742

だろう

だろう	288
といってもいいだろう	407
まさか…ないだろう	693
まず…だろう	697
ば…だろう	625
たら…だろう	276
ても…ただろう	365
ことだろう	154
のだろう	609, 610
なんと…のだろう	544
んだろう	609, 849
なんて…んだろう	541
でなくてなんだろう	341

ても

ても	360
いくら…ても	34, 363
もし…ても	756
いかに…ても	30
どんなに…ても	363, 479
いまさら…ても	54
いまごろ…ても	54
疑問詞…ても	363, 364
どう…ても	364
せっかく…ても	210
ても…なくても	362
わけても	834
どうしても	408
またしても	702
としても	444, 446

末尾語逆引き索引 877

はいいとしても	447
はたして…としても	650
かりに…としても	124
なんとしても	550
にしても	572
いずれにしても	42
それにしても	235
なんにしても	549
疑問詞＋にしても	573
にあっても	556
といっても	405, 406
ひとくちに…といっても	406
いくら…からといって（も）	35
いくら…といっても	35
にいたっても	555
とても	456

と

と	380, 381, 382, 385, 386
いちど…と	47
いったん…と	51
ないと	488
てからでないと	329
というと	395, 396
かというと	105
なぜ…かというと	503
なにかというと	509
どちらかというと	455
疑問詞＋かというと	106
からいうと	118
じつをいうと	185
それはそうと	236
とおもうと	420
ようと	794
ようと…ようと	794
であろうと	319
であろうとなかろうと	320
なにかと	509
このぶんでいくと	663

そこへいくと	224
といいますと	390
だと	264
これだと	164
などと	505
の…ないのと	604
の…のと	604
のなんのと	605
あまりに（も）…と	15
(の) なら…と	522
なりと	532
疑問詞（＋格助詞）＋なりと	532
わりと	837
そうすると	217
とすると	449
だとすると	266, 450
ともすると	474
からすると	120
へたをすると	668
ふと…ると	660
となると	460, 461
(のこと)となると	462
になると	534
てみると	358
さて…てみると	174
からみると	122
ところをみると	729
ているところをみると	432
によると	596
ばあいによると	596
るところによると	431
ところによると	596
なんと	544
ちゃんと	294
擬態詞＋と	387

ない

とうてい…ない	412
もう…ない	752
しか…ない	179
だけしか…ない	252

としか…ない	180
くらいの…しか…ない	137
どころか…ない	434
なんか…ない	539
まったく…ない	703
まだ…ない	699
ひとつ…ない	654
いまひとつ…ない	655
あえて…ない	5
たいして…ない	242
けっして…ない	141
として…ない	445
ときとして…ない	430
これといって…ない	404
まるで…ない	714
たところで…ない	440
ないと…ない	488
てからでないと…ない	329
ちょっと…ない	298
にどと…ない	582
など…ない	505
ほど…ない	683
さほど…ない	175
数量詞＋と…ない	386
ろくな…ない	824
いがいに…ない	28
いちがいに…ない	46
よりほかに…ない	678, 816
ろくに…ない	824
めったに…ない	737
いまだ（に）…ない	56
べつに…ない	670
なに…ない	506, 507
なしでは…ない	502
なければ…ない	500
これいじょう＋修飾句＋…は…ない	39
も…ない	746
いささかも…ない	37
すこしも…ない	196
かならずしも…ない	109
ひとつ…ない	654

どうしても…ない	408	てしかたがない	337	ないことはない	483
といっても…ない	406	たことがない	150	にこしたことはない	564
とても…ない	456	どうりがない	416	ても…すぎる	
なんとも…ない	548	かぎりがない	95	ことはない	195
どうにも…ない	414	すぎない	194	おいそれと	
ようにも…ない	591	にかたくない	560	（は）ない	70
なにも…ない	512	ていけない	322	にはおよばない	585
ものも…ない	748	といけない	401	たつもりはない	314
なんらの…も…ない	550	てはいけない	348	るつもりはない	311
も…も…ない	740	なくてはいけない	497	ないではすまない	487
いくらも…ない	34	なにげない	510	ずにはすまない	201
なん＋量詞＋も…ない	744	っこない	303	てやまない	378
数量詞＋も…ない	741	だにしない	267	てもみない	360
もはや…ない	779	ようと（は）しない	796	そうもない	221
なんら…ない	550	といったら		どうもない	415
たきり…ない	130	ありはしない	402	なくもない	499
さっぱり…ない	174	くらい…はない	135	といえなくもない	400
あまり…ない	20	おぼえはない	74	がなくもない	499
あんまり…ない	20	たおぼえはない	74	べくもない	666
ぜんぜん…ない	214	ほかはない	677	でもない	374
べつだん…ない	669	というほかはない	678	ないでもない	487
いない	53	るよりほか		たものでもない	772
にそういない	574	（は）ない	817	いうまでもない	25
ちがいない	292	ふそくはない	659	まんざら…でもない	716
ていない	328	ではない	351	まんざらでもない	716
なんてことない	541	ているばあい		とんでもない	477
ことこのうえない	152	ではない	632	なんでもない	543
さしつかえない	167	といってもいい		でもなんでもない	543
てもさしつかえない	373	すぎではない	407	なんということもない	545
をきんじえない	839	どころのはなし／		るまで（のこと）	
にたえない	577	さわぎではない	435	もない	708
ざるをえない	176	わけではない	832	にともない	582
かいがない	91	というわけではない	833	もなにもない	741
わけにはいかない	834	なにも…わけではない	513	のもむりもない	735
ないわけに（は）		たいした…ではない	241	じゃない	188
いかない	835	にかぎったこと		んじゃない	846
ようがない	788	ではない	98	るんじゃない	848
しょうがない	192	すむことではない	202	うちにはいらない	63
てしょうがない	339	ほどの…ではない	684	か（も）わからない	113
なんとも…ようがない	548	ものではない	771	かもわからない	113
わけがない	825	というものではない	398	とはかぎらない	468
でしかない	180	たものではない	772	ともかぎらない	473
たためしがない	272	ひではない	653	ないともかぎらない	490
はずがない	648	ひととおりではない	657	（＋助詞）すら…ない	203
しかたがない	182	ことはない	162	にはあたらない	585

ったらない	305	くらいなら	134	**ば**		
といったらない	403	ようなら	803		ば	619, 620, 621, 625, 627, 629
ならない	527	なるべくなら	535			
にほかならない	588, 678	たなら	526	これいじょう…ば	39	
		(の)なら	518, 519	あえて…ば	4	
てならない	341			いちど…ば	47	
てはならない	357	というのなら	523	かりに…ば	123	
ねばならない	600	どうせ…(の)なら	410	数量詞+も…ば	742	
なければならない	500	ものなら	773	そういえば	215	
にもならない	592	ようものなら	775	といえば	400	
どうにもならない	414	も…なら	746	ひとつまちがえば	656	
るきにもならない	593	かりにも…なら	124	さえ…ば	167	
たまらない	269	るなら	526	たとえば	265	
にたりない	578	おなじ…るなら	73	おもえば	79	
よりない	817	それなら	234	かとおもえば	107, 418	
きれない	131	(助詞)なら	516			
ても…きれない	365			いまからおもえば	80	
かもしれない	111	**なる**			ってば	309, 630
たしかに…かもしれない	112	なる	532			
		いかなる	28	なければ	500	
ば…かもしれない	112	なんとかなる	546	とすれば	451	
あるいは…かもしれない	17	どうにかなる	413	だとすれば	266, 452	
		るところとなる	431			
といえば…かもしれない	401	になる	534	が…だとすれば	452	
		そうになる	221, 533	かりに…とすれば	123	
もしかしたら…かもしれない	756			にいわせれば	555	
		るようになる	807	なれば	537	
ば…るかもしれない	112	お…になる	69	となれば	462	
ぬきに…れない	599	むきになる	732	かとなれば	463	
るに…れない	551	るまでになる	708	いざとなれば	462	
れないものは…れない	767	ことになる	160	ともなれば	475	
たくても…れない	366	ままになる	712	にしてみれば	571	
てはいられない	349	からなる	533	によれば	597	
ないではいられない	486			るところによれば	431	
ずにはいられない	200	**のに**		いわば	59	
てばかりもいられない	642	のに	614, 615, 616			
ようにも…れない	591, 797	せっかく…のに	210			
		ば…のに	625			
てもかまわない	371, 372	でも…のに	616			
なんともおもわない	548	ばよかったのに	808			
		なければよかったのに	809			

なら

なら 516, 518, 524

意味機能別項目索引

言い換え
------------ ことになる
------------ すなわち
------------ つまり
------------ つまり…のだ
----- というわけだ／
　　　　ってわけだ
------------ わけだ

意志・意向
------------ あくまで（も）
------------ なにがなんでも
------------ まい
------------ まいとする
------------ もらおう／
　　　　てもらおう
----- もらおうか／
　　　　てもらおうか
------------ よう
------------ ようとおもう
------------ ようとする

依頼
------------ お…ねがう
----- がほしいんですが
------------ てください
------------ てくださる
------------ てくれ
------------ てくれない（か）
------------ てちょうだい
---- てほしい（んだけど）
------------ てもらえないか
------------ てもらえまいか
------------ てもらえるか

驚き
------------ あれで
------------ こと
------------ じゃないか
------------ ではないか
------------ なんと…だろう
----- なんという＋
　　　　連体修飾句＋N
------------ なんという…だ
------------ のか
------------ よく（も）

概数
------------ 数量詞＋くらい

------------ 数量詞＋ばかり
------------ 数量詞＋ほど

確認
------------ じゃないか
------------ じゃないだろうか
------------ たっけ
------------ だろう
------------ ではないか
-- というと…のことです
------------ か
------------ ない（か）
------------ の

可能・可能性
------------ うる
------------ かねない
------------ そうだ
------------ っこない
------------ ばあいもある
------------ はずがない
------------ ひとつ…できない
------------ ようがない
------------ ようにも…れない
------------ るに…れない
-- れないものは…れない
------------ れる

感慨
------------ こと
------------ ことか
------------ のだった
------------ ものだ
------------ よく（ぞ）
------------ よく（も）…ものだ

勧告・忠告
------------ ことはない
------------ たらどうか
------------ ていては
-- ているばあいではない
------------ てはどうか
------------ でもあるまいし
------------ ないと
------------ ほうがいい
------------ べきだ
---- る／…ない　ことだ
- る／…ない　よう（に）

感情
------------ てならない
------------ てやまない
------------ をきんじえない

願望
------ が…てほしい
------------ がいい
------------ たいだけ
------------ たいとおもう
------------ たいばかりに
------------ たいものだ
------------ たらいい
------ たらどんなに…か
------------ といい
------------ ないかしら
------------ ないといい
------------ ないものか
----- ないものだろうか
------------ に…てほしい
------------ ばいい
- る／…ない　よう（に）

勧誘・勧め
------------ さあ
------------ たら
------------ たらいい
------------ たらどうか
------------ てはどうか
------------ ない（か）
------------ ば
------------ ばいい
------------ よう
------------ ようか
------------ ようじゃないか
------------ ようではないか
------------ るといい
-- る（の）なら…がいい

完了
------------ ついに
------------ ていない
------------ ている
------------ てしまう
------------ てしまっていた
------------ とうとう
------------ まだ…ない
------------ もう

意味機能別項目索引

―――――――― やっと
―――――― ようやく

関連・相応
―――――――― いかん
―――――――― いかんで
――――― そういえば
――――――― におうじて
―――――― にかかわる
――――――― にかけて
―――――― にかんして
―――――――― めぐって
――――― ようで（は）
―――― ようによっては

期間
―――――――― あいだ
―――――――― あいだに
――――――――― うちが
――――――――― うちに
――――――――― じゅう
――――――――― ちゅう
―― ている／…る　うちに
―――――――― ないうちに
―――――――――― ぬまに

期限
――――――――――― まで
――――――――― までに

基準
――――――――――― いか
――――――――― いじょう
――――― 数量詞+いか
――――― 数量詞+いじょう
――――――――― としては
―――――――― にくらべて
――――――――― にしては
――――――――――― には
――――――――― のもとに
―――――― をちゅうしんに

期待
――――――――― きっかけ
――――――――― さすが
―――――――― さすが（に）
―――――――― …だけあって
――――― 数量詞+も…ない
――――――― だけにかえって
―――――― だけになおさら

―――――――― としては
――――――― にしてからが
――――――――― はずだ
―――――――― も…ずに
――――――――― も…ない
――― もうひとつ／
　　　いまひとつ…　ない
―――――――― もちろん
――――――― たところが
――――――――― てみたら
――――――――― てみると
―――――――――― と…た
―――――― なにかというと
――――― なにかにつけて
―――――――――― につけ
―――――――――― ふと
―――――――――― ふとした
――――― をけいきとして

起点
―――――――――― いらい
――――――――――― から
――――――― をかわきりに

起点と終点
――― から…にいたるまで
――――――――― から…まで

疑問
―――――――――― いったい
――――――――――― の
―――――――――― のか
―――――――― はたして…か

強制
――――――――――― させる
――――――― をよぎなくさせる

強調
―――――――――― あえて
――――――― 疑問詞+も
――――――――――― こそ
―――― こそ　あれ／すれ
―――――――――― ことか
――――― 数量詞+も
――――――― それどころか
――――――――― なんて
―――――――――――― も
――――――――― も…なら
―――――――――― もっと

許可
――――――― させてあげる
――――― させて　もらう／くれる
―――――――――― させる
―――――――― てもいい
―――――― てもかまわない
――――――― てもよろしい
――――――――― ならいい
―――――――――― よかろう

許可・要求
――――――― させてください
――――― させてほしい（んだけど）
―――――――― てもいい
―― てもよろしい（ですか
　　　／で　しょうか）

極端な程度
―――――――――― あがる
――――― あまり／あんまり
――――――――― あまり（に）
――――― あまりに（も）…と
――――― あまりの…に／で
―― あんまり（にも）…と
―――――――― いかに…ても
――――― なんてあんまりだ
――――――― の…ないのって
――――――― のなんのって

極端な例
―――― いかなる…（+助詞）も
――――――― いかなる…でも
――――――― いかなる…とも
――――― 極端事例+も
――――――――― くらいなら

禁止
―――――― ことはならない
――――――――― てはいけない
―――――――――― てはでめだ
―――――――― てはならない
―――――――――― ないでくれ
――――――――――――― の
―――――――――― べからず
――――――――――― みだりに
――――――――――― むやみに
―――――――――― るんじゃない

空間的関係
――――――――――――― あと

─────────── ごし
─────────── じゅう
─────────── にむかって
─────────── にめんして
─────────── のあいだ
─────────── のまえに
────── をまえに（して）

くり返し・習慣
─────────── おきに
────── ことにしている
─────────── たものだ
─────────── たり…たり
─────────── つ…つ
─────────── ている
─────────── ては
─────── てばかりいる
─────────── と
───── と…た（ものだ）
─────────── ば
─────────── また
─────────── またしても
る／…ない　ようにする

継起
─────────── そうして
─────────── それから
─────────── てから
─────────── るなり

経験
── いちど　…と／…たら
── いちど　…ば／…たら
──────── たおぼえはない
─────── たことが　ある／ない
─────────── ている
────── てみてはじめて

傾向
─────────── がち
─────────── ぎみ
──────── きらいがある
────── とかく…がちだ
────── どちらかというと

軽視
─────────── くらい
─────────── たが
─────────── など
────── など…るものか

継続
─────────── なんて
─────────── ちゅう
─────────── つつある
─────────── ていく
─────────── ていたところだ
─────────── ている
─────────── ているところだ
─────────── てくる
─────────── まだ
─────────── ままだ
─────────── まま（で）
──── ままに　なる／する

経由・経過
─────────── あげく
──── あげくのはてに（は）
─────────── しだいだ
─────────── をつうじて

決意・決定
─────────── ことにする
────── ことになっている
─────────── ことになる
────── にかけて（も）
─────────── のだ
──── るまで（のこと）だ

結果
─────────── あげく
──── あげくのはてに（は）
─────────── かくして
─────────── けっきょく
─────────── そうしたら
─────────── そうすると
─────────── それゆえ
─────────── だから
─── だから　…のだ／
　　　　　　…わけだ
─────────── ついに…た

結果の状態
─────────── てある
─────────── ている

結論
─────────── かくして
─────────── けっきょく
─────────── ついては
─────────── ってわけだ

─────────── つまり（は）
── …ということは…
　　　　（ということ）だ
─────────── というわけだ
─────────── ようするに
─────────── わけだ

原因・理由
─────────── おかげで
─────────── が…だから
─────────── が…だけに
─────────── から
─── からか／…せいか
　　　　　／…のか
─────────── からこそ
─────────── からだ
─────────── からって
─────────── からといって
─────────── からとて
─────────── からには
─────────── がゆえ
─────────── し
─────────── し、…から
─────────── しだいだ
─────────── せい
─────────── せいで
─────────── せいにする
──── せっかく…からには
─────────── そこで
─────────── それで
─────────── それでこそ
─────────── だから
─────────── だからこそ
─────────── だって
─────────── ため
─────────── ために
─────────── ついては
─────────── て
──── というのも…からだ
──── というわけだ／
　　　　　　ってわけだ
─────────── といって
─────────── とかで
─────────── ないで
─────────── なくて
────── なぜ…かというと

なぜかというと…からだ
なぜかといえば…からだ
なぜならば…からだ
によって
による
のだから
ので
のは…からだ
のは…せいだ
のは…ゆえである
のゆえに
ばかりに
ひとつには…ためである
もの／…もん
ものだから
ゆえ
わけだ
わけだから

限界・極限
これいじょう+修饰词
+…は…ない
これいじょう…は
+含否定意义的表达方式
これ／それ　までだ
かぎり
かぎりが　ある／ない
かぎりなく…にちかい
きわまりない
きわみ
ことこのうえない
せめて…だけでも
それまでだ
やっと
るところまで
をかぎりに

限定
あるのみだ
いがいに…ない
かぎり
きり
しか…ない
せめて…だけでも
だけ
だけしか…ない
だけのことだ

ただ
てばかりいる
としか…ない
なくては
のは…ぐらいのものだ
のみ
ばかり
もっぱら
るいっぽうだ
る／…ている　かぎり
るしかない
るだけ…て
るだけは
るのみだ
るばかりだ
るよりない
るよりほか（に／は）ない

後悔
なければよかった
ほうがよかった
るのだったるべきだった
／ではなかった

断り
あとで
いい
せっかくですが
にはおよばばない
もういい

根拠
からいうと
からいって
からして
からすると
からみて
からみると
くらいだから
こと／…ところ　から
ことだから
ことだし
てみると
ところをみると
によって
による
によると
みるからに

をもとに

最上級
いたり
くらい…はない
これいじょう…は
+含否定意义的表达方式
なににもまして
なによりだ
にかぎる

時点
いまごろ
いまごろ　…ても／
…たところで
いまごろになって
おりから
おり（に）
さい
そこで
たとき
たところで
にさいして
のところ

修正
といっても
なおす

受益
てあげる
ていただく
てくださる
てくれる
てさしあげる
てもらう
のため

手段・方法
こういうふう
てでも
でもって
というふうに
なんとか
なんとしても
によって
をたよりに
をもって

主張（強い断定）
あくまで（も）

---------------- ってば
---------------- でしかない
---- といってもいい
　　　　　　　すぎではない
---------------- としか…ない
---------------- ない (か)
---------- にきまっている
---------------- のだ
---------------- ほかならない
---------------- もの/…もん
---------------- わけがない
---------------- わけだ

主張 (婉曲的断定)
---------- ではあるまいか
---------- ではなかろうか
---------- とおもわれる
---- ように　おもう/
　　　　　　　かんじる

条件 (一般条件)
---------------- と
---------------- ば

条件 (仮定条件)
　　　かりにも　…たら/…ば
--- かりにも　…ても/
　　　　　　　…としても
　　　かりにも　…とすれば/
　　　　　　　…としても
-- 疑問詞+…たら…のか
---- 疑問詞+…ば…のか
------ これいじょう…ば
---------- たら+詢問
-- たら+情感表達・祈使
---- たら+未実現的事物
------ たらどんなに…か
---------- と+未実現的事物
---------------- としたら
---------------- とする
---------------- とすると
---------------- とすれば
---------------- となったら
---------------- (の) なら
---------------- なら (ば)
---------- なるべくなら
-------- ば+意志・希望
---------------- ば+发问

-------- ば+呼吁・要求
-------- ば+未実現的事物
---- はたして…としても
---------- もし…たら
------ もし　…ても/
　　　　　　　…としても
---------- もしも…たら
---------------- ものなら
---------------- ようものなら

条件 (十分条件)
-- いちど　…ば/…たら
---- さえ　…たら/…ば
--- 数量詞+も　…ば/
　　　　　　　…たら

条件 (反事実条件)
---------------- たなら
--- たら　…だろう/
　　　　　　　…はずだ
---------- たら…ところだ
------ たらどんなに…か
---------- たらよかった
------ とよかった (のに)
---------------- なら (ば)
---------------- (の) なら
---- ば　…た/…ていた
ば　…だろう/…はずだ
--- ば…ところだ (った)
---- ば　…のに/…のだが

条件 (必要条件)
---------------- あっての
---------------- ことなしに
---------------- たうえで
---------------- てのこと
---------------- ないと…ない
--- ないと+負面評価内容
---------- なくてはいけない
---------------- なければ…た
---------------- なければ…ない
---------------- なしでは…
---------------- なし
---------------- ぬきに…れない

承諾・同意
---------------- いかにも
---------- せっかくですから
---------------- ちがいない

---------------- なるほど
---------------- はい

譲歩
---------------- ことは…が
---------------- てもいい
---------- てもかまわない
---- てもさしつかえない
---------- てもよろしい
---------------- といえど
---------------- といえども
---------------- とはいえ
---------------- にしても
---------------- ほかはない
---- るよりしかたがない

情報源
---------------- では
---------------- によると
-------- のうえで (は)
---------------- ることには
- るところに　よると/
　　　　　　　よれば

推量
---------------- おそらく
---------- おそれがある
---------------- かな
---------------- かもしれない
---------- かもわからない
---------------- かろう
　　　　たしかに…かもしれない
---------------- たぶん
---------------- たろう
---------------- だろう
---------------- だろうに
---------- ちがいない
---------- ではあるまいか
---------- ではないだろうか
---------- ではなかったか
-- どうも…そうだ/
　　　　　…ようだ/…らしい
------ どうやら…そうだ
---------------- ないかしら
---------- にきまっている
---------------- のだろう
---------------- まい
まず　…だろう/…まい

意味機能別項目索引 887

―――――― みたいだ
――― もしかしたら…か
―― もしかしたら…かも
　　　　　　　しれない
―――― ものとおもう
――― ものとおもわれる
――――――― よう
―――――― ようか
―――――― ようだ

推論
――――― したがって
――――― じゃ（あ）
――――― それでは
――――― だとすると
――――― だとすれば
―――――― では
――――― となると

数量の多少
――― いくらも…ない
――― 数量詞＋あまり
――― 数量詞＋から
…数量詞＋　からある／
――――― からする
―…といってもせいぜい
　　　　　　　…だけだ
――― なん＋量詞＋も
――――――― よく
――――― るわ…るわ
―――――― わずか

説明
―― …ということは…
　　　　（ということ）だ
――――― というと
―――― というのは
―― というのも…からだ
――― というものだ
――――― といえば
―― といったところだ
―― なぜ…かというと
　　　　　　　…からだ
なぜかというと…からだ
なぜかといえば…からだ
― なぜばらば…からだ
――――――― のだ

前後関係

――――――― あと
―――――― あとから
―――――― あとで
――――――― いご
―――――― いぜん
―――――― てから
― てからというもの（は）
―――― にさきだって
―――――― のまえに
―――――― るいぜん
―――――― るまえに
――― をまえに（して）

選択
―――――― あるいは
―――――― か…か
――――― か…ないか
―――――― かどうか
―――――― それとも
――――――― ほう
―――――― ほうがましだ
――――――― また
――――――― または
―――――― もしくは

前提
――――― のもとに
――――― をぜんていに
――――― をふまえて

尊敬・謙譲
――――― お…いたす
――――― お…いただく
――――― お…くださる
―――――― お…する
―――――― お…です
――――― お…なさる
――――― お…になる
――――――― には

対比
―――――― いっぽう
――― いっぽうでは
　　　　　…たほうでは
――――― いまでこそ
――――― かわりに
――――― くらいなら
――――― こそ…が
― そのはんめん（では）

――――― というより
――――― とおなじ
――――― とちがって
―― と（は）はんたいに
――――― にたいして
――――― にひきかえ
――――― のにたいして
――――― はんたいに
――――― はんめん
――― るいっぽう（で）

立場・観点
――――― からいうと
――――― かたみて
―かりにも　…なら／
　　　　　…いじょうは
―――――――― たら
――――――― として
――――――― としての
――――――― としては
――――――― としても
――――――― なら
――――――― にしたら
――――――― にとって
――――――――― ば

達成
――――――― ついに
――――――― とうとう
――――――― やっと
――――――― ようやく
る／…ない　ようになる

短時間
――――――― いまにも
――――――― すぐ
――――――― そのうち
――――――― ほどなく
――――――― まもなく
――――――― やがて
――――――― るやいなや

直後
――――― がはやいか
――――― たところだ
――――――― とすぐ
――――――― まもなく
― ると／…て　まもなく
――――――― るなり

直前
　　　　　──── るやいなや
　　　　　──── ようとする
　　　　　──── るところだ
　　　　　──── を…にひかえて

訂正
　　　　　──── ではなくて
　　　　　──── もっとも
　　　　もっとも …が/…けど

程度の強調
　　　　　──── あくまで(も)
　　　　　──── いくらでも
　　　　　──── きわまりない
　　　　　──── ことこのうえない
　　　　　──── それこそ
　　　　　──── それどころか
　　　　　──── とても
　　　　　──── とりわけ
　　　　　──── にもまして
　　　　　──── の…ないのって
　　　　　──── まで
　　　　　──── やたらに
　　　　　──── よほど

伝聞
　　　　　──── そうだ
　　　　　──── という
　　　　　──── ということだ
　　　　　──── とか(いう)
　　　　　──── とかいうことだ
　　　　　──── とやら
　　　　　──── んだって

同時
　　　　　──── かたがた
　　　　　──── かたわら
　　　　　──── がてら
　　　　　──── かとおもうと
　　　　　──── がはやいか
　　　　　──── せつな
　　　　　──── つつ
　　　　　──── でもあり、でもある
　　　　　──── どうじに
　　　　　──── とき
　　　　　──── とどうじに
　　　　　──── ながら
　　　　　──── るやいなや

当然
　　　　　──── が…だけに
　　　　だから …のだ/
　　　　　　　　 …わけだ
　　　　　──── にこしたことはない
　　　　　──── はいうまでもない
　　　　　──── はずだ
　　　　　──── はもとより
　　　　　──── べきだ
　　　　　──── べくして…た
　　　　　──── べし
　　　　　──── もちろん
　　　　　──── ものとかんがえられる

到達
　　　　　──── なる
　　　　　──── にいたって
　　　　　──── にいたっては
　　　　　──── にいたっても
　　　　　──── にいたる
　　　　　──── にして
　　　　　もう ＋時間/年齢
　　　　　──── るまでになる

途中
　　　　　──── かけ
　　　　　──── かける
　　　　　──── とちゅうで

発言
　　　　　──── いう
　　　　　──── という
　　　　　──── といっている
　　　　　──── といわれている
　　　　　──── る/…ない
　　　　　　　 よう(に)いう
　　　　　──── を…という
　　　　　──── をいう

場面・場合
　　　　…ことによると/
　　　　　　　ばあいに よると
　　　　　──── ているばあいではない
　　　　　──── でもあるまい
　　　　　──── において
　　　　　──── における
　　　　　──── にさいして
　　　　　──── ばあい

範囲
　　　　　──── いない
　　　　　──── うち
　　　　　──── うちにはならない
　　　　　──── から…にかけて
　　　　　──── から…まで
　　　　　──── きり
　　　　　──── ないかぎり
　　　　　──── なか
　　　　　──── にいたるまで
　　　　　──── にわたって
　　　　　──── にわたり
　　　　　──── る/…ている かぎり

比較
　　　　　──── というより
　　　　　──── というよりむしろ…だ
　　　　　──── ほう
　　　　　──── ほうが…より(も)
　　　　　──── ほうがよほど
　　　　　──── ほど…ない
　　　　　──── むしろ
　　　　　──── より(も)
　　　　　──── より(も)むしろ
　　　　　──── るぐらいならむしろ
　　　　　──── わりと/わりに
　　　　　──── わりに(は)

必要・義務
　　　　　──── それにはおよばない
　　　　　──── ことはない
　　　　ないと いけない/
　　　　　　　　　 だめだ
　　　　　──── なくともよい
　　　　　──── なければ…ない
　　　　　──── なければいけない
　　　　　──── なければだめだ
　　　　　──── なければならない
　　　　　──── にはあたらない
　　　　　──── にはおよばない
　　　　　──── ねばならぬ
　　　　　──── ることもあるまいし
　　　　　るまで(のこと)もない

否定強調
　　　　　──── いっさい
　　　　　──── 最小数量＋も…ない
　　　　　──── さっぱり…ない
　　　　　──── 数量詞＋も…ない

意味機能別項目索引　889

ちっとも…ない
とんでもない
なにひとつ…ない
なん＋量詞＋も…ない
なんか…ない
なんか…ものか
なんら…ない
なんらの…も…ない
にどと…ない
ひとつ…ない
まったく…ない
まるで…ない
もなにもない
ものか／もんか
ものではない
もの／こと　も…ない
ようと（も／は）しない

非難
あるまじき…だ
いくらなんでも
が…なら…も…だ
じゃないか
すればいいものを
だいたい
ではないか
なにがなんでも＋
　　　　負面評価内容
のではなかった
までして
も…だが
も…なら
もう
よく（も）
る／…ない　ようでは

比喩・比況
いわば
かとおもうほど
かのごとし
ばかりの
まるで
みたいだ
みたいな
みたいに
ようだ

ような
ように
る／…た　かのようだ
んばかり

評価
いかだ
たかが
たかが…ぐらいで
たものではない
といえば…
ぐらいのことだ
どちらかというと
にあっては
まんざら…でもない
るきにもならない

比例・平行
数量詞＋にたいして
におうじて
にたいする
について
につれて
にともなって
ば…ほど
ほど1

付加
あと
あと＋数量詞
あとは…だけ
あるいは…かもしれない
いか＋数量詞
うえ（に）
おまけに
かつ
くわえて
し、それに
しかも
そのうえ
それに
そればかりか
だけでなく…も
ちなみに
ついでに
でもって
なお
ならびに

にくわえて
のみならず…も
ばかりか…も／…まで
ばかりでなく…も
はもちろん
ひとり…だけでなく
ひとり…のみならず
また
またの
も
も…も
もう＋数量詞
もうすこし／
　　もうちょっと
もまた

付帯
ことなく
ないで
ぬきで
ば…ほど
はぬきにして
るにしたがって
をこめて

不変化
いぜん
いまだ
ずにいる
きり
たなり
ないうちに
ないかぎり
ないである
ないでいる
ばなし
まだ
まま

不明確
かどうか
かなんか
疑問詞…のやら
疑問詞＋やら
どうも
どこか
とやら
なぜか

―――――――――― なにか
―――――――――― なにかしら
―――――――――― なにやら
―――――――――― なんか
―――――――――― なんだか
―――――――――― なんて
―――――――――― なんとなく
―――――――――― やなんか

並列・列挙
――― あるいは…あるいは
―――――――――― および
―――――――――― かつ
―――――――――― そして
―――――――――― それから
―――――――――― だの…だの
―――――――――― たり…たりする
―――――――――― といい…といい
――――― とか…とか(いう)
―――――――――― なり…なり
―――――――――― にして
―――――――――― の…のと
―――――――――― また
―――――― も…し、…も
――――――― も…ば…も
―――――――― もあり…もある
――――――― もあれば…もある
―――――――――― や
―――――――――― やら…やら
――― るとか/(…るとか)
―――――――――― わ…わ(で)

方向
―――――――――― あがる
―――――――――― あげる
―――――――――― にむかって
―――――――――― にむけて
―――――――――― ほう
―――――――――― むき

前置き
―――――― いうまでもないことだが
――――――― いうまでもなく
―――――――――― が
―――――――――― けれど
―――――――――― じゃないが
――― せっかく…のだから
―――――――――― たら

―――――――――― と
―――――――――― ば

見なし
―――――――――― とする
―――――――――― ものとする
―――――――――― を…とする

無関係
―――――――――― いざしらず
―――――――――― かれ
―――――――――― たら…で
― だろうが、…だろうが
―――――――――― であれ
――― …であろうと、
―――――― …であろうと
――― であろうとなかろうと
―――――――――― とにかく
―――――――――― にかかわらず
――― にしても…にしても
―――――――――― にしろ
―――――――――― にせよ
―――――――――― につけ…につけ
―――――――――― にもかかわらず
―――――――――― によらず
―――――――――― ようが…まいが
―――――――――― ようが…ようが
―――――――――― ようと…まいと
―――――――――― ようと…ようと
―――――――――― ようとも
―――――――――― をとわず
―――――――――― をよそに

命令・定義
―――――――― …という
―― というのは…のことだ
――― (のこと)を…という

命令
―――――――――― ことだ
―――――――――― せられたい
―――――――――― てください
―――――――――― てくれ
―――――――――― ないか
―――――――――― なさい
―――――――――― の
―――――――――― べし
――――― る/…ない こと
― る/…ない よう(に)

―――――――――― るんだ

申し出
―――――――――― お…する
―――――――――― てもいい
―――――――――― よう
―――――――――― ようか

目的・目標
―――――――――― ために
―――――――――― にとおもって
―――――――――― にむけて
―――――――――― のに
―――――――――― まで
― る/…ない よう(に)
―――――――――― るには
―――――――――― んがため

様子
―――――――――― くさい
―――――――――― そうだ
―――――――――― ていく
―――――――――― てくる
―――――――――― ながら
―――――――――― ぬばかり
―――――――――― ふう
―――――――――― ぶり
―――――――――― めく
―――――――――― ようだ
―――――――――― らしい

予想外
―――――――――― さすがの…も
―――――――――― とは
―――――――――― とんだ
―――――――――― とんでもない
―――――――――― のに
―― まさか…
―――― とはおもわなかった
――― まさか…ないだろう
まさか+含否定意
义的表达方式
――――――― まさかの

予想通り
――――――― さすがに
さすが(に)…だけあって
――――― はたして…した

予想との食い違い
――― いかに…といっても

いかに…とはいえ
いかに…ようと(も)
いくら…
からといって(も)
いくら…ても
いくら…といっても
が
かえって
かというと
かとおもえば
かとおもったら
くせして
くせに
けれど
しかし
しかしながら
それが
それでも
それにしては
それを
だけど
たって
つつ
つつも
ではあるが
ても…ても
でも
といえば…が
とうとう…なかった
ところが
どころが
としても
とはいうものの
とはいえ
どんなに…ても
ながら(も／に)
にあって
にあっても
にしては
にしても
にしろ
にせよ
のに
ようったって
るには…が

類似性
あたかも
とおなじ
みたいだ
めく
もどうぜん
ようだ

例外
いがい
さすがの…も
ただ
ただし
ときには
とばかりいえない
ともかく
になく
ばあいをのぞいて
はともかく(として)
はべつとして
をのぞいて

例示
かなにか
だって
たとえば
だの
たり…たりする
たりなんかして
だろうが、…だろうが
つぎのように／
いかのように
でも
といい…といい
といった
といわず…といわず
とか(…とか)
とか…とか(いう)
など
なり…なり
なんか
にしてからが
にしても
の…のと
のなんのと
みたい
もあり…もある

もあれば…もある
やなにか
やなんぞ
やら…やら
やらなにやら
ような
ように
ると(…とか)
るなどする
をはじめ(として)…など
をはじめ(として)…まで

話題
かとなれば
それなら
ったら
って
というと
といえば
ときたひには
ときたら
とすれば
となったら
となると
となれば
とは
なお
なら(ば)
なら…だ
なんて
のです

話題転換
さて
しかし
じゃ(あ)
それでは
それはそうと
それはそうとして
では
ときに
ところで
はとにかく(として)
なお

著者紹介

グループ・ジャマシイ

砂川　有里子 （代表）
筑波大学 名誉教授

駒田　聡
Agora 日本語読解辞典

下田　美津子
元 神戸松蔭女子学院大学教授

鈴木　睦
元 大阪大学言語文化研究科教授

筒井　佐代
大阪大学言語文化研究科教授

蓮沼　昭子
姫路獨協大学 / 創価大学 名誉教授

ベケシュ　アンドレイ
リュブリャーナ大学 名誉教授

森本　順子
元 京都外国語大学外国語学部教授

翻訳者紹介

徐一平 （代表）　Xu Yiping　北京外國語大學教授
陶振孝　Tao Zhenxiao　北京外國語大學教授
巴璽維　Ba Xiwei　北京外交學院　教授
陳娟　Chen Juan　北京旅遊學院　教授
滕軍　Teng Jun　北京大學　教授

中文版日本語文型辞典
日本語文型辞典
中国語訳繁体字版

2001年10月10日 第1刷発行
2020年 1月31日 第19刷発行

編著者　グループ・ジャマシイ
翻訳者　徐一平 （代表）
　　　　陶振孝　巴璽維　陳娟　滕軍
繁体字版校閲　于之玲

版元　くろしお出版
〒102-0084
東京都千代田区二番町4-3
TEL (03)-6261-2867
FAX (03)-6261-2879
http://www.9640.jp/

装丁　Fukunny Art Studio
組版　Fukunny Art Studio
印刷　藤原印刷株式会社

© Kurosio Publishers 2001

●乱丁・落丁はおとりかえいたします。無断複製を禁じます。

ISBN978-4-87424-239-1　C3581